第二师铁门关市年鉴 2018（创刊）

新疆生产建设兵团第二师铁门关市办公室 主办

新疆生产建设兵团第二师铁门关市史志编纂委员会 编

中国社会科学出版社

第二师铁门关市史志编纂委员会

名誉主任：吴　彬
主　任：李金平
副主任：孙志敏　康学贵
委　员：宋维程　钟吟棠　栾雪辉　刘　冰　张少杰　李　莉
　　　　徐亚军　刘丽华　文　武　刘宗胜　冯　刚　王　江
　　　　余　仲　陈更新　徐　鹏　张　勇　顾　磊　张振华
　　　　李　蕾

《第二师铁门关市年鉴》编辑委员会

主　任：孙志敏
副主任：康学贵
委　员：毛国强　汪新民　张立建　李　洋　王卫疆　宋维程
　　　　隋健鹏　钟吟棠　栾雪辉　刘　冰　李　华　张少杰
　　　　李　莉　郎源涛　李建国　徐亚军　刘丽华　文　武
　　　　王宗胜　刘宗胜　冯　刚　王　江　史庭珍　余　仲
　　　　罗立新　陈更新　徐　鹏　甘蔚然　陈焕新　黄　伟
　　　　鲁　军　张　勇　朱全盛　吴向宇　陆尚勤　李捍东
　　　　何　刚　胡　骏　薛穗花　熊红红　何　龙　邓小东
　　　　郭　涛　顾　磊　张振华　李　蕾　赵雪峰　周志勇

《第二师铁门关市年鉴》编纂机构

总　　编：孙志敏　　副总编：康学贵

责任主编：宋维程　　主　　编：张振华

编　　辑：叶小芳

《第二师铁门关市年鉴·2018》编审人员

主　　审：康学贵　　责任主审：宋维程

主　　编：张振华　　责任编辑：叶小芳

文字编辑：张振华　叶小芳　范金萍　尚新革

编　　务：张振华　叶小芳　范金萍　尚新革

保密审查：顾　磊　周善亮

审校编辑：彭莎莉　王鸣迪

组（撰）稿人员

（按姓氏拼音排序）

阿布都勒提浦·艾白	白云龙	曹　玲	曹利军	曹珍珍	柴国银
陈　斓	陈　艳	陈腾飞	陈秀英	陈艳丽	程　泉	邓志锋	丁　博
范金萍	范秀军	冯　健	冯红阳	付　郁	顾小凡	郭　玮	郭永力
郭宗顺	韩　党	韩　庆	韩　妁	韩首中	侯　亮	胡海蓉	黄　斌
黄　溪	黄坤伟	黄梦雨	黄一睿	姬　蓉	江晓雪	蒋　华	焦银辉
敬　轲	李　斌	李　杰	李　磊	李　蕾	李　莉	李　萍	李　婷
李　艳	李　云	李德荣	李吉新	李建梅	李科伟	李立疆	李能喜
李鹏博	李荣伟	李婷婷	李伟亚	李文红	李雪峰	李雪琼	梁伯熙
廖志刚	林东波	刘　佳	刘　娟	刘　超	刘建伟	刘开拓	刘康生
刘明星	刘省委	刘志刚	刘忠国	柳　青	鹿宏伟	罗生迪	罗占华
骆玉玲	吕星海	马　季	马建新	毛凤琴	聂洪友	牛林森	裴新强
彭　敏	钱鹏鲲	邱　煜	任　静	任小松	尚新革	邵冠军	盛婷婷
石　钰	宋　文	苏　娟	苏金昌	苏梦君	苏忠平	孙　斌	孙安久
孙　熠	谭　磊	谭三强	谭晓辉	唐伶俐	唐印龙	田　军	田小会
王　彬	王　辉	王　凌	王　琦	王　瑞	王　伟	王　雯	王　旭
王　彦	王　勇	王　真	王昌伯	王帆帆	王海霞	王红升	王俊江
王龙辉	王龙坛	王前江	王琼琼	王小兵	王晓鹏	王新林	王莹瑛
王映山	王玉江	魏仁华	魏新青	文　静	文燕萍	吴　斌	吴　辰
吴瑞琼	吴世新	吴晓明	伍有望	向玉智	熊丽萍	徐　鹏	徐　伟

徐昌建　徐志学　许　伟　薛立荣　闫伟俊　闫永峰　杨　波　杨　勇
杨丹丹　杨冬懿　杨国宝　杨旭帆　姚建忠　叶　红　叶小芳　袁　放
袁国强　湛正宏　张　斌　张　辉　张　杰　张　康　张　林　张　倩
张　兵　张德亮　张德文　张赫男　张金刚　张金英　张万平　张微微
张曦予　张晓明　张怡怡　张振华　张志勇　赵　庆　赵　杨　赵一楠
赵长滨　郑媛媛　钟　进　周丹丹　周善亮　周晓凤　周亚菲　朱文革
朱晓宁　朱延奎

摄　　影：

粟卫平　杜炳勋　冯红阳　苏江生　廖志刚　宋卫民　张华敏　尚新革
王建刚　杨铁军　毛凤琴　唐　亮　姚国斌　杨帮力　顾小凡　刘省委
刘丹丹　徐莲芝　于　飞　李雪琼　张虎平　张　容　周新明　王玉宏
付雁斌　文　婷　王俊江　胡俊建　杨厚伟　各单位及社会摄影爱好者、宣传工作者

第二师团场分布图

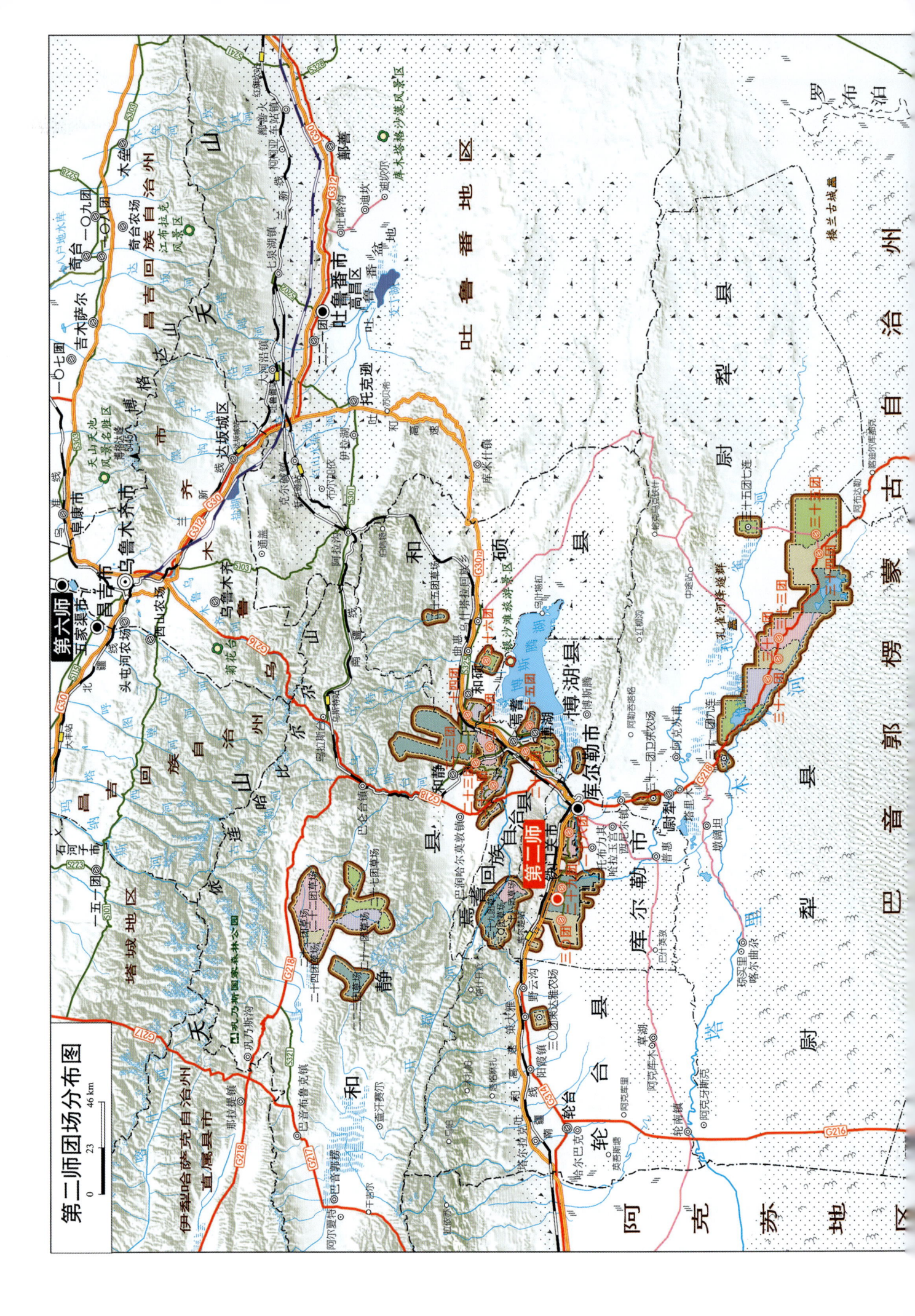

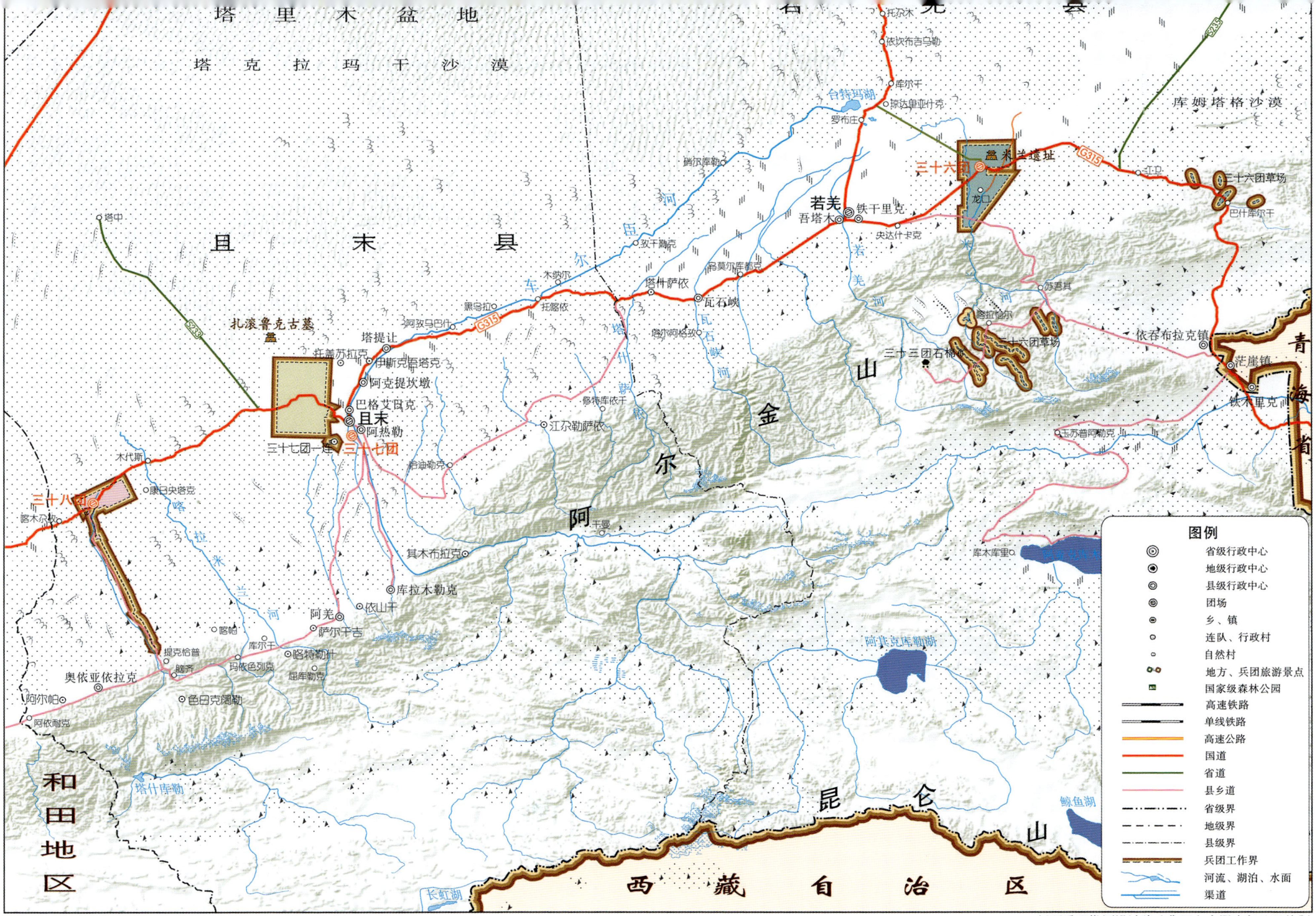

审图号：新S(2018)069号　　地图审核：新疆维吾尔自治区测绘地理信息局

新疆兵团勘测设计院（集团）有限责任公司编制

铁门关市行政区划图

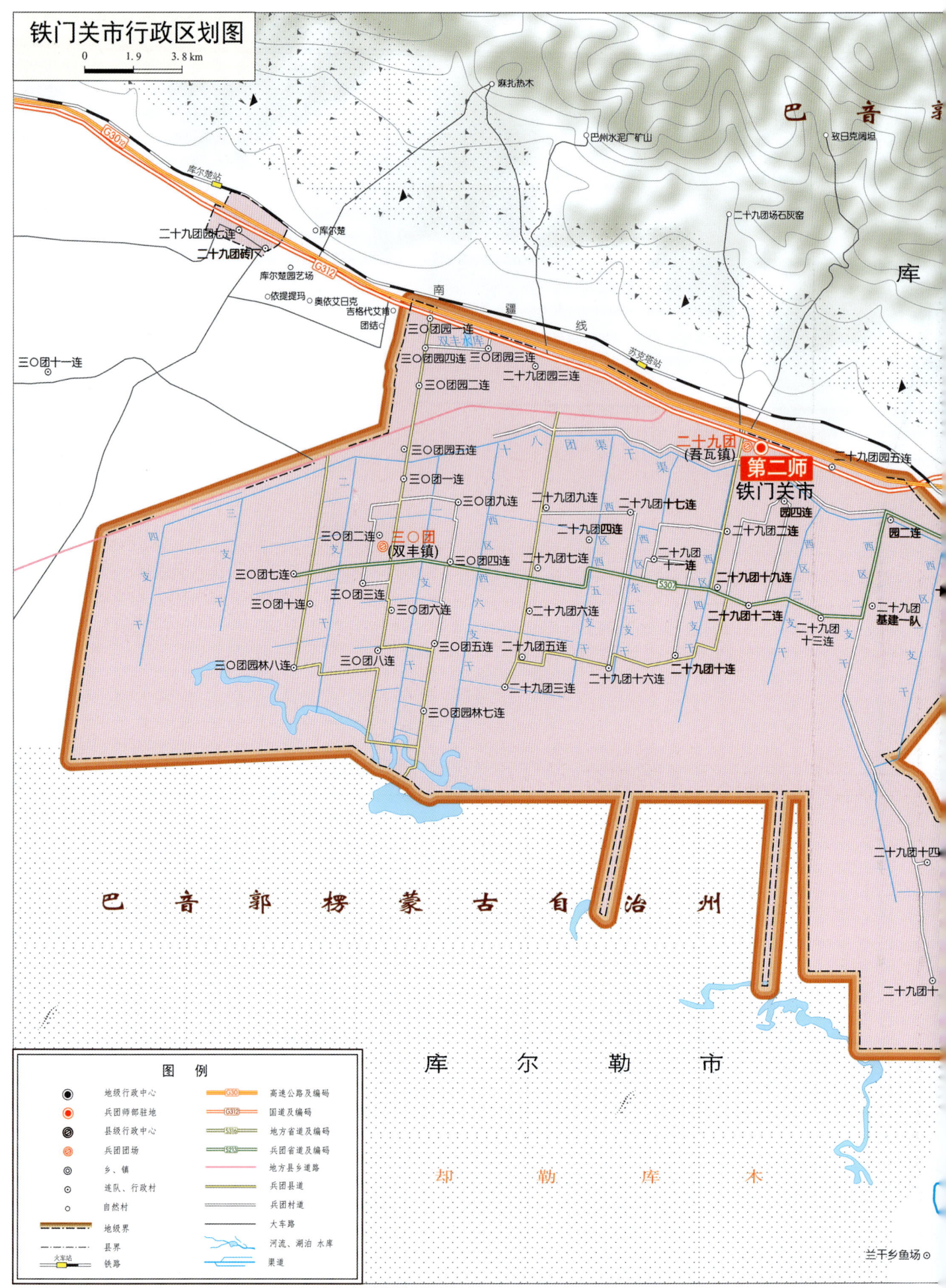

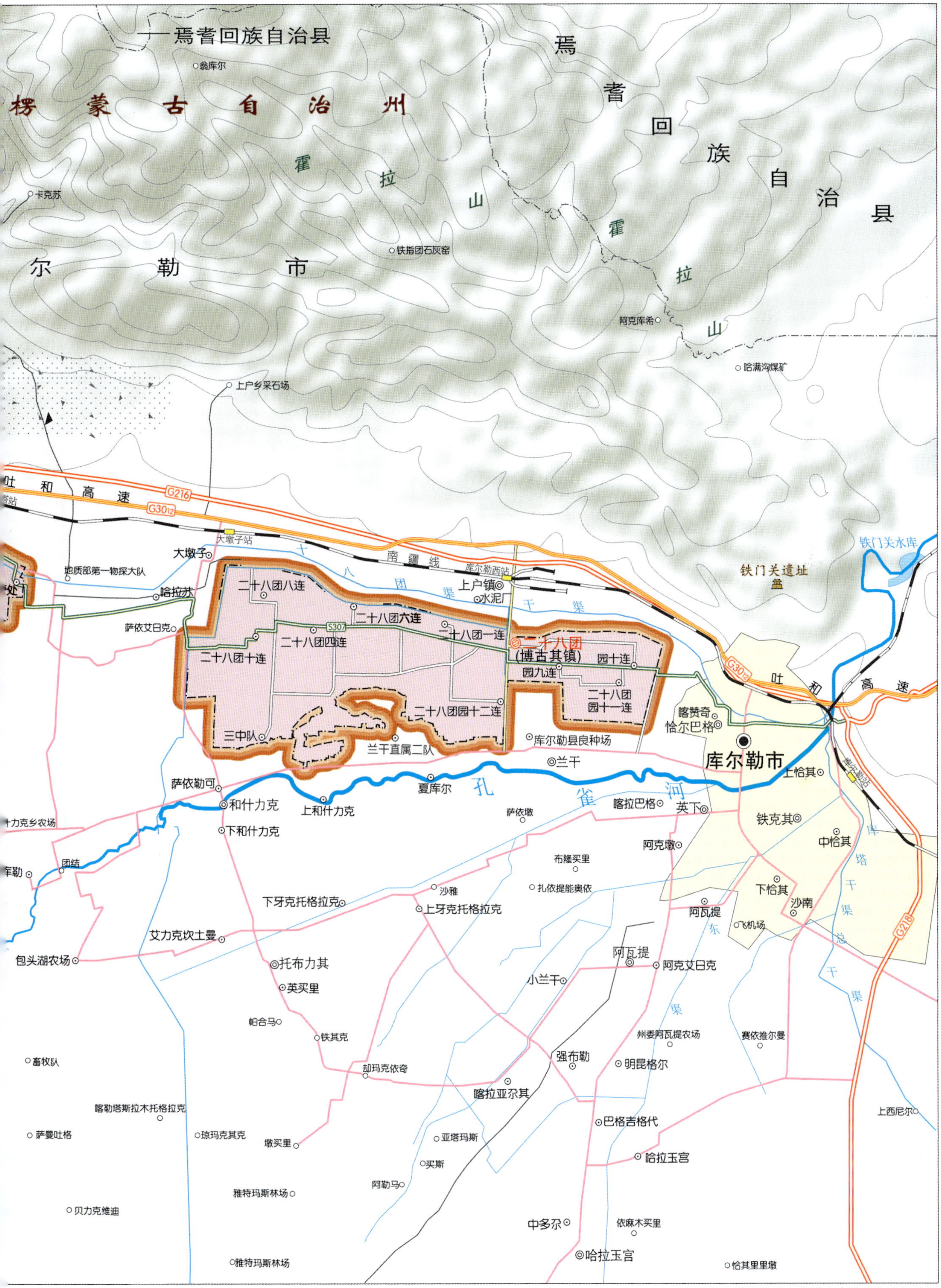

新疆兵团勘测设计院（集团）有限责任公司编制

数字二师铁门关市 2017

SHUZIERSHITIEMENGUANSHI

年末总人口 21.48 万人
人口自然增长率 -0.37‰
地区生产总值 138.18 亿元
第一产业增加值 40.9 亿元
第二产业增加值 60.88 亿元
工业增加值 42.52 亿元
建筑业增加值 18.36 亿元
第三产业增加值 36.4 亿元
三次产业比重 30∶44∶26
农作物播种面积 8.85 万公顷
农业机械总动力 37.65 万千瓦
粮食产量 7 万吨
棉花产量 10.14 万吨
水果产量 40.56 万吨
年末牲畜存栏 64.48 万头（只）
肉类产量 4.25 万吨
原煤产量 211.21 万吨
石棉 11.21 万吨
水泥 39.53 万吨
番茄酱产量 20.43 万吨
棉纱 6.77 万吨
机制糖 4.61 万吨

全社会固定资产投资 152.29 亿元
房地产开发投资 2.78 亿元
货物周转量 17.37 亿吨公里
旅客周转量 6.73 亿人公里
社会消费品零售总额 69.24 亿元
外贸出口总额 8020.15 万美元
外贸进口总额 68.11 万美元
旅游总收入 4039.17 万元
卫生机构 241 个
卫生技术人员 2618 人
医疗卫生机构床位数 1442 张
教育机构 48 个
教职工人数 3160 人
在校学生 22991 人
科研机构 19 个
文化艺术单位 4 个
广播覆盖率 99.64%
电视覆盖率 99.4%
城镇常住居民人均可支配收入 36671 元
城镇常住居民人均消费支出 18654 元
连队常住居民人均可支配收入 18105 元
连队常住居民人均消费支出 12949 元

政治建设

Political Construction

政治建设 Political Construction

党的十九大专题

2017年11月30日，党的十九大代表吴彬在华山中学宣讲党的十九大精神（苏江生 摄）

Political Construction 政治建设

2017年11月21日，二十九团老军垦郭金光结合团史给团场民兵宣讲党的十九大精神（张华敏 摄）

2017年9月30日，三十团组织学生观看"中国梦·军垦情"主题展览，迎接党的十九大（尚新革 摄）

政治建设 POLITICAL Construction

2017年11月9日,冠农股份公司组织党员干部上专题党课,学习党的十九大精神
(宋卫民、余厚新 摄)

2017年12月14日,三十四团干部在少数民族结亲户家中宣传党的十九大精神
(三十四团 供稿)

Political Construction 政治建设

2017年10月19日，三十团四连职工在棉场应用新媒体学习党的十九大报告（尚新革 摄）

三十团社区干部与少数民族亲戚共同学习党的十九大精神（尚新革 摄）

2017年10月29日，二十二团干部职工在辣椒晒场学习党的十九大精神（于飞、尚立锦 摄）

政治建设 **Political Construction**

2017年11月3日，二十九团医院党支部组织党员开展党的十九大精神宣讲活动（杜炳勋 摄）

2017年10月28日，天泰电力公司党员干部学习党的十九大报告（天泰电力公司 供稿）

Political Construction 政治建设

2017年3月20日，师市党政考察团赴河北省考察（援疆办 供稿）

政治建设 Political Construction

2017年4月12日，三十团中学组织学生在团博物馆接受团史教育（尚新革 摄）

2017年4月28日，十八团渠管理处组织团员参观尉犁县达西村民族团结展览馆（十八团渠管理处 供稿）

2017年6月4日，第二师驻和硕县新塔热乡布茨恩查干村"访惠聚"工作队组织党员重温入党誓词（张容 摄）

Political Construction 政治建设

2017年6月23日，二十四团举办"两学一做"学习教育暨"学转促"活动知识竞赛（张虎平 摄）

2017年9月13日，绿原国资集团公司召开企业党组织党建工作观摩交流会（绿原国资集团 供稿）

政治建设 Political Construction

2017年10月7日，师市举行河北省对口支援第二师铁门关市警用执法车辆交接仪式（廖志刚 摄）

八一中学开展"践行社会主义核心价值观"主题道德讲堂活动（刘丹丹 摄）

经济建设

Economic Construction

经济建设 Economic Construction

2017年3月20日，第二师铁门关市党政考察团赴河北省考察产业项目（援疆办 供稿）

2017年10月26日，中欧（意大利）冠农番茄酱专列从库尔勒火车站发出，驶向意大利那布勒斯市（宋卫民 摄）

Economic Construction 经济建设

2017年1月，三十七团红枣交易市场（杨铁军 摄）

2017年3月26日，二十九团GPS定位导航系统播种机在播种棉花（杜炳勋 摄）

2017年5月19日，二十九团种植户种植的大棚富硒西瓜采摘上市（二十九团 供稿）

经济建设 Economic Construction

2017年5月24日，冠农股份公司组团参加徐州中国饮品大会（冠农股份 供稿）

2017年6月，二十四团职工发展林下生态养殖（唐亮 摄）

2017年7月13日，二十四团招商引资野鸭繁育基地，促进职工增收（唐亮 摄）

Economic Construction 经济建设

2017年7月27日，扬州大学教授谢虹（中）应邀在二十一团指导甜叶菊种植（王玲 摄）

2017年8月，二十一团番茄干晾晒场（闫志江 摄）

2017年9月29日，二十九团职工喜迎香梨丰收（杜炳勋 摄）

19

经济建设 Economic Construction

2017年9月30日，二十四团双创致富带头人孙小芳种植北虫草（张虎平 摄）

2017年9月，少数民族青年在第二师铁门关市纺织厂工作（苏江生 摄）

2017年9月，二十一团职工采摘辣椒（二十一团 供稿）

Economic Construction 经济建设

2017年冬季，三十三团女职工争相学艺，串珠编织成为冬闲增收的好项目（三十三团 供稿）

三十三团二连职工在大巴扎上出售香梨（三十三团 供稿）

经济建设 Economic Construction

三十一团全自动蛋鸡养殖场
（姚国斌 摄）

现代化精纺车间（粟卫平 摄）

二十九团纺纱厂纺纱车间
（杜炳勋 摄）

Economic Construction 经济建设

二十一团精准扶贫项目种植的洋葱丰收上市（王建刚 摄）

二十一团夏粮采收（王建刚 摄）

三十三团职工双创致富路（杨帮力 摄）

经济建设 Economic Construction

Economic Construction 经济建设

上1：采新棉（杜炳勋 摄）
上2：塔河马鹿（杜炳勋 摄）
上3：大漠棉仓（杨帮力 摄）
中1：玉米晒场——金色的电波（杜炳勋 摄）
中2：职工交售番茄（张靖 摄）
中3：二十九团设施农业（杜炳勋 摄）
下1：丰收（粟卫平 摄）
下2：师安排援疆资金支持二十七团脱贫攻坚，按折股量化的形式入股福茂盛蛋鸡合作社，保障贫困人口脱贫并持续增收（援疆办 供稿）

经济建设 Economic Construction

红色花海（粟卫平 摄）

无人机助力团场农业（王建刚 摄）

文化建设

Cultural Construction

文化建设 Cultural Construction

2017年1月12日，三十团开展群众趣味体育活动（尚新革 摄）

2017年1月18日，师市党委老干局、老年体协举办迎新年联欢会（刘省委 摄）

Cultural Construction 文化建设

2017年1月16日，明祥社区举办"民族团结一家亲"联欢会（顾小凡 摄）

2017年1月20日，第二师铁门关市在华山中学举行"迎新春"职工文艺汇演（栗卫平 摄）

文化建设 Cultural Construction

2017年1月16日，明祥社区服务中心举办民族团结一家亲联欢会（顾小凡 摄）

2017年1月20日，三十团职工参加舞龙表演（尚新革 摄）

2017年1月20日，二十四团举办春节舞龙表演（张虎平 摄）

Cultural Construction 文化建设

2017年1月21日，三十团举办第二十六届"双丰之春"文化月暨社火表演活动（尚新革 摄）

2017年1月23日，二十九团开展兵地文化联谊活动（杜炳勋 摄）

2017年1月23日，冠农股份公司举办2017年迎春团拜会（冠农股份 供稿）

文化建设 Cultural Construction

上1：2017年8月2日，三十团举办中老年健身气功大赛（尚新革 摄）
上2：2017年8月3日，明祥社区举办全民健身日系列活动（顾小凡 摄）
上3：2017年8月10日，二十九团举办博古其镇梨花节（杜炳勋 摄）

Cultural Construction 文化建设

下1：2017年8月14日，三十团举办第五届"百日广场"文化活动（尚新革 摄）
下2：2017年9月28日，二十四团小学举行金色沙枣花飘香读书活动（张容 摄）
下3：2017年10月，游客在二十二团冬枣种植园采摘冬枣（于飞 摄）

文化建设 Cultural Construction

2017年9月30日，十八团渠管理处开展"喜迎党的十九大 同心共筑中国梦"文艺汇演（十八团渠管理处 供稿）

2017年12月28日，师市党委老干局、老年体协举办迎新年文艺演出（曹建军 摄）

"民族团结一家亲"联谊活动（王建刚 摄）

社会建设

Social Construction

社会建设 Social Construction

2017年5月,十八团渠上游水管站职工指导恰尔巴格乡下和什巴克村村民防治梨树病虫害(苏江生 摄)

2017年5月20日,金三角商贸集团公司举行计划生育协会日拔河比赛(金三角公司 供稿)

2017年5月21日,二十四团"民族团结一家亲"文化联谊活动(张容 摄)

Social Construction 社会建设

2017年6月15日，八一中学组织学生在实践基地参加劳动（刘丹丹 摄）

2017年，三十一团开展民族团结一家亲兵地文化共建（姚国斌 摄）

2017年8月15日，三十团举办面点制作培训班（尚新革 摄）

社会建设 Social Construction

2017年10月27日，铁门关津汇村镇银行与孔雀佳苑社区开展"关爱老年人 欢庆十九大 携手共建联创最美社区"庆祝活动（胡春生 摄）

2017年12月，三十三团社政科干部在尉犁县古勒巴格乡阿克其开村少数民族亲戚家，为儿童过8岁生日（杨帮力 摄）

Social Construction **社会建设**

2017年12月15日，二十一团机关干部在结亲户家同劳动（王建刚、马麟 摄）

2017年，三十七团职工采摘在沙漠种植嫁接的大芸（杨铁军 摄）

老职工生活（周新明 摄）

45

生态文明建设 Ecological Civilizational Construction

2017年7月2日，铁门关市城区一角（杜炳勋 摄）

2017年7月2日，铁门关市将军河景观（杜炳勋 摄）

2017年6月，铁门关市城区一角（杜炳勋 摄）

2017年6月26日，铁门关市城区一角（杜炳勋 摄）

生态文明建设 Ecological Civilizational Construction

胡杨秋色（杜炳勋 摄）

荒漠金韵（周新明 摄）

Ecological Civilizational Construction 生态文明建设

恰拉水库（王俊江 摄）

生命的力量（周新明 摄）

生态文明建设 Ecological Civilizational Construction

2017年4月13日，大雁在三十七团跃进区生态林附近的农田里栖息（三十七团 供稿）

2017年5月8日，铁门关市道路清扫车正式投入使用（杜炳勋 摄）

2017年5月12日，二十五团芦花港风景区一角（二十五团 供稿）

2017年5月,三十团职工在沙漠红柳下种植的大芸(尚新革 摄)

2017年6月5日,建设(环保)局组织举办"6.5"世界环境日宣传活动(环保局 供稿)

生态文明建设 Ecological Civilizational Construction

2017年6月24日,二十九团设施农业(杜炳勋 摄)

2017年7月18日,在建的铁门关市群众文化活动中心项目,项目为援疆资金建设(杨厚伟 摄)

Ecological Civilizational Construction 生态文明建设

2017年7月20日，三十一团环保志愿者开展回收废旧电池公益活动（徐文婷 摄）

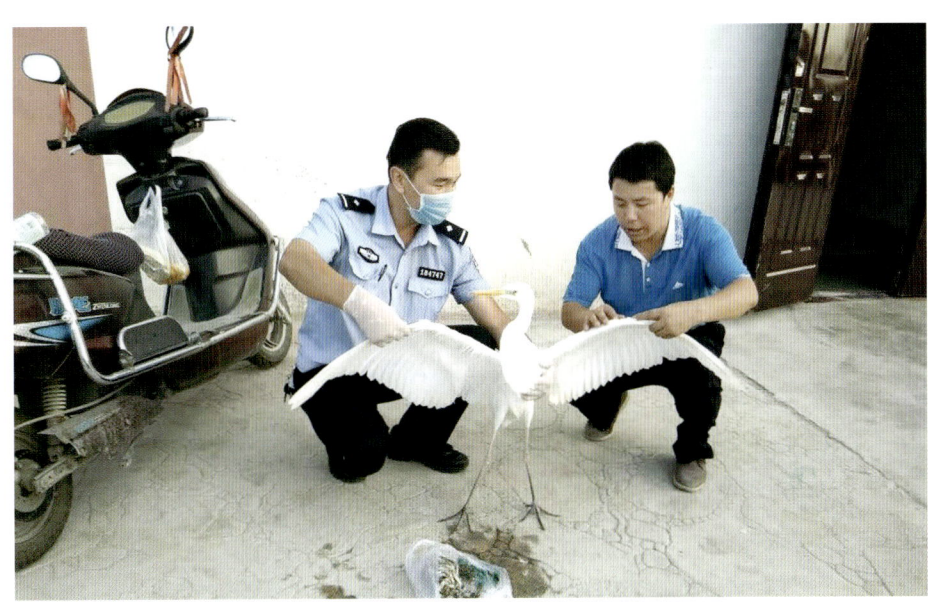

2017年8月3日，铁门关市园林绿化养护中心人员在救助一只受伤的国家二级保护动物——黄嘴白鹭（铁门关市园林中心 供稿）

2017年8月，铁门关市污水处理设施（杜炳勋 摄）

生态文明建设 Ecological Civilizational Construction

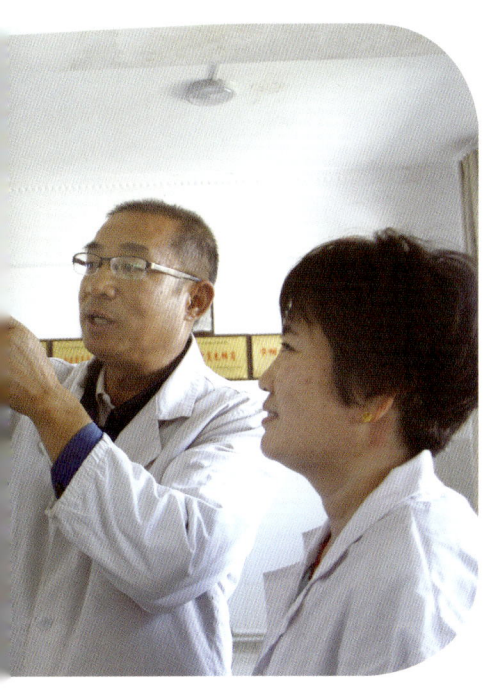

Ecological Civilizational Construction　　生态文明建设

上1：2017年9月14日，三十七团新城镇职工新居（杨铁军 摄）

上2：八一学子给小鸟筑巢，帮小鸟建一个漂亮的家（刘丹丹 摄）

上3：2017年9月20日，二十一团月亮湾景区（苏江生 摄）

中1：2017年9月20日，二十四团在戈壁滩种植的1万余亩葡萄，改善了生态环境（唐亮、尹旭 摄）

中2：2017年9月20日，三十七团塔克拉玛干沙漠边缘万亩梭梭林（张境天 摄）

下1：2017年，塔里木水管处渔业发展（王俊江 摄）

下2：冠农绿原糖业公司污水检测员对污水进行检测，确保达标排放，保护生态环境（李强龙 摄）

目 录

特 载

围绕总目标 全面深化改革 加快向南
　发展 全力开创维稳戍边事业新局面
　　——2017年1月24日在师市党委十五
　　　届三次全委（扩大）会议上的工作
　　　报告 …………………………………（1）
铁门关市人民代表大会常务委员
　会工作报告
　　——2017年2月17日在铁门关市
　　　第一届人民代表大会第五次会
　　　议上 …………………………………（9）
铁门关市政府工作报告
　　——2017年2月16日在铁门关市第一届
　　　人民代表大会第五次会议上………（15）
中国人民政治协商会议铁门关市第一届
　委员会常务委员会工作报告
　　——2017年2月15日在铁门关市
　　　政协一届五次会议上……………（24）
关于2016年铁门关市国民经济和社会
　发展计划执行情况及2017年国民
　经济和社会发展计划草案的报告
　　——2017年2月16日在铁门关市第一届
　　　人民代表大会第五次会议上………（30）
关于铁门关市2016年财政预算执行情况
　和2017年财政预算草案的报告
　　——2017年2月16日在铁门关市第一届
　　　人民代表大会第五次会议上………（35）
铁门关市人民法院工作报告
　　——2017年2月17日在铁门关市
　　　第一届人民代表大会第五次
　　　会议上………………………………（39）
铁门关市人民检察院工作报告
　　——2017年2月17日在铁门关市
　　　第一届人民代表大会第五次
　　　会议上………………………………（44）

专 记

2017年深化改革综述 …………………（49）
2017年向南发展综述 …………………（52）
2017年精准扶贫综述 …………………（56）

专 文

2017年学习宣传贯彻党的十九大精神
　综述……………………………………（61）

2017年"民族团结一家亲"活动综述 … (62)
2017年"访惠聚"活动综述 ………… (65)

大事记

一月 …………………………………… (67)
二月 …………………………………… (68)
三月 …………………………………… (70)
四月 …………………………………… (71)
五月 …………………………………… (74)
六月 …………………………………… (76)
七月 …………………………………… (77)
八月 …………………………………… (79)
九月 …………………………………… (82)
十月 …………………………………… (83)
十一月 ………………………………… (84)
十二月 ………………………………… (85)

师市概况

自然地理 …………………………… (87)
位置面积 ……………………………… (87)
地形地貌 ……………………………… (87)
气候 …………………………………… (87)
行政区划 ……………………………… (88)

自然资源 …………………………… (88)
土地资源 ……………………………… (88)
水利资源 ……………………………… (88)
生物资源 ……………………………… (88)
矿产资源 ……………………………… (89)

旅游资源 …………………………… (89)
综述 …………………………………… (89)
旅游特色景点 ………………………… (89)

历史沿革 …………………………… (89)
解放战争时期 ………………………… (89)

进军新疆时期 ………………………… (89)
新疆发展时期 ………………………… (89)

领导机构团体领导人名录 ………… (90)
中共第二师委员会、第二师 ………… (90)
中共铁门关市委员会 ………………… (90)
铁门关市人民代表大会常务委员会 … (90)
铁门关市人民政府 …………………… (91)
中国人民政治协商会议铁门关市
　委员会 ……………………………… (91)

机关部门及直属机构领导名录 …… (91)

**2017年第二师国民经济和社会发展
　概况** ……………………………… (94)
经济建设 ……………………………… (94)
农业 …………………………………… (95)
工业 …………………………………… (95)
建筑业 ………………………………… (95)
固定资产投资 ………………………… (96)
国内贸易 ……………………………… (96)
对外经济 ……………………………… (96)
招商引资 ……………………………… (96)
对口援疆项目 ………………………… (96)
交通运输 ……………………………… (97)
旅游 …………………………………… (97)
金融 …………………………………… (97)
保险 …………………………………… (97)
人口 …………………………………… (97)
就业 …………………………………… (97)
人民生活 ……………………………… (97)
社会保障 ……………………………… (98)
教育 …………………………………… (98)
科学技术 ……………………………… (98)
文化 …………………………………… (99)
体育 …………………………………… (99)
卫生 …………………………………… (99)
社会服务 ……………………………… (99)
资源环境 ……………………………… (99)
安全生产 ……………………………… (100)

2017年铁门关市国民经济和社会发展概况 （100）
概况 …………………………………… （100）
经济建设 ……………………………… （100）
农业 …………………………………… （100）
工业 …………………………………… （100）
建筑业 ………………………………… （100）
固定资产投资 ………………………… （100）
服务业 ………………………………… （101）
招商引资 ……………………………… （101）
交通运输 ……………………………… （101）
财政 …………………………………… （101）
税收 …………………………………… （101）
就业 …………………………………… （101）
文化 …………………………………… （101）
城市建设与管理 ……………………… （101）
工商行政管理 ………………………… （101）
铁门关市人民代表大会 ……………… （102）
政协铁门关市委员会 ………………… （102）

中国共产党第二师铁门关市委员会

组织 …………………………………… （103）
党组织建设 …………………………… （103）
党代会会议 …………………………… （103）
"两学一做"学习教育 ………………… （103）
发挥兵团特殊作用大学习大讨论
　　活动 ……………………………… （103）
七一慰问 ……………………………… （104）
党建述职评议 ………………………… （104）
基层组织阵地建设 …………………… （104）
基层党组织带头人队伍建设 ………… （104）
完善基层党组织书记考核机制 ……… （104）
"访惠聚"工作 ………………………… （105）
"访惠聚"工作表彰 …………………… （105）
大学生"连官"工作 …………………… （105）
抓党建促脱贫攻坚 …………………… （105）
非公企业和社会组织党建 …………… （105）
推动兵团深化改革 …………………… （105）
国有企业党建调研 …………………… （106）
党的建设和组织工作"六大工程" … （106）
"互联网+"党建服务云平台 ………… （106）
党员教育积分制管理 ………………… （106）
党员组织关系管理 …………………… （106）
党建理论研究 ………………………… （106）
干部队伍建设 ………………………… （106）
党的十九大精神教育培训 …………… （107）
团场领导班子建设 …………………… （107）
师机关部门领导班子建设 …………… （107）
师市机关部门（单位）干部交流 …… （107）
师市党委管理的领导班子及领导干部
　　考核定等 ………………………… （107）
优秀干部人才到团场挂职锻炼 ……… （107）
兵地干部人才交流 …………………… （107）
完善干部选任制度 …………………… （108）
援疆人才引进 ………………………… （108）
援疆干部人才管理服务 ……………… （108）
干部教育培训 ………………………… （108）
青年干部培训 ………………………… （108）
援疆省市培训师市干部 ……………… （109）
干部挂职锻炼 ………………………… （109）
高层次人才专家管理服务工作 ……… （109）
"民族团结一家亲"活动 ……………… （109）
领导干部个人事项报告抽查 ………… （109）
领导干部因私出国（境）证件
　　管理 ……………………………… （109）
信访案件查核督办 …………………… （109）
规范基层单位选人用人 ……………… （109）
领导干部"带病提拔"倒查工作 …… （110）
核实、督促党政领导干部经商办企业
　　整改情况 ………………………… （110）
兵团党员、干部、公务员数据统计
　　及汇总 …………………………… （110）
党政领导干部生态环境损害责任追究
　　工作 ……………………………… （110）

宣传 …………………………………… （110）
综述 …………………………………… （110）
迎接党的十九大宣传 ………………… （110）
党的十九大实况宣传 ………………… （111）
党的十九大精神宣讲 ………………… （111）

党委理论学习中心组 …………………… (111)
意识形态工作 …………………………… (112)
重大主题和先进典型宣传 ……………… (112)
新闻外宣 ………………………………… (112)
首次实现手机现场直播 ………………… (112)
师市党委网信办成立 …………………… (112)
"铁门关在线"微信公众号 …………… (112)

统一战线 …………………………………… (113)
师市统战民宗工作会议 ………………… (113)
统战干部调训 …………………………… (113)
兵地融合发展 …………………………… (113)
"民族团结一家亲活动" ……………… (113)
兵团少数民族发展资金项目 …………… (113)
民族团结进步表彰 ……………………… (113)
驻连管寺管委会主任培训班 …………… (114)
工商联换届考察 ………………………… (114)

政法 ………………………………………… (114)
综述 ……………………………………… (114)
第二师铁门关市党委政法工作会议 …… (114)
平安师市创建活动 ……………………… (114)
维稳安保会议 …………………………… (114)
执法监督 ………………………………… (114)
司法体制改革 …………………………… (114)
法治宣传 ………………………………… (114)
支援巴州维稳 …………………………… (115)
政法队伍建设 …………………………… (115)
师市法学会工作 ………………………… (115)
"民族团结一家亲"活动 ……………… (115)

政策研究 …………………………………… (115)
综述 ……………………………………… (115)
深化改革综合调研 ……………………… (115)
团场综合配套改革 ……………………… (116)
行政体制改革 …………………………… (116)
事业单位改革 …………………………… (116)
税收体例改革 …………………………… (116)
财政体制改革 …………………………… (116)
国资国企改革 …………………………… (116)
兵地融合发展 …………………………… (116)
推进全面深化改革 ……………………… (117)

"七冬"活动扎实开展 ………………… (117)

机构编制 …………………………………… (117)
机构改革 ………………………………… (117)
机关部门机构编制调整 ………………… (117)
公布权责清单 …………………………… (117)
清理非行政许可事项 …………………… (118)
行政审批事项办理 ……………………… (118)
清理规范行政审批中介服务 …………… (118)
从事生产经营活动事业单位改革 ……… (118)
事业单位法人治理结构 ………………… (118)
分类推进事业单位改革试点 …………… (118)
事业单位法人公示制度改革 …………… (118)
师市事业单位年度报告真实性抽查 …… (118)
事业单位法人登记年审 ………………… (119)
机构编制实名制管理 …………………… (119)
绩效管理 ………………………………… (119)
课题研究 ………………………………… (119)
全国机构编制先进工作者 ……………… (119)

机关党建 …………………………………… (119)
机关党组织及党员队伍 ………………… (119)
机关党的思想建设 ……………………… (120)
党内关怀帮扶 …………………………… (120)
党员发展对象培训班 …………………… (120)
党纪党规学习教育 ……………………… (120)
机关作风建设和专项治理 ……………… (120)
党风廉政宣传教育 ……………………… (120)
师直机关精神文明建设 ………………… (120)
"民族团结一家亲"活动 ……………… (120)
机关职能绩效目标编制评审 …………… (120)

党校 ………………………………………… (121)
概况 ……………………………………… (121)
自身党建工作 …………………………… (121)
干部培训 ………………………………… (121)
教学 ……………………………………… (121)
科研 ……………………………………… (121)
队伍建设 ………………………………… (121)
学员管理 ………………………………… (122)
主题宣讲 ………………………………… (122)
制度建设 ………………………………… (122)

校园文明创建 …………………… (122)	制度建设 ………………………… (129)
民族团结 ………………………… (122)	舆论宣传 ………………………… (129)
文化建设 ………………………… (122)	研讨交流会 ……………………… (129)
行政后勤 ………………………… (122)	党员志愿服务活动 ……………… (130)

保密 ………………………………… (123)
党管保密 ………………………… (123)
保密检查 ………………………… (123)
保密自查自评 …………………… (123)
保密宣传 ………………………… (123)
涉密人员管理 …………………… (123)
网络保密管理 …………………… (123)

老干部工作 ………………………… (124)
离（退）休干部 ………………… (124)
老干部党支部建设 ……………… (124)
老干部慰问帮扶 ………………… (124)
老干部参与社会活动 …………… (124)
老干部文体活动 ………………… (124)

铁门关市人民代表大会

综述 ………………………………… (125)
概况 ……………………………… (125)
重大事项决定 …………………… (125)
工作监督 ………………………… (125)
民生保障监督 …………………… (126)
法律实施监督 …………………… (126)
法治建设监督 …………………… (126)
常委会联系代表、代表联系选民
　"双联系"活动 ………………… (126)
民族团结 ………………………… (127)
兵地共建 ………………………… (127)
议案建议办理 …………………… (127)
"法治新疆·天山行——走进铁门关"
　大型现场直播活动 …………… (127)
主题实践活动 …………………… (128)
代表走进人民法院、人民检察院 … (128)
人大代表参加"检察开放日"
　活动 …………………………… (128)
思想政治建设 …………………… (129)

重要会议 …………………………… (130)
一届人大常委会第三十二次主任
　（扩大）会议 ………………… (130)
一届人大常委会第二十二次会议 … (130)
一届人民代表大会第五次会议 … (130)
一届人大五次会议代表议案建议和政协
　一届五次会议委员提案交办会 … (130)
一届人大常委会第二十三次会议 … (131)
一届人大常委会第三十四次主任（扩大）
　会议 …………………………… (131)
一届人大常委会召开第二十四次
　会议 …………………………… (131)
一届人大常委会召开第二十六次
　会议 …………………………… (131)

代表调研活动 ……………………… (132)
安全生产调研 …………………… (132)
创新兵地融合发展调研 ………… (132)
团场体制改革调研 ……………… (132)
重点项目建设视察 ……………… (132)
山东渤海教导旅战史调研 ……… (132)
"双联系"活动 …………………… (132)
团场卫生调研 …………………… (132)
议案办理调研 …………………… (132)

第二师 铁门关市
人民政府

外事·侨务 ………………………… (133)
工作会议 ………………………… (133)
外事项目 ………………………… (133)
外事工作规范化建设 …………… (133)
外事管理 ………………………… (133)
外事调研 ………………………… (133)
以侨架"桥" …………………… (133)

涉侨公益事业 …………………… （134）
侨界联谊交流 …………………… （134）
侨界文化交流 …………………… （134）
对侨服务 ………………………… （134）
侨务脱贫 ………………………… （134）

信访 ……………………………… （134）
概况 ……………………………… （134）
领导干部接访下访 ……………… （135）
环保投诉和举报案件处理 ……… （135）
信访专项活动 …………………… （135）
信访联席会议制度 ……………… （135）
帮扶救助 ………………………… （135）
督查督办 ………………………… （135）
荣誉 ……………………………… （135）

档案 ……………………………… （135）
概况 ……………………………… （135）
法制档案建设 …………………… （136）
业务培训 ………………………… （136）
工作轮训 ………………………… （136）
档案接收入馆 …………………… （136）
库房管理 ………………………… （136）
利用服务 ………………………… （137）
专项检查 ………………………… （137）
目标管理复审达标 ……………… （137）
建设项目档案跟踪服务 ………… （137）
基层服务与督查 ………………… （137）
考察学习 ………………………… （137）

史志 ……………………………… （137）
第二轮修志 ……………………… （137）
兵地共建 ………………………… （137）
信息和专业论文 ………………… （137）
年鉴工作 ………………………… （137）
党史工作 ………………………… （138）
对口援建 ………………………… （138）
业务培训 ………………………… （138）
纪念馆、团史馆普查调研 ……… （138）
咨询服务 ………………………… （138）

公共资源交易 …………………… （138）
概况 ……………………………… （138）
制度建设 ………………………… （138）
业务培训 ………………………… （138）

电子政务 ………………………… （139）
概况 ……………………………… （139）
制度建设 ………………………… （139）
网络运维 ………………………… （139）
应用推广 ………………………… （139）
政务公开 ………………………… （139）
专网建设 ………………………… （139）
会议保障 ………………………… （139）
学习培训 ………………………… （140）
机关搬迁网络保障 ……………… （140）
外网远程安全接入工作 ………… （140）
十九大网络安全保障 …………… （140）
文明单位创建工作 ……………… （140）

中国人民政治协商会议铁门关市委员会

综述 ……………………………… （141）
概况 ……………………………… （141）
政治协商 ………………………… （141）

重要会议 ………………………… （141）
政协一届五次全委会议 ………… （141）
一届十八次常委会议 …………… （142）
一届十九次常委会议 …………… （142）
一届二十次常委会议 …………… （143）
一届二十一次常委会议 ………… （143）
一届二十二次常委会 …………… （143）
一届二十三次常委会 …………… （143）

委员调研活动 …………………… （143）
"兵地融合"和推进"民族团结
　一家亲"活动专题调研 ……… （143）
"规划先行，政策配套，加快人口聚集"
　专题调研 ……………………… （144）

"大众创业 万众创新"专题
　　调研 …………………………（144）
"新职工队伍招录与管理"专题
　　调研 …………………………（144）
"增强全民健身意识，提升市民
　　健康水平"专题调研 …………（144）

纪检监察

综述 ……………………………（145）
概述 ………………………………（145）
监察体制改革试点工作 …………（145）
先进表彰 …………………………（145）

重要会议 ………………………（145）
师市纪委十五届二次全会 ………（145）
廉政工作会议 ……………………（145）
纪委书记座谈会 …………………（145）
"学转促"专项活动 ………………（145）

执纪审查 ………………………（146）
案件审理 …………………………（146）
专项监督检查 ……………………（146）

党风廉政建设 …………………（146）
专题会议 …………………………（146）
舆论监督 …………………………（146）

落实中央八项规定 ……………（146）
违规查处 …………………………（146）
查处损害群众利益问题 …………（146）
规范公职人员从业行为 …………（146）
实践"四种形态" …………………（146）

巡察 ……………………………（146）
督查追责 …………………………（146）
落实总目标巡察 …………………（146）

群众团体

工会 ……………………………（147）
工作会议 …………………………（147）
全国五一劳动奖章 ………………（147）
劳模创新工作室 …………………（147）
第五期劳动模范培训班 …………（147）
庆祝五一国际劳动节系列活动 …（147）
劳动模范"三金"发放 ……………（147）
职工自主创业示范项目 …………（148）
"安康杯"竞赛活动 ………………（148）
"送温暖"活动 ……………………（148）
困难职工帮扶 ……………………（148）
"金秋助学"活动 …………………（148）
关爱职工好企业 …………………（149）
五一巾帼奖状 ……………………（149）
女职工组织建设 …………………（149）
"书香三八"征文读书活动 ………（149）
庆祝"三八"国际妇女节
　　系列活动 ………………………（149）
女职工权益保护专项
　　集体合同 ………………………（149）
女职工竞赛活动 …………………（149）

共青团委员会 …………………（149）
综述 ………………………………（149）
春节慰问志愿者 …………………（151）
纪念第54个雷锋日志愿服务
　　活动 ……………………………（151）
第二师铁门关市2017年群团
　　工作会议 ………………………（152）
青年义务植树活动 ………………（152）
基层团干部、少先大队辅导员
　　"青春引擎"培训班 ……………（152）
纪念"五四"运动98周年暨
　　优秀青年表彰大会 ……………（152）
青少年发声亮剑座谈会 …………（152）
"民族团结一家亲·青年在行动"
　　主题教育实践活动 ……………（152）

师市优秀青年先进事迹报告会 ……… (152)	组织建设 ……………………………… (157)
"喜迎十九大·飞扬的红领巾——我向习爷爷说句心里话"主题演讲比赛 … (152)	参政议政 ……………………………… (157)
	经济联络 ……………………………… (157)
	经济服务 ……………………………… (157)
欢庆六一儿童节系列活动 …………… (152)	"五好"工商联建设 …………………… (157)
大中专学生暑期"三下乡" 社会实践活动 ………………………… (153)	商会建设 ……………………………… (157)
	教育培训 ……………………………… (158)
大学生志愿者年度考核会 …………… (153)	"百企帮百连"精准扶贫行动 ………… (158)
大学生志愿服务团出征仪式 ………… (153)	
"喜迎十九大·手拉手欢乐一夏" 夏令营 …………………………… (153)	**科学技术协会** ……………………………… (158)
	概况 …………………………………… (158)
进疆女兵图片展 ……………………… (153)	制度建设 ……………………………… (158)
大学生志愿者座谈会 ………………… (153)	科普阵地建设 ………………………… (158)
首届青年创业创意大赛 ……………… (153)	科普宣传活动 ………………………… (158)
首届青少年国家通用语言大赛 ……… (154)	承办兵团第十五届青少年科技创新大赛 ……………………………… (159)
西部计划大学生志愿者中期培训班 … (154)	
招商引资 ……………………………… (154)	师市第十五届青少年科技创新大赛 … (159)
青年创业增收引领计划 ……………… (154)	青少年科技教育 ……………………… (159)
贫困助学 ……………………………… (154)	
	残疾人联合会 ……………………………… (159)
妇女联合会 ……………………………… (154)	慰问困难重度残疾人 ………………… (159)
综述 …………………………………… (154)	工作会议 ……………………………… (159)
"贫困母亲两癌""春蕾计划"救助资金发放仪式 ………………………… (154)	困难残疾人送温暖活动 ……………… (159)
	"爱耳日"宣传活动 …………………… (159)
巾帼志愿帮扶救助行动 ……………… (155)	看望、慰问结对认亲户 ……………… (160)
强化妇联组织建设 …………………… (155)	第二十七次全国助残日活动 ………… (160)
表彰妇女先进 ………………………… (155)	残疾人专项调查及需求信息数据动态更新工作培训班 ……………… (160)
庆"三八"活动 ……………………… (155)	
普法宣传 ……………………………… (155)	残疾人就业实名制系统培训班 ……… (160)
"最美家庭"评选表彰 ………………… (155)	脑瘫儿童筛查活动 …………………… (160)
"巾帼心向党 做维护稳定的排头兵"宣讲会 …………………………… (155)	兵团残联调研 ………………………… (160)
	兵团残联调研挂钩团场脱贫解困工作 ………………………………… (160)
妇联组织换届工作培训班 …………… (155)	
家庭教育情景剧展播活动 …………… (155)	
妇女第三次代表大会 ………………… (156)	
妇女儿童发展"两个规划"工作 …… (156)	
妇女技能培训班 ……………………… (156)	# 法 治
全国妇联赴二师调研 ………………… (156)	
爱心毛衣发放仪式 …………………… (156)	**社会治安综合治理** ……………………… (161)
	群众安全感调查 ……………………… (161)
工商联 …………………………………… (156)	深化基层基础工作年 ………………… (161)
政治引导 ……………………………… (156)	重点部位规范化建设 ………………… (161)

重点地区排查整治	(161)
重点要素管控	(161)
公共安全视频监控建设	(161)
矛盾纠纷排查	(162)
流动人口服务管理	(162)
铁路护路联防	(162)
网格化服务管理	(162)

政府法制	(162)
规范性文件审查	(162)
规范性文件备案	(162)
规范性文件清理	(163)
法律法规征求意见	(163)
行政执法人员统计	(163)
规范流程	(163)

公安	(163)
社会面防控	(163)
案件查处	(163)
信息化应用	(163)
人才培养	(163)
援疆工作	(163)
消防安全	(164)
治安管理	(164)
专项斗争	(165)

检察	(165)
综述	(165)
检察工作会议	(165)
法律监督	(165)
民族团结联谊会	(165)
业务培训	(166)
检察开放日活动	(166)
援疆干部座谈会	(166)
发声亮剑	(166)
调研指导	(166)
学习先进典型	(166)
审查逮捕	(166)
审查起诉	(166)
查办职务犯罪	(166)
民事行政检察	(167)

刑事执行检察	(167)

法院	(167)
概况	(167)
刑事审判	(167)
民商事审判	(167)
行政审判	(167)
案件执行	(168)
立案信访	(168)
审判管理	(168)
司法为民	(168)
体制改革	(168)
维稳安保	(168)
党建工作	(168)
党风廉政建设	(169)

司法行政	(169)
综述	(169)
普法依法治理	(169)
人民调解	(170)
社区矫正	(170)
安置帮教	(170)
特殊人群管理	(170)
司法服务工作室	(170)
法律服务	(171)
律师业务	(171)
公证业务	(171)
法律援助	(171)
党风廉政建设	(171)
"大学习大讨论"活动	(172)
"两学一做"学习教育	(172)
"忠诚教育"活动	(172)
"访惠聚"工作	(172)
挂钩扶贫	(173)
"民族团结一家亲"活动	(173)
司法行政业务会	(173)
党建工作	(173)

监狱管理	(173)
监狱搬迁	(173)
"四反"活动	(173)

警校生实习 …………………………（173）	三十四团人武部 ……………………（184）
民警招录 ……………………………（173）	三十七团人武部 ……………………（184）
喜迎十九大 …………………………（173）	三十八团人武部 ……………………（184）
远程视频会见 ………………………（173）	
大培训　大练兵　大比武 …………（174）	## 对口支援
狱园文化建设 ………………………（174）	
纪录片获奖 …………………………（174）	
"去极端化"教育 ……………………（174）	**综述** …………………………………（185）
警体技能大比武 ……………………（174）	概况 …………………………………（185）
警队建设 ……………………………（174）	河北省党政代表团考察 ……………（185）
中央民宗委督导调研 ………………（174）	吴彬率团赴河北省考察 ……………（186）
援助且末监狱 ………………………（174）	第三批河北省援疆干部人才欢迎
"三课"教育 …………………………（174）	大会 ………………………………（186）
心理健康教育 ………………………（174）	李震国到二师调研 …………………（186）
	吴彬率团赴保定市考察 ……………（186）
## 军　事	保定市产业招商 ……………………（186）
	援疆干部人才工作全体会议 ………（187）
	对口帮扶 ……………………………（187）
人民武装 …………………………（175）	河北衡水市党政代表团到第二师
概况 …………………………………（175）	铁门关市考察 ……………………（187）
军事工作 ……………………………（175）	定州市考察 …………………………（187）
政治工作 ……………………………（178）	廊坊市赴二师调研 …………………（187）
保障工作 ……………………………（178）	河北省国资委代表团赴第二师铁门关市
国际军事比赛安保工作 ……………（179）	调研 ………………………………（187）
征兵工作 ……………………………（180）	移交"基础测绘及地理信息管理
巴州反恐维稳誓师大会 ……………（180）	平台" ………………………………（187）
2017年度武装工作会议 ……………（180）	结对认亲 ……………………………（188）
兵团军事部调研 ……………………（180）	《援疆纪录（第三辑）》………………（188）
廖正良指导武装部党委民主生活会 …（180）	
	行业援建 …………………………（188）
团场人武部 ………………………（181）	教育系统 ……………………………（188）
二十一团人武部 ……………………（181）	国土资源系统 ………………………（188）
二十二团人武部 ……………………（181）	建设（环保）系统 …………………（188）
二十四团人武部 ……………………（181）	卫生系统 ……………………………（188）
二十五团人武部 ……………………（182）	科技系统 ……………………………（189）
二十七团人武部 ……………………（182）	组织系统 ……………………………（189）
二二三团人武部 ……………………（183）	司法系统 ……………………………（189）
二十九团人武部 ……………………（183）	
三十团人武部 ………………………（183）	**一对一援建** ………………………（189）
三十一团人武部 ……………………（183）	辛集市对口支援二十一团 …………（189）
三十三团人武部 ……………………（183）	邯郸市对口支援二十二团 …………（189）

张家口市对口支援二十四团 …………… （190）
秦皇岛市对口支援二十五团 …………… （190）
廊坊市对口支援二十七团 ……………… （190）
定州市对口支援二二三团 ……………… （190）
保定市对口支援二十九团 ……………… （191）
沧州市对口支援三十团 ………………… （191）
石家庄市对口支援三十一团 …………… （191）
承德市对口支援三十三团 ……………… （191）
衡水市对口支援三十四团 ……………… （191）
邢台市对口支援三十六团 ……………… （192）
唐山市路北区对口支援三十七团 ……… （192）
唐山市对口支援三十八团 ……………… （192）

经济管理与监督

发展和改革 ……………………………… （193）
综述 ……………………………………… （193）
丝绸之路经济带建设 …………………… （193）
调控产能过剩行业 ……………………… （193）
首季经济开好局工作 …………………… （193）
经济运行分析 …………………………… （193）
国民经济和社会发展计划 ……………… （193）
统筹加快区域平衡协调发展 …………… （194）
下放项目审批权限 ……………………… （194）
固定资产投资 …………………………… （194）
投资项目在线审批监管平台 …………… （194）
重大项目建设 …………………………… （194）
申报中央投资项目 ……………………… （194）
有序推进PPP融资模式 ………………… （194）
"十件实事" ……………………………… （194）
节能减排综合协调工作 ………………… （195）
市场价格监管 …………………………… （195）
深化棉花目标价格改革 ………………… （195）
医疗保障制度改革 ……………………… （195）
夏粮交售 ………………………………… （195）

国有资产监督管理 ……………………… （196）
国有资产总量 …………………………… （196）
国有资本保值增值 ……………………… （196）
企业分类划级 …………………………… （196）
国家出资企业产权登记 ………………… （196）
监管企业业绩考核 ……………………… （196）
国有企业公司制股份制改革 …………… （196）
推动监管职能转变 ……………………… （196）
完善国资监管服务能力 ………………… （196）
国有资产监督管理工作会议 …………… （196）

审计 ……………………………………… （197）
机构编制 ………………………………… （197）
审计成果 ………………………………… （197）
国家重大政策措施贯彻落实跟踪
　审计 …………………………………… （197）
财政审计 ………………………………… （197）
民生审计 ………………………………… （197）
经济责任审计 …………………………… （197）
援疆项目审计 …………………………… （197）
专项资金审计 …………………………… （197）
审计成果运用 …………………………… （197）

统计 ……………………………………… （197）
综述 ……………………………………… （197）
统计改革 ………………………………… （198）
统计服务 ………………………………… （198）
统计数据解读 …………………………… （198）
统计产品 ………………………………… （198）
统计培训 ………………………………… （198）
从严治党 ………………………………… （198）
"两学一做"学习教育 …………………… （199）
"民族团结一家亲"活动 ………………… （199）

社会经济调查 …………………………… （199）
调查业务 ………………………………… （199）
统计法治建设 …………………………… （199）
统计教育培训 …………………………… （199）
师市第三次全国农业普查 ……………… （199）
"调查工作质量提升年"专项活动 ……… （200）
统计信息化 ……………………………… （200）

国土资源管理 …………………………… （200）
国土资源工作会议 ……………………… （200）
党建工作 ………………………………… （200）

两学一做 …………………………（200）
"世界地球日"宣传活动 ……………（200）
"全国土地日"宣传活动 ……………（200）
土地利用规划及耕地保护 ……………（201）
建设用地 ………………………………（201）
地籍管理及不动产登记 ………………（201）
执法监察 ………………………………（201）

工商行政管理 …………………………（202）
市场主体注册登记 ……………………（202）
服务国资国企改革 ……………………（202）
消费维权 ………………………………（202）
"双随机"抽查 …………………………（202）
注册商标专用权保护 …………………（202）
红盾护农行动 …………………………（202）
动产抵押登记 …………………………（203）

安全生产监督 …………………………（203）
综述 ……………………………………（203）
生产安全事故 …………………………（203）
安全生产体系建设 ……………………（203）
执法检查 ………………………………（203）
信息化建设 ……………………………（203）
宣传教育 ………………………………（203）
安全生产应急演练 ……………………（204）

质量技术监督 …………………………（204）
综述 ……………………………………（204）
质量强师市 ……………………………（204）
新疆名牌产品目录申报 ………………（204）
质量工作考核 …………………………（204）
师市质量奖 ……………………………（204）
质量月活动 ……………………………（205）

食品药品卫生监督 ……………………（205）
许可量化分级 …………………………（205）
明厨亮灶工程 …………………………（205）
食品安全风险监测 ……………………（205）
药品安全抽检 …………………………（205）
国家食品安全监督抽检 ………………（205）
食用农产品专项抽检 …………………（205）

食品安全现场检测 ……………………（205）
食品安全专项监督抽检 ………………（205）
食品安全专项整治 ……………………（205）
重大活动食品安全保障 ………………（206）
学校卫生 ………………………………（206）
饮用水卫生监管 ………………………（206）
医疗卫生监管 …………………………（206）
采供血卫生监管 ………………………（207）
打击非法行医 …………………………（207）
医疗废物处置 …………………………（207）
职业卫生监督 …………………………（207）
放射卫生监督 …………………………（207）
"双随机一公开" ………………………（207）
卫生法律法规落实 ……………………（207）
干部教育培训 …………………………（207）
案件查处 ………………………………（207）
食品卫生投诉举报 ……………………（208）
突发事件应急演练 ……………………（208）
对外宣传工作 …………………………（208）

扶贫开发 ………………………………（208）
健全扶贫工作制度 ……………………（208）
兵地联动脱贫攻坚 ……………………（208）

财政·税务

财政 ……………………………………（209）
综述 ……………………………………（209）
一般公共预算收支 ……………………（209）
政府性基金收支 ………………………（209）
国资经营预算收支 ……………………（210）
社会保险基金预算收支 ………………（210）
教育财政支出 …………………………（210）
文化体育与传媒支出 …………………（210）
社会保障和就业支出 …………………（210）
医疗卫生与计划生育支出 ……………（210）
城乡社区支出 …………………………（211）
农业支出 ………………………………（211）
林业和水利支出 ………………………（211）
住房保障支出 …………………………（211）

社会保险待遇支出 …………………… (211)
棉花价格补贴 ………………………… (211)
高标准农田建设 ……………………… (211)
民生水利项目 ………………………… (212)
文化建设项目 ………………………… (212)
铁门关市基础建设项目 ……………… (212)
教育建设项目 ………………………… (212)
行政事业单位资产管理 ……………… (212)
政府采购 ……………………………… (212)
财政体制改革 ………………………… (212)
财政监督 ……………………………… (212)

国家税务 ………………………………… (213)
税收收入情况 ………………………… (213)
税收政策落实 ………………………… (213)
国地税合作 …………………………… (213)
纳税服务 ……………………………… (213)
税收法治 ……………………………… (213)
税收征管 ……………………………… (213)
数字人事 ……………………………… (214)
教育培训 ……………………………… (214)
党建 …………………………………… (214)
维护社会稳定 ………………………… (214)
道德讲堂活动 ………………………… (215)
民族团结一家亲联谊活动 …………… (215)
干部考察 ……………………………… (215)
督查重点工作 ………………………… (215)
纪念建党96周年主题党日活动 ……… (215)
文艺汇演活动 ………………………… (215)
看望结对亲戚 ………………………… (215)
反馈巡察结果 ………………………… (215)
民族团结联谊 ………………………… (215)

地方税务 ………………………………… (215)
税收收入情况 ………………………… (215)
税收征管 ……………………………… (215)
税收法治 ……………………………… (215)
纳税服务 ……………………………… (216)
税务稽查 ……………………………… (216)
绩效管理 ……………………………… (216)
教育培训 ……………………………… (216)

作风建设 ……………………………… (216)
党风廉政 ……………………………… (217)
党支部建设 …………………………… (217)
安全维稳工作 ………………………… (217)
民族团结工作 ………………………… (217)
"访惠聚"工作 ………………………… (217)
绩效分析讲评会议 …………………… (217)
赴内地招商 …………………………… (217)
税收宣传月"首宣日"系列活动 …… (218)
税收工作座谈会 ……………………… (218)
税收宣传和咨询活动 ………………… (218)
在线访谈活动 ………………………… (218)
"春风杯"书画摄影展 ……………… (218)
税收分析研讨会 ……………………… (218)
聘请法律顾问 ………………………… (218)
国地税合作联席会议 ………………… (218)
环保税专题宣传培训会 ……………… (218)

农 业

综述 ……………………………………… (219)
概况 …………………………………… (219)
重要文件印发 ………………………… (219)

种植业 …………………………………… (219)
概况 …………………………………… (219)
农产品产量与品质 …………………… (220)
种植效益 ……………………………… (220)
优化品种布局 ………………………… (220)
农业新科技应用 ……………………… (221)
推行绿色生产方式 …………………… (221)
加强残膜污染治理 …………………… (221)

设施农业 ………………………………… (222)
概况 …………………………………… (222)
设施蔬菜种植任务 …………………… (222)
河北援疆项目评审 …………………… (222)

林业 ……………………………………… (223)
概况 …………………………………… (223)
新技术应用 …………………………… (223)

病害防治 …………………………（223）
"三北"工程 ………………………（223）
森林采伐 …………………………（223）
涉林案件查处 ……………………（223）
非法侵占林地清理整治 …………（224）
打击非法猎捕野生动植物 ………（224）
森林公安基础设施建设 …………（224）
林业生产 …………………………（224）
森林防火 …………………………（224）
森林防火安全生产月 ……………（224）
野生动植物保护 …………………（224）
湿地资源动植物情况 ……………（224）
申报建设国家级湿地公园 ………（224）
林业重点工程项目 ………………（225）
退耕还林工程 ……………………（225）
占用征收林地管理 ………………（225）
占用征收林地审批 ………………（225）
林业站建设 ………………………（225）
植树造林 …………………………（225）
有害生物监测信息系统 …………（225）
林业有害生物防治 ………………（225）

畜牧业 ……………………………（226）
概况 ………………………………（226）
畜禽标准化规模养殖 ……………（226）
畜禽良种繁育体系 ………………（226）
新型经营主体 ……………………（226）
农产品品牌创建 …………………（226）
饲草料 ……………………………（226）
畜禽污染防治 ……………………（226）
病死畜禽无害化处理 ……………（227）
禁养区划定 ………………………（227）
畜产品质量安全 …………………（227）
重大动物疫病防控 ………………（227）
草原生态环境保护 ………………（227）
畜牧兽医研讨培训班 ……………（228）
动物疫病防控和草原生态保护工作
　责任书 …………………………（228）

农业机械化 ………………………（228）
概况 ………………………………（228）
农机作业经营 ……………………（228）

农业机械化水平 …………………（228）
农机化人员培训 …………………（228）
农机维修 …………………………（228）
农机安全监理 ……………………（228）
农机购置补贴 ……………………（228）
农机化工作研讨会 ………………（229）
残膜回收机械演示现场会 ………（229）
兵团农机化标准团场创建验收 …（229）
残膜污染治理培训班 ……………（229）
农机检验现场会暨"农机安全生产月
　和安全生产万里行"启动仪式 …（229）
农机事故处置演练及安全分析评估和
　农机购置补贴培训班 …………（229）

农业产业化 ………………………（229）
概况 ………………………………（229）
棉花加工 …………………………（229）
农产品质量安全 …………………（230）
一村（团）一品 …………………（230）
农产品品牌建设 …………………（230）
休闲农业 …………………………（230）
农工专业合作社 …………………（230）

水利 ………………………………（231）
水利资源 …………………………（231）
水利基本建设 ……………………（231）
重点水利工程建设 ………………（231）
水库移民后期扶持 ………………（231）
小型农田水利 ……………………（232）
大型灌区节水改造 ………………（232）
农村饮水安全巩固提升 …………（232）
水库安全 …………………………（232）
水利安全生产管理 ………………（233）
水利项目审查 ……………………（233）
水利工程质量监督 ………………（233）
水利建设质量考核 ………………（233）
水利工程验收 ……………………（233）
农业灌溉 …………………………（233）
水利管理指标 ……………………（233）
水土保持预防监督管理 …………（233）
水资源管理 ………………………（234）
节水灌溉建设 ……………………（234）

全面推行"河长制"工作	(234)
水产渔业	(234)
抗洪抢险	(234)
防洪工程建设	(234)
汛期值班	(235)
特大防汛抗旱资金补助	(235)
应急度汛工程项目建设	(235)
水毁修复工程	(235)
十八团渠管理处	(235)
塔里木垦区水管处	(236)

工业·信息化

工业
概况	(237)
工业固定资产投资	(237)
分行业产值情况	(237)
主要工业产品产量	(237)
参加中国国际中小企业博览会	(238)
节本降耗	(238)
工业节能监察培训	(238)
大众创业万众创新政策	(238)
大众创业万众创新表彰	(238)
大众创业万众创新活动周	(238)
新增市场主体	(239)
支持纺织企业发展	(239)
考察学习	(239)
工交企业系列文体活动	(239)

信息化
基础设施	(239)
办公信息化	(239)
交通信息化	(239)
医疗信息化	(239)
水利信息化	(240)
工业信息化	(240)
公安信息化	(240)

工业园区
概况	(240)
经济建设	(241)
招商引资	(241)
基础设施建设	(241)
对口援建项目	(242)
党的建设	(242)
安全生产	(242)
人口聚集	(242)

商贸·旅游

商贸
国内贸易	(243)
电子商务进农村	(243)
典当管理	(243)
城镇商业便民服务	(243)
农产品冷链物流建设	(243)
家政体系建设	(243)
成品油行业管理	(243)
蔬菜副食品便民直销店	(243)
消费促进"6+1"活动	(244)
商贸领域安全生产	(244)
外贸	(244)
自产产品出口	(244)
中国国际投资贸易洽谈会	(244)
2017（中国）亚欧商品贸易博览会	(244)
第十五届哈萨克斯坦中国商品展览会	(244)

旅游
概况	(244)
5.19全国旅游日	(244)
博古其镇首届梨花节	(244)
旅游安全工作	(244)
旅游规划编制	(244)
旅游项目建设	(244)

交通运输

公路建设与养护
交通基础设施建设	(245)

重点公路工程建设项目 …………… (245)
农村公路建设项目 ………………… (245)
养护工程项目 ……………………… (245)
铁阿高速公路 PPP 项目 …………… (245)
自建项目 …………………………… (246)
养护站点建设 ……………………… (246)
露营基地建设 ……………………… (246)
公路养护 …………………………… (246)
公路养护设备操作与维护培训 …… (246)
寒冷地域沥青路面建养技术交流会 … (247)

路政管理 …………………………… (247)
综合交通服务 ……………………… (247)
配备人证合一身份查验系统 ……… (247)
投诉处理 …………………………… (247)
交通法制建设及行政执法管理 …… (247)
法律宣传 …………………………… (247)
路面执法 …………………………… (248)
平安交通建设 ……………………… (248)
公路和桥梁巡查 …………………… (248)
定期安全检查 ……………………… (249)
春运交通保障 ……………………… (249)
公路建设项目施工安全规范培训班 … (249)
初任人员岗位培训 ………………… (249)
全国海事系统法制人员高级培训 …… (249)
车辆运输车治理暨公路货车超限超载
　　治理工作培训班 ………………… (249)
交通运输行政执法培训班 ………… (249)

公路运输 …………………………… (249)
交通物资储备中心建设 …………… (249)
客运站建设 ………………………… (249)
交通运输体系规划 ………………… (250)
兵地交融合作 ……………………… (250)
现代物流建设 ……………………… (250)
绿色交通 …………………………… (250)

金　融

金融服务 …………………………… (251)
概述 ………………………………… (251)
金融体系建设 ……………………… (251)
金融产品创新 ……………………… (251)
金融工作领导小组 ………………… (251)
社会信用体系建设 ………………… (251)

银行 ………………………………… (252)
中国农业银行巴音郭楞兵团支行 …… (252)
中国农业银行铁门关市兵团支行 …… (252)
中国建设银行铁门关市支行 ……… (252)
库尔勒农商银行铁门关市支行 …… (253)
铁门关津汇村镇银行 ……………… (253)

保险 ………………………………… (254)
中国人民财产保险股份有限
　　公司铁门关支公司 ……………… (254)

邮政·通信

邮政 ………………………………… (255)
二十九团邮政支局 ………………… (255)

通信 ………………………………… (255)
中国电信股份有限公司铁门关
　　分公司 …………………………… (255)
中国联通兵团第二师分公司 ……… (256)
中国移动通信集团有限公司巴州
　　铁门关分公司 …………………… (256)

城乡建设

城镇规划 …………………………… (257)
城市城镇规划 ……………………… (257)
团场城镇规划 ……………………… (257)
规划行政许可程序 ………………… (257)
抗震设防工程 ……………………… (258)

城市建设 …………………………… (258)
城市基础公共服务设施建设 ……… (258)
城市绿化建设 ……………………… (258)

市政工程养护 ………………………（259）
市政设施建设 ………………………（259）

建设业和房地产业 …………………（259）
建筑业管理 …………………………（259）
工程招投标监管 ……………………（259）
建设项目管理 ………………………（260）
建筑工程质量安全监管 ……………（260）
质量专项治理行动 …………………（260）
安全生产标准化 ……………………（260）
"质量月"活动 ……………………（261）
工程质量检测 ………………………（261）
房产管理 ……………………………（261）
房屋交易与产权管理 ………………（261）
房地产市场监督管理 ………………（261）
房屋维修资金管理 …………………（261）
兵团房产信息平台管理 ……………（262）

住房保障 ……………………………（262）
保障性住房建设 ……………………（262）
保障性安居工程配套基础设施建设 …（262）
农村安居工程 ………………………（262）
物业服务企业监督管理 ……………（262）

环境保护

污染减排 ……………………………（263）
污染减排工作实施方案 ……………（263）
减排项目 ……………………………（263）

城市环卫 ……………………………（263）
市容环卫项目支出 …………………（263）
政府购买服务 ………………………（263）
环卫安全工作 ………………………（263）
购置环卫设备 ………………………（264）

污染防治 ……………………………（264）
建设项目环境管理 …………………（264）
环保违法违规建设项目摸底排查
　　和清理整顿 ……………………（264）

水、大气和土壤污染防治 …………（264）

生态保护 ……………………………（265）
生态文明建设 ………………………（265）
环境保护大检查 ……………………（265）
环境保护目标责任考核 ……………（265）

环境治理 ……………………………（265）
双随机一公开 ………………………（265）
城市管理行政执法 …………………（266）
严厉打击环境违法行为 ……………（266）
团场连队环境综合整治 ……………（266）
环保督查 ……………………………（266）

精神文明建设

志愿服务 ……………………………（267）
概况 …………………………………（267）
志愿队伍建设 ………………………（267）
先进典型评选 ………………………（267）

公民教育 ……………………………（267）
社会主义核心价值观宣传 …………（267）
爱国主义教育基地 …………………（267）

未成年人思想道德建设 ……………（268）
首届文明校园创建评选 ……………（268）
未成年人法制课 ……………………（268）
"检察开放日"活动 ………………（268）

地区与行业文明创建 ………………（268）
文明创建活动 ………………………（268）
兵地交往交流交融 …………………（268）

科学技术

综述 …………………………………（269）
概况 …………………………………（269）
政策制定 ……………………………（269）

科技创新体系建设 …………… (269)	教师队伍建设 ………………… (277)
兵地融合 ……………………… (270)	学前教育 ……………………… (278)
科技向南发展 ………………… (270)	义务教育 ……………………… (278)
科技项目管理 ………………… (270)	普通高中教育 ………………… (278)
科技成果 ……………………… (271)	职业教育 ……………………… (279)
院士二师行 …………………… (271)	华山中学 ……………………… (279)
专利申请 ……………………… (271)	八一中学 ……………………… (280)
知识产权管理 ………………… (271)	华山职业技术学校 …………… (281)
农业科技研究 …………………… (271)	**体育** ……………………………… (281)
农业科技研究所 ……………… (271)	概况 …………………………… (281)
科研工作 ……………………… (271)	体育赛事 ……………………… (281)
畜牧兽医站 …………………… (273)	学校体育 ……………………… (281)
草原普法、防火宣传 ………… (273)	群众体育 ……………………… (282)
草原执法 ……………………… (273)	
虫害防治 ……………………… (274)	

文　化

动物疫病防控 ………………… (274)	
畜产品质量安全监管 ………… (274)	
动物疫病执法监督 …………… (274)	**文化产业** ………………………… (283)
首次推广畜类腹腔镜输精技术 …… (274)	文化产业发展 ………………… (283)
畜牧兽医技术培训班 ………… (275)	基础设施建设 ………………… (283)
	群众文化活动 ………………… (283)
气象 ……………………………… (275)	文化经营单位法律法规及消防安全
概况 …………………………… (275)	知识培训 …………………… (284)
气象装备保障 ………………… (275)	文化市场执法 ………………… (284)
气象预测预报业务体系 ……… (275)	进疆女兵照片巡展 …………… (284)
拓宽气象服务新领域 ………… (275)	
新一代天气雷达项目建设 …… (275)	**新闻出版** ………………………… (284)
气象探测环境保护 …………… (275)	《绿原报》 …………………… (284)
气象站业务巡检 ……………… (276)	党的十九大专题宣传 ………… (285)
业务检查指导 ………………… (276)	报纸采编 ……………………… (285)
人工影响天气培训 …………… (276)	基层通讯员骨干培训 ………… (285)
防灾减灾日科普宣传活动 …… (276)	采访活动 ……………………… (285)
兵团国家地面天气站 ………… (276)	
气象卫星地面接收站 ………… (276)	**广播影视** ………………………… (285)
	广播电视安全播出 …………… (285)

教育·体育

	先进评选 ……………………… (286)
	文化广播电视培训 …………… (286)
	美丽二师电视片展播 ………… (286)
教育 ……………………………… (277)	十九大电视专题报道 ………… (286)
综述 …………………………… (277)	转播央视党的十九大专项报道 …… (286)

有线电视播出节目 …………… (286)	家庭医生签约服务 …………… (292)
开展视评报评工作 …………… (286)	医保支付方式改革 …………… (292)
电视网络建设 ………………… (286)	药品采购"两票制" …………… (292)
广播网络建设 ………………… (286)	医疗机构绩效考核 …………… (293)
数字电影播放 ………………… (287)	编制"十三五"医改规划 …… (293)
电视台机房设备检修 ………… (287)	团场医院改革 ………………… (293)
	分级诊疗制度 ………………… (293)
文物 …………………………… (287)	医疗联合体 …………………… (293)
不可移动文物遗址 …………… (287)	以药补医 ……………………… (293)
阿克墩烽火台遗址 …………… (287)	巩固医改成果 ………………… (293)
文物工作实施意见 …………… (287)	
	公共卫生 ……………………… (294)
文学艺术 ……………………… (287)	慢性病管理 …………………… (294)
文学创作 ……………………… (287)	突发公共卫生事件 …………… (294)
美术创作 ……………………… (287)	卫生应急演练 ………………… (294)
音乐舞蹈创作 ………………… (288)	法定传染病报告 ……………… (294)
摄影创作 ……………………… (288)	免疫规划工作 ………………… (294)
民俗民艺创作交流 …………… (288)	烟草控制 ……………………… (294)
	结核病防治 …………………… (295)

卫生和计划生育

麻风病防治 …………………… (295)
慢性病综合防控示范区创建 …… (295)
慢性病患者健康管理 ………… (295)

综述 …………………………… (289)	儿童口腔疾病综合干预 ……… (295)
医疗卫生概况 ………………… (289)	包虫病防治 …………………… (295)
卫生安全防控 ………………… (289)	布病防治 ……………………… (295)
健康扶贫 ……………………… (289)	碘缺乏病防治 ………………… (295)
全民健康保障工程 …………… (290)	
十件实事 ……………………… (290)	**医政管理** ……………………… (295)
健康促进活动 ………………… (290)	医院感染管理 ………………… (295)
食品药品和卫生监督协管 …… (290)	平安医院创建 ………………… (296)
中医适宜技术 ………………… (291)	公立医院体系建设 …………… (296)
爱国卫生 ……………………… (291)	公立医院运行 ………………… (296)
医疗服务共惠行动 …………… (291)	改进医疗服务行动计划 ……… (296)
健康知识讲座 ………………… (291)	临床路径管理 ………………… (296)
卫生宣传日活动 ……………… (291)	
全民健康体检工程 …………… (292)	**妇幼保健** ……………………… (297)
	妇女保健 ……………………… (297)
医疗卫生体制改革 …………… (292)	儿童保健 ……………………… (297)
公立医院编制备案 …………… (292)	
公立医院综合改革 …………… (292)	**医疗卫生人才培养** …………… (297)
现代医院管理制度 …………… (292)	人才队伍建设 ………………… (297)

继续医学教育 …………………… （297）
定向医学生免费培养 …………… （297）

计划生育 ……………………………… （297）
孕前优生健康检查 ……………… （297）
优质服务先进单位创建 ………… （297）
常见病普查 ……………………… （297）
计生药具管理 …………………… （297）
健康家庭行动 …………………… （297）
人口计生改革 …………………… （298）
人口信息化建设 ………………… （298）
流动人口计生服务 ……………… （298）
全面实施两孩生育政策 ………… （298）
奖励优惠政策 …………………… （298）

师市重点医院选介 ……………………… （298）
库尔勒医院 ……………………… （298）
焉耆医院 ………………………… （300）

团场医院 ……………………………… （302）
二十一团医院 …………………… （302）
二十二团医院 …………………… （302）
二十四团医院 …………………… （303）
二十五团医院 …………………… （303）
二十七团医院 …………………… （303）
二二三团医院 …………………… （304）
二十九团医院 …………………… （304）
三十团医院 ……………………… （304）
三十一团医院 …………………… （305）
三十三团医院 …………………… （305）
三十四团医院 …………………… （305）
三十七团医院 …………………… （306）
三十八团医院 …………………… （306）

人力资源和社会保障

综述 …………………………………… （307）
概况 ……………………………… （307）
人口资源实力壮大 ……………… （307）
工资、人事精细管理 …………… （307）
推进团场改革纳编分流 ………… （307）

就业创业 ……………………………… （307）
就业再就业 ……………………… （307）
师市务工就业 …………………… （308）
多元增收 ………………………… （308）
公共就业服务体系 ……………… （308）

机关、事业单位人员管理 …………… （308）
公务员管理 ……………………… （308）
公务员职务职级并行 …………… （308）
机关事业单位工资制度改革 …… （308）
事业单位绩效工资总量核定 …… （308）
事业单位人事制度改革 ………… （309）

人才队伍建设 ………………………… （309）
人才引进 ………………………… （309）
专业技术人员教育培训 ………… （309）
专业技术人员资格考试 ………… （309）
高层次人才选拔推荐 …………… （309）
专家服务 ………………………… （309）
职称评审 ………………………… （309）
事业单位岗位管理 ……………… （309）

职业培训 ……………………………… （310）
职业技能培训 …………………… （310）
职业能力建设 …………………… （310）
高技能人才培养 ………………… （310）

社会保险 ……………………………… （310）
社会保险经办管理 ……………… （310）
城镇职工基本养老保险 ………… （310）
企业退休人员基本养老金调待 … （310）
基本医疗保险 …………………… （311）
失业保险 ………………………… （311）
生育保险 ………………………… （311）
工伤保险 ………………………… （311）

社会救助 ……………………………… （311）
最低生活保障 …………………… （311）
特困供养 ………………………… （311）
临时救助金 ……………………… （312）

医疗救助金 …………………… (312)

社会福利 …………………………… (312)
养老服务 ……………………… (312)
养老机构 ……………………… (312)

优抚安置 …………………………… (312)
双拥表彰 ……………………… (312)
军人抚恤优待 ………………… (312)

社会生活

收入·消费 ………………………… (313)
职工多元增收 ………………… (313)
收入增长率监测 ……………… (313)
居民消费价格 ………………… (313)

市场物价 …………………………… (314)
市场价格改革 ………………… (314)
棉花目标价格改革 …………… (314)
价格监督 ……………………… (315)
价格专项检查 ………………… (315)

民族宗教事务 ……………………… (315)
和谐宗教主题教育活动 ……… (315)
平安和谐寺观教堂创建活动 … (315)
宗教工作调研 ………………… (315)
清真寺管委会培训班 ………… (315)
宗教领域维稳 ………………… (315)
宗教政策法规学习月 ………… (315)
宗教人士赴内地参观 ………… (316)
宗教活动管理服务 …………… (316)

红十字会 …………………………… (316)
综述 …………………………… (316)
信息化建设 …………………… (316)
捐赠活动 ……………………… (316)
应急救护 ……………………… (316)
主题活动宣传 ………………… (316)

社区管理 …………………………… (316)
最美社区表彰 ………………… (316)
兵团和谐示范社区 …………… (317)
社区协商 ……………………… (317)
社区治理专题培训 …………… (317)
最美社区 ……………………… (318)
社区干部人才培养 …………… (318)
社区服务站建设 ……………… (318)

社会救灾 …………………………… (318)
防灾减灾宣传教育 …………… (318)
防灾减灾 ……………………… (318)
救灾物资储备库 ……………… (318)

殡葬 ………………………………… (318)
殡葬管理 ……………………… (318)
队伍建设 ……………………… (318)

老龄事业 …………………………… (318)
80岁高龄津贴 ………………… (318)
敬老月活动 …………………… (318)

残疾人事业 ………………………… (319)
孤残救助 ……………………… (319)
残疾人"两项"补贴 …………… (319)
残疾人康复中心建设项目 …… (319)
残疾人保障 …………………… (319)
康复工作 ……………………… (319)
就业扶贫 ……………………… (319)
残疾人专项调查数据动态更新 … (319)
残疾人帮困 …………………… (320)
残疾人信访维权 ……………… (320)

团场（镇）·社区

二十一团 …………………………… (321)
概况 …………………………… (321)
经济建设 ……………………… (321)
农业 …………………………… (322)
工业 …………………………… (322)
建筑业 ………………………… (322)

招商引资 …………………………（323）	交通运输 …………………………（330）
交通运输 …………………………（323）	保险 ………………………………（330）
金融 ………………………………（323）	人口 ………………………………（330）
保险 ………………………………（323）	就业 ………………………………（330）
人口 ………………………………（323）	社会保障 …………………………（330）
就业 ………………………………（323）	教育 ………………………………（330）
人民生活 …………………………（323）	科学技术 …………………………（331）
社会保障 …………………………（323）	文化 ………………………………（331）
教育 ………………………………（324）	体育 ………………………………（331）
科学技术 …………………………（324）	卫生 ………………………………（331）
文化 ………………………………（324）	社会服务 …………………………（332）
体育 ………………………………（324）	资源环境 …………………………（332）
卫生 ………………………………（324）	安全生产 …………………………（332）
社会服务 …………………………（324）	二十二团党委第十七届二次全委
资源环境 …………………………（325）	（扩大）会议 …………………（332）
安全生产 …………………………（325）	团场综合配套改革工作启动 ………（332）
二十一团党委十八届第二次全委	二十二团二届八次职工（会员）
（扩大）会议 …………………（325）	代表大会 ………………………（332）
学习宣传贯彻党的十九大精神 ……（325）	团第三次妇女代表大会 ……………（332）
"访惠聚"工作 ……………………（325）	团工商联（商会）第四届会员
"民族团结一家亲"活动 …………（325）	代表大会 ………………………（332）
"发挥兵团特殊作用大学习大讨论"	"访惠聚"工作 ……………………（332）
活动 ……………………………（325）	"民族团结一家亲"活动 …………（333）
精准扶贫 …………………………（325）	"发挥兵团特殊作用大学习大讨论"
音乐舞蹈剧《开都河之歌》上演 ……（325）	活动 ……………………………（333）
开都河水生态综合治理及旅游	精准扶贫 …………………………（333）
开发项目 ………………………（325）	25万吨高钙建设项目签约 ………（333）
"双创"活动分享会 ………………（325）	职工自主创业多元增收示范项目 …（333）
职代会 ……………………………（325）	大众创新万众创业活动周 …………（333）
果树修剪现场培训会 ………………（326）	400公顷高标准省力模式苹果园
职工广场舞比赛 ……………………（326）	建设项目 ………………………（333）
妇联 ………………………………（326）	黄水沟排水箱涵改造工程 …………（333）
连队 ………………………………（326）	南干渠道防渗改造工程 ……………（334）
	GPS卫星导航系统用于春耕生产 …（334）
二十二团 ………………………（328）	纪念中国共产党成立96周年
概况 ………………………………（328）	活动 ……………………………（334）
经济建设 …………………………（328）	连队 ………………………………（334）
农业 ………………………………（328）	
工业 ………………………………（329）	**二十四团** ………………………（336）
固定资产投资 ……………………（329）	概况 ………………………………（336）
国内贸易 …………………………（329）	经济建设 …………………………（336）
招商引资 …………………………（330）	农业 ………………………………（336）

· 22 ·

工业 …………………………………… (337)
建筑业 ………………………………… (337)
固定资产投资 ………………………… (337)
国内贸易 ……………………………… (338)
交通运输 ……………………………… (338)
旅游 …………………………………… (338)
金融 …………………………………… (338)
保险 …………………………………… (338)
人口 …………………………………… (338)
就业 …………………………………… (338)
人民生活 ……………………………… (338)
社会保障 ……………………………… (338)
教育 …………………………………… (339)
科学技术 ……………………………… (339)
文化 …………………………………… (339)
体育 …………………………………… (339)
卫生 …………………………………… (339)
社会服务 ……………………………… (339)
资源环境 ……………………………… (339)
安全生产 ……………………………… (339)
二十四团党委十届二次全委
　（扩大）会议 ……………………… (340)
学习宣传贯彻党的十九大精神 ……… (340)
"访惠聚"工作 ………………………… (340)
"民族团结一家亲"活动 ……………… (340)
"发挥兵团特殊作用大学习大讨论"
　活动 ………………………………… (340)
精准扶贫 ……………………………… (340)
连队 …………………………………… (340)

二十五团 ……………………………… (342)
概况 …………………………………… (342)
经济建设 ……………………………… (342)
农业 …………………………………… (343)
工业 …………………………………… (343)
固定资产投资 ………………………… (343)
国内贸易 ……………………………… (344)
对外经济 ……………………………… (344)
招商引资 ……………………………… (344)
交通运输 ……………………………… (344)
旅游 …………………………………… (344)
金融 …………………………………… (344)

保险 …………………………………… (345)
人口 …………………………………… (345)
就业 …………………………………… (345)
社会保障 ……………………………… (345)
教育 …………………………………… (345)
科学技术 ……………………………… (345)
文化 …………………………………… (345)
体育 …………………………………… (346)
卫生 …………………………………… (346)
社会服务 ……………………………… (346)
资源环境 ……………………………… (346)
安全生产 ……………………………… (346)
精准扶贫工作 ………………………… (346)
党委十六届二次全委
　（扩大）会议 ……………………… (346)
学习宣传贯彻党的十九大精神 ……… (347)
"访惠聚"工作 ………………………… (347)
"民族团结一家亲"活动 ……………… (347)
双创活动分享会 ……………………… (347)
连队 …………………………………… (347)

二十七团 ……………………………… (348)
概况 …………………………………… (348)
经济建设 ……………………………… (348)
农业 …………………………………… (348)
工业 …………………………………… (349)
建筑业 ………………………………… (349)
固定资产投资 ………………………… (349)
国内贸易 ……………………………… (350)
招商引资 ……………………………… (350)
交通运输 ……………………………… (350)
金融 …………………………………… (350)
保险 …………………………………… (350)
人口 …………………………………… (350)
就业 …………………………………… (350)
人民生活 ……………………………… (350)
社会保障 ……………………………… (350)
教育 …………………………………… (351)
科学技术 ……………………………… (351)
文化 …………………………………… (351)
体育 …………………………………… (351)
卫生 …………………………………… (351)

社会服务	(351)
资源环境	(351)
安全生产	(352)
二十七团党委第十一届二次全委（扩大）会议	(352)
民族团结一家亲	(352)
连队	(352)

二二三团 (353)

概况	(354)
经济建设	(354)
农业	(354)
工业	(355)
建筑业	(355)
固定资产投资	(355)
国内贸易	(355)
招商引资	(355)
交通运输	(355)
金融	(355)
保险	(355)
人口	(355)
就业	(356)
人民生活	(356)
社会保障	(356)
教育	(356)
科学技术	(356)
文化	(356)
体育	(357)
卫生	(357)
社会服务	(357)
资源环境	(357)
安全生产	(357)
二二三团党委七届二次全委（扩大）会议	(357)
学习宣传贯彻党的十九大精神	(358)
"访惠聚"工作	(358)
"民族团结一家亲"活动	(358)
"发挥兵团特殊作用大学习大讨论"活动	(359)
精准脱贫	(359)
"双创活动"	(359)
连队	(359)

二十九团 博古其镇 (362)

概况	(362)
经济建设	(362)
农业	(362)
工业	(363)
固定资产投资	(363)
国内贸易	(363)
招商引资	(363)
交通运输	(363)
人口	(363)
就业	(364)
人民生活	(364)
社会保障	(364)
教育	(364)
科学技术	(364)
文化	(364)
体育	(365)
卫生	(365)
资源环境	(365)
学习宣传贯彻党的十九大精神	(365)
全面从严治党	(365)
民族团结一家亲	(365)
向南发展	(365)
环境整治	(365)
搭建农产品电商平台	(366)
文化能人才艺大赛	(366)
第五届全国文明单位	(366)
国家科技进步奖	(366)
连队	(366)

三十团 双丰镇 (371)

概况	(371)
经济建设	(371)
农业	(371)
工业	(372)
建筑业	(372)
民生工程	(372)
招商引资	(372)
交通运输	(372)
人口	(373)
保险	(373)
就业	(373)

社会保险 …………………………（373）	科学技术 …………………………（384）
劳动保障维权执法方面 ……………（373）	文化 ………………………………（384）
社会保障 …………………………（373）	体育 ………………………………（384）
教育 ………………………………（374）	卫生 ………………………………（384）
科学技术 …………………………（374）	资源环境 …………………………（384）
文化 ………………………………（374）	安全生产 …………………………（384）
体育 ………………………………（374）	"访惠聚"工作 ……………………（384）
卫生 ………………………………（374）	"民族团结一家亲"活动 …………（385）
资源环境 …………………………（375）	《三十一团志（1996—2010）》完成
安全生产 …………………………（375）	审校工作 ……………………（385）
学习宣传贯彻党的十九大精神 ……（375）	人口聚集 …………………………（385）
"访惠聚"工作 ……………………（375）	消防电器控制设备制造项目落地 …（385）
"民族团结一家亲"活动 …………（376）	鹿产品深加工项目 ………………（385）
"发挥兵团特殊作用大学习大讨论"	"中国流动科技馆"全国巡展 ……（385）
活动 …………………………（376）	连队 ………………………………（385）
精准扶贫 …………………………（377）	
"双创"活动 ………………………（377）	三十三团 …………………………（387）
航空产业战略合作协议 ……………（378）	概况 ………………………………（387）
泄洪渠抗洪抢险 …………………（378）	经济建设 …………………………（387）
爱心毛衣发放仪式 ………………（378）	农业 ………………………………（388）
"军事训练之冬"会操演练 ………（378）	工业 ………………………………（388）
新建标准香梨园 …………………（378）	建筑业 ……………………………（388）
连队 ………………………………（378）	固定资产投资 ……………………（388）
	国内贸易 …………………………（389）
三十一团 …………………………（380）	招商引资 …………………………（389）
概况 ………………………………（381）	交通运输 …………………………（389）
经济建设 …………………………（381）	金融 ………………………………（389）
农业 ………………………………（381）	人口 ………………………………（389）
工业 ………………………………（381）	就业 ………………………………（389）
建筑业 ……………………………（382）	人民生活 …………………………（389）
固定资产投资 ……………………（382）	社会保障 …………………………（389）
贸易 ………………………………（382）	教育 ………………………………（390）
招商引资 …………………………（382）	科学技术 …………………………（390）
交通运输 …………………………（382）	文化 ………………………………（390）
旅游 ………………………………（382）	体育 ………………………………（390）
金融 ………………………………（383）	卫生 ………………………………（390）
保险 ………………………………（383）	社会服务 …………………………（390）
人口 ………………………………（383）	资源环境 …………………………（390）
就业 ………………………………（383）	安全生产 …………………………（391）
人民生活 …………………………（383）	纺织服装项目签约 ………………（391）
社会保障 …………………………（383）	国家级出口食品农产品质量安全
教育 ………………………………（383）	示范区 ………………………（391）

"民族团结一家亲"活动 …………（391）
"双创"活动 ……………………（391）
连队 ……………………………（391）

三十四团 ………………………（394）
概况 ……………………………（394）
经济建设 ………………………（395）
农业 ……………………………（395）
工业 ……………………………（395）
固定资产投资 …………………（395）
国内贸易 ………………………（396）
招商引资 ………………………（396）
交通运输业 ……………………（396）
金融 ……………………………（396）
保险 ……………………………（396）
人口 ……………………………（396）
就业 ……………………………（396）
人民生活 ………………………（396）
社会保障 ………………………（396）
教育 ……………………………（397）
科学技术 ………………………（397）
文化 ……………………………（397）
体育 ……………………………（397）
卫生 ……………………………（397）
资源环境 ………………………（398）
安全生产 ………………………（398）
"访惠聚"工作 …………………（398）
"民族团结一家亲"活动 ………（398）
"发挥兵团特殊作用大学习大讨论"
　活动 …………………………（398）
精准扶贫 ………………………（398）
双创 ……………………………（399）
十件实事 ………………………（399）
人口集聚 ………………………（399）
团场综合配套改革 ……………（399）
"党员绿色银行"工程 …………（399）
年产3万吨颗粒燃料项目 ……（399）
建党96周年暨"七一"表彰大会 …（399）
连队 ……………………………（399）

三十六团 ………………………（401）
概况 ……………………………（402）

经济建设 ………………………（402）
非公经济 ………………………（402）
招商引资 ………………………（402）
城镇建设 ………………………（402）
农工专业组织 …………………（402）
农业 ……………………………（402）
农业机械 ………………………（403）
水利 ……………………………（403）
农业科技运用 …………………（403）
林业 ……………………………（403）
牧业 ……………………………（403）
教育 ……………………………（403）
卫生 ……………………………（403）
文化 ……………………………（403）
保险 ……………………………（403）
人民生活 ………………………（403）
民族团结一家亲 ………………（403）
连队 ……………………………（404）

三十七团 ………………………（404）
概况 ……………………………（404）
经济建设 ………………………（404）
农业 ……………………………（404）
工业 ……………………………（405）
固定资产投资 …………………（405）
招商引资 ………………………（405）
交通运输 ………………………（405）
保险 ……………………………（405）
人口 ……………………………（405）
就业 ……………………………（405）
人民生活 ………………………（405）
社会保障 ………………………（406）
教育 ……………………………（406）
科学技术 ………………………（406）
文化 ……………………………（406）
体育 ……………………………（406）
卫生 ……………………………（406）
资源环境 ………………………（407）
安全生产 ………………………（407）
大学习大讨论 …………………（407）
"访惠聚"工作 …………………（407）
精准扶贫 ………………………（408）

民族团结一家亲 …………………（408）
团场综合配套改革 ………………（408）
向南发展 …………………………（409）
多元增收 …………………………（409）
兵地共建 …………………………（409）
法治建设 …………………………（409）
连队 ………………………………（410）

三十八团 …………………………（410）
概况 ………………………………（410）
经济建设 …………………………（410）
农业 ………………………………（410）
工业 ………………………………（411）
固定资产投资 ……………………（411）
国内贸易 …………………………（411）
招商引资 …………………………（411）
交通运输 …………………………（411）
金融 ………………………………（411）
保险 ………………………………（411）
人口 ………………………………（412）
就业 ………………………………（412）
人民生活 …………………………（412）
社会保障 …………………………（412）
教育 ………………………………（412）
科学技术 …………………………（412）
文化 ………………………………（412）
体育 ………………………………（412）
卫生 ………………………………（413）
资源环境 …………………………（413）
安全生产 …………………………（413）
三十八团党委一届二次全委（扩大）
　　会议 …………………………（413）
学习宣传贯彻党的十九大精神 …（413）
"访惠聚"工作 ……………………（414）
"民族团结一家亲"活动 …………（414）
"发挥兵团特殊作用大学习大讨论"
　　活动 …………………………（414）
精准扶贫 …………………………（414）
"双创"活动周 ……………………（414）
团学校荣获2017年师市教育系统
　　优质学校创建A等级 ………（414）

三十八团学校2017年中考
　　再创佳绩 ……………………（415）
连队 ………………………………（415）

明祥社区 …………………………（416）
概况 ………………………………（416）
社区基础设施建设 ………………（416）
社区管理服务 ……………………（416）
社区党员管理 ……………………（416）
业务培训 …………………………（416）
党建工作机制 ……………………（416）
党风廉政建设责任制 ……………（416）
党建 ………………………………（416）
宣传教育 …………………………（417）
文明单位创建活动 ………………（417）

芦花社区 …………………………（417）
概况 ………………………………（417）
社区基础设施建设 ………………（417）
基本情况 …………………………（417）
社区党员管理 ……………………（417）
业务培训 …………………………（418）
落实党建工作机制 ………………（418）
落实党风廉政建设责任制 ………（418）
党建 ………………………………（418）
宣传教育 …………………………（418）

师直属重点企业

新疆冠农果茸集团股份
　　有限公司 ……………………（419）
概况 ………………………………（419）
公司控股股东 ……………………（419）
主营业务 …………………………（420）
经济建设 …………………………（420）
经营管理 …………………………（420）
项目建设 …………………………（420）
科技创新 …………………………（421）
番茄酱专列首发意大利 …………（421）
混合所有制改革 …………………（421）
品牌建设 …………………………（421）

绿原国有资产经营集团
　有限公司 …………………………（421）
　概述 ……………………………………（421）
　经济建设 ………………………………（422）
　安全生产 ………………………………（422）
　党支部建设 ……………………………（422）
　精神文明创建活动 ……………………（422）
　文体活动 ………………………………（422）
　慰问帮扶 ………………………………（423）

新疆金川集团有限责任公司 …………（423）
　概况 ……………………………………（423）
　安全管理思路 …………………………（423）
　安全管理体系 …………………………（424）
　安全培训教育 …………………………（424）
　干部履职尽责 …………………………（424）
　督查完成情况 …………………………（424）
　工会组织建设 …………………………（424）
　二届四次职工（会员）代表大会暨双先
　　表彰大会 ……………………………（424）
　迎新年兵地共建文艺汇演 ……………（424）
　签订集体合同及女职工权益保护专项
　　集体合同 ……………………………（425）
　开展文化生活系列活动 ………………（425）
　职工技术创新 …………………………（425）
　女职工关爱行动 ………………………（425）
　杜吉树工作室 …………………………（425）
　兵团文明单位 …………………………（425）
　学习型组织建设 ………………………（425）
　培训教育 ………………………………（425）
　主题实践活动 …………………………（425）
　重大节庆活动 …………………………（425）
　舆论外宣 ………………………………（426）
　道德建设活动 …………………………（426）
　文明单位创建 …………………………（426）
　队伍建设 ………………………………（426）
　文化大发展大繁荣 ……………………（426）

泽源城市建设开发有限公司 …………（426）
　概况 ……………………………………（426）
　主要经济指标 …………………………（427）
　项目前期工作情况 ……………………（427）
　重点房屋建设及绿化项目情况 ………（427）

　重点基础设施项目建设情况 …………（427）
　房产开发 ………………………………（427）
　泽源水务公司概况 ……………………（428）
　泽源热力公司概况 ……………………（428）

新疆金川热电有限责任公司 …………（428）
　概况 ……………………………………（428）
　经济建设 ………………………………（429）
　政治建设 ………………………………（429）
　文化建设 ………………………………（429）
　社会建设 ………………………………（429）

永瑞集团有限公司 ……………………（429）
　公司简介 ………………………………（429）
　深化改革 ………………………………（430）
　荣誉 ……………………………………（430）
　党建工作 ………………………………（430）
　经济发展 ………………………………（430）
　学习教育 ………………………………（431）
　国企改革 ………………………………（431）
　执行纪律 ………………………………（431）
　访惠聚 …………………………………（431）
　文化活动 ………………………………（432）

第二师天泰电力有限责任公司 ………（432）
　公司简介 ………………………………（432）
　经济建设 ………………………………（433）
　党建工作 ………………………………（433）
　民族团结一家亲 ………………………（433）
　访惠聚 …………………………………（433）
　文化活动 ………………………………（434）
　社会建设 ………………………………（434）

第二师中联客运有限公司 ……………（434）
　公司简介 ………………………………（434）
　经济建设 ………………………………（434）
　政治建设 ………………………………（434）
　文化建设 ………………………………（434）
　社会建设 ………………………………（435）

金三角商贸集团公司 …………………（435）
　基本情况 ………………………………（435）

经济建设 …………………………………（435）	党组织建设 …………………………………（440）
政治建设 …………………………………（435）	干部队伍建设 ………………………………（441）
文化建设 …………………………………（435）	"两学一做"学习教育 ………………………（441）
维稳安保 …………………………………（436）	大学习大讨论 ………………………………（441）
民族团结一家亲 …………………………（436）	"民族团结一家亲" …………………………（441）
社会建设 …………………………………（436）	企业荣誉 …………………………………（441）
取得成绩 …………………………………（436）	

天润疆南集团有限公司 …………………（436）

| 公司概况 …………………………………（436） |
| 经济运营情况 ……………………………（437） |
| 国企改革 …………………………………（437） |
| 党建工作 …………………………………（437） |
| 精神文明 …………………………………（437） |
| 民族团结一家亲 …………………………（437） |
| 维稳工作 …………………………………（437） |
| 安全生产工作 ……………………………（437） |
| 文化活动 …………………………………（438） |
| 民生工作 …………………………………（438） |

博斯腾集团有限公司 ……………………（438）

| 概况 ………………………………………（438） |
| 经济建设 …………………………………（438） |
| 政治建设 …………………………………（438） |
| 文化建设 …………………………………（438） |
| 社会建设 …………………………………（438） |

第二师设计院有限责任公司 ……………（438）

| 概况 ………………………………………（438） |
| 生产经营 …………………………………（439） |
| 党的建设 …………………………………（439） |
| 综治维稳 …………………………………（439） |
| 安全生产 …………………………………（439） |
| 民族团结 …………………………………（439） |
| 企业文化 …………………………………（439） |

新疆蓝天工程监理咨询有限公司 ………………………………………（439）

| 概况 ………………………………………（439） |
| 历史沿革 …………………………………（440） |
| 经济建设 …………………………………（440） |
| 干部职工状况 ……………………………（440） |

新疆天宇建设工程有限责任公司 …………………………………………（441）

| 概况 ………………………………………（441） |
| 资质证书 …………………………………（442） |
| 下属单位 …………………………………（442） |
| 经营成果 …………………………………（442） |
| 安全生产 …………………………………（442） |
| 文明工地创建 ……………………………（442） |
| 四川成都丽都佳苑项目 …………………（443） |
| 党组织建设 ………………………………（443） |
| 党风廉政建设 ……………………………（443） |
| 庆祝建党96周年活动 ……………………（443） |
| 大学习大讨论 ……………………………（443） |
| 社区管理 …………………………………（443） |
| 天宇公司医院工作 ………………………（443） |

新疆万源农业机械有限责任公司 ………（444）

| 公司简介 …………………………………（444） |
| 万源党支部建设 …………………………（444） |
| 经济发展 …………………………………（444） |
| 文化建设 …………………………………（444） |
| 生态文明建设 ……………………………（445） |

新疆冠源投资有限责任公司 ……………（445）

| 概况 ………………………………………（445） |
| 党组织建设 ………………………………（445） |
| 资本运作 …………………………………（445） |
| 项目建设 …………………………………（445） |
| 民族团结一家亲活动 ……………………（446） |

荣誉·人物

师市领导简介（含副师级干部）………（447）

先进集体 ……………………… (457)
　国家级 ………………………… (457)
　(自治区)兵团级 ……………… (457)

先进个人 ……………………… (458)
　国家级 ………………………… (458)
　(自治区)兵团级 ……………… (458)

全国五一劳动奖章 …………… (458)
　刘小丽 ………………………… (458)

逝世人物 ……………………… (459)
　王德昌 ………………………… (459)
　谷其祥 ………………………… (459)
　曹登珏 ………………………… (460)

附　录

规范性文件 …………………… (461)
关于印发《第二师铁门关市安全生产
　"十三五"规划》的通知 ……… (461)
　第二师铁门关市安全生产"十三五"
　　规划 ………………………… (462)
关于印发《第二师铁门关市鼓励按政策
　生育的暂行办法》的通知 …… (474)
　第二师铁门关市鼓励按政策生育的暂行
　　办法 ………………………… (474)
关于印发《关于推进"两学一做"学习
　教育常态化制度化的实施方案》的
　通知 …………………………… (476)
　关于推进"两学一做"学习教育常态化
　　制度化的实施方案 ………… (477)
印发《第二师铁门关市关于加强社会
　组织党的建设工作的实施方案
　(试行)》的通知 ……………… (483)
　第二师铁门关市关于加强社会组织党的
　　建设工作的实施方案(试行) … (483)
印发《第二师铁门关市关于加快构建
　现代公共文化服务体系的实施方案》
　的通知 ………………………… (491)

　第二师铁门关市关于加快构建现代公共
　　文化服务体系的实施方案 … (491)
第二师铁门关市党委　第二师铁门关市
　关于加强生态文明建设工作的实施
　意见 …………………………… (496)
印发《第二师铁门关市关于大力推动
　非公有制经济加快发展的实施方案》
　的通知 ………………………… (507)
　第二师铁门关市关于大力推动非公有
　　制经济加快发展的实施方案 … (507)
关于印发《第二师铁门关市土壤污染
　防治工作方案》的通知 ……… (513)
　第二师铁门关市土壤污染防治工作
　　方案 ………………………… (513)

社会统计资料 ………………… (522)
第二师铁门关市年末单位数
　(2017年) ……………………… (522)
各团农、工、建、交、商、房地产
　开发业单位数 ………………… (523)
国民经济主要比例关系 ………… (523)
主要指标占兵团、巴州比重
　(2017年) ……………………… (524)
兵团、巴州及二师平均每人
　占有量(2017年) ……………… (525)
二师历年生产总值 ……………… (526)
分单位、分产业生产总值(按当年
　价格计算) …………………… (527)
人口增减变动情况(2017年) …… (527)
分类型固定资产投资完成 ……… (528)
教育事业基本情况 ……………… (529)
各级各类学校基本情况 ………… (530)
卫生机构、床位、人员情况 …… (530)

索　引

索引 …………………………… (531)

特 载

围绕总目标 全面深化改革 加快向南发展 全力开创维稳戍边事业新局面

——2017年1月24日在师市党委十五届三次全委（扩大）会议上的工作报告

同志们：

这次会议的主要任务是：深入贯彻习近平总书记系列重要讲话精神特别是在第二次中央新疆工作座谈会上的重要讲话和视察新疆、兵团时的重要讲话精神，全面落实党的十八届六中全会和中央经济工作会议精神，按照自治区第九次党代会、经济工作会议，兵团党委六届十七次全会和师市第十五次党代会的部署要求，总结过去一年工作，安排今年任务，动员各级党组织和广大党员干部紧紧围绕社会稳定和长治久安总目标，全面深化改革，加快向南发展，为开创师市维稳戍边事业新局面而努力奋斗。

下面，受师市党委常委会委托，我向大会报告工作如下：

一、总结工作，在肯定成绩中增强信心

2016年，师市党委牢牢把握正确政治方向，紧紧围绕总目标，坚持以加快向南发展、推进人口集聚为主线，以经济发展和民生改善为基础，以维护社会稳定、促进民族团结为重点，统筹抓好"五位一体"和党的建设，师市上下呈现出经济平稳健康发展、社会和谐稳定、民生持续改善、维稳能力不断提升的良好态势，实现了"十三五"开局之年起步良好。

（一）思想政治建设明显加强

牢固树立政治意识、大局意识、核心意

识、看齐意识，严明政治纪律和政治规矩，坚定坚决向以习近平同志为核心的党中央看齐。深入学习领会第二次中央新疆工作座谈会精神，把习近平总书记"4·29"重要讲话作为必学篇目和案头书，用以武装头脑、指导实践、推动工作，不断深化对中央治疆方略的认识，聚焦职责使命，旗帜鲜明、立场坚定、态度坚决、步调一致。着力推动自治区、兵团党委的各项决策部署落地见效，有效凝聚起推进经济社会发展、维护社会稳定的强大合力。

（二）维稳戍边使命有效发挥

扎实抓好一流民兵队伍和政法维稳力量建设，持续深入开展严打攻坚行动。打好维护稳定"组合拳"，辖区社会持续和谐稳定。师市与巴州同步启动应急响应机制，武警、民兵常态化参与各县市社会面网格化巡控，实现了"三个坚决""三个确保"。

（三）经济发展趋稳向好

坚持在供需两侧同时发力，深入落实"三去一降一补"措施，帮助企业申报国家补助奖励资金1.33亿元，比上年增长75%。狠抓固定资产投资和重大项目建设，开工建设45项重点工程、147个新建项目，开工率99.6%，预计全年完成固定资产投资130.3亿元，增长4.3%。新来福纺织有限公司气流纺、新恒立纺织有限公司环锭纺等重点项目建成投产，建伟纺织有限公司年产1亿米机织布项目、澳华油脂有限公司医用甘油等重大项目相继开工，工业经济的主体地位更加凸显。师市落实宜居宜业低成本要求，投资21.8亿元，实施铁门关市核心区基础设施建设，建成区绿化率达36%，城市特色风貌更加鲜明，集聚人口和产业的能力明显提升，预计实现全口径财政收入9.3亿元、公共预算收入4.6亿元，分别是上年的8.4倍和3.6倍。大力实施团场环境综合整治、亮化美化绿化和基础设施配套建设，着力提升城镇综合管理水平，城镇化率达67.2%。加快农业结构调整和农业现代化建设，全力实施焉耆垦区脱困攻坚行动，主要农产品有效供给明显增强，农产品加工产值与总产值之比达到1.1∶1。加快发展仓储物流、电子商务、金融等现代服务业，金汇来商贸中心、铁门关农产品物流园等一批商贸项目投入运营，津汇村镇银行挂牌成立，绿原国有资产经营有限公司当年为企业融资19.4亿元，提供担保7.2亿元。预计师市全年实现生产总值123.9亿元，比上年增长11%。其中：第一产业增加值36.7亿元，增长5.1%；第二产业增加值54.9亿元，增长14.6%；第三产业增加值32.3亿元，增长11.4%。实现综合利润3.6亿元，三次产业增加值占生产总值比重分别为30%、44%、26%。经济运行成功扭转下行压力加大的不利态势，实现趋稳向好。

（四）改革开放不断深化

主动做好深化改革平行调研工作，持续推进简政放权和行政审批改革，深化"放管服"改革。团场行政区划调整进展顺利，博古其镇、双丰镇挂牌成立，"政"的职能加快转变。农业经营体制有效创新，成功组建农业发展集团并投入运行，各类新型农业经营主体达到194家。国有企业混合所有制改革纵深推进，企业法人治理结构不断完善。城镇建设投融资体制试点改革顺利实施，事业单位分类改革加快进行。积极参与丝绸之路经济带核心区建设，大力推进招商引资、扩大开放。实施新建、续建招商引资项目97个，当年建成投产45个，到位资金40.6亿元。预计实现进出口总额5200万美元。

（五）向南发展快速推进

坚持以产业发展带动人口集聚为主线，以工业化和城镇化为主攻方向，以新建扩建团场为补充，着力抓好南线团场水土开发和基础设施建设。三十七团、三十八团新增灌溉面积570.6公顷，完成投资1.83亿元，石门水库实现下闸蓄水。着眼优化南疆人口资源结构，坚决落实中央战略和兵团党委工作部署，快速启动人口集聚工作。

（六）职工群众生产生活持续改善

投资22.4亿元，继续办好"十件实事"，42项民生工程全面完成，新开工建设公租房3470套、新增保障性住房29.47万平方米。积极推进"大众创业，万众创新"，新增市场经营主体2177家。预计全年实现城镇居民家庭人均可支配收入3.4257万元，增长9.8%；团场连队常住居民人均可支配收入1.7017万元，增长10%。大力推进精准扶贫、精准脱贫，4207户9508人实现脱贫，2个贫困团场完成摘帽，4个非贫困团场实现整团脱贫。加快推进基层公共文化服务设施建设，精心组织开展各类群众性文化活动，扎实抓好道路交通安全、食品药品监管和防灾减灾，持续做好退耕还林、防沙治沙和重点公益林管护。全年植树造林3746.67公顷，森林覆盖率提高到17%，进一步筑牢了垦区的绿色生态屏障。

（七）融合发展更加深入

全面落实"兵地融合发展，促进民族团结"十大行动计划，投入1255万元，实施帮扶4个地方村精准扶贫项目19个。加快推动教育、医疗资源向地方开放共享，师属学校招收地方学生3000余人，华山中学对口帮扶对象扩大到16所地方中小学，10家医疗服务机构与地方乡镇医院结对共建。广泛开展"民族团结一家亲"活动，结对认亲9904户，覆盖率100%。坚持以产业援疆为重点，当年实施民生援疆项目29个，完成投资1.48亿元；产业援疆项目6个，投资8.1亿元。在河北省遭受罕见暴雨灾害的时刻，师市向重灾区捐款200万元，两地一家亲、一家人的氛围更加浓厚。

（八）党的建设切实加强

"两学一做"学习教育成效显著，涌现出贾国奇、艾力·艾买尔、刘春光等一批优秀共产党员模范。圆满完成师、团、连三级换届工作，师市第十五次党代会确定的"社会稳、发展快、职工富、文化兴、环境美、融合亲、人口增、党建强"二十四字奋斗目标凝聚起广泛共识。坚持"三个不吃亏"用人导向，把好政治关、品行关、作风关、廉政关。深化"访惠聚"和"第一书记在连队"活动，进一步夯实基层基础，完成脱贫攻坚民生项目119个，17个软弱涣散基层党组织全面晋位升级。充分发挥党委总揽全局、协调各方的核心领导作用，积极支持人大、政府、政协依法履职，工会、工商联、共青团、残联、妇联等群团组织作用有效发挥。坚定不移推进全面从严治党，严格落实"两个责任"，坚持以零容忍态度惩治腐败。深入开展领导干部"不作为、慢作为"专项治理，各级干部的责任意识和服务意识明显增强。

成绩的取得，是以习近平同志为核心的党中央亲切关怀的结果，是自治区、兵团党委坚强领导的结果，是河北省和巴州大力支持的结果，更是师市各级党组织和广大党员干部、职工群众团结奋进、扎实苦干的结果。在此，我代表师市党委，向辛勤奋战在各条战线上的各族干部职工群众，向长期关心支持师市的社会各界人士，表示衷心的感谢并致以崇高的敬意！

在肯定成绩的同时，我们也清醒地认识到自身存在的问题和不足，主要是：维稳戍边能力建设与复杂严峻的维稳形势需要还有差距，"兵团不会出事"的盲目乐观情绪和松懈麻痹思想依然存在；经济持续稳定增长的基础仍不牢固，新旧动能转换不快，特别是固定资产投资任务艰巨，经济结构不优、总量不大的问题仍然突出；全面深化体制机制改革任务艰巨，重点领域、关键环节的改革亟待突破；有效集聚人口的意识、手段途径不多、方法有待创新，考核引导有待加强；干部作风不实、精神懈怠的现象没有禁绝，一些领域消极腐败现象时有发生，全面从严治党任重而道远；等等。对此，我们必须高度重视，抓住关键环节，采取有效措施，认真研究，主动作为，一心一意把问题处理好、解决好。

二、明确目标，在抢抓机遇中迎难而上

综观今年形势，机遇与挑战并存，希望与困难同在。一方面，受两个"三期叠加"的严峻形势影响，经济社会发展的环境可能更复杂，困难可能更大。另一方面，更要看到在自治区、兵团党委一系列强力政策的推动下，社会稳定的基础更加牢固，经济总体

向好的基本态势更加突出。首先，中央深化兵团改革若干意见的出台，明确提出将兵团建设成为职能定位明晰、体制机制健全、综合实力雄厚、作用发挥有力的坚强力量，必将引领兵团进入崭新的历史阶段。其次，自治区、兵团党委紧紧围绕总目标，全力推进经济社会更好更快发展的战略部署，为我们履行好职责使命指明了方向，增添了强大动力。最后，师市发展已经进入到新旧动能转换期、转型升级关键期和全面建成小康社会决胜期，随着丝绸之路经济带核心区建设、自治区固定资产投资大提速、兵团加快向南发展等重大战略的深入推进，有利于我们统筹资源优势，乘势而上，抢占发展制高点。

综合各方面因素，师市党委确定今年工作的总体要求是：深入贯彻落实第二次中央新疆工作座谈会特别是习近平总书记视察新疆、兵团时的重要讲话精神，紧紧围绕社会稳定和长治久安总目标，统筹推进"五位一体"总体布局，协调推进"四个全面"战略布局，坚持稳中求进工作总基调，牢固树立和贯彻"五大发展理念"，以提高发展质量和效益为中心，以推进供给侧结构性改革为主线，坚定不移抓好"改革、聚人、招商、投资"四件大事，全力做好保稳定、稳增长、促改革、调结构、惠民生、防风险等各项工作，推进经济持续健康发展和社会和谐稳定，加快建设"社会稳、发展快、职工富、文化兴、环境美、融合亲、人口增、党建强"美好师市，全力开创维稳戍边事业新局面，以优异的成绩迎接党的十九大胜利召开。

经济社会发展的预期目标是：完成生产总值138.7亿元，增长12%；全社会固定资产投资196亿元，增长50.5%；社会消费品零售总额64.6亿元，增长15%；进出口总额5000万美元；年末总人口21.7万人，增长10.7%；城镇常住居民人均可支配收入3.8368万元，增长12%；连队常住居民人均可支配收入1.9059万元，增长12%。具体实践中，还要贯彻能快则快、能超则超的要求，力求更好更快发展。

制定上述目标，既是兵团党委的要求，也是师市更好履行职责使命、加快自身发展的客观需要；既是通过积极努力、能够达到的，又是切实稳妥、留有余地的。这样安排，有利于坚定发展信心、提振士气，有利于调结构、转方式、防风险，有利于扩大就业、维护社会稳定。只要我们能够紧紧抓住战略机遇期，找准发力点和突破口，不断推动经济结构优化、动力转换、质量提升，就一定能够在深化改革中争创新优势、在向南发展中谱写新篇章。

三、与时俱进，在履行使命中彰显作用

做好今年的工作，关键要全面深入贯彻自治区、兵团党委的决策部署，紧紧围绕总目标，聚焦履行维稳戍边使命，牢牢把握着眼点和着力点，重点抓好以下工作。

（一）突出抓好维稳戍边能力建设，全力维护社会稳定

一是建精建强民兵队伍和专业维稳力量，坚持走精兵之路，确保辖区稳定。二是持续深化严打专项斗争。主动作为、不等不靠，全面落实好维稳"组合拳"硬任务，依法严厉打击"三股势力"，牢牢把握意识形态领域斗争的主动权，不断加强网络宣传阵地建设，加强基层群防群治。积极推进宗教事务依法管理、民主管理和社会化管理。三是加快平安师市、法治师市建设。深入开展"七五"普法工作，扎实推进司法体制改革。切实做好矛盾纠纷排查和信访工作，落实重大决策社会稳定风险评估机制。加快完善矛盾纠纷多元化解机制，规范和加强人民调解、行政调解、司法调解工作，引导职工群众依法维护自身合法权益、履行公民应尽义务。

（二）突出抓好深化改革，扎实攻坚激发内生活力

中央深化改革意见的出台，充分体现了党中央、国务院对兵团的高度重视和亲切关怀，体现了以习近平同志为核心的党中央对新疆和

兵团工作的新理念、新思想、新战略，对兵团发展具有划时代、标志性、里程碑的意义。各级各部门要坚决把思想和行动统一到中央的战略部署和兵师党委的工作安排上来，深刻认识深化兵团改革的重大意义，紧紧围绕"五个不适应"，坚持以不断丰富和完善党政军企合一特殊体制内涵和实现形式为方向，以建立完善既使市场在资源配置中起决定作用，又有利于更好发挥特殊作用的体制机制为主线，以重点领域和关键环节为突破口，坚定不移抓好各项改革措施的贯彻落实。

要按照财政供养人员只减不增的要求，落实机关大部门体制，实行党政机构、事业单位实名制管理，通过政企分离，减少行政管理人员，解决市镇编制不足问题。要强化财政管理理念，加强预算管理，推进师团财务管理体制改革。强化税源培植，引导更多的企事业单位在铁门关市注册。高度重视辖区内税收划转的基数和比例，促进经济健康发展。要健全内部维稳体制机制，严格维稳经费使用和管理，完善兵地维稳指挥体系和常态参与机制，积极支持地方维稳，发挥好"压舱石"和"安全岛"作用。加快发展混合所有制经济，推进国有企业兼并重组和产业整合。按照"四分开"要求，理顺团场与公司、出资人与被出资人、产权与经营的关系。创新团场社会管理模式，实行连队生产经营职能向团场农业经营公司集中、行政管理和公共服务职能向社区转变、干部向社区和农业经营公司调整、运转经费和公共资源向社区统筹。总之，要通过深化改革，进一步强化党的领导核心地位，健全和转变"政"的职能、彰显"军"的属性、确立"企"的市场主体地位，在改革财政管理体制、推进团场综合配套改革、创新兵地融合发展体制机制等重点领域和关键环节取得突破。各级党政机构要拿出壮士断腕、刀刃向内的决心和敢于涉险滩、啃硬骨头的豪情，真刀真枪、持之以恒地推动改革部署落实到位，以昂扬的精神状态和必胜的信心决心，确保中央深化兵团改革部署之年首战必胜。

（三）突出抓好向南发展，加快人口集聚

兵团向南发展，是落实总目标的关键一招，是兵团必须完成的重大政治任务。一是切实抓好引人聚才。壮大人口规模是兵团履职尽责的重大问题和基本保障。各团场要克服通过减少身份地、扩大经营地来增加团场收入的倾向，把工作重点放到通过发展增加收入、集聚人口上来。要坚持行政推动和市场手段相结合，积极探索通过政策、市场、产业、城镇、园区、就业、服务等不同途径集聚人口、吸纳人才。按照"引得进、稳得住、干得好"三步走，采取组织招人、以人招人、招商引人等形式，紧盯重点地区、重点人群、重点时段。二是加快提升人口承载能力。继续抓好三十七团、三十八团改扩建工作，完善农田水利等基础设施建设，加快三十七团场外骨干水利工程、三十六团沉砂池、高标准农田等重点项目建设，增强团场发展后劲。坚持以城镇化为载体、以产业发展为支撑，推进新型工业化与新型城镇化深度融合，更好发挥城镇集聚人口、吸纳产业、带动就业的功能。集中整合有限的资源，采取均衡发展战略，积极申报、重点推进首批南疆特色城镇建设，加快完善城镇教育、卫生、文化等公共服务体系，着力改善环境、集聚人气、增加人口。三是建立健全政策机制。加快推进团场综合配套改革，制定完善土地流转政策，促进土地合理流转，提高土地产出效益，加快人口集聚。加大对团场尤其是新建、扩建团场对外推介力度，积极吸纳外来人口迁入。建立专业人才储备库和人才平台，制定特殊、急需人才激励政策。加快推进户籍制度改革，进一步降低落户门槛，使在团场自由就业、园区企业就业的新增劳动力落户师市。

（四）突出抓好转型升级，加快壮大综合实力

"发展是兵团增强综合实力，实现拴心留人、履行特殊使命的关键。"必须扭住发展不放松，为履行好使命奠定坚实的物质基础。

坚持工业强师战略，夯实新型工业化主导

地位。坚持发展为上、工业为先，高度重视发展实体经济，把加快新型工业化摆在更加突出的位置，改造提升传统产业、大力发展劳动密集型产业、积极发展战略新兴产业，确保完成工业固定资产投资68亿元，增长100%，实现工业增加值44.4亿元，增长16%。加快推进纺织服装业向全产业链延伸，加强规划引导、政策支持、科技支撑和产业配套，力争今年新增50万锭规模，实现织布印染针织成衣企业落户园区。加快推进新能源电动汽车组装、金川矿业煤制乙二醇等项目前期工作，力促早日开工建设、投产达效。铁门关经济工业园区要加快完善配套功能，加强体制和管理创新，围绕天然气加工、煤化工、纺织服装等产业链条延伸，积极引进培育产值10亿元、20亿元乃至50亿元以上的工业企业集团，聚集产业、涵养税源、吸纳就业人口。

坚持实施城市带动战略，着力提升城镇化水平。坚持城镇化建设与产业发展"双轮驱动"，统筹推进铁门关市"多规合一"和智慧城市建设，加快完善基础设施和公益设施，提升管理服务水平，增强城市吸纳人口、聚集产业的能力，打造成为师市的政治、经济、文化中心。围绕成本低廉、容易维护、宜居宜业、精致精美的要求，加快实施"城镇提升"工程，坚持先造景、后盖楼，提升城市绿化质量，做足水韵文章，实现绿化有风格、亮化有特色、净化高标准、美化高水平，着力打造"经济与生态并重、自然与人文交汇、商贸与休闲娱乐一体"的现代化新型城镇。大力发展面向消费的城镇服务业，提升商贸餐饮、文化休闲、医疗保健、社区服务等生活性服务业的规模和档次，引导产业和人口加快聚集。做大做强现代金融、现代物流、信息咨询、文化创意等产业，完善以绿原国资、冠源投资、农业发展集团为主体的投融资平台，支持铁门关市津汇村镇银行发展，吸引更多的金融机构入团开设营业网点，更好发挥金融对实体经济的支撑作用。突出军垦文化和生态两条主线，积极引进大企业投资师市旅游项目，打造红色屯垦特色旅游品牌，进一步彰显城市魅力。

紧紧扭住招商引资第一要事，千方百计扩大有效投资。坚持投资为本、招商为要，紧紧抓住全疆加大基础设施建设的大好时机，全力抓投资、促投资，打牢转型升级的基础。深入实施"项目建设发展年"活动，抓紧谋划实施一批事关长远发展的能源、交通、水利和城镇基础设施等重大项目，全力实施好一批投资规模大、支撑劳动能力强的产业、基础设施和民生项目。对已确定的重点建设项目和重大前期项目，按照"四个一"的工作机制，力促早开工、早建设、早投产。创新投融资模式，大力推行政府和社会资本合作，努力扩大有效投资、激发民间投资活力，促进经济繁荣发展。全方位扩大招商引资规模，以延伸产业链和承接产业转移为突破口，以提高产业聚集度和产品附加值为目标，以提高签约项目质量和履约率、资金到位率为主攻方向，吸引更多有实力的大企业大集团来师市投资兴业，确保招商引资到位资金110亿元。

加快结构调整优化，推动农业提质增效。准确把握现代农业发展的新态势，着力在突出特色、强化品牌、增产增效上下功夫，打造集种植、加工、营销、文化、生态于一体的全产业链体系，加快推动农业由数量规模型向质量效益型转变，实现农产品加工产值与农业总产值之比达到1.3∶1。要深入推进农业供给侧结构性改革，坚持走精品农业、高效农业发展之路，稳定粮食总产7万吨、皮棉总产10万吨。大力发展特色林果业、畜牧业和设施农业，加快实施13333.33公顷香梨恢复发展计划，确保果蔬园艺业和畜牧业产值占比达到60%。深入推进农产品品牌创建活动，加快香梨、红枣等品牌资源的整合提升，充分利用农超对接、网上销售等现代流通业态，提高师市农产品的市场影响力和竞争力。要积极构建新型农业经营体系，大力培育专业大户、家庭农场、农工合作社等新型经营主体，充分发挥绿洲农业发展公司平台作用，完善龙头企业与合作社、职工的利益联结机制,让职工群众更多地分享加工流通环节的增值收益,确保一线职工大田种植以外收入占比达到62%以上。深入实施焉耆垦区"调结构、转方式、增效益三年行动计划",着力抓好提质、精果、设施农业升级、畜牧业倍增、产业化提效五大工程,确保早日见到成效。

(五)突出抓好民生改善,推进社会事业改革创新

按照惠民政策不变、支持力度不减的原则,继续实施民生"十件实事",保持对住房、就业、教育、社保等社会事业的投入,进一步完善公共服务体系,着力提升职工群众的生产生活水平。要坚持工作精准、重点突出、政策发力、模式创新、责任到位,确保868户2339人实现脱贫,坚决打赢脱贫攻坚战。继续开展"双创"活动,统筹创新、创业、就业等各类政策,加快示范基地、科技企业孵化器等"双创"平台建设,组织好各类创新创业活动,深入实施青年创业引领计划和大学生自主创业促进计划,激发全社会创新潜能和创造活力。

持续开展群众性精神文明创建活动。坚持用中国梦和社会主义核心价值观凝聚共识,构筑职工群众共有的精神家园。编制实施"十三五"文化产业发展规划,深化文化体制改革,加快文化事业、文化产业发展,吸引社会资本参与文化产业项目建设,力争文化产业增加值占生产总值的1.8%。坚持把就业作为重中之重,重点解决好老职工子女、高校毕业生、复转军人和团场富余劳动力、新招录职工群体的就业问题。优先发展教育事业。全面落实15年免费教育,加快教育人才培养和师资队伍建设,推进学校标准化和教育均衡化发展。大力发展面向就业、面向市场的职业教育和职业培训,培养与师市产业体系相配套的实用型、技能型人才。稳步提高社会保障水平,完善养老保险制度。继续实施全民健康体检,推进城镇居民基本医疗和新型农村合作医疗整合工作,逐步提高大病保险统筹层次和水平。大力发展社会福利和慈善事业,做好"双拥"和优抚工作,促进社会安定和谐。

(六)突出抓好融合共建,促进更好更快发展

牢固树立"兵地一盘棋、兵地一家人"的思想,在坚持兵团党委领导核心地位的基础上,正确处理好与地方的关系,推动兵地融合向更宽领域、更深层次、更高水平迈进。

创新兵地融合发展体制机制。落实兵地融合发展联席会议制度,联手推动加强南疆建设、丝绸之路经济带核心区等重大战略的实施,妥善解决各种利益矛盾和问题,着力推进优势资源共享、基础设施共用,产业布局配套、企业联合经营、市场体系对接和人才培训交流,在融合共建中形成发展新优势。主动加强与地方产业协作,大力发展高效节水农业、现代设施农业、生态有机农业,提高区域特色农业的竞争优势,树立引领示范的典型。深入开展"一对一团乡共建"行动,推动团场与乡镇嵌入式发展。积极推进基础教育资源共享,推动兵地医疗卫生开放共享,主动与巴州开展多层次、多领域干部交流任职、挂职锻炼、轮岗培训工作,推动兵地干部人才交流工作有新突破。

深入推进民族团结进步。深入开展"民族团结一家亲"活动,把个人认亲发挥主体作用、"访惠聚"驻村工作队发挥纽带作用、所在单位和党支部发挥保障作用紧密结合起来,推动各民族交往交流交融。要让各民族学生从小增进互信、增进"五个认同"。健全"五共同一促进"活动长效机制,确保民族团结进步创建活动取得实效。

进一步提升援建水平。抓住河北省"十三五"援助资金增加3.94亿元、总量翻倍的大好形势,充分发挥主体作用,创新援疆方式,加快实施32个援疆项目,力争实现项目开工率、资金到位率和投资完成率三个100%。推进铁门关经济工业园区与河北廊坊经济技术开发区的深度合作,充分发挥好产业扶持资金作用,吸引河北省更多大企业、大集团特别是劳动密集型企业来师市投资兴业，通过两地培训、短期帮扶、"组团式"人才援疆等方式，积极引进培养城建、财税、企管、科技、教育、医疗卫生等各类专业技术人才，为加快发展、转型升级破解人才瓶颈。要关心关爱援疆干部，做到政治上充分信任，工作上大力支持，生活上悉心关照，全力支持他们放手开展工作、尽情施展才华。

四、从严治党，在真抓实干中强化领导核心地位

做好今年的工作，关键在于加强党的领导，关键在于真抓实干。

（一）严守政治纪律和政治规矩

要牢固树立"四个意识"，始终如一地向以习近平同志为核心的党中央看齐，向党的理论和路线方针政策看齐，向党中央决策部署看齐，在思想上、政治上、行动上同党中央保持高度一致，坚定坚决维护党中央的权威，坚决贯彻自治区、兵团和师市党委的决策部署，听招呼、不折腾、加油干，确保令行禁止、政令畅通。要把政治纪律和政治规矩摆在首要位置，增强政治敏锐性和鉴别力，使党员干部主动在思想上画出红线、在行动上明确界线，始终做到政治上讲忠诚、组织上讲服从、行动上讲纪律，作风上讲落实。

（二）严格党内政治生活

深入贯彻落实《关于新形势下党内政治生活的若干准则》和《党内监督条例》，切实抓好思想教育这个根本，抓好严明纪律这个关键，树好选人用人这个导向，用好组织生活这个经常性手段，认真落实"三会一课"、民主生活会谈心谈话、民主评议党员等制度，开展积极健康的思想斗争，全面推动党内政治生活严起来、实起来、硬起来。严格落实党委全委会和常委会议事决策规则，狠抓"三重一大"决策制度和请示报告制度的落实，强化对权力运行的监督制约，确保各级领导干部严格按党性原则办事、按政策法规办事、按制度程序办事。

（三）切实加强领导班子和干部人才队伍建设

坚持好干部标准和正确选人用人导向，把政治上强作为考核使用干部的首要标准，努力做到选贤任能、用当其时，知人善任、人尽其才。进一步改革和完善干部考核评价办法，既要看发展、看显绩，又要看基础、看潜绩，推动各级领导干部紧紧围绕"改革、聚人、招商、投资"谋发展、想办法、担责任。要从严管理监督干部，解决重使用、轻管理，失之于宽、失之于软的问题，做到干部随管理成长、管理伴干部一生。继续深化"第一书记在连队""访惠聚"等活动，强化机关部门、党员干部和基层结对帮扶工作，在脱贫攻坚、现代农业发展、"双创"、民族团结、融合发展等方面聚焦发力，全面推进基层服务型党组织建设，切实解决好服务职工群众"最后一公里"问题。

（四）切实加强党风廉政建设和反腐败斗争

认真落实全面从严治党党委主体责任和纪委监督责任，强化纪检监察机关党内监督专责作用，加强执纪问责，推动管党治党从宽松软走向严紧实。持之以恒加强作风建设，深入贯彻落实中央八项规定精神和兵师党委二十六条规定，驰而不息纠正"四风"。积极做好兵团党委巡视组反馈问题整改工作，探索建立师市巡察工作制度，发挥好巡视巡察利剑作用。始终保持严惩腐败高压态势，充分运用好监督执纪"四种形态"，力度不减、节奏不变，坚持有腐必反、有贪必肃，坚决惩治发生在职工群众身边的不正之风，让职工群众切身感受到全面从严治党的实际成效。

同志们，全面深化改革、加快向南发展的号角已经吹响。站在新的历史起点上，我们要紧紧围绕总目标，强化使命担当，高扬奋斗旗帜，以更加坚定的信心、更加饱满的激情、更加昂扬的斗志，聚焦使命不放松，撸起袖子加油干，为建设"社会稳、发展快、职工富、文化兴、环境美、融合亲、人口增、党建强"的美好师市而不懈努力！

（党委办公室　供稿）

铁门关市人民代表大会常务委员会工作报告

——2017年2月17日在铁门关市第一届人民代表大会第五次会议上

铁门关市人大常委会主任　范筱芹

各位代表：

我受铁门关市人大常委会委托，向大会报告工作，请予审议。

一、过去一年的主要工作

2016年在铁门关市党委的坚强领导下，市人大常委会全面贯彻党的十八大和十八届三中、四中、五中、六中全会，习近平总书记系列重要讲话精神特别是在第二次中央新疆工作座谈会上重要讲话和视察新疆、兵团时的重要讲话精神，深入落实自治区党委人大工作会议、兵团党委六届十五次全委（扩大）会议、师市党委十四届七次全委（扩大）会议和第十五次党代会精神，聚焦社会稳定和长治久安总目标，围绕中心、服务大局、勇于担当，依法行使职权，积极开展工作。市一届人大四次会议确定的常委会各项任务已经完成，常委会各方面工作取得了新进展、新成效。

（一）牢牢把握正确政治方向，坚决贯彻落实党委决策部署

常委会始终把坚持党的领导贯彻于人大工作的各方面、全过程，牢固树立政治意识、大局意识、核心意识、看齐意识，坚持市委的集中统一领导，坚持重大问题、重要事项及时向市委请示报告，始终坚持正确政治方向，统筹安排和推进人大监督、决定、任免代表以及理论研究等各项工作和活动。一年来，召开人代会1次，确定铁门关市经济和社会发展大计；常委会党组会议17次，主任会议9次，常委会会议6次，听取审议市人民政府、市人民法院、市人民检察院27项专项工作报告；检查1部法律实施情况；开展7次专项视察、专题调研，发出审议意见书9份，提出审议意见25条，做出决议决定13项；审议通过了关于拟设渠犁镇的议案、关于个别代表的代表资格审查报告；决定和批准任免国家机关工作人员等，确保市委的重大决策部署在全市工作中得到全面贯彻和有效执行。

（二）牢牢把握改革发展稳定，在增强监督实效上取得新进展

常委会依法行使监督职权，着力增强监督实效，推动市委重大决策部署贯彻落实，促进"一府两院"依法行政和公正司法。

围绕促进预算决算开展监督。常委会依法加强预算执行情况的审查监督，规范程序、突出重点、强化初审，规范了财政预算编制、审查、批准流程。审议通过了预算执行情况的报告，审查批准了年度预算决算。听取审议了财政决算及其他财政收支的审计工作报告、财政预算调整方案的报告、政府性债务情况的报告等。要求政府和有关部门认真贯彻实施新预算法，建立健全铁门关市独立的财政核算及统计体系，规范预决算编制和管理，推进财政资金统筹使用，集中财力办大事，确保全年财政预算任务的圆满完成。健全政府债务管理制度，严格限定举债程序和资金用途，完善债务考核评价、风险评估和应急处置机制，切实防范和化解政府债务风险。

围绕促进经济发展开展监督。常委会审查批准了"十三五"发展规划、年度发展计划，听取审议了市政府落实市委重大工作部署及政府承诺事项的报告、计划执行情况的报告、重点项目建设及固定资产投资情况的报告、服务业和招商引资情况的报告等，要求政府积极应对新常态下发展环境的深刻变化，着力解决发展中的重大问题、各族群众反映强烈的突出问题、制约发展的体制机制问题，稳增长、调结构、惠民生、促就业，推动经济持续健康发展和社会和谐稳定。

为推进市委重点工作落实，常委会带领督导组对铁门关经济工业园区、市域团场和企业的经济运行情况、改革、聚人、招商、投资、"双创"工作进行深入督导，掌握第一手资料，为市委准确研判经济形势提供支撑。加强与团场、企业互动，对发展中存在的问题和短板，想方设法帮助解决。要求各单位咬定固定资产投资不放松，练好内外功，应对下行压力，晒出最好经济工作"成绩单"。铁门关市新来福气流纺、新恒立环锭纺等重点项目建成投产，建伟织布、澳华医用甘油等重大项目相继开工，工业经济的主体地位更加凸显，集聚人口和产业的能力明显提升。

围绕促进社会民生开展监督。保障改善民生、增进人民福祉，是常委会监督工作的重点。听取审议了市政府办理代表议案建议情况的报告，督促政府加快市民公园项目的开工建设，加速保障性住房、医院内科综合楼、自来水厂、集中供热中心等城市基础设施建设，一批民生工程相继竣工投入使用。针对老农贸市场管理混乱、影响市民交通和生活的问题，督促政府整治乱搭乱建，规范统一管理。库尔楚路口至二十九团园七连的简易砂石公路，多年来给兵地群众生产生活带来极大不便。在人大代表的建议下，通过常委会协调，该路段得到整修，铺设了柏油，受到兵地职工群众的称赞。

听取审议了文化建设工作的报告，对全市文化管理、文化市场、公共文化服务、文化产业情况进行了专题调研，要求政府及相关部门加大公共文化建设投入，提高公共文化服务质量和效率，满足人民群众精神文化和体育健身需求，让人民群众享有更多更好的文化发展成果。加强军垦文化遗产整理保护和传承发扬，培育和推动全市文化产业向规模化、集约化、专业化方向发展。听取审议了生态环境保护工作的报告，督促政府相关部门加强农田残膜回收，清除白色污染，保护我们赖以生存的耕地。

围绕促进法治建设开展监督。食品安全事关人民群众身体健康和生命安全，事关经济发展与社会和谐。常委会组成执法检查组对全市贯彻实施食品安全法的情况进行检查，抽查了市区及博古其镇、双丰镇农贸市场、餐饮服务、食品加工销售等单位。要求政府相关部门加大对食品生产经营的监管力度，坚决打击食品安全领域各种违法生产经营行为，严肃查处并追究监管不力问题，真正做到有法必依、违法必究、执法必严，使人民群众吃得安全、吃得放心。

针对社会较为关注的司法公正和司法改革问题，常委会听取审议了法院关于立案制度重大改革情况的报告和检察院关于公诉工作的报告，督促"两院"进一步加强和改进相关工作，着力提高司法公信力，努力让人民群众在每一个司法案件中感受到公平正义。同时，加强涉法涉诉信访案件的督办协调，坚持引导信访群众通过法律途径表达诉求。配合自治区人大常委会对市法院司法公开工作、检察院侦查监督工作进行视察、调研，推动"两院"重点工作的开展。

常委会坚持以推进法治政府建设为己任，健全规范性文件备案审查制度，常委会工作机构与政府相关部门共同建立规范性文件备案审查衔接联动机制，对报备的规范性文件认真做好审查工作，支持和督促政府依法行政。听取审议了市政府"六五"普法执行情况和"七五"普法规划编制情况的报告，审议通过了铁门关市"七五"普法规划，督促政府及有关部门普治并举，增强全社会法治观念。

依法做好人事任免工作。坚持党管干部和人大依法任免相结合，对市委提名、"一府两院"提请拟任命的干部，严格实行任前资格审查、法律知识考试、与常委会组成人员见面、任职表态发言、颁发任命书和向宪法宣誓制度，不断强化人大任命干部执法为民、依法行政、公正司法意识，促进人大任命干部勤奋履职，实现党委满意与群众满意的有机结合。一年来，任命国家机关工作人员2人，免去职务2人，接受辞职1人，终止5名人大代表资格，补选代表5人。组织举行了任命副市长、代理市长、法院13名法官和2名政府部门领导暨向宪法宣誓仪式。

（三）牢牢把握发挥代表作用，在保障代表履职上迈出新步伐

常委会坚持尊重代表主体地位，把充分发挥代表作用作为密切联系群众的主要渠道、作为提高常委会工作质量的重要基础，不断探索和完善代表工作机制，提高代表工作水平，使人大工作更有基础、更具影响力。

积极发挥代表主体作用。深入开展常委会联系代表活动，常委会组成人员联系代表48人，举办座谈会16次，发放法律宣传教育知识手册123册。全年邀请54名代表列席常委会会议、参加执法检查、视察和调研，扩大了代表对常委会活动的参与。各代表小组以"法治宣传教育、专题视察、建言献策、知民情汇民意、大走访"为载体，深入开展代表联系选民活动。接待选民140人次，走访选民900人次，征求意见28条，办实事好事50件。各代表小组结合党委换届选举和"七五"普法，广泛宣传宪法、选举法、代表法等法律法规，向选民发放法律宣传资料4000份。组织代表对市规划馆、传媒大厦、农业综合区、市容卫生、园林绿化、道路交通、防洪渠坝、环境保护、城管执法及"双创"、精准扶贫、"两镇"建设等进行专题视察，有的放矢提出建议，回应社会关切，推动工作改进和落实。二十九团、三十团遭受严重冰雹灾害时，常委会机关和代表小组深入到挂钩连队查看灾情，走访安抚受灾群众，从资金、技术、物资、人力上帮助解决实际困难，鼓励群众开展抗灾自救。一年来，全市人大代表以主人翁的姿态，奋发有为，干事创业，在各个领域、各条战线建功立业，涌现出一批先进模范人物，展示了新时代人大代表的良好风采。

强化议案建议办理工作。常委会把办理代表议案建议工作作为保障代表依法履职、发挥代表作用的重要途径。坚持常委会领导督办、工委协助、市政府领导牵头领办、政府相关部门承办的办理制度，对以往市政府办理代表议案建议工作进行"回头看"，视察了市监狱、畜牧业养殖区、城市核心区绿化、新建幼儿园等项目建设，进一步巩固办理成果，强化工作落实。召开代表议案建议交办会和承办单位集中汇报会，着力在"办成率"上下功夫。关注代表对办理结果不满意的问题，召开现场督办会，推动二十八团偏远连队居民看病难等一些重点难点问题的解决。市政府及相关部门对代表议案建议办理工作高度重视，回复率达100%。议案建议所提问题已得到解决或基本解决的30件，占承办总数的50%；正在解决或列入计划逐步解决的21件，占承办总数的35%；因条件限制暂时不能解决的9件，占承办总数的15%。代表对政府办理议案建议工作的满意和基本满意率达到98%。

推进"两镇"人大选举工作。制定了关于博古其镇、双丰镇第一届人民代表大会选举工作的意见,对做好"两镇"人大选举工作提出具体实施要求,对选举时间方法步骤、代表的构成及素质要求、选举经费保障等进行具体部署,为建立"两镇"政权组织奠定基础。

优化代表培训和代表服务。常委会加强对代表视察工作程序、方法等内容的培训,组织代表聆听"坚持依宪治国、依法行政,提高法治思维能力"专题讲座,赴若羌县、且末县学习交流县乡人大工作,到三十六团、三十七团、三十八团考察师市向南发展情况,不断提高代表的履职能力。对二十九团、三十团"代表之家"建设进行指导,拨付专项资金给予支持。完善"代表之家"各项制度,为代表活动的经常化、规范化搭建重要平台。

(四)牢牢把握人大工作要求,在加强自身建设上展示新风貌

常委会始终把自身建设作为一项基础性、经常性工作来抓,努力提高依法履职水平。

抓学习,提高素质。认真开展"两学一做"学习教育,学习党章、党史、习近平总书记系列重要讲话文章选编、廉洁自律准则、纪律处分条例、党内政治生活若干准则、党内监督条例等,坚定理想信念,把准政治方向,增强思想自觉和行动自觉,始终以严和实的精神做好人大工作。组织"两学一做"学习教育交流研讨,为联系点三十团八连党员上党课,慰问老党员、贫困党员。举办法治理论、宪法法律、人大业务知识专题讲座,全面提升运用法治思维和法治方式开展工作、解决问题的能力。

转作风,提升效能。常委会始终把纪律和规矩挺在前面,坚持民主集中制原则,充分发挥常委会党组核心作用。深入推进党风廉政建设和反腐败斗争,落实好"管党治党"主体责任和"一岗双责",努力营造风清气正、干净干事的良好氛围。坚持不懈抓作风建设,不断改进会风文风。严格实行绩效考核管理,工作效率明显提升。注重开展调查研究,形成了规范性文件备案审查工作的思考、文化建设工作的调研报告、人代会闭会期间人大代表履职的调查与思考等调研报告,为人大及其常委会依法行使职权提供了良好的服务和保障。

立制度,增强活力。制定实施常委会与"一府两院"工作联系制度、常委会讨论决定重大事项暂行规定、常委会联系人大代表暂行办法、代表联系选民暂行办法等5项工作制度,为常委会开展工作提供了遵循。

强舆论,扩大宣传。在做好党报党刊征订发行的同时,给每位代表赠订《新疆人大》杂志,为"代表之家"赠订《人民代表报》。制定新闻宣传工作考核办法,鼓励机关人员和人大代表积极向各级新闻媒体投稿,宣传报道人大及其常委会重要会议、重要工作以及代表视察、调研、执法检查等活动,扩大人大影响力。

常委会认真开展"民族团结一家亲"活动,机关党员干部与新兴纺织公司来自伽师县、于田县的维吾尔族同胞结对认亲,面对面交流,了解认亲户家庭情况,解决实际困难,帮扶如期脱贫。组织开展节日慰问和联谊活动,加深感情,增进民族团结。

各位代表!铁门关市人大常委会工作取得的成绩和进展,是在市委坚强领导下,全体人大代表、常委会组成人员和人大机关工作人员兢兢业业、履职尽责、扎实工作的结果,是市政府、政协、法检"两院"和机关各部门、市域各团场和企事业单位密切配合、团结协作的结果,是全市各族人民及社会各界充分信任、大力支持的结果。在此,我代表市人大常委会表示崇高敬意和衷心感谢!

回顾一年的工作，我们清醒地认识到，与统筹推进"五位一体"总体布局和协调推进"四个全面"战略布局的新形势相比，与市委和全市事业发展的新要求相比，与人大代表和人民群众的新期盼相比，我们的工作还存在一定的差距和不足。在思想建设方面，理论学习载体单一，缺乏创新；在监督工作中，依法监督的权威性、实效性需要着力加强；在发挥代表作用、密切联系群众上，深入基层调研、回应社会关切不足，与代表、选民的经常性联系不够；在自身建设方面，调研工作的质量有待提高。我们要高度重视这些问题，虚心听取代表和各方面的意见建议，自觉接受监督，不断加强和改进各项工作。

二、2017 年的主要任务

各位代表！2017 年是全面建成小康社会决胜阶段的关键之年，是实施"十三五"规划的重要一年，也是兵团深化改革的首战之年。市人大常委会工作的总体要求是：深入学习贯彻习近平总书记系列重要讲话精神和治国理政新理念新思想新战略，全面落实中共中央国务院关于兵团深化改革的若干意见、自治区第九次党代会、兵团党委六届十七次全委（扩大）会议、师市第十五次党代会和十五届三次全委（扩大）会议精神，紧紧围绕社会稳定和长治久安总目标，统筹推进"五位一体"总体布局、协调推进"四个全面"战略布局，认真行使宪法和法律赋予的职权，推进经济持续健康发展和社会和谐稳定。

（一）落实党委决策部署，更加主动地推进工作创新

年初召开的自治区、兵团和师市党委系列重要会议，全面贯彻党的十八届六中全会精神和中央治疆方略，开启"依法治疆、团结稳疆、长期建疆"和全力开创维稳戍边事业新局面的伟大征程。常委会坚决贯彻落实中央治疆方略和自治区、兵团、市委的决策部署，准确理解和把握人大工作的新任务、新目标、新要求，自觉把人大工作充分体现在加强党的领导、更好地贯彻党委的主张和意图上，更好地实现党的领导、人民当家做主、依法治国的有机统一。

（二）依法行使监督职权，更加有力地推进各项事业

常委会要把宪法法律赋予的监督权用起来，紧扣市委重大决策部署，坚持问题导向、突出精准发力，进一步增强监督实效。

加大对经济重点领域的监督。把握"提高发展质量和效益、推进供给侧结构性改革"关键点，在推动市委重大决策部署的贯彻落实上发挥应有作用。重点围绕"十三五"发展规划、固定资产投资、产城融合、人口聚集、新型工业化、招商引资、农业产业结构调整、现代服务业、城市管理等，听取审议市政府有关工作的报告，按照法律规定，严格履行程序，慎重讨论决定重大事项，适时做出决议、决定。

加大对财政预算决算的监督。开展政府性投资重点项目建设效能专项检查，督促解决影响重大项目建设和经济发展的重要问题，提高政府性投资项目建设效能。听取审议财政决算报告、审计报告、预算执行报告、政府性债务情况报告，审查和批准预算，认真督促审计中突出问题的整改工作，努力增强审查和监督实效，保障市域经济健康平稳运行。

加大对法律有效实施的监督。对政府贯彻实施城乡规划法、劳动法和环境保护法情况进行执法检查，对法检"两院"推进司法公正和司法改革情况进行视察。

加大对社会民生工作的监督。高度关注民生"十件实事"、劳动就业、精准脱贫、社会保障、教育医疗、文化建设、环境保护等，进一步加强监督，督促政府协调处理好发展经济与改善民生的关系，努力维护社会和谐稳定。

加大对法治政府建设的监督。围绕推进政府机构改革和职能转变，发挥常委会监督作用，进一步明确和完善政府职能，完善规范性文件备案审查制度，推进政务公开，提高行政效能。强化法治宣传教育，督促"一府两院"，落实"七五"普法规划，增强全社会特别是公职人员尊法学法守法用法观念。

进一步做好人事任免工作。加强同市委组织部门以及提请任免机关的沟通，严格规范人事任免程序，坚持任前法律知识考试、任职表态发言、颁发任命书和向宪法宣誓制度，增强人大任命干部任职的责任感、使命感、荣誉感，促进他们更加珍惜用好人民赋予的权力，增强依法行政、公正司法的自觉性和为民服务的主动性。

（三）强化代表履职服务，更加充分地发挥代表作用

完善代表工作制度，建立健全代表履职登记档案，强化代表履职服务，激发代表履职积极性、主动性。深入开展"常委会联系代表"活动，经常听取代表的意见和建议。完善代表参与常委会工作制度，邀请更多代表参加常委会执法检查、调研和视察等活动。深入开展"代表联系选民"活动，密切与选民、原选举单位的联系。改进代表视察、调研工作，拓宽和畅通社情民意表达和反映渠道，更好发挥人大代表桥梁纽带作用。完善代表议案建议办理机制，强化督办，确保代表议案建议落到实处。加强代表培训工作，提高培训的针对性、有效性。加强代表小组活动，组织和指导代表小组开展"建设阵地、完善制度、关注民生"主题活动，大力支持"代表之家"建设，为开展代表小组活动创造良好条件。

加强代表思想、作风建设，支持选举单位依法加强代表履职监督，使人大代表珍惜人民赋予的权力，严格依法执行代表职务，模范遵守宪法法律，自觉遵守社会公德。

扎实推进博古其镇、双丰镇人大选举工作，确保选举工作顺利完成。逐步建立和完善"两镇"人大和城市街道人大代表工委组织机构，推进基层人大工作。

（四）提升依法履职能力，更加自觉地加强自身建设。

不断深化思想建设。坚持常委会集体学习制度，巩固和深化"两学一做"学习教育，加强理想信念、"四个基本"、政治纪律和政治规矩、宪法法律、人大业务知识学习，做到讲政治、懂规矩、知责任、明目标、抓落实，围绕党委重大决策部署履职尽责。

不断深化制度建设。继续研究完善常委会的组织制度、工作制度和运行机制，准确把握人大工作的政治定位、目标定位、职责定位、角色定位，增强人大履职效能，提升人大工作科学化、制度化、规范化水平。

不断深化作风建设。持之以恒地落实中央八项规定和兵团、师市党委26条规定，压紧压实"管党治党"主体责任和"一岗双责"，坚定不移地推进党风廉政建设和反腐败斗争，全力打造忠诚干净担当的人大机关干部队伍，维护地方国家权力机关为民务实清廉的良好形象。

各位代表！新的目标开启新的希望，新的征程承载新的使命。全面完成本次大会确定的各项目标任务，既是全体代表的共同责任，也是全市各族人民的共同心愿。让我们更加紧密地团结在以习近平同志为核心的党中央周围，在市委的坚强领导下，把发展的眼光放得更远，把奋斗的脚步踩得更实，不忘初心、砥砺前行，为建设环境良好、富裕文明、宜居宜业的丝路雄关重镇、军垦生态新城，实现"社会稳、发展快、职工富、文化兴、环境美、融合亲、人口增、党建强"的美好铁门关市而努力奋斗，以优异成绩迎接党的十九大胜利召开！

铁门关市政府工作报告

——2017年2月16日在铁门关市第一届人民代表大会第五次会议上

铁门关市代理市长 吴 彬

各位代表：

现在，我代表铁门关市人民政府向大会报告工作，请予审议，并请市政协委员和列席人员提出意见。

一、2016年工作回顾

刚刚过去的一年，在师市党委的坚强领导下，我们深入贯彻习近平总书记系列重要讲话特别是在第二次中央新疆工作座谈会上的重要讲话和视察新疆、兵团时的重要讲话精神，全面贯彻党的十八大和十八届三中、四中、五中、六中全会精神，贯彻落实自治区第九次党代会和兵团党委六届十五次全委（扩大）会议精神，紧紧围绕社会稳定和长治久安总目标，按照师市党委十四届七次全委（扩大）会议和师市第十五次党代会的决策部署，统筹推进保稳定、促改革、稳增长、调结构、惠民生、防风险等各项工作，实现了"十三五"良好开局。

预计全年完成生产总值46.24亿元，比上年增长10.2%，占全师经济总量比重为37.3%。其中：第一产业增加值9.23亿元，增长13.2%；第二产业增加值28.61亿元，增长8.2%；第三产业增加值8.4亿元，增长14.3%，三次产业增加值占生产总值比重分别为20%、62%、18%；完成固定资产投资59.08亿元，占全师固定资产投资比重为45%，下降4.6%；实现一般公共预算收入4.02亿元（含一般债务收入）；城镇常住居民可支配收入为32588元，增长10.3%；城镇登记失业率在0.2%以内。

重点抓了七个方面的工作：

（一）在围绕总目标、全力维护社会稳定上有明显成效

始终牢记维稳第一责任，坚决贯彻自治区、兵师党委维护稳定的决策部署。实施精兵战略，扎实推进民兵队伍和专业维稳力量建设。基层一线群防群治、联防联治力量得到加强。落实各项维稳措施坚决有力，参与地方网格化巡控实现常态化，实现了"三个确保"。"民族团结一家亲"活动扎实有效，维护稳定的社会基础更加稳固，履行兵团职责使命的能力得到了明显提升。

（二）在完善基础设施建设、全力提升城市承载力上有明显进步

加快实施市政基础设施建设，着力完善城市功能35个续建项目进展顺利，保障性住房、党校、医院内科综合楼进入验收阶段。地下综合管廊部分投入使用。自来水厂建成投产，集中供热中心开始运行，城市保障能力进一步提高。传媒中心、农贸市场、"四馆合一"等新建项目主体完工，"渤海湾"综合水系项目快速推进。实施城区二号泄洪渠建设，城市防洪能力得到提升，完成将军河一期4.2千米河道建设，环河慢行道投入使用，美化、亮化、绿化工程日趋完善，城市特色开始彰显。

加快实施道路畅通工程，着力提高城市通行能力。南区市政道路、管线建设稳步推进，中央大道投入使用，府前路、军垦大街、三五九旅大街等城市主干道初步成型，实施将军河以北迎宾路、肖塔路、德爱路等道路改扩建工程。完成府前路综合管廊施工，管廊顶部环行系统建设启动。

（三）在建管并重、全力加强城市建设和管理上有明显发展

城市规划编制实施体系进一步健全，特色风貌专项设计规划通过自治区验收，并列入自治区城市设计试点项目作品名录。组织编制智慧城市、绿地系统、"四规融合"和城市近期建设等专业专项规划，3次组织专家对13个新建项目规划方案进行审查，规划的严肃性、权威性进一步提高。加大施工监管力度，开展专项检查11次，确保施工安全和工程质量。智慧城市建设步伐加快，综合管网信息化建设方案编制完成，地下管线基础数据普查结束，规划管理信息系统开始试运行。

按照"小政府、大社会"的扁平化管理模式，加快推进市场化进程，扩大园林、环卫等政府购买社会服务范围。鼓励企业和市民参与城市管理，市容环境"路平、灯亮、街净"的目标初步实现。综合行政执法首批29人持证上岗，城市管理更加规范有力。深入开展综合整治，拆除违章临时建筑19处。扎实推进道路交通安全综合整治，市民的交通意识显著提升，一个全新而充满生机的军垦新城已在天山脚下初步展现！

（四）在强化发展意识、全力推进产城融合上有明显突破

工业主导地位更加稳固。坚持工业为先，通过大力发展工业，为城镇化提供支撑和推动力。铁门关经济工业园区产业发展规划获兵团批准，形成一区四园规模，现已落户企业45家，实现产值44.8亿元。建伟织布标准厂房等重点项目加快推进，新来福、新恒立一期纺织项目相继投产，纺织产业集聚水平进一步提升；亿达物资10万吨废油综合利用项目投入试生产，丰泰钢铁、领航管业等一批项目进展顺利。

特色高效农业快速推进。农业内部结构进一步优化，实现农产品加工产值21.2亿元，与农业总产值之比为1.3∶1。预计完成皮棉总产3.5万吨、果品总产7.5万吨。发挥香梨等特色果品产业优势，新建标准香梨园463.13公顷。设施农业规模不断扩大，新建高效节能日光温室67座。畜牧业倍增工程成效明显，60万羽蛋鸡规模化养殖场建成投产，生猪养殖基地续扩建顺利完成，牲畜存栏12.54万头，肉蛋奶产量持续增长。新型农业经营主体不断壮大，农工专业合作社增至27家，组织化程度稳步提升。

现代服务业发展势头良好。深入落实兵团服务业提升年活动要求，全力搞活商贸流通业，实现社会消费品零售总额5.12亿元，增长18%。鑫恒泰、渠犁国、坤茂等综合体投入使用，商贸流通体系不断完善。电子商务创业园建设启动，全力打造集培训、研发、销售为一体的电商创业孵化园、大学生创业示范基地和全民就业创业示范基地。城市金融生态环境持续改善，津汇村镇银行、绿原同创小额贷款公司开业运营，万源和绿原铁信两家融资担保公司业务范围不断拓展。通信服务业发展快速，现代物流服务体系不断完善。如今，以产兴城、以业兴城、产城融合的铁门关市正逐渐显示出其旺盛的生命力！

（五）在坚持绿色发展、全力推进生态建设上有明显增强

坚持把生态建设放在突出位置，努力建设"宜居军垦生态新城"。完成绿化面积41.13公顷，建成区绿地率达到36%。加强自然资源保护，严厉打击毁林开荒和非法取水行为。建立健全项目节能评估审查和环境影响评价机制，严格执行"三同时"制度，新建项目环评执行率为100%。

（六）在不断改善民生、全力提高市民幸福指数上有明显提升

"十件实事"12个民生项目全部完成，民生支出占一般公共财政预算支出达91%。开展全民免费健康体检工程，惠及各族市民。职业技能培训实现常态化，累计培训2338人（次）。"双创"活动扎实开展，实现新增就业3805人，零就业家庭保持动态清零。全面完成退休人员养老金调整工作。社会保障稳步推进，城镇低保实现动态管理下的应保尽保，基本完成低保标准与扶贫标准"双线合一"要求。紧扣社会主义核心价值观教育主题，群众性精神文明创建活动蓬勃开展，中央电视台"乡村大世界走进铁门关"活动反响强烈，扩大了城市的知名度和影响力，进一步提升广大市民的幸福感和获得感！

（七）在加强自身建设、全力打造法治政府上有明显变化

坚决维护党的集中统一领导，坚持把政府的一切工作都置于党的领导之下，把依法行政、科学理政、从严治政贯穿于政府决策、执行、监督全过程，着力解决政府自身建设中存在的问题。自觉接受市人大及其常委会的法律监督和工作监督，支持市政协履行政治协商、民主监督和参政议政职能。积极回应代表、委员和人民群众的关切，60件人大代表议案建议、53件政协提案和65件"市长信箱"信件全部办结。深入推进"放管服"改革，向社会公布31个政府部门2160项行政权力和责任清单，精简审批事项158项、整合690项。深入开展"两学一做"学习教育，严格落实全面从严治党主体责任。坚决执行中央八项规定和兵师党委26条规定，有效遏制"四风"反弹。完善政府预算制度，强化审计监督，"三公经费"同比下降7.2%。严肃查处损害群众利益的各类案件，政风行风持续好转。

过去的一年，工商、税务部门工作扎实深入，全面完成营改增任务。"五证合一、一照一码"登记制度改革积极推进，在市区注册市场主体达1366户，同比增长31%。全年实现国税收入5293万元、地税收入14156万元。

过去的一年，师市合一体制不断发展完善，铁门关市行政界线界桩设置工作全部完成，二十八团博古其镇、三十团双丰镇获自治区人民政府批准成立，并于2月29日正式挂牌，另外12个团场建镇工作正在稳步推进。

过去的一年，河北省突出民生援疆、产业援疆和智力援疆，落实援建资金3331.6万元，其中87%用于社会民生项目，各族群众生产生活条件明显改善。刚刚完成援疆使命的第二批河北援疆干部，以实际行动彰显了燕赵儿女的可贵品质和无私情怀，开创了新一轮对口援疆工作的新局面！

过去的一年，各驻铁单位、市内企业与我们和衷共济、携手并进，共谋发展路径、共破改革难题，取得令人振奋的成效，为推动铁门关市经济社会发展做出贡献！

各位代表，过去一年取得的成绩，是自治区和兵团党委总揽全局、科学决策的结果，是师市党委坚强领导、统筹规划的结果，是各位代表、委员依法监督、参政议政的结果，是广大企业家们凝心聚力、忘我工作的结果，是全市各族干部群众团结奋斗、努力拼搏的结果，是河北省和社会各界无私援助、大力支持的结果。在此，我代表市人民政府，向全市人民，向人大代表、政协委员，向工商联、无党派人士、各人民团体和社会各界人士，向援疆干部、政法干警和民兵预备役人员，以及所有关心支持铁门关市建设发展的同志们、朋友们，表示崇高的敬意和衷心的感谢！

在肯定成绩的同时，我们也必须清醒地看到，前进道路上依然面临着许多困难和挑战，主要表现在：经济下行压力仍然较大，工业投资和民间投资明显回落，招商引资压

力巨大；经济结构不合理问题凸显，产业结构升级步伐缓慢，新旧动能转换相对滞后，推动供给侧结构性改革任务十分紧迫；城市建设任务依然繁重，规划、建设、管理城市的能力还需加强；民生改善和社会建设任务艰巨，与各族群众的期盼和需求仍有较大差距；交通、防灾特别是防洪等城市基础设施以及公共服务设施配套还不完善，集聚人口的吸引力还不强；铁门关意识急需进一步强化，个别政府部门依法行政意识不强，少数干部宗旨意识、群众观念淡薄，存在不作为、慢作为、懒政怠政现象。对于这些问题，我们将高度重视并切实加以解决。

二、2017年工作安排

2017年是实施"十三五"规划、推进全面建成小康社会的重要一年，也是加快推进向南发展战略的关键一年。铁门关市工作的总体要求是：深入贯彻习近平总书记系列重要讲话特别是在第二次中央新疆工作座谈会上的重要讲话和视察新疆、兵团时的重要讲话精神，全面贯彻党的十八大和十八届三中、四中、五中、六中全会精神，坚决贯彻党中央关于兵团深化改革的决策，贯彻落实自治区第九次党代会和兵团党委六届十七次全会精神，按照师市第十五次党代会和师市党委十五届三次全委（扩大）会议部署要求，紧紧围绕社会稳定和长治久安总目标，统筹推进"五位一体"总体布局和协调推进"四个全面"战略布局，坚持稳中求进工作总基调，牢固树立和贯彻落实新发展理念，适应把握引领经济发展新常态，以提高发展质量和效益为中心，以推进供给侧结构性改革为主线，着重在增强维稳实力、深化改革、产城融合、城市建设、社会民生、生态文明、共融共建等工作上下功夫，努力建设"社会稳、发展快、职工富、文化兴、环境美、融合亲、人口增、党建强"的美好和谐的铁门关市，打

造成为引领师市经济社会发展的主引擎。

经济发展主要预期目标是：完成生产总值55.49亿元，增长20%，占师市经济总量比重达到40%。其中，第一产业增加值9.87亿元，增长7%；第二产业增加值33.7亿元，增长18%；第三产业增加值11.92亿元，增长42%，三次产业增加值占生产总值比重分别为18%、61%、21%；完成固定资产投资89.2亿元，增长51%，占全师固定资产投资比重为46%；实现一般公共预算收入1.51亿元，增长15%；城镇常住居民可支配收入36500元，增长12%；城镇登记失业率控制在3%以内；新增人口1万人。

重点抓好以下七个方面工作：

（一）立足新疆工作总目标，在维稳能力建设上主动作为

习总书记指出，"社会稳定和长治久安是新疆工作的着眼点和着力点""维稳戍边是兵团的看家本领"。要更好发挥安边固疆的稳定器作用，始终把反恐维稳作为压倒一切的政治任务、重于泰山的政治责任，高度警惕、警钟长鸣，抓早抓小抓快抓好，下好先手棋、打好主动仗。

聚焦职责使命，全力维护稳定。坚持稳定是第一责任，树立底线思维、问题导向，深刻认识反分裂斗争的长期性、复杂性、尖锐性，始终把维护社会稳定作为发展进步的基本前提。统筹推进基干民兵和政法队伍正规化建设，切实提高维稳能力和水平；不断强化社会面防控、加强应急处突能力；认真落实各项维稳措施，筑牢维护稳定的坚强防线和铜墙铁壁，实现"三个坚决""三个确保"目标，让各族群众感觉到安全、感受到温暖。

加强民族团结，打牢群众基础。始终贯穿"民族团结"这一生命线，深入开展"民族团结一家亲"、民族团结宣传教育和民族团结进步创建活动，巩固和发展平等、团结、互助、和谐的社会主义新型民族关系。加强

各民族交往交流交融，加大对少数民族群众的帮扶力度，推动建立各民族相互嵌入式的社会结构和社区环境。突出青少年民族团结教育，把民族团结贯穿到学校、家庭和社会教育的各个环节，筑牢民族团结的根基。我们要像爱护眼睛一样爱护民族团结、像珍视生命一样珍视民族团结，让民族团结之花盛开在铁门关大地上！

（二）立足深化改革，在激发动力释放活力上主动作为

习总书记指出，"新形势下，兵团也要以与时俱进的精神深化改革"。2017年，是中央关于兵团深化改革的首战之年，也是推进供给侧结构性改革的深化之年，要坚定不移地抓好各项改革措施的贯彻落实。

持续深化重点领域和关键环节改革。按照中央深化兵团改革意见"财政供养人员只减不增"的要求，落实政府机关大部门体制，解决市镇编制不足问题。强化财政管理理念，加强预算管理，推进财政管理体制改革。推进国有企业及国有控股企业兼并重组或产业整合，完善法人治理结构，发展混合所有制经济，放大国有资本功能。加快推动投资审批、职业资格、收费清理和科教文卫体领域相关改革，营造良好的政务环境、市场环境和法治环境。通过积极稳妥地落实各项改革任务，更好激发内在生机与活力。

持续深化供给侧结构性改革。探索建立长效机制，多措并举推动城镇保障性住房去库存。着力补齐三产增加值、科技研发投入、文化产业占比较低、每万人发明专利拥有量太低等全面建成小康社会的突出短板。加快非公有制经济发展步伐，在市场准入、政府采购等方面给予民营企业无差别政策待遇，增强内生动力，提高发展速度。实施创新驱动战略，强化企业创新主体地位，加大对科技创新成果转化的支持力度，引导各类要素向实体经济聚集。积极稳妥推进PPP投融资模式，力争今年PPP项目投资占总投资的比重达到10%以上。发挥泽源公司投融资功能，支持社会资本参与市政基础设施建设，确保实现10亿元以上融资目标。发挥"助保贷"平台优势，切实解决小微企业融资难问题。

持续扩大对内对外开放。充分发挥区位资源优势，加快构建对内对外"双向开放"新格局，积极参与丝绸之路经济带核心区建设，加快谋划物流中心、纺织服装、农产品精深加工、化工、建材等产业集聚区，以开放增动力、添活力、拓空间。支持自主品牌产品争创中国质量奖，鼓励走出国门开展产品认证及商标、专利注册，建立跨境电商网络体系。加快建筑企业"走出去"步伐，参与市外、疆外及国际基础设施项目建设。

（三）立足产城融合，在做强做优做大产业、集聚人口上主动作为

习总书记指出，"稳定和发展相辅相成，稳定是发展的前提，发展是稳定的保证"。我们要坚持"五大发展理念"，以产业发展带动集聚人口为主线，以工业化城镇化为主攻方向，推进产业和城镇在地理空间上的融合，激发产城一体化内生动力，实现产城融合、集聚人口的目标。

在工业上做强，毫不动摇发展新型工业化工业经济是铁门关市经济的引擎，坚持发展为上、工业为先。要紧紧围绕优势产业链条延伸，加快构建现代产业体系，力争完成工业总产值61.4亿元，增长22%。一要加快推进纺织服装产业发展。积极落实棉纺补贴等优惠政策，推动新兴、新来福、新恒立三家纺织企业达产达效，加快建伟纺织1亿米织布项目建设进度。二要紧抓续建项目建设进度。引导胜星化工通过政策、资金扶持、优化股权结构等方式尽快盘活，支持丰泰钢铁、正达绿源尽快建成投产，确保领航管业等一批项目年内投产。三要围绕农副产品精深加工大力发展轻工业。积极引进果品深加工、畜产品加工等项目，使更多的农副产品从田间走向车间、从工厂走向市场，提升产业链整体水平，打造全价值链。年内实现新增规上企业6家、亿元以上产值企业5家，进一步巩固提升工业的主导地位。

在投资上发力，毫不动摇加大固定资产投资和招商引资力度。坚持投资为本、招商为要。进一步加大固定资产投资力度，确保重大项目顺利实施，完成铁门关市城市建设30亿元、博古其镇16.5亿元、双丰镇7亿元、工业园区27亿元的固定资产投资任务。坚持把招商引资第一要事作为事关全局性的战略举措，充分借助外力加快发展。以园区为平台，力争在农副产品精深加工、纺织服装、农机装备等领域有新突破，重点引进科技含量高、产业链条长、成长性好、带动能力强的优质项目，实现产业聚集发展。坚持主要领导亲自部署、亲自招商，推动招商引资实现大跨越。坚持引资引技引才引智并举、安商与招商并重，全力抓好签约项目落地和跟踪服务工作，鼓励现有企业配置创新链延伸产业链。支持企业参与"一带一路"建设，积极参加亚欧博览会、绿博会等展会活动。努力完成53亿元招商引资任务，其中工业园区和市政建设各20亿元、博古其镇8亿元、双丰镇5亿元。

在农业上做优，毫不动摇推进产业结构调整。坚持"优棉、兴果、强畜、扩设施"，加快农业结构调整步伐，提高农业发展质量和效益。一要加快推进农业产业化。做优做强棉花产业，做优做精设施园艺业，鼓励和支持产业化龙头企业发展，构建产销一体化新型农业经营体制，力争师级以上农业产业化龙头企业达到8家，提升可持续发展能力，实现农产品加工产值24.62亿元，与农业总产值之比达到1.35:1。二要围绕城市需求和市场导向，积极发展肉、蛋、奶及瓜果、蔬菜等产业；积极培育新型经营主体，拓展以香梨为主的果品产业化发展新空间。三要依托资源和区位优势，加快传统农业转型升级，提升农业综合生产力和竞争力。积极创建"香梨之乡"，打造特色区域品牌，培育和发展城郊农业、休闲观光农业和采摘体验农业，促进群众持续增收，创建1个兵团级休闲农业示范点。确保实现亩均效益5000元以上土地达到30%，农业综合机械化率98%。

在服务业上做大，毫不动摇培育壮大现代服务业。加快服务业发展是培育新的经济增长点的重要途径。全力推动生产性、生活性、金融性等服务业加速发展，构建崭新的三产服务业结构，实现社会消费品零售总额5.94亿元、增长16%的目标。一要突出发展商贸流通、电子商务。加大互联网线上交易与线下实体店的重组力度，打造"新零售、零库存"电商发展新模式；积极搭建番茄等农业特色主导产品的"云中心"，及时掌握分析市场信息变化；全面打通"军垦快惠"在百度等知名搜索引擎及淘宝购物网站的"一键链接"通道。依托园区、交通等优势，促进内贸流通，鼓励发展仓储、配送等现代物流业。支持鑫恒泰商贸中心、坤茂综合体、建材家居市场和中兴农贸市场招商，加强市场经营主体培育，力争年内新增600家个体经营户、10家限上企业。二要突出发展文化旅游业。大力开发军垦文化、特色文化资源，着力提升文化品牌，积极培育旅游新业态，进一步彰显城市魅力。三要突出发展现代金融业。积极引进各类金融机构入驻，鼓励和支持证券、保险、信托、基金管理公司等非银行金融机构发展，着力优化城市金融服务环境。四要继续完善社区服务业。鼓励社会力量参与社区服务行业，推进社区服务由福利型、事业型向经营服务型转变，不断提高居民生活质量。我们要把人民群众对美好生活的愿望作为政府不懈的追求！

（四）立足宜居环境，在打造美丽铁门关市上主动作为

习总书记指出，"城市发展带动了整个经济社会发展，城市建设成为现代化建设的重要引擎"。建设好"丝路雄关重镇，军垦生态新城"的铁门关市，是师市20万父老乡亲的共同愿望和不懈追求。要坚持城镇化建设与产业发展"双轮驱动",充分发挥主引擎作用,以城市的发展引领全师的发展,使铁门关市真正成为师市的政治、经济、文化中心。

着力丰富"师市合一"体制的内涵。"师市合一"是建设和发展铁门关市的重要保障。全市上下要务必强化铁门关意识,增强对铁门关市的认同感、自豪感、归属感。尽快启动博古其镇、双丰镇建设,搭好班子,完善职能,实现团镇合一模式,推进市镇协同发展,全方位拓展城市发展空间。要按照中央3号文件精神加快建镇步伐。加快国有及国有控股企业的发展及业务拓展,从而带动和吸引人流、物流、资金流、信息流和各类产业要素向铁门关市聚集,提高对城市的税收贡献率。

着力发挥城镇规划的引领作用。牢固树立规划"一盘棋"思想,充分发挥好规划的顶层设计作用。完善市域规划体系,加强规划设计、审批、实施管理等流程的控制,逐步实现规划管理"一张图"。按照成本低廉、容易维护、宜居宜业、精致精美的建设要求,加快推进综合管廊、水源地保护等专项规划的编制审查,完成文化旅游、"库—博—铁"经济带特色风貌、防震减灾规划编制。强化规划的战略引领和刚性约束,统筹推进"多规融合",严格执行规划审批制度,切实维护规划的权威性和严肃性,严把建筑物风格、造型、色彩评审关和验收关,彰显铁门关市的兵团特征和军垦特色。

着力加强城镇基础设施建设。按照"一市两镇"的发展规划,建设一批对城镇发展具有重要支撑和保障作用的重点项目。积极争取国家资金、援建资金、社会资金等参与城市建设,通过项目带动、采用PPP模式等,推进渤海湾、南泥湾绿化工程和市民服务中心、青少年活动中心建设。新建和改造供热管网43.5千米、供水管网13.3千米、排水管网13.65千米、换热站4座。加快实施电网线路入廊工程。完善城市交通网络,新建道路90千米;加快推进库铁大道建设,力争库尔勒市交通西路段年内建成通车,同时启动哈拉苏段及辅道建设。完善"四馆合一"、高级中学、人民医院、传媒中心等项目的配套设施建设。要把防洪工程作为城市建设的重中之重,加快构筑城市防洪保障体系,强力推进25.6千米泄洪渠道改扩建,切实提高城市防洪标准。

着力完善城市管理职能。坚持建管并重,完善城市管理长效机制。继续按照"小政府、大社会"管理理念面向市场采购服务。加强社区、居委会建设,健全机构,完善功能。加强与工商、税务等垂管单位的协调。更好发挥综合执法、市容环卫、园林绿化、市政养护等机构的职能作用,加强对垃圾、污水处理的监管,确保污水处理厂年内投入运行。继续完善社区和居民小区功能设施,改善居民生活环境,不断开创城市发展新局面,努力建设富有活力、人与自然和谐相处、美丽的铁门关市!

(五)立足保障和改善民生,在共享发展成果上主动作为

习总书记指出,"人民对美好生活的向往,就是我们的奋斗目标"。办好"十件实事",投资3.44亿元实施21个民生项目,让广大市民物质更富足、精神更富有、生活更幸福,对美好生活的向往不断变成现实。

全力提升就业能力。落实就业和创业扶持政策,千方百计扩宽就业渠道、搭建就业创业平台,确保实现新增就业3000人。加大对就业困难人员援助力度,重点帮扶"4050"就业困难人员、高校毕业生、职工子女、复转军人等重点群体实现就业再就业,确保零就业家庭动态清零。扎实开展"科技培训之冬",不断提高劳动者技能水平,完成700人次培训任务。围绕企业用工需求,积极搭建劳务对接平台,鼓励城镇富余劳动力转移就业,同时加大劳动保障监察力度,构建和谐劳动关系。

全力提升社会保障水平。把精准扶贫精

准脱贫作为"第一民生工程"抓紧抓实，确保实现191户456人脱贫的目标。新建安居住房2700套、棚户区改造116套。实施十五年免费教育工程，实现义务教育发展基本均衡。继续实施全民免费健康体检工程，加强食品和用药安全监管，保障广大市民身体健康。多措并举稳控物价，加大市场价格监管执法、价格监测及公开力度。推进社会保障体系建设，完善低保进出长效机制，实现动态管理下的应保尽保、分类施保；落实针对特殊人群的各项社会救助制度，完善社会保障兜底功能。建立健全养老服务体系，鼓励社会力量进入养老服务领域，力争铁门关市养老院年内开业运营。

全力提升文化软实力。文化是根，化人是本。深入挖掘师市辉煌的历史和独特的文化资源，积极创作文艺精品。大力弘扬新疆精神和兵团精神，不断筑牢各民族共同的精神家园。以创建兵团级文明城市为契机，全面推进群众性精神文明创建活动。组织开展内容丰富、形式多样的文体活动，满足各族群众精神文化生活需求。完善和创新兵地文化共建共融机制，更好地发挥先进文化的示范引领作用，让社会主义核心价值观深入人心，真正成为我们的价值取向，让我们的发展成果惠及各族人民群众！

（六）立足绿色发展，在推进生态文明建设上主动作为

习总书记指出，"良好的生态环境是最普惠的民生福祉"。要牢记生态卫士职责使命，坚定不移地走生产发展、生活富裕、生态良好的文明发展道路。

切实做好环境保护。严守环保底线，改善环境质量。加大环保督政力度，落实环境保护"党政同责、一岗双责"。坚持源头严防、过程严控、后果严惩，切实把环保优先理念落到实处。推行环境保护目标责任制，严把环评审批关，认真执行环保"三同时"制度。采取有力措施，抓好大气、水、土壤等重点领域污染治理。引导和鼓励企业发展低碳经济和循环经济，加快推动工业园区循环化改造。

切实加强生态建设。坚持绿色发展理念，把生态建设放在突出位置。一要进一步加强城市绿化工作，继续实施景观、防护林、森林公园等绿化工程，建成区绿地率预计达到39.5%，让铁门关市尽快绿起来、活起来、富起来。二要完善节水机制，坚持农业节水增产、工业节水增效、城镇用水降耗的原则，强化"三条红线"管控，加快水价综合改革，形成全民节水的浓厚氛围。三要倡导绿色生活方式和消费理念，大力推广高效节能产品，积极引导公众参与生态文明建设，把铁门关市建成天蓝、地绿、水清、夜明、人和的幸福家园！

（七）立足共融共建，在深化融合发展对口援建上主动作为

习总书记指出，"兵地融合是兵团作为新疆组成部分的重要体现，也是发挥兵团特殊作用的重要途径。""对口援疆是国家战略，必须长期坚持。"

深入推进兵地融合发展。进一步增强责任感使命感，把兵地融合发展作为发挥兵团特殊作用的重要途径，主动融入新疆大局，与地方同心协力、共同推进，做到兵地一家亲、兵地心连心、兵地攥紧拳头。主动加强同地方维稳工作的互动配合，积极参与地方维稳。加快推动兵地融合发展常态化长效化，充分利用集约化管理、现代农业等优势，示范带动周边发展和地方群众增收致富。深入研究与库尔勒市的错位发展思路，不断提升铁门关市特色。更好发挥医疗卫生、教育等公共资源优势造福各族群众，巩固发展边疆同守、团结联创、文化交融、共同繁荣的生动局面。

深入推进对口援建工作。充分发挥主体作用、不断创新援建方式。全年计划投入援建资金4922.6万元。其中：84%用于民生，让基层群众得到更多的实惠；进一步加大与友好城市保定市的交流力度，培养引进各类

专业技术人才，为铁门关市城市建设、经济发展破解人才瓶颈、提供智力保障；紧紧抓住廊坊经济技术开发区对口支援铁门关经济工业园区的机遇，通过互派干部挂职、共同招商推介、联合开展科技创新等形式，不断提升工业园区的承载力和竞争力；积极开展新闻媒体互动采访、青少年"手拉手"等活动，扩大与河北省的交往交流，不断加深两地人民之间的感情和友谊，形成推动新疆社会稳定和长治久安的强大合力，共同实现"建设美丽新疆、共圆祖国梦想"！

三、加强政府自身建设

实现今年的目标任务，对政府工作提出了新的更高要求。我们将持之以恒抓学习、全力以赴抓作风、雷厉风行抓落实，以更高的标准、更好的状态、更实的举措，推进各项工作迈上新台阶。

（一）坚持党的领导，做到一心为民

始终坚持党的领导、人民当家作主。牢固树立政治意识、大局意识、核心意识、看齐意识，更加紧密地团结在以习近平同志为核心的党中央周围，更加坚定地维护以习近平同志为核心的党中央权威，更加自觉地在思想上、政治上、行动上同以习近平同志为核心的党中央保持高度一致，用习总书记系列重要讲话精神武装头脑、指导实践、推动工作。严守政治纪律和政治规矩，坚决贯彻中央大政方针，坚决执行自治区、兵师党委决策部署，不折不扣落实到位。坚持以人民为中心的发展思想，牢固树立全心全意为人民服务的宗旨，让人民群众有真实的获得感和幸福感。

（二）强化法治意识，做到依法行政

深入推进法治政府建设，严格按照法定权限、法定程序履职尽责。自觉接受人大法律监督、工作监督和政协民主监督；坚持依法行政，为民用权，自觉接受人民群众监督，不断提升政府工作法制化水平。扎实有效推进政务公开，保障群众的知情权、参与权和监督权。严格工作程序、强化内部流程控制，落实重大事项集体决策、专家咨询、社会公示和听证制度，确保各项工作取得实实在在的新成效。

（三）强化效能意识，做到简政敬民

坚持讲服务、讲担当、讲效率，大兴"崇尚实干、狠抓落实"之风，切实提升服务能力、提高服务效率。建立完善一级抓一级、层层抓落实的责任体系，确保重点工作、重大事项层层分解、落实到人。继续深化"放管服"改革，简化审批事项，优化审批流程，把方便留给群众。加快"智慧城市"步伐，探索"互联网+政务服务"新模式，推动全市政务服务提档升级。加大督查督办工作力度，着力解决不作为、慢作为和乱作为问题，力求在转变职能上有新突破、工作作风上有新改进、服务水平上有新提升。

（四）强化廉政意识，做到风清气正

深化党风廉政教育，巩固"两学一做"学习教育成果。严格落实中央八项规定和兵师党委26条规定。牢固树立过紧日子的思想，坚持从严从简，控制"三公"经费支出，进一步降低行政成本。健全行政决策监督和责任追究制度，加强行政监察和审计监督，强化对行政权力的监督制约。深入推进"三项治理"，以零容忍的态度惩治腐败，严肃查处违纪违法案件，坚决防止和纠正损害群众利益的不正之风，营造风清气正的政治生态。

各位代表，激情绘就蓝图，实干成就梦想！让我们紧密团结在以习近平同志为核心的党中央周围，在师市党委的坚强领导下，凝聚各族干部群众的智慧和力量，团结一心、锐意进取，务实重行、真抓实干，为实现社会稳定和长治久安总目标，全面建成小康社会，建设环境良好、富裕文明、宜居宜业的"丝路雄关重镇，军垦生态新城"而不懈奋斗，以优异的成绩迎接党的十九大胜利召开！

中国人民政治协商会议铁门关市第一届委员会常务委员会工作报告

——2017年2月15日在铁门关市政协一届五次会议上

铁门关市政协主席　杨志成

各位委员：

我受政协铁门关市第一届委员会常务委员会委托，向大会报告工作，请予审议。

一、2016年的工作回顾

过去的一年，是全面建成小康社会决胜阶段的开局之年，是推进供给侧结构性改革的攻坚之年。一年来，市政协在师市党委的坚强领导下，深入学习贯彻党的十八大和十八届三中、四中、五中、六中全会和习近平总书记系列重要讲话精神，特别是在第二次中央新疆工作座谈会上重要讲话和视察新疆兵团时的重要讲话精神以及习近平总书记提出的"懂政协、会协商、善议政"要求，认真贯彻落实自治区、兵团和师市党委决策部署，紧紧围绕师市第十五次党代会提出的目标任务，认真履行政治协商、民主监督、参政议政职能，牢牢把握团结民主两大主题，紧紧依靠全体政协委员，广泛团结社会各界人士，推进协商民主建设，进一步提高政治把握能力、调查研究能力、联系群众能力、合作共事能力，确保政协各项工作取得新进展、新成效。

（一）强化学习，在夯实政治思想基础上有新提升

以坚定的政治定力深入推进市政协的政治建设、思想建设和组织建设。一是严守政治纪律和规矩，确保政协事业正确的政治方向。坚持党的领导，强化党的意识，始终如一地向以习近平同志为核心的党中央看齐，向党的理论和路线、方针、政策看齐，自觉在思想上、政治上、行动上同以习近平同志为核心的党中央保持高度一致，做到坚决把党的指导思想和党的主张转化为人民政协各族各界人士的思想政治共识，坚决将师市党委决策部署贯彻于政协工作的始终。二是以开展"两学一做"学习教育为抓手，注重提升思想政治把握能力。市政协党组深入开展学党章党规、学系列讲话，做合格党员活动，通过集中学习、专题培训、研讨活动等形式，把学习党纪党规和习近平总书记系列重要讲话精神，与学习经济、科技、法制、金融及政协业务知识相结合，与学习贯彻自治区、兵团和师市党委重要会议精神和工作部署相融合，认清形势，把握大局，不断增强政协干部、政协委员的政治意识、大局意识、核心意识、看齐意识。完善和创新学习方式和方法，充分利用政情通报、上级代培、师市调训、委派等有效方法，竭力为政协干部和委员开阔视野、增强履职自觉性搭建平台。先后派出政协干部6批7人次参加全国政协干部培训班、兵团党委统战部党外人士培训班和新疆政协干部"两学一做"学习教育培训班，不断提升政协干部的履职能力。举办

委员培训班，邀请师市党委党校、统战部门领导授课，深入学习了解师市经济发展态势、民族宗教知识等，克服协商议政本领恐慌，提高委员"懂政协、会协商、善议政"的能力。邀请市政府领导做政情通报，努力搭建平台，真正做到参政参到点子上、议政议到关键处，做一个负责任的政协委员。三是坚持政协性质定位，进一步加强政协组织建设。自觉坚持人民政协"三句话"的性质定位，即"人民政协是统一战线组织，是多党合作和政治协商机构，是人民民主的重要实现形式。"把人民政协性质定位作为政协工作的基石，作为政协机关工作的遵循，在谋划重要任务、组织协商活动，开展民主监督、积极参政议政上，加快提高协商议事、商量办事、团结干事的本领。

（二）深化认识，在推进协商民主上有新作为

不断突出人民政协作为社会主义协商民主重要渠道和专门机构这一独特优势，进一步明确协商内容、营造协商氛围，增加协商次数。一是强化协商民主制度建设。根据《中共中央关于加强社会主义协商民主建设的意见》《中共中央关于加强人民政协协商民主建设的实施意见》和自治区党委办公厅印发的《关于进一步加强人民政协协商民主建设的实施意见》，结合铁门关市实情和政协工作实际，大力推进协商民主建设，促进协商民主的广泛、多层、制度化。重点围绕发挥政协常委会、主席会议、委员会和调研小组的引领作用，按照规范化程序要求，建立健全议题提出、活动组织、联系沟通、意见建议采纳落实和反馈机制，逐步形成以全体会议为重点、以专题议政性常委会为关键、以对口协商会为常态的协商议政格局。二是加强协商重点内容的把握。在统筹推进"五位一体"总体布局、协调推进"四个全面"战略布局中找准着力点，加强与市政府部门就有关协商议题的沟通，围绕师市党委确定的"十件实事"、精准扶贫、科技创新、基础设施建设，深入调查研究，广泛讨论协商，多建睿智之言，多献务实之策，切实发挥好政协协商渠道的作用。三是积极探索协商民主的方式方法。不断探索和实践政协常委会、主席会议与市政府相关部门的深度沟通，准确选题和科学论证，努力提出具有战略性、全局性和前瞻性的建议。在对口协商中，重视与市政府分管领导的协商沟通和委员会与对口部门的联系协作，2016年分别与师市人口计生委、发改委、劳动和社会保障局、教育局、国税局等行业部门开展了"铁门关市人口与社会事业发展""精准扶贫""营改增"等专题协商议政会议，并提出针对性意见和建议。通过抓好协商前调查研究，协商中的互动交流，促进协商后的成果转化，使调研与协商议政有效衔接。加大提案办理协商力度，重视与承办单位和部门的良性互动。截至去年底，立案的53件提案满意率94.4%，实现委员提、领导督、部门办、社会议、政协评的有机结合，切实为市委、市政府科学决策提供参考依据。

（三）突出重点，在助推发展上有新举措

树立创新、协调、绿色、开放、共享五大发展理念，找准政协工作与全局工作同频共振的结合点，建言献策，更好地服务经济社会发展大局。一是突出工作重点，确保党委重大决策部署落实到位。把围绕实施师市"十三五"规划、第十五次党代会提出的奋斗目标献计出力作为政协履职重点，按照"稳中求进、改革创新"总基调，围绕调结构、转方式、惠民生，针对供给侧结构性改革方面进行调研视察，提出意见建议。市政协围绕师市党委安排的重点工作，在推进"大众创业、万众创新"工作中，投入大量精力，积极深入团场调研督查指导，全力以赴推进"双创"，通过召开现场会、典型引路、示范带动，有序推动"双创"工作。二是强化服务职能，确保政协工作深入开展。突出问题导向，重点就加快推进城市建设、向南发展、培育优势产业、非公经济发展等内容，认真开展调研议政。组织常委和委员围绕政策法规、社会稳定、改革发展和民生事业深入调研和视察，确定了提高依法执政能力、精准扶贫、农业产业化、"互联网+"、林果业、电商经济、企业自主创新、人口事业发展、民族团结宗教和谐、社区协商民主建设、基础设施建设等调研课题，努力发挥调研组和委员参政议政职能，助力铁门关市的发展建设。组织提案法制组、科技经济组对城镇职工专业合作社、富余劳动力转移就业进行调研和座谈交流。教文体卫史组，就铁门关市教育、卫生医疗、人口事业发展等问题进行调研，形成调研报告。政协各调研小组围绕重点民生工程项目、保障性住房建设、园区工业、生态环境、城市绿化等进行视察，为实现更高质量、更有效率、更可持续发展的铁门关市想全局、议大事、出实招、献良策，有序有力推进政协工作。

（四）关注民生，在凝心聚力上有新贡献

围绕团结民主两大主题，充分发挥政协优势，重点抓好维护社会稳定、建强基层基础、拓宽致富门路、开展群众工作、办好实事好事、推进脱贫攻坚、落实惠民政策等工作，服务落实推动实现总目标。一是深化大团结大联合，广泛协商关系、凝聚力量、增进共识。在师市党委的领导下，自觉执行党的统战政策和民族宗教政策，积极推进"十大行动计划"，在民族团结、宗教管理上，充分发挥政协各调研组与各界别委员的对口联系作用，做到政治上相信、工作上支持、生活上帮助，使他们心情愉快地做好本职和政协工作。注重加强与统战、各界人士和人民团体的联络和配合，沟通情况、交流工作。支持和参与工商联实施的"百企帮百连"行动，关注妇联、残联及残疾人的精准扶贫工作，努力为群团组织发挥作用搭建平台。深化各界别与群众的联系，协助市委、市政府做好凝聚人心、增进共识、传递正能量的工作。组织民族宗教侨台联调研组紧紧围绕促进兵地融合、反恐维稳、民族团结、宗教事务管理等方面，开展调查研究和专题议政。二是充分发挥政协联系广泛、渠道通畅的优势。主动围绕党委政府重视、群众普遍关心的热难问题，与市政府及有关部门进行沟通联系，在法治宣传、调处矛盾、化解纠纷、收集社情民意等方面发挥积极作用。组织委员参加市人民法院举办的新闻发布会、人民检察院开展的检察工作"开放日"活动。参与3·15工商执法服务监督活动，真正做一个敢于发声的政协人。大力支持委员参与师市公益性服务活动，使政协各界人士在精准扶贫、爱心资助、结对帮扶等方面凝心献计出力。委员们围绕群众思想认识困惑点、利益关系交织点、社会矛盾易发点，协助本单位或部门深入做好宣传政策、解疑释惑、理顺情绪、化解矛盾的工作，切实把维护稳定、增进团结、促进和谐作为自身重要的使命。三是积极开展结对帮扶，促进各民族交往交流交融。以"民族团结一家亲"活动为平台，充分发挥政协作为党委、政府联系群众、团结各方的桥梁纽带作用，认真落实师市党委决策部署，把加强民族团结作为政协一项战略性、基础性、长远性工作来做，加强组织领导、落实活动责任，树立"一次结亲、终身结缘"的思想。市政协88名委员中有67名委员与少数民族群众结对认亲，做到"常到亲戚家里坐一坐，常同各族群众聊一聊"。通过开展结对认亲、爱心捐赠、经常走访、互学语言、关爱帮扶、提供咨询服务等活动，让各族群众深切感受到党的温暖，为不断巩固师市安定团结的社会大局多做工作。

（五）夯实基础，在加强政协自身建设上有新成效

重视和加强政协机关党组建设，夯实基层基础，确保政协机关风清气正的政治生态，努力建设一支政治坚定、能力过硬、作风扎实的高素质干部队伍。一是加强政协机关党的建设。通过抓班子、带队伍，进一步落实主体责任，担负起、履行好机关党建第一责任人职责。通过"两学一做"学习教育，进一步使党员干部筑牢信仰之基、补足精神之钙、把稳思想之舵，把纪律和规矩放在首位，坚定群众立场、增进群众感情、贯彻群众路线。切实发挥政协党组在政协的核心领导作用，贯彻落实民主集中制原则，认真落实政协干部履行"一岗双责"，严格党内组织生活制度，落实"三会一课"、民主生活会和组织生活会、谈心谈话、民主评议党员、请示报告制等各项制度，营造党内民主集中和机关干事创业、风清气正的良好氛围。积极开展党建联创活动，政协班子深入联系点调研、上党课，慰问老党员，走访职工群众，收集社情民意，使党组织的凝聚力、战斗力不断加强。二是加强委员服务管理。认真落实委员"五个一"的履职要求和联系制度，广泛多层开展委员履职和群众联系，倾听民意、反映民声。规范委员履职考核和通报制度，加强政协干部对委员的联系服务，引导委员更好地参政议政。充分利用政协委员QQ群和信息平台、宣传展板等展示委员风采，推动委员建功立业。三是改进政协机关作风建设。扎实做好机关精神文明创建、绩效考核等工作，按照师市党委统一部署，把贯彻党的群众路线教育实践活动、"三严三实"专题教育和"两学一做"学习教育成果落实到服务改革发展的具体实践中。认真学习贯彻党内政治生活准则和党内监督条例，加强反面典型案例的警示教育，引导机关党员干部明底线、知敬畏、守廉洁，建设忠诚、干净、担当的政协机关和政协干部队伍。四是提升合作共事能力建设。加强与自治区政协、兵团各市政协和地方县市政协的工作交流，2016年8月成功筹办第六次兵团城市政协工作座谈会，围绕社会稳定和长治久安、兵地融合发展进行广泛交流和讨论。继续与州域内八县一市政协开展学习走访互动，不断推动政协工作理论创新、实践创新和制度创新。加强与市人大、政府的联系交流和密切配合，团结和带领全体委员，坚持求同存异、体谅包容、民主协商、平等议事，团结和调动各方面积极力量，共同致力铁门关市改革发展稳定。

各位委员、同志们，过去一年我们所取得的成绩，是自治区政协关心指导、师市党委坚强领导和市人大、市政府、法院、检察院大力支持的结果，是师市各有关部门大力支持的结果，也是全体委员和政协各参加单位及有关方面共同努力、通力协作的结果。在此，我代表市政协常委会，向全体政协委员，向所有重视、关心、支持政协工作的各位领导、同志们和朋友们，致以崇高的敬意和衷心的感谢！

在总结成绩的同时，我们也清醒地看到，政协常委会的工作与新时期人民政协事业发展的新要求和人民群众的新期望相比，还存在着一定的差距。主要表现在：委员的主体作用还需要进一步增强；调研与视察氛围不浓、力度不够、质量不高；民主监督工作还是一个薄弱环节；加强对政协委员的联络、服务、管理和组织经常性活动不够；发挥政协在协商民主中的重要渠道作用还需要积极探索和不断创新。这些问题和不足，我们将在今后的工作中认真研究和改进。

二、2017年的工作安排

今年是党的十九大召开之年，是中央关于

兵团深化改革的首战之年，也是推动供给侧结构性改革的深化之年。市政协工作的总体要求是：在师市党委的坚强领导下，以"五位一体"总体布局、"四个全面"战略布局、五大发展理念和党的十八届六中全会精神为指引，聚焦总目标，认真贯彻落实师市党委第十五次党代会和十五届三次全委（扩大）会议精神，紧紧围绕师市党委提出的"社会稳、发展快、职工富、文化兴、环境美、融合亲、人口增、党建强"奋斗目标凝心、献计、出力。

（一）围绕总目标，加强学习，明确方向，筑牢共同思想基础

深入学习贯彻党的十八届六中全会精神、习近平总书记系列重要讲话精神，特别是考察新疆、兵团时重要讲话精神，坚持发扬社会主义民主，坚持人民政协性质定位，坚持大团结大联合，坚持正确的政治方向。深刻领会和把握师市第十五次党代会、师市党委十五届三次全委（扩大）会议精神，确保政协工作始终与师市党委思想同心、目标同向、工作同步。主动适应经济发展新常态，把握稳中求进总基调，把围绕总目标建言献策作为政协工作主线，组织和动员委员坚定不移地贯彻落实师市党委各项决策部署，履行职能、积极作为。

（二）围绕总目标，发挥优势，精准建言，推进政协协商民主

社会主义协商民主是中国社会主义民主政治的特有形式和独特优势，是党的群众路线在政治领域的重要体现。深化对协商民主的认识，充分发挥政协作为协商民主重要渠道和专门协商机构的作用，把协商民主贯穿履行职能全过程。贯彻实行民主协商、平等议事的工作原则，有事多商量、遇事多商量、做事多商量，营造畅所欲言、各抒己见、理性有度、合法依章的良好协商氛围。加强协商民主制度建设，研究制订更加契合党委政府工作的协商年度工作计划，推动协商民主更加规范有序开展。今年重点围绕师市协调发展、产业绿色发展、环境可持续发展、人口资源战略发展等问题，开展全委会整体协商；围绕师市党委提出的"改革、聚人、招商、投资"四大任务，开展常委会专题协商；围绕深化改革、精准扶贫、向南发展、人口集聚、"双创"等针对性较强的问题开展委员会对口协商、界别协商、提案办理协商。进一步完善政协协商工作机制，将协商内容与视察、调研、提案办理紧密结合起来，确保协商取得实效。注重政协协商民主理论研究和实践探索，加强协商活动的宣传和协商成果的转化。

（三）围绕总目标，广泛联系，服务大局，推进政协履职为民

巩固"两学一做"学习教育成果，发挥政协委员群众性优势，认真做好上情下达、下情上传和解疑释惑工作。坚持以人为本、履职为民，围绕完善社会保障体系、实施脱贫攻坚工程、推进教育卫生资源增量提质、大力发展文化事业等课题组织视察、开展监督，促进民生改善。围绕人口、教育、就业、医疗、社保、交通、食品安全、生态环境、城市建设和城市管理等涉及群众切身利益的问题，敢于讲真话，善于找问题，精于提意见，积极推动民生改善，更好地维护群众合法利益。以重大民生工程为重点，继续做好民主监督工作，鼓励委员提出意见建议，有效履行监督员职能。组织广大委员深入实际、深入基层、深入群众，倾听民意、了解民情，通过撰写提案、反映社情民意等形式，及时向市委、市政府反映群众呼声和各界声音。动员委员投身到扶贫济困工作中，为脱贫攻坚、全面建成小康社会贡献力量。

（四）围绕总目标，凝聚人心，汇集力量，推进社会和谐稳定

要紧紧围绕团结和民主两大主题，发挥好人民政协爱国统一战线组织作用，以增进思想政治共识为重大政治任务，始终做到明辨大是大非立场特别坚定、维护民族团结行动特别迅速、热爱各族群众感情特别真挚，凝聚人心、汇聚力量，巩固师市各族各界团结合作的良好局面。开展有关民族团结、宗教工作情况通报，联合开展视察、调研和提案督办等活动，就反恐维稳、民族团结、宗教工作等政策措施的落实情况进行民主监督，反映问题，提出建议。深入开展"民族团结一家亲"活动，做到勤走访、相互学、多活动、真帮扶，把各族群众紧密团结在党委和政府周围。提高宣传政策和凝聚群众的能力，大力宣传党和国家的民族宗教政策，密切同少数民族、宗教界代表人士的联系，加强对涉及群众切身利益问题的协商，积极依法保障人民群众各项权益，努力促进民族团结、宗教和睦、社会稳定，最大限度凝聚全社会推进改革发展、维护社会和谐稳定的共识和力量。加强与企业界委员、中小微企业人士的联系，激发各族各界人士建设铁门关市的主人翁意识。积极争取自治区政协的指导和支持，密切与各兄弟县（市）政协的沟通和交流，办好自治区五州九市政协工作联席会议，共同致力于协商民主的理论探索和工作实践。

三、不断加强政协自身建设

不断加强政协自身建设，更好地发挥政协的独特优势和作用。

加强班子建设。认真践行习近平总书记提出的"懂政协、会协商、善议政"要求，坚持党组学习制度，提升政协党组班子领导政协工作的能力和水平。按照"上级的要求就是我们的任务，师市党委的部署就是我们的工作"这一要求，坚决贯彻落实师市党委决策部署，自觉把政协工作放在师市工作全局中谋划和推进，努力在推进师市经济社会发展上建睿智之言，在增进民生福祉上谋可行之策，在健全社会主义协商民主形式上谋创新之举，在提高政协工作科学化水平上探索进取。严格贯彻落实中央八项规定和师市党委26条规定，切实改进工作作风，持续巩固党的群众路线教育实践活动成果，按"三严三实"专题教育、"两学一做"学习教育和"忠诚干净担当"要求建设政协党组班子，切实发挥政协党组在政协组织中把方向、管大局、保落实的重要作用。

充分发挥常委会核心作用。严格落实常委会工作规则，认清使命、找准方位、增强自觉，严明政治纪律和规矩，强化政治意识、大局意识、核心意识、看齐意识，充分发挥常委会在全委会闭会期间的职责。落实好政协班子成员联系常委、常委联系委员、委员联系群众"三联"机制，切实提高政协常委会善于学习的能力、政治把握能力、调查研究能力、联系群众能力、建言献策的能力、团结共事能力、开拓创新的能力。

切实发挥委员会基础作用。完善委员会工作机制，进一步提高委员会的工作质量，密切委员会与各界别的联系，为界别开展工作创造条件。注重突出委员会界别特色，创新界别活动形式，积极邀请相关界别参加调研、视察、协商等活动，充分调动各界别参政议政积极性，增强界别活动实效。

激发委员主体作用。加强政协委员学习教育，不断提高委员的思想政治素质和履职能力。搭建委员服务平台，完善委员联系制度，履行委员义务，保障委员民主权利，强化委员履职管理，严格委员履职情况年度通报制度，促进委员发挥主体作用。严格落实委员履职"五个一"活动和"三进"活动，即撰写一件提案、反映一条社情民意、参加一次调研视察、参与一次小组活动、为群众办一件实事好事；进社区、进连队、进家庭活动，使委员更好地接地气、聚民意，充分发挥委员在本职工作中的带头作用、政协工作中的主体作用、界别群众中的代表作用。

有效发挥政协机关服务保障作用。围绕"坚持一个好作风,树立一个好形象"加强政协机关建设,打造"学习型、创新型、和谐型、服务型、廉洁型"机关。完善综合协调、信息沟通、督查落实等工作机制,构建科学规范的制度体系,建设高素质干部队伍,造就一支政治坚定、作风优良、业务熟练、充满活力的政协机关干部队伍,为政协履行职能做好服务和保障。认真做好政协换届的筹备工作,优化委员队伍结构、提升整体素质。继续加强兵地政协工作学习、交流、交往、交融。探索在镇建立基层政协工作联络办,延伸政协工作,进一步完善职责和考评,提高基层政协工作者的积极性、主动性。加大政协工作宣传力度,展示委员风采,努力营造团结鼓劲、求实奋进的良好氛围,为推动经济社会平稳健康发展献计出力。

各位委员、同志们,新形势蕴含新机遇,新目标赋予新使命。加快建设师市"社会稳、发展快、职工富、文化兴、环境美、融合亲、人口增、党建强"的奋斗目标已经明确,让我们更加紧密地团结在以习近平同志为核心的党中央周围,在师市党委的坚强领导下,围绕总目标,牢记新使命,同心同德,同向同行,弘扬主旋律,传递好声音,汇聚正能量,谋求新作为,以优异成绩迎接党的十九大胜利召开!

关于 2016 年铁门关市国民经济和社会发展计划执行情况及 2017 年国民经济和社会发展计划草案的报告

——2017 年 2 月 16 日在铁门关市第一届人民代表大会第五次会议上

铁门关市发展和改革委员会

各位代表:

受铁门关市人民政府委托,现将 2016 年国民经济和社会发展计划执行情况及 2017 年国民经济和社会发展计划草案提请铁门关市第一届人民代表大会第五次会议审议,并请政协委员和列席人员提出意见。

一、2016 年铁门关市国民经济和社会发展计划执行情况

2016 年,铁门关市认真贯彻落实兵团党委六届十五次全委(扩大)会议,按照师市党委十四届七次全委(扩大)会议部署,坚持"稳中求进、改革创新、转型升级、提质增效"总基调,以开展前期工作推进月、投资百日攻坚、质量强师市、招商引资项目落实年、服务业提升年等活动为抓手,统筹调结构、转方式、增动能、补短板、防风险各项工作,着力推进供给侧结构改革,狠抓重大项目建设,经济社会发展呈现平稳、健康、稳中有进的良好势头。全年预计实现生产总值 46.24 亿元(现价),比上年增长 10.2%(可比价)。其中:第一产业增加值预计完成 9.23 亿元,增长 13.2%;第二产业增加值预

计完成28.61亿元，增长8.2%（工业完成11.98亿元，增长21.3%；建筑业完成16.66亿元，与上年持平）；第三产业增加值预计完成8.4亿元，增长14.3%。三次产业结构调整为20：62：18。固定资产投资预计完成59.08亿元，占全师固定资产投资的45.4%。社会消费品零售总额预计完成5.12亿元，增长18%。城镇常住居民人均可支配收入达到32588元，增长10.3%，连队常住居民人均可支配收入达到18061元，增长11.5%。

一年来，紧紧围绕铁门关市"十三五"规划，认真落实兵师党委重大决策部署，不等不靠，克服困难，以敢于担当的精神，大力完善基础设施和公共服务水平，着力提升城市承载力，全力维护社会稳定和长治久安，重点做了以下工作：

（一）继续完善基础设施建设，提升城市承载力

紧抓市政基础设施建设不放松，着力完善城市功能。将军河基础设施工程基本完工，正在完善亮化、绿化、美化等工程。部分综合管廊、地下水厂、集中供热中心工程已投入使用，城市污水处理厂、垃圾处理厂建设顺利，将军河内河及以南基础设施和渤海湾建设快速推进，农贸市场主体工程已完成，西区加气站完成前期选址规划工作。实施道路畅通工程，提高城市通行能力。中央大道改扩建工程投入使用，府前路、军垦大街、三五九旅大街等城市主干道初步成型。南区市政道路、管线稳步推进，将军河以北迎宾路、肖塔路、德爱路等道路改扩建工程进展顺利。

（二）紧紧围绕推进供给侧结构性改革，抓好产城融合发展

夯实农业基础，提质增效。大力发展现代农业，加快推进农业产业化进程，农业内部结构进一步优化，农产品加工产值占农业产值的比重提高到1.3：1。完成皮棉总产3.5万吨，果品总产7.5万吨，新建标准香梨园449.8公顷。设施农业规模进一步扩大，新建高效节能日光温室67座。实施畜牧业倍增工程，60万羽蛋鸡规模化养殖场项目快速推进，完成生猪养殖场的改扩建工作，牲畜存栏12.54万头，肉、蛋、奶产量持续增长。新型农业经营主体不断壮大，农工专业合作社增至27家，涉及果蔬种植、畜牧养殖、销售等经营项目，农业经营化、组织化程度逐步提高。

坚持工业为先，大力发展新型工业，为城镇化提供支撑和推动力。铁门关经济工业园区产业发展规划（扩区修编）获兵团工信委批复，园区规划面积扩展至10.32平方公里，目前已入驻企业45家。重点项目建设进展顺利，新来福、新恒立一期40万锭纺织项目相继投产运行，建伟1亿米织布项目正在加快建设，纺织产业集聚水平进一步提升，领航管业等一批带动性强的企业稳步推进。

加快发展三产服务业。深入落实兵团服务业提升年活动要求，全力搞活商贸流通业。鑫恒泰和渠犁商贸城商户入驻率稳步提升，坤茂金融综合体投入使用，农贸市场建设快速推进。中国电信、中国移动、中国联通、国家邮政在铁门关市注册成立分公司。启动铁门关市电子商务创业园区建设，引进电商企业，建设集培训、研发、销售为一体电商创业孵化园、大学生创业示范基地、全民就业创业示范基地。快递服务业蓬勃发展，中通、圆通、汇通等快递业务相继进驻铁门关。进一步助推师市构建"分工合理、投资多元、功能完善、服务高效"的金融服务体系，金融服务体系进一步完善。设立绿原同创小额贷款公司，发挥融资担保体系经营活力，提供担保余额1.02亿元，委托贷款余额5865万元。顺利组建铁门关津汇村镇银行，年末村镇银行存款余额1.08亿元，贷款余额5236

万元。有效缓解了"三农"和小微企业融资难问题。

（三）狠抓固定资产投资，持续增强发展后劲

2016年，预计完成固定资产投资59.08亿元，占全师45.4%。深入开展兵团"创新、精准、有效"促投资主题活动。按照急需先干、急用先建的原则，进一步理清项目建设的轻重缓急和建设时序，铁门关市核心区35个续建项目3月底全面复工建设，其中铁门关市党校、人民医院内科综合楼、保障房A、B区项目等14个项目竣工验收。园区基础设施进一步完善。完成供水、排水、供热以及经十二路及纬四路等道路改造工程建设。纺织工业园区标准厂房进展顺利。招商引资工作取得新进展。积极参与丝绸之路经济带核心区建设，大力推进招商引资。实施新建、续建招商引资项目35个，建成投产18个，到位资金20.18亿元。

（四）持续民生改善，提升市民幸福指数

全力推进"十件实事"项目建设。按照《第二师铁门关市2016年为职工群众办十件实事建设方案》部署，铁门关市核心区承担六大类共7个项目的建设工作。全年完成投资16793万元。第一中学综合楼完工，"四馆"工程主体封顶，铁门关人民医院河北外科综合楼主体工程完工，内高班工程主体施工，妇幼保健院完成基础工程。加大就业扶持政策落实力度，扎实开展"双创"活动。累计开展各类培训2338人（次），实现新增就业3805人，其中帮扶就业困难人员101人，团场富余劳动力转移就业415人，零就业家庭持续动态清零。大力推进精准扶贫、精准脱贫。2016年铁门关市实现484户1071人脱贫。

（五）坚持深化改革，内生动力持续增强

PPP融资模式取得实效。铁门关市纳入投融资体制改革试点单位，第二师铁门关市"四馆合一"、传媒中心等PPP项目完成主体工程。专项建设基金项目推进顺利。牢牢抓住国家专项建设基金支持项目建设契机，持续推进专项建设基金项目申报工作，建立专项基金项目储备库，泽源城建公司从国家开发银行和农业发展银行申请专项基金3.71亿元。

2016年，铁门关市国民经济和社会发展取得了很大成绩，但也存在一些薄弱环节和亟待解决的问题，主要表现在：经济下行压力仍然很大，产业结构不合理，新动能培育及发展相对滞后；城市基础设施和公共服务水平不完善；产城融合以及城市承载力还比较薄弱；聚集人口的吸引力还不强；固定资产投资增长乏力，招商引资压力巨大。

二、2017年国民经济和社会发展的主要目标和任务

2017年，是深入学习贯彻党的十八届六中全会、自治区第九次党代会和兵团党委六届十七次全会、师市党委十五届三次全委（扩大）会议精神的关键之年，也是"十三五"期间铁门关市加快推进向南发展的重要一年。我们要牢固树立担当意识和责任意识，超前谋划，主动作为，进一步加快城市建设步伐，增强集聚人口能力，夯实发展基础。

主要预期目标：计划实现生产总值55.49亿元，增长20%，占全师经济总量比重达到40%以上。其中：第一产业增加值完成9.87亿元，增长7%；第二产业增加值完成33.7亿元，增长18%（工业完成15.6亿元，增长30%；建筑业完成18.1亿元，增长8.6%）；第三产业增加值完成11.92亿元，增长42%。三次产业结构调整为18∶61∶21。固定资产投资完成89.2亿元，增长51%。社会消费品

零售总额完成 5.94 亿元，增长 16%。城镇常住居民人均可支配收入达到 36500 元，增长 12%，连队常住居民人均可支配收入达到 20229 元，增长 12%。

要实现上述目标，将重点做好以下工作：

（一）突出兵团向南发展，狠抓规划、项目落地

紧紧围绕兵师党委向南发展实施纲要，结合"十三五"规划，完善师市向南发展实施方案，配合兵团党委南疆办开展各项工作，加快推进重点工作落实，完善城市基础设施建设，增强城市功能和公共服务水平、提升城市产业和人口综合承载能力。推进铁门关市北区道路、青少年活动中心、第一中学教学用房和铁门关医院等重点工程建设，有序推进城市南区供水、排水、供热等基础性管网工程，稳步延伸拓展城市骨架。继续完善城市规划，加快推进城市综合管廊、水源地保护等专项规划的编制审查工作，完善文化旅游、城市防洪、防震减灾等专项规划，启动库铁大道综合经济带重点地段控制性详细规划的编制。

（二）坚持产城融合，培育城市宜业环境

充分发挥城镇生产要素的集聚功能。加快城市基础设施建设，提升公共服务设施水平，完善城市功能，发挥对企业、资金、人口和技术的集聚功能，提升城市品质。

大力推动农业产业化。坚持"优棉、兴果、强畜、扩设施"不动摇，加快农业结构调整步伐，由规模数量型向提质增效型转变，鼓励和支持产业化龙头企业发展，构建产销一体化新型农业经营体制，力争师级以上农业产业化龙头企业达到 8 家。增强可持续发展能力，实现农产品加工值 24.62 亿元，占农业产值的比重达到 1.35∶1。围绕城市需求，积极发展肉、蛋、奶及瓜果、蔬菜产业。结合市场导向，培育和发展城郊农业、休闲观光农业和采摘体验农业，拓宽农业发展空间，提升农业综合生产力和竞争力。积极创建"香梨之乡"，打造特色区域名牌。力争创建兵团级休闲农业示范点 1 个。确保实现亩均效益 5000 元以上土地达到 30%，农业综合机械化率 98%。

坚定不移推动工业发展。确保工业固定资产投资占总投资的 50% 以上，力争完成工业总产值 61.4 亿元，增长 22%。集中力量推动工业园区扩容提质，加快园区边界调整，力争上半年完成园区总体规划修编工作；强力推进园区新扩区部分的道路、电力、供排水等基础设施建设；进一步完善"一区四园"功能定位和产业布局，不断提升园区承载能力。加快推进纺织服装产业集聚发展，积极落实棉纺补贴等优惠政策，推动新兴、新来福、新恒立三家纺织企业达产达效。加快推进建伟织布 1 亿米项目的建设进度，力争 2017 年上半年竣工投产。全力做好兵团福建商会纺织服装加工及孵化基地项目的落地工作，确保年内建成 6 万平方米纺织服装标准化厂房。紧抓续建项目建设进度。引导胜星化工通过政策、资金扶持、优化股权结构等方式尽快盘活，确保领航管业等一批项目年内投产，提高工业经济运行效益。围绕农副产品精深加工大力发展轻工业。集中力量引进果品深加工、畜产品精加工等项目，提高产业链整体效益。年内实现新增规上企业 6 家、亿元以上产值企业 5 家，进一步巩固提升工业的主导地位。

全力促进服务业发展。加快发展商贸服务业。年内建成农副产品和果品批发零售、建材批发等专业市场，鼓励发展仓储、配送等物流业，着力打造坤茂特色餐饮区，培育一批星级宾馆，力促坤茂建材城开业运营，增强铁门关市商业活力，力争年内新增 600 家个体经营户，限上企业 10 家。大力发展金融服务业，继续吸引各类商业银行来铁门关市设立分支机构，扶持壮大铁信融资担保公司，鼓励和支持证券、保险、信托、基金管理公司等非银行金融业发展，着力优化城市金融服务环境。突出发展文化旅游业。大力开发军垦文化、特色文化资源，着力提升文化品牌，办好第二届"库尔勒香梨文化节"。坚持文化引领、融合发展，积极培育旅游新业态，围绕军垦文化和生态两条主线，全力打造红色屯垦特色旅游品牌，进一步彰显城市魅力。

（三）狠抓固定资产投资，确保目标任务实现

加大争取中央投资力度。积极围绕"十三五"时期国家支持兵团经济社会发展项目实施方案，结合铁门关市实际，扎实做好2017年中央计划投资项目的申报工作，力争各行业资金规模不减。

及早开展前期工作推进活动，做好项目储备工作。加快开展项目前期工作，综合施策、精准推进、滚动实施，全面提升项目前期工作水平。在保障民生、农业、水利、交通、能源等产业基础设施建设、服务业发展等领域谋划储备促进一批重点项目和重大工程，保持重大项目良好接续，确保2017年储备的重点项目年度投资占年度全社会固定资产投资计划任务130%以上，为铁门关市2017年固定资产投资较快增长奠定坚实基础。

积极推进铁门关市PPP项目建设。通过兵师级政务网面向全社会发布铁门关市PPP项目，谋划和实施好铁门关市2017—2019年PPP项目，进一步提升和完善城市功能，铁门关市力争完成投资20亿元，铁门关经济工业园区力争完成7亿元。

加大招商引资力度。创新招商引资机制方式，运用"互联网+"、PPP等模式，开展全方位、全过程服务，营造"亲商""安商""扶商"的发展环境。坚持以园区为平台，立足现有农业资源，力争在农副产品精深加工、纺织服装、农机装备等领域有新突破，重点引进科技含量高、产业链条长、成长性好、带动力强的优质项目，实现产业聚集发展。2017年，力争实现招商引资到位资金40亿元，其中铁门关工业园区20亿元，市政建设20亿元。

（四）以改善民生为出发点和落脚点，提升职工群众幸福感

扎实推进"十件实事"建设。计划实施10类21项，总投资3.4亿元，持续保持对住房、就业、教育等社会事业的投入，进一步完善公共服务体系，切实为职工群众解决实际困难和问题，让老百姓得到更多的实惠。继续稳定和扩大就业。努力增加就业岗位，积极发展先进制造业，带动现代物流等生产性服务业发展。大力发展就业容量大的健康、养老等生活性服务业。落实促进高校毕业生、退役军人等创业优惠政策，力争2017年新增就业岗位3000个，培训700人次。坚决打赢脱贫攻坚战。着力解决好基础设施、特色产业、社会民生等方面问题，抓好关键环节，做到精准发力，推动扶贫脱贫提质增效，确保完成191贫困户456人脱贫的目标。

（五）坚持深化改革，持续释放发展活力

贯彻落实《兵团党委、兵团深化投融资体制改革实施方案》，确保中央投资合规高效。深化投融资体制改革，牢固树立城市经营理念，充分发挥市场在资源配置中的决定性作用，健全和完善多元化、市场化的投融资机制。大力支持社会资本参与市政基础设施建设，充分发挥泽源城投公司的投融资功能，力争实现5.36亿元融资目标，逐步缓解城市建设的资金不足。继续深化国有企业改革，通过增资扩股、减持国有股和引入民营资本、社会资本，进一步优化国有企业股权结构。推进国资管理改革，坚持由管经营向管资本转变，确保国有资产保值增值。继续推行政府购买服务，明确购买服务的项目和流程。鼓励和支持非公有制经济发展，在市场准入、政府采购、财税返还等方面给予民营企业无差别政策待遇，增强发展内生动力。强化财政财务管理，进一步强化预算约束，完善财政管理体制，规范政府收支行为，优先安排城市重点建设项目支出和民生支出。

（六）大力推进生态文明建设，增强可持续发展

坚持绿色发展理念，把生态建设放在突出位置，努力建设"军垦生态新城"。继续完善城市绿轴绿廊绿心，加快实现"城在林中"，全力做好渤海湾、南泥湾、中央大街防护绿地的绿化工作，同时加强绿化管护，巩固造绿成效，确保完成361.93公顷绿化任务。完善节水机制，坚持生活用水优先、工业用水从紧、农业持续节水的原则，严守水资源"三条红线"，推动建立阶梯水价制度，让节水的多受益、高耗水的多付费。倡导绿色生活方式和消费理念，大力推广高效节能产品，积极引导公众参与生态文明建设。

以上报告，请予审议。

关于铁门关市2016年财政预算执行情况和2017年财政预算草案的报告

——2017年2月16日在铁门关市第一届人民代表大会第五次会议上

铁门关市财政局

各位代表：

受市政府的委托，现将铁门关市2016年财政预算执行情况和2017年财政预算草案的报告提请各位代表审议，并请市政协各位委员和其他列席会议的人员提出意见。

一、2016年财政预算执行情况

2016年，市政府认真贯彻落实兵团党委六届十五次全委（扩大）会议和师市党委十四届七次全委（扩大）会议精神，紧紧围绕新疆社会稳定和长治久安总目标，主动适应经济发展新常态，综合运用各项财税政策措施，统筹推进"稳增长、调结构、惠民生、防风险"工作，有力促进了我市经济社会平稳健康发展，圆满完成财政预算任务，预算执行情况总体良好。

（一）一般公共预算

收入情况。（1）全年完成地方一般公共预算收入40213万元，完成调整预算的135.67%，比2015年同口径（剔除置换债券收入影响）增长93%，其中：税收收入12731万元，完成预算的158%，同比增长90%；非税收入420万元，完成预算的117%，同比增长47%；置换地方政府一般债券收入26000万元，完成调整预算的100%；

自治区转移性收入1062万元。(2)从政府性基金预算收入调入一般公共预算20179万元。

支出情况。一般公共预算支出60525万元，完成调整预算的100%，具体支出情况如下：

一般公共服务支出2085万元，完成预算的103%；公共安全事务支出506万元，完成预算的100%；教育事务支出3619万元，完成预算的96%；科学技术支出43万元，完成预算的100%；文化体育与传媒支出189万元，完成预算的99%；社会保障和就业支出1261万元，完成预算的100%；医疗卫生支出1083万元，完成预算的101%；节能环保支出6万元，完成预算的100%；城乡社区事务支出23763万元，完成预算的99%；农林水事务支出317万元，完成预算的104%；交通运输支出56万元，完成预算的97%；资源勘探电力信息等支出4万元，完成预算的100%；商业服务业等支出1217万元，完成预算的100%；国土海洋气象等支出98万元，完成预算的90%；债务付息和发行费用支出278万元，完成预算的100%；债务还本支出26000万元，完成预算的100%。

当年一般公共预算收支平衡。

（二）政府性基金预算

收入情况。政府性基金预算收入47465万元，完成预算的102%，其中：国有土地使用权出让收入23465万元，完成预算的104%；置换地方政府专项债务收入24000万元，完成预算的100%。

支出情况。政府性基金预算支出46448万元，完成预算的100%，其中：债务还本支出24000万元，完成预算的100%；缴纳新增建设用地使用费支出2081万元，完成预算的100%；债务付息及债券发行费用188万元，完成预算的100%；调入一般公共预算资金20179万元。

当年政府性基金收支结余1017万元。

二、2016年财政工作情况

（一）强抓收入征管，积极应对经济下行

2016年，财政形势比预期更加严峻，为确保全市财政平稳运行，我们始终坚持开源与节流并重，把抓收入、增总量摆在突出位置。一是层层分解任务，盯死目标不放松。按照既定的收入目标，按进度量化分解到各组织收入部门，竭尽全力抓好收入组织工作。二是加强收入保障工作，通过综合治税机制协调各部门配合抓实税收，确保税收及时足额入库。三是认真做好非税收入征收管理工作，按照"正税清费、依法征收、规范执收、应收尽收、收缴分离"的原则，将非税收入全部纳入预算管理。

（二）深化财税改革，保障财政重点支出

一是深入推进税制改革，圆满完成"营改增"改革工作。市政府成立"营改增"工作领导小组，完善工作机制，组织协调税务以及各行业主管部门，按照任务分工，齐抓共管，形成改革的合力，稳步实施改革。二是全面树立预算的权威性和严肃性，强化预算执行约束机制。坚持先有预算、后有支出，硬化预算约束，全年严格控制追加预算，除了政策性人员增资外，较少发生追加预算事项。三是加大财政支出结构调整力度，及时足额安排事关铁门关市长远发展的重点民生项目建设支出，投入19329万元，用于进一步完善城市功能，改善城市环境，主要项目有绿化工程、景观河水系工程、防洪堤及泄洪沟工程、幼儿园建设工程、农产品综合服务中心等，2016年，我市民生支出占一般公共预算支出91%。严格控制一般性支出，在下达部门预算时同步下达各部门"三公"经费控制数，实行定期报告制度，市本级"三公"经费支出比2015年下降7.2%。四是加大财政信息公开力度，在政务信息公开网站

公开发布财政预决算和"三公"经费预决算，促进预算单位完善财务管理，规范会计核算和财务行为。

（三）拓宽融资渠道，缓解财政偿债压力

一是认真落实国务院《关于加强地方政府性债务管理的意见》，根据财政部《关于对地方政府债务实行限额管理的实施意见》，制定了铁门关市债务限额，政府债务管理迈向规范化管理。二是多渠道筹措资金，积极化解存量债务，2016年，共争取到自治区置换债券转贷资金5亿元，降低了利息成本，延长了债务还款期限，为师腾出资金用于重点项目建设创造了条件。三是加强债券资金管理，加大风险预警力度，确保债券资金专款专用。年末债务余额控制在债务限额之内。

各位代表，2016年财政工作取得的成绩，是师市党委坚强领导的结果，是市人大、市政协及代表委员们监督指导、大力支持的结果，是全市人民齐心协力、团结拼搏的结果。与此同时，我们也清醒地认识到，我市的财政运行还面临一些困难和问题，主要是：一是收支矛盾依然突出，特别是"营改增"后地方政府主体税种缺失，缺乏稳定的收入来源；重点税源企业少，财政增长乏力。二是伴随着全市各项社会事业的快速发展，财政支出压力不断加大，财政资金统筹使用力度需要进一步加强；政府偿债压力较大，融资能力亟待提升，风险防控任务艰巨，资金使用的安全性、有效性仍需提高。三是财政管理和财政改革有待进一步提高和深化。我们将高度重视这些问题，将采取有力措施加以解决。

三、2017年预算安排情况

2017年，是全面深化改革、经济转型跨越发展的重要之年，科学分析和准确把握当前财政经济形势，编制好财政收支预算，做好各项财政工作，对于加快全市经济转型、推动经济社会持续发展具有十分重要的意义。

（一）形势分析

综合分析全市经济社会发展和财政运行形势，2017年，财政收入增长仍存在较多不确定因素，收支矛盾呈加剧趋势。一是财政收入保持低速增长。从经济层面看，全市经济保持中速平稳增长已经成为新常态，从政策层面来看，定向减税和普遍性降费力度空前，加之"营改增"税收政策的影响，会直接拉低全市收入增幅；从运行情况来看，今后一段时期财政收入稳中趋缓常态化。二是财政支出保障压力大。随着人员工资增长、社会保障范围扩大和提高保障标准，民生支出规模不断扩大，加之置换债券的利息支出增长等因素影响，铁门关市支出规模将快速增长。

（二）预算安排原则

2017年，市财政预算编制的指导思想是：全面贯彻落实十八大和十八届三中、四中、五中、六中全会、中央经济工作会议、师市第十五次党代会和十五届三次全委（扩大）会议精神，紧紧围绕"四个全面"战略布局和"五位一体"战略部署，加大积极财政政策实施力度，着力推进中期财政规划管理，发挥好财政分配与再分配的杠杆作用，促进全市经济社会平稳健康发展。全面落实预算管理制度改革总体要求，不断优化支出结构，强化"保基本、保重点、保民生、保稳定、压一般"的支出原则，提升预算编制精准度，提升预算管理绩效，切实加快预算执行进度，深化预算公开，加快构建全面规范、公开透明的预算制度。

基本原则：一是依法依规原则。部门预算编制和财政中期规划要符合《预算法》及相关法规，部门预算编制要科学、真实、准确、全面反映本部门收支情况，做到"无预算，无支出"。二是突出重点原则。紧紧围绕全市中心工作统筹财力，突出重点，确保重点领域和重点项目以及师市重大决策部署的落实。三是讲求绩效原则。强化预算绩效理念，所有项目支出必须有明确的绩效目标和支出时限。

（三）收入预计和支出安排情况

一般公共预算。一般公共预算收入建议安排15125万元：税收收入14625万元，比上年增长15%，其中：国税部门征收的涉及地方分享的税收收入5125万元；地税部门征收的涉及地方分享的税收收入9500万元（不含教育费附加收入）；非税收入500万元，增长19%。

根据量入为出的原则，计划安排支出15125万元，具体支出情况：一般公共服务支出832万元，占当年预算的5.5%；公共安全支出980万元，占当年预算的6.5%；教育支出532万元，占当年预算的3.5%；城乡社区事务支出11177万元，占当年预算的73.9%；交通运输支出99万元，占当年预算的0.7%；商业服务业等支出300万元，占当年预算的2.0%；国土海洋气象支出45万元，占当年预算的0.3%；预备费450万元，占当年预算的3%；债务付息支出710万元，占当年预算的4.7%。

一般公共预算全年收支平衡。

政府性基金预算。预计政府性基金收入11017万元，其中：国有土地使用权出让收入10000万元，上年结余1017万元；安排政府性基金支出11017万元，其中用于城乡社区事务方面的征地和拆迁补偿支出6767万元，城市建设支出2640万元，农田水利建设支出960万元，债务付息支出650万元。

政府性基金预算全年收支平衡。

四、完成2017年预算任务的措施

为了确保2017年预算顺利执行，我们将在师市党委的领导下，坚持"创新、协调、绿色、开放、共享"的发展理念，做好"开源、节流、盘活、争取、规范"五篇文章，努力完成人代会确定的各项财政目标。

（一）明确征收责任，确保完成预算收入任务

一是明确责任，分解任务。将目标任务及时分解到各组织收入部门，并纳入年终综合考核。二是认真落实税收征管保障办法，逐步建立以"政府领导、税务主管、部门配合、社会参与、司法保障、信息共享"为主要内容的社会综合治税体系。服务好、协调好税务部门加强税收征管，做到应收尽收，严防跑冒滴漏，增加税收收入。三是认真做好非税收入征收管理工作，摸清底数，掌握情况，加强征管，严格征收，增加可用财力。

（二）加强预算管理，提升财政资金使用绩效

一是按照建设公共财政体系的要求，调整优化财政支出结构，严控预算追加，严格执行预算追加的申报程序和审批权限，确保财政收支平衡。二是从严控制支出，除工资性支出、事关社会稳定和偿债支出等必需支出外，严格控制一般性支出，进一步规范支出管理。三是加强财政监督检查，规范预算单位理财行为，确保财政资金使用安全、规范。四是认真落实政府性债务管理各项法规、制度，健全债务风险预警机制，落实地方政府性债务分类管理措施，通过指标设计和测算，健全风险评估体系，切实防范和化解债务风险。五是继续推进阳光财政工程，提高预决算透明度，细化预决算和"三公"经费

等预算信息公开，确保人民群众知情权、参与权和监督权。

（三）优化支出结构，不断改善民生福祉

坚持"以人为本、民生为先"，进一步调优支出结构，在"保工资、保运转"基础上，向教育、城乡社区、商业服务业等方面适度倾斜，促进社会和谐。一是支持教育均衡发展，继续完善教育经费保障机制。二是改善城乡社区人居环境，加大铁门关市基础设施建设投入力度，三是落实支持招商引资企业发展相关政策，增加就业。

（四）拓宽融资渠道，加快推进PPP项目建设

深入落实兵团投融资体制改革，大力推进PPP等新型投融资模式发展，扩大PPP项目储备和发布的规模，认真组织PPP项目落地，2017年，要加快启动一批条件成熟、有吸引力的适合PPP模式的项目，力争全年PPP项目投资取得重大突破。用好用活现有金融服务平台，发挥好师市四大投融资平台公司的作用，力争直接融资更上一个新台阶。

各位代表，全面完成今年财政收支预算，做好各项财政工作，任务艰巨，责任重大，使命光荣。我们将在师市党委的正确领导下，在市人大监督和政协支持下，开拓创新、锐意进取、扎实工作，努力完成今年各项财政工作任务，为把铁门关市建设得更加美好做出新的贡献。

铁门关市人民法院工作报告

——2017年2月17日在铁门关市第一届人民代表大会第五次会议上

铁门关市人民法院院长　张旭东

各位代表：

我代表铁门关市人民法院向大会报告工作，请予审议，并请列席会议的同志提出意见。

2016年主要工作

2016年，铁门关市人民法院在市党委的正确领导下，在市人大及其常委会和上级法院的监督指导下，认真学习贯彻党的十八大、十八届三中、四中、五中、六中全会精神，深入学习领会习近平总书记的系列重要讲话精神，坚持以司法为民、公正司法为主线，认真组织开展"两学一做"学习教育，深化司法体制改革，紧紧围绕"让人民群众在每一个司法案件中都感受到公平正义"的目标，全面加强审判执行工作和法院队伍建设，为辖区社会稳定和长治久安提供有力的司法保障。一年来，市人民法院共受理各类案件1123件（含库尔勒垦区人民法院受理案件数），与去年761件相比上升362件，同比上升47.57%，审、执结1052件，结案率达到93.68%。一线法官人均结案102件，收结案数、法官人均结案数位列全师基层法院第一。案件质量大幅提升，案件发改率大幅下降，今年案件发改率降至2.5%。

一、牢记公正司法职业使命，依法履行司法为民职责

维护辖区社会稳定，严厉打击刑事犯罪。积极开展量刑规范化工作，不断延伸审判职能。2016年，全年受理刑事案件18件，审结17件，结案率达94.44%。把量刑规范化作为重点，加强判后答疑，透明审判，开展庭审网络直播。采取法制讲座、未成年人模拟法庭等多种形式，结合"平安校园"大力开展青少年法制教育，做好未成年人犯罪预防工作。严厉打击辖区内盗窃犯罪案件，对系列盗窃辖区内摩托车、电动车的犯罪依法从快从严惩处，威慑了犯罪分子，保护人民财产安全。

维护辖区社会和谐，营造良好法治环境。多措并举，构建多元化纠纷解决机制，坚持"调解优先，调判结合"的原则。2016年，共受理民事案件689件（含旧存38件），受理案件数较上一年度增长43.24%，已结654件，结案率为94.92%。其中调撤案件428件，占结案的65.4%。对涉民生的群体性案件集中处理，多方协调，以提前主动介入的方式，了解相关案情，化解当事人的矛盾，有效控制群体性案件的上访可能，本年度共处理群体性案件11件，均取得较好的社会效果。为辖区经济发展营造了较好的法治氛围。

维护辖区依法行政，规范审理行政诉讼。进一步规范行政案件立案受理工作，畅通行政诉讼渠道。2016年，共受理行政诉讼案件10件，行政非诉案件1件，合计11件，已审结10件，审结率达90.9%。坚持公开审判制度，采取有效措施规范庭审程序，实行庭前交换证据，规范行政诉讼举证制度。严格执行最高人民法院《关于行政诉讼应诉若干问题的通知》，从而有效地保护了原告依法正确行使诉讼权力。对于行政机关不履职的行为，通过释明相关法律规定，促使行政机关积极依法行政，履行其法定职责。

维护人民群众合法权益，打好破解执行难攻坚战。市法院全年共受理执行案件380件（其中新收365件，旧存15件），结案347件，未结33件，结案率为91.32%，结案标的额为2359万元。在最高人民法院提出"用两到三年时间基本解决执行难问题"目标任务后，不断加大追索农民工工资案件的执行力度，严格执行失信被执行人纳入"黑名单"制度，132名被执行人被纳入失信被执行人名单，定期在城区显著位置公布失信人名单3期，4名失信被执行人迫于压力主动到法院履行义务，执行惩戒制度初显成效。不断加大执行威慑力度，全年共拘留被执行人12人次，罚款6人次。通过最高人民法院的财产查控平台，与30家银行实现联网，可查询全国范围内存款，部分银行实现全国网络"查冻划一体化"，全年共查询当事人银行存款信息7400余次，实际查询到存款1300余万元，查询当事人车辆信息298次，实际查询到当事人拥有车辆114辆。

二、强化责任担当意识，积极推进司法改革

深化审判权运行机制改革。牢固树立以审判工作为重心的指导思想，坚持"释法析理、定纷止争、案结事了"的审判价值取向，认真落实《岗位职责和目标管理考核责任制》《审限预警及超审限处罚制度》等规章制度，增强法官的责任意识、质量意识、效率意识；通过开展庭审公开、庭审观摩竞赛、庭审直播、个案点评、案件和裁判文书评查等形式多样的活动，提升了法官驾驭庭审、制作裁判文书的能力。突出审判中心地位，坚持审判资源配置向一线倾斜。大力推行院长办案制度，院领导全年办案136件。严格按照最高人民法院的要求，认真细致地开展三项评

查工作，提升审判、执行案件的质量和效率。

加强立案登记制度实施。严格按照立案登记制的相关规定，保障人民群众的诉讼权，案件当场立案率达到95.6%。加强诉讼服务中心建设，设立导诉台。立案服务大厅设置了立案审查、诉讼费退缴、材料收转、法律咨询等窗口，不断加强科技化建设，配备了LED显示屏、触摸式服务端口POS机等硬件设备，并制作诉讼指南，张贴诉讼流程表、诉讼收费标准等，进一步提高工作透明度，极大地方便了人民群众。

规范信访工作，加大司法救助。认真落实最高人民法院关于涉诉信访工作"四个必须"和"五项制度"。建立了信访责任追究制，信访责任通报制，院领导"包案"责任制；认真落实院领导接待日；针对性地采取信访预约接待、信访联合公开答复等措施，引导群众依法表达诉求，避免了缠访、闹访事件的发生，杜绝了进京上访、越级信访。同时，积极开展司法救助工作，共为生活困难的申请执行人申请国家司法救助案件6起，救助金额共计9万元。共减缓免诉讼案件63件，诉讼费金额达12.6万余元。

三、加强队伍建设，提升司法能力

（一）加强政治思想建设

将学习党的十八届六中全会、自治区第九次党代会和师市第十五次党代会精神作为法院的重要政治任务，全文学习《中国共产党十八届六中全会公报》《自治区第九次党代会决议》和师市第十五次党代会精神。并结合法院审判工作实际与"两学一做"学习教育紧密结合，不断创新学习方法，激发干警干事创业的活力，保障法院事业的可持续发展。

（二）加强党建工作

坚持党对法院工作的绝对领导。把支部建在庭上，健全组织生活制度，强化党员的党性观念和党员意识，充分发挥党组的领导核心作用、党支部的战斗堡垒作用和共产党员的先锋模范作用，在建党95周年时，开展了共产党员重温入党誓词活动。大力开展了学习黄志丽、程永革、魏德友等先进典型事迹活动，组织专题知识竞赛，激发了全院干警争先创优的热情，促进了审执工作质效的提高。

（三）加强党风廉政建设

进一步完善"一岗双责"和党风廉政建设责任制。院党组与各庭室签订《党风廉政建设责任书》和《廉政承诺践诺书》。加强对廉政举报网站的管理和线索查处。切实做好廉政风险防范工作，建立审务督察台账，廉洁拒贿台账、纪检监察台账，同时做好相关资料存档及记录工作。查找廉政隐患，制定防控措施，利用信访、网站、电话"三位一体"的举报机制，畅通监督渠道。

（四）认真开展好"民族团结一家亲"活动

认真贯彻落实二师中院《关于开展"民族团结一家亲"活动实施方案》，积极开展结对认亲活动。按照师市党委的安排，主动与结对认亲单位取得联系，详细了解每户家庭基本情况，积极开展结对认亲动员会议，认真完成了结对认亲。

（五）注重法院宣传工作，树立法院良好形象

加大宣传报道力度，弘扬法院正能量。2016年度，在各级各类媒体刊登法院新闻稿件461篇，其中在国家级报刊刊登我院新闻稿件4篇，树立了我院良好的形象；加大各类业务学习培训力度。在各类院校共培训学习18人次，提升了市法院人员素质；支持院里干警进行研究生考试。对已考上研究生的人员，支持他们定期地脱产学习，在职攻读研究生的6名

法官，已有4人顺利毕业，提升了市法院的知识结构水平。市法院在兵团法院举办的首届书记员技能比赛中，一名书记员获得全兵团法院技能比赛第一名的好成绩。

四、践行司法为民职业宗旨，不断提升司法公信力

落实便民利民制度和措施。完善了方便当事人的多元化立案机制，加强绿色通道、巡回审判、午间法庭、农忙法庭、田间法庭等便民利民工作措施，建立了诉讼费退费制度。认真做好庭前调解和信访接待工作，同时由院领导亲自接待重大疑难信访案件；积极在团场和连队开展法律宣传活动，以案释法，提升人民群众知法、懂法、守法意识。

创新工作方式，努力做群众的"贴心人"。市法院在偏远团场成立了"黄志丽法官工作室"，这是兵团首个以全国法院英模黄志丽法官命名的工作室。该工作室联合团场司法所、计生办、纪工委等部门，通过开展巡回办案、诉前调解、法治宣传，拓宽了为民服务渠道，在群众家门口为群众提供法律服务，面对面为老百姓答疑解惑，实现了让纠纷不出社区、把矛盾化解在萌芽状态的目的，把"司法为民"这一目标落到了实处。

五、自觉主动接受监督，不断改进法院工作

始终坚持党对法院工作的绝对领导，坚持重大案件、重要工作及时向师市党委汇报。畅通监督渠道，邀请市人大、政协以及部分人大代表、政协委员视察法院工作、旁听评议案件庭审。定期召开新闻发布会，邀请人大代表参加。2016年，由自治区人大常委会部分委员和自治区高级人民法院、自治区人民检察院的领导组成的调研组来到市法院进行调研，对市法院司法公开工作给予了充分的肯定。

各位代表，在过去的一年里，我院在执法办案、司法改革、队伍建设等方面取得了一定成绩，在全师基层法院综合考评工作中位列第一，先后被评为自治区文明单位、人民满意政法单位，社会治安综合治理先进集体。这些成绩的取得，是市党委正确领导、市人大和政协依法监督、上级法院支持帮助的结果，是法院全体干警齐心协力、奋力拼搏的结果，也是社会各界关心支持的结果。在此，我代表市人民法院，向长期关心、支持法院工作的领导和社会各界人士表示衷心的感谢和崇高的敬意！

在肯定成绩的同时，我们也清醒地看到，我院工作离党和人民的要求还有一定差距，一些长期存在的司法难题还没有得到根本解决：立案登记制度实施后，案多人少矛盾依然突出，法官超负荷工作状态未得到改善；转变执行理念和方法，加大解决执行难是亟待需要研究和解决的问题；极少数干警在司法理念、司法能力、司法作风方面还有待进一步提升，个别案件质量和效率还不高；信息化建设水平有待进一步提高，利用科技成果提升办案质效的水平还不强。下一步工作中，我们将正视问题和困难，积极采取有效措施，切实加以改进和提高。

2017年工作安排

2017年，市人民法院的总体工作思路是：认真学习贯彻党的十八届三中、四中、五中、六中全会、中央政法工作会议、全国高级法院院长会议精神以及兵团、市各项重大决策部署和本次会议决议，增强工作前瞻性，牢牢抓住司法为民、公正司法的主线，不断提高司法公信力，按照上级法院的统一部署，逐步稳妥有序落实司法改革的各项措施，为"十三五"规划的顺利实施及法治师

市建设提供有力司法保障,以优异的成绩迎接党的十九大胜利召开。

充分发挥审判职能作用,维护社会稳定和长治久安。坚定不移坚持党的领导,进一步加强公正司法,依法公正及时审理各类纠纷案件,不断提升司法公信力,保障社会公平正义。牢固树立罪刑法定、疑罪从无、证据裁判的司法理念,依法惩治刑事犯罪。依法妥善审理民商事纠纷,努力为经济社会持续健康发展提供司法保障。全面加强和改进执行工作,继续规范执行行为、完善执行机制,充分利用科技资源,全力破解执行难。

加强信息化建设应用,推进审判体系和审判能力现代化。坚持以群众需求为导向,用现代科技手段满足社会公众的多元化需求,深化审判流程公开、裁判文书公开和执行信息公开、庭审公开,积极拓宽司法公开渠道,主动创新司法公开工作机制,不断加大公正司法宣传力度,切实保障人民群众对人民法院工作的知情权、参与权、表达权和监督权,全力构建开放、动态、透明、便民的阳光司法机制,充分运用信息化建设的科技成果,化解案多人少的矛盾,提升审判执行质效。

全面深化司法体制改革,合理优化配置审判资源。2016年10月,兵团法院全面启动法官员额制选任工作,扎实推进司法体制改革,优化司法资源配置,解决好未入额人员的使用和分类管理;建立入额法官"能上能下"的常态化动态调控机制,确保员额法官依法履职;积极推进以审判为中心的诉讼制度改革,加强监督制约,依法保障人权,确保律师履职的权利,发挥律师作用,促进公正司法。

认真落实党风廉政责任制,自觉接受人大和检察机关监督。坚定不移地落实"四个一律""五个严禁""八个必须"和"十个不准"。狠抓"两个责任"的落实,扎实开展廉洁司法教育活动,营造良好舆论氛围。引导广大干警强化廉洁自律意识,筑牢拒腐防变思想道德防线,自觉遵守廉洁自律规定。以零容忍的态度坚决惩治腐败,做到队伍风清气正,政通人和,不断提升法院公信力,增强主动接受人大监督意识,及时向市人大常委会报告工作情况和重大事项,按时办理人大交办的各项工作,自觉接受检察机关的监督,共同维护好司法公正,自觉接受舆论和社会监督,提升人民群众对法院工作的满意度。

坚持不懈地加强队伍班子建设,建立忠诚、干净、担当的人民法院队伍。把坚决维护以习近平同志为核心的党中央权威贯穿到法院的队伍建设中,用习近平总书记系列讲话精神武装头脑、指导实践、推动工作,增强政治意识、大局意识、核心意识、看齐意识。深入开展向时代楷模邹碧华、黄志丽、魏德友、程永革等同志的学习,引导干警做公正为民、敢于担当的好法官、好干部,认真落实全面从严治党的主体责任,确保公正廉洁司法,进一步推进法院队伍正规化、专业化、职业化建设,营造拴心留人的良好环境。

各位代表,维护铁门关市的社会稳定和长治久安,既是市人民法院的神圣职责,也是广大法官的崇高使命。新的一年里,我们决心在市党委正确领导下,在市人大、政协的监督下,以更加饱满的热情、更加昂扬的斗志、更加坚定的信心、更加过硬的作风,忠实履行宪法和法律的职责,更加紧密地团结在以习近平同志为核心的党中央周围,不忘初心,继续前进,为铁门关市社会稳定和长治久安提供更加有力的司法保障!

铁门关市人民检察院工作报告

2017年2月17日在铁门关市第一届人民代表大会第五次会议上

铁门关市人民检察院检察长　张健康

各位代表：

现在，我代表铁门关市人民检察院向大会报告工作，请予审议，并请列席会议的同志提出意见。

2016年，铁门关市人民检察院在市党委和上级检察机关的正确领导下，在市人大及其常委会有力监督下，全面贯彻党的十八届三中、四中、五中、六中全会精神和习近平总书记对政法工作的重要指示精神。紧紧围绕市改革发展稳定大局，忠实履行宪法法律赋予的职责使命。强化法律监督，规范司法行为，深化司法改革，加强队伍建设，驰而不息改进作风，不忘初心、继续前进。围绕"五位一体"总布局和"四个全面"战略布局履职尽责，各项检察工作取得新进展。全年共受理提请批捕案件7件11人，经审查批准逮捕5件9人；受理审查起诉案件9件26人，出庭公诉10件39人（含上年积存3件18人）；初查职务犯罪案件2件2人，立案1件1人；接待办理来信来访58件次。

一、牢固树立总体国家安全观，依法履行批捕起诉等职能，坚定维护市社会大局稳定

我们深入贯彻总体国家安全观，牢记维护社会大局稳定这一根本任务，切实增强大局意识、忧患意识和责任意识，积极投入平安市、法治市建设，依法惩治犯罪，推动源头治理，切实肩负起维护社会稳定和长治久安的责任，不断提高职工群众安全感和幸福感。突出打击严重刑事犯罪，坚决惩治危害国家安全和公共安全犯罪，更好地维护社会大局稳定。准确把握职工群众对社会平安祥和的期盼，紧紧围绕职工群众平安需求，依法严厉打击严重影响群众安全感的刑事犯罪，坚决严惩暴力犯罪，切实提高维护国家安全和社会稳定的能力水平，不断提高人民群众安全感和幸福感。办理故意伤害犯罪案件1件1人，盗窃案6件11人。贯彻市党委决策部署，扎实做好检察环节社会治安综合治理工作，推进社会治安防控体系建设。积极参与辖区治安突出问题专项整治，重点加强社区矫正法律监督和帮教服务工作，帮助社区矫正对象、刑释解教等人员重新融入社会；着力强化青少年司法保护，重视法治宣传教育，完善预防青少年犯罪的工作机制；深入研究犯罪特点和规律，向辖区单位和相关部门提出检察建议；认真落实检察官以案释法制度，推动法治教育进机关、进连队、进社区、进学校、进企业。贯彻宽严相济政策，严把事实关、证据关、程序关和法律适用关，修复社会关系促进社会和谐。大力推行羁押必要性审查和轻微刑事案件快速办理机制，对符合法定条件的轻微犯罪，及时变更强制措施，已采取非羁押措施的，加快办案节奏，

减少群众诉累。对施某某盗窃案，我们建议法院适用简易程序审理，既节约了诉讼成本，又彰显了法律的威严。积极执行当事人和解诉讼制度，对符合法定条件的轻伤害犯罪、过失犯罪等，加大矛盾纠纷调处力度，促进当事人和解，做到既严厉打击严重刑事犯罪，又切实保护无罪或者罪轻的人不受刑事追究，强化法律在化解矛盾和修复社会关系中的功能。对一起开设赌场案件中3名犯罪情节较轻、有认罪悔罪表现的犯罪嫌疑人，依法作出不起诉，取得了很好的效果。加强民事行政控告申诉工作，接待并妥善处理群众来信来访，畅通群众诉求渠道。加强民事行政诉讼和行政执法监督，依法公正对待群众诉求，严格执行控告申诉"首办责任制"，把矛盾化解在基层，解决在首办环节。一年来，办理控告申诉初核案件1件，不服法院判决刑事申诉案件1件，受理群众来信来访58件，批转本院职务犯罪侦查局举报线索5条。检察长接待日接待群众来信来访18件，均做好了分流以及备案工作，无一举报材料积压，无一重复上访、越级上访、进京上访等事件发生。

二、主动适应经济发展新常态，保障经济平稳健康发展

我们准确把握职工群众对加快发展和对幸福生活的期盼，切实找准检察工作服务经济发展新常态的着力点，把防控风险、服务发展和破解难题、补齐短板摆在更加突出位置，密切关注经济领域犯罪新动向，突出打击涉众型经济犯罪等金融领域犯罪，更好地保障和改善民生，为实现"两个一百年"奋斗目标提供有力司法保障。规范市场秩序，服务经济建设。近年来市辖区集资诈骗等扰乱市场秩序的金融犯罪案件时有发生，为经济建设和公私财产所有权带来严重损失。我们认真研究集资诈骗案件情况，联系辖区单位为党员干部作了题为"提高法律意识 预防集资诈骗"的专题授课，提高了党员干部对集资诈骗等金融类诈骗的防范意识和识别能力，有效避免了此类案件发生，为辖区经济建设营造了风清气正的政务环境和公平正义的法治环境。搭建互助平台，服务兵地融合发展。主动融入市工作大局，思融合发展之事，谋融合发展之策，加强与地方政府、企业的衔接协调，利用市检察院人脉、驻团检察室平台为兵地融合发展牵线搭桥，促进辖区团场与地方优势互补。联系库尔勒市蔬菜协会解决团场温室大棚承包难题，会同地方爱心企业开展拥军优属、慰问贫困军烈属等活动。支援农业生产，服务"三农"工作。认真贯彻落实兵团检察院服务"三农"工作的要求，为职工群众脱贫致富出谋划策。解决团场职工发展蔬菜大棚和种植食用菌等经济作物的技术难题，为职工多元增收创造利润；发起爱心采摘行动，帮助受灾职工采摘销售香梨，为职工群众减少生产损失。通过一系列互助活动，搭建起了兵地融合、精准扶贫、共谋发展的致富互助平台。

三、坚定不移反对腐败，加大查办和预防职务犯罪力度

我们准确把握职工群众对清风正气的期盼，以习近平总书记反腐败战略思想为引领，全面担当职务犯罪侦查预防工作多元使命，坚持有腐必反、有贪必肃不动摇，惩治预防两手抓，推动形成不敢腐、不能腐、不想腐的有效机制，进一步净化政治生态和经济生态，为党风廉政建设和经济社会发展提供坚强有力的法治保障。初查职务犯罪案件

2件2人，立案1件1人。加强职务犯罪预防，促进标本兼治。在查办职务犯罪案件的同时，更加注重发挥预防的治本作用，紧密结合查办的典型案例，深入开展警示教育和预防调查，坚持惩防并举、打防结合，积极构建教育、制度、监督并重的预防职务犯罪工作体系。深入辖区各单位开展职务犯罪预防宣讲和警示教育活动8场次，召开职务犯罪案件典型案例剖析会6场次，结合办案开展个案预防2次，撰写职务犯罪原因分析报告2篇，向发案单位提出检察建议2份。向职工群众发放《加强举报人保护、惩治身边腐败宣传册》249册，发放宣传资料823张，接待群众咨询261人次。查办和预防扶贫领域职务犯罪，保障扶贫资金落实到位。充分认识检察机关服务和保障扶贫开发工作的重大意义，严肃查办、积极预防扶贫领域职务犯罪，保障扶贫政策和资金落实到位，为打赢脱贫攻坚战提供有力司法保障。突出重点、盯住基层，对于职工群众的举报、控告，通过实地走访、查验账目等方式开展精细化初查，确保案件线索"件件核实、件件落地"。

四、努力增强对司法活动监督的针对性和有效性，做公平正义的守护者

我们准确把握职工群众对公平正义的期盼，坚持敢于监督、善于监督、依法监督、规范监督，坚持惩治犯罪与保障人权并重、实体公正与程序公正并重，坚持法律面前人人平等，努力让职工群众在每一项执法活动、每一个司法案件中感受到公平正义。

全年不批准逮捕2件2人，改变报捕定性1件8人、改变审查起诉定性1件4人，追加起诉1件1人，改变犯罪数额认定1件1人。强化立案监督，坚决纠正执法中突出问题。坚持与公安机关每半年一次的联席会议制度，建立检察法律监督与公安内部监督的衔接机制，纠正执法中的突出问题；突出刑事立案监督重点，着力解决有案不移、有案不立等问题；加强对审查逮捕案件细节的审查，特别是审查团伙犯罪、关联犯罪、上下游犯罪和有另案处理、在逃人员等案件时，深挖余罪漏犯，注意发现立案监督线索。加大侦查监督力度，保证侦查活动的正确、合法进行。着力监督刑讯逼供、暴力取证、违法限制人身自由和财产权利、滥用刑事强制措施插手民事纠纷等严重侦查违法行为；重点加强对侦查机关妨碍律师会见、违法使用刑事强制措施和侦查手段、非法查封扣押冻结财物、不严格执行同步录音录像制度等问题的监督。对治安案件进行监督检查，消除法律监督的"空白地带"。坚持与公安机关信息互通，对行政执法活动进行动态监督。对我院重点予以监督的案件情况，采取查看案卷资料、与办案人员和当事人"一对一"谈话、倾听基层职工群众反映的问题等方式全面开展调查了解。通过仔细逐案检查，梳理出治安案件存在的问题，有针对性地提出改进意见和建议，及时消除法律监督的"空白地带"，得到公安机关的重视和支持，拓宽了侦查监督工作的范围。

五、坚持从严治检，深入推进司法规范化建设

我们准确把握职工群众对司法公信的期盼，坚持不懈抓队伍、抓规范、抓基层，强化自身建设，打造过硬检察队伍，结合开展"两学一做"学习教育，打好队伍教育管理

"组合拳",努力建设一支信念坚定、司法为民、敢于担当、清正廉洁的过硬检察队伍。扎实开展"两学一做"学习教育,全面改进队伍作风。贯彻落实市党委关于开展"两学一做"学习教育的部署要求,立足检察特色,突出思想引领,坚持班子先行,以高标准、严要求统筹推进党的建设和各项检察工作。围绕"两学一做"学习教育,开展了手抄党章100天、撰写读书笔记、心得体会等系列活动,使检察干警全面理解党的纲领,真正把思想认识统一到党的各项决策部署上来。加强案件质量监管,推进执法规范化建设。加强案件质量监管,开展案件评查2次,抽查卷宗40余册,发现问题十余处;坚持规范文明执法,对所有自侦、直诉案件的办案过程实行全程、全部同步录音录像;深化案件信息公开,向社会公开案件程序性信息31条,公开法律文书9份。通过对办案过程和案件质量的规范管理和风险防范,使执法办案更加严格化、规范化。狠抓队伍专业化建设,积极搭建平台育人才。以培养一专多能的检察人才为目标,积极开展岗位练兵和专业技能培训,着力锻造一支政治上强、能力上强、作风上强、心力上强的"四强"检察队伍。全年安排干警参加最高人民检察院、兵团检察院以及兵、师党校等组织的专项学习和职业培训9人次。全院干警全部完成2016年度"兵团干部在线学习平台"的课程。全面落实"两个责任",从严推进党风廉政建设。把贯彻落实党风廉政建设"两个责任"作为重要政治任务和大事要事来抓,使党风廉政建设水平得到进一步提升。狠抓组织领导,明确责任主体,检察长负总责,各分管领导对分管科室具体负责,成"一把手"负总责、逐级负责、层层抓落实的良好工作格局;狠抓思想教育,提高觉悟水平,党组书记带头上党课,增强落实主体责任的自觉性和积极性;狠抓制度创新,堵住管理漏洞,用《检察人员八小时外行为禁令》等制度严格要求,规范检察干警一言一行。

六、自觉接受监督,确保检察权在法治轨道上运行

我们始终牢记检察机关的职责使命,自觉接受人大监督、政协民主监督和社会监督,注重加强与公安、法院等司法部门的协作配合,深化检务公开,积极构建阳光检察机制。坚持党的领导,接受人大、政协监督。进一步强化党的观念,把坚持党的领导贯穿于检察工作的全过程和各环节,永葆对党忠诚、听党指挥的政治本色。自觉接受人大的法律监督和政协的民主监督,更加主动地向人大及其常委会报告检察工作,更加有力地抓好人大及其常委会对检察工作决议、审议意见的落实。坚持相互制约,完善制约监督机制。主动与公安、法院等单位沟通联系,共同建立健全法律监督机制,规范了侦查监督、刑事审判监督等工作。立足自身实际,强化系统内部监督。突出加强对侦查、审查逮捕、公诉等重要岗位和不批捕、不起诉、撤销案件、变更强制措施等关键环节的监督,加强对查办职务犯罪案件的监督。深化检务公开,接受社会公众监督。深化检务公开,倾听群众心声,广泛听取社会各界对检察工作的意见和建议,回应职工群众要求,积极改进工作。

一年来,铁门关市人民检察院紧紧围绕市工作大局,强化法律监督,强化自身监督,强化队伍建设,检察工作在改革中发展,在探索中加强,在创新中前进,在市党委和上级检察机关的领导下,各项工作取得新成绩。

各位代表，本院检察工作的进步，是以市党委的正确领导，市人大及其常委会的有力监督，市政府的大力支持，市政协的民主监督，以及各位代表、各位委员和市各界人士关心、支持、帮助的结果。在此，我代表铁门关市人民检察院及全体干警致以衷心感谢！

同时我们清醒认识到，自身工作仍存在一些不足：检察职能作用的发挥还不够充分，与职工群众的期待仍有一定的差距；查处职务犯罪的力度还需进一步加大；信息化条件下检察人员科技应用能力还有待进一步提高；检察干警纪律作风建设仍需加强。对这些问题，我们将采取更加有力措施，努力加以解决。

各位代表：检察工作是市工作大局的重要组成部分，2017年，我们将积极回应职工群众对检察工作的新要求、新期待，牢固树立和贯彻落实新发展理念，凝心聚力、真抓实干，立根固本、从严治检，以习近平总书记系列重要讲话特别是在中央新疆工作座谈会上的重要讲话和视察新疆时的重要讲话精神为统领，坚决贯彻落实中央、自治区党委关于新疆工作的大政方针和决策部署，紧紧围绕社会稳定和长治久安总目标，以推进治理体系和治理能力现代化为引领，以服务经济发展和民生改善为根本，以维护祖国统一、促进民族团结、遏制宗教极端思想蔓延为重点，忠实履行宪法法律赋予的法律监督职能，全面提升检察工作能力水平，切实履行好维护社会大局稳定、促进社会公平正义、保障人民安居乐业的职责使命。重点做好以下工作：一要把握发展新常态，进一步优化服务大局的措施和效果。充分发挥检察机关在规范发展行为、促进经济转型发展、社会治理创新中的法治保障作用，着力实现检察工作与市发展新征程同步合拍。二要完善监督机制，进一步提升执法公信力和群众满意度。紧紧围绕司法改革对检察工作的新要求，不断探索完善监督机制，切实加强对诉讼各环节的法律监督，探索研究行政执法和刑事司法两法衔接、提起公益诉讼等工作。三要聚焦社会关切，进一步加强职务犯罪案件查办和预防。坚持有案必办、有腐必惩，加大侦防一体化，深入推进反腐倡廉工作，进一步扩大预防覆盖面、提高社会参与度，推进社会化大预防格局的形成。四要创新工作机制，进一步提升执法为民品质和活力。坚持从职工群众满意的事情做起，从职工群众不满意的问题改起，对已形成初步影响的检务公开、预防宣传、未成年人维权等特色工作继续深化和丰富。紧紧围绕社会治理创新，着力培育新的品牌，不断增强检察工作生命力和社会影响力。五要打造过硬队伍，进一步提升法律监督能力和水平。持续巩固"两学一做"学习教育成果，继续强化理想信念、职业良知和纪律作风建设，切实增强检察干警政治定力和拒腐防变能力，着力提升干警职业素养、理论水平，为执法办案和改革创新提供有力支撑。

各位代表，党的领导是做好检察工作的根本保证。新的一年，我们将更加自觉地在思想上、政治上、行动上同市党委保持高度一致，确保兵团、市党委决策部署在检察机关得到不折不扣贯彻执行，履行好维护社会大局稳定、促进社会公平正义、保障人民安居乐业的职责使命，不忘初心谋划发展蓝图，继续前进谱写检察事业新篇章。

专 记

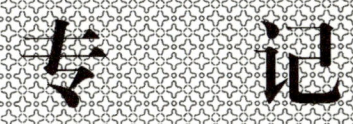

2017 年深化改革综述

第二师铁门关市党委从维护新疆社会稳定和实现长治久安的全局高度，把稳步推进师市深化改革作为一项核心政治任务，认真学习、全面领会、强化领导、精心部署、统筹推进。

（一）强化党的核心领导地位推进情况

加强党建制度建设。研究制定《中共第二师铁门关市委员会常委会工作规则》《师市行政专题会议议事规则》《关于在深化国有企业改革中坚持党的领导加强党的建设的实施意见》等8个文件。

制定连队"两委"选举方案。制定《关于团场综合配套改革连队党支部选举工作的实施方案》《关于团场综合配套改革连队管理委员会选举工作的实施方案》等3个文件。

深化各领域党建工作。对师市团场连队和国有企业基层党组织进行专题调研，召开基层党建工作现场推进会，推动基层党建水平提升。落实党员领导干部直接联系服务群众制度、党员公开承诺"招投标制"，积极开展服务型基层党组织创建，丰富载体创新形式。

（二）健全和转变"政"的职能情况

推进行政体制改革，促进行政职能转变。制定《铁门关市街道办事处机构和编制方案》。完善《团场机关事业单位职能转变和机构改革方案》，开展"四清三实名"调研摸底工作。做好纪检监察体制改革相关工作和司法体制改革工作。制定《第二师铁门关市团场承接落实兵团和师市下放的行政职权和行政执法权实施办法》，做好承接行政职能下放准备工作。

深入推进行政审批制度改革，激发市场和社会活力。印发《第二师铁门关市贯彻落实兵团贯彻落实〈全国深化简政放权放管结合优化服务改革电视电话会议重点任务分工方案〉的实施方案的方案》。分三批公布中央指定地方实施的师市本级行政许可事项292项，精简行政审批事项108项，精简5%。将87项适用于公民、法人或其他组织暂时保留的审批事项转成内部管理事项，公布师市本级48项行政审批中介服务事项清单，最大限度地向市场放权、给企业松绑。推进事中事后监管。公布师市本级《行政审批服务指南》和《权力运行流程图》。14个团场和74个师直属事业单位制定《服务承诺制首问负责制限时办结制工作方案》和《服务承诺一览表》，推进简政放权。

稳步推进事业单位分类改革，努力完善服务体系。推进师市生产经营事业单位改革。配合做好教育、卫生行业领域改革，师市教育集团、医疗联合体改革措施稳步推进。调剂编制成立铁门关市第一中学，理顺团场食品药品安全和卫生综合执法机构体制。配合做好铁门关职业技术学院的设置申报工作。调剂编制成立师市党委巡察办、网信办等机构。在团场综合配套改革中，开展团场事业单位人员身份核实摸底工作，严格区分财政供养和财政补助人员类别。拟定完善团场事业单位机构和人员编制设置方案。

（三）财政管理体制改革推进情况

深入调查研究，做好改革基础工作。赴团场、连队、职工家庭开展调研，摸清实情，着力解决改革难题。赴焉耆县、尉犁县调研医疗卫生改革财政财务管理流程、支付方式等情况，为团场学校、医院纳入师市本级预算管理提供参考借鉴。

制定完善改革政策文件。强化与自治区财政厅、兵团财政局和兄弟师市财政局的沟通，学习借鉴改革中好的经验做法，结合师市实际，制定《第二师铁门关团场财政预算管理暂行办法》《第二师铁门关市本级预备费管理暂行办法》《第二师财务局财政资金存放管理暂行办法》《连队"两委"和城镇社区管理人员公用经费财政补助管理办法》。

做好铁门关市财政管理关系划转工作，完善师市合一财政管理体制。摸清铁门关市机构、编制、资产、债务以及税收返还、转移支付和上解等基数，及时上报自治区财政厅和兵团财务局，按程序报批划转。自2017年起，将铁门关市财政预算及总预算、部门预算核算统一纳入师财政预算管理，实行"一套预算、一套报表、一个账套"。

做好师市辖区税源和税收基数统计核实工作。认真组织实施师市辖区税源和税收基数的统计核实工作。强化税源培植和税收征管，积极引导师市企业在铁门关市注册。

稳妥推进团场财政管理体制改革。全面推开团场国库集中支付改革试点，协调人民银行及承办金融机构，在团场财务科设立财政零余额账户。积极推进团场代理国库设立，加快团场财政信息大平台建设，为2018年团场实行财政管理体制打好基础。

启动师市财政事权与支出责任划分改革。率先在师市教育和医疗领域对财政事权和支出责任进行梳理和划分，及时上报兵团，为今后全面推开财政事权与支出责任划分积累经验。

建立地方财政分析评价系统。将全师各行政事业单位及国有企业的在职人员等信息全部录入财政分析评价系统，实行动态调整，为2018年在全师参照地方财政实施财政预算管理奠定数据基础。

开展团场学校、医院清产核资工作。制

定《第二师铁门关市团场学校、医院"师办师管"财政预算管理办法》，为2018年正式实行"师办师管"做好各项准备工作。

（四）彰显"军"的属性改革推进情况

加强民兵队伍建设。建立师市所有适龄人员民兵普查登记制度，拓展编兵模式。实行民兵实名制和信息化管理。

加强民兵训练。按照常态、专业实战要求，落实《民兵军事训练与考核大纲》，基层民兵组织年度训练时间不少于40天（含政治教育），冬季集中训练15天。结合每年的年终考核，组织民兵大比武。

积极参与地方维稳。建立兵地一体维稳联动机制。加强师团两级维稳指挥部视频指挥系统升级改造工作。师市、团场、垦区公安局、便民警务站视频系统已建成。充分利用巴州一体化联合作战平台，积极参与地方巡控执勤。

（五）深化国资国企改革推进情况

加强国资国企改革调研。兵团党委把第二师确定为国资国企的改革的试点师市后，对国资国企改革重点问题先后开展了5轮深入调研，为深入推进改革打下了良好的基础。

稳步推进国资国企改革。培育产业集团，壮大国资实力。积极推进国有企业跨行业、跨区域、跨所有制进行兼并重组和产业整合，做实做优绿原国资、泽源城建、冠源投资、绿洲农业等产业集团，推动优势企业通过市场化并购重组实现集团化发展。加大资本运作力度，完善市值管理体系，积极培育新的上市资源。以绿原国资公司为主体，整合冠源投资、绿洲农业等融资平台，实现融资平台公司向产业融资平台转变。组建博斯腾集团有限公司，以绿色"博斯腾"为品牌，打造"人民心中的五星级"酒店业，延伸产业链发展有机食材供应，形成集酒店服务、物流、商流、资金流、信息流等具有核心竞争力的企业集团。组建天润疆南集团，延伸发展天润化工、天润外贸、天润物流等业务打造"南疆最大的大宗商品集成服务商"。以管资本为主，按照政企、政资双分开的要求，推进政企分开，使之在资本市场上更有作为，在经济发展中发挥更好作用。按照"四个一批"的要求，分类梳理团场国资，团场企业分类改革工作扎实推进。

（六）团场综合配套改革推进情况

统一思想，充分凝聚改革共识。师市党委认真贯彻落实中央、自治区和兵团党委决策部署为重点，加强学习研讨，把学习好、领会好、落实好改革文件、领导讲话精神贯穿到各项改革部署中，切实吃透兵团党委对各项重点任务的部署要求，凝聚起师市干部职工推进团场综合配套改革的强大动力。

健全机构，切实加强组织领导。制定《关于成立第二师铁门关市党委推进团场综合配套改革领导小组的通知》，成立由师市主要领导任组长，有关分管领导任副组长的师市党委推进团场综合配套改革领导小组，把推进团场综合配套改革确定为师团党委书记"一把手"工程。制定《第二师铁门关市党委推进团场综合配套改革领导小组成员单位责任分工方案》《2017年第二师铁门关市党委推进团场综合配套改革工作要点》等文件，明确任务书、路线图、时间表，确保改革部署落细、落实、落小、落地。

确定试点，积极开展模拟推演。确定二十二团、三十三团为全师团场综合配套改革示范团场，先导先行，先行先试，引领示范，总结经验，改进不足，以点带面，总体推进。对制定好的师团改革方案在提交兵团审批前，由各牵头实施部门、团场进行充分的模拟推演。对模拟推演中反映出的问题，提出解决办法建议，提交师市党委进行讨论研究，并对相应方案进行修改完善，确保改革方案的可操作性。

蹄疾步稳，扎实推进团场改革。结合实际，制定28个改革配套方案，形成《改革配套文件汇编》。扎实做好"四清"工作，以"四清"工作为基础，对现有机关事业单位在编在岗人员、连队职工、基干民兵进行实名制登记，将"三实名"工作贯穿进"四清"核查全过程，根据清查结果进行动态更新，加快数据平台的建立和完善，为全面推进团场改革中财政供养人员、连队承包职工和基干民兵的"实名制"管理工作奠定了坚实基础。

（七）创新兵地融合发展体制机制工作

发挥组织优势，共建融合发展"示范区"。成立兵地融合发展促进民族团结"十大行动计划"工作领导小组、"五共同一促进"创建活动领导小组、"创新兵地融合发展体制机制"专项组，进一步巩固兵地18项合作协议。落实"一对一团乡共建"行动，发挥"访惠聚"工作组作用，开展团连与周边县乡村结对帮扶活动。

完善经济发展深度融合机制。加强兵地发展规划衔接协调，在生产力布局、市场体系、基础设施、公共服务、资源开发统一规划、建设、管理，共同受益。

发挥开放共享优势，维护民族团结"生命线"。积极推进兵地在农业、教育、卫生等领域人才交流。教育融合发展，师市三所学校重点帮扶20所地方学校，华山中学每年派出中层干部、骨干教师前往和田皮山县、十四师皮山农场以及各兵团学校进行援教，带动全疆近70所学校资源共享。八一中学招收少数民族区内初中班7个，入校学生350人。医疗卫生共享。师团医务人员深入巴州30多个乡镇、60多个村，巡回送医送药80场次，接诊少数民族患者47570人次。

全面推进师市向南发展工作。全面贯彻落实兵团第七次党代会决策部署，以实现新疆社会稳定和长治久安为目标，以加大招商引资力度为重点，以加快重大项目建设为抓手，以加快推进产业发展为支撑，以深化对口援疆为契机，以加快人口集聚为主线，聚全师之智、举全师之力，全面推进师市向南发展工作。在南疆4个师率先成立了向南发展办公室和7个专项小组，全面强化对向南发展工作的组织领导，全面完成兵团下达的人口集聚、招商引资等重大工作任务。

2017年向南发展综述

2017年，第二师铁门关市党委以习近平总书记关于加强南疆兵团建设的重要指示精神为指南，以加快人口集聚为主线，以加大招商引资力度为重点，以加快重大项目建设为抓手，以加快推进产业发展为支撑，以深化对口援疆为契机，聚全师之智、举全师之力，全面推进师市向南发展工作，取得积极进展。

（一）维稳戍边能力扎实提升

维护稳定方面。建立师市适龄人员民兵

普查登记制度，拓展编兵模式，保持充足稳定的基干民兵队伍。实行民兵实名制和信息化管理。铁门关市，重点团场、边远团场、中心团场分别成立民兵值班连，作为团场常备应急力量，担负团场维稳处突任务。加强公安队伍和维稳指挥部建设，师市、团场、垦区公安局、便民警务站指挥视频系统已建成。

基础保障方面。加快灌区高效节水建设及现代化灌区建设。截至目前，累计建设高效节水灌溉面积85846.67公顷，高效节水占有率87.5%，比"十二五"时期增长23%；灌溉水利用率58%，增长6.18%。2017年，南疆大中型灌区节水改造项目给师市下达建设面积5400公顷，已完成建设任务的90%。完成二十九团（包头湖农场）35千伏输变电工程改造升级、三十六团农网改造升级、2×13.5万千瓦电厂—焉耆垦区—库尔勒垦区电网联网工程等3个电网改造项目，为师市区域经济社会发展提供了有力支撑。

（二）产业发展人口集聚成效显著

人口集聚任务超额完成。师市完成兵团下达师市2017年度任务的115.84%。安置人员落户率75.79%。安置人员医疗保险参保率93.01%。

新型工业化发展稳中有增。2017年1—10月，师市纺织服装、农副产品深加工、农业机械制造、煤化工产业共建设70个项目，比上年增长112.12%，完成投资25亿元，增长94.44%。纺织服装产业加速发展，3家纺纱企业形成35.9万锭纺纱生产能力。农产品加工产业发展良好。农业机械制造产业效益明显，新疆天诚农机在新疆农机具产品市场的占有率为62%。

农业供给侧结构性的改革深入推进。农业内部结构进一步优化。超额完成造林建园、设施农业新建高效能日光温室的计划任务。

种植业内部结构持续调整优化。种植业大力推广节水保苗、模式化栽培等优质高效栽培技术；林果业大力推广香梨乔砧密植主干结果、苹果大苗乔砧密植简约、葡萄"厂"字形栽培模式；畜牧业加强种畜禽场建设和良种畜引进，胚胎移植和人工授精繁殖技术普遍推广应用，效益明显提升；设施农业推广物联网技术和水肥一体化无土栽培技术，劳动生产率大大提高。组建专业化经营公司，"产、加、销"为一体的全产业链架构基本搭建，全产业链发展模式初步形成。大力发展休闲观光、农家体验、农业旅游、农业文化新业态，积极申报全国一村一品示范村镇建设工作，落实3个兵团级休闲农业示范点。

（三）新型城镇化加快推进

铁门关市建设步伐加快。2017年，铁门关市新建市政建设、基础设施建设、道路建设、公共服务项目共计28项。

"师市合一"取得阶段性成果。二十九团建镇相关工作已准备就绪。铁门关市城区街道办事处于2017年8月28日上报兵团、自治区人民政府。2017年4月10日，向巴州人民政府送达了《关于铁门关市增加行政区划面积的函》（师函〔2017〕5号）。请求将已完成权属界线向行政界线转换并签署相关协议的8个团场先行调整至铁门关市行政区域。师市行政区划调整迈出坚实一步，为实现"师市合一"夯实了基础。

铁门关经济园区快速发展。园区共落户企业49家，规上企业21家，产值超亿元企业12家，带动就业5000余人，招商引资项目投资总额174.87亿元，累计完成固定资产投资145.76亿元。2017年1—10月，累计完成工业产值44.87亿元，固定资产投资22.56亿元。截至目前，园区新签订项目投资协议11个，计划总投资51.3亿元。其中已开工建设项目3个，开展前期工作项目8个。

（四）新建扩建团场建设稳步推进

三十七团建设有序展开。完成了跃进水库进水涵洞以北6.56万平方米的库盘范围内清淤工作，工程于2017年4月完工。完成投资209万元，解决了水库进水口处泥沙淤积影响水库进水、蓄水的问题，提高了水库的蓄水效率和利用率，给下游灌区的农业供水提供了保障。实施1000公顷土地开发及配套灌溉工程建设。1000公顷新增灌溉面积招标将在11月中旬完成，土地开发工作在冬季进行，为扩大团场种植面积、安置聚集人口提供了条件。666.67公顷田间高效节水建设项目已于2017年9月完成招标，《兵团南疆大中型灌区骨干工程节水改造第二师米兰灌区、且末灌区、苏塘灌区骨干渠道防渗（管道）改建（新建）工程可行性研究报告、初步设计报告》修改稿待兵团复审。《兵团第二师三十七团场外骨干水利工程可行性研究报告》初稿已由兵团设计院编制完成，正在进行设计招标工作。项目的顺利实施将使团场灌溉面积由现在的1886.67公顷增加至6113.33公顷，最终形成8000公顷的总灌溉规模。

三十八团建设进展顺利。石门水库导流泄洪洞洞口封堵，工程进展顺利，目前水库大坝填筑、外坡护砌工程完成总量的95%。水电站厂房、发电机组安装工程基本结束。2017年初实施的东干管6.9千米管道更换项目完成。833.33公顷田间高效节水建设项目工程进展顺利。莫勒切河防洪工程（二期）项目已于2017年5月底完成。《兵团南疆大中型灌区骨干工程节水改造第二师米兰灌区、且末灌区、苏塘灌区骨干渠道防渗（管道）改建（新建）工程可行性研究报告、初步设计报告》修改稿待兵团复审。为保证三十八团最终形成20000公顷的总灌溉面积，喀拉米兰河开发工段（二期）已开展设计招标工作。

（五）着力改善保障民生取得新成效

印发《2017年师市扶贫开发工作要点》，在贫困人口信息再摸底再核实的基础上，明确了2017年脱贫工作的指导思想、任务目标，主要途径及保障措施等。持续完善精准扶贫信息制度，每月对全师各单位开展的入户走访、扶贫措施、帮扶物资、脱贫情况等情况进行摸查，及时掌握基层工作动态。完善建档立卡内容，对每月的帮扶措施、收入情况进行摸底记录，夯实年度脱贫管理基础。积极同"第一书记"、"访惠聚"工作组、"结对子、认亲戚"干部、挂钩部门企业、援疆项目等帮扶力量共享信息，提升帮扶工作效率。

（六）生态环境保护取得新进步

环境质量明显改善。加强建设项目环境管理，严格建设项目环保准入，严格执行环境影响评价制度和"三同时"制度。持续用力推进大气水土壤污染防治。制定加强大气污染、水污染和土壤污染防治工作方案，大力实施以农田残膜污染综合治理为重点的土壤污染防治和修复，全力推进污染减排工作。完成3个结构减排、7个工程治理减排和5个畜禽养殖污染减排任务。师市4项主要污染物排放量全部控制在兵团下达的总量控制目标以内。

水污染防治力度加大。印发《第二师铁门关市水污染防治重点行业专项治理与清洁化改造方案》《关于加快推进第二师铁门关市工业聚集区水污染治理和重点行业清洁化改造工作的通知》《关于希伯莱纸业和铁门关市鑫瑞纸制品有限公司清洁化改造工作的通知》，对工业集聚区水污染治理和重点行业清洁化改造工作提出了明确要求和完成时限。2017年，开展了师市饮用水源地保护专项检查，依法取缔与水源地保护无关的建设经营活动和所有排污口。完成铁门关市饮用水水源地和恰拉水库饮用水源地划分工作。

生态文明建设扎实推进。成功创建国家级生态乡镇4个、兵团级生态团场小城镇9个、兵团级旅游名镇1个、兵团级绿色社区2个。持续深入开展团场连队环境综合整治，大力实施以"三绿四带"为重心的林业生态建设，落实防护林恢复改造三年行动计划，完成植树造林10500公顷、退耕还林2633.33公顷、封沙育林13333.33公顷、防沙治沙面积16000公顷。坚持农业节水反哺林业生态建设，在塔里木垦区沿库姆塔格沙漠种植400公顷生态林，确保300千米"绿色走廊"的畅通，筑起一道充满绿色生机的生态文明边防线。

（七）兵地融合发展向纵深推进

"访惠聚"工作持续深入。投入1178万元专项用于"访惠聚"工作，共选派干部106人，组建25个"访惠聚"工作队。党的十九大安保维稳期间，师市抽调干部下沉基层，协助工作队深入细致做好群众工作和社会面管控，实现了辖区"三不出"。组织召开"四位一体"联席会议，协助化解矛盾纠纷，健全基层党组织相关制度214项。走访职工群众1.6万户；投入慰问金29.4万元，慰问群众1471户；开展兵地各族职工群众共建共创活动3292场次；实施惠民项目63个，投入项目资金3340万元；解决"三就""六通""六难""一安居"问题582件；帮助村民成立专业合作社24个；帮助职工发展庭院经济732户；组织劳务输出4.2万人次，增收1500万元；帮扶带动脱贫350户1159人；选树"双创"和多元增收带头人180人。

兵地人才交流扎实开展。按照关于报送拟交流到地方任职干部名单和接收地方交流干部岗位的要求，师市上报了拟交流到地方任职干部名单和拟接收地方交流任职干部岗位。支持鼓励团场及企事业开展兵地人才交流挂职，2017年师属各单位兵地干部人才交流7人，团场交流地方5人，地方交流到团场2人。

南疆支教任务顺利完成。选派331名干部开展南疆学前教育支教工作。

结对认亲活动广泛深入。师市各单位干部职工结对认亲做到全覆盖，实现应结尽结。

兵地资源融合共享。完善经济发展深度融合机制，师市不断加强兵地发展规划衔接协调，在生产力布局、市场体系、基础设施、公共服务、资源开发统一规划、建设、管理，共同受益。积极推进兵地在教育、医疗、卫生等领域人才交流。教育融合发展，师市三所学校重点帮扶20所地方学校，华山中学每年派出中层干部、骨干教师前往和田皮山县、十四师皮山农场以及各兵团学校进行援教，带动全疆近70所学校资源共享，八一中学招收少数民族区内初中班7个，入校学生350人。师属各学校积极面向地方招生，2016—2017学年，在师属各级各类学校就读的地方学生总数达5824人，占师市学生总数的20.69%。师市医疗系统全面开放新农合医保服务工作，医疗系统共接诊少数民族患者46570人次，到地方乡镇巡回医疗80余次，涉及巴州7县30多个乡镇、60多个村，累计投入12万元。发挥师市农业设施大棚、育苗移栽、加压滴灌、机械作业等现代农业技术优势，派出科技服务队，指导少数民族群众种植栽培技术，惠及各族群众达4570人。师市经济工业园区各企业积极安置南疆少数民族富余劳动力就业。三十七团为且末县阿羌镇琼库勒等三个村的各族贫困村民提供14万元扶贫资金暨劳务输出补助金，带动地方贫困人口增收超过24.95万元，促进地方贫困农牧民转移增收。组织宣讲团，开展民族政策和去极端化宣传教育"六进"活动。10000人参加发声亮剑活动，领导干部带头录制影音视频10部,联名签署发声亮剑宣誓大会50场次,开展"去极端化"主题教育与文体活动24场次,与地方乡镇开展各类文艺联欢活动1656场次,座谈报告会566场次。

积极参与地方维稳。维稳工作部署与巴州同步同频。师团两级党委班子成员带头参加巴州和相关县市维稳指挥部带班,兵地维稳指挥体系一体化工作格局进一步完善。

(八)深化改革工作稳步推进

稳步推进团场综合配套改革。制定团场综合配套改革方案,明确了推进团场改革的总体思路、基本原则、方法路径、主要任务、纪律要求;明确了8个领域41个改革环节的改革任务;明确了推进各项改革任务的方法路径和基本要求。编制《第二师铁门关市党委推进团场综合配套改革配套文件汇编》,涉及团场改革6项重点任务和28个重点环节,为团场改革工作顺利推进提供基础支撑。对师市各团场土地、人员、资产及债务等进行持续清查,准确掌握大量基础数据资料。

扎实推进国资国企改革。作为兵团推进国资国企改革试点师,坚持突出重点、解决难点、抓住关键点,把重点领域和关键环节作为改革的突破口。确定将冠农果茸股份公司等7家企业作为国有企业改革试点单位。绿原国资公司通过整合冠源投资、绿洲农业等融资平台,打造AA+企业主体信用评级的产业融资平台。博斯腾宾馆以绿色"博斯腾"为品牌,打造"人民心中的五星级"酒店业,组建博斯腾集团有限公司。天润公司通过内部资源重组整合,延伸发展天润化工、天润外贸、天润物流等业务,组建天润疆南集团。天基公司、天力公司作为落后产能企业和低效无效资产开展处置"僵尸企业"工作。

2017年精准扶贫综述

2017年,师市深刻学习领悟中央、自治区、兵团扶贫开发政策精神,紧紧围绕"五个一批""六个精准""八个到位""十大工程"措施,以政策兜底为基本,以教育帮扶为积累,以产业扶贫为主要途径,在"两不愁、三保障"的基础上,全力推动贫困人口增收脱贫的同时,巩固好已脱贫人口不返贫。经师市各级共同努力,贫困团场二十七团经师团初审、兵团验收组正式考核验收,确认正式摘帽;因地制宜,不断加大帮扶支援巴州贫困村和十四师脱贫工作力度,脱贫攻坚取得新的明显成效。

一、加强组织领导,完善制度保障

注重加强领导,全力推进脱贫。根据人员分工变动情况,师市党委及时调整扶贫开发领导小组,进一步加强领导,明确责任分工。师市党委,特别是主要领导把抓好脱贫攻坚作为同以习近平同志为核心的党中央保持高度一致的政治任务和第一民生工程,多次召开常委会、行政办公会、扶贫工作领导小组会议,强化脱贫攻坚责任落实、政策落实、工作落实；分管领导多次针对产业扶贫、行业扶贫深入团连基层，推动各项部署安排全面落地生根。

健全完善机制，强化制度保障。制定印发《2017年师市扶贫开发工作要点》《兵团第二师铁门关市2017年帮扶地方贫困村工作方案》《2017年第二师对口帮扶第十四师工作方案》《第二师铁门关市领导帮扶贫困团场贫困户挂钩方案》《师市团场党政扶贫开发工作成效考核办法》等制度文件，有关部门出台抓党建促脱贫攻坚、低保制度衔接扶贫开发、就业促脱贫攻坚、"巧女兴家工程"推动巾帼脱贫、扶贫领域执纪问责等政策文件，为师市全面打赢脱贫攻坚战提供坚实保障。

二、深入走访核查，建全精准信息

建档立卡是精准扶贫、精准施策的基础保障。师市扶贫办坚持信息精准、靶向明确的原则，克服诸多困难，逐步形成常态化入户走访制度，不断加强信息采集整理工作，重点加强对日常收入情况、帮扶措施成效情况进行记录整理。组织各团场开展了四次贫困人口复核工作，对虚假贫困人口、自然生育死亡、户籍迁入迁出、户籍与实际不符等诸多情况深入复核，确保建档立卡信息动态真实。完善同行业部门的信息共享，同教育、民政、人社、妇联、残联等部门共享建档立卡信息，逐步形成共同管理、分项审核、动态调整、定期核查的工作机制，进一步完善信息精准的制度保障。

三、培育壮大产业，拓宽就业渠道

围绕农业结构调整，夯实产业脱贫基础。深入推进"稳粮优棉、精果强畜、稳番茄、控辣椒、增设施、促加工"战略，逐步形成纺织、番茄、葡萄酒等12个优势特色产业体系，建成国家、兵团和市级农业产业化龙头企业45家，带动农产品销售比重达87%，农业产业化组织带动农工比重达85%，农产品加工转化率80%以上。大力发展新型经营主体，建成农工合作社187家，累计总收入90001万元，社员人均收入达8.78万元，带动贫困人口就业448人。因地制宜发展休闲农业。建成农家乐9家、休闲观光农业园9家，二十二团幸福滩绿色冬枣观光采摘基地、二十二团桃乐源休闲农庄、二十九团设施休闲农业示范点被评为兵团级休闲农业示范点，示范带动作用不断凸显。

依托产业壮大，不断拓宽就业渠道。组织开展2017年"就业援助月""春风行动"等公共就业服务专项活动，将贫困劳动力作为重点援助对象，提供"一对一"就业服务，帮助尽快实现就业、创业。师市全年累计实现贫困人口就业再就业863人，培训贫困人口1706人（次），开展短期劳务输出30139人（次）。

加大贫困残疾人口就业帮扶力度。签约残疾人就业帮扶单位71个，安置959名残疾人就业，占具备就业能力残疾人口的37.04%。

四、围绕教育医疗，保障基础民生

全面落实教育保障制度，阻隔贫困代际传递。全面推行十五年免费教育政策，春季开始已实施学前三年免费教育；对义务教育阶段家庭经济困难寄宿学生生活费补助424.5万元，资助小学学生1518人、初中学生1565人；对高中阶段家庭经济困难学生助学金补助 323.2 万元，资助 1616 人；免除高中阶段学杂费 3.555 万元，资助 45 人；对普通高校家庭经济困难新生补助入学项目资金 10.3 万元，资助 133 人；免除中职教育阶段学费 284.1 万元，资助 1547 人；发放中职国家助学金 22.6 万元，资助 196 人。发放援疆助学金 69 万，资助学生 115 人。澳大利亚滴水阳光慈善教育基金会资助师市贫困学生 30 人。河北保定市民营企业家协会开展"援疆公益万里行"活动，共资助贫困学生 39 人，年资助资金 7.8 万。

实施健康扶贫工程，努力防止因病致贫、因病返贫。不断完善医疗救助政策，针对享受二师最低生活保障及特困供养的医疗救助对象，扣除商业报销部分，取消扣除社保报销单定义的全自费部分，救助比例按照一级医院 90%、二级医院 80%、三级医院 70% 给予补助。坚持履行社会责任，两所师医院全年累计减免贫困患者住院费用 18.7 万元。加大对基层技术帮扶力度，库尔勒医院、焉耆医院抽调放射科、检验科、功能科类别的专业技术人员共 14 人次到团场基层医院开展帮扶义诊活动 6 次，免费诊疗各族患者 2200 多人次；组织师、团医院共 20 名专家在各团场和社区开展各种服务健康义诊活动，开展健康宣教活动，发放宣传材料 5000 份，开展健康大讲堂 10 次。深入落实医师支援农村和晋升高级职称挂钩政策，师级医疗卫生机构到基层医疗机构服务的人员达 15 人，为推动基层诊疗水平提升起到积极作用。

五、实施政策兜底，确保应保尽保

坚持将所有符合条件的贫困家庭纳入低保范围，应保尽保，动态施保，更加公平有效地保障困难群众基本生活。实施低保标准与扶贫标准全面衔接，7 月 1 日起最低生活保障标准提高为 396 元/人/月，累计为 65442 人次（3782 户 6516 人）发放低保金 2227.53 万元。提高特困人员全自理标准为 615 元/人/月、半自理标准 815 元/人/月、全护理标准 1015 元/人/月，为 270 人累计发放补助资金 113.16 万元。困难群众医疗救助累计 567 人次，补助金额 281.22 万元。临时救助累计 15751 人次，救助金额 484 万元。

加强残疾贫困人口保障。师市 2378 名贫困残疾人全部参加城镇居民基本养老保险并纳入住房保障，1749 名残疾人纳入最低生活保障。不断提升残疾特困人群保障标准，把一、二级重度肢体、视力、精神、智力残疾人护理补贴标准提高到 100 元/月/人，把三、四级精神、智力残疾人纳入 80 元/月重度残疾人护理补贴享受范围，发放重度残疾人护理补贴 221.743 万元。

六、广泛动员参与，营造扶贫合力

基层党员带动作用明显。师市选派 125 名第一书记，在推动脱贫攻坚方面精准发力。落实第一书记经费 303.12 万元和扶贫资金 224.24 万元；广泛开展党员结对子、"党员中心户""党员爱心岗"等活动，组织党员结对帮扶贫困户 2570 对，其中实现脱贫 2282 户；发挥对党员带头致富、带领职工群众共同致富的先锋模范作用，组织创办领办致富项目 125 个，落实创办领办致富专项资金 3121.7 万元，涌现致富带头党员 259 人。

"访惠聚"工作队成效显著。师市派驻地方村 9 个工作队、派驻各团场 16 个工作队全面发挥脱贫攻坚一线主力军作用。组织实施民生项目 73 项，累计投入资金 1497 万元，已完成 55 个；协调引进惠民生工程外的项目 20

个，项目投资2174.7万元，已完成13个；推动成立专业合作社26个，帮助职工群众发展庭院经济738户；协助发展或引进中小微企业3个，引进或投入资金431万元；组织开展实用技能培训302次，参与职工群众30341人次；组织短期务工实现劳务输出49037人次；累计带动贫困户脱贫379户1211人，涌现"双创"带头人46人、庭院经济发展带头人80人、多元增收带头人74人。

援疆扶贫支持力度不断加强。印发加大河北省对口援疆支持师市脱贫攻坚力度实施方案，在"十三五"援疆规划支持1532万元精准扶贫资金的基础上，河北省委、省政府又捐赠资金1800万元，用于支持少数民族聚居贫困团场二二三团特色产业发展，通过实施二二三团冀援迈康设施农业（现代日光温室）基地建设，按照贫困户固定分红、承包大户提供就业岗位等方式，带动900名各族职工群众就业创业，人均年增收1.2万元，保障贫困团场二二三团按期脱贫摘帽。

民族一家亲活动广泛深入。完成结对认亲10456人，结对认亲9004户（汉族4668户，少数民族4336户），实现应结尽结。结对认亲以来，为各族群众办实事办好事39042件，捐赠物资39804件，捐款120余万元。通过开展结对认亲活动，各级党员干部积极主动传递党的温暖，解读民族政策，落实精准扶贫帮困的责任，促进了各民族之间交往交流交融，筑起民族团结的坚实堡垒。

民营企业积极助推脱贫攻坚。师市民营企业从产业、就业、公益等方面广泛参与脱贫攻坚。民营企业和工商大户慰问挂钩帮扶连队贫困户732人，捐款（物）累计65万元，解决长期就业岗位161人，转移临时劳动力800人次。开展"扶贫帮困送温暖""献爱心·促和谐"光彩公益事业、"援疆公益万里行"捐资助学等活动40场次，民营企业和非公经济人士累计参与440家（人），捐款（物）48万元，慰问团场连队各类困难群体1500人次。

七、加强资金管理，优化项目效益

2017年，下达以工代赈项目2项，其中二二三团以工代赈总投资500万元，其中财政预算内以工代赈资金410万元。项目已全部完工，其中支付贫困户劳务报酬共计20.3万元。下达二十七团小型农田水利建设项目总投资500万元，其中财政预算内以工代赈资金400万元。项目已完工，其中支付劳务报酬42.3万元，支付贫困户劳务报酬20.8万元。

历年下达财政专项扶贫资金2040万元（其中2015年2月下达500万元，包括二二三团150万元，二十七团200万元，三十七团150万元；2015年10月下达二十六团140万元；2016年11月下达1400万元，包括三十七团1100万元，二二三团300万元），其中800万元投入三十七团保鲜库项目，该项目正在主体施工，预计2018年8月竣工，为红枣销售提供冷链服务；其余资金1240万元均为入股合作社资金，已累计分红114.91万元，1156户次，保障了贫困人口脱贫不返贫。

金融扶贫工作有序推进，扶贫贷款1410万元，全部放款完毕并投入新型经营主体，2018年将产生效益并带动贫困户增收。

八、严格监督审计，推动整改提升

加强监督检查，确保政策落实"最后一公里"。师市扶贫办多次组织党委督查室、政研室及相关领导小组成员部门，针对建档立卡、档案管理、资金使用、帮扶措施、纪律作风等多领域开展多次重点督查检查，针对各团场扶贫工作中的问题，定期印发《关于第二师铁门关市脱贫攻坚工作情况的通报》，督促团场完善扶贫工作制度及建档立卡信息档案，核实剔除不实贫困人口，加强各类扶贫资金带动增收效果，做好贫困人口的动态管理和分类施策。师市审计局完成扶贫领域专项审计。对建档立卡、扶贫资金、脱贫成效等方面进行全面梳理，对建档立卡信息更新、精准扶贫资金分红等方面提出要求和建议，为提升基层扶贫工作规范、合规、成效等方面起到推动作用。

九、履行挂钩责任，实现共同脱贫

帮扶巴州脱贫攻坚工作取得实效。师市积极引导各团场、绿原糖业、番茄酱厂等企业，雇用地方劳动力，尤其是周边县、乡、村贫困人口从事采摘番茄、辣椒、棉花等季节性、临时性工作。全年累计吸纳地方劳动力务工就业9700人次，人均增收4000元。师属学校面向地方招生，2016—2017学年，在师属各级各类学校就读的地方学生有5824人，占师市学生总数的20.69%。其中幼儿园568人、中小学4674人、中职582人。师市医疗系统全面开放新农合医保服务工作，10家医疗机构与地方乡镇卫生院结成对子，16所医疗服务机构向地方开放。医疗系统开展义诊服务活动，以及"送温暖、献爱心""你是我的好姐妹"等扶贫帮困活动，共接诊少数民族患者46570人次，到地方乡镇巡回医疗80次，累计投入119650元。师团医务人员足迹遍及巴州7县30多个乡镇、60多个村，为地方各族群众提供便捷的医疗卫生服务。三十七团、三十八团党委针对苏塘村等六个贫困村开展劳务输出帮扶，出台《劳务输出奖励办法》，开通"劳务输出微信平台"，累计补助资金10.8万元，引导劳务输出8397人次，带动增收97.92万元，推动了六个贫困村脱贫步伐。

帮扶十四师民生持续改善。师市7名对口帮扶十四师昆玉市干部主动作为，在"十三五"发展规划编制、申报民生项目等领域发挥积极作用；以纺织行业等劳动密集型产业发展作为招收吸纳就业的主要途径，鼓励团场、企业招收吸纳十四师少数民族富余劳动力实现转移就业。2017年，师市纺织服装企业吸纳十四师少数民族70人。在教育领域，派驻皮山农场派出中层干部、骨干教师11人，长期开展支教工作。通过帮扶，皮山农场四所中小学学校管理水平、教育教学质量显著提升，内初、内高班升学率较之前翻了一番之多。在医疗方面，选派管理专家1人、检验专业2人、放射专业1人在四十七团医院挂职工作，帮助医院优化结构布局，引进并使用黑斯医院管理系统，提升了医疗服务水平，门诊病人增加100%，住院病人数增加20%，经济收入明显提高。

（第二师扶贫办）

专 文

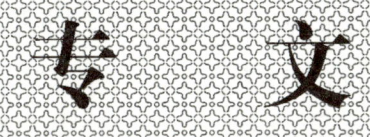

2017年学习宣传贯彻党的十九大精神综述

第二师铁门关市党委组织部

第二师铁门关市党委把学习宣传贯彻党的十九大精神作为当前和今后一段时期的首要政治任务,坚持高标准、严要求、全覆盖,及早谋划、精心组织、突出实效,通过党委中心组理论学习、集中宣讲、专题培训,推动了党的十九大精神在师市落地生根。

一是领导带头,示范引领。师市党委理论学习中心组先学一步、深学一层,坚持原原本本读报告、专题辅导学重点、联系实际作交流,采取每期确定一个主题的形式开展专题研讨5次。每期由党委书记命题,班子成员自行认领,提前思考,认真准备,交流会上发言人谈体会、谈思路、谈举措、谈建议,结合实际撰写理论研讨文章20余篇。党委书记吴彬作为党的十九大代表,率先赴基层一线开展宣讲,在团场、机关、学校、部队、企业、社区宣讲9场次,师市宣讲团集中宣讲350场次,受众群众10万人。13名师市领导分别在4期培训班上驻班学习,带头撰写读书笔记,带头参加交流研讨,为师市党员干部做了表率,营造了浓厚的学习氛围,将学习党的十九大精神引向深入。

二是集中轮训,学懂弄通。师市党委抓实"关键少数",举办7期专题培训班,调训师市副处以上领导干部、国有企业管理层干部、师市机关骨干、优秀党支部书记和一线优秀党员代表共721人。为提高集中轮训质量,师市党委党校选送10名骨干教师赴中央党校、中国人民大学和兵团党委党校接受专题培训，返校后开展全员备课、集中评课、择优授课。师市党委严格审定培训方案、授课内容、测试题目等，在学习内容上贴近实际，紧紧围绕党的十九大报告、党章、习近平总书记在党的十九届一中全会上的重要讲话精神、自治区党委九届四次全会、兵团党委七届二次全会精神等，科学设置9个专题，通过专家进行深入解读，专门汇编十九大精神、兵团深化改革、发挥兵团作用大学习大讨论等重要文件，帮助引导学员把学习党的十九大精神与兵团实际、师市实际有机结合，融会贯通。

三是创新形式，确保实效。在学习形式上，采取十九大代表宣讲、专题讲座、专题研讨、学员自学、闭卷考试、撰写心得体会等多种方式，结合师市实际设置12个研讨题目，每期培训班随机抽取6名学员做发言交流，培训结束后进行闭卷测试，有效传导了学习压力。在培训时间上，每期培训6天，每天安排8个小时集中授课、2个小时集中自学，通过组织学员读原著、学原文、悟原理，确保了培训效果。培训班实行封闭式管理，师市党委组织部专人全程跟班。在学习纪律上坚持从严从细，全体学员学在教室、住在宿舍、吃在食堂，跟班老师每天一考核、每天一通报，将到课率、就餐率、研讨率和学习表现记入干部培训档案，针对师市25名测试不及格学员均在最后一期"回炉"补考。严谨的学风和纪律，把每期班都办成了"示范班""精品班"，许多学员表示，此次轮训是近年来师市"规模最大、规格最高、要求最严、记忆最深、效果最好"的培训，通过集中精力、心无旁骛地学习，个人政治站位更高，思想认识更深，理论把握更准，目标方向更明，工作干劲更足。

2017年"民族团结一家亲"活动综述

第二师铁门关市"民族团结一家亲"活动办公室

在自治区、兵团党委的统一部署下，"民族团结一家亲"活动开展已近一年。一年来，师市各单位干部职工结对认亲做到全覆盖，实现应结尽结。2017年，为各族群众办实事办好事39042件，捐赠物资39804件，捐款120余万元。对实现社会稳定和长治久安总目标，产生积极影响。

一、加强领导，夯实责任

首先，按照兵团党委部署要求，师市成立以党委书记、政委为组长的活动领导小组，领导小组由机关各部门组成，办公室设在统战部，先后制定《师市"民族团结一家亲"

活动实施方案》《师市"民族团结一家亲"活动2017年工作要点任务分解方案》。在"民族团结一家亲"活动方案制定中，注重摆脱以往仅停留在"送送米、送送油，一阵雨、过水面"的现象，在"动真情、做实事，常来往、不间断"的活动机制上作文章，使活动在顶层设计上突破。

其次，落实责任考核。《师市"民族团结一家亲"交流交往交融活动绩效考评量化表（试行）》，将"民族团结一家亲"活动纳入师市年终绩效考核目标，有力推动"民族团结一家亲"工作的落实。在结对认亲活动中，本着"两个全覆盖"原则，师市领导带头走访入住；师市党委统战部率先与二二三团宗教人士结对认亲；师市工商联在非公经济领域倡议开展一家亲活动；各级干部主动与周边地方县、乡（镇）、村的少数民族群众结对认亲。通过结对认亲，走访慰问活动的开展，各级党员干部积极主动传递党的温暖，解读民族政策，落实精准扶贫帮困的责任，促进各民族之间交往交流交融，引导各族干部职工群众维护民族团结，共建美好家园。

二、结对认亲，融情帮扶

随着"民族团结一家亲"活动的深入开展，结对认亲人员大规模密集走访，师市掀起"走亲"热潮，形成领导干部率先垂范，社会各界广泛参与的生动局面。4月初，师市党委统战部牵头开展"春风行动计划"主题活动，各单位通过开展联谊会、座谈会等活动，积极拉近与结对亲戚之间的关系。每逢各族群众节假日，结对亲戚密集走访，相互互动。二十二团派出所民警王超在"民族团结一家亲"活动中，与维吾尔族青年卡斯木结为亲戚，并热情帮助卡斯木在团场开办餐馆增收致富。二十五团在全团开展"6+1"道德实践活动，助推"民族团结一家亲"活动的深入开展。2017年"双节"期间，各单位积极开展"民族团结一家亲"活动，召开座谈会、联谊会；相互上门走访慰问；深入田间地头帮亲戚干农活；深入山区探望牧民。"民族团结一家亲"活动像一根纽带，将不同年龄、不同性别、不同民族的兄弟姐妹联成亲戚，组成了一家人。各族结对亲戚在常来常往中、在点滴交流中让感情越走越深、亲情越走越浓，一对对亲戚筑起民族团结的坚实堡垒。

三、兵地共建，团结互助

近年来，师市党委认真贯彻落实第二次中央新疆工作座谈会、中央民族工作会议精神，坚持互利共赢、融合发展理念，在深入推进兵地社会稳定、民族团结、经济发展、文化建设等方面取得一定进展。文化方面：二十一团举办"闹五冬、迎新年、一家亲"文艺晚会，团场演员与地方少数民族乐队密切配合，充分体现各族干部群众"共学、共事、共乐"的团结氛围。泽源公司把二二三团园二连连队领导以及结亲户邀请到铁门关市中联大酒店，共同开展"共促民族团结一家亲"迎新年联谊活动。教育方面：协调华山中学与和硕县高级中学结对认亲，帮助地方学校提高教学质量。华山中学重点帮扶地方学校16所，八一中学重点结对帮扶地方学校3所，华山职业技术学校重点帮扶学校1所。师属各学校也积极面向地方招生，2016—2017学年，在师属各级各类学校就读的地方学生总数达5824人，占师市学生总数的20.69%。医疗方面：师市医疗系统全面开放新农合医保服务工作，10家医疗机构与地方乡镇卫生院结成对子，16所医疗服务机构向地方开放。2017年，师市卫生系统共接诊少数民族患者46570人次，到地方乡镇巡回医疗80余次，累计投入119650元。师团医务人员足迹遍及巴州7县30多个乡镇、60多个村，为地方各族群众提供便捷的医疗卫生服务。技术方面：坚持发挥兵团农业设施大棚、育苗移栽、加压滴灌、机械作业等现代农业技术优势，派出科技服务队，指导少数民族群众种植栽培技术，惠及各族群众达4570人。在二十二团的技术帮扶下，和静县协比乃尔布呼乡查汗才开村、焉耆县北大渠乡六十户村农民番茄、辣椒种植单产不断提高，年均亩增产600千克和350千克。三十七团在自身经济条件不宽裕的情况下，投入200万元，为阿羌镇无偿援建8座水肥一体化的高标准日光温室大棚（采用椰糠无土栽培技术），并为阿羌镇培养大棚种植技术骨干10人，带动8户贫困群众参与大棚种植，人均增收2万元。就业方面：师市经济工业园区各企业积极响应师市党委号召，安置776名少数民族工人就业。三十四团党委定向招录尉犁县少数民族大学生24人，分配到团场企事业单位培养锻炼，有17名少数民族大学生能够胜任本职工作，在单位（部门）成为骨干。三十七团为且末县阿羌镇琼库勒等三个村的各族贫困村民提供14万元扶贫资金暨劳务输出补助金，已发放4.989万元，带动地方贫困人口劳务输出2495人次，增收超过24.95万元，有力促进地方贫困农牧民转移增收。维稳方面：积极参与地方维稳，牢固树立兵地"一盘棋"思想，强化维稳第一责任，不断凸显"兵"的功能，承担"军"的角色，突出"战"的属性。三十四团选派优秀教官到墩阔坦乡指导培训3次。

四、民族团结"结亲周"活动

民族团结"结亲周"活动期间，师市人大、政协，机关各部门、政法机关、团场、企事业各单位分三批开展"结亲周"活动。共有10456干部参与"民族团结一家亲"活动，结对认亲户数为9183户（其中医生、护士、教师2—3人结对认亲1户）。师市干部共帮扶解困3300户、7600人次，为各族群众送去煤炭、大米、清油、牛奶等物品，以及现金折合人民币达43万元，办实事好事3900件次、9100户人受益。举行升旗仪式、座谈会、一家亲聚餐、麦西莱普、体育竞赛、集体劳动等320场次、参与人数29700人次。

五、广泛宣传，营造氛围

2017年2月，在二师政协全委会上，把加强民族团结工作作为参政议政内容，提上重要议事日程。与师市妇联、教育局、团委、工会等部门联合开展"民族团结一家亲"家庭教育情景剧展演活动，推选2个优秀作品参加兵团展演。师市以少数民族团场为重点，先后3次组织宣讲团，开展民族政策和去极端化宣传教育活动，并发放《画说新疆》《喜喜连长》等连环画。学校组织老师学习少数民族语言，学生学习少数民族舞蹈，营造民族团结氛围。6月，师市各族各界以不同的形式围绕"维护民族团结，反分裂、反极端、反暴力"主题开展发声亮剑活动，领导干部带头录制影音视频十余部，联名签署发声亮剑宣誓大会50场次，通过集中观看红色电影、升国旗、唱国歌等多种形式，开展"去极端化"主题教育与文体活动24场次，近10000人参加发声亮剑主题活动。师市党委宣传部组织协调《人民日报》、中国新闻网等中央媒体采访团赴师市进行民族团结工作专题采访，宣传报道师市主动融入巴州发展、维护社会稳定、积极参与地方经济建设，形成边疆同守、资源共享、优势互补、共同繁荣的良好局面。日常利用信息简报、"百日广场"文化活动、"手机随手拍"和"微故事"等方式进行宣传教育。

2017年，师市各单位开展各类文艺联欢活动1656场次，座谈报告会566场次，报送图文信息1600条，印发工作简报44期，设计制作"民族团结一家亲"连心卡2万余张，印刷出版"民族团结一家亲"民情日记本1万余本。

六、典型带动，民族情深

活动中，全师上下齐动员，广大干部积极与各族职工群众结对认亲，开展形式多样的民族团结活动，期间，也涌现出一大批先进典型事迹。华山中学李金旭老师2015年3月—2017年7月，两次主动请缨，远赴兵团第十四师皮山农场任职援助，哪个学校最艰苦最需要人，她就去哪里，不仅倾心于自身教育工作职责，她还精心筹备，连续两年组织3届孩子们走出农场到库尔勒开展"手拉手——民族共居共建共融"活动，让孩子感受民族大家庭的温暖。且末县苏塘村村民麦麦提·穆萨，热心将一位摔倒在路边、不省人事的汉族老人送到三十八团派出所社区便民警务站，因抢救及时，老人安然无恙。冠农股份有限公司的结亲干部邀请亲戚参观公司文化展厅，了解公司发展史及未来规划，展示公司"家"文化，与亲戚共同参观"库尔勒民俗文化博物馆"，不仅丰富大家的视野，增强自豪感和爱国情怀，更为大家上了一堂生动感人、丰富多彩的爱国主义教育课。

2017年"访惠聚"活动综述

第二师铁门关市党委组织部

2017年，第二师铁门关市各级党组织和广大党员干部在"访民情惠民生聚民心"驻连（村）工作中，坚持以习近平新时代中国特色社会主义思想为指导，深入贯彻党的十九大精神，贯彻落实习近平总书记关于新疆和兵团工作的重要讲话、重要指示精神，贯彻落实以习近平同志为核心的党中央治疆方略和对兵团的定位要求，按照自治区党委、兵师党委决策部署，聚焦新疆工作总目标，扎实推进九项重点工作任务。

2017年，师市党委选派106名干部组建25个工作队，进驻9个地方村、16个连队。

由师市"访惠聚"工作领导小组办公室组织培训所有队员进行集中培训。师市党委拨出专款411.55万元，保障"访惠聚"工作顺利开展。各"访惠聚"工作队干部发挥各自优势，抓"1+3+5"目标任务落实，做了大量卓有成效的工作。一是维护了社会稳定。配合开展"挖减铲"工作990余次，帮教转化重点人员148人，协助开展"四项活动"315场次。二是推动团场综合配套改革。各工作队大力宣传党中央关于兵团深化改革部署和自治区党委、兵团党委和师市党委的政策文件，为团场综合配套改革当好"宣传队"。三是助力脱贫攻坚。有针对性地帮助职工群众理清发展思路，积极推动落实。梳理建档立卡948户，组织开展实用技能培训34380人次，帮扶带队脱贫401户、1274人，劳务输出6.4万人次。四是落实惠民政策。累计投入资金近2500万元，实施惠民项目55个，协调实施惠民项目23个，资金近2000万元。五是促进兵地融合民族团结。派驻地方村9个工作队，与地方困难群众结帮扶对子195个，开展兵地各族职工群众共建共创3814场次。六是夯实基层基础。积极协助整顿软弱涣散基层党组织12个。工作队协助选优配强支部班子成员51人，培养入党积极分子190人，发展党员64人，组织党员干部开展政治理论和技能培训746场次，投入资金106.5万元，帮助基层党组织强化基层基础。七是锤炼了干部队伍。驻连驻村干部在维护稳定的第一线、脱贫攻坚的主战场、服务群众的最前沿，锻炼了党性、锤炼了作风、增长了才干。

2017年，各"访惠聚"工作队在维护社会稳定、做好群众工作、建强基层组织、推进脱贫攻坚、促进兵地融合等方面做了大量艰苦细致、卓有成效的工作，赢得各族职工群众和社会各界的广泛赞誉，涌现出一批先进集体和先进个人。获自治区表彰的先进工作队1个，先进工作者5个；获兵团表彰的先进工作队3个，先进工作者15人，优秀组织单位2个；获巴音郭楞蒙古自治州表彰的先进工作队3个，先进工作者5人，优秀组织单位1个；获师市表彰的先进工作队2个，先进工作者10人，优秀组织单位5个。

大事记

·一月·

1日 即日起，兵团失业保险单位缴费比例由1%降低至0.5%，期限至2018年4月30日，第二师铁门关市参照执行。

3日 第二师铁门关市举办第三届校园合唱艺术展演暨2017"共同的梦想"新年合唱音乐会，近300名中小学生参加。

△ 三十一团鑫湖水产养殖农民专业合作社获新疆中信中联认证有限公司认证的水产品有机产品认证证书。

4日 第二师铁门关市机关权责清单经过师长办公会议审定后，通过第二师铁门关市政务网向社会公布。第二师铁门关市机关31个本级行政部门和执法事业单位共确认权力事项2160项。

△ 第二师铁门关市第三次农业普查领导小组办公室赴各团场对第三次全国农业普查入户登记工作进行督查指导。

5日 欧盟·中国友好乡镇建设平台拓展组一行到二十四团考察，实地参观天格尔岛景区、芦苇湿地、葡萄酒厂、葡萄种植基地、嘉禾酒庄等，对团场整体规划、发展现状提出意见建议。

6日 三十团计划总投资2328万元的城镇污水处理建设项目开工剪彩。

7日 第二师铁门关市召开2016年度棉花工作研讨会。会议指出，要加快棉花产业发展的基础和优势建设，进一步巩固以良种良法、模式化栽培和全程机械化为核心的生产体系，全面提升棉花全产业链的质量效益。王木森、祁建荣参加研讨会。

8日 兵团党委第五综合考核组对第二师铁门关市党委领导班子及领导干部进行综合考核。

9日 铁门关经济工业园区管委会召开贯彻落实师市"招商引资大会战"和招商引资工作推进会精神座谈会。

△ 中共中央、国务院举行2016年度国家科学技术表彰大会，由第二师天诚农机制造有限公司、新疆农垦科学院等6家单位历经11年共同完成的《棉花生产全程机械化关键技术及装备的研发应用》项目获国家科学技术进步二等奖（通用项目）。

9—10日 由新疆冠农中联电子商务有限公司打造的自营特色农产品在线销售平台"军垦快惠"商城，2017年优惠促销活动开展两天，累计成交订单量 4000 余件。

△ 北京蒙羊康盛食品有限公司到三十一团对牛羊养殖和牛羊肉深加工项目进行考察，并签订合作协议。

10日 三十三团与安徽熙可食品有限公司就建设5万吨水果深加工项目进行签约。

11日 二十九团与库尔勒卓洋生物有限公司签订香梨产业框架协议，项目预计投资2亿元。

11—13日 兵团侨联调研组到第二师，对二十一团、二十七团及部分企业归侨侨眷走访慰问，并对二十一团月牙湖社区"全国社区侨务示范点"创建工作和二十七团八连"开都河支流旅游休闲"侨务精准扶贫项目调研。

13日 第二师铁门关市工商联、铁门关经济工业园区在中联农副产品会展电商物流中心联合举办"中小企业转型创新管理年会暨'兵疆智联'企业家新年联谊会"，为兵地民营企业搭建沟通交流合作平台。

14日 吴彬到金川矿业有限公司对新型煤化工项目建设选址规划工作进行调研。

16日 由二十一团创演的音乐舞蹈史诗《开都河之歌》在二十一团首演，此后分别在和静县、焉耆县巡演，21日参加了第二师铁门关市汇演。

17日 在全国机构编制工作先进集体和先进工作者表彰大会上，第二师铁门关市编办主任李莉被国家人力资源和社会保障部、中央编办授予"全国机构编制工作先进个人"荣誉称号。

18日 石河子大学王登伟博士在三十一团开展黄沙大棚作物种植及设施园艺水肥一体化关键技术讲座。

19日 巴州人民政府调研组到第二师铁门关市开展兵地科技融合、发展创新驱动座谈活动，师市有关部门参会人员就如何加快创新驱动发展战略、加快推动经济发展方式转变等问题进行交流。

19—20日 吴彬到冠农股份、三十三团对少数民族困难职工、老革命、贫困党员、劳动模范、"两癌"母亲进行了慰问；在挂钩单位三十三团，参加了三十三团党委领导班子"两学一做"专题民主生活会。

20—21日 国家煤矿安全监察局副局长杨富带领的国家煤矿安全调研组到金川矿业有限公司进行督导调研。陆林陪同调研。

21日 兵团党委常委、副政委阿布力孜·尼牙孜带领兵团民政局等部门组成的慰问组对第二师人武部、武警兵团指挥部二支队的官兵、老军垦和军烈属进行了新春慰问。

23日 第二师铁门关市党委领导班子召开2016年度民主生活会。兵团党委常委、副政委、纪委书记刘向松全程参加指导并讲话。

24日 第二师铁门关市党委十五届三次全委（扩大）会议在库尔勒市博斯腾宾馆召开。

△ 第二师铁门关市2017年控烟暨"送烟＝送危害"宣传活动在二十四团启动。启动会上，对2016年全师验收通过的无烟医院、无烟疾控、无烟单位等进行表彰和授牌；公布了2017年1月6—16日在全师征集的控烟公益春联获奖作品。

25日 第二师铁门关市举行2017年春节团拜会，吴彬代表师市党委发表新春致辞。

是月 第二师铁门关市残疾人联合会开展的新春走访慰问活动，共走访慰问团场连队、社区以及企事业单位的贫困重度残疾家庭100户，发放春节慰问金8万元。

· 二月 ·

3—6日 樊成华带领师市招商组赴河北省石家庄市、保定市开展招商引资活动。

7日 第二师铁门关市在三十三团召开新职工招录工作推进会，王木森出席会议并讲话。

10日 兵团司法局一行到冠农股份就国家"一带一路"倡议、兵团"向南发展"战略及企业涉外涉诉活动中相关法律问题进行调研。

12日 华山中学邀请自

治区民族团结模范、第一师十三团职工尤良英为师生宣讲《我要和维吾尔兄弟共致富》的故事。

14日 三十一团和尉犁县政府联合邀请新疆全景旅游规划研究院对罗布湖旅游度假区项目进行考察和整体规划。

13—15日 通过与中国电信新疆分公司协商，第二师铁门关市"访惠聚"工作信息化网络管理试点工作全面展开，驻三十团二连工作点、若羌县亚喀吾斯塘村工作点首批试点单位调试成功。15日，孙志敏通过中国电信"想家"业务平台，首次点对点视频听取试点单位工作汇报。

15—16日 中国人民政治协商会议铁门关市第一届委员会第五次会议在铁门关市会展中心召开。17个界别的70余名市政协委员参会，会上政协委员提出提案71件。

16日 二十九团与中国二冶集团有限公司签订博古其镇建设项目框架协议，此项目采取PPP模式，项目内容包括博古其镇新建学校、医院、幼儿园等公共基础设施及配套，完善城市路网、管网、城市道路绿化等项目的建设。

△ 三十六团与乌鲁木齐振石永昌复合材料有限公司签订5000万元玻璃钢管厂投资协议。

16—17日 铁门关市第一届人民代表大会第五次会议在铁门关市会展中心召开。应到代表121人，实到代表105人。吴彬当选铁门关市市长。会上人大代表提出议案1件、建议42件。

18日 第二师铁门关市召开2017年固定资产投资工作推进会。

△ 第二师铁门关市召开焉耆垦区三年行动计划推进工作座谈会，王木森主持会议。

19日 中国核工业建设股份有限公司副总裁王计平带领考察团到第二师铁门关市，就加快铁门关市基础设施项目建设、煤化工产业项目合作等进行考察和洽谈。陆林、王建军、阿迪力·卡德尔参加项目座谈会。

△ 第二师铁门关市召开2017年商务工作会议。阿迪力·卡德尔出席并讲话。

21日 北京中创智联科技有限公司超常规发展新疆农业产业规划报告会在第二师铁门关市举办，吴彬参加座谈会并致欢迎词。

22日 第二师铁门关市召开土地管理委员会2017年第1次会议，吴彬主持会议。会议审议通过第二师铁门关市土地管理委员会调整方案；通过铁门关市基准地价及各团场区域平均地价发布实施事宜；通过国有建设用地使用权8宗出让及9宗划拨供地方案。

22日 第二师铁门关市卫生局在全师各团场社区诊断调查工作启动，调查活动从居住在师市范围内超过6个月且年龄大于35岁（含）的人群中随机抽取6500人作为调查对象进行调查，调查工作于4月6日结束。

24日 第二师铁门关市召开"学讲话、转作风、促落实"专项活动动员部署电视电话会议。会议指出，开展"学、转、促"专项活动，基础在"学"、关键在"转"、目的在"促"，要把专项活动与做好当前改革发展稳定工作结合起来，引导广大党员干部围绕新疆工作总目标充分发挥先锋模范作用，做出积极贡献。

△ 第二师铁门关市第十五届纪律检查委员会第二次全体会议在库尔勒市博斯腾宾馆召开。

25日 兵团召开"访惠聚"工作表彰动员大会，师市3个先进工作队、7名先进工作者、1个优秀组织单位获得表彰。

△ 第二师铁门关市召开2017年安全生产暨消防安全工作会议，吴彬出席会议并讲话。

26日 第二师铁门关市召开经济综合工作会议，陆林出席会议并讲话。

27日 第二师铁门关市召开2017年宣传思想文化工作会议，孙志敏出席会议并讲话。

△ 第二师铁门关市召开第三批河北援疆干部人才欢迎大会。

28日 第二师铁门关市举办援疆干部专题培训班，河北省的52名党政干部和专业技术人才参加培训。

△ 第二师兽医站组织塔里木养鹿团场的畜牧技术人员在三十三团开展马鹿养殖新技术培训班。邀请中国农业科学院特产研究所专家赵世榛授课。

·三月·

1日 河北省援藏援疆办专职副主任姚翠荣一行9人到第二师铁门关市对接援疆工作，樊成华陪同。

△ 三十六团G218－S214－G315连接段服务区及米兰物流园建设项目正式启动，项目总投资1.8亿元，投资周期3年。

2日 第二师铁门关市召开劳动和社会保障工作会议，对2016年度师市劳动和社会保障工作成绩突出的10个先进单位和35名先进个人进行了表彰。

3日 第二师铁门关市召开2017年农业、水利、科技工作电视电话会议，吴彬出席并讲话。

4日 农业部表彰全国农业先进集体和先进个人，第二师农业技术推广站薛新福获"全国农业先进个人"称号。

△ 第二师铁门关市与巴州、尉犁县召开兵地联合开发罗布湖风景文化旅游度假区规划恳谈会，孙志敏主持会议。该项目全期投资1.2亿~1.5亿元，该项目规划工作将在3月底完成，8月试运营，10月正式运营。

4—8日 第二师铁门关市党委主要领导率队赴北京、天津、河北考察招商，分别与北京唐港投资管理有限公司、中创智联（北京）科技有限公司、河北唐龙纺织集团有限公司、河北冰花食品有限公司等企业签订了现代农业产业化、肉牛育肥、纺织、食品加工等项目投资合作协议。樊成华、陆林、阿迪力·卡德尔参加。

5日 中澳农牧业有限公司、二十七团、新疆友基农牧科技有限公司签订三方协议，共同出资成立新疆中澳军垦农牧有限责任公司，注入资金12.9亿元，建设10万头肉牛全产业链项目。

6日 第二师铁门关市召开2016年度"访惠聚"驻连（村）工作表彰暨动员大会，吴彬出席并讲话。会议对2016年度"访惠聚"工作的9个先进集体、12名先进个人进行了表彰，对2017年师市"访惠聚"工作进行再动员、再部署。

△ 第二师铁门关市举办庆"三八"妇女节广场健身操"新疆姑娘"比赛，师市18个单位21支代表队243名运动员参加活动。

7日 巴州党委副书记、河北省第八批援疆工作前方指挥部党委书记、指挥长李震国一行5人到二十二团调研，并看望援疆干部。

△ 第二师铁门关市党政代表团一行7人赴保定市对接援疆工作，进行产业招商活动，并召开座谈会。

8—9日 吴彬到金三角商贸集团公司、三十一团、三十三团、三十四团，对维稳值班备勤制度落实等工作进行检查。

11日 吴彬对焉耆垦区各团场派出所、警务室、学校、加气站等场所进行检查。

12日 铁门关市召开人大代表议案建议和政协委员提案交办会。

13日 国家发展改革委、民航局联合发布《关于印发全国民用运输机场布局规划的通知》，三十八团支线机场被列入全国民用运输机场布局规划。

15日 第二师铁门关市召开2017年群团工作会议，孙志敏出席会议并讲话。

△ 第二师铁门关市党委组织部对薛现明、时孔明、战书和、尹华、张斌、王景武等老干部进行慰问，为老干部送去慰问信、纪念章和慰问品；师老干局分组走访慰问100位渤海军区教导旅的离休老干部。

△ 河北汇通路桥建设集团有限公司总裁张忠山一行5人赴铁门关经济工业园区对接考察，周爱武陪同。

△ 第二师铁门关市在鑫恒泰商贸中心广场举行"3.15"国际消费者权益保护日宣传咨询活动，一批价值4.58万元的假冒伪劣商品被集中销毁。

16日 第二师铁门关市举行首场学习兵团深化改革精神报告会，兵团党委党校副校长强始学对兵团深化改革精神进行解读。孙志敏主持报告会。

△ 兵团农业局副局长沈自云一行到三十一团对贯彻落实兵团农业工作会议精神、农业备耕、农田残膜污染、畜牧业牲畜越冬度春、动物疫病防控、职工多元增收、连队转型情况等进行督导调研。

△ 巨化集团公司总经理周黎旸一行赴第二师铁门关市考察年产40万吨乙醇联产煤基新材料项目，吴彬参加洽谈会。项目由绿原国资公司和金川能源集团公司两家企业合作共建，年生产40万吨乙二醇，联产13万吨聚碳酸酯和5万吨聚乙烯。

△ 三十六团与哈密天嘉房地产开发有限公司就观光大棚建设项目签订投资意向书，项目计划投资4000万元。

17日 第二师铁门关市机关、二十九团、三十团的230余名青年志愿者到314国道旁开展义务植树活动，栽种60余亩青年林。

20—23日 吴彬带领考察组到河北省对接援疆工作、考察学习城市规划和产业发展情况，对石家庄市、保定市和廊坊市的17家企业、场馆参观考察。

21日 第二师铁门关市为2016年第二师在内地普通高校就读家庭经济困难的73名学生发放河北省援疆助学金43.8万元。

21—22日 中国太平洋建设集团有限公司到三十四团考察洽谈合作，并签订《基础设施PPP合作框架协议》，双方计划在特色小镇、工业园区、旅游景区、物流园区等基础设施项目方面进行深入合作。

23日 兵团党委宣传部副部长、兵团南疆办副主任张新辉一行到三十四团，对产业调整、"十三五"规划、响应兵团向南发展工作等进行调研。

△ 第二师铁门关市召开组织系统公道正派"大学习、大讨论"专题活动动员部署视频会议。

△ 第二师铁门关市在三十一团、三十三团召开"2017年农业、林业生产管理暨新技术、新科技应用"现场会，王木森主持会议。

△ 兵团调研组到三十一团对人口聚集落实情况进行考察。

△ 二十一团商定移植羊受胎1000个胚胎，预计2000只母羊参与胚胎移植；胚胎来源为2016年剩余137个胚胎，2017年与农科院继续合作进口冻胚移植500枚，剩余胚胎移植任务将与天山畜牧公司合作。

23—26日 兵团土地整理储备中心对国家及兵团投资的2015年三十四团、三十三团、三十一团、三十团高标准农田建设项目进行土地重估。

24日 兵团"访惠聚"督查组一行到和静县古尔温苏门村"访惠聚"驻村工作队和二十二团五连"访惠聚"驻连工作队检查指导工作。

26日 国家水利部黄河委员会计划局巡视员张海亮一行到二十二团，对团水利工程设施水毁修复工程进行督察和指导。

27日 三十六团与新疆汇源春生荒漠绿化有限公司就"米兰·传奇园区综合开发"签订协议，项目总投资6.2亿元，一期投资2亿元。

28日 三十七团、三十八团与新疆昆仑牧业农业发展股份有限公司签署战略投资框架协议，拟兴建占地16万亩的南疆特大型畜牧产业园。

△ 第二师铁门关市召开党代表会议，会议应到人数210人，实到206人，表决通过《中国共产党第二师铁门关市代表会议选举办法》及总监票人、监票人名单，并以无记名投票方式，差额选举出40名出席兵团第七次党代会代表。

30日 四川省汉源县政府常务副县长冯贵强一行9人，到三十四团对新职工住房、土地承包、子女就学、入园等情况进行考察。

△ 第二师铁门关市劳动和社保局组织开展以"话说居民养老保险"为主题的12333全国统一咨询日活动。

· 四月 ·

5日 兵团农业局第三

督导调研组到第二师铁门关市各团场调研春季农业生产情况，王木森陪同。

6—12日　第二师兽医站在全师辖区开展对饲料、生鲜乳、动物及动物产品的抽样及监督检查。

7—12日　第二师华山职业技术学校的42名师生前往乌鲁木齐、独山子参加自治区举办的职业院校技能大赛。

9日　国家商务部流通产业促进中心对三十四团电子商务服务站进行验收，阿迪力·卡德尔陪同。

10日　第二师铁门关市召开学习贯彻兵团第七次党代会精神电视电话会议，吴彬主持。

△　由国家商务部流通产业促进中心、兵团商务局组成的电子商务进农村综合示范项目绩效评价工作小组对冠农股份冠农中联电商公司进行考察考核。

11日　自治区商务厅电子信息处调研组到新疆国际电子商务产业园冠农股份大渊博交易中心调研。

△　第二师工会召开第七届女职工委员会第六次会议暨一季度女职工工作会议。

△　第二师铁门关市博古其镇首届梨花文化旅游节暨创建国家级特色小镇启动仪式新闻发布会在二十九团召开。

12日　第二师铁门关市与特变电工股份有限公司举行战略合作协议签约仪式，吴彬参加。

13日　水利部黄河水利委员会督查组组长、黄河水利委员会副主任赵勇一行到第二师铁门关市对全面推行河长制落实情况调研。

△　自治区人大常委会副主任、财经委主任委员王永明一行到铁门关市调研《中共中央国务院关于推进安全生产领域改革发展的意见》贯彻落实情况，吴彬陪同。

△　兵团人社局、建设局、信访局、综治办四部门组成的督查组，对第二师开展解决农民工工资问题进行专项督查。

△　第二师铁门关市主办、师市食品药品安全和卫生综合监督执法局承办的2017年医疗机构培训班开班。

△　第二师铁门关市基层共青团干部、大队辅导员培训班开班。

13—14日　兵团编办监督检查处考核组到第二师铁门关市，对2016年度绩效管理工作成效和机构编制实名制管理进行考核。

14日　第二师铁门关市党委召开第三批援疆干部人才工作全体会议，樊成华、孙志敏、周爱武出席会议。

△　塔里木垦区遭受13.7级极大风速强风，伴随着强阵雨，雨量7毫米，垦区团场棉田不同程度受灾。

14—17日　在兵团第十五届青少年科技创新大赛上，华山职业技术学校3件作品获一等奖，2件作品获二等奖，2件作品获三等奖。

15日　华山职业技术学校选派42名师生参加自治区技能大赛，在12个参赛项目中，学生组获4个一等奖，9个二等奖，4个三等奖；教师组荣获1个一等奖，3个二等奖，2个三等奖。

15—17日　兵团第十五届青少年科技创新大赛开幕式在华山中学义务部艺体中心举行，兵团党委副书记、副司令员孔星隆，兵团党委、兵团副秘书长宋光杰，吴彬、王木森、阿迪力·卡德尔出席开幕式。

△　第二师铁门关市博古其镇首届梨花文化旅游节暨创建国家级特色小镇启动仪式在博古其镇现代农业科技示范园区开幕，孙志敏出席开幕式。

△　祁建荣带领师市招商组赴河北省唐县对接，与河北诺亚集团公司就二十一团建设冷藏库及肉羊养殖产业基地招商项目进行洽谈，并达成合作意向。

17日　第二师铁门关市召开廉政工作电视电话会议，吴彬主持会议。会上，就贯彻落实十八届中央纪委七次全会和国务院第五次廉政工作会议、兵团第七次党代会和兵团廉政工作会议进行了部署。

△　第二师铁门关市召开纪委书记座谈会，会议传达学习兵团第七次党代会精神。

△　兵团第十五届青少

年科技创新大赛结束，二师参赛的"电动便携式枣树打枣吊尖机""一种基于割草机的抹药装置"等发明作品紧贴农业生产实际，展示师市青少年的创新精神和实践能力；"汽车语音提示模块"等6个项目19件优秀作品被推荐参加第32届全国青少年科技创新大赛，二师首次实现6个项目均有作品参加国家大赛目标。

18日 第二师铁门关市党委召开稳定工作会议，传达学习贯彻自治区陈全国书记、兵团孙金龙政委重要批示精神。

19日 第二师铁门关市2017年中青年干部培训班和基层党支部书记培训班在师市党委党校开班。

△ 第二师铁门关市召开2017年环境保护工作会议，吴彬出席。

20日 第二师铁门关市组织河北省第三批师管援疆干部任前谈话，孙志敏主持会议。

△ 农业部公布2017年第二批农产品地理标志，第二师塔里木垦区马鹿胶、马鹿花盘获国家农产品地理标志登记保护。

△ 焉耆医院普外科、泌尿外科护理组获全国巾帼文明岗。

21日 第二师铁门关市召开焉耆垦区晚春农业生产、固定资产投资及招商引资推进会，王木森出席。

22日 第二师铁门关市召开未来发展规划座谈会，吴彬主持。

22—24日 孙志敏带领招商组到广东中山等地开展文化产业招商引资工作，并签署战略合作协议。

23日 第二师铁门关市PPP项目推进会在博斯腾宾馆召开，吴彬出席会议。

25日 第二师铁门关市召开医疗卫生系统对口支援总结会议，对8名保定市医疗卫生援疆人才进行了表彰。

△ 第二师铁门关市召开2017年第一季度经济运行分析会，吴彬主持会议。

△ 国家绿色饭店评审委员会3位专家通过实地考察，按照绿色饭店国家级评定标准，从节约能源、减少排放、防治环境污染、企业管理等方面进行考评，二师博斯腾宾馆通过"五叶级中国绿色饭店"评审，被评为兵团首家"五叶级中国绿色饭店"。

26日 新疆河北商会、巴州河北商会组成慰问团到第二师师直幼儿园，为幼儿园的孩子们捐赠100套书包及学习用品。

26—27日 吴彬率队在兰州与华龙证券股份有限公司洽谈对接合作事宜，与华龙证券签订《战略框架合作协议》和《意向框架协议》。

27日 自治区工商局买买提江·阿不拉局长一行到铁门关市，实地调研铁门关市工商局政务服务大厅项目进展情况。

△ 第二师疾病预防中心在金川矿业有限公司开展"健康中国，职业健康先行"的《职业病防治法》主题宣传活动。

△ 第二师铁门关市召开土地管理委员会2017年第2次会议，王建军主持。会议审议通过国有建设用地使用权8宗出让及9宗划拨供地方案，通过铁门关市2017年第一批次农用地转用方案。

△ 第二师华山中学教师刘小丽获全国五一劳动奖章。

29日 兵团农业局、发改委、水利局、财务局组成的调研组到十八团渠龙口站调研。

△ 第二师铁门关市召开国资国企改革专项调研座谈会，吴彬主持会议。

△ 华山职业技术学校研发的《一种空载节电交流电焊机》申报国家专利成功，国家知识产权局授予专利权，并颁发了实用新型专利证书。

30日 第二师铁门关市与库尔勒市融合发展座谈会在博斯腾宾馆召开。

是月 第二师铁门关市与甘肃陇南考察组一行就对接劳务输出相关事宜展开座谈。甘肃陇南市副市长漆文忠带领外事办、扶贫办人员到二师对接工作，双方举办了工作对接座谈会，王木森参加座谈会。漆文忠一行前往二十一团、二十四团、三十一团、三十三团对学校、医院、交通等公共服务设施和农业产业种植结构、民俗

·五月·

2日 吴彬到二十九团检查指导维稳工作。

△ 塔里木垦区出现强风暴天气,极大风速达23.8米/秒,风力9级,伴随着强阵雨和局部区域出现冰雹,造成垦区团场棉田不同程度受灾。

3日 兵团南疆水资源开发利用及农业水价调研组到十八团渠管理处对水价改革等情况走访调研。

△ 第二师铁门关市团委召开纪念五四运动98周年暨优秀青年表彰大会,孙志敏出席大会并为获奖青年颁奖。

△ 第二师铁门关市召开安全生产暨消防安全电视电话会议。

△ 第二师铁门关市团委组织召开青少年"加强民族团结、维护社会稳定、反对三股势力"发声亮剑座谈会,奋斗在医疗、教育、连队等基层一线岗位的50余名青少年代表参加活动。

4日 兵团党委宣讲团成员、兵团党委老干局局长谢跃红到二师铁门关市,以电视电话会议形式宣讲兵团第七次党代会精神。吴彬主持报告会。

△ 第二师铁门关市在二二三团举办"民族团结一家亲青年在行动"主题教育实践活动。

△ 兵团参加2017年全国第十三届全运会群众项目乒乓球、健身气功选拔赛在华山中学开幕,100余名业余乒乓球和健身气功爱好者向全运会参赛资格发起冲击。

5日 第二师铁门关市召开建筑业质量安全提升行动现场会,传达学习住房城乡建设部《关于印发工程质量安全提升行动方案》的通知。

△ "石河子大学产学研联合培养研究生示范基地"在华山中学高中部揭牌。

6—7日 自治区党委副书记,兵团党委书记、政委孙金龙在第二师铁门关市调研。兵团党委常委、秘书长李冀东,吴彬、王木森陪同调研。

9日 巴州红十字会党组书记、会长贺宏龙代表新疆维吾尔自治区红十字会向二师铁门关市民政局社会福利科副科长邱煜颁发捐献造血干细胞纪念杯和红十字会博爱奖状,并给二师机关送上"诠释人道精神,彰显博爱美德"的牌匾。

△ 二十一团与宁夏红山河食品股份有限公司成功签约1亿元辣椒深加工合作项目,合作涉及火锅底料、调味料开发与研制等项目。

△ 塔里木至库尔勒光缆通信工程竣工,项目总投资562.88万元,总长190.31千米,建设历时2年,跨越5个团场。项目建成后,对于统一师市各垦区电价、实现电网可调可控、打造智能电网具有重要意义。

10日 第二师铁门关市学习贯彻兵团党委第七次党代会精神宣讲会在社保中心会议室开讲。

△ 第二师八一中学为2017届648名高二学生举行成人礼仪式。

11日 第二师铁门关经济工业园区管委会与河北星宇纺织原料有限公司项目签约仪式在博斯腾宾馆举行。

△ 第二师科技局组织开展招商引资洽谈活动,经兵团科技局引荐,山东省凯兰特环保设备有限公司拟投资3.7亿元,以PPP合作方式承接铁门关市供热项目。

12日 自治区工商局年报调研督导组到铁门关市调研。

14日 第二师铁门关市召开第一批招商小分队工作会议。

15日 由二师传媒中心策划的二师建师纪录片《铁流西进八千里》摄制组起程赴山东德州等地拍摄取景。

15—17日 樊成华带队一行9人赴喀什参加兵团非公有制经济组织"民族团结一家亲"活动暨招商引资现场推进会。

16日 第二师铁门关市与华龙证券股份有限公司合作洽谈会在铁门关市举行。

△ 第二师铁门关市召开2017年"大众创业,万众创新"工作会议。

△ 冠农果茸集团股份

有限公司团委获 2016 年度"全国五四红旗团委"称号。

18 日　兵团党委宣传部到二师对意识形态安全、广播电视安全播出和互联网信息内容安全等工作进行检查指导。

△　第二师铁门关市召开循环经济发展"十三五"规划、节能减排"十三五"规划审查会。

19 日　第二师铁门关市召开财政财务培训工作会议。

△　兵团畜牧兽医总站到第二师二十五团、二十七团进行春季动物疫病防控抽样检查工作。

20 日　第二师铁门关市工商联与新疆亚泰酒业有限公司联合举办兵地共建民族团结一家亲暨企业家座谈招商联谊会。

22 日　兵团土地整理中心对三十四团 2015 年高标准基本农田建设项目进行工程复核及考核。

△　河北衡水市市委、市政府在衡水湖景区为三十四团筹办的援疆历史展示与新疆农特产品代销为一体的实体店正式开业。

23 日　国家土地督察西安局副巡视员刘富强一行 3 人，在兵团国土资源执法监察局局长赵永农的陪同下，到第二师铁门关市督导调研。

23—25 日　第二师兽医站邀请巴州草原监理所工作人员到山区开展联合执法检查。

24 日　王建军带领考察组赴河北雄安新区考察学习，会见了雄安新区副主任牛景峰。

△　新疆农垦科学院王吉亮副院长带领该院办公室、科研处、产业处等部门的 5 位专家到二师开展科技调研与座谈。双方就推动师院合作、建立兵团农垦科学院分院等事宜进行沟通与洽谈。

△　第二师铁门关市人力资源和社会保障局、二师建筑单位代表参加兵团人力资源和社会保障局与中国建设银行新疆分行在阿拉尔举办的农民工实名制管理信息化工作座谈会。

△　第二师师直幼儿园赵俊家庭获评全国"最美家庭"。

25 日　秦皇岛市 8 位援疆医疗专家到二十五团社区开展义诊活动，为 500 余名社区居民解答各种医疗咨询，发放健康知识宣传单 430 份。

△　自治区政协农业委员会副主任向东一行 4 人就兵地"开展水资源统一管理、'三条'红线执行情况"到第二师开展专题调研。

△　第二师铁门关市办公室举办政务网公文办理系统操作培训班，师市机关各部门、各企事业单位 100 余人参加培训。

25—26 日　吴彬带领考察组到浙江省衢州市巨化集团公司考察，就煤化工项目合作相关事宜进行座谈交流。

26—27 日　吴彬带领考察组到物产中大集团考察，就进一步加强沟通联系、开展人才培养及推进项目合作等方面进行深入座谈交流，双方在借助物产中大商品流通平台，打造师市农产品销售网络和加强纺织、化工项目合作等方面达成多项共识。

27 日　第二师铁门关市首个兵团党风廉政建设教育基地在三十三团揭牌。

31 日　第二师铁门关市选派 41 名来自机关部门、团场的干部参加河北农业大学举办的农业现代化管理人才培训班，培训班时间 20 天。

△　冠农股份与河北华糖云商营销传播股份有限公司签订战略合作框架协议。

31 日　兵团第三次农业普查质量抽查组到二师进行普查数据质量抽查工作，本次共抽查到二十二团、二十七团、三十团、三十四团、三十八团 5 个团场的 5 个普查小区 447 个抽查对象。

是月　铁门关市人大常委会组织全市人大代表开展为期一月的"我当代表我为民"主题实践活动。活动围绕法治宣传教育、"民族团结一家亲代表在行动""三联三问三送"助力脱贫行动、"我当代表、我履职大家谈"四个方面开展。

是月　冠农绿原糖业有限公司动力车间汽轮班获全国"青年安全生产示范岗"。

是月　第二师华山中学开展第十五届校园艺术节活

动,师生与南海"决心号"大洋钻探船进行视频连线,与科学家面对面,了解深海的奥秘。

·六月·

2日 公安部反恐局李远征政委一行对第二师铁门关市、经济工业园区、二十九团反恐维稳工作进行调研。

△ 第二师铁门关市召开"以全面落实企业安全生产主体责任"为主题的全国第十六个安全生产月动员会议。

△ 三十一团与新疆天山一果农业技术有限公司就红枣加工与仓储物流项目签订投资意向书,项目计划投资8600万元。

3日 第二师铁门关市召开干部大会,宣布兵团党委的决定:吴彬任第二师党委书记、政委,建议任铁门关市市委书记。兵团党委常委、副政委、组织部部长刘见明,巴州党委书记、第二师党委第一书记、第一政委李刚出席会议。

3—4日 兵团屯南现代职教集团第二届师资培训班在第二师华山职业技术学校举办。

4日 第二师铁门关市召开贯彻"一带一路"倡议建筑业企业座谈会。

5日 第二师铁门关市开展"六·五"世界环境日宣传活动。

6日 第二师铁门关市在铁门关市保障性住房建设项目施工现场,召开建筑行业2017年"安全生产月"活动启动仪式暨现场会。

△ 第二师铁门关市河南商会成立。

△ 兵团医院副院长吴宏带领北京医院援疆专家中医科王晓锋、眼科刘小伟、肾病科陈欢及兵团医院专家一行10人赴第二师焉耆医院开展公益医疗活动。公益医疗活动主要有开展门诊、查房、科室讲座、会诊、手术等医疗活动。

7日 兵团人社局、建设局、安监局、工会四部门组成联合督查组,到第二师铁门关市进行"建筑业参加工伤保险进展情况"专项督查。

△ 兵团检察院党组书记周新军到二师检察分院调研。

△ 第二师铁门关市科技创新教育专题培训暨交流会在华山中学义务部举行。

7—8日 自治区国税局巡视员李振宇为组长的自治区国税局第七督查组到铁门关国税局督查重点工作落实情况。

7—13日 第二师在全师团场连队、社区、学校和幼儿园等单位招募组建由52名非医务工作者组成的师市首批健康生活方式指导员。

9日 第二师铁门关市第三届"最美家庭"颁奖仪式在华山中学艺体中心举行,师直幼儿园赵俊等10户家庭获师市第三届"最美家庭"称号。

10日 第二师铁门关市举办"你是我的好姐妹·手拉手·民族团结一家亲"家庭情景剧展演活动。

12日 2017年世界海洋日暨全国海洋宣传日之"精准海洋科普进新疆"系列活动在华山中学举行。

△ 三十四团与巴州新绿能源科技有限公司就环保生物颗粒燃料项目签订合作协议,项目总投资1000万元。

13日 兵团南疆办人口资源与民生组组长沈金新一行人到二师铁门关市对新职工创业就业、子女就学入园、住房安置及大学生创业园进行调研。

△ 第二师铁门关市16名残疾人工作者赴兵团参加兵团残疾人基本服务状况和需求信息数据动态更新工作培训班。

14日 自治区人大2017年"法治新疆·天山行——走进铁门关"宣传活动在铁门关市党委党校举行。

16日 吴彬到二师传媒中心对《绿原报》、电视台、广播电台和新媒体建设发展情况、新闻舆论及网络安全等工作进行调研。

△ 国家智慧城市建设(中荣国投)产业联盟由美国龙族集团董事局主席荣海兰带队到二师铁门关市对智慧城市建设、影视传媒、通信、物流技术、互联网+教育、城市照明等多个项目进

行考察。

△ 兵团发改委副主任宋秀民带领兵团金融办等部门组成的调研组到二师铁门关市调研金融工作开展情况。周爱武参加调研活动。

△ 第二师铁门关市安全生产委员会28个成员单位在铁门关市举办全国安全生产月咨询日活动，推动落实安全生产主体责任，全面提高全民安全素质，有效防范和遏制安全生产事故发生。

17日 第二师铁门关市召开援疆干部工作情况汇报会，吴彬出席会议。巴州党委副书记、河北省第八批援疆工作前方指挥部党委书记李震国出席会议并讲话。

19日 第二师铁门关市召开土地管理委员会2017年第3次会议，王建军主持会议。会议审议通过国有建设用地使用权5宗划拨供地方案，通过二十二团2017年第一批次等9个批次转用方案。

△ 第二师铁门关市举办生产经营单位负责人、安全生产管理人员培训班。

21日 自治区高级人民法院兵团分院副院长刘银春带领调研组到第二师三十八团对偏远团场派出法庭各项工作进行调研。第二师中级人民法院党组书记、院长毛国强陪同调研。

22日 第二师铁门关市召开库尔勒垦区、塔里木垦区防洪和灌溉工作行政专题会议。

22—23日 第二师三十六团遭受持续大风沙尘暴灾害天气，造成3800公顷枣树受灾，部分防风林木和引水支渠受损，受灾人口300余人。

23日 第二师铁门关市党委统一安排喀什地区莎车县阿拉买提乡等4个乡镇的123名城乡富余劳动力到铁门关市新恒立纺织有限公司就业。

△ 第二师干休所在老干部活动中心举办庆祝中国共产党建党96周年暨表彰大会。

△ 第二师中级人民法院召开新闻发布会，通报法院开展规范执行行为专项整治行动情况。

24日 第二师铁门关市召开援疆人才工作汇报会。

25日 第二师铁门关市举办第十六个"全国安全生产月"应急演练活动新闻发布会。

△ 在山东潍坊举行的2017亚洲调理食材大会暨创新产品展览颁奖典礼上，冠农股份获"中国调理食材产业领创品牌"称号。

27日 第二师检察分院召开检察机关公诉、侦监工作会议。

28日 冠农股份新疆大渊博棉花交易中心有限公司受邀参加第六届新疆品牌节新闻发布会。

△ 第二师铁门关市在金川矿业有限公司金川煤矿举行事故应急救援实战演练。周爱武任演练总指挥。

△ 第二师第二届文化能人大赛决赛在华山中学举办。

29日 第二次世界地理标志大会在中国江苏省扬州市举办，冠农"艾丽曼"牌香梨参展。

△ 第二师铁门关市举行"庆七一感党恩促发展喜迎十九大"歌咏比赛，热烈庆祝中国共产党建党96周年。

△ 周爱武获"全国对口支援新疆先进个人"称号。

30日 第二师铁门关市召开纪检监察系统发声亮剑动员大会。

△ 第二师铁门关市党委统战部、工商联组织召开师市非公经济党建座谈培训会。

△ 第二师铁门关市举行排污许可证颁证仪式。王建军为金川热电有限责任公司、希伯莱纸业有限责任公司、铁门关市竞瑞纸制品有限公司颁证。

是月 第二师塔里木垦区马鹿胶、马鹿花盘获国家农产品地理标志登记保护。

是月 国家旅游局发布《2017全国优选旅游项目名录》，三十一团罗布湖旅游休闲度假区获国家批准。

·七月·

1日 第二师铁门关市举行升国旗仪式，热烈庆祝中国共产党成立96周年。师市机关、二十九团等单位1500名党员在铁门关市主会场参加升旗仪式；师市14个团场、企事业单位的1.4万名党员分别在49个分会场参加庆祝活动。

2日　吴彬到库尔勒市恰尔巴格乡政府、上阔什巴格村、上户镇政府、杜尔比村、铁克其乡海勒派尔社区等地调研，了解库尔勒市、乡两级管理先进经验，更好地促进兵地发展。

3日　第二师华山职业技术学校组织参加全国第三十二届青少年科技创新大赛初赛，小发明作品《汽车语音提示加装件》获得国家二等奖。

4日　第二师通讯员培训班暨《绿原报》获奖新闻作品展示讲堂在师社保中心开班。

4—5日　教育部国培办专家组专项调研第二师铁门关市第二批"国培计划"实施情况。

5日　吴彬带领师市党委慰问组到冠农果茸集团股份有限公司慰问困难职工。

5—7日　自治区国税局科研所党支部与铁门关国税局党支部联合开展纪念建党96周年主题党日系列活动。

6日　第二师航空产业发展座谈会在博斯腾宾馆召开。吴彬、兵团航空企业管理局（新疆通用航空公司）局长赵景祥（董事长）、周爱武出席会议。

7日　第二师铁门关市党委召开"发挥兵团特殊作用大学习大讨论活动"动员电视电话会议。

△　第二师铁门关市意识形态工作电视电话会议在铁门关市召开。吴彬出席会议并讲话。

△　甘肃省陇西县人大常委会主任张小平一行对三十四团新职工住房、土地承包、子女入学、安置等工作进行考察。

8日　第二师铁门关市党委召开全面深化改革领导小组全体会议暨贯彻落实中央关于兵团深化改革决策部署工作推进会，吴彬主持会议。

9—10日　吴彬在喀什参加第六次全国对口支援新疆工作会议。

10日　兵团人力资源和社会保障局调研组到三十一团就"三支一扶"和西部计划志愿者组织实施情况进行调研。

12日　八师石河子市考察团到三十四团对新职工住房、幼儿园、招商引资项目进行考察。

△　兵团第二十九届优秀QC成果发布会在乌鲁木齐召开，新疆冠农果茸集团股份有限公司获QC成果发布二等奖4项、三等奖2项、质量信得过班组3个。

13日　第二师铁门关市妇女联合会第三次代表大会在库尔勒市博斯腾宾馆召开，师市各行各业121名妇女代表参会。

14日　第二师铁门关市开展中央投资建设项目与建制村通硬化路建设遥感核查工作。

△　第二师铁门关市举办以"共筑中国梦，喜迎十九大"为主题的演讲比赛。

14—15日　第二师铁门关市团委举办2016—2017年度大学生志愿者年度考核暨志愿者结束服务期欢送会。会议总结师市2016—2017年度西部计划、"三支一扶"大学生志愿者工作情况，对30名扎根基层的志愿者进行了表彰。

17日　国家卫计委疾控局督导组到二师督导包虫病防治项目及国家级包虫病监测点工作开展情况。

18—21日　兵团安监局煤矿安全生产标准化检查验收组到金川矿业公司就煤矿安全生产标准化进行专项检查验收。

19日　第二师铁门关市召开"简政放权、放管结合、优化服务"改革工作推进会，孙志敏主持会议。

△　第二师科技局、巴州科技局等单位联合主办的第四届新疆创新创业大赛（巴州赛区）暨第二届巴州创新创业大赛在库尔勒市经济技术开发区人才大厦举行。

20日　河北省委书记、省人大常委会主任赵克志，河北省委副书记、省长许勤率河北省党政代表团到巴州、二师考察援疆工作。自治区党委副书记，兵团党委书记、政委孙金龙陪同考察，吴彬全程参加考察活动。

21日　石家庄市委常委、市委秘书长韩学军一行13人到三十一团考察调研，为团场援助资金200万元。

△ 承德市发改委副主任、京津冀协同发展办公室主任杨兢城，承德市援疆办主任范宝东一行3人到三十三团对接援疆工作。

△ 秦皇岛市人大常委会主任刘辰彦一行5人到二十五团对接考察。

23日 第二师铁门关市组织系统"公道正派大学习大讨论"演讲比赛在冠农股份举办。

24—25日 第二师铁门关市召开基层党建工作现场推进会。

△ 兵团援疆办到二师铁门关市对年度招商引资和援疆项目进行调研。

24—26日 冠农股份邀请北京大学阿米巴经营总裁研修班首席导师王京刚老师进行《阿米巴经营》实用普及培训，就如何通过阿米巴激活组织，实现冠农股份年度经营计划和目标进行讲授和指导。

25日 吴彬率领考察团到四师可克达拉市学习考察。樊成华、孙志敏、王建军，铁门关政府及相关部门的负责人参加考察。

△ 三十七团与武汉博牧生物技术有限公司举行仪式，签订年出栏10万头规模化养猪场合作协议。该项目总投资2.5亿元，建设周期为2年。

27日 二十九团博古其镇获国家住建部"第二批全国特色小镇"称号。

28日 兵团金融办同意新疆绿原国资集团铁信融资担保有限公司"保易通"产品为"金融创新示范项目"。

△ 第二师铁门关市召开保密业务培训电视电话会议，师市机关各部门保密员，政法系统、各团场、企事业单位办公室领导及保密员参加培训。

30日 第二师铁门关市召开南疆学前教育支教工作会议。

△ 第二师铁门关市召开巡察工作动员部署会暨巡察学习培训会。

△ 第二师铁门关市教育系统召开集中清查"两面人"纯洁教师队伍专项活动部署暨发声亮剑誓师大会。

△ 第二师三十二团、三十六团区域自动站出现短时强降水天气，三十二团累计降水量为21.4毫米，三十六团累计降水量为25.9毫米。塔里木、且若垦区属沙漠气候，年平均降水量在25.1~35.1毫米之间，此次强降水天气突破历史极致。

31日 吴彬带领师市慰问组对二师区域内驻地部队官兵及军属进行慰问。

△ 第二师铁门关市2017年度征兵工作会议在民兵训练基地召开。

△ 第二师中级人民法院与司法局联合举办"驻法院法律援助工作站暨律师参与化解和代理涉法涉诉信访案件工作联系点"揭牌仪式。

· 八月 ·

2日 第二师铁门关市召开城市建设管理和环境综合整治常态化暨大学习大讨论工作会议。

△ 根据师市党委深化改革工作部署和要求，师市党委宣传部、文化广播电视局组织召开文化事业改革座谈会，专题研究推进师市传媒中心体制机制改革。

3日 吴彬到三十团调研指导通用机场项目建设工作。

△ 2017年师市"西部计划"大学生志愿者服务团出征仪式在二师民兵训练基地举办。

△ 兵团机关事务管理局公共机构节能处、兵团发改委环境资料处调研组到华山中学高中部进行实地走访，查看华山中学直饮水系统、太阳能光伏工程、教师办公系统、学生生活区域，了解华山中学水资源的高效利用、智能刷卡的节水环保、云桌面办公系统的高效节能等情况。

4日 祁建荣一行到二十九团观摩对果树黄化病防治试验工作。

△ 三十四团党委与兵团电视台《快乐一线》栏目合作，联合录制一期以文艺表演、人物采访、外景体验为主要内容的电视节目。全方位展示团场经济建设、社会管理、环境保护、资源开

发、群众文化、维护稳定、民族团结等各方面取得的成就，进一步宣传团场特色资源、优质产品，展现团场职工群众积极向上的良好风貌。

△ 甘肃省宕昌县移民局局长李向东一行15人到三十一团考察，就对接劳务输出相关事宜展开座谈。双方就农村富余劳动力转移就业情况、签订劳动合作框架协议、季节性用工需求以及政府间信息共享展开深入探讨。

△ 自治区政协秘书长曹新华一行到冠农股份冠农中联电子商务公司考察调研，师市政协主席杨志成等相关领导陪同调研。

△ 兵团国资委党委副书记李江到二师调研国有企业改革工作。

△ 第二师铁门关市机关举办全民健身健康健步走活动。

4—5日 自治区州市政协工作第二十五次联系会议在铁门关市召开。自治区政协秘书长曹新华、巴州政协主席贾春林出席会议并讲话，阿迪力·卡德尔代表师市党委出席会议并致欢迎词，铁门关市政协主席杨志成主持会议。

5日 第二师铁门关市国资委举办"三供一业"分离移交工作培训班暨座谈会。

6日 国家工商总局网监司副司长韦梨、自治区工商局副局长高建东等领导一行到冠农股份冠农中联电子商务有限公司考察调研。

△ 第二师铁门关市召开环境保护委员会（扩大）会议，对迎接中央环保督察工作进行再动员、再安排、再部署，推动师市各级更好履行生态卫士职责，扎实做好师市生态文明建设和环境保护工作。

7日 吴彬到师环境监察支队、环境监测站、泽源水务公司等地进行调研。

△ 永兴供销有限责任公司与河北冀州升达棉业有限责任公司10亿元投资项目在永兴供销公司正式签约。阿迪力·卡德尔出席签约仪式。项目落户在铁门关经济工业园区，占地260亩，以纺织、印染、服装全产业链项目组成，分三期投资建设，一期投资3亿元人民币（10万纱锭）。

8日 兵团党委第二巡察组对二师铁门关市巡视"回头看"情况反馈大会在铁门关市召开。兵团党委第二巡察组组长蔡志恒代表兵团党委第二巡察组反馈此次"回头看"情况。吴彬主持会议。

△ 师市教育系统与十四师教育局、十四师皮山农场签订对口帮扶协议，启动教育扶贫工作。

9日 兵团旅游局副局长赵大勇到二师调研并指导旅游工作。调研组一行就挖掘旅游资源、推进师市全域旅游等工作提出指导性意见。

10日 第二师铁门关市与河北省科技厅在铁门关市举行"十三五"科技合作协议签订仪式。

11日 第二师铁门关市第二期"发挥兵团特殊作用大学习大讨论"专题研讨班在二师党校开班。

11—12日 兵团党委常委、副政委、政法委书记张文全到二师铁门关市，就落实自治区、兵团党委维稳决策部署及政法队伍建设等情况进行调研。吴彬、吴洮参加调研活动。

13日 第二师铁门关市召开迎接中央环境保护督察工作再部署再动员视频会议。

△ 第二师铁门关市召开脱贫攻坚工作电视电话会议。

△ 第二师铁门关市召开安全生产大检查督察安排部署工作会议。

15日 兵团职业病防治项目督导组对第二师焉耆医院职业卫生与放射卫生监测工作进行督导检查。

17日 第二师草原工作站的工作人员对二二三团小尤努斯牧场的草量密度、草原植被品种、草原退化情况进行清查登记。从8月初开始，二师草原站协同兵团草原总站对二师境内草原植被类型、草原生态环境、草原利用等情况及退牧还草工程实施效果进行监测。

18日 吴彬先后到铁门关市疆南禽业有限责任公司、澳华油脂有限公司、泽源热力有限公司、二十九团孔雀医院，就工业企业、医院等单位贯彻落实《中华人民共和国固体废物污染环境防治法》情况进行督导检查。

△ 兵团交通局党组副书记、局长王新民一行赴二师就固定资产投资情况进行调研。周爱武、刘天雄陪同调研。

△ "巴州·第二师铁门关市番茄酱专列首发仪式"在焉耆火车站隆重举行，冠农股份番茄酱首发专列直奔天津港，开启了产品走向世界的新征程。

△ 第二师铁门关市中小学校长、幼儿园园长赴南疆双向挂职培训结业典礼在华山中学举行。阿迪力·卡德尔出席并讲话。

19日 第二师铁门关市党委召开常委会（扩大）会议，专题研究进一步做好配合中央环境保护督察组督察工作暨环保督察问题整改专项工作。

△ 第二师铁门关市召开深化国资国企改革座谈会，针对深化国资国企改革进行剖析重点思路，确定师市深化国资国企改革方案。

20日 甘肃中医药大学附属医院院长李应东一行6人赴第二师焉耆医院，与医院签订丝绸之路中医药技术合作协议。

21日 自治区人大常委会执法检查组到二师铁门关市，就固体废物污染防治工作进行执法检查。吴彬出席座谈会并讲话。王建军、范筱芹及师市相关部门的负责同志陪同检查。

21—22日 甘肃宕昌县甘江头乡政府考察组一行8人赴三十一团考察，通过实地考察、交流，双方就农村富余劳动力转移就业情况、季节性用工需求以及政府之间的信息共享展开深入探讨。

21—26日 新疆国税局第二巡察组巡察铁门关国税局。

23日 兵团水利建设质量工作考核组到二十二团，对2015—2016年博斯腾灌区续建配套与节水改造项目进行质量考核。

△ 第二师政法系统召开忠诚教育动员大会。

△ 冠农股份绿原糖业有限公司2016/2017榨季生产的"绿原"牌优级白砂糖和多晶体冰糖（白冰糖）经全国糖业质量监督检验评分，获产品质量优秀奖和产品质量优良奖。

△ 第二师铁门关市召开土地管理委员会2017年第4次会议，审议通过国有建设用地使用权1宗出让及3宗划拨供地方案；通过二十一团2017年第一批次等10个批次转用方案；审议通过库尔勒至铁门关市城际大道等5个单独选址项目报批方案。

23—24日 河北省保定市民营企业家协会、鲜一方公益组织到二师开展捐资助学活动，华山中学、八一中学、二十九团孔雀中学、二二三团中学39名困难学生获得资助款7.8万元。

24—25日 新疆中信中联认证有限公司到三十一团进行有机作物现场审核，对有机红枣、黑枸杞、牛羊、鱼现场和有机农事记录台账进行检查。

25日 第二师铁门关市残联组织开展第一次"残疾预防日"宣传教育活动。

26—27日 河北省衡水市市委常委、组织部部长韩晓明率党政代表团到二师铁门关市考察对接援疆工作，并看望援疆干部。

28日 河北省人民检察院党组副书记、副检察长申占群带领河北省检察院考察组赴二师检察分院考察调研。

△ 中国农业银行铁门关市兵团支行开业。

28日—9月2日 河北省测绘产品质量监督检验站到二师，对河北省第二测绘院援疆测绘成果进行验收。

29日 第二师社会保险事业管理局举办第二师企业网申培训工作会议，二师统筹区内96家参保企业参加培训。

30日 陕西省工商局田中智副局长一行5人到铁门关市，就对口援建项目落实情况开展考察调研。

是月 第二师铁门关市万选千挑农产品有限公司、万源农业机械有限责任公司、百禾晶生物科技有限公司、莱可派生物科技有限公司、澳华油脂有限公司5家企业获"兵团第七批创新型试点企业"称号。

是月 第二师举办2017年兵团暨第二师全民健康生活方式日宣传活动。

是月 第二师华山中学舞艺舞蹈团赴俄罗斯圣彼得堡参加2017年"金诺杯"中俄青少年国际文化艺术节暨中俄青少年艺术大赛，获得"杰出表演团队二等奖""优秀指导教师二等奖""最佳组织奖"。

·九月·

3—6日 祁建荣率队一行6人赴定州市就加强交流合作、深化对口援疆工作进行对接考察。

6日 第二师铁门关市在华山中学义务部举行2017年干部赴南疆学前国家通用语言教育支教启程仪式。按照自治区党委、兵团党委的统一部署，师市党委从各单位选派331人赴南疆幼儿园支教，其中298人到和田地区幼儿园支教，33人到十四师幼儿园支教。

7日 第二师铁门关市2017年青年干部培训班开班。

△ 第二师铁门关市组织机关90余名科级干部进行"发挥兵团特殊作用大学习大讨论"知识测试。

7—13日 据兵团农业局《2017年兵团畜产品质量安全专项整治方案》《关于开展动物检疫证明和畜禽标识专项整治行动的通知》《关于开展兽医处方活动专项整顿行动的通知》《关于开展2017年生鲜乳专项整治行动的通知》要求，师动物卫生监督所对各团进行畜牧兽医系列专项整治监督检查。

8日 吴彬率师市考察团一行6人赴河北省保定市对接考察产业援疆工作。

△ 第二师铁门关市举行庆祝第三十三个教师节表彰暨校园艺术展演。对获"二师铁门关市最美教师"称号的10名老师、"在团场学校三尺讲台辛勤耕耘30年"称号的20名教师进行表彰。

8—9日 农业部、水利部塔里木河流域地下水超采及塔河干流生态环境调研组赴巴州、二师调研，先后查看了塔河干流、塔河流域管理局相关水利工程及控制性枢纽，在库尔勒市组织巴州、和田、第二师、第十四师召开座谈会。

9—11日 河北省廊坊市产业转移调研团到二师铁门关市就产业转移战略合作进行考察。座谈会上，樊成华与廊坊市永清首督大千世界娱乐有限公司、三河金锐光机电技术开发有限公司签订2.7亿元的产业转移战略合作框架协议。

11日 第二师铁门关市2017年建设工程"质量月"活动动员会在铁门关市青少年活动中心建设项目现场召开。

12日 环境保护部西北环境保护督察中心副主任马国林带领督察组，对二师铁门关市环境保护工作进行督察。

13日 由国家煤矿安监局调查司司长史宝中带领的国务院安全生产委员会督查组到二师铁门关市督查安全生产大检查工作。

15日 第二师铁门关市大众创业万众创新活动周启动，活动以"双创促升级，壮大新动能"为主题，与2017年全国大众创业万众创新活动周同步启动。

△ 第二师铁门关市团委举办2017年"大众创业，万众创新"青年创业创新分享会暨青年信用体系建设讲座。

△ 三十三团获评2017年国家级出口食品农产品质量安全示范区，出口产品为香梨。

15—16日 兵团党委宣传部调研组到二师铁门关市调研党委理论学习中心组学习和意识形态工作责任落实情况。

17日 第二师铁门关市"双创周"创新创业讲座在新疆冠农中联电子商务有限公司培训中心举行，此次讲座由第二师科技局主办、"军垦快惠"众创空间承办，师市、团场及各相关企业的代表近80人参加讲座。

19日 第二师铁门关市召开科技工作座谈会。

20日 河北省国资委党委副书记曹海燕率产业对接代表团到二师铁门关市，就钢铁建材、装备制造、国际物流、生物医药等领域进行实地调研。

21日 河北省发展改革委经济技术合作办公室到二师考察调研，实地察看三十一团援疆项目进展情况和对口援疆工作。

22—23日 兵团党委常委，四师可克达拉市党委书记、政委钟波，四师可克达拉市党委副书记、师长丁憬带领四师可克达拉市考察团到二师铁门关市考察调研。

24日 河北衡水市中医专家组到三十四团进行医疗援助指导。

24—25日 定州市委常委、组织部部长刘永胜率党政代表团到二二三团对接援疆工作。

26日 兵团国资国企改革座谈会在二师铁门关市召开。兵团党委常委、副司令员，兵团国资委党委书记、主任张勇，兵团党委、兵团副秘书长印钊，兵团国资委党委副书记、副主任李江参加座谈会。

27日 第二师铁门关市党委召开党风廉政建设和反腐败专题会议。吴彬参加会议并讲话，黄少峰主持会议。

28日 第二师铁门关市举行"多证合一"改革全面启动暨首批"一照一码"营业执照颁发仪式，颁发首批加载统一社会信用代码的"十二证合一"营业执照。

△ 兵团国资委国资国企改革调研组在二师调研国资国企改革工作。

29日 第二师铁门关市举行招商引资项目集中签约仪式。18家投资企业分别与铁门关经济工业园区、绿原国有资产经营集团有限公司、泽源城市建设开发有限责任公司、二十五团、三十团、三十一团、职业介绍服务中心等单位签订装配式房屋复合保温节能建筑生产基地建设项目、铁门关市智慧城市建设项目等建设项目合作协议，签约金额91亿元。

△ 第二师铁门关市举办智慧城市专题培训，浪潮集团有限公司执行总裁王柏华等专家分别以"大数据与智慧城市""'互联网+'政务服务"为题进行讲座。

·十月·

1日 第二师铁门关市召开深化改革部署推进会。吴彬出席会议并讲话。

1—2日 樊成华率师市工商联、援疆办、园区管委会、保定前指等部门组成的招商组，到保定市、高阳县、雄安新区等地开展招商活动，对接产业援疆工作。

6日 "兵团第二师二十五团招商推介会"在秦皇岛市民中心召开，甘肃商会、黑龙江农垦商会等多家商会及相关企业负责人近50人参加会议。

7日 第二师铁门关市举办河北省对口支援二师铁门关市基层警用执法车交车仪式。

△ 河北省衡水市考察团到三十四团对河北援疆项目进行考察。

△ 铁门关投资开发有限责任公司成立大会暨第一届股东会在铁门关经济工业园区召开。樊成华出席会议。

10日 王建军主持召开第二师铁门关市土地管理委员会2017年第5次会议，审议通过国有建设用地使用权3宗出让及18宗划拨供地方案；通过二十一团2017年第一批次等10个批次转用方案；通过库尔勒至第二师铁门关市城际大道等5个单独选址项目报批方案。

12日 唐山市人民政府副秘书长刘远平一行7人赴三十七团考察并座谈，对团场经济发展情况进行调研，并看望了援疆干部。

13日 第四师可克达拉市代管二师三十六团交接仪式在铁门关市举行。兵团党委副书记、副政委孔星隆出席会议并讲话。兵团党委常委，四师可克达拉市党委书记、政委钟波主持会议。

15—16日 国家统计局兵团第二师调查队到团场督导检查住户调查样本轮换工作。重点督查尚未进入开户环节的二十二团、二十四团、三十一团、三十三团。

17日 兵团检察院巡视员邵庆云、刑事执行检察局局长晁东在二师检察分院检察长汪新民的陪同下，对二师刑事执行检察监督工作开展情况及监管场所落实安全稳定工作部署情况进行督导检查。

19日 国务院安委会办

公室第八检查组对第二师铁门关市安全工作开展"回头看"。

23日 王建军主持召开第二师铁门关市土地管理委员会2017年第6次会议，审议通过国有建设用地使用权3宗出让及3宗划拨供地方案；通过二师铁门关市2017年第六批次等9个批次转用方案；通过第二师二十五团通营公路等4个单独选址项目报批方案；通过库铁大道至铁阿高速段公路建设项目等3个报批项目报批方案。

24日 按兵团有关政策，即日起由四师统一代管和开发利用三十六团土地。

26日 满载着40节货柜、800吨番茄酱的专列从库尔勒市发往意大利那不勒斯，这是师市农产品专列首次直发意大利。

△ 冠农股份800吨番茄酱搭乘中欧番茄酱专列首发意大利，这是巴州开行的首趟中欧番茄酱专列，货物运输时间比以往缩短一半。

26—27日 师动物卫生监督所开展"严厉打击危害肉品质量安全违法违规行为'百日行动'"活动。

29日 第二师铁门关市召开党的十九大精神专题报告电视电话会议，对学习宣传贯彻党的十九大精神进行部署。党的十九大代表，第二师铁门关市党委书记、政委、师长，铁门关市市长吴彬传达十九大精神。

30日 在湖北省举办的2017中国农机行业年度大奖颁奖仪式上，新疆天诚农机具制造有限公司获2017中国农机行业年度产品创新奖。

△ 国家水利部黄河水利委员会副巡视员吴家茂一行到二十二团，对团黄水沟防洪治理工程进行督导检查。

·十一月·

2日 党的十九大代表吴彬到冠农果茸集团股份有限公司为干部职工学习党的十九大精神作专题辅导。

△ 第二师铁门关市"兵团职业技能竞赛选评比赛砌筑工技能项目"在天宇建设工程有限责任公司建筑工地举行。

△ 第二师铁门关市至一师阿拉尔市高速公路建设PPP项目开工典礼在铁门关市举行。按计划，该项目路线全长375千米，总投资117.32亿元。

2—3日 十三师副师长、河南援疆前指党委副书记王成增带领十三师援疆干部一行10人，到二师铁门关市考察交流。考察了三十一团和铁门关市的援疆项目。

3日 第二师铁门关市召开《第二师铁门关市文化产业发展规划（2017—2021年）》编制工作座谈会。孙志敏主持会议并就师市文化产业发展规划编制工作提出要求。

3—6日 中国科学院康绍忠院士带领15名国家水利专家，对二师三十八团、二十七团暗管排碱治理盐碱地项目进行调研。

4日 党的十九大代表吴彬到华山中学为师生们宣讲党的十九大精神，并看望"三进两联一交友"结对认亲活动结成对子的两名少数民族学生及其家人。

△ 兵团国土资源局、师国土资源局到三十八团，对三十八团高标准农田建设项目进行检查督导。

6日 自治区国税局第二巡察组到铁门关国税局反馈巡察结果。

9日 党的十九大代表，全国妇联党组书记、副主席、书记处第一书记宋秀岩到二师二十七团天河社区，向基层妇女代表宣讲党的十九大精神。自治区党委副书记、自治区教育工委书记李鹏新，自治区政协副主席、全国妇联副主席热孜万·艾拜，兵团党委副书记、副政委孔星隆参加座谈会。

△ 河北省援疆工作前方指挥部党委书记、指挥长，巴州党委副书记李震国，到二十一团、二十二团对兵地融合发展、经济发展、文化建设、生态文明、区域协调等方面进行专题调研。樊成华陪同。

9—10日 第九届兵团中小学校长论坛在二师华山中学举行。知名教育专家齐聚华山中学，围绕"使命、责任、担当，办好人民满意的教育"主题，共同探讨教育发展。

10日 党的十九大代表吴彬到第二师民兵训练基地向民兵宣讲党的十九大精神。

11日 兵团政法委督导组到第二师铁门关市公安局检查督导"忠诚教育"活动开展情况。

17日 第二师铁门关市学习宣传贯彻党的十九大精神宣讲骨干培训班在二师党校开班。孙志敏出席并作动员讲话。

△ 三十一团二连获"第五届全国文明村镇"称号。

△ 乌鲁克垦区人民法院、二十九团孔雀社区获全国文明单位。

20日 兵团义务教育督导检查组组长聂剑带领兵团教育督导检查组对师市义务教育基本均衡发展进行督导检查。

△ 由兵团团委主办，第二师铁门关市团委承办的少先队组织学习宣传贯彻党的十九大精神培训班在库尔勒市举办，师市17个单位的41名少先队大中队辅导员参加了培训。

21日 第二师铁门关市举行首届青年创业创意大赛启动仪式。

21—22日 第二师铁门关市科技局和新疆天诚农机具制造有限公司邀请中国工程院院士、新疆农垦科学院研究员陈学庚及其专家团队到二师铁门关市，考察师市农机装备制造业发展情况。周爱武、新疆农垦科学院农机所书记贾首星陪同考察。

22日 河北省地理信息局援助第二师铁门关市"基础测绘及地理信息管理平台"成果验收暨移交仪式在铁门关市举行。

23日 第二师铁门关市青年创业创意大赛复赛在博斯腾宾馆举办，31位选手参加复赛。

24日 兵团党委党的十九大精神宣讲团成员，塔里木大学党委副书记、校长张传辉到二师铁门关市机关、三十团作党的十九大精神专题辅导报告。

29日 金三角商贸城被国家商务部评为全国第三批"绿色商场"。

29—30日 中央统战部副部长、中央新疆办主任史大刚在第二师铁门关市调研。

30日 三十一团有机红枣、有机黑枸杞、有机牛羊、有机鱼通过审核，获得有机证书。

·十二月·

1日 第二师铁门关市党委党的十九大精神宣讲团在绿原国有资产经营集团有限公司宣讲。

△ 王建军主持召开第二师铁门关市土地管理委员会2017年第7次会议，审议通过国有建设用地使用权6宗出让及10宗划拨供地方案；通过二师铁门关市（铁门关经济工业园区）2017年第十一批次等12个批次转用方案；通过铁门关市鑫晶光伏项目等4个单独选址项目报批方案；通过三十七团申请退出玉缘休闲健身公园建设项目部分划拨土地使用权报批方案。

2日 第二师铁门关市召开PPP项目推进会。吴彬出席会议并讲话。

3日 第二师铁门关市召开国资国企改革推进会。吴彬出席会议并讲话。

4日 第二师铁门关市青年干部培训班学习贯彻党的十九大精神暨赴内地考察学习情况汇报会在师市党委党校举行。吴彬出席会议并讲话。

△ 第二师铁门关市司法局、公安局、民政局、妇联等单位和部门联合开展以"学习贯彻党的十九大精神，普及宪法知识，弘扬宪法精神"为主题的法治宣传活动。

5日 第二师铁门关市工商联获评2017年度全国"五好"工商联。

6日 第二师铁门关市首届青少年国语大赛在华山中学拉开序幕。此次活动以"不忘初心，牢记使命，认真贯彻落实党的十九大精神"为主题，由师市团委主办，师市统战部、教育局、华山中学协办，师市17所学校的51名中小学生参加比赛。

7—8日 2017全国少年儿童海洋教育论坛在华山中学音乐厅开幕。此次论坛以"发展特色海洋教育，培养内陆海洋意识"为主题，旨在贯彻党的十九大提出的"坚持海陆统筹，加快建设海洋强国"要求。阿迪力·卡德尔到会祝贺。

11日 第二师铁门关市学习贯彻党的十九大精神专题培训班在师市党委党校开班。吴彬出席开班仪式并讲话。

13日 第二师铁门关市文明委召开全体会议。吴彬主持会议并作重要讲话。

△ 吴彬主持召开师市党委党建工作领导小组会议。会议强调，要紧紧围绕社会稳定和长治久安总目标，树立新理念、适应新常态、展现新作为、实现新突破，以更加昂扬的斗志、更加扎实的作风，奋力推进师市党建工作再上新台阶。

△ 第二师铁门关市举行民族团结"结亲周"活动启动仪式。阿迪力·卡德尔出席仪式并讲话。

△ 第二师铁门关市工商联举办非公有制经济发展培训班。师、团工商联企业家协会、民营企业管理人员、非公有制经济人士代表70余人参加培训。

△ 中国建设银行巴州分行巴音西路支行携手金三角商贸集团有限公司举办"贯彻十九大精神，银企携手共促小微企业大发展"党建主题金融产品讲座暨金三角商圈慧兜圈业务签约仪式。

15日 第二师铁门关市第一期学习贯彻党的十九大精神专题培训班结业，师市97名团处级干部参加专题培训。

△ 第二师铁门关市安监局、建设局、公安局等部门召集师市区域内建筑施工企业和施工项目负责人进行集中约谈，通报近期施工现场火灾事故，严格施工现场消防安全管理措施。

17日 吴彬在第二师域内开都河、黄水沟河段巡河调研，实地了解师市推行河长制工作落实情况及管辖河段水文情况。

△ 吴彬走访慰问二二三团生活困难的职工群众，并宣讲党的十九大精神和惠民政策，为贫困职工群众脱贫致富出谋划策，增强他们对全面建成小康社会的信心和决心。

18日 第二师铁门关市机关首批民族团结"结亲周"活动干部座谈会在二二三团机关召开。吴彬主持座谈会。

△ 吴彬到二二三团对该团教育、医疗卫生事业和扶贫项目进行调研。

△ 第二师铁门关市团场综合配套改革精神辅导报告会在二二三团召开。

△ 第三届"屯南杯"校园师生技能大赛在第二师华山职业技术学校开幕，大赛由华山职业技术学校与巴州红旗技校共同举办，大赛共设7个竞赛项目，14个代表队73名师生参加大赛。

19日 吴彬到二十二团和焉耆医院，对团场教育和医疗卫生事业发展情况、综合配套改革试点工作开展情况、焉耆医院发展规划等情况调研，并看望慰问河北对口援疆医生和二十二团教育工作者、医护人员和生活困难群众。阿迪力·卡德尔、周爱武参加调研活动。

20—22日 第二师铁门关市团委举办2017年在岗大学生西部计划志愿者中期培训班，对80余名在岗志愿者进行党的十九大精神、公文写作、政务礼仪等内容培训。

21日 国家义务教育全面改革督导检查专家组国家督学、海南省教育学会会长石秀慧女士到第二师华山中学高中校区调研。

△ 第二师铁门关市第二期学习贯彻党的十九大精神专题培训班结业，师市84名团处级干部参加为期5天的专题培训。

22日 第二师铁门关市召开团场连队"两委"选举工作汇报交流暨培训会议。吴彬出席会议并作重要讲话。

23日 第二师铁门关市举办基层通讯员培训班，300余名基层通讯员参加培训。

24日 第二师铁门关市2017年大学生"连官"岗前培训班在师市党委党校开班。

25日 第二师铁门关市第四期学习贯彻党的十九大精神专题培训班在师市党委党校开班。

26日 第二师华山职业技术学校教师蒲丽获首个兵团职业院校班主任基本功大赛一等奖。

是月 全国少年儿童海洋教育论坛在第二师华山中学举办。

师市概况

· 自然地理 ·

【位置面积】 第二师铁门关市位于天山之南、昆仑山之北的"华夏第一州"新疆巴音郭楞蒙古自治州（简称巴州）境内，地理坐标东经85°24′~88°30′，北纬39°30′~40°20′。师各团场自北向南依次形成焉耆、库尔勒、塔里木、且若四大垦区，分布在焉耆盆地和塔克拉玛干沙漠边缘。辖区土地总面积6990.43平方公里。

【地形地貌】 地形北高南低，北依天山，南部处于塔克拉玛干沙漠和库鲁姆沙漠的边缘地带。按地貌单元分为天山山间盆地、塔里木盆地东部、阿尔金山北麓冲积倾斜平原、车儿臣河冲积平原、阿尔金山山间谷地。焉耆山间盆地，地势从西北向东南倾斜，盆地边缘海拔1200米，最低地博斯腾湖海拔1047米；珠勒图斯山间盆地，海拔2400~2500米；塔里木盆地东部的平原地势由南向北缓斜，南部昆仑山脉北缘，海拔1400~2200米，北部天山南侧海拔1000米，东部最低的罗布洼地海拔780米。盆地周围是山麓带倾斜平原。

【气候】 第二师铁门关市各垦区地处北半球中纬度地带，亚欧大陆中心，四周远离海洋，南有青藏高原阻滞印度洋水汽北上，西有帕米尔高原，北有天山，阻滞西部大气环流补给南疆，深闭内陆，形成既不同于北疆，也与南疆西部不同的独特的极端干旱大陆性气候。以铁门关为界，全垦区气候有中温带（焉耆盆地）和暖温带（塔里木盆地）之分。气候的基本特点是日照时间长，光热资源丰富，降水少而蒸发量大，昼夜温差悬殊，冬寒夏热，春季增温快而不稳定，秋季短暂而降温迅速。北部天山山区属高寒的半湿润、半干旱气候；南部阿尔金山山区属于干旱、半干旱的藏北高原气候。高山地区，冷暖各半年，天气多变，雨雪较多，终年可见霜雪。极端最高气温44.3℃，极端最低气温-27.7℃，最大气温年较差可高达41.9℃。年均日照2502.3~2999.6小时，日照率为57%~68%。年均降水量为16.6~79.9毫米，降水主要集中在焉耆垦区和库尔勒垦区。年均蒸发量1899.4~2443.1毫米，相当于降水量的27~96.4倍。相对湿度为36%~59%。年均大风日数2~22天，平均风速1.3~3.9米/秒，最大风速为21.5米/秒。

三十三团葫芦岛景区（魏东 摄）

【行政区划】 第二师师机关驻地起初在焉耆，1960年搬迁到库尔勒市，铁门关市2012年成立后，师机关于2017年1月搬迁到铁门关市。至2017年末，下辖14个农牧团场、168个连队，1个县级市，有博古其镇、双丰镇2个建制镇。第二师自北向南依次形成焉耆、库尔勒、塔里木、且若四大垦区。焉耆垦区有二十一团、二十二团、二十四团、二十五团、二十七团、二二三团6个团场；库尔勒垦区有二十九团、三十团2个团场；塔里木垦区有三十一团、三十三团、三十四团3个团场；且若垦区有三十六团、三十七团、三十八团3个团场。

（史志办）

自然资源

【土地资源】 2017年，第二师土地总面积699043公顷，其中农用地总面积423065公顷，建设用地总面积25918公顷。 （史志办）

【水利资源】 第二师铁门关市深处大陆腹地，远离海洋，四周高山环抱，降水稀少。为保证农业灌溉、引蓄洪水和冬闲水，师市进行了大规模的水利建设。截至2017年底，二师已建成水库3座，其中大（Ⅱ）水库1座，库容1.61亿立方米；小（Ⅰ）型水库2座，库容0.02亿立方米；总库容1.63亿立方米。已建成小（Ⅰ）型水电站5座，总装机容量11430千瓦。已建成泵站（含节水工程首部）510座。堤防建设长度374.96千米，堤防保护人口10.06万人，保护耕地面积3.72万千公顷。按有效灌溉面积划分，666.7公顷（万亩）以上灌区6处，其中33333.3公顷（50万亩）以上灌区2处，3333.3—20000公顷（5万~30万亩）灌区4处。河道上建有水闸13座。干、支、斗渠道长度5047公里。全年有效灌溉面积7.882万公顷（118.23万亩），其中高新节水灌溉面积6.964万公顷（104.46万亩）。水利工程供水量10.84亿立方米。按供水用途分，农业灌溉用水9.96亿立方米，工业生产用水0.22亿立方米，城镇生活供水0.12亿立方米，乡村生活供水0.016亿立方米，生态环境供水0.39亿立方米。按供水方式分，地表水供水量10.04亿立方米，机电井提水量0.81亿立方米。

（张德文）

【生物资源】 第二师铁门关市北依天山，南部处于塔克拉玛干沙漠和库鲁姆沙漠的边缘地带。野生动物兽类有野驴、野牛、藏羚羊、马鹿、雪兔、北山羊、野猪等十余种，其中马鹿部分已被驯化饲养；野生动物禽类有高山雪鸡、水鸡、白鹭、灰雁、麻雀等14种；野生动物鱼类有吻鱼（俗名大头鱼）、裂腹鱼（尖嘴鱼）等2科8种；野生动物昆虫类有食牙蝇、寄生蝇、蜜蜂、蝴蝶等。野生木本植物山区主要有雪岭云杉（天山云杉）、山杨、天山桦、河柳、白榆等；平原主要有胡杨、新疆杨、沙枣、红柳、白刺等；药用植物主要有紫草、党参、地榆、羌活、马齿苋等，主要分布于山区和河涧渠沟。（史志办）

【矿产资源】 第二师铁门关市所在的巴州地区，矿产资源丰富，因受地层结构及岩石等地质条件的控制，多分布在山区及平原丘陵地带，地质勘探程度很低。至2017年，师市已开发利用的有石棉、煤、蛭石、石灰岩、饰面大理石、石膏、铁、锰、芒硝、陶土、黏土、白云石、滑石、片石、米石等。（史志办）

· 旅游资源 ·

【综述】 第二师铁门关市旅游资源丰富奇特，有自然旅游、工业农业观光体验旅游、军垦红色旅游和生态旅游。至2017年末，师市有旅游企业4家，国家3A级景区1个，旅游4星级酒店1家，旅行社5家（出境社1家）。
（史志办）

【旅游特色景点】 第二师境域及周边旅游资源丰富，依托水、山、沙漠自然生态，有博斯腾湖及以湖为依托的莲花湖、阿洪口、大河口、金沙滩、银沙滩、天格尔岛，铁门关水电站、罗布人村寨、恰拉水库、大西海子水库、楼兰古城、胡杨林公园等旅游资源。

· 历史沿革 ·

【解放战争时期】 1946年6月，八路军一二〇师三五九旅中原突围，于9月中旬返回延安。根据中央军委扩大部队应对内战的指示，王震司令员请求中央军委从三五九旅抽调一批干部和晋绥军区的38名干部共321人组成干部大队，在张仲瀚、曾涤的率领下，从延安出发，到山东渤海地区组建新旅。至1947年2月，在山东商河、宁津、匡五、临邑征集参军青年5800多人。1947年2月25日，山东渤海军区教导旅在阳信宣告成立，下辖一、二、三团，张仲瀚任旅长，曾涤任政委。1947年5月，在惠民地区各中学招学员300余名，陈毅司令员将华东军政大学胶东分校1个队的100余名学员输送给教导旅；10月，华东军区将惠民独立团1191人、鲁中和华东解放军军官总队593人拨归教导旅，教导旅人员总数达8300余名。1947年11月，渤海教导旅全部到达河北武安，归入西北野战军建制，改称中国人民解放军西北野战军第二纵队独立第六旅；1949年2月，中央军委将独六旅统编为中国人民解放军第一野战军一兵团二军步兵第六师，张仲瀚任师长。

【进军新疆时期】 1949年9月16日，步兵第六师主力由西宁出发，翻越祁连山，27日抵达甘肃张掖。1949年9月25日，国民党新疆警备司令陶峙岳、新疆省政府主席包尔汉通电起义，新疆和平解放。1949年10月5日，彭德怀、王震在张掖大校场向六师、十七师指战员作进军新疆的动员，由师长张仲瀚率50余人先遣队先期入疆（于11月5日到达焉耆）。1949年10月6日，六师炮兵营170人组成的骡马队从张掖出发，于11月25日到达焉耆；12月12日，六师十八团由玉门首批入疆，12月28日到达焉耆；12月15日，六师骑兵团从敦煌出发，于1950年1月6日到达若羌。1950年1月26日，六师主力部队挥师西进，于2月7日到达焉耆。

【新疆发展时期】 1950年12月17日新疆军区成立后，第六师归属新疆军区。1953年2月，部队整编转业，6月5日，改称中国人民解放军新疆军区农业建设第二师，师部驻焉耆县，1960年

9月移驻库尔勒。1954年10月，新疆军区生产建设兵团成立后，农二师归属兵团建制。1975年3月，兵团体制撤销，农二师5月并入巴州，组建巴州农垦局。1981年12月，兵团体制恢复，1982年4月1日，撤销巴州农垦局，恢复新疆生产建设兵团农业建设第二师番号。2012年12月，更名为新疆生产建设兵团第二师。2012年12月29日，铁门关市挂牌成立。2017年1月师部移驻铁门关市，距乌鲁木齐公路里程537千米。2017年，第二师土地总面积699043公顷，其中农用地总面积423065公顷，建设用地总面积25918公顷。下辖14个农牧团场，168个连队，有55家直属国有工交建商企业、1家上市公司、1家省级工业园区和19个科教文卫事业单位。2017年末总人口21.48万人，比上年增长8.57%，其中少数民族0.98万人；人口自然增长率-0.37‰；年末从业人员9.64万人，其中在岗职工4.2万人。　　（史志办）

·领导机构团体领导人名录·

中共第二师委员会、第二师

党委第一书记、第一政委：

李建国（巴州党委书记，巴音郭楞军分区党委第一书记，第二师党委第一书记、第一政委，3月离任）、李刚（巴州党委书记，巴音郭楞军分区党委第一书记，第二师党委第一书记、第一政委，3月任职）

党委书记、政委：

·黄金忠（4月离任；9月受到留党察看一年、行政撤职处分）

吴　彬（女，5月任职）

党委副书记、师长：

吴　彬（女，5月离任党委副书记）

党委常委、副师长：

樊成华（援疆干部）

陆　林（5月离任）

党委常委、副师长、政法委书记：

吴　洮（9月离任党委常委、副师长；11月离任政法委书记）

党委常委：

李金平（8月任职）

党委常委、副师长：

王木森

党委常委、副政委、组织部部长、党校校长：

孙志敏

党委常委、纪委书记：

黄少峰

党委常委、副师长：

王建军

党委常委、副政委：

阿迪力·卡德尔（维吾尔族）

党委常委、副师长：

牛景峰（援疆干部，3月离任）

周爱武（援疆干部，4月任职）

党委常委、副师长、政法委书记：

张新宁（9月任党委常委、副师长；11月任政法委书记）

党委常委，人武部党委书记、政委：

段小强

总农艺师：

祁建荣（蒙古族）

中共铁门关市委员会

市委书记：

黄金忠（3月离任，9月受到留党察看一年、行政撤职处分）

吴　彬（女，8月任职）

市委副书记：

吴　彬（女，8月任职）

市委常委：樊成华（援疆干部）、陆　林（5月离任）、吴　洮（10月离任）、李金平（10月任职）、王木森、孙志敏、黄少峰、王建军、阿迪力·卡德尔（维吾尔族）、牛景峰（援疆干部，5月离任）、周爱武（援疆干部，5月任职）、张新宁（10月任职）、段小强

　　（党委组织部）

铁门关市人民代表大会常务委员会

人大常委会主任：

范筱芹（女）

人大常委会副主任：

芦河水

黄　林

人大常委会办公室主任：

孙　岩（11月退休）

人大常委会代表人事工作委员会主任：
时新芝（女）

铁门关市人民政府
市　长：吴　彬（女）
副市长：李金平（12月任职）、李　洋、崔建文、邹丽燕（女）、管志民（援疆干部，5月离任）、王雷、刘天雄

中国人民政治协商会议铁门关市委员会
政协主席：
杨志成
政协副主席：
王春瑞（2月任职）
隋建鹏
王翠平（女）
政协办公室主任：
陈　斓（女）
政协教文体卫史委员会主任：
康庆久
　　　　（党委组织部）

·机关部门及直属机构领导名录·

党委、师市秘书长
李　洋（11月离任）
丁新民（11月任职）

纪律检查委员会、监察局
书记：
黄少峰
副书记、监察局局长：
陈新奉
副书记：
关　超
纪委常委：
管梅珍（女）
何　勇
纪委（监察局）常委：
崔　茹（女）
何小军

党委巡察办
主任：
隋健鹏（9月任职）

党委办公室、办公室（外事局、侨务办公室）
主任：
李建国（11月离任）
副主任：
宋维程（兼外事局副局长）
姚　伟（11月离任）
李新河（11月任职；2018年9月免职，降为科员）
调研员、信访局局长：
王玉江
信访局副调研员：
麦合木提江·麦地热依木（维吾尔族）
机关事务管理局局长：
聂　勇
副调研员：
余红京（5月离任）
副调研员（财务科科长）：
金　琳（女）
旅游局局长：
薛金龙
调研员、机要局局长：
湛正莲（女）
副调研员：
金　花（女，11月退休）
保密局局长：
顾　磊（女）
史志办主任：

张振华（11月任职）
档案局局长：
巩春元

组织部（老干局）
部长：
孙志敏（兼）
常务副部长：
康学贵（11月任职）
副部长、调研员、老干局局长：
马　玲（女，11月免职）
副部长：
钟吟棠（女）
李聪辉（2月任职，援疆干部）
冯　刚（11月任职、兼）
李少武（11月任职）
调研员、老干局局长：
辜丽香（女，11月任职）
人事局副局长：
马　玲（9月免职）
老干局副调研员：
鞠爱华（女）

宣传部（文化广电局、新闻出版局、文明办）
部长（局长、主任）：
辜丽香（女，11月离任）
栾雪辉（12月任职）
副部长（副局长、副主任）：
周成年
张振华（11月离任）
熊红红（女，11月任职）
调研员：
谭三强（11月任职）

统战部（民族宗教事务局、台湾事务办公室）
部长：

隋健鹏（9月离任）

梁永（9月任职；2018年6月，给予留党察看一年，行政撤职处分，降为科员，处分期24个月）

政法委（综治办、610办）

副书记（主任）：

夏虎成（9月离任）

杨义晓（9月任职）

副主任：

姚伟（11月任职）

杨生卫

副调研员：

石洪青

办公室主任：

赵志勤（11月退休）

政研室

主任：

丁新民（11月离任）

张少杰（11月任职）

副主任：

张少杰（11月离任）

编办

主任：李莉（女）

党工委

书记：

任岩（11月退休）

李建国（11月任职）

调研员：

樊国华（8月退休）

党委党校

校长：

孙志敏（兼）

常务副校长：

熊学海

副校长：

陆新燕（女）

杜娟（女）

国资委

主任：

李建国

副主任：

冯家乐

田彦军（2月任职，援疆干部）

黄可

发改委

主任（局长）：

王军辉

副主任，铁门关市价格认证中心主任：

汤伟东

副主任：

徐亚军

王晓奕（女，2月任职，援疆干部）

安全生产（煤炭安全）监督管理局

局长：

陈增和（6月退休）

副局长（主持工作）：

李捍东（9月任职）

副调研员：

任茂林（9月退休）

安全生产执法监察支队支队长：

李捍东（9月离任）

工信委

主任：

刘冰

副主任：

王志

李跃华（2月任职，援疆干部）

教育（体育）局

局长：

刘丽华（女）

副局长：

李贤良

督导室主任：

孙锡铭

调研员：

刘向伟（12月退休）

科技局

局长：

陆江立（壮族，11月离任）

民政局

局长：

梅军良（11月退休）

王宗胜（11月任职）

社区指导办主任：

郭永力（2018年11月免职，降为正科级非领导职务）

副调研员：

依·山加甫（蒙古族）

财政局

局长：

唐英洁（女，11月离任）

副局长，铁门关市国库集中支付中心主任：

鲁军

副局长：

牟应锦

侯延刚（2月任职，援疆干部）

副调研员：

江东霞（女）

人力资源和社会保障局

党组书记：

冯刚（9月任职）

局长：

冯　刚

党组成员、副局长：

梁陆鸿（援疆干部，9月任职）

党组成员、副局长、调研员、社会保险事业管理局局长：

王宗胜（11月离任）

副局长：

张新德（9月退休）

党组成员、副调研员：

蒲家伦

国土资源管理局

党组书记、局长：

马　哲（1月离任）

王　江（1月任职）

党组成员、纪检组长、调研员：

封杰元（1月任职）

党组成员、副局长，师市不动产登记管理中心主任：

费增敏（女）

党组成员、副局长：

郎　华（1月任职）

调研员：

杜玉田（2月离任）

建设（环保）局

局长：

史庭珍

副局长：

尚　青（女，2019年3月，因违纪违法被开除党纪、开除公职）

王克新

罗立新（2月任职，援疆干部）

交通局

党组书记、局长：

黄　伟

党组成员、副局长：

王志刚

党组成员、路政管理局（海事局）局长：

丁继刚（回族）

水利局

局长：

余　仲

副局长：

熊　英（女）

副调研员：

穆黎平（女，10月退休）

副局长、调研员：

陈　彬（11月任职）

农业局

局长：

周成军

副局长：

陈更新

姚　明

常宏伟

李献峰（2月任职，援疆干部）

副调研员：

李　萍（女，11月退休）

文　武（女）

森林公安局局长：

李叶春

商务局

局长：

安瑞明（11月退休）

徐　鹏（11月任职）

副局长：

赵雪峰（2月任职，援疆干部）

招商局

副局长：

甘蔚然

卫生局

副局长：

陈焕新

人口计生委

主任：

邹丽燕（女）

计划生育指导中心主任：

黄　伟（女）

审计局

局长：

黄　燕

副局长：

金银花（女，11月退休）

副调研员：

吴志科

统计局（国家统计局第二师调查队）

局长、队长：

张　勇

副局长：

张　鹏（9月退休）

援疆办

主任：

张国平（8月退休）

工会

党组书记、主席：

梁　永（9月离任）

胡　骏（女，11月任职）

副主席、调研员：

胡骏（女，11月离任）

副调研员：

张艺

团委

副书记：

何龙

妇联

主席：

薛穗花（女）

副主席：

史巧兰（女）

工商联

主席：

徐鹏（11月离任）

残联

理事长：

邓小东

副调研员：

王黎

科协

主席：

陈彬（11月离任）

陆江立（11月任职）

公安局

党委书记、局长、督察长：

彭勇（7月免职，降为副处级非领导职务；11月退休）

杨义晓（9月任职）

党委副书记、副局长、调研员：

周志勇

党委委员、副局长：

艾尼·买买提（维吾尔族）

王鹏

靳志恒（2月任职，援疆干部）

党委委员、纪委书记、政治处主任：

张静荣

检察分院

党组书记、检察长：

张建新（4月离任，9月党组书记离任）

汪新民（4月任检察长；9月任党组书记）

党组成员、副检察长：

王炼

党组成员、副检察长、纪检组长：

金波

党组成员、纪检组组长、职务犯罪侦察局局长：

关超（9月离任）

专职检委：

曹炜

中级法院

党组书记、院长：

毛国强

党组副书记、副院长：

王焉凌

党组成员、副院长、纪检组长：

魏新虹（6月离任）

党组成员、副院长、政治部主任：

刘飒

司法局

党组书记、局长：

张勇（9月离任）

党组成员、副局长：

刘民

党组成员、纪检组长：

贾凡

监狱管理局

党委书记、政委：

何刚

党委副书记、局长：

王晨江

党委委员、副局长：

王栋

党委委员、纪委书记：

冯永光

党委委员、政治处主任：

吴献明

调研员：

李渤海

杨旭

（党委组织部）

·2017年第二师国民经济和社会发展概况·

【经济建设】 2017年，第二师完成生产总值138.18亿元，比上年增长9.4%。其中，第一产业增加值40.9亿元，增长8.6%；第二产业增加值60.88亿元，增长8.3%；第三产业增加值36.4亿元，增长12.4%。三次产业占生产总值比重为30∶44∶26，第二产业比重超过第一产业14个百分点；三次产业对经济的贡献率分别为27%、39.8%和33.2%，分别拉动经济增长2.5、3.8和3.1个百分点；人均生产总值64330元，增长1.65%。

【农业】 2017年，第二师实现农林牧渔业总产值90.08亿元，比上年增长8.7%，其中，农业总产值70.60亿元，增长8.5%；林业总产值0.77亿元，下降7.7%；畜牧业总产值13.34亿元，增长9.0%；渔业总产值1亿元，增长24.3%；农林牧渔服务业总产值4.36亿元，增长10.8%。农业增加值42.65亿元，增长8.7%。

是年，第二师农作物播种面积（含复播）88527公顷，增长0.3%。其中，粮食种植面积9247公顷，下降25.4%；棉花种植面积39480公顷，增长9.0%；甜菜播种面积1673公顷，下降48.2%；蔬菜种植面积（含菜用瓜）18540公顷（其中：工业用番茄5140公顷，下降15.1%；工业用辣椒10847公顷，增长46.9%），增长14.2%。全年粮食产量7万吨，下降25.8%；棉花产量10.14万吨，增长8.5%；甜菜产量14.40万吨，下降48.6%；工业用番茄产量66.06万吨，下降5.2%；工业用辣椒（鲜椒）产量48.68万吨，增长52.0%。2017年，粮食每公顷产量为7560千克，棉花（皮棉）为2565千克，甜菜为79.8吨，工业用番茄为132.45吨，工业用辣椒（鲜椒）为44.85吨。

年末牲畜存栏头数为64.48万头（只），比上年下降2.0%；年内牲畜出栏80.48万头（只），增长7.6%；肉类总产量4.46万吨，增长14.8%；羊毛总产量1039吨，增长7.6%；奶类产量1.92万吨，增长6.8%；禽蛋产量0.83万吨，增长80.8%。年末存栏鹿1.71万头，增长2.6%；鹿茸产量25.4吨，增长11.4%。全年水产品产量0.71万吨，增长35.2%。

年末实有水果种植面积30920公顷。水果产量40.56万吨，增长8.4%。全师当年共完成造林建园面积2060公顷。

农作物精量半精量播种面积43480公顷，其中棉花精量播种面积39333公顷。农作物种子包衣播种面积63100公顷，农作物测土配方施肥面积73200公顷。

有效灌溉面积78820公顷，其中高新节水灌溉面积69640公顷。

年末农业机械总动力37.65万千瓦，比上年下降1.2%。其中大中型农用拖拉机4423台，增长0.9%；小型拖拉机1670台，下降19.8%；农用排灌动力机械6.59万千瓦，增长1.9%；农用运输机械0.78万千瓦，下降2.5%。全年化肥施用量（折纯）6.59万吨，下降7.7%，农场用电量2.53亿千瓦时，增长1.7%。

种植业耕、种、收综合机械化率97.9%，畜牧业机械化水平47%，园艺业机械化水平68%。畜禽良种推广覆盖率达到81%，养殖粪污资源化利用率达到79%。

年末各级农业产业化龙头企业10家。其中，国家级1家，兵团级9家；销售收入过10亿元的有1家。龙头企业带动农户3.89万户。"三品一标"（即有机农产品、无公害农产品、绿色食品和农产品地理标志）认证产品累计数量56个，其中无公害农产品认定19个。

【工业】 2017年，第二师完成工业增加值42.52亿元，比上年增长7.6%。实现工业总产值159.99亿元，增长4.3%。其中，规模以上工业总产值142.70亿元，增长3.8%，占全师工业总产值比重为89.2%；规模以下工业总产值13.26亿元，下降16.4%，占全师工业总产值比重为8.3%。个体工业总产值3.92亿元，下降2.1%，占全师工业总产值比重为2.5%。规模以上工业产销率94.6%，下降2.9%。

【建筑业】 2017年，第二师5家资质以上建筑企业签订合同金额92.64亿元，比上年增长9.92%。其中，本年新签合同额74.94亿元，下降88.9%。完成施工产值81.60亿元，增长9.98%。竣工产值34.54亿元，增长3.19%。全年房屋建筑施工面积259.61万平方米，下降7.01%。其中，是年新开工面积166.90万平方米，下降6.44%。房屋建筑竣工面积124.05万平方米，增长6.57%。全员劳动生产率356177元/人，增长7.25%。建筑企业全年上缴税金1.83亿元，下降0.35%。

【固定资产投资】 2017年，第二师全年计划总投资额500万元以上的项目完成固定资产投资总额152.29亿元，比上年增长16.9%。按三次产业分，第一产业完成投资19.99亿元，增长20.7%；第二产业完成投资53.46亿元，增长56.2%，全部是工业投资；第三产业完成投资78.85亿元，下降0.8%。

是年，房地产开发投资2.78亿元，下降35.5%，降幅明显。商品房销售面积14.05万平方米，增长11.6%，涨幅急速减缓。其中住宅销售面积9.1万平方米，下降10.4%；商品房销售额59561万元，增长41.5%。商品房待售面积22.61万平方米，增长25.1%。

全年完成工业投资53.46亿元，增长56.2%，其中，制造业完成投资42.70亿元，增长103.3%；电力、燃气及水的生产和供应业完成投资8.40亿元，下降32.3%。

全年完成交通运输、仓储和邮政业投资18.68亿元，增长19.9%。新建改扩建公路56千米。

全年完成农业灌溉服务工程投资7.27亿元，增长28.0%。

全年5000万元以上计划投资项目146个，完成固定资产投资85.35亿元，占全师投资比重的56.0%；其中计划投资超过1亿元的项目90个，完成固定资产投资额67.31亿元，占全师投资比重的44.2%。2017年新开工1亿元以上项目51个，完成固定资产投资54.30亿元，占全师的35.7%。

是年，固定资产投资建设资金来源总额101.17亿元，增长20.1%，其中本年资金66.64亿元。

全年新增固定资产244.82亿元，增长112.2%。新建改扩建公路135千米，棉纺锭55万锭。

【国内贸易】 2017年，第二师实现社会消费品零售总额68.5亿元，比上年增长12.9%。其中，批发零售贸易业零售额为60.3亿元，增加6.7亿元，增长12.5%；住宿和餐饮业零售额8.2亿元，同比增长15.5%。

全年批发零售贸易业商品购进总额159.1亿元，增长18.1%，其中限额以上批发零售贸易业商品购进总额110亿元，增长23%。批发零售贸易业商品销售总额171.9亿元，增长18.6%，其中限额以上批发零售贸易业商品销售总额119.9亿元，增长22.2%。年末批发零售贸易业商品库存总额20亿元，增长21.9%，其中限额以上批发零售贸易业商品库存总额13.4亿元，增长24.1%。

【对外经济】 2017年，第二师实现进出口总值8088.26万美元，比上年增长57.31%。其中，实际出口总值8020.15万美元，增长57.94%。进口总值68.11万美元，增长7.29%。

【招商引资】 2017年，第二师落实招商引资项目242个，到位资金73.85亿元，其中铁门关市招商引资项目72个，到位资金38.92亿元。

【对口援疆项目】 2017年，第二师各类援疆项目年度计划总投资2.3567亿元。其中，安排援疆资金1.3942亿元；产业援疆计划总投资56.9亿元。共实施各类援疆项目32个，其中，固定资产投资类项目22个，累计完成投资24911万元，占年度总投资的106%，项目开工率达100%；非固定资产投资类项目10个，项目均已实施。

【交通运输】 2017年末，第二师拥有民用汽车12133辆，比上年增长14.9%。其中，载客汽车8854辆，增长17.2%；载货汽车2546辆，增长12.0%；其他汽车733辆，下降0.4%。

全年完成客运量1805.02万人，增长9.9%；旅客周转量75571.07万人千米，增长12.4%；完成货运量3826.09万吨，增长23.6%；完成货物周转量221594.14万吨千米，增长27.6%。全年公路运输业营运业务收入87804.64万元，增长13.0%。全年个体公路运输业完成客运量1687.66万人，增长9.4%，个体完成旅客周转量72749.22万人千米，增长12.1%，个体完成货运量3752.4万吨，增长23.7%，个体完成货物周转量217183.06万吨千米，增长29.6%。个体公路运输营运业务收入84605.64万元，增长18.1%。个体客运周转量和货物周转量分别占全社会客运周转量和货物周转量的96.2%和98%。

【旅游】 2017年末，第二师有旅游企业4家，国家3A级景区1个，旅游4星级饭店1家，旅行社5家（出境社1家）。全年旅游直接就业人员281人，间接就业人员1.09万余人。全年接待旅游者12.96万人次，比上年增长10%。旅游总收入4039.17万元，增长20.1%。

【金融】 2017年末，中国农业银行巴音郭楞蒙古自治州兵团支行人民币各项存款余额89.56亿元，比上年末增长12.87%，其中个人存款38.79亿元，增长2.2%；对公存款50.76亿元，增长22.64%。年末本币各项贷款余额29.64亿元，增长7.5%，其中短期贷款17.35亿元，增长3.2%；中长期贷款12.29亿元，增长14.3%。存贷差59.92亿元。

【保险】 2017年，第二师实现保险业务总收入3.19亿元，比上年增长12.48%。其中，农业险业务收入1.32亿元，增长8.67%；财产险业务收入1.34亿元，增长19.23%；意健险业务收入0.53亿元，增长6.61%。全年累计各类保险赔（给）付金额1.90亿元，增长14%。

【人口】 2017年末，第二师总人口为21.48万人，比上年末增长8.57%。家庭总户数8.4万户，平均每户家庭人口为2.57人。全年出生人口1149人，出生率为5.34‰；死亡人口1227人，死亡率为5.71‰；净增人口16963人，人口自然增长率为-0.37‰。

【就业】 2017年末，第二师在岗职工4.2万人，比上年末下降18.13%。城镇登记失业率为2.47%，全年累计实现新增就业13547人。

【人民生活】 2017年，第二师在岗职工工资总额33.69亿元，比上年下降4.5%。在岗职工职均工资54555元，下降1.8%。是年，城镇常住居民人均可支配收入36671元，增加2671元，增长7.9%，高出兵团增速0.2个百分点。团场降低社会保障缴费比例，转移性收入增长较快。连队常住居民人均可支配收入18105元，增加1318元，增长7.9%。

【社会保障】 2017年，第二师社会保险基金征缴总收入为10.85亿元，比上年增长17.26%，征缴率达100%。其中，征缴企业养老保险基金5.68亿元，增长25.27%，征缴率为100%；征缴机关养老保险基金1.36亿元，增长24.30%，征缴率为100%；征缴职业年金0.29亿元，下降34.56%，征缴率为100%；征缴医疗保险基金2.85亿元，增长18.32%，征缴率为100%；征缴失业保险基金0.22亿元，下降35.79%，征缴率为100%；征缴工伤保险基金0.13亿元，增长15.45%，征缴率为100%；征缴生育保险基金0.02亿元，下降70.68%，征缴率100%。全年支付离退休人员养老金21.47亿元，增长6.44%，离退休人员养老金社会化发放率和五项社会保险待遇拨付率均为100%。

自2017年7月1日起，最低生活保障标准由原标准382元/人·月提标为396元/人·月，重度残疾人433元/人·月，60周岁以上老年人483元/人·月，18周岁以下未成年人418元/人·月。截至是年末，全师低保人员3854户6815人，累计为88094人次发放低保金2731.6万元。重点保障对象4262人。其中，重度残疾人1733人，60周岁以上老年人1360人，未成年人1169人。保障对象全部按标准发放低保资金，其他低保人员根据低保有关政策差额享受。全师特困供养人员125人，其中全自理35人，半自理46人，全护理44人，累计发放补助资金113.16万元。临时救助累计11213户21795人次，合计发放638.2万元。

是年，师民生支出占公共财政预算支出93.3%。棚户区改造6600套，租赁补贴发放3660户。保障性安居工程累计完成投资3.81亿元。

【教育】 2017年末，第二师拥有中等职业学校1所，高级中学1所，九年一贯制学校22所，十二年一贯制学校1所，纯小学1所，幼儿园22所。在校小学生10828人，初中生6935人，高中生5228人。教职工人数3160人。其中，专职教师2449人，幼儿园在园幼儿及儿童3997人。小学、初中儿童少年入学率和升学率均达100%，普通高中计划招生率达到71.3%，高中阶段教育升学率达到100%。适龄儿童入园（学前班）率100%。学前教育阶段，免除保育费、读本费、补助伙食费301.46万元，资助学前学生3331人。义务教育阶段，免学杂费、免教科书费，家庭经济困难寄宿生生活补助424.5万元，资助小学生1518人，初中学生1565人。高中教育阶段助学金323.2万元，普通高校家庭经济困难新生入学项目资金10.3万元。中职免学费资金284.1万元，资助1547人；预拨中职国家助学金22.6万元，资助196人。高等教育援疆助学金38.4万元。

【科学技术】 2017年末，第二师共有各类专业技术人员1万人，各类科研及推广机构19个，从事科技活动人员和技术人员1147人。科技研发投入比重继续提升。全师全年科技研究开发等经费支出1.25亿元，其中获得国家及兵团拨款696万元。加快科技进步与创新，加快实用科技成果推广。全年组织实施各类科技研究、开发、推广项目90个，其中承担国家和兵团科技项目44个。组织实施师级科研开发推广项目（课题）46个。全年有24项科技成果通过鉴定或验收，其中技术水平达到国内先进水平的1项；自治区或兵团先进水平的3项。获兵团科技进步奖科技成果三等奖3项；获师科技进步奖13项，其中，一等奖2项，二等奖5项，三等奖6项。全年获得国家授权发明专利10项。师市科协分别获"第32届全国青少年科技创新大赛基层赛事优秀组织单位""兵团青少年科技创新大赛优秀组织奖"。师市连续8年，4次被兵团党委、兵团授予"科技进步先进单位"称号。

【文化】 2017年，第二师在中央级和省级新闻媒体刊用稿8348篇（幅）。其中，报刊稿件2166篇（幅），电视稿件1450篇，网络稿件4732篇。地师级稿件共8827篇（幅）。全年出版《绿原报》150期，发行报纸1.1万份。年末电视综合人口覆盖率为99.4%，广播综合人口覆盖率为99.64%。组织开展各类群众性文化活动110余场次，师市各级与地方县市、乡镇开展兵地文化联谊活动178场次，参与活动的师市职工与地方群众10万余人次。

【体育】 2017年，第二师印发《第二师铁门关市全民健身实施计划（2016—2020年）》，3月，组织举办铁门关市博古其镇职工马拉松比赛，师直机关、团场、企事业单位等200余人参赛；二十九团中学、三十团中学分别举办第二师铁门关市十五届中小学生田径运动会、第六届小学生校园足球赛；各学校积极组织"校园阳光体育足球班级联赛"；三十团中学成功申报"全国青少年校园足球特色学校"，并成为兵团开展国际足联Live Yours Goals活动承办学校。

【卫生】 2017年末，第二师拥有各类卫生机构241个。其中，医院21所，卫生所（室）151所，社区卫生服务中心2个，社区卫生服务站24个，疾病预防控制中心13个。床位总数1442张，卫生工作人员2930人。其中，卫生技术人员2618人，其中执业和执业助理医师828人，注册护士1129人。全师平均每千人拥有病床7.52张，平均每千人拥有卫生技术人员13.65人。基层疾病预防控制、卫生监管和突发公共卫生事件应急处置能力不断提高，团连卫生机构规范化建设覆盖率达到100%。建成连队甲级卫生室131个，卫生户厕7.14万座、建成中小学水冲式厕所14座。建立居民健康档案17.11万份。2017年，传染病报告发病率（甲乙类传染病）为289.60/10万，病死率为0.51/10万。婴儿死亡率为2.99‰，孕产妇死亡率0。

【社会服务】 2017年末，第二师包括老年公寓、综合福利院、养老院、精神福利院、日间照料中心等社会福利机构共计24家，其中是年新建10家。入住老人769人，养老床位数达35张/千人，基本满足师范围内机构养老需求。

【资源环境】 2017年末，第二师拥有水库3座，总库容1.63亿立方米。其中，大型水库1座，库容1.61亿立方米；小型水库2座，库容0.02亿立方米。按有效灌溉面积划分，建设667公顷以上灌区6处，其中3.33万公顷以上灌区2处，3333—20000公顷灌区4处。河道上建有水闸13座。

全年水利工程供水量10.84亿立方米。按供水用途分，农业供水9.96亿立方米，工业供水0.22亿立方米，城镇生活供水0.12亿立方米，乡村生活供水160万立方米，生态环境供水0.39亿立方米。按供水方式分，地表水供水量10.04亿立方米，机电井提水量0.81亿立方米。节水灌溉面积91250公顷。

全年规模以上工业企业综合能源消费量32.09万吨标准煤，比上年增长22.73%。其中，煤炭消费量53.54万吨，增长76.25%；汽油消费量663.34吨，下降8.80%；柴油消费量4141.62吨，增长14.63%；天然气消费量725.89万立方米，增长23.99%；电力消费量4.75亿千瓦时，增长12.60%，热力消费量56.44万吉焦，下降12.42%。（注：1吉焦=1百万千焦）

全年工业废水排放总量578.7万吨，工业废水中COD排放总量455吨。工业废气中二氧化硫排放总量849吨，工业烟（粉）尘排放总量653吨，工业固体废物产生量49.78万吨，工业固体废物综合利用量46.65万吨，下降1.31%；综合利用率93.7%，提高了1.2个百分点。

全年农作物受灾面积16200公顷，其中，成灾面积6553公顷；绝收面积1567公顷。全年自然灾害造成直接经济损失0.83亿元。其中，农业直接经济损失0.37亿元，受灾人口3.5万人次。

【安全生产】 2017年，第二师未发生生产安全死亡事故，各类事故指标均在控制范围之内，安全生产形势总体稳定、持续向好。

·2017年铁门关市国民经济和社会发展概况·

【概况】 铁门关市是自治区直辖县级市。铁门关，是南北疆交通的天险要冲、古"丝绸之路"中道的咽喉，为中国古代二十六名关之一，位于库尔勒市北郊8千米处。2012年，国务院批复同意自治区设立县级铁门关市，与兵团第二师实行"师市合一"管理模式。2016年2月29日，博古其镇和双丰镇挂牌成立。2017年，铁门关市行政区划由"一区二镇"组成，"一区"即二十九团中心城区和库西经济工业园构成的城市核心发展区，"二镇"即二十八团博古其镇、三十团双丰镇。2017年末，辖区土地总面积590.27平方千米（88.54万亩），其中农用地总面积403.27平方千米（60.49万亩），建设用地总面积25.04平方千米（3.76万亩）。年末总人口39781人，其中：汉族38948人、少数民族833人。

【经济建设】 2017年，铁门关市实现生产总值54.42亿元，同比增长13.1%，其中一产增加值9.74亿元，同比增长8.7%；二产增加值35.82亿元，同比增长11.26%；三产增加值8.86亿元，同比增长28.9%。三次产业结构为18∶66∶16。

【农业】 2017年，铁门关市完成农作物播种面积26.5万亩。皮棉总产4.2万吨、增长8.7%。果品总产10.06万吨，增长10.5%。设施农业面积2184亩，总产1.55万吨，增长20%。牲畜出栏21.5万头（只）、肉类总产1.53万吨，分别增长10%、8.5%。果蔬园艺业和畜牧业产值占比达到62.9%，增长2.9个百分点。建成农业产业化龙头企业6家，"三品一标"认证产品8个，其中无公害农产品认定3个。

【工业】 2017年，铁门关市实现工业增加值17.54亿元；同比增长9.64%。规上工业完成产值562807.2万元；同比增长6.3%，占全师工业产值的39%。

【建筑业】 2017年，铁门关市4家资质以上建筑企业签订合同额92.64亿元，比上年增长10.01%，其中本年新签合同额74.94亿元，同比下降88.9%。完成施工产值81.60亿元，比上年增长10.07%。竣工产值34.52亿元，比上年增长3.33%。全年房屋建筑施工面积259.61万平方米，同比减少6.78%，其中本年新开工面积166.15万平方米，同比下降6.57%。房屋建筑竣工面积115.73万平方米，同比增长7.19%。全员劳动生产率356358元/人，同比增长6.6%。建筑企业全年上缴税金1.82亿元，比上年下降0.21%。

【固定资产投资】 2017年，铁门关市完成固定资产投资64.93亿元，同比增长9.9%，占全师投资完成额的42.6%。其中第一产业完成2.79亿元，同比增长10.7%；第二产业完成19.99亿元，同比增长35.2%；第三产业完成投资42.16亿元，同比增长0.9%。房地产开发投资0.68亿元，比上年下降74.9%。商品房销售面积5.54万平方米，比上年增长73.3%，其中住宅销售面积0.59万平方米，同比下降22.5%；商品房销售额32839万元，比上年增长122.1%。商品房待售面积5.47万平方米，同比下降18.7%。

【服务业】 2017年，铁门关市实现社会消费品零售总额5.77亿元，较上年增长15.8%，其中批发零售贸易业零售额为4.7亿元，同比增加0.65亿元，增长16%；住宿和餐饮业零售额1.07亿元，同比增长14%。铁门关市从事批发零售、餐饮服务、客货运输的个体经营户2112家，增长2.3%。

【招商引资】 2017年，铁门关市招商引资项目72个，到位资金38.92亿元。

【交通运输】 2017年，铁门关市完成客运量492.71万人，比上年增长8.48%。旅客周转量37665.84万人公里，比上年增长9.84%，完成货运量1801.18万吨，增长38.48%，完成货物周转量117190.38万吨公里，增长45.06%。总周转量120956.96万吨公里，比上年增长43.63%。

【财政】 2017年，铁门关市完成地方一般公共预算收入15153万元，完成调整预算的100.19%，比2016年同口径（剔除置换债券收入与调入资金的影响）增长15.22%，其中：税收收入11747万元，完成预算的100.32%，同比增长-7.73%；非税收入3406万元，完成预算的99.74%，同比增长710.95%。自治区转移性收入662万元。政府性基金预算收入862万元，完成预算的100%，其中：国有土地使用权出让收入851万元，完成预算的100%。

【税收】 2017年，铁门关市实现国税收入8127万元；实现地税收入10678万元，其中一般预算税收收入7812万元。

【就业】 2017年，铁门关市"双创"工作扎实开展，建成兵团级众创空间1个，小微企业创业园和创业示范基地各1个。全年新增就业3312人，零就业家庭持续动态清零。

【文化】 2017年，铁门关市举办各类文化活动和演出活动130场次，惠及3.6万人次。铁门关广播电台（FM88.5）品牌效益不断提升，广播、电视综合人口覆盖率分别达到99.63%、99.32%。

【城市建设与管理】 2017年，铁门关市城市建成区面积由5.03平方公里扩大到5.64平方公里，扩大12%。城区地名规划方案获批，8个团场行政界限标线及拟设建制镇行政区划专名全面完成，博古其镇入选全国第二批特色小镇。铁门关市被列为国家PPP示范城市，铁门关—阿拉尔高速公路PPP项目示范段启动。铁门关市率先在兵团完成了城市及团场全域地理测绘工作，星宇纺织服装全产业链项目等产业援疆项目有力推进，保定高新技术产业开发区与铁门关经济工业园区协同打造的"冀铁产业新城"已着手规划设计。

是年，铁门关市市政管线环网形成，路网骨架基本成型、公共服务设施逐步完善。投入1.54亿元建成核心区供水排水供热主干管网、城区电网、孔雀路综合管廊、垃圾填埋场等基础设施。农业综合服务楼、医院门诊楼、工商业务楼、群众文化活动中心等交付使用。投资9950余万元的青少年活动中心、特勤消防站、质量监督楼开工建设。"四馆合一"已经布展。投入1.62亿元新建、改造道路6.2公里，环城南路、三五九旅大街、为民东街等9条道路建成使用，城市实现南北互通。开展市容环境品质优化活动，实施绿化、亮化、美化工程，完成绿化面积3131亩、绿化率37%，亮化率96%。

（史志办）

【工商行政管理】 2017年

末，铁门关辖区共有市场主体1818户，注册资本（金）1448842.95万元，较上年同期分别增长41%。其中：企业596户，注册资本（金）1424088.22万元，较上年同期分别增长56.4%、42%；个体1171户，资金数额7374.87万元，较上年同期分别增长35%、33%；农民专业合作社51户，成员出资额17379.86万元，较上年同期分别增长27.5%、11.8%。

是年，依据自治区工商局和二师推动大众创业万众创新的意见和方案，出台《铁门关工商局"双创"工作实施方案》。年内新设立登记市场主体549户，注册资本（金）431653.13万元，较上年同期分别增长94.6%、87.7%。其中：企业222户、个体工商户316户、农民专业合作社11户。共采集个体从业人员办理居住证信息156户次。

是年，铁门关工商局全面实施"多证合一"和个体工商户"两证整合"改革，共颁发"五证合一、一照一码"营业执照151份、"多证合一、一照一码"营业执照109份、个体工商户"两证合一、一照一码"营业执照476份。办理动产抵押登记9件，帮助企业融资13.66亿元；办理企业股权出质20件，融资1.2亿元。

是年，铁门关工商局严厉打击制假售假、虚假宣传、商标侵权等违法经营行为，共检查经营户847户次；扎实开展"三非"和"泛清真化"清理整治工作，共查获"泛清真化"食品19960件；积极开展"红盾护农"等专项检查，共检查农资经营户218户次，责令改正8户；加强合同格式条款监管力度，开展房地产、商品房买卖合同专项整治。今年以来，共立案4件，结案3件，罚没款3.6万元；"3·15"期间，将查获的8个大类、17个品种的假冒伪劣商品进行曝光并集中销毁，总货值4.08万元。今年以来，共受理并调解消费投诉9起，挽回经济损失4.4万元。"双随机"抽查任务，铁门关市被抽查市场主体共46户（其中：企业25户、个体21户），检查任务全部完成，检查率100%，公示率100%。

（苏梦君）

【铁门关市人民代表大会】
2017年，铁门关市有市级人民代表大会1个，镇人民代表大会尚未成立，有市人大代表共116人，市一届人大常委会组成人员15人。

是年，铁门关市人大召开一届五次会议，人大常委会召开常委会议7次。听取"一府两院"专项工作报告24项；听取审议了市政府关于就业工作、义务教育、社会保险等专项报告，共提出建议19条；确定了代表议案1件，批评、意见、建议42条，市政府对代表议案、建议回复率100%，议案、建议所提问题得到解决或基本解决18件，正在解决或列入计划逐步解决的22件，因条件限制暂时不能解决的3件，代表对政府办理议案建议工作的满意率达到98.96%；检查法律实施情况2部；开展专项视察、专项调研7次；做出决议决定26项；任命国家机关工作人员8人，免去职务10人，终止人大代表资格17人，补选代表9人。

（杨丹丹）

【政协铁门关市委员会】
2017年，政协铁门关市委员会有委员88人，其中常务委员16人。

是年，政协铁门关市委员会召开一届五次会议，常务委员会召开常委会议6次。一届五次会议期间收到各类提案81件，审查立案71件，平时收到提案4件，共75件，市政府办复率100%，满意率95.8%。其中，主席、副主席重点督办提案4件，办复率100%，满意率100%。

（陈 斓）

中国共产党第二师铁门关市委员会

· 组织 ·

【党组织建设】 截至2017年底,第二师铁门关市党组织共789个。党委42个(其中团场13个,企业16个,事业9个,机关4个);总支33个(其中团场20个,企业5个,非公企业2个,事业1个,机关5个);支部641个(其中团场356个,企业109个,事业111个,机关65个);党组22个(其中事业2个,机关20个);联合党支部48个(其中团场18个,企业5个,事业4个,机关21个);党工委2个,师市党委1个。党员17668人(其中预备党员444人,女性党员4805人,少数民族党员469人),公有制单位党员9818人(其中党政机关党员841人,事业单位党员1922人,企业单位党员7055人),非公有制单位党员204人,退休党员6742人,其他党员904人(主要为个体、企业下岗)。党员学历:研究生197人,大学本科3578人,大专4088人,中专1222人,高中及以下8583人。 （吴瑞琼）

【党代会会议】 2017年3月28日,在铁门关市机关报告厅召开了党代表会议,会议出席代表206名,以无记名投票方式选举产生40名二师铁门关市出席兵团第七次党代会代表。 （吴瑞琼）

【"两学一做"学习教育】 2017年,第二师铁门关市党委组织部深入推进"两学一做"学习教育常态化制度化,组织开展学党章党规、学系列讲话;发挥党委宣讲团职责,组织开展党的十九大、兵团第七次党代会、兵团深化改革等精神专题宣讲活动,在师市宣讲120余场次,受众干部党员3万多人。规范党委中心组学习、民主生活会、组织生活会、"三会一课"等制度,督促各单位党委制定《党委工作规则》《常委会工作规则》《书记专题会工作规则》和《行政常务会议议事规则》《行政专题会议议事规则》等,不断加强换届后各级领导班子思想政治建设。 （吴瑞琼）

【发挥兵团特殊作用大学习大讨论活动】 2017年,第二师铁门关市党委组织部组织开展"发挥兵团特殊作用大学习大讨论"活动，师市举办骨干培训班2期，各级党组织举办学习班1925场次、培训班466场次，13.6万名党员干部职工群众积极参与。在《绿原报》发行"发挥兵团特殊作用大学习大讨论"专刊10万份。293名处级干部、1949名副连级以上干部参加专题知识测试，合格率94.75%以上。

（吴瑞琼）

【七一慰问】 2017年，第二师铁门关市党组织为认真贯彻落实习近平总书记关于关心关爱基层党员干部的重要批示精神，切实把以习近平总书记为核心的党中央对基层党员干部群众的关怀和温暖送到广大党员干部的心里、人民群众的心坎上，按照兵团党委组织部要求和师市党委组织部《关于党费收缴工作专项检查中清理收缴党费使用有关问题的通知》安排，结合纪念建党96周年活动，制定下发《关于纪念建党96周年划拨党费开展扶贫帮困活动的通知》，帮扶慰问团场连队生活困难党员401人，下岗失业人员党员34人，曾经担任连队（社区）党组织书记、连长（主任）10年以上现已离任，生活困难的连队（社区）干部21人，因病致贫的特困群众481人，在反恐维稳斗争中英勇牺牲的党员干部家属1人，因公殉职的党员干部家属3人，新中国成立前入党、未享受离退休待遇的老党员2人，其他162人；共发放慰问资金150.30万元，其中兵团下拨资金42.66万元，师市下拨资金42.66万元，各单位承担64.98万元。15名师级领导干部带队对团场、企事业单位的53名需帮扶慰问人员进行了慰问。

（吴瑞琼）

【党建述职评议】 2017年2月19日，根据中组部的安排部署和自治区党委、兵团党委的具体要求，第二师铁门关市召开师市基层党委书记2016年度抓基层党建工作述职评议会，师市党委班子成员，铁门关市人大、政府、政协，各团场、企事业单位党委书记，分管党建工作的副职领导，政工办、党办（党群工作部）主任，师市党建工作领导小组成员，部分"两代表一委员"、部分连队、社区党支部书记共139人参会。会议包括4项议程，一是各团场党委书记、师直党工委书记分别述职，原师市党委书记、政委黄金忠同志逐一点评；企事业单位党委书记书面述职。二是签订2017年基层党建工作责任书。三是原师市党委书记、政委黄金忠同志作重要讲话。四是对党委书记抓基层党建工作进行民主评议。（吴瑞琼）

【基层组织阵地建设】 2017年，第二师铁门关市向兵团申报基层党组织阵地建设重点项目4个，申报资金332万元。

（吴瑞琼）

【基层党组织带头人队伍建设】 2017年，第二师铁门关市党委组织部坚持书记抓、抓书记，以抓实"关键少数"为手段，着力推进党组织书记"领头雁工程"，开展"能力提升之冬"专题培训，师市领导亲自授课，共培训党委书记、副书记等领导干部125人；运用党校党性教育平台，举办4期370人的党支部书记示范培训班，引领各单位相继开展培训，实现党支部书记全员轮训，党员干部素质明显提升。

（吴瑞琼）

【完善基层党组织书记考核机制】 2017年，第二师铁门关市党组织全面推行党组织书记任前承诺、年初承诺、双向述职评议制度，对党组织书记进行履职考核，增比进位排名，建立基层党组织书记末位淘汰制，对软弱涣散基层党组织书记进行组织调整，各级党组织书记和领导班子成员抓党建意识、落实管党治党责任的自觉性不断加强。坚持选优配强连队党支部书记，164个连队实现党支部书记大专以上学历97%，党支部委员大专以上学历85%，班子学历结构不断优化。（吴瑞琼）

【"访惠聚"工作】 2017年，第二师铁门关市党委选派106名干部组建25个工作队，进驻9个地方村16个连队，师团财务投入1178万元，保障25个工作队开展工作。各"访惠聚"工作队干部发挥各自优势，狠抓"1+3+5"目标任务落实，累计走访职工群众8轮次、化解矛盾纠纷562件，实施惠民项目78个、投入帮扶资金近4500万元；解决群众关心的热点难点问题806件，帮助村民建立专业合作社24个，组织劳务输出5.2万人次，增收近1500万元。成功举办兵团"访惠聚"工作现场推进会，推动"访惠聚"工作更加深入、更富实效。
（徐昌建）

【"访惠聚"工作表彰】 2017年，"访民情惠民生聚民心"驻连（村）工作在维护社会稳定、做好群众工作、建强基层组织、推进脱贫攻坚、促进兵地融合等方面做了大量艰苦细致、卓有成效的工作，赢得了各族职工群众和社会各界的广泛赞誉，涌现出了一批先进集体和先进个人。获自治区表彰的先进工作队1个，先进工作者5个；获兵团表彰的先进工作队3个，先进工作者15人，优秀组织单位2个；获巴州表彰的先进工作队3个，先进工作者5人，优秀组织单位1个；获师市表彰的先进工作队2个，先进工作者10人，优秀组织单位5个。
（徐昌建）

【大学生"连官"工作】 2017年，第二师铁门关市共计选聘大学生连官32人。由师市党委组织部、人力资源和社会保障局与大学生连官签订聘用合同，由师市党委组织部牵头、团场党委直接管理、连队党支部协助实施管理。2017年5月21—27日，组织3名大学生"连官"参加中组部举办的大学生村官创业培训班。师市党委组织部设立热线电话、QQ群，及时收集、受理、解决大学生连官反映的问题。向14个团场下拨经费390万元，落实大学生连官体检、保险、生活补助等各项待遇。2017年12月23—28日，师市党委组织部组织新招聘的大学生"连官"在师市党委党校集中培训5天，各团场采取跟班体验、基地实践、案例教学、结对子、一帮一等方式负责日常培训。
（徐昌建）

【抓党建促脱贫攻坚】 2017年，第二师铁门关市组织各团场党员创办领办致富项目125个，创办领办致富专项资金3121.7万元，致富带头党员259人。结对帮扶贫困户2570对，其中实现脱贫2282户。选派125名第一书记，落实第一书记工作经费303.12万元和扶贫资金224.24万元。（吴瑞琼）

【非公企业和社会组织党建】 2017年，第二师铁门关市共有私有企业585家、社会团体28家、民办非企业17家，其中党员人数3人以上的42家，3人以下的81家，没有党员的507家；单独建立党组织的13家，联合建立党组织的44家，未建立党组织的573家。（黄一睿）

【推动兵团深化改革】 2017年底，第二师铁门关市党委组织部围绕团场综合配套改革，坚持问题导向，开展专题调研5次，召开座谈会13场次。起草团场综合配套改革连队（社区）党支部选举工作、连队管理委员会选举工作等3个实施方案，并结合实际制定了选举工作手册，为团场综合配套改革顺利推进，扣好连队"两委"选举"第一粒扣子"打牢基础。 （吴瑞琼）

【国有企业党建调研】 2017年4月7日，为深入贯彻落实全国国有企业党建工作会议精神，进一步加强和改进师市国有企业党建工作，经第二师铁门关市党委同意，师市党委组织部在4月对师市8家国有企业工作情况进行了调研。 （吴瑞琼）

【党的建设和组织工作"六大工程"】 2017年，第二师铁门关市党委紧紧围绕全面从严治党总体要求，结合师市各级党组织和广大党员实际，提出了党的建设和组织工作"六大工程"，即增强"四个意识"、实施党员干部"思想引领工程"；抓好关键少数、实施党组织书记"领头雁工程"；树立党员形象、实施党员队伍"先锋模范工程"；注重能力培养、实施干部人才"素质提升工程"；抓实制度落地、实施党员干部"作风转变工程"；夯实基层基础、实施基层组织"固本强基工程"。 （吴瑞琼）

【"互联网+"党建服务云平台】 2017年，第二师铁门关市党委组织部运用新媒体，拓展基层党建工作新平台。在三十一团试点研发建设"云智慧党建管理服务系统"，搭建服务平台，开发手机APP，构建多功能、广覆盖的党建服务云平台。云智慧党建集成五大功能，即备案存储功能、积分管理功能、线上督查功能、线上服务功能、线上教育功能。通过系统的推广和应用，着力解决基层党支部主体责任不落实、组织活动不经常、落实制度不规范、支部书记履职尽责不到位、党员发挥作用不明显等突出问题，不断提升基层党组织教育、管理、监督党员和组织、宣传、凝聚、服务群众的能力。 （吴瑞琼）

【党员教育积分制管理】 2017年，第二师铁门关市党委组织部实施党员教育积分制管理，对党员的义务和行为分别设置责任清单、荣誉清单和负面清单，在积分制考核评分中，既注重履职尽责情况，又兼顾平时工作作风、工作业绩和行为规范，真正做到奖优罚劣，营造党员"争先进、当先锋"的浓厚氛围。并将积分结果与党员先锋岗争创活动有机结合起来，各单位共评选"双优""双强""双好""双带"先锋党员968名。 （吴瑞琼）

【党员组织关系管理】 2017年，第二师铁门关市党员组织关系共计转出336人，转入209人。按照兵团党委组织部关于开展党员组织关系集中排查工作的部署要求，根据《关于做好与党组织失去联系党员规范管理和组织处置工作的通知》要求，制定下发了《关于做好与党组织失去联系党员规范管理和组织处置工作的通知》，加强对流动、失联党员的排查和管理。 （吴瑞琼）

【党建理论研究】 2017年，第二师铁门关市党委组织部积极开展党建理论研究，形成一批质量较高的研究成果，上报兵团党建理论研究文章3篇、党建工作典型案例2个、在各类报刊网站发表党建理论文章34篇。 （吴瑞琼）

【干部队伍建设】 2017年，第二师管理各类干部11131人。其中，女干部4766人，少数民族干部457人。干部队伍的学历结构为：大专及以上学历10025人，占干部总数的90.06%；中专学历650人，占干部总数的5.84%；高中学历324人，

占干部总数的2.91%；初中及以下学历132人，占干部总数的1.19%。（李 杰）

【党的十九大精神教育培训】2017年，第二师铁门关市党委组织部于2017年11月26日至2018年1月16日，先后举办了7期专题轮训班，对第二师铁门关市领导及全体处级以上领导干部、部分科级干部、基层连队党支部书记和一线优秀党员共721人进行了集中轮训，其中师级领导干部16人，团处级领导干部423人。开展宣讲200余场次，受众干部党员、职工群众10万人次；各级党组织集中开展集中学习2380场次，师市各级党委（党组）中心组学习322次。

（李 杰）

【团场领导班子建设】2017年，第二师铁门关市完成四师托管三十六团移交工作。从团场选拔调整4名优秀干部到师市机关部门任职。截至2017年底，13个团场领导班子合计98名，副处级干部3名，总农艺师2名，总工程师2名，待安置团场干部10名；团场领导班子平均年龄47.31岁，配备全日制国民教育大学本科学历干部13人，各团场均至少配备女干部1名。（李 杰）

【师机关部门领导班子建设】2017年，第二师铁门关市党委组织部做好师市机关部门（单位）领导班子调整和配备工作，组织完成师市机关32个部门（单位）60名处级干部调整，提交3批处级干部任免提案，涉及提拔任职5人，平职转任22人，免去兼任职务1人，退休免职12人，调离免职3人，援疆干部任职8人，援疆干部免职9人。按照人事局、劳动和社会保障局职责机构整合要求，完成人力资源和社会保障局领导班子调整。

（李 杰）

【师市机关部门（单位）干部交流】2017年，第二师铁门关市机关及事业单位全年共交流处级干部25人，其中，师市内部同一层级不同性质单位之间交流23人，师市内部不同层级单位之间交流2人。（李 杰）

【师市党委管理的领导班子及领导干部考核定等】2017年，第二师铁门关市党委组织部收集审核第二师铁门关市党委管理的领导班子和领导干部2016年度考核、师市机关公务员2016年度考核有关材料，提出师市处级领导干部以及机关科级及以下公务员2016年度考核定等建议情况汇报，经部务会、师市党委常委会研究通过后下发了2016年度考核定等文件。改进考核办法、完善考核内容，制定《师市党委管理的领导班子和领导干部2017年度综合考核实施方案》，完成2017年度考核工作。（李 杰）

【优秀干部人才到团场挂职锻炼】2017年，第二师铁门关市党委组织部选派40名全日制本科年轻干部采取2+2+1的方式（2个月政治理论学习、2个月省外现场教学、1个月结合专业赴不同单位挂职锻炼）开展为期5个月的青年干部培训班，40名学员全部到团场进行了挂职锻炼。（李 杰）

【兵地干部人才交流】2017年，第二师铁门关市党委认真学习贯彻自治区《兵地干部人才交流五年规划》精神，上报了16名拟交流到地方任职干部名单和10个拟接收地方交流任职干部岗位。支持鼓励团场及企事业开展兵地人才交流挂职，2017年师属各单位兵地干部人才交流7人，团场交流地方5人，地方交流到团场2人。认真做好南北疆幼儿园园长及中小学校长双向挂职工作，选派14名同志到和田挂职，接收和田地区14名同志到师市学校挂职。选派331名干部进行南疆学前教育支教工作，其中到和田地区墨玉县298名，到十四师学校33名。

（李 杰）

【完善干部选任制度】2017年，第二师铁门关市党委组织部按照兵团党委组织部《关于进一步完善干部任免事前备案审查工作的通知》要求，严格执行选人用人各项政策规定，坚决落实干部任免"两报告两审查"。结合实际，制定印发《关于进一步规范第二师铁门关市机关及所属事业单位科级干部选拔任用工作程序及要求的通知》，规范科级干部任免。 （李 杰）

【援疆人才引进】 2017年，第二师铁门关市党委组织部主动与河北省委组织部、兵团党委组织部沟通对接，扎实做好第三批援疆干部进疆安置工作，2月，52名援疆干部人才全部到位。通过组织安排、援疆干部对接等渠道，从河北省各市县区引进计划外援疆干部人才在第二师铁门关市服务1个月以上的共24人，其中男性20人，女性4人；35岁以下7人，36岁至45岁7人，46岁至55岁10人；大专及以下学历8人，大学及以上学历16人；高级职称8人，中级职称9人；援疆期限2年3人，1年7人，半年4人，5个月2人，3个月4人，2个月3人，1个月1人。（李 杰）

【援疆干部人才管理服务】2017年，第二师铁门关市党委组织部为进一步加强对援疆干部人才管理，第二师铁门关市党委组织部先后下发了《关于做好第三批河北援疆干部人才进疆工作有关保障的通知》《关于进一步加强援疆干部人才管理有关工作的通知》《关于师市援疆干部人才赴十师贾登峪援疆干部交流中心休假的有关通知》等。坚持做到"四个从严"抓好援疆干部人才队伍管理工作，即从严执行纪律、从严在岗管理、从严落实责任、从严保障安全。建立了纪律安全监督联络员制度，明确了援疆干部人才牵头纪律安全事项。（李 杰）

【干部教育培训】 2017年，第二师铁门关市党委组织部会同二师党校制订了师市2017年度干部教育培训规划，将干部教育培训经费纳入师市财政预算。累计选派人员参加上级机关及部门各类培训286人次，其中兵团党委组织部主体班次及调训247人次，其他上级机关部门培训39人次。依托师市党校、河北省高校认真落实教育培训计划，全年共开展23个培训班次32期，累计培训学员2221人次。其中在师市开展培训班次13个22期，累计培训学员1865人次；在师市党委党校开展了4期基层党支部书记培训班，培训基层党支部书记、副书记370人次。为深入学习贯彻党的十九大精神，连续举办了7期学习贯彻党的十九大精神专题培训班，前后历时一个半月，培训班每期学制6天，培训轮训干部721人，其中师级领导干部17人，团处级领导干部410人，科级干部153人，连级及以下干部141人。 （李 杰）

【青年干部培训】 2017年，第二师铁门关市党委组织部举办2期青年干部培训班，第一期从各单位选派35名科级干部参加为期2个月的培训；举办了第二师铁门关市第一期青年干部培训班，为期5个月，学员共40人，由师市各部门各单位推荐、师市党委组织部选调，从师市各单位35岁以下、第一学历全日制国民教育本科毕业的300多名优秀青年干部中层层推荐挑选出来。培训形式采取集中培训、外出考察学习、团场挂职锻炼。

（李 杰）

【援疆省市培训师市干部】
2017年，根据《河北省"十三五"对口支援新疆巴州和兵团二师经济社会发展规划》，2017年河北省援助第二师铁门关市干部教育培训专项经费265万元，主要用于赴河北省实施干部人才挂职学习及相关培训工作。根据师市经济社会发展和干部人才队伍建设需要，本着围绕服务中心、优先安排急需的原则，确定培训项目12个，累计培训学员356人次。

（李 杰）

【干部挂职锻炼】 2017年，第二师铁门关市选派1名企业领导正职到河北挂职锻炼1年；认真做好南北疆幼儿园园长及中小学校长双向挂职工作，选派14名中小学校长（幼儿园园长）到和田挂职，接收和田地区14名同志到师市学校（幼儿园）挂职；选派331名干部人才开展南疆学前教育支教工作，其中到和田墨玉县298名。

（李 杰）

【高层次人才专家管理服务工作】 2017年，第二师铁门关市引进2名兵团第17批博士服务团成员并完成进疆安置工作。认真开展2017年"西部之光"访问学者申报工作，经过摸底调查，共申报4人，经中组部确认1人。推荐各类高层次人员参加高级研修班5批次11人，送专家疗养2人，慰问专家14人，为每位专家进行一年一度的身体检查。

（李 杰）

【"民族团结一家亲"活动】
2017年，第二师铁门关市党委组织部主动与少数民族聚集地二二三团沟通联系，把困难家庭"四老"人员、宗教人士、重点人员亲属及文化程度不高的群体作为认亲对象。孙志敏带领师市党委组织部16名干部与二二三团二连、畜牧中心的16个基层职工家庭开展结对认亲活动。活动开展以来，师市党委组织部党员干部人均走亲访友4次，与结对认亲户共见面交流50余次，通过短信、微信等方式送祝福、送问候人均50余条，累计送钱、物2万元。 （王 伟）

【领导干部个人事项报告抽查】 2017年，第二师铁门关市领导干部报告个人有关事项共448人，随机抽查50人，重点抽查分8批55人，共计105人。其中本人填报与核查情况不一致的函询62人，通过函询本人对存在问题进行说明后，经部务会讨论，批评教育40人、批评教育并书面检查9人、予以归档6人、诫勉6人、移交纪委1人。 （王 伟）

【领导干部因私出国（境）证件管理】 2017年，第二师铁门关市在职团处级干部因私持有普通护照、往来港澳通行证、往来台湾通行证的人中，部分拥有两种以上出国（境）证件。集中保管普通护照、往来港澳通行证、往来台湾通行证等出国（境）证件。2017年师市党委组织部审批通过因私出国（境）人员和因公出国（境）人员若干。根据干部管理权限，收回新提拔领导干部护照及港澳通行证，注销因个人保管不善丢失护照及港澳通行证。 （王 伟）

【信访案件查核督办】
2017年，第二师铁门关市组织部受理和初核兵团转办信访案件5件，其中已办结4件（按要求上报兵团1件）、移交师市纪委调查核实1件。

（王 伟）

【规范基层单位选人用人】
2017年，第二师铁门关市组织部严格做好干部提案预审工作，通过提案预审，对基层选人用人进行程序和环节把关，进一步规范基层工作。2017年共预审备案基层单位提案74批次，其中预审基层团场党委63批次、政法单位3批次、事业单位8批次。

（王 伟）

【领导干部"带病提拔"倒查工作】 2017年，第二师铁门关市党委组织部转发《关于对2016年度"带病提拔"的党政领导干部选拔任用过程进行倒查的通知》，成立倒查工作领导小组，制定实施方案，倒查出师市2016年度受到党纪政纪处分的团处级领导干部4人、科级领导干部22人。经排查受到撤销党内职务或者行政职务以上处分的团处级领导干部2人、科级领导干部5人；核对"带病提拔"3项标准，该7人均不符合"带病提拔"要求。 （王 伟）

【核实、督促党政领导干部经商办企业整改情况】 2017年，第二师铁门关市摸底排查出5名领导干部因团场改革需要，用其本人名字注册国有企业为法定代表人。组织部对经商办企业的5名领导干部进行了提醒、督促，至年末，5人已完成变更手续并登报公示。 （王 伟）

【兵团党员、干部、公务员数据统计及汇总】 2017年8月，第二师铁门关市党委组织部完成第二师铁门关市党员、干部、公务员数据库50个建库单位的数据汇审和统计、上报及数据的整体迁移工作，经过比对确定师市网上党员数为17843人，党员、党组织基本信息已完善。 （王 伟）

【党政领导干部生态环境损害责任追究工作】 2017年，制定了《第二师铁门关市党政及其工作部门环境保护工作职责暂行规定》，运用经济、行政、法律等综合手段，确保完成师市环境保护各项目标任务。中央第八环保督察组向二师铁门关市转办环保信访案件30件，其中一般环境信访案件14起，重点关注案件16起。30件转办环保信访案件全部办结上报兵团信访督办组，其中18件案件切实按照师市信访督办组督办要求完成整改，12件不能立即完成整改案件，责令相关企事业单位制定整改方案，明确任务、确定时间表、线路图和责任人，确保限期完成整改任务。案件调查处理严格按照《兵团实施〈党政领导干部生态环境损害责任追究办法（试行）〉细则》进行追责，对师市各级党政领导干部8人（其中处级领导干部4人、科级以下4人）以诫勉谈话的形式进行了问责，对1名科级干部进行停职查看处理。 （王 伟）

· 宣传 ·

【综述】 2017年，第二师铁门关市宣传思想文化系统以迎接、宣传、贯彻党的十九大为主线，认真学习贯彻落实自治区第九次党代会、兵团第七次党代会精神，紧紧围绕新疆社会稳定和长治久安总目标，按照党中央治疆方略和对兵团的定位要求，理论武装工作不断深化和拓展，意识形态工作进一步加强，舆论引导水平不断提升，重大主题和典型宣传成效显著，思想道德建设和精神文明创建活动广泛深入，基层职工群众文化生活更加充实，对外宣传的领域和平台不断拓展，各项工作有力有序推进，为师市展现新作为提供智力支撑。

（谭三强）

【迎接党的十九大宣传】 2017年5月25日，第二师铁门关市党委宣传部印发《师市迎接党的十九大"砥砺奋进的五年"重大主题宣传报道实施方案》。5月30

日，《绿原报》登载《时代更珍惜磨砺的岁月》评论员文章。媒体组织刊发团场和企事业单位5年来的发展成果的通讯、述评；组织媒体记者撰写一批反映师各行业5年间发生巨大变化的新闻稿件，并配发多篇评论。7月，以2013—2017年，师市年度"十大新闻"为线索，在电视和报纸连续刊发十余篇述评类综合消息和评论；在电视台《美丽二师》家园景色《夏之语》《秋之色》专题栏目中添加"迎接党的十九大"词条元素；以习近平总书记"7·26"讲话为标志，在《绿原报》转载《人民日报》系列评论；7月17日开始，师市电视台、"铁门关在线"微信平台转播中宣部和中央电视台陆续推出的10集电视片《将改革进行到底》、6集电视片《大国外交》、6集电视片《法治中国》、4集电视片《巡视利剑》、6集电视片《辉煌中国》、8集电视片《强军》、7集电视片《不忘初心继续前进》等大型政论片、纪录片；同时，报台开辟《观成就片·喜迎十九大》栏目。《绿原报》第4000期在报纸中缝设喜迎十九大的祝词条幅；报社与师统计局联合策划《数说二师·喜迎十九大》栏目。9月下旬，师市媒体组织记者开展"金秋走基层·喜迎十九大"活动，报台开设《捧出硕果·喜迎十九大》《幸福的笑脸·喜迎十九大》《精准扶贫·喜迎十九大》《创新创业·喜迎十九大》《新变化·喜迎十九大》《民族团结一家亲·喜迎十九大》等喜迎十九大系列专题。10月4日，师市传媒中心同兵团电视台驻站记者专访师市党的十九大代表吴彬，《绿原报》和电视台开设党的十九大代表专访栏目。

（谭三强）

【党的十九大实况宣传】2017年，第二师铁门关市宣传部制订"十九大时光"宣传方案，"一报两台一微"（《绿原报》、电视台、铁门关广播电台、铁门关在线）统一登载和播放新华社、《人民日报》、中央电视台的通稿；转播转发《新疆日报》《兵团日报》、新疆电视台、兵团电视台关于新疆及兵团代表团的活动及对代表的采访。开展"职工群众的期盼"专题采访报道。

（谭三强）

【党的十九大精神宣讲】2017年，第二师铁门关市宣传部组建第二师铁门关市党委宣讲团、草根宣讲团、劳模宣讲团分赴各行业、各群体进行宣讲，推进十九大精神进团场、进企业、进连队、进社区、进校园、进网站、进宗教场所，共开展各级各类宣讲活动3000场次，实现师市干部职工群众全覆盖。党的十九大精神兵团党委宣讲团成员、党的十九大代表、师市党委书记吴彬分别赴三个师市作十九大精神专题宣讲报告；同时以十九大代表身份，在华山中学、冠农股份等5个单位开展党的十九大精神宣讲，师市党员、干部、职工群众、学生等群体8000人接受宣讲辅导。师市各级党组织书记带头开展宣讲活动；党员干部通过民族团结"结亲周"活动，深入各族职工群众中开展宣讲，在师市上下兴起学习宣传党的十九大精神的热潮。师市各媒体对宣讲活动宣传报道，《绿原报》登载稿件157篇，电视台播出稿件205条，广播电台播出稿件133条。

（谭三强）

【党委理论学习中心组】2017年，第二师铁门关市党委制定《第二师铁门关市党委理论学习中心组2017年学习计划》，师市党委理论学习中心组集体学习17次。明确师市各级党委（党组）的年度学习重点、学习方式和学习要求，有重点、高质量地开展自主学习、集体学习、交流研讨学习活动。师市各级党委（党组）集中学习1094次，中心组成员通过调研并作专题书面交流研讨发言2735人次。（冯红阳）

【意识形态工作】 2017年，第二师铁门关市各级将意识形态工作纳入党委领导班子和领导干部考核体系，作为评价和奖惩的重要依据。师市党委宣传部牵头，先后两次专项督导基层单位意识形态工作，责任不落实的单位被问责追责。师市辖区38家体制内网站和3家个人网站完成建立党组织和备案工作，实现师市辖区内网站党组织全覆盖。开展新媒体摸底备案工作4次，专项整治2次，关停不符合要求的微信公众号15个。

（刘明星 冯红阳）

【重大主题和先进典型宣传】 2017年，第二师铁门关市重点对学习宣传贯彻党的十九大精神、全国"两会"、兵团第七次党代会、兵团深化改革、师市十五届三次全会等重点内容进行全面系统宣传报道。做好向南发展、精准扶贫和"民族团结一家亲"等重点工作的宣传报道。开展对各类先进典型事迹专题宣传，协调《光明日报》《当代兵团》等主流媒体对防风治沙、发挥生态卫士作用等进行重点报道。以电视人物专访和刊发理论文章、体会文章的形式，持续开展发声亮剑活动，师市党员干部撰写发声亮剑文章2000余篇。持续开展对团场电视新闻的月评审读通报。全年播放公益广告6970条。

（谭三强）

【新闻外宣】 2017年，第二师铁门关市在《人民日报》《农民日报》等中央级和《兵团日报》、兵团电视台等省级各类媒体刊发新闻稿件8348篇（幅）。其中报刊稿件2166篇（幅）、电视稿件1450篇（条）、网络稿件4732篇。地师级媒体共刊稿8235篇（幅），其中报纸刊物2125篇（幅）、电视1660篇（条）、网络4450篇。全年出版《绿原报》150期，发行报纸11800份。年末电视综合人口覆盖率为99.4%，铁门关广播电台（FM88.5）广播综合人口覆盖率为99.64%。（冯红阳）

【首次实现手机现场直播】 2017年6月15日，在自治区人大法制委举办的"法治天山行·走进铁门关"演播活动中，第二师铁门关市首次实现新媒体现场直播。 （谭三强）

【师市党委网信办成立】 2017年6月22日，第二师铁门关市编办印发《关于成立第二师铁门关市党委网信办（师市互联网信息办公室）的通知》（师市编办〔2017〕8号），成立师市党委网络安全和信息化领导小组办公室，挂师市互联网信息办公室的牌子，为师市党委宣传部所属正处级公益一类事业单位，经费实行全额预算管理，核定编制10人，领导职数核定一正二副。同时，对原印发的《关于成立第二师铁门关市党委网信办（师市互联网信息办公室）的通知》（师市编办〔2017〕1号）撤销。 （李鹏博）

【"铁门关在线"微信公众号】 2017年5月，"铁门关在线"微信公众号作为第二师铁门关市党委新媒体在线宣传平台正式启动，由师市党委宣传部负责运营，全师有关注人数2.4万人，成为师市宣传党和国家大政方针、重要时事新闻、热点新闻，宣传师市各战线实时动态的重要新媒体平台。8月1日，原政研室委托社会文化传媒企业创办的"漠杨天地"合同到期后经和巴州网信办协调，正式停止对二师新闻的宣传。12月1日，"铁门关在线"微信公众平台正式交由师市传媒中心运营；同时，师市传媒中心创建的"魅力二师"微信公众号销号。

（李鹏博）

·统一战线·

【师市统战民宗工作会议】 2017年2月20日，第二师铁门关市召开统战民族宗教工作会议，总结2016年工作，安排部署2017年工作。

（范秀军）

【统战干部调训】 2017年4月，第二师铁门关市党委统战部选派两名统战系统干部，分别参加国家宗教局、国台办举办的培训班。

（阿布都勒提浦·艾白）

【兵地融合发展】 2017年，第二师铁门关市与地方县（市）、乡（镇）、村共举办兵地联谊活动178场次，开展各种形式的文艺演出110场次，参与活动的兵地群众超过10万人次。拨付兵团"五共同一促进"专项补助资金160万元，用于促进地方少数民族就业增收、农业示范园创建、精准扶贫项目补助。师市各级各类学校与地方建立"结对共建"交流机制，2016—2017学年在师市各类学校就读的地方各族学生达5824人，占学生总数的20.69%。全面开放职工、居民和新农合医保医疗服务互认工作，10家医疗机构与地方乡镇卫生院结成对子，16所医疗服务机构向地方开放。2000名干部与地方各族群众结对认亲。吸纳南疆富余劳动力就业1600人。

（范秀军）

2017年4月20日，二十四团干部向少数民族群众宣传民族政策（李林 摄）

【"民族团结一家亲活动"】 2017年4月初，第二师铁门关市组织开展"民族团结一家亲"春风行动主题活动，各单位以道德讲堂、文艺演出、游戏竞赛、技能学习等各种形式，开展各类文化活动50场，参加人员6000人次。"五四"期间，联合师市团委50名青年赴二二三团与少数民族青年开展"民族团结一家亲·青年在行动"主题教育实践活动。6月9日，联合妇联、教育局等单位在华山中学艺术中心举办"你是我的好姐妹手拉手民族团结一家亲"家庭教育情景剧展演活动。全年共印发简报44期，收编图文信息1600条。为各族群众办好事实事39042件，捐赠物资39804件，捐款120万元。

（范秀军）

【兵团少数民族发展资金项目】 2017年，为二二三团争取兵团扶持少数民族发展项目补助资金90万元。

（范秀军）

【民族团结进步表彰】 2017年，在自治州第十次民族团结进步表彰大会上，二十一团、二十五团、第二师库尔勒医院3个单位，二十一团三连党支部书记陈家喜、八一中学教师赵显如、冠农绿原糖业原料部党支部书记李树辉3人受到表彰。

（范秀军）

【驻连管寺管委会主任培训班】 2017年5月，组织二二三团、三十六团驻连管寺管委会主任依·山加甫、依明江·托乎提到兵团参加管委会主任培训班。（张　林）

【工商联换届考察】 2017年4月9—17日，第二师铁门关市工商联换届考察组对14个团场、金三角公司、库西园区等基层单位推荐的79名拟担任师市工商联第四届执行委员会执委、常委、副主席、副会长以上非公企业经济人士进行考察。

（张　林）

·政法·

【综述】 2017年，第二师铁门关市党委政法委把维护稳定作为压倒一切的政治任务和重于泰山的政治责任，紧紧围绕社会稳定和长治久安总目标，全面落实中央政法工作会议、兵团党委和师市党委稳定暨政法工作会议精神，围绕总目标，打好组合拳，按照自治区打好"三仗一战"的决策部署，参与地方维稳，加强和创新社会治安综合治理，深化平安师市建设。推进司法体制改革，依法打击和防范处理邪教。加强政法队伍建设。

【第二师铁门关市党委政法工作会议】 2017年1月24日，第二师铁门关市党委稳定暨政法工作会议召开，会议总结2016年稳定政法工作，分析形势，安排部署2017年稳定政法工作。师市主要领导出席会议并讲话，部分师市党委常委，各团场、企事业单位主要领导、师市机关各部门负责人参加会议。

【平安师市创建活动】 2017年，第二师铁门关市开展平安创建活动，对14个团场实施平安单位动态管理，巩固提升平安创建水平。三十四团、二十一团水管站、三十团十连共3个单位获"兵团2013—2016年社会治安综合治理先进单位"，苏国庆、梁柏熙、李恩云、陈利4人被评为"兵团2013—2016年社会治安综合治理先进工作者"。

【维稳安保会议】 2017年9月27日，第二师铁门关市召开党的十九大维稳安保电视电话会议，师市主要领导出席会议并讲话，会议安排部署党的十九大维稳安保工作。部分师市党委常委，各团场、企事业单位主要领导，机关各部门负责人参加会议。

【执法监督】 2017年，第二师铁门关市党委政法委严格落实兵团党委政法委下发的《领导干部干预司法活动、插手具体案件处理的记录、通报和责任追究规定实施办法》，落实中央关于领导干部干预司法活动、插手具体案件处理的记录、通报和责任追究规定，每季度定期上报师市政法各部门执行情况，全年师市领导干部无干预司法活动插手具体案件处理的行为。

【司法体制改革】 2017年，第二师铁门关市司法体制改革进一步建立完善员额责任制，落实"谁办案谁负责"的责任制，完善员额法官、检察官惩戒审查机制，建立优胜劣汰的进入和退出机制，确保员额法官、检察官进出畅通，提升队伍素质。积极主动支持配合师市深化国家监察体制改革试点，全力做好机构调整、职能转划、人员转隶等衔接工作。

【法治宣传】 2017年，第二师铁门关市各级政法综治部门组织开展综治宣传月和平安建设宣传活动，采取新闻宣传、社会宣传、营造氛围3项措施开展宣传。张贴宣传标语2000张，发放宣传单、手册6000份；悬挂条幅、标语28幅（条）；开办宣传板报、橱窗832期；召开座谈会678场次，参与人数2万人次；聘请法制副校长举办讲座54期，受教育人数3万人次。6月15日，在南疆兵团师市首次成功举办"法治新疆·天山行"走进铁门关市活动，引起强烈反响。二十二团八连在中央政法委、综治委开展的"平安中国建设"宣传征文活动中报送的《生命无返程，珍惜生命，安全出行从我做起》，获优秀作品奖。

【支援巴州维稳】 2017年，第二师铁门关市各项维稳工作部署与巴州同步同频，师团两级党委班子成员均是巴州、相关县市维稳指挥部成员，3名师级领导、17名团场处级领导参加巴州和相关县市维稳指挥部带班，政法单位9名副处级以上领导干部，在巴州维稳指挥部值班。师市公安局与库尔勒市公安局采取兵地联勤模式，在铁门关市双丰镇建立联合公安检查站，形成兵地维稳责任共担的良好局面。

【政法队伍建设】 2017年，第二师铁门关市党委政法委深入开展"两学一做"学习教育和"大学习大讨论""忠诚教育"活动，旗帜鲜明地发声亮剑，严明政治纪律、政治规矩，加强党风廉政建设，整治"四风、四气"，确保政法队伍的政治本色。8月18日，印发《关于印发〈第二师铁门关市党委关于新形势下加强政法队伍建设的工作方案〉的通知》，打造政治过硬、业务过硬、责任过硬、纪律过硬、作风过硬的政法队伍。

第二师铁门关市政法机关获得省部级以上表彰奖励的先进集体9个、先进个人24人，其中自治区、兵团反恐维稳"三仗一战"先进集体4个、先进个人9人。师市表彰"2016年度人民满意政法单位"5个，"2016年度人民满意政法干警"23人。

【师市法学会工作】 2017年4月17日，第二师铁门关市党委政法委转发《关于举行第十二届中国法学青年论坛主题征文活动的通知》，政法各单位部门上报论文12篇。4月24日，师市党委政法委转发《关于举办全国第二届平安中国微电影微视频比赛的通知》，政法各部门上报作品4部。6月28日，师市法学会会同组织部、宣传部、教育局、司法局制定《2017年第二师铁门关市"百名法学家百场报告会"法治宣传活动实施方案》，把"双百"活动与社会主义核心价值观教育结合起来，增强师市领导干部、职工对中国特色社会主义法治道路、理论制度、传统文化的认同。2017年，师市法学会新增法学会员44人，总会员数达到81人。

【"民族团结一家亲"活动】 2017年，第二师铁门关市党委政法委组织在师市政法系统开展"民族团结一家亲"活动，制定活动实施方案。

师市政法委机关6名党员干部，到结对认亲职工群众家中，送法律、送政策、送服务、送温暖，全年送钱物折合6500元。8月23日，师市政法系统召开"民族团结一家亲"结对认亲经验交流座谈会。师市分管政法工作领导以及师市公检法司监的班子成员、政法各单位干警代表参加经验交流座谈会。公安局、司法局等政法单位4个集体和5名个人作经验交流发言，推动工作深入开展。

(张志勇)

· 政策研究 ·

【综述】 2017年2月28日，第二师铁门关市党委政研室（改革办）围绕应对团场供给侧结构性改革、完善团场基本经营制度、促进职工多元增收、推进产业结构优化升级、规范团场绩效管理、加快团场人口聚集、加强职工教育管理等事关师市和团场经济社会发展改革的重要领域、重大问题、重要环节开展深入调查研究，对2016年度政研工作进行全面总结，积极为师市和团场党委决策献真言、出实招、谋良策。

【深化改革综合调研】 2017年，第二师铁门关市党委政研室（改革办）按照兵团部署，开展深化改革综合调研。师市主要领导带领政研室（改革办）等部门，深入库尔勒市三乡一镇和师市部分团场开展综合调研。3月6—12日，师市分管领导带领团场综合配套改革和国资国企改革专项小组深入工交建商企业和团场机关、连队、社区、企业，开展调研，与基层单位座谈65次，梳理汇总意见建议290条。在充分调研基础上，形成《第二师铁门关市深化团场改革调研报告》《第二师铁门关市深化国资国企改革调研报告》《第二师铁门关市全面深化改革的初步措施》，为师市推进深化改革做好前期准备工作。

【团场综合配套改革】 2017年，成立师市党委推进团场综合配套改革领导小组，把推进团场综合配套改革确定为师团党委书记"一把手"工程。确定二十二团、三十三团为全师团场综合配套改革示范团场，团场机关事业单位在编在岗人员、连队职工、民兵实行实名制登记。第二师铁门关市党委政研室（改革办）研究制定《关于在深化国有企业改革中坚持党的领导加强党的建设的实施方案（试行）》《关于团场综合配套改革连队党支部选举工作的实施方案》等改革文件。开展"四清三实名"（人口人数清、土地清、资产清、债务清；对团场机关事业单位财政供养人员、连队职工、民兵实行严格的、动态的实名制管理）调研摸底。

【行政体制改革】 2017年，印发《第二师铁门关市贯彻落实兵团贯彻落实〈全国深化简政放权放管结合优化服务改革电视电话会议重点任务分工方案〉的实施方案的方案》。分3批公布中央指定地方实施的师市本级行政许可事项292项。实行权责清单动态管理，公布改革团场三十八团机关各部门权力清单和责任清单114条，取消师市本级非行政审批许可事项18项，公布师市本级48项行政审批中介服务事项清单。公布师市本级《行政审批服务指南》和《权力运行流程图》。14个团场和74个师直属事业单位制定《服务承诺制首问负责制限时办结制工作方案》和《服务承诺一览表》。

【事业单位改革】 2017年，完善团场事业单位机构和人员编制设置方案。开展医疗卫生改革财政财务管理流程、支付方式等工作调研，为团场学校、医院纳入师市本级预算管理提供参考借鉴。

【税收体例改革】 2017年，强化税源培植和税收征管，师直企业在铁门关市完成工商和国地税注册登记的户数占总户数的90%以上。

【财政体制改革】 2017年，全面实施团场国库集中支付改革试点，协调人民银行及承办金融机构，在团场财务科设立财政零余额账户。推进团场代理国库设立，加快团场财政信息大平台建设。启动师市财政事权与支出责任划分改革，率先在师市教育和医疗领域对财政事权和支出责任进行梳理和划分。制定《第二师铁门关市团场学校、医院"师办师管"财政预算管理办法》，开展团场学校、医院清产核资工作，为2018年正式实行"师办师管"做好各项准备工作。

【国资国企改革】 2017年，兵团党委确定第二师为国资国企改革试点，师市开展5轮调研，研究国资国企改革重点问题。推进国有企业跨行业、跨区域、跨所有制进行兼并重组和产业整合，做实做优绿原国资、泽源城建、冠源投资、绿洲农业等产业集团。整合师市库尔勒博斯腾宾馆、铁门关酒店、乌鲁木齐孔雀大厦、米兰宾馆等资产，组建博斯腾集团有限公司。组建天润物产集团，打造"南疆最大的大宗商品集成服务商"。

【兵地融合发展】 2017年，成立兵地融合发展促进民族团结"十大行动计划"工作领导小组、"五共同一促进"创建活动领导小组、"创新兵地融合发展体制机制"专项组。华山中学签约重点帮扶地方学校16所,八一中学重点结对帮扶地方学校3所,华山职业技术学校重点帮扶学校1所,华山中学每年派出中层干部、骨干教师50余人次前往和田皮山县、十四师皮山农场以及各兵团学校进行援教,带动全疆近70所学校资源共享,八一中学招收少数民族区内初中班7个,入校学生350人。师团医务人员深入巴州30个乡镇、60个村,巡回送医送药80场次,接诊少数民族患者47570人次。

【推进全面深化改革】2017年,第二师铁门关市全面深化改革领导小组组织召开18次全面深化改革领导小组会议,专题研究部署师市重点改革任务和阶段性改革工作,对中央、自治区党委和兵团党委的改革文件和决策部署进行深入学习。制定印发《第二师铁门关市党委全面深化改革领导小组2017年工作分解方案》,明确11个方面69项重点改革任务,定期对各专项小组改革工作进展情况进行"对账销号"。严格落实深化改革重大事项请示报告制度,对于师市重点领域改革事项、关键改革任务的阶段性推进落实情况及时向师市党委和兵团党委全面深化改革领导小组进行请示汇报,积极沟通协调有关改革和兵地融合发展事项。

【"七冬"活动扎实开展】2017年1月13日,第二师铁门关市党委政研室印发《关于开展"能力提升之冬、民族团结之冬、法制教育之冬、军事训练之冬、科技培训之冬、职工增收之冬、文化体育之冬"活动的通知》,制定《能力提升之冬活动实施方案》《民族团结之冬活动实施方案》《法制教育之冬活动实施方案》《军事训练之冬活动实施方案》《科技培训之冬活动实施方案》《职工增收之冬活动实施方案》《文化体育之冬活动实施方案》。师市各级各部门以"深化改革、壮大实力、履行使命、敢于担当"为主题开展"七冬"活动。

(张金刚)

· 机构编制 ·

【机构改革】2017年,第二师铁门关市修订完成《铁门关市人民政府职能转变和机构改革方案》,获得自治区批复。贯彻落实深化兵团改革,起草修订《第二师铁门关市团场职能转变和机构改革方案》,为团场综合配套改革打下基础。下发《关于设立第二师铁门关市党委巡察工作领导小组办公室的通知》,完善党内监督管理,推进师市全面从严治党向基层延伸。

【机关部门机构编制调整】2017年,按照大部制和加强市场监管改革工作相关要求,第二师铁门关市编办部分调整师市机关部门急需调整的机构编制事项:修改完善人社局等师市机关部门"三定"方案,起草《铁门关市街道办事处机构和编制方案》。下发《关于调整第二师铁门关市公安系统有关机构级别的通知》,规范并明确各垦区公安局、基层派出所的机构规格,调动基层公安民警的积极性。下发《关于在师市检察机关成立未检机构的通知》,便于检察机关开展未成年人检察工作。下达《关于分配第二师南疆团场周转编制的通知》,为三十六团、三十七团、三十八团核定15名南疆周转编制,专门用于面向内地高校招录到兵团南疆团场工作的毕业生。增设师市办公室内设机构:党内法规科。在国土资源局加挂测绘地理信息局牌子。

【公布权责清单】2017年,根据国务院、自治区和兵团部署,在第二师铁门关市本级行政部门持续推行权责清单制度工作,在2016年基础上精简行政审批事项108项,精简5%,对师市本级权力清单和责任清单实行动态管理。公布三十八团机关各部门权力清单和责任清单114条。

【清理非行政许可事项】2017年,第二师铁门关市行政审批改革组(编办)落实国务院、自治区和兵团关于取消非行政许可审批事项的通知精神,认真梳理师市非行政许可审批事项,对没有法律法规依据的一律取消,对涉及多个部门的重新加以明晰,对取消下放的行政审批事项进行衔接落实。2017年取消师市本级非行政许可事项18项,公布《师市本级非行政许可审批事项清理结果目录》,将87项适用于公民、法人或其他组织暂时保留的审批事项转成内部管理事项,今后师市将不再保留非行政许可审批事项这一类别。

【行政审批事项办理】2017年,第二师铁门关市编办指导师市机关25个部门落实"一单两库一细则"工作,2月,印发《关于公布师市"双随机一公开"部门"一单两库一细则"的通知》,公布随机抽查事项清单311项,执法检查人员495人,市场主体名录库3286家,同时细化部门监管内容和依法监管事项。公布师市本级《行政审批服务指南》和《权力运行流程图》,指导各团场、事业单位制定《服务承诺制首问负责制限时办结制工作方案》和《服务承诺一览表》,将师市机关、事业单位、各团场"放管服"工作开展情况纳入绩效考核内容。

【清理规范行政审批中介服务】2017年3月,第二师铁门关市编办印发《关于清理规范行政审批中介服务的通知》,梳理师市机关各部门行政审批涉及的中介服务事项。5月,印发《关于公布师市本级行政审批中介服务清单的通知》,公布师市本级48项行政审批中介服务事项清单,形成《师市行政审批中介服务事项目录清单》,明确各单位在行政审批时不得将法律规定外的中介服务事项作为行政审批受理的前置条件。最大限度地向市场放权、给企业松绑。

【从事生产经营活动事业单位改革】2017年,第二师铁门关市编办根据兵团《关于从事生产经营活动事业单位改革的实施方案》要求,推进师市从事生产经营事业单位改革,指导《师建设工程质量检测中心转企改制实施方案》的修改完善。

【事业单位法人治理结构】2017年,第二师铁门关市持续在师市华山中学、华山技术学校、农科所推进事业单位法人治理结构,完善事业单位章程的修订工作,进一步健全落实法人治理规程。

【分类推进事业单位改革试点】2017年,第二师铁门关市在团场综合配套改革中,增加完善文化广电、城镇管理、社会事务服务中心。配合做好教育、卫生相关领域改革工作,着眼于提高事业单位公益属性。提出拟成立部分铁门关市急需成立的事业单位的方案。通过内部挖潜和编制调剂,成立网信办、铁门关市第一中学、招商中心、房屋征收与补偿管理办公室、金融服务站、援疆工作协作中心等一批急需成立的事业单位,满足公共服务事业发展的需求。

【事业单位法人公示制度改革】2017年,第二师铁门关市编办下发《关于开展师市机关、群团统一社会信用代码赋码工作的通知》,完成师市64个机关类和14个群团组织类、垂管单位1个、其他类1个的统一社会信用代码赋码发证工作。下发《关于做好2016年度事业单位法人年度报告公示工作的通知》,完成师市282个事业单位法人年度报告公示工作,全部面向社会公示,公示率100%。

【师市事业单位年度报告真

【实性抽查】 2017年，根据《关于印发第二师铁门关市推广随机抽查规范事中事后监管实施方案的通知》要求，制定《师市编办关于双随机一公开"一单、两库、一细则"实施细则》，会同财务局按3%的比例随机抽查师市8家事业单位，抽查结果和整改情况通过师市政务网站向社会公示。

【事业单位法人登记年审】 2017年，第二师铁门关市编办按照《事业单位登记管理暂行条例实施细则》规定，新设立登记事业单位3个，注销事业单位22个，变更登记事业单位8个。按照中央编办工作要求，对师市事业单位法人和机关群团信息排查纠错，规范事业单位法人登记工作。

【机构编制实名制管理】 2017年，第二师铁门关市编办完成上年度兵团机构编制统计年报和实名制年审工作；联合组织、人社、财务部门印发《关于建立和实施机构编制核准使用制度的通知》，制定用编增人核准工作流程，规范编制核准审批程序；完成师、团两级机关、事业单位、政法机关共348家单位《机构编制管理证》年审工作和兵团实名制系统数据同步更新；举办一期机构编制实名制管理强化培训班，14个团场28名业务人员参加机构编制业务测试；建立问题整改台账明确整改时限，汇总梳理出各类问题共计31个，已整改5个。其他问题在团场改革期间逐步解决。

【绩效管理】 2017年，第二师铁门关市编办印发《2017年师市绩效管理工作要点》，修订完善《第二师铁门关市绩效管理工作考核办法》。基层团场推进《绩效考核指标量化表》，将重点工作细化为10个工作方面110多项具体指标，完善考核机制。针对师市、团场两级机关、各事业单位、政法单位不同的工作任务和性质，分别制定绩效目标，层层分解到岗位个人，实现"全方位、全覆盖"，打通"最后一公里"。检查考核师市机关、团场、政法单位、师直事业单位上年度绩效管理。印发《关于2016年度第二师铁门关市绩效管理工作情况的通报》《关于调整师市机关、事业单位绩效奖励基数有关问题的通知》《关于表彰第二师铁门关市2016年度绩效管理优秀征文的通报》。举办2017年度师市绩效管理工作经验交流会。检查考核2017年度上半年绩效管理工作。通报表彰2016年度绩效管理宣传信息工作先进集体和先进个人。开展"不作为慢作为"专项整治行动，通报领导干部208人，组织处理53人、党纪政纪处分16人、免职处理1人。

【课题研究】 2017年，第二师铁门关市编办下发《关于报送绩效管理工作经验交流材料的通知》和《关于开展2017年度机构编制管理论文征集活动的通知》。论文征集和评比提高绩效和机构编制的管理意识和水平。

【全国机构编制先进工作者】 2017年，根据《人力资源社会保障部、中央机构编制委员会办公室关于表彰全国机构编制工作先进集体和先进工作者的决定》，第二师铁门关市编办李莉被授予"全国机构编制工作先进工作者"称号，享受省部级先进工作者和劳动模范待遇。 （李　莉）

·机关党建·

【机关党组织及党员队伍】 截至2017年底，师直机关及直属单位有党总支3个、党支部61个，党员1592人。是年，师直党工委根据部门分设或合并的实际，调整党组织设置，开展党组织换届和增补委员工作。按照《中国共产党章程》《中国共产党党和国家机关基层组织工作条例》规定和要求，指导、审批12个党支部完成换届改选、增补委员等工作。

【机关党的思想建设】2017年，师直机关各级党组织重视党员干部的理论武装工作，坚持每周学习制度、"三会一课"制度和中心组学习制度。机关各党总支、党支部制订学习计划、完善学习制度、创新学习内容、改进方式方法。开展"两学一做"学习教育、贯彻党的十九大精神学习教育活动。落实领导干部讲党课活动，通过"一把手"亲自讲党课、作报告，中心组成员带头谈体会、做辅导，抓好机关工作人员学习。

【党内关怀帮扶】2017年，师直党工委建立生活困难党员档案，"春节"和"七一"前慰问生活困难党员和老党员46人，发放慰问金5万元。

【党员发展对象培训班】2017年6月25—29日，师直党工委举办党员发展对象培训班，开展《中国共产党历史》《中国共产党党章》和兵团历史与兵团精神辅导授课，师直机关各部门（单位）共55名党员发展对象参加培训。

【党纪党规学习教育】2017年5月，师直党工委对机关部分基层党组织负责人开展"两个责任"及《中国共产党廉洁自律准则》《中国共产党纪律处分条例》学习教育的集中培训。在兵团开展的"两学一做"学习教育和"纪律教育年"活动中，师直党工委在机关各级党组织和党员干部中开展党内法规知识答题活动，有400名党员干部参加答题。

【机关作风建设和专项治理】2017年，按照第二师铁门关市党委安排部署要求，师直党工委专项治理指导干部"不作为、慢作为"问题，要求机关各部门（单位）抓好贯彻落实，并制定纳入部门（单位）年度绩效考评的指标体系。7—8月，检查通报机关各部门专项治理工作推进情况。12月中旬，梳理汇总机关各部门专项治理工作情况，形成师直机关开展领导干部"不作为、慢作为"问题专项治理工作报告。

【党风廉政宣传教育】2017年，师直党工委组织师直机关共200多名党员干部及家属观看反腐倡廉主题影片《决不饶恕》及《周恩来的家风家规》等教育片。与师市纪委联合组织干部家风家训家书展。邀请先进人物为机关党员干部作先进事迹报告，机关300余党员干部聆听报告。

【师直机关精神文明建设】2017年，师直党工委修订印发《师直单位文明单位测评体系》。参与库尔勒市创建全国文明城市工作，督查整改机关所属单位在参与创建工作中存在的问题和薄弱环节。

【"民族团结一家亲"活动】2017年，第二师铁门关市党委成立"民族团结一家亲"活动组织机构，制订《师直党工委关于开展"民族团结一家亲"活动实施方案》。在开展"民族团结一家亲"活动中，师直党工委多次组织党员干部学习领会活动精神，按照结对认亲工作要求，细化结对认亲的方式方法、时间进度等，按规定选定结对户，开展认亲活动。

【机关职能绩效目标编制评审】2017年1月5日，师直党工委印发《关于做好2017年职能绩效目标编制工作的通知》，召开专题会议安排部署机关职能绩效目标编制工作，对编制绩效目标的依据、原则绩效目标的构成、制订绩效目标的方法和程序等进行培训，机关各部门（单位）在编制职能绩效目标时，把落实师市党委重大决策部署作为年度职能绩效目标的重要内容。机关各部门对本部门所属事业单位实行绩效管理，做到管

理范围无死角、工作任务全覆盖。（侯亮）

·党校·

【概况】 截至2017年年底，第二师铁门关市党委党校有在职教职工28人。其中教师9人（高级讲师6人，讲师3人），事业管理岗6人，事业工勤人员8人，参照公务员法管理5人。

【自身党建工作】 2017年，第二师铁门关市党委党校利用教学资源优势，以集中培训、专题学习、座谈研讨、观看影片、实地观摩等形式，把"十九大精神学习""两学一做"学习教育、"学转促""大学习大讨论"等活动融入支部活动日常，把"三会一课"与"学习型"党组织和"服务型"党组织创建活动结合起来。全年党总支中心组学习14次，全校政治学习12次，专题研讨10次。校领导、各支部书记、骨干教师为党员干部上党课5堂。按师市党委要求召开校委班子专题民主生活会、支部组织生活会，征集梳理意见建议21条，归纳整理班子问题6条，个人问题12条。根据征集意见，学校修改完善2项制度。加强基层党组织阵地建设，投资8000元建设支部活动室。

【干部培训】 2017年，第二师铁门关市党委党校共培训12期23个班次，1868人。主体班3期3个班次117人，专题研讨班9期20个班次1751人，其中一个月以上的培训班2期75人，中青年干部培训班1期35人，青年干部培训班1期40人，培训师领导干部13人，处级领导干部445人，科级及以下干部1410人。主体班次有：中青年干部培训班、青年干部培训班、团场机关、事业单位领导干部培训班。专题研讨班主要有：师市第三批（河北省）援疆干部培训班、基层党支部书记培训班、基层一线优秀党员专题培训班等。

【教学】 2017年，第二师铁门关市党委党校按照分层次、分类别、分系统干部培训的要求，科学合理设置培训班次和学制，并有针对性地设置专题研讨班，实现干部培训"全覆盖、无缝隙"。以"学转促"学习教育活动为主线，初步构建涵盖理论教育板块、党性教育板块、师情板块、公共管理与依法行政板块、能力素养提升五大教学模块；在教学安排上按照"一阶段一模块，一模块一研讨"的方式安排教学进度，其中党的理论教育和党性教育课不低于总课时的70%，党性教育课不低于总课时的20%。

【科研】 2017年，第二师铁门关市党委党校围绕师市党委中心工作开展课题研究，全年完成并上报兵团党建研究会课题4个，省级课题结题6项，州以上刊物发表共6篇，省级以上刊物发表6篇。获奖课题、论文7篇：梁金枝撰写的《兵团深化改革新形势下构建党员干部作风建设常态化机制问题研究》获得一等奖，张宏革撰写的《兵地融合背景下二师铁门关市与巴州基层党组织共建的实践与思考》获得二等奖，娄翠萍撰写的《全面从严治党视域下落实"两个责任"的思考》、梁金枝撰写的《兵团改革发展新形势下从严管理党员问题研究》、张宏革撰写的《关于二师铁门关市与巴州推进兵地共建促进融合发展情况的调研报告》《二师铁门关市团场基层党组织"两学一做"学习教育中"三会一课"制度落实情况的调研报告》获得三等奖，魏翠玲撰写的《关于基层党支部书记抓党建工作能力的调研报告》获得优秀奖。

【队伍建设】 2017年，第二师铁门关市党委党校选派教师外出培训共计17人次，其中疆内培训8人次，疆外培训9人次，教师培训率达100%。加强说课评课，提升教师授课质量，全年完成19个新专题，教师人均完成新专题2个，评课说课26次。2017年7月，师市党校参加兵团党校第4届教学比赛，杨芬、梁金枝、王晓华3名参赛教师获教学比赛二等奖。

【学员管理】 2017年，第二师铁门关市党委党校把全面从严治校要求贯穿干部培训工作的全过程，严格执行中组部制定的《干部教育培训中学员管理规定》和学员管理"十严禁"纪律要求，严格请销假、考核、督查、不定期巡查通报等工作制度。学员在党校学习期间严格实行学员"全封闭式"管理。强化"查夜"制度。学员宿舍配备学习书籍，包括《毛泽东选集》1—4卷、《邓小平文选》1—3卷、《马列著作选编》《党员干部学理论》等共计11本。抓学员学习效果考核，学员出勤、专题座谈会交流发言、心得体会和考试成绩等内容纳入考核，考核结果作为评选优秀学员的主要依据，通报学员所在单位，并报送师市组织部备案。

【主题宣讲】 2017年，第二师铁门关市党委党校配合师市党委组织部、宣传部开展宣讲活动，4次组成宣讲团分赴4大垦区34个单位开展"两学一做"学习教育、"学转促"专项活动、"大学习大讨论"、兵团深化改革精神宣讲和兵团七次党代会精神等集中宣讲活动，共宣讲28场次，培训人数达1万人。开展"送教下乡"活动，精心准备党课专题，基层单位根据学习需求自行"点菜"，党校教师送教上门。2017年，师市党校老师应邀到15个单位讲课，讲授15场次，宣讲受众3000人。

【制度建设】 2017年，第二师铁门关市党委党校出台《第二师党校工作人员考勤管理细则》《第二师党委党校环境卫生整治工作实施方案》《第二师党校绩效考核管理办法》《第二师党校维稳值班管理考核办法》《第二师党委党校"民族团结一家亲"活动管理考核办法》等17项规章制度。

【校园文明创建】 2017年，第二师铁门关市党委党校通过兵团级文明单位的届满复验，再次荣获兵团级精神文明单位称号。坚持以党建带群建团建妇建，增强工会、妇联等群团组织凝聚力，组织开展健康有益的文化活动，营造良好的校园文化。坚持每天早上做广播体操和健身操，下午下班前半小时开展排球、乒乓球、羽毛球等文体活动；每年举办全体教职工包饺子迎新春活动、连续举办四届党校教职工运动会。开展师生联谊活动，教师参与青干班、社区班、青年大学生培训班举办的趣味运动会。

【民族团结】 2017年，第二师铁门关市党委党校教职工与二二三团社区、连队完成结亲户25户，每月组织教职工开展学民族语言、跳民族舞等活动。制定《第二师党校关于"民族团结一家亲"考核的相关规定》，"民族团结一家亲"活动纳入党校绩效管理考核体系，每个教职工"民族团结一家亲"活动开展情况纳入学校绩效考核和干部年度考核内容。

【文化建设】 2017年，第二师铁门关市党委党校清理无关营业场所。培训中心的快递公司、租赁公司，培训学校等营业单位通过合理协商全部搬迁。清除培训中心与党校无关的牌匾和广告标语，在主要教学场所以党的基本知识、基本理论、党性锻炼等为主要内容制作宣传专栏142个，校园文化建设营造出好的学习氛围。

【行政后勤】 2017年，第二师铁门关市党委党校出台《第二师党委党校环境卫生整治工作实施方案》，每月组织全校教职工大扫除1次，校园干净整洁；校园栏杆、栅栏、花池、花亭重新粉刷，美化校园环境；维修和改造客房、餐厅、教学讨论室；干部培训中心40间客房配备电脑，连通50兆的网络

和Wi-Fi，培训中心和校本部客房设施维修、更新，培训条件改善。（李婷婷）

·保密·

【党管保密】 2017年2月，第二师铁门关市保密委印发《第二师铁门关市党委保密委员会2017年工作要点》，部署保密工作。5月上旬，调整第二师铁门关市党委保密委员会成员。7月25日，师市党委保密委员会召开全体成员会议，师市党委保密委员会各成员部门领导参加会议。是年，召开两次保密委全体成员会议，制定下发《第二师铁门关市"七五"保密法制宣传教育规划》《"十三五"时期第二师铁门关市保密事业发展规划》，师市党委制定下发贯彻落实《兵团党委关于加强和改进保密工作的实施意见》的实施办法。

【保密检查】 2017年4—5月，保密局、信息中心组成联合检查组检查师市保密工作，涉及人大、政协、国税、地税、工商及全师14个团场和33个机关部门等52个单位和部门。发现问题现场提出整改措施，出具《保密管理专项检查处理意见书》52份，提出整改意见59条，整改完成59条。8月，在全师范围内开展为期2个月的保密隐患大排查活动。

【保密自查自评】 2017年4月，保密局制定并下发《关于组织开展2017年度保密自查自评工作的通知》，14个团场参照制定自查自评工作方案，推动师市各团场、单位、各部门保密自查自评常态化。师市各团场、机关各部门于每月1日前开展保密自查自评并将结果报送保密局。11月份，保密局汇总师市自查自评情况上报兵团国家保密局。

【保密宣传】 2017年2月中旬，组织各团场、机关部门党员领导干部签订《保密承诺书》。5月3日，保密局下发《关于组织开展第29个"保密宣传月"活动的通知》，各单位按要求开展保密宣传活动。5月9日，向金城出版社征订价值1850元的保密宣传光盘、保密笔记本、保密鼠标垫、保密警示贴等宣传资料。7月中旬，结合《兵团"七五"保密法治宣传教育规划》，制定《第二师铁门关市"七五"保密法治宣传教育规划》，各团场、单位、部门也结合实际制定本单位的"七五"普法规划。8月底，组织师市领导、各部门、各团场领导176人参加兵团办公厅组织的保密知识讲座并观看纪录片《胜利之盾》。向师市领导、机关各部门、团场领导、保密员1189人次发送保密宣传警示短信。自制保密宣传月知识答卷，各团场、机关部门、企事业单位答题人数1000余人。联合师直党工委组织师机关全体党员领导干部共700余人次观看《手机背后的谍网》《密战警示录》等保密警示教育片。搜集、整理保密微电影5部，共享于QQ群中。扫描《党政机关工作人员保密须知（图文版）》、共享保密屏保3个、保密读物4本，共享于QQ群中供大家下载。

【涉密人员管理】 2017年4月14—18日，组织各团场、机关部门、企事业单位保密员参加兵团国家保密局举办的上岗培训班，参训学员全部通过结业考试，师市范围内保密员持证上岗率达93%。7月28日，保密局召开保密业务培训电视电话会议，师市机关各部门保密员、政法系统、各企事业单位、各团办公室领导及保密员参加。6月5—8日，保密局干部参加兵团国家保密局举办的保密研修班，提高保密认识，增强保密技能。

【网络保密管理】 2017年，按照兵团国家保密局《关于成立保密综合业务网管理机构的通知》要求，成立第二师铁门关市保密综合业务网安全保密管理领导小组，明

确师市保密综合业务网"三员"及职责，做好师市保密综合业务网建设、管理工作。　　　（周善亮）

·老干部工作·

【离（退）休干部】　截至2017年底，第二师铁门关市共计有离退休干部8852人。其中离休干部384人（师级6人，团级及以下378人），占离退休干部总数的4.34%；退休干部8468人（师级23人，团级474人，科级及以下7971人），占离退休干部总数的95.66%。

【老干部党支部建设】　截至2017年底，第二师铁门关市单独成立离退休干部党总支3个，党支部45个，党小组59个；联合成立离退休干部党总支9个，党支部246个，党小组206个。2017年，举办离退休党组织书记（委员）培训班1期，培训人数80人。投资50万元订阅各类老年报刊1万份，修建老干部阅览室84个。

【老干部慰问帮扶】　2017年，第二师铁门关市老干局组织春节慰问老干部及遗孀1031人，慰问经费32.7万元。帮扶困难企业的老干部及遗孀资金15万元。山东渤

2017年9月7日，师市党委老干局、体育局、老体协举办百城千村健身气功大联动活动（刘省委　摄）

海军区教导旅（新疆兵团第二师前身）建立70周年，走访慰问96名渤海军区教导旅离休干部。离退休老干部的养老金、生活补贴、取暖费等按时按标准足额发放，医药费按规定比例报销。对新增的养老金、抚恤金、地区边疆津贴等按时按规定调整到位。

【老干部参与社会活动】　2017年，第二师铁门关市老干局组织广大老干部开展"畅谈十八大以来变化，展望十九大胜利召开"和"建言十九大"活动，谈身边的好人好事，说单位的发展变化，为社会传递正能量。组织老干部开展"看团场变化·树发展信心·迎十九大召开"系列活动，参观焉耆垦区团场新建的综合办公楼和团场小城镇新面貌，农业结构调整后的"蜜脆"苹果基地、"阳光玫瑰"葡萄基地、枸杞基地和芍药花卉基地，活动激发老干部参与社会活动的积极性。

【老干部文体活动】　2017年，第二师铁门关市老干局组织60名老干部参加师市"庆七一、感党恩、促发展，喜迎党的十九大"歌咏比赛，合唱歌曲《兵团的心》获得团体第2名。召开"老年书画艺术向南发展推进会"，并举办"老年书画作品展"，共展出书法、绘画作品150幅，作品以兵地融合、团场发展等主题，反映兵团精神、渤海教导旅精神。举办"健步走大联动活动"，师直30个单位、800名老年人参加。举办"健身气功大联动活动"，16个单位的21支代表队、180名运动员参加。组织演出队，到师社会综合福利院、老年公寓慰问演出。　　（刘省委）

铁门关市人民代表大会

· 综述 ·

【概况】 铁门关市第一届人大常委会自2013年8月29日选举产生以来，在自治区、兵团和第二师铁门关市党委的正确领导下，在自治区人大常委会的指导帮助下，认真履行宪法和法律赋予的职权，做好选举、决定、监督、任免、代表等工作，为加快推进基层民主法治，建设"丝路雄关重镇、军垦生态新城"做出了贡献。

2017年，铁门关市有市级人民代表大会1个，镇人民代表大会尚未成立。市人大代表121人。铁门关市人大常委会组成人员21名，实有16名。常委会机关编制13名，其中常委会领导职数5名（主任1名、副主任4名）；机关内设"一室四委"（办公室、法工委、财经工委、教科文卫工委、代表人事工委），领导职数5名。机关现有在编7人，其中常委会主任1人，副主任2人；办公室主任1人，代表人事工委主任1人，教科文卫工委主任科员1人，法工委副主任科员1人。

是年，召开铁门关市人大常委会会议7次，开展专项视察、专项调研9次。对重大事项做出决议决定26项；任命市政府组成部门负责人6人，免去职务10人；接受辞职17人；终止17名人大代表资格，补选代表9名。

【重大事项决定】 2017年，铁门关市人大常委会坚持从政治上把握、在大局下行动，大事要事敢于担当、善于作为，确保党委的主张通过法定程序成为全市人民群众的共同行动。常委会按照"科学、民主、依法"的要求，听取、审议和通过铁门关市《2016年财政预算调整方案的报告》《博古其镇总体规划（2016—2030年）编制情况的报告》《2017年财政预算调整的报告》及电网联网工程、铁阿高速公路建设、双丰工业园基础建设、铁西区基础建设等PPP项目的议案，依法及时做出决议决定，保障重大项目稳步推进。

【工作监督】 2017年，铁门关市人大常委加强经济及重点工作监督，把促进第二师铁门关市经济和社会事业健康发展作为监督工作的首要任务，听取审议铁门关市《2016年本级财政预算执行及其他财政收支的审计工作报告》《2017年上半年国民经济和社会发展计划执行情况的报告》和《2017年上半年预算执行情况的报告》，提出在经济工作中要进一步规范预算编制、加强财政预算的刚性约束力、提高财政资金的使用绩效、抓好经济运行总体调控、完善债务考核评价的建议，督促政府及其相关部门认真落实自治区和兵团财政、税收、金融等各项政策，优化财政支出结构，确保师市经济稳定增长。

【民生保障监督】 2017年，铁门关市人大常委会加强民生保障监督，关注民生福利，围绕政府提出的"十件实事"，努力把监督的触角延伸到人民群众最关心的地方。听取审议市政府关于就业工作、义务教育、社会保险等专项报告，共提出建议19条。强调实施更加积极的就业创业政策，做好职工转移就业多元增收工作；深化教育体制机制改革，推进义务教育优质均衡发展；提高社会保险管理服务水平，完善异地就医结算制度，保证全民参保计划顺利开展；对医疗卫生工作情况进行视察，提出加强部门联动协调推进医疗改革，整合资源提升家庭医生素质，合理确定医疗卫生机构规模和布局等意见。

【法律实施监督】 2017年，铁门关市人大常委会加强法律实施监督，把保证法律严格实施作为推进依法治市的重要抓手，持续加强和改进执法检查工作。2017年8月，组织执法检查组对铁门关市贯彻实施《环境保护法》和《固体废物污染环境防治法》情况进行检查，多次对畜禽养殖场、医院废物处理暂存点、涉重污染企业等16个现场的污染整治情况进行监督，召开座谈会3场，听取有关部门和团（镇）专题汇报，查摆问题26条，提出整改意见19条，推动师市环境保护工作和生态文明建设。2017年11月5—6日，市人大常委会对《教育法》进行执法检查，组织执法检查组到梨花中学、孔雀中学、双丰镇中学，听取关于义务教育工作情况的汇报，召开座谈会，采取实地查看、随机抽查、调阅台账资料等形式，促进师市义务教育法实施。

【法治建设监督】 2017年，铁门关市人大常委会加强法治建设监督，听取和审议第二师铁门关市法院、检察院《关于深化司法体制改革工作情况的报告》，进一步关注优化司法职权配置，推进诉讼制度改革，切实保障人民群众参与司法等改革措施的落实。组织人大代表旁听涉嫌妨害公务案、国企人员涉嫌贪污案的庭审，听取法院、检察院重点工作汇报，使人大代表更加全面了解"两院"工作，畅通人大代表与司法机关的联系渠道。对"七五"普法规划落实情况进行视察，要求政府及相关部门完善工作机制，加强普法宣传力度，增强普法宣传实效，推进普法依法治理工作向纵深开展。

【常委会联系代表、代表联系选民"双联系"活动】 2017年，铁门关市人大常委会领导每人至少联系指导一个代表小组，铁门关市人大常委会组成人员每人联系3名以上人大代表，每名人大代表联系3名以上选民；常委会组成人员联系人大代表48名，举办座谈会16次，为人大代表发放《法律宣传教育知识手册》123册，为选区选民发放法律宣传资料2000余份。扩大代表列席常委会会议和参与监督、调研等活动参与面。是年，54名代表列席常委会会议和参与常委会专题调研、执法检查等各项活动。代表联系选民活动以法治宣传教育、专题视察、建言献策、知民情汇民意、大走访为载体，以一线基层代表和选民为主体，关注他们了解的热点、难点问题，内容丰富接地气。活动与"双创"工作、精准脱贫紧密结合，创新方式有特点。人大代表自发组织向受灾职工捐款，宣传自救政策，树立灾民的抗灾信心。代表走访选民900余人次，开展选民接待活动11次，接待选民140人次，征求意见28条。

【民族团结】 2017年，铁门关市人大常委会机关全体党员干部、全市人大代表通过"解决一件难事""进行一次技术帮扶""开展一次座谈会""合跳一次麦西来普""吃一顿团圆饭"和"互学语言""敬茶认亲""照全家福"等多种形式，在民族团结一家亲、民族团结创建等活动中争先创优、做出表率。市人大常委会机关干部除在春节、肉孜节、古尔邦节等重大节日看望慰问外，平时还经常到新兴纺织有限公司，看望结对认亲的7户维吾尔族亲戚，给他们赠送衣物、食品；一起吃饭、交谈、看电影、升国旗、表演文娱节目并开展联谊活动；到车间给上班的亲戚送餐；座谈了解他们的家庭和生产生活、子女入托入学情况，尽力帮助解决一些实际困难。

【兵地共建】 2017年5月，二十九团第三代表小组组织开展兵地共建活动，与库尔勒市天山街道、团结街道、建设街道等开展"兵地融合心连心 民族团结一家亲"活动，签订共建责任书，现场举行"兵地社区反恐维稳发声亮剑"宣誓大会，表演丰富多彩的文艺节目，开展赠书活动，人大代表还与结亲户互学"包粽子"，共度中华民族传统节日；第四代表小组组织人大代表参加恰尔巴格乡哈赞其村共建联谊活动；第五代表小组与上户镇大二线社区开展"感党恩，谢母爱，民族团结一家亲"活动，通过升国旗、学典故、读家书、表演节目、互学语言、共玩游戏、为祖国母亲敬献鲜花等互动活动，增强彼此友谊，进一步促进兵地融合和谐共荣；三十团第七代表小组7名人大代表和库尔楚四队的7户维吾尔族结成亲戚，通过走访亲戚，开展"一次技术帮扶"等多种形式，加深感情，巩固"民族团结一家亲"活动成果。

【议案建议办理】 2017年，铁门关市人大常委会把办理代表议案建议作为保障代表依法履职、发挥代表作用的重要途径，着力在"办成率"上下功夫。召开一届人大五次会议代表所提议案建议交办会，对议案和建议办理工作进行部署，并加大跟踪督查力度，推动承办单位加强与代表的直接沟通和联系。组织常委会部分组成人员和领衔提出议案和建议的部分代表，对市一届人大五次会议确定的1件议案和部分建议的办理情况进行视察。实地查看铁门关市防洪工程、消防站、青少年活动中心、保障性住房、西养殖区、垃圾填埋厂6个点，召开座谈会，听取市住建局、水务局、公安局的专题工作汇报，代表们对办理工作发表意见，提出建议。市政府对代表议案、建议回复率100%，议案、建议所提问题得到解决或基本解决18件，占承办总数的41.86%；正在解决或列入计划逐步解决22件，占承办总数的51.16%；因条件限制暂时不能解决3件，占承办总数的6.98%。代表对市政府办理议案、建议工作满意和基本满意率98.96%。

【"法治新疆·天山行——走进铁门关"大型现场直播活动】 2017年，铁门关市人大常委会成功承办自治区人大常委会办公厅、新疆人民广播电台主办的"法治新疆·天山行——走进铁门关"大型现场直播活动，活动主题为"弘扬宪法精神，建设军垦新城"，分为"绿色环保""兵地融合""依法治市""维护稳定"四个板块,以现场访谈、文艺表演、视频短片播放等形式进行。通过鲜活的人物和事例,集中展示第二师铁门关市在践行依法治疆方略中的生动实践,大力宣传人大和人大代表依法履职、推动法治建设的鲜活事迹。特别是在落实反恐维稳、向南发展、民族团结、兵地融合、城市依法规划和依法治理、生态环境保护方面的举措、成效和经验,社会反响强烈,在师市掀起法治宣传教育热潮,为进一步增强职工群众的宪法法律意识,宣扬社会主义核心价值观和现代文化理念,宣传民族团结,维护祖国统一,反对民族分裂,抵御"三股势力"渗透和去"极端化"营造良好的法治宣传氛围。

【主题实践活动】 2017年5—6月,铁门关市人大常委会在全市人大代表中开展"我当代表我为民"主题实践活动。市人大常委会及各代表小组采取发声"亮剑"座谈会、法治讲座、文艺活动、集中宣讲、播放音视频、发放学习材料等多种方式,向社会各界和各族群众广泛宣传《新疆维吾尔自治区去极端化条例》,主动当好反恐维稳的宣传员、信息员。市人大常委会机关为市人大代表及其结亲户发放《去极端化条例》300余本。各代表小组认真组织代表学习《去极端化条例》,并贯彻落实到人大代表履职和"民族团结一家亲"活动中。二十九团第三代表小组组织人大代表开展集中发声亮剑活动;第四代表小组组织人大代表在鑫恒泰商贸城开展联系选民征求意见活动,向市民发放宣传单300余份,征求意见4条;第五代表小组召开《去极端化条例》、"民族政策""宗教政策"等法律知识学习座谈会;三十团第七代表小组组织人大代表开展集中发声亮剑、集体签名等活动,开展以"弘扬法治精神、促进社会和谐"为主题的"世界法律日"宣传活动,为居民进行义务法律咨询,并向流动人口发送法治宣传图书、宣传单,在社会营造学法知法守法尊法用法的良好氛围。

是年,铁门关市人大常委会开展"三联三问三送"活动、助力脱贫攻坚行动。市人大常委会通过面对面接触群众,问政于民、问需于民、问计于民,悉心倾听民声,诚心征求意见,倾心集中民智;向群众送政策、送温暖、送计策。第三代表小组组织选民召开座谈会,征集涉及民生扶持、医疗卫生、养老保障、城市建设等方面意见建议20余条,现场向选民宣讲《去极端化条例》读本,发送有关居民低保、贫困救助、"两癌"补助等扶贫宣传资料等,让活动切实帮助群众了解时事、解决问题,维护群众利益;第四代表小组深入连队、社区了解民情,征求意见,建言献策;第五代表小组采取个人走访方式,捐款捐物帮助困难群众解难题;第七代表小组通过走访入户、深入田间地头,了解和帮助解决职工群众的困难和问题,联系选民78人次,征集意见建议21件,做好事、实事13件次,化解矛盾纠纷7起。

【代表走进人民法院、人民检察院】 2017年,铁门关市人大常委会组织第一、二、三代表小组13名人大代表旁听市法院对国企人员涉嫌贪污罪一案的庭审,使代表更加熟悉法庭审判程序,进一步提高廉洁意识和法纪意识。参观法院、检察院建设,召开座谈会,听取法院、检察院工作汇报,现场提问解答,使人大代表更加全面了解法院、检察院工作,更有针对性地开展监督工作,激发人大代表"人民选我当代表,我当代表为人民"的主体意识,进一步提高自身综合素质,切实发挥监督职能,更好为人民群众服务。

【人大代表参加"检察开放日"活动】 2017年5月

27日，第二师检察分院在第二师华山技校开展以"防治校园欺凌 护航未成年人成长"为主题的"检察开放日"活动，市人大常委会安排韩珉、赵爱华、王晓凤等5名人大代表参加活动。

【思想政治建设】 2017年，铁门关市人大常委会坚持常委会党组理论学习中心组学习制度，印发《2017年铁门关市人大常委会党组中心组学习计划》，制定11个专题学习内容。召开机关处级以上党员领导干部专题民主生活会，认真查摆"不讲政治、不讲纪律、不讲大局、不讲团结、不讲责任、不讲创新、不讲规矩"七个方面存在的问题，剖析产生问题的根源，提出今后的整改措施。推进"两学一做"学习教育常态化制度化，制定《铁门关市人大常委会机关在"两学一做"学习教育中开展"学讲话、转作风、促落实"专项活动的实施方案》，学习党的十八届六中全会精神，学习习近平总书记系列重要讲话精神，学习《宪法》《代表法》《选举法》《地方组织法》《人大常委会监督法》等相关法律法规，整顿"四风四气"，促进各项工作落实。制定《铁门关市人大常委会机关党支部开展"党员意识教育月"活动方案》，开展"六个一"活动，即"开展一次党性教育活动"，邀请师老领导、老党员、师关工委主任郭尚功讲党史、国史和兵团二师光荣传统；到师廉政教育基地开展警示教育，教育引导党员自觉做到讲政治、守纪律、懂规矩，感党恩、听党话、跟党走。"上一堂专题党课"，党组书记范筱芹为机关党支部、三十团八连党支部上专题党课。"开展一次党员志愿服务活动""过一次党组织生活"，组织机关全体党员为二十九团社区服务中心和河北花苑小区打扫环境卫生，慰问值班人员和门卫，营造"我为人人、人人为我"的志愿服务浓厚氛围，树立良好的共产党员形象。"举行一次重温入党誓词活动""开展一次与结对亲戚交流交心活动"，市人大常委会机关全体党员在建党96周年之际，重温入党誓词，观看党员专题教育片《做合格党员》。常委会党组制定《铁门关市人大常委会机关开展"发挥兵团特殊作用大学习大讨论活动"实施方案》，从7月份开始，有计划地组织党组成员、机关党员干部逐字逐句逐篇学习《发挥兵团特殊作用大学习大讨论学习读本》（高级版），开展调查研究和讨论交流8次，每名党员干部撰写发声亮剑文章和学习讨论心得体会。同时，坚持边学边改，取得良好效果。

【制度建设】 2017年，铁门关市人大常委会制定《铁门关市人民代表大会常务委员会主任会议议事规则》，修订《中共铁门关市人大常委会党组会议议事规则》（2015版）等制度（办法），已通过人大常委会会议审议并正式实施。

【舆论宣传】 2017年，铁门关市人大常委会认真做好党报党刊征订工作的同时，给每位人大代表订阅《新疆人大》杂志。鼓励机关工作人员和人大代表向铁门关市政务网、新疆人大网、新疆人大在线、《新疆人大》杂志投稿，对人大及其常委会重要会议、重要工作以及代表视察、调研、执法检查活动进行宣传报道，扩大人大工作的社会影响力。

【研讨交流会】 2017年9月7日，铁门关市人大常委会党组举行集体学习和"发挥兵团特殊作用大学习大讨论"研讨交流会。与会人员围绕兵团深化改革的重大意义，制约兵团事业发展的根本问题，如何解决兵团经济结构不优、吸纳就业能力不强的问题以及如何解决兵团行政职能不健全、管理不规范等问题开展研讨交流发言。

【党员志愿服务活动】 2017年7月7日，铁门关市人大常委会全体党员以"红色的七月"为契机，开展党员志愿服务活动。在二十九团河北花苑小区治安岗亭，为坚守在维稳一线的安保人员送上慰问品，发放《新疆维吾尔自治区去极端化条例》，并组织大家擦洗治安岗亭。在二十九团孔雀社区管理服务中心办公楼前，擦洗宣传栏、物业公示栏、社区服务大厅玻璃门，整理布置"人大代表之家"。

· 重要会议 ·

【一届人大常委会第三十二次主任（扩大）会议】 2017年1月22日，铁门关市一届人大常委会第三十二次主任（扩大）会议在市人大机关会议室召开。会议讨论研究并初步审查市人民政府《关于提请人事任免的议案》；市人大常委会视察组《关于铁门关市一届人大四次会议代表议案和建议、批评、意见办理情况的视察报告》；市人大常委会代表资格审查委员会《关于补选的铁门关市第一届人大代表的代表资格审查报告》；市人大常委会《关于表彰2016年度先进代表小组、优秀人大代表等先进的决定》；铁门关市一届人大五次会议有关文件。

【一届人大常委会第二十二次会议】 2017年2月8日，铁门关市第一届人大常委会第二十二次会议在铁门关市中联大酒店召开。会议审议表决《市人民政府关于提请人事任免的议案》《市财政局关于铁门关市2016年财政预算调整方案（草案）的报告》《市财政局关于2016年度铁门关市政府性债务情况的报告》《市人大常委会关于表彰2016年度先进代表小组、优秀人大代表等先进的决定》。会议还听取审议《市人大常委会视察组关于铁门关市一届人大四次会议代表议案和建议、批评、意见办理情况的视察报告》《市人大常委会代表资格审查委员会关于补选的铁门关市第一届人大代表的代表资格审查报告》。会议最后审议铁门关市一届人大五次会议有关文件。

【一届人民代表大会第五次会议】 2017年2月15—17日，铁门关市第一届人民代表大会第五次会议在铁门关市博览中心（农产品物流园）召开。会议听取和审议铁门关市人民政府工作报告。审查和批准铁门关市2016年国民经济和社会发展计划执行情况与2017年国民经济和社会发展计划草案的报告、铁门关市2016年财政总预算执行情况及2017年财政总预算草案的报告；批准铁门关市2017年国民经济和社会发展计划、铁门关市2017年财政总预算。听取和审议铁门关市人大常委会工作报告、铁门关市人民法院工作报告、铁门关市人民检察院工作报告。会议还选举铁门关市人民政府市长。

【一届人大五次会议代表议案建议和政协一届五次会议委员提案交办会】 2017年3月12日，铁门关市人大常委会、政府、政协召开一届人大五次会议代表议案建议和政协一届五次会议委员提案交办会。2016年市人大常委会共交办政府议案1件，议案、建议59件。截至2016年末，已经解决或基本解决的30件，占总数的50%；正在解决或列入计划逐步解决的21件，占总数的35%；因条件限制暂时不能解决的9件，占总数的15%。市政府各承办部门办理代表议案建议答复率100%，代表对办理情况满意率和基本满意率为98%。今年将1件议案和42件建议交办市人民政府，涵盖城建、交通、水利等群众关心的热点难点问题。吴彬要求各承办单位要提高认识，不断增强办理工作的责任感。

【一届人大常委会第二十三次会议】 2017年4月28日，铁门关市第一届人大常委会第二十三次会议在市人大机关办公楼四楼会议室召开。会议传达学习习近平总书记参加十二届全国人大五次会议新疆代表团审议时的重要讲话精神和自治区党委九届二次全体（扩大）会议精神，学习《新疆维吾尔自治区去极端化条例》及解读，听取和审议市人民政府《关于铁门关市博古其镇总体规划（2016—2030年）编制情况的报告》，听取、审议并表决通过市人大常委会《关于铁门关市博古其镇总体规划（2016—2030年）的决议（草案）》。会议还听取、审议和表决《关于人事任免的议案》。

【一届人大常委会第三十四次主任（扩大）会议】 2017年6月21日，铁门关市一届人大常委会第三十四次主任（扩大）会议在铁门关市人大常委会机关三楼会议室召开。会议初步审查市人民政府《关于提请审议〈二师2×135兆瓦电厂—焉耆垦区—铁门关市电网联网工程PPP项目实施方案〉的议案》、市人大常委会《关于批准市人民政府〈关于提请审议二师2×135兆瓦电厂—焉耆垦区—铁门关市电网联网工程PPP项目实施方案的议案〉的决定》（草案）、市环保局《关于铁门关市2016年度环境状况和环境保护目标完成情况的报告》、市审计局《关于2016年本级财政预算执行及其他财政收支的审计工作报告》、市财政局《关于铁门关市2017年财政预算调整方案（草案）的报告》、市人大常委会视察组《关于对铁门关市重大项目建设情况的视察报告》，以及有关人事任免的议案。

【一届人大常委会召开第二十四次会议】 2017年6月28日，铁门关市一届人大常委会召开第二十四次全体会议。会议听取和审议市人民政府《关于提请审议〈二师2×135兆瓦电厂—焉耆垦区—铁门关市电网联网工程PPP项目实施方案〉的议案》，表决通过市人大常委会《关于批准市人民政府〈关于提请审议二师2×135兆瓦电厂—焉耆垦区—铁门关市电网联网工程PPP项目实施方案的议案〉的决定》（草案）。会议听取和审议市环保局《关于铁门关市2016年度环境状况和环境保护目标完成情况的报告》、市审计局《关于2016年本级财政预算执行及其他财政收支的审计工作报告》。听取、审议并表决通过市财政局《关于铁门关市2017年财政预算调整方案（草案）的报告》。会议听取和审议市人大常委会视察组《关于对铁门关市重大项目建设情况的视察报告》，听取、审议和表决通过《关于人事任免的议案》。会议还通报"法治新疆·天山行——走进铁门关"活动的举办情况。

【一届人大常委会召开第二十六次会议】 2017年8月30日，铁门关市第一届人大常委会召开第二十六次会议。会议听取和审议市人民政府关于提请审议《铁门关市至阿拉尔市公路建设PPP项目实施方案的议案》《铁门关市双丰工业园基础设施建设PPP项目实施方案的议案》《铁门关市铁西区基础设施建设PPP项目实施方案的议案》，听取、审议和表决通过市人大常委会《关于批准市人民政府〈关于提请铁门关市至阿拉尔市公路建设PPP项目实施方案的议案〉的决定》《关于批准市人民政府〈关于提请审议铁门关市双丰工业园基础设施建设PPP项目实施方案的议案〉的决定》《关于批准市人民政府〈关于提请审议铁门关市铁西区基础设施建设PPP项目实施方案的议案〉的决定》。会议听取和审议市发展改革委《关于铁门关市2017年上半年国民经济和社会发展计划执行情况的报告》，市财政局《关于铁门关市2017年上半年预算执行情况的报告》，市人社局《关于铁门关市2017年上半年就业工作情况的报告》，市招商局《关于铁门关市2017年上半年招商引资工作情况的报告》，市人大常委会执法检查组《关于检查〈中华人民共和国固体废物污染环境防治法〉实施情况的报告》。会议听取、审议和表决通过市人民政府、市人民检察院有关人事任免的议案及《铁门关市人民代表大会常务委员会主任会议议事规则》。

·代表调研活动·

【安全生产调研】 2017年4月12—13日，自治区人大常委会副主任、财经委主任委员王永明一行对第二师铁门关市安全生产情况进行调研，吴彬等人陪同调研。在博斯腾宾馆召开工作汇报及座谈会，听取铁门关市人民政府相关工作汇报。前往金三角商贸集团公司、金川热电公司调研，对新兴纺织公司、庆回归化肥公司进行实地考察。

【创新兵地融合发展调研】 2017年5月15—17日，自治区党委政策研究室副主任何国庆一行6人在第二师铁门关市就创新兵地融合发展等情况进行调研。

【团场体制改革调研】 2017年5月17—22日，市人大常委会调研组先后赴三十团、二十九团、三十三团、二十二团，对贯彻落实中央关于兵团深化改革的意见和兵团、师市党委关于深化改革的要求，对推进团场体制改革工作进行调研。

【重点项目建设视察】 2017年5月27日，铁门关市人大常委会对全市重点项目建设情况进行视察。视察组一行现场查看铁门关市防洪工程改扩建项目，渤海湾南泥湾绿化工程项目，城市交通网络道路工程新建项目，四馆合一、高级中学，污水处理厂工程项目。实地考察后，视察组一行在铁门关市中联大酒店召开工作汇报座谈会。

【山东渤海教导旅战史调研】 2017年6月13日，山东德州市人大常委会到铁门关市考察山东渤海教导旅战史。

【"双联系"活动】 2017年9月14日，铁门关市人大常委会组织到三十团进行"双联系"活动。活动组通过举行座谈会的方式与三十团的人大代表进行交谈，了解群众遇到的困难，并给出符合实情的解决措施。座谈会结束后，还对果园进行实地调研。

【团场卫生调研】 2017年10月5日，市人大常委会主任范筱芹带队，组织常委会部分组成人员和市人大代表，先后对二十九团（博古其镇）、三十团（双丰镇）医院、连队卫生室建设、医疗服务水平等情况进行调研。

【议案办理调研】 2017年10月13日，市人大常委会部分组成人员及人大代表采取听汇报、现场查看、询问、座谈、评议等方式，对市一届人大五次会议代表议案建议办理情况进行视察。查找问题，提出改进措施。

（唐印龙）

第二师　铁门关市人民政府

· 外事 · 侨务 ·

【工作会议】 2017年2月21日，第二师铁门关市外事局参加兵团外事侨务旅游工作电视电话会议暨兵团侨联六届三次全委会议。

【外事项目】 2017年，第二师铁门关市外事局共办理因公出访3批5人次。

【外事工作规范化建设】 2017年，第二师铁门关市外事局加强党对外事工作的集中统一领导。切实做好外事审批管理工作，宣传讲解外事政策，并对各单位报送的涉外活动请示认真把关。建立工作开展通报机制，规范师市辖区涉外活动。

【外事管理】 2017年，第二师铁门关市外事局借助兵团外事信息资源平台，为支持师属企业走出去提供信息服务。加强兵地融合，与巴州外侨办争取，联合承办第八届中国新疆国际青少年艺术节活动。

【外事调研】 2017年6月，第二师铁门关市外事局开展因公护照保管工作，对师市机关部门和团场护照进行摸底，并对过期护照进行整理。

【以侨架"桥"】 2017年，第二师铁门关市外事局认真贯彻落实《归侨侨眷权益保护法》，努力发挥侨务社区、侨法宣传角作用，始终把宣传教育作为前提和必要准备，把周到服务、维护利益作为贯彻落实《归侨侨眷权益保护法》核心和重中之重。本着侨办就是侨眷侨属之家的思想，倾听并受理侨眷侨属的合理诉求，为侨眷办实事，开展"送温暖、献爱心"活动，检查侨法的贯彻落实情况，把关心侨属工作列入年度工作计划，组织党员干部与侨属结对子，把过去只在节日登门慰问变为现在的常常上门看看，及时掌握归侨、侨眷属家庭情况，力所能及解决一些实际困难。坚持以经济建设为中心，动员侨界力量，发挥优势，广泛开展"引进来"和"走出去"的工作，团结全师归侨、侨眷，广泛联系海外侨胞，为构建和谐社会做出贡献。

【涉侨公益事业】 2017年6月20日，澳大利亚滴水阳光慈善教育基金会给二师受助的30名学生打卡发放助学金，每位学生350澳元（折合1767元人民币），共计53010元。师市各学校利用此契机组织开展感恩教育、加强师生社会责任感等主题教育宣传活动，受助学生均给资助人写一封感谢信。

【侨界联谊交流】 2017年9月，第二师铁门关市侨联举办庆祝中国侨联成立60周年活动，主动向海外华侨华人宣传师市，动员海外侨胞、归侨侨眷回馈社会、奉献爱心。利用国侨办各类活动平台，以"侨资企业西部行"活动为抓手，利用"华创会""西博会"等开展引资引智工作。努力发挥侨务社区、侨法宣传角作用，争取各类侨务捐赠项目。

【侨界文化交流】 2017年，第二师铁门关市侨联工作在兵团侨办的指导和师市党委的正确领导下，坚持以人为本，广泛宣传，加强沟通，凝聚侨心，发挥优势，始终围绕大局开展各项工作。坚持以经济建设为中心，动员侨界力量，发挥优势，广泛开展"引进来"和"走出去"的工作，广泛宣传《中华人民共和国归侨侨眷权益保护法》，把侨法宣传作为"七五普法"的内容之一，编印《中华人民共和国归侨侨眷权益保护法》学习试题，组织参加第十八届世界华人中小学生作文大赛活动，获二等奖1个、三等奖2个。坚持"以人为本、为侨服务"的宗旨，把侨务工作摆在重要位置。

【对侨服务】 2017年1月11—13日，兵团侨联副主席轩江波一行到第二师铁门关市走访慰问归侨侨眷，指导基层侨务工作，走访慰问二十一团、二十七团、三十团、二二三团、三十六团、金三角商贸公司等单位归侨侨眷。2017年共计发放慰问金1万元。

坚持按照兵团外事侨务旅游工作会议和师市党委十五届三次全委（扩大）会议的部署要求，紧紧围绕社会稳定和长治久安总目标，以"侨资企业西部行"活动为抓手，投入15万元推动二十九团孔雀社区管理服务中心"侨之家"建设项目；将上级投入的2万元资金全部用于支持二十一团月牙湖社区"全国社区侨务示范点"创建工作。

【侨务脱贫】 2017年，第二师铁门关市侨办跟进侨务扶贫脱贫项目工作，组织二十七团依托现有果园临近博湖风景旅游带的地理位置优势，建设绿色果园观光采摘和沿开都河支流河畔度假旅游休闲项目，二十七团八连开都河旅游休闲及特色果园种植精准扶贫项目上报兵团。　　　　（曹利军）

·信访·

【概况】 2017年，第二师铁门关市信访系统强化短板意识，以开展矛盾纠纷大排查、领导干部大接访、信访积案大化解、信访秩序大整治、基础业务大规范、信访事项大督查、信访责任大落实"七大活动"为抓手，聚焦"阳光信访""责任信访""法治信访""服务信访""人文信访"，紧扣主体责任抓落实，加强制度建设，畅通信访渠道，夯实基层基础、破解信访难题、搭建网络平台、创新体制机制、高效落实效能信访，有效遏制到师市、兵团和进京越级上访的高发势头，信访总量持续下降，实现全年各个特殊敏感期，特别是党的十九大期间师市"三不出"和赴乌进京零上访的目标，信访形势持续好转。

【领导干部接访下访】2017年，第二师铁门关市下发《关于师市领导及师市机关各部门领导赴接访大厅开展接访活动的通知》，全师各单位认真落实文件要求，开展领导干部接访、下访、约访、带案下访活动。各级领导干部落实"五个一"领导干部"五包"责任制，确保职工群众来信来访及时得到处理答复，切实做到依法、及时、就地有效解决群众合理诉求。为确保十九大期间信访稳定，10月份开展师市各级领导干部到信访接待场所值班接待群众来访，主动回应群众诉求活动，师市各级领导干部主动到师团信访接待场所值班，做到将信访矛盾纠纷化解在源头，将信访群众吸附在当地。

【环保投诉和举报案件处理】2017年8—9月，中央环保督查组进驻自治区和兵团，通过信访渠道交办第二师铁门关市群众对环保方面的投诉和举报案件共计26批30件。信访局全部做到依法处理、及时上报。

【信访专项活动】2017年，第二师铁门关市党政主要领导与51个单位党政主要领导签订《2017年师市信访工作责任书》；在全师开展矛盾纠纷排查化解集中整治工作，将重点领域和重点群体、重点问题、重点人员分别以师市领导和单位领导"五包"责任制形式，落实到具体领导负责人和包案人，确保"清仓见底"；先后开展"集中整治""百日攻坚战""信访积案化解""敏感期信访稳定工作""劳务工信访稳定工作"等8大专项整治活动；"积案化解""敏感期信访稳定工作""劳务工稳定"等6个重点信访舆情分析报告，得到师市领导的高度评价，并被兵团"信访工作"简报刊发；劳务工稳定问题较多和网上信访工作开通的26个单位轮流到师市信访局接待大厅值班轮训；通过"信访工作月报""六联督办单""督办通知"等形式，进一步加强对师市敏感期信访工作的指导、督促、检查。

【信访联席会议制度】2017年，第二师铁门关市信访局在先后8次召开师市信访工作联席会议的基础上，先后召开关于自治区和全国"两会""一带一路"高峰论坛、兵团党代会、党的十九大等30多次专题信访会议；9月20日至10月31日，每天召开一次信访形势调度会；在每月召开信访工作研判会（11月开始每周）基础上，先后召开焉耆、库尔勒、塔里木3个垦区的信访工作片会，对28个单位的信访工作进行年终抽查。

【帮扶救助】2017年，第二师铁门关市信访局对69名上访人存在的生产、生活、医疗、子女入学、住房等困难，协调督促有关单位予以帮扶救助。

【督查督办】2017年，第二师铁门关市信访局利用信访信息系统下发《六联督办单》督办信访事项32件、下发《督办通知》8期，将信访局日常接待和各单位排查上报，以及师市领导批转交办的重点矛盾纠纷即时交办涉访单位，全程跟踪督办，直至案结事了，全部在规定的期限内办结上报。

【荣誉】2017年，第二师铁门关市信访局接到群众表扬信、锦旗共7次；被兵团人社局和兵团信访局联合授予"党的十八大以来兵团信访系统先进集体"；师市信访局局长王玉江获"党的十八大以来兵团信访系统优秀信访局局长"称号。

（王玉江）

·档案·

【概况】2017年，第二师

铁门关市档案局以党的十九大精神为指导，认真学习贯彻以习近平同志为核心的党中央治疆方略和对兵团的定位要求，围绕师市党委工作大局，加强档案资源建设，提高创新能力，增强档案服务能力，加强人才队伍建设，在基础设施、业务建设以及档案资源建设方面取得较大进展，服务水平得到提高。

【法制档案建设】 2017年，第二师铁门关市档案局制定《2017年第二师铁门关市档案工作要点》，将档案的法制建设和宣传列入师市各级常态性工作计划中，工作责任到人；将宣传、上报档案工作动态等工作纳入师市档案工作考核范围，督促基层做好宣传。围绕"档案——我们共同的记忆"这一主题，组织基层单位集中开展系列宣传活动：组织统一征订"档案——我们共同的记忆"系列海报44套、宣传册218份，并在统一的时间悬挂张贴、发放学习；组织征订档案知识竞赛试题近700份，并在统一时间组织相关考试；档案局宣传横幅、放置宣传展板、发放宣传册、现场回答群众问题等，向过往群众宣传档案相关知识。活动中，共发放自制宣传册200份，现场接受群众咨询20余人次；组织基层单位档案员参加档案征文活动。

【业务培训】 2017年1月13日，第二师铁门关市档案局举办机关部门兼职档案员培训班，主要讲解年度收集档案的门类范围及程序等，并对兼职档案员的日常收集和保管提出要求。师市机关各部门及铁门关市人大、政协兼职档案员共计43人参加培训。

【工作轮训】 2017年，第二师铁门关市档案局组织新任档案员到档案局进行轮训学习，手把手讲解档案案卷的制作方法，全面、系统地教授文书档案的整理规则、档案管理软件的安装和操作使用以及档案馆管理及档案查询利用的流程等，全年共组织三十一团、三十四团等单位档案员共计5批次6人到师市轮训，轮训时间累计40余天。

【档案接收入馆】 2017年，第二师铁门关市档案局按时完成师市机关50余个局、委、办2016年度文书档案、照片档案、科技档案、会计档案、发文本及电子版的收集、整理、校对及上架工作，共整理文书档案400余盒9000余件；收集、整理财务局、事务管理局预算内、预算外账本、凭证、工资册及报表共计600余册，其中包括财务局统一移交的2007—2016年固定资产等各类报表共计60余卷；接收整理照片档案共计20册700余张，接收资料30余册，完成各部门移交的历年文件的加卷工作。指导国资委完成2006年以来清产核资档案的移交、整理工作，共接收档案700余册（清产核资单列为档案门类），完成资料的接收、上架、编目等相关工作；完成审计中心2013、2014两个年度审计档案共计188卷的交接、整理、上架工作；整理残联2009—2016年台账共计50余卷上架；完成各门类档案目录（含专题档案、重要文件目录）以及任免、职称等重要文件汇编的整理、编制工作。

【库房管理】 2017年，第二师铁门关市档案局定期进行安全检查，特别是"八防"（防水、防火、防盗、防虫、防高温、防潮、防强光、防尘）设施的检查，消除安全隐患；完成所有馆库防虫剂的集中更换；加强在电子文件形成、存储、传输、利用以及存储介质的使用、档案利用保管等各个环节的保密防范，严防泄密；健全涉密和政治敏感性强的档案的管理制度，严格审批制度。

【利用服务】 2017年，第二师铁门关市档案局累计接待师机关、外单位及个人查档人员900余人次，查阅各门类档案共12000多卷/件次，累计复印文件资料2000余页。

【专项检查】 2017年，第二师铁门关市档案局对各团场、企事业单位的年度档案整理工作、档案馆项目建设情况等进行检查指导，并对档案员的基本情况、档案管理工作基本情况等进行一次大范围的摸底调查，为来年开展社区档案的归档工作做好调研。

【目标管理复审达标】 2017年，第二师铁门关市档案局完成年度应复审团场、企事业单位档案目标管理的指导及复审考评工作，按计划完成复查认定，该年度师市中级人民法院等五家单位通过自治区档案目标管理认定。

【建设项目档案跟踪服务】 2017年，第二师铁门关市档案局主动到泽源城投公司、国资委等单位指导档案管理工作。参与师市水利系统重点工程二十二团黄水沟、二十四团清水河及三十八团莫勒且河水利工程验收工作，对项目档案保管条件特别是八防措施的落实情况、案卷的整理、编目等提出意见。

【基层服务与督查】 2017年，第二师铁门关市档案局协助二十九团完成隐患排查整改台账的整理工作；参与兵地共建，到和硕县新塔热乡布茨恩查干村协助完成村委会有关台账、档案的整理归档工作；对二十二团、二十九团、三十四团档案馆建设项目进行督查。

【考察学习】 2017年4月17日，第二师铁门关市档案馆就档案馆建设及档案馆标准化建设、档案数字化建设、宣传等方面专程到库车县档案馆进行考察学习。

（李 蕾）

· 史志 ·

【第二轮修志】 2017年，第二师铁门关市主要领导和兵团签订《关于落实兵团史志工作要求完成"两全"目标硬性工作任务责任书》，加大力度推进二轮修志工作。第二师党史研究室、志办公室报批《第二师铁门关市志（1991—2015）》修编预算费用13万元，全面启动《第二师铁门关市志（1991—2015）》编修工作，组织师市机关有关部门对《三十四团志》《华山中学志》进行审核；《三十四团志》完成初审。

【兵地共建】 第二师铁门关市史志办向巴州志办公室报送《巴音郭楞蒙古自治州志（1991—2015）》（二师卷）初稿16万字。

【信息和专业论文】 《兵团史志工作简讯》登载工作信息2篇；为第七届中国地方志学术年会撰写论文3篇。

【年鉴工作】 2017年，第二师铁门关市史志办完成《中国地方志年鉴（2017）》组稿，上报稿件0.2万余字，照片2幅；完成《兵团年鉴（2017）》组稿工作，上报稿件5.6万余字，照片81幅；完成《巴音郭楞年鉴（2017）》资料组稿工作，报送稿件5.3万余字，照片81幅。在师市发行《兵团年鉴（2016）》100本。

【党史工作】 2017年，第二师党史研究室完成《巴音郭楞党委工作纪事（2016）》资料组稿工作，上报稿件0.7万余字；完成师市抗战老战士口述史资料的收集和报送，摸底统计师市抗战健在老战士13名，口述资料1篇。

【对口援建】 2017年，第二师铁门关市史志办选派两名团场史志工作者参加第三届冀皖方志理论研究会，衔接史志系统对口支援工作。

【业务培训】 2017年，第二师铁门关市史志办按照要求参加各级各类党史、地方志工作业务培训班。3月24日派一名干部参加巴州党史地方志工作座谈会。6月14—15日派8人参加兵团史志工作业务培训班；8月15日组织各团场共12人参加兵地史志编纂工作会议。

【纪念馆、团史馆普查调研】 2017年7月10—13日，兵团党委党史研究室、兵团志办公室副主任何喜清一行2人，对第二师铁门关市二十一团、二十二团、二十四团、二十九团、三十团、三十一团、三十三团团史馆进行普查调研。全面了解师市纪念馆、团史馆基础设施、陈列展览、宣传服务、社会教育、资金使用管理等方面的情况。

【咨询服务】 2017年，第二师铁门关市史志办利用已出版的志书、年鉴、简史等史料，为师市机关、企事业单位及其他人员提供历史和文字、图片、咨询服务等100余次。

（叶小芳）

· 公共资源交易 ·

【概况】 兵团公共资源交易中心第二分中心于2013年12月组建成立，副处级差额拨款事业单位，2017年11月划归师办公室管理。2017年有编制5人，实有4人。主要职责是负责受理师市符合条件的公共资源交易项目，安排和组织实施公共资源交易活动，为公共资源交易活动提供开标、评标场所和服务，组织发布交易公告、交易结果等交易信息，配合相关部门查处违反法律法规行为的投诉，交易资料、音像、图片的收集、整理、立卷和归档工作。2017年，共完成建设工程类项目619项，预算金额303923.71万元，成交金额298673.66万元，节支5250.05万元；政府采购项目91个，预算金额42150.01万元，成交金额41806.46万元，节支343.55万元；产权交易项目6个，评估金额1243.77万元，成交金额1303.13万元，增值金额59.36万元。土地交易项目16个，预算金额3232.7万元，成交金额3298.25万元，增值金额65.55万元。

【制度建设】 2017年，兵团公共资源交易中心第二分中心全面启用电子招投标工作，根据兵团公共资源交易中心下发的《招标代理机构管理办法（试行）》，实行对招标代理企业实行"一标一考核"制度；随后出台《招标代理机构管理办法（试行）》等相关配套制度；对建筑工程招投标项目实行工程量清单评标法。

【业务培训】 2017年，兵团公共资源交易中心第二分中心组织代理机构业务工作人员及新点公司派驻工程师召开"一体化平台"应用研讨会，对所有交易项目办理流程提出合理性优化建议。在原有定额预算类型招标基础上新增工程量清单计价招标形式，并对专家分四批次进行培训，为下一步开展电子评标工作做好充分准备。

（刘 佳）

电子政务

【概况】 第二师铁门关市信息技术服务中心于2004年9月由师发改委组建成立，正科级差额拨款事业单位，2006年划归师办公室管理。2017年有编制5人，实有4人。主要职责是负责第二师铁门关市电子政务外网运维管理工作和政务信息公开工作，包括外网协同办公系统应用推广、政务门户网站群系统建设保障、电视电话会议系统管理、各部门专网建设整合等。截至2017年末，使用的网络资源共有：机房5个，机柜15个，服务器25台，核心路由器6台，核心交换机3台，防火墙2台，上网行为管理2台，VPN设备2台，IPS设备1台。

【制度建设】 2017年，第二师铁门关市信息中心修订《信息技术服务中心工作考核制度》，规范并制定《师市视频会议保障操作流程和规范》《师市政务门户网站信息发布工作流程》《信息技术服务中心财务、社保、工资、绩效、统计等业务流程》以及配套的《绩效考核指标量化表》《会议保障情况登记表》《服务登记表》《考勤表》《设备登记表》《值班登记表》等表格。为加强信息技术保障工作，信息中心值班人员坚持24小时值班待岗，以应对突发情况。10月修订《第二师铁门关市门户网站信息发布管理办法》，配合十九大网络安全保障工作，制定一系列规章制度和配套表格。

【网络运维】 2017年，第二师铁门关市信息中心每天检查机房防火墙、路由器、交换机、空调、UPS、机房环境监测系统等设备运行状态，发现异常情况及时解决。全年机房空调维修4台次，UPS常规放电维护4次。每天对外网协同办公服务器数据库自动备份2次。协助厂家解决外网协同办公系统异常问题3次、门户网站系统异常5次。

【应用推广】 2017年，第二师铁门关市外网协同办公系统实现各部门与企事业单位及团场、师机关各部门与兵团各部门之间的文件收发。全师各部门通过外网协同办公系统传输文件。协同办公提醒短信150308条。手机移动办公解决安全接入问题，逐步开始推广使用。

【政务公开】 2017年，第二师铁门关市政务门户网站主站发布信息共计6468条。其中新闻动态类信息3470条视频232条，政务公开类信息2766条。师长信箱受理并答复信件161封。向兵团政务网投稿并采用125条，同比下降45%。通过外网协同办公系统曝光问题稿件113条，拦截敏感信息33条。10月，根据兵团相关要求删除、清理2万余条过期以及涉嫌违规的信息。

【专网建设】 2017年，第二师铁门关市信息中心对财政局、统计局、发改委、环保局、教育局、保密局、信访局、组织部、社保中心、审计局、司法局、国资委、永兴公司、国土局、电视台、水利局、疾控中心、残联、公积金管理中心等单位的专网及应用系统进行维护。对企事业单位变更工作人员进行VPN接入培训。完成社保专网和教育专网的链路整合工作。

【会议保障】 2017年，第二师铁门关市信息中心电视电话会议维护共计255次。为加强电视电话会议管理工作，信息中心加强技术保障力量。对重要会议，信息中心派出2人进行会议技术保障，并对团场分会场纪律情况进行记录。新增铁门关视频会议室和视频会商室，会议保障工作量大幅增加。4月对团场视频会议室以及管理人员情况进行检查，8月督促团场分会场进行环境规范改造。

【学习培训】 2017年，第二师铁门关市信息中心先后派遣信息中心人员到兵团信息技术服务中心、十三师和满洲里进行学习和考察活动。

【机关搬迁网络保障】2017年，由于师市电子政务外网机房（设备）暂时没有随办公室搬迁到铁门关市，为解决新机关楼的外网网络问题，信息中心从库尔勒机房到铁门关机房租用电信200M专线，并规划网络配置路由、交换的设备，配合电信圆满完成电子政务外网新办公楼平滑接入任务。5月，信息中心开始着手将互联网出口迁移到铁门关机房，随后逐步将互联网服务器进行迁移。2017年末，完成铁门关机房200M互联网宽带出口电路的临时开通以及防火墙的配置测试工作。为彻底解决铁门关机关楼用户管理问题，加强机关用户管理、上网行为管理，信息中心将原库尔勒机房的IPS和上网行为管理设备迁移到铁门关机房，绑定用户IP－MAC地址，有效防范内外网络攻击行为，显著增强铁门关机关用户的互联网网络安全性。

【外网远程安全接入工作】从2017年1月开始，所有企事业单位和部分偏远师市机关部门都统一通过"VPN＋证书"的方式访问外网协同办公系统，实现协同办公系统和互联网逻辑隔离，保证网络的安全。3月，解决移动客户端（安卓）通过VPN安全接入问题。出差在外的领导可以通过安卓手机随时随地查阅、签批文件。12月开展企事业单位硬件VPN组网接入工作，预计2018年上半年完成。

【十九大网络安全保障】2017年，在兵团办公厅和师市网信办统一安排部署下，第二师铁门关市信息技术服务中心全力保障十九大期间师市政务门户网站的安全。在自身严格要求的同时，加强对团场子网站的管理。建立健全相关制度。启动最高级别24小时应急值守制度。组织人员及时排查网站信息。

【文明单位创建工作】2017年，第二师铁门关市信息中心成功申报师级文明单位。信息中心参加办公室支部学习以及机关组织的各项活动，收集整理各项活动的材料和照片，整理党建和精神文明建设台账。（徐志学）

中国人民政治协商会议铁门关市委员会

·综述·

【概况】 2017年，政协铁门关市委员会有委员88人，其中常务委员16人。是年，政协铁门关市委员会召开一届五次会议，常务委员会召开常委会议6次。一届五次会议以来，提案委员会共收到各类提案81件，平时提案4件，并案5件，转信9件，经审查立案71件。于2017年3月12日向市政府23个单位交办提案。截至2017年末，71件提案全部办复，办复率100%。经测评，政协委员对提案办复的情况满意68件，占95.8%；基本满意3件，占4.2%。其中主席、副主席重点督办提案4件，办复率100%，满意率100%。

【政治协商】 2017年，政协铁门关市委员会为推进协商民主广泛多层制度化发展，促进市人民政府2017年重点项目建设和民生工程的落实，加强铁门关市政协与铁门关政府的沟通联系。根据2017年制定的专题协商计划，铁门关市政协召开2次专题协商会议。

7月4日，铁门关市政协召开"推进农贸市场建设，丰富市民菜篮子"专题协商会议。会议首先进行调研视察；其次在铁门关市政协机关三楼会议室进行专题协商，听取市政府就农贸市场建设情况、存在问题和解决办法专题发言；政协常委提出意见建议。

12月7日，铁门关市政协召开"完善铁门关市城市交通网络建设"专题协商会议。会议首先进行调研视察；其次在铁门关市政协机关三楼会议室进行专题协商，听取政府就铁门关市城市交通网络建设情况、存在的问题和解决办法专题发言；政协常委提出意见建议。

（蒋 新）

·重要会议·

【政协一届五次全委会议】 2017年2月15—16日，中国人民政治协商会议铁门关市第一届委员会第五次会议在铁门关市会展中心召开。应到委员88名，实到71名。会议审议通过《政协铁门关市一届五次委员会常务委员会工作报告》、政协铁门关市第一届委员会常务委员会

4月28日，铁门关市政协召开"维护民族团结、反对民族分裂"发声亮剑座谈会

《关于一届四次会议以来提案工作情况报告》；列席铁门关市一届人大五次会议，听取"一府两院"报告及其他有关报告；审议通过《政协铁门关市一届五次会议政治决议》。

【一届十八次常委会议】

2017年1月20日，政协一届委员会第十八次常委会议在铁门关市中联大酒店召开。会议由杨志成主持，隋健鹏、王翠平（女）、王春瑞及夏泽祥、纵瑞华等10名常委参加会议。会议审议通过铁门关市政协一届五次会议筹备工作方案（草案）；原则通过铁门关市政协第一届委员会常务委员会工作报告（草案），需进一步做修改完善；原则通过铁门关市政协第一届委员会常务委员会关于一届四次会议以来提案工作情况的报告（草案），需进一步做修改完善；审议通过铁门关市政协一届五次会议召开议程、日程（草案）；审议通过铁门关市政协一届五次会议大会执行主席编组名单（草案）；审议通过铁门关市政协一届五次会议秘书长、副秘书长名单（草案）；审议通过铁门关市政协一届五次会议邀请单位、人员和列席单位、人员名单（草案）；审议通过铁门关市政协一届五次会议小组召集人（组长、副组长、秘书）名单（草案）；审议通过参政议政大会发言内容，主要是民族团结、"双创"、聚集人口、企业创新等方面内容，材料文字具体把关由王翠平副主席负责；审议通过先进表彰名单，铁门关市一届政协"优秀政协委员"和"优秀提案人"共12名，"提案先进承办单位"6个，会议提出表彰形式以精神鼓励为主，个人颁发荣誉证书、单位颁发奖牌形式，严格按照有关规定执行；审议通过有关人事事项安排，同意王春瑞同志作为市一届政协副主席推荐人选，并提交一届五次全委会增补通过；协商通过铁门关市政协2017年工作计划，确定年度工作要点。

【一届十九次常委会议】

2017年2月16日，政协一届委员会第十九次常委会议在铁门关市博览中心二楼206常委会议室召开。会议由杨志成主持，隋健鹏、王翠平（女）、王春瑞及夏泽祥、纵瑞华等14名常委参加。会议听取提案法制小组、科技经济小组、教文体卫史小组、民族宗教侨台联小组各组长对政协一届常委会工作报告、提案工作情况报告及市政府工作报告等讨论情况的综合汇报；审议通过铁门关市政协一届常委会工作报告的决议（草案）、协商通过铁门关市政协一届委员会提案关于政协一届四次会议提案审查情况的报告（草案）、协商通过《市政协一届五次会议政治决议》（草案）；听取有关人事事项说明，审议通过人事事项名单（草案）；审议通过选举办法（草案）；审议通过总监票人、监票人名单(草案)。

【一届二十次常委会议】
2017年3月7日，政协一届委员会第二十次常委会议在铁门关市政协机关三楼会议室召开。会议由杨志成主持，隋健鹏、王翠平（女）、王春瑞及夏泽祥、纵瑞华等14名常委参加。会议听取铁门关市政协一届五次会议小组讨论情况；审议通过铁门关市政协一届五次会议提案，确定重点督办提案；协商通过铁门关市政协2017年工作要点；通过关于增补康庆久同志为一届政协委员的决定。

【一届二十一次常委会议】
2017年7月4日，政协一届委员会第二十一次常委会议在铁门关市政协机关三楼会议室召开。会议由杨志成主持，隋健鹏、王翠平（女）、王春瑞及夏泽祥、纵瑞华等14名常委参加。会议组织委员到铁门关市农贸市场进行实地调研，常委及委员积极发言，并听取市政府领导通报有关情况；杨志成领学《关于在"学讲话、转作风、促落实"专项活动中强化监督执纪问责的通知》；隋健鹏领学《关于加强和改进人民政协民主监督工作的意见》。

【一届二十二次常委会】
2017年10月27日，政协一届委员会第二十二次常委会议在铁门关市政协机关三楼会议室召开。会议由杨志成主持，隋健鹏、王翠平（女）、王春瑞及夏泽祥、纵瑞华等14名常委参加。会议组织常委及委员对铁门关市交通网络进行实地调研，并听取市政府、交通局领导的情况汇报，最后常委及委员提出意见建议。

【一届二十三次常委会】
2017年12月14日，政协一届委员会第二十三次常委会议在铁门关市政协机关三楼会议室召开。会议杨志成主持，隋健鹏、王翠平（女）、王春瑞及夏泽祥、纵瑞华等14名常委参加。会议宣布有关人事事项，决定免去张金焱政协铁门关市第一届委员会常务委员职务，撤销其政协铁门关市委员会委员资格。

（陈 斓）

6月22日，政协委员参加市工商局组织的效能与政风行风义务监督员座谈会

· 委员调研活动 ·

【"兵地融合"和推进"民族团结一家亲"活动专题调研】　2017年6月9日，铁门关市政协民族宗教侨台联调研组赴三十团围绕"兵地融合"和推进"民族团结一家亲"活动进行专题调研。调研以座谈、听取团场报告等形式展开，了解"民族团结一家亲"活动开展情况。座谈会上，三十团负责人介绍团场经济和社会发展及结

亲情况。调研组谈看法、谈措施、谈问题,从不同角度畅谈"民族团结一家亲"活动开展以来自己的感受。座谈会还邀请结亲对象参加,他们谈对"民族团结一家亲"活动开展以来感受到的关怀与温暖,氛围融洽。调研组强调,各单位要形成长效机制,坚定不移地把"民族团结一家亲"活动长期坚持下去,实现制度化、常态化、长效化。

【"规划先行,政策配套,加快人口聚集"专题调研】 2017年9月14日,铁门关市政协教文体卫史调研组赴二十二团围绕"规划先行,政策配套,加快人口聚集"进行专题调研。调研以项目视察、听取汇报、咨询、座谈会等形式展开,听取二十二团经济和社会发展的基本情况,团场产业规划及发展、配套政策制定、人口聚集效应显现等情况,与该团经济与社会和谐发展关系。针对工作中存在的困难、问题,各位委员提出意见建议。

【"大众创业 万众创新"专题调研】 2017年9月28日,铁门关市政协分别在三十团、二十九团围绕"大众创业 万众创新"进行专题调研。调研以现场视察、听取通报、座谈会等形式展开,听取三十团、二十九团"双创"工作汇报和市政府"双创"工作情况通报。最后委员提出意见建议。

【"新职工队伍招录与管理"专题调研】 2017年11月22日,铁门关市政协民族宗教侨台联调研组赴三十团围绕"新职工队伍招录与管理"进行专题调研。调研以安置点视察、听取汇报、咨询、座谈会等形式展开,通过听取三十团经济和社会发展的基本情况;团场新职工队伍招录与管理、配套政策制定、人口效应显现等情况;针对新职工队伍招录与管理工作中存在的困难、问题,各位委员提出意见建议。

【"增强全民健身意识,提升市民健康水平"专题调研】 2017年12月8日,铁门关市政协教文体卫史调研组前往第二师铁门关市体育局、二十九团、孔雀社区等地,对师市"增强全民健身意识,提升市民健康水平"事业发展工作情况进行调研,撰写出《关于"增强全民健身意识,提升市民健康水平"事业发展工作情况调研报告》。 (康庆久)

纪检监察

·综述·

【概述】 2017年，第二师铁门关市纪检监察机关深入学习和贯彻习近平总书记系列重要讲话，深入落实中央纪委、兵团纪委和师市党委工作部署，紧紧围绕新疆工作总目标，认真履行监督执纪问责职能，加强组织领导，完善工作制度，明确责任清单，强化监督问责，层层传导压力，完成年内各项工作任务。

【监察体制改革试点工作】 2017年12月，成立师市深化国家监察体制改革试点工作小组，组建工作专班，明确时间表和路线图，落实到人、细化到天。严格执行"先转隶、后挂牌"要求，抓住思想工作、编制划转、机构调整、线索移交等重点环节，逐人逐事精准施策，划转师检察机关政法专项编制24个、转隶14人。

【先进表彰】 2017年，第二师铁门关市纪委常委何小军获全国纪检监察系统嘉奖，师市纪委常委崔茹荣获自治区纪检监察嘉奖。三十四团纪委获自治区纪检监察系统先进集体。 （焦银辉）

·重要会议·

【师市纪委十五届二次全会】 2017年2月24日，中国共产党第二师铁门关市第十五届纪律检查委员会第二次全体会议在铁门关市召开。出席会议的师市纪委委员26人，列席129人。师市党委主要领导出席全会并讲话。全会总结2016年纪律检查工作，部署2017年任务。会议由师市纪律检查委员会常务委员会主持，审议通过黄少峰代表师市纪委常委会所作的《紧紧围绕工作大局，强化监督执纪问责，坚定不移推进全面从严治党向纵深发展》的工作报告。

【廉政工作会议】 2017年4月17日，第二师铁门关市召开廉政工作会议。会议认真学习贯彻国务院第五次廉政工作会议和兵团廉政工作会议精神，总结2016年师市廉政工作，安排部署2017年廉政工作任务。师市党委副书记、师长、铁门关市市长吴彬出席会议并讲话。

【纪委书记座谈会】 2017年4月14日，第二师铁门关市召开纪委书记座谈会，传达学习兵团第七次党代会精神，听取部分单位工作汇报。

【"学转促"专项活动】 2017年2月24日，第二师铁门关市"学讲话、转作风、促落实"专项活动动员部署会议在铁门关市召开。

·执纪审查·

【案件审理】 2017年,第二师铁门关市纪委审结自办案件24件,涉及处级干部9人,科级干部14人,一般干部1人,双重处分16人。其中留党察看和撤销党内职务5人、党纪轻处分6人;政纪处分1人,其中撤职5人、政纪轻处分7人;提出建议5条。 （谭晓辉）

【专项监督检查】 2017年,第二师铁门关市纪委开展乱发奖金补贴专项清理工作;开展对兵团、师市审计发现的问题及团场维稳等情况监督检查;加大对"学转促"专项活动检查指导;加大环保生态领域监督执纪力度,及时查处群众反映的环境污染和安全生产问题,严肃追责问责,给予1人行政记过处分、12人诫勉谈话、7人通报批评。 （李伟亚）

·党风廉政建设·

【专题会议】 2017年9月25日,第二师铁门关市党委召开党风廉政建设和反腐败工作专题会议,总结1—9月党风廉政建设和反腐败工作。师市党委书记、政委、师长、铁门关市市长吴彬出席并讲话。

【舆论监督】 2017年,第二师铁门关市纪委把全面从严治党融入党的宣传工作总体布局,在《绿原报》开设专栏,刊发基层党委书记、纪委书记、纪委委员关于党风廉政建设及发声亮剑的文章,编印《铁门清风》,广泛宣传反腐倡廉工作。3篇论文分别获2017年度兵团党风廉政建设和反腐败工作调研论文一等奖、三等奖和优秀奖。 （焦银辉）

·落实中央八项规定·

【违规查处】 2017年,第二师铁门关市纪委聚焦"四风""四气"问题,紧盯春节、肉孜节、古尔邦节等重要节点,以印发通知、专项检查、重点抽查等方式,严明纪律要求,严肃查处违反中央八项规定精神和兵师党委26条规定问题14起,其中党政纪处分9人,组织处理17人。 （李伟亚）

【查处损害群众利益问题】 2017年,第二师铁门关市纪委坚决整治和查处群众身边的不正之风和腐败问题,坚决查处损害群众利益问题36起47人,给予党政纪处分15人,组织处理和组织调整32人。

【规范公职人员从业行为】 2017年,第二师铁门关市纪委深入开展师市机关、团场、事业单位编制人员参与投资办企业专项清理核查工作。对国家审计署移交的48名干部投资办企业问题进行核实调查,给予4人党纪处分,给予2人诫勉谈话,给予15人批评教育。

【实践"四种形态"】 2017年,第二师铁门关市纪委坚持抓早抓小、动辄则咎。综合考虑违纪行为性质和情节、造成后果和影响以及被审查人认错悔错态度等情况,合理量纪执纪,做到错责相当、宽严相济。2017年,师市各级纪检监察机关共运用"四种形态"处理610人次,其中第一种形态441人次,占72.30%;第二种形态158人次,占25.90%;第三种形态4人次,占0.66%;第四种形态7人次,占1.14%。 （李伟亚）

·巡察·

【督查追责】 2017年,第二师铁门关市纪委对兵团党委巡视发现存在党的领导弱化、党的建设缺失、党委驾驭经济工作能力不高、发挥总揽全局协调各方的领导核心作用不明显等问题的3个团场党委书记进行严肃问责,给予诫勉谈话。

【落实总目标巡察】 2017年,第二师铁门关市纪委紧盯重要时间节点,加大明察暗访力度,对师市各单位开展9轮明察暗访,发现维稳漏洞隐患问题,问责落实维稳措施不力人员并给予党纪处分、政纪处分、通报批评。 （李伟亚）

群众团体

·工会·

【工作会议】2017年3月15日,第二师铁门关市工会年度工作会议召开。会议作2016年度师市工会重点工作报告,安排部署2017年师市工会工作。16个单位被授予2016年度"先进工会"称号,13个单位被授予2016年度"工会工作创新单位"称号。

【全国五一劳动奖章】2017年4月27日,中华全国总工会印发《关于表彰2017年全国五一劳动奖和全国工人先锋号的决定》,授予99个先进集体"全国五一劳动奖状",授予694名先进个人"全国五一劳动奖章",授予800个先进集体"全国工人先锋号"。其中华山中学刘小丽被授予"全国五一劳动奖章"。

【劳模创新工作室】2017年,第二师铁门关市工会继续推进2017年兵团劳模创新工作室推荐申报工作。是年,12个创新工作室被命名为"兵团劳模和工匠人才创新工作室",其中二十九团林管中心王秀琴创新工作室在列。

【第五期劳动模范培训班】2017年11月1—30日,兵团党委组织部和兵团工会在兵团党委党校联合举办第五期劳动模范培训班。来自兵团各条生产战线的劳动模范、先进工作者、全国五一劳动奖章获得者共37人参加培训。师市选派三十团郭炳霞等4人参加此次培训活动。

【庆祝五一国际劳动节系列活动】2017年,第二师铁门关市工会以庆祝五一国际劳动节为契机,组织开展主题劳动竞赛活动、困难职工走访慰问活动、劳动模范看望慰问活动、社会主义核心价值观主题宣讲活动、工会办好事实事活动、群众性文化体育活动、职工自主创业示范项目创优活动。

【劳动模范"三金"发放】2017年1月16日,兵团工会印发《关于做好全国、自治区和兵团劳模节日慰问金、低收入补助金和特殊困难补助金发放工作的通知》,安排部署全国、自治区和兵团劳动模范"三金"发放工作和劳模生活状况调查工作。春节前夕,师市工会共为77名劳模发放"三金"16.98万元。

2017年9—10月，各团场工会举办"三秋"
劳动竞赛活动（师工会　供稿）

【职工自主创业示范项目】2017年，第二师铁门关市工会印发《关于做好2017年度兵团工会职工自主创业示范项目申报工作的通知》，安排部署兵团职工自主创业示范项目申报工作。师市11个职工自主创业示范项目获批享受兵团贴息贷款政策，合计争取贴息贷款1900万元，贴息资金103万元，惠及贷款职工家庭343户。

【"安康杯"竞赛活动】2017年，第二师铁门关市工会围绕"安全培训提素质、班组管理强基础"活动主题，持续开展"安康杯"竞赛活动，共计23个单位，577个班组，3万人次报名参加活动。11月20日，12个单位被评为"2017年度师市'安康杯'竞赛优胜单位"，9个班组被评为"2017年度师市'安康杯'竞赛优胜班组"。其中华山中学被评为"2017年度兵团'安康杯'竞赛优胜单位"，三十三团加工总厂一分厂126车间王映军班组被评为"2017年度兵团'安康杯'竞赛优胜班组"，金川集体公司李艳被评为"2017年度兵团'安康杯'竞赛先进个人"。

【"送温暖"活动】2017年，第二师铁门关市工会开展"送温暖"活动。对低保边缘户家庭、受灾和患重大疾病职工家庭及困难女职工等重点人群，按照"先建档、后帮扶、实名制"原则。发放中央财政专项帮扶资金37.6万元，走访慰问困难职工家庭958户。

【困难职工帮扶】2017年，第二师铁门关市各级工会健全和完善困难职工帮扶网络，实现帮扶工作常态化。师市共建立23个困难职工帮扶中心（站），各级工会组织筹集发放帮扶资金201万元，帮扶困难职工3494人次。

【"金秋助学"活动】2017年"金秋助学"活动中，师市工会继续实施"助学育才"工程，帮扶大学生153人、高中生41人，发放中央财政专项帮扶资金54.1万元。

【关爱职工好企业】 2017年，兵团工会评选表彰20家企业为"关爱职工好企业"，第二师天泰电力有限责任公司在列。

【五一巾帼奖状】 2017年，兵团工会印发《关于表彰五一巾帼奖状（奖章）、兵团五一巾帼标兵岗（标兵）等先进集体和先进个人的决定》，授予2个先进集体"兵团五一巾帼奖状"，授予2名个人"兵团五一巾帼奖章"，授予9个集体"兵团五一巾帼标兵岗"，授予19名个人"兵团五一巾帼标兵"。其中华山职业技术学校培训中心被授予"兵团五一巾帼标兵岗"，焉耆医院赵永红被授予"兵团五一巾帼标兵"。

【女职工组织建设】 2017年，第二师铁门关市工会加强女职工组织建设。4月11日，师市工会召开第七届女职工委员会第六次会议，作2016年工会女职工工作报告；学习传达兵团工会女职工委员会四届十次全委会精神；启动"书香三八"征文读书活动并安排部署工作；交流基层单位女工工作先进经验。

【"书香三八"征文读书活动】 2017年，第二师铁门关市工会继续组织开展第五届"书香三八"读书征文活动。各级工会共征集征文、家书、视频131篇（个），师市工会评审出36篇优秀稿件上报。其中2篇征文获第五届"书香三八"读书活动全国优秀征文，1篇家书获全国优秀家书，1篇获全国优秀家书入围奖，1个视频获全国表演作品奖三等奖。

【庆祝"三八"国际妇女节系列活动】 2017年，第二师铁门关市各级工会组织开展"三八"庆祝活动。召开一次委员会议，推动工会女职工组织建设；表彰一批女职工先进典型，健全表彰奖励机制；慰问一批困难女职工，深化女职工关爱行动；开展一次"三注重"活动，强化"和谐小康家庭"创建；举办一次法律宣传活动，增强女职工维权意识；开展一次文体活动，丰富女职工节日生活。期间，各级工会组织走访慰问困难女职工家庭100户。

【女职工权益保护专项集体合同】 2017年，第二师铁门关市各级工会女职工组织签订《女职工权益保护专项集体合同》，以培训、调研、分类指导、联合督查等形式指导基层工会推进女职工专项集体合同签订工作，提升专项合同内容质量和履约水平。是年，师市工会组织签订《女职工权益保护专项集体合同》36份。

【女职工竞赛活动】 2017年，第二师铁门关市各级工会女职工组织广泛开展形式多样、各具特色的劳动竞赛等活动，教育引导女职工抓管理、控成本、提效益，涌现一批先进个人。全年，50名女职工受到师市工会通报表彰。

（韩首中）

· 共青团委员会 ·

【综述】 2017年，第二师铁门关市团委设团委副书记1人、内设机构少工委办公室主任1人、团的专职干部1人。全师共青团员7375人，基层团委24个、团总支35个、团支部431个。师市团委围绕"凝聚青年、服务大局、当好桥梁、从严治团"四维工作格局，以"服务师市发展·青年行动年"为主题，推动师市共青团事业发展。

融入中心，主动作为，

提升服务大局的战斗力。一是推进铁门关市青少年活动中心建设工作，配合有关部门和单位完成铁门关市青少年科技活动中心前期审批手续、招投标等工作。6月10日，该项目工程开工，计划2018年9月底完成工程主体建设。二是在聚集人口（引人、留人）方面发挥共青团职能作用。推荐2名留师市工作的志愿者代表赴山东、河南、河北、山西、陕西高校参加团中央2017年度西部计划志愿者招募宣讲工作；统计师市志愿者需求133人、志愿者就业意向26人，报人事局备案，协调就业事宜，13人留疆就业，7人留师市就业。2017年，招录志愿者53人，下发《2016—2017年度大学生志愿服务西部计划第二师铁门关市实施细则》，保障志愿者管理服务工作实施。三是积极推进以"创业增收·青年在行动"为主题的青年自主创业增收引领工程，向兵团申报创业扶持示范项目8个，其中二十九团食用菌荫棚栽培体系的建立及菌包场建设、二十四团巴缇丽人电商、二十四团驴多多家庭农场毛驴养殖、二十七团云湖公司蛋品精加工及销售4个10万元创业扶持示范项目获兵团团委批准，项目资金已到位。开展2017年团场青年创业贷款情况摸底，制定青年创业小额贷款贴息方案，完成20万元贴息工作，并跟踪服务。四是贯彻落实"自主创业提升行动"，推报2016年度兵团青年职工创业项目带头人7人。五是搭建师市青年创业项目展示平台、资源对接平台和孵化平台，举办师市首届青年创业创意大赛。师市各界青年提交项目计划书83份，评选出金奖1个、银奖2个、铜奖3个，推荐7个优秀青年创业项目参加兵团青年创业创新大赛，其中"百岁运动茶"项目以第五名的成绩晋级总决赛。六是举办师市青少年国语大赛决赛，推荐51名少数民族学生以演讲的形式参加比赛，评选出一等奖1人，二等奖2人，三等奖3人。七是开展纪念"12.9"运动活动，师市各中小学校共青团组织开展红歌合唱比赛12场次，教育引导师市青少年弘扬爱国主义精神，当好兵团小战士。

强化引领，扎实服务，彰显凝聚青年的吸引力。一是以网络媒体为平台，开展青少年献礼党的十九大、兵团党代会、青少年亮剑发声、"我和团旗、团徽合个影""2017撸起袖子加油干"等线上互动活动。二是培育核心价值观，开展"学习总书记讲话、做合格共青团员""我为核心价值观代言""兵团精神代代传""与人生对话"、十四岁集体生日、十八岁成人礼等主题活动。三是开展"民族团结一家亲·青年在行动"主题教育实践活动。5月3日，师市团委召开"加强民族团结、维护社会稳定、反对'三股势力'"亮剑发声座谈会，全师50名各族青少年代表参加活动。5月4日，师市团委在二二三团举办民汉青年联谊会，100名各族青年参加活动。截至年末，师市各级团组织共开展"发声亮剑"活动25场次，420名团员青年公开亮剑发声，活动累计覆盖9300名青少年。四是以"喜迎十九大"为主题，开展美德少年、优秀少先队员、辅导员、优秀大队（中队）、支持少先队工作好校长（书记）评选、少先队鼓号大赛等活动。3—6月，师市团委、少工委组织开展"飞扬的红领巾——少先队时代影像风采展示"主题活动，建立师市少先队员影像档案及优秀学生信息库，为全师1712名少先队员赠送了内附本人照片的定制专属少先队笔记本。"六·一"儿童节期间，在华山中学举行师市少先队入队仪式，并对各类少先队评先选优活动表彰颁奖。师市团委、少工委为全师各中小学校统一定制了"国家领导人寄语青少年"讲话挂册26套，统一悬挂展示。师市团委联合师市党委宣传部、师直党工委、八师石河子市文化体育（新闻出版）局、兵团军垦博物馆举办"中国梦、军垦情——20世纪50年代初参军进疆的女兵们"图片巡回展，巡回展出16场，观看巡展图片人数近6000人次。五是开展1+100团干部集中服务青年月活动，走访慰问12名创业青年典型和困难学生，发放慰问金6000元。六是继续做好师市和河北保定青少年手拉手、结对子活动，8月中旬，开展保定之旅红色夏令营，师市27名中小学生参加活动。七是举办师市西部计划大学生志愿者及志愿者管理项目办中期培训班，84名西部计划大学生志愿者、20名团场及企事业单位团组织负责人参加培训。八是举办师市优秀青年创业培训班，70名师市优秀创业青年参加培训学习，并选派6名创业典型赴湖南、浙江参加创业培训班。九是举办师市中小学少先队辅导员培训班，邀请3名兵团团委讲师为全师各中小学校的48名大、中队辅导员宣讲十九大精神，讲授少先队鼓号队建设、主题队会开展等业务学习培训。

选准路径，搭建平台，扩大影响力。一是探索联系、服务、引导青年社会组织的渠道。深化青年志愿者行动。二是选树宣传青年典型，评选师市首届青年五四奖章10人，提名奖10人，青年岗位能手30人，并选派12名优秀青年代表赴基层单位宣讲15场。三是继续实施"青年文明号""青年农产品标准化示范基地""青年安全示范岗"等品牌创建工作，冠农绿原糖业有限公司动力车间汽轮机班荣获"全国青年安全生产示范岗"。四是举办第二师铁门关市青年创业现场推进会，师市各团场分管青年（"双创"）工作的领导、150名青年代表以及40名师市首届青年创业创意大赛参赛选手到二十一团、二十二团、二十四团的优秀青年设施农业创业基地观摩。

重心下移，夯实基础，增强自身发展的内生力。一是加强团的队伍建设，全面调控入团名额，强化团员意识教育和团干部党性锻炼，开办学习贯彻师市党代会精神暨青年干部"传帮带"座谈会、师市基层团干部、少先大队辅导员"青春引擎"培训班，师市各级团干部、少先队辅导员110人参加培训。二是抓好常态化下基层、向基层服务对象报到等团干部直接联系青年工作，下基层调研了解青年创业情况，在7个团场召开青年座谈会，了解基层青年干部培养情况，倾听青年对共青团工作意见和建议。三是积极与河北团省委对接商讨第二轮共青团对口援疆工作计划，提出援助方案。四是依据师市共青团组织年末抽查前期考核结果，组织30名师市各团场、企事业单位团组织负责人参加年终培训班，加强师市基层团干部业务素质和工作能力。

【春节慰问志愿者】 2017年1月17日，第二师铁门关市团委开展"春节集中慰问大学生志愿者"活动，为师市133名在岗西部计划、三支一扶大学生志愿者发放慰问品。

【纪念第54个雷锋日志愿服务活动】 2017年3月5日，第二师铁门关市各级共青团组织集中组织开展爱老敬老、关爱留守儿童、环境保护等各类学雷锋志愿服务活动共计35场次，累计2000人次参与。

【第二师铁门关市 2017 年群团工作会议】 2017 年 3 月 15 日，第二师铁门关市 2017 年群团工作会议在铁门关党校召开。师市工会、团委、妇联总结了 2017 年的工作，表彰了年度先进个人、先进集体，各部门制定出 2018 年工作目标。师市领导作重要讲话。

【青年义务植树活动】 2017 年 3 月 17 日，师市团委、师直党工委联合开展"秀美铁门关·青年在行动"青年义务植树活动，师市青年志愿者共 240 人种植了树苗 11000 棵，植树绿化面积 4 公顷。

【基层团干部、少先大队辅导员"青春引擎"培训班】 2017 年 4 月 13—14 日，第二师铁门关市团委举办基层团干部、少先大队辅导员"青春引擎"培训班。师属各单位团委、支部（总支）书记、学校少先大队辅导员共计 110 余人参加培训。

【纪念"五四"运动 98 周年暨优秀青年表彰大会】 2017 年 5 月 3 日，第二师铁门关市纪念"五四"运动 98 周年暨优秀青年表彰大会在铁门关市召开。孙志敏出席大会并作重要讲话。师市党委组织部、宣传部、师直党工委、劳动和社会保障局、教育局、工会主要负责人，基层单位分管共青团的领导、团组织负责人及受表彰青年代表共 100 人参加会议。大会表彰了在推动师市社会稳定和长治久安伟大事业中作出突出业绩和积极贡献的 10 名首届师市"青年五四奖章"、10 名"青年五四奖章提名奖"、30 名"青年岗位能手"。

【青少年发声亮剑座谈会】 2017 年 5 月 3 日，第二师铁门关市团委召开"加强民族团结、维护社会稳定、反对'三股势力'"发声亮剑座谈会，全师医疗、教育行业及基层连队 50 名青少年代表参会，6 名青少年发声亮剑。

【"民族团结一家亲·青年在行动"主题教育实践活动】 2017 年 5 月 4 日，第二师铁门关市团委、师直党工委在二二三团社区广场举办"民族团结一家亲、青年在行动"主题教育实践活动。师直党工委、师市团委、二二三团、武装部、师市党委统战部相关人员及 100 名青年代表参加活动，共同发声亮剑、宣读《加强民族团结、维护社会稳定、反对"三股势力"倡议书》、开展联谊活动。

【师市优秀青年先进事迹报告会】 2017 年 5 月 15—18 日，第二师铁门关市团委组织 12 名优秀青年代表组成宣讲团，分两组赴 14 个团场开展，团场 2800 名青年参会。5 月 19 日，师市优秀青年先进事迹报告会进校园活动在华山职业技术学校举行。师直单位、城关企事业单位及华山职校 200 名青年代表聆听事迹报告。

【"喜迎十九大·飞扬的红领巾——我向习爷爷说句心里话"主题演讲比赛】 2017 年 5 月 25 日，第二师铁门关市团委、教育局、少工委在华山中学义务部多媒体音乐厅举办"喜迎十九大·飞扬的红领巾——我向习爷爷说句心里话"主题演讲决赛。师市团场学校、华山中学、八一中学的 20 名少先队员参赛，200 名少先队员观看比赛。

【欢庆六一儿童节系列活动】 2017 年 5 月 27 日，第二师铁门关市团委、少工委在华山中学义务部举办"喜迎十九大·飞扬的红领巾——童心颂祖国之我们是祖国灿烂的未来"欢庆六一儿童节系列活动。师市党委宣传部、教育局、妇联、关工委、传媒中心以及师市各学校的领导参加活动。师市各学校700名少年儿童、学生家长代表参加。活动包含师市少先队入队仪式观摩、少先队时代影像风采展示及颁奖晚会，集中表彰2016年度师市优秀少先队员30人、优秀少先队辅导员10人、优秀少先队集体10个、支持少先队工作好校长（书记）5人、优秀少先队鼓号队9个，师市第四届"美德少年"50人。

【大中专学生暑期"三下乡"社会实践活动】 2017年7月15日至8月30日，第二师铁门关市团委组织各团场、企事业单位团组织广泛开展暑期文化、科技、卫生"三下乡"社会实践活动。成立科技支农服务团、教育帮扶服务团、爱心医疗服务团、民族团结实践服务团、普法宣传实践服务团等12支服务队，参与大中专学生和返乡大学生373人。

【大学生志愿者年度考核会】 2017年7月14—15日，第二师铁门关市团委举办2016—2017年度大学生志愿者年度考核会暨志愿者结束服务期欢送会，总结年度志愿者管理实施工作，表彰30名优秀志愿者。组织志愿者到第二师福利院开展志愿服务活动，到十八团渠纪念碑重温志愿者誓词，到拓展训练基地开展拓展团建活动。

【大学生志愿服务团出征仪式】 2017年8月3日，2017年西部计划志愿者第二师铁门关市服务团出征仪式在二师民兵训练基地举办。第二师铁门关市党委常委、副政委、组织部部长孙志敏向志愿者授旗并讲话。第二师西部计划领导小组成员单位、师市各用人单位的负责人及新一批志愿者100余人参加仪式。来自全国高校的54名大学生志愿者奔赴二师各基层单位，开展为期一至三年的志愿服务。

【"喜迎十九大·手拉手欢乐一夏"夏令营】 2017年8月10日，第二师铁门关市团委、援疆办、教育局主办的"喜迎十九大·手拉手欢乐一夏"夏令营出征仪式在库尔勒华山中学举行。8月10—20日，师市从5—9年级在校生中甄选出27名品学兼优的学生，赴河北省保定市开展参观科技教育、爱国主义教育基地、保定市师范附属小学等夏令营活动。

【进疆女兵图片展】 2017年9月26日，第二师铁门关市团委联合师市党委宣传部、师直党工委开展"中国梦、军垦情——20世纪50年代初参军进疆的女兵们"图片展示活动，师市机关、二十九团、师属企事业单位的干部职工，华山中学学生共计300人观看图片展。展板在14个团场进行巡展。

【大学生志愿者座谈会】 2017年9月28日，第二师铁门关市团委在博斯腾宾馆举办大学生志愿者座谈会暨中秋联欢会。师市团委副书记何龙参加座谈会并讲话。80名大学生志愿者参加此次活动，师市团委为大学生志愿者发放月饼，送上节日祝福。

【首届青年创业创意大赛】 2017年11月20—24日，第二师铁门关市团委举办首届青年创业创意大赛。大赛分创业、创意两个组别，为期5天。共收到项目计划书83份，征集到54个创业创意项目，涵盖农产品种植加工、畜牧养殖加工、餐饮服务、电商运营、生活服务等领域，师市50名创业青年参赛。华山职业技术学校学生设计的"防止酒驾安全保护系统"夺取金奖。学帮教育咨询、单片机$8 \times 8 \times 8$

光立方荣获银奖。塔河蜂业、小课桌项目、37团玖源养鸡合作社荣获铜奖。其他参赛作品分别获得优胜奖、网络人气奖、优秀组织奖。

【首届青少年国家通用语言大赛】 2017年12月6日，第二师铁门关市团委联合师市党委统战部、教育局举办以"祖国在我心中，不忘初心，牢记使命，认真贯彻落实党的十九大精神"为主题的第二师铁门关市首届青少年国语大赛。师市17所学校的51名中小学生分别参加小学组和中学组的比赛。

【西部计划大学生志愿者中期培训班】 2017年12月20—22日，第二师铁门关市团委举办2017年西部计划大学生志愿者中期培训班暨冬至联欢会，80余名志愿者参训。培训设置十九大精神宣讲、公文写作、政务社交礼仪讲座。12月22日，师市团委组织志愿者到二二三团开展"心连心、手拉手，各族人民融合一家亲"冬至文艺演出。

【招商引资】 2017年8月30日—9月2日，第二师铁门关市团委副书记何龙一行赴成都分别同四川省机械研究设计院、四川省金百泽通风设备有限公司、北京联合置通投资有限公司3家企业就赴师市进行招商投资工作展开初步接洽。11月29日，师市团委邀请北京联合置通投资有限公司董事长助理黄安一行再赴师市，与铁门关市人民政府党组成员、副市长刘天雄详谈招商项目实施细节，2017年底，完成2000万元招商引资任务。

【青年创业增收引领计划】 2017年，第二师铁门关市青年创业小额贷款贴息资金194000元，覆盖14个团场99名青年创业，通过贴息撬动小额贷款1709.6万元。落实"青年创业增收引领计划"扶持示范项目专项扶持资金40万元，支持二十四团、二十七团、三十一团4名创业青年免息使用一至两年创业增收。

【贫困助学】 开展希望工程"一元捐"活动，募集资金64057.5元，通过其他渠道募集助学资金12000元。争取国家茅台助学金、伊力特助学金16万元，资助贫困学生80人。依托兵团青基会开展"希望之星"春季助学活动，募集资助款2800元，资助学生6人。 （张 倩）

· 妇女联合会 ·

【综述】 2017年，第二师铁门关市各级妇联组织全面贯彻落实《中共中央关于加强和改进党的群团工作的意见》精神，以兵团第七次党代会、兵团妇联二届七次执委会议和师市党委十五届三次全委扩大会议精神为指引，坚持服务大局与服务妇女相结合，突出思想引领、依法维权、强基固本三个重点，实施"六大行动"，团结带领广大妇女在稳定器、大熔炉、示范区建设中发挥了"半边天"作用。

【"贫困母亲两癌""春蕾计划"救助资金发放仪式】 2017年1月18日，第二师铁门关市妇联在师市传媒中心举办全国妇联"贫困母亲两癌"中央专项彩票公益金暨"春蕾计划"救助资金发放仪式。共发放各类救助款88.09万元，其中全国妇联"贫困母亲两癌救助"中央专项彩票公益金63万元，第二师铁门关市党委"贫困两癌母亲救助"慰问金10万元，恒大集团"春蕾计划"助学金共计12.09万元，兵团妇联"特困母亲""特困春蕾女童"慰问金3万元。

【巾帼志愿帮扶救助行动】 2017年3月，第二师铁门关市妇联全面启动第三届"奉献爱心、搀扶生命——巾帼志愿帮扶救助行动"。各级党员领导干部尤其是女党员、女干部和各级各类妇女先进典型率先垂范，带头参加帮扶救助爱心捐赠行动，共计捐款25.05万元。

【强化妇联组织建设】 2017年3月15日，第二师铁门关市妇联召开二届六次执委会议，总结师市妇联2016年工作，安排部署2017年重点工作，表彰妇联工作先进集体16个、先进个人36人。2017年6月16日，师市妇联召开二届七次执委会议，讨论修改师市妇联第二届执委工作报告，审议通过第二师铁门关市妇女第三次代表大会代表名额分配方案、大会议程（草案）、执委组成建议方案（草案）等。7月底，完成师市、团场（企事业单位）、连队、社区队、社区三级妇联换届工作，完成165个连队妇代会改建妇联工作，共选举产生师市、团场（企事业单位）、连队、社区妇联主席、副主席（女工委主任、副主任）709人，执委委员2258人。

【表彰妇女先进】 2017年3月3日，第二师铁门关市妇联表彰2016年度妇女岗位建功先进集体和个人，表彰二十一团开来中学等23个巾帼文明岗、邓素芳等27名巾帼建功标兵、师直幼儿园等15个巾帼建功先进集体、邓科英等13名巧女兴家致富带头人。

【庆"三八"活动】 2017年3月6日，第二师铁门关市妇联联合师市党委老干局、老年体协在老年活动中心举办庆"三八"妇女节广场健身操舞《新疆姑娘》比赛。师属18个会员单位的21支代表队、240名运动员参加比赛。

【普法宣传】 2017年3月，第二师铁门关市妇联联合司法局开展系列法治宣传活动，发放《幸福密码》《反家庭暴力法》《未成年人保护法》等与妇女、儿童密切相关的法律法规宣传材料500份，悬挂横幅26条，发放宣传单14240份，现场解答法律咨询700余人次。

【"最美家庭"评选表彰】 2017年3月，第二师铁门关市妇联开展"最美家庭"推荐工作。6月10日，师市妇联在华山中学艺术中心举办第三届"最美家庭"揭晓仪式，表彰师市第三届"最美家庭"10户、兵团第三届"最美家庭"2户。师市1户家庭获全国"最美家庭"称号并代表兵团出席2017年全国"最美家庭"故事会直播现场。

【"巾帼心向党 做维护稳定的排头兵"宣讲会】 2017年5月10日，第二师铁门关市妇联在二二三团文化中心举办"巾帼心向党 做维护稳定的排头兵"宣讲会。师市妇联执委常委、师市相关单位领导、二二三团少数民族妇女代表及结对家庭共计200余人参加宣讲会。

【妇联组织换届工作培训班】 2017年5月12日，第二师铁门关市妇联换届工作业务培训班在博斯腾宾馆举行。基层团场妇联及企事业单位妇委会（女工委）主席、副主席、主任、副主任、业务骨干共80人参加培训。

【家庭教育情景剧展播活动】 2017年6月10日，第二师铁门关市妇联联合统战部、教育局、团委、工会、人口计生委、文明办在华山中学艺术中心举办"你是我的好

姐妹 手拉手 民族团结一家亲"展演活动,在基层单位推荐的26部家庭教育情景剧作品中评选出8部优秀作品展演。

【妇女第三次代表大会】 2017年7月12—13日,第二师铁门关市妇女第三次代表大会在博斯腾宾馆召开。参会妇女代表121人。大会以差额选举方式选举出师市妇联第三届执委委员39人;以等额选举方式选举出师市妇联第三届执行常委9人、主席1人、专职副主席1人、兼职副主席3人。

【妇女儿童发展"两个规划"工作】 2017年,第二师铁门关市妇联建立定期总结和分析监测指标工作机制,监测妇女儿童发展"两个规划"指标。召开师市妇儿工委工作会议,表彰实施妇女儿童发展"两个规划"中期评估先进集体15个、先进个人15人;组织开展"让爱留守·关爱农村留守儿童特别行动"案例征集活动,上报兵团妇联优秀案例2个、图片3张、视频1个。

【妇女技能培训班】 2017年,第二师铁门关市妇联选送三批共30人参加全国新型女农民、妇女创业创新、兵团女企业家管理及电小花培训;1个单位成功申报并参加中国妇女创业创新大赛,6人参加兵团女性服装设计制作网上评选大赛并获得银奖、铜奖各1个。联合劳动部门通过自选巧手和邀请专家等方式举办"巧女兴家工程"巾帼手工编织、家政服务、农家乐等各类妇女特色职业技能培训16期,培训妇女993人,其中邀请兵团新兴职业技术学院专家培训8期,每期培训10天以上,培训妇女454人,技能培训培育了一批"好巧手""好月嫂""好洁嫂""好厨嫂"。

【全国妇联赴二师调研】 2017年11月9日,党的十九大代表、全国妇联党组书记、副主席、书记处第一书记宋秀岩到第二师二十七团天河社区,与二师基层妇女代表面对面座谈交流,宣讲解读十九大报告,激发团场妇女走进新时代、迈向新征程、展现新作为的热情和信心。

【爱心毛衣发放仪式】 2017年12月25日,第二师铁门关市妇联在二二三团举行"恒爱行动——百万家庭亲情一线牵"爱心毛衣发放仪式,师市妇联干部、师市女企业家协会成员及贫困学生代表共计150多人参加发放仪式。2017年,师市妇联共征集304名爱心妈妈为孤残及贫困儿童量身编织爱心毛衣407件。 (姬 蓉)

·工商联·

【政治引导】 2017年,第二师铁门关市各级工商联以中央和兵师党委相关会议精神为指导,做好安排部署,推动贯彻落实。年内,师市工商联组织召开主席(会长)活动日,并组织师市民营企业家参加师市党的十九大精神专题报告会,召开民营企业学习十九大精神学习会暨民营企业观摩交流活动,采取共同学习、座谈研讨、专家解读、观摩学习等形式,确保学习宣传全覆盖。在非公经济领域宣传贯彻党的十九大、兵团第七次党代会、师市第十五次党代会和师市党委十五届三次(全委)扩大会议精神,落实"团结、服务、引导、教育"的工作方针。组织非公经济人士参加全国年轻一代民营企业家理想信念报告会、兵团非公经济人士培训班等活动,累计培训非公经济人士600人次。开展以"诚信守法、坚定信心"为重点的理想信念教育实践活动。一是在非公经济领域开展了"诚信守法企业"创建活动和普法系列宣传，强化民营企业和非公经济人士尊法守法观念和诚实守信意识。二是在非公经济领域开展"民族团结一家亲"结对认亲、"学雷锋志愿服务"等活动，非公经济人士累计参与800人次，民族团结意识和公民道德意识进一步提升。

【组织建设】 2017年，第二师铁门关市工商联筹备召开师市工商联第四次会员代表大会，选举出师市工商联第四届执行委员会执委、常委、副会长、副主席和主席（会长）。强化基层工商联组织和队伍建设，完成团场工商联换届工作，指导成立铁门关经济技术开发区工商联。

【参政议政】 2017年，第二师铁门关市工商联召集第二师铁门关市发展非公经济协调领导小组成员单位，起草、审定并以师市党委办公室名义下发《第二师铁门关市关于大力推动非公有制经济加快发展的实施方案》，将兵团支持非公经济发展的各项政策措施分解落实到位。由师市工商联推荐，经师市党委统战部审核，天诚农机公司董事长于永良当选兵团工商联五届商会副会长、铁门关市政协常委，新恒立纺织、新兴纺织、鑫磊机电、百禾晶生物科技、庆回归化肥5家民营企业负责人当选为兵团工商联五届执行委员会委员，新兴纺织、鑫磊机电负责人当选铁门关市政协委员。

【经济联络】 2017年，第二师铁门关市工商联组织民营企业16家（次）赴北京、西安、喀什、马来西亚、新加坡考察学习、商务交流和参加"西洽会"等展销会。与二十二团、和静县工商联、巴州甘肃商会联合举办"兵地共建民族团结一家亲暨企业家招商座谈联谊会"，兵地民营企业、个体工商户300余人参加活动。组织开展主席（会长）活动日暨民营企业观摩交流活动2次，邀请发改委、工信委、科技局等师市发展非公经济协调领导小组成员部门为师市民营企业解读国家产业政策和各部门各行业有关的项目申报事宜，为师市民营企业健康发展和交流合作搭建平台。

【经济服务】 2017年，第二师铁门关市工商联发挥民营企业扩大就业主渠道作用，引导构建和谐劳动关系。积极参与协调劳动关系三方会议，共同推动劳动关系立法和劳动关系协调机制建设。组织民营企业参加2017年民营企业招聘周活动，和静凯业种苗有限公司等9家民营企业提供就业岗位107个。组织10家民营企业申报兵团企业分类划级，帮助企业争先进位。帮助民营企业争取资金项目支持。组织民营企业申报全国光彩事业重点项目、扶贫开发贷款（1家企业通过初审）、全国工商联科技进步奖（澳华油脂、万选千挑、百禾晶、金谷园4家申报企业全部通过兵团工商联初审）和兵团非公中小微企业扶持专项资金，帮助企业完善申报资料。天诚农机、万选千挑、百禾晶、新疆同晟嘉星投资公司4家民营企业累计获得2017年度兵团小微企业扶持资金120万元。

【"五好"工商联建设】 2017年3月，第二师铁门关市工商联顺利通过全国工商联"五好"检查验收，获2016年度全国"五好"县级工商联称号。12月，铁门关市工商联再次被全国工商联确定为2017年度全国"五好"县级工商联。

【商会建设】 2017年6月，

第二师铁门关市首个异地商会——河南商会正式挂牌成立，甘肃商会、浙江商会、山东商会正在筹备中。

【教育培训】 2017年，第二师铁门关市工商联加强对民营企业培训力度，引导企业加强文化建设。通过召开民营企业座谈会、举办民营企业发展观摩交流等活动，帮助民营企业提升企业管理、安全生产、环境保护、全面质量管理等知识，累计培训民营企业管理人员和非公经济人士900余人次，有效提升了其综合素质和企业竞争力。举办师市民营企业趣味运动会，焉耆垦区、库尔勒垦区、工业园区、河南商会和直属企业的14支代表队、110名民营企业员工参加运动会。活动增强了师市基层单位工商联、民营企业员工和非公经济人士交流，丰富了民营企业员工和非公经济人士文化生活，推动师市民营企业文化建设发展。

【"百企帮百连"精准扶贫行动】 2017年，第二师铁门关市工商联加强对"百企帮百连"精准扶贫、非公经济人士"民族团结一家亲"结对认亲活动的督导和指导。"百企帮百连"精准扶贫行动累计受益团场职工1000余人。师市民营企业新恒立纺织公司、新兴纺织公司、星宇制衣公司累计招聘维吾尔族员工1200余人次，投入培训资金500多万元，发放少数民族工人工资2000多万元。师市民营企业在岗少数民族员工500多人（主要是喀什、巴州、和田及阿克苏等地区人员），其中喀什地区员工占总人数的70%。

在非公经济领域发起"献爱心·促和谐"光彩事业活动倡议，引导民营企业和非公经济人士自觉践行光彩精神，师团工商联累计开展"扶贫帮困送温暖"、慰问执勤民兵等活动20余次，民营企业和非公经济人士参与累计270余家（人）次，捐款（物）20余万元，慰问师市、团场连队和地方县乡各类困难群体400余户（人）。联合保定市鲜一方公益组织联合开展"援疆公益万里行"捐资助学活动，为二十九团学校、二二三团学校、八一中学、华山中学的30余名贫困学生送去7万余元的助学金，并确定5名学生为长期帮扶对象。

（邱 煜）

· 科学技术协会 ·

【概况】 2017年，第二师铁门关市科协全面贯彻落实《科普法》《全民科学素质行动计划纲要》和科学发展观，带领全师科技工作者，创新发展科协工作，重点落实科普惠民、科普阵地建设、科普志愿者队伍、普及科学技术知识工作，各项业务取得新成效。

【制度建设】 2017年，第二师铁门关市科协制定师市2017年科普工作要点，和财务局印发《第二师铁门关市科普专项资金管理办法》。

【科普阵地建设】 2017年，第二师铁门关市科协开展青少年科学工作室、社区科普活动室、海洋科普教育基地创建工作。下拨经费12万元，在二十一团、二十七团、三十三团、二二三团中学建设学校青少年工作室。下拨经费9万元，在三十团、三十七团、三十八团开展社区科普活动室建设工作。

【科普宣传活动】 2017年，第二师铁门关市科协一是组织2016—2017年科技之冬活动，刻录光盘770张，发放科普挂图1200份，职工群众受训率达95%以上。二是举办流动科技馆二师巡展活动。4—12月，中国流动科技馆先后在塔什店中学、三十一团、三十四团、三十六团、三十八团五个单位举办巡展活动,每个单位展出时间45—60天,进馆参观体验共7000余人。三是组织开展科技活动周和全国科普日活动。为基层单位配发涉及农业科技和公共知识两大类50种的科普挂图数十套,并赴团场举办科普日主场宣传活动。师市对各单位科普活动情况评比通报。四是组织好科普大篷车巡展活动,在二十一团、二十七团学校、二十九团学校分别巡展一个月,受到师生的热烈欢迎。五是6月12日,2017年"世界海洋日暨全国海洋宣传日"系列活动在华山中学举行。巴州、库尔勒市相关部门的领导及周边各县、市、团场学校的师生代表共2500人参加活动,海洋科普教育意识提升。六是组织开展首届2017年"全国科技工作者日"活动,慰问表彰优秀科技工作者。

【承办兵团第十五届青少年科技创新大赛】 2017年4月14—16日,第二师铁门关市科协成功承办兵团第十五届青少年科技创新大赛。第二师铁门关市共138件作品获奖,其中一等奖42个,主席创新奖2个,获奖率达87%,首次实现6个项目均有作品参加国家大赛。在全国第32届青少年科技创新大赛中,二师获一等奖5个、二等奖4个、三等奖6个。创新大赛组织工作成绩突出,被评为全国第32届青少年科技创新大赛基层赛事优秀组织单位和兵团青少年科技创新大赛优秀组织奖。

【师市第十五届青少年科技创新大赛】 2017年,第二师铁门关市科协举办第二师铁门关市第十五届青少年科技创新大赛。共征集作品576件,共评选出获奖作品155件,推荐116件作品参加兵团第十六届创新大赛。

【青少年科技教育】 2017年6月7日,第二师铁门关市科协在华山中学举办科技创新教育专题培训暨交流会。特邀北京航空航天大学杨军博士培训科技创新大赛的评审规则及二师独有的科技探究活动资源等内容,并对创新大赛作品诊断和指导。50多名科技辅导员参加此次培训交流。组织华山中学和八一中学选拔20名优秀学生参加全国高校科学营活动,参加全国青少年科学影像节比赛,获二等奖1个、三等奖2个。 (王琼琼)

残疾人联合会

【慰问困难重度残疾人】 2017年1月12—20日,第二师铁门关市残联到团场及企事业单位困难重度残疾人家庭开展春节走访慰问。走访慰问困难重度残疾家庭100户,发放慰问金8万元。

【工作会议】 2017年2月20日,在二十九团召开民政、统战、计生、卫生、残联工作电视电话会议。会议总结2016年残疾人工作,安排部署2017年残疾人工作任务。阿迪力·卡德尔参会并讲话,要求各级各部门要在"两学一做"的基础上继续开展"学转促"教育活动,改善提升干部作风,营造真抓实干、共谋发展的良好风气。

【困难残疾人送温暖活动】 2017年1月24日,兵团残联副理事长吴旭明一行到二十五团、二十七团、二二三团走访慰问困难残疾人家庭。共慰问残疾人家庭30户,送去慰问金3万元。

【"爱耳日"宣传活动】 2017年3月,第二师铁门关市残联组织开展了第18次全国"爱耳日"宣传教育活动。师市残联印发开展"爱耳日"

三十四团司法所干警为残疾人讲解法律援助政策（苟荣福　摄）

宣传教育活动文件。全师各基层单位以"防聋治聋，精准服务"为主题，宣传普及爱耳护耳知识，提高各族职工群众爱耳护耳意识，预防和减少耳聋的发生，推进全师听力障碍预防与康复工作向前发展。

【看望、慰问结对认亲户】2017年5月24日，第二师铁门关市残联工作人员到二二三团维吾尔族"亲戚"家走访慰问，和"亲戚"手拉手、拉家常，宣传党的民族政策，介绍师市党委的惠民政策和扶贫政策，了解"亲戚"家的生产、生活情况，并帮助"亲戚"家解决实际困难。

【第二十七次全国助残日活动】2017年5月，第二师铁门关市残联在第二十七次全国助残日到来之际，开展了"到连队、进社区、入百家、送温暖"助残慰问活动。师市残联理事长邓小东、副理事长王黎带队到基层8个单位向100名困难重度残疾人进行了慰问，为残疾人送去慰问金6万元。师残联采取教育扶贫、就业扶贫、康复扶贫、产业扶贫等措施帮助贫困残疾人解决生活困难。

【残疾人专项调查及需求信息数据动态更新工作培训班】2017年6月12—15日，兵团残联在乌鲁木齐博格达宾馆举办"残疾人专项调查"培训班。二师残联及15个团场、企事业单位的残联工作人员参加培训班。赵玲玲、马永洁代表师市做动态更新入户调查现场演示。

【残疾人就业实名制系统培训班】2017年7月13—15日，第二师铁门关市残联、师市残疾人就业服务中心工作人员参加兵团残疾人就业服务中心举办的残疾人就业实名制系统培训班。

【脑瘫儿童筛查活动】2017年9月12日，兵团残联副理事长吴旭明、兵团康复部、兵团医院康复中心医生到师市开展脑瘫残疾儿童筛查工作，共筛查残疾儿童26人。需手术、术后康复并符合条件的残疾儿童可到兵团医院免费康复。

【兵团残联调研】2017年9月12日，兵团残联副理事长吴旭明一行到二十七团天河社区，调研扶贫助残和丰富残疾人精神文化生活工作，了解调研残疾人康复中心项目建设情况，并实地指导该团残疾人工作。

【兵团残联调研挂钩团场脱贫解困工作】2017年10月13—14日，兵团残联巡视员任军、兵团残联教育就业部部长方勇到挂钩脱贫团场二二三团调研脱贫解困工作。

（唐伶俐）

法　治

· 社会治安综合治理 ·

【群众安全感调查】 2017年，兵团综治委委托国家统计局兵团调查总队对第二师铁门关市职工群众就社会治安的安全感受进行抽样调查，师市职工群众对治安环境安全感及综治工作满意度综合评价为98.36%。

【深化基层基础工作年】 2017年，师市制定《关于继续深化平安师市建设基层基础工作年活动方案》。第二师铁门关市辖区新建、改扩建团场综治工作中心14个，连队（社区）综治工作中心251个；建立健全治保会279个、调委会306个；共设立35个综治办，设综治办主任44人（含副主任）、工作人员43人，配齐配强连队专职治安员421人、兼职治安员104人，社区专职治安员68人。不断加强团场社会治安综合治理领导机构和办事机构建设，加强连队社会治安综合治理组织力量建设，健全完善基层治保会、调委会，强化矛盾纠纷排查调处工作等各项工作，夯实基层基础。

【重点部位规范化建设】 2017年，第二师铁门关市综治办下发《关于加强重点部位安全防范规范化建设的指导意见》，在辖区全面开展重点部位摸排、认定，并建立档案工作。年末，由师市综治办及各团场（单位）综治部门、公安机关及相关部门组成的达标验收小组，对照有关标准要求，对师市各团场（单位）认定建档的重点部位进行逐一达标验收。

【重点地区排查整治】 2017年，第二师铁门关市各级抓好对社会治安复杂区域和突出问题的排查整治。全年，共排查梳理社会治安重点单位、场所、区域、部位等435个；其中，团场和团级单位18家、连队社区405个、其他单位12个。排查出问题单位75家，完成整治71家。

【重点要素管控】 2017年，第二师铁门关市对辖区19个临时烟花爆竹销售网点全部落实实名购买、流向登记等管理制度。对40家寄递物流网点实施严格监管。

【公共安全视频监控建设】 2017年，第二师铁门关市对

2017年12月1日，明祥社区与库尔勒新城社区司法所开展"12·4"全国法治宣传日（顾小凡　摄）

师市辖区社会治安视频监控建设进一步布点和完善，截至年末，师市辖区公共安全视频监控图像全部接入公安监控平台。制定《二师铁门关市公共视频监控建设联网应用工作实施方案》，编制《第二师铁门关市社会治安视频监控系统升级联网（二期）建设项目可行性研究报告》。

【矛盾纠纷排查】　2017年，第二师铁门关市有306个基层人民调解委员会，建成30个行业性、专业性人民调解组织；32个"司法服务工作室"达标；306个基层人民调委会组织2218名人民调解员开展业务培训44场；举办司法所长、普法骨干业务培训班1场68人次，3个垦区共推选出4名金牌人民调解员。全师人民调解委员会共受理矛盾纠纷1671起，调处1671起，调处率达100%。

【流动人口服务管理】2017年，第二师铁门关市综治委认真落实流动人口"369"限时工作法，按照"一看、二听、三查、四问"的入户流程，做到"进屋、见人、看物、查疑、扫描"，切实把流入人口情况摸准、问题查清、信息登全，做到流入人口登记率、出租房屋登记备案率均达到100%。

【铁路护路联防】　2017年，第二师铁门关市铁路沿线各团场加强对无人看守道口专项整治工作，联合地方公安交警，严格取缔在铁路道口及沿线周边违章停车等违法行为，共查处涉及铁路交通安全违法行为50余起；组织巡逻队加强对铁路沿线的巡逻防控，排查治安隐患26起，整治非法废旧金属收购点3家。2017年，师市综治办1个集体，孙雪松、曲新江2名个人被自治区护路办授予"铁路护路联防工作先进集体和先进个人"称号；师市综治办1个集体，孙雪松、赵建红2名个人被自治区护路办授予"铁路护路联防信息宣传工作先进集体和先进个人"称号。

【网格化服务管理】　2017年，第二师铁门关市团场网格化管理的覆盖率达到100%，连队、社区网格化管理的覆盖率达到98%以上。

（张志勇）

· 政府法制 ·

【规范性文件审查】　2017年，第二师铁门关市法制办审核师市党内法规和规范性文件、行政规范性文件、协议、合同等75件。对提交党委常委会会议审议的3件规范性文件出具审核意见。

【规范性文件备案】　2017年，第二师铁门关市法制办向兵团法制办和兵团党内法规处报备师市党委、师市党委办公室印发的党内法规和规范性文件75件。对上年度师市法制办向兵团报送备案的37件行政规范性文件及相关材料进行审查，予以备案登记。

2017年5月11日，二十七团天河社区青年志愿者发放法治宣传资料（王秀兰 摄）

【规范性文件清理】 2017年，第二师铁门关市法制办开展规范性文件清理工作，共清理以师市党委、师市名义印发的文件40件，宣布失效文件20件。

【法律法规征求意见】 2017年，第二师铁门关市法制办办理规范性征求意见稿1件，自治区地方性法规、政府规章征求意见稿1件，国家和自治区规范性文件征求意见稿1件。

【行政执法人员统计】 2017年，第二师铁门关市法制办对机关行政职能部门、行政执法机构、行政执法人员开展清理统计工作。经统计，师市11个部门（含团场）有执法机构17个，执法人员179人，执法类别13个。

【规范流程】 2017年，第二师铁门关市法制办结合工作实际，从规范日常工作入手，全面梳理业务工作流程，制定完善师市党内法规和规范性文件备案流程（图）、行政执法证件审核发放工作流程（图）。

（曹利军）

·公安·

【社会面防控】 2017年，第二师铁门关市公安局组织应急处突演练，开展大清查大排查行动。

【案件查处】 2017年，第二师铁门关市公安部门共立各类刑事案件226起，破案134起，破案率为59%；抓获犯罪嫌疑人96人，损失价值1532万元，缴获价值1299万元，起诉57起33人。与上年同期相比，立案数增加15起，破案数增加15起。同时抓获各类网上在逃犯24人（其中1名为命案逃犯）。共受理治安案件337起，同比下降19.6%；查处302起，查处率为89.6%，共打击处理各类违法人员470人。

【信息化应用】 2017年9月，第二师铁门关市公安局技侦部门圆满完成并顺利通过公安部"信息技侦"建设达标验收工作。第二师司法鉴定中心顺利通过自治区质量技术监督局资质认定评审工作。

【人才培养】 2017年，第二师铁门关市公安局参加公安部和兵团公安局组织的培训班45期，其中公安部培训班10期，兵团公安局培训班35期，参加培训109人次（参加公安部12人次，兵团公安局97人次）。积极与河北、浙江等省份开展交流合作，参加跟班学习、交流合作2期6人。

【援疆工作】 2017年11月6日，第二师铁门关市公安局与河北保定市公安局签订对口援建框架协议书。二师公安局、3个垦区公安局及派出所与河北保定市公安局、22个县市区公安局结对交流关系正式建立，二师与

2017年2月9日，第二师公安局表彰先进（陈剑锋 摄）

保定公安系统开启全方位、全区域对接。

【消防安全】 2017年，第二师铁门关市公安消防部门共检查各类单位、部位3884处次，发现隐患3483处，立即整改2568处，签发立即改正通知书994份，责令限期改正通知书417份，处罚380600元，关停不符合消防安全条件的单位2家，发放消防安全检查意见书39份。发生火灾事故25起，造成直接经济损失408611元，与上年相比，火灾起数增加18起，直接经济损失增加401561元，亡人火灾起数增加1起，死亡人数增加1人。

【治安管理】 截至2017年11月，辖区有流动人口35302人，其中南疆籍流动人口1113人。共检查重点单位140家，发现治安隐患50余处，下发整改通知书36份，走访单位55家，发放宣传资料3500余份。旅店业管理方面，全师备案有证照取得特种行业许可证的旅店数量有54家，全部安装旅店业信息系统和视频监控系统，上传旅客信息数量180001条。户籍管理改革方面，全师人口城镇化率达75%；2017年全师21个派出所均可办理居民身份证异地受理业务，共办理居住证3794张，办理二代身份证21652张。全师有户籍人口162792人，比上年末户籍人口151273人增加11519人，聚集人口迁入13162人。对摸排出的重点人员296人，全部进行列管，登记造册，录入重口管理平台，并落实双管控措施。排查精神病人532人，其中肇事肇祸精神病人42人，已全部录入全国精神病人管理系统，落实亲属、医生、民警和单位领导管控责任制。重点要素管控工作中，共检查辖区加油站22个、加气站14个、烟花爆竹经销点32家、寄递物流业48家。

2017年5月15日，师公安局在三十三团开展打击和预防经济犯罪宣传日活动

法治

2017年8月3日，铁门关市城市管理行政执法大队向市民发放城市管理宣传单

【专项斗争】 2017年，第二师铁门关市公安局破获二十九团王××殴打妻子致死案，实现命案必破。"打黑除恶"行动取得新战果。共破获涉恶势力寻衅滋事案2起，抓获涉恶势力人员2人；破获一批"打击盗抢骗"等多发性侵财案件。围绕重点区域、部位、人员，频出重拳、重点打击。先后破获一批有影响的案件，及时消除社会影响，挽回群众财产损失共计27万元。

（王雯）

· 检察 ·

【综述】 2017年，第二师检察机关两级四院在上级院、师市党委的正确领导下，坚持以习近平新时代中国特色社会主义思想为指导，学习宣传贯彻习近平总书记系列重要讲话和党的十九大精神，紧紧围绕兵团党委政法委"忠诚"教育活动和兵团检察院"狠抓落实年"各项具体要求，强化"精兵强检、创新争优"的工作理念和"突出重点、深入一线、统筹全面"的总体要求，进一步增强做好新形势下检察工作的责任感、使命感和紧迫感。

根据兵团检察院、师市党委统一部署，二师检察机关全年深入开展各项学习教育活动。在开展的过程中，注重创新方式方法，通过专题交流、先进事迹报告、纪律作风整顿、应知应会测试、观看警示教育片、大比武、大练兵、野外徒步拉练等系列活动，提高检察干警防暴处突应变能力，为培养高素质的检察队伍而努力。以铸造检察职业精神为重点，大力加强检察精神文化建设，在辖区举办"书香伴我成长"赠书活动，树立检察机关的良好形象，为检察事业科学发展提供精神动力，为推动二师检察机关各项工作长足发展而拼搏，为二师的经济发展和社会和谐稳定打下坚实基础。

【检察工作会议】 2017年2月14日，第二师检察分院组织召开2017年检察及党风廉政建设工作会议。二师检察分院党组书记、检察长张建新作工作报告。二师铁门关市党委政法委副书记夏虎成、综治办主任杨生卫、师检察分院全体干警和各垦区检察院党组班子成员、受表彰人员参加会议。

【法律监督】 2017年2月22日，由第二师检察分院历时半年监督纠正了一起因原判法院刑期计算错误（未将审前羁押的275天予以折抵刑期），导致罪犯超期服刑案件。为表达对驻监检察官的感激之情，服刑人员龙某某在获释当日，向第二师库尔勒监狱驻监检察官赠送锦旗。

【民族团结联谊会】 2017年3月5日，第二师检察分院与三十团、师中级法院、库尔楚园艺场等单位联合在三十团举办庆"三八"暨民族团结一家亲联谊会。

【业务培训】 2017年3月24日,第二师检察分院案件管理办公室举办第二师检察机关统一业务应用系统统计子系统应用培训会,保障新统计系统顺利运行。分院党组成员、副检察长金波出席培训会并作动员讲话,分院及各垦区院案管办、业务科室17名检察干警参加培训。

【检察开放日活动】 2017年5月27日,第二师检察分院与库尔勒垦区人民检察院在二师华山职业技术学校开展以"防止校园欺凌,护航未成年人成长"为主题的"检察开放日"活动。铁门关市人大代表、政协委员和师市政法委、教育局、工会、妇联、关工委、师直党工委等相关部门及华山技校师生代表30余人参加活动。

【援疆干部座谈会】 2017年6月28日,第二师检察分院党组召开欢迎检察援疆干部座谈会,欢迎到二师检察机关挂职的石家庄市、唐山市检察院赵壮涛、许志磊、张延峰、张楚潍4名检察干警。河北省人民检察院专职检委白剑平、二师检察分院党组书记、检察长汪新民、师市政法委办公室主任赵志勤分别作讲话,援疆干警进行表态发言。各垦区检察院检察长参加了欢迎会。

【发声亮剑】 2017年7月28日,第二师检察机关召开"发声亮剑"活动动员大会。两级四院领导班子及分院全体干警参加动员会,表明向"三股势力"宣战、向暴力恐怖活动宣战、向"两面人"宣战,深入推进各项维稳措施落实,坚定维护新疆社会稳定和长治久安总目标的决心和信心。会议由二师检察分院党组成员、副检察长、纪检组长金波主持,院党组书记、检察长汪新民作动员讲话。

【调研指导】 2017年8月24日,最高人民检察院刑事执行检察厅一处刘继国处长一行三人到二师检察分院和库尔勒监狱,专题督导集中清理判处实刑罪犯未执行刑罚专项活动情况,并就刑罚交付执行法律监督和刑罚变更执行法律监督工作开展调研。兵团检察院巡视员邵庆云,刑事执行检察局局长晁东,第二师检察分院党组书记、检察长汪新民,党组成员、副检察长金波陪同调研。

【学习先进典型】 2017年,第二师检察分院组织全院干警认真学习兵团检察院转发的最高人民检察院《关于授予王家强同志"全国模范检察官"的决定》的通知。二师两级四院职侦部门结合学习贯彻党的十九大精神和"忠诚"教育活动,认真组织职侦干警深入贯彻学习,以王家强同志先进事迹和精神为榜样,掀起学习十九大精神的热潮,营造比学赶超先进的良好氛围。

【审查逮捕】 2017年,第二师检察机关侦监部门共受理审查批准(决定)逮捕案件42件54人,与上年同比案件数增长41%,人数增长42%。其中批准逮捕35件41人,决定逮捕1件1人,不批准逮捕5件11人,不予逮捕1件1人。所办案件均在法定时限内办结,无捕后做不诉和判处管制、拘役等轻刑的案件,批捕准确率100%。

【审查起诉】 2017年,第二师检察机关公诉部门共受理一审审查起诉案件51件69人,同比案件数增长24%,人数与去年同期持平。其中一审提起公诉42件54人,正在审查未结6件8人,做不起诉决定2件6人,均为情节轻微或者证据不足的不起诉。适用简易程序审理13件。法院一审判决的案件均做有罪判决。全年两级四院无无罪案件发生,起诉准确率100%。

【查办职务犯罪】 2017年,第二师检察机关两级四院职务犯罪侦查部门立案侦查4件5人，其中挪用公款案3件3人，贪污案1件2人，与上年同期6件6人相比，件数下降33%、人数下降17%。至年底，3件挪用公款案已办结，1件作不起诉决定，1件判处拘役，1件判处有期徒刑。1件贪污案移送法院起诉。

【民事行政检察】 2017年，第二师检察机关两级四院民行部门共办理民事检察监督案件13件，与上年同比增长44.4%，其中乌鲁克垦区院实现民行监督案件零的突破。分院办理的3件民行监督案件经审查认为，法院认定事实不清，适用法律错误，向兵团人民检察院提请抗诉，其余10件民行监督案件均作出不支持当事人的监督申请处理。办理刑事申诉案件4件，均作出不予支持的决定。

【刑事执行检察】 2017年，第二师检查机关严格落实减刑、假释、暂予监外执行的有关规定，二师刑事执行检察监督提请罪犯减刑案件730人，共办理减刑案件529件，监督纠正不当减刑案件73件。办理提请罪犯暂予监外执行案件2件2人，办理罪犯控告申诉案件3件3人，办理刑事执行违法违规案件4件4人。　　　　（鹿宏伟）

· 法院 ·

【概况】 第二师中级人民法院的前身是农二师军事法院。1975年，兵团体制撤销，审判人员及管辖并入巴音郭楞蒙古自治州中级人民法院。1984年5月，农二师中级人民法院恢复组建，下辖库尔勒、焉耆、乌鲁克3个垦区人民法院，依法行使地方州、县级人民法院审判权。2013年3月，经中华人民共和国最高人民法院批复，同意将新疆生产建设兵团农二师中级人民法院更名为新疆生产建设兵团第二师中级人民法院。第二师中级人民法院现设院长1人、副院长3人，内设机构有立案、刑事、民事、行政、审监、执行局、执行一庭、执行二庭、法警支队、政治部、监察室、审管办、办公室13个庭室。

2017年，第二师两级法院共受理各类案件2847件，结案2658件，结案率93.36%，挽回经济损失5167万元。其中，受理刑事案件68件，审结62件，结案率91.18%；受理民事案件1441件，审结1324件，结案率91.88%；受理行政案件11件，审结11件；受理减刑案件680件，结案680件；受理其他案件10件，结案10件；受理执行案件637件，执结571件，执结率90%，执行标的1.13亿元。

【刑事审判】 2017年，第二师两级法院受理刑事案件68件，减刑案件680件，合计审结742件，结案率99.2%。加大刑事附带民事诉讼调解力度。坚持司法为民，做到打击与保护并重，全面推进以审判为中心的刑事诉讼制度改革，探索庭前会议制度、非法证据排除程序以及证人、鉴定人、侦查人员出庭作证制度，进一步规范庭审程序，使庭审实质化。二审案件全部开庭审理，依法严格审查，做到有错必纠。

【民商事审判】 2017年，第二师两级法院共受理民商事案件1441件，审结1324件，结案率91.88%。重点审理婚姻家庭、劳动争议、建筑工程施工合同纠纷等案件，注重审理好权属纠纷案件，挽回经济损失5167万元。依法审理征地拆迁、民间借贷等涉及民生的纠纷及涉农案件。加强司法调解，坚持"调解优先，调判结合"原则。

【行政审判】 2017年，第二师两级法院依法受理、审理涉及公安、劳动和社会保障等行政案件11件。所有行政案件均实现庭审公开、裁判文书公开、审判信息公开。建立行政审判工作动态监测机制，完善特约监督员制度，以开展三项评查活动为抓手，完善行政审判监督指导机制，全年无发回、改判案件。

【案件执行】 2017年，第二师两级法院共受理执行案件637件，执结571件，执结率90%，执行标的1.13亿元。落实执行信息化建设，建立执行指挥中心，建成执行网络查控室，实现与21家银行网上对接，缩短财产查明周期。召开工作会议，明确将"基本解决执行难"工作作为"一把手工程"，院长亲自过问、亲自主抓。建立"党委领导、人大监督、政府支持、法院主办、社会各界配合"的执行联动机制，多部门协作配合，合力破解执行难。全面落实失信被执行人名单制度，在"全国法院失信被执行人名单信息公布与查询平台"上公布267人。

【立案信访】 2017年，第二师两级法院继续加强立案登记制度实施，实行有案必立、有诉必理，保障人民群众的诉讼权。开展多元化调解，启动联动调解机制，委托、特邀有关部门进行人民司法调解、行政调解、行业调解，实现"诉调对接"。认真做好信访工作，开展案件信访评估制度，着重信访工作从源头抓起，进一步清理涉法涉诉信访案件，逐个建立台账，实行动态管理。

【审判管理】 2017年，第二师中级法院组织开展"三项评查活动"，定期对两级法院庭审、案件和裁判文书进行评查。开展远程调阅各垦院案件和裁判文书电子案卷交叉评查活动，全年共评查案件1743件。其中，刑事案件65件、民事案件1202件、行政案件18件、执行案件458件、庭审考评22件。严把案件质量关，全年案件发改率为零。

【司法为民】 2017年，第二师两级法院推行立案、接访、咨询、诉讼指导、风险提示等功能一体的司法为民窗口，设立当事人服务区，为涉诉职工群众提供桌椅、纸笔、饮用水、老花镜等服务，并设置意见箱，了解当事人提出的意见和建议。重视涉诉信访工作，院长亲自办理信访要案，做上访人思想化解工作。全年开展法治宣传日、法律讲堂、新闻发布会等活动20次，巡回法庭审理案件145件。在二十七团社区设立"黄志丽法官工作室"，开展法律咨询、就地调解、普法宣传等活动。组建第二师司法局驻法院法律援助工作站暨律师参与化解和代理涉法涉诉信访案件工作联系点，提供免费法律咨询，律师以第三方身份参与化解和代理涉法涉诉信访案件，为困难群众开辟法律援助新通道。中级法院缴费窗口安装POS机，简化缴费流程，全年为困难职工群众减、缓、免诉讼费27.39万元。

【体制改革】 2017年，经兵团法官遴选委员会遴选，第二师两级法院完成首批42名法官选任工作。严格落实院庭长办案规定，两级法院院领导共办理案件382件。改革裁判文书审批制度，扎实推进合议庭、独任法官负责制，按照"让审理者裁判，由裁判者负责"的要求，审判人员对自己的案件负责。落实法官工资制度改革，制定员额法官、审判辅助人员、司法行政人员绩效考核实施细则（试行）、绩效考核奖金分配办法（试行）。

【维稳安保】 2017年，第二师两级法院健全值庭、集体性上访、恐怖袭击事件等各类专项应急处置预案，进行反恐维稳紧急拉练，形成维稳安保规范化、常态化工作机制。开展全员大练兵、大比武，全员体能测试全部达标，法院司法警察代表队在忠诚教育大比武中获得第三名。

【党建工作】 2017年，第二师两级法院坚持"抓党建带队建"的工作思路，完成各党支部换届工作，配齐配强基层党组织。开展系列主题教育实践活动，推进学习教育常态化制度化。深化纪律作风建设，坚决执行"坚决、马上、立即、迅速"的工作要求。突出司法能力建设，兵团法院系统综合能力素质应用性测试，一次性过关率达100%，严格落实"三会一课"制度，两级法院召开党员大会60次，支部委员会39次，党小组会57次，讲党课17次。

【党风廉政建设】 2017年，第二师两级法院严格执行领导干部述职述廉、诫勉谈话、函询等制度，严格执行"三重一大"和民主集中制，开展一系列廉政约谈，党组书记与党组成员、基层法院院长、中院中层领导分别签订廉政责任书。施行领导干部如实报告重大事项制度。对两级法院全体干警开展违规参与投资办企业进行专项清理整治工作。举办"全国模范检察官"张飚先进事迹报告会、举办"民族宗教与去极端化"专题知识讲座、召开干警纪律作风整顿视频会议、组织全体干警观看政论专题片《巡视利剑》电视纪录片等活动。开展《"树立良好家风、弘扬廉洁齐家"倡议书》发放活动，两级法院共85名干警及家属投入反腐倡廉行动，开展以工

2017年3月7日，第二师司法局开展法律援助宣传（齐嘉琨 摄）

作纪律、庭审作风、立案信访工作等为内容的审务督察，对46件案件庭审进行旁听。召开特约监督员座谈会，任命特约监督员和廉政监察员。
（盛婷婷）

· 司法行政 ·

【综述】 2017年，第二师司法局为经济发展和社会稳定提供有力法治保障。全年举办各类普法培训班93期、法治讲座101场，受教育61963人次。公证机构办理各类公证1337件，接待来访4014人次。法律援助中心（站）共接待群众来电来访咨询2100件，代写法律文书118份，办理法律援助案件101件。全师在册社区服刑人员65人，在矫秩序良好。律师事务所办理各类案件483件，担任处级以上单位法律顾问34家，撰写法律建议188份，避免、挽回损失1020万元。各级调解组织直接调解矛盾纠纷1601件，调处率达100%。 （杨国宝）

【普法依法治理】 2017年，第二师司法局印发《2017年第二师铁门关市普法依法治理工作要点》，组建师市"七五"普法讲师团，举办师市"七五"普法骨干培训班。组织开展"以案释法"专项宣讲活动、"尊法学法 守法用法 切实发挥兵团特殊作用"主题法治宣传实践活动、防范和打击网络诈骗、非法集资和传销专项宣传教育活动、"喜迎十九大，共筑中国梦"民族法律知识有奖竞答活动、"以案释法"典型案例征集评选活动、全民国家安全教育日法治宣传教育活动、"12·4"国家宪法日暨全国法制宣传日系列宣传活动、去极端化专项法

治宣传教育活动。选送的《从曾某某挪用公款案看自首情节》等3个案例被收入"12348"中国法网案例库，《窦某故意伤害案》等3个案例被写入兵团"七五"普法读本《以案释法典型案例汇编》。全年举办各类普法培训班93期、法治讲座101场，受教育61963人次。开展法律六进活动230场，现场解答法律咨询27757人次，开展青少年法治课67堂，受教育青少年9814人次。

（杨国宝）

【人民调解】 2017年，第二师司法局深入推进人民调解组织规范化建设，全师306个基层人民调解委员会"3335"规范化建设率达99%，完善"大调解"体系，形成党政领导、综治牵头、司法主办、部门参与、联合调处的工作格局，强化司法调解、人民调解、行政调解三调联动机制，组织开展春节、两会等敏感节点的矛盾纠纷专项排查化解工作，全师人民调解委员会共受理矛盾纠纷1601起，调处1601起，调处率达100%。

（李雪峰）

【社区矫正】 2017年，第二师司法局进一步完善工作体系，健全日常排查、督办、考核工作机制；建立健全社区服刑人员电子档案；通过信息化定位手段，打造"电子围墙"，实现"人管、物管、技管"三管合一，提升监管实效。未发生社区服刑人员脱管、漏管、不服从监管和重新违法犯罪事件。

（李雪峰）

【安置帮教】 2017年，第二师司法局落实重点人员无缝衔接工作，与监狱建立健全工作机制，严格落实"无缝衔接"。全年刑满释放人员信息管理平台的数据核实成功率达100%；同时开展分级评定、分类管理、分阶段教育，定期开展风险评估工作，做到安置帮教档案资料"一人一档"。辖区司法所帮扶解决低保1人，赠送慰问品1000元。全年无缝衔接刑满释放人员34人，安置34人，安置率100%。做到"六清楚、六到位"，衔接率100%，帮教率达100%，安置率达100%，无重新违法犯罪现象发生。 （李雪峰）

【特殊人群管理】 2017年，第二师司法局召开特殊人群专项组会议，安排部署工作任务。组织开展特殊人群管控专项活动，落实日定位、周听声、月报道制度，对高风险社区服刑人员实时监控率达100%。按照"六清楚、六到位"要求，对全师范围内的安置帮教对象进行逐一走访、谈话，全部进行危险评估和分类帮教，对有肇事肇祸倾向精神病人进行全面核查，加强调查摸排、完善分级管理，与辖区公安、卫生、民政、社保部门携手开展走访排查，对需要入院治疗的肇事肇祸精神病人及时监控、迅速处理。（李雪峰）

【司法服务工作室】 2017年，第二师司法局将"一所四中心"和"司法服务工作

2017年3月15日，二十九团司法所在铁门关市农贸市场开展法治宣传活动（齐嘉琨 摄）

室"建设作为工作重点，提升司法所软硬件建设，把司法所有限资源和繁杂职能整合，提高司法所的整体效能，共建成"一所四中心"21个，基层人民调解委员会"3335"工作模式推行覆盖率100%，32个"连队、社区司法服务工作室"达标，实现司法所业务向连队、社区的有效延伸。（李雪峰）

【法律服务】 截至2017年，第二师司法局有22家法律服务所。法律工作者40人，办理各类案件162件。制定基层法律服务所集中教育整顿活动实施方案，以"诚信服务 规范执业"为主题，对全师法律服务工作者开展政治信念与服务宗旨教育，执法为民与依法执业教育，忠于职守与诚实守信教育，服务大局与形势任务教育，遵规守纪与严格管理教育。（李雪峰）

【律师业务】 2017年，第二师司法局印发《第二师司法局律师参与化解和代理涉法信访案件工作实施方案》《关于进一步加强和改进师市法律顾问工作的方案》，健全联席会议工作制度，结合实际在政法机关和信访局接待室设立律师参与化解和代理涉法涉诉信访案件工作联系点，组织律师主动参与信访接待和政法单位涉法涉诉值班工作。律师担任处级以上单位法律顾问34家，办理各类诉讼案件483件，比上年增长40.4%，其中刑事案件12件、经济案件80件、民事案件391件，业务收费132.4万元。法律咨询、代理文书188件，避免挽回损失1020万元。（杨国宝）

【公证业务】 2017年，第二师司法局印发《关于贯彻第二师推进公证管理体制改革实施方案若干问题的意见》，师属3个公证处全部改为公益二类事业单位，明确改制后的行政级别和规格，核定事业编制人员数量及经费。公证机构共办理各类案件1337件，比上年下降8.79%，其中民事类公证328件、经济类公证60件、招投标类公证949件。公证业务收费88万元，比上年增长10%，接待来访4014人次。
（杨国宝）

【法律援助】 2017年，法律援助中心（站）共接待群众来电来访咨询2100件，代写法律文书118份，办理法律援助案件101件。其中农民工案件55件、残疾人案件5件、老年人案件7件、妇女家庭权益保护案件25件、未成年人案件9件，共帮助670位受援人挽回经济损失1200万元。利用"三八"妇女维权周，全国助残日进行法律援助知识宣传，组织开展"送法进军营""农民工专项维权"等专项活动，共开展法律援助宣传30场次，发放各类宣传资料6000余份，提供法律咨询300人次。对已结案的72件中央彩票公益金案件和56件政府补贴案件全部进行评估和回访，案件回访率达100%，合格率达100%，满意率达100%。完成中央专项彩票公益金12万元和政府补贴4万元资金任务，将案件补贴全部发放承办人。7月12日，在第二师看守所设立法律援助工作站。7月31日，在第二师中级人民法院设立法律援助工作站。9月20日，建立援助律师接访机制，印发《第二师律师参与涉法信访工作制度（试行）》，成立第二师司法局法律援助律师参与信访接待工作联系点。（刘 娟）

【党风廉政建设】 2017年，第二师司法局严格落实党风廉政建设责任制和领导干部述职述廉制度，坚持"三重一大"集体决策制度，层层签订《党风廉政建设和反腐败工作责任书》。统筹开展"学讲话、转作风、促落实"专项活动和第十九个党风廉政建设教育月活动，专题学习《中国共产党廉洁自律准则》《中国共产党纪律处分条例》《中国共产党问责条例》等，采取上党课、撰写心得体会、观看警示教育片、参观廉政教育基地等形式，增强干警的党性观念和廉政意识。加强机关权力运行监管机制和重点岗位内控

2017年7月21日，二十五团司法所开展"以案释法"宣讲活动（李军 摄）

机制建设，按照工作职责，结合岗位特点，对全系统84名干警岗位廉政风险进行排查登记，查找风险环节和风险点。 （吴 斌）

【"大学习大讨论"活动】 2017年，第二师司法局制订专门学习计划，在学习内容安排上涵盖党的十九大精神、习近平总书记系列讲话精神以及党章党规、兵团精神、兵团深化改革有关部署等内容。在学习形式上，主要采取个人自学、集体学习、专题辅导、座谈研讨、交流发言等方式，并穿插唱红歌、观看影视作品等体验式学习方式，每名干警在"发挥兵团特殊作用大学习大讨论活动"理论学习期间撰写读书笔记6000字、心得体会3000字。为检验干警学习成效，由责任科室负责结合本月学习内容制订试卷，组织干警参加考试，并在全系统通报考试结果，将考试成绩纳入个人年度考核。围绕总目标要求，对发现的问题就地要求整改，对2名存在工作作风问题干警进行诫勉谈话，并由本人作出书面检查。 （闫伟俊）

【"两学一做"学习教育】 2017年，第二师司法局统一印制"两学一做"学习教育记录本，精选11篇内容涉及党章党规知识，每名干警都认真撰写学习心得、读书笔记。组织全系统36名党员及入党积极分子参加"两学一做"学习教育知识竞赛。在第二师司法行政综合办公平台、第二师司法行政网上开辟"两学一做"学习教育专题栏目，将学习内容、学习动态放上网络，推送至每名干警手机，实现8小时之外"指间上的学习"。全面完成党员组织关系集中排查，经过排查第二师司法局各党支部共有在册党员68人：其中在职党员干警46人，律师党员7人，在职预备党员7人，退休老党员15人。无流动党员、"口袋"党员。开展党代会代表和党员违纪违法未给予相应处理情况排查清理。以自查工作为基础，完善相关工作制度，做好基层党组织按期换届检查工作。集中推进律师机构"两个覆盖"。在天擎律师事务所成立党支部，结合律师事务所职能，开展"党员示范岗"活动。
（闫伟俊）

【"忠诚教育"活动】 2017年，第二师司法局按照兵团党委政法委部署，结合忠诚教育要求，制定司法行政干警体能训练标准，体能测试每人一档，局领导带头示范，带领干警利用"小时间、小场地"多形式进行体能训练，每两周测试一次，积极提高全体干警体能素质。按照"缺什么、补什么、弱什么、练什么"的原则，有针对性地开展多层次、全方位的教育培训，积极抽派干警参加兵团司法局、师党委组织部调训、赴兄弟师局考察学习达33人次；系统内邀请专家讲授新闻写作、新闻摄影、公文格式，局领导、科室领导讲授队伍建设、业务工作，共组织培训5次，受训人员达200余人次。 （闫伟俊）

【"访惠聚"工作】 2017年2月1日，第二师司法局指派

一名干警到三十一团十一连开展"访民情、惠民生、聚民心"活动。（马 季）

【挂钩扶贫】 2017年1月6日，第二师司法局制定《2017年挂钩扶贫工作实施方案》。筹措帮扶基金3万元，向二二三团园一连提供办公电脑3台，音响1台。3月，向园一连生产困难职工提供价值9800元的薄膜帮助他们生产。举办各类培训班，培训各级党政干部、技术人员2期120人次，职工群众5期、360人次。
（王 彬）

【"民族团结一家亲"活动】
2017年，第二师司法局共有85名干警参与"民族团结一家亲"和群众工作"两个全覆盖"活动，下沉次数1次，走亲入户92户，住户92户。开展宣传教育92户、覆盖738人次。帮扶解困42户、246人，资金（物资折合）5.04万元。办实事好事71件次，246人受益。开展联谊活动28场次，参与462人次。 （闫伟俊）

【司法行政业务会】 2017年7月3日，第二师司法局行政系统业务工作座谈会在库尔勒召开。会议要求全体干警紧紧围绕中央新疆工作总目标不动摇，以昂扬的精神状态和良好的队伍形象推进司法行政工作创新发展。会议通报公证体制改革、律师参与和代理涉法涉诉信访案件情况，焉耆垦区司法局、乌鲁克垦区司法局、二十四团司法所、二十九团司法所、法律援助科、法律宣传科作交流发言。焉耆垦区司法局、乌鲁克垦区司法局领导，各垦区基层科长、律公科长，师司法局机关各科室负责人及律师事务所负责人参加会议。 （王 彬）

【党建工作】 2017年，第二师司法局坚持将司法工作实际与党建工作紧密联系，落实好《关于建立全面从严治党"七个一"工作机制的实施方案》，抓好党组理论中心组学习、"三会一课"等环节，把党的组织生活丰富起来，把组织生活纪律规范严格起来，增强党员干警参与感、获得感、凝聚力。各支部制定全年工作方案，将落实基层党建"六大工程"列出时间表、路线图，由第二师司法局定期督导落实情况。贯彻落实《兵团党委组织部关于在兵团深化改革中推进基层党组织标准化建设的指导意见（试行）》文件精神，进行全面规范整改。组织专题党务知识培训，在培训中进行闭卷考试，现场打分点评，将考核结果纳入年末党建工作考核。在作风建设方面，加强对支部班子的管理和监督，将支部工作和作风建设纳入督查项目。在队伍的发展上，做好在基层一线和青年干警中发展党员的工作，坚持培育、树立具有创先争优精神、党性高的典型模范党员，并用以此来激励、引领广大党员干警。 （闫伟俊）

· 监狱管理 ·

【监狱搬迁】 2017年8月14日，且末监狱从且末县跃进区搬迁至铁门关市，原乌鲁克监狱三监区、原米兰监狱二监区合并至且末监狱。
（王 彦）

【"四反"活动】 2017年8月1日—9月30日，第二师监狱系统开展为期两个月的"反自满、反麻痹、反厌战、反违章"活动。 （敬 轲）

【警校生实习】 2017年9月10日，第二师监狱系统按照兵团监狱管理局统一部署安排，首次迎来兵团高等警官专科学校学生到监狱实习。
（王红升）

【民警招录】 按照兵团监狱管理局统一部署安排，首次面向内地高校招录应届本科毕业生。 （郭 玮）

【喜迎十九大】 2017年9月20日，第二师监狱系统召开"聚焦总目标、大干五十天、实现三不出、喜迎十九大"誓师动员大会。
（郭 玮）

【远程视频会见】 2017年9月，第二师监狱系统开通

远程视频会见系统，与全疆各地州司法局（所）实现互联会见。（王红升）

【大培训 大练兵 大比武】 2017年10—12月，第二师监狱系统开展"忠诚教育"暨"大培训 大练兵 大比武"活动，内容包括警容风纪、警体技能、体能、革命歌曲演唱、队列指挥和新式擒敌拳等项目。11月10—13日，接受兵团政法委督导组检查时受到好评。（王红升）

【狱园文化建设】 2017年，第二师监狱系统开展"中华优秀传统文化进狱园"活动，深入推进和完善富有特色亮点的狱园文化建设，重点打造监狱特色文化品牌。2017年11月8日，且末监狱举办大墙文化艺术节。（刘忠国 王 彦）

【纪录片获奖】 2017年11月，米兰监狱拍摄制作的专题片《楼兰印记》，获全国监狱陈列馆建设专题片二等奖。（张赫男）

【"去极端化"教育】 2017年，乌鲁克监狱"去极端化"个别教育案例被评为2017年兵团监狱"去极端化"工作优秀个别教育案例。（王莹瑛）

【警体技能大比武】 2017年11月11日，第二师监狱系统选派米兰监狱王福珍、库尔勒监狱同格力克、且末监狱马继堂和康加宝参加第二师政法系统"忠诚教育"警务实战技能大比武，与二师公安局代表队获得并列第一。（郭 玮）

【警队建设】 2017年，第二师监狱系统高度重视意识形态工作，规范民警对微信的使用，增强民警铁的纪律，乌鲁克监狱结合工作实际，创新制定《民警使用微信"十不准"》，并在全系统中推广学习。（王莹瑛）

【中央民宗委督导调研】 2017年11月30日，中央统战部副部长史大刚一行到且末监狱督导调研，兵团监狱管理局党委书记、局长蒋欣，第二师监狱管理局党委书记、政委何刚，党委副书记、局长王晨江陪同，并汇报工作。（郭 玮）

【援助且末监狱】 2017年12月6日，第一、二、三师监狱系统以及兵团监狱管理局机关民警对且末监狱开展为期半年的援助工作，且末监狱组织召开援助民警欢迎会。（王 彦）

【"三课"教育】 2017年，第二师监狱系统大力推进基础教育，开展分类教育工作，全年完成"三课"教育课时，录制视频课件，拍摄教育片、纪录片等。（刘忠国）

【心理健康教育】 2017年，第二师监狱系统落实服刑人员十必谈制度，各监狱由监狱领导带头开展对承包服刑人员的"大谈话"活动，录制心理健康知识讲座视频20课时，将每周五定为心理咨询活动日，开展心理咨询工作。（刘忠国）

军事

·人民武装·

【概况】 2017年,第二师人民武装部深入学习贯彻习近平总书记系列重要讲话和军区、军事部党委扩大会议精神,紧紧围绕"喜迎十九大、学习十九大、贯彻十九大"这一政治主线,扎实推进一流屯垦部队和一流民兵队伍建设。坚持抓班子强组织、抓教育统思想、抓战备谋打赢、抓保障增活力、抓安全求实效、抓基层打基础,部队全面建设水平显著提升,圆满完成军事训练、异地维稳执勤、教育试点、国际竞赛安保等大项任务。充实民兵队伍,提升民兵编组质量,锻造独立营维稳处突能力和善谋打赢能力。提升综合保障能力,锻造民兵专业保障能力和人武部快速集结、处突、警戒等能力素质。

【军事工作】 2017年,第二师人武部圆满完成民兵整组、基地化训练、兵役登记、新兵征集、网格化巡控、重新组建常备应急值班分队,独立营连异地维稳执勤,国际军事竞赛安保警戒,武器装备弹药远程输送,重点要害目标安全防范等重大任务,一流民兵队伍和一流屯垦部队建设稳步推进。

政治基础更加坚实。聚焦迎接学习贯彻十九大,区分现役官兵、专武干部和民兵队伍三个层次,采取授课辅导、原著通读、理论宣讲、媒体宣传、检查考评等

2017年9月10日,二十二团举行新兵入伍欢送会(于飞 摄)

2017年3月15日，二十二团组织新职工参加军训

方式，扎实抓好"推进两学一做常态化制度化"专题教育和"维护核心、听从指挥"主题教育。广泛开展"学主席讲话，当维稳先锋"活动，广大官兵贯彻"三个维护"、争创"两个一流"的思想基础更加牢固，聚焦总目标，打赢主动仗的政治意识更加坚强。灵活开展民兵系列基础教育，充分利用各类媒体，广泛传播新思想、新理论、新观点。全年在各级军事媒体刊稿40余篇，重点宣传"优秀退伍军人代表"、二二三团养老院党支部书记达娃和"见义勇为模范民兵"、金三角商贸城电工班班长柳斌的先进事迹，在干部职工群众中产生强烈反响。

党管武装更加坚强。师市各级党委始终把"彰显'军'的属性、提升'兵'的能力"作为师市深化改革的核心任务，坚持大事大抓、常议常抓，确保一流民兵队伍建设有序推进、各项指标任务高质量完成。紧紧扭住党管武装不放松，年初，组织召开武装工作会议，建立健全人民武装委员会、国防动员委员会等组织机构。师市党政领导定期到人武部系统督导工作，坚持每月召开专武干部行政例会，在建设经费投入、干部提拔使用、年度新兵征集、民兵组织调整、应急队伍建设等各方面工作给予大力支持。2017年，协调申请经费，用于三十七团、三十八团人民武装工作基础设施建设，选派2名专职武装部长到专业院校学习培训。

维稳能力更加过硬。依托师民兵训练基地，分6批组织民兵完成基地化训练，指导各团场、企业普训职工万余人，提升军事素养，增强备战能力。选派专武干部和民兵骨干参加兵团军事部"四会"教练员集训，总评成绩列14个师第三名，5人被兵团军事部表彰为优秀"四会"教练员。抽调二十二团、二十五团、二十七团民兵担负国际军事比赛安保警戒任务，全体人员作风扎实、素质过硬，受到军区领导和观赛群众好评，彰显出二师民兵良好形象。组建民兵应急分队，常态担负师市辖区治安防控任务；组织民兵先后参加誓师动员和武装震慑，"压舱石"作用发挥明显。7月，二十五团民兵执行开都河洪涝抢险任务，帮助群众300人、保护各类

· 176 ·

物资2000吨。9月,二十七团民兵参加博湖灭火行动,挽回直接经济损失近千万元。三十一团选派民兵参加垦区公安联合演练,高标准完成任务,民兵应急应战能力充分展现。

建设基础更加牢固。深入贯彻兵团一流民兵推进会精神,紧随师市深化改革进程,研究制定《第二师党委关于推进一流民兵队伍建设的意见》《师市民兵队伍建设改革方案》《师市专职人民武装干部规定》《师市专职人民武装干部选拔考核实施办法》《履行民兵义务量化管理实施细则》指导性文件,对师市一流民兵队伍建设给予有力有效指导。年初,专题召开民兵武装建设形势分析会,安排部署民兵整组工作。4月,按照民兵编组实名制和全覆盖的要求,完成基干民兵整组和普通民兵编配任务,通过抽查点验,三十三团、三十四团和三十六团民兵编组质量较高。7月,协调召开年度征兵工作会议,面向全师征兵,圆满完成任务。8—10月,对全师基干民兵、普通民兵数量和质量情况进行调研摸底,建立完善民兵基础信息数据库,为民兵规模结构调整改革打下坚实基础。

秩序更加正规。在人武部系统严密组织"争创安全年"活动,配合开展"学训整""学用守"、安全工作综合检查,有效防范安全事故发生。集中7天时间,采取学习规章制度、理论讲解示范、观摩"三实"作业等方法,组织人武部机关干部及重要岗位人员进行规范化培训,提升干部骨干专业素质和抓安全工作的能力。按照确保"三不出"的要求,加强现役官兵和专武干部教育管理,严格落实陆军《禁酒令》、新疆军区"三个任何",切实加强人武部系统纪律约束和作风养成,为迎接十九大胜利召开创造安全环境。

联建共促更加有力。配合兵团审计组对师民兵训练基地、二十四团、二二三团民兵经费管理使用情况进行综合审计。严格落实党委理财、预算管理、联审会签制度,修订完善《财务管理规定》,进一步规范民兵经费管理使用。充分发挥财力保障效益,落实"三分四定"要求,完善团场武装部和民兵营连战备库室建设。持续开展"民族团结一家亲"活动,人武部投入专项经费10

2017年4月25日,三十团职工参加军训(尚新革 摄)

万元用于开展扶贫帮困和捐资助学活动,在二十五团、二二三团建立精准扶贫联系点,共慰问救济贫困户14户。组织民兵利用集训普训、备勤轮训、走访亲戚等时机,进家入户宣讲民族政策,帮助困难群众100人。

【政治工作】 2017年,第二师人民武装部紧抓思想政治教育不放松,引导官兵牢固树立"四个意识",确保部队绝对忠诚、绝对纯洁、绝对可靠。

突出听党指挥抓学习。坚持把学习习近平总书记系列讲话精神作为贯穿全年的头等大事,在每月组织党委理论学习中心组学习的基础上,常态落实每周四晚上理论学习制度。结合学习习近平总书记"7·26"讲话、建军90周年讲话、党的十九大报告等,由部首长和营领导到各点位巡回授课,帮助官兵解读热点信息,强化理解认同。开展宣传、学习活动,利用每周五电影晚会之机,组织官兵集中观看《作风建设永远在路上》《永远在路上》《打铁还需自身硬》《将改革进行到底》《巡视利剑》《强军》《辉煌中国》《不忘初心 继续前进》《大国外交》《法治中国》等10部政论宣传片,引导官兵从全方位了解党的十八大以来中国社会发生的深刻变革,感悟党和国家取得的辉煌成就。党的十九大召开后,组织官兵收听收看大会盛况和相关报道;购买十九大报告单行本和新党章,发放给全体官兵,按照读原文、划重点、解难点的步骤抓好先期学习;邀请党的十九大代表、第二师铁门关市党委书记吴彬来人武部为现役营连和民兵分队作宣讲辅导,持续掀起学习、宣传、贯彻党的十九大精神热潮。

贯彻"三真"要求抓教育。围绕兵团军事部年度政治工作指示,把"推进两学一做常态化制度化""维护核心听从指挥"两项重大教育作为政治任务,确保教育有力有序推进。在组织官兵异地同步参加军区和军事部组织的专题辅导授课的基础上,按照部首长上大课、营连干部组织小辅导、党员骨干现身说法、普通战士体会交流的办法,将教育内容细化、实化,实现真学、真懂、真用的目标。坚持每月制订教育计划,结合军事部下发基础教育12课、经常性思想教育120讲,扎实开展日常教育活动。组织开展珍爱生命、远离赌博、勤俭节约、全面禁酒等专项教育,采取案例详解、讨论辨析、现身说法等方式,增强官兵在教育中的代入感。

立足长远发展抓文化。开展"学讲做""学讲干"活动,开设"军垦讲堂",邀请二师老军垦高敦禄来营连讲述兵团光荣传统,建设"军史图片展""习主席故事园",体会感悟革命领袖殚精竭虑、创业维艰。组织"新体制、新职能、新使命"大讨论,常态开展"岗位建功、学习成才"和创破纪录比武竞赛活动,引领官兵日记一事、周习一文、月读一书、年学一技,培树"维稳标兵"尹鼎、"学习标兵"杨雨、"精武标兵"韩明育、"高能焊工"卜永志等先进典型,树立爱军精武、真抓实干的鲜明导向。

【保障工作】 2017年,第二师人武部供应保障工作按照"积极协调抓筹措,建章立制抓管理,依据标准抓供应,全力以赴抓保障"的总体思路,重点围绕兵团民兵维稳执勤保障和应急力量建设,统筹财力搞好保障,加强经常性财务管理,按计划完成各项保障任务。

加强战备执勤、训练生活后勤准备,全面提高战备执勤、训练生活后勤保障能力。

加强战备物资储备管理,按照战备物资管理规定,对演习购置的物资上架整理,制作物资存放标签,登记造册。完善安防设施建设,按照安防设施建设有关要求,对营区消防器材、水电暖设施进行检查维修和更换,确保营区安全。

抓好执勤装备器材保障。为执勤分队补充配备巡逻执勤急需的装备和训练器材。师武装部自制防暴钢叉,购置对讲机、执法记录仪等。搭设简易车棚,保障执勤车辆装备入库停放。

完善基础生活设施建设。新建锅炉房、浴室、餐厅、菜窖、水冲式厕所、塑胶跑道；购置安装1台300千瓦备用发电机组和1台2吨低压供暖锅炉；架设军营广播设备，开通电话及通信网络，确保训练、教育管理、工作生活的正常开展。协调师采购中心统一购置炊事及生活保障物资、医疗卫生设备、军事训练器材、政治宣传器材、文化活动用品、办公用品等物资器材。

加强筹划管理，后勤综合保障能力进一步增强。加大伙食管理力度，坚持定食谱、伙食账目公布、主副食品出入库登记、食品卫生检查等伙食管理制度；每月底组织司务长集中办公，指导、审核各连每月伙食账目，规范伙食账目管理秩序；定期组织官兵对主副食品供应进行市场价格调查，维护广大官兵的利益。加强油料物资管理力度，油料使用管理逐笔登记，按照谁使用谁签字，责任到人，定期检查油料账物管理；对经常保障用车的油料使用进行综合分析，进一步精细油料物资管理。协调抓好服装发放工作，建立官兵个人被装型号档案，协调兵团军事部请领了夏、冬季被装和执勤所需被装，按规定保证官兵正常执勤、训练生活所需。

加强财经纪律，深化经费资产管理。严格预算管理，结合独立营任务实际和各科室年度经费实际开支需求，合理编制年度经费预算，严格按预算开支。严格经费管理，严格经费使用首长审批制度和公务卡强制结算制度，协调库尔勒工商银行为独立营办理6张公务卡，规范经费供应渠道，强化资金和银行账户管理，经费开支有据可查。加强物资管理，严把物资集中采购审核验收关，办公用品、生活用品采购严格核对型号、数量和质量，定期组织人员对供应商供应物品进行市场询价，防止虚报冒领、经费流失。强化固定资产使用管理，明确具体责任人，完善固定资产登记统计和拍照管理，防止资产流失。

加强车辆管理，规范运行程序。按照兵团军事部工作计划，抓好在职驾驶员复训工作，挑选驾驶技术过硬、经验丰富的专武干部和民兵骨干担任教练员，组织进行为期两周的场地驾驶、道路驾驶、汽车故障排除和运输勤务4个课目的训练，提高驾驶员应急情况处置能力。严格按照有关规定抓好车辆审验，开展车辆和驾驶员年度审验工作，统计所有车辆技术状况及驾驶员相关信息，对驾驶员进行身体状况、驾驶技能、法规常识、行车纪律及车辆一般故障检测与排除的检查与培训。协调31分部车管部门完成3台现役车辆的技术检测和驾驶员专业技能的初级鉴定工作；协调兵团军事部车管部门为现役官兵办理新式驾驶证。抓好驾驶员安全管理，采取跟踪调查、定期现地考核等措施，加强对驾驶人员的监督管理；认真落实驾驶员每周安全教育和车辆技术检测制度。

加强疾病防治，完善卫生防疫工作。指导生产营建立伤病员救治预案，定期对官兵宿舍、卫生间、饭堂以及公共场所进行消毒灭蚊，确保官兵身心健康。

加强新建工程建设力度，持续推进新建工程建设进程。加快推进独立营新建营区建设进程，协调上级有关部门和建设施工单位，完成独立营营区地理位置、训练场选址、部分用地手续办理、地形地况勘测，以及周边道路、水、暖、电、网的规划等先期工作，对设计任务书和营区规划图进行论证，上报环评资料。协调师和库尔勒市相关部门办理靶场建设用土地划拨有关事宜。

加大对民兵基础建设工程跟踪指导。对二十九团、三十七团、三十八团等团场基础设施进行建设。

【国际军事比赛安保工作】2017年7月6日—8月15日，第二师人民武装部抽调二十二团、二十五团、二十七团人员组成兵团第二师国际军事比赛安保民兵队伍，组织护卫库尔勒机场至库尔勒训练基地区间的卡点、警戒任务。全体人员在执行安保任务中，作风扎实、素质过硬，彰显了二师民兵良好形象，受到军区首长和观赛群众的好评。

【征兵工作】 2017年，师市征兵工作采取预征对象网上报名。8月28日，召开师市征兵领导小组定兵会议，对征集新兵集中审定。9月1日，预定新兵进行集中军事训练。

【巴州反恐维稳誓师大会】 2017年1月24日，第二师人民武装部组织二师民兵参加巴州反恐维稳誓师大会。

【2017年度武装工作会议】 2017年3月23日，第二师铁门关市召开2017年度武装工作会议，师市党委主要领导、师人民武装部领导、师机关、各团场和师属企事业单位主要领导、独立营主官等共45个单位、96人参加会议。会议由二师市党委常委、副政委、组织部部长孙志敏主持。会议传达了兵团军事部党委六届三次全体（扩大）会议精神，总结了2016年度师市军事武装工作，安排部署2017年度武装工作任务。会议通报表彰了2016年度军事武装工作先进单位和先进个人。会议要求，各级党委领导要继承和发扬党管武装的优良传统，自觉强化"四个意识"，坚决维护核心、听从指挥，要抓大事管政策、抓根本管方向、抓班子管干部、抓协调促落实、解难题办实事，牢牢把握社会稳定和长治久安这个总目标，深入推动强军实践，自觉维护社会稳定，忠实履行职责使命，确保实现"三个坚决""三个确保"目标，共同谱写师市社会稳定和长治久安新篇章。

【兵团军事部调研】 2017年4月10日，兵团军事部到二师武装部调研民兵基层建设工作。廖正良一行对基层民兵正规化管理、制度落实等方面工作做了深入调研。廖正良一行参加了"一流民兵"队伍建设座谈会，师人武部政委段小强、部长李国华及各基层人武部部长作交流发言。廖正良对二师民兵工作给予肯定，并从抓住根本、牢记使命、发挥作用三个方面提出工作要求。

【廖正良指导武装部党委民主生活会】 2017年4月9日，兵团军事部政委廖正良一行4人到师人民武装部检查指导党委民主生活会。

（张　兵）

2017年7月14日，二十二团职工开展军训（于飞　摄）

· 团场人武部 ·

【二十一团人武部】 2017年，二十一团人武部围绕新疆工作总目标开展工作。坚定坚决履行党管武装政治责任，彰显"军"的属性。调整团人民武装工作领导机构，对全团民兵按照应急、专业、特殊三类力量编组。把政治教育和军事训练落实在基层单位党支部。以"拉得出、用得上、干得好"为根本标准，以"政治素质一流、实战能力一流、组织建设一流、作风纪律一流、综合保障一流、发挥作用一流"为目标，着眼提升素质能力，打造"一流民兵"队伍。一是组织职工普训工作，筑牢"兵"的意识。二是以基地化专业训练为平台，强化民兵轮训，提高"兵"的能力。三是落实兵地联勤、武装拉动活动；在每周二、周五定期开展党政警民常态化武装拉练；开展"百团大战"和团域内的应急演练，彰显"军"的属性。四是人武部每月下单位指导基层连队对民兵的训练和管理。五是完成适龄青年兵役登记工作。推进兵地发展稳定融合新局面。围绕社会稳定和长治久安总目标，主动带领民兵与地方联合开展兵地联勤活动，建立起兵地一体化维稳机制。人武部正规化建设按照"办公场所集中、基本要素齐全、建设标准统一、工作秩序正规"要求，加强标准化建设；民兵（营）连部建设按照"办公场所固定、基本设施配套、活动功能完备、资料图表齐全、阵地作用明显"的要求，推进标准化工作。

（梁伯熙）

【二十二团人武部】 2017年，二十二团人武部在团党委的领导下，坚持党管武装、平战结合、改革创新和依法建设的原则，突出工作重点，强化落实措施，服务大局，与各单位密切配合，认真开展武装工作。全年，团党委专题研究武装工作3次，检查督促5次。召开民兵工作会议3次。加强基础建设，为民兵之家制作更新图片6幅，配置学习桌椅。加强民兵队伍建设。民兵拉练训练3次，新职工军事普训3次。8月，选派民兵参加"国际军事比赛——2017"执勤保障任务。组织参加地方县乡维稳安保任务，确保了周边区域的安全稳定。对团场重点地区、人口密集区进行维稳巡逻。组织民兵抢险救灾10余次，组织民兵防洪抗旱6次，保护经济作物200公顷；维护社会治安130次。做好适龄青年征兵工作，利用广播、电台、微信等平台积极宣传征兵相关政策；利用节假日组织机关部门在人员密集区为适龄青年宣讲兵役政策；与民政、劳资等部门到连队、社区摸清全团适龄青年底数。二十二团被评为师市征兵先进集体。

（李德荣）

【二十四团人武部】 2017年，二十四团人武部根据师武装工作会议要求，完善了人武部、民兵连硬、软件建设。按照兵、师民兵队伍建设评估标准，加大战备工作落实力度，配齐、配全民兵战备物资，完善各类武装工作台账，规范组织建设内容，改进编组方法，扩大组建范围，优化整体结构，提高了队伍质量。夯实民兵组织建设，努力建设一支"规模适当、布局合理、结构优化、重点突出、可靠管用"的民兵队伍，全面提高民兵军事化管理。在训练中为调动参训民兵的积极性，激发训练动力，提高训练质量，组织民兵在基地进行准军事化训练。冬季，组织干部职工参加普训，开展全团干部职工队列会操活动，提高干部职工"兵"的作用和认识。按照师人武部年度工作安排，采取多种方法，分步负责，逐人登记，完成了兵员征集任务。团人武部在加强基层民兵组织建设的同时，积极参与团场维稳和师市及地方政府维稳执勤巡逻任务。团民兵应急分队在重大节日、重要时期、敏感节点，担负起团内值班巡逻、重点管控人群及外来务工人员的排查和清理工作，参与社会面网格化巡控，确保团场辖区的社会稳定和长治久安。

（苏忠平）

【二十五团人武部】 2017年,二十五团人武部深入学习贯彻习近平总书记关于国防和军队建设重要论述,弘扬党管武装优良传统,自觉把武装工作摆在重要议事日程,作为重大政治任务落实,全面完成了上级赋予的各项任务,在团场经济建设和维护社会稳定中发挥了重要作用。严格落实民兵政治教育学习制度,全年集中组织政治教育42课时;在内容上,以时事政治和《中国民兵》《新疆民兵》《国防报》刊载的主要文章为内容开展政治教育。年内,民兵参加农业生产和团场建设,完成劳动量76公顷,抢险灭火3次,挽回经济损失100余万元。抽调基干民兵到师训练基地完成了冬训;挑选优秀民兵到师备勤连执勤;派民兵圆满完成国际军事比武竞赛执勤保障任务;选派民兵任教练员为团博斯腾中学、新建公司进行了军训。兵地开展联勤联动综合演练,参加地方(县、乡镇)维稳誓师大会。年内对全团适龄青年进行了兵役登记。开展国防教育宣传,共计发放各种宣传资料3000余份,张贴播出标语120余幅。开展民兵整组工作,进一步抓好整组材料的完善和人员调整工作。进一步配强配齐了干部骨干。

(朱文革)

【二十七团人武部】 2017年,二十七团党委深入学习贯彻习近平总书记关于国防和军队建设重要论述,弘扬党管武装优良传统,把武装工作作为重大政治任务落实,全面完成了上级赋予的各项任务,在团场经济建设和维护社会稳定中发挥了重要作用。严格落实民兵政治教育制度,全年集中组织政治教育42课时;以时事政治和《中国民兵》《新疆民兵》《国防报》刊载的主要文章为内容开展政治教育。民兵参加农业生产和团场建设,义务帮助职工群众抢险灭火7次,挽回经济损失140余万元。圆满完成训练任务。年内抽调民兵赴师训练基地完成冬训;挑选优秀民兵到师备勤连执勤;派民兵圆满完成国际军事比武竞赛执勤保障任务;选派民兵担任团中学学生军训教练员。民兵应急连、团派出所与驻团武警、地方公安局等部门开展综合演练,参加地方(县、乡镇)

2017年3月24日,三十团组织职工军训(尚新革 摄)

维稳誓师大会。对适龄青年进行兵役登记。开展国防教育宣传，共发放各种宣传资料2000份，张贴播出标语100幅。开展民兵整组工作，抓好整组材料的完善和人员调整工作，配强配齐干部骨干，为加强民兵连应急拉动演练打好基础。（郭宗顺）

【二二三团人武部】 2017年，二二三团人武部把学习党的十九大精神和习近平总书记系列重要讲话精神作为提高武装部工作人员思想素质的头等大事来抓，努力提升工作人员的综合素质和维稳成边能力，努力打造一流的武装队伍。强化看家本领，强化应对处理各种突发事件、承担抢险救灾任务、保护职工群众生命财产安全的能力。民兵队伍整体素质和维稳成边"兵"的能力得到提升，把民兵建设成"拉得出、用得上、干得好"的坚强力量，起到防范震慑作用，维护了团场社会稳定。加强国防教育，利用多种宣传方式，广泛宣传，鼓励青年报名参军。走访慰问军属，帮助他们解决生产生活中的实际困难。做好退伍士兵安置工作，开展技能培训，帮助解决家庭困难和工作问题，解除了现役军人的后顾之忧，提升了部队的战斗力。2017年，团人武部被师市评为"先进基层武装部"，4名工作人员被师市评为先进个人。（罗占华）

【二十九团人武部】 2017年，二十九团人武部落实总目标，加强民兵军事训练，民兵通过参加训练提高技能。除"五冬"期间的职工普训，4760名职工分批完成为期7天的军训和培训。1月10日，兵团军事部装备处到二师检查指导工作，加强了装备管理保障能力，提升了民兵战斗力。6月5日，新疆军区首长对二师民兵装备进行检查督导；9月10日，新疆军区首长对二师民兵装备情况和监控管理设施进行例行检查。（苏娟）

【三十团人武部】 2017年，三十团人武部以壮大民兵力量建设为基础，提升维稳应急处突能力为抓手，强化民兵军政各方面素质。严格节日战备和日常战备制度落实，组织民兵完成安保巡逻任务，持续抓好网格化常态巡控任务。完成节日战备、敏感期维稳、重大活动安保、重要目标守护等任务。组织民兵参加7月18日抗洪抢险工作，排除洪灾险情。统一配发服装，分8个阶段对2400名干部职工进行普训。3月23日，聚集全团22个参训单位举行会操集结演练暨维稳誓师大会。3月1—10日，组织民兵赴第二师民兵训练基地，完成民兵基地化训练任务；3月24日，完成2017年度全团军事会操演练任务，并对民兵军事普训进行考核评比，十连、一连分别获得"军事训练之冬"活动先进单位称号。4月，团人武部制订《2017年兵役登记工作计划》，各基层单位均成立兵役登记领导小组。（尚新革）

【三十一团人武部】 2017年，三十一团人武部按照"一流民兵队伍"建设标准，深入落实各项维稳措施，完善阵地建设，充实了人民武装工作的办公设施和装备器材。开展了冬季民兵普训、民兵基地化训练。选派骨干参加了兵团军事部、师人武部组织的"四会"教练员集训。组织开展了军警民联合应急演练活动。认真落实民兵组织整顿和屯兵楼正规化建设；坚持落实战备值班制度，并保持全天候对辖区重点部位的巡逻执勤，始终把维护社会稳定作为重中之重。积极配合垦区公安部门完成专项清理整治工作。积极参加团场各项公益活动，整治环境、植树造林。进一步完善《三十一团武装工作要点》，明确了基层连队阵地建设的标准；积极做好兵役普查登记。通过落实治安员、联防队员、民兵备勤人员的工资待遇，加强维稳力量建设。加强对物流园、学校、幼儿园等重点单位防护设施建设，使维稳硬件体系建设得到进一步加强。（王新林）

【三十三团人武部】 2017年，三十三团人武部组织开展"两学一做"学习教育。在民兵队伍和应急连开展"双争"(争当优秀党员,争做维稳尖兵)、重温入党誓词等活动,传承红色基因,强化使命担当。重点抓好民兵基地化训练,加强应急连实战化训练。抽调民兵骨干深入团场连队组织民兵冬训,对防暴队形、组织巡逻、设卡盘查进行示范演练。武装部组织开展两次基层连队维稳应急大练兵活动。建立维稳长效机制,修订完善本级5个应急预案,抓好重大节假日等敏感期的维稳战备工作。 (王晓鹏)

【三十四团人武部】 2017年,三十四团人武部坚持以新疆工作总目标统领全局,大力加强思想政治建设,不断创新民兵队伍建设工作,改进作风狠抓落实,完成各项工作任务。1月,组织全团职工进行"冬训"。民兵每季度集中进行1次政治教育,采取农闲分批开展教育的方法,组织学习习近平总书记系列讲话、党的十九大报告、《国防法》《兵役法》《反分裂法》等,确保民兵组织纯洁健康发展。围绕贯彻落实新疆工作总目标,团民兵组织常态化维稳执勤备勤。民兵连对团部主要街道、市场及重点部位每天进行巡逻,确保团场安全稳定。

根据《三十四团2017年兵地共建融合发展工作计划》,向结对的尉犁县墩阔坦乡配备维稳装备;4月,团选派优秀教官到墩阔坦乡进行维稳技能培训并配合墩阔坦乡进行维稳处突应急演练,增强了兵地协同作战能力。 (袁国强)

【三十七团人武部】 2017年,三十七团民兵队伍建设朝着"六个一流"目标稳步迈进。组建基干民兵队伍,建设屯兵基地,配备盾牌、头盔、防刺服等装备,成立临时党支部1个。团武装部强化民兵素质体能训练,制订年度训练计划,训练科目主要包括政治理论学习、战术基础动作、应急处突、紧急拉动等训练内容。与且末县建立警务协调联动机制,协助且末县开展维稳处突活动;组织民兵参与且末县武装拉动演练。细化落实"十户联防"维稳机制,发挥"三大功能""四大作用",彰显"军"的属性和"兵"的地位不动摇。民兵组织在区域维稳工作中发挥了积极作用。 (杨波)

【三十八团人武部】 2017年,三十八团武装工作紧紧围绕社会稳定和长治久安总目标,坚持党管武装的原则,高度重视民兵组织建设,充分发挥民兵作用,完成了年度各项工作任务。根据师人武部的统一部署,开展了国防教育、理想信念教育、历史使命教育等活动。定期开展政治教育和法规学习,订阅《中国民兵》《国防报》等刊物供民兵教育学习,提高民兵的政治觉悟。优先将退伍军人吸收入队,将思想进步、政治可靠、身体健康、有专业特长的年轻职工吸收入队。3月,组织民兵在辖区内开展为期10天的违禁用品搜寻清缴工作,消除了隐患。5月,组建团民兵应急分队,实行准军事化管理。每周进行常态化武装拉动和基本军事技能训练,并与民兵备勤连形成合力,成为团应急处突的"拳头"力量。联合且末县奥依亚依拉克镇开展常态化武装巡逻、武装拉动、联合大清查、治安环境整治清查等行动。 (杨勇)

对口支援

· 综述 ·

【概况】 2017年，第二师铁门关市实施援疆项目32个，其中建设类项目22个（含续建10个），培训类项目10个；计划总投资23567万元，其中援疆资金13426万元。截至12月底，22个建设类援疆项目全部开工建设，开（复）工率100%；累计完成固定资产投资24911万元，援疆项目资金全部到位。

第二师铁门关市与河北省、市共签约产业援疆项目协议19个，计划总投资56.9亿元，已落地项目6个，完成投资6.5亿元；其中，落户工业园区计划投资14亿元的星宇纺织全产业链项目已完成投资3亿元。

【河北省党政代表团考察】 2017年7月20日，河北省委书记、省人大常委会主任赵克志，省委副书记、省长许勤率党政代表团一行80余人到第二师铁门关市调研考察，在巴州宾馆召开河北省对口支援巴州、第二师铁门关市工作座谈会，赵克志、孙金龙同志分别作重要讲话。会上，吴彬汇报第二师铁门关市经济社会发展情况。座谈会后，举行河北援助资金交接仪式和援助巴州、兵团二师产业合作项目签约仪式。河北省援助师市资金1800万元，师市与河北省签订产业合作项目7个，计划

河北省援建项目——河北创业服务大厦于2017年竣工并交付使用（援疆办供稿）

总投资 43 亿元。河北省领导梁田庚、焦彦龙、童建明、邢国辉、徐建培，新疆维吾尔自治区和兵团领导孙金龙、李鹏新、王永明、穆铁礼甫·哈斯木、白志杰、李冀东等参加上述活动。

【吴彬率团赴河北省考察】2017 年 3 月 20—23 日，吴彬率师市考察团一行 6 人前往河北省对接援疆工作、考察学习城市规划和产业发展情况。河北省副省长王晓东，石家庄市、保定市、廊坊市的领导先后会见师市考察团一行，双方就推进援疆工作，特别是大力推进产业援疆、城市产业规划援疆、干部人才援疆和加强交流交往等方面进行细致的交流。在河北期间，考察团一行先后前往石家庄市、保定市和廊坊市的 17 家企业、场馆参观考察。

【第三批河北省援疆干部人才欢迎大会】2017 年 2 月 27 日，第二师铁门关市党委召开第三批河北省援疆干部人才欢迎大会，并举办为期两天的培训班，河北省 52 名援疆干部人才分赴师市机关、团场、企事业单位开展援疆工作。会上，二师党委介绍了河北省对口支援师市的援疆成果，并要求受援单位要把援疆干部安排好、使用好、服务好、爱护好、关心好；同时要求援疆干部要适应环境、珍惜机会、磨炼品质、做好表率。巴州党委副书记、河北省第八批援疆工作前方指挥部党委书记李震国出席欢迎会并讲话。援疆干部、专业技术人才代表和受援单位代表发言。河北省委组织部赴疆送行领导，吴彬、樊成华、陆林、吴洮、王木森、孙志敏、黄少峰等师市领导，全体援疆干部人才、各受援单位（部门）负责人等 110 人参加会议。

2017 年 4 月 27 日，新疆河北商会向铁门关市幼儿园捐赠（援疆办供稿）

【李震国到二师调研】2017 年 11 月 9 日，巴州党委副书记、河北省援疆工作前方指挥部党委书记、指挥长李震国一行 5 人到二十一团、二十二团围绕兵地融合、经济发展、文化建设、生态文明、区域协调等方面工作进行专题调研，并实地察看甜叶菊育苗设施大棚、无土栽培西红柿等果蔬种植情况及开都河旅游开发项目，对兵地共同开发旅游项目提出指导意见。樊成华参加调研活动。

【吴彬率团赴保定市考察】2017 年 9 月 8 日，吴彬率师市考察团一行 6 人赴河北省保定市对接考察产业援疆工作。师市办公室、发改委、天泰电力公司等部门和单位参加考察。考察团会见了保定市委书记聂瑞平、市长郭建英等市领导，就产业援疆工作进行交流；考察了河北荣毅集团、高碑店市河北新发地农产品市场。

【保定市产业招商】2017 年 3 月 7 日，樊成华、陆林、阿迪力·卡德尔等一行7人组成党政代表团赴保定市对接援疆工作，进行产业招商活动。座谈会上，双方希望两地进一步推进各项合作，互惠互利，实现共赢。考察了河北唐龙纺织集团有限公司、保定市冰花食品股份有限公司等企业，了解企业的发展、生产和销售情况，并分别签署纺织、食品加工投资合作协议。

【援疆干部人才工作全体会议】 2017年4月14日，第二师铁门关市召开第三批援疆干部人才工作全体会议。樊成华、孙志敏、周爱武出席会议。会议强调，援疆干部人才要增强政治意识，确保绝对安全，严肃各项纪律，善于创新创造，加强配合协作，努力开创第二师铁门关市援疆工作新局面。会上宣读河北省援疆工作前方指挥部党委关于成立保定市第三批援疆干部人才（援疆工作前线指挥部）党支部的批复。

【对口帮扶】 2017年8月12日，河北省民族宗教厅厅长潘冬青一行6人到第二师铁门关市考察民族宗教工作。援助二师民宗局资金5万元。 （张 林）

【河北衡水市党政代表团到第二师铁门关市考察】 2017年8月26日，河北省衡水市委常委、组织部部长韩晓明率党政代表团一行11人到第二师铁门关市和三十四团考察对接援疆工作。并看望慰问援疆干部。吴彬、樊成华、周爱武参加有关活动。

【定州市考察】 2017年9月3—6日，第二师总农艺师一行6人赴河北省定州市就加强交流合作、深化对口援疆工作进行对接考察。定州市委书记、市人大常委会主任王东群，市委副书记、市长陈业鹏等市领导出席项目意向签约仪式。考察了定州市大辛庄镇、德胜农林、河北首农、河北金宏清真肉类食品有限公司、定州中学等地，与定州市金宏清真肉类食品有限公司签订羊肉屠宰加工销售合作意向书。

【廊坊市赴二师调研】 2017年9月9—11日，廊坊市调研团一行21人，到第二师铁门关市及二十七团就产业转移进行实地调研对接，并召开座谈会及合作项目签约仪式。樊成华、黄少锋出席有关活动。

【河北省国资委代表团赴第二师铁门关市调研】 2017年9月20日，河北省国资委党委副书记曹海燕带领产业对接代表团一行22人，到第二师铁门关市就钢铁建材、装备制造、国际物流、生物医药等领域进行实地调研，并召开座谈会。吴彬、樊成华、王建军、周爱武参加有关活动。

【移交"基础测绘及地理信息管理平台"】 2017年11月22日，河北省地理信息局援助第二师铁门关市"基础测绘及地理信息管理平台"成果验收暨移交仪式在铁门关市举行。樊成华出席仪式，并签署测绘成果移交单。河北地理信息局援助第二师铁门关市及各团场1∶500、1∶1000大比例尺地形图测绘工作于2015年9月启动，历时两年多圆满完成。

援助项目包括二师19个团场及铁门关市城镇155.2平方公里航空影像测绘；铁门关市及二十二团、三十三团66.6平方公里倾斜摄影及数字城市地名地址调查工作；完成团场122.24平方公里的外业像控和外业测图；制作正射影像图19幅，3D影像5幅。其中，铁门关市基础测绘及地理信息管理平台项目，总投资360万元，为河北援疆资金。在铁门关市及二十九团、三十团实施30平方公里1∶500地形测绘，提交1∶500数字线划图、正射影像图、正射影像挂图和相关文字材料等，建立地理信息管理平台。

【结对认亲】 2017年，第二师铁门关市52名援疆干部人才与职工群众结对认亲62户210人，为结对户送去帮扶物品和现金34690元，办实事36件。

【《援疆纪录（第三辑）》】 2017年，由第二师传媒中心和师市援疆办主编的《援疆纪录（第三辑）》印刷成册，作为内部资料下发师市各级各部门和援疆干部。书籍记录了2014—2016年河北省对口支援第二师铁门关市的工作成果。

（廖志刚）

· 行业援建 ·

【教育系统】 2017年，第二师铁门关市教育系统继续推进落实教育项目建设，改善学校教学环境和教学条件。实施"组团式"教育人才援助工程，援疆教师开展研讨交流、讲座授课等形式传授教学经验。为73名新疆籍在内地就读的贫困家庭大学生发放援疆助学金43.8万元；保定市民营企业家协会、保定鲜一方公益组织募捐7.8万元对师市4所学校39名中小学生进行捐助，并对5名贫困学生进行长期资助；组织27名中小学生赴河北省开展手拉手夏令营活动。

（廖志刚）

【国土资源系统】 2017年，第二师铁门关市国土资源局继续争取河北省对师市开展测绘援建工作。2017年11月22日，完成河北省地理信息局援助第二师铁门关市"基础测绘及地理信息管理平台"成果验收并移交。

（廖志刚）

【建设（环保）系统】 2017年，第二师铁门关市建设（环保）局组织师市企业参加2017中国廊坊经济贸易洽谈会、京津冀第二届蔬菜产销对接大会，赴保定市高阳河北农业种植工业园调研，参观隆基泰和太阳能硅板项目。组织冰花速冻有限公司、远东不锈钢有限公司、格林光电有限公司、兰青食品有限公司等企业到新疆考察。协调河北省保定市竞秀区援助铁门关市电瓶巡逻车，推动城市管理执法和服务水平不断提升。

（周晓凤）

【卫生系统】 2017年，第二师铁门关市"请进来"河北卫生专家24人次，"送出去"培训各类人员12人次，河北专家到师市开展培训6场次。投入援疆资金1700万元建设铁门关市人民医院门诊楼，落实焉耆医院综合楼建设资金2000万元。河北援建项目"三十一团河北医院综合楼"落成，总投资680万元，新医院开放病床数34张，临床科室1个，医技科室6个，新增中医科。

保定市各医疗卫生机构精选的12名专家到第二师库尔勒医院、焉耆医院、疾控中心、二十九团医院，开展

2017年8月23—24日，保定市民营企业家协会、鲜一方公益组织在师市开展捐资助学活动（援疆办供稿）

为期一年"组团式"援疆支医工作。（王前江）

【科技系统】 2017年，第二师铁门关市科技局形成科技援疆长效工作机制。签订《河北省科技厅与第二师铁门关市开展科技合作与交流，推进师市跨越式发展提供科技支撑协议书》，协议内容涵盖人才交流、平台建设、项目支持、成果转化等方面。争取河北省科技项目3项，获援助资金100万元，为师市偏远团场、新兴产业的发展和番茄产业链的延伸科研发挥作用。河北省科技厅、情报院等单位向第二师铁门关市开放共享科技信息平台、科技成果库、专家库等科技资源。河北省农业大学、河北农林科学院提供科技帮扶，支持师林业工作站开展"梨、桃化肥、农药双减技术研究与示范"项目，为实现师市果品安全绿色生产提供技术支撑。河北省昌黎果树研究所提供科技支撑，支持师农科所开展"优质抗寒香梨新品种选育及配套栽培技术研究"项目，为师市香梨产业健康可持续发展奠定基础。（王琼琼）

【组织系统】 2017年，第二师铁门关市党委与河北省委组织部、兵团党委组织部沟通对接，做好第三批援疆干部进疆安置工作，52名援疆干部人才全部到位。通过组织安排、援疆干部对接等渠道，从河北省各县市区引进计划外援疆干部人才在第二师铁门关市服务1个月以上的共24人，其中男性20人，女性4人；35岁以下7人，36岁至45岁7人，46岁至55岁10人；大专及以下学历8人，大学及以上学历16人；高级职称8人，中级职称9人；援疆期限2年3人，1年7人，半年4人，5个月2人，3个月4人，2个月3人，1个月1人。

2017年河北省援助第二师铁门关市干部教育培训专项经费265万元，主要用于赴河北省实施干部人才挂职学习及相关培训工作。根据师市经济社会发展和干部人才队伍建设需要，本着围绕服务中心、优先安排急需的原则，确定培训项目12个，累计培训学员356人次。

（李 杰）

【司法系统】 2017年，河北省司法厅与第二师司法局实施对口援建项目1个，援助第二师司法局购置警车，并制定对口培训项目培训干警。 （王 彬）

·一对一援建·

【辛集市对口支援二十一团】 2017年，二十一团安排援疆资金744万元；计划内累计培训干部人数9人次。计划实施干部人才类援疆项目1个，组织实施1个赴河北培训项目，培训3人次；实施人才引进项目1个，引进人才2人。选派援疆干部1人赴团参加新一轮为期3年对口援建工作。1名援疆干部与职工群众结对1户1人，为结对户送去帮扶物品和现金2000元，办实事2件。团与援建市互动交流3批30人次，其中赴河北省辛集市2批15人次，辛集市到团1批15人次。援疆教师开展研讨交流、授课讲座等形式传授教学经验，互动交流1批5人次。 （伍有望）

【邯郸市对口支援二十二团】 2017年，邯郸市选派援疆干部1人到二十二团参加新一轮为期3年对口援建工作，二十二团与河北省签约产业援疆项目签订框架协议2个，与援建省、市互动交流达9批24人次。其中，团赴河北2批8人次，河北省来团7批16人次。援疆教师开展研讨交流、授课讲座等传授教学经验。援疆医生采取"结对子""传帮带"等方式提升医疗水平，义诊2次，惠及职工群众810余人。

（李德荣）

【张家口市对口支援二十四团】 2017年，二十四团援疆计划内累计培训干部人数150人次；产业援疆计划总投资额0.8亿元。全年共实施各类援疆项目4个，其中，固定资产投资类项目4个，累计完成投资额164.5万元，项目均已开工建设；非固定资产投资类项目1个，项目已实施。实施1个赴河北培训项目，培训6人次。选派援疆干部1人赴团参加新一轮为期3年对口援建工作。1名援疆干部与职工群众结对2户5人，为结对户送去帮扶物品和现金500元，办实事2件。团与援建省、市互动交流达3批，其中师市赴河北1批6人次，河北省到团2批。援疆教师开展研讨交流、授课讲座等形式传授教学经验。援疆医生采取"结对子""传帮带"等方式提升医疗水平，做手术20余例，义诊18次，惠及职工群众200余人。张家口市宣化区东山产业园区购买一套价值10万元音响设备；秦皇岛乔氏台球企业捐赠台球案2个，张家口规划设计院为二十四团调整总体规划和编制特色小镇规划，张家口市职教中心支持教育援助资金30万元；张家口市妇幼保健医院赠送价值70万元大型综合分析仪1台。 （冯健）

2017年11月17日，援疆医生在团场职工家中义诊（援疆办供稿）

【秦皇岛市对口支援二十五团】 2017年，二十五团各类援疆项目年度计划总投资560万元，其中，安排援疆资金560万元；计划内累计培训干部人数9人次。全年共实施各类援疆项目1个，其中，固定资产投资类项目1个，累计完成投资额350万元，占年度总投资的62.5%，项目已开工建设，开工率达100%。实施干部人才类援疆项目，培训9人次。全年共与河北省签约产业援疆项目2个。选派援疆干部1人赴团参加新一轮为期3年对口援建工作。1名援疆干部与职工群众结对8户10人，为结对户送去帮扶物品和现金500元，办实事3件。团与援建省市互动交流3批，其中师市赴河北1批4人次，河北省到团2批20人次。援疆教师开展研讨交流、授课讲座等形式传授教学经验。援疆医生采取"结对子""传帮带"等方式提升医疗水平，义诊1次，惠及职工群众500余人。

（孙安久）

【廊坊市对口支援二十七团】 2017年，二十七团实施援建项目1个，由河北省廊坊市投资600万元，新建团场垃圾填埋场工程，已竣工投入使用。团与援建省市互动交流达4批32人次，其中二十七团赴河北3批11人次，河北省到团1批21人次。廊坊市援疆医疗专家赴二十七团医院进行对接交流座谈。

（郭宗顺）

【定州市对口支援二二三团】 2017年，二二三团各类援疆项目年度计划总投资1800万元，安排援疆资金1800万元。共实施援疆项目1个，非固定资产投资类项目1个，项目已实施。实施干部人才类援疆项目1个，组织实施3个赴河北培训项目，培训10人次；实施人才引进项目1个，引进人才3人。全年共与河北省签约产业援疆项目1个。河北选派援疆干部1人赴团参加新一轮为期2年对口援建工作。2名援疆干部与职工群众结对1户4人，为结对户送去帮扶物品和现金2100元，办实事1件。团与援建省市互动交流达7批26人次，其中二二三团赴河北3批10人次，河北省到团4批16人次。援疆教师2人、财政人员1人，开展研讨交流、授课讲座等形式传授教学经验。（陈秀英）

【保定市对口支援二十九团】
2017年，二十九团安排援疆资金400万元，完成河北新型现代农业创业园项目，带动就业45人，扶贫25人。双方开展交流交往5批15人次，参观考察企业15家，其中二十九团赴河北4批12人次，河北省到团1批3人次。选派4人次赴保定、石家庄参加援疆培训。聘请河北保定草莓研究所1名专家到团担任技术骨干。选派援疆干部1人赴团参加新一轮为期3年对口援建工作。1名援疆干部与职工群众结对1户4人，为结对户送去帮扶物品和现金800元，办实事4件。（苏娟）

【沧州市对口支援三十团】
2017年，三十团各类援疆项目年度计划总投资1500万元，其中，安排援疆资金1500万元。全年实施援疆项目1个；非固定资产投资类项目1个，项目已实施。组织实施6个赴河北培训项目，培训10人次。援助团工会2万元购置办公用品；捐赠医疗器械价值15万元。

（尚新革）

【石家庄市对口支援三十一团】 2017年，三十一团各类援疆项目年度计划总投资350万元，安排援疆资金350万元。全年共实施各类援疆项目2个，其中，固定资产投资类项目1个，占年度总投资的27.43%，项目已开工建设，开工率达100%；非固定资产投资类项目1个，项目已实施。实施干部人才类援疆项目1个，组织实施10个赴河北培训项目，培训10人次。

选派援疆干部1人赴团参加新一轮为期3年对口援建工作。1名援疆干部与职工群众结对1户3人，为结对户送去帮扶物品和现金1000元，办实事1件。团与援建省市互动交流达75人次，其中师市赴河北4批40人次，河北省到团7批35人次。援疆教师开展研讨交流、授课讲座等传授教学经验。援疆医生采取"结对子""传帮带"等方式提升医疗水平，义诊15次，惠及职工群众1109余人。

（王新林）

【承德市对口支援三十三团】
2017年，三十三团共与河北省签约产业援疆项目1个，签约资金1亿元。选派援疆干部2人赴团参加新一轮为期3年对口援建工作。2名援疆干部与职工群众结对2户6人，为结对户送去帮扶物品和现金2540元，办实事3件。团与援建省市互动交流达2批5人次，其中师市赴河北1批2人次，河北省到团1批3人次。援疆教师开展研讨交流、授课讲座等，传授教学经验。

（王晓鹏）

【衡水市对口支援三十四团】
2017年，三十四团各类援疆项目年度计划总投资2460万元。其中，安排援疆资金2040万元；计划内累计培训干部人数6人次。全年共实施各类援疆项目6个，其中，固定资产投资类项目3个，累计完成投资额1540万元，占年度总投资的62.6%，项目均已开工建设；非固定资产投资类项目3个，项目均已实施。计划实施干部人才类援疆项目2个，组织实施1个赴河北培训项目，培训6人次；实施人才引进项目1个，引进人才6人。选派援疆干部1人到团参加新一轮为期3年对口援建工作。5名援疆干部与职工群众结对18户，为结对户送去帮扶物品和现金7000余元，办实事十余件。

团与援建省市互动交流达4批25人次，其中，团场赴河北1批5人次，河北省到团3批20人次。援疆教师开展研讨交流、授课讲座等，传授教学经验。援疆医生义诊5次，惠及职工群众300余人。

（袁国强）

【邢台市对口支援三十六团】 2017年，三十六团对口支援项目为200套保障性住房建设项目，项目总投资为2200万元，其中河北援疆资金200万元，到位资金180万元，受益人约600人。与河北邢台第一拖拉机制造有限公司签订投资16亿元的旅游、物流、农机经营等开发合作项目协议。与援建省市互动交流达3批12人次，其中师市赴河北1批4人次，河北省到团2批8人次。

（王昌伯）

【唐山市路北区对口支援三十七团】 2017年，三十七团各类援疆项目年度计划4个；计划实施干部人才类援疆项目3个；产业援疆计划总投资额0.88亿元。全年共实施各类援疆项目4个，其中，固定资产投资类项目2个，累计完成投资额880万元，项目均已开工建设，开工率达100%；组织实施干部人才项目3个，赴河北培训学习11人次。选派援疆干部1人赴团参加新一轮为期3年对口援建工作。1名援疆干部与职工群众结对1户4人，为结对户送去帮扶物品和现金500元，办实事3件。与援建省、市互动交流达8批14人次，其中师市赴河北5批11人次，河北省到团3批3人次。援疆医生采取"传帮带"等方式提升医疗水平，义诊1次，惠及职工群众300余人。

（杨波）

【唐山市对口支援三十八团】 2017年，三十八团各类援疆项目年度计划总投资350万元，其中安排援疆资金60万元；计划内累计培训干部人数12人次。全年实施各类援疆项目1个，非固定资产投资类项目1个，项目已实施。组织实施1个赴河北培训项目，培训12人次。选派援疆干部1人赴团参加新一轮为期3年对口援建工作。1名援疆干部与职工群众结对2户5人，为结对户送去帮扶物品和现金6000元，办实事4件。与援建省市互动交流达7批，其中河北省到团1批3人次。总投资350万元，建设胡杨林公园，新建下沉式广场、活动场地、景观庭院、采购健身器械、儿童游乐设施、胡杨林保护区、绿化、亮化工程，配套其他附属设施等，河北省唐山市玉田县援助资金60万元，项目已建成并投入使用。

（黄斌）

经济管理与监督

· 发展和改革 ·

【综述】 2017年，第二师铁门关市实现生产总值138.18亿元，比上年增长9.4%，其中，第一产业增加值40.9亿元，增长8.6%；第二产业增加值60.88亿元，增长8.3%；第三产业增加值36.4亿元，增长12.4%。三次产业占生产总值比重为30∶44∶26；固定资产投资152.29亿元，增长16.9%。城镇居民家庭人均可支配收入36671元，增长9%；团场连队常住居民人均可支配收入18105元，增长10%。 （白云龙）

【丝绸之路经济带建设】 2017年，第二师铁门关市发改委制定《第二师铁门关市推进参与丝绸之路经济带建设工作2017年重点任务及分工》，分解下达15项具体任务。重点加快环塔里木文化传播共享工程建设，争取落实铁门关市图书馆、文化馆、全民健身中心等一批文化惠民项目，继续构建文化传播共享体系。 （许 伟）

【调控产能过剩行业】 2017年，第二师铁门关市发改委按照关停一批、破产一批、卖掉一批、重组一批团办企业分类改革任务，加快推进天力纸业、天基建材等一批"僵尸"企业关停、清产核资和评估工作，推进淘汰落后产能工作。（陈腾飞）

【首季经济开好局工作】 2017年，第二师铁门关市发改委制定第二师铁门关市"首季经济开好局"实施方案，确定首季经济开好局五项主要指标，分解落实。2017年1—3月，师市经济5项主要指标基本完成，经济开局良好。 （白云龙）

【经济运行分析】 2017年，第二师铁门关市按月共召开经济运行分析会9次，师市发改委每月准备经济运行分析材料，及时发现经济运行中突出问题并提出整改措施，发挥发改系统参谋助手作用，保障全年经济平稳健康运行。 （白云龙）

【国民经济和社会发展计划】 2017年，第二师铁门关市编制师市2017年国民经济和社会发展计划，经师市党委十五届三次全会审议通过并分解下达。编制师市 2018 年国民经济和社会发展计划（草案）。

（白云龙）

【统筹加快区域平衡协调发展】 2017 年，第二师铁门关市发改委落实《兵团推进第二师焉耆垦区加快发展的意见》，编制印发《第二师铁门关市推进焉耆垦区加快发展实施方案》，补齐焉耆垦区发展短板，推动四大垦区均衡发展，完成焉耆垦区加快发展上半年及全年工作总结。 （白云龙）

【下放项目审批权限】 2017 年，第二师铁门关市发改委印发《第二师铁门关市固定资产投资项目审批核准备案办法（暂行）》，下放、压减企业投资项目备案事项，将企业投资项目（2000 万元以下）备案权限下放至团场和铁门关经济工业园区。印发《第二师铁门关市关于进一步改进和优化项目审批程序加快项目建设的意见（暂行）》，释放投资活力，优化改进项目审批办理程序，提高投资项目审批效率。 （邵冠军）

【固定资产投资】 2017 年，第二师铁门关市组织实施促进投资及建设领域重点工程方案，投资保持较快增长。固定资产投资 152.29 亿元，比上年增长 16.9%。各类建设资金到位充足。落实中央投资 13.92 亿元，比上年增长 5%。民间投资完成 58.84 亿元，比上年增长 72.63%，占投资比重的 38.6%。重点项目对全社会固定资产投资的引领作用加强。306 重点推进项目开（复）工建设 304 个，完成投资 99.2 亿元，占全部固定资产投资的 75.27%。 （邵冠军）

【投资项目在线审批监管平台】 2017 年，通过兵团投资项目在线审批平台已审批项目 1213 项（改版前审批 639 项，改版后审批 574 项）。重大项目库累计入库项目 1780 项，总投资 1250 亿元；通过三年滚动计划累计上报项目 1446 项，总投资 1017 亿元。2017 年储备的重点项目年度投资 359 亿元，占 2016 年固定资产投资的 2.76 倍，占年度全社会固定资产投资计划任务比重为 183%。 （吴晓明）

【重大项目建设】 2017 年，第二师铁门关市列入兵团重大建设项目调度计划项目 21 个，年度计划完成投资 32.74 亿元，已全部开（复）工建设，完成投资 29.51 亿元，完成年度计划的 90.14%。 （邵冠军）

【申报中央投资项目】 2017 年，第二师铁门关市上报 2018 年中央投资项目计划 6 大项 44 个专项共 255 个项目，总投资 53.14 亿元。

（邵冠军）

【有序推进 PPP 融资模式】 2017 年，第二师铁门关市已列入国家 PPP 示范城市。公开发布 2017—2019 年拟实施 4 批政府与社会资本合作项目清单，项目总投资 181 亿元，形成 PPP 项目库滚动机制。下发《关于印发第二师铁门关市政府和社会资本合作（PPP）项目管理暂行办法的通知》《关于调整第二师铁门关市政府和社会资本合作工作领导小组的通知》等配套文件。重点推进 PPP 项目 4 项，已全部入库，总投资 145.63 亿元。

（邵冠军）

【"十件实事"】 2017 年，第二师铁门关市编制印发 2017 年第二师铁门关市"十件实事"建设实施方案，将 48 项具体实事分解到各成员单位。继续跟踪落实"十件实事"各项实事进展情况管理制度，汇总完成四个季度实事建设情况，并在全师进行通报，编发工作简报四期，完成上半年和全年"十件实事"工作总结及全年评估。 （许 伟）

【节能减排综合协调工作】2017年,第二师铁门关市配合做好国务院环保大督查。围绕"节能有我 绿色共享"主题深入开展节能周宣传活动。编制完成循环经济、节能减排"十三五"规划。健全师市生态文明建设工作机制,成立师市应对气候和节能减排工作领导小组,编制印发《第二师铁门关市党委 第二师铁门关市关于加强生态文明建设工作的实施方案》。 (邵冠军)

【市场价格监管】 2017年,第二师铁门关市清理规范涉企收费,降低制度性交易成本。贯彻落实国家、自治区和兵团制定的收费政策,全面取消、停征和免征涉企政府定价或指导价经营服务性收费项目,取消涉企房屋转让手续费、畜牧单位检验检测费、卫生监测费3项收费,免除金额80万元。开展涉农涉企收费专项检查,减轻企业负担。 (闫永峰)

【深化棉花目标价格改革】2017年,第二师铁门关市贯彻落实《兵团棉花目标价格改革加工企业公示暂行办法》等有关政策要求,组织师市25家棉花加工企业开展2017年度棉花目标价格改革公示工作,完善籽棉收购信息平台建设及信息录入工作。联合巴州质监局等单位验收2家新建棉花加工企业。确定三十团和三十一团为棉花补贴与质量挂钩试点团场,稳定棉花实际种植者种棉积极性。 (闫永峰)

【医疗保障制度改革】2017年,第二师铁门关市贯彻落实《关于兵团执行新疆维吾尔自治区医疗服务价格规范的通知》,师市公立医疗机构从2017年8月31日起,全面取消公立医院药品加成,实行零差率销售。
(闫永峰)

【夏粮交售】 2017年,第二师铁门关市按照自治区《关于做好2017年夏粮收购工作的通知》要求,全年粮食总产6.98万吨,其中小麦3.64万吨,全部交售完毕。
(白云龙)

2017年9月12日,师市食品药品综合监督执法人员在二十二团农贸市场专项检查(于飞、张会灵 摄)

国有资产监督管理

【国有资产总量】 2017年末，纳入统计范围的师市国有及国有控股企业（以下简称企业）共计20家，经济运行形势向好，多项经济指标两位数增长，个别企业效益有所下滑。全年20家企业总资产231.40亿元，较上年同期增长22.76%；净资产85.47亿元，增长21.34%；营业收入72.29亿元，增长5.64%；固定资产投资24.63亿元，增长503.35%；劳动生产总值19.14亿元，增长22.45%。20家国有及国有控股企业中16家盈利，4家企业亏损，累计实现利润30444万元，增盈6027万元。

（叶 红）

【国有资本保值增值】 2017年，剔除客观增减变动因素，师市企业国有资本保值增值率达101.33%。纳入统计的19家单位实现保值增值的14家。其中保值增值率超过115%的有9家。

（叶 红）

【企业分类划级】 2017年，第二师铁门关市国有资产监督管理委员会开展2016年度兵团国有企业分类划级工作，师市国有企业参评共24家。一类企业8家，其中一类二级2家、一类三级6家；二类企业9家，其中二类一级2家，二类二级7家，三类企业5家，四类企业2家。

（叶 红）

【国家出资企业产权登记】 2017年，第二师铁门关市企业产权登记203家，注册资本87.47亿元。其中，公司制企业168家，占总登记数的84.85%；非公司制企业30家，占总登记数的15.15%。

（曹珍珍）

【监管企业业绩考核】 2017年，第二师铁门关市国有资产监督管理委员会印发《企业负责人经营业绩考核结果及年度薪酬决定》，落实2016年21家监管企业负责人年度经营业绩考核工作，根据考核结果，兑现企业负责人年薪。

（叶 红）

【国有企业公司制股份制改革】 2017年，第二师铁门关市2家、团场7家全民所有制企业完成公司制改革。国有企业股权结构优化，混合所有制改革深入推进。

（叶 红）

【推动监管职能转变】 2017年，第二师铁门关市按照深化国资国企改革"1+N"文件的制度体系框架，开展国资监管制度立改废释工作，重点梳理师市国有企业对外投资、担保和股权管理制度程序，不符合国有资产管理体制改革要求的修订或废止。明确界定师市国资委监管边界，制定监管权力清单和责任清单，并初步开始实施。

（叶 红）

【完善国资监管服务能力】 2017年，第二师铁门关市国资委整合各类监督力量，增强国资监管实效。一是发挥企业党委落实"三重一大"的决策制度，指导企业将党的建设写进公司章程，结合现代企业制度要求，依法履行好出资人职责。二是调整优化财务总监办的监督职能，指导其向企业外派监事职能转变，强化资本管理和法制化监督，实行师属国有企业重大事项报备报批制度。三是运用审计成果，将师市审计局对师市企业审计中发现的问题在企业负责人业绩考核中体现出来，促进审计监督工作实效。

（叶 红）

【国有资产监督管理工作会议】 2017年2月28日，第二师铁门关市召开国有资产监督管理工作会议，总结上年度师市国有资产监督管理工作，安排部署师市国资监管和国企改革工作任务。

师市党委常委、副师长王建军出席会议并讲话。会上，师市国有资产监督管理委员会与各监管企业签订经营业绩考核责任书。（叶红）

·审计·

【机构编制】 2017年，第二师铁门关市审计局核定编制6人，年末在编4人；核定领导职数2人，年末实有1人；内设财经审计科、企业审计科。下属师市第一、第二、第三审计中心3个参公事业单位，核定参公编制22人，年末在编21人；核定领导职数5人，年末实有2人。

【审计成果】 2017年，第二师铁门关市审计局完成审计（调查）项目33个，超计划完成13个。审计项目共涉及单位126个，发现问题167个，提出审计建议117条，印发移送处理书15份、审计整改通知13份。

【国家重大政策措施贯彻落实跟踪审计】 2017年，第二师铁门关市审计局以推进供给侧结构性改革为主线，持续做好师市向南发展、扶贫攻坚、招商引资、深化改革、"三去一降一补"等政策落实情况的跟踪审计。按期上报师市一至四季度专项审计报告，促进政令畅通。

【财政审计】 2017年，第二师铁门关市审计局开展铁门关市本级预算执行等财政审计项目4个，涉及单位54个。审计中存在铁门关市财政支出核算不规范、政府投资建设的保障性安居工程销售收入未规范管理等问题。审计促进了预算管理提质增效。

【民生审计】 2017年，第二师铁门关市审计局开展保障性安居工程等民生专项资金审计和审计调查5个，审计中存在保障性安居工程违规挪用专项资金、超进度拨付工程款、虚报拆分拆迁人员户数套取棚户区改造资金等问题；扶贫专项资金审计中存在的资金分红管理欠规范及资金精准使用效果不佳等问题。审计促进了专项资金规范管理。

【经济责任审计】 2017年，第二师铁门关市审计局完成师市14名党政主要领导干部经济责任审计，涉及8个单位，揭示了领导干部任期内贯彻落实师市重大决策部署、执行"三重一大"、内控制度、财务管理、资产管理等方面存在的问题。审计促进了领导干部守法、守规、守纪、尽责。

【援疆项目审计】 2017年，第二师铁门关市审计局完成师市26个援疆项目的跟踪审计，涉及21个单位，揭示了援疆资金未及时下拨到用款单位、建设类援疆项目施工进度缓慢、擅自改变建设规模和建设内容、违规发放评审费等问题。审计促进了专项资金使用效益。

【专项资金审计】 2017年，第二师铁门关市审计局完成师市财政专项资金审计调查项目5个，揭示了招商引资民营企业编造虚假经济业务、虚假出资和虚增资产的嫌疑；存在骗取和违规使用财政资金的嫌疑等问题，并将审计发现问题移送公安、纪委及师市机关职能部门查实处理。

【审计成果运用】 2017年8月，第二师铁门关市党委成立审计整改和审计成果运用工作领导小组，师市审计局派出审计整改督查组，对兵团审计局及师市审计局2016—2017年查出问题的整改落实情况全面督查，形成审计整改报告7篇。

（郑媛媛）

·统计·

【综述】 2017年，第二师

铁门关市统计局加强统计法制建设，为师市改革发展提供准确统计数据和信息决策服务。完成了核算、农业、工业、能源、建筑业、投资、批零住餐、交通运输、房地产、社会、科技、服务业等专业的定报、年报工作，严格执行一套表制度，师市一套表网上直报率保持100%，数据的准确性、科学性增强，为师市党政科学决策和社会公众提供了扎实的基础支撑和信息服务。

【统计改革】 2017年，第二师铁门关市统计局全面贯彻实施"五证合一、一照一码"登记制度改革。在名录库维护方式上保证"师市一库"的基础上，推进名录库维护向团场一级延伸，细化名录库的维护工作，数据质量和工作效率提高。2017年，师市有各类法人单位1051个，产业活动单位629个。其中新增法人单位101个，增速10.63%。在法人单位中，企业单位867个，事业单位109个，机关单位42个，社会团体单位17个，其他组织机构16个。

【统计服务】 2017年，第二师铁门关市统计局对经济运行监测及科学分析，与兵团、巴州综合数据纵向对比找短板、横向对比找差距、分析、找准问题，实事求是，形成经济运行分析报告报送师市领导，精准做好统计服务。7月，与师发改委联合撰写《关于第二师铁门关市横向对标、纵向剖析1—7月经济运行情况的报告》得到兵团领导批示，并作为范文发到兵团机关部门及各师传阅。每月收集人口、招商引资、固定资产投资、财政、能源等与师市重点工作相关的数据资料，整理报送给师市领导，便于领导对相关工作的调度。做好统计资料编辑和经济运行分析。5—10月，收集整理月度主要经济指标，编辑印发6期《二师统计信息》，下发到机关部门及各团场，方便师团单位掌握师团经济发展进度情况。

【统计数据解读】 2017年9月，第二师铁门关市统计局分四期在《绿原报》上发布《"数说"新成就，喜迎十九大》专刊，全方位解读十八大后的五年里，师市在综合实力、产业结构、城镇化进程、基础设施保障、民生、生态文明建设等方面发展情况。

【统计产品】 2017年，第二师铁门关市统计局全面准确收集经济社会发展各方面数据，分类整理成完善的数据信息，编辑出版了各类统计资料，并及时向社会公布。3月，在报纸、微信公众号和网络平台上发布《第二师铁门关市2016年国民经济和社会发展统计公报》，5月，出版《第二师铁门关市领导干部手册2017》，6月，出版《新疆生产建设兵团第二师统计年鉴2017》。围绕师市党委和社会公众关注的热点、重点和焦点问题，完成全面小康社会监测、城市年报、妇女儿童发展规划统计监测报告等涉及经济社会民生的专项调查监测报告。

【统计培训】 2017年，第二师铁门关市统计局工作人员先后20余人次参加自治区、兵团统计业务工作及统计执法骨干培训。组织辖区内254人注册报名参加兵团统计继续教育网上培训，完成网上课程学习、练习、考试。

【从严治党】 2017年，第二师铁门关市统计局落实党建工作责任制，扎实开展党建目标管理工作，全年召开党支部支委会2次，党员大会19次，主题讲授党课1次，征订基层党支部学习教材45本。支部书记带头领学《党章》《习近平谈治国理政》《习近平总书记系列重要讲话读本》等学习教材，严格落实"三重一大"决策制度。

【"两学一做"学习教育】2017年，第二师铁门关市统计局制定"两学一做"学习教育、"发挥兵团特殊作用大学习大讨论活动""党员意识教育月活动"方案。采取集体学习和个人自学相结合的形式，全面贯彻党的十八届六中全会和十九大精神，深入学习贯彻习近平总书记系列重要讲话精神和治国理政新理念新思想新战略，推进"两学一做"学习教育常态化制度化。开展"学讲话、转作风、促落实"专项活动。党员干部开展学习讨论，做好学习笔记，摆脱党建工作与业务工作"两张皮"现象。

【"民族团结一家亲"活动】2017年，第二师铁门关市统计局领导干部全部完成"一对一"结对认亲。开展了送慰问品、帮助困难家庭成员找工作、参加结亲家庭生产劳动等活动，为结亲户解决生产生活中的实际困难，促进"民族团结一家亲"活动深入开展。 （孙 斌）

· 社会经济调查 ·

【调查业务】2017年，第二师铁门关市统计局、国家统计局兵团二师调查队认真落实国家调查制度，组织完成劳动力调查、规模以下工业调查、规模以下服务业调查、畜禽监测等常规调查任务，2016年年报和2017年定报工作。坚持直接调查、评估审核数据等方式抓基层数据质量关；采取辅助调查员初步审核，调查员录入审核，专业负责人程序审核，汇总数据审核的方式，重要指标重点审核，重点查询变动幅度较大的指标。开展数据回头看工作，通过入户核实、电话抽查等方式核实数据，提升调查数据准确性。

【统计法治建设】2017年，第二师铁门关市统计局、国家统计局兵团二师调查队制定下发《二师铁门关市统计局、国家统计局兵团二师调查队统计法治宣传教育第七个五年规划（2016—2020年）》，建立和完善统计执法监督机制。截至11月，共检查了12个团、71家报表单位，对2家有违法行为的单位进行立案。利用全国统计开放日，开展统计普查宣传，全年发放学习读本300本，宣传单550份，横幅36条，设置展板17副，电子屏13块，并通过电视、广播、微信公众号等媒体宣传，普法宣传专题会议四次。利用统计年报会、统计业务培训会等对一线统计人员进行法治宣传教育。

【统计教育培训】2017年，第二师铁门关市统计局、国家统计局兵团二师调查队组织3人参加兵团调查队系统2017年公务员初任培训。选派2名业务骨干参加国家统计局举办的援疆班、农普数据处理培训班。安排3名工作人员参加自治区、兵团统计业务工作及统计执法骨干培训。开展住户调查及农业等相关培训310余人。

【师市第三次全国农业普查】2017年，第二师铁门关市统计局开展第三次全国农业普查工作，印发了《第二师铁门关市第三次全国农业普查工作普查指导员、普查员选聘细则》《第二师铁门关市第三次农业普查工作管理责任制度》《第二师铁门关市第三次农业普查领导小组办公室工作制度》等工作制度。1月1日，师市各级"两员"按规范流程进行入户登记。师市农普办组织人员分批次赴焉耆垦区、库尔勒垦区、塔里木垦区以及且若垦区12个团场开展入户登记督导，并总结归纳各类问题及解决方法、注意事项22条，编撰成册下发给各团场，指导团场农普办入户登记工作有序开展。3月31日，师市各级农普办按时完成22051户的入户登记、数据报送验收工作。5月15日，按时完成乡镇表、村表的填报。按照《新疆生产建设兵团第三次全国农业普查事后质量抽查方案》要求，配合兵团抽查组人员赴二十二团、二十七团、三十团、三十四团、三十八团抽中连队普查小区的全部农户、规模户进行入户登记。抽中普查小区均做到普查对象完整、普查数据准确，符合国家农业普查方案要求，完成事后抽查工作。

【"调查工作质量提升年"专项活动】 2017年，第二师铁门关市统计局、国家统计局兵团二师调查队成立"调查工作质量提升年"专项活动领导小组，制定《第二师铁门关市"调查工作质量提升年"专项活动实施办法》，明确工作步骤、细化活动目标任务和具体要求。师市基层单位按照2017年度统计重点工作任务，营造开展调查工作质量提升年活动的浓厚氛围。

【统计信息化】 2017年，第二师铁门关市统计局、国家统计局兵团二师调查队全面实行安全客户端管理，严格按总队部署，落实每人两台电脑，分别用于内、外网工作，并安装指定杀毒软件，网络与信息安全管理和防范能力不断提高。

· 国土资源管理 ·

【国土资源工作会议】 2017年2月23日，第二师铁门关市国土资源局组织召开2017年师市国土资源管理工作会议。会议总结了2016年师国土资源管理工作，安排部署2017年国土资源管理工作。师市副师长王建军作重要讲话。会上，表彰了2016年度耕地保护先进单位、节约集约模范团场创建活动先进单位；师市和基层单位签订了安全生产、党风廉政责任书。 （任小松）

【党建工作】 2017年，第二师铁门关市国土资源局印发了年度党建工作要点，明确了全年的工作方向和任务目标。制订发挥兵团特殊作用大学习大讨论活动、学习贯彻落实十九大报告精神实施方案，召开动员部署会议，全系统干部思想、行动统一到师市党委的决策部署上来，夯实开展经常性学习教育的基础。 （王 旭）

【两学一做】 2017年，第二师铁门关市国土资源局以"发挥兵团特殊作用大学习大讨论"活动为抓手，在达标完成集中学习、专题讨论、"三会一课"、与不同民族困难职工群众结对认亲等"规定动作"的同时，继续开展"三亮三比三评"活动，评选"模范先锋岗""模范先锋分局"活动。以党员意识教育月、党风廉政教育月为载体推出精品党课活动，党支部书记带头讲、支部委员轮流讲，提高全员参与性和教育针对性。 （王 旭）

【"世界地球日"宣传活动】 2017年4月，第二师铁门关市国土资源局开展了主题为"节约集约利用资源 倡导绿色简约生活——讲好我们的地球故事"的"世界地球日"活动。4月14日，局系统驻机关四个单位20余人，在二二三团开展4.22"世界地球日"宣传活动。当日，局系统在二二三团举行民族团结"春风"计划启动仪式。此次国土资源系统民族团结"春风"计划启动仪式与国土资源系统开展的4.22"世界地球日"宣传活动契合。4月20日，国土局与二十九团分局联合，在铁门关市中心幼儿园开展"珍惜地球关爱儿童——讲好我们的地球故事"主题活动。

（王 凌）

【"全国土地日"宣传活动】 2017年6月，第二师铁门关市国土资源局开展主题为"土地与生态文明建设"的"全国土地日"宣传活动。6月23日，师国土资源局在二二三团开展书画展评活动。"6·25"土地日宣传活动期间，局系统焉耆片区工作人员、师市分管领导参加活动，局机关在二二三团的结对子亲戚一同参加了活动。

（王 凌）

【土地利用规划及耕地保护】2017年4月13日，第二师铁门关市及各团场土地利用总体规划调整完善获得兵团批准。2017年，师国土资源局坚守耕地保护红线，建立健全以政府为主导的耕地保护责任体系，签订师、团"十三五"耕地保护考核目标责任书，基层团场与连队签订责任书156份，连队与职工签订耕地保护责任书14599份，层层落实责任，落实耕地保护工作。兵团"十三五"期间，下达师市耕地保有量指标74553.33公顷，师市实有耕地83200公顷，超过兵团下达师耕地保有量指标任务。2017年，师市国土资源局重点加强耕地数量、质量、生态"三位一体"保护。涉及补充耕地项目25个，占用耕地69.06公顷，均实现了耕地占补平衡。落实耕作层剥离再利用31.4公顷，有效利用耕作层土壤，保护了耕地资源，改善生态环境和抵御风沙的能力。师市国土资源局支持设施农业发展，从政策执行、备案管理、用地公开等方面严格规范管理，提高备案效率，促进职工群众多元增收。2017年，设施农业用地备案46宗，占地173.92公顷。

（张德亮）

【建设用地】2017年，第二师铁门关市国土资源局保障师市经济社会发展用地。正确处理土地资源与保障经济社会发展矛盾，有保有压，合理利用土地资源，全面满足符合产业政策的工业项目和重点项目用地的需求。截至2017年12月，已上报兵团审批的批次用地共45个，面积595.21公顷。上报兵团审批单独选址项目用地17个，面积231.21公顷，供应土地面积231.21公顷。出让供地18宗，土地19.17公顷，合同成交价款为3299.45万元。总体看，师市经济社会平稳发展，呈向好态势。在保障师市重大基础设施建设方面，库铁大道建设项目中的博古其镇主道、辅道和铁门关市主道、辅道共四个单独选址项目129.57公顷已通过兵团审批。

（姚建忠）

【地籍管理及不动产登记】2017年4月11日，第二师铁门关市编办函字《关于在师市国土资源局加挂铁门关市测绘地理信息局牌子的函》，经师市机构编制委员会研究决定，批准第二师国土资源局加挂铁门关市测绘地理信息局牌子，增加相关职能。2017年3月14—16日，师市国土资源局对焉耆垦区、库尔勒垦区、塔里木垦区的勘测定界成果30%进行随机抽检，主要检查测量精度及界桩保护工作。检查结果显示，成果符合要求。2015年9月，河北省地理信息局对第二师19个团场进行1：500、1：1000比例尺航测成图及地理信息管理平台建设工作，委派河北省第二测绘院负责该项目，项目已全部完成，2017年11月22日，在铁门关市进行项目验收并移交成果资料。自2016年10月28日师市首本不动产权证书颁发以来，至2017年，共颁发不动产权证书184本、不动产权证明121份。

（李 斌）

【执法监察】2017年，第二师铁门关市国土资源系统进行土地执法监察动态巡查共计242次。一是加强对师市违法用地的巡查，加大对违法用地的处罚、整治力度，遏制违法违规行为的发生。经土地巡查，已制止辖区3宗土地违法行为，并恢复土地原状。实现违法用地问责比例、面积持续双下降；建立师市国土资源违法举报微信平台。二是坚持政务公开。全面及时公开用地审批、征地、登记信息，对2017年度报兵团已审批的20个批次用地、5个单独选址的征前公告、建设用地批复、一书四方案、批后公告和国有土地补偿安置方案等信息在第二师国土局门户网站主动公开。设立电话专线，建立申请公开渠道。2017年，无依申请公开项目，未发生行政复议和行政诉讼情况。　　（张德亮）

·工商行政管理·

【市场主体注册登记】　截至2017年底，铁门关辖区共有市场主体1661户，注册资本（金）1402410.17万元，分别较上年同期增长40.76%、41.43%。其中：企业518户，注册资本（金）1380640.58万元，较上年同期分别增长57.93%、41.9%；个体1099户，资金数额6725.79万元，较上年同期分别增长34.52%、29.11%；农民专业合作社44户，成员出资额15043.8万元，较上年同期分别增长25.71%、12.15%。共办理动产抵押登记9件，帮助企业融资13.66亿元；办理企业股权出质20件，融资1.2亿元。

【服务国资国企改革】　截至2017年底，指导、帮办完成三个国家工商总局名称的核准：博斯腾有限公司、天润疆南有限公司、永瑞有限公司；完成改革企业集团母公司及子公司设立登记：博斯腾有限公司及其子公司新疆博斯腾绿原绿果冷链物流有限公司、铁门关市聚博源餐饮服务有限公司、天润疆南有限公司、永瑞有限公司；完成改革企业集团的设立登记：博斯腾集团、新疆金川集团；完成金川集团相关物流14家公司登记。

【消费维权】　2017年，销毁8个大类、17个品种的假冒伪劣商品总货值4.08万元；共受理并调解消费投诉9起，挽回经济损失4.4万元。

【"双随机"抽查】　铁门关市2017年被抽查市场主体共46户（企业25户、个体21户）。截至2017年11月23日，检查任务全部完成，检查率100%，公示率100%。

【注册商标专用权保护】2017年，重点查处人民群众反映强烈的家用电子电器、食品、日用百货、手机等商品上发生的"傍名牌"行为。截至2017年底，查获部队特供、内部专供酒10瓶，查获健雄劲酒21瓶、仿冒"笑厨"鸡精10袋、仿冒"海飞丝"洗发水20瓶、涉嫌仿冒"南孚"电池245节、涉嫌仿制军靴142双，责令下架涉嫌侵权"伊力柔雅"89瓶、"青花瓷"121瓶、冰红牛饮料290瓶。查处一起侵犯"库尔勒香梨"地理标志驰名商标案件，案值68993元，罚没款3万元。

【红盾护农行动】　2017年集中检查主体资格：检查农资经营企业和经营业主的经营主体是否合法，其前置审批证件是否有效、齐全，是否亮照经营。检查进货渠道：检查进货渠道是否合法，所经营的农资产品是否来自正规厂家。检查产品质量：检查是否有《检验报告》，是否经营来历不明的农资商品。检查经营行为：检查农资经营户是否建立健全索证索票制度、进销货台账制度，不合格农资商品下架退市等自律制度；是否签订农资经营责任书、承诺书；是否主动向消费者出据信用卡，实现农资商品可追溯管理。共检查农资经营户218户（次），责令改正

8户，未建立农资进销货登记台账、虚假宣传案件立案2起，罚没款0.5万元。

【动产抵押登记】 截至2017年底，第二师铁门关市共办理动产抵押登记9件，企业融资13.66亿元，每件办理时长不超过半小时。

(苏梦君)

· 安全生产监督 ·

【综述】 2017年，第二师铁门关市认真学习贯彻落实习近平总书记关于加强安全生产工作的重要指示和全国安全生产大检查会议精神，坚持"安全第一、预防为主、综合治理"方针，坚守安全发展理念，树牢"红线"意识和"底线思维"，以遏制较大事故、减少一般事故发生为重点，以强化企业安全生产主体责任和行政监管职责为抓手，集中开展安全生产大检查工作，师市安全生产形势总体稳定、持续向好。

【生产安全事故】 2017年，第二师铁门关市未发生生产安全死亡事故，各类事故指标均在控制范围之内。

【安全生产体系建设】 2017年，第二师铁门关市按照"党政同责、一岗双责、齐抓共管、失职追责""管行业必须管安全、管业务必须管安全、管生产必须管安全"和"谁主管、谁负责"的原则，建立健全师市安全生产责任体系，第二师铁门关市和团场及企事业单位成立了由主要领导担任安委会主任、分管领导为副主任、行业主管部门主要负责人为成员的安全生产委员会，并设立安委会办公室。师市制定《第二师铁门关市关于推进安全生产领域改革发展的意见》和《二师铁门关市"党政同责、一岗双责、失职追责"暂行规定》，建立健全横向到边、纵向到底的安全生产工作网络。

【执法检查】 2017年，第二师铁门关市深入开展重点行业领域安全生产专项整治和隐患排查治理，加大安全防范、监管检查、责任追究"三个工作力度"。2017年，师市安委会共组织联合检查5次，重点行业专项检查100余次。共查处问题隐患5393项，追责问责15个责任单位和45名责任人，共给予经济处罚90.35万元。迎接国务院安委会安全生产大检查3次，自治区和兵团安全生产督查检查及明查暗访12次。国务院安委会安全生产大检查第八综合督查组于9月13日和10月19日对师市安全生产大检查工作进行督查考核及"回头看"，对师市安全生产工作给予肯定。

【信息化建设】 2017年，兵团安监局自2013年起共拨付专项安全资金800万元，用于二师铁门关市师团两级安监机构安全执法设备配备。2016—2017年，兵团投资3000万建立安全生产信息化平台，开通师、团两级安监视频专线，实现与国家安监总局信息联网。师市安监局也于近年投入100余万元，为团场安监科配备自动化办公设备及开展教育培训。为安全监管体系信息化建设打下坚实基础。

【宣传教育】 2017年，第二师铁门关市开展了2017年"全国安全生产月"活动。期间，师团两级组织开展"安全生产咨询日""应急演练周"等活动，共出动宣传人数1000人次，现场受教育人数20000人次，营造了安全文化氛围，提高了全社会安全生产意识。安监局举办安全生产管理人员、职业安全健康、危化品、特种作业等培训班共计7期520余人次，提升了安全管理能力。师市组织部、安监局选派安全管理骨干35人次赴兵团党委党校、河北省参加安全生产管理培训，加强安全生产交流学习，促进安监队伍建设；师团两级在各类媒体发布安全生产动态信息，开展舆论监督、经验交流和安全生产文艺活动。

【安全生产应急演练】 2017年，第二师铁门关市各团场、金川矿业公司等重点行业单位共组织开展应急救援演练32场次，强化全社会安全应急意识，提升安全生产应急管理水平和实战能力。2017年6月28日，师市在金川矿业公司开展"煤矿冒顶事故"应急实战演练，突出了应急实战效果，综合考量和提升了师市安全生产应急救援体制机制建设和能力水平。（张 斌）

· 质量技术监督 ·

【综述】 2017年，第二师铁门关市坚持"抓质量、保安全、促发展、强基础"工作基调，各团场、企事业单位、机关相关部门凝聚共识，扎实工作，共同推进质量建设工作。一是加强产品质量监管。抽检辖区内21家重点工业产品企业的24个批次产品，包括滴灌带、地膜、化肥、动力配电柜、硅酸盐水泥、棉纱6类，其中3个批次滴灌带产品不合格，合格率为86.7%。兵团抽检师市地膜产品3个批次，全部合格，合格率为100%。二是开展特种设备监察。针对已注册登记的1004台特种设备，开展锅炉专项整治和"三无"电梯、老旧电梯专项检查，先后18次对人员密集场所累计检查129人次，累计查处隐患258条，下达整改通知书24份，查封超期未检电梯33部。三是推进首届质量奖评审工作。2017年，师市组织开展首届质量奖评选活动，7家企业申报，通过专家评审、质量领导小组会议审议、公告公示、师市党委常委会审定等程序，新疆冠农果茸股份有限公司和新疆生产建设兵团第二师永兴供销有限责任公司获得了第二师铁门关市首届质量奖荣誉。四是推进标准化工作。师市规模以上企业采用国际标准和国外先进标准，采标率80%以上。组织4个团场参与国家第九批农业标准化示范区建设，示范区建设初见成效。

【质量强师市】 2017年，第二师铁门关市按照《"质量强师市"活动实施方案（2016—2018年）》，师市党委常委会、师长办公会、质量工作领导小组会议多次研究讨论"质量强师市"工作，及时调整师市质量领导小组、开展对团场质量工作考核、设立师市质量奖等工作，推动师市质量建设迈上新高度。

【新疆名牌产品目录申报】 2017年，第二师铁门关市积极推进师市品牌建设，组织三十六团子母河牌红枣、冠农果茸集团股份番茄丁、绿原糖业静月牌食用酒精申报新疆名牌产品建议评价。

【质量工作考核】 2018年2月24日，兵团质监局局长刘宗江率兵团质量考核组到二师开展2017年度质量工作考核。考核组现场查看了二十九团、永兴公司、华山中学等单位，并召开质量考核工作专题座谈。根据《关于印发2017年度兵团质量工作考核结果的通报》，二师铁门关市考核等级为A级。

【师市质量奖】 2017年，依据国务院《质量发展纲要（2011—2020年）》《兵团贯彻落实国务院质量发展纲要（2011—2020年）的实施意见》《"质量强师市"活动实施方案（2016—2018年）》精神，参照《兵团质量奖评审管理办法》，二师铁门关市设立质量奖，主要授予在师市辖区内管理先进、质量领先、技术创新、品牌优秀、效益突出，对师市经济社会发展作出突出贡献的企业（组织）。

【质量月活动】 2017年9月23日，第二师铁门关市党委宣传部、发改委（质监局）、工信委、国资委、农业局、卫生局、商务局、工商联、工会、团委、旅游局等十一个相关部门在鑫恒泰商贸城集中开展二师"质量月"宣传咨询活动。此次宣传活动共悬挂主题横幅3条，主题展板11块，发放传单、资料共计1100余份，现场咨询200余人次。 （陈腾飞）

·食品药品卫生监督·

【许可量化分级】 截至2017年底，第二师铁门关市共办理食品经营许可户259家，其中食品销售经营者27家，餐饮服务经营者215家，单位食堂20家。全师已评定单位数409户，评出A级17户、B级206家户、C级186户，待评定单位176家，量化监管覆盖率达到100%。

【明厨亮灶工程】 截至2017年底，第二师铁门关市共有餐饮服务单位585家，完成明厨亮灶工程的有472户，全师明厨亮灶率达80.7%。

【食品安全风险监测】 2017年，第二师铁门关市食品药品监督管理机构完成蔬菜及其制品、肉与肉制品、水产及其制品、婴幼儿配方食品、即食非发酵豆制品、速冻米面制品、地方食品、学生午餐8大类13个品种，120份样品的食品安全风险监测，并对风险监测抽检的样品结果进行填表、统计、分析和上报。

【药品安全抽检】 2017年，第二师铁门关市食品药品监督管理机构完成50批次药品抽检任务，并自筹资金16500元，加大对化学类、中成药的检测。合计抽检60批次，1批次中药饮片不符合规定，合格率为98.3%。对不合格样品及时调查处置，没收单位违法所得225元，并处罚金675元。

【国家食品安全监督抽检】 2017年，第二师铁门关市食品药品监督管理机构配合新疆产品质量监督检验研究院进行抽样，共抽取蔬菜、肉与肉制品、小麦粉、鲜蛋、新鲜水果类、水果干制品、饮料和白酒等15个品种172份样品，对抽取的样品中两份不合格酿造醋进行核查处置，其中餐饮环节立案查处1起、食品经营环节立案查处2起。

【食用农产品专项抽检】 2017年，第二师铁门关市食品药品监督管理机构自筹食用农产品抽检资金12万元，共抽取蔬菜、畜肉、鱼类和水果四大类122份样品，并送自治区产品质量研究院检测，均合格。

【食品安全现场检测】 2017年，第二师铁门关市食品药品监督管理机构完成30个检验项目、1349个样品批次的食品安全快速检测工作。检测发现餐饮服务单位购买的预包装食品及食品原料均合格，个别餐饮服务单位清洗消毒的餐饮具存在不合格现象。不合格样品给予销毁或立即消毒处理，并将不合格样品经营单位列为重点抽检对象。

【食品安全专项监督抽检】 2017年，第二师铁门关市食品药品监督管理机构开展元旦、春节等重大节日专项监督抽检，共抽取五大类23批次样品送检，整体合格率为87%，不合格样品2份。中秋、国庆等节日期间抽取酒类、糕点、农产品、餐饮食品四大类15份样品送至兵团食品检验所进行检验，开展食品安全快速检测60余批次。

【食品安全专项整治】 2017年，第二师铁门关市食品药品监督管理机构开展学校和幼儿园食品安全专项检查工作，共出动执法人次66人次，执法车辆9辆次，检查大中专院校食堂1家，中小学学校食堂22家，幼儿园食堂21家。检查从业人员172人，持有效健康证率100%；食堂留样率100%；检查校内食品经营店2家，为学校食堂制作指导性监督意见书41份。对部分餐饮服务单位进行餐饮服务食品安全快速检测，共计106批次。开展学校校园及周边食品安全监管工作，共出动执法人员85人次，执法车辆23辆次，检查学校及幼儿园食堂46家，校园周边食品经营者21家，下达监督意见书41份，开展食品安全现场快速检测195批次。开展夏秋旺季食品安全专项监督检查工作，抽查食品经营单位35家，其中建筑工地食堂6家，幼儿园食堂1家，招待所食堂1家，企业食堂1家，餐饮服务单位21家，超市4家，农贸市场1家。停业整顿6家，下达监督意见书13份，立案查处1家。开展婴幼儿配方乳粉标签标识监管工作，联合工商、质监部门对经营婴幼儿配方乳粉的超市、母婴店等场所进行检查，未发现辖区内有虚假标识的婴幼儿乳粉。开展特殊药品质量安全集中整治工作，经查，师市各医疗机构均取得《麻醉药品和第一类精神药品购用印鉴卡》合法资质，都在效期之内，各单位均实行"五专"管理麻醉药品。开展餐饮服务单位食用油食品安全监管专项工作，出动执法人员18人次，执法车辆6辆次，检查餐饮单位17家次，下达监督意见书12份。开展餐饮服务单位环保履职工作专项检查工作，经排查，辖区内餐饮服务单位均符合相关环保要求；联合工商、环保等部门，对居民反映的饭店噪声、油烟扰民等问题进行执法检查，提出整改意见。开展食品、保健品欺诈和虚假宣传整治工作，重点对未经许可生产经营食品和保健食品行为、食品和保健食品标签虚假标识声称行为、违法营销宣传、欺诈销售食品和保健食品行为、违规发布保健食品广告以及发布虚假违法食品、保健食品广告行为进行整治。

【重大活动食品安全保障】2017年4月，第二师铁门关市食品药品监督管理机构完成兵团中学生科技大赛205人的食品安全活动保障任务。2017年5月，兵团在二师华山中学举行全国第十三届运动会选拔竞赛，师市食品药品监督管理机构完成对承办单位华山中学的食品安全保障工作。

【学校卫生】2017年，第二师铁门关市食品药品监督管理机构对师属7所学校进行卫生综合评价工作。有6所学校卫生综合评价优秀，1所学校卫生综合评价良好，下达监督意见书7份。

【饮用水卫生监管】2017年，第二师铁门关市食品药品监督管理机构对垦区饮用水卫生许可进行指导，受理卫生许可申请一家，对水厂的水源地防护、水处理工艺、水质检测及公司卫生管理情况进行全面的审查。对辖区内的集中式供水单位、居民住宅区的二次供水设施及学校直饮水供水设施开展监督检查。

【医疗卫生监管】2017年，第二师铁门关市食品药品监督管理机构开展2016—2017年医疗机构依法执业专项监督检查工作、传染病防治法等法律法规落实情况专项监督检查工作、医疗废物处置执法监督专项、打击无证行医暨非法行医专项、查处违法违规应用人类辅助生殖技术专项、春节期间消毒产品监管专项、打击非法医疗美容专项等7项专项行动。下达监督意见书119份，现场笔录13份。立案11件，其中一般程序案件8件，简易程序3件。警告7件，罚没款32085元，责令改正11户（人），均已顺利结案。无行政诉讼和行政复议案件。出动监督员累计350余人次，执法车辆70余辆次。截至2017年底，师市食品药品监督管理机构受理医疗机构校验申请46件，完成校验43件，受理换证申请6件，完成换证6件。对全师社区卫生服务站、诊所、卫生室开展抗菌药物临床应用和输液进行许可。师市合计审核静脉输液合格单位51家、抗菌药物临床应用单位52家。

【采供血卫生监管】 2017年，第二师铁门关市食品药品监督管理机构对第二师焉耆中心血站的人员资质、血站管理、实验室管理、血液包装、储存、运输及医疗废物处置情况进行监督检查，并对集中献血活动进行卫生安全保障检查。

【打击非法行医】 2017年，第二师铁门关市食品药品监督管理机构共检查医疗机构110户次，出动监督员、协管员累计150人次，执法车辆40辆次。

【医疗废物处置】 2017年，第二师铁门关市辖区有医疗机构242家，医疗废物全部实现使用专用容器包装和分类存放。对存在的问题下达监督意见书100余份，行政处罚3件，处罚人民币13500元。

【职业卫生监督】 2017年，第二师铁门关市辖区内有职业健康检查机构和职业病诊断机构1家（第二师焉耆医院），体检及诊断机构在批准的资质范围内开展工作，制度健全，流程规范。职业病体检档案材料齐全，机构仪器设备配备符合职业病体检及诊断要求。

【放射卫生监督】 2017年，第二师铁门关市辖区内有二级（含二级）及以下的放射诊疗机构共16家，《放射诊疗许可证》持证率100%，大型医用设备4台，均办理《大型医用设备配置许可证》。放射工作人员个人剂量计佩戴委托自治区职业病防治院进行监测，严格按照监测周期按时寄送。各医疗机构受检者的防护用品配备合格。

【"双随机一公开"】 2017年，第二师铁门关市食品药品监督管理机构完成对被抽查单位的监督检查工作。共38家单位，其中公共场所卫生单位14家、放射卫生单位2家、学校卫生4家、医疗卫生单位4家、传染病防治单位13家、生活饮用水卫生单位1家。

【卫生法律法规落实】 2017年，第二师铁门关市食品药品监督管理机构开展《传染病防治法》《献血法》《中医药条例》《护士条例》等法律法规的落实情况监督检查，出动专项工作执法车辆20余辆次、监督人员50余人次，下达监督意见书70余份。

【干部教育培训】 2017年，第二师铁门关市食品药品监督管理机构派出监督员外出培训学习交流24次，累计57人次，合计参加80天培训。2017年，举办5期食品药品和卫生监督能力建设培训班，监督员和协管员150余人次参加培训，累计培训管理相对人15次，共计培训管理相对人1514人，合计天数28天。

【案件查处】 2017年，第二师铁门关市依法处理案卷23起，罚没款总计49030元。食品药品类案件立案12件，其中一般程序3起，简易程序9起，罚没款总计16945元。医疗卫生监督立案11件，其中一般程序8起，简易程序3起，罚没款金额32085元，均已结案。

【食品卫生投诉举报】2017年，第二师铁门关市食品药品监督管理机构接到投诉举报5起，其中食品类2起，卫生类3起，按时办结率为100%。立案调查2起，罚没款为7500元。

【突发事件应急演练】2017年，第二师铁门关市食品药品监督管理机构举办两期食品药品安全突发事件应急管理能力建设培训班。10月20日，组织承办"2017年第二师食品突发事件应急演练"，共计19人参加。

【对外宣传工作】 2017年，第二师铁门关市食品药品监督管理机构创办《第二师铁门关市食品药品安全和卫生综合监督信息简报》，每月1期，共编发22期。开展新《食品安全法》、食品安全标准、食品安全周、投诉举报12331、消费者权益日和安全用药月等宣传活动，接受群众投诉举报，并向现场群众免费发放了《食品安全小知识》《食品安全法》《药品管理法》和《安全合理用药》等各类宣传资料6000多份。2017年，师市食品药品监督管理机构向各新闻媒体投稿50余篇，发表25篇，其中《卫生监督》杂志1篇，《绿原报》3篇，兵团食药监局微信平台9篇，兵团执法局网络平台12余篇。

（袁　放）

·扶贫开发·

【健全扶贫工作制度】2017年，第二师铁门关市制定印发《2017年师市扶贫开发工作要点》《兵团第二师铁门关市2017年帮扶地方贫困村工作方案》《2017年第二师对口帮扶第十四师工作方案》《第二师铁门关市领导帮扶贫困团场贫困户挂钩方案》《师市团场党政扶贫开发工作成效考核办法》等文件。各相关部门先后出台了抓党建促脱贫攻坚、低保制度衔接扶贫开发、就业促脱贫攻坚、"巧女兴家工程"推动巾帼脱贫、扶贫领域执纪问责等政策文件，为师市全面打赢脱贫攻坚战提供坚实保障。

【兵地联动脱贫攻坚】2017年，第二师铁门关市各团全年累计吸纳地方劳动力务工就业9700余人次，人均增收4000余元。师属学校积极面向地方招生，2016—2017学年在师属各级各类学校就读的地方学生总数达5824人。师市医疗系统积极开展义诊服务等活动，共接诊少数民族患者46570人次，到地方乡镇巡回医疗80余次，累计投入119650元。三十七团、三十八团党委针对苏塘村等6个贫困村开展劳务输出帮扶，并制定出台《劳务输出奖励办法》，开通了"劳务输出微信平台"，累计补助资金10.8万元，引导劳务输出8397人次，带动增收97.92万元，加快了六个贫困村脱贫步伐。

（赵　庆）

财政·税务

·财政·

【综述】 2017年,第二师铁门关市财政运行总体平稳,为师市经济社会平稳健康发展提供了坚实的财力支撑。师市全口径收入共107.39亿元,比上年(132.9亿元)减少25.51亿元,下降19.19%;师市全口径支出共97.79亿元,比上年(114.63亿元)减少16.84亿元,下降14.69%;收支相抵,上解兵团支出0.76亿元,安排预算稳定基金0.06亿元,结转下年支出8.78亿元。

【一般公共预算收支】 2017年,第二师财务局积极争取上级财政补助资金,加快预算执行进度,较好地保障了师市重点项目建设和民生事业支出。师市一般公共预算收入共72.76亿元,比上年(86.76亿元)减少14亿元,下降16.14%。其中,税收收入1.17亿元,占比1.6%,下降7.87%;非税收入3.83亿元,占比5.26%,增长43.3%;上级补助收入53.31亿元,占比73.26%,下降18%。师市一般公共预算支出共67.78亿元,比上年(78.04亿元)减少10.26亿元,下降13.15%;收支相抵,上解兵团支出0.27亿元,安排预算调解基金0.06亿元,结转下年支出4.65亿元。

师市本级一般公共预算收入共42.6亿元,比上年(48.62亿元)减少6.02亿元,下降12.38%;师市本级一般公共预算支出共37.69亿元,比上年(40.66亿元)减少2.97亿元,下降7.3%;收支相抵,上解兵团支出0.27亿元,安排预算调解基金0.06亿元,结转下年支出4.65亿元。

【政府性基金收支】 2017年,第二师铁门关市进一步加强非税收入管理,确保应收尽收和资金安全。

师市政府性基金收入共2.31亿元,比上年(7.82亿元)减少5.51亿元,下降70.46%;师市政府性基金支出共0.92亿元,比上年(6.25亿元)减少5.33亿元,下降85.28%;收支相抵,上解支出0.49亿元,结转下年支出0.9亿元。

师市本级政府性基金收入共1.77亿元，比上年（6.46亿元）减少4.69亿元，下降72.6%；师市本级政府性基金支出共0.38亿元，比上年（4.89亿元）减少4.51亿元，下降92.23%；收支相抵，上解支出0.49亿元，结转下年支出0.9亿元。

【国资经营预算收支】2017年，第二师铁门关市进一步规范国有资本经营预算收缴比例，切实减轻企业负担。

师市国有资本经营收入共8.91亿元，比上年（7.27亿元）增加1.64亿元，增长22.56%；师市国有资本经营支出共0.06亿元，收支相抵，调入一般公共预算安排支出6.94亿元，结转下年支出1.91亿元。

师市本级国有资本经营收入共1.98亿元，比上年（0.86亿元）增加1.12亿元，增长130.23%；师本级国有资本经营支出共0.06亿元，比上年增加0.06亿元；收支相抵，结转下年支出1.91亿元。

【社会保险基金预算收支】2017年，第二师铁门关市进一步加强社保基金管理，保障社会保险事业健康可持续发展。

师市社会保险基金收入共30.35亿元，比上年（31.05亿元）减少0.7亿元，下降2.25%；师市社会保险基金支出共29.03亿元，比上年（30.34亿元）减少1.31亿元，下降4.31%；收支相抵，结转下年支出1.32亿元。

【教育财政支出】2017年，第二师铁门关市教育财政投入55378万元。其中，基础教育方面，学前教育、小学教育、初中教育和高中教育等普通教育投入45398万元，占比81.98%，落实新疆学前免费教育和义务教育等政策；在提高职业教育服务能力方面，中专、技校等职业教育投入4570万元，不断深化产教融合，着力提升职业教育办学条件，为职业教育发展提供了有力保障；教育培训投入683万元，深化干部教育培训制度改革，为建设学习型党组织和学习型干部队伍提供经费保障。

【文化体育与传媒支出】2017年，第二师铁门关市文化体育与传媒投入12277万元。其中图书馆、文化展示及纪念机构等投入6101万元，占比49.69%；新闻出版广播影视投入4203万元，占比34.23%；体育场馆投入754万元。

【社会保障和就业支出】2017年，第二师铁门关市社会保障和就业投入230259万元。其中，财政对基本养老保险基金的补助投入163760万元；行政事业单位离退休投入26227万元；人力资源和社会保障管理事务投入2167万元；就业补助投入3337万元；残疾人事业投入1112万元；自然灾害生活救助、临时救助和特困人员救助等投入1791万元；抚恤、退役安置、社会福利和最低生活保障等投入3181万元。第二师财政（务）局及时拨付兑现退休人员的养老金，落实社会救助和社会福利等各项社会保障政策，加强对困难群众的兜底保障，加大对再就业资金的投入，为再就业工作提供坚实有力的资金保障。

【医疗卫生与计划生育支出】2017年，第二师铁门关市医疗卫生与计划生育支出31376万元。其中公立医院支出11027万元，基层医疗卫生机构支出4818万元，公共卫生支出2102万元，计划生育事务支出907万元；食品和药品监督管理事务支出2534万元；财政对基本医疗保险基金的补助支出8475万元。师市全力对公立医院、基层医疗机构、公共卫生等符合政府支出政策的事项给予保障，努力提升医疗机构服务能力，促进师市社会事业和谐发展。

【城乡社区支出】 2017年，第二师铁门关市城乡社区投入141106万元。其中，城乡社区公共设施投入80176万元，占比56.82%；城乡社区管理事务投入43075万元，占比30.53%；城乡社区环境卫生投入1364万元；城乡社区规划与管理投入1228万元。第二师财务局扎实做好城乡社区经费保障工作，支持铁门关市及各团场完善城乡社区服务基础设施，美化城乡社区环境，提升服务水平。

【农业支出】 2017年，第二师铁门关市农业投入15562万元。其中农业生产支持补贴、综合财力补助和其他投入8234万元，占比52.91%；科技转化与推广服务投入2070万元，占比13.3%；农业资源保护修复与利用投入955万元；执法监管投入700万元；病虫害控制投入278万元。第二师财务局及时拨付各项惠农补贴资金，推动先进农业技术的普及应用、带动机械化作业水平的提高，切实提升农业生产效益。

【林业和水利支出】 2017年，第二师铁门关市林业投入2037万元，用于防风固沙、植树造林、退耕还林，统筹推进生态建设，实现因林而美、因绿而富的目标。

水利投入42944万元。其中，水利工程建设投入35953万元，有力保障了重点水利工程和大型灌区节水改造项目、高效节水和防洪工程项目的实施；农田水利投入5656万元，防汛投入449万元，支持建设一批与农业生产密切相关的水利工程，做好节水灌溉发展、防洪抗旱薄弱环节建设、水利扶贫脱贫攻坚等重点工作。

【住房保障支出】 2017年，第二师铁门关市住房保障投入17399万元，均为保障性安居工程投入。其中：公共租赁住房投入2693万元；农村危房改造投入1538万元；棚户区改造投入100万元；其他保障性安居工程投入13068万元。师市站在中央治疆方略的高度，采取多项措施做好向南发展和人口集聚战略的资金保障工作，进一步加大对保障性住房的投入，努力解决职工的住房问题，真正保障住房资金惠及民生，提升职工的幸福指数。

【社会保险待遇支出】 2017年，第二师铁门关市确保社会保险资金投入，社会保险待遇支出289204万元。其中基本养老金支出249469.53万元，占比86.26%；基本医疗保险待遇支出35511.05万元，占比12.28%；工伤保险待遇支出1951.13万元，失业保险金支出403.65万元，生育医疗费用支出275.24万元，丧葬抚恤补助支出11573.33万元，确保了各项社保待遇按时足额发放，提高社会保障水平。拨付职业培训补贴、稳定岗位补贴和技能提升补贴682.23万元，贯彻落实失业保险稳岗补贴和促进创业就业政策，支持企业稳定岗位，推动创业促就业。

【棉花价格补贴】 2017年，第二师铁门关市继续落实国家和兵团棉花目标价格补贴政策，拨付棉花目标价格补贴11322万元，切实保障植棉团场职工收益，实现职工增收、团场增盈、农业增效的目的。

【高标准农田建设】 2017年，国家高标准农田建设项目投入资金30282万元，项目通过对水利、农业、田间道路、林业和科技措施的配套建设，完善农业基础设施，达到改善项目区内农业生产条件，促进职工的增产增收，保障团场履行屯垦戍边职能具有重要作用。

【民生水利项目】 2017年，第二师铁门关市大力发展民生水利工程，加强流域治理，重点水利建设项目博斯腾灌区投入9187万元，完工后将更好服务于二师经济发展。

【文化建设项目】 2017年，第二师铁门关市图书馆建设项目投入1420万元；第二师铁门关市青少年活动中心建设项目投入2500万元；第二师铁门关市文化馆建设项目投入1120万元。三个项目均为在建项目，年内未竣工。

【铁门关市基础建设项目】 2017年，第二师铁门关市迎宾大道综合管廊工程投入5500万元，第二师将军河以南（核心区）一期供热工程项目投入2000万元，第二师博古其镇供热中心建设项目投入1600万元，进一步完善铁门关市城市功能，提升区域城市化水平。

【教育建设项目】 2017年，华山职业技术学校综合技能训练中心项目投入2000万元，铁门关市第一中学内高中班基础设施及宿舍楼建设项目投入1200万元，二二三团义务教育学校建设项目投入1110万元，三十七团学校建设项目投入1210万元，进一步改善师市办学条件，营造良好的教育环境。

【行政事业单位资产管理】 截至2017年末，第二师铁门关市行政事业单位国有资产总额34.41亿元，比上年（32.09亿元）增长7.23%。其中：行政资产总值5.36亿元，占资产总额的15.58%，比上年（4.66亿元）增长15.88%。事业资产总值29.05亿元，占资产总额的84.42%，比上年（27.43亿元）增长5.9%。行政事业单位固定资产总值21.63亿元，占资产总额的62.86%，比上年（19.5亿元）增长10.92%。

【政府采购】 2017年，第二师铁门关市共执行政府采购预算97161万元，其中货物类9764万元，工程类85520万元，服务类1877万元。实际执行政府采购金额88646万元，节约财政资金7415万元，节约率7.63%。从采购方式上，公开招标采购82718万元，占采购总额的93.31%，询价采购1357万元，占采购总额的1.53%，其他采购方式4571万元，占采购总额的5.16%。

【财政体制改革】 2017年，是财政体制改革的过渡期，第二师铁门关市财政（务）系统认真贯彻落实党中央国务院关于深化兵团改革的决策部署，根据兵师党委关于深化财政体制改革的要求，参照地方财政管理，扎实做好财政改革各项工作。一是完成铁门关市财政管理关系划转，二是统计核实师市辖区税源和税收基数，三是启动师市财政事权与支出责任划分改革，四是建立地方财政分析评价系统，五是全面开展团场资产清查工作，六是启动团场学校、公立医院"师办师管"改革。

【财政监督】 2017年，第二师铁门关市财政局制定下发《2017年会计监督检查工作方案》，在自查自纠、重点检查和兵团重点检查基础上形成各阶段检查报告并加以整改；全面开展推进团场综合配套改革的财政财务相关核查工作；完成结转结余资金、财政供养人员、再就业专项资金、涉农资金的核查报告工作；完成财政专项资金使用效益评价工作；与师发改委、建设局、水利局、农业局、教育局、科技局等部门开展了专项资金检查和建设项目验收工作，针对检查中发现的问题及时制定管理办法，提出改进措施。

（第二师铁门关市财政局）

·国家税务·

【税收收入情况】 2017年，铁门关国税局全年累计入库各项收入8222万元，完成税收收入8184万元，比上年增长55.1%，增收2907万元；完成区局年初税收计划7000万元的116.96%，中央级完成年度税收计划3700万元的114.8%，地方级完成年度税收计划3300万元的119.3%。

【税收政策落实】 2017年，铁门关国税局发挥"互联网+宣传"优势，借助税企互动平台、微信群、微信公众平台等信息化宣传手段，强化政策宣传辅导，助力企业转型升级。全年举办各类政策培训15场次，1516户次纳税人应邀参加，培训辅导面达98.64%。纳税人累计享受增值税优惠1714万元，享受消费税优惠713万元，企业所得税减免4481万元，办理出口退税1.34万元。

【国地税合作】 2017年，落实国税、地税《涉税合作框架协议》，并就《国家税务局、地方税务局合作工作规范（3.0版）》所列37项基本合作项目、14项创新项目进行研究分析。推进国税、地税互相委托代征税收。在税务登记管理、第三方涉税信息采集运用、税收风险管理、纳税评估、征收税款、税法宣传辅导等方面进行深度合作。联合开展税收调查。主动为路途较远的纳税人提供系统填报远程协助，减少纳税人往返时间，提高税收调查工作效率。联合国、地税实施纳税信用登记评价，联合评价纳税人140户。

【纳税服务】 2017年，铁门关国税局持续落实"便民办税春风行动"，启动"问需求、送春风、优服务"专项活动，成立3个走访工作组开展大走访活动，累计走访企业356户，个体407户，建立走访台账，发放调查问卷，收集建议17条，修改基础征管数据312条。推行国税、地税业务"一厅通办"，发挥国税、地税、工商共用一厅办公优势，落实"最多跑一次"清单，切实落实55项通办事项。全面拓宽办税渠道，加大网上办税力度。分批组织纳税人进行网上办税服务厅操作培训，培训企业纳税人127户次，个体纳税人40户次。持续优化营商环境。落实国务院"放、管、服"改革措施，制定铁门关国税局优化营商环境工作实施方案。持续推行便民举措提升纳税满意度。2017年，铁门关国税局纳税人满意度专项调查大幅提升，列全区第7位，提升8个名次。

【税收法治】 2017年，制定铁门关国税局依法治税工作方案，成立依法行政领导小组，推行法律顾问制度。落实重大税务案件审理制度规范审理程序。制订铁门关国税局推进内控机制建设的工作方案，排查风险点及薄弱环节19项，提出措施建议19条。开展规范性文件清理，全面接受社会监督。加大执法督察力度，2017年，督察执法过错涉及40户次，责任追究5人次。

【税收征管】 2017年，铁门关国税局负责管辖纳税人

1227户，其中企业520户（一般纳税人218户），个体工商户707户。坚持依法合规、便捷高效、协同推进原则，加强国税、地税组织协调，电子数据资源共享，稳步推进实名办税、电子征管档案、"五证合一、一照一码"等征管改革工作。推行"一人一机一窗双系统"办税模式，通过国税、地税互派前台税务人员，互学前台涉税业务。分批派出青年干部到巴州国税系统跟班学习，提高"一窗通办"办税质效。提高税收分析质量，实施分类分级管理。推行实名办税制，法人实名认证率达87.71%，在全区国税系统排名第一。以风险管理为导向，发挥税收风险分析监控中心职能作用，自选推送5批9户次风险应对任务，共查补增值税479.5万元，企业所得税186.23万元，滞纳金16.23万元，罚款249.75万元。

【数字人事】 2017年，发挥数字人事系统管理干部作用，成立数字人事工作领导组织机构，制定方案，干部运用数字人事记实，各级领导通过数字人事系统层层推送任务，安排工作，掌握干部成长情况。通过数字人事确定年度工作任务86条，领导推送任务260条，干部工作纪实7037条，干部自拟任务10条，工作自评99条，领导评鉴173条，领导点赞949条。发挥了激发干部队伍活力、促进国税干部全面发展的作用。

【教育培训】 2017年，制定铁门关国税局岗位练兵及干部教育培训方案，参加国家税务总局、自治区国税局和巴州国税局各类培训37人次。开办青年干部夜校，采取集中组织和个人自学相结合方式，落实科级以上干部轮流督学制度。落实巴州国税局支持铁门关国税局工作机制，分批外派青年干部到巴州国税系统跟班学习和邀请巴州国税局相关科室业务骨干实地指导税收业务的形式，以提高干部的综合素质和能力水平。抓培训提素质成效显著，在新疆国税系统"岗位练兵、业务大比武"团队竞赛中取得优异成绩，荣获团队竞赛二等奖及组织优秀奖。

【党建】 2017年，深入开展学习党的十九大报告精神、新修订《中国共产党章程》、习近平同志系列重要讲话、廉政警示教育等活动。坚持"条主动，块为主"工作机制，调整党建领导小组及党建办实体化运作机制，党组专题研究党建工作5次，开展谈心谈话活动40人次。建立与师市相关部门联系机制，积极参与师市组织的专题学习、报告会、党员教育日、志愿服务、创先争优等活动。层层压实全面从严治党主体责任和监督责任，明确责任事项99条。加强内控建设，进一步规范行政管理和税收执法，建立涉及人、财、物及评估、稽查、征管等50项工作制度。紧盯关键节点，紧抓重点岗位开展日常监督、线索排查和纪律检查。建立完善25项党建制度，设立5个党小组。积极构建抓早抓小廉政提醒谈话制度，运用监督执纪"四种形态"第一种形态进行提醒谈话4人次，行政效能问责16人次，经济问责720元。全面开展巡视巡察"回头看"，自查出15个问题，研究制定出21条整改措施。针对自治区国税局巡察反馈的四大类47个问题，逐项整改到位。通报批评14人次，责令限期整改14人次，责令作出书面检查4人次，提醒谈话4人次，经济惩戒1120元。

【维护社会稳定】 2017年，落实师市各项维稳措施，实行领导干部带班，干部24小时双人双岗值班制度，做好值班巡查和交接班日常登记。争取师市支持，协调解决公益岗人员，配齐专职警卫，加大"人防"。协调地税部门在共用机房安装门禁，强化"技防"。落实"民族团结一家亲"活动部署，与铁门关市新来福纺织有限公司维吾尔族职工开展融情结对活动9次，互赠联心卡，定期开展交往交流交融活动，集体走访慰问结对亲戚，倡议干部捐款8720元为结对亲戚购买生活用品。

【道德讲堂活动】 2017年3月29日，铁门关国税局举办"唱响民族团结主旋律"为主题的道德讲堂活动。

【民族团结一家亲联谊活动】 2017年4月28日，铁门关国税局组织举办"五四国税青年齐奋进，同弘扬结对认亲新风尚"为主题的民族团结一家亲联谊活动。

【干部考察】 2017年5月9日，由吐鲁番市国税局领导带队一行5人的副处级干部考核组，代表自治区国税局党组在铁门关国税局考察副处级拟提任干部。

【督查重点工作】 2017年6月7—8日，自治区国税局第七督查组一行9人到铁门关国税局督查重点工作落实情况。

【纪念建党96周年主题党日活动】 2017年7月5—7日，自治区国税局科研所党支部与铁门关国税局党支部联合开展纪念建党96周年主题党日系列活动。

【文艺汇演活动】 2017年9月22日，铁门关国税局举办"庆国庆、迎十九大、共话民族团结一家亲"文艺汇演活动。

【看望结对亲戚】 2017年9月30日，铁门关国税局班子成员带领干部职工赴新来福纺织有限责任公司，看望29名维吾尔族结对亲戚。

【反馈巡察结果】 2017年11月6日，自治区国税局第二巡察组到铁门关国税局代表自治区国税局党组反馈巡察结果。

【民族团结联谊】 2017年12月28日，铁门关国税局干部职工与铁门关市新来福纺织有限责任公司结对亲戚开展以"民族团结一家亲，共话佳节度新春"为主题的迎新年民族团结联谊活动。

（林东波）

·地方税务·

【税收收入情况】 2017年，铁门关地方税务局累计组织各项收入10678万元，减收3478万元，比上年下降24.57%。其中：税收收入10314万元，减收3433万元，下降24.97%。税收收入中，一般预算收入7812万元，减收2296万元，下降22.72%。剔除"营改增"因素，税收收入增长2.88%，地方级税收收入增长20.55%。

【税收征管】 2017年，铁门关地方税务局牢固树立"一手抓稳定、一手抓组织收入"的责任意识，加强税源调研分析，摸清税源底数，科学高效地开展税收预测和组织收入工作。持续加强与国土、房产、财政等部门沟通协调，加大对地方各税种的征管力度，抓大不放小，确保税收颗粒归仓。不断扩大个人所得税全员全额申报覆盖面。通过"大走访""交叉检查"等措施，防止漏征漏管，确保税收执法的公正、公平。

【税收法治】 2017年，铁门关地方税务局依法治税工作不断推进，建立了主要领导负总责、分管领导具体抓、法规部门组织协调、相关部门齐抓共管的工作机制，通过召开依法行政工作领导小组会议，加强工作统筹，解决实际问题。认真开展税收执法督察工作，不断加大督察力度，认真落实税收执法责任制和执法过错责任追究制度，2017年，追究责任人25人次，经济惩戒2832元。建立法律顾问制度，聘请公职律师和法律顾问，解决法律问题的同时对干部开展法治教育，提升法治工作水平。全面落实税收优惠政策，规范减免税备案手续，截至11月，累计减免各项税收3876万元。

【纳税服务】 2017年，铁门关地方税务局研究制定《全面提升纳税服务工作水平实施方案》和《加强纳税人需求管理工作实施方案》，进一步健全完善纳税服务制度体系。全面推行"一人一机一窗双系统"工作模式，国地税联合办税服务厅6个窗口全部实现55项合作业务通办。指导纳税人使用网上办税服务厅办理涉税业务，减少排队等候时间，切实为纳税人提供方便。与巴州国地税、铁门关国税局联合开展税收宣传，通过门户网站、实地走访、发放资料、在线访谈、书画摄影展等形式向纳税人宣传税收政策，解答涉税问题，形成良好的舆论氛围。

【税务稽查】 2017年，铁门关地税局积极开展国地税联合和跨地区联合稽查，2017年，立案检查、审结、执行5户，查补收入237.66万元，完成年度稽查收入任务的334%，选案准确率100%，查结率100%，入库率100%。

【绩效管理】 2017年，铁门关地税局将绩效管理工作作为落实各项重点工作的抓手，组织召开绩效管理专题会议15次，对提升思想站位、解决短板问题、完善制度体系、强化考评运用、加强培训指导等工作进行部署安排。建立符合本局特色的绩效管理考评体系，制定了《组织绩效管理实施细则》《个人绩效考评工作实施方案》《绩效考评结果运用办法》等9项制度办法，明确了绩效管理组织机构、职责内容、工作程序、办法和要求，确保绩效工作有章可循，落实到位。定期开展绩效考评，强化考评结果分析运用，促进全体干部工作积极性、主动性提升。

【教育培训】 2017年，铁门关地方税务局研究制定2017年教育培训计划和岗位练兵比武长效机制，为全局干部印发学习题库，购置学习教材，鼓励干部积极参加注册会计师、税务师和中级会计师考试。采取"请进来、送出去"、以会代训、教学结合等办法，依托岗位随时、随事开展教育培训。定期组织政治业务学习，通过领导干部带头学、干部职工集中学、撰写心得体会等形式，对党的十九大精神、自治区及兵团党委重大决策部署、税收政策法规等内容进行深入的学习。全年，自办培训班11期，累计培训200人次，组织人员外出参加区局、师市培训班31期，培训31人次，干部队伍素质显著提高。

【作风建设】 2017年，铁门关地方税务局始终将"两学一做"专题教育和"学转促"专项活动作为提升干部尤其是党员干部政治思想站位的关键抓手，通过定方案、定制度、定目标，切实将学习教育和专项活动落到实处。以党支部为载体，组织全局党员干部学习党章党规，通过党支部书记带头学，全体党员谈体会等形式不断向合格党员的标准看齐。认真开展"学转促"专项活动，及时召开动员部署工作会议，定期组织开展专项检查工作，对工作作风漂浮、慢作为、懒作为的干部进行通报批评及责任追究，有效促进工作作风转变。

【党风廉政】 2017年，铁门关地方税务局强化"两个责任""一岗双责"贯彻落实，调整充实党风廉政建设工作领导小组，研究制定《2017年党风廉政建设工作计划》《纪检监督责任清单》《领导班子"一岗双责"责任清单》等制度，进一步完善了党风廉政建设制度体系。始终坚持把党风廉政建设及反腐败工作与税收工作同部署、同落实、同检查、同考核。年初，与各科室签订《党风廉政建设目标责任书》和《纠正行业不正之风目标责任书》，召开党风廉政建设专题会议4次，专题研究部署党风廉政建设工作7项，为党风廉政建设工作扎实开展明确了方向。积极发挥好"一岗双责"作用，要求各科室负责人在抓好业务工作的同时，抓好科室党风廉政建设工作。7月，各科室向领导班子作党风廉政建设工作专题汇报，"一岗双责"取得实质性进步。

【党支部建设】 2017年，铁门关地方税务局严格执行"三会一课"制度、领导干部过双重组织生活制度，按时上好党课。党支部共召开支部党员大会4次，党支部委员会11次，党小组会20次，局领导讲党课3次。按要求分别于7月和9月召开专题组织生活会，全体党员干部深入查摆自身问题，开展批评和自我批评，进一步提升了政治意识和大局意识。充分发挥党建带群团作用，先后组织开展了迎新晚会、趣味运动会、健身徒步、义务植树、歌咏比赛、健康知识讲座等活动，打造有热情、有活力、有担当、有志气的干部队伍。按程序发展吸收预备党员1人，以党小组为单位按月做好党费缴纳工作，2017年，全局14名党员共缴纳党费3682.33元。

【安全维稳工作】 2017年，铁门关地方税务局严格落实安全维稳工作要求，组织全体干部认真学习自治区党委维护稳定和民族团结工作的各项要求，建立突发事件应急预案，领导干部24小时在岗带班，重要节点全员在岗，做到"三不出"。

【民族团结工作】 2017年，铁门关地方税务局按照"民族团结一家亲"工作要求，与铁门关市新兴纺织有限公司的19名少数民族职工结对认亲，组织开展联欢晚会、篮球赛、升旗仪式、聚餐等多种形式的活动10余次，并送去米面油、牛奶、围巾等慰问品。

【"访惠聚"工作】 2017年，铁门关地方税务局在人员极其紧缺的情况下，选派一名班子成员作为工作队队长，赴第二师三十六团阿不旦村开展"访惠聚"工作，局长带队看望慰问区局、喀什局、巴州局和铁门关地方税务局"访惠聚"工作组。以"民族团结一家亲""访惠聚"和下沉驻村为契机，向亲戚和村民广泛宣传党的民族宗教政策和税收优惠政策，传授脱贫致富经验，2017年，累计支出扶贫款5.5万元。

【绩效分析讲评会议】 2017年1月20日，铁门关地方税务局召开绩效分析讲评会议。局长吴向宇主持会议。会议传达学习《2017年全区地税系统绩效管理工作实施意见》，研究部署2017年绩效管理工作。

【赴内地招商】 2017年3月2日，铁门关地方税务局局长吴向宇随师市招商引资工作领导小组赴北京、河北、江苏、上海等地开展招商引资工作,为招商提供税收政策咨询服务。

【税收宣传月"首宣日"系列活动】 2017年4月1日,铁门关国税、地税局联合巴州国税、地税局,紧密围绕"深化税收改革,助力企业发展"税收宣传月主题,在库尔勒州市行政服务大厅举办"首宣日"系列活动。

【税收工作座谈会】 2017年4月11日,铁门关国税、地税联合召开民营企业纳税人税收工作座谈会。

【税收宣传和咨询活动】 2017年4月15日,第二师铁门关市博古其镇首届梨花文化旅游节暨创建国家级特色小镇启动仪式在博古其镇农业科技示范园隆重举行。铁门关国税、地税、巴州国税、地税局紧扣税收宣传月主题,抓住梨花文化旅游节这一契机,联合在活动现场设立税收咨询台,开展税收宣传和咨询活动。

【在线访谈活动】 2017年4月19日,铁门关国税、地税局联合举办以"提升纳税人满意度"为主题的在线访谈活动,铁门关地方税务局局长吴向宇和国税、地税业务科室的主要负责人作客直播间,围绕税收优惠政策、各项税制改革的落实情况和纳税人关注的热点问题,与纳税人直接交流。

【"春风杯"书画摄影展】 2017年4月20日,铁门关地方税务局同铁门关国税局、巴州国税局、巴州地税局联合举办"春风杯"书画摄影展。

【税收分析研讨会】 2017年9月12日,铁门关国税、地税局联合召开税收分析研讨会。会议商讨了如何开展联合税收分析工作,并就当前铁门关市税收经济形势、税收分析工作经验等互相交流。

【聘请法律顾问】 2017年10月3日,铁门关地方税务局聘任张国强担任法律顾问,聘期为2017年10月1日—2020年9月30日。

【国地税合作联席会议】 2017年10月7日,铁门关国税局、地税局联合召开了国税、地税合作联席会议,讨论通过了关于"一人一机一窗"推广工作的三项制度:《铁门关国税局 铁门关地税局"一人一机一窗双系统"工作制度(试行)》《铁门关国税局 地税局共建办税服务厅干部培训制度》《铁门关国地共建办税服务厅纳税服务行为规范》。

【环保税专题宣传培训会】 2017年11月20日,铁门关地税局、第二师铁门关市环保局联合举办环保税专题宣传培训会,铁门关地税局及相关企业共18人参加了培训。 (石 钰)

农 业

· 综述 ·

【概况】 2017年,第二师铁门关市坚持以农业供给侧结构性改革为主线,拓宽和完善农业全产业链和全价值链,全面推进和构建现代农业三大体系,农业发展改革工作取得阶段性成果。全年完成农业总产值90.08亿元,比上年增长7.5%,其中果蔬园艺业和畜牧业产值占农业总产值的62.9%,增长2.9%。完成一产固定资产投资12.33亿元,完成一产招商引资10.13亿元,进一步夯实农业发展基础,推进农业产业化进程。(邓志锋)

【重要文件印发】 2017年3月27日,第二师铁门关市印发《第二师铁门关市机采棉优质高效栽培技术规程》。2017年8月9日,印发关于《第二师铁门关市贯彻落实〈兵团党委兵团关于深入推进农业供给侧结构性改革加快农业现代化发展的实施意见〉的重点工作任务和责任分工方案》。
(邓志锋)

· 种植业 ·

【概况】 2017年,第二师铁门关市全师完成正复播面积88000公顷。粮食种植面积9246.67公顷,比上年下降3200公顷,其中种植小麦4933.33公顷,下降3053.33

2017年7月12日,二十七团0.62万亩小麦开始收割(夏雪黎 摄)

· 219 ·

2017年7月25日，二十二团职工回收小麦秸秆（二十二团　供稿）

公顷；种植玉米3120公顷，下降600公顷。种植棉花39466.67公顷，增长3266.67；种植番茄4786.67公顷，下降800公顷；种植辣椒10866.67公顷，增长3533.33公顷；种植甜菜1666.67公顷，下降1533.33公顷；种植饲草5000公顷，下降2133.33公顷；特色作物甜叶菊933.33公顷，下降266.67公顷；打瓜籽3933.33公顷，增长1600公顷。复播面积3840公顷，下降2826.67公顷。（邓志锋）

【农产品产量与品质】 2017年，第二师铁门关市完成棉花总产10.14万吨，较上年增长8.5%；单产171千克，与上年持平；皮棉平均纤维长度29.9毫米，比上年增加1.1毫米（兵团排名第三）；马值A+B级比例93.6%，增加15.9%（兵团排名第四）；断裂比强度28.1，增长0.4（兵团排名第七）。全师完成粮食总产7万吨，其中小麦总产3.64万吨，单产510千克（与上年持平），不完善率在8%以内，下降2%；完成番茄总产63.5万吨，单产8.6吨，增长8.6%，固形物含量提高1%；完成辣椒（干椒）总产8.5万吨，单产520千克，增长3.4%，色价实现小幅增长；完成甜菜总产14.4万吨，单产5.7吨，增长4%，糖度14%，增长1.5%。 （邓志锋）

【种植效益】 2017年，第二师铁门关市实施化肥农药减量行动、模式化栽培、机械化采收、订单式收购和集团化销售措施，各项作物的种植成本得到有效控制，种植经营效益持续增长。其中棉花在国家目标价格补贴政策的保障下，亩均效益达844元；小麦全部入储，平均单价2.96元/千克（含补贴），亩利润达177元；甜菜平均收购单价410元/吨，亩利润306元；番茄平均收购单价410元/吨，亩利润805元；辣椒平均单价8.5元/千克，亩利润达1117元；甜叶菊平均单价16元/千克，亩利润达1554元。

（邓志锋）

【优化品种布局】 2017年，第二师铁门关市种植棉花以增加绒长、提高比强、优化马值为目标，重点推广新陆中59号和新陆中38号，积极示范"双30"高品质品种；小麦以满足粮食加工需求和收储质量新标准为目标，以永良15号、新春6号、新春35号、新春37号、新春38号为主栽品种；番茄注重选择早中晚搭配，推广可溶性固形物含量达5%以上的机采品种，以金番11、3311、3166、屯河17为主栽品种；辣椒注重选择高色价和抗病性强的品种，以韩国甜椒、墨西哥椒、红龙系列为主栽品种，铁皮椒色价18%以上，板椒色价14%以上，探索铁皮椒机采技术；甜菜以提高糖度和适宜机采为目标，重点推广kws0143、kws2409等主栽品种，糖度达15%以上。 （邓志锋）

【农业新科技应用】 2017年，第二师铁门关市农业生产全面采用0.01毫米标准地膜、卫星导航播种技术和机械采收技术，在棉花上全面采用15900株/亩的播种密度，确保一播全苗、苗齐苗壮。推广棉花双膜覆盖60%；推广冬灌春不复水95%以上，推广棉花滴水出苗18%，推广番茄、辣椒育苗移栽100%；推广卫星导航播种技术4.7万公顷，在棉花、甜菜、小麦、番茄、辣椒上应用率达92%，推广甜菜精量播种技术100%。
（邓志锋）

【推行绿色生产方式】 2017年，第二师铁门关市种植业从以下几方面推广绿色生产方式：一是深入开展化肥农药减量使用行动。推广测土配方施肥面积64000公顷，化肥进一步利用率提高到42%，每亩化肥用量在2016年的基础上再下降10千克，平均每亩施肥95~100千克左右。二是加大有机肥投入，2017年，平均每亩投入农家肥0.5~1立方米，或投入商品有机肥50~100千克，开展麦后复绿肥3333.33公顷，增加土地有机质含量，持续提高耕层产出能力。三是推广绿色防控技术64000公顷，主要农作物病虫害统防统治覆盖率达97%以上，通过加强提前预防、点片施药、生物防治、以益控害的综合防治措施，各项作物无大的病虫害发生。 （邓志锋）

【加强残膜污染治理】 2017年，第二师铁门关市全面开展6.7万公顷残膜治理工程。一是开展播前及生长季节的残膜捡拾工作，投入专项资金105万元，推广使用扎膜辊等残膜回收机具284台，落实中耕行残膜即耕即捡、地头地边残膜集中回收等措施，田间地膜残留量进一步减少。二是全面开展农田残膜调查工作。调查取样8000余块条田，取样点

2017年11月10日，二十四团育苗中心全自动化育苗（张容 摄）

2017年8月30日，二十四团职工采收早酥梨（张容 摄）

总数3.5万个，实现全师所有条田全覆盖，监测结果上报兵团农业局。三是积极试验与示范残膜回收新技术和新方法，开展10多种生物降解膜的试验与示范工作，积极探索棉花头水前揭边行地膜（三十四团示范0.67万公顷），示范效果良好，开辟残膜回收新思路和途径，当季地膜回收率达到93%，耕层地膜残留量每年下降5千克/亩以上。　（邓志锋）

· 设施农业 ·

【概况】　2017年，第二师新建温室大棚面积47.4公顷509座，其中建设智能玻璃温室1座，面积5000平方米，塑料大棚面积0.67公顷5座，日光温室面积46.23公顷498座。全师有温室大棚面积571.2公顷5324座，总产6.1万吨，实现产值1.93亿元。分别较2016年增长3.1%、25.8%和30.4%，其中设施蔬菜面积528.53公顷5262座，产量5.97万吨，设施蔬菜以生产辣椒、番茄、茄子、黄瓜等果菜为主；设施果树种植面积42.67公顷，总产0.13万吨，产值0.2亿元。以生产冬枣、葡萄和桃为主。早春育苗面积237.33公顷2966座，生产大田番茄和辣椒苗27.86株，产值3.4亿元。
　（王映山）

【设施蔬菜种植任务】　2017年8月18日，第二师铁门关市农业局印发《关于下达2017年秋冬设施蔬菜种植任务的通知》，秋冬设施蔬菜种植任务分解到各团场，师农业局对各团落实设施蔬菜种植任务情况进行检查考核。　（王映山）

【河北援疆项目评审】　2017年8月23日，河北援疆项目"冀援迈康"设施农业园区项目可行性研究报告评审会在师市机关楼召开，师市农业局、援疆办、发改委、河北援疆工作指挥部、二二三团等部门和单位参加评审会，师市党委常委、副师长王木森主持会议。参会人员听取"冀援迈康"设施农业园区项目可行性研究报告，并对可行性研究报告中的背景、温室结构、种植模式等问题展开讨论、发表意见和看法。师领导要求各部

农　业

门加强配合，共同推进项目实施。　　　　（王映山）

·林业·

【概况】　2017年，第二师铁门关市完成建园3286.67公顷。其中香梨1166.66公顷，苹果573.33公顷，葡萄546.67公顷，红枣826.67公顷，其他果树186.67公顷，平均成活率达90.7%，较上年提高5.1%，造林建园质量、标准、成活率和管护水平明显提高，林业呈现持续发展态势。林业总产值达25.8亿元，经济林产业成为林业支柱产业。经济林总产40.56万吨，产值25.1亿元。二师森林资源面积达15.47万公顷；活力木总蓄积量达254.07万立方米，森林覆盖率达19.2%。全年完成造林面积5094公顷。其中人工造林3094公顷，新封沙育林面积2000公顷。
　　　　　　　　（谭　磊）

【新技术应用】　2017年，第二师铁门关市林果业生产中采用香梨、苹果乔砧密植主干结果栽培新模式，完成1758.73公顷；示范推广红枣提干疏密、果园生草、葡萄"厂"字型栽培新技术，面积达11460公顷，春秋两季全面喷施3°—5°Be′石硫合剂绿色防控技术，面积达28000公顷。　　（宋　文）

【病害防治】　2017年，第二师铁门关市农业局制定《第二师铁门关市苹果枝枯病防控工作方案》，制定措施加强苹果枝枯病综合防控；与地方信息沟通，参加联席会议5次，开展联防联治；2017年度追加财政预算100万元，防治专项资金用于培训、普查、防治等工作，全面普查苹果枝枯病4次，培训9746人次。　　（宋　文）

【"三北"工程】　2017年，第二师铁门关市完成"三北"防护林工程面积2866.67公顷。其中人工造林866.67万公顷，新封沙育林2000公顷。全面完成新一轮退耕还林工程任务3600公顷。落实国家级公益林管护任务9.03万公顷，资金1076.4万元。年底，建设围栏50千米、界碑90个、宣传碑6座、补植补造1333.33公顷。
　　　　　　　　（谭　磊）

【森林采伐】　2017年，兵团下达第二师年森林采伐限额8万立方米，二师共计采伐林木41076立方米，其中占用征收林地采伐林木蓄积3191立方米，无超限额采伐现象发生。　　（张微微）

【涉林案件查处】　2017年，

2017年9月，二十四团苹果梨丰收，产品远销东北三省（唐亮　摄）

第二师铁门关市森林公安局累计受理案件30起，查处30起，其中刑事案件3起，行政案件27起（其中现场处罚9起）。非法占用林地案件5起，非法狩猎案1起，盗伐林木案1起，故意毁坏公司财务案1起；行政处罚61人次，现场批评教育143人，没收野生罗布麻叶子9公斤，林业行政罚款212980元，限期恢复林地5.48亩，挽回经济损失42.07余万元。

（张微微）

【非法侵占林地清理整治】2017年，第二师铁门关市组织开展非法侵占林地清理整治专项行动2次，涉及林地90756.6公顷，查处行政案件6起，非法征占用林地1.895公顷，行政处罚6人，罚款189497.3元。该阶段辖区内无重特大案件发生，至2017年末，二师辖区内被占林地已全部恢复。（王 瑞）

【打击非法猎捕野生动植物】2017年3—6月，第二师铁门关市重点分布的野生植物甘草、罗布麻、大芸、黑果枸杞处于生长期，二师森林公安局加大宣传保护野生动植物力度，发挥舆论教育、监督作用。3月初，三十三团库孜来克森林公安派出所和三十八团苏塘派出所分别在三十三团、三十八团学校组织"保护野生动植物资源"专题讲座。年内，两团派出所共组织4场宣讲，听众650人次，并与学校建立长效机制，定期组织专人宣讲野生动植物保护知识。

（张微微）

【森林公安基础设施建设】2017年，第二师铁门关市森林公安局三十三团、三十八团森林公安派出所项目工程建设完成并投入使用。三十三团森林公安派出所投资400万元，工程建筑面积2252.2平方米，其中主体楼面积1327.2平方米。三十八团森林派出所投资40万元，工程建筑面积180平方米，后期投入18万元用于楼内装修、购置办公设备和摩托车。

（张微微）

【林业生产】2017年，第二师铁门关市各团场林业站完成造林3094公顷。其中封沙育林2000公顷。

（谭 磊）

【森林防火】2017年，第二师铁门关市林业局落实森林防火责任制，辖区各团场落实24小时值班制度；完善防火应急预案，加大宣传，加强预警监测，检修防火机具；在森林火险高发期做好火源管控工作，在林区主要入口设置卡点，加大林区的巡护巡查力度，禁止火源进入林区；森林公安民警带领协警开展国家级公益林区、湿地自然保护区巡护巡查工作，排查火灾隐患。全年，辖区内未发生森林火灾及林业安全生产事故。

（张微微）

【森林防火安全生产月】2017年6月，第二师铁门关市开展森林防火安全生产月活动。师市专项检查组对辖区内团场的森林防火、林区安全生产、林区安保维稳工作进行抽查、检查；开展森林防火演练2次；电视台播放宣传警示视频2次，发放宣传资料2300余份。

（张微微）

【野生动植物保护】2017年，第二师铁门关市加强野生动植物保护力度，结合辖区内野生动物活动区域及野生植被分布特点，根据历年查处破坏野生动植物行为的经验，加强对辖区野生动植物巡逻管护。对没有合法手续的经营者给予处罚，对有经营许可的涉林行业核实登记，严格管控野生动植物破坏现象。全年开展野生动植物保护专项行动出动警车123次、警员286人次、缴获非法狩猎野生动物塔里木草兔38只、刑事起诉1人、现场警告76人，检查涉林特种行业4处，登记4处。

（张微微）

【湿地资源动植物情况】2017年，第二师铁门关市湿地植物群落主要以芦苇为主，湿地动物两栖类共1目3科6种，爬行类共1目1科21种，鱼类4目6科30种，无脊椎4目4科4种，湿地鸟类79种。（张微微）

【申报建设国家级湿地公园】2017年，第二师铁门关市申

报的恰拉湖国家级湿地公园和玉昆仑湖国家湿地公园先后获得国家林业局试点资格。　　　（张微微）

【林业重点工程项目】2017年，第二师铁门关市林业局林业重点工程项目。一是抓好"三北"防护林工程任务，实施农田防护林、道路林的建设和抚育工作；继续开展防护林建设整团推进示范工作。二是完成上年新一轮退耕还林任务，全师3600公顷退耕还林资金足额拨付到实施单位，740公顷退耕还林任务按设计方案完成。三是适应城镇化发展要求，抓好林木种苗基地建设工程项目。　　　（谭　磊）

【退耕还林工程】　2017年，兵团下达第二师退耕还林工程任务740公顷，涉及3个团场。项目团场依据兵团土地变更调查成果和土地利用总体规划，把退耕还林工程任务落实在沙化严重、不适宜耕种的土地上。苗木栽植前，各团场按退耕还林工程要求完成好林床整理、灌水系统等造林准备工作，选择抗旱、耐碱、适宜沙化土地生长的梭梭树种定植，树苗成活率高，工程效果显著。至年末，全师100%完成兵团下达的退耕还林任务。
　　　　　　　　　　（谭　磊）

【占用征收林地管理】2017年，第二师铁门关市林业局申请和办理占用征收林地21宗，批准面积63.97公顷。其中永久用地20宗，批准面积38.01公顷；临时用地1宗，批准面积25.97公顷。　　　　　　　（徐　鹏）

【占用征收林地审批】2017年，第二师铁门关市林业局贯彻落实兵团党委向南发展战略实施及加快第二师铁门关市城镇建设步伐，在各类占用征收林地项目审批中，优先申请和办理中大型基础设施建设、民生工程及招商引资项目。国家"十三五"规划开局以来，占用征收林地项目占用林地分别为2016年13宗，批准面积37.64公顷；2017年21宗，批准面积63.97公顷，递增趋势明显。按照国家要求，实现所有审核审批项目网上信息申报。按照不同终审级别，报国家审批项目申请办理时间由原来的30个工作日缩短为20个工作日；报兵团审批项目由原来的20个工作日缩短为15个工作日，大幅缩短办结时间。（徐　鹏）

【林业站建设】　2017年，二十一团完成国家标准化林业站建设，新申报的二十二团、三十三团2个国家标准化林业站也获批。截至年底，全师13个团场（不包括三十六团）累计建设国家级标准化林业站8个，居兵团各师之首。标准化林业站建设为师市林业发展发挥出重要作用。　　　（王小兵）

【植树造林】　　2017年，第二师铁门关市下达植树造林任务2560公顷，实际完成3666.67公顷，完成下达任务的143.2%。其中经济林完成3286.67公顷（香梨1166.67公顷，红枣826.67公顷，葡萄546.67公顷，苹果573.33公顷，其他果树186.67公顷），防护林完成306.67公顷。全师造林平均成活率达92.1%。全师参加义务植树8.58万人次，义务植树尽责率92.47%；义务植树978.6万株。（王小兵）

【有害生物监测信息系统】2017年，第二师铁门关市森防站依托二十二团、二十九团、三十三团测报站，准确测报林业主要有害生物，每月搜集、审核林业有害生物发生情况，上报兵团森防站和国家林业有害生物防治信息管理系统，向辖区发布虫情简报和防控方案，为林果业病虫害提供防治依据。
　　　　　　　　　（王小兵）

【林业有害生物防治】2017年，根据第二师铁门关市林业局测报站测报，全师林业病虫害普遍发生且发生呈中度偏重趋势，各团场春季对所有道路林和农田防护林的食叶害虫做到应防尽防，共化防3499.13公顷，效果显著，未发生危害；对所有果园及果园周边防护林全面喷施工业熬制的石硫合剂原液415.3吨防治杨园蚧。春季打孔注药防治天牛254.66公顷。6月下旬至9月，化防天牛2遍计426.66

公顷次。2017年春季，师市林业局加强对杨园蚧和天牛等3种重要病虫害重点监测和防治。各团场及时普查，落实防控措施。实施3次普查和不间断地剪除病枝、喷杀菌剂的综合防控，并采取给果树打吊瓶、灌根等防治试验和药剂试验，化防12800公顷次，防控效果显著。　　　　（王小兵）

·畜牧业·

【概况】 2017年，第二师铁门关市畜牧业发展加强标准化规模养殖、品种改良、饲草料种植、草原生态保护等重点工程建设，优化畜种、品种结构布局，强化动物疫病防控、科学技术服务、畜产品质量安全控制等工作，全面构建符合现代畜牧业发展要求的"产业、生产、经营"三大体系。截至2017年底，牲畜存栏64.48万头（只），比上年下降1.98%，其中牛存栏2.1万头，下降8.3%，猪存栏23.54万头，增长19.6%，羊存栏38.78万只，下降11.4%；禽类存栏131.44万羽，增长58.8%；出栏牲畜83.35万头（只），增长11.5%，其中牛出栏1.69万头，增长20.7%，猪出栏40.08万头，增长17%，羊出栏41.55万只，增长6.2%。出栏肉禽164.9万只，增长13.6%；完成肉类总产4.45万吨，增长14.8%；产奶1.9万吨，增长6.8%；蛋0.82万吨，增长80.8%。

【畜禽标准化规模养殖】 2017年，铁门关市加强畜禽规模化标准化养殖建设，完成投资5873万元。全师规模化牛场、蛋鸡养殖场、猪场的基础设施建设、环境控制、自动投料、自动饮水、粪污清理全部采用先进的设施设备和生产工艺流程，自动化水平提升。

【畜禽良种繁育体系】 2017年，第二师铁门关市良种繁育实现新的突破。萨福克羊、杜泊羊及"杜长大"猪等良种畜的引进积极性较高，经济杂交优势已得到养殖户广泛的认可。加强种畜禽场建设，供种能力明显提升。胚胎移植和人工授精繁殖技术普遍推广应用，年内完成羊胚胎移植1000余只，羊人工授精数量9000余只。

【新型经营主体】 2017年，第二师铁门关市专业养殖合作社运行逐步规范。清理注销24家"僵尸"合作社，合并2家小规模合作社。加快推进专业公司运作，一些专业化畜牧公司相继成立。二十二团、二十四团、二十七团、二二三团、三十一团、三十三团、三十四团成立专业化畜牧公司，按照"公司组织生产、销售，合作社执行标准化生产，职工主动参与的模式"开始经营发展。

【农产品品牌创建】 2017年，第二师铁门关市农产品品牌创建以"绿色、安全、质优"为基础，积极开拓市场，建立集产、加、销为一体的全产业链模式。二十九团注册"兵之源"鸡蛋品牌和"绿源号"草香猪肉品牌；二十七团注册"云湖"鸡蛋品牌；三十四团马鹿养殖公司注册"鹿麒麟"鹿产品品牌。

【饲草料】 2017年，第二师铁门关市畜牧业饲草料种植加工技术大幅度提升。绝大部分的饲草种植面积采用精准施肥、适时滴水的加压滴灌技术，饲草种植由粗放管理向科学种植发展；师市养殖业全面推广应用"三贮一化"技术，畜禽产量逐步提高，产品品质大幅提升。

【畜禽污染防治】 2017年，第二师铁门关市粪污资源化利用率大幅提高。改造建设173个规模化养殖小区（场、户）的沼气站、防漏堆肥场、尿液蓄积池。尤其是对易污染环境的159个规模养猪小区（场、户）全部实施粪便和污水双防渗处理，杜绝不达标直排，粪污堆积发酵或存池发酵后还田。全师粪污综合利用率达80.08%以上，规模养殖场粪污处理设施装备配套率达70%以上，大型规模养殖场粪污处理设施装备配套率达86.16%。师市制定《第二师铁门关市畜牧行业控制污染管理办法》，履行管行业就要管环保的职责，对环保不达标或今后新建、改扩建的养殖场、屠宰场，在场址的选择、设施建设上都严格按照《办法》执行。

【病死畜禽无害化处理】2017年，第二师铁门关市鼓励建设病死畜禽化尸窖和集中处理厂。截至年末，新建（改扩建）病死畜禽化尸窖15个，铁门关市病死畜禽无害化处理集中厂稳步推进，日处理病死畜禽3吨~5吨，病死畜禽无害化处理率100%。

【禁养区划定】2017年6月，第二师铁门关市畜牧兽医局与建设（环保）局联合印发《第二师铁门关市畜禽养殖禁养区划定工作的实施方案》。依据《禁养区划定指南》，按照兵团要求，通过摸底调查、编制实施方案、申报审核、划定上图、上报审批等步骤，历时3个多月，师市完成辖区5个类型54个禁养区的划分工作，禁养区总面积58571公顷。其中饮用水水源保护区10个，面积4083.41公顷；自然保护区2个，面积17618公顷；风景名胜区2个，面积4373.53公顷；城镇居民区和文化教育科学研究区27个，面积11457.74公顷。依照相关法律法规规定应当划定的区域13个，面积20877.49公顷。

【畜产品质量安全】2017年，第二师铁门关市高度重视畜产品质量安全监管，监管工作包括动物养殖、屠宰加工、动物及动物产品经营、兽药、饲料及饲料添加剂生产、销售、使用，生鲜乳生产、收购、运输以及种畜禽生产、引进等方面。师市各级强化对违禁品非法使用的监管，全年饲料产品合格率、畜产品质量检测合格率、瘦肉精抽检合格率、生鲜乳三聚氰胺检测合格率均保持100%，畜产品质量安全得到保障。

【重大动物疫病防控】2017年，第二师铁门关市完成春秋两次重大动物疫病集中免疫、日常补免工作和猪O型口蹄疫、牛口蹄疫、小反刍兽疫的加强免疫，累计免疫畜禽500余万头（只）次，实现应免尽免。监测畜禽免疫血清17806份，口蹄疫、猪瘟、高致病性禽流感、高致病性猪蓝耳病、鸡新城疫等重大动物疫病的免疫抗体效价均在75%以上，达到国家规定的标准。

【草原生态环境保护】2017年，第二师铁门关市各

2017年8月27日，二十二团番茄采收机在采收番茄（二十二团 供稿）

级采取缩短放牧时间、禁牧区禁止放牧和草畜平衡区不超载放牧的保护措施，继续对53333.33公顷草原实施禁牧，对128666.67公顷草原实施草畜平衡。加强草原鼠虫害防治力度，配套实施草原退牧还草工程建设和草原畜牧业转型标准化规模养殖场建设项目，强化保护力度。制定草原承包、草原保护、禁牧和草畜平衡、基本草原划定等各项保护制度，师、团、连、承包户层层签订草原保护责任书，强化责任落实。加强草原监理员队伍建设，严厉打击禁牧区放牧、草畜平衡区超载放牧、乱挖乱开采、非法占用草原等各种非法行为。每月对20个禁牧和草畜平衡监测点进行监测，准确测量草高度、产草量和草原植被盖度，科学评估草原保护效果，年平均草高度逐年增高，年平均产草量逐年增加，草原植被逐年恢复，草原生态明显改善。

【畜牧兽医研讨培训班】 2017年1月9—11日，第二师铁门关市畜牧兽医局举办畜牧兽医研讨培训班，统一畜牧兽医队伍对师市"十三五"畜牧业发展的认识，增强专业技术人员服从和服务于师市"十三五"畜牧业发展的自觉性，提高履职尽责的意识，推进现代畜牧兽医实用技术的推广普及和提升畜牧兽医专业技术人员的业务素质。各团场畜牧兽医科科长、畜牧兽医站站长、畜牧兽医专业技术骨干、师畜牧兽医局（站）相关人员参加培训班。

【动物疫病防控和草原生态保护工作责任书】 2017年3月3日，王木森与14个团场主要领导签订《重大动物疫病防控工作和畜产品质量安全责任书》和《草原生态保护补助奖励机制暨草原防火工作责任书》。（王龙坛）

· 农业机械化 ·

【概况】 截至2017年末，第二师铁门关市农业机械总动力38.41万千瓦。其中柴油机动力30.2万千瓦，占总动力的78.6%。拥有大中型拖拉机4627台，小型拖拉机1700台，联合收割机134台；大中型拖拉机配套农具6015台（架），小型拖拉机配套农具2319台（架）。

（李 磊）

【农机作业经营】 2017年，第二师铁门关市农机经营总收入32173万元，农机总成本与费用24498万元，农机经营利润总额7675万元。

（李 磊）

【农业机械化水平】 2017年，第二师铁门关市全年机耕面积82493.33公顷，耕作机械化程度达100%。全年播种面积88520公顷（含复播），机播面积72166.67公顷，播种机械化程度82.58%（含育苗机械移栽933.33公顷）。收获机械化程度88.9%，覆膜、植保和中耕机械化程度均达100%。综合机械化率95.5%。

（李 磊）

【农机化人员培训】 2017年末，第二师铁门关市有农机从业人员6414人，其中农机管理服务干部45人，占农机从业人员0.7%；农机操作人员6359人，占农机从业人员99.3%。全年农机化培训6450人，其中培训农机管理人员90人次，培训农机操作人员6360人次。

（李 磊）

【农机维修】 2017年末，第二师铁门关市有农机维修网点22个，从业人数52人，完成修理工作量7294台（架）次。其中修理拖拉机2450台次，联合收割机247台次，农用运输机械1140台次，其他机械3457台次。

（李 磊）

【农机安全监理】 2017年，第二师铁门关市共报告农机安全事故2起，死亡1人，伤1人，农机事故各项指标未突破行业控制指标。

（李 磊）

【农机购置补贴】 2017年，第二师铁门关市共补贴农机具505台，受益职工380户，拨付补贴资金1374.7万元，直接带动职工投入5321.19万元。 （李 磊）

农业

【农机化工作研讨会】 2017年1月17日，第二师铁门关市举办2016年度农机化工作研讨会，师市党委常委、副师长王木森参会并讲话。师市农机局、农机监理所负责人、14个农牧团场分管农机的副团长及万源公司负责人参加会议。参会人员作农机化工作研讨交流发言。 （邓志锋）

【残膜回收机械演示现场会】 2017年2月21日，兵团农垦科学院农机装备研究所在尉犁县召开残膜回收机械演示现场会，二十九团、三十团、三十一团、三十三团、三十四团农机科科长、残膜回收工作负责人、残膜回收机械农机工人、万源公司参加此次现场会。 （邓志锋）

【兵团农机化标准团场创建验收】 2017年2月23—24日，兵团农机处处长丁卫东到二师三十团验收农机化标准团场创建工作。（邓志锋）

【残膜污染治理培训班】 2017年3月17日，第二师铁门关市农业局在库尔勒市博斯腾宾馆召开残膜污染治理培训班。师市农业局负责人、师市农业技术推广站负责人、14个农牧团场生产科科长、农业技术推广站站长、技术员等70余人参加此次培训班。培训班针对残膜污染治理中问题展开讨论，并向参会人员征求开展残膜污染治理好的意见和建议。 （邓志锋）

二十九团机采棉场景（杜炳勋 摄）

【农机检验现场会暨"农机安全生产月和安全生产万里行"启动仪式】 2017年6月2日，第二师铁门关市农业局在二十一团农机服务总站召开农机检验现场会暨"农机安全生产月和安全生产万里行"启动仪式。各团场农机科负责人、农机监理人员参加此次会议，农业局副局长姚明出席会议并讲话。会上，各团场监理员组成检验组，对机车进行检验。 （邓志锋）

【农机事故处置演练及安全分析评估和农机购置补贴培训班】 2017年8月3日，第二师铁门关市农业局在三十三团举办农机事故处置演练及安全分析评估和农机购置补贴培训班。14个农牧团场农机管理、监理、推广、农机购置补贴操作人员共计70余人参加培训班。培训班学员观摩农机事故处置演练过程，师市农机监理所负责人为参会人员讲解农机安全分析评估。 （邓志锋）

·农业产业化·

【概况】 2017年，第二师铁门关市全师116个农业产业化农产品加工贸易企业资产总额64.5亿元，比上年增长12.7%，完成工业总产值100.668亿元，增加7.16%，与农业总产值之比为1.18∶1，增加值6.72亿元，实现销售收入73.26亿元，税金总额1.16亿元，利润总额9.4亿元，年均就业人数5385人。完成申报兵团农业产业化项目资金8个，总投资5.75亿元，争取兵团资金560万元。申报兵团2016年度推进农业产业化优胜师、兵团优秀龙头企业（6个）及兵团农工专业合作社先进社（5家）。

【棉花加工】 2017年，第二师铁门关市师域范围内的棉花清理加工生产线18条，其中机采棉加工生产线12条。18条生产线百天实际加工能力近14万吨。共有籽棉清理机56套，其中国产设备50套，进口设备6套，各种型号轧花机65台，400型打包机18台，各型号剥绒机140台。异性纤维清理机19台，自动喂棉系统19套，打模、开模设备各11台，皮棉加湿设备2台套，烘干设备22台套。2017年，皮棉总量9.39万吨。白棉1—3级比率99.2%，平均长度29.79毫米，马克隆值A+B级比率7.8%，平均断裂比强度27.67CN/tex，平均长度整齐度指数82.34，轧工质量P1及P2比率98.8%。无安全、防火事故发生。

【农产品质量安全】 2017年，第二师铁门关市农产品质量安全例行监测抽检样品283个，全年农产品质量安全例行监测抽检合格率98.9%。"三品一标"认证56个，其中认证无公害农产品19个（种植业12个，渔业7个），绿色食品3个（林果业2个，种植业1个），有机食品24个（种植业7个，林果业17个），农产品地理标志8个（种植业3个，林果业2个，畜牧业3个）。

【一村（团）一品】 2017年，第二师铁门关市新增全国"一村（团）一品"示范村镇1个，累计达10个。

【农产品品牌建设】 2017年，第二师铁门关市有农产品注册商标107个，其中中国驰名商标1件，新疆著名商标12件，巴州知名商标10件。农产品加工企业逐步由产品生产向营销服务延伸，产品经营向品牌经营扩展，企业可持续发展能力明显增强。

【休闲农业】 2017年，第二师铁门关市发展农家乐9家，休闲观光农业园9家，从业人数564人，年接待人次50403人次。二十二团幸福滩绿色冬枣观光采摘基地、二十二团桃乐源休闲农庄、二十九团设施休闲农业示范点被评为兵团级休闲农业示范点。

【农工专业合作社】 2017年，第二师铁门关市有农工合作社130家，减少合作社57家（"僵尸"、空壳合作社）。社员总人数7424人。是年，合作社总资产46330万元，成员出资总额36401万元，成员人均产值31.2万元，总产值232284万元，合作社总收入162943万元，成员人均年收入21.95万元。新增国家级示范社2家，兵团级示范社6家，累计创建

二十四团戈壁滩上种植的1万余亩葡萄园区（二十四团 供稿）

农业

地方乡村村民帮助二十二团种植户挑选精品辣椒（于飞 摄）

国家级示范社11家、兵团级示范社17家。推荐兵团职工多元增收示范合作社15个，兵团"十件实事"农工专业合作社补助项目30个。

（李吉新）

·水 利·

【水利资源】 第二师深处大陆腹地，远离海洋，四周高山环抱，降水稀少。为保证农业灌溉、引蓄洪水和冬闲水，二师进行大规模的水利建设。截至2017年底，二师已建成水库3座，其中大（Ⅱ）型水库1座，库容1.61亿立方米；小（Ⅰ）型水库2座，库容0.02亿立方米；总库容1.63亿立方米。已建成小（Ⅰ）型水电站5座，总装机容量11430千瓦。已建成泵站（含节水工程首部）510座。堤防建设长度374.96千米，堤防保护人口10.06万人，保护耕地面积3.72万公顷。按有效灌溉面积划分，建设666.7公顷以上灌区6处，其中33333.3公顷以上灌区2处，3333.3~20000公顷灌区4处。河道上建有水闸13座。干、支、斗渠道长度5047千米。全年有效灌溉面积7.88万公顷，其中高新节水灌溉面积6.964万公顷。水利工程供水量10.84亿立方米。按供水用途分，农业灌溉用水9.96亿立方米，工业生产用水0.22亿立方米，城镇生活供水0.12亿立方米，乡村生活供水0.016亿立方米，生态环境供水0.39亿立方米。按供水方式分，地表水供水量10.04亿立方米，机电井提水量0.81亿立方米。

（张德文）

【水利基本建设】 2017年，第二师水利建设主要安排大型灌区续建配套与节水改造、南疆大中型灌区骨干工程节水改造、南疆大中型灌区高效节水工程、中小河流治理、小型农田水利、农业综合开发等建设。全年完成大中型灌区渠道防渗改扩建67.945千米，配套渠系建筑物349座（二十四团北干渠、二二三团老开泽渠项目未实施），清淤挖排52千米，新增田间高效节水灌溉面积5066.67公顷，改善灌溉面积3333.33公顷。全师新建堤防16.94千米，清淤疏浚泄洪通道68千米，全年无较大洪水灾害损失。

（张德文）

【重点水利工程建设】 2017年末，第二师三十八团石门水库大坝土方填筑、防浪墙、左右岸基槽土石方开挖、左右岸心墙基槽混凝土浇筑、固结、帷幕灌浆及沥青心墙填筑等工程已完工，水库具备蓄水条件。溢洪道工程、灌溉发电洞、移民道路工程已全部完工，导流洞、泄洪洞工程主体完工并通水试运行；坝后式水电站厂房建设已完成，坝后发电尾水隧洞贯通，洞室钢筋混凝土衬砌启动。 （张德文）

【水库移民后期扶持】 2017年，兵团下达师大中型水库移民后期扶持项目资金168.1万元。其中当年大中型水库移民后期扶持资金68.1万元，后期扶持结余资金100万元。用于恰拉水库二库闸门、闸房改造及10千伏输电线路改造工程，用于改善移民安置区生产、生活。

闸门项目涉及水管处、三十一团、三十三团、三十四团等移民1135人，输电项目涉及水管处移民170人。

（张德文）

【小型农田水利】 2017年，第二师中央财政小型农田水利建设补助资金项目总投资1266万元。其中中央财政投资800万元，师团自筹466万元。安排项目团场三十六、二二三团。在三十六团新林园二连实施自压输水管道2条计5.74千米，改造补充灌溉机井4眼。二二三团在北干渠新建设计流量0.8立方米/秒扬水泵站一座，安装水泵3台，架设线路200米，铺设压力管道2.12千米。

（张德文）

【大型灌区节水改造】 2017年是二师大型灌区续建配套与节水改造项目收官之年，也是南疆大中型灌区骨干工程起始之年，项目在博斯腾灌区实施。项目年度总投资11484万元，其中中央投资9187万元。大型灌区续建配套项目投资6985万元，其中中央资金5588万元，防渗改建渠道41.664千米，清淤挖排52千米，配套建筑物148座；南疆大中型灌区骨干工程项目投资4499万元，其中中央资金3599万元，防渗改建渠道41.588千米，配套建筑物236座。是年11月底，总投资完成6680万元。总投资完成率和中央投资完成率分别为58.17%和72.71%（二十四团北干渠、二二三团老开泽渠项目未实施）。其中大型灌区续建配套项目总投资完成2380万元，总完成率和中央投资完成率分别为34.07%和42.59%；南疆大中型灌区骨干工程项目总投资完成4300万元，总完成率和中央投资完成率分别为95.58%和100%。项目总体完成进度未达到国家90%的目标要求。（张德文）

【农村饮水安全巩固提升】 2017年，第二师水利局等五局委联合行文转发兵团水利局等五局委联合下发的《兵团水利局等关于印发〈兵团农村饮水安全巩固提升工作考核细则〉的通知》，以此作为"十三五"期二师落实项目行政首长制、顺利完成规划任务的考核依据。2017年是兵师农村饮水安全巩固提升工程第一次参与国家绩效考评工作，根据水利部关于开展2017年度农村饮水安全巩固提升自评估工作的要求，12月底，在黄河水利委员会、兵团水利局的支持下，二师派人参加兵团农村饮水安全巩固提升工作绩效考评培训班。2017年，二师未实施饮水安全巩固提升工程，自评总得分65.5分。

（张德文）

【水库安全】 2017年，第二师水利局结合地区实际情况，按照重点时段、敏感期及日常工作要求开展专项安全检查、日常安全抽查，重点是恰拉水库冬春季高水位蓄水、春季坝体防风浪制度制定落实情况，恰拉水库二库放水闸闸门更换、放水闸闸房施工、水库坝后盖重培高加厚、输电线路更换等安全制度制定执行情况；石门

2017年8月2日，三十团正在建设的河北新型现代农业创业园项目。项目投资1500万元，占地面积14725平方米，全部为河北援建资金
（尚新革 摄）

水库施工安全管理和安全度汛工作；三十六团沉砂池施工安全防护等。以实地检查、资料查阅和问询等形式，对水库管理、调度运行、防洪度汛、物资储备、应急预案等进行抽查。恰拉水库已制定防汛应急预案，仓库中存放发电机、电缆、钎桩、铅丝、防汛网、编织布、麻袋等设备、物资，水库坝体坝线处分段堆放戈壁、块石，落实抢险队伍；石门水库已制定施工期水库度汛预案，明确抢险队伍、物资等；三十六团沉砂池放水闸施工面设立双层网架、挂设防护网。

(张德文)

【水利安全生产管理】 2017年，第二师按照《2017年兵团水利安全生产工作计划》《关于做好兵团汛期安全生产工作的通知》《第二师水利局重大水利工程建设巡查实施方案》《第二师铁门关市安全生产巡查工作实施方案》等开展水利安全生产管理工作，与水管单位签订安全生产责任书。以水库大坝运行安全、在建工程生产安全、运行中水利设施、人饮供水水厂为核心，开展水利安全大检查、深化"打非治违"和深入开展危化品易燃易爆品安全专项整治、重要时段和重要节假日安全检查、汛期水利安全检查、"安全生产月"活动、岁末年初水利安全大检查活动。是年，二师水利安全生产形势总体平稳，接受国务院安委会安全生产巡查和"回头看"监督考核以及兵团安委会、水利局安全生产抽查、督查工作。做好联合检查、督查工作。

(张德文)

【水利项目审查】 2017年，第二师完成三十六团自压高效节水项目总体可研、三十六团沉砂池可行性研究报告等区域项目审查；完成大中型灌区三十六、三十七、三十八团项目的可研、初设项目审查；完成三十七团、三十八团1000公顷灌溉面积项目的审查；完成三十六、二二三团小型农田水利项目的实施方案审查；完成塔里木垦区水管处水库移民项目审查。完成铁门关市2017年应急度汛项目审查。完成2017年度高效节水项目的审查。

(张德文)

【水利工程质量监督】 2017年，第二师对辖区在建（包括新建、改建、扩建）31个工程项目办理质量监督手续，新开工水利建设项目质量监督率100%。迎接水利部专项督导检查6次，配合兵团水利工程质量监督中心站做好重点工程联合质监，开展在建项目的检查，对督导检查中发现问题及时下达质量监督整改通知书17份，并跟踪落实整改情况。

(赵一楠)

【水利建设质量考核】 兵团水利局在2017年8月23—24日完成2016—2017年度兵团水利质量工作考核任务，第二师总体考核得分88.4分，位列兵团各师水利局第三名。

(赵一楠)

【水利工程验收】 2017年，第二师开展年内水利工程竣工验收工作，完成2016年及以前22个项目的竣工验收工作，并上报兵团。

(赵一楠)

【农业灌溉】 2017年，第二师铁门关市总灌溉面积11.84万公顷。其中耕地灌溉面积7.93万公顷、林地灌溉面积2.05万公顷、园地灌溉面积1.73万公顷。节水灌溉面积9.07万公顷。拥有33333.33公顷以上大型灌区3处，3333.33～20000公顷中型灌区3处。全年完成水利工程供水10.83亿立方米，其中地表水供水量10.02亿立方米，机电井供水0.81亿立方米。

(程 泉)

【水利管理指标】 截至2017年底，第二师铁门关市水利系统实有人数855人，其中师水利局机关8人，师水利工程质量监督站4人，场外直属水管机构4个、人员248人，团场水管单位14个、人员595人。水利综合经营总产值22731万元。

(程 泉)

【水土保持预防监督管理】 2017年，第二师铁门关市水利局依法全面履行水土保持监督检查职责，推进监督检查程序化管理，落实生产建

焉耆垦区团场辣椒晾晒场（张虎平 摄）

设单位的水土流失防治主体责任，对新疆兴业能源等光伏建设项目水土保持方案编制情况、实施情况进行督导检查。（程 泉）

【水资源管理】 2017年，第二师铁门关市水利局落实最严格水资源管理制度，把"三条红线"用水指标分解并下发到各团场，在水资源开发利用红线内，加强水资源统一调度，严格用水定额管理，按照"以水定地、以水定需"的科学发展模式，促进在有限水资源条件下各产业有序协调发展。（程 泉）

【节水灌溉建设】 截至2017年底，第二师铁门关市高效节水技术应用面积达9.07万公顷，其中高效节水自动化控制灌溉技术应用面积达到0.45万公顷。（程 泉）

【全面推行"河长制"工作】 2017年，第二师铁门关市按照国家及兵师党委生态文明建设要求及全面建立河长制工作任务，师市水利局承接师市河长办职责任务，组织、指导团级河长办开展各项河长制工作任务，编制完成《第二师铁门关市河长制六项工作制度》《第二师铁门关市河长制六项任务细化实化方案》、各河流"一河一策"方案及其他各项配套工作制度；按照兵团河长办各项任务要求，有序推进河长制水污染防治、水资源保护、水生态修复等各项工作。（程 泉）

【水产渔业】 2017年，第二师铁门关市水利局推行水产品健康养殖技术普及，加强水产品质量安全监管和行业管理，加大水库增殖放流力度，提高水产品安全供给。全年完成水产品总产量4681吨，实现水产品年总产值5924.8万元。（程 泉）

【抗洪抢险】 2017年，师域内开都河二十一团三连段堤岸垮塌近300米，严重危害到团内道路交通安全和农业输水。出现险情第一时间后，二十一团及时采取除险加固措施，完成加固河岸400米，其中新建挑流坝3座，护岸330米，需砂石戈壁3500立方米、铅丝笼13230平方米、铁丝600千克、土方2800立方米、拉运建筑垃圾14000米，团场累计投入抢险资金110万元；黄水沟河道水位上涨，发生险情，二十二团及时采取措施，加固堤岸4千米，疏浚河道11千米，累计投入抢险资金35万元；7月21日凌晨3：50左右，三十团北部山区突降暴雨，持续2个小时左右，上午8：40分，境内4号泄洪渠洪量达25立方米/秒，流速较大，造成4#泄洪沟3+400处加固好的堤坝再次出现损坏危险，出现险情后，该团场迅速组织抢险队、机械再次对泄洪渠堤进行加固，投入抢险资金达80万元。（徐 伟）

【防洪工程建设】 2017年是第二师铁门关市近年来防洪投入最大的一年，师市党委高度重视，吴彬书记多次召开专题会亲自安排部署防汛工作，明确铁门关市防洪总体规划"一横四纵"的总体工程布局，有效推进防洪工程建设，城市防洪体系初步完善，城区防洪能力提高，城区洪灾减轻，防汛减灾取得实质性效果。2017年度围绕铁门关市中心城区防洪工程建设，师市共完成防洪工程6个，累计完成投资7797.53万元。2017年工程防御较大山洪灾害3次，蓄滞洪库拦截洪水数十万立方米，避免城区形成灾害性洪水，确保安全度汛。

（徐　伟）

【汛期值班】　2017年6月1日—9月30日，第二师防汛抗旱办公室执行24小时值班和领导带班，每天通过手机整理全疆区域天气预报、主要河道水情及受灾单位的灾情，对较大的天气变化过程和灾情多次进行会商，及时将会商结果和灾情信息上报兵团防汛办。期间，接转下发防汛抗旱形势分析材料10余份，指导各单位及时应对天气变化。　（徐　伟）

【特大防汛抗旱资金补助】2017年，兵团财务局印发（《关于拨付兵团2017年特大防汛抗旱补助资金的通知》），下拨二师2017年特大防汛抗旱补助资金的300万元，专项用于2016年度、2017年度防汛抗洪抢险、应急度汛、水利工程设施水毁修复和特大抗旱的支出。师市水利局结合2016年、2017年的团场防汛受灾情况、水利工程设施水毁修复和防洪抢险投入等情况，制定防汛补助资金300万元分配计划。将项目资金下拨至二十一团、二十二团、二十九团、三十团、十八团渠管理处5个单位，专项用于防汛抗洪抢险、河堤水毁修复和抢险应急物资购置等。（徐　伟）

【应急度汛工程项目建设】2017年，兵团财务局印发（《关于拨付2017年中央水利建设基金的通知》），下拨二师中央水利建设基金200万元，专项用于受洪灾影响的堤防及重点涵闸进行应急加固及水毁工程设施应急修复。二师应急度汛防洪治理项目建设于2017年5—9月完工，累计完成240万元，其中二十一团查通沟防洪堤加固5千米，二二三团完成3#泄洪沟5+700—9+100段清淤及两岸沟堤加固，完成土方78529.56立方米，神宇社区完成新建防洪堤3.1千米，过水断面2处，格宾笼护坡200米。结合各单位工程完成情况，2017年，防汛应急度汛中央财政资金补助二十一团70万元，二二三团45万元，神宇社区85万元。

（徐　伟）

【水毁修复工程】　2017年，第二师铁门关市完成水利工程设施损毁修复建设任务完成堤加固防20.2千米，恢复灌溉水闸6处、渠道损毁12处，清淤疏浚排渠68千米，完善其他小型水利设施30处。所有项目均在6月主汛期前完工，确保今年的度汛安全。项目涉及二十一团、二十二团、二十四团等6个单位，累计投入1147万元。

（徐　伟）

【十八团渠管理处】　十八团渠管理处位于巴音郭楞自治州库尔勒市境内，是第二师铁门关市管辖的处级水利事业单位。设置7个科室3个水利基层单位，在职职工94人，其中水管一线职工53人。十八团渠是十八团渠灌区的骨干引水工程，于1951年5月建成通水，是由王震将军亲自规划命名的新疆解放初期建设的第一批骨干水利工程。大渠全长62千米，沿线修建节制闸8座，分水闸30座，退水闸4座，以及相应的渡槽、陡坡、测水桥、桥梁、洪渡、分水闸、纳洪口等配套建筑物共计136座，防洪堤50千米，衬砌排洪沟5.7千米。主要承担着铁门关市城市工业、绿化用水以及库尔勒垦区二十九团（含二十八团）、三十团和库尔勒市三乡一场等26个单位的灌溉用水和防洪任务。灌区灌溉面积28933.33公顷，灌区近两年总引水指标为2.29亿立方米，近两年实际平均引水2.2亿立方米，完成总引水指标的96%。十八团渠管理处积极推进水利信息化技术运用，提高水利安全运行管理水平。2015年9月，单位自筹170余万元，对5处支渠闸门控制改造，18处泵站远程监控，5处支渠视频远程监控，完成23处零星泵站远程控制；2016年，安装18个安防视频监控；2017年，单位自筹160余万元对龙口闸门进行改造，沿渠铺设光纤60千米。截至2018年3月，十八团渠管理处已建成水情信息采集中心1个、分中心采集4个，水情自动遥测监测干、支渠监测站38个，无线电子水尺实时监测渠道26处，闸门自动控制6处、视频监控21处、安防监控9处、泵站流量监测18处和泵站远程控制23处，升级备用发电机组6处，以及综合云平台系统一套。灌区监测点全面分布在渠道沿线62千米中，有效监测所有支渠道、斗渠干渠水位，闸门远程自动控制和视频远程监控，渠道安全运行率和安全输水管理的时效性和预见性提高。2017年，十八团渠管理处累计安全行水198天，共计引水2.22亿立方米；全年完成灌溉面积144000公顷；自动化设备安装管理与维护累计出勤100余人次，各类水情设备设施安全运行无事故。2017年8—9月，为铁门关市将军河输水6次，累计输水178万立方米，全年为铁门关市输送绿化美化用水900万立方米，保障师市城市建设和绿化用水。是年，十八团渠管理处自筹160万元，升级改造水利信息化，沿渠铺设光纤60千米，工程计划2018年完工，可实现水利信息的采集、输送、存储、处理和服务的现代化，全面提升十八团渠管理处水利事业活动的效率和效能。遥控改造升级7处节制闸，升级备用发电机组6处，优化灌区的管理服务水平，为灌区农业持续稳定发展提供强有力的支持与保障。是年，十八团渠管理处农场棉花种植面积251.57公顷，西瓜种植3.5公顷，实现棉花单产442千克，总产167万千克，棉花兑现价格7.20元/千克（含国家补贴），承包户人均收入达3.2万元。果园实际面积317.58公顷，上交面积280.4公顷，实现生产总值438万元。

（杨冬懿　刘　超）

【塔里木垦区水管处】　第二师塔里木垦区水管处，位于塔里木河下游巴音郭楞蒙古自治州尉犁县境内，距巴州州府库尔勒市120千米，是第二师下属的正团级水利事业单位，在职职工154人，下设7个职能部门、4个基层单位。管理的恰拉水库属国家大Ⅱ型平原水库，总库容1.61亿立方米；配套干渠三条即库塔干渠、恰铁干渠、大西海北干渠，全长152.1千米，水闸68座，担负着第二师塔里木垦区3个农业团场38000公顷耕地的供水任务。管理塔里木垦区人饮供水工程，承担第二师塔里木垦区人饮供水服务。2017年，塔里木垦区水管处完成生产总值3805万元，比上年增长2%，完成固定资产投资2600万元，财务总收入7124万元。人饮供水348万立方，收缴水费835万元。推进渔业可持续发展，实施恰拉水库增殖放流31吨，完成水库捕鱼232吨，收缴渔业承包费68.2万元。人均可支配收入4.5万元。

是年，塔里木垦区水管处科学编制《2017年引水过程线》，统筹两河（塔里木河、开孔河）引水，全年完成引水4.44亿立方米，完成年度计划的114%，水库综合利用率78.5%。完成向塔里木灌区三个团场配水3.54亿立方米，完成年初计划的128%。是年，塔里木垦区水管处完成水利信息化二期建设，总投资479万元，实现远程无人值守调控闸门，大坝浸润线监测准确反映渗流情况，泵站智能管理系统精准控制。完成水利基本建设项目8个，总投资801.14万元。其中恰拉水库2号放水涵洞闸门更新改造工程，2017年6月28日开工，8月25日竣工，工程投资340.77万元；恰拉水库主坝段后盖重加固工程，2017年6月1日开工，8月15日竣工，工程投资286.71万元。是年，塔里木垦区水管处完成民生基础建设投资1159.72万元。其中投资660万元，完成煤改气工程，解决营区集中供暖；投资26万元，对56户职工住房进行防水处理；投资151万元购置12台人饮消毒设备，改善垦区人饮水水质；投资5.88万元购置自动饮水机，解决6户渠坝点职工饮用水问题，职工群众获得感显著增强。　（王俊江）

工业·信息化

·工业·

【概况】 2017年，第二师工业经济总体保持平稳较快运行、效益增长、结构调整稳步推进的良好态势。师市全年完成工业增加值42.52亿元，比上年增长7.6%。实现工业总产值159.99亿元，增长4.3%，其中：规模以上工业总产值142.70亿元，增长3.8%，占全师工业总产值比重为89.2%；规模以下工业总产值13.26亿元，下降16.4%，占全师工业总产值比重为8.3%；工业产业总产值0.11亿元，增长19.7%，占全师工业总产值为0.07%；个体工业总产值3.92亿元，下降2.1%，占全师工业总产值比重为2.5%。规模以上工业产销率94.6%，下降2.9%。

【工业固定资产投资】 2017年，第二师完成工业投资53.46亿元，比上年增长56.2%，铁门关市完成工业投资19.99亿元，增长35.2%。

【分行业产值情况】 2017年，第二师工业企业325家，其中规模以上工业企业83家。其中：农副产品加工业实现工业产值50.1亿元；食品制造业实现工业产值22.9亿元；酒、饮料和精制茶制造业实现工业产值4.1亿元；纺织业实现工业产值16.2亿元；造纸和纸制品业实现工业产值4.6亿元；肥料制造实现工业产值12.7亿元；医药制造业实现工业产值2.9亿元；非金属矿物制品业实现工业产值6.2亿元；塑料制品业实现工业产值9.5亿元；专用设备制造业实现工业产值4.4亿元；电力生产实现工业产值3.2亿元；燃气生产和供应业实现工业产值3.9亿元。

【主要工业产品产量】 2017年，第二师规模以上工业产销率94.6%，比上年下降2.9%。规模以上工业企业主要工业产品产量原煤211.2万吨，增长16.7%；发电量5.7亿度，增长56.3%；供热量118.7万吉焦，增长730.1%；水泥39.5万吨，增长20.9%；机制纸及纸板4.2万吨，增长11.6%；机制糖4.6万吨，下降8.5%；棉纱6.8万吨，增长55.1%；塑料制品4.6万吨，增长37.9%；精制食用油5.6万吨，增长11%；饮料酒1万千升，下降0.2%；饲料44.5万吨，增长20.6%；建筑用天然石料47万立方米，增长21.9%；干制红枣3.7万吨，增长

9.7%；机械化农业及园艺机具2.4万台，增长36.1%。

【参加中国国际中小企业博览会】 2017年10月10—13日，第十四届中国国际中小企业博览会在广州开幕，师市党委常委、副师长周爱武、工信委主任刘冰及新疆华世丹药业公司代表二师参加展会。

【节本降耗】 2017年，第二师工信委制定《2017年第二师铁门关市工业降本增效专项行动方案》，提出工业企业百元销售成本率同比下降1.5%；可比成本费用比上年降低9700万元。

【工业节能监察培训】 2017年，第二师工信委选派1名工作人员参加工信部主办的工业节能监察业务培训班。

【大众创业万众创新政策】 2017年，第二师工信委认真贯彻落实《国务院关于做好当前和今后一段时期就业创业工作的意见》精神，出台《第二师铁门关市2017年大众创业万众创新重点工作方案》《第二师铁门关市团场创业孵化园认定和管理办法（试行）》《第二师铁门关市小微企业"助保金"贷款管理办法》《关于调整第二师铁门关市推进大众创业万众创新工作领导小组及办公室的通知》《关于表彰奖励2016年度第二师铁门关市推进大众创业万众创新先进团场的决定》《关于表彰奖励2016年度第二师铁门关市优秀民营企业"三十强"的决定》《第二师铁门关市2017年推进团场大众创业万众创新工作考核办法（试行）》《第二师铁门关市2016—2017年度"双创之星"评选表彰方案》等文件。通过政策引导、表彰奖励、重点推进、融资担保等方式，大力激发各类创新创业主体活力，构建有利于大众创业、万众创新蓬勃发展的政策环境。

【大众创业万众创新表彰】 2017年5月16日，第二师工信委召开大众创业万众创新工作会议，表彰2016年双创工作突出的二十九团、三十四团、二十四团、三十三团、三十一团，奖励资金500万元；表彰铁门关市新兴纺织有限公司、新疆庆回归化肥有限公司、新疆隆平高科红安才吾库勒辣椒有限责任公司等2016年民营企业30强，奖励资金228万元。

【大众创业万众创新活动周】 2017年9月15日上午，第二师工信委在铁门关市党校办公楼前举行2017年"大众创业、万众创新"活动周，师市党委常委、副师长周爱武出席活动仪式并讲话，师市机关全体干部参加活动周开幕式。活动周期间，师市各级共印发宣传手册4175册；展示团场创业创新产品30类；制作条幅176条、展板264块；在省级、地师级各类媒体刊发"双创"宣传

2017年3月31日，冠农股份举行消防演练（冠农股份 供稿）

稿件168篇；活动周参与人数11264人次。

【新增市场主体】 2017年末，第二师新增各类经营主体1071家。其中：新增个体工商户862家，比上年增长32.21%；新增小微企业、合作社209家，增长62.02%；年均增长率37.13%；小微企业经济增长率27.77%。在师市及团场的各类优惠政策的扶持下，新增就业人数7308人，增长21.6%，新增创业创新人数11310人，增长52.8%，各团场职工群众参与创新创业氛围更加浓厚。

【支持纺织企业发展】 2017年，第二师工信委共申请专项补贴资金2693.24万元，其中申请自治区资金1063.71万元，申请兵团资金1586万元，申请师市财政资金43.53万元。拨付纺织企业2084.55万元，其中电费补贴204.18万元，运费补贴1063.70万元，使用地产棉补贴522.09万元，岗前培训补贴179.76万元。

【考察学习】 2017年6月22—23日，第二师党委常委、副师长周爱武带领工信委、科技局、铁门关经济工业园区、冠农股份、金川矿业、金川热电、天诚农机等

第二师冠农番茄酱生产厂区

部门和企业组成的考察组20人，赴新疆特变电工、麦趣尔公司、天润乳业考察学习企业管理。

【工交企业系列文体活动】 2017年9月，第二师工信委组织工交企业进行篮球、乒乓球、羽毛球比赛，金川热电公司、新疆金川矿业有限公司、新疆冠农果茸集团股份有限公司、天泰电力公司、中联客运公司、天基公司、二十二团等7个单位100余名运动员参加比赛。冠农果茸集团股份有限公司获篮球比赛、羽毛球比赛第一名，二十二团获得乒乓球比赛第一名。 （裴新强）

·信息化·

【基础设施】 2017年，第二师信息基础设施建设更趋完善。移动、电信、联通三大运营商分别成立了铁门关市分公司，加大师市信息基础设施建设投入力度，光纤网络和移动通信网络覆盖所有团场和连队，网络覆盖率达100%。

【办公信息化】 2017年，第二师办公室大力推进电子政务内外网建设，实现兵团、师市、团场三级纵向联通和师市各单位、各部门之间的横向联通，简化了办文流程，工作效率提升。

【交通信息化】 2017年末，第二师交通行业投资396万元建设完成车辆GPS动态监控管理系统、客运站管理系统和实名制售票系统、交通综合信息系统等信息化管理系统，实现交通运输信息化日常管控。

【医疗信息化】 2017年，

第二师库尔勒医院投资216.5万元完成信息化机房改造，投资338万元建设了门诊收费、出入院管理、门诊医生工作站、医技计费系统药房管理等信息化管理系统，使医院管理更加科学规范。

【水利信息化】 2017年末，塔里木垦区水管处投入1000余万元实施了"塔里木垦区信息化建设一期、二期工程项目"。建成7个水位监测站、1个库水位站，实现水位、闸控、大坝浸润线、泵站信息、视频监控等信息综合管理；十八团渠管理处建成水情信息采集中心1个、分中心采集4个、水情自动遥测监测干和支渠监测站38个、无线电子水尺实时监测渠道26处、闸门自动控制6处、泵站流量监测18处、泵站远程控制23处，实现水位采集、流量监控、闸门开启的自动化。

【工业信息化】 2017年，新疆金川矿业集团有限公司建设了安全生产信息化监控系统（KJ352煤矿安全监控系统、JSG-8矿井火灾束管监测系统、工业电视及大屏幕显示系统、KJ133矿井人员定位系统）和全自动无人值守称重系统，用信息化技术为公司发展保驾护航；天泰电力公司加强电力调度自动化系统基础平台建设，13座110千伏变电站实现了无人值守，为电网安全、优质和经济运行提供可靠保障。

【公安信息化】 2017年，第二师公安系统把信息化建设作为提升战斗力的重要手段，在师市党委的支持下，完成师市社会治安视频监控网络建设和师市便民警务站、公安维稳检查站信息化装备建设，为反恐维稳、案件侦破、社会管理等核心工作提供了高质量、全方位的信息资源服务。（裴新强）

·工业园区·

【概况】 第二师铁门关经济工业园区（以下简称园区）于2005年6月正式挂牌成立，2009年1月，批准为兵团级工业园区。机构设置为一办四局，即：办公室、建设规划环保局、财务局、劳动人事和社会事业发展局、经济发展招商局，人员编制20人，截至2017年底，形成"一区四园"发展格局。园区规划面积51.9平方千米，落地企业48家，规上企业21家，就业人数5700人。其中库西工业园区与铁门关市相邻，库库高速路（库尔勒至库车高速公路）从园区穿过，南疆铁路从边界通过，建有肖塔火车站，规划面积10.32平方千米，以纺织服装、机械装备制造、新型建材和商贸物流为主导产业，入驻企业31家；绿原工业园位于和静县二十二团，西界靠南疆铁路，北侧设有南疆铁路幸福滩火车站，规划面积5.47平方千米，以特色农副产品精深加工及火力发电为主导产业，

金川热电公司厂区

庆回归化肥有限公司产品销往全疆各地（苏江生 摄）

入驻企业8家；第二师工业园位于和静县二二三团，南界为省道305线，距和库高速入口25千米，规划面积10.8平方千米，以合金冶炼、资源循环利用为主导产业，入驻企业7家；双丰工业园位于双丰镇三十团，现已完成总体规划、环境影响评价报告、产业发展规划、地质灾害评估等前期资料的编制工作，其中环境影响评价报告、产业发展规划、地质灾害评估已完成评审并取得师市批复。同时，完成双丰工业园道路、给排水、供热综合管廊的可研编制，规划面积25.31平方千米，以染料中间体和医药、农药中间体、化工新材料、石油天然气精深加工、高端精细化工、光伏发电、仓储物流为主导产业，入驻企业2家。

【经济建设】 2017年，铁门关经济工业园区全年完成工业产值57.7亿元，比上年增长7.2%；完成工业增加值15.2亿元，增长8.57%；全年实现税收1574.2万元，增长73.9%；企业营业收入55亿元；完成固定资产投资23.45亿元。

【招商引资】 2017年，铁门关经济工业园区全年签约项目9个，协议投资54.3亿元。开工建设项目3个，其中总投资1.2亿元的新恒星服饰项目，2017年6月开工建设，实现当年签约、当年建设、当年投产；总投资18亿元的河北星宇纺织服装全产业链项目，2017年7月开工建设，到12月首批生产设备基本安装到位；总投资1.7亿元的天山雪达针织布梭织布项目，2017年9月开工建设，到11月完成厂区基础建设。

【基础设施建设】 2017年，铁门关经济工业园区基础设施开工建设项目共31项，总投资10.08亿元。其中投资4318万元完成纺织工业园纬四路、经十五南路道路工程（2016年完成4215万元，2017年完成103万元）；投资4419万元完成纺织工业园纬六路道路工程项目（2016完成4029万元，2017年完成390万元）；投资4941万元完成纺织工业园纬七路道路工程项目（2016年完成4650万元，2017年完成291万元）；投资2400万元完成河北创业服务大厦建设项目（2016年完成2220万元，2017年完成180万元）；投资14437万元完成纺织工业园供水管网建设工程（2016年完成14000万元，2017年完成437万元）；投资15029万元完成纺织服装加工标准厂房建设项目（2016年完成12995万元，2017年完成2034万元）；投资8000万元完成第二师工业园给排水工程；投资680万元完成绿原工业园供热管网工程；投资720万元完成库西工业园区防洪工程；投资2987万元完成纺织工业园排水管网工程；投资1955万元完成库西工业园燃气管道工程；投资3983万元完成库西工业园新扩区部分道路工程；投资722万元完成库西工业园配套管网工程；投资4650万元完成双丰工业园输水工程；投资4915万元完成库西工业园供热工程；投资3400万元完成双丰工业园供排水管网工程；投资4675万元完成双丰工业园东环路道路工程；投资4360万元完成服装区标准厂房建设项目；投资4689万元完成家纺区标准厂房建设项目；投资4335万元完成双丰工业园崛起路道路工程；投资4358万元完成第二师工业园纬二路道路工程；投资4672万元完成第二师工业园防洪工程；投资4236万元完成第二师工业园给排水管网工程；投资4596万元完成第二师工业园经三路道路工程；投资4586万元完成第二师工业园输水管网工程；投资4482万元完成绿原工业园11号路道路工程；投资4690万元完成绿原工业园排水工程；投资4590万元完成第二师双丰工业园入园道路工程；投资4465万元完成工业标准厂房建设项目；投资4780万元完成织布区标准厂房建设项目；投资1950万元完成河北创业服务大厦建设项目室外配套工程。

【对口援建项目】 2017年，河北创业服务大厦交付使用，此项目是河北省援疆项目，项目总投资3282万元，其中河北省援疆资金2400万元，师市配套资金882万元。该项目于2016年8月开工建设，建筑面积7566平方米，2017年11月竣工并交付使用。

【党的建设】 2017年，铁门关经济工业园区共有基层党组织5个，党员总数61人。其中园区管委会机关党支部党员人数22人，新疆庆回归化肥有限公司党支部党员人数7人，新恒立纺织有限公司党支部党员人数11人，库西工业园非公有制企业联合党支部党员人数13人，第二师工业园非公有制企业联合党支部党员人数8人。非公有制企业党员人数占园区党员总数的63.9%，基本实现非公有制企业党组织全覆盖。进一步完善党委中心组学习、"三会一课"、党员干部集中学习制度，全年共组织召开中心组学习12次、党员干部集中学习32次、专题党课活动3次。组织企业员工学习十九大精神17场次、参加人员3700人次。

【安全生产】 2017年，铁门关经济工业园签订"一岗双责、党政同责"安全生产责任书7份，与各企业、项目单位签订安全生产目标管理责任书38份，消防安全责任书38份，指导企业与各车间各班组签订责任书210份，召开安全生产工作例会7次，安排部署安全生产工作19次，全年未发生一起一般及以上安全生产事故。

【人口聚集】 2017年，铁门关经济工业园接收和田、喀什籍城乡维吾尔族富余劳动力转移就业408人，巴州周边地区维吾尔族富余劳动力213人，当年累计安置外来就业人员621人。

（冯塔伟）

商贸·旅游

·商贸·

【国内贸易】 2017年，第二师加快流通基础设施建设，申报第三批"百团万店"工程示范项目2个，总投资6700万元。已运营的2个项目共实现销售额18356万元，利润1736万元，带动就业513人。继续推动"电子商务进村"综合示范工程。开展"师市消费促进6+1活动"，进一步整顿和规范市场秩序。

【电子商务进农村】 2017年，第二师开展电子商务进团入连综合示范项目绩效评价自查工作，通过商务部验收。组织团场企业参加兵团举办的电子商务综合培训，继续举办电子商务专业培训班，举办9期培训班，培训人员1447人次；实现线上线下销售产品2500余万元。

【典当管理】 2017年，第二师商务局对天润家典当公司开展年审，并向兵团商务局上报典当年初审工作报告。经核查，天润典当公司能够按规定依法经营，未出现非法集资等问题。

【城镇商业便民服务】 2017年，第二师商务局申报第二批"百团万店"工程示范项目2个，总投资6700万元，获年度专项资金300万元，支持项目2个。

【农产品冷链物流建设】 2017年，第二师商务局根据财政部、商务部《关于中央财政支持冷链物流发展的工作通知》，申报冷链物流项目4个，总投资7200万元。师市1家冷链物流企业被列入全国农产品冷链流通标准化示范企业。

【家政体系建设】 2017年，根据兵团商务局印发《2017年兵团家政服务建设工作方案》，第二师培训家政服务人员1601人。

【成品油行业管理】 2017年，第二师商务局为兵团石油有限公司二师分公司成品油零售经营企业办理年审或换证21个。兵团石油二师分公司加油站20座；全年销售成品油40029.58吨，其中汽油销售量13973.29吨、柴油销售量26056.29吨。

【蔬菜副食品便民直销店】 2017年，第二师商务局完成2017年度"蔬菜副食品便民直销店"申报工作，获得12家蔬菜副食品建设项目补贴资金60万元。建设运营蔬菜副食品便民直销店12家，网点辐射12个团场。

【消费促进"6+1"活动】2017年，第二师商务局制定《2017年第二师铁门关市"消费促进6+1活动"实施方案》，组织开展便民直销、网络促销、产销对接、餐饮美食节、节庆品牌汇、健康美丽行活动；开展商贸执法和安全生产专项督查。是年，共组织14个团场、6家企业开展20余场次各类促销活动，拉动师市社会消费品零售总额增长约1个百分点，推动消费向便利化、精细化、品质化方向发展。

【商贸领域安全生产】2017年，兵团商务局制定《2017年商贸流通领域安全生产工作要点》《商务局安全生产巡查工作实施方案》，并在第二师安监局、公安局（消防局）等有关部门的配合下，多次赴师市批发零售企业、超市、商场、加油站等人员密集经营场所开展安全生产大检查，对存在的安全隐患及时提出限期整改和相关要求。

【外贸】2017年，第二师商务系统推进外贸转方式、调结构，鼓励外贸企业转型升级，全年实现外贸进出口总值8088.26万美元，比上年增长57%。

【自产产品出口】2017年，第二师实现自产品出口7875.4万美元，比上年增长189%。主要有番茄酱、番茄沙司、辣椒色素等商品。

【中国国际投资贸易洽谈会】2017厦门国际投资贸易洽谈会于2017年9月18日在厦门举行。第二师代表团有8人参会。签约项目1个，协议总投资额18亿元。项目利用已建成的6万平方米纺织服装标准厂房和新增33.33公顷用地，引进高端气流纺设备、高档全自动内衣机等设备。

【2017（中国）亚欧商品贸易博览会】2017（中国）亚欧商品贸易博览会于8月24—28日在乌鲁木齐市新疆国际会展中心举办。师市申购展位5个，参展企业5家。

【第十五届哈萨克斯坦中国商品展览会】2017年6月29日—7月2日，由商务部、自治区人民政府、兵团共同主办第十五届哈萨克斯坦中国商品展览会在哈萨克斯坦阿拉木图市举办。第二师企业申报认购室内展位1个。

（湛正宏）

· 旅游 ·

【概况】2017年，第二师铁门关市全力推进旅游业提质提速提效，全年共接待游客12.96万人次，比上年增长10%，实现旅游总收入4039.17万元，增长20.1%。

【5.19全国旅游日】2017年，第二师利用"5.19全国旅游日"，博斯腾宾馆开展以"旅游让生活更幸福"为主题的大型推介活动，活动期间旅游企业推出景区免门票活动，宾馆推出半价房、折扣菜品等优惠活动。

【博古其镇首届梨花节】2017年4月15日，第二师铁门关市博古其镇首届梨花节暨创建国家级特色小镇启动仪式在博古其镇现代农业科技示范园区开幕。吸引了众多游客前往观赏。

【旅游安全工作】2017年，第二师共开展旅游安全联合执法6次，对旅行社暗访12次，下达整改通知书1份，发现安全隐患8处，与各旅游企业签订旅游安全责任书6份，组织安全旅游知识培训200人次，应急演练2次。与巴州旅游局合作对旅游市场进行联合督察1次。

【旅游规划编制】2017年，第二师对师市旅游规划及二十五团、三十四团、三十六团旅游规划和罗布湖沙漠生态旅游规划进行初评。

【旅游项目建设】2017年，第二师积极争取将三十一团罗布湖旅游休闲度假区项目、三十四团大西海沙漠生态旅游景区建设项目和三十七团小宛现代农庄3个旅游项目确定为《2017全国优选旅游项目名录》。恰拉湖国家湿地公园项目启动。（朱延奎）

交通运输

· 公路建设与养护 ·

【交通基础设施建设】 2017年，第二师交通运输业累计完成固定资产投资2.42亿元，其中包括重点项目3个，建制村通沥青（水泥）路工程，道路运输及养护工程项目2个和自建项目4个。

（牛林森）

【重点公路工程建设项目】 2017年，第二师交通局建设G315—三十七团公路工程，建设规模20千米，建设年限2016—2017年，公路等级二级，2017年，计划总投资3500万元，已完成投资3650万元，占年度目标计划104.2%；二十九团吾瓦镇—三十团双丰镇公路建设项目，建设规模30千米，建设年限2017—2019年，公路等级二级，2017年，计划总投资3000万元，已完成投资3000万元，占年度目标计划100%；铁门关—二十九团—石油专用线公路项目，建设规模15千米，建设年限2017—2019年，公路等级二级，2017年，计划总投资3000万元，已完成投资3000万元，占年度目标计划100%。

（牛林森）

【农村公路建设项目】 2017年，第二师交通局建制村通沥青（水泥）路工程，建设规模85千米，公路等级四级，2017年计划总投资7945万元，已完成投资8200万元，占目标任务103.2%。

（牛林森）

【养护工程项目】 2017年，第二师交通局道路运输及养护工程项目2个，2017年下达计划2650万元，已完成2255万元，占目标计划85%。

（牛林森）

【铁阿高速公路PPP项目】 2017年，交通运输部门铁门关—轮南—阿拉尔公路高速公路，项目规模383千米，预计投资117亿元。2017年，已完成项目社会资本方资格预审工作、施工图初步设计、项目统计入库资料报送和社会融资方招投标等前

· 245 ·

2017年10月23日，建设中的兵地融合发展项目——库尔勒至铁门关市城际快速路（苏江生 摄）

期工作。　　　　（牛林森）

【自建项目】 2017年，第二师交通局建设S214—三十六团—G315线公路，建设里程11千米，公路等级二级，兵团年度任务6000万元，已完成投资1300万元；博湖县—二十五团—X049线公路，建设里程101千米，公路等级三级，兵团年度任务3111万元，已完成投资1000万元；三十一团卫东农场公路，建设里程5千米，公路等级三级，兵团年度任务1534万元，已完成投资634万元；三十四团—大西海子水库—火车站公路，建设里程26千米，公路等级三级，兵团年度任务3100万元，已完成投资1200万元。

（牛林森）

【养护站点建设】 2017年，第二师交通局根据标准化养护站的需要，逐步实现对外形象的规范统一，提升养护管理水平，适应"十三五"交通综合发展规划，配合团场三化建设需求，2016年，开工建设二二三团养护站，建筑面积1824平方米，总投资375万元，2017年9月完工；三十三团养护站，建筑面积1991.38平方米，投资500万元，2017年8月完工。三十八团养护站，建筑面积1631平方米，投资400万元，2017年3月完工。（骆玉玲）

【露营基地建设】 2017年，第二师交通局为完善养护站点功能，改造建设二二三团、三十四团、三十六团、三十七团4个露营基地，规模12100平方米，2017年5月开工，2017年11月完工，总投资2130万元。

（骆玉玲）

【公路养护】 2017年，第二师交通局投资315.2万元，对三十团X059国扬线7.8千米公路进行大、中修养护，认真进行设计，组织施工和监理招投标，适时定期对施工单位进行检查和监控，保证养护工程项目质量。全年维修加固桥梁护坡、伸缩缝桥面铺装2座；修复涵洞3道；购置贴缝带10000米用于X040永七线裂缝处理；修补破损路面、桥涵跳车共计完成9183平方米；完成S307库双线沿十八团渠路段安全防护，共计安装警示桩1950根，标志牌5块；处理铁路交叉道口危险路段1处。根据兵团公路养管中心桥梁及路况评定计划，8月，完成省道公路技术状况评定工作；补贴225万元费用用于团场公路养护队路肩边坡养护费用支出。

（刘建伟）

【公路养护设备操作与维护培训】 2017年1月21日，第二师公路养护管理所配发新

2017年10月，二十二团铁路交叉道口危险路段进行公路修复（张军 摄）

养护设备，组织垦区站、团场站10余名养护人员进行公路养护设备操作与维护培训。通过培训使养护人员掌握了对新设备的操作、日常检查和保养技术，养护设备操作技能水平得到提高。

（刘建伟）

【寒冷地域沥青路面建养技术交流会】 2017年6月，第二师交通局1人赴内蒙古呼和浩特市参加"寒冷地域沥青路面建养技术交流会"，学习了解严寒气候下公路养护设备保养知识。（刘建伟）

·路政管理·

【综合交通服务】 2017年，第二师新建、改扩建公路里程150千米（包括续建项目和新建项目），交通基础设施项目建设计划总投资20095万元，其中中央投资10415万元，师团自筹9680万元。公路里程的不断增加，改变了职工群众的生活环境和农村地区的发展环境。有利于兵团产业链提升，加强了兵地融合，为民族团结提供了有利条件。 （牛林森）

【配备人证合一身份查验系统】 2017年，兵团交通局拨款200万元，中联公司自筹77万元，交通局筹措资金48万元对第二师团场客运站全部配备人证合一身份查验系统、安检仪安检门和联网售票系统。

（马建新）

【投诉处理】 2017年，第二师交通局按照《兵团12328交通服务监督电话建设实施方案》和《兵团12328交通运输服务监督电话管理暂行规定》要求，接受和处理12328投诉28起，均进行实际调查和反馈，对投诉事件合理属实的，及时要求客运企业立即整改，并不断完善相关缺陷漏洞。

（赵 杨）

【交通法制建设及行政执法管理】 2017年，第二师交通局与新疆巴州运输管理局联合开展"严厉打击非法营运"活动5次，并开展"有效维护道路运输市场秩序"专项活动。 （赵 杨）

【法律宣传】 2017年，第二师交通局加大路政法律法规的宣传力度，开展多形式、多渠道的路政法规宣传活动。2017年，制作宣传册4000本，发放宣传册3000本。5月是路政宣传月，积极组织各个团场路政员前往重点运输企业和施工工地，

2017年10月，二十一团公路养护队实施公路养护（罗成平 摄）

发放治超服务手册、公路安全保护条例宣传手册、普及案例，教育广大驾驶员要懂法、守法，做到不超限、不超载，安全驾驶、文明驾驶。7—9月，分别与金川矿业有限公司、铁门关市环宇、天宇、神宇等建筑公司签订《交通运输管理协议》，并向货运司乘人员发放500册《公路安全保护条例》和《货运车辆超限超载治理工作服务手册》。格库铁路建设、民丰高速路、尉犁县至若羌高速路建设施工期间，主动与中铁三局、中交集团联系，与各相关团场领导及部门，深入现场核查、协商，立足交通行业相关标准，既保障高速公路建设指标，又兼顾团场公路交通、农业生产运输需要。

（周丹丹）

【路面执法】 2017年，第二师交通局强化路面治超，开展安全排查，保障道路安全。2017年6—10月，与铁门关市、尉犁县交警开展路面联合执法。9月中旬，开展专项治超工作。针对哈满沟煤矿运输车辆进行标吨运输，去除高架板。9月14日，组织师路政员和各团路政员联合交警队、农机监理站，开展道路交通重点治理"三超"车辆联检活动和安全隐患排查工作。10月，工作人员分两组对三大垦区道路进行安全隐患排查，确保辖区道路安全畅通。2017年，共计查处路政事案100起，收缴路产损失赔偿费36万元。其中损坏理赔案件27起，理赔金额96107.5元；许可案件18起，收费金额132179元；超载超限案件55起，罚款金额135700元。路政案件发现率、查处率、结案率均达100%，恢复率100%。

（周丹丹）

【平安交通建设】 2017年5月，第二师交通局开展了以"全面落实企业安全生产主体责任"为主题的第十六个安全生产月活动。完善制度，强化教育，在公路施工和交通运输中增强安全生产意识，进一步完善安全生产制度，严格施工工地的安全管理，严格按操作规程施工，禁止违规作业，层层签订安全生产责任书，促进道路运输企业和施工企业自我监管工作的落实。（赵 杨）

【公路和桥梁巡查】 2017年，第二师交通局对公路和桥梁等技术状况进行2次巡查，维修加固桥梁2座，修复涵洞3道，修复桥涵跳车12处，安装标志牌5块，安装警示桩1950根，处理公

路与铁路交叉口1处，保障了师市辖区公路、桥梁安全通行。　　　（刘建伟）

【定期安全检查】　2017年，第二师交通局每月对养护基地内设备及办公楼进行定期安全检查。每年开工前对沥青拌合站进行1次全方位安全检查。4—11月，道路施工阶段，严格按标准做好施工现场的检查。在施工地段按规范设置施工路段预警标志，施工人员必须穿信号服进行施工，针对施工现场及周围的高压线、变电器等设立醒目的安全标志，定期对施工人员开展安全生产知识教育及设备安全操作教育培训。　　　　　（王　琦）

【春运交通保障】　2017年，春运自1月13日开始，2月21日结束，为期40天。期间，第二师交通局投放客车3647辆，客运量数47616人次、客运周转量数770万人公里。同时储备10辆客车作为应急运力，圆满完成输运旅客任务。　　　（赵　杨）

【公路建设项目施工安全规范培训班】　2017年2月27—28日，第二师交通局在博斯腾宾馆8楼开来会议厅举办公路建设项目施工安全规范培训班，50人参加会议。　　　　　（赵　杨）

【初任人员岗位培训】　2017年7月2—11日，第二师交通局7人参加兵团路政管理局在石河子干培学校组织的初任人员岗位培训。
　　　　　　　　　（周丹丹）

【全国海事系统法制人员高级培训】　2017年7月28日—8月8日，第二师交通局1人参加交通运输部海事局全国海事系统法制人员高级培训学习。　　（周丹丹）

【车辆运输车治理暨公路货车超限超载治理工作培训班】　2017年9月26—29日，第二师交通局1人参加国家交通运输部干部管理学院举办的车辆运输车治理暨公路货车超限超载治理工作培训班。　　　　　（周丹丹）

【交通运输行政执法培训班】2017年11月28—30日，第二师交通局3人参加了兵团交通局举办的2017年交通运输行政执法培训班，加强了路政执法人员对相关法律的学习，提升了路政执法工作能力和规范化水平。
　　　　　　　　　（周丹丹）

·公路运输·

【交通物资储备中心建设】2017年，根据"十三五"交通综合发展规划，配合团场三化建设需求，第二师交通局争取资金，投资7600万元新建铁门关市交通应急物资储备中心（铁门关市养护中心）项目，截至年底已基本完工。铁门关市交通应急物资储备中心是交通应急物资储备、养护设备装备存放维护、交通应急指挥、远程监控和集中办公于一体的多功能综合性基地，提升了二师交通综合管理水平和能力。　　　（王　琦）

【客运站建设】　2017年，第二师交通局新建三十一团客运站、三十三团客运站及物流园项目。三十一团客运站项目总投资1350万元，其中上级拨款1000万元，企业自筹350万元，建筑面积3310.32平方米。汽车客运站站务用房建筑面积2819.32平方米，地上3层，框架结构；配套建设供热、给排水、绿化、道路、停车场、堆场等配套建设相关附属设施，已正式启用。三十三团客运站及物流园项目总投资估算为2200万元，其中补助资金650万元，企业自筹1550万元，占地面积35791平方米，建筑面积15158.38平方米，局部三层框架结构。包括：物流服务中心、停车场、堆场、办公用房、配套设备采购、配套建设给排水、供热、道路、绿化等。

（赵　杨）

【交通运输体系规划】　2017年，依据师市经济、社会发展需求，对照第二师"十三五"综合交通运输体系发展规划方案，第二师交通局研究梳理2018年度交通固定资产建设项目计划和2018年公路养护工程计划，并报兵团交通局公路处。

（孙　熠、刘建伟）

【兵地交融合作】　2017年，第二师交通局与地方交通部门相互学习，不断提高公路养护工作水平。根据二师公路养护站点布局和地方县域公路管理局（道班）分布，三十八团南屯公路养护站与苏塘道班相互学习养护知识，交流养护设备操作和管理经验，并在公路抢修紧急情况时对人员和设备进行互相调用等，共同保障辖区内道路的安全畅通。

（刘建伟）

【现代物流建设】　2017年，师市客运站小件快运业务共计受理35000单，发货45600件。主营业务收入93万元，接收各类快递、物流2105单，发货件数4205件，营运收入62400元。

（赵　杨）

【绿色交通】　2017年，第二师交通局发展绿色交通，推进交通运输节能减排，推动形成绿色发展方式和生活方式，交通运输管理中心制作绿色交通展板2块，发放节能减排宣传单500份，制作横幅5条，提高了驾驶员及百姓绿色交通节能减排意识。

（赵　杨）

金融

· 金融服务 ·

【概述】 2017年，驻第二师银行金融机构对师市贷款余额69.12亿元，比上年增长13.2%。年末，中国农业银行巴州兵团支行本币各项存款余额89.56亿元，比上年末增长12.87%，其中个人存款38.79亿元，增长2.2%，对公存款50.76亿元，增长22.64%。年末，本币各项贷款余额29.64亿元，比上年末增长7.5%，其中短期贷款17.35亿元，增长3.2%，中长期贷款12.29亿元，增长14.3%。存贷差59.92亿元。

【金融体系建设】 2017年，第二师根据兵团对南疆师市提供人民银行基础服务的工作部署，借鉴图木舒克市金融服务站设立模式，推进中国银行、交通银行、中国人寿保险在铁门关市设立分支机构，筹备设立人民银行铁门关市金融服务站。年末，师市辖区内银行机构网点50个，ATM机78台，铁门关市辖区内金融服务业增加值1536万元，比上年增长60%。

【金融产品创新】 2017年，新疆绿原铁信融资担保公司与第二师公共资源交易中心合作，研发开展投标保函业务，为企业提供投标保证金担保，形成标准化的"保易通"担保产品。8月，被认定为兵团金融创新示范项目。2017年，累计办理1294笔，提供流动资金担保金额9367.8万元，推动师市64.38亿元建筑项目顺利进行。

【金融工作领导小组】 2017年8月8日，第二师党委成立以吴彬为组长、周爱武为副组长，9个部门为成员单位的师市金融工作领导小组，领导小组办公室设在师市发改委（金融办）。

【社会信用体系建设】 2017年，第二师积极推动将信用建设覆盖至师市各领域，印发《关于调整第二师铁门关市社会信用体系建设联席会议组成人员的通知》，对师市社会信用体系建设联席会议制度建设目标、主要职责和成员单位进行调整和充实，成员由原来的13个增至32个。师市28个部门参与新疆生产建设兵团大数据平台操作培训，自8月1日起，根据部门工作上传行政许可和行政处罚信息，加强兵师两级部门之间、上下之间信息的互相连通。依托国家企业信用信息公示系统（新疆），师市相关部门建立联合惩戒机制，初步实现市场主体

"一处失信，处处受限"的监管格局。（张曦予）

·银行·

【中国农业银行巴音郭楞兵团支行】 农行巴音郭楞兵团支行成立于1992年。2017年，支行辖属营业网点18个，其中库尔勒城区营业网点7个，铁门关市兵团支行1个，团场营业网点10个。在职人员296人。至2017年末，农行巴音郭楞兵团支行人民币各项存款余额895580万元。人民币各项贷款余额296403万元。2017年，巴音郭楞兵团支行自来汗一家获"中国农业银行第五届和谐文明家庭"，朱保华获中国农业银行"五一劳动奖章"，三十六团支行获分行艰苦地区特别奉献奖、第八届"全国农行精神文明建设工作先进单位"，农村产业金融部获总行"优秀青年突击队"荣誉称号。全年新增对公存款账户199户，新增个人贵宾客户954户；存款规模和存款增量均创历史新高。配合第二师各团场推进政府性债务和经营性债务划分。继续加强对龙头企业的支持，深挖有效信贷需求，扩大"三农"核心客户市场份额。实施精准扶贫，落实分行与兵团签订的金融扶贫合作协议，向二十四团、二十七团、三十七团投放扶贫贷款910万元，帮扶270户建档立卡贫困户脱贫致富。成功办理首笔外币出口贸易融资业务、"内保外贷"业务。推进互联网金融服务"三农"一号工程，新增"农银e管家"商户383户，升级"惠农通"工程互联网化服务点44个，准入"惠农E贷"白名单48户，团场基础金融服务的便捷化、智能化程度得到提升。完成焉耆支行、交通东路支行撤点、铁门关支行搬迁、解放路支行装修改造等项目，撤除三处低效自助银行。严格落实各项维稳措施，增配安防设备及安保人员，实施7×24小时常态化值班制度。推进"民族团结一家亲"活动，全行干部与二二三团职工结对认亲，定期见面交流、走访慰问，落实"结亲周"安排，与结对亲戚同吃同住同劳动同学习。（付郁）

【中国农业银行铁门关市兵团支行】 中国农业银行股份有限公司库尔勒吾瓦镇（二十九团）支行2013年升格为管辖型一级支行，更名为中国农业银行股份有限公司铁门关市兵团支行，2017年8月28日，农行铁门关市兵团支行由二十九团团部迁址到铁门关市，正式营业。辖属营业网点三个：铁门关市兵团支行营业室、库尔勒博古其镇（二十八团）支行、库尔勒双丰镇（三十团）支行。2017年，铁门关市兵团支行开展的主要工作有：一是深入持久学习宣传贯彻党的十九大精神，扎实推进"两学一做"学习教育常态化制度化和"学转促"专项活动，全面夯实基层党的建设，党组织的战斗堡垒作用、党员的先锋模范作用、党员干部"四个意识"进一步提升。二是履行金融戍边责任，支持兵团发展，配合支持团场综合配套改革及金融债务转换工作，实现债权债务关系稳定、业务持续发展的目标。三是顺利完成铁门关市兵团支行新址搬迁工作，继续发挥服务"三农"优势，为一市二镇居民提供高效、便捷、优质的现代金融服务。（付郁）

【中国建设银行铁门关市支行】 中国建设银行股份有限公司铁门关支行（以下简称建行铁门关支行）成立于2014年11月21日，隶属于中国建设银行股份有限公司巴音郭楞蒙古自治州分行，是首家在第二师铁门关市注册的银行分支机构，也是首家在第二师铁门关市实现纳税的金融机构。2017年度累计纳税132.87万元。

立足于服务第二师铁门关市经济建设，建行铁门关支行持续加强"服务三农"金融扶持力度、积极参与铁门关市城镇化建设。年末，有在职员工11人，自助设备8台，各项贷款余额13.796亿元，较年初增长3.51亿元，实现拨备后利润3407.57万元。持续做好支农信贷力度，向第二师各团场法人贷款共计实现信贷投放10.95

亿元，连长双创贷款共计实现信贷投放 2.458 亿元，职工双创贷款 3880 万元，有效地支持第二师铁门关市各项经济建设。充分利用建行霍尔果斯分行离岸人民币创新业务低成本融资的优势，累计向二师企业投放跨境融资性风险参与业务 2.7 亿元，为企业节省融资成本 39 万元。为第二师铁门关市搭建建筑施工工地作业人员实名制管理系统，实现建筑施工工地作业人员代发工资 6000 余人，累计代发金额 1.3 亿元，有效解决第二师铁门关市建筑施工工地作业人员实名制问题。充分利用建行铁门关支行与新疆公路局搭建的 ETC 系统，为第二师铁门关市居民免费办理 ETC 业务 600 余户，进一步方便居民的工作与出行。网点优化深入推进，网点营业面积较上年度增加一倍，自助服务设备新增 6 台，更新 2 台，方便第二师铁门关市居民办理各项业务，客户服务体验满意度进一步提升。

（王　勇）

【库尔勒农商银行铁门关市支行】　2017 年，新疆库尔勒农村商业银行股份有限公司将拓展兵团业务、支持兵团二师铁门关市经济发展作为一项长期发展战略，充分发挥兵团网点、人员及地域优势，坚持服务与创新相结合，加大信贷投放力度，积极开拓金融服务领域，大力支持兵团业务体制改革发展，分别于 2004 年 10 月 10 日和 2013 年 9 月 16 日在第二师铁门关市设立铁门关支行和三十团支行。年末，新疆库尔勒农村商业银行股份有限公司兵团支行在职职工 12 人，兵团各项存款余额 72266.79 万元，较年初增加 22965.02 万元；对公存款余额 22791.76 万元，对公存款占比 31.58%。兵团各项贷款余额 148170.56 万元，较年初增加 121869.41 万元，银行承兑汇票 775 万元。法人贷款余额 137300 万元，有力支持了经济发展，在第二师各团场、企业基本实现全覆盖。农业职工贷款余额 8379.73 万元。对团场职工贷款利率优惠，切实让利于民。推广的贷款产品"农贷通"，采取"一次授信、循环使用、多种渠道、自助办理"，具有"随用随贷、秒借秒还、用时起息、按天记息"等功能，专门用于支持农业生产、林果种植、畜禽养殖发展等，简化农工申贷、用贷程序，成为惠及百姓的"贴心贷"，有效解决兵团辖区农工"贷款难"问题，为改善兵团信用环境奠定良好基础。为打通服务百姓"最后一公里"，设立"助农取款"服务点 10 个，实现辖内兵团金融服务全覆盖，职工群众不出远门就能享受到"普惠金融"带来的便捷。2017 年，库尔勒农村商业银行股份有限公司在铁门关市税收贡献 92.75 万元，新疆库尔勒农村商业银行股份有限公司兵团机构向铁门关市税务局缴纳税款居铁门关市各家银行第二位。为更好地金融服务二师，新疆库尔勒农村商业银行股份有限公司在二师铁门关市设立机构（兵团）业务部。

（王　真）

【铁门关津汇村镇银行】　铁门关津汇村镇银行有限责任公司（以下简称"铁门关津汇村镇银行"）是天津银行入股发起、第二师铁门关市部分团场及国有企业、民营企业及自然人共同参股设立的新型农村中小金融机构。2016 年 4 月 5 日，新疆银监局正式批准筹建。2016 年 9 月 10 日，获取巴州银监分局开业批复。2016 年 11 月 1 日，正式开业。铁门关津汇村镇银行实行一级法人、分级经营的管理体制，经银行业监督管理机构审查批准，铁门关津汇村镇银行可依法设立分支机构，分支机构不具有法人资格，在铁门关津汇村镇银行授权范围内依法开展业务，其民事责任由总行承担。铁门关津汇村镇银行对各分支机构的主要人事任免、业务政策、综合计划、基本规章制度和涉外事务等实行统一领导和管理，对分支机构实行统一核算、统一调度资金、分级管理的财务制度。铁门关津汇村镇银行设5个职能部门。即：综合管理部、市场营销部、运营管理部、风险管理部及营业部。2017年，铁门关津汇村镇银行共有营业网点1个。在职员工共28人。年末，铁门关津汇村镇银行人民币各项存款余额30994.70万元，较年初增长22070.75万元，增幅为247.32%。人民币各项贷款余额19363.15万元，较年初增长14126.42万元，增幅为269.76%。是年，组织召开2016年度工作会议、一届二次董事会、2016年度股东大会、一届三次董事会、一届四次董事会等重要会议，承办津汇村镇银行十九大精神学习班暨2017年四季度工作会议。在2016年度股东大会上，确立22项基本制度。2017年，起草并经行务会审议通过，正式实施的人力资源、安全保卫、保密、档案、日常考勤管理、印章管理、车辆管理、值班管理等方面新的规章制度22个。定期组织员工学习业务技能及《票据法》《银行业监督管理法》等相关法律法规和规章制度；聘请专业律师进行相关法律知识培训，通过道德风险教育、分析典型案例、开展风险排查等活动。抓基础的储蓄存款，努力完成年度经营目标，全年新增对公存款活期账户65户，定期账户60户；新增个人活期账户5008户，定期账户2169户。与西安神州数码公司联系沟通，提交工单，完善运营系统的维护工作。邀请人行乌鲁木齐中心支行的领导和人行巴州中心支行领导来指导验收机房改造。为客户安装智能POS终端。2017年7月至2017年末，收单业务交易笔数9811笔，清算金额累计达693.39万元。落实风险管控措施，督促风险防控部门以风险管控为着力点，严控信贷风险，加强对工作人员的教育，严防道德风险和廉政风险，同时严格贷款"三查"制度，按照授权和审批流程严格把关，防止操作风险的发生。高度重视安全保卫工作，保障人防、物防、技防、措施到位，严格落实各项维稳措施，增配安防设备及安保人员，实施7×24小时常态化值班制度。对监控设备和报警系统，派专人定期进行检查。2017年6月22日，经新疆宁夏村镇银行党总支批准，成立铁门关津汇村镇银行有限责任公司党支部，6月27日，经天津银行机关党委批准，魏伟为铁门关津汇村镇银行有限责任公司党支部书记。截至2017年末，铁门关津汇村镇银行党支部共有6名党员。

（王海霞）

· 保险 ·

【中国人民财产保险股份有限公司铁门关支公司】 中国人民财产保险股份有限公司铁门关支公司（简称中国人保财险铁门关支公司）筹建于2014年1月1日，2015年3月9日，正式成立。公司位于新疆生产建设兵团第二师铁门关市铁门关中联大酒店一楼。2017年，公司下辖4个营销服务部、5个远程出单点，有员工39人。年保费规模突破2000万元，为第二师铁门关市缴纳税款309.5万元。荣获"2017年度经营管理单位一等奖""2017年度县区支公司经营管理A级公司"。

2017年，中国人保财险铁门关支公司保费收入2140.3万元。其中非车险保费收入565.5万元；车险保费收入1167.6万元；农险保费收入407.7万元。2017年，人保财险铁门关支公司将合规经营放在首位，将风险检查纳入日常工作中，定期不定期对各风险点进行检查，将风险防控教育工作深入到实际的业务开展工作中，对团队进行正确的引导，防范治理销售误导；建立风险举报及治理体系，根据团队架构层级建立责任体系，增强各员工风险防范责任和意识。

（刘志刚）

邮政·通信

·邮政·

【二十九团邮政支局】 中国邮政集团公司巴音郭楞蒙古自治州二师二十九团支局，于1994年1月15日成立，位于二师铁门关市。2017年，二十九团邮政支局收寄国内普通函件3855件，比上年增长321.77%；收寄国内挂号函件1639件，增长109.32%；收寄国内普通包裹1021件，增长41.02%；收寄国内特快专递邮件7888件，增长121.45%。是年，团邮政支局邮政储蓄余额1.52亿元，其中活期存款5162.59万元，活期存款占比为34%；当年新增储蓄存款1876万元，代收保费603.9万元，理财保有量233.15万元。

（罗生迪）

·通信·

【中国电信股份有限公司铁门关分公司】 中国电信股份有限公司铁门关分公司2016年12月挂牌成立，位于第二师铁门关市。2017年，中国电信股份有限公司铁门关分公司（以下简称公司）有员工4人，平均年龄40岁。公司经理姜涛。公司采用划小承包设立二十九团农村支局，共有13名员工。是年，公司累计实现主营业务收入926万元，累计实现利润56万元。移动用户发展0.2万户，比上年增长60%。固网宽带业务累计发展用户0.1万户，收入市场份额达38%。

是年，公司强化和保持城区网络优势，高效率高质量完成工程建设目标。全年实现总投资金额1000万元，新建LTE基站60个，累计开通4G基站230个，市区4G覆盖率达100%，团场4G覆盖率90%。

是年，公司聚焦4G，提升用户4G网络感知。聚焦用户价值提升，开展政风行风建设工作，创建示范服务窗口。创建党员示范岗，围绕客户投诉服务，有效改善服务管理问题。积极开展"电信翼支付，天天有惊喜"活动、进店有礼，免费拿手机，进一步提升客户感知度。按照工信部要求，落实用户实名制工作，确保用户实名率达到100%。

是年，公司建立激励机制，完善绩效考核，提高内部管理水平。同时加强执行情况的督促检查；加强物资管理，全面实行招标代理制度，所有项目进行社会公开招投标；加强财务管理，营

销成本前移，提前释放营销资源配置，合理筹划营销资源投放节奏，促进营销费用效能提升。（田军）

【中国联通兵团第二师分公司】 中国联合网络通信有限公司新疆生产建设兵团第二师分公司2017年3月8日挂牌成立，位于第二师铁门关市银基广场。2017年，中国联合网络通信有限公司新疆生产建设兵团第二师分公司（以下简称公司）有员工6人，平均年龄30岁。公司设立集团行业组、公众客户行业组、电子渠道行业组3个行业组。2017年，公司累计实现主营业务收入1417万元。移动宽带用户发展3.68万户，同比增幅20.16%。固网业务累计发展用户456户，累计完成收入3.43万元。收入市场份额达12.96%。被授予"自治区级精神文明单位"。

公司全年实现总投资金额530万元，新建LTE基站78个，累计开通4G基站186个，市区4G覆盖率达到98.11%，团场4G覆盖率97.23%。大力推进与中国电信的深度融合，2017年与中国电信竞合基站65个，完成率达128%。

是年，公司聚焦4G+，提升用户4G网络感知。聚焦用户价值提升，开展政风行风建设工作，创建示范服务窗口。围绕客户投诉服务，有效改善服务管理问题。积极开展"中国年味"、爱心书屋等一系列俱乐部活动，进一步提升客户感知度。

是年，公司全面实行招标代理制度，所有项目进行社会公开招投标。加强财务管理，营销成本前移，提前释放营销资源配置，合理筹划营销资源投放节奏，促进营销费用效能的提升。强化资金管理，确保资金的高效归集与有效使用。

是年，公司总经理生存当选任职巴州联通分公司党委委员。公司积极参与"访惠聚"工作和扶贫工作，选派员工参加公司驻和硕县特吾里克镇清水河社区工作组"访惠聚"工作。为群众解决实际困难，获得群众的认可。（李婷）

【中国移动通信集团有限公司巴州铁门关分公司】 中国移动通信集团有限公司巴州铁门关分公司2014年7月挂牌成立。2017年，中国移动通信集团有限公司巴州铁门关分公司（以下简称公司）有员工22人，平均年龄32岁。公司经理吉勇。2017年，公司累计实现主营业务收入1715万元。移动用户发展26950户，比上年增长9.2%。宽带业务累计发展用户4402万户，收入市场份额达58.87%。

是年，公司强化和保持城区网络优势，高效率高质量完成工程建设目标。全年实现总投资金额1000万元，新建LTE基站60个，累计开通4G基站230个，市区4G覆盖率达100%，团场4G覆盖率90%。

是年，公司加强企业队伍建设，规范员工行为，严格工作流程，提高内部管理水平。同时，抓落实强化资金管理，确保资金的高效归集与有效使用。按照兵团公司要求及公司年初计划，加强党风廉政建设及内控风险管理。

是年，铁门关分公司经理吉勇作为分公司领导、支部书记，积极履行党支部书记的职责。公司密切关注政府和百姓关心的每一件事，关爱社会弱势群体。按照铁门关市政府对驻铁门关单位的要求，承担起国企应肩负的社会责任。（彭敏）

城乡建设

·城镇规划·

【城市城镇规划】 2017年，第二师建设（环保）局、铁门关市住房和城乡建设局召开规划专题会议2次，讨论确定城市规划优化方案，明确市域人口规模扩大到30万人，中心城区控制范围扩大到88平方公里，中心城区开发边界初步确定，建设用地45平方公里。城区两翼产业城、产城融合发展思路确定，经济工业园区投资50亿元建设纺织服装城，铁西区建设产城融合示范区，冀铁产业园区的发展目标明确。特色小镇建设提上议事日程，博古其香梨特色小镇列入国家第二批特色小镇示范中心城区及以南时光铁门关汉韵唐风灯光艺术小镇、乡愁兵团小镇、田园综合体小镇规划选址及总体思路确定。完成市域体系规划、中心城区总体规划、铁西区总体规划（冀铁新城）、时光铁门关汉韵唐风灯光艺术小镇规划设计招标完成，库铁大道综合济带规划初稿完成，《博古其镇城镇总体规划》通过规划委员会审议，铁门关市水源地保护规划编制完成。 （王龙辉）

【团场城镇规划】 2017年，第二师建设（环保）局、铁门关市住房和城乡建设局完成三十一团、三十三团、三十四团、三十五团4个兵团级特色小镇规划编制；完成二十一团、二十七团、三十四团、三十六团4个团场产城融合规划编制；完成二十一团、二十五团总体规划修编编制；完成10个团场多规融合编制；全面推进二十一团、二十二团、三十团、三十一团、三十三团、三十四团、三十六团特色小镇规划编制；完成三十六团米兰之星园区规划设计、屯兵基地、农机库区、垃圾填埋场修建性详细规划编制。投资450万元，实施30个保留连队连部加固、保温改造更新工程。 （王龙辉）

【规划行政许可程序】 2017年，第二师建设（环保）局、铁门关市住房和城乡建设局成立规划委员会，建立规划编制、规划设计方案、用地选址等集体决策制度，所有建设项目经专家审查、规划委员会办公室通过后提交规划委员会审议。全年召开规划委员会4次，审定完成居住、公共设施、工业项目等用地选址29项，涉及土地220公顷；审定"四馆合一"人文及园林景观等规划5项，建筑方案3项。召开专家会议3次，审查专项规划、规划建筑方案等23项。规划批前公示制度开始实施，"一书两证"办理全部完成批前公示，全年共办理建设项目选址意见书9件，总面积97.49公顷；办理建设项目用地规划许可证8件，总面积为10.75公顷；办理建设工程规划许可证14件，总建筑面积5.1万平方米（各类市政管道共计14.9千米。其中排水管线8.7千米，供水管线1.7千米，燃气管线5.1千米）。协助各单位办理43个项目选址申报工作。发放建设工程规划监督登记表3份（青少年活动中心、消防站、质量监督检验所），现场定位放线30余次。

（王龙辉）

【抗震设防工程】 2017年，第二师建设（环保）局、铁门关市住房和城乡建设局全年认真开展隐患排查、科普宣传、防灾演练等多种形式的防灾减灾日活动，进一步规范超限高层建筑工程抗震设防专项审查工作，认真开展新建建筑工程抗震设防监管工作，组织开展超限高层建筑工程抗震设防能力检查工作，推进超限高层建筑抗震设防专项审查信息化，开展减隔震工程监督检查，稳步推进减隔震技术应用。将保障城市城镇安全作为基本原则，要求城市城镇总体规划提出城市城镇综合防灾和公共安全保障体系的规划目标，明确应急保障基础设施、服务设施和城市城镇应急避难场所和通道的防灾布局和规划要求。会同发展改革委、财政局继续加大农村危房改造工作力度，加快完善农房建设法律法规及有关技术安全规范和标准，加强监管和技术指导，提高农房抗震减灾能力扎实推进防灾减灾相关工作，开展房屋排查调研工作，通过实施农村危房改造，推动农房结构优化，建筑抗震性能显著提高。

（周晓凤）

· 城市建设 ·

【城市基础公共服务设施建设】 2017年，第二师建设（环保）局、铁门关市住房和城乡建设局建设完成核心区供水排水主干管网；城市综廊快速推进；投资2000万元的电力环网及4个开闭所开工建设；投资2300万元的南区供热主干管网和4个换热站建设完成；投资19.2亿元的铁西区基础设施完成PPP社会资本方招标；投资2507万元的垃圾填埋场投入使用。农业综合服务楼、医院门诊楼、工商业务楼、群众文化活动中心、学校综合楼等公共建筑相继竣工交付使用；投资9950余万元的青少年活动中心、城市特勤消防站、质量监督楼开工建设；"四馆合一"布展及二次装修开工建设。（王龙辉）

【城市绿化建设】 2017年，第二师建设（环保）局、铁门关市住房和城乡建设局全年完成城市绿化面积126.56公顷，实施11条道路绿化，7处街头绿地，7处单位附属绿地，公园绿地2处，片林1处。种植各类苗木

28.06万株，其中乔木11.08万株，绿篱灌木16.98万株，共计59个绿化树种。全民绿化意识增强，全民义务植树3733人次，义务植树8.6万株，节约种植费用66.98万元。城市绿地率达36.5%，团场城镇绿化覆盖率达到33.6%。 （田小会）

【市政工程养护】 2017年，第二师建设（环保）局、铁门关市住房和城乡建设局全年审核发放市政工程施工许可证9份，市政工程安全和质量监督检查计9次，完成市政道路12条，19千米日常维护，维修水泥路面和沥青路面约5400平方米；人行道面积约4100平方米、路牙沿982米；新建道路排水井45处、道路开口13处；维修排水管网6.12千米、疏通排水管网19处、维修供水管网4.9千米、更换及维修各类窨井框盖73套。全年共计维修道路路灯310盏，河道亮化和小区亮化率达到96%以上。 （李能喜）

【市政设施建设】 2017年，第二师建设（环保）局、铁门关市住房和城乡建设局全年完成中心城区新建市政道路3.5千米，道路面积达11.776万平方米，新开小区及基地道口8个；将军河以南供热管线及4座换热站建设完成；将军河以南4座电力开闭所、3座综合管廊箱变建设完成。政法系统专项供热（2×8.7千米）选址完成，燃气（4.74千米）实现通气。二十九团老团部供热系统改造建设工程（供热管线2×4.8千米）完成。完成了库铁大道辅道选址铁阿高速公路连接线选址。区域共建共享基础设施上库经济园—铁门关市污水处理厂排水管网23千米全线贯通。完成创业孵化园、农业综合服务中心等外网配套建设，"四馆合一"、传媒中心外网审查完成并开工建设。完成《博古其镇燃气专项规划》编制。完成塔里木油田通信光缆选址工作。 （王龙辉）

· 建设业和房地产业 ·

【建筑业管理】 2017年，第二师建设（环保）局、铁门关市住房和城乡建设局全年加强建筑业经济运行监控，针对建筑业企业经济运行中产生的矛盾和存在的问题深入调研，为企业出谋划策，渡过难关，解决好企业工程款拖欠问题。完成施工产值814813万元，较上年同期745883万元，增长9.2%。新开工程467个，新开工面积188.7785万平方米，较上年同期177万平方米，增长6.7%。共签订合同额924133万元，比上年同期增长9.8%，其中本年新签合同额747396万元。

（薛立荣）

【工程招投标监管】 2017年，第二师建设（环保）局、铁门关市住房和城乡建设局全年加强对招标投标活动的监管，通过完善配套法规制度，推进体制机制建设，健全工程建设市场体系，着力解决工程招投标活动中规避招标、虚假招标、围标串标、评标不公等问题，落实《关于进一步规范房屋建筑和市政基础设施工程建设项目招标投标活动的意见的通知》要求，对依法应招标项目，特别是国有投资工程项目，严格落实招标信息发布、投标资格审查和专家评标等制度。完善招标投标投诉受理制度，严格执行《工程建设项目招标投标活动投诉处理办法》，规范投诉受理程序，做到有诉必接、违法必究。落实《招标投标违法行为记录公告暂行办法》，对招标投标违法行为记录及时进行公告。加强对招标投标工程项目中标后的合同签订、备案和履行的监督检查，严禁"阴阳"合同和"霸王"条款，重点查处中标后随意更换项目经理、转包、违法分包、任意进行合同变更、不合理地增加合同价款等违法违规行为，确保合同与招标文件和中标人投标文件的实质性内容一致，促进合同的全面履行。

（周晓凤）

【建设项目管理】 2017年，第二师建设（环保）局、铁门关市住房和城乡建设局监督巡查8次，质量安全专项检查4次，节假日前安全生产检查4次，参与师属综合性检查2次，全年共发工程质量安全整改通知书375份，其中违规整改通知书53份，质量整改通知书121份，安全整改通知书174份，停工整改通知书27份，竣工验收项目15个，未发生较大质量安全事故。全年有15个在建项目的施工现场申报兵团级文明工地，有4个竣工项目申报兵团昆仑杯。 （吴 辰）

【建筑工程质量安全监管】 2017年，第二师建设（环保）局、铁门关市住房和城乡建设局全年在建项目工程219个，其中新开工工程159个，新建面积54.5万平方米。全年对在建项目每月进行巡查，监督巡查8次，质量安全专项检查4次，节假日前安全生产检查4次，配合师属其他部门检查2次。下发质量安全整改通知书共375份，其中违规整改通知书53份，质量整改通知书121份，安全整改通知书174份，停工整改通知书27份。全年申请竣工验收项目15个。备案登记施工用塔式起重机53台，施工电梯3台。全年未发生一起大的质量安全事故。申报兵团级文明工地15个，申报兵团昆仑杯项目4个。师市范围内工程项目班子"黑名单"制度作用开始发挥，公布建筑企业"黑名单"26个。住宅工程竣工分户验收工作稳定推进。检测施工现场起重设备、检测中心、商砼搅拌站信息化水平逐步提高，网络监管平台开始运行。

（吴 辰）

【质量专项治理行动】 2017年，第二师建设（环保）局、铁门关市住房和城乡建设局根据《住房城乡建设部关于深入开展全国工程质量专项治理工作的通知》《关于深入开展住宅工程质量通病专项治理活动的通知》和《关于进一步开展工程质量专项治理工作的通知》要求，制定2014年《第二师建筑工程质量常见问题专项治理工作方案》，自2014年开始至2017年，每月巡查1次，共32次，每年专项检查2次，共8次。年初开工前，召开师市建筑企业"碰头会"共4次，向各施工企业宣传贯彻各类文件要求和制度落实情况，点评重点项目存在的问题，相互交流总结经验，年初组织师市建筑领域学习培训共4次，受教育人数1200人。新建住宅工程质量常见问题预防和治理覆盖率达到100%。

（吴 辰）

【安全生产标准化】 2017年，第二师建设（环保）局、铁门关市住房和城乡建设局全年要求师属所有项目工程必须达到兵团安全生产标准化的要求，无论项目大小、工期长短，施工前必须达到标准化生产，从项目围护、临边围护、标示标牌、脚手架软硬防护等，到项目安全生产台账，开工一个项目，检查一个项目，在阶段性验收和监督站检查巡查时作为必检项目，不达标的项目，一律要求停工整改，直至达到标准。

（吴　辰）

【"质量月"活动】　2017年，第二师建设（环保）局、铁门关市住房和城乡建设局在"质量月"活动期间，制作宣传展板40块，质量月活动宣传单700份，悬挂宣传横幅40余条，张贴宣传标语600条。深入工地进行宣传，利用手机微信发布质量月活动通知的方案，提高建筑领域各个阶层的质量意识。各公司、项目部也开展形式多样的宣传活动。利用项目部宣传栏开展质量月活动主题宣传活动；开展劳动竞赛，普及质量知识；采用宣传画、宣传标语的形式开展"大力提升质量 建设质量强市"主题宣传活动，提高了从业人员的质量安全意识和责任感。按质量安全提升方案要求检查工程项目34个，下达整改通知书20份。

（吴　辰）

【工程质量检测】　2017年，第二师建设（环保）局、铁门关市住房和城乡建设局全年完成90余个工程项目的检测任务，共检测混凝土试块6000组、钢筋2500组、抗渗100组、抗冻5组、砂石料150组、水泥240个、混凝土结构检测100组、回填土820组、安全防护用品40组、节能保温材料80组。

（刘康生）

【房产管理】　2017年，第二师建设（环保）局、铁门关市住房和城乡建设局全年房产交易、备案工作有序开展，办理商品房合同备案83户，面积1.38万平方米，房屋交易业务92件。利用兵团房产管理信息系统平台优势，实现商品房网上备案、签约、资金监管工作的全程监控和管理，推进兵团房产信息平台建设，按兵团要求完成50101套商品房录入任务，完成率达93.5%，备案房地产中介服务机构5家，房产测绘成果应用审核60件。

（张金英）

【房屋交易与产权管理】　2017年，第二师建设（环保）局、铁门关市住房和城乡建设局按照《房屋交易与产权管理工作导则》以及业务流程办事，明确初审、复审、审批人员责任。制定首问负责制、一次性告知制度。做到有问必答、热情服务，树立了行业形象。2017年，办理房屋交易业务92件，抵押业务15件，房产测绘成果应用审核60件，收集整理房产档案162件。

（张金英）

【房地产市场监督管理】　2017年，第二师辖区内从事房地产开发企业10家，已有备案房地产中介公司5家。房地产开发面积26.6万平方米，总投资3.6亿元。2017年，第二师建设（环保）局、铁门关市住房和城乡建设局加强商品房预销售管理，严格执行《商品房预售许可证》制度，共发放预售许可证16件。加强房地产预售合同备案制。2017年，办理商品房合同备案83件，面积1.38万平方米。

（张金英）

【房屋维修资金管理】　专项维修资金又称"房屋的养老金"，建立专项维修资金的目的是使房屋共用部位、共用设施在保修期满后得到及时的维修和更新、改造，保障房屋正常使用，维护业主的长远利益。目前，第二师有45个单位的房改房建立了维修资金，归集余额513万元。2017年，有3个单位支取维修资金54.88万元，铁门关市新建商品房预收维修资金36万元。

（张金英）

【兵团房产信息平台管理】兵团房产信息平台采用"云服务"技术，由兵团信息中心管理数据服务器，各师通过业务权限通过政务专网登录平台进行业务操作。2017年，第二师建设（环保）局、铁门关市住房和城乡建设局根据属地管理原则，各团场房屋信息由各团房产部门录入，铁门关市房屋信息由师房产办录入。年末，各团场共录入新建楼盘信息52872套，扫描纸质档案168卷。处理业务554件。

（张金英）

·住房保障·

【保障性住房建设】 2017年，第二师建设（环保）局、铁门关市住房和城乡建设局严格落实"城市住房控制在3层以下，团场和连队住房原则上按平房建设"要求，严格控制住房面积，开工新建安居住房838套，完成投资3665万元。棚户区改造方面，分解项目清单173个，签订征收补偿协议6600户，完成投资36300万元。低收入家庭住房租赁补贴方面，实施租赁补贴3660户，完成投资1830万元。

（薛立荣）

【保障性安居工程配套基础设施建设】 2017年，第二师建设（环保）局、铁门关市住房和城乡建设局实施中央财政公共租赁住房及其配套基础设施建设项目5个，分别为二十九团芳香美居小区、二十二团利源小区（二期）、三十团华瑞花园小区、三十七团禾草苑、岩蒿苑小区、三十三团德宏苑小区公共租赁住房及其配套基础设施建设，计划完成总投资3105万元，其中中央财政专项资金2680万元。

（丁　博）

【农村安居工程】 2017年，第二师建设（环保）局、铁门关市住房和城乡建设局实施连队房屋改造428套，拨付各团场中央专项资金1284万元。"柴煤改气"工程建设投资72万元，完成1800户困难职工群众燃气补助发放。

（薛立荣）

【物业服务企业监督管理】 2017年，第二师团场城镇5万平方米以上住宅小区共有26个、总建筑面积195万平方米。是年，第二师建设（环保）局、铁门关市住房和城乡建设局其中引进社会化物业公司10个、新设立团场物业公司6个。物业服务收费、服务内容和标准均按照巴发改价费〔2010〕548号、新计价能〔2003〕368号、巴计价〔2006〕533号等文件执行。

（张金英）

环境保护

·污染减排·

【污染减排工作实施方案】 2017年，第二师建设（环保）局印发了《关于印发〈第二师铁门关市2017年污染减排工作实施方案〉的通知》，分解年度计划任务，转发了《环境保护部关于推进环境污染第三方治理的实施意见》，鼓励、引导企业开展污染治理第三方运营试点，开展重点行业和重污染企业强制性清洁生产审核工作，强化结构减排、细化工程减排、实化监管减排，污染减排工作稳步推进。

【减排项目】 2017年，第二师建设（环保）局完成了铁门关污水处理厂、三十七团恒盛养殖农民专业合作社和二十九团孔雀社区供热中心减排项目，完成兵团环保局下达的污染物消减指标：化学需氧量30吨、氨氮3吨、二氧化硫30吨、氮氧化物10吨，完成年度减排任务。
（周晓凤）

·城市环卫·

【市容环卫项目支出】 2017年，第二师建设（环保）局市容环卫项目支出495.99万元，其中：合同面积及新增、预计竣工道路费用及灭蚊费、应急与突击性工作费用387.58万元，购买2辆电瓶巡逻车9.57万元，公厕运行费用0.75万元，垃圾场运行填埋费用48.53万元，办公设备费用2.29万元，城市市容环境卫生宣传费用4.95万元，购买1辆压缩垃圾车42.32万元。

【政府购买服务】 2017年，第二师建设（环保）局做好政府各类采购工作，完成市政挖掘机采购招标工作、工作人员制服的招标及发放。4月26日，总承包面积47.3875万平方米道路清扫保洁项目，面向社会购买服务，由中标方铁门关市瀚海新城居民服务有限公司承揽，承包金额390.7万元。机械清扫面积达90%，3—10月，负责将军河水域及5个岛清扫保洁面积16.9万平米；全年共累计清扫道路8000千米；清运各类垃圾4.64万吨（其中生活垃圾0.87万吨，建筑垃圾3.77万吨）；吸污车抽吸道路积水、污水粪便167车、668立方米；维护保养扫路车2次，更换扫路车全部毛刷、滚刷、高级橡胶轮。

【环卫安全工作】 2017年，第二师建设（环保）局与81

2017年3月28日，三十四团组织青年志愿者义务植树
（三十四团　提供）

名环卫工人签订安全生产责任书。组织环卫安全检查16次，每月对环卫车辆进行1次全面的安全生产检查，组织垃圾车、洒水车、扫路车、吸污车安全检查10次，确保全年安全作业无事故。

【购置环卫设备】　2017年，第二师建设（环保）局投入资金160万元，新购置垃圾压缩清运车1辆、果皮箱1000个、电动巡逻车1辆，河北援助电动巡逻车1辆，对破损的环卫设施进行及时美化维修。投入5万元制作宣传展板27块，环境卫生、绿地提示牌50块。

（胡海蓉）

· 污染防治 ·

【建设项目环境管理】　截至2017年11月7日，第二师建设（环保）局经环保审查、审批建设项目环评文件130项，审批报告书11项、报告表107项、登记表12项，环境影响评价执行率达95%以上。印发了《关于加强第二师铁门关市建设项目环境影响评价管理工作的通知》，对建设项目再次清理整顿，对发现的"未批先建，批建不符，未建先投"进行整改。要求环评编制机构规范环评报告编制工作。

【环保违法违规建设项目摸底排查和清理整顿】　2017年，第二师建设（环保）局清理发现"未批先建、批建不符、未验先投"项目40余个，于2017年12月30日前完成整改工作。清查纳污坑塘整治项目1个，按兵团要求，制定印发整改方案，2018年8月前完成整改工作。清查"散乱污"企业84家，按照关停取缔、规范整治、引导入园的要求，已完成整治企业9家，关停取缔2家。对全师再生利用行业进行清理整治，清查废旧塑料再生利用企业19家，查处违法违规企业10家，其中6家进行了取缔关停处理，4家进行整改完善。检查全师产废、经营废物单位，查处金川热电危险废物管理不达标，已完成整改。部分医院未落实危险废物规范化管理制度，已完成整改工作。

【水、大气和土壤污染防治】　2017年，第二师建设（环保）局印发《第二师铁门关市进一步加强大气污染防治工作实施方案》，开展燃煤锅炉提标改造和铁门关市建成区10吨（包含10吨）燃煤锅炉淘汰工作，推进团场集中供热燃煤锅炉、工矿企业燃煤锅炉提标改造。完成二十九团梨花社区4吨2台、2吨1台和孔雀社区10吨2台、20吨1台燃煤锅炉淘汰工作，完成火电机组脱硫、脱硝设施建设和水泥生产企业低氮燃烧技术改造及脱硝工程建设。

印发《第二师铁门关市水污染防治工作方案》《关于印发〈二师水污染防治重点行业专项治理与清洁化改造方案〉的通知》和《关于加快推进第二师铁门关市工业聚集区水污染治理和重点行业清洁化改造工作的通知》，全面推进水污染防治、水生态保护和水资源管理，工业聚集区污水处理设施建设按计划全面推进；完成铁门关市集中式饮用水水源地和恰拉水库水源地保护规划编制及兵团环保局审批工作；完成希伯来纸业和鑫瑞纸业重点行业清洁化改造工作，已经兵团环保局认定。城镇环保基础设施不断加强，完成铁门关市和二十一团等8个团场污水处理设施建设和升级改造，要求未完成的团场在2018年8月前完成污水处理设施建设和升级改造工作。印发《第二师铁门关市土壤污染防治工作方案》，开展土壤污染状况调查，加大农业污染治理力度，大力实施以农田残膜污染综合治理为重点的土壤污染防治和修复，改善和提升区域土壤环境质量；完成了铁门关市生活垃圾无害化填埋场和二十二团生活垃圾无害化填埋场等4个生活垃圾无害化填埋场建设工作。

（周晓凤）

· 生态保护 ·

【生态文明建设】 2017年，第二师已建成国家级生态乡镇4个、兵团级生态团场小城镇9个、兵团级旅游名镇1个、兵团级绿色社区2个、师市级绿色社区4个。是年，共申报团场连队环境综合整治、城镇环卫设施建设等农村环境整治项目15个，已实施项目4个。

【环境保护大检查】 2017年，第二师建设（环保）局印发了《关于印发〈第二师铁门关市环境保护集中整治专项行动工作方案〉的通知》《关于开展"散乱污"企业专项整治的通知》《第二师铁门关市纳污坑塘排查整治工作方案》《关于联合开展第二师铁门关市电子废物、废轮胎、废塑料、废旧衣服、废家电拆解等再生利用行业清理整顿的通知》《关于开展2017年度二师铁门关市危险废物规范化管理检查工作的通知》，开展师市辖区内违规、违法、"散乱污"企业、纳污坑塘、再生利用行业和危险废物规范化管理等专项清理整治工作。按照"全覆盖、零容忍、明责任、严执法、重实效"的总体要求，通过日常监督检查、专项检查、联合检查等方式，多次对师市各团场城镇生活污水与生活垃圾集中收集处理、燃煤锅炉提标改造、畜禽养殖污染防治、饮用水源地保护、纳污坑塘治理、危险废物管理和师市各工业、企业污染治理设施运行管理、环境风险防控等进行监督检查，进行日常监察执法69家企业，发现环境违法问题60个，下达《责令改正违法行为决定书》60份，约谈存在问题突出的和静中基番茄制品有限责任公司等8家企业领导，并严格督促整改。完成了辖区重点排污单位"一厂一档"登记造册工作，摸清了底数，掌握了情况。

【环境保护目标责任考核】 2017年，第二师建设（环保）局将保护与改善环境质量等目标完成情况纳入各级领导班子年度考核，召开年度环境保护工作会议，与团场、企事业单位、园区管委会签订环境保护目标责任书和主要污染物总量减排目标责任书，印发《关于印发〈第二师铁门关市2017年度环境保护工作目标责任书考核办法〉的通知》。

（周晓凤）

· 环境治理 ·

【双随机一公开】 2017年，第二师建设（环保）局全面实施师市环境监管对象日常监管随机抽查工作，制定发布随机抽查事项清单，建立"一单两库"（"一单"指随机抽查事项清单，"两库"指市场主体名录库、执法检查人员名录库）、"双随机"（随机抽取被检查对象、随机选派检查人员）抽查机制，检查事项清单35项，市场主体名录库60个，执法检查人员名录库5人，建立建设环保监管信息平台，创新建设环保系统监管模式，加强对企事业对象和其他生产经营者的精细化监督管理。把执法系统纳入互联网建设，逐步与工商部门法人数据库和征信系统对接，并按市场主体诚信体系建设要求，将随机抽查结果纳入市场主体的社会信用记录。

（聂洪友）

【城市管理行政执法】 2017年，第二师建设（环保）局全年共清除乱张贴、乱涂写75处，查处散发小广告违法行为12起，没收非法小广告300余张。取缔流动摊点20余处、拆除不按规定悬挂的条幅300余条，查处乱倾、乱倒2起。规范150余户商户门店招牌设置，新审批门头招牌45户，强制整改8处。加大违法建设查处和监管，对影响市容市貌的乱搭乱建的违规行为，送达限期整改通知书13份，查处13件。强制拆除违法建设2处，限期整改5处。全年共查处各类车辆1000余辆，采取学习、清扫路面等批评教育和行政处罚相结合，处罚金3500元。交通管理方面加强占道停车的监管，查处违章停车9起，其中7起学习批评教育，2起罚款800元。签订建筑工地"门前三包"责任书25份。查处户外公共场合销售食品和无证小摊小贩2起。全年行政处罚56件、60人次，处罚3500元，结案率100%，无执法违法案件发生。 （聂洪友）

【严厉打击环境违法行为】 2017年，第二师环境监察支队加大对环境违法行为的打击力度，案件办理数量和处罚力度得到大幅度提升。全年，共办理环境违法行政处罚案件30起，罚款总额达102.75万元，行政拘留2起，拘留人数5人，查封扣押案件1起。 （周晓凤）

【团场连队环境综合整治】 2017年，第二师建设（环保）局印发了《关于开展二师铁门关市2017年生态乡镇核查工作的通知》，严格按照《关于开展第二师铁门关市团场城镇、连队环境综合整治活动的指导意见》《第二师铁门关市团场城镇、连队环境综合整治工作考核办法（试行）》对各团场生态乡镇建设工作核查。各团场生态乡镇指标均达到相关要求，团场城镇、连队环境"脏、乱、差"现象好转。 （周晓凤）

【环保督查】 2017年，中央第八环保督察组向第二师铁门关市转办环保信访案件30件，其中一般环境信访案件14起，重点关注案件16起。为确保转办信访举报件即转即办、即行即改，切实整改到位，2017年，第二师建设（环保）局按师市专题会议要求，将转办案件按行业分类，由各行业分管领导负责督办，行业分管部门督促整改落实。在师市领导的亲自督办和行业主管部门实时监督下，25件转办环保信访案件全部办结上报兵团信访督办组，其中18件案件切实按照师市信访督办组督办要求完成整改，12件不能立即完成整改案件，责令相关企事业单位制定整改方案，明确任务、确定时间表、路线图和责任人，确保限期完成整改任务。案件调查处理严格按照《兵团实施〈党政领导干部生态环境损害责任追究办法（试行）〉细则》进行追责。通过约谈、通报批评、诫勉谈话等方式，对师市各级党政领导干部77人（其中处级25人、科级以下52人）进行了问责。 （周晓凤）

精神文明建设

·志愿服务·

【概况】 2017年，第二师铁门关市文明办围绕"邻里互助、守望亲情"的活动主题，以空巢老人、留守儿童、残障人士为服务重点，按照"采集需求、设计项目，组织培训、加强管理，开展活动、提供服务，建立台账、做好记录"的流程，推进志愿服务制度化、常态化。按照"六有一落实"（有统一标识、有场地、有队伍、有制度、有服务项目、落实志愿服务活动）的标准，开展志愿服务活动。

（文燕萍）

【志愿队伍建设】 截至2017年末，第二师铁门关市共建成60支连队（社区）志愿服务队、100支党员志愿者服务队、50支青年志愿者服务队、35支爱绿护绿志愿者服务队。是年，累计开展志愿服务1200多次，走访帮扶困难群众7300多人，入户1700余家。

【先进典型评选】 2017年，第二师铁门关市文明办按要求开展志愿服务系统先进典型评选活动。"最美志愿者"——二十九团司许松、"最佳志愿服务组织"——华山中学文艺宣传志愿服务队、"最美志愿服务项目"——八一中学关爱孤寡老人志愿服务项目、"最美志愿服务社区"——二十五团湖光社区入围兵团学雷锋志愿服务评选；1名个人和2个集体被兵团表彰为学雷锋志愿服务先进典型，3个集体入围全国学雷锋活动"四个一百"评选。

（文燕萍）

·公民教育·

【社会主义核心价值观宣传】 2017年，第二师铁门关市文明办推进《道德讲堂》建设，评选表彰兵、师道德模范，开展第十六个"公民道德建设月""我们的节日""去极端化"宣传教育；坚持把"讲文明树新风"公益广告、"图说我们的价值观"宣传及"遵德守礼"提示牌等列入工作要点，在师电视台、电子大屏滚动播放"学雷锋、做好事"先进典型人物事迹短片及相关公益广告，全年累计播放公益广告6970条，播出时长达470余小时。在铁门关市重要街区设置宣传社会主义核心价值观宣传牌。

（文燕萍）

【爱国主义教育基地】 2017年，第二师铁门关市有师历史纪念馆、二十一团荣誉室、二十二团陈列馆、二十四团展览馆、二十九团陈列馆共计5个爱国主义教育基地，共接待观众2.23万人，全部实现全年免费开放。师历史纪念馆展陈面积1500平方米，展陈实物为187件，图片为400幅，文献资料合计7

套（配有声光电和多媒体导览系统，油画、国画、雕塑等艺术作品以及沙盘模型、LED大屏等）。　（刘明星）

·未成年人思想道德建设·

【首届文明校园创建评选】2017年，第二师铁门关市按照《第二师铁门关市文明校园创建实施办法》和考核细则，启动首届文明校园创建评选。4月，文明办和教育局对申报的17所学校进行检查验收，8所学校获得第一届师市文明校园；八一中学、三十二团中学荣获第一届兵团文明校园。组织未成年人开展"学雷锋，做有道德的人"、童心向党、优秀童谣创作传唱等系列主题实践活动。开展师市"美德少年"评选表彰和师市"孝心少年"推荐上报工作。加强团场学校少年宫建设，三十七团中学新申报团场学校少年宫项目通过兵团审核。　（文燕萍）

【未成年人法制课】2017年，第二师检察分院党组坚决落实"学转促"活动要求，积极维护辖区社会稳定，构建检校共建综合体系，全面预防未成年人犯罪，全面保护未成年人合法权益，到校上法治课，让学生们懂得法制教育的意义并不是强调法律条文的禁止性规定，而是为宣扬法律对社会成员的保护作用，树立起学生们的法律意识。
　（鹿宏伟）

【"检察开放日"活动】2017年5月27日，二师检察分院与库尔勒垦区人民检察院在二师华山职业技术学校开展了以"防止校园欺凌，护航未成年人成长"为主题的"检察开放日"活动。活动邀请了铁门关市人大代表、政协委员和师市政法委、教育局、工会、妇联、关工委、师直党工委等相关部门领导及华山技校师生代表30余人参加此次活动。
　（鹿宏伟）

·地区与行业文明创建·

【文明创建活动】2017年，乌鲁克垦区法院、二十九团孔雀社区两个单位成功创建全国文明单位；三十一团2连成功创建全国文明村镇。5月16日至25日，师市文明办按程序对师属4个全国文明单位、1个兵团示范文明单位、18个兵团文明单位、5个师级文明单位进行实地验收，并顺利通过兵团复检。9月11日至9月21日，按程序对2017年申报推荐师级文明单位的56个单位进行考核，对兵团级以上文明单位进行抽查。
　（谭三强）

【兵地交往交流交融】2017年，第二师铁门关市文明办积极引导各文明单位抓好"民族团结一家亲"活动工作，以兵地共建家园为载体，积极把与地方市（县）、乡（镇）、村（社区）接壤的各团场和连队建设成为文化交往交流交融的"蓄水池""中转站"和"辐射点"；师属14个团场文化活动中心、6个文化资源共享服务中心、10个电子图书阅览室、172个连队文化活动室、336个农家书屋及师团历史纪念馆全部对周边地方群众实施免费开放；积极推行以"文化联谊+节日交流+群众互访"方式，与地方共同举办联谊活动260余场次，开展各种形式的文艺演出61场次。在互动交流中，师市到地方开展文艺演出42场次，地方到师市开展文艺演出19场次，受益群众达10余万人次。　（刘明星）

2017年2月12日，自治区民族团结模范尤良英为华山中学师生作事迹报告（华山中学供稿）

科学技术

· 综述 ·

【概况】 2017年,第二师铁门关市加强科技队伍建设,加大科技投入。事业单位有各类专业技术人员1万人,各类科技及推广机构19个,从事科技活动人员和技术人员1147人。科技研发投入比重继续提升。全师全年科技研究开发等经费支出1.25亿元,其中获得国家及兵团拨款696万元。加快科技进步与创新,加快实用科技成果推广。全年组织实施各类科技研究、开发、推广项目90个,其中承担国家和兵团科技项目44个。组织实施师级科研开发推广项目(课题)46个。全年有24项科技成果通过鉴定或验收。其中技术水平达到国内先进水平的1项;自治区或兵团先进水平的3项。获兵团科技进步奖科技成果三等奖3项;获二师科技进步奖13项,其中一等奖2项,二等奖5项,三等奖6项。全年获得国家授权发明专利10项。2017年,师市科协分别获得"第三十二届全国青少年科技创新大赛基层赛事优秀组织单位"和"兵团青少年科技创新大赛优秀组织奖"荣誉。师市连续八年、四次被兵团党委、兵团授予"科技进步先进单位称号"。

【政策制定】 2017年,根据国家、兵团、第二师铁门关市对科技工作的新要求,在参考借鉴先进地区经验办法基础上,师市科技管理部门制定《第二师铁门关市实施创新驱动战略打造科技人才高地的实施意见》《第二师铁门关市科技发展专项资金管理办法》两个重要文件,文件的出台为师市引才、用才营造了良好氛围,为师市科技经费的统筹应用、提升经费使用效益、规范经费管理奠定了坚实基础。

【科技创新体系建设】 2017年,第二师铁门关市新增国家级星创天地1个,兵团级众创空间1个,师级工程技术研究中心2个。至此，师市拥有兵团级各类园区5个，国家级兵团级双创平台4个，国家高新技术企业5家，兵团创新型企业8家，自治区知识产权示范企业3家，院士工作站1个，兵团级工程技术研究中心2个，科技金融服务中心、生产力促进中心等兵团级科技服务机构8个；形成以园区为集聚中心，企业为创新主体，产学研合作为依托，科技成果转化为核心，科技服务为基础的第二师铁门关市科技创新体系。

【兵地融合】 2017年，第二师铁门关市科技系统加强与巴州科技系统业务往来。联合开展业务培训3期，培训人数230余人次；促进专家交流48人次；同组织联合开展香梨枝枯病防治工作现场会，接待新疆农垦科学院区域科技工作调研活动，前往河北省科技调研活动，接待新疆检测检验研究院区域科技合作调研活动。各类活动促进区域科技创新资源共享，增进相互了解，加深了兵地友谊，对兵团各师开展兵地融合工作起到示范作用。

【科技向南发展】 2017年，第二师铁门关市科技系统贯彻兵团向南发展政策，针对三十六团、三十七团、三十八团实际需求，组织开展科技咨询活动，邀请中国农业大学康绍忠院士和兵团"两校一院"专家，就团场红枣产业提质增效、设施农业健康发展、盐碱地改良等制约发展的瓶颈问题开展调研与咨询服务，提供科技专项支持。积极推荐南部团场申报上级项目支持，并在师市本级科技项目上给予倾斜设立专项，支持开展了"三十八团暗管排盐技术集成与示范""设施农业示范基地"等项目，共争取和支持经费90余万元。协调组织中科院马永清教授和兵团"两校一院"专家，以及师农科所科技人员赴三十六团、三十七团、三十八团及周边地方乡村开展科技帮扶工作。赴三十六团、三十八团开展流动科技馆巡展活动，为三十六团创建青少年科学工作室1个。各项科技活动的组织与开展，促进了师市南部团场的发展。

【科技项目管理】 2017年，科技项目管理一是项目的组织申报工作。申报国家中央引导地方科技发展专项1项、2017年河北科技援疆项目3项、2017年度兵团科技项目44项，共获得322万元经费支持；组织征集2017年师市科技项目75项。二是开展各级项目的检查与验收工作。重点对三十七团、且末县承担的国家星火计划项目进行监理，指导二十二团和三十四团完成国家科技富民强县项目相关验收材料的编制与上报工作，检查了75个项目的年度工作计划，组织专家验收2016年到期的24项兵、师级科技项目。三是开展师级科技进步奖评审及兵团科技进步奖推荐工作。新疆天诚农机具制造有限公司研发的2膜12行机械式精量播种机获得2017年中国农机行业年度产品创新奖。有6项成果推荐申报2017年度兵团级科技进步奖，其中达到国内领先水平1项，兵团领先水平3项。经严格评审，共评选出2016年师市科技进步奖13项，其中一等奖2项，二等奖5项，三等奖6项。

【科技成果】 2017年，新疆天诚农机具制造有限公司生产的"2MBJ-2/12型机械式精量铺膜播种机"荣获中国农机行业年度产品创新奖；师市获兵团科技进步奖3项；评出市级科技进步奖13项，16个单位和109名科技工作者受到表彰。

【院士二师行】 11月4—6日，中国工程院院士康绍忠带领新疆农垦学院、中国农业科学院农田灌溉研究所、中国水利水电科研究院、武汉大学的教授、研究员一行到二师，就新疆盐碱地治理情况、向南发展战略制定盐碱地改良等内容进行调研。师市常委、副师长王木森参加座谈会并讲话，师市常委、副师长周爱武，师市总农艺师祁建荣及科技局等相关部门的负责人参加调研活动。

【专利申请】 截至2017年底，第二师铁门关市有效授权发明专利数达59件，师市万人授权发明专利数达2.3件。

【知识产权管理】 截至2017年底，第二师铁门关市推进《企业知识产权管理规范》国家标准企业4家，分别是天诚农机具有限责任公司、新疆万选千挑农产有限公司、新疆冠农果茸集团股份有限公司、华世丹药业股份有限公司。

（王琼琼）

· 农业科技研究 ·

【农业科技研究所】 第二师农科所成立于1959年，其前身是中国人民解放军步兵第六师。1951年，在焉耆镇马家花园建立的农事试验组，时为师生产委员会办公室派出机构，由蔡康主持试验工作。1953年，试验组升格为农业试验场，分设粮食、特种作物、牧草、园艺四个专业组。1959年1月，农二师撤销农业试验场，先后成立焉耆、库尔勒、塔里木三个垦区农业研究所（简称农科所），配备专业技术人员46人，行政上分别归属农二师第一、第二、第三管理处领导。1987年10月，农科所为团级事业单位建制。2013年3月8日，农二师农科所更名为新疆生产建设兵团第二师农业科学研究所（简称第二师农科所）。截至2017年末，农科所有干部职工44人，其中高级职称12人，中级职称12人，初级职称12人，设有5个研究中心（香梨研究中心、棉花研究中心、综合检测中心、植保研究中心、生产管理服务中心），1个综合办公室（负责党建、财务、党风廉政建设、民族团结一家亲等工作）、1个科技管理办公室（负责科研项目申报、执行和管理）。

【科研工作】 2017年，第二师农科所共承担国家、兵团、师科技项目23项。其中国家项目2项，兵团项目5项，河北省项目1项，师项目10项，塔里木大学开放课题1个，农业基础性长期性科技工作—国家数据中心观测监测站4个。申请国家发明专利3项，制定巴州地方标准2项，获得科技进步奖2项，发表专业论文17篇。

（张怡怡）

表 1　　　　　　　　2017 年度第二师铁门关市授权、申请专利统计表

序号	专利名称及专利号	专利类型	申请时间	申请人及单位	备注
1	一种提高杜梨苗木移栽成活率的方法 CN201710419862.1	发明专利	2017-06-06	位杰 第二师农科所	实质审查阶段
2	库尔勒香梨杂交育种果实品质的评价方法 CN201710709730.2	发明专利	2017-08-18	林彩霞 第二师农科所	实质审查阶段
3	库尔勒香梨杂交育种苗木的繁育方法 201710709775.X	发明专利	2017-08-18	林彩霞 第二师农科所	实质审查阶段

表 2　　　　　　　　2017 年第二师铁门关市农科所制定标准统计表

序号	标准名称	发布日期	实施日期	主要起草人
1	库尔勒香梨省力化栽培技术规程	2016-12-01	2017-01-01	马建江、常宏伟、王小兵、王刚、陈久红、位杰
2	库尔勒香梨杂交育种技术规程	2017-07-05	2017-07-15	林彩霞、张校立、李世强、刘永杰、位杰、蒋媛

表 3　　　　　　　　2017 年第二师铁门关市农科所获得科技进步奖统计表

序号	获奖项目	奖励等级	主要获奖人员
1	梨优良品种与种质资源引进和资源圃建设	师市科技进步二等奖	林彩霞、刘艳、张怡怡、马建江、王岩、蒋媛、梅燕、任晓燕、位杰
2	枣大球蚧发生规律及防治		张萍、薛根生、李明才、王化帮、孙志红、王岩、李秋英、王伟、陈连芳、王秀琴

表 4　　　　　　　　2017 年第二师铁门关市农科所科技人员发表论文统计表

序号	论文名称	作者	期刊名称	年，卷（期）：起止页码	期刊类别
1	第二师棉花提质增效关键技术措施	王晓豫	新疆农垦科技	2017，(9)：14-15	省级
2	南疆团场棉花机采工作中存在的问题及建议	王晓豫	中国种业	2017，(4)：22-23	省级
3	梨新品种"新梨10号"的选育与栽培技术	林彩霞	北方园艺	2017，(12)：171-177	核心
4	兵团第二师红枣产业发展现状及对策	王岩	新疆农垦科技	2017，(11)：28-29	省级
5	库尔勒香梨抗寒性研究进展	位杰	植物生理学报	2017，53（6）：949-959	CSCD、核心
6	不同产地库尔勒香梨果实品质差异及综合评价	位杰	食品科学	2017，38（19）：87-91	EI
7	梨新品种"新梨10号"的选育	位杰	果树学报	2017，34（5）：639-642	CSCD、核心

续表

序号	论文名称	作者	期刊名称	年，卷（期）：起止页码	期刊类别
8	库尔勒香梨省力化栽培技术初探	王刚	山西果树	2017，(1)：33-36	省级
9	6个香梨品种的低温半致死温度比较及耐寒性评价	蒋媛	江苏农业学报	2017，33（6）：1358-1363	CSCD、核心
10	红枣裂果细胞特性研究	寇彬	新疆农垦科技	2017，(5)：29-32	省级
11	靓果安对库尔勒香梨叶片叶绿素含量、果实糖度及腐烂病防效的影响	张萍	安徽农业科学	2017，45（6）：17-21	省级
12	加工番茄不同播期对瓜列当寄生及其产量的影响	陈连芳	北方园艺	2017，(18)：62-65	核心
13	3个番茄品种耐瓜列当比较试验	陈连芳	新疆农垦科技	2017，(3)：29-30	省级
14	棉花头水前揭膜试验研究	韩俊伟	中国种业	2017，(2)：59-60	省级
15	噻苯隆在库塔垦区机采棉上的应用效果研究	左俊祥	新疆农垦科技	2017，(10)：39-41	省级
16	种植密度对棉花产量和品质的影响研究	唐震超	新疆农垦科技	2017，(10)：11-13	省级
17	棉花播种出苗前后受害情况及相应管理建议	脱丽琴	农村科技	2017，(7)：21-22	省级

【畜牧兽医站】 第二师铁门关市畜牧兽医站是师畜牧业技术推广工作部门，分设畜牧（草原）办公室、动物卫生监督所办公室、监测中心办公室、疫苗供应科、办公室（党办、行办）五个职能部门。2017年12月，全站总人数67人。其中退离休人员及其家属42人，在职干部职工25人，党员35人。在职职工大专以上学历人员24人，其中研究生5人，本科16人，大专3人。专业技术人员19人，其中高级职称8人，中级职称7人，初级职称4人。

【草原普法、防火宣传】 2017年，第二师铁门关市开展草原普法和防火宣传工作，重点宣传《草原法》《草原征占用审批管理办法》及草原防火等知识。全年开展草原普法宣传8个场次，制作展板板报5块，悬挂宣传横幅18条，张贴宣传标语270处，设立现场咨询台2个。累计发放宣传单5000余份。

【草原执法】 2017年5月，有群众举报，二十二团、二十四团牧民提前进山违规放牧。二师畜牧兽医站草原室接到举报后首次联合巴州草原站开展草原执法工作，经双方核实排查，发现确有二师牧民提前进山违规放牧。二师畜牧兽医站草原室督促二十二团、二十四团兽医站配合巴州草原站对辖区内的违规牧民首次进行行政处罚，并将结果上报巴州草原站。此次草原执法活动维护了二师草原禁牧制度，促进牧民依法依规使用草原。

【虫害防治】 2017年6—9月，第二师铁门关市开展草原虫害周报监测工作，实时监测草原虫害发生情况和发展趋势。经监测，由于山区天气寒冷，蝗虫密度普遍较低，未发生蝗虫灾害，开展生物防治（招引椋鸟）治蝗1333.33公顷。

【动物疫病防控】 2017年，第二师铁门关市累计免疫各类畜禽629.44头（只），其中口蹄疫免疫148.99万头（只），高致病性禽流感免疫禽类212.14万羽，新城疫免疫鸡142.6万羽，高致病性猪蓝耳病免疫57.19万头，猪瘟免疫45.08万头，小反刍兽疫免疫羊19.76万只，布鲁氏杆菌病免疫1.77万头（只），包虫病免疫1.91万头（只）。各类畜禽重大动物疫病强制免疫密度达到100%。全年二师重大动物疫病免疫抗体监测畜、禽血清19429头（份），其中牛4478头（份），羊5526头（份），猪3120头（份），禽6305头（份）。免疫抗体平均合格率分别为：高致病性猪蓝耳病87.5%，猪瘟93.6%，猪口蹄疫76.1%；牛O型口蹄疫91.8%，牛A型口蹄疫89.6%，牛亚Ⅰ型口蹄疫94.7%；羊O型口蹄疫85.0%，羊亚Ⅰ型口蹄疫85.5%，羊小反刍兽疫84.5%；H5N1亚型禽流感94.9%，H7N9亚型禽流感94.2%，新城疫93.8%。禽流感等重大动物疫病病原学检测2100份，均未检出阳性样品。布鲁氏菌病检测10593头份血样，阳性率1.5%。马鼻疽检测50头份，马传贫检测200头份，均未检出阳性样品。羊包虫病检测200头份样品，免疫合格率95%。

【畜产品质量安全监管】 2017年，第二师铁门关市动物卫生监督所在全师各团共开展兽药、饲料、生鲜乳、动物及动物产品监督检查及抽样送检5次，完成兵团抽样任务76份（其中兽药12份，饲料45份，生鲜乳2份，动物及动物产品17份。除2份兽药不合格，其余均合格）。根据《兵团兽用抗菌药专项整治行动实施方案》《严厉打击饲料生产和养殖环节违法使用兽用抗菌药物行为的通知》要求，师动物卫生监督所对二师辖区14家兽药经营店全面检查，对个别兽药店过期未下架和假冒伪劣兽药全部暂扣并统一销毁，下发整改通知书，处理结果汇总后报师畜牧兽医主管部门备案。

【动物疫病执法监督】 2017年，第二师铁门关市根据兵团、师市生猪屠宰监管"扫雷行动"实施方案要求，开展全面检查行动，对辖区内生猪屠宰厂（场）开展拉网式排查，累计开展师、团监督执法52次。对不符合要求的屠宰场下发整改通知书，跟踪整改结果。师动物卫生监督所监督检查辖区各活禽市场及禽类养殖场（户），严格落实1110制度（即一日一清洗、一周一消毒、一月一休市、过夜零存栏制度），全师活禽交易市场闭市整改，经整改并检查合格后已全部开业。

【首次推广畜类腹腔镜输精技术】 2017年1月22日，第二师兽医站邀请天山畜牧生物工程公司示范、传授腹腔镜输精技术，在二十一团对胚胎移植未受胎的110只同期发情母羊腹腔镜输精，孕后B超孕检

60%受胎率。这是第二师区域内第一次推广羊腹腔镜输精技术。

【畜牧兽医技术培训班】2017年1月11日，第二师铁门关市兽医站在博斯腾宾馆会议室为畜牧兽医技术员培训授课，邀请天山畜牧生物工程公司和广州金银卡生物科技公司的人员到二师授课，除讲解了常规畜牧兽医技术外，还新增羊腹腔镜输精理论技术和秸秆加工制作等培训内容。参加培训人员来自全师各团畜牧兽医技术人员40余人。 （李建梅）

· 气象 ·

【概况】2017年，第二师铁门关市气象局坚持"公共气象、安全气象、资源气象"的发展理念，树立"防灾减灾，气象先行"的服务宗旨，加强气象业务、服务能力建设，提高气象预报准确率，积极稳妥地开展气象业务。提升气象事业对各团场全面建成新型城镇化建设的保障能力，增强气象服务和气象综合防灾减灾的经济效益、社会效益、生态效益。

【气象装备保障】2017年，第二师铁门关市气象局定期开展气象仪器设备巡检，排除各基层台站故障，保障所属的12个气象站（5个基本站、7个区域站）设备正常运行。

【气象预测预报业务体系】2017年，第二师铁门关市气象局气象预测预报业务重点依托MICAPS核心业务平台，强化新开通的EC（欧洲）细网格数值预报产品的解释及应用，短时临近预警、延伸期及月气候预测等，产品的预报预测准确率提高，群众服务满意度提升。截至年底，气象局年度累计制作发布48小时预报83期、72小时预报279期、周报51期、月报12期、年气候趋势预测1期、专项气象服务10期、重要天气报告7期、实时气象报告13期、节日期间天气报告7期、各类气象灾害预警信息35期。

【拓宽气象服务新领域】2017年，第二师铁门关市气象局拓宽气象服务新领域。积极组织气象局和基层气象站的业务人员为上海民航新时代机场设计研究院有限公司、新疆民航空管设备有限公司、鑫瑞纸箱厂等企业无偿提供时间序列较长的历史气候资料。同时，铁门关市气象局无偿为各保险公司提供气象证明，种植户及时得到理赔，最大程度减少损失；为石河子大学、师农科所、团场农技推广站及各大招商引资企业提供气象历史资料，为项目实施提供科学依据。翔实的气象资料作为重要论据在第二师铁门关市招商引资和项目建设论证中发挥积极作用。

【新一代天气雷达项目建设】2017年6月23日，第二师铁门关市新一代天气雷达选址通过由中国气象局大气探测中心、兵团气象局、自治区气象局组成的专家组论证。11月3日，兵团农业局在乌鲁木齐市组织召开《兵团第二师铁门关市新一代天气雷达建设项目可行性研究报告》专家论证会，该项目顺利通过专家组论证。

【气象探测环境保护】2017年9月，第二师铁门关市气象局联合各基层气象台站，通过向气象站周边住户详细讲解《中华人民共和国气象法》《气象设施和气象探测环境保护条例》《新疆维吾尔自治区气象探测环境和设施保护规定》等相关的法律法规，加强广大职工群众对气象设施和气象探测环境保护的意识，共同保护好气象探测环境。铁门关市气象局协助各基层气象台站与所属团场签订《气象设施和气象探测环境保护协议》，保护气象探测环境。

【气象站业务巡检】 2017年1月25日，第二师铁门关市气象局开展年度第一次气象站业务巡检工作，对二师12个气象站（5个基本站、7个区域站）进行气象业务检查，更换各站通信卡及电池，并对出现故障的设备进行维护。

【业务检查指导】 2017年2月25日，兵团农业局气象处领导一行到铁门关市气象局检查指导工作，详细了解区域自动气象站运行、PCV-SAT卫星接收系统、防灾减灾气象服务等工作。

【人工影响天气培训】 2017年4月9—11日，第二师铁门关市气象局举办人工影响天气培训班，全师8个防雹单位20余名防雹作业人员参加培训学习。培训讲解人工影响天气安全管理规范、气象安全法律条款、民爆物品管理规范、人工影响天气、冰雹云的发生机制与雷达回波的识别、WR-98型防雹火箭操作理论与故障排除等课程。

【防灾减灾日科普宣传活动】 2017年5月12日，第二师铁门关市气象局在鑫恒泰商贸城组织开展防灾减灾日科普宣传活动。活动采取现场咨询、展板展示、宣传资料发放等形式，向群众宣传雷电灾害预防、火灾预防等防灾减灾知识。活动现场发放气象防灾减灾宣传彩页、科普宣传资料和防御指南知识读本100余份。

【兵团国家地面天气站】 2017年6月底，经国家气象局综合分析和评估：第二师气象局所属的二十一团、二十七团养殖厂、二十九团（铁门关市）、三十团二连轧花厂、三十一团农试站、三十二团看守所、三十六团、三十七团团部、三十八团共9个气象观测站被遴选为兵团国家地面天气站。

【气象卫星地面接收站】 2017年11月1日，第二师铁门关市气象局完成CMA-Cast气象卫星地面接收站的安装和调试工作，并开始运行。 （陈艳丽）

教育·体育

· 教育 ·

【综述】 2017年，第二师铁门关市各级各类学校48所，其中九年一贯制学校22所（二十一团中学、二十二团中学、二十三团中学、二十四团中学、二十五团中学、二十六团中学、二十七团中学、二十八团中学、二十九团中学、三十团中学、三十一团中学、三十二团中学、三十三团中学、三十四团中学、三十五团中学、三十六团中学、三十七团中学、三十八团中学、二二三团中学、华山中学义务部、塔什店中学、三建中学），十二年一贯制学校1所（八一中学），高级中学1所（华山中学高中部），幼儿园22所（二十一团幼儿园、二十二团幼儿园、二十三团幼儿园、二十四团幼儿园、二十五团幼儿园、二十六团幼儿园、二十七团幼儿园、二十八团幼儿园、二十九团幼儿园、三十团幼儿园、三十一团幼儿园、三十二团幼儿园、三十三团幼儿园、三十四团幼儿园、三十五团幼儿园、三十六团幼儿园、三十七团幼儿园、三十八团幼儿园、二二三团幼儿园、八一幼儿园、师直幼儿园、铁门关市中心幼儿园），中等职业学校1所（华山职业技术学校）。各级各类学校在校学生28379人，教职工3160人。2017年7月，师市教育局被教育部关心下一代工作委员会评为"全国青少年五好小公民主题教育读书活动先进集体"，获"第二十届全国青少年五好小公民'阳光校园我们是好伙伴'主题教育读书活动优秀组织奖"；2017年4月，师市教育局获兵团青少年科技创新大赛特殊贡献奖和优秀组织奖。

【教师队伍建设】 2017年，第二师铁门关市中小学教职工2641人，其中女教职工1664人；专任教师2137人，其中小学教师865人，初中856人，高中416人；行政人员67人，教辅人员82人。小学、初中教师专科以上学历、高中教师本科以上学历达标率100%。实施团场义

华山职业技术学校实施理实一体化教学模式（华山职业技术学校 提供）

务教育学校特岗教师招聘计划，2017年招录101人。2017年，中小学教师参加"国培计划"、继续教育、紧缺薄弱学科研修、短期集中等培训项目300余人，参加"中小学教师信息技术应用能力提升工程"500余人，参加师域培训、校本培训3000余人次。宋晓梅等10人被授予"第二师铁门关市最美教师"称号。

【学前教育】 2017年，第二师铁门关市有幼儿园22所，在园幼儿3997人，教职员工429人，其中专任教师234人。新招录幼儿园教师30人。师市出台《关于印发〈第二师铁门关市学前教育经费保障机制实施方案（试行）〉的通知》《关于印发〈第二师铁门关市学前免费教育实施办法（试行）〉的通知》。从2017年春季学期开始实施学前三年免费教育，共投入免费教育专项资金840万元，主要用于免除幼儿保教费、读本费、取暖费，补助伙食费。投入学前教育新建校舍建设项目资金1375万元，总建筑面积5500平方米，实现幼儿园"应建尽建"，确保适龄幼儿"应入尽入"。举办两期幼儿园园长、骨干教师能力提升跟岗培训班，培养了18名幼儿园园长和36名骨干教师，有效促进学前教育质量的提升。

【义务教育】 2017年，第二师铁门关市义务教育学校在校学生数17763人，其中小学生10828人，初中学生数6935人，教职工2081人。2017年，新建三十三团中学室内活动室；新建三十七团、二二三团义务教育学校建设项目。总投入3110万元，其中上级资金2620万元，自筹490万元。5月，印发《第二师铁门关市2017年义务教育基本均衡发展督导评估实施方案》和《关于成立第二师铁门关市义务教育基本均衡发展督导评估验收工作领导小组的通知》。9月，印发《第二师铁门关市义务教育均衡发展评估验收工作职责及任务》和《第二师铁门关市义务教育均衡发展状况公示制度》，保障师市义务教育基本均衡发展。7月，成立师市教育体制改革领导小组、师市农业广播电视学校领导小组、师市家庭经济困难学生资助工作领导小组、师市团场义务教育学生营养改善计划领导小组，调整了市教育督导委员会成员。11月20—24日，兵团督导检查了师市义务教育基本均衡发展工作；12月20—23日，国家全面改薄督查组对师市全面改薄工作督导检查。

【普通高中教育】 2017年，

第二师铁门关市共有高中学校2所,华山中学和八一中学。为构建布局结构合理、条件保障有力、满足就学需求的高中教育体系,更高水平普及高中教育,师市新建完全中学一所,即铁门关市第一中学,2018年秋季学期开始招生。师市高中在校生5228人,其中华山中学3186人,八一中学2042人;高中在职教职工560人,其中华山中学371人,八一中学189人;高中在职专任教师416人,其中华山中学255人,八一中学161人。师市始终把教育事业摆在优先发展的战略位置,高中阶段毛入学率、高考上线率等教育考核指标均排在兵团前列。2017年,师市普通高考重点本科上线率54.14%,较去年提高近6个百分点,7名学生考入清华大学、北京大学;华山中学、八一中学分别获得第二批全国中小学中华优秀文化艺术传承学校称号;华山中学获得第四批全国民族团结进步创建活动示范单位称号。

【职业教育】 2017年,第二师铁门关市有1所中等职业学校,即华山职业技术学校。华山职业技术学校是一所集职业教育、职业技术培训、再就业和职业技能鉴定等多功能的综合性国家级重点中等职业技术学校,是国家第三批中等职业教育改革发展示范校立项学校,主要担负为师市和巴州地区培养实用型、技能型人才的职责。学校前身农二师技工学校,于1981年经新疆维吾尔自治区劳动厅批准成立,1999年更名为华山职业技术学校。学校下属有国家第32职业技能鉴定所、国家《汽车运用与维修》专业技能型紧缺人才实训基地等多种教学和培训机构,在校生人数1391人,教职工90人。2017年毕业561人,就业率98%以上。为满足师市经济社会发展对技术技能人才的需求,2017年,师市向兵团申请成立铁门关职业技术学院。

【华山中学】 华山中学始建于1960年,是省级示范性学校。2017年,华山中学义务部校区共有教学班81个,在校生2974人,教职工320人,其中专任教师250人;华山中学高中校区共有教学班70个,在校生3186人,教职工371人,其中专任教师255人。

华山中学以"才丰似华、德厚如山"为校训,秉承"适应、坚守、奉献、乐观、进取"的胡杨精神,坚持"以人为本、德育为先""立德树人、知行统一""发展学生、成就教师"办学思想和"崇尚学术、强化服务"管理理念,实施"开放办学、制度管理、分层发展""文化兴校、科研强校"发展战略,加快"数字化、生态化、人本化"建设步伐,开创"玩在华山"教育模式,不断提升教育教学质量。2017年,华山中学参加中考学生438人,其中考入重点高中309人,录取率达71%;华山中学参加高考考生共计1030人,600分以上学生达85人,(其中理科70人,文科15人),理科重本上线率达89%,文科重本上线率达81%,本科上线率保持在100%。

华山中学获得"全国文明单位""全国教育系统先进集体""全国未成年人思想道德建设先进单位"等称号,被中国科技馆发展基金会评为第四届科技馆发展

八一中学师生互动学习（苏江生　摄）

"优秀农村中学科技馆"，被中南大学评为"优质生源基地"，被石河子大学评为"产学研联合培养研究生示范基地"。

2017年，华山中学与近20所兵地学校签订深度合作协议，以资源共享、跟岗学习等方式带动发展。通过选派干部实地任职、骨干名师支教、团队送教送培、代培受援校干部教师、接受受援校师生来校体验、组织多校师生共学共乐结对帮扶活动、构建区域一体化教育发展联盟等，重点帮扶援助二师三十三团、三十八团、三十六团、巴州若羌县、十四师皮山农场、二二四团、皮山县等地中小学发展。接受周边团场学习交流近400人次，接受兵地学校40多人跟岗学习，派出干部、教师近200人次送培送课。若羌县中学累计近300名师生分批次到华山中学进行为期一周或两周的体验式学习。2017年，华山中学共申报课题4个，已开题论证立项。"小学生肥胖的诱因分析及调查研究"等8个课题顺利结题。2016—2017学年，华山中学教师共发表获奖论文287篇，其中发表79篇，获奖208篇。

【八一中学】　八一中学创建于1952年，原址焉耆县城东关军分区驻地，原名"中国人民解放军步兵六师子弟学校"，1954年6月，迁入焉耆县开都河南岸，今焉耆县永宁镇永兴路22号院。1960年7月，定名"农二师八一中学"，2013年1月，更名为"第二师八一中学"。校园占地面积100000余平方米，是一所集学前教育和小学、初中、高中教育为一体的完全高级中学。1975—2006年，八一中学开办中等师范教育，先后开设语文、英语、数学、政教、音乐、体育、美术、普师、幼师等12个专业，培育各类人才近5000名。2000年，被评为"兵团重点高级中学"。2008年，被评为"兵团示范性高级中学"。2017年，八一中学教职员工239人，其中教师231人，校工8人；八一中学共58个班级，在校生2676名，其中高中阶段教学班42个，学生数2042人；义务教育阶段教学班16个，学生数634名。2017年，八一幼儿园学生数95人。

2017年，八一中学参加中考学生19人；参加高考学生795人，一本上线率达14.5%；二本上线率达74.8%；总上线率达100%。

2017年，八一中学继续深化年级部扁平化管理模式，推行"3+3课堂结构""两上两下集体备课""234

· 280 ·

双限作业"，发挥集体智慧，规范课堂行为，夯实知识基础。发表国家级论文 40 篇，省级论文 20 篇；获兵团级教学设计奖 18 个，录像课奖 10 个，微课奖 8 个，教学课件奖 25 个。

2017 年，八一中学获第四届"新疆中小学生天文奥林匹克竞赛天文教育奖"、兵团第四届"翻转课堂"教师课改成果展示活动优秀组织奖。

【华山职业技术学校】 华山职业技术学校成立于 1982 年，学校前身是农二师技工学校，校址在农二师塔什店。1999 年，更名为华山职业技术学校。2004 年迁入工四团老团部；2008 年，迁入库尔勒市经济技术开发区白鹭河畔，学校占地面积 216 亩，建筑面积为 61000 多平方米，是师市唯一一所中等职业学校。华山职业技术学校是一所集职业教育、职业技术培训、再就业和职业技能鉴定等多功能的综合性国家级重点中等职业技术学校，是国家第三批中等职业教育改革发展示范校立项学校，主要担负为师市和巴州地区培养实用型、技能型人才的职责。学校下属有国家第 32 职业技能鉴定所、国家《汽车运用与维修》专业技能型紧缺人才实训基地等多种教学和培训机构。2017 年，在校生人数 1391 人，教职工 90 人；毕业 561 人，就业率 98% 以上。为满足师市经济社会发展对技术技能人才的需求，2017 年，师市向兵团申请成立铁门关职业技术学院。 （朱晓宁）

·体育·

【概况】 2017 年，第二师铁门关市体育局认真贯彻落实《全民健身条例》《关于印发新疆生产建设兵团全民健身实施计划（2016—2020 年）的通知》精神，出台了《第二师铁门关市全民健身计划 2016—2020》推动体育工作健康发展。2017 年 8 月，师市体育局被国家体育总局评为"2013—2016 年度群众体育先进单位"。

【体育赛事】 2017 年 5 月 8—17 日，第二师铁门关市组队参加在石河子市举办的 2017 年兵团青少年校园足球校际联赛总决赛，师市高中组、初中组、小学组分别获得三等奖。6 月 1—5 日，师市组队代表兵团参加在内蒙古包头市举办的"李宁·红双喜杯"2017 年全国业余乒乓球锦标赛暨第十三届全国运动会群众比赛乒乓球项目预赛。7 月 5—10 日，师市组队参加在新疆五家渠市举办的兵团第十四届兵团青少年运动会，70 名运动员参加了篮球、乒乓球、田径三个大项的比赛，是此次赛事参加项目、人数最多的单位，获得兵团青少年运动会团体总分第三名的成绩。其中乒乓球获得团体第二名，田径获得团体第三名，女子篮球获得第四名，男子篮球获得第九名。

【学校体育】 2017 年 5 月 4—7 日，第二师铁门关市第十五届学生田径运动会在二十九团中学举行，共计 23 个办学单位参加，三建中学、塔什店中学、二十八团中学获得儿童组团体总前三名。塔什店中学、二十八团中学、三十八团中学获得丙组团体总前三名。华山中学、塔什店中学、二十四团中学获得乙组团体总前三名。9 月 20—24 日，在塔什店中学举办师市第六届中学生校园足球赛，共有483人参赛，其中领队21人，教练员31人，裁判员32人，运动员384人。华山中学、塔什店中学、二二三团中学获得男子组前三名；三十六团中学、三十团中学、塔什店中学获得女子组前三名；二十六团中学丁星博获得男子组金靴奖；二二三团中学木乃外·吐逊获得女子组金靴奖。9月20—24日，师市开展足球进校园活动，在三十团中学举办师市第六届小学生校园足球赛，参加人数总计483人，其中领队21人，教练员31人，裁判员32人，运动员384人。二二三团中学、三建中学、塔什店中学获得男子组前三名；二十四团中学、塔什店中学、三十团中学获得女子组前三名；二二三团中学伊普提哈尔·吐尔洪江获得男子组金靴奖；二十四团中学陈巍晨获得女子组金靴奖。

【群众体育】 2017年4月15日，第二师铁门关市举办2017年微型马拉松比赛暨第二师铁门关市全民健身启动仪式，师市机关及企事业单位的400名长跑爱好者参赛。5月4日，师市承办2017年兵团全民健身系列活动暨参加全国"十三运"群众项目乒乓球、健身气功兵团选拔赛，来自兵团各师局的18支代表队运动员裁判员200余人参加比赛，比赛项目有乒乓球团体、乒乓球单打、气功易筋经、五禽戏、六字诀、八段锦的个人赛及气舞团体赛等。师市代表队获得太极拳、乒乓球、气功、健身球团体第一名。8月4日，由师市机关主办，师直党工委和教育局、体育局承办了以"健我风采 爱我家乡"为主题的5000米健步走活动，共有198名机关各部门党员干部参加环绕将军河健步行走。8月8日，师市体育局、老干局组织了师市"全国百城千村健步走大联动启动仪式"，驻库单位和直属系统8个方队共800余人参加。

（朱晓宁）

文 化

· 文化产业 ·

【文化产业发展】 2017年，第二师铁门关市深入贯彻落实国务院"放管服"政策，放宽文化市场准入制度，在文化领域积极引导和鼓励职工群众落实国家大众创业、万众创新政策。2017年，新注册成立文化经营单位36家，注册资金2400余万元。完成文化产业招商引资2.23亿元。是年，启动《第二师铁门关市"十三五"文化产业规划》编制工作，完成规划编制评审。组织地方特色文化产业产品、作品参加十三届中国（深圳）文化产业博览会。组团赴内地开展文化产业招商工作。积极引导和支持三十一团和尉犁县合作开发的全疆首个"兵地融合创新型旅游示范景区"——罗布湖旅游文化度假区项目。

【基础设施建设】 2017年，第二师铁门关市通过申报国家公共文化项目，加快师市图书馆、文化馆、电影院、团史馆等公共文化基础设施建设，形成覆盖师、团、连队（社区）的公共文化服务网络。完成铁门关市"四馆合一"建设项目（规划馆、展览馆、档案馆、图书馆）装修招标工作；完成铁门关市传媒大厦基础建设工作。

是年，争取上级文化项目资金共计5279.736万元。其中新建（改扩建）12个团场无线广播电视发射台站项目建设资金2400万元（每个团场200万元），补助铁门关市图书馆建设项目建设资金1410万元，补助铁门关市文化馆建设项目资金1100万元。争取国家补助师市公共文化服务体系建设专项资金369.736万元。

【群众文化活动】 2017年，第二师铁门关市在春节前组织书法爱好者开展"送春联下基层"文化艺术志愿服务活动，创作传统美德春联3900副。是年，第二师铁门关市组织开展师市文艺演出活动，邀请兵团专业文艺团体赴师市开展慰问演出活动

21场次，组织开展师市职工文艺汇演2场次。宣传部、文广局与人大组织开展《法治新疆·天山行——走进铁门关》大型节目录制活动；联合党委组织部开展"庆七一、感党恩、促发展、喜迎党的十九大"歌咏比赛活动。各团场、企事业单位举办团拜会、社火表演、文艺演出活动共170余场次，共惠及职工群众12.6万人次。团场、企事业单位开展以"弘扬兵团精神和老兵精神""喜迎十九大"等为主题的美术书法摄影展、棋牌类比赛、歌咏比赛、文体比赛等各类群众文化活动130场次，共惠及职工群众3.6万余人次。师市各级文化活动中心、164个连队文化活动室、农家书屋及师团历史纪念馆全部免费开放，并确保每周不少于5天，每天不少于6个小时。全年完成数字电影放映2820场次，满足一团一连一月看一场电影的需求。选送基层创作的优秀微电影、动漫参加兵团组织的"社会主义核心价值观"微电影、动漫大赛，组织策划精品力作参加兵团"迎接党的十九大纪录片展播评选活动"。

【文化经营单位法律法规及消防安全知识培训】 2017年，第二师铁门关市举办第八期文化经营单位法律法规及消防安全知识培训班，师域内130多家网吧、娱乐和电子游艺等文化经营单位负责人参加培训。

【文化市场执法】 2017年，第二师铁门关市在重要节日和重点节点，联合公安、综治等部门开展联合执法检查，出动执法人员2200余人次，出动执法车辆620车次，共检查各类文化经营单位968家次，责令整改经营场所28家，全年拆除非法卫星电视地面接收设施290余套，确保文化市场的绝对安全。配合市工商局开展师市范围内电视机休眠状态出现违禁标识的清理检查，共出动执法检查人员1150人次，出动执法检查车辆244车次，检查全师电视用户32394户，未发现违禁标识。

【进疆女兵照片巡展】 2017年9月25日，第二师铁门关市宣传部与团委联合举办"中国梦、军垦情"20世纪50年代初参军进疆女兵照片巡展。 （刘明星）

· 新闻出版 ·

【《绿原报》】 2017年《绿原报》共计编辑出版152期，年刊稿量4055篇，推出公益广告12期。是年，《绿原报》对报纸版式进行改革创新，先后组织策划《纪念渤海教导旅组建70周年》《民族团结一家亲》《河北省第三批对口支援第二师铁门关市干部人才"援疆百日心语"》《美丽二师》《十九大系列专版》等16个主题版面，活跃版面，增强报纸的可读性。是年，《绿原报》积极配合二师铁门关市经济社会发展及改革的需要，策划设置《共同推进"民族团结进步年"活动》《民族团结一家亲》《民族一家亲，团结一条心》《"访惠聚"星光集》《兵团深化改革进行时》《扎实开展发挥兵团特殊作用大学习大讨论活动》《纪念三五九旅建军80周年，纪念渤海教导旅组建70周年》《中央环保督察进行时》《绿色发展，生态卫士》《美丽二师》《招商引资在行动》《创业创新》等24个栏目。

【党的十九大专题宣传】2017年，在党的十九召开前后，《绿原报》先后组织策划《喜迎十九大系列谈》《党的十九大精神学习问答》《砥砺奋进的五年——喜迎十九大》《捧出硕果——喜迎十九大》《"数说"新成就——喜迎十九大》《历览党史——喜迎十九大》《精准扶贫——喜迎十九大》《十九大代表访谈》《十九大时光》《学习宣传贯彻落实党的十九大精神》《新时代新气象新作为》《学习宣传贯彻落实党的十九的精神——新时代谋划新发展笔谈》等12个宣传栏目和主题版面。

【报纸采编】 2017年，《绿原报》编辑先后在春秋两季深入基层参与传媒中心组织的"走转改"（走基层、转作风、改文风）活动，在新春和金秋时节两次下基层累计采访20天；2017年自1月11日—2月23日，传媒中心组织策划《绿原报》"广告+结对认亲+拜年+珍藏版"，首次把广告与政治宣传和为客户服务嫁接起来，先后编出9个专版的结对认亲内容，有效地发挥媒体的导向作用。

【基层通讯员骨干培训】2017年，《绿原报》先后派出5批15人次资深编辑培训二师铁门关市基层骨干通讯员队伍。为宣传系统举办的通讯员培训班授课培训通讯员100人；为三十三团、三十六团、师公安局、天润公司等单位的基层通讯员讲授业务课，培训通讯员200人次。

【采访活动】 2017年1月9—18日，二师传媒中心组织开展新春走基层活动，活动围绕"节日，因他们而温暖而美丽""节日的笑靥""新春新打算"三个主题，组织8名记者分两组奔赴三大垦区的6个团场，先后采写24篇（幅）有价值的新闻，其中7条被省级报台刊用；2017年1月17日，组织记者集中报道二师党委十五届三次全委（扩大）会议，并对会议精神进行重点解读和访谈；2017年2月15—17日，组织记者集中报道铁门关市"两会"（政治协商会议和人大会议），传媒中心提前策划前期方案，包括记者采访时间、节点和报台宣传方案，取得较好效果。在铁门关"两会"召开期间，《绿原报》又及时刊登"两会"开幕和闭幕2篇社论，为铁门关"两会"营造积极舆论氛围；2017年2—3月，《绿原报》围绕师第十五次党代会提出的"24字"（社会稳、发展快、职工富、文化兴、环境美、融合亲、人口增、党建强）发展目标，传媒中心组织各部门编辑记者连续撰写8篇评论员文章，在《绿原报》持续刊发，为深入学习贯彻十五次党代会精神发挥媒体的导向作用。 （张万平）

· 广播影视 ·

【广播电视安全播出】 根据意识形态及新闻媒体安全的要求，成立师市广播电视安全播出领导小组，师团两级广播电视台于年初开展全面自查工作，至8月对全师广播电视安全播出机构进行安全大排查，十九大期间，再次抽查广播电视安全播出。严格落实各级媒体机构值班工作，在重点时期和重要节点建立"双人双岗"值班制度和零报告制度。加强对有线电视网络安全巡查，制定巡线周期，落实安全责任，定期对分管线路进行查巡，保证线路的安全和畅通。对师团两级电视台接收系统、传输系统、供配电系统、消防系统、机房环境、光缆线路、电缆分配网、监控系统等环节进行全面检查，确保党的十九大广播电视和网络安全。 （刘明星）

【先进评选】 2017年，师市文化广播电视局广电科科长刘明星被国家新闻出版广电总局评为2016年度基层广播电视统计工作先进工作者。

【文化广播电视培训】 全年组织81人次参加国家、兵团文化、广播电视专项业务培训11批次。争取河北援疆资金25万元，开展为期20天的文艺骨干赴冀培训班，强化基层文艺骨干、新闻媒体骨干业务能力和水平。 （刘明星）

【美丽二师电视片展播】 2017年3月20日起，传媒中心组织策划并开展全师《美丽二师》系列宣传片展播活动。《美丽二师》系列宣传片分春、夏、秋、冬四个部分，通过"经""纬"两条线索，利用散文笔触解说，综合展示团场的城镇美、产业美、人文美、自然美，产生良好的社会效果。 （张万平）

【十九大电视专题报道】 2017年9月下旬至11月上旬的50天里，电视台在二师新闻中开设专栏《喜迎十九大》《十九大·学习时刻》，先后制作播出十九大主题新闻124条，电视编辑部全体同志放弃节假日，周六、周日加班制作新闻，增加播出新闻12期，大容量、高质量完成十九大期间的新闻宣传报道任务。 （张万平）

【转播央视党的十九大专项报道】 2017年8月至9月，为迎接党的十九大胜利召开，电视台编辑记者先后8次下基层到二十九团、二十四团等团场，策划、拍摄、制作素材。10月6日，央视《还看今朝》中播出新疆专辑，其中二师电视台采制的5条共4分28秒的新闻视频、同期声素材被央视采用，这是二师电视台首次直接参与央视专题特别报道。 （张万平）

【有线电视播出节目】 2017年，电视台全年综合频道共播出电影360部；科普大篷车96集；学雷锋纪录片3集；电视三下乡520集；建党96周年党员教育电视片28部。播放专题片《将改革进行到底》10集、《法治中国》6集、《大国外交》6集、《巡视利剑》4集、《辉煌中国》6集、《强军》8集。 （张万平）

【开展视评报评工作】 2017年，第一次组织对全师13个团场（缺三十七团）的电视新闻开展月评工作，写出《阅评通报》。对团场的月新闻拍摄质量进行点评。通报直击存在问题，给出指导意见。全年开展阅评工作7次。 （张万平）

【电视网络建设】 2017年，二师有线电视网络覆盖从二十一团至三十四团的10个团场，网络用户16720户。 （张万平）

【广播网络建设】 2017年，二师调频广播88.5信号已经

完全覆盖库尔勒整个城区及二师铁门关市部分区域,受众约20万人。　　(张万平)

【数字电影播放】　2017年7—8月,传媒中心到基层各个团场放映由兵团广播电视台拍摄制作的反映兵团题材的电影《无罪》共计56场次,在军垦大厦五楼二师广播电视台演播厅为师市机关及各事业单位、企业放映共计64场次。　　(张万平)

【电视台机房设备检修】2017年,对电视台机房播出设备坚持每周进行检修、除尘,保证设备的运转,全年共维修设备10次,确保安全播出无故障。　　(张万平)

·文物·

【不可移动文物遗址】　三十六团古楼兰遗址(国家级文物保护单位,隶属于若羌县文物局管理)、三十四团蒲昌城遗址(自治区文物保护单位,隶属于尉犁县文物局管理)、三十四团皇姑坟遗址、二十七团阿克墩烽火台遗址。另,各团场红色军垦遗址19处(二十九团6处、三十团7处、三十一团5处、三十三团1处)。

【阿克墩烽火台遗址】　遗址位于二十七团十连住宅区西北角(哈拉玉宫乡下道洼村南0.5千米绿洲边缘·唐);地处博斯腾湖平原上,地势平坦,地面严重盐碱化并形成一定厚度的碱壳。烽火台建在一个高约4米的圆形土包上,平面为长方形,里面呈截台堆状;底部周长约200米,底边约29米×32米,顶部边长约12米/14米,残体约8米;烽体上半部可见土坯垒砌痕迹,土坯规格为40×20×15厘米,土坯中间夹厚约5厘米的泥土。周围底边散见夹砂红陶片及残箭杆。烽火台因年久失修,受自然侵蚀,加之无人管理等原因已经坍塌破损,在周围发现的陶片与博格达沁古城出土的相似,推测年代不晚于唐代。"阿克墩"为维吾尔语"白色的烽火台"。此烽火台为土坯芦苇夹筑,因相临居民点早年被毁,1989年调查时仅存基存基址和少量苇杆。

【文物工作实施意见】　2017年,第二师铁门关市印发《第二师铁门关市关于进一步加强文物工作的实施意见》的通知,从深刻认识文物工作重大意义、准确把握文物工作的总体目标、建立健全文物保护责任体系、实施6项重点文物保护工程、加大博物馆建设力度、充分发挥文物的作用、完善文物保护保障机制7个方面,全面加强师市文物保护工作,推动师市文物事业迈上新台阶。

(刘明星)

·文学艺术·

【文学创作】　2017年,第二师铁门关市在文学创作上取得多方面成就。在《人民日报》《兵团日报》《兵团文艺》《绿洲》《铁门关文艺》等各级报纸杂志和中国作家网、新华网、天山网等网站发表的文学作品达660件。自办纯文学刊物《铁门关文艺》3期,刊用文学作品89篇幅。

【美术创作】　2017年,第二师文学联合会发挥美术和书法两个协会作用,以中华传统节日、第十九个党风廉政教育月、纪念中国共产党成立96周年、迎接党的十九大召开、香港回归20周年为契机,积极组织书画文艺骨干创作传统书画作品3900条幅。开展"送春联下基层"文化艺术志愿服务活动，举办"展现新成就 喜迎十九大"书画作品展，并在各团场巡展。

【音乐舞蹈创作】 2017年，第二师铁门关市文联以参加兵团文联和援疆省市培训班为依托，以参与元旦、春节等各种大型文化活动为载体，积极组织协会会员投入编排创作。邀请兵团豫剧团等专业文艺团体赴师市开展慰问演出活动11场次；组织开展师市职工文艺汇演2场次，深入连队、社区进行慰问演出活动62场次，惠及广大干部职工45600人次。

【摄影创作】 2017年，第二师铁门关市文联继续推动摄影创作，各单位的摄影协会持续组织采风活动，三十团以梨花节为契机，邀请摄影爱好者摄影采访；4月16日，铁门关市博古其镇举办首届梨花文化旅游节，吸引了众多摄影爱好者；8月2日，师市文联、文明办联合举办"迎接十九大"摄影展。二十九团杜炳勋拍摄的多幅新闻图片被《人民日报》《农民日报》等媒体刊用，师市机关干部张清闯拍摄的《练好本领》获兵团"砥砺奋斗的五年"摄影大赛二等奖。

【民俗民艺创作交流】 2017年，第二师文学联合会在民俗民艺创作上，丙烯画、小品、雕刻、十字绣、剪纸、织小手包、绣鞋垫等传统艺术得到广泛继承发展；民族舞、现代舞、健身球、健身操、瑜伽培训等具有现代气息的文艺健身形式也日益繁荣。团场与州域县、乡（镇）共同举办联谊活动112场次，促进兵地共融共建发展。

（文燕萍）

卫生和计划生育

· 综述 ·

【医疗卫生概况】 2017年末，第二师铁门关市拥有各类卫生机构256个（含营利性卫生机构），其中医院23所，卫生所（室）151所，社区卫生服务中心2所，专业公共卫生机构33所（疾控中心14所、食品药品和卫生综合监督执法机构5所、计划生育技术服务机构14所），个体诊所46所，采供血机构1所；床位总数1442张，卫生工作人员2930人，其中卫生技术人员2618人，执业和执业助理医师828人，注册护士1129人。全师平均每千人拥有病床7.52张，平均每千人拥有卫生技术人员13.65人；卫生户厕3.39万座、已建成中小学水冲式厕所14座。建立居民健康档案17.11万份。传染病报告发病率（甲乙类传染病）为319.93/10万，婴儿死亡率为2.99‰，孕产妇死亡率为0。 （王前江）

【卫生安全防控】 2017年，第二师铁门关市卫生局按照社会稳定和长治久安总目标谋划安排卫生安全防控工作。加强师级应急队伍建设，组织开展卫生应急培训，重点对各级卫生监督、疾控、医疗机构有关卫生应急技术骨干开展卫生应急专业培训，适时开展突发事件卫生应急演练。各级医疗卫生机构抓好突发急性传染病疫情监测、分析、预警及风险评估，完善突发公共卫生事件应急处置物资储备机制，做好各类突发事件应急处置，按要求部署落实24小时干部带班维稳值班。 （王前江）

【健康扶贫】 2017年，第二师铁门关市已完成投资352万元的二十一团、三十六团疾控中心办公楼主体建设，总受益贫困人群1023人。是年，按照兵团《关于加强艰苦边远困难团场医疗服务工作的意见》，启动师市库尔勒医院和三十四团、三十六团、十四师四十七团医院合作医疗服务，焉耆医院和二十二团、三十八团医院合作医疗服务试点工作。两所师医院以技术扶贫方式抽调放射科、检验科、功能科类别的专业技术人员共14人次到一体化合作医疗服务团场工作，开展对口帮扶和义诊活动。共开展义诊活动6次，免费诊疗各族患者2200多人次，团场医院门诊量、住院量、业务收入等明显提升，边远团场职工群众到城市医疗机构看病就医成本降低。是年，师市卫生局

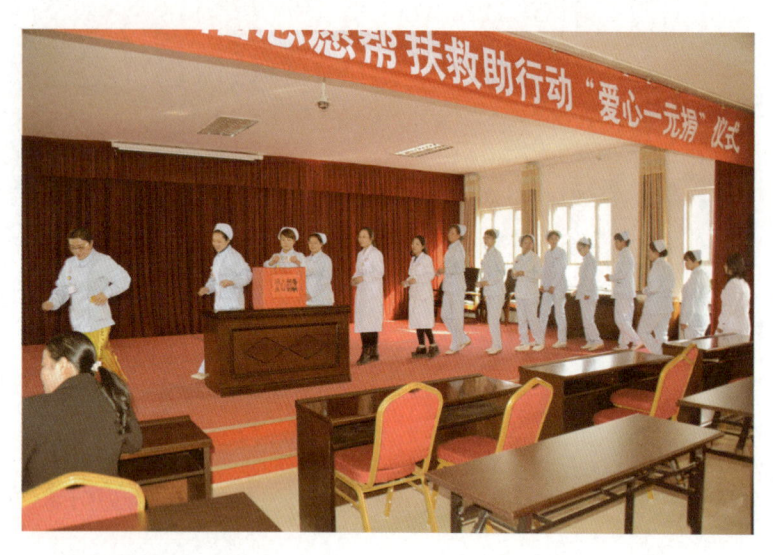

2017年3月7日，焉耆医院开展"爱心一元捐"活动（李雪琼 摄）

组织师、团医院共20名专家在各团场和社区开展各种服务健康义诊活动，开展健康宣教活动，发放宣传材料5000余份，开展健康大讲堂10次。两所师医院对交不起医疗费用的贫困患者减免住院费18.7万元。落实万名医师支援农村和晋升高级职称要到基层帮扶锻炼至少一年的政策，上半年师级医疗卫生机构到基层医疗机构服务人员8人次。

是年，第二师铁门关市在政策、资金和现场指导等方面给予贫困边远团场基本公共卫生服务项目倾斜和支持。抓基本公共卫生服务项目和卫生服务体系建设，团连卫生服务体系进一步健全，妇幼保健机构能力建设加强，重大疾病和地方病防控力度提高，计划免疫单苗接种率达99%以上，儿童医疗卫生保障水平提高，重大传染病和地方病有效控制；在团场医院开展中医辨证体质和适宜技术运用培训工作，利用援疆专家、师医院专家在团场医院帮扶，二十五团、二十九团、三十六团病人住院次均总费用、药占比分别下降2.7%和3.3%。

（王前江）

【全民健康保障工程】 2017年，第二师铁门关市获得中央资助的包括健康扶贫、妇幼健康保障、公共卫生服务能力提升三个方面的全民健康保障工程，共计11项建设项目。其中健康扶贫项目2个：二十一团疾控中心、三十团疾控中心建设项目；妇幼健康保障建设项目1个：师市妇幼保健中心建设项目；公共卫生服务能力提升项目8个：三十六团疾控中心建设项目、三十八团医院购置污水处理附属设备项目、二十四团医院建设项目和二十六团、二十八团、三十团、三十二团、三十三团医院周转房建设项目。总建筑面积11465平方米，总投资2447万元。其中中央预算内投资1980万元，占总投资的80.92%，地方配套投资467万元，占总投资的19.08%。

（王前江）

【十件实事】 2017年，第二师铁门关市党委实施的10件实事中和卫生有关的有5件，分别是焉耆医院内科综合住院楼项目，三十六团疾控中心建设项目，二十一团疾控中心建设项目，食品药品检验检测能力建设项目，职工群众全民健康体检项目。为2.3万余名65岁以上老年人免费健康体检，完成任务的109.52%。2017年12月底，5件卫生实事全部按期完成。

（王前江）

【健康促进活动】 按照《全民健康生活方式行动健康支持性环境建设指导方案》，2017年，第二师铁门关市卫生局选定的9家单位达标，并被授予"健康社区""健康单位""健康餐厅"称号。经国家、兵团评估验收组专家的评审，二十九团通过全国健康促进县的验收。

（王前江）

【食品药品和卫生监督协管】 2017年，第二师铁门关市卫生局开展食品药品安全监督协管网点和食品药品安全监督协管员队伍建设，全师聘用监督协管员77名，投入21万元用于协管员工作补助经费，明确协管员的聘任、职责、组织管理和目标责任制考核办法。14个团场都挂牌成立食品药品和卫生监督协管中心，各团场为食品药品安全监督协管中心安排不少于18平方米的办公用房，配备必要的电脑（含打印机）、取证设备、电话、桌、椅及文件档案柜等办公设备。（王前江）

【中医适宜技术】 2017年，第二师铁门关市团场医院加强基层中医药适宜技术应用和推广，提升基层中医药服务能力，举办基层医疗机构中医药适宜技术培训班2次，参加培训人员320人次。
（王前江）

【爱国卫生】 2017年，第二师铁门关市开展卫生团场创建工作，二十二团申报兵团卫生团场。组织开展第二十九个爱国卫生月活动，继续开展团场环境卫生整治行动。（王前江）

【医疗服务共惠行动】 2017年，第二师铁门关市继续组织师、团二级医疗卫生机构全面开展医疗服务共惠行动。坚持医疗资源向地方全面开放共享，师团医院采取接收培训与上门集中授课相结合的方式培训乡镇卫生院管理和专业人员；到地方乡镇开展巡回医疗、送医送药和帮扶困难少数民族群众；开展"民族团结一家亲"活动，促进各民族心连心。师市焉耆医院与焉耆县永宁镇卫生院结对帮扶，库尔勒医院与库尔勒市上户镇卫生院结对帮扶，二十七团医院与焉耆县四十里城子镇卫生院结对开展医疗服务，二十九团医院与库尔勒市上户镇卫生院结对开展医疗服务，三十团医院与库尔勒市库尔楚园艺场卫生院结对开展医疗服务，三十八团医院与且末县奥依亚依拉克镇卫生院结对开展医疗服务，二二三团医院与和静县乃门莫墩镇卫生院结对开展医疗服务。通过继续实施师级医院与地方乡镇卫生院结对共建、团场医院与周边乡镇卫生院合作支持、兵地医疗资源开放共享等方式建立健全兵地共建共享长效机制，提高地方乡镇卫生院的卫生服务能力和管理水平，缓解地方基层各族群众"看病难"等问题，促进民族团结和健康扶贫工作的落实。截至2017年10月，第二师卫生系统向巴州各县乡镇开放医院和社区卫生服务机构16所，少数民族门诊人次为47270，住院人次为7008，到地方乡镇巡回送医送药86场次，派出人次数499人次，诊疗人次8577人次，巡回医疗投入8.46万元，送医送药价值16.9万元。（王前江）

【健康知识讲座】 2017年，第二师铁门关市组建首批健康巡讲专家库，涵盖健康教育、疾病控制、临床医学、精神和康复医学、中医中药、妇幼保健和卫生监督7个专业。2017年7—8月，师市疾控中心联合库尔勒医院、焉耆医院组成健康巡讲团，到二十一团、二十七团、二十九团、三十团、三十一团和三十四团，开展以"进社区、进机关、进单位和进连队"的健康知识活动。全年，师市开展健康知识讲座190余场次，覆盖34333人次。（张晓明）

【卫生宣传日活动】 2017年6月12日，第二师铁门关市多部门联合在三十一团召开第二师全民健康生活方式行动第二阶段启动会，倡导"减盐 减油 减糖"，保持"健康口腔 健康体重 健康骨骼"，在兵团及全国范围内率先启动全民健康生活方式行动第二阶段各项工作。在全师14个团场招募首批健康生活方式指导员52人。2017年8月28日，以第11个全民健康生活方式日为契机，以开展健康素养知识竞赛的形式组织举办2017年兵团暨第二师全民健康生活方式日大型宣传活动。是年，师市各级卫生系统开展各类宣传咨询活动750余场次，健康咨询75500余人次；印刷发放健康教育宣传资料80000余份。师疾控中心设计制作健康生活方式公益广告片一部，全师全年累计播放健康教育音像资料2628小时。
（张晓明）

【全民健康体检工程】 2017年，第二师铁门关市落实兵团党委、兵团要求，全面贯彻落实自治区全民健康体检工程工作总体部署。师市卫生局发挥健康体检工作的主体责任，指导各级开展相关工作，成立健康体检专家技术指导组，对健康体检工作进行指导和质量控制；建立旬报报告制度，强化目标考核，及时掌握了解体检工作开展情况，开展专项督导调研和检查指导，保证了全民健康体检工程工作的全面完成。截至2017年12月8日，完成体检0—6岁（含6周岁）儿童6013人，7—14岁（含14周岁）在校学生15347人，15—64岁（含64周岁）的居民146287人，65岁及以上居民24234人，共计完成全民健康体检191881人。 （王前江）

·医疗卫生体制改革·

【公立医院编制备案】 第二师库尔勒医院和焉耆医院均实行编制备案制管理。2017年，库尔勒医院编制数为425人，在职在编总人数为894人，焉耆医院编制数为370人，在职在编总人数为596人。编制内人员在岗位聘用、收入分配、职称评定、管理使用等方面的待遇，严格按照国家制定的相关规定执行，编外人员实行同工同酬。基本建立以公益性为导向的公立医院考核评价机制。师市党委将库尔勒医院和焉耆医院综合改革纳入年度目标绩效考核。
（王前江）

【公立医院综合改革】 2017年3月，第二师铁门关市开始全面推开师公立医院综合改革。师库尔勒医院和焉耆医院根据自治区医疗服务价格调整情况，同步调整医疗服务价格，全部取消药品加成（中药饮片除外）。全面实施预约诊疗。二所师级医院预约转诊占公立医院门诊就诊量的比例提高到20%以上，并实现优质护理服务全覆盖。2017年度，库尔勒医院门急诊总量为290485人次，占总诊疗人次比例为85.42%；焉耆医院门急诊总量为152159人次，占总诊疗人次比例为90.4%。2017年，库尔勒医院药占比为30.65%；焉耆医院药占比为20.49%。2016年，库尔勒医院百元医疗收入为32.87%，2017年为28.35%，比上年下降4.52%，焉耆医院百元医疗收入为30.21%，2017年为27.41%，下降2.8%。2016年库尔勒医院医疗服务收入占比为21.72%，2017年为24.3%，增长2.58%，焉耆医院医疗服务收入占比为24%，2017年为24.21%，增长0.21%。公立医院人员支出占业务支出比例，2016年库尔勒医院占比为41.11%，2017年为41.38%，增长0.27%。2016年，焉耆医院占比为38.02%，2017年为40.07%，增长2.05%。 （王前江）

【现代医院管理制度】 第二师铁门关市卫生系统完善医院管理制度，建立内部决策和制约机制，2017年，二所师级公立医院药占比（不含中药饮片）总体降到30%左右，百元医疗收入（不含药品收入）中消耗的卫生材料降到20元以下，医疗费用增幅控制在10%以下。
（王前江）

【家庭医生签约服务】 2017年，第二师铁门关市家庭医生签约服务覆盖率达50%以上，重点人群签约服务覆盖率达78%以上，所有贫困人口全部纳入家庭医生签约服务范围。签约服务贴心、方便，优质的服务使职工群众的认同感提高。 （王前江）

【医保支付方式改革】 2017年，第二师铁门关市重点推进建立以按病种付费为主的多元复合型医保支付方式，全面实施医保支付方式改革，覆盖区域内所有医疗机构和所有医疗服务。 （王前江）

【药品采购"两票制"】 2017年11月始，第二师铁门关市卫生局推进医疗器械、高值耗材、试剂等实行集中带量采购，对价格虚高的高值耗材进行二次议价；优化药品购销秩序，压缩流通环节推行"两票制"改革。

（王前江）

【医疗机构绩效考核】 2017年，第二师铁门关市卫生局加强对公立医院的考核力度。考核结果作为对公立医院院长任用的重要依据，与补贴、医保支付、医院等级评审等挂钩。推动公立医院内部考核，建立以"工作质量、劳动强度、服务满意度"为依据的绩效考核评价机制，对编制内外人员同岗同待遇。取消绩效与业务收入挂钩模式，将住院费用、医疗质量和服务质量纳入绩效考核，加大向临床一线医护工作人员倾斜力度。（王前江）

【编制"十三五"医改规划】 2017年5月，第二师铁门关市卫生局出台《第二师铁门关市"十三五"深化医药卫生体制改革规划》和《新疆生产建设兵团第二师铁门关市医疗卫生服务体系规划（2016—2020年）》，明确"十三五"期间师市深化医改的思路、目标和重点任务。 （王前江）

【团场医院改革】 2017年11月15日，结合兵团团场综合改革，合理整合师团医疗卫生资源，统筹推进团场医疗卫生机构人员、编制、床位、财物等由师卫生行政部门统一管理，研究出台团场医院与团场脱钩归师办师管实施方案和管理办法，探索坚持公立医疗卫生机构的公益性，理顺管理体制、机构设置和职责分工，坚持分类指导、分级负责，推进师团卫生机构一体化管理。

（王前江）

【分级诊疗制度】 2017年3月，第二师铁门关市卫生系统开始推进家庭医生签约服务，以老年人、孕产妇、儿童、残疾人、计划生育特殊家庭等人群以及慢性疾病和严重精神障碍患者为重点，按需做实家庭医生签约服务。至2017年12月底，师市一般人群签约率达到50%以上，重点人群达到78%以上；所有贫困人口均纳入家庭医生签约服务范围。 （王前江）

【医疗联合体】 2017年，第二师铁门关市全面启动多种形式的医疗联合体建设，师库尔勒医院与三十四团医院、三十六团医院，焉耆医院与二十二团医院、三十八团医院组成医疗联合体，建立起师团上下互联互通的医疗服务体系、考核和激励机制，促进优质医疗资源下沉，增强基层服务能力，方便群众就近就医。通过推进师团一体化开展医疗服务工作，团场医疗服务能力和质量效益提高，截至2017年12月，团场医院门诊就诊201583人次，比上年增长3.36%；住院10213人次，增长1.31%；医院次均门诊费用113.18元，增长1.17%；医院次均住院费用2125.57元，增长4.33%；医院向上级医院转诊患者数下降3.71%；职工基本医疗保险、城镇居民基本医疗保险综合参保率稳定在98%以上。全师团场医院2017年抗生素使用比例为50.5%，与2016年同期相比下降2.7%。14所团场医院药占比为39.38%，2所师医院药占比平均为26.17%。（王前江）

【以药补医】 2017年9月起，第二师铁门关市库尔勒医院和焉耆医院全部取消药品加成，按照"腾空间、调结构、保衔接"的思路与地方同步调整了医疗服务价格，实现医院补偿由服务收费、药品加成收入和政府补助三个渠道转为服务收费、政府补助两个渠道，公立医院的药占比下降，医院收入结构持续优化，2所公立医院的收入增幅由2015年的17.92%降到2017年的11%左右，医药费用增长过快的势头得到初步遏制。

（王前江）

【巩固医改成果】 2017年，第二师铁门关市大力促进基本公共卫生服务的均等化。基本公共卫生的服务扩大到12类，人均的补助标准从2012年的25元提高到2017年的50元，重大公共卫生服务惠及职工群众。师市卫生系统提升医疗质量安全，推进医疗机构的临床路径管理，实施遏制细菌耐药国家行动计划。加强处方和用药的监管，全师住院患者抗菌药物使用率从 2015 年 42.5% 降到 2017 年的 31.7%，门诊处方的抗菌药物使用率从 15.1% 降到 6.7%，改善了患者就医感受。实施改善医疗服务行动，2 所师医院的预约诊疗率达到了 48.6%。个人卫生支出占卫生总费用的比重由 2015 年的 40.4% 降至 2017 年的 21.7%，个人费用占比降低。 （王前江）

·公共卫生·

【慢性病管理】 2017 年，第二师铁门关市电子健康档案人数 17.52 万人，建档率 91.80%。对 12907 名确诊高血压患者和 4895 名糖尿病患者开展健康管理，高血压病人管理率 98%，血压控制率 66%；糖尿病病人管理率 98%，血糖控制率 53.83%。完成 2017 年度师市"十件实事"中 65 岁以上老年人免费体检 23604 人次；对 51742 名 35 岁以下人群开展了首诊测血压服务；全师健康知识知晓率平均为 86%。
（王前江）

【突发公共卫生事件】 2017 年，第二师铁门关市卫生系统安排布置突发急性传染病疫情监测、分析、预警及风险评估、突发公共卫生事件应急处置物资储备、各类突发事件应急处置预防工作，各团场医疗卫生机构开展收集突发公共卫生事件相关信息、开展月度突发公共卫生事件风险评估。是年，师域内未发生较大的公共卫生事件。 （王前江）

【卫生应急演练】 2017 年，第二师铁门关市卫生系统加强师级应急队伍建设，组织开展卫生应急培训，重点对各级卫生监督、疾控、医疗机构有关卫生应急技术骨干开展卫生应急专业培训；师团医疗机构开展突发事件卫生应急演练。抓好突发急性传染病疫情监测、分析、预警及风险评估、完善突发公共卫生事件应急处置物资储备机制，做好各类突发事件应急处置。 （王前江）

【法定传染病报告】 2017 年，第二师铁门关市共报告法定传染病 14 种 633 例，报告发病率为 319.93/10 万，其中无甲类传染病的发生，乙类传染病共报告 10 种，报告发病数 573 例，报告发病率 289.6/10 万，丙类传染病共报告 4 种，报告发病数 60 例，报告发病率 30.32/10 万。全师传染病发病数前五位的病种是：乙肝、肺结核、布病、丙肝、梅毒。师市卫生局加强各级医疗机构对肺结核、麻疹、手足口病、流感等重点传染病的监测防控工作。 （韩 庆）

【免疫规划工作】 2017 年 3 月，第二师铁门关市合计接种脊髓灰质炎疫苗补充免疫 4653 人次，其中常住儿童应种 2368 人，实种 2367 人，常住儿童接种率 99.6%；流动儿童实种 2286 人。4 月，脊髓灰质炎疫苗补充免疫全师合计接种儿童 4788 人，其中常住儿童应种 2310 人，实种 2309 人，常住儿童接种率 99.95%；流动儿童实种 2479 人。全师疑似预防接种一般反应累计 49 例，无疑似预防接种异常反应及接种事故的发生。春秋两季全师共查验入托入学儿童数 8357 人，查验儿童接种证 8318 本，补办预防接种证 39 本，应补种剂次 1038，实际补种剂次 1038，补种率为 100%；秋冬两季全师流感疫苗共接种 13990 剂次。 （向玉智）

【烟草控制】 2017 年 1 月 20 日，第二师铁门关市卫生局组织召开控烟暨"送烟＝送危害"宣传活动启动会，同时在师市电视台、《绿原报》、政务网、新闻网和微信开展控烟公益春联征集活动。2017 年 5 月 30 日，在二十一团学校多部门联合开展以"无烟·健康·发展"为主题的世界无烟日大型活动。宣传活动中表演了自编自演的控烟文艺节目，举行了"拒吸第一支烟 做不吸烟新一代"签名仪式和有奖知识竞答等系列活动。10 月 10—25 日，师市卫生局对全师医疗系统进行控烟暗访。在社区 35 岁及以上居民中开展了烟草吸烟率调查，35 岁以上居民吸烟率为20.46%，其中男性吸烟率为40.67%。

（张晓明）

【结核病防治】 2017年，第二师铁门关市共发现结核病患者91人，到位管理85人，管理率达93.4%，对到位患者进行治疗的患者人数为77人，治疗率为90.6%。第二师逐步推进建立结核病防治"三位一体"服务体系，转型为定点医疗机构负责诊疗、基层医疗机构负责管理、疾病预防控制机构负责疫情管理，提升了结核病防治服务能力。 （韩 党）

【麻风病防治】 2017年，第二师铁门关市共填报搜索"麻风病可疑线索报告表"41份，未发现麻风病可疑线索。在二十五团、二十九团、三十三团开展麻风病核心知识知晓率调查，共发放调查问卷346份，麻风病核心知识知晓率为81.8%。2017年，师市未发现麻风病病人。历史遗留麻风病病人随访，身体健康，无麻风后遗症。 （韩 党）

【慢性病综合防控示范区创建】 2017年2—3月，第二师铁门关市在13个团场开展针对在二师范围内居住满6个月年龄35岁以上常住人口作为调查对象的现场调查，完成6500人社区诊断调查，收集资料；完成2016年第二师心脑血管事件报告、居民死因监测报告、肿瘤登记报告。结合统计年鉴、疾病预防控制等相关监测资料完成了第二师社区诊断报告，第二师居民健康状况综合报告，第二师慢性病综合防控示范区创建工作报告。

（张晓明）

【慢性病患者健康管理】 2017年，第二师铁门关市卫生系统针对高血压、2型糖尿病患者进行健康管理。截至2017年底，全师建档、录入系统管理高血压患者13285人，2型糖尿病患者4908人，规范管理分别为10408人和3702人，规范管理率分别为78.34%和75.43%。 （张晓明）

【儿童口腔疾病综合干预】 2017年，在二十一团、二十七团、二十九团、三十团、三十一团、三十三团、三十六团及焉耆医院开展儿童口腔疾病综合干预，共完成窝沟封闭544人，封闭牙齿数2067颗，任务完成率103.35%，复查率99.82%，窝沟封闭完好率98.76%。 （文 静）

【包虫病防治】 2017年，二十一团、二十四团、二十五团、二十七团、二十九团、二二三团6个团场为包虫病防治项目团场。2017年，师市卫生系统共对项目团场的3000名包虫病重点人群进行B超筛查，发现阳性人数1人，包虫病患病率为0.03%。随机采集746份犬粪标本。开展犬粪抗原检测，阳性犬粪数5份，粪抗原阳性率为0.67%。对3814条犬进行每月药物驱虫。并对全年发现的所有包虫病患者进行手术治疗补助和免费药物治疗。 （韩 党）

【布病防治】 2017年，第二师现场调查布病重点人群1047人；采集血清标本763份，经虎红平板实验和试管凝集实验检测，阳性率为1.97%。同时重点职业人群防治干预500人，发放布病干预包500套。 （韩 党）

【碘缺乏病防治】 2017年，在二十二团、二十五团、三十团、三十一团、三十三团开展碘缺乏病病情监测，共监测20个行政村300户居民食用的碘盐，合格碘盐300份，合格碘盐食用率100%。共完成205名8~10岁儿童甲状腺B超检测，甲肿率为1.9%。205名8~10岁儿童尿碘中位数为246.2μg/L，尿碘低于100ug/L的儿童23人，占8~10岁儿童总数的11.22%。检测孕妇尿碘100人，尿碘中位数为207.7μg/L。 （张 杰）

· 医政管理 ·

【医院感染管理】 2017年，第二师铁门关市焉耆医院和库尔勒医院院感管理委员会，完善供应室管理制度。

院感科定期检查制度落实情况，发挥制度的约束作用，落实各项工作。各医院供应室坚持初洗与精洗分开；坚持未灭菌与已灭菌物品分开。压力蒸汽灭菌，坚持在包外使用指示胶带、包内使用指示卡进行自我监测，保证消毒灭菌质量。每季对重症监护病房、血透室、供应室、手术室、急诊科、感染科、产房、新生儿室、换药室等重要部位和场所进行一次监测。每月对医院感染病例回顾性调查，对出院病例逐一检查，发现医院感染病例及时登记汇总。（王前江）

【平安医院创建】 2017年，按照兵团卫生局"平安医院"创建活动要求，师市将"平安医院"建设纳入二师社会综合治理工作中，抓医德医风、职业道德、行业作风建设，联合7部门共同开展打击涉医违法犯罪专项行动、伤害业务人员犯罪活动，开展医疗机构创建"平安医院"建设工作。全年出动警力4次，师属医疗机构全部按标准安装监控设施，实行24小时值班，师医院设置医院警务室，配备一定数量的保安人员。 （王前江）

【公立医院体系建设】 2017年，第二师铁门关市卫生局遵循均衡分布、需求导向配置卫生资源，制订《新疆生产建设兵团第二师铁门关市医疗卫生服务体系规划（2016—2020年）》。基层医疗机构门急诊人次数占比较上年有所增长。是年，全师医疗卫生机构门急诊总量66.46万人次，同比增长7.82%。其中二级及以上公立医院39.06万人次，比上年增长12.99%；基层医疗卫生机构门急诊量27.40万人次，增长16.90%。

（王前江）

【公立医院运行】 2017年，第二师铁门关市公立医院运行情况：一是师市库尔勒医院药品收入8094.62万元，药占比31.99%；焉耆医院药品收入3757.71万元，药占比23.39%。二所医院药占比（不含中药饮片）总体达到国家要求控制在30%左右的标准。二是库尔勒医院百元医疗收入占比15.89%，较上年增加14.92%；焉耆医院百元医疗收入占比12.42%，降低0.01%。三是医疗服务收入（不含药品、卫生材料、检查、化验收入）有所降低，库尔勒医院医疗服务收入2.53亿元，在医院医疗收入占比21.72%，降低3.67%；焉耆医院医疗服务收入1.61亿元，在医院医疗收入占比55.32%，降低0.93%。四是落实政府投入责任，财政保障到位符合国家规定的离退休人员费用。2017年，库尔勒医院落实离退休人员总支出费用735.45万元，焉耆医院落实离退休人员总支出费用669.84万元。五是承担公共卫生任务和紧急救治、支边、支农公共服务等补助库尔勒医院支出73万元，焉耆医院支出52万元。六是按照兵团公立医院控制费用不合理增长相关政策文件，控制公立医院费用总量增长。2017年，医疗费用库尔勒医院增长幅度9.87%，焉耆医院增长幅度3.37%，全师医疗费用整体增长幅度不高于全国14%的平均水平。七是2017年库尔勒医院有33个病种进入临床路径，路径病种住院总人数2831人，入径例数2292人，完成例数1635人，入径率为80.1%，入径完成率为71.3%。

（王前江）

【改进医疗服务行动计划】 2017年，第二师铁门关市卫生系统发挥互联网和信息技术在预约诊疗、优化流程、付费结算等方面的作用，推动各医疗机构创新服务理念，优化服务流程，落实便民惠民利民措施，推行住院和检查一站式服务。2017年，全师卫生系统信息化网络平台建设项目在师库尔勒医院进行终端机房改造和部分团场医院信息化设施安装调试。 （王前江）

【临床路径管理】 2017年底，第二师铁门关市库尔勒医院和焉耆医院全部开展实施了临床路径管理，路径管理病例达到出院病例的30%以上。

（王前江）

· 妇幼保健 ·

【妇女保健】 2017年，第二师铁门关市产妇数为661人，活产数668人，产妇系统管理人数617人，系统管理率92.37%，未发生孕产妇死亡。对乙肝表面抗原阳性产妇分娩的131例新生儿免费注射高效价乙肝免疫球蛋白。在二十一团、二十七团针对待孕、怀孕妇女举办"孕产期保健知识"讲座。对二师从事助产、结扎、终止妊娠及婚前医学检查等母婴保健专项技术人员29人，进行业务培训，并进行理论、技能操作考试。

（张　辉）

【儿童保健】 2017年，全师0~6岁儿童人数6138人，0~6儿童系统管理5795人，系统管理率94.14%；3岁以下儿童数2787人，3岁以下儿童系统管理人数2550人，系统管理率91.50%；新生儿死亡率2.99‰，婴儿死亡率2.99‰，5岁以下儿童死亡率2.99‰。兵团户籍新生儿遗传代谢病免费筛查646人，新生儿听力免费筛查594人。　　（黄梦雨）

· 医疗卫生人才培养 ·

【人才队伍建设】 2017年，第二师铁门关市卫生局结合实际提出团场和城市社区医疗机构人才队伍建设项目需求。规划明确提出住院医师规范化培训，其中全科医师（包括助理全科医师）64人，儿科20人，妇产科20人，精神病科8人。全科医师转岗培训30人。基层医疗机构订单定向医学生免费培养12人。住院医师规范化培训师资培训8人（限于师库尔勒医院和焉耆医院）。

【继续医学教育】 2017年，经兵团继续医学教育委员会专家组评审，确定师级继续医学教育项目8个，通过网络教学、面授等形式，组织全师1800人次培训学习，并做好学分审核管理工作。

【定向医学生免费培养】 2017年，第二师铁门关市通过兵团利用国家西部地区农村订单定向医学生免费培养项目，4名石河子大学医学院定向免费本科毕业生均落实了工作岗位，参加了住院医师规范化培训。

（王前江）

· 计划生育 ·

【孕前优生健康检查】 2017年，第二师铁门关市人口计生委制定《第二师铁门关市2017年"十件实事"免费孕前优生健康检查项目实施方案》，建立档案，规范程序，提高质量，完成免费孕前优生健康检查760对夫妇，目标人群覆盖率达95%以上。师市人口计生委成立计划生育宣讲团，选派专家到基层宣讲政策法规、健康知识等4场次，5月，举办一期师直单位孕产期知识培训班，55名育龄妇女参加培训。

【优质服务先进单位创建】 2017年，第二师铁门关市继续开展"创建计划生育优质服务先进单位"活动，完成二十九团和三十三团2个国家级计划生育优质服务先进单位的复验工作。

【常见病普查】 2017年，第二师铁门关市人口计生委与卫生局、妇联联合开展全师男、女性常见病普查工作。全师男性生殖健康体检率达93%以上，女性生殖健康体检达95%以上。

【计生药具管理】 2017年，在全师设立免费避孕药具自取箱198个，建立流动人口避孕药具免费发放点204个，完成了全师56个单位的避孕药具免费供应工作。

【健康家庭行动】 2017年，第二师铁门关市人口计生委与卫生局联合开展"健康家庭行动"，在《绿原报》开设健康栏目；开通"健康教育"微信公众平台；制作健康生活方式公益广告片；举办健康大讲堂4期，提升了职工群众树立健康理念的能力。

【人口计生改革】 2017年，第二师铁门关市人口计生委稳妥推进生育服务证制度改革，坚持推行首接首问负责制、一次性告知制、限时办结制和承诺制度，实施全程代办和一站式服务模式。师、团两级在政务网上公开办事程序、条件及办理时限，建立"绿色通道"，实现"你生育我服务，你办证我跑腿儿"，提高群众的满意率，解决"办证难"问题。全师网上已办理生育服务证1816人，办结率为100%，群众对生育证办理和人口计生工作满意率达95%以上。

【人口信息化建设】 2017年，第二师铁门关市人口计生委制定下发《第二师铁门关市人口地理信息系统数据质量核查办法》，建立月通报、季检查的工作制度，举办4期人口计生信息业务系统培训班，聘请2名数据质量核查监督员，加大对兵团人口地理信息系统入库人口信息数据的核查力度。2017年，全师入库人口206828人，入库率98.48%，人口基础信息库和各业务子库主要数据项完整率97%以上，统计误差率控制在3%以内。

【流动人口计生服务】 2017年，第二师铁门关市人口计生委健全流动人口"一盘棋"工作机制，在全师21个公安派出所建立流动人口计划生育维权站，使流动人口维权工作更加贴近实际、贴近生活，享有均等化服务。完成国家对师市4个单位8个流动人口动态监测样本点的动态监测工作，网上社区调查问卷7份，个人调查问卷160份。加强与师市外流动人口计生工作区域合作，主动进行信息交流和互通情况，相互配合，共同管理，流动人口信息平台应用率达95%以上，反馈率达95%以上。

【全面实施两孩生育政策】 2017年7月28日，新疆维吾尔自治区第十二届人民代表大会常务委员会第三十次会议第四次修正《新疆维吾尔自治区人口与计划生育条例》后，师市出台《第二师铁门关市鼓励按政策生育的暂行办法》。师市人口计生委及时跟进，举办《新疆维吾尔自治区人口与计划生育条例》培训班，同时在电视台、铁门关在线微信平台广泛宣传全面实施两孩生育政策的重要意义，营造鼓励按政策生育的制度环境。

【奖励优惠政策】 2017年，第二师铁门关市人口计生委印发《关于第二师铁门关市落实自治区独生子女死亡家庭一次性扶助金制度的通知》《第二师铁门关市2017年"十件实事"生育二孩住院分娩补助项目实施方案》的通知。2017年，落实特别扶助对象334人，落实特殊家庭一次性扶助金232人，发放资金116万元；农牧团场独生子女高考加分申报66人；城镇下岗职工独生子女领证家庭奖励优惠政策兑现245人；新增少生快富对象户30户，落实长效节育奖34人；生育二孩住院分娩补助452人；南疆少数民族晚婚奖励21人，南疆少数民族生育间隔奖励45人。

（曹　玲　周　群）

·师市重点医院选介·

【库尔勒医院】 第二师库尔勒医院成立于1974年，坐落在库尔勒市西环路西侧，为三级甲等综合医院。医院占地面积87703平方米，其中建筑面积70989平方米。医院按专业设有23个临床科室，14个非临床科室，13个机关职能部门，开放床位800张。固定资产原值2.54亿元，有进口和国产万元以上的先进医疗设备450余套件。现有在职职工890人，其中卫生技术人员773人，高级职称101人，中级职称115人。管理及其他人员117人。2017年全院出院人次数23249人次，门诊人次数229635人次，年手术量

3776台。

党建工作 2017年，第二师库尔勒医院领导班子全年召开党委中心组学习11次。召开党委会6次，院务会21次。召开专题民主生活会1次。党委书记上大型专题党课1次，组织全院党员干部开展党章党纪微信答题活动2次。马荣获得二师"五四青年"奖章，康建萍被选为兵团第七次党代会代表。

党风廉政建设 组织129名在职党员进行《准则》《条例》知识考试。制作《党风廉政建设》和《廉政准则》宣传板。落实新任职干部廉政谈话制度。医院纪委分别对新上任的2名主任和3名护士长进行任前廉政谈话，并进行廉政考试。对6名重点要害部门的负责人进行廉政谈话。对全院860多名职工进行医德医风及医疗卫生行风建设"九不准"考试。2017年，医院共收到锦旗59面、感谢信25封，退还病人感谢的"红包"及超市购物卡21人次，共计7900元，拾金不昧16人次（手机5部，现金6460元），医德医风调查满意率均在95％以上。

医疗质量提升 2017年，共质控病历23074份，病案甲级率为88.4％。推进临床路径管理，修改、制定《2017年临床路径管理实施方案》，拓展临床路径病种41个，扩大临床路径覆盖面。是年，对全院医护人员手卫生依从性进行监测，开展本年度现患率调查，全院共调查782人，实查率100％。对38个科室的医院感染工作进行4次督导检查。

大型医院巡查 2017年，医院完成了3次科室内部自查、1次对全院各科室的督查，分别从医疗行政、医疗质量、医疗安全三方面把控，对完成情况、存在问题、整改措施及医务科暂时无法完成的工作进行调整和梳理，并按照大型医院巡查要求进行整改和完善。

信息化建设 更新HIS系统、电子病历系统、LIS系统，完善PACS系统，发展临床信息管理系统，实施以医院为核心的第二师区域化信息管理平台建设，实现二师信息资源的共享。4月15日凌晨医院新旧信息系统切换，新系统正式全面上线（在院的住院病人用新老系统并行，老系统在并行40天后停止运行）。门诊一卡通、门急诊收费系统、物资管理系统、病案管理、临床路径管理系统、单病种系统、体检系统等信息化系统不断更新。

护理工作 落实护理三级管理体系，护理部定期下科室对护理质量工作进行督导检查，开展护理安全教育，对高风险病人在病房、患者床头悬挂醒目警示标识，坚持对每个入院病人进行风险评估，高风险患者评估率达到100％；科室每月对压疮、跌倒/坠床发生率及严重程度进行统计、上报，护理部每季度分析、总结，提出改进措施。加强重点专科管理，麻醉科被列为兵团级重点专科，确定医院重点专科培养对象，并给予各重点专科专项资金的支持，培育了以麻醉科、心内科、泌尿外科、中医科、妇产科为代表，在本地区、本行业具有较高知名度的重点专科，以此带动其他科室协调发展，增强医院的科技创新能力。

民生工作 2017年，慰问住院职工40人次，共计发放慰问金1.2万余元。坚持立足于医疗，积极开展志愿者服务和各类义诊活动。3月，医院组织医护人员赴二师敬老院开展"春风行"志愿者服务活动。由妇委会发起的"关爱贫困"及"希望工程一元捐"，共有875人参与捐款，捐款总额8592元。4月，组织医院职工100余人赴铁门关市开展义务植树活动，医院已连续两年开展此项活动。

对口支援 一是受援工作。2016年12月1日，中组部第17批赴疆"博士服务团"成员洪亮到医院挂职锻炼。2017年3月，河北省援疆专家刘根力、李金梅、刘凤民、王永强4人到医院，医院把他们安排到相应科室的临床一线工作。二是对口支援工作。2017年，根据各合作团场医院的需求，医院安排对口专业技术人员下团场帮扶，对四十七团医院安排专业技术人员进行业务或技术指导；对三十六团帮助组建医院手术室；对三十四团帮助组建医院透析室；与三十团医院建成医联体，与上户镇卫生院结对共建、分级诊疗，并组织资深专家团队多次赴三十团及上户镇卫生院开展义诊活动。累计完成义诊2000余人次，教学查房400余人次，专业授课14个学时。三是接收团场医院人员进修。2017年，医院共接收团场医院进修人员35人，其中临床专业23人，护理专业4人，影像专业2人，院感专业1人，口腔专业2人，检验专业3人。四是根据《兵团公安监管场所医疗卫生专业化建设工作方案》，师卫生局、师公安局及医院三方协商决定：由医院每周派出医护人员到师看守所出诊。2017年，共派出62人次完成出诊任务。

医疗改革　一是医联体成立。贯彻医药卫生体制改革精神，合作开展医疗卫生，建立医联共同体，医院与团场医院合作，并多次到团场医院进行实地调研，根据团场医院实际工作情况开展区域医疗。二是分级诊疗工作。医院在三十六团医院、三十四团医院、四十七团医院合作开展分级诊疗工作。2017年，医院接诊糖尿病患者近750人次，高血压患者近654人次，其中相当部分患者为团场医院上转病号。

人才培训　一是吸引各类人才来院发展。医院领导赴新疆医科大学、石河子医学院、川北医院等疆内外高等院校参加应届毕业生双选洽谈会3次，主动引进医学人才。招录工作人员37名（卫技人员15名，护理22名；硕士3名，本科18名，专科16名），涉及临床、口腔、检验、护理等8个专业。二是加大现有人才的培养力度。医院从高、中、初级职称的中青年业务骨干中选出重点人才和初级人才，派出参加区内外各种学术会、研讨会及到上级医院进修学习。2017年，选派17人外出进修学习，承办院内各级各类培训共计36次。参加区内学习、培训共计51人次。

科研成果　2017年，医院申报院级科研课题20个，立项12个，验收到期院级科研课题6个，评奖6项，1项申报兵团卫生局科技项目成功；申报师级继续医学教育项目7个（上半年实际举办5项），兵团级继续医学教育2个（实际举办3项，其中一项为院外学习班）。批准开展新技术共28项，其中已开展的13项，未开展的15项；完成对妇产科、儿科、新生儿科兵团级重点专科的申报工作。（李　萍）

【焉耆医院】　新疆生产建设兵团第二师焉耆医院（以下简称医院）成立于1950年3月18日。国家二级甲等综合医院。1947年2月，三五九旅和晋绥军区部分医疗卫生人员被抽调到新组建的渤海教导旅卫生部休养所。解放战争中，步兵六师卫生部休养所随军西进。1950年3月18日，步兵六师卫生部休养所与二军暂编第三医院、251医院合编，步兵第六师医院随即在焉耆正式宣

2017年12月27日，师焉耆医院医疗专家队赴二二三团健康义诊（李雪琼　摄）

· 300 ·

布成立。1954年，更名为农二师医院。1975年，更名为巴州第二人民医院。1982年4月，兵团建制恢复，改称农二师焉耆医院。2013年3月，改称第二师焉耆医院。2017年4月21日，医院与中国银行合作上线银医自助，实现自助发卡、自助缴费、预约挂号取号、自助化验单打印等全流程自助服务功能。2017年7月1日，中华医学会消化内镜分会一带一路"友谊"消化内镜直通车万里行学术会议在医院召开，并进行基地挂牌仪式，同时第二师消化内镜中心已得到兵团批复。

2017年，医院床位编制数350张，开放床位600张，人员编制数370人，现有职工596人，卫生专业技术人员516人，高级职称52人，中级职称127人，固定资产2亿元。设有内科、外科、妇科、儿科、眼科、耳鼻喉科、感染科、急诊科、精神病科、康复科、重症科等20个临床科室及医学检验、放射与CT、功能检查、药械、病理等15个医技科室。医院占地总面积22.03万平方米。其中医疗用地面积12.2万平方米，医疗建筑面积4.3万平方米。

2017年，出院16183人，比上年增长4.1%，门诊诊疗152159人次，增长20.81%。医院普外、泌尿外科护理组荣获"全国巾帼文明岗"荣誉称号，医院荣获"兵团级文明单位"荣誉称号。

医治病人创新高 2017年，医院医治疑难杂症病人2423人，其中急性心肌梗死79人，心力衰竭168人，非创伤性脑出血154，脑梗死477人，创伤性颅脑损伤148人，消化道出血44人，累及身体多个部位的损伤41人，慢性阻塞性肺疾病760人，糖尿病伴短期与长期并发症287人，急性阑尾炎伴弥漫性腹膜炎及脓肿154人，肾衰竭59人，败血症（成人）5人，急性胰腺炎47人。

人才培训 2017年，第二师焉耆医院选派外出进修培训54人，投入经费35.4万元，外请专家30人，开展讲学5场次，指导开展手术50台。招录高校本科毕业生36人。

医疗设备 医院拥有荷兰菲1.5T超导核磁共振扫描仪、美到GE64排128层螺旋CT、GE四维彩超、钬激光碎石机、菲利普乳腺钼靶机、西门子800MAC血管造影机、西门子ISPEN心腹彩超等先进医疗设备，有的医疗设备在巴州地区都处于领先地位。

学科专业 医院妇产科被评为兵团重点专科，消化内科、心血管内科、神经外科、泌尿外科、麻醉及精神心理康复专业是第二师重点学科专业。神经外科在本地区开展脑动脉瘤夹闭术、三叉神经痛微血管减压术、脑梗塞血管造影下溶栓术、经鼻—蝶窦脑垂体瘤摘除等一批技术难度高的手术。消化内镜科开展的经内镜逆行胰胆管造影、内镜经粘膜下隧道肿瘤切除术等多项技术在全疆拥有很高知名度。辅助科室在本地区开展多项先进技术，为临床一线提供可靠的诊断依据。功能科能开展肾囊肿穿刺固化治疗、腔内探测精囊腺、前列腺、四维彩超胎儿筛查和超生弹力成像等技术。检验科能开展唐氏筛查、核酸DNA、鳞状细胞癌、宫颈癌、抗环瓜氨酸肽等检测和筛查。精神心理康复中心是巴州地区卫生系统唯一一家从事精神、心理治疗康复为一体的特殊医疗单位，可治疗各类神经症、癔症及身心疾病、睡眠障碍及心理障碍等疾病，开设了心理咨询门诊。

病历质控 2017年，医院开展病历讨论18次，抽查病历4725份，其中运行病历1270份，终末病历3035份，门诊病历450份，甲级病历合格率达到98.95%。

医疗安全 2017年，医院开展法律法规知识、医疗规章制度、医护诊疗行为规范等学习培训16次。是年，医院医疗安全不良事件上报115例，比上年增加46例；收治临床路径病人1000例、入径590例、完成300例，入径率71%，完成率70.14%；抗生素使用率下降8.98%。

护理服务 2017年，医院各临床科室开展"品管圈"培训。是年，"三基"

考核合格率100%，基础护理合格率98.5%，一级护理合格率98.5%，护理安全合格率97%，病房管理合格率96.9%，消毒隔离合格率100%，护理文书合格率99.7%，住院病人对护理工作满意度98.5%。

公益活动　2017年，医院派出4人支援三十八团医院，支援附近团场医院41人次，定期派驻骨干医生、护理专家到二师三十八团医院、二十二团医院开展专家门诊、教学查房，帮助团场医院建立完善规章制度等方式提供医疗服务。组织50余人次医务人员到焉耆垦区团场、八一中学、焉耆县消防大队、永宁镇养老院、卫生院开展义诊活动，义诊1000余人，发放宣传单1000余份，免费发放药品8000余元。全民健康体检工作有效开展。是年，医院完成职业健康检查528人；完成辖区内65岁以上老年人免费体检266人；完成焉耆垦区3032人全民健康体检任务。

（李雪琼）

·团场医院·

【二十一团医院】　二十一团医院集医疗、预防、保健、康复、计划生育、健康保健六位一体，是涵盖医院、疾控中心、计生服务站、2个社区卫生服务站、8个连队卫生室的一级甲等医院。2017年，医院有卫生技术人员55人。其中执业医师5人，执业助理医师21人，注册护士20人，药师（士）2人，检验技师（士）1人，新招大学生4人。设置床位55张，设备14台。院区占地面积90000平方米，业务用房面积3815.12平方米，每床占用业务用房面积69.36平方米。

是年，团医院总收入1082.66万元，财政补助收入503.88万元。人员经费支出612.43万元，社会卫生支出578.78万元。医院总资产692.71万元，负债189.48万元。门诊病人次均医药费用253.3元，住院病人人均医药费用2935.2元，住院病人日均医药费419.31元，每一职工年业务收入5.98万元，每一医师年业务收入6.62万元。

是年，团医院总诊疗人16131人次，急诊病死率1.3%。观察室病死率0，出院人数1348人次。每百门急诊入院人数8.46%。住院病死率1.63%。住院病人手术37人次，实际开放总床日数20075天，实际占用总床日数11000天，平均开放病床35床，出院者占用总床日数10765天，平均就诊次数1.6次，年住院率0.13%，病床使用率54.8%，病床周转次数24.5次，病床工作日200天，出院者平均住院日8天，医生人均每日担负诊疗12.85人次。

【二十二团医院】　2017年，二十二团医院有卫生技术人员99人。其中执业医师21人，执业助理医师26人，注册护士33人，药师（士）7人，检验技师（士）2人，影像技师（士）3人，见习医（药、护、技）师（士）等卫生专业人员7人（新招录大学生4人）。设置床位100张（医院80张、卫生所20张），设备台数29台。房屋建筑面积10341.69平方米，其中门诊楼3592.32平方米，住院部2762.93平方米，疾控中心835平方米，卫生所1392平方米，市场门诊54.24平方米，连队卫生室16个、面积1280平方米；租房面积181.44平方米（幸福小区卫生服务站）；业务用房面积9916.49平方米；每床占用业务用房面积99.16平方米。

是年，团医院总收入2022.85万元，包括财政补助收入1258.83万元；人员经费支出1224.13万元，社会卫生支出764.02万元。医院总资产账面价值2228.73万元，负债344.37万元。门诊病人次均医药费用75.54元，住院病人人均医药费用1892.07元，住院病人日均医药费281.14元，每一职工年业务收入7.44万元，每一医师年业务收入18.33万元。

是年，团医院总诊疗人次数52988人次（医院39921人次，卫生所13067人次），急诊病死率11%，出院人数2033人次（医院1565人次，卫生所468人次），每百门急诊入院人数

15.78%，住院病死率1.57%，实际开放总床日数36500天，实际占用总床日数13906天，出院者占用总床日数13592天，平均就诊次数2.95次，年住院率11.33%，病床使用率67.7%，病床周转次数20.33次，病床工作日239.06天，出院者平均住院日6.69天，医生人均每日担负诊疗人次5.86次，居民住院率20%。

【二十四团医院】 二十四团有卫生技术人员57人。其中执业医师15人，执业助理医师10人，见习医师1人（新招大学生1人），注册护士20人，药师（士）4人，检验技师（士）2人，其他卫生技术人员3人。设置床位49张，医疗设备12台。院区占地面积2公顷，业务用房面积6000平方米，每床占用业务用房面积187.5平方米。

是年，团医院总收入936.2万元，财政补助收入694.89万元。人员经费支出659.4544万元，社会卫生支出241.33万元。医院总资产815.74万元，负债131.92万元，门诊病人次均医药费用96.76元，住院病人人均医药费用826.62元，住院病人日均医药费130.79元，每一名职工年业务收入3.96万元，每一名医师年业务收入9.28万元。

是年，团医院总诊疗人次14023人次，急诊病死率0，

观察室病死率0，出院人数1278人次。每百门急诊入院率9.1%。住院病死率1.17%。住院病人手术0人次，实际开放总床日数11680天，实际占用总床日数8176天，平均开放病床32床，出院者占用总床日数8076天，平均就诊次数1.2次，年住院率0.11%，病床使用率70%，病床周转次数39.9次，病床工作日255.5天，出院者平均住院日6.32天，医生人均每日担负诊疗4.3人次。

【二十五团医院】 2017年末，二十五团医院有卫生技术人员31人。其中执业医师7人，执业助理医师6人，见习医生4人，注册护士12人，药剂师（士）2人，检验师（士）1人，影像1人。设置床位30张，万元以上医疗设备17台。团场投资800多万元建成三层新医院，建筑面积3120平方米，医疗业务用房面积3010平方米。

是年，团医院总收入709.4万元，财政补助收入369.09万元。人员经费支出338.4万元，社会卫生支出132.14万元。医院总资产1559万元，负债127.51万元。门诊病人次均医药费用349.18元，住院病人人次均医药费用1546.05元，住院病人日均医药费151.36元。每一职工年业务收入5.47万元。

是年，团医院总诊疗人次数8359人次，出院人数

624人，每百门急诊入院率7.46%，住院病死率1.67%。实际开放总床日数10950天，实际占用总床日数5230天，出院者占用总床日数5160天，平均开放病床数30张。平均就诊次数1.6次，年住院率为11.9%，病床使用率47.5%，病床周转次数20次，病床工作日174天，出院者平均住院日8.2天，医生人均每日担负诊疗2.56人次，居民住院率12.5%。

【二十七团医院】 二十七团医院有卫生技术人员55人。其中执业医师11人，执业助理医师9人，见习医师9人（新招大学生4人），注册护士22人，药师（士）1人，检验技师（士）1人，影像技师1人。设置床位数30张，医疗设备18台。院区占地面积2.5公顷，业务用房面积4235平方米，每床占用业务用房面积142平方米。

是年，团医院总收入1103.35万元，财政补助收入528.1万元。人员经费支出651.91万元，社会卫生支出430.31万元。医院总资产1889.51万，负债342.36万元（流动负债）。门诊病人次均医药费用78.65元，住院病人人均医药费用1567.5元，住院病人日均医药费212.93元，每一职工年业务收入5.2万元，每一医师年业务收入7.2万元。

是年，团医院总诊疗人

15867人次，急诊病死率0。观察室病死率0，出院人数831人次。每百门急诊入院人数3.2%。住院病死率1.5%。住院病人手术0人次，实际开放总床日数10950天，实际占用总床日数5592天，平均开放病床30床，出院者占用总床日数5532天，平均就诊次数2.3次，年住院率0.99%，病床使用率51.1%，病床周转次数28次，病床工作日163天，出院者平均住院日7天，医生人均每日担负诊疗9.6人次。

（王前江）

【二二三团医院】 二二三团医疗卫生机构是医疗、预防、保健、康复、计划生育、健康保健六位一体，涵盖医院、疾控中心、计生服务站、3个连队卫生室的一级甲等医院。2017年，医院有卫生技术人员52人。其中执业医师9人，执业助理医师9人，注册护士11人，药师（士）4人，检验技师（士）2人，影像技师1人，其他卫生技术人员5人。设置床位38张，医疗设备7台。院区占地面积5公顷，业务用房面积4278.77平方米。

是年，团医院总收入859.667万元，财政补助收入558.3786万元。人员经费支出485.8226万元，社会卫生支出301.2884万元。医院总资产1802.2816万元，负债126.6602万元。门诊病人次均医药费用89.8元，住院病人次均医药费用1268.5元，住院病人日均医药费200.08元，每一职工年业务收入4.78万元，每一医师年业务收入9.54万元。

是年，团医院总诊疗人18947人次，急诊病死率0.3%。观察室病死率0，出院人数793人次。每百门急诊入院率7.5%。住院病死率0.5%。住院病人手术0人次，实际开放总床日数13870天，实际占用总床日数5641天，平均开放病床38床，出院者占用总床日数5030天，平均就诊次数2.3次，年住院率0.99%，病床使用率41.24%，病床周转次数20.87次，病床工作日200天，出院者平均住院日6.34天，医生人均每日担负诊疗5.39人次。

【二十九团医院】 二十九团医院是一所二级乙等综合医院。2017年，医院有临床科室6个，医技科室3个，职能部门3个，卫生服务站4，基层连队卫生室12个。有卫生技术人员101人。其中执业医师30人，助理执业医师9人，执业护士36人，药剂师5人，检验师7人。有乡村医生4人。设置床位50张，万元以上设备台数20台。医院占地面积3.99万平方米，总建筑面积3404平方米。其中，业务用房3004平方米。2017年底，每床占用业务用房面积60.08平方米。

是年，团医院总收入1566万元，其中财政补助收入904.2万元。人员经费支出1064.7万元。总资产1249.8万元，负债347.9万元。门诊病人次均医疗费用189.51元，住院病人次均医疗费用1669.25元，每一职工年业务收入4.6万元，每一医师年业务收入13.47万元。

是年，团医院总诊疗人次数19248人次，其中急诊955人次，急诊病死率1.36%。全年出院人数963人次。每百门急诊入院人数0.05人，实际开放总床日数18250天，实际占用总床日数6024天，出院者占用总床日数6003天，平均开放病床数50床，出院者占用总床日数6003天。平均就诊次数0.73次。年住院率3.51%。病床使用率为33%，病床周转次数19.3次，病床工作日120.5天。出院者平均住院日6.2天。医生人均每日担负诊疗1.96人次。

【三十团医院】 三十团医院是一所一级甲等综合医院。2017年，医院有综合临床科室1个，医技科室4个，职能部门1个，卫生服务站1，基层连队卫生室10个（实际开放3个）。有卫生技术人员54人。其中执业医师12个，助理执业医师7个，执业护士19个，药剂师2人，检验师2人。乡村医生4人。医生和护士的比例为1：1。设置床位50张。每床占用业务用房面积15平方米。万元以上设备台数10

台。医院占地面积0.97万平方米，总建筑面积3433平方米。其中，业务用房3333平方米。

是年，团医院总收入1113.2万元，其中财政补助收入598万元。人员经费支出562.1万元。总资产1326.14万元，负债279.29万元。门诊病人次均医疗费用136.58元，住院病人次均医疗费用2029.38元，每一职工年业务收入6.5万元，每一医师年业务收入20.72万元。

是年，团医院总诊疗人次数16624人次，其中急诊625人次，急诊病死率1%。全年出院人数1126人次。每百门急诊入院人数0.06人，住院病死率0.1%。实际开放总床日数13140天，实际占用总床日数7655天，出院者占用总床日数7370天，平均开放病床数36床，出院者占用总床日数7370天。平均就诊次数1.8次。年住院率1.2%。病床使用率为58.26%，病床周转次数31.27次，病床工作日212.6天。出院者平均住院日6.5天。医生人均每日担负诊疗3.4人次。

【三十一团医院】 三十一团医院是一所一级甲等医院。2017年11月，搬迁至团河北医院综合楼。医院设内科、外科、妇科、儿科、五官科、检验和影像科，2017年新增中医科。有专业技术人员38人，其中高级职称10人，中级职称7人，初级职称15人。有行政管理人员2人，志愿者3人。医院综合楼为河北省援疆项目，总投资680万元，建设面积2998.27平方米，开放病床数34张。

2017年，团医院业务总收入160.5万元，固定资产总值737万元。门（急）诊诊疗11436人次，较上一年同期（16329人次）下降14.27%；入院病人432人次，出院病人412人次，比上一年同期（527）下降12.8%。

护理工作绩效明显，基础护理合格率98.90%，重危护理合格率98.94%，护理技术操作合格率100%，专科护理合格率98.67%，护理文件书写合格率98.79%。

【三十三团医院】 三十三团医院是一所团场公立一级甲等综合医院。2017年，医院有卫生技术人员86人，其中执业医师20人，执业助理医师17人，乡村医生5人，卫生员15个，见习医师4人，注册护士27人，药剂师（士）5人，检验师（士）5人，影像5人。医院有临床科室10个，医技科室4个，职能部门3个，卫生服务站1个，基层连队卫生室16个。医院实有床位50张，每床占用业务用房面积74.45平方米。医院建筑面积3721.3平方米。

是年，团医院人员经费支出917.78万元。总资产646.86万元，负债232.31万元。门诊病人次均医疗费用176.08元，住院病人次均医疗费用874.9元，每一职工年业务收入3.28万元，每一医师年业务收入6.72万元。

是年，医院总诊疗15862人次，出院人数682人，每百门急诊入院人数0.84人，住院病死率1.17%，住院病人手术人次数24人。实际开放总床日数13095天，实际占用总床日数3575天，出院者占用总床日数3006天，平均开放病床数35张。平均就诊次数1.23次，年住院率为5.63%，病床使用率27.3%，病床周转次数19.49次，病床工作日102.1天，出院者平均住院日4.41天，医生人均每日担负诊疗4.94人次。是年，三十三团有12106人参加全民健康体检，检查覆盖率92.08%。

【三十四团医院】 三十四团医院为公立一级甲等综合医院，2017年，有医务工作人员97人，进编人员76人，未进编人员21人。其中执业医师19人，执业助理医师12人，执业护士39人，执业药师2人。有编制床位81张，实际开放床位165张。2017年，新建团医院河北康复中心建设项目，建设康复中心楼一座，建筑为三层框架结构，面积3000平方米，包括康复门诊楼、训练室、康复病房，设置床位80张。

年末,团医院康复中心楼工程仍未完工。是年,团医院门诊量12082人次,住院病人678人次,托养中心常年收住病患150人左右。

【三十七团医院】 2017年,三十七团医院有卫生技术人员17人。其中执业医师4人,执业助理医师3人,见习医师7人,注册护士2人,见习技师1人。团医院综合楼于2015年开工建设,2017年12月3日,建成并投入使用。项目投资1098.15万元,共三层,建筑面积3859.43平方米。医院拥有固定资产179.96万元,其中专业设备153.97万元,医院承担着团内及周边乡镇人员的急救、医疗、预防任务。

是年,团医院全年总收入498.738万元,其中财政补助收入226.57万元。全年人员经费支出158.72万元。总资产235.18万元,负债25.83万元。门诊病人次均医药费用55.89元。职工人均年业务收入21502.86元,医师人均年业务收入33448.89元。总诊疗人次5204人,医生人均日诊疗2.3人次。

【三十八团医院】 三十八团医院在编人员32人,其中卫生技术人员25人。卫生技术人员中有执业医师5人,执业助理医师8人,检验技师2人,影像技师3人,见习医生5人,康复理疗技师1人,药剂士1人。当年分配医学专业大学生2人,聘用护士2人。医院设置床位25张,医疗设备21台。医院房屋建筑面积2998.64平方米,其中医疗业务用房面积2099.04平方米,每床占用业务用房面积10.8平方米。

是年,团医院总收入634.73万元,财政补助收入486.29万元。人员经费435.19万元。总资产1307.69万元,负债107.28万元,门诊病人次均医药费用94.54元,住院病人人均医药费用1152.84元。

是年,团医院总诊疗数11932人次,出院人数303人次,急诊病死率0.7%,每百门急诊入院率2.56%,实际开放总床日数7300天,实际占用总床日数1856天,出院者占用总床日数1832天,平均开放病床数20天,出院者占用总床日数1832天,平均就诊人次数1.75人次,年住院率4.5%,病床使用率25.4%,病床周转次数1.2625次,病床工作日3.04天,出院者平均住院日6.04天。

(王前江)

人力资源和社会保障

· 综述 ·

【概况】 2017年,第二师铁门关市深入贯彻落实党中央、自治区、兵团党委和师市党委对人社工作的决策部署,全力促进就业创业,加快人才队伍建设,积极推进人事管理创新,不断推动工资收入分配制度改革,完善工资收入分配制度。

【人口资源实力壮大】 2017年,师市新增安置内地户籍人口7153户、16705人,完成兵团任务(14000人)的119.32%。医疗保险参保15863人,医疗参保率94.96%。迁入落户6249户、13788人,落户率82.54%。户籍人口163065人,比上年末净增11792人,增长7.80%。

【工资、人事精细管理】 2017年,制定了法官、检察官和司法辅助人员工资制度改革实施办法,建立县级以下机关公务员职务与职级并行制度,组织全国经济、会计、卫生、护士执业、计算机5个专业3363人次的考试。

【推进团场改革纳编分流】 2017年,第二师人社局制定了《第二师铁门关市团场机关、事业单位纳编分流安置工作方案》,对团场纳编人员的甄别和确认要求做到"七清"(即单位性质清、机构编制清、岗位职责清、管理方式清、人员情况清、任免手续清、薪酬模式清)。为摸清团场各类人员的底数,下发《关于对35岁以下团场大学生使用安置情况进行摸底的通知》《关于上报各团场机关、事业单位人员情况的通知》和《关于对团场(社区)工作人员进行摸底的通知》。 (钱鹏鲲)

· 就业创业 ·

【就业再就业】 2017年,第二师铁门关市实施就业优先战略,全力落实新一轮更加积极的就业创业政策,统筹推进重点群体就业再就业。全年实现新增就业13547人,完成兵团计划(13000人)

2017年6月23日，新恒力纺织接收南疆贫困地区340名城乡富余劳动力（廖志刚 摄）

的104.2%。其中：援助就业困难人员实现就业再就业1015人，完成兵团计划（1000人）的101.5%；转移团场富余劳动力1498人，完成兵团计划（1200人）的124.8%；城镇登记失业率2.47%，控制在3%以内；零就业家庭继续保持动态清零。

【师市务工就业】 2017年，第二师铁门关市全年接收喀什、和田地区1630名城乡富余劳动力来师市实现务工就业，完成兵团计划（1600人）的101.87%，其中：季节性务工1022人，完成兵团计划的102.2%；企业就业608人，完成兵团计划的101.3%。

【多元增收】 2017年，师市各团场累计组织职工2.4万人（次）参加转移就业多元增收活动，转移就业总收入7000万元，人均收入3000元。

【公共就业服务体系】 2017年，第二师已建成1个师级、1个市级（铁门关市就业和社会保障服务中心）和11个团场就业和社会保障服务中心，以及1个总建筑面积2.24万平方米、集"产、学、研"为一体，培训、实训、孵化一条龙的铁门关市创业孵化园公共实训基地，师、团公共就业服务平台体系已基本建成。

（黄 溪）

·机关、事业单位人员管理·

【公务员管理】 2017年，第二师人社局对调入机关和试用期满的78名公务员进行规范管理，组织了2017年度师市面向内地高校公开招录公务员工作，共招录43人。

（李科伟）

【公务员职务职级并行】 2017年，第二师人社局印发了《第二师铁门关市县级以下机关建立公务员职务与职级并行制度的实施方案》，在县以下机关建立依据任职年限和级别晋升职级的制度，实行职级与待遇挂钩，实现职务与职级并行。

（杨旭帆）

【机关事业单位工资制度改革】 2017年，第二师人社局实施了兵团法官、检察官和司法辅助人员工资制度改革，并于11月将改革后的工资全部兑现到位，涉及180人，其中：员额内法官41人、员额内检察官36人。

（杨旭帆）

【事业单位绩效工资总量核定】 2017年，第二师人社局对所属107个事业单位3656人绩效工资总量进行逐一核定，特别是13个差额拨款单位和9个自收自支单位的核增绩效和搞活内部分配部分的绩效工资，分别从人均绩效水平和总量水平方面严格把关，确保师市事业单位绩效工资实施工作顺利进行。　　　　（杨旭帆）

【事业单位人事制度改革】
2017年，第二师人社局贯彻落实国家《事业单位人事管理条例》，进一步扩大事业单位人事管理自主权，完善事业单位公开招聘工作，落实"兵团统考"原则，开展公开招聘工作检查。监督指导事业单位进一步做好竞聘上岗、按岗聘任、合同管理。及时做好岗位变动人员的审核批复。按照《专业技术岗位结构比例指导意见》调整事业单位岗位，指导事业单位进一步完善岗位说明书和探索开展量化考核。
（李科伟）

·人才队伍建设·

【人才引进】　2017年，第二师人社局落实《第二师中长期人才发展规划纲要》《第二师铁门关市人才培养引进和激励暂行办法》等政策文件，做好人才工作重大政策的研究、制定、统筹和落实，不断创新体制机制，不断探索人才引进和开发模式。先后4次组织人才招聘团到疆内外各大高校招聘优秀人才和高校毕业生。共引进高校毕业生742人，其中研究生10人，本科生555人，"双五千"512人。同时，加强了与援建省高校河北北方学院联系，引进毕业生43人。　　　（李科伟）

【专业技术人员教育培训】
2017年，第二师人社局举办了第十五期农牧系列、第十二期工交工程、第十二期基建工程、第二十五期政工系列专业技术人员继续教育培训班4期，为农牧系列专业技术人员28人，工交工程系列专业技术人员48人，基建工程系列专业技术人员135人，政工专业职务人员（含新闻系列专业技术人员）23人等261名在职专业技术人员进行了培训。　（李科伟）

【专业技术人员资格考试】
2017年，第二师人社局组织计算机应用能力、经济、会计、卫生等国家级专业技术资格考试11项（次）参加考试人数达2941人次。
（王帆帆）

【高层次人才选拔推荐】
2017年，兵团人力资源和社会保障局上报国务院批准第二师华山中学刘丽华享受政府特殊津贴。　　（王帆帆）

【专家服务】　2017年，第二师人社局开展专家慰问、体检和疗养工作。完成专家慰问14人，组织专家体检14人。选派专家及家属赴内地疗养1人。
（王帆帆）

【职称评审】　2017年，第二师人社局完成了师市11个系列（专业）中、初级职称评审，通过中级175人、初级220人。教育系列中级评审委员会成员分工变动，下发《关于调整教育系列中级评审委员会成员的通知》。
（王帆帆）

【事业单位岗位管理】　2017年，第二师人社局核准直属事业单位、部门事业单位岗位设置方案3个，审核办理事业单位岗位变动112次。
（王帆帆）

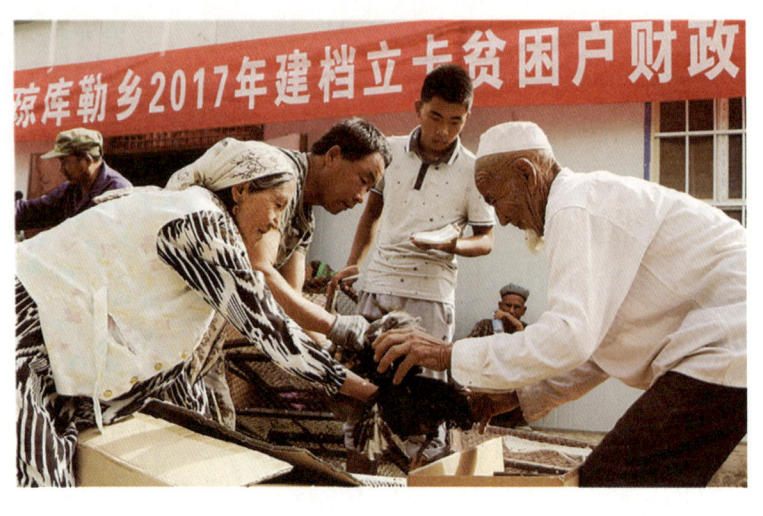

2017年5月，三十七团玖园红枣生态鸡场给且末琼库勒乡村民发放扶贫鸡苗（三十七团 提供）

· 职业培训 ·

【职业技能培训】 2017年，第二师人社局累计开展各类培训453期、21767人次。其中一产技能培训3608人次，二产技能培训3583人次，三产技能培训3050人次，专项能力培训1585人次，创业培训995人次，素质及其他培训8946人次。

【职业能力建设】 2017年，第二师已拥有28家定点职业培训机构，2家职业技能鉴定机构，1个总建筑面积2.24万平方米、集"产、学、研"为一体，培训、实训、孵化一条龙的铁门关市创业孵化园公共实训基地，可培训职业（工种）达100余个，有219名培训师和480余名精通专业理论及操作技能的专家，为提高师市开展职业技能培训提供了强有力的保障。

【高技能人才培养】 2017年，师市技能劳动者总量达到了45756人。其中持证人数45756人，持证比例达100%；高技能人才达27416人。

（黄 溪）

· 社会保险 ·

【社会保险经办管理】 截至2017年末，第二师职工基本养老保险（不含离退休人数）、基本医疗保险、失业保险、工伤保险、生育保险参保人数分别为83076人、202511人、52917人、59328人、53806人，分别完成兵团下达目标计划的114.9%、108.3%、108.2%、112.1%、106.5%。征缴收入分别为76614万元、31598万元、2202万元、1329万元、235万元，基金支出分别为250063万元、35727万元、1146万元、1953万元、1147万元。

【城镇职工基本养老保险】 2017年，第二师基本养老保险在职参保人数83076人。其中，个体参保20129人，占参保总人数的24.23%。全年办理退休4976人，死亡1647人。单位缴费基数总额235162万元，个人缴费基数总额（含个体）281622万元。单位应缴总额45191万元，实缴总额45191万元，征缴率达100%；个人应缴总额28113万元，实缴总额28113万元，征缴率达100%。实发养老金242846万元，养老金按时足额发放率达100%。

【企业退休人员基本养老金调待】 2017年，根据兵团人社局和财务局联合下发的《关于2017年调整退休人员基本养老金有关问题的通知》，对第二师企业退休人员基本养老金进行调整，涉及企业退休人员57586人，调整后人均月养老金2939.15元。

【基本医疗保险】 2017年，第二师人社局、财务局联合转发了《兵团关于实施人身意外伤害保险的通知》。启动了师市人身意外伤害保险。人身意外伤害保险按照"兵团级统筹"的模式进行筹集和使用，委托商业保险公司经营管理。印发了《第二师铁门关市2017年职工基本医疗保险统筹基金总额控制管理方案》，对第二师库尔勒医院、巴州人民医院、库尔勒市第二人民医院、巴州燕赵蒙医院，上调总额指标6%；对解放军第273医院下调总额指标8.6%。2017年，师市基本医疗保险参保人数202511人，其中职工医保126003人，居民医保76508人。基本医疗保险基金收入31598万元，其中职工医保收入25920万元，居民医保收入1556万元；基本医疗保险基金支出35727万元，其中职工医保支出31166万元，居民医保支出4561万元。历年基本医疗保险基金累计结余35411万元，其中职工医保累计结余32651万元，居民医保累计结余2760万元。

【失业保险】 2017年，根据兵团人社局和财务局联合下发的《关于阶段性降低失业保险费率有关问题的通知》，从2017年1月1日起，第二师将失业保险单位缴费比例由1%降低至0.5%，期限至2018年4月30日。2017年10月，师市人社局、师市财务局联合转发了兵团《关于失业保险支持参保职工提升职业技能有关问题的通知》，明确规定符合条件的企业在职参保职工，可申领技能提升补贴。

【生育保险】 2017年，师市人社局、财务（政）局联合转发了兵团《关于调整生育保险津贴享受天数的通知》，对生育保险津贴享受天数进行了相应调整。

【工伤保险】 2017年6月，兵团人社局、建设局、安全生产监督管理局、工会，对第二师建筑业参加工伤保险进展情况进行督导检查。

（赵长滨）

· 社会救助 ·

【最低生活保障】 2017年，进一步提高保障标准，细化最低生活保障与特困人员供养政策。自7月1日最低生活保障标准由原标准382元/人·月提标为396元/人·月；重度残疾人433元/人·月，60周岁以上老年人483元/人·月，18周岁以下未成年人418元/人·月。

师人社局全年累计为78463人次发放低保金2675.6万元。重点保障对象4260人按照上述标准发放低保资金（重度残疾人1732人，60周岁以上老年人1359人，未成年人1169人），其他低保人员2251人根据低保有关政策差额享受。

【特困供养】 2017年7月1日，特困人员基本生活标准提高15元，现标准为：全自理标准每人每月615元、半自理标准每人每月815元、全护理标准每人每月1015元。全年特困供养人员125人（全自理35人，半自理46人，全护理44人）。是年末，第二师人社局累计发放补助资金

113.16万元。

【临时救助金】 2017年末，第二师人社局全年累计为8281户、15843人次，发放临时救助金491万元。

【医疗救助金】 2017年，第二师人社局全年累计为3284人次发放医疗救助，合计发放救助资金628.5万元。

（韩　昀）

·社会福利·

【养老服务】 2017年，第二师人社局认真贯彻落实《国务院办公厅关于全面放开养老服务市场提升养老服务质量的若干意见》，完善养老院设立许可，开展养老院服务质量大检查工作，提高养老院服务质量和服务水平；推进养老服务标准化工作。加强养老护理人员队伍建设，加快推行医养结合模式，完善养老院服务质量监管体系。

【养老机构】 2017年，第二师有养老机构13家，1062张床位。入住老人768人（其中自理406人，介护182人，全护180人）。

（韩　昀）

·优抚安置·

【双拥表彰】 2017年7月26日，巴音郭楞蒙古自治州双拥共建表彰大会在巴州宾馆举行，阿迪力·卡德尔带队出席表彰大会。大会表彰自治州双拥工作先进单位和模范个人、突出贡献驻州部队、突出贡献个人和好军嫂，二十九团、三十三团、三十七团、永兴供销、金川矿业、第二师民政局（双拥办）、第二师人社局等10个单位和13名个人被巴州党委、人民政府、巴音郭楞军分区评为双拥工作先进单位和模范个人。

【军人抚恤优待】 2017年10月，对残疾军人、"三属"（烈士遗属、因公牺牲军人遗属、病故军人遗属）等抚恤补助标准再次提高，"三属"定期抚恤金标准实现城乡一体。退役士兵自主就业创业工作全面推开，自主就业经济补助落实到位，优抚安置对象的合法权益得到保障。

（邱　煜）

社会生活

·收入·消费

【职工多元增收】 2017年,第二师铁门关市统计局把师市团场职工多元增收工作纳入日常统计工作中,实地入户,及时、准确掌握职工收入多元结构,开展28个调查点280户调查户的多元增收统计调查监测工作。收集多元增收支撑数据和相关文件,为兵团总队评估数据提供依据。同时配合兵团统计调查总队和相关部门,通过"看、听、查、核"相结合的方式做好统计督查工作。2017年,第二师城镇常住居民人均可支配收入达到36671元,比上年同期增加2671元,增长7.9%。连队常住居民人均可支配收入18105元,比上年同期增加1318元,同比增长7.9%。

【收入增长率监测】 2017年,第二师铁门关市统计局加强团场脱贫指标——"连队常住居民人均可支配收入增长率"的季度监测。为精准反映脱贫成果,2017年开展自建点团场季度数据评估工作,做到实时监测,并对计划脱贫的二二三团和三十七团的收入情况进行分析、研判,重点对工资性收入以外收入进行核查反馈,确保数据完整准确,为师市完成脱贫攻坚任务提供数据支撑。

【居民消费价格】 根据国家统计局巴音郭楞调查队居民

2017年9月6日,师市举办"金川热电杯"工业企业职工体育联赛(李立疆 摄)

三十团双丰镇巴扎（尚新革 摄）

2017年8月25日，三十七团与且末县各族青年喜迎"七夕节"（杨铁军 摄）

消费价格调查数据显示，2017年库尔勒市居民消费价格总水平累计指数为101.3%，上涨1.3%，涨幅比上年提高0.3个百分点，总体呈上涨态势。其中，食品烟酒价格指数累计上涨1.1%，非食品烟酒价格指数累计上涨1.4%；服务价格指数累计上涨2.5%，消费品价格指数累计上涨0.7%。2017年库尔勒市CPI较2016年总体呈现小幅上行态势，从同比看，分月CPI运行"高开低走"，1—12月同比分别上涨3.1%、1.6%、1.3%、1.6%、1.4%、2.0%、0.9%、0.9%、1.2%、1.3%、0.5%、0.1%。

是年，库尔勒市CPI涨幅不大，但调查的八大类商品及服务项目价格指数仍有七类出现上涨。其中，与上年同期相比，食品烟酒价格指数上涨1.1%、衣着价格指数上涨4.4%、生活用品及服务价格指数上涨4.2%、交通和通信价格指数上涨1.8%、教育文化和娱乐价格指数上涨1.7%、医疗保健价格指数上涨7.8%、其他用品和服务价格指数上涨1.9%、居住价格指数下降3.0%。 （孙 斌）

· 市场物价 ·

【市场价格改革】 2017年，第二师铁门关市发改委深化医疗、电力等重点领域价格改革，基本建立市场决定价格机制。贯彻落实《关于兵团执行新疆维吾尔自治区医疗服务价格规范的通知》，第二师铁门关市公立医疗机构从2017年8月31日起全面取消公立医院药品加成，实行零差率销售。贯彻落实自治区城乡居民生活用电同网同价改革政策，2017年7月1日起将师市居民生活用电统一为0.39元/千瓦时。

【棉花目标价格改革】 2017年，第二师铁门关市发改委加强棉花质量事中事后监管。贯彻落实《兵团棉花目标价格改革加工企业公示暂行办法》等有关政策要求，组织师市25家棉花加工企业开展2017年度棉花目标价格改革公示工作，完善籽棉收购信息平台建设及信息录入工作。按照

《兵团棉花加工企业验收管理办法》，联合巴州质监局等单位对新建的2家棉花加工企业进行验收。确定三十团和三十一团为棉花补贴与质量挂钩试点团场，稳定棉花实际种植者种棉积极性。

【价格监督】 2017年，第二师铁门关市发改委加大重大节假日期间市场价格检查力度，提升价格监管服务水平，确保市场价格平稳运行。充分利用12358价格监管平台，受理价格举报、投诉和咨询，营造良好的市场价格环境。

【价格专项检查】 2017年6月7—9日，第二师铁门关市发改委联合兵团检查组开展师市涉农涉企收费专项检查，依法处理违规收费21929元，切实规范收费行为，减轻企业和职工群众负担。 （闫永峰）

·民族宗教事务·

【和谐宗教主题教育活动】 2017年，第二师铁门关市党委统战部（民宗局）在宗教领域继续开展"确立正信、抵制极端、构建和谐宗教"主题教育活动。一是辨是非。通过开展党的宗教政策和法律法规宣讲活动、举办信教群众学习班以及组织群众喜闻乐见的文化宣传活动，引导广大宗教人士和信教群众自觉抵御各种宗教极端思想的侵害。二是传正信。发挥好宗教人士在"去极端化"中的特殊作用，引导他们挖掘伊斯兰教教义倡导的爱国、和平、团结、中道、宽厚、善行等思想。三是批极端。通过组织宗教人士和信教群众开展"大揭批""大宣讲""大讨论"活动，深入揭批宗教极端的本质，坚决肃清"神权政论""宗教至上论""异教徒论""圣战殉教论"等歪理邪说对广大信教群众的侵蚀，增强各族干部群众对宗教极端思想的免疫力。四是增认同。引导宗教人士和信教群众不断强化对伟大祖国、中华民族、中华文化、中国共产党、中国特色社会主义的认同，为师市社会稳定和长治久安作贡献。

【平安和谐寺观教堂创建活动】 2017年，第二师铁门关市按照兵团党委统战部（民宗局）统一安排，在宗教活动场所继续开展平安和谐寺观教堂创建活动。坚持以"规范"为主题，突出问题导向，推进创建活动。一是抓规范管理，指导宗教活动场所强化制度建设，建立健全人员、组织、财务、会计、安全、消防、档案、卫生防疫等内部管理制度。二是抓规范行为，持续深入抓好教风建设。三是抓规范活动。强化备案管理，坚持大型宗教活动事前备案制度。联合政法部门加大对宗教活动的整治力度，依法打击非法宗教活动。加大宣传教育，坚决防范宗教极端思想传播蔓延和境外宗教势力向师市辖区渗透。

【宗教工作调研】 2017年1月，第二师铁门关市党委统战部（民宗局）开展对二二三团驻连管寺管委会督导调研，落实清真寺和宗教活动管理"三个全覆盖"（清真寺管委会、片区管委会全覆盖，选派党政干部住连管寺全覆盖，宗教活动场所、宗教活动、宗教人士、信教群众教育管理服务和视频监控系统全覆盖）。

【清真寺管委会培训班】 2017年3—5月，第二师铁门关市分别选派6名驻连管寺管委会干部，分三期参加在巴州社会主义学院举办的管委会干部培训班。培训内容为党的民族宗教政策、管委会的职能作用和"去极端化"工作。

【宗教领域维稳】 2017年，第二师铁门关市党委在重要节日和敏感节点，及时安排部署宗教领域的稳定工作。5月10日—7月7日，师市党委统战部分别赴二二三团和三十六团阿不旦村，就宗教领域维稳工作开展督导检查。

【宗教政策法规学习月】 2017年6月，第二师铁门关市党委统战部（民宗局）开展以"学习贯彻全国宗教工作会议精神"为主题的"宗教政策法规学习月"活动。

【宗教人士赴内地参观】 2017年11月，第二师铁门关市党委统战部（民宗局）、师市团委共同选派2名青年宗教人士赴内地参观考察学习。

【宗教活动管理服务】 2017年12月，第二师铁门关市修订《第二师铁门关市关于加强清真寺和宗教活动教育管理服务的实施意见》。

（阿布都勒提浦·艾白）

·红十字会·

【综述】 2017年，第二师铁门关市红十字会贯彻落实兵团红十字会《兵团红十字会2017年工作要点》，按照中国红十字会第十届理事会第三次会议和兵团红十字会第三届理事会第七次会议确定的目标任务，围绕中心、服务大局，切实增强"四个意识"，依法履行职责，更好地发挥政府人道领域的助手作用，扎实推进红十字会各项工作，为维护新疆社会稳定和长治久安做出应有贡献。

【信息化建设】 2017年，第二师铁门关市红十字会正式启用中国红十字会志愿服务信息管理平台，进一步规范志愿服务登记注册、服务记录、证明开具、表彰激励等工作。

【捐赠活动】 2017年，石家庄以岭药业股份有限公司向第二师铁门关市红十字会捐赠10箱连花清瘟胶囊，价值5.92万元。按照药品捐赠要求，将10箱连花清瘟胶囊捐赠给基层维稳人员，由师市公安局负责向基层工作人员发放。

【应急救护】 2017年，兵团红十字会向第二师铁门关市红十字会配发一批彩票公益金项目教具，按照规定，向各团场医院配发1—2套成人心肺复苏模拟人、婴儿复苏模拟人及简易复苏模拟人，用于开展红十字救护培训。是年，累计宣传培训心肺复苏操作4000人次。

【主题活动宣传】 2017年，第二师铁门关市红十字会结合"红十字博爱周""世界献血日"和"世界急救日"等主题活动，普及宣传国际人道法、无偿献血。累计制作横幅、展板，张贴、发放宣传资料和宣传品8000余份，卫生救护知识宣传和应急救护技能普及培训5000余人次，发放无偿献血、捐献造血干细胞宣传资料5386份，覆盖16821人次。无偿献血、捐献造血干细胞知识普及宣传654次，覆盖9051人次。无偿献血、捐献造血干细胞知识现场咨询1096次，覆盖5962人次。播放无偿献血公益宣传片739次，覆盖21426人次。参加活动志愿者人数92人，覆盖1536人次。 （江晓雪）

·社区管理·

【最美社区表彰】 2017年

2017年9月1日，新恒星服饰有限公司举办古尔邦节文艺联欢（新恒星公司 供稿）

社会生活

2017年8月15日，三十团举办面点制作培训班（尚新苹 摄）

2017年6月4日，二十四团驻和硕县新塔热乡布茨恩查干村"访惠聚"工作队调研良种马养殖（徐莲芝 摄）

1月19日，第二师铁门关市印发《关于命名表彰2016年度第二师铁门关市"最美社区"的决定》，对二十一团月牙湖社区、二十二团幸福社区、二十四团振兴社区、二十七团天湖社区、三十团双丰社区、三十四团金鹿社区、三十六团米兰社区进行命名表彰，并给予每个受表彰社区3万元奖励。

（郭永力）

【兵团和谐示范社区】 2017年2月9日，第二师铁门关市民政局下发通知，按照《关于申报第十批"兵团和谐示范社区"的通知》（兵民政传〔2017〕11号）文件要求，组织师市各单位民政科开展第十批"兵团和谐示范社区"创建工作。经过认真部署、周密实施、扎实工作、检查验收、组织申报各项工作，通过一年的努力，二十二团幸福社区、二十四团顺祥社区、二十九团河北花苑社区、三十三团拥军社区、三十四团金鹿社区、明祥社区被兵团命名为第十批"兵团和谐示范社区"。

（郭永力）

【社区协商】 2017年4月25日，第二师铁门关市民政局印发《关于开展好社区协商的通知》，部署开展2017年社区协商工作。通过开展社区协商，明确社区协商的主体，完善社区的程序，规范社区协商的内容和方式，发挥社区协商的有效作用。

（郭永力）

【社区治理专题培训】 2017年10月28日—11月3日，第二师铁门关市民政局郭永力、二十一团刘建疆、二十七团苏超、二十九团余建华、天宇公司魏克勤、明祥社区程世荣6人，参加兵团民政局在湖南长沙举办的社区治理创新专题培训。

（郭永力）

· 317 ·

【最美社区】 2017年12月14日，第二师铁门关市印发《关于命名表彰2017年度第二师铁门关市"最美社区"的决定》，命名二十七团天河社区、二十九团迎宾社区、三十三团承德社区、三十三团山水社区为2017年度第二师铁门关市"最美社区"。 （郭永力）

【社区干部人才培养】 2017年，第二师铁门关市民政局联合组织、宣传、教育、劳动等相关部门，逐步开展师市社会工作专业人才培养。全年组织各级民政系统人员参加兵团、师级培训46人次，其中，组织32人参加兵团社会工作人才培训。组织75人参加全国社会工作师考试。 （郭永力）

【社区服务站建设】 2017年，在第二师铁门关市9个团场21个连队新建连队社区服务站，总投资达2100万元。 （魏仁华）

· 社会救灾 ·

【防灾减灾宣传教育】 2017年，第二师铁门关市民政局不断丰富防灾减灾宣传教育内容，在"5·12全国防灾减灾日"等相关主题宣传中，充分利用广播、电影、电视、报刊等传统媒体和互联网、微博、微信等新兴媒体，持续开展防灾减灾宣传和教育工作，加大地震、地质灾害及其他灾害高风险地区的宣传力度，向师市广大干部职工普及灾害风险知识以及自救互救、避险逃生等技能，切实提升全民防灾减灾意识。 （韩　妁）

【防灾减灾】 2017年，第二师铁门关市民政局全年累计下拨冬令春荒救助资金900万元，支援团场开展抗灾自救。 （韩　妁）

【救灾物资储备库】 2017年，在二十二团投资280万元新建救灾物资储备库，进一步完善民政公共服务基础设施，提高公共服务能力。
 （魏仁华）

· 殡葬 ·

【殡葬管理】 2017年，第二师铁门关市殡葬事务管理中心深入推进殡葬改革，开展以"平安清明为目标、移风易俗为导向"的2017年清明节祭扫活动。以社会组织年检为契机，对全师7个殡仪服务站进行摸底排查，对其提供的殡葬服务、殡葬用品价格等内容进行规范整顿。

【队伍建设】 2017年，第二师铁门关市殡葬事务管理中心建设进度加快，师市编办已下达殡葬事务管理中心机构设置批复，师市人社局已将中心工作人员列入招录计划。 （韩　妁）

· 老龄事业 ·

【80岁高龄津贴】 2017年，第二师铁门关市打造"替子女尽孝，让父母生活多彩"养老服务品牌，完善高龄老人津贴制度，7000余名80岁以上高龄老人受益。全年发放83429人次，486.96万元，有效保障了老年人合法权益。 （邱　煜）

【敬老月活动】 2017年，第二师铁门关市开展了"关爱老年人欢庆十九大"为主题的敬老月活动，师市各级组织利用板报、宣传栏等形式，营造爱老敬老的社会氛围，开展了敬老养老文化、老年维权、走访慰问、志愿服务、老年文体等活动。通过系列活动，提升老年人幸福指数，弘扬中华民族孝亲敬老传统美德。

·残疾人事业·

【孤残救助】 2017年，第二师铁门关市切实加强困境儿童保障工作，落实兵团加快推动落实困境儿童保障政策，安排团场、企事业单位完成基础信息填报，建立困境儿童动态管理机制，探索通过政府购买服务等方式开展困境儿童关爱工作；孤残儿童保障力度加大，落实每月不低于600元孤儿养育金等制度，给28名孤儿，发放基本19.74万元。（邱 煜）

【残疾人"两项"补贴】 2017年，第二师铁门关市困难残疾人生活补贴和重度残疾人护理补贴制度全面建立，月均惠及近4000人次残疾人，师市直企事业单位全年发放1397人次、33.53万元。此项资金由各团场自筹发放。 （邱 煜）

【残疾人康复中心建设项目】 2017年，第二师残疾人康复中心建设项目于2018年10月建成完工，中央资金1040万元全部拨付到位。
（唐伶俐）

【残疾人保障】 2017年，第二师铁门关市残联积极协调民政、人社部门，实施低收入残疾人的最低生活保障和社会保障等救济工作、保民生的兜底措施。师市各团场也将城镇低保残疾人和住房困难家庭纳入住房保障范围，把政策和资金向弱势群体倾斜。 （唐伶俐）

【康复工作】 2017年，第二师铁门关市残联积极协调人社局、卫生局，将康复综合评定等20项残疾人康复项目纳入城镇基层卫生服务内容。残联部门组织实施残疾儿童康复救助"七彩梦行动计划"和"0—7岁抢救性康复行动"，筛选16名贫困残疾儿童到兵团残疾人康复中心进行免费康复救治和康复训练。投入2万元印制6000本《残疾人精准康复服务手册》发放至各单位，并组织社区残疾人工作者和康复协调员，对师市具有康复需求的5630名残疾人信息，采取实名入户询察的方式，精准采集信息登记造册，全面查清全师残疾人实际康复需求。是年，师市残疾人康复中心和焉耆医院精神心理康复中心为师市和巴州北四县的7700余人次各族残疾人提供康复救治、康复训练和康复指导。 （唐伶俐）

【就业扶贫】 2017年，第二师铁门关市残联坚持多渠道促进残疾人就业。一是师市残疾人就业服务指导中心鼓励各用人单位吸纳有劳动能力的残疾人就业。是年，师市在就业年龄段有就业能力的残疾人2589人，有71个单位按比例安置959名残疾人就业，就业率达37.04%。二是师市残联选送10名残疾人参加兵团举办的残疾人职业技能培训，提高残疾人的就业和创业能力。各单位积极组织200余名有劳动能力、无劳动技能的残疾人参加实用技术和电商培训。三是师市残联与师市人社局共同开展"就业援助月"活动，走访失业残疾人家庭169户，组织残疾人专场招聘会9场，帮助残疾失业人员实现就业60人，帮助残疾人享受专项扶持政策538人。四是促进残疾人就业扶贫基地建设，全年四个兵团级残疾人就业扶贫基地共安排95名残疾人就业，辐射带动40户残疾人脱贫，70余名重度残疾人得到分红。
（唐伶俐）

【残疾人专项调查数据动态更新】 2017年，第二师铁门关市残联通过已成立的20个专项调查工作机构和100名调查人员,重点对以往开展调查的58个连队(社区)的5630名持证残疾人开展数据核查、更新工作,动态掌握残疾人的基本情况、经济住房、教育、就业扶贫、社会保障、基本医疗与康复、无障碍、文化体育等方面的服务状况和需求信息,入户调查率达98.13%。为开展贫困残疾人精准识别、建立残疾人福利制度、争取残疾人民生项目、精准帮扶残疾人举措、加强和改进基础管理等工作提供可靠的决策依据,为师市"十三五"期间做好残疾人工作提供重要的数据支持。

(唐伶俐)

【残疾人帮困】 2017年,第二师铁门关市残联及各基层残联组织共走访慰问残疾人3000余户,慰问金及慰问物资价值140余万元。

是年,继续开展党员领导干部与贫困残疾人结成帮扶对子。在开展"民族团结一家亲"活动中,把贫困残疾人纳入结对认亲的重点对象,截至2017年底,全师1090名领导干部和社会各界人士与贫困残疾人结成"亲戚"。

(唐伶俐)

【残疾人信访维权】 2017年,第二师铁门关市残联认真做好残疾人信访维权工作。一是积极在残疾人中开展《残疾人保障法》《残疾人就业条例》等法律法规的宣传工作,引导残疾人学法知法用法守法,通过合法渠道正常途径,合理申张利益诉求。二是第二师铁门关市残联与司法、信访等部门建立联动机制,畅通残疾人诉求反映渠道,健全和完善信访工作制度,认真听取和解答来访残疾群众提出的意见问题和政策疑惑。是年,接待群众来访100余人次,信访满意率达100%。

(唐伶俐)

团场（镇）·社区

·二十一团·

党委书记、政委：
　　任　斌
党委副书记、团长：
　　张志林
党委常委、副团长：
　　沈东元
党委常委、副团长、人武部部长：
　　刘建江
党委常委、副政委、工会主席：
　　詹志桃（女）
党委常委、副团长：
　　贾文宝
党委常委、副政委、纪委书记：
　　李　强

【概况】 二十一团前身是中国人民解放军第二军步兵第六师十七团，1953年6月5日集体就地转业，改编为新疆军区农业建设农二师第五团。1954年，新疆生产建设兵团成立，隶属新疆军区生产建设兵团系列。1958年，农垦部成立，兵团由新疆军区划归农垦部序列，接受农垦部和新疆维吾尔自治区的双重领导，农五团改称国营第五农场。1969年7月10日，兵团下达改变番号的命令，五团农场易名为农二师二十一团。1975年5月，兵团体制撤销，归属自治区农垦总局系列，改称二十一团场。1982年，兵团体制恢复，同时恢复二十一团番号，至今。团域跨焉耆、和静县境内。团部驻地开来镇，距库尔勒市公路里程68千米。2017年，土地总面积31646.47公顷，其中耕地6181.01公顷，林地1076.3公顷，山区草场1666.67公顷。辖11个连队、2个社区、23个企事业单位。年末总人口11967人，其中少数民族人口433人。人口自然增长率-1.69‰。年末从业人员4558人，其中在岗职工3286人。有离退休人员3878人。

【经济建设】 2017年，二十一团完成生产总值53199万元，比上年增长12.9%。其中：第一产业完成增加值18358万元，增长8.1%；第二产业完成增加值27859万元，增长18.4%；第三产业完成增加值6982万元，增长6.6%。全年完成固定资产投资25989万元，下降59.6%。连队常住居民人均可支配收入16522元，增长7.8%。

第一产业：种植业完成增加值14298万元，增长13.7%；林业完成增加值314万元，下降35.8%；畜牧业完成增加值3746万元，下降3.4%。

第二产业：工业完成增加值27859万元，增长18.4%。其中规模以上工业完成增加值26194万元，增长26.9%。

第三产业：批发零售业完成增加值2164万元，增长10.7%；交通运输仓储业完成增加值343万元，增长18%；住宿餐饮业完成增加值414万元，增长6%；居民自有住房虚拟折旧实现增加值775万元，增长5%；营利性服务业完成增加值387万元，和上年基本持平；非营利性服务业实现增加值2356万元，增长5.7%；农林牧渔服务业完成增加值543万元，增长0.7%。

【农业】 2017年，二十一团农林牧渔业总产值4.4291亿元，比上年增长8.3%。其中：农业总产值3.478亿元，增长13.7%；林业总产值0.0869亿元，下降35.8%；畜牧业总产值0.7125亿元，下降3.4%；农林牧渔服务业总产值0.1517亿元，增长0.9%。农业增加值1.8358亿元，增长8.1%。是年，二十一团农作物播种面积（含复播）6594.73公顷，其中粮食种植面积2179.73公顷；甜菜播种面积151.5公顷；蔬菜种植面积（含菜用瓜）2055.6公顷（其中：工业用番茄447.27公顷，工业用辣椒1541.67公顷）。全年粮食产量1.55万吨；甜菜产量1.39万吨；工业用番茄产量5.37万吨；工业用辣椒（鲜椒）产量7.28万吨。

年末，牲畜存栏头数为3.9806万头（只），增长14.7%；年内牲畜出栏2.4810万头（只），下降12.46%；肉类总产量0.2485万吨，增长3.04%；羊毛总产量13.5吨，增长12.49%；奶类产量0.378万吨，增长31%；禽蛋产量0.0324万吨，增长39%。年末，存栏鹿0.0475万头，增长2.15%；鹿茸产量0.603吨，增长0.5%。

年末，实有水果种植面积576.658公顷。水果产量0.3077万吨。全团当年共完成造林建园面积84.14公顷。

农作物精量半精量播种面积5293.04公顷，其中甜菜精量播种面积151.5公顷。农作物种子包衣播种面积1243.8公顷，农作物测土配方施肥面积5293.04公顷。

有效灌溉面积5293.04公顷，其中高新节水灌溉面积5293.04公顷。

年末农业机械总动力1.9万千瓦。其中大中型农用拖拉机242台，增长30台；农用排灌动力机械0.11万千瓦；农用运输机械0.9万千瓦。种植业耕、种、收综合机械化率98%。

【工业】 2017年，二十一团完成工业增加值2.79亿元，比上年增长23.4%。实现工业总产值13.34亿元，下降0.88%。其中：规模以上工业总产值12.75亿元，增长0.28%，占全团工业总产值比重为95.6%；规模以下工业总产值0.554亿元，下降21.4%，占全团工业总产值比重为4.1%。个体工业总产值0.04亿元，下降9.1%，占全团工业总产值比重为0.3%。规模以上工业产销率94.98%，上升0.62个百分点。

完成工业增加值2.79亿元，增长18.4%。实现工业总产值13.38亿元，和上年基本持平。其中，规模以上工业总产值12.75亿元，和上年基本持平，占全团工业总产值比重为95.3%；规模以下工业总产值0.58亿元，下降21%，占全团工业总产值比重为4.4%。个体工业总产值0.04亿元，下降9%，占全团工业总产值比重为0.3%。

【建筑业】 2017年，二十一团全年计划总投资项目完成固定资产投资总额2.6亿元，比上年下降60%。按三次产业分，第一产业完成投资0.93亿元，下降34%；第二产业完成投资1.2亿元，下降69%；第三产业完成投资0.47亿元，减少60%。

是年，商品房销售面积61平方米，下降77.71%，涨幅急速减缓。商品房销售额3万元，下降89.12%。商品房待售面积1227.2平方米，持平。

全年完成工业投资1.2亿元，下降69%。其中：制造业投资为0，下降100%；电力、燃气及水的生产和供应业投资为0，持平。

全年完成交通运输、仓储和邮政业投资0.21亿元，增长100%。

全年完成农业灌溉服务工程投资0.21亿元。

全年500万元以上计划投资项目16个，完成固定资产投资2.6亿元，占全团投资比重的98%；其中计划投资超过1000万元的项目9个，完成固定资产投资额2.14亿元，占全团投资比重的81%。2017年新开工1000万元以上项目9个，完成固定资产投资2.14亿元，占全团的81%。

是年，固定资产投资建设资金来源总额2.64亿元，其中本年资金2.63亿元。本年资金来源中，国家预算资金0.34亿元，自筹资金0.3亿元，其他资金1.99亿元。全年新增固定资产2.63亿元。

【招商引资】 2017年，二十一团落实招商引资项目6个，到位资金1.49亿元。

【交通运输】 2017年末，二十一团拥有民用汽车176辆，比上年增长7.14%。其中，载客汽车74辆，增长12.12%；载货汽车67辆，增长76.32%；其他汽车35辆。

全年完成客运量26.2万人，增长4.17%；旅客周转量2341.2万人千米，增长6.11%；完成货运量64.3万吨，增长30.4%；完成货物周转量6954.7万吨千米，增长18.49%。全年公路运输业营运业务收入2701.4万元，增长19.16%。全年个体公路运输业完成客运量26.2万人，增长4.17%；个体完成旅客周转量2341.20人千米，增长6.11%；个体完成货运量64.3万吨，增长30.4%；个体完成货物周转量6954.7万吨千米，增长18.49%；个体公路运输营运业务收入2701.4万元，增长19.16%。个体客运周转量和货物周转量分别占全社会客运周转量和货物周转量的100%和100%。

【金融】 2017年末，二十一团各项存款1.57亿元，较上年减少810万元，其中个人存款1.25亿，较上年增加800万元，对公存款5400万元，较上年减少2700万元，各项贷款8004万元，较年初增加3000万元。短期流动资金贷款4000万元，中期流动资金贷款4000万元，中期流动资金贷款较上年增加4000万元，短期流动资金贷款较上年减少1000万元。

【保险】 2017年，二十一团实现保险业务总收入0.11亿元，比上年增长10%。其中：农业险业务收入0.073亿元，增长10%；财产险业务收入0.04亿元，增长5%。全年累计各类保险赔（给）付金额0.1亿元，增长15%。

【人口】 2017年末，二十一团辖区内总人口为11967人，5380户，较2016年度年总人口11666增加301人，其中，出生93人，死亡111人，迁入586人，迁出267人。

【就业】 2017年末，二十一团在岗职工0.2698万人，比上年末增长9%。城镇登记失业率为0.22%，全年累计实现新增就业785人。

【人民生活】 2017年，二十一团在岗职工工资总额1.2159亿元，比上年增长38.2%（增幅过高的原因为：团场在职人员绩效工资通常为次年发放，2017年开始团场综合配套改革，当年将2016年和2017年人员绩效工资全部计入）。在岗职工职均工资38600元，增长8.7%。团场降低社会保障缴费比例，转移性收入增长较快。连队常住居民人均可支配收入16522元，增加903元，增长7.8%。

【社会保障】 2017年，二十一团社会保险基金征缴总收入为4100万元，比上年增长4.9%，征缴率100%。其中，征缴企业养老保险基金2700万元，增长17.3%，征缴率100%；征缴机关养老保险基金250万元，增长20%，征缴率100%；征缴职业年金36万元，增长0.4%，征缴率100%；征缴医疗保险基金1100万元，增长9%，征缴率100%；征失业保险基金120万元，下降25%，征缴率100%；征缴工伤保险基金50万元，增长8%，征缴率100%；征缴生育保险基金10万元，下降70%，征缴率100%。全年支付离退休人员养老金1.24亿元，增长10%，离退休人员养老金社会化发放率和五项社会保险待遇拨付率均为100%。

自2017年7月1日起，最低生活保障标准由原标准382元/人·月提标为396元/人·月；重度残疾人37元/人·月，60周岁以上老年人87元/人·月，18周岁以下未成年人22元/人·月。截至2017年末，全团低保人员2976户次，累计为4670人次发放低保金166.96万元。重点保障对象243人。其中，重度残疾人172人，60周岁以上老年人96人，未成年人37人。保障对象全部按标准发放低保资金，其他低保人员74人根据低保有关政策差额享受。全团特困供养人员10人，其中全自理2人，半自理1人，全护理7人，累计发放补助资金12.16万元。临时救助累计519户次904人次，合计发放27.1万元。

【教育】 2017年末，二十一团拥有九年一贯制学校1所，纯小学1所，幼儿园1所。在校小学生365人，初中生186人。教职工人数83人。其中，专职教师75人，幼儿园在园幼儿及儿童203人。小学、初中儿童少年入学率和升学率均为100%。适龄儿童入园（学前班）率100%。学前教育阶段，免除保育费、读本费、补助伙食费56万元，资助学前学生1人。义务教育阶段，免学杂费、免教科书费，家庭经济困难寄宿生生活补助4.55万元，资助小学学生30人，初中学生17人。

【科学技术】 2017年末，二十一团有各类科研及推广机构4个，从事科技活动人员和技术人员201人。科技研发投入比重继续提升。全年科技研究开发等经费支出0.007亿元，加快科技进步与创新，加快实用科技成果推广。全年组织实施各类科技研究、开发、推广项目21个，其中承担国家和兵团科技项目1个。组织实施师级科研开发推广项目（课题）2个。全年有1项科技成果通过鉴定或验收。

【文化】 2017年，二十一团在中央级、省级新闻媒体和师市刊用稿468篇（幅）。其中平面媒体稿件91篇（幅），电视稿件42篇，网络稿件142篇。地师级稿件共862篇（幅）。其中报纸刊物193篇（幅），电视102篇（幅），网络567篇（幅）。年末，电视综合人口覆盖率100%，广播综合人口覆盖率100%。团场各级与地方县市、乡镇开展兵地文化联谊活动8场次，参与活动的团场职工与地方群众5000人次。

【体育】 2017年1月13日，二十一团举办"闹五冬·迎新春"第二届职工趣味运动会。全团15支队伍、200余名职工群众参加了百米接力、袋鼠跳、钻栏架接力等8个项目的比赛，5连等单位获得多个单项奖励。

【卫生】 2017年末，二十一团拥有各类卫生机构13个。其中，医院1所，母婴保健1所，卫生所（室）8所，社区卫生服务中心2个，社区卫生服务站2个，疾病预防控制中心1个。床位总数55张，卫生工作人员48人，其中卫生技术人员46人。有执业医师和执业助理医师27人，注册护士15人。全团平均每千人拥有病床5.2张，平均每千人拥有卫生技术人员4.4人。基层疾病预防控制、卫生监管和突发公共卫生事件应急处置能力不断提高，团连卫生机构规范化建设覆盖率达100%。建成连队甲级卫生室8个，卫生户厕0.237万座、建成中小学水冲式厕所1座。建立居民健康档案1.0401万份。2017年，传染病报告发病率（甲乙类传染病）为7.6/10万，病死率为0。婴儿死亡率、孕产妇死亡率均为0。

【社会服务】 2017年末，二十一团包括老年公寓、综合福利院、养老院、精神福利院、日间照料中心等社会福利机构共计1家。入住老人44人，养老床位数48张/千人。

【资源环境】 2017年末，二十一团按供水用途分，农业供水0.681亿立方米，工业供水0.0118亿立方米，城镇生活供水0.0062亿立方米，乡村生活供水71万立方米。按供水方式分，地表水供水量0.606亿立方米，机电井提水量0.075亿立方米。节水灌溉面积6200公顷。

【安全生产】 2017年，二十一团发生生产安全死亡事故0起，各类事故指标均在控制范围之内。

【二十一团党委十八届第二次全委（扩大）会议】 2017年3月10日，二十一团召开第十八届第二次全委（扩大）会议，共115人参加会议，会议总结汇报2016年工作，安排部署2017年工作。

【学习宣传贯彻党的十九大精神】 2017年，二十一团广播站开展专题宣传38期，电视台利用《学习园地》开办政策解读20期、学习原文18期，深入基层宣讲20次，共开展宣讲活动13场次，受教育人员1.1万次。

【"访惠聚"工作】 2017年，二十一团向和静县乃门莫敦镇古尔温苏门村派驻"访惠聚"工作队员2人，支持地方乡村民生和维稳建设投入资金8万元。

【"民族团结一家亲"活动】 2017年，二十一团"民族团结一家亲活动"全团360名干部"结亲"302户（地方73户、本团229户）。团领导每人结亲2户，其中地方少数民族群众1户，团内困难职工1户，科长以下干部每人结亲1户（或地方少数民族群众、或本团困难职工），学校、医院老师、医务工作者每2—3人结亲1户，100%完成结亲任务。

【"发挥兵团特殊作用大学习大讨论"活动】 2017年，二十一团党委全年组织中心组学习19次，其中普法学习2次，"学转促""发挥兵团特殊作用大学习大讨论"专题研讨6次。

【精准扶贫】 2017年，二十一团精准扶贫77户次155人，人均帮扶资金372.24元，实现全团370户796人脱贫。

【音乐舞蹈剧《开都河之歌》上演】 2017年1月16日，历经近两年时间的策划、筹备和排练，由第二师二十一团编排创作的具有鲜明兵团军垦文化特色的音乐舞蹈剧《开都河之歌》在团场上演。全剧共1小时40分钟，有《峥嵘岁月》《希望田野》《和谐家园》3个乐章，全面反映团场60多年来的历史变迁，展示团场不同时期的历史功绩。该剧随后在和静县、焉耆县等周边地区上演。

【开都河水生态综合治理及旅游开发项目】 2017年5月17号，二十一团与杭州聚光科技股份有限公司采用PPP模式签订《第二师二十一团开都河水生态综合治理及旅游开发项目合作协议书》。开都河水生态治理及旅游开发项目全长约28千米。项目包含前期策划、旅游产业导入、湿地生物多样性保护工程、河滨带修复及景观工程、流域生态保护工程及相关配套设施建设等。项目建设预计总投资15亿元，一期建设投资约4亿元，二期建设投资约8亿元，三期建设投资约3亿元。

【"双创"活动分享会】 2017年9月22日，二十一团举办"大众创业 万众创新"活动周创业创新分享会。该团基层19个单位双创工作联络人、职工代表160余人参加。会上，创新创业职工代表介绍分享农家乐经营、商品批发、畜牧养殖、电子商务等领域的创业经验。

【职代会】 2017年3月16日，二十一团工会组织召开七届六次职工（会员）代表大会，153名代表认真履行职责，审议通过《团场行政工作报告》等十项报告，通过集体协商，签订《集体劳动合同》和《女职工权益保护专项集体合同》。

【果树修剪现场培训会】 2017年6月1日，二十一团工会在一连新栽种的苹果园中开展果树修剪现场培训会，邀请团林业工作站技术员重点对果树树形培育、母本剪枝和标准化条田建设等进行培训，新职工现场进行操作。通过培训，积极帮助新职工掌握果树物候期管理技术要求，进一步引导新职工树立优质果品生产和无公害标准化果品生产意识，确保自己承包管理的果园提质增效。

【职工广场舞比赛】 2017年9月28日，二十一团组织开展"欢舞国庆节 喜迎十九大"职工广场舞比赛，1300余名团场职工群众观看和参演。

【妇联】 2017年，二十一团妇联主管全团妇女儿童工作。团妇联设妇联副主席1人，业务工作人员1人。

3月8日，团妇联开展"奉献爱心·搀扶生命"爱心捐款活动，共1167人参与捐款，募集善款18352.5元。

6月22日，团召开第三次妇女代表大会，共170名妇女代表参会，其中正式代表120人。大会选举产生第二师二十一团第三届执行委员会委员21人，主席1人，兼职副主席2人。

6月23日，团妇联举行"落实总目标 坚守忠诚 敢于担当 坚决与三股势力作斗争"发声亮剑宣誓大会，党政机关科室妇女工作者、基层妇女干部、先进妇女代表150余人参加公开承诺活动。

8月15日，团妇联举办"巧女兴家工程"家政服务培训班，邀请兵团新兴职业技术学院专业老师到团开展为期10天的家政服务培训讲座，培训学员50人。

是年，团妇联荣获2017年度第二师铁门关市妇联工作"综合奖"三等奖。

王冬梅、王利凤获2017年度第二师铁门关市妇联工作"先进个人"称号。

【连队】 截至2017年末，二十一团共有11个连队。

农业一连 农业一连地处裕民村。东距开来镇4.6千米，其经界南连戈壁滩，北至开来渠西与果园二连接壤，东与十二连相邻。2017年，一连土地总面积774.811公顷，其中耕地647.443公顷，林地85.035公顷。年末总人口795人，其中少数民族人口18人。年末从业人员288人，其中在岗职工288人。有离退休人员161人。

农业二连 农业二连地处上查通沟村，距开来镇23.2千米，其地四面环山，土地瘠薄，60年代至70年代，有"夹皮沟"之称。2017年，农业二连土地总面积709.614公顷，其中耕地524.71公顷，林地71.77公顷。年末总户数243户，总人口610人，其中少数民族人口2人。年末从业人员201人，其中在岗职工201人。有离退休人员121人。

农业三连 农业三连在开来镇东3.2千米的白杨村。驻地与九连、十一连接壤，西与十二连毗邻，南连十连，北邻开都河。2017年，农业三连土地总面积962.775公顷，其中耕地625.615公顷，林地240.47公顷。年末总人口1138人，其中少数民族人口76人。年末从业人员180人，其中在岗职工180人。有离退休人员229人。

农业四连 农业四连位居开来镇道朗苏木库热村，驻地东连砖厂，西接上游乡，北临开都河，南邻开来渠，东距开来镇7.91千米。四连原屯戍哈尔莫墩。1961年，与上游乡进行土地调整，迁于道朗苏木库热，与原猪场合并，定名为农业四连。2017年，四连土地总面积755.849公顷，其中耕地572.279公顷，林地73.842公顷。年末总人口654人，其中少数民族人口20人。年末从业人员177人，其中在岗职工177人。有离退休人员132人。

农业五连 农业五连位于青坡村，东距开来镇13.4千米。驻地东接果园二连，北濒新干渠，西连和静巴润哈尔莫墩乡，南靠戈壁滩。2017年，五连土地总面积

612.933公顷，其中耕地512.202公顷，林地49.51公顷。年末总户数246户，总人口588人，其中少数民族人口15人。年末从业人员355人，其中在岗职工125人。有离退休人员119人。

农业六连 农业六连位居开来镇东7.4千米处的沙依库勒村，垦区东连焉耆县良种场，北靠总排，南临戈壁，西邻九连。六连原在七角星、小苏海一带开荒生产。其地土肥水足，土壤含盐轻，作物连年丰产，有农五团粮仓之称。1961年，二十一团进行经界调整，将七角星、小苏海移交七角星公社，东迁至沙依库勒落户。因地势低洼，排水不畅，土壤黏结，含盐量高，灾害面积大，连年亏损，六连职工从20世纪70年代末期开始，立足于自力更生，艰苦奋斗，挖排洗盐，改造低产田，生产面貌改观，1988年，一举扭亏为盈，上缴利润138万元。2017年，农业六连土地总面积703.174公顷，其中耕地610.086公顷，林地45.997公顷。年末总户数219户，总人口525人，其中少数民族人口15人。年末从业人员168人，其中在岗职工168人。有离退休人员106人。

农业七连 农业七连位居二十一团垦区最下游的东万村，西距开来镇9.9千米，东与焉耆县查汗采克乡相接，西与九连相邻，南连六连，北临开来渠。20世纪50年代的七连垦区，一望无际的盐碱滩和荒草滩交错分布，部队进入垦区开荒造田，生活极其艰苦。全连职工发挥艰苦卓绝的创业精神，以高昂的士气，规划条田，挖排洗盐，平整土地，至60年代初，形成生产规模，至70年代，成为二十一团面积最大，人口最多，农林牧副综合经营的大型机械化连队。2017年，七连土地总面积756.33公顷，其中耕积675.997公顷，林地52.923公顷。年末总人口479人，其中少数民族共计16人。年末从业人员286人，其中在岗职工286人。连队有16名党员，其中两委中有5名党员。有离退休人员102人。

农业八连 农业八连位于开来镇北1千米的曲乡村。垦区北靠开都河，南连开来渠，东接三连，西邻良繁连、试验站，地形平坦，土质肥沃，适宜种植小麦、甜菜、打瓜等作物。八连屯成以来，凭借得天独厚的优越地理条件，平整土地，改造条田，20世纪60年代初已形成生产规模。进入80年代，八连生产规模不断扩大，经济效益逐年增长。2017年，八连土地总面积664.816公顷，其中耕地492.31公顷，林地106.045公顷。年末总户数326户，总人口700人，其中少数民族人口8人。年末从业人员149人，其中在岗职工149人。有离退休人员73人。

农业十一连 农业十一连位居开来镇东5.9千米处的五斗村。垦区北临总干排，南临戈壁，东与九连相连，西与十连接壤。农业十一连是由20世纪50年代的三中队改编而来。所在垦区为重盐区，地下水位高，土壤板结。曾有"远看白茫茫，近看水汪汪，到处不长草，兔子无处藏"的民谣，描述这盐碱化的荒漠景观。从60年代起，十一连职工在开荒造田扩大耕地面积同时，积极挖排洗盐，平整土地，土壤根层盐分已渐淡化，但农作物产量一直偏低，至70年代中期，仍未能扭转亏损局面。80年代开始，十一连党政领导借改革开放的东风，大力推行经济承包责任制，加大土壤改良的力度，生产面貌大有改观。2017年，十一连土地总面积817.612公顷，其中耕地719.167公顷，林地60.746公顷。年末总户数400户，总人口965人，其中少数民族人口77人。年末从业人员281人，其中在岗职工281人。有离退休人员195人。

农业十二连 农业十二连位居开来镇西部，东连团部，西接一连，南界加工厂，北临果园一连，连队地势平坦，土地肥沃，适宜种植小麦、甜菜、酒花、打瓜、玉米等作物。十二连原为十七团老三连，在漫长的历史时期，番号几经变动。1987年，由值班二连改编为农业十二连。十二连自1953年定居肉孜和田以来,凭借优越的自然条件,农业生产一直居于前列。至60年代初,已定型为农、林、牧、副综合经营的机械化连队。80年代后,十二连全面落实兵团一足两翼政策,兴办家庭农场,加速生产发展的进程。2017年,十二连土地总面积674.158公顷,其中耕地478.519公顷,林地50.717公顷。年末总户数325户,总人口690人,其中少数民族人口8人。年末从业人员198人,其中在岗职工198人。有离退休人员140人。

良繁连 良繁连位于开来镇西北4.4千米的月牙湖村。其地北濒开都河,南临开来渠,东与八连垦区相接,西靠水管一连和花炮厂。连队土地肥沃,地势平坦,适宜种植小麦、甜菜、打瓜等作物。良繁连的前身是农二师焉耆垦区农业科学研究所。1962年8月,规划五团农场管理,1969年7月26日,因大部分农科所技术骨干外调,农五团将留场的技术人员组建良繁连,内设试验站,进行农业科学实验,解决生产中良种繁育和农业科技新课题,取得实效。1977年,良繁连改称良繁站,1990年仍改良繁连,内附设试验站。2017年,良繁连土地总面积463.99公顷,其中耕地306.591公顷,林地112.65公顷。年末总户数292户,总人口574人,其中少数民族人口25人。年末从业人员119人,其中在岗职工119人。有离退休人员116人。　　（伍有望）

·二十二团·

团党委书记、政委:
孙泽斌
党委副书记、团长:
韩四强
党委常委、副政委、工会主席:
田玉刚
党委常委、人武部部长:
王福德
党委常委、副团长:
程东生　蔡　义
党委常委、副政委、纪委书记:
高新荣（女）
党委常委、副团长:
何　伟　晁　辉
总农艺师:
陈大鹏

【概况】　二十二团前身系国民党驻新疆警备部队整编七十八师一二八旅三八三团。1949年9月25日随陶峙岳将军起义。1950年1月,改编为中国人民解放军第二十二兵团二十七师八十一团,1953年集体转业为新疆军区农业建设第九师二十七团,1954年归属农二师建制,1956年改编为农四团,1969年更名为现名。2004年,成立二十二团中心团场（二十三团、二二三团为进入团场）。2006年,二二三团恢复为一般团场,二十二团、二十三团合并为二十二团（中心团场）。二十二团位于和静县境内,团部驻地才吾库勒镇,距铁门关市公路里程125千米。2017年,土地总面积62317公顷,其中耕地9529.1公顷,林地2107.9公顷,山区草场45244.89公顷。辖17个农业连队、2个社区、22个企事业单位。年末,总人口19066人,其中少数民族人口801人。人口自然增长率－0.16‰。年末,从业人员9078人,其中在岗职工4817人。有离退休人员7070人。

【经济建设】　2017年,二十二团实现生产总值11.38亿元,比上年增长4.4%。其中:第一产业增加值3.61亿元,增长12.7%;第二产业增加值6.35亿元,下降2.8%;第三产业增加值1.42亿元,增长21.2%。三次产业结构比为32∶56∶12。人均生产总值6.22万元,下降0.01%。全社会固定资产投资7.08亿元,增长71.6%。社会消费品零售总额11770万元,增长15.3%。团场综合利润187万元,下降58.9%。连队居民人均可支配收入1.67万元,增长7.6%;人均消费性支出6434元,增长16.2%。在岗职工平均工资4.99万元,增长4.1%。

【农业】　2017年,二十二团实现农林牧渔业总产值8.64亿元,比上年增长12.2%。其中:农业总产值

6.4亿元，增长10.9%；林业总产值0.1亿元，下降19.8%；畜牧业总产值1.94亿元，增长19.2%；农林牧渔服务业总产值0.19亿元，增长8%。农业增加值2.62亿元，增长10.7%。

是年，团农作物播种面积（含复播）9976公顷，下降6.8%。其中：粮食种植面积1118公顷，下降45.5%；甜菜播种面积607公顷，下降45.4%；蔬菜种植面积（含菜用瓜）7078公顷（其中：工业用番茄2122公顷，下降1%；工业用辣椒4724公顷，增长24.3%）。全年粮食产量0.93万吨，下降43.1%；甜菜产量5.14万吨，下降44.9%；工业用番茄产量28.96万吨，增长11.9%；工业用辣椒（鲜椒）产量21.29万吨，增长35.6%。2017年，粮食每公顷产量为8280千克，甜菜为84.75吨，工业用番茄为136.5吨，工业用辣椒（鲜椒）为45吨。有效灌溉面积8694公顷，其中高新节水灌溉面积8694公顷。

年末，牲畜存栏头数为15.78万头（只），下降10.6%；年内牲畜出栏17.2万头（只），增长19%；肉类总产量0.52万吨，增长11.2%；羊毛总产量241吨，增长15.3%；奶类产量0.41万吨，增长15.5%；禽蛋产量0.01万吨，下降30.4%。

年末，实有水果种植面积481公顷。水果产量0.06万吨，下降27.9%。全团当年共完成造林建园面积403公顷。

年末，农业机械总动力3.7万千瓦，下降2.4%。其中大中型农用拖拉机356台，下降3%；小型拖拉机2台，下降33.3%；农用排灌动力机械1.26万千瓦，同上年持平；全年化肥施用量（折纯）0.86万吨，下降1.9%，农场用电量0.27亿千瓦时，下降1.8%。

【工业】 2017年，二十二团完成工业增加值6.35亿元，比上年下降2.8%。实现工业总产值21.2亿元，下降7.2%。其中：规模以上工业总产值17.77亿元，下降8%，占全团工业总产值比重为83.8%；规模以下工业总产值2.46亿元，下降3.9%，占全团工业总产值比重为11.6%。个体工业总产值0.96亿元，同上年持平，占全团工业总产值比重为4.5%。规模以上工业产销率92%，增长3%。6家规模以上工业企业产值超亿元，产值占二师规上总产值的12.5%。

【固定资产投资】 2017年，二十二团全年计划总投资额6亿元以上的项目完成固定资产投资总额7.08亿元，比上年增长71.6%。第一产业完成投资1.78亿元，增长629.4%。其中，完成农业灌溉服务工程投资0.81亿元，增长40.5%；第二产业完成投资2.85亿元（全部是工业投资），增长617.8%。其中，制造业完成投资2.85亿元，增长617.8%；第三产业完成投资2.45亿元，下降29.6%。

全年500万元以上计划投资项目29个，完成固定资产投资7.08亿元，占全团投资比重的100%；其中计划投资超过1000万元的项目24个，完成固定资产投资额6.71亿元，占全团投资比重的95%。2017年新开工1000万元以上项目6个。

是年，固定资产投资建设资金来源总额0.93亿元。其中本年资金0.93亿元。本年资金来源中，国家预算资金0.78亿元，自筹资金0.15亿元。

全年新增固定资产7.08亿元，增长71.6%。新建改扩建公路3.2千米。

【国内贸易】 2017年，二十二团实现社会消费品零售总额1.18亿元，比上年增长15.3%。其中，批发零售贸易业零售额为0.9亿元，增长15.2%；住宿和餐饮业零售额0.28亿元，增长16.7%。全年批发零售贸易业商品购进总额2.52亿元，增长15%，其中限额以上批发零售贸易业商品购进总额1.59亿元，增长15.1%。批发零售贸易业商品销售总额2.83亿元，增长15.6%，其中限额以上批发零售贸易业商品销售总额1.78亿元，增长15.5%。年末，批发零售贸易业商品库存总额0.06亿元，增长2.1%，其中限额以上批发零售贸易业商品库存总额0.02亿元。

【招商引资】 2017年，二十二团完成招商引资到位资金3.65亿元。其中：续建项目4个，到位资金0.94亿元；新建项目12个，到位资金2.71亿元。

【交通运输】 2017年末，二十二团拥有民用汽车691辆，同上年持平。其中，载客汽车630辆，载货汽车29辆，其他汽车32辆。全年完成客运量216.04万人，比上年增长15.5%；旅客周转量7599.83万人千米，增长15.6%；完成货运量220.64万吨，增长31.3%；完成货物周转量8987.84万吨千米，增长32.4%。全年公路运输业营运业务收入7177.93万元，增长25%。全年个体公路运输业完成客运量214.65万人，增长15.6%；个体完成旅客周转量7585.83万人千米，增长15.6%；个体完成货运量220.64万吨，增长31.3%；个体完成货物周转量8987.84万吨千米，增长32.4%；个体公路运输营运业务收入7177.93万元，增长25%。个体客运周转量和货物周转量分别占全社会客运周转量和货物周转量的45.8%和54.2%。

【保险】 2017年，二十二团实现保险业务总收入0.23亿元，比上年增长2.7%。其中，农业险业务收入0.17亿元，增长4.2%；财产险业务收入0.07亿元，比上年减少1.5%。全年累计各类保险赔（给）付金额0.15亿元，下降17.1%。

【人口】 2017年末，二十二团总人口19500人，比上年末增长1642人。家庭总户数0.76万户，平均每户家庭人口为2.7人。全年出生人口65人，出生率为3.33‰；死亡人口88人，死亡率为4.71‰；净增人口-23人，人口自然增长率为-1.23‰。

【就业】 2017年末，二十二团在岗职工0.5万人，比上年末增长1.2%。城镇登记失业率为0.62%，全年累计实现新增就业950人。

【社会保障】 2017年，二十二团社会保险基金征缴总收入为1.02亿元，比上年增长16.42%，征缴率100%。其中，征缴企业养老保险基金6300万元，增长38.24%，征缴率100%；征缴机关养老保险基金500万元，增长4.31%，征缴率100%；征缴职业年金100万元，增长7.79%，征缴率100%；征缴医疗保险基金3000万元，下降5.33%，征缴率100%；征缴失业保险基金200万元，下降40.91%，征缴率100%；征缴工伤保险基金100万元，增长18.18%，征缴率100%；征缴生育保险基金20万元，下降67.69%，征缴率100%。全年支付离退休人员养老金2.48亿元，增长6.96%，离退休人员养老金社会化发放率和五项社会保险待遇拨付率均为100%。

自2017年7月1日起，最低生活保障标准由原标准382元/人·月提标为396元/人·月；重度残疾人37元/人·月，60周岁以上老年人87元/人·月，18周岁以下未成年人22元/人·月。年末，团有低保人员403户626人，累计为2354人次发放低保金306.34万元。重点保障对象191人。其中，重度残疾人62人，60周岁以上老年人98人，未成年人31人。保障对象全部按标准发放低保资金，其他低保人员435人根据低保有关政策差额享受。全团特困供养人员16人，其中全自理4人，半自理6人，全护理6人，累计发放补助资金13.92万元。临时救助累计647户次1184人，合计发放37.45万元。

是年，民生支出占公共财政预算支出675万元。棚户区改造300套，租赁补贴发放400户。保障性安居工程含配套设施总投资约7.9亿元。

【教育】 2017年末，二十二团有九年一贯制学校2所，幼儿园2所。在校小学生796人，初中生392人。教职工人数134人。其中，专职教师122人，幼儿园在园幼儿及儿童395人。小学、初中儿童少年入学率和升学率均达100%。适龄儿童入园（学前班）率100%。学前教育阶段，免除保育费、读本费、补助伙食费106.12万元，资助学前学生240人。义务教育阶段，免学杂费、免教科书费，家庭经济困难寄宿生生活补助84.4万元，资助小学学生355人，初中学生70人。

【科学技术】 2017年末，二十二团共有各类专业技术人员0.07万人，各类科研及推广机构4个（农业技术推广站、林业工作站、畜牧兽医站、农机站），从事科技活动人员和技术人员154人。全团全年科技研究开发等经费支出0.07亿元，其中获得国家及兵团拨款122.1万元。科技研发投入比重继续提升。加快科技进步与创新，加快实用科技成果推广。全年组织实施各类科技研究、开发、推广项目25个，其中承担国家和兵团科技项目1个。组织实施师级科研开发推广项目（课题）2个。全年获得国家授权发明专利2项，分别是——基于酶法从番茄籽油脱臭馏出物中提取维生素E的方法（专利号：201510835356.1）和——番茄籽油微乳的制备方法（专利号：201610675544.7）。全年开展"知识产权宣传周""全国科技周""全国科普日""中国专利周""大众创业、万众创新活动周""全国节能宣传周"和"全国低碳日活动"共七个大型科普宣传活动。全年举办现场培训会46期（场），现场咨询活动20场、发放宣传资料5200份，培训人员达18000人次，提供咨询服务2000人次，组织人员达500人次。2017年7月，二十二团获评第二师铁门关市2017年"科技活动周"开展优秀单位，团科委办获评第二师铁门关市2017年"科技活动周"优秀组织单位。

【文化】 2017年，二十二团在中央级报刊用稿4篇，省级报刊用稿110篇，省级电视新闻用稿28条，省级网络刊稿80篇，省级电视新闻用稿23篇，地州级报刊用稿121篇，二师新闻网和铁门关在线刊稿681篇，地州级电视新闻用稿129条，团政务网站新闻410篇，团"今日幸福滩"微信稿件1380篇。年末，电视综合人口覆盖率为100%，广播综合人口覆盖率为100%。3月3日，团在文化中心举办庆"三八"广场舞比赛，14支舞蹈队近200名妇女参赛。11月13日"兵团歌舞团送文化下基层"，兵团歌舞团40名演员到团慰问演出。全年组织开展各类群众性文化活动15场次，团场各级与地方县市、乡镇开展兵地文化联谊活动9场次，参与活动的团场职工与地方群众5000人次。

【体育】 2017年4月27日，二十二团第一中学举办第九届中小学生田径运动会，全校200余名运动员参加13个田径项目的比赛。7月28日，第二师铁门关市第三届"民营企业趣味运动会"在团第一中学举办，师市14个代表队参会。7—10月，二十二团组织职工参加第二师铁门关市职工系列体育活动，团代表队获乒乓球团体、拔河第一名的成绩。2017年，团分别举办"快乐幸福滩"职工趣味运动会、"巾帼建新业、建功十三五"女职工广场舞比赛等活动，丰富职工群众的文娱生活，提升职工综合素质。

【卫生】 2017年末，二十二团拥有各类卫生机构25个。其中，医院1所，卫生所1所，卫生室19个，社区卫生服务站1个，医院市场门诊1个，卫生所社区门诊1个，疾病预防控制中心1个。床位总数100张，卫生工作人员119人。其中，卫生技术人员98人，其中执业和执业助理医师44人，注册护士33人。全团平均每千人拥有病床5.33张，平均每千人拥有卫生技术人员5.2人。基层疾病预防控制、卫生监管和突发公共卫生事件应急处置能力提高，团连卫生机构规范化建设覆盖率达到100%。建成连队甲级卫生室16个，卫生户厕0.56万座、建成中小学水冲式厕所9座。建立居民健康档案1.87万份。2017年，传染病报告发病率（甲乙类传染病）为388/10万，病死率为11.1‰。婴儿死亡率为30.30‰，孕产妇死亡率为0。

【社会服务】 2017年末，二十二团有养老院1家，入住老人78人，养老床位数12张/千人。6月28日，团举办敬老院建院20周年庆祝活动。20年间，有329名老人入住团敬老院。

【资源环境】 2017年末，二十二团全年水利工程供水量0.91亿立方米。其中，农业供水0.88亿立方米，工业供水0.01亿立方米，城镇生活供水0.01亿立方米，乡村生活供水0.004亿立方米，生态环境供水0.005亿立方米。其中，地表水供水量0.84亿立方米，机电井提水量0.07亿立方米。节水灌溉面积1841.33公顷。

全年农作物受灾面积7397.056公顷，其中，成灾面积3031.32公顷。自然灾害造成直接经济损失1065.56万元。其中，农业直接经济损失1065.56万元，受灾人口0.24万人次。

【安全生产】 2017年，二十二团安委会组织490名新招录职工分三批进行安全生产和消防安全知识培训；集中32名职工举办为期10天的初级电工上岗证培训班学习；组织18名企业负责人参加师安监局组织的安全生产培训班工作；印制2万份安全生产和消防安全宣传单发放到每户居民手中；投资100多万元新建加压滴灌泵房。全年共开展安全生产大检查36次，各部门督查56次，下达整改通知书17份，处罚书7份处罚金额14500元。未发生生产安全死亡事故，各类事故指标均在控制范围之内，安全生产形势总体稳定，持续向好。实现全年安全生产事故为"零"的目标。被师市安监局评为安全生产先进团场。

【二十二团党委第十七届二次全委（扩大）会议】 2017年2月25日，中共二十二团第十七届二次全委扩大会议在团文化中心召开，团领导、机关干部、企事业单位和连队主要领导参加会议。

【团场综合配套改革工作启动】 2017年12月15日，二十二团团场综合配套改革领导小组第一次会议在团文化中心召开，正式启动团场综合配套改革工作。

【二十二团二届八次职工（会员）代表大会】 3月22日，二十二团二届八次职工（会员）代表大会在文化中心召开。

【团第三次妇女代表大会】 2017年6月23日，二十二团第三次妇女代表大会在文化中心召开，全团各行业妇女代表146人参会。团党委常委、副政委、纪委书记高新荣代表团妇联第二届执委会做工作报告。

【团工商联（商会）第四届会员代表大会】 2017年4月12日，团工商联（商会）第四届会员代表大会在文化中心视频会议室召开，正式、特邀、列席代表共49人参会，第二师铁门关市工商联主席徐鹏特邀参会。副团长晁辉代表团第三届工商联领导班子做工作报告。

【"访惠聚"工作】 2017年3月24日，兵团"访惠聚"督查组组长、第六师五家渠市原党委常委、副政委、政法委书记吕清一行到二十二团，先后到和静县古尔温苏门村"访惠聚"驻村工作队和五连"访惠聚"驻连工作队检查指导工作。

二十二团成立由副团长何伟为队长的第二师铁门关市驻古尔温苏门村"访惠聚"工作队，较好完成"1+3+5"目标任务，走访入户3565户次；投资13.1万元为各族群众办好事实事件35件；为5户困难家庭14人办理低保；为260多名村民义诊；为村民传授种植和病虫害技术123人次；帮助解决古尔温苏门村农业三队100余户村民的60公顷农田春灌问题。驻村工作队包联建档立卡贫困户6户24人，协助地方村做好25名入党积极分子入党工作。

派驻由团人武部部长王福德为队长的"访惠聚"工作队住团五连指导，并对软弱涣散的五连党支部加强整顿转化。投资10万元，改善连队环境面貌，推进联创支部共同提升。联创共建党支部共同组织开展活动22次，由工作队牵头，五连、七连、机关三支部联办的"民族团结一家亲"暨"学转促"专项活动联谊会和六连、八连、十三连和机关一支部联办的"喜迎十九大，颂歌献给党"联创共建联谊会，受到群众一致好评。

【"民族团结一家亲"活动】2017年，二十二团全团干部与周边县乡的479户少数民族贫困家庭结亲，走访慰问累计达2456人次，送医送药、送面粉、清油、慰问品、办实事好事累计达1965件（次），开展大型联谊活动3次。

【"发挥兵团特殊作用大学习大讨论"活动】2017年7月14日，二十二团召开"发挥兵团特殊作用大学习大讨论"活动大会，安排部署活动。

是年，党委中心组专题学习3次，专题研讨3次。领导干部专题调研共38次，走访党员群众2300人次，收集意见建议100条。举办学习班1次，培训班2次，党员干部629人次参加；各支部举办读书班19次，631人次参加；组织"三会一课"专题学习105场次；党员干部、职工群众1207人撰写读书笔；共组织知识测试65场次，1100余人次参加；开展专题研讨37场次，180余人次参加，525人次交流发言，撰写心得体会1000余份。在团微信平台、广播电视台、各单位学习园地里共办学习专栏79期。34个支部与周边5个地方乡村及部队支部相互联建，开展"发挥兵团特殊作用大学习大讨论活动"38场次。各支部共出专题黑板报36块，制作"劝学、促学"宣传板28块，贴宣传标语405幅，自办广播320次，发放"发挥兵团特殊作用大学习大讨论活动"应知应会知识小册子和宣传单1200份，在报纸、杂志、网络、微信等媒体上刊用"发挥兵团特殊作用大学习大讨论活动"相关外宣稿件56篇。

【精准扶贫】2017年，二十二团为7户贫困户9人建档立卡，并录入国务院扶贫系统。因人、因户制定帮扶方案，在全团干部、职工的共同努力下，7户贫困100%实现脱贫目标。

【25万吨高钙建设项目签约】2017年2月15日，二十二团与内地客商吴小马就生产开发年产25万吨高钙建设项目合作签约仪式在团举行。该项目利用该团丰富的石灰石矿产资源，在库西工业园区重工业园区投资1.3亿元，建设占地5.33公顷、年产25万吨高钙生产线一条及其他配套设施，深加工高品质的钙产品。项目投产后可提供就业岗位200余个。

【职工自主创业多元增收示范项目】2017年6月7日，二十二团十五连甘泉农产品种植合作社辣椒颗粒加工项目被列入兵团"十件实事"职工自主创业多元增收示范项目。

【大众创新万众创业活动周】2017年9月15日，二十二团在机关办公楼前举行"双创（大众创新万众创业）活动周"启动仪式，100余人参加仪式。三连书记宁振刚代表连队、张微代表创业个人做"双创"经验交流发言。活动周启动仪式上展出"双创"活动展板20余块。

【400公顷高标准省力模式苹果园建设项目】2017年3月26日，二十二团启动400公顷高标准省力模式苹果园苹果树栽植工作，全团5000余名干部职工参加植树工作。3月30日，第二师铁门关市副师长王木森到团检查指导苹果建园及农业生产工作。

【黄水沟排水箱涵改造工程】2017年4月1日，二十二团在位于团十一连八干三支扬水站的黄水沟排水箱涵改造工程开工建设。工程全长292米，建

· 333 ·

成后可基本解决十一连、十二连近2000公顷农田地下水位高、盐渍化重的状况。

【南干渠道防渗改造工程】 2017年9月5日，二十二团南干渠渠道防渗改造工程动工建设，该项目工程完成后，可巩固提升团耕地灌溉保障能力、管理水平和经济效益。

【GPS卫星导航系统用于春耕生产】 2017年2月，二十二团投入71套GPS卫星导航系统用于春耕生产，机车应用GPS导航自动驾驶，实现精准化除、精准播种和精准铺膜。

【纪念中国共产党成立96周年活动】 2017年7月1日，二十二团在第一中学举办庆祝活动，纪念中国共产党成立96周年。全团1200余名党员重温入党誓词。党员干部在党旗下发声亮剑，表示听党话，跟党走，维护祖国统一、民族团结。新党员参加入党宣誓。（李德荣）

【连队】 截至2017年末，二十二团共有17个连队。

一连 建于1950年。2004年3月，组建于1961年的十连并入一连。2017年，一连土地总面积2148.28公顷，其中耕地841.6公顷，林地74.8公顷，山区草场2866.6公顷。年末总人口447人，其中少数民族人口15人。人口自然增长率0.89‰。年末从业人员307人，其中在岗职工282人。有离退休人员109人。是年，连队实现生产总值0.26亿元，人均可支配收入1.1万元，在岗职工平均工资3万元。 （张会灵）

二连 建于1950年。2017年，二连土地总面积3704公顷。其中，耕地454.67公顷，林地6.87公顷，山区草场3133.33公顷。年末总人口437人，其中少数民族人口27人。人口自然增长率1.1‰。年末从业人员312人，其中在岗职工258人。有离退休人员46人。是年，连队实现生产总值0.41亿元。人均可支配收入1.9万元。在岗职工平均工资3.5万元。 （杨建）

三连 建于1950年。2017年，三连土地总面积1023.66公顷。其中，耕地718.1公顷，林地73.3公顷，山区草场2833.3公顷。年末总人口583人，其中少数民族人口85人。人口自然增长率0.2‰。年末从业人员362人，其中在岗职工338人。有离退休人员213人。是年，连队实现生产总值0.35亿元，人均可支配收入1.59万元，在岗职工平均工资6万元。 （张明贵）

四连 建于1950年。2017年，四连土地总面积874.8公顷。其中，耕地620.7公顷，林地46.1公顷，山区草场1633公顷。年末总人口484人，其中少数民族人口11人。年末从业人员380人，其中在岗职工375人。有离退休人员212人。是年，连队实现生产总值0.3亿元，人均可支配收入1.59万元，在岗职工平均工资6.8万元。 （聂明德）

五连 建于1950年。2002年1月，牧二连并入五连。2017年，五连土地总面积587公顷。其中，耕地579.23公顷，林地84公顷，山区草场4400公顷。年末总人口718人，其中少数民族人口182人。人口自然增长率4.8‰。年末从业人员311人，其中在岗职工298人。有离退休人员154人。是年，连队实现生产总值0.34亿元，人均可支配收入1.33万元。在岗职工平均工资3.07万元。 （严蕾）

六连 建于1950年。2004年2月，工二队并入六连。2017年，六连土地总面积1321.87公顷。其中，耕地628.27公顷，林地364公顷，山区草场3935.3公顷。年末总人523人，其中少数民族人30人。人口自然增长率1.2‰。年末从业人员312人，其中在岗职工288人。有离退休人员32人。是年，连队实现生产总值0.27亿元，人均可支配收入1.9万元，在岗职工平均工资4.1万元。 （谭军女）

七连 建于1950年。1999年1月，石棉矿副业队并入七连。2017年，七连土地总面积1340.13公顷。其中，耕地965.6公顷，林地66.6公顷，山区草场4266.67公顷。年末总人口

715人，其中少数民族人口22人。在岗职工383人。有离退休人员229人。是年，连队实现生产总值0.38亿元，人均可支配收入2.1万元，在岗职工平均工资4.5万元。 （赵建红）

八连 建于1950年。2017年，八连土地总面积919.27公顷。其中，耕地896公顷，林地222.2公顷，山区草场4333.33公顷。年末总人口523人，其中少数民族人口23人。人口自然增长率3‰。年末从业人员189人，其中在岗职工222人。有离退休人员83人。是年，连队实现生产总值0.15亿元，人均可支配收入2.1万元，在岗职工平均工资6.4万元。 （田晓玉）

九连 建于1950年。2017年，九连土地总面积967.43公顷，其中耕地570公顷，林地142.7公顷，山区草场1533公顷。年末总人口569人，其中少数民族人口33人。人口自然增长率0.015‰。年末从业人员289人，其中在岗职工267人。有离退休人员134人。是年，连队实现生产总值0.01亿元，人均可支配收入1.7万元，在岗职工平均工资3.6万元。 （夏郁郁）

十连 组建于1957年，称畜牧一连。2005年3月更名为十连。2017年，十连土地总面积495.99公顷。其中，营区6.13公顷，耕地441.8公顷，林地42.7公顷，羊群点用地5.36公顷，山区草场3200公顷。年末总人口350人，其中少数民族人口13户26人。人口自然增长率-1.5‰。年末从业人员260人，其中在岗职工240人。有离退休人员460人。是年，连队实现生产总值0.17亿元，人均可支配收入2.5万元，在岗职工平均工资3.9万元。 （李真真）

十一连 1962年组建，1969年9月改编为二十三团三连。2006年3月更名为二十二团十一连。2017年，十一连土地总面积1333.73公顷。其中，耕地621.07公顷，林地228.7公顷，山区草场1333.3公顷。年末总人口605人，其中少数民族人口28人。人口自然增长率2‰。年末从业人员412人，其中在岗职工242人。有离退休人员115人。是年，连队实现生产总值0.22亿元。人均可支配收入1.86万元，在岗职工平均工资3.8万元。 （盛刚）

十二连 1961年组建，1969年9月改编为二十三团六连。2006年3月更名为二十二团十二连。2017年，十二连土地总面积602.24公顷。其中，耕地716.6公顷，林地100公顷，山区草场570.5公顷。年末总人口275人（仅为职工，其余人员全归社区），其中少数民族人口19人。人口自然增长率2‰，年末从业人员10人，其中在岗职工264人。有离退休人员0人（退休全转为亚泰北路社区）。是年，连队实现生产总值2471.59万元，人均可支配收入1.7万元，在岗职工平均工资4.4万元。 （雷昌军）

十三连 1961年组建，1969年8月改编为二十三团七连。2006年3月更名为二十二团十三连。2017年，十三连土地总面积920公顷。其中，耕地643.35公顷，林地96公顷，山区草场1067公顷。年末总人口571人，其中少数民族人口6人。人口自然增长率-0.5‰。年末从业人员445人，其中在岗职工187人。有离退休人员55人。是年，连队实现生产总值0.24亿元，人均可支配收入1.32万元，在岗职工平均工资4.1万元。 （闫建良）

十四连 1976年1月组建。1997年更名为二十三团八连。2006年3月更名为二十二团十四连。2017年，十四连土地总面积1181.8公顷。其中，耕地443.53公顷，林地240.87公顷，山区草场933.33公顷。年末总人口584人，其中少数民族人口10人。人口自然增长率-1.7‰。年末从业人员196人，其中在岗职工173人。是年，连队实现生产总值0.21亿元，人均可支配收入2.1万元，在岗职工平均工资4.25万元。 （王秀峰）

十五连 1963年2月组建。1969年9月定编为二十三团九连，2006年3月更名为二十二团十五连。2017年，十五连土地总面积1781.9公顷，其中耕地

526.9公顷，林地95公顷，山区草场1160公顷。年末总人口732人，其中少数民族人口120人。人口自然增长率2.7‰。年末从业人员223人，其中在岗职工180人。有离退休人员75人。是年，连队实现生产总值0.29亿元，人均可支配收入1.85万元，在岗职工平均工资5.2万元。（曹红艳）

十六连 1961年组建。1972年12月改编为二十三团十连。2006年3月更名为二十二团十六连。2017年，十六连土地总面积1358.57公顷。其中，耕地503.3公顷，林地55.27公顷，山区草场800公顷。年末总人口608人，其中少数民族人口16人。人口自然增长率1.6‰。年末从业人员194人，其中在岗职工164人。有离退休人员99人。是年，连队实现生产总值0.31亿元，人均可支配收入2.05万元，在岗职工平均工资4.7万元。（夏小江）

十七连 1960年组建，名为石灰厂。2017年12月改编为十七连。2017年，十七连土地总面积59.98公顷。其中，耕地22.16公顷，林地10公顷，山区草场0公顷。年末总人口118人，其中少数民族人口1人。人口自然增长率3‰。年末从业人员59人，其中在岗职工23人。有离退休人员69人。是年，连队实现生产总值0.03亿元，人均可支配收入1.97万元，在岗职工平均工资3.2万元。（苏 洪）

·二十四团·

团党委书记、政委：
张立建
党委副书记、团长：
唐志刚
党委常委、副政委、工会主席：
张秀琴（女）
党委常委、副团长：
石元辉 王振军 陈伟志
党委常委、副政委、纪委书记：
张来江
党委常委、人武部部长：
斯新华
党委常委、副团长：
李志勇

【概况】 二十四团前身是1959年组建成立的解放五场，1969年统编为现名。团场位于和硕县、博湖县、焉耆县、和静县交界地带，团部驻夏尔特然镇，距库尔勒市公路里程80千米。2017年，二十四团土地总面积21318.25公顷，其中耕地4940公顷，林地3690公顷，山区草场5106.27公顷。辖14个连队、4个社区、16个企事业单位。年末总人口13988人，其中少数民族人口669人。年末从业人员4612人，其中在岗职工3201人。有离退休人员2956人。

【经济建设】 2017年，二十四团实现生产总值5.92亿元，比上年增长10.1%。其中，第一产业完成生产总值3.11亿元，增长8.7%；第二产业完成生产总值1.39亿元，增长0.7%；第三产业完成生产总值1.43亿元，增长24.7%；三次产业结构比为53∶23∶24。招商引资到位资金4.1亿元，全社会固定资产投资7.16亿元，团场综合利润806万元。连队居民人均可支配收入2万元，增长15%；城镇居民人均可支配收入2.9万元，增长15%。连队居民人均可支配收入2万元，增长15%。在岗职工年平均工资3.86万元，与上年持平。

【农业】 2017年，二十四团实现农林牧渔业总产值7.4亿元，比上年增长8.8%，其中，农业总产值4.86亿元，增长6%；林业总产值0.03亿元，增长43%；畜牧业总产值1.5亿元，增长14%；渔业总产值0.8亿元，增长17%；农林牧渔服务业总产值7.4亿元，增长8.8%。农业增加值3.12亿元，增长6%。

是年，二十四团农作物播种面积（含复播）6991公顷，减少9%。其中，粮食种植面积1644.8公顷，下降29%；棉花种植面积8.6公顷，增长100%；甜菜播种面积343公顷，增长154%；蔬菜种植面积（含菜用瓜）3243.36公顷（其中：工业用番茄889.6公顷，下降10%；工业用辣椒1827.5公顷，增长33%），增长24%。全年粮食产量1.34万吨，下降27%；棉花产量0.0014万吨，增长10%；甜菜产量2.73万吨，下降154%；工业用番茄产量12.14万吨，下降4%；工业用辣椒（鲜椒）产量8.2万吨，增长39%。2017年，粮食公顷单产8130千克，甜菜79.5吨，工业用番茄135吨，工业用辣椒（鲜椒）为45吨。

年末牲畜存栏头数为7.06万头（只），比上年增长29%；年内牲畜出栏8.4万头（只），增长3%；肉类总产量0.53万吨，增长5.3%；羊毛总产量37吨，与上年持平；奶类产量0.03万吨，与上年持平；禽蛋产量0.10万吨，下降13%。全年水产品产量0.57万吨，增长27%。

年末实有水果种植面积1041.5公顷。水果产量1.59万吨，增长12%。

有效灌溉面积6356.27公顷，其中高新节水灌溉面积4881.27公顷。

年末农业机械总动力2.19万千瓦，比上年下降13%。其中大中型农用拖拉机240台，增长11%；小型拖拉机46台，持平；农用排灌动力机械0.27万千瓦；农用运输机械0.07万千瓦，持平。全年化肥施用量（折纯）0.51万吨，增长7%，农场用电量0.15亿千瓦时，增长22%。

种植业耕、种、收综合机械化率87%，畜牧业机械化水平48%，园艺业机械化水平15%。畜禽良种推广覆盖率达到100%，养殖粪污资源化利用率达到78%。

年末各级农业产业化龙头企业1家。其中兵团级1家；销售收入过亿元的有1家。龙头企业带动农户0.05万户。"三品一标"（即有机农产品、无公害农产品、绿色食品和农产品地理标志）认证产品累计数量16个，其中无公害农产品认定14个。

【工业】 2017年，二十四团完成工业增加值1.82亿元，比上年增长32%。实现工业总产值4.52亿元，增长22%。其中，规模以上工业总产值2.79亿元，增长7%，占全团工业总产值比重为62%；规模以下工业总产值1.49亿元，增长67%，占全团工业总产值比重为33%。个体工业总产值0.024亿元，增长15%，占全团工业总产值比重为5%。

【建筑业】 2017年，二十四团与3家资质以上建筑企业签订合同金额0.5亿元。其中，本年新签合同额0.5亿元。完成施工产值0.46亿元。竣工产值0.46亿元。全年房屋建筑施工面积0.92万平方米。其中新开工面积0.67万平方米。房屋建筑竣工面积0.75万平方米。建筑企业全年上缴税金0.02亿元。

【固定资产投资】 2017年，二十四团全年计划总投资额万元以上的项目完成固定资产投资总额7.16亿元，比上年下降5.4%。按三次产业分，第一产业完成投资0.99亿元，下降30.5%；第二产业完成投资3.56亿元，下降6.6%，全部是工业投资；第三产业完成投资2.6亿元，增长12%。

全年完成工业投资3.56亿元，下降6.6%。

2017年8月14日，二十四团接收南疆地区城乡富余劳动力150人（张虎平 摄）

全年500万元以上计划投资项目27个,完成固定资产投资7.16亿元,占全团投资比重的30%;其中计划投资超过1000万元的项目24个,完成固定资产投资额6.93亿元,占全团投资比重的20.3%。2017年新开工1000万元以上项目10个,完成固定资产投资2.04亿元,占全团固定资产投资的28.5%。

【国内贸易】 2017年,二十四团实现社会消费品零售总额1.04亿元。其中批发零售贸易业零售额为0.69亿元;住宿和餐饮业零售额0.35亿元,比上年增长30%。

【交通运输】 2017年末,二十四团拥有民用汽车2622辆。其中载客汽车532辆,载货汽车58辆,其他汽车6辆。

全年完成客运量95.31万人,增长10%;旅客周转量5176万人千米,增长10%;完成货运量180.5万吨,增长35%;完成货物周转量10977.6万吨千米,增长35%。全年公路运输业营运业务收入5275万元,增长30%。全年个体公路运输业完成客运量95.31万人,增长10%,个体完成旅客周转量5176万人千米,增长10%,个体完成货运量180.5万吨,增长35%,个体完成货物周转量10977.6万吨千米,增长35%。个体公路运输营运业务收入5275万元,增长30%。

【旅游】 2017年末,二十四团有国家3A级景区1个。全年旅游直接就业人员3人,间接就业人员8人。全年接待旅游者0.8万人次,比上年减少5%。旅游总收入25万元,减少5%。

【金融】 2017年末,二十四团农行人民币各项存款余额2.49亿元,比上年末增加929万元,其中个人存款1.25亿元,增加2503万元;对公存款1.25亿元,减少1574万元。年末本币各项贷款余额1.9061亿元,减少656万,其中短期贷款1.62亿元,减少3544万;中长期贷款0.2822亿元。存贷差0.5895亿元。

【保险】 2017年,二十四团实现保险业务总收入0.12亿元,比上年增长5%。其中,农业险业务收入0.08亿元,增长0.02%;财产险业务收入0.01亿元,与上年持平。全年累计各类保险赔(给)付金额0.08亿元,增长10%。

【人口】 2017年末,二十四团总人口为13327人,比上年末增长9%,总户数5020户,平均每户人口2.6人。全年出生人口39人,出生率3.05‰;死亡人口67人,死亡率5.25‰;净增人口1135,人口自然增长率9‰。

【就业】 2017年末,二十四团在岗职工3210人,比上年末增长237人,全年累计实现新增就业237人。

【人民生活】 2017年,二十四团在岗职工工资总额1.37亿元,与上年持平。在岗职工职均工资38000元,与上年持平。团场降低社会保障缴费比例,转移性收入增长较快。连队常住居民人均可支配收入19814元,增加2300元,增长11%。

【社会保障】 2017年,二十四团社会保险基金征缴总收入为4500万元,比上年减少7.5万元,征缴率100%。其中,征缴企业养老保险基金3000万元,增加51万元,征缴率100%;征缴机关养老保险基金350万元,增加130万元,征缴率100%;征缴职业年金49万元,增长加1.4万元,征缴率100%;征缴医疗保险基金1364万元,增加39万元,征缴率100%;征缴失业保险基金123万元,减少77万元,征缴率100%;征缴工伤保险基金61万元,增加1.8万元,征缴率100%;征缴生育保险基金12万元,减少32万元,征缴率100%。全年支付离退休人员养老金9600万元,增长5.5%,离退休人员养老金社会化发放率和五项社会保险待遇拨付率均为100%。

自2017年7月1日起，最低生活保障标准由原标准382元/人·月提标为396元/人·月；重度残疾人37元/人·月，60周岁以上老年人87元/人·月，18周岁以下未成年人22元/人·月。截至是年末，全团低保人员240户325人，累计为3909人次发放低保金128.13万元。重点保障对象226人。其中，重度残疾人47人，60周岁以上老年人179人，未成年人6人。保障对象全部按标准发放低保资金，其他低保人员39人根据低保有关政策差额享受。全团特困供养人员10人，其中全自理8人，半自理1人，全护理1人，累计发放补助资金9.24万元。临时救助累计709户次1661人次，合计发放38.45万元。

【教育】 2017年末，二十四团拥有九年一贯制学校2所，幼儿园2所。在校小学生624人，初中生321人。教职工人数92人。其中，专职教师84人，幼儿园在园幼儿及儿童271人。小学、初中儿童少年入学率和升学率均达100%。适龄儿童入园（学前班）率90%。学前教育阶段，免除保育费、读本费、补助伙食费40万元。

【科学技术】 2017年末，二十四团共有各类专业技术人员0.0033万人，各类科研及推广机构5个，从事科技活动人员和技术人员19人。科技研发投入比重继续提升。加快科技进步与创新，加快实用科技成果推广。全年组织实施师级科研开发推广项目（课题）1个。全年有2项科技成果通过鉴定或验收。

【文化】 2017年，二十四团在中央级、省级新闻媒体和师市刊用稿395篇（幅）。其中报刊稿件255篇（幅），电视稿件140篇，网络稿件35篇。地师级稿件共163篇（幅）。其中报纸刊物255篇（幅），电视140篇，网络23篇。年末电视综合人口覆盖率为100%，广播综合人口覆盖率为100%。组织开展各类群众性文化活动30场次，团场各级与地方县市、乡镇开展兵地文化联谊活动10场次，参与活动的团场职工与地方群众1.5万人次。

【体育】 2017年，二十四团中学参加塔什店中学举办的中小学校园足球比赛；参加二十九团中学举办的第二师铁门关市十五届中小学田径运动会；积极组织开展"校园阳光体育足球班级联赛"等。

【卫生】 2017年末，二十四团拥有各类卫生机构11个。其中，医院1所，卫生所（室）8所，社区卫生服务中心、社区卫生服务站1个，疾病预防控制中心1个。床位总数32张，卫生工作人员61人。其中，卫生技术人员57人，其中执业和执业助理医师26人，注册护士20人。全团平均每千人拥有病床0.43张，平均每千人拥有卫生技术人员0.25人。基层疾病预防控制、卫生监管和突发公共卫生事件应急处置能力不断提高，团连卫生机构规范化建设覆盖率达到100%。建成连队甲级卫生室8个，卫生户厕0.29万座、建成中小学水冲式厕所2座。建立居民健康档案1.3万份。2017年，传染病报告发病率（甲乙类传染病）为303.63/10万，病死率为0。婴儿死亡率为0，孕产妇死亡率为0。

【社会服务】 2017年末，二十四团包括老年公寓、综合福利院、养老院、精神福利院、日间照料中心等社会福利机构共1家，入住老人10人，养老床位数达1张/千人。

【资源环境】 2017年末，二十四团全年水利工程供水量0.59亿立方米。按供水用途分，农业供水0.59亿立方米。按供水方式分，地表水供水量0.54亿立方米，机电井提水量0.05亿立方米。节水灌溉面积6000公顷。

【安全生产】 2017年，二十四团未发生生产安全死亡事故，各类事故指标均在控制范围之内，安全生产形势总体稳定，持续向好。

【二十四团党委十届二次全委（扩大）会议】 2017年2月13日，二十四团党委第十届二次全委（扩大）会议在影剧院召开。团党委书记、政委张立建主持会议并代表团党委作题为《围绕总目标，抢抓新机遇，展现新作为，着力提升团场维稳戍边综合能力》的工作报告，团党委副书记、团长唐志刚围绕十届二次全会报告谈具体抓落实的思路及措施。团党委委员、纪委委员、机关副科以上干部、基层单位党政主要领导近100人参加会议。

【学习宣传贯彻党的十九大精神】 2017年，二十四团党委把学习宣传贯彻落实党的十九大精神作为首要政治任务，举办"十九大时光""新时代新征程"新闻专栏，团领导、机关及基层领导、党员、职工群众、学生、医生等不同群体结合自身工作实际谈学习十九大精神感想感言；党委组织全团干部专题集中学习3次，基层单位每周组织集中学习1次，党员干部每人撰写学习笔记1万字；团党委书记宣讲十九大精神2次，参与人数1000人次；党委理论学习中心组专题学习4次，21名领导干部结合自身工作和学习情况进行交流研讨；对学习情况进行两次集中测试，300余名党员干部参加测试，500余名党员干部参与网络答题活动。

【"访惠聚"工作】 2017年，二十四团认真贯彻落实"1+3+5"工作任务及"单位做后盾、队员当代表、一把手总负责"的工作要求，住和硕县布茨恩查干村"访惠聚"工作队和住十六连"访惠聚"工作队全年落实惠民资金60万元、项目6项，走访慰问贫困户124户389人；办好事实事共计92件，排查化解矛盾纠纷33件，接待来访群众30余人次，举办兵地共建文艺演出3场次。

【"民族团结一家亲"活动】 2017年末，二十四团全团497名干部均与各族职工群众结对认亲，坚持每月与结对户开展一次走访交流或电话联系，宣传党的方针政策、党的民族宗教政策、国家相关法律法规等知识。共解决结亲户困难800余个（件），加深各民族之间的理解和友谊，推进兵地融合发展；开展文化联谊活动10场；组织党员干部开展"去极端化"宣传教育4次。

【"发挥兵团特殊作用大学习大讨论"活动】 2017年，二十四团按照兵师党委统一安排部署，成立"发挥兵团特殊作用大学习大讨论活动"领导小组，结合实际制定本团活动实施方案，成立综合组、宣传组、督导组和培训组，召开动员部署会。活动期间，团党委理论学习中心组共开展专题学习6次，专题调研25人次，在班子成员专题研讨会上进行交流发言21人次。38个基层党支部开展"三会一课"专题学习共160次，举办学习班129次，参加人数3903人；举办读书班108次，参加人数2766人，团举办培训班4次，参加人数468人，共发放学习资料1万余份。

【精准扶贫】 2017年，二十四团为76户贫困户177人建档立卡，年末人均收入达6000元以上，已全部实现脱贫；二十六团为61户贫困户202人建档立，2017年末已全部脱贫，按照"两不愁、三保障"的基本要求，未发现新增返贫贫困人口。

（冯 建）

【连队】 截至2017年末，二十四团共有14个连队。

一连 1965年成立，前身是二十四团十连。2017年，土地总面积1966.13公顷，农用地面积1162.96公顷（其中耕地356.93公顷，园地133.74公顷，林地259.1公顷，山区草场0公顷；注：农用地面积包含田埂、沟渠、机耕道等，所以农用地面积大于耕地+园地+林地+草地），建设用地面积20.28公顷，未利用地面积782.9公顷。年末总人口412人，其中少数民族人口62人。年末从业人员206人，其中在岗职工169人。有离退休人员5人。是年，连队实现生产总值0.38亿元，人均可支配收入1.9万

元，在岗职工平均工资3.86万元。　　　　（赵　帅）

二连　1964年成立，前身是二十四团值班一连，1978年改为现名。2017年，土地总面积1477.81公顷。其中，耕地1072.04公顷，林地257.81公顷，山区草场0公顷。年末总人口695人，其中少数民族人口58人。年末从业人员215人，其中在岗职工198人。有离退休人员4人。是年，连队实现生产总值0.19亿元。人均可支配收入2.7万元。在岗职工平均工资4.4万元。

（赵文放）

三连　1959年成立，前身是二十四团解放五厂生产三队，1982年改为现名。2017年，土地总面积599.17公顷。其中，耕地488.2公顷，林地110.97公顷，山区草场0公顷。年末总人口556人，其中少数民族人口40人。年末从业人员204人，其中在岗职工204人。有离退休人员8人。是年，连队实现生产总值0.295亿元，人均可支配收入5.3万元，在岗职工平均工资14.46万元。　（罗卓娜）

四连　建于1960年。2017年，土地总面积862.55公顷，其中耕地479.714公顷，林地35.53公顷，山区草场0公顷。年末总人口456人，其中少数民族人口22人。年末从业人员200人，其中在岗职工196人。有离退休人员4人。是年，连队实现生产总值0.2087亿元。　　　（管　杰）

五连　1960年成立，土地总面积609.33公顷。其中，耕地473.72公顷，林地135.61公顷，山区草场0公顷。年末总人口957人，其中少数民族人口67人。年末从业人员317人，其中在岗职工317人。是年，连队实现生产总值0.33亿元，人均可支配收入1.7万元，在岗职工平均工资3.9万元。

（屈慧敏）

六连　1960年成立，前身是二十四团解放五场生产一队，1966年改为现名。2017年，土地总面积2294公顷。其中，耕地669公顷，林地87公顷，山区草场0公顷。年末总人479人，其中少数民族人19人。人口自然增长率0.006‰。年末从业人员407人，其中在岗职工196人。有离退休人员8人。是年，连队实现生产总值0.11亿元，人均可支配收入2.24万元，在岗职工平均工资5.47万元。　　（许　华）

八连　1964年成立，前身是二十四团解放五场生产二队，1978年改为现名。2017年，土地总面积10654.6公顷。其中，耕地8089.2公顷，林地2284.7公顷，山区草场520公顷。年末总人口853人，其中少数民族人口25人。年末从业人员270人，其中在岗职工251人。有离退休人员5人。是年，连队实现生产总值0.4亿元，人均可支配收入1.7万元，在岗职工平均工资3.8万元。　（王劲平）

十一连　建于1992年，前身是二十四团十三连，2005年改为现名。2017年，土地总面积895.4公顷，其中耕地514.372公顷，林地121.63公顷，山区草场0公顷。年末总人口171人，其中少数民族人口4人。在岗职工147人。有离退休人员2人。是年，连队实现生产总值0.15亿元，人均可支配收入1.93万元，在岗职工平均工资2.7万元。

（王朵朵）

十二连　1993年成立，前身是二十六团二连，2006年改为现名。2017年，土地总面积539.9公顷。其中，耕地585.8公顷，林地28.9公顷，山区草场0公顷。年末总人口138人，其中少数民族人口0人。年末从业人员106人，其中在岗职工106人。是年，连队实现生产总值1350万元，人均可支配收入1.8万元，在岗职工平均工资3.6万元。

（江葛军）

十三连　1991年成立，前身是二十六团三连，2006年改为现名。2017年，土地总面积474.98公顷。其中，耕地448.31公顷，林地26.67公顷，山区草场0公顷。年末总人口259人，其中少数民族人口4人。年末从业人员146人，其中在岗职工81人。有离退休人员22人。是年，连队实现生产总值0.049亿元，人均可支配收入1.983万元，在岗职工平均工资 3.5 万元。

（高 杰）

十五连 1991 年成立，前身是二十六团五连，2004 年改为现名。2017 年，土地总面积 729.274 公顷，其中耕地 677.27 公顷，林地 52.004 公顷，山区草场 0 公顷。年末总人口 399 人，其中少数民族人口 14 人。人口自然增长率 0.75‰。年末从业人员 266 人，其中在岗职工 84 人。有离退休人员 11 人。是年，连队实现生产总值 0.13 亿元，人均可支配收入 1.75 万元，在岗职工平均工资 3.5 万元。

（蔺瑞芳）

园一连 1962 年成立，前身是二十四团一连和种畜连，2002 年合并改为现名。2017 年，土地总面积 194 公顷，其中耕地 95.5 公顷，林地 98.4 公顷，山区草场 0 公顷。年末总人口 407 人，其中少数民族人口 49 人，人口自然增长率 4‰。年末从业人员 185 人，其中在岗职工 165 人。是年，连队实现生产总值 0.08 亿元，人均可支配收入 1.67 万元，在岗职工平均工资 4.2 万元。

（谢 荣）

园二连 2005 年成立。2017 年，土地总面积 307 公顷，其中林地 30 公顷。年末总人口 175 人，其中少数民族人口 8 人。年末从业人员 175 人，其中在岗职工 175 人。有离退休人员 6 人。是年，连队实现生产总值 0.062 亿元，人均可支配收入 3.5 万元，在岗职工平均工资 3.5 万元。

（刘 娟）

园三连 2006 年成立。2017 年，土地（葡萄园）总面积 204.59 公顷，其中林地 13.27 公顷。年末总人口 231 人，其中少数民族人口 7 人。年末从业人员 231 人，其中在岗职工 231 人。有离退休人员 7 人。是年，连队实现生产总值 0.0875 亿元，在岗职工平均工资 2.3896 万元。

（苏海燕）

·二十五团·

团党委书记、政委：
邹丽燕（女）
党委副书记、团长：
吴 军
党委常委、副团长：
羊伟龙
党委常委、副政委、纪委书记、人武部部长：
金宝福
党委常委、副团长：
井双泉
党委常委、副政委、工会主席：
谢晓燕（女，2018 年 12 月，受到撤销党内职务行政撤职处分，降至正科级非领导职务，处分期 24 个月）
党委常委、副团长：
邹 健

【概况】 二十五团前身是中国人民解放军第二军六师所属教导大队、炮兵营和新疆和平起义部队第二十二兵团第九军二十七师七十九团。1950 年 3 月，3000 余名官兵分别开进和硕滩的宝浪苏木和东大海地区进行屯垦生产。七十九团后编为二十二兵团农建九师二十五团。1954 年 9 月，二十五团奉命北移，所开垦的土地及部分设施移交农二师（原二军六师）。10 月，农二师抽调部分师直机关人员成立农二师师直农场，1958 年 1 月更名湖光农场，1959 年 6 月更名为国营解放第三场（简称解放三场），1969 年 9 月兵团统一番号为农二师二十五团。

团场地处新疆天山南麓巴音郭楞蒙古自治州焉耆盆地博湖县境内，东临全国最大的内陆淡水湖——博斯腾湖，西与博湖县城相接，团部距博湖县城 3 千米，距焉耆回族自治县县城 13.8 千米，距库尔勒市约 60 千米。2017 年末，团场有国土面积 5373.4 公顷，场区面积 3366.67 公顷，其中耕地 1388 公顷，林地 373.34 公顷，和硕县山区草场面积 2006.67 公顷。辖 6 个农业连队、1 个社区、6 个企事业单位。2017 年末全团户籍人口 5831 人，其中少数民族人口 98 人，人口自然增长率 -1.53‰。年末从业人员 2220 人，在岗职工 1413 人，退休人员 1682 人。

【经济建设】 2017 年，二十五团实现生产总值 16909 万元，比上年增长 2.13%。在岗职工平均工资 37618 元，增长 2.5%。其中，第一产业增加值 7883 万元，增长

1.69%；第二产业增加值2633万元，下降20.69%；第三产业增加值6393万元，增长16.66%。三次产业结构比为46.6∶15.6∶37.8。人均生产总值3.24万元，下降1.6%。全社会固定资产投资25359万元，增长57.6%。社会消费品零售总额2739万元，增长8%。团场综合利润110万元，下降65.1%。连队居民人均可支配收入16010元，增长5.6%。

【农业】 2017年，二十五团实现农林牧渔业总产值1.83亿元，比上年增长1.1%，其中，农业总产值1.25亿元，下降3.8%；林业总产值0.05亿元，增长82.3%；畜牧业总产值0.24亿元，增长1.5%；渔业总产值0.08亿元，增长24.4%；农林牧渔服务业总产值0.2亿元，增长13.2%。农业增加值0.59亿元，下降3.3%。

2017年，二十五团农作物播种面积（含复播）1664公顷，下降22.7%。其中，粮食种植面积300公顷，下降40%；甜菜播种面积120公顷，下降63%；蔬菜种植面积（含菜用瓜）1100公顷（其中：工业用番茄200公顷，下降50%；工业用辣椒7.5公顷，增长56.3%），增长7.8%。全年粮食产量0.25万吨，下降46.5%；甜菜产量1.08万吨，下降60%；工业用番茄产量2.55万吨，下降41.4%；工业用辣椒（鲜椒）产量2.4万吨，增长60%。2017年，粮食每公顷产量为8.7吨，甜菜为8.7吨，工业用番茄为121.5吨，工业用辣椒（鲜椒）为32吨。

2017年末牲畜存栏头数为1.4万头（只），增长5.3%；年内牲畜出栏1.59万头（只），增长1.3%；肉类总产量0.089万吨，增长5%；羊毛总产量0.004万吨，增长12%；奶类产量0.018万吨，增长20%；禽蛋产量0.004万吨，增长1.2%。年末存栏鹿0.0057万头，增长0；鹿茸产量0.009万吨，增长3.4%。全年水产品产量0.069万吨，增长59.3%。

年末实有水果种植面积277公顷。水果产量0.26万吨，下降3.7%。全团农业结构调整当年共完成造林建园面积411公顷，其中造林7公顷；建园葡萄201公顷，枸杞121公顷，苹果47公顷，啤酒花35公顷。

农作物精量半精量播种面积1664公顷。农作物种子包衣播种面积998公顷，农作物测土配方施肥面积249公顷。

农作物有效灌溉面积1664公顷，其中高新节水灌溉面积1664公顷。

年末农业机械总动力1.26万千瓦，下降16.2%。其中大中型农用拖拉机216台，下降7.8%；农用排灌动力机械0.22万千瓦，增长5.3%；农用运输机械0.04万千瓦，下降15%。全年化肥施用量（折纯）0.943万吨，下降10.5%。

种植业耕、种、收综合机械化率93%，畜牧业机械化水平0.9，园艺业机械化水平0.9。畜禽良种推广覆盖率达到78%，养殖粪污资源化利用率达到72%。

年末各级农业产业化龙头企业1家。其中兵团级1家。龙头企业带动农户0.014万户。"三品一标"（即有机农产品、无公害农产品、绿色食品和农产品地理标志）认证产品累计数量5个，其中有机认证1个，无公害农产品认定4个。

【工业】 2017年，二十五团完成工业增加值0.32亿元，比上年下降0.5%。实现工业总产值1.01亿元，下降22%。其中，规模以上工业总产值0.51亿元，下降5%，占全团工业总产值比重为51%；规模以下工业总产值0.04亿元，下降70%，占全团工业总产值比重为3.9%。个体工业总产值0.36亿元，增长19%，占全团工业总产值比重为35.6%。规模以上工业产销率51%，下降10%。

【固定资产投资】 2017年，二十五团全年计划总投资额万元以上的项目完成固定资产投资总额2.48亿元，比上年增长54.5%。按三次产业分，第一产业完成投资0.7亿元，增长31.9%；第二产业完成投资0.48亿元，下降3.3%；第三产业完成投资

1.3亿元，增长124.9%。

全年完成工业投资0.11亿元，下降25%。

全年完成农业灌溉服务工程投资0.58亿元，增长82%。

全年500万元以上投资项目20个，完成固定资产投资2.48亿元，占全团投资比重的100%；2017年新开工1000万元以上项目8个，完成固定资产投资1.9亿元，占全团固定资产投资的76%。

2017年，固定资产投资建设资金来源总额2.48亿元，增长54.5%，其中本年资金2.3亿元。本年资金来源中，国家预算资金0.98亿元，自筹资金1.32亿元。

【国内贸易】 2017年，二十五团实现社会消费品零售总额0.27亿元，比上年增长7.9%。其中，批发零售贸易业零售额为0.16亿元，增加0.03亿元，增长23%；住宿和餐饮业零售额0.08亿元，同比增长1.5%。

全年批发零售贸易业商品购进总额0.55亿元，增长24.4%，其中限额以上批发零售贸易业商品购进总额0.31亿元，增长25.6%。批发零售贸易业商品销售总额0.16亿元，增长23%，其中限额以上批发零售贸易业商品销售总额0.02亿元，增长26.6%。年末批发零售贸易业商品库存总额0.06亿元，增长12%。

【对外经济】 2017年，二十五团实现进出口总值567.9万美元，比上年增长50.24%。其中，实际出口总值555万美元，增长46.83%。

【招商引资】 2017年，二十五团通过全团动员招商、领导带头招商（走出去恳谈）、热诚邀请客商（请进来洽谈）、扩大招商主体（以企业招商）等多种形式开展招商引资工作。同时，二十五团招商工作小组分别到江西、河北、宁夏等地开展招商引资工作。主要在番茄、辣椒、枸杞、啤酒花、食用菌、果酱、肉品、旅游开发等产业进行招商。2017年，二十五团落实招商引资项目10个，到位资金3.18亿元。

【交通运输】 2017年末，二十五团拥有民用汽车1516辆，比上年增长1.3%。其中，载客汽车202辆，增长10.9%；载货汽车20辆，增长0。

全年完成客运量18.6万人，增长8.8%；旅客周转量139.2万人千米，增长8.7%；完成货运量7.1万吨，增长9.3%；完成货物周转量125.3万吨千米，增长9%。全年公路运输业营运业务收入105.5万元，增长16.8%。全年个体公路运输业完成客运量18.6万人，增长8.8%；个体完成旅客周转量139.2人千米，增长8.7%；个体完成货运量7.1万吨，增长9.3%；个体完成货物周转量125.3万吨千米，增长16.8%。个体公路运输营运业务收入32.5万元，增长29%。个体客运周转量和货物周转量分别占全社会客运周转量和货物周转量的100%和100%。

【旅游】 二十五团地处博斯腾湖边缘，团部距博斯腾湖芦花港景区7.5千米，旅游资源得天独厚，有自然山水、军垦文化、文化艺术、土特产品，景观类型多，生态环境好，具备发展旅游的良好条件。2017年末，二十五团有旅游企业2家，旅游饭店1家。全年旅游直接就业人员13人，间接就业人员0.1万余人。全年接待旅游者3.6万人次，比上年增长20%。旅游总收入300万元，增长10%。

【金融】 2017年末，二十五团场博湖农商银行人民币各项存款余额2.2亿元，比上年末增长0.51亿元，其中个人存款1.17亿元，增长0.25亿元；对公存款1.03亿元，增长0.26亿元。年末本币各项贷款余额0.78亿元，增长0.3亿元，其中短期贷款0.73亿元，增长0.24亿元；中长期贷款0.05亿元，增长0.05亿元。存贷差1.42亿元。团场博湖邮储银行人民币各项存款余额0.65亿元，比上年末减少0.03亿元，其中全部为个人存款。

【保险】 2017年,二十五团保险公司实现保险业务总收入300万元,比上年增加6万元。其中,农业险业务收入200万元,增加41万元;财产险业务收入40万元,增加20万元。全年累计各类保险赔(给)付金额280万元,增加30万元。

【人口】 2017年末,二十五团总人口为5900人,比上年末增长0.87%。家庭总户数0.227万户,平均每户家庭人口为3人。全年出生人口24人,出生率4.07‰;死亡人口31人,死亡率5.26‰;净增人口-7人,人口自然增长率-1.53‰。

【就业】 2017年末,二十五团在岗职工1413人,比上年末下降6.4%。城镇登记失业率为0,全年累计实现新增就业367人。

【社会保障】 2017年,二十五团社会保险基金征缴总收入为2000万元,比上年下降0.4%,征缴率100%。其中,征缴企业养老保险基金1500万元,增长1.6%,征缴率100%;征缴机关养老保险基金100万元,增长0.07%,征缴率100%;征缴职业年金60万元,增长0.07%,征缴率100%;征缴医疗保险基金600万元,增长3.1%,征缴率100%;征缴失业保险基金60万元,下降38%,征缴率100%;征缴工伤保险基金30万元,增长3%,征缴率100%;征缴生育保险基金0.0006亿元,下降72%,征缴率100%。全年支付离退休人员养老金5700万元,增长21.28%,离退休人员养老金社会化发放率和五项社会保险待遇拨付率均为100%。

自2017年7月1日起,最低生活保障标准由原标准382元/人·月提标为396元/人·月;重度残疾人37元/人·月,60周岁以上老年人87元/人·月,18周岁以下未成年人22元/人·月。截至年末,全团低保人员90户213人,累计为867人次发放低保金67.09万元。重点保障对象65人。其中,重度残疾人4人、60周岁以上老年人23人、未成年人38人。保障对象全部按标准发放低保金,其他低保人员148人根据低保有关政策差额享受。全团特困供养人员6人,其中全护理6人,累计发放补助资金2.7万元。临时救助累计549户次953人,合计发放临时救助金39.15万元。

【教育】 2017年末,二十五团拥有九年一贯制学校1所,纯小学1所,幼儿园1所。在校小学生226人,初中生155人。教职工人数49人。其中,专职教师43人,幼儿园在园幼儿及儿童81人。小学、初中入学率和升学率分别为100%、89.23%。适龄儿童入园(学前班)率100%。学前教育阶段,免除保育费、读本费、补助伙食费6.39万元,资助学前学生78人。义务教育阶段,免学杂费、免教科书费,家庭经济困难寄宿生生活补助8.9万元,资助小学学生40人,初中学生56人。

【科学技术】 2017年末,二十五团共有各类专业技术人员0.02万人,各类科研及推广机构4个,从事科技活动人员和技术人员64人。科技研发投入比重继续提升。全团全年科技研究开发等经费支出0.062亿元,其中获得国家及兵团拨款164万元。加快科技进步与创新,加快实用科技成果推广。全年组织实施各类科技研究、开发、推广项目9个,其中承担国家和兵团科技项目1个。组织实施师级科研开发推广项目(课题)8个。全年有3项科技成果通过鉴定或验收,其中技术水平达到国内先进水平的1项;自治区或兵团先进水平的2项。团场获"科技先进单位"称号。

【文化】 2017年,二十五团完成中央级报刊刊稿2篇,中央网络媒体刊稿6篇,省级党报党刊刊稿39篇,其他省级报刊刊稿80篇,省级网络刊稿173篇,地州级报刊刊稿117篇,地州级网络媒体刊稿83条,省级电视新闻13条,地州级电视新闻43条,基本完成师市下达的新闻宣传报道工作任务。年末电视综合人口覆盖率为

96%，广播综合人口覆盖率为99.1%。团场组织开展各类群众性文化活动7场次，与周边地方县、乡（镇）开展兵地文化交流交往联谊活动4场次，参与活动的团场职工与地方群众0.024万人，受益群众0.26万人。

【体育】 2017年，二十五团中学组织举办第二十九届田径运动会以及"12.9"冬季长跑比赛的体育赛事活动，全校师生共同参与，起到锻炼身体和凝聚班级团结力的作用。

【卫生】 2017年末，二十五团拥有各类卫生机构8个。其中，医院1所，卫生室5所，社区卫生服务站1个，疾病预防控制中心1个。医院床位总数30张，卫生人员37人，其中，卫生技术人员30人，[其中执业医师6人、执业助理医师5人、见习医生4人、注册护士10人、药剂师（士）2人、检验师（士）2人、影像1人]，其中管理人员4人。全团平均每千人拥有病床6张，平均每千人拥有卫生技术人员5.8人。医院为全团居民建立居民健康档案5003份，为居民免费健康体检5003人，中医药门诊就诊1260人次。团疾病预防控制、卫生监管和突发公共卫生事件应急处置能力不断提高，团连卫生机构规范化建设覆盖率达到100%。建成连队甲级卫生室6个，卫生户厕1145座、建成中小学水冲式厕所1座。2017年，传染病报告发病率（甲乙类传染病）为559.66/10万，病死率为10.59‰。婴儿死亡率为0，孕产妇死亡率为0。

【社会服务】 2017年末，二十五团包括老年公寓、综合福利院、养老院、精神福利院、日间照料中心等社会福利机构共计1家，其中2016年新建1家。

【资源环境】 2017年末，二十五团全年水利工程供水量0.22亿立方米。按供水用途分，农业供水0.22亿立方米，工业供水0.0044亿立方米，城镇生活供水0.003亿立方米，乡村生活供水52.65万立方米，生态环境供水0.02亿立方米。节水灌溉面积1400公顷。

全年规模以上工业企业综合能源消费量0.42万吨标准煤，比上年增长0。其中，煤炭消费量0.42万吨，增长0；汽油消费量900吨，下降0；柴油消费量1400吨，增长16.6%；天然气消费量189.9万立方米，下降18%；电力消费量0.01亿千瓦时，与上年持平。

全年工业废水排放总量43.68万吨，工业废水中COD排放总量26.48吨。工业废气中二氧化硫排放总量5.65吨，工业烟（粉）尘排放总量3.19吨，工业固体废物产生量2.57万吨，工业固体废物综合利用量2.57万吨，与上年持平；综合利用率100%，提高0个百分点。

全年农作物受灾面积521公顷，其中，成灾面积521公顷。全年自然灾害造成直接经济损失0.024亿元。其中，农业直接经济损失0.024亿元，受灾人口0.043万人次。

【安全生产】 2017年，二十五团未发生生产安全死亡事故，各类事故指标均在控制范围之内，安全生产形势总体稳定，持续向好。

【精准扶贫工作】 2017年，二十五团建档立卡贫困人口共有9户25人，当年团党委班子继续深入开展"定连帮户"活动，师领导挂钩3户8名贫困户，团领导挂钩6户17名贫困户。通过不断创新帮扶形式，团为2户5名贫困人口发放16780元最低生活保障金，实施残疾人补助4户5人发放11700元补助金，为2户2名学生发放教育扶持资金4000元，2017年末实现9户25名贫困人口全部脱贫。截至2017年末，团已在各类网站刊登扶贫稿件80篇，悬挂横幅3条、利用社区LED屏每日滚动3次、制作宣传展板13块、黑板报4期，同时组织各基层单位开展精准扶贫、精准脱贫宣传活动两次，发放宣传单400余份。

【党委十六届二次全委（扩大）会议】 二十五团党委

十六届二次全委（扩大）会议于2017年3月6日召开。参加会议人员66人，其中团党委委员18人。会议由团党委副书记、团长吴军主持，团党委书记、政委邹丽燕在会上作题为《坚定信心 知难而上 顽强拼搏 真抓实干 确保经济平稳健康发展和社会和谐稳定》的工作报告。会上党委常委、副政委、纪委书记、武装部部长金宝福代表第十六届纪律检查委员会作题为《忠诚履职尽责 深化标本兼治 坚定不移推动全面从严治党向纵深发展》的工作报告。会议审议通过《2016年二十五团党委常委领导班子工作报告》《二十五团2016年度民主评议领导班子和党员领导干部情况报告》。

【学习宣传贯彻党的十九大精神】 2017年，二十五团为学习好、宣传好、贯彻好党的十九大会议精神，二十五团党委先后下发文件，对学习宣传贯彻党的十九大精神进行安排部署。团党委常委会、党委理论学习中心组进行专题学习3次。举行十九大报告精神宣讲会3场次，聆听人次317人次。举办党员干部学习贯彻培训班3期，参加人员76人，举行十九大精神应知应会测试5次，参加197人次。党员干部每人写学习心得1篇，记学习笔记6000字以上。制作宣传十九大精神展板16块，悬挂宣传横幅26条。

【"访惠聚"工作】 2017年，师市"访惠聚"工作组分别派驻在二十五团四连、博湖县本布图镇芒南查干村开展"访惠聚"驻连（村）工作，二十五团选派5名党员参加"访惠聚"工作。一年时间里，2个工作队走访职工群众2704户9888人，与群众结对子34户126人，慰问群众108户，累计慰问资金5万余元，开办夜校课堂42次，培训教育职工群众2256人次，已完成脱贫任务123户，实施惠民项目2个，已投入资金30万元。

【"民族团结一家亲"活动】 2017年，二十五团干部共结对认亲247对，其中与少数民族结对65对（团内7对、地方乡村58对），汉族182对。孤儿2对、残疾人40对，低保户44对，工商联个体户结对10户，实现领导干部全覆盖。

团与周边乡村每2月开展一次主题联谊活动，全年开展各类联谊活动8场次，团场干部职工和周边地方少数民族群众参与600余人次。二十五团团委与博湖县团委联合开展"兵地融情"周末营活动，民汉结对学生累计80人参加。二十五团干部坚持每两月走访亲戚一次，干部年均走访结亲户家6~7次。

【双创活动分享会】 2017年9月15—21日，二十五团开展为期一周的大众创业万众创新活动周活动。9月15日，团机关各部门负责人、14个基层单位主要领导与双创工作联络人150人参加此次活动周启动仪式。此次活动周期间，14个基层单位、4家企业制作展板14块，出双创黑板报13块，共展出各类展品17种，共印发各类宣传手册120余份，制作条幅2条，出双创简报4期；通过省级、地师级报刊、团微信、政务网、电视台各类媒体发布各类宣传稿件20余篇；活动周参与人数452人次；评比宣传创业创新典型3个；举办各类培训2次，培训215人次。

【连队】 截至2017年末，二十五团共有6个连队。

一连 前身是解放三场二队，1954年成立，1974年改为现名。2017年，一连土地总面积513.7公顷，其中耕地374.4公顷，林地29.53公顷。年末总人口（户籍）853人，常住人口641。其中少数民族人口26人。年末从业人员195人，其中在岗职工187人。有离退休人员123人。连队居民人均可支配收入2.8万元，增长10.5%。在岗职工平均工资3.2万元，增长3%。

三连 1954年成立至今。2017年，三连土地总面积681.8公顷，其中耕地558.67公顷，林地87.53公顷，大棚38.34公顷。年末总人口（户籍）762人，常住人口590。其中少数民族人口37人。年末从业人员

273人，其中在岗职工262人。有离退休人员192人。连队居民人均可支配收入1.8万元，在岗职工平均工资2.0万元。

四连 1954年成立至今。2017年，四连土地总面积386.23公顷，其中耕地291.44公顷，林地67.95公顷，大棚26.84公顷。年末总人口（户籍）156人，常住人口464。其中少数民族人口2人。年末从业人员177人，其中在岗职工173人。有离退休人员4人。连队居民人均可支配收入2.3万元，增长4%。在岗职工平均工资3.23万元，增长3.5%。

六连 1954年成立至今。2017年，六连连队土地总面积263.24公顷，其中耕地208.66公顷，林地12.78公顷，大棚41.79公顷。年末总人口（户籍）513人，常住人口374。其中少数民族人口2人。年末从业人员121人，其中在岗职工116人。有离退休人员5人。连队居民人均可支配收入2.67万元，增长10%。在岗职工平均工资4.2万元，增长12%。

七连 1954年成立至今。2017年，七连土地总面积345公顷，其中耕地297.56公顷，林地28.67公顷，大棚18.77公顷。年末总人口（户籍）758人，常住人口449。其中少数民族人口10人。年末从业人员157人，其中在岗职工152人。有离退休人员5人。连队居民人均可支配收入8000元。在岗职工平均工资3.5万元，增长5%。

九连 1954年成立，前身是基建二队，1969年改为现名。2017年，九连土地总面积280.8公顷，其中耕地239.3公顷，林地5.4公顷，大棚36.1公顷。年末总人口（户籍）576人，常住人口444人。其中少数民族人口12人。在岗职工163人。有离退休人员156人。连队居民人均可支配收入2万元，增长10%。在岗职工平均工资3万元，增长14.5%。

（孙安久）

·二十七团·

党委书记、政委：
尤益民
党委副书记、团长：
辛建华
党委常委、副政委、纪委书记：
董玲（女）
党委常委、副政委、工会主席：
苗理强
党委常委、副团长、人武部部部长：
苏超
党委常委、副团长：
陶新旗　彭建国　杨建波（援疆干部）
党委委员：
张卫平（副处级）

【概况】 二十七团前身是中国人民解放军第二军第六师十七团，1959年由农二师五团三营扩建为国营解放四场。1969年，分别由农二师种马场、国营解放四场统编为二十六团、二十七团，1971年，二十六团建制撤销，并入二十七团。2004年，农二师将农二师优质破产企业湖光毛巾被单厂、工一师二〇四团十一农场、工三团老团部一并划归二十七团。二十七团地处焉耆、博湖两县境内，团部驻地天河镇，距库尔勒市公路里程43千米。2017年，全团土地总面积27838公顷，其中耕地面积4110.41公顷，林果面积1031.46公顷，山区草场面积19000公顷。团场辖8个农业连队，驻镇社区2个，驻村社区11个，企事业单位14家。年末总人口10788人，其中少数民族人口162人。人口自然增长率0.38‰。年末从业人员4707人，其中在岗职工2105人，有离退休人员3623人。

【经济建设】 2017年，二十七团实现生产总值5.27亿元，比上年增长18.20%。其中第一产业增加值1.81亿元，增长12.24%；第二产业增加值2.57亿元，增长21.20%；第三产业增加值8835万元，增长11.80%。三次产业结构比为34∶49∶17。人均生产总值48422元，增长11.80%。社会消费品零售总额6118万元。团场综合利润450万元。

【农业】 2017年，二十七

团实现农林牧业总产值2.85亿元，比上年增长12.5%，其中，农业总产值1.81亿元，增长12.24%；林业总产值持平；畜牧业总产值1.04亿元，增长12.2%；农业增加值1.81亿元，增长12.24%。

是年，二十七团农作物播种面积2933.86公顷，比上年3503.44公顷下降569.58公顷为8.374%，其中，粮食种植面积125.91公顷，下降30.16%；甜菜播种面积54.77公顷，下降14.59%；蔬菜种植面积（含菜用瓜）2602.61公顷（其中：工业用番茄862.40公顷，增长10.74%；工业用辣椒1740.21公顷，增长15.72%）。啤酒花种植150.57公顷，增长1.02%。全年粮食小麦公顷单产7815千克，实现总产量984吨；甜菜公顷单产8.55万千克，实现总产量4682.84吨；工业用番茄公顷单产12.3万千克，实现总产量10.61万吨；工业用辣椒公顷单产7800千克，实现总产量13.57万吨；啤酒花公顷单产1.08万千克，实现总产量1626.16吨（鲜花）。

年末牲畜存栏头数为4.61万头（只），比上年下降7.02%；年内牲畜出栏6.92万头（只），增长13.70%；肉类总产量2980吨，增长10.68%；羊毛总产量116吨，与上年持平；奶类产量692吨，增长13.10%；禽蛋产量701吨，增长20.70%。

年末实有水果种植面积101公顷，水果产量1556吨，增长10.58%。全团当年共完成造林建园面积35公顷。年内团场森林覆盖率12.3%，城镇绿化率37%，绿化覆盖率41%。

农作物甜菜精量半精量播种面积54.77公顷。农作物种子包衣播种面积2783.29公顷，农作物测土配方施肥面积2783.29公顷。有效灌溉面积2933.86公顷，其中高新节水灌溉面积2783.29公顷，占总播种面积的94.87%。

年末农业机械总动力14164.16万千瓦，比上年增长12.63%，其中大中型农用拖拉机121台，增长10.25%；小型拖拉机12台，下降13.33%；农用排灌动力机械2062千瓦，与上年持平；农用运输机械7868.48千瓦，与上年持平；全年化肥施用量3750吨，农场用电量1750千瓦时，增长10.29%。种植业耕、种、收综合机械化率97%，增长1.01%，畜牧业机械化水平72%，畜禽良种推广覆盖率达到94.5%，养殖粪污资源化利用率100%。

【工业】 2017年，二十七团完成工业增加值2.57亿元，比上年增长21.20%。有工业企业18家，其中规上企业8家，主要工业产品产量：旭升番茄罐头20600吨；天湖鹅业饲料加工7045吨；畜产品加工4410吨；新疆隆海鑫工程技术有限公司化学剂助制品11045吨；啤酒花颗粒加工807.32吨。

【建筑业】 2017年，二十七团抓住国家政策机遇，筹资3321万元为民办实事。投资1200万元，完成团场文化活动广场绿化提升建设工程28000平方米；投资650万元，完成职工安置住房和连队住房改造更新工程325套，计26000平方米；投资950万元完成城镇、连队环境综合整治工程；投资521.1万元装修楼房150套11250平方米。

【固定资产投资】 2017年，二十七团全年计划总投资6.5亿元，实际完成固定资产总投资6.56亿元，比上年增长17.19%。按三次产业分，第一产业完成投资2.72亿元，增长16.7%；第二产业完成投资1.88亿元，增长15.5%；第三产业完成投资2.35亿元，增长21.8%。

是年，房地产开发投资6921万元，下降55.37%，涨幅急速减缓。截至2017年末累计完成保障性住房建设34.24万平方米，计4338户，售出4137户，入住率95.37%；其中住宅销售面积90880平方米，下降35.96%；商品房待售面积18235平方米计231户，占4.63%。

全年500万元以上计划投资项目5个，完成固定资产投资4418万元，占全团投资比重的 6.7%；其中计划投资超过 1000 万元的项目 1 个，完成固定资产投资额 1.4 亿元，占全团投资比重的 21%。2017 年新开工 1000 万元以上项目 19 个，完成固定资产投资 4.81 亿元，占全团投资比重 73%。

【国内贸易】 2017 年，二十七团实现社会消费品零售总额 6118 万元，下降 52.13%。其中零售贸易业零售额为 1.45 亿元，增长 18.7%。

【招商引资】 2017 年，二十七团落实招商引资项目 32 个，落地项目 15 个，到位资金 4.05 亿元。

【交通运输】 2017 年末，二十七团拥有民用汽车 316 辆，比上年下降 9.72%。其中，载客汽车 148 辆，与上年持平；载货汽车 160 辆，比上年下降 9.47%；其他汽车 8 辆，与上年持平。

全年完成客运量 74.73 万人，增长 12.25%；旅客周转量 1252.62 万人千米，增长 12.30%；完成货运量 2246.32 万吨，增长 12.33%；完成货物周转量 1.03 万吨千米，增长 12.71%；全年公路运输业营运业务收入 6154.1 万元，增长 12.44%。

【金融】 2017 年末，二十七团农行人民币各项存款余额 15 亿元，比上年末增长 0.1%，其中个人存款 0.7 亿元，增长 21.4%；对公存款 0.4 亿元，增长 117.16%。年末本币各项贷款 0.75 亿元，增长 15.38%，其中短期贷款 0 亿元，增长 0；中长期贷款 0.75 亿元，增长 15.38%。

【保险】 2017 年，二十七团实现保险业务总收入 1118.8 万元，比上年增长 3.15%。其中，农业险业务收入 494 万元，增长 0.06%；财产险业务收入 299 万元，增长 27.19%。全年累计各类保险赔（给）付金额 732.8 万元，增长 10%。

【人口】 2017 年末，二十七团总人口为 10788 人，比上年增长 1%。家庭总户数 4448 户，平均每户家庭人口为 2.43 人。全年出生人口 35 人，出生率为 0.32‰；死亡人口 92 人，死亡率为 0.85‰；净增人口 409 人，人口自然增长率 0.38‰。

【就业】 2017 年末，二十七团在岗职工 2105 人，比上年末增长 10.45%。城镇登记失业率为 1.58%，全年累计实现新增就业 332 人。

【人民生活】 2017 年，二十七团在岗职工工资总额 9027 万元，比上年增长 13.79%。在岗职工职均工资 42882 元，增长 13.20%。是年，城镇常住居民人均可支配收入 24230 元，增加 4560 元，增长 8.10%。团场降低社会保障缴费比例，转移性收入增长较快。连队常住居民人均可支配收入 18600 元，增加 3754 元，增长 12.5%。

【社会保障】 2017 年，二十七团社会保障基金征缴总额 4441.53 万元，比上年增长 13.40%，征缴率 103.94%。其中，征缴企业养老保险基金 2895.58 万元，增长 20.38%，征缴率 100%；征缴机关养老保险基金 250.66 万元，增长 37.29%，征缴率 100%；征缴职业年金 37.23 万元，增长 11.08%，征缴率 100%；征缴医疗保险基金 1123.45 万元，增长 11.07%，征缴率 100%；征缴失业保险基金 84.07 万元，下降 11.48%，征缴率 88.52%；征缴工伤保险基金 42.11 万元，增长 10.27%，征缴率 100%；征缴生育保险基金 8.42 万元，下降 28.01%，征缴率 71.99%。全年支付离退休人员养老金 1.36 亿元，增长 12.25%，离退休人员养老金社会化发放和五项社会保险待遇拨付率连续 11 年均为 100%。

自 2017 年 7 月 1 日起，最低生活保障标准由原标准 382 元/人·月提标为 396 元/人·月；重度残疾人 37 元/人·月，60 周岁以上老年人 87 元/人·月，18 周岁以下未成年人 22 元/人·月。截至是年末，全团低保人员 151 户 195 人，累计为 1164 人次发放低保金 84 万元。重度保障对象 14 人。其中，重度残疾人7人，60周岁以上老年人3人，未成年人4人。保障对象全部按标准发放低保金，其他低保人员188人根据低保有关政策差额享受。全团特困供养人员7人，其中全自理6人，半自理0人，全护理1人，累计发放补助资金6.3万元。临时救助累计652户次1268人，合计发放43.12万元。

【教育】 2017年末，二十七团拥有九年一贯制学校1所，纯小学1所，幼儿园1所。在校小学生378人，初中生308人。教职工人数164人。其中专职教师136人，幼儿园在园幼儿及儿童256人。小学、初中儿童少年入学率和升学率均达100%。适龄儿童入园（学前班）率100%。中考重点高中升学率98.9%，居焉耆垦区第一。

【科学技术】 2017年末，二十七团共有各类专业技术人员0.0425万人，各类科研及推广机构2个，从事科技活动人员和技术人员25人。科技研发投入比重继续提升。全团全年科技研究开发等经费支出5万元，其中获得国家及兵团拨款5万元。全年组织实施各类科技研究、开发、推广项目1个。组织实施师级科研开发推广项目（课题）5个。全年有2项科技成果通过鉴定或验收，获兵团科技进步奖科技成果三等奖一项；获师科技进步奖科技成果三等奖一项。

【文化】 2017年，二十七团全年完成省级刊稿97篇（其中电视新闻36条），完成师计划的107.8%。地州级刊稿391篇（其中地州级电视104条、广播97条），完成师计划的186.2%。省级和省级以上网络162篇，完成师计划的127.5%；铁门关市在线333条，完成师计划178.6%。年末电视综合人口覆盖率99.5%，广播综合人口覆盖率为98.6%，有线电视入户率100%。组织开展各类群众性文化活动13场次，团场各级与地方县市乡镇开展兵地文化联谊活动24场次，参与活动的团场职工与地方群众8600人次。

【体育】 2017年6月1—2日，二十七团中学在校园户外运动场，成功举办团中小学生第十一届田径运动会，共有270名运动员参加运动会，全团干部职工、学生上千人参加观看。

【卫生】 2017年末，二十七团拥有各类卫生机构14个。其中，医院1所，卫生室10所，社区卫生服务中心1个，社区卫生服务站1个，疾病预防控制中心1个。开放床位数30张，卫生工作人员78人。其中，卫生技术人员67人，其中副主任医师6人，主治医师11人，主管护师5人。全团平均每千人拥有病床3张，平均每千人拥有卫生技术人员6.8人。基层疾病预防控制、卫生监管和突发公共卫生事件应急处置能力不断提高，团连卫生机构规范建设覆盖率达到100%。建成连队社区甲级卫生室9个，卫生户厕4137户，占团总户数的95%，建成中小学水冲式厕所2座，团场中心水冲式厕所1座。建立居民健康档案7070份。2017年，传染病报告发病率（甲乙类传染病）为0，病死率为0。婴儿死亡率为0，孕产妇死亡率为0。

【社会服务】 2017年末，二十七团包括养老院、日间照料中心、老年公寓等社会福利机构共3家，其中新建1家。入住老人30人，养老床位数占离退休3623人的13张/千人。

【资源环境】 2017年末，二十七团河道上建有水闸4座。全年水利工程供水量2.89千万立方米，下降8.02%，其中，自流灌溉用水量1.68千万立方米，占总用水量58.23%；扬水灌溉用水量1.20千万立方米，占总用水量41.76%。节水灌溉面积2933.86公顷，占耕地面积的71.38%。

完成城镇集中供热，旭升果蔬、中基天通两家公司燃煤锅炉提标和污水处理升级改造工作。建立河长制，城区饮用水质合格率100%。团场森林覆盖率12.3%，城镇绿地率37%，绿化覆盖率41%。

【安全生产】 2017年，二十七团投资700万元建设人防、技防、物防等设施，提高维稳综合能力，全年实现辖区"五无"目标，安全生产无事故。2017年被第二师师市授予"消防和安全生产先进单位"称号。

【二十七团党委第十一届二次全委（扩大）会议】 2017年3月17日，二十七团党委第十一届全委（扩大）会议，在团部驻地天河镇职工文化中心召开，130人参加会议。会议总结了2016年工作，明确2017年总体思路、目标任务。以经济发展和民生改善为基础，抓好"改革、聚人、招商、投资、稳定"五件大事，继续实施投资拉动、产业带动两大战略，围绕"六大板块"，夯实"七大基地"，补齐团场发展短板，促进经济平稳健康发展和社会和谐稳定，以优异成绩迎接党的十九大胜利召开。

【民族团结一家亲】 2017年，二十七团完善兵地共建融合发展机制，打造中创智联、中澳牧业两个兵地融合发展产业平台，为推进兵地县乡现代农业产业化发展起到示范引领作用。年内接纳南疆两地州富余劳动力96人，人均增收5357元。以民族团结教育月和其他重大节日为契机，组织联谊活动37场次。全面推进"民族团结一家亲"活动，团场338名党员干部与地方结对认亲324户，"结亲周"活动下沉阿克墩村入户286户。与焉耆县营造"五共同一促进"良好局面。

【连队】 2017年，第二师二十七团有8个农业连队。

农一连 地处二十七团，团部驻地天河镇区，始建于1959年7月，在原林园连基础上多次组合整编。1995年1月更名为现名。2017年，农一连拥有耕地总面积103.83公顷，其中啤酒花面积52.59公顷，建有日光温室大棚75座，占耕地21.73公顷。年末总人口962人，在岗职工80人，有离退休人员264人，少数民族人口7人。农一连是团场唯一有40多年啤酒花种植历史的连队，种植管理经验丰富，以公顷单产水平高，酒花甲酸含量高闻名。2017年，连队实现生产总值437万元，增长32.56%；职均收入36344元，增长11.08%；连队居民人均可支配收入14425元，增长7.7%。

农二连 地处巴旦西村，距团部天河镇3.38千米。始建于1959年7月，在原三队基础上多次组合整编。1970年10月更名为现名。2017年，农二连拥有耕地总面积530.47公顷，主要以小麦、甜菜、辣椒、番茄、啤酒花种植生产为主。年末总人口695人，在岗职工218人，有离退休人员142人，少数民族人口8人。土地条件整体较好，农业种植水平较高，是团场的高产连队之一。2017年，农二连实现生产总值1787万元，种植36.02%；职均收入43179元，增长11.99%；连队居民人均可支配收入15421元，增长8.3%。

农四连 地处北古城村，距团部天河镇3.38千米。始建于1959年7月，在原二队基础上多次组合整编。1985年1月更名为现名。2017年，农四连拥有耕地总面积461.33公顷，主要以小麦、甜菜、辣椒、番茄、啤酒花种植生产为主，其中甜菜公顷单产屡创团场和二师记录。荣获师、兵团级生态文明小康连队。年末总人口482人，在岗职工197人，有离退休人员155人，少数民族人口11人。年末实现生产总值1998万元，增长3.57%；职均收入42255元，增长11.84%；连队居民人均可支配收入15091元，增长3.5%。

农五连 地处龙渠村，距团部天河镇9.5千米。始建于2004年5月，是原兵团工一师二〇四团十一农场，后划归二十七团。2005年1月重新组合整编更名为现名。2017年，农五连拥有耕地总面积762.73公顷，主要以甜菜、辣椒、番茄、小茴香、玉米种植生产为主，其中小茴香套种玉米是连队的特色，小茴香公顷单产可达1.8万千克，经济效益十分显著。是团场偏远的中心连队之一。年末总人口1613人，在岗职工319人，有离退休人员155人，少数民族人口48人。年末实现生产总值2355万元，增长7.5%；职均收入42908元，增长5.72%。

农六连 地处博湖县加翁布呼村，距团部天河镇13.54千米。始建于1962年1月，是在原种马场三队基础上合并组合。1973年3月，更名为现名。2017年，农六连拥有耕地总面积413公顷，主要以小麦、甜菜、辣椒、番茄、啤酒花种植生产为主，其中连队以辣椒色素高、啤酒花产量高、甲酸含量高而闻名。荣获师、兵团级生态文明小康连队和国家级生态文明小康先进村镇荣誉称号，是团场偏远的中心连队之一。年末总人口493人，在岗职工155人，有离退休人员78人，少数民族人口10人。年末实现生产总值1316万元，下降17.08%；职均收入39600元，下降1.08%；连队居民人均可支配收入18635元，下降1.25%。

农八连 地处博湖县乌都尼查干村、查干诺尔村、桥南村，距团部天河镇21.2千米。始建于1958年1月，在原种马场畜牧队基础上多次组合。2006年12月更名为现名。2017年，农八连拥有耕地总面积675.73公顷，主要以小麦、甜菜、辣椒、番茄、啤酒花种植生产为主，其中连队以辣椒、番茄色素高受到客户青睐。荣获师、兵团级生态文明小康连队荣誉称号，是团场偏远的中心连队之一。年末总人口1317人，在岗职工296人，有离退休人员296人，少数民族人口11人。年末实现生产总值3272万元，增长8.51%；职均收入42596元，增长9.9%；连队居民人均可支配收入21298元，增长11.45%。

农九连 地处上湖村、南古城村，距团部天河镇8.34千米。始建于1966年1月，是在原二中队、三中队基础上多次组合。1970年10月更名为现名。2017年，农九连拥有耕地总面积573.33公顷，主要以小麦、甜菜、辣椒、番茄、啤酒花种植生产为主，其中连队以辣椒、番茄产量高、色素高而闻名，小麦和啤酒花生产水平也一直领先团场，荣获师、兵团级生态文明小康连队荣誉称号，是团场偏远的中心连队之一。年末总人口946人，在岗职工259人，有离退休人员140人，少数民族人口10人。年末实现生产总值1676万元，下降2.02%；职均收入42457元，下降0.9%；连队居民人均可支配收入22851元，下降1.23%。

农十连 地处白疙瘩村，距团部天河镇14.64千米。始建于1984年3月，是在原机耕二队、十连基础上组合。1994年1月更名为现名。2017年，农十连拥有耕地总面积475.2公顷，主要以小麦、甜菜、辣椒、番茄种植生产为主。大部分耕地因濒博湖小西海子，地下水位较高，因此沿湖的耕地盐碱较重，且产量低，历经艰难，地下水位明显下降，盐碱地得到改良，农业生产形势日益好转。是团场偏远的中心连队之一。在十连耕作区中，坐落着一处阿克墩烽火台，1996年被公布为焉耆回族自治县县级文物保护单位，据焉耆文史资料简介，阿克墩烽火台特征与博格达沁古城较为相似，其年代不晚于唐。2017年末，连队总人口454人，在岗职工148人，有离退休人员94人，少数民族人口5人。年末实现生产总值1095万元，增长25.68%；职均收入42436元，增长9.8%；连队居民人均可支配收入21793元，增长11.72%。

（郭宗顺）

· 二二三团 ·

团党委书记、政委：
桑茂德
党委副书记、团长：
鲁建英
党委常委、副团长：
何　斌　程海林（援疆干部，3月离任）
党委常委、副政委、工会主席：
买明江·卡德尔（维吾尔族）
党委常委、副团长：
戴　晓

党委常委、副政委、纪委书记：

高艳荣（女）

党委常委、副团长、人武部部长：

胡素军（2018年5月，受到免职、行政撤职处分，降为正科级非领导职务，处分期24个月）

【概况】 二二三团前身是巴音郭楞蒙古自治州地方国营和静县哈木胡提农场，1956年建立猛进合作社，隶属和静县一区。1960年建立和静县哈木呼提农场。1963年升格为新疆维吾尔自治区地方国营哈木呼提农场，直属自治区农垦厅领导。1970年移交兵团管理，划归建筑工程师，命名为二团农场。1971年改名为建筑工程师哈木呼提农场，升格为团级建制。1981年移交第二师，更名为第二师二二三团。团域和静县境内。团部驻地哈木呼提镇，距库尔勒市公路里程95千米。2017年，土地总面积80740公顷。其中耕地5768.33公顷，林地705.16公顷，山区草场52507.98公顷。辖15个连队，3个社区，18个企事业单位。年末总人口8586人，其中少数民族人口3995人。人口自然增长率5.2‰。年末从业人员3102人，其中在岗职工2093人。有离退休人员1575人。

【经济建设】 2017年，二二三团实现生产总值25924万元，比上年下降17%。其中，第一产业增加值10665万元，增长3.2%；第二产业增加值7168万元，下降48.9%；第三产业增加值8091万元，增长10.1%。三次产业结构比为41.2∶27.6∶31.2。人均生产总值30190元，下降19.38%。全社会固定资产投资22395万元，下降23.5%。社会消费品零售总额5795万元。团场综合利润亏损490万元。

【农业】 2017年，二二三团实现农林牧渔业总产值2.55亿元，比上年增长3.7%，其中，农业总产值1.5亿元，下降1.03%；林业总产值0.01亿元，下降67.22%；畜牧业总产值0.89亿元，增长14.39%；农林牧渔服务业总产值0.15亿元，增长10.12%。农业增加值0.68亿元，增长6.08%。

是年，二二三团农作物播种面积（含复播）3270公顷，下降9%。其中，粮食种植面积1405.6公顷，下降10.5%；蔬菜种植面积（含菜用瓜）665公顷（其中：工业用番茄300公顷，下降26.2%；工业用辣椒273.3公顷，增长341.6%），增长13.73%。全年粮食产量0.9936万吨，下降6.19%；工业用番茄产量3.6万吨，下降29.88%；工业用辣椒（鲜椒）产量1.0455万吨，增长241.6%。2017年，粮食每公顷产量为7065千克，工业用番茄为120吨，工业用辣椒（鲜椒）为37.5吨。

年末牲畜存栏头数为3.88万头（只），比上年下降49.8%；年内牲畜出栏5.95万头（只），增长6.44%；肉类总产量0.21万吨，增长13.9%；羊毛总产量0.01万吨，增长11.9%；奶类产量0.02万吨，增长10.2%；禽蛋产量0.01万吨，下降47%。

年末实有水果种植面积1903公顷。水果产量1.35万吨，增长0.16%。全团当年共完成造林建园面积570公顷。

农作物精量半精量播种面积1000公顷。农作物种子包衣播种面积392公顷，农作物测土配方施肥面积392公顷。

有效灌溉面积3270公顷，其中高新节水灌溉面积697公顷。

年末农业机械总动力1.56万千瓦，比上年下降9%。其中大中型农用拖拉机191台，下降15%；小型拖拉机10台，下降33.3%；农用排灌动力机械0.02万千瓦，与上年持平。全年化肥施用量（折纯）0.22万吨，下降0.27%，农场用电量0.57亿千瓦时，下降12.9%。

种植业耕、种、收综合机械化率92%，畜牧业机械化水平70%，园艺业机械化水平68%。畜禽良种推广覆盖率达到80%，养殖粪污资源化利用率80%。

年末各级农业产业化龙头企业1家，龙头企业带动农户0.002万户。"三品一标"（即有机农产品、无公害农产品、绿色食品和农产品地理标志）认证产品累计数量3个。

【工业】 2017年，二二三团完成工业增加值0.72亿元，比上年下降48.9%。实现工业总产值2.16亿元，下降49.8%。其中，规模以上工业总产值1.83亿元，下降49.07%，占全团工业总产值比重为85%；规模以下工业总产值0.32亿元，下降53.71%，占全团工业总产值比重为15%。

【建筑业】 2017年，二二三团与8家资质以上建筑企业签订合同金额0.461亿元。其中，本年新签合同额0.46亿元。完成施工产值0.46亿元。房屋建筑竣工面积0.6万平方米。

【固定资产投资】 2017年，二二三团全年计划总投资额500万元以上的项目完成固定资产投资总额2.24亿元，比上年下降23.5%。按三次产业分，第一产业完成投资0.74亿元，下降54.81%；第二产业完成投资1.0952亿元，增长457.94%，全部是工业投资；第三产业完成投资0.4亿元，下降59.8%。

全年完成工业投资1.1亿元，增长457.9%，其中，制造业完成投资1.12亿元，增长457.9%；

全年完成农业灌溉服务工程投资0.27亿元，增长31.14%。

全年500万元以上计划投资项目10个，完成固定资产投资2.24亿元，占全团投资比重的100%；其中计划投资超过1000万元的项目7个，完成固定资产投资额2.02亿元，占全团投资比重的90.4%。2017年新开工1000万元以上项目7个，完成固定资产投资2.02亿元，占全团的90.4%。

是年，固定资产投资建设资金来源总额2.24亿元，下降20.6%，其中本年资金2.19亿元。本年资金来源中，国家预算资金0.33亿元，自筹资金1.73亿元，其他资金0.18亿元。

全年新增固定资产2.24亿元，下降23.5%。

【国内贸易】 2017年，二二三团实现社会消费品零售总额0.58亿元，比上年增长20.6%；住宿和餐饮业零售额0.3亿元，同比增长15.2%。

全年批发零售贸易业商品购进总额0.39亿元，批发零售贸易业商品销售总额0.61亿元，增长17%。

【招商引资】 2017年，二二三团落实招商引资项目13个，到位资金1.19亿元。

【交通运输】 2017年末，二二三团拥有民用汽车712辆，比上年增长12.5%。其中，载客汽车461辆，增长13.54%；载货汽车251辆，增长10.57%。

全年完成客运量187.1万人，增长14.92%；旅客周转量4521万人千米，增长15%；完成货运量412.1万吨，增长15.95%；完成货物周转量9870万吨千米，增长16%。全年公路运输业营运业务收入5551.1万元，增长15.95%。全年个体公路运输业完成客运量187.1万人，增长14.92%，个体完成旅客周转量4521人千米，增长15%，个体完成货运量412.1万吨，增长15.95%，个体完成货物周转量9870万吨千米，增长16%。个体公路运输营运业务收入5551.1万元，增长15.95%。个体客运周转量和货物周转量分别占全社会客运周转量和货物周转量的100%和100%。

【金融】 2017年末，二二三团农村信用社人民币各项存款余额3.89亿元，比上年末增长1.53亿元，其中个人存款1.79亿元，增长0.23亿元；年末本币各项贷款余额1.63亿元，增长0.42亿元。

【保险】 2017年末，二二三团实现保险业务总收入400万元，比上年下降11.36%。其中，农业险业务收入200万元，下降19.36%；财产险业务收入100万元，增长15.42%。全年累计各类保险赔（给）付金额300万元，下降13.8%。

【人口】 2017年末，二二三团总人口为8586人，比上年末增长5.2%。家庭总户数3221户，平均每户家庭人口为2.6人。全年出生人口80人，出生率为0.93‰；死亡人口61人，死亡率为0.71‰；净增人口425人，人口自然增长率为5.2‰。

【就业】 2017年末，二二三团在岗职工1955人，比上年末下降1%。全年累计实现新增就业513人。

【人民生活】 2017年，二二三团在岗职工工资总额0.9833亿元，比上年增长0.94%。在岗职工职均工资46980元，增长0.03%。团场降低社会保障缴费比例，转移性收入增长较快。连队常住居民人均可支配收入13926元，增加1098元，增长8.6%。

【社会保障】 2017年，二二三团社会保险基金征缴总收入为2900万元，比上年减少340万元，征缴率100%。其中，征缴企业养老保险基金1900万元，减少160万元，征缴率100%；征缴机关养老保险基金260万元，征缴率100%；征缴职业年金37万元，征缴率100%；征缴医疗保险基金790万元，减少40万元，征缴率100%；征缴失业保险基金72万元，征缴率100%；征缴工伤保险基金36万元，减少40万元，征缴率100%；征缴生育保险基金7万元，征缴率100%。全年支付离退休人员养老金70万元，离退休人员养老金社会化发放率和五项社会保险待遇拨付率均为100%。

自2017年7月1日起，最低生活保障标准由原标准382元/人·月提标为396元/人·月；重度残疾人37元/人·月，60周岁以上老年人87元/人·月，18周岁以下未成年人22元/人·月。截至是年末，全团低保人员194户296人，累计为1777人次发放低保金44.9347万元。重点保障对象158人。其中，重度残疾人43人，60周岁以上老年人64人，未成年人51人。保障对象全部按标准发放低保资金，其他低保人员根据低保有关政策差额享受。全团特困供养人员4人，其中全自理3人，半自理1人，累计发放补助资金1.596万元。临时救助累计66户次94人，合计发放3.3万元。

【教育】 2017年末，二二三团拥有九年一贯制学校1所，幼儿园1所。在校小学生613人，初中生282人。教职工人数104人。其中，专职教师94人，幼儿园在园幼儿及儿童373人。小学、初中儿童少年入学率和升学率均达100%。适龄儿童入园（学前班）率100%。学前教育阶段，免除保育费、读本费、补助伙食费23.95万元，资助学前学生336人。义务教育阶段，免教科书费7.35万元，家庭经济困难寄宿生生活补助14.52万元，资助小学学生80人，初中学生31人。

【科学技术】 2017年末，二二三团共有各类专业技术人员0.02万人，各类科研及推广机构6个，从事科技活动人员和技术人员42人。科技研发投入比重继续提升。全团全年科技研究开发等经费支出521.64万元，其中获得国家及兵团拨款34万元。加快科技进步与创新，加快实用科技成果推广。全年组织实施各类科技研究、开发、推广项目4个，组织实施师级科研开发推广项目（课题）4个。全年有2项科技成果通过鉴定或验收。

【文化】 2017年，二二三团在中央级、省级新闻媒体和师市刊用稿151篇（幅）。其中，报刊稿件54篇（幅），电视稿件32篇，网络稿件65篇。地师级稿件共290篇（幅）。其中，报纸刊物82篇（幅），电视64篇，网络144篇。年末电视综合人口覆盖率为97%，广播综合人口覆盖率为97%。

开展形式多样的文体活动，举办具有兵团特色的第二届"红富士杯"百日广场职工文化活动。每次观看演出的职工人数近2000人。举办"民族团结一家亲"职工篮球赛39场次；2017年1月6日，45名职工报名参加卡拉OK预赛，选出15人进入决赛。1月16日晚，二二三团在文化中心举办"唱响职工好声音，弘扬民族团结情"迎新春职工卡拉OK决赛，观看群众400余人，评出一等奖1人、二等奖3人、三等奖5人、鼓励奖六人，团为获奖歌手发放奖励金3000元。

2017年1月19日，二二三团举办"迎新春"职工趣味活动比赛。集体项目有：拔河、筷子夹乒乓球、摇大绳。个人项目有：踢毽子、夹玻璃弹珠、乒乓球投掷、自行车慢骑、团结一致、跳绳，参与群众1300余人。2017年7月22日至8月21日，团组织开展民族团结一家亲暨第三届"红富士杯"职工篮球赛，共组男队10个96人、女队9个72人，比赛及友谊观看赛共计46场次，观赛群众累计1.35万余人次。推选10名职工参加师市举办的"文化能人"大赛；举办和参加师市、兵团举办的各类文艺培训班和读书活动19次。组织开展各类群众性文化活动11场次，团场各级与地方县市、乡镇开展兵地文化联谊活动3场次，参与活动的团场职工与地方群众0.4万人次。

【体育】 2017年，二二三团中学荣获"全国青少年校园足球特色示范校"称号，并荣获第二师教育局特色足球校园称号。5月27—30日，团中学参加第二师第六届中学生五人制校园足球赛，男队10人参加，荣获初中组男子第三名。5月11—23日，参加兵团校园足球总决赛，18人参加，获初中组男子第三名。9月26—29日，参加第二师第六届小学生五人制校园足球赛，20人参加，男队获第一名，女队获第四名。

【卫生】 2017年末，二二三团拥有各类卫生机构3个。其中，医院1所，卫生所（室）2个，疾病预防控制中心1个。床位总数38张，卫生工作人员58人。其中卫生技术人员44人，其中执业和助理医师14人，注册护士12人。全团平均每千人拥有病床4.66张，平均每千人拥有卫生技术员5.3人。基层疾病预防控制、卫生监管和突发公共卫生事件应急处置能力不断提高，团连卫生机构规范化建设覆盖率100%。建成连队甲级卫生室2个，卫生户厕0.11万座，建成中小学水冲式厕所2座。建立居民健康档案0.8161万份。2017年，传染病报告发病率（甲乙类传染病）为35.53/10万。

【社会服务】 2017年末，二二三团有养老院1家，入住老人17人，养老床位数35张/千人。

【资源环境】 2017年，二二三团全年规模以上工业企业综合能源消费量0.36万吨标准煤，比上年下降77.22%。其中，煤炭消费量0.43万吨，下降71.68%；汽油消费量75.82吨，下降73.27%；电力消费量0.04亿千瓦时，下降90.1%。

全年农作物受灾面积1126.7公顷。其中成灾面积1126.7公顷。全年自然灾害造成直接经济损失406.03万元。其中，农业直接经济损失406.03万元，受灾人口0.057万人次。

【安全生产】 2017年，二二三团未发生生产安全死亡事故，各类事故指标均在控制范围之内，安全生产形势总体稳定，持续向好。

【二二三团党委七届二次全委（扩大）会议】 2017年2月10日，二二三团召开党委七届二次全委（扩大）会议，参加会议人员为团党委班子成员、机关各科室负责人、各单位党政领导、师市驻团"访惠聚"工作队队长共64人。党委书记、政委桑茂德作题为《适应新常态展现新作为全面建设团结稳定、和谐发展新团场》工作报告。

会议的主要任务是，深入贯彻习近平总书记系列重要讲话特别是在第二次中央新疆工作座谈会上的重要讲话和视察新疆、兵团时的重要讲话精神，全面落实党的十八届六中全会和中央经济工作会议精神，按照自治区第九次党代会、经济工作会议、兵团党委六届十七次全会和师市第十五次党代会的部署要求和团第七次党代会既定目标，总结过去一年工作，安排2017年任务，动员各级党组织和广大党员干部紧紧围绕社会稳定和长治久安总目标，适应新常态，展现新作为，为全面建设团结稳定和谐发展新团场而努力奋斗。

2017年工作的总体要求是：深入贯彻落实第二次中央新疆工作座谈会特别是习近平总书记视察新疆、兵团时的重要讲话精神，紧紧围绕社会稳定和长治久安总目标，统筹推进"五位一体"总体布局，协调推进"四个全面"战略布局，坚持稳中求进工作总基调，牢固树立和贯彻"五大发展理念"，以提高发展质量和效益为中心，以推进改革发展为主线，以维护社会稳定和促进民族团结为重点，坚定不移抓好"稳定、改革、聚人、招商、投资"五件大事，全力做好保稳定、稳增长、促改革、调结构、惠民生、防风险等各项工作，推进经济持续健康发展和社会和谐稳定，围绕师市党委提出的"二十四字"方针，加快建设"精品小镇、休憩之地、平安之所、瓜果之乡、生态名团"美好团场，以优异成绩迎接党的十九大胜利召开。

2017年经济社会发展的奋斗目标是：完成生产总值3.48亿元、增长12%；全社会固定资产投资4.5亿元、增长50%；社会消费品零售总额0.59亿元，增长15%；年末总人口0.88万人、常住居民人均可支配收入1.39万元，增长12%。

【学习宣传贯彻党的十九大精神】 2017年末，二二三团党委组织党员领导干部集中30天，组织团领导和宣讲骨干10人在全团24个基层单位开展十九大精神宣讲活动。共宣讲27场次，团场干部职工群众全员3100多人次参加集中宣讲学习。在团部城镇主干道路、重点区域、各基层单位悬挂、张贴各种宣传口号标语560幅。团广播电视滚动播出喜迎十九大公益广告、标语318条。组织观看央视网"砥砺奋进的五年"大型成就展并发表感言67条。

【"访惠聚"工作】 2017年，驻二二三团"访惠聚"工作队坚持每月走访一遍辖区住户，掌握思想动态，造册登记各家庭人员动向。利用走访入户契机，面对面向群众开展"去极端化"宣传教育，发放各类惠民政策和民族宗教政策宣传资料800余份。库尔勒垦区法院为连队赠送8台电脑、1台打印机、1台多功能传真一体机。申请培训资金6万元；为和谐新村配备100套培训桌椅，为连队申请4个公益性岗位指标，解决连队4名少数民族家庭困难人员就业，每人每年可获得岗位补贴2万元。两次申请13万元为民办实事项目资金，将资金购买牛羊交由连队养殖大户艾肯木·肉孜和艾合买提·热尼汗集中托管，签订托管协议，分红收益每年可滚动帮扶26户贫困户，每户增加收入750元。为连队贫困户、重点关注人员家庭困难户、老弱病残等共29户累计发放帮扶慰问金7000元。拓宽多元增收致富渠道。组织120人在连队帮助职工采收番茄、葡萄、桃子共增收214950元，人均增收1792元。组织55人到二十二团、二十四团采收辣椒共增收275000元，人均增收5000元。

【"民族团结一家亲"活动】 2017年，二二三团全团干部共结对认亲392人，其中：处级干部8名、科级干部45人、一般干部204人、教师84人、医生护士51人。

开展丰富多彩的活动，组织300名维吾尔族学生、200名汉族、回族、蒙古族共计500名学生，跟父母一起跳"麦西来甫""小苹果""小手拉大手"千人广场舞等。组织干部、职工群众开展篮球比赛、歌唱比赛活动2次，参加人数539人次。组织全团各族干部、职工群众进行一次加强民族团结"去极端化"考试，有489名干部参加考试。团与和静县19个单位、5个宗教场所开展民族团结进步模范单位的创建工作。生态站、园七连、医院分别与和静县克尔古提乡浩尔哈特村、那依特村和乃门莫敦乡签订兵地融合发展框架协议书；多次与和静县克尔古提乡、乃门莫敦乡、阿拉沟乡、和静镇开展多次民族团结兵地共建，融合发展走访慰问及科技医疗下乡活动 7 次。组织园林技术骨干、志愿者义务为 75 位生产和生活中遇到难题的乡镇居民送去价值 6 万元的帮扶资金；举办兵地共建文艺汇演 5 次；开展兵地教育研讨会活动 1 次；举办以"创新、拼搏、团结、奋进"为主题的"第二届山区牧民运动会" 1 次，邻近团场、和静县、焉耆县各族牧民近 600 人参加此次运动会。

【"发挥兵团特殊作用大学习大讨论"活动】 2017 年，二二三团党委认真制订学习计划，明确学习的内容、方法、程序等。组织宣讲骨干 10 人在全团基层单位开展宣讲活动。通过专题党课和分管行业重点解读辅导的形式，积极回应党员干部和职工群众的理论和实际关切，共宣讲 7 场次，团场干部职工群众全员 4100 多人次参加集中宣讲学习。在团部城镇主干道路、重点区域、各基层单位悬挂、张贴各种宣传口号标语 56 余幅。

【精准脱贫】 2017 年，二二三团为 267 户 637 人贫困户建档立卡，通过全团党员干部"一对一"挂钩帮扶、民族团结一家亲、扶贫资金入股合作社分红、社会保障兜底、走访慰问、教育、医疗、"访惠聚"工作队帮扶、援疆扶贫、劳务输出等各项措施的帮扶。强化对全团建档立卡贫困户实施动态管理，督促 17 个基层单位按时上报贫困对象变化情况，做到数据及时更新，贫困对象有进有出，进出有据，保证贫困人口信息真实、可靠、管用。结合团场扶贫动态管理脱贫情况，对 200 户 526 人贫困户每户分红 0.05 万元。对贫困户 296 户 704 人补发入股分红资金 43.94 万元。组织贫困户 174 人对项目中砂砾石道路工程进行修建，共计对贫困户发放劳务报酬 20.32 万元，带动 127 户贫困户增收。河北援疆扶贫资金 1800 万元。用于"冀援迈康"设施农业产业基地建设，新建 26 座砖混日光温室和 51 座连栋冷棚，拟带动 25 户深度贫困的贫困户增收。已于 9 月开工建设，完成 26 座砖混日光温室砌筑工程。拟带动 64 户、168 人贫困户脱贫问题，同时还可吸纳 30—40 个贫困人口承包经营或 60—80 个贫困人口长期务工，增加收入，巩固脱贫成果，年末实现贫困户全面脱贫。

【"双创活动"】 2017 年，二二三团安排 305 万元"双创"资金，参与双创人数 1648 人，参与率 83.9%；带动就业 425 人次，新增就业 104 人；共举办电子商务服务站站长、家政服务"巾帼特色"、电子商务普训班、手工制品等各类"双创"培训班 5 期，培训各类人员 665 人。新增各类市场经营主体 65 家，年增长率 32.65%。团拥有小微企业 20 家，养殖合作社 17 家，农林合作社 12 家，个体经营户 259 家；孵化园孵化创业项目 11 个，孵化园入住率 50%。兴平苯板、瑞祥番茄率先投身企业设备更新和技术创新，分别投资 100 万元、400 万元进行设备技术改造；在团"双创"政策的扶持下，巴州鸿业电子商务有限责任公司仅"双十一"期间销售各类果品 10 吨，处理各类快递 1700 件。申请双创贴息贷款 222 人，1410.4 万元，撬动双创社会投资金额 5516 万元。

【连队】 截至 2017 年末，二二三团共有 13 个连队。

园林一连 1960 年 1 月成立一连。1962 年 7 月改为一队。1971 年 12 月与二队合并改为一连。1991 年 6 月分设园林一连。2017 年，园林一连土地总面积 167.47 公顷。其中耕地 146.26 公顷，林地 21.21 公顷。年末总人口 718 人。其中少数民族人口 554 人。人口自然增长率 3‰。年末从业人员 168 人，其中在岗职工 118 人。有离退休人员 104 人。2017 年，园林一连实现生产总值 0.034 亿元，比上年增长 1.06%，其中，第一产业增加值 0.002 亿元，增长 1.1%，第三产业增加值

0.0003亿元，增长1.38%。人均生产总值1.9万元，下降0.8%。连队居民人均可支配收入0.7万元，增长1.17%。在岗职工平均工资1.9万元，增长1.19%。

园林二连 1960年1月成立为二连，1962年7月改为二队，1971年12月与一队合并改为一连，1991年6月分设园林二连。2017年，园林二连土地总面积117.69公顷。年末总人口836人。其中少数民族人口628人。人口自然增长率5.5‰。年末从业人员200人，其中在岗职工151人。有离退休人员123人。2017年，园林二连实现生产总值820万元，比上年增长14%，其中，第一产业增加值708万元，增长14%，第三产业增加值112万元，增长5.1%。三次产业结构比为86∶0∶14。人均生产总值0.98万元。社会消费品零售总额5万元，增长2%。连队居民人均可支配收入0.81万元，增长11%。在岗职工平均工资4万元，增长14.29%。

园林三连 1972年12月由四队、五队合并组成三连，1984年3月改为种子站，1987年12月恢复三连建制，1991年6月改编为园林三连。2017年，园林三连土地总面积158.5公顷。其中耕地137.8公顷，林地20.7公顷。年末总人口375人。其中少数民族人口35人。人口自然增长率-0.12‰。年末从业人员270人，其中在岗职工110人。有离退休人员105人。2017年，园林三连实现生产总值520万元，比上年增长0.6%，其中，第一产业增加值280万元，增长0.6%，第三产业增加值240万元，增长0.6%。人均生产总值1.3万元。连队居民人均可支配收入1.3万元，增长0.8%。在岗职工平均工资3.6万元，增长0.6%。

园林四连 1960年1月组建为林场，1962年7月改名林业队，1967年10月改名园林队，队址由现园林二连处搬迁到现园林四连（此地原为籽种队队址）处，1971年12月易名园林连，1991年6月改编为园林四连。2017年，园林四连土地总面积171.93公顷。其中耕地149.24公顷，林地22.69公顷。年末总人口588人。其中少数民族人口221人。人口自然增长率2.07‰。在岗职工117人。有离退休人员122人。2017年，园林四连实现生产总值0.0335亿元，比上年增长0.0079亿元，其中，第一产业增加值0.0059亿元，第二产业增加值0.00199亿元。在岗职工平均工资1.22万元。

园林五连 1994年1月成立园林五连。2017年，园林五连土地总面积226.38公顷。其中耕地195.18公顷，林地31.2公顷。年末总人口501人。其中少数民族人口141人。人口自然增长率0.4‰。年末从业人员133人，其中在岗职工133人。有离退休人员4人。2017年，园林五连实现生产总值640万元，比上年增长12%，其中，第一产业增加值120万元，增长12%。连队居民人均可支配收入0.58万元，增长7%。在岗职工平均工资4.5万元，增长10%。

园林六连 1997年3月成立园林七连，2004年3月改为园林六连。2017年，园林六连总面积240.7公顷。其中耕地216.8公顷，林地24公顷。年末总人口389人。其中少数民族人口137人，人口自然增长率1‰，年末从业人员109人，其中在岗职工84人，离退休人员22人。2017年，园林六连实现生产总产值303万元，比上年增长11%，其中：第一产业增加值268万元，增长12%，第三产业增加值35万元，增长5%，人均生产总值0.77万元，全社会固定资产投资0.026亿元，增长3%。连队居民人均可支配收入0.5万元，增长3%，在岗职工平均工资2.18万元，增长2%。

园林七连 2004年8月成立园林七连。2017年，园林七连土地总面积490.21公顷。其中耕地459.21公顷，林地32公顷。年末总人口301人。其中少数民族人口115人。人口自然增长率0.67‰。年末从业人员121人，其中在岗职工99人。有离退休人员9人。2017年，园林七连实现生产总值320万元，比上年增长15.62%，其中，第一产业增加值

0.0035亿元，增长10.94%。第三产业增加值0.0015亿元，增长4.68%。人均生产总值1.06万元。连队居民人均可支配收入1.32万元。在岗职工平均工资1.2万元，增长3.2%。

园林八连 2006年3月成立园林八连。2017年，园林八连土地总面积1144.76公顷。其中园地263.88公顷，林地20.74公顷。年末总人口184人。其中少数民族人口77人。人口自然增长率0.67‰。年末从业人员87人，其中在岗职工78人。有离退休人员6人。2017年，园林八连实现生产总值170.6万元，比上年增长7.2%，其中，第一产业增加值50.6亿元，增长29%。连队居民人均可支配收入0.73万元，增长1.4%。在岗职工平均工资1.2万元，增长3.2%。

设施站 设施站成立于2013年3月，主要管理设施农业（种植葡萄），归类园林。2017年，设施站土地总面积129.2公顷，其中耕地115.87公顷，园地115.87公顷，林地13.33公顷。年末总人口108人，其中少数民族人口21人。人口自然增长率0.5‰。年末从业人员81人，其中在岗职工47人。有离退休人员3人。2017年，设施站实现生产总值140.67万元，比上年增长40.67%。连队居民人均可支配收入0.91万元，增长2.3%。在岗职工平均工资1.1万元，增长1%。

农业二连 前身是1960年1月组建三连，1962年7月改名为三队，1971年12月改编为二连。2017年，农业二连土地总面积422.87公顷，其中耕地398.07公顷，林地24.8公顷。年末总人口435人。其中少数民族人口135人。人口自然增长率0.7‰。年末从业人员238人，其中在岗职工89人。有离退休人员84人。2017年，农二连实现生产总值917.5万元，比上年增长2.18%，其中，第一产业增加值17.61万元，增长3.34%，第二产业增加值-1万元，下降0.76%，第三产业增加值3万元，增长1.17%。三次产业结构比为4：3：3。人均生产总值2.11万元，下降1.17%。连队居民人均可支配收入0.47万元，增长11.9%。在岗职工平均工资2.32万元，增长7.9%。

农业四连 前身是1967年10月的建六队，队址在农业四连北干龙口沿岸。1968年8月改为建七队，1970年9月，七队改建为值班连。1971年12月，由六队、值班连合并组建农业四连。2017年，农业四连土地总面积647.5公顷。其中耕地512.2公顷。年末总人口336人。其中少数民族人口112人。人口自然增长率16.23‰。年末从业人员115人，其中在岗职工111人。有离退休人员53人。2017年，农业四连实现生产总值1301.48万元，比上年增长5%。人均生产总值4.3万元。连队居民人均可支配收入1.45万元，增长1%。在岗职工平均工资2.65万元，增长2%。

农业五连 1969年2月成立为八队，1971年12月改编为五连。2017年，农业五连土地总面积512.2公顷。年末总人口370人。其中少数民族人口82人。人口自然增长率5‰。年末从业人员200人，其中在岗职工120人。有离退休人员123人。2017年，农业五连实现生产总值898.32万元，比上年增长0.8%，其中，第一产业增加值99.37亿元，增长0.08%，人均生产总值4.3万元。连队居民人均可支配收入1.45万元，增长1%。在岗职工平均工资2.65万元，增长2%。

农业六连 1978年2月成立，驻地在梧桐村。2001年6月，团场在北干渠北侧给农业六连新修建一个居民区。2002年9月，牧业连编制撤销，该连职工及面积53.33公顷（10个条田）耕地交给农业六连管理，农业六连将办公室从梧桐村搬到牧业连办公点（阿尔温莫墩村）办公。2004年1月，哈木呼提监狱四监区撤销，该监区种植的132.93公顷（30个条田）土地划给农业六连。2017年，农业六连土地总面积512.2公顷。其中耕地512.2公顷。年末总人口370人，其中少数民族人口82人。年末从业人员95人，其中在岗职工95人。2017年，农六连实现生产总值1301.48万元，比上年增长5%。人均生产总值4.3万元。连队居民人均可支配收入1.45万元，增长1%。在岗职工平均工资2.65万元，增长2%。

生态站 2001年3月成立生态办，属园林工作站下设的一个部门。2007年更名为生态站，归口农业系统。2007年，成立生态站党支部。2017年，生态站土地总面积214.07公顷。年末总人口125人。其中少数民族人口98人。人口自然增长率0.6‰。年末从业人员41人。2017年，生态站实现生产总值22.7万元，比上年增长0.01%。人均生产总值0.6万元，连队居民人均可支配收入0.3万元，增长0.2%。在岗职工平均工资2.45万元，增长3.4%。

（陈秀英）

·二十九团 博古其镇·

团党委书记、政委：
张永平（2008年4月，受到撤销党内职务、行政撤职处分，降为副处级非领导职务，处分期24个月）

党委副书记、团长：
黄学东

党委常委、副政委、纪委书记：
夏泽祥

党委常委、副政委、工会主席：
宗建梅（女，2018年10月，受到撤销党内职务、行政撤职处分，降为正科级非领导职务）

党委常委、副团长：
张春海

党委常委、人武部部长：
史维喜

党委常委、副团长：
李宏彬 黄振宁 程凯

总工程师：
金兴海

【概况】 二十九团前身是渤海军区教导旅三团，1949年统编为中国人民解放军第二军步兵第六师十八团，1953年集体就地转业，改编为新疆军区农业建设第六团，1969年更名为二十九团。2016年，博古其镇挂牌成立，实施团镇合一管理体制。团部驻地吾瓦镇位于师部驻地铁门关市，距库尔勒市公路里程50千米。2017年，土地总面积7.06万公顷。其中农区面积4.01万公顷（耕地1.24万公顷），山区草场3.05万公顷。辖28个连队、8个服务单位、6个事业单位、13个国有及国有控股企业、11家对外投资参股企业。年末总人口29665人，其中少数民族328人。人口自然增长率为-0.18‰。年末从业人员14814人，其中在岗职工6626人。有离退休人员8846人。

【经济建设】 2017年，二十九团完成生产总值21.09亿元，比上年增长12.6%。其中，第一产业增加值6.62亿元，增长12.1%；第二产业增加值11.35亿元，增长12.9%；第三产业增加值3.12亿元，增长12.4%。三次产业结构比为31∶54∶15。人均生产总值7.4万元，增长8.8%。全社会固定资产投资11.8亿元，完成计划的71.5%。社会消费品零售总额3.8亿元，增长15%。团场综合财务利润1254万元，下降70.1%。

【农业】 2017年，二十九团实现农林牧渔业总产值13.5亿元，比上年增长12.14%。其中：农业总产值9.78亿元，增长15.57%；林业总产值0.07亿元，增长40.88%；畜牧业总产值3.03亿元，增长2.79%；农林牧渔服务业总产值0.61亿元，增长6.96%。农业增加值6.62亿元，增长12.1%。

是年，二十九团农作物播种面积（含复播）13610公顷，增长7.95%。其中，粮食种植面积157公顷，下降63.09%；棉花种植面积10489公顷，增长28.28%；甜菜播种面积324公顷，下降58.34%；蔬菜种植面积（含菜用瓜）1235公顷。全年粮食产量0.16万吨，下降62.31%；棉花产量2.55万吨，增长24.53%；甜菜产量2.92万吨，下降58.34%。2017年，粮食每公顷产量10500千克，棉花（皮棉）每公顷产量2430千克，甜菜每公顷产量90吨。

年末牲畜存栏头数11.05万头（只），增长

14.86%；年内牲畜出栏17.05万头（只），增长5.5%；肉类总产量1.26万吨，增长5.9%；羊毛总产量42吨；奶类产量0.12万吨；禽蛋产量0.4万吨，增长150%。年末存栏鹿0.01万头，鹿茸产量0.4吨。

棉花精量播种面积10489公顷。年末实有水果种植面积4762公顷。水果产量6.55万吨，增长12.7%。有效灌溉面积12971公顷，其中高新节水灌溉面积12457公顷。

年末农业机械总动力5.52万千瓦，增长0.1%。其中大中型农用拖拉机626台，增长0.1%；小型拖拉机815台，与上年持平；农用排灌动力机械0.04万千瓦，增长0.01%；农用运输机械0.11万千瓦，与上年持平。全年化肥施用量（折纯）1.12万吨，增长15%；团场用电量2.01亿千瓦时，增长23%。

【工业】 2017年，二十九团完成工业增加值11.35亿元，比上年增长12.9%。实现工业总产值45.20亿元，增长20.22%。其中，规模以上企业完成工业总产值42.57亿元，增长19.75%，占全团工业总产值比重94.18%；规模以下企业完成工业总产值2.24亿元，增长37.88%，占全团工业总产值比重4.96%。个体工业总产值0.39亿元，下降7.91%，占全团工业总产值比重0.86%。规模以上工业产销率95%，下降1%。

【固定资产投资】 2017年，二十九团完成固定资产投资总额11.75亿元，比上年下降2.72%。按三次产业划分，第一产业完成投资1.54亿元，下降12.96%；第二产业完成投资1.14亿元，下降78.18%，全部是工业投资；第三产业完成投资9.07亿元，增长78.46%。

是年，房地产开发投资0.68亿元，下降74.97%，降幅明显。商品房销售面积9.2万平方米，增长43.55%。其中住宅销售面积4.4万平方米，增长10.8%；商品房销售额29245万元，增长115.83%。

全年完成工业投资1.14亿元，下降78.18%，其中，制造业完成投资0.94亿元，下降81.9%；电力、燃气及水的生产和供应业完成投资0.2亿元，增长50%。

全年500万元以上计划投资项目36个，完成固定资产投资11.75亿元，占全团投资比重的99.5%。其中计划投资超过1000万元的项目29个，完成固定资产投资额11.42亿元，占全团投资比重的97%。2017年新开工1000万元以上项目23个，完成固定资产投资9.97亿元，占全年固定资产投资总额的84.85%。全年新增固定资产11.06亿元，下降2.52%。

【国内贸易】 2017年，二十九团实现社会消费品零售总额3.77亿元，比上年增长16.56%。其中，批发零售贸易业零售额2.6亿元，增加0.3亿元，增长13%；住宿和餐饮业零售额0.58亿元，增长11.53%。

【招商引资】 2017年，二十九团落实招商引资项目23个，到位资金8.1亿元。

【交通运输】 2017年末，二十九团拥有民用汽车7197辆。其中，载客汽车1489辆、载货汽车525辆、其他汽车131辆。全年完成客运量226.3万人，增长10.68%；旅客周转量6117.5万人千米，增长10.36%；完成货运量371万吨，增长27.39%；完成货物周转量11219万吨千米，增长29.8%。全年公路运输业营运业务收入14051万元，增长34.6%。全年个体公路运输业完成客运量226万人，增长11.33%；个体完成旅客周转量6107人千米，增长11.01%；个体完成货运量371万吨，增长27.39%；个体完成货物周转量11219万吨千米，增长29.8%。个体公路运输营运业务收入14051万元，增长34.6%。

【人口】 2017年末，二十九团总人口为2.97万人，比上年末增长8.3%。家庭总户数1.02万户，平均每户家庭人口为3人。全年出生人口111人，出生率3.7‰；死亡人口116人，死亡率3.9‰；净增人口2285人，人口自然增长率7.02‰。

【就业】 2017年末，二十九团在岗职工0.66万人，比上年末增长8.1%。城镇登记失业率0.12%，全年累计实现新增就业890人。

【人民生活】 2017年，二十九团在岗职工工资总额2.99亿元，比上年增长2.04%。在岗职工职均工资48966元，增长1%。是年，城镇常住居民人均可支配收入38694元，增长6%。团场降低社会保障缴费比例，转移性收入增长较快。连队常住居民人均可支配收入23832元，增长11.3%。

【社会保障】 2017年，二十九团社会保险基金征缴总收入为1.08亿元，征缴率100%。其中，征缴企业养老保险基金0.67亿元，征缴率100%；征缴机关养老保险基金600万元，征缴率100%；征缴职业年金90万元，征缴率100%；征缴医疗保险基金3000万元，增长为0，征缴率100%；征缴失业保险基金250万元，征缴率100%；征缴工伤保险基金130万元，征缴率100%；征缴生育保险基金25万元，征缴率100%。全年支付离退休人员养老金3.36亿元，离退休人员养老金社会化发放率和五项社会保险待遇拨付率均为100%。

自2017年7月1日起，最低生活保障标准由原标准382元/人·月提标为396元/人·月；重度残疾人37元/人·月，60周岁以上老年人87元/人·月，18周岁以下未成年人22元/人·月。截至是年末，全团低保人员418户657人，累计为7237人次发放低保金251.19万元。重点保障对象394人，其中重度残疾人91人，60周岁以上老年人233人，未成年人70人。保障对象全部按标准发放低保资金，其他低保人员263人根据低保有关政策差额享受。全团特困供养人员15人，其中全自理7人，半自理3人，全护理5人，累计发放补助资金12.42万元。临时救助累计1146户次2165人，合计发放救助资金59.55万元。全团办理残疾证660人。全年有1814人次享受残疾人生活补贴和护理补贴共47.08万元，其中742人次残疾人享受生活补贴17.73万元，1072人次享受残疾人护理补贴29.35万元。为7名残疾高中生和新入学大学生发放助学金1.1万元。45名下肢残疾的残疾人发放机动车燃油补贴1.17万元。

【教育】 2017年末，二十九团拥有九年一贯制学校2所，幼儿园3所。在校小学生1643人，初中生1111人。教职工人数249人。其中，专职教师231人，幼儿园在园幼儿及儿童414人。小学、初中儿童少年入学率和升学率均达100%。适龄儿童入园（学前班）率99.8%。学前教育阶段，免除保育费、读本费、补助伙食费22.52万元，资助学前学生290人。义务教育阶段，免学杂费、免教科书费，家庭经济困难寄宿生生活补助29.36万元，资助小学学生81人，初中学生218人。

【科学技术】 2017年末，二十九团共有各类专业技术人员0.0578万人，各类科研及推广机构5个，从事科技活动人员和技术人员212人。科技研发投入比重继续提升。全团全年科技研究开发等经费支出575万元。加快科技进步与创新，加快实用科技成果推广。全年组织实施各类科技研究、开发、推广项目44个，其中承担国家和兵团科技项目2个。组织实施师级科研开发推广项目（课题）5个。全年有2项科技成果通过鉴定或验收，其中技术水平达到自治区或兵团先进水平的2项。

【文化】 2017年，二十九团在中央级、省级新闻媒体和师市刊用稿1242篇（幅）。其中，报刊稿件449篇（幅），电视稿件236篇，网络稿件657篇。地师级稿件982篇（幅）。其中报纸刊物231篇（幅），电视185篇，网络566篇。年末电视综合人口覆盖率100%，广播综合人口覆盖率100%。组织开展各类群众性文化活动200场次，团场各级与地方县市、乡镇开展兵地文化联谊活动40场次，参与活动的团场职工与地方群众 1.42 万人次。

【体育】 2017 年 5 月 5 日，二十九团孔雀中学承办第二师铁门关市第十五届中小学生田径运动会。该校参赛学生 46 人，获得少年丙组第二名，儿童组第四名，少年乙组第六名。

【卫生】 2017 年末，二十九团拥有医院 2 所，卫生室 31 个，城市社区卫生服务中心 1 个，社区卫生服务站 4 个，疾病预防控制中心 1 个。床位总数 119 张，卫生工作人员 151 人。其中卫生技术人员 131 人，其中执业和执业助理医师 63 人，注册护士 42 人。全团平均每千人拥有病床 4.34 张，平均每千人拥有卫生技术人员 5.11 人。基层疾病预防控制、卫生监管和突发公共卫生事件应急处置能力不断提高，团连卫生机构规范化建设覆盖率 92.3%。建成连队甲级卫生室 24 个，卫生户厕 0.9985 万座、建成中小学水冲式厕所 1 座。建立居民健康档案 2.63 万份。2017 年，传染病报告发病率（甲乙类传染病）为 255.66/10 万，病死率为 0。婴儿死亡率为 1%，孕产妇死亡率为 0。

【资源环境】 2017 年末，二十九团全年规模以上工业企业综合能源消费量 24251 吨标准煤，比上年增长 19%。其中，煤炭消费量 4900 吨，增长 16%；汽油消费量 70.63 吨，增长 17.6%；柴油消费量 1093.16 吨，增长 21%；天然气消费量 0.01 万立方米，增长 15%；电力消费量 1.8 亿千瓦时，增长 19.5%。

【学习宣传贯彻党的十九大精神】 2017 年，二十九团掀起宣传学习十九大精神热潮，发放宣传手册 2400 册，制作宣传展板 100 块，广播电视宣传 5000 分钟。组织各级党员领导干部集中轮训。各级干部撰写学习笔记 150 篇。党委理论学习中心组专题学习 23 次，学习篇目 203 篇。党委班子成员讲党课 53 场次。组成 6 个宣讲团赴基层宣讲 54 场次。团连两级举办宣讲报告会 366 场次，集中考试测试 2436 人。坚持每天集中学习 10 分钟，确保学习抓在经常，严在日常。

【全面从严治党】 2017 年，二十九团党委从严落实党建主体责任，规范党内生活，严格落实党内监督。召开党建专项述职会、党建工作现场会 4 次。新发展党员 34 人，一线青年占 78%。针对 64 个党支部开展 11 轮专项巡察，发现并整改问题 21 个，问责 91 人次，诫勉谈话 35 人次，党政纪处分 3 人次。开展扶贫攻坚领域大清查、大排查、大巡查 11 次。整改 6 辆违规公车。清退各类津补贴、奖金薪金 343.07 万元，收缴"小金库"违纪款 20 余万元。

【民族团结一家亲】 2017 年，二十九团与地方乡镇村开展兵地共建共融活动。全团 732 名党员干部与周边地方乡镇少数民族群众结对认亲，送去 80.52 万元生活用品，解决各类困难 219 件，增进双方的了解和感情。积极落实"经济联手、党建联创、稳定联防、民族团结联建、社会事业联办"的兵地共建共融目标，27 个单位与地方乡村开展联谊互访 31 场次；派出各类技术人员 137 人次，无偿为地方村民提供种植技术；与乡镇联合清查兵地结合部 33 次，清查房屋 434 户次，检查流动人口 2.62 万人次。2 个"访惠聚"工作队分别派驻库尔勒市大墩子村、十四连。33 名工作人员奔赴南疆和田地区支教助学。

【向南发展】 2017 年，二十九团实施向南发展战略，新增人口 2284 人，完成师市下达任务的 107.5%。落户 1367 户。招录新职工 691 人，其中一产安置就业 604 人，二产安置就业 15 人，三产安置就业 82 人。签订劳动合同 691 人，参加企业职工社会保险 691 人，随迁家属参加居民养老保险 445 人，参加居民医疗保险 1352 人。

【环境整治】 2017 年，二十九团投入 430 余万元开展连队环境综合整治，清运垃圾 1.2 万余立方米。投资 30 余万元建设垃圾池 286 个，城镇、连队生活垃圾处理率100%。集中处理各类畜禽粪便，降低对大气、水、土壤的污染，依法关闭搬迁禁养区养殖场21家。停用3台燃煤锅炉，拆除5台燃煤锅炉，投资550万元新建1座换热站。博古其镇新建1座供热中心，淘汰3台燃煤锅炉。整改落实中央环保督察组转办的5件环保信访举报件。

【搭建农产品电商平台】2017年，二十九团开辟创业"绿色通道"，建成电商服务站点9个。以"创业培训—资金支持—创业指导"的服务模式，推动职工群众、青年（大学生）创业园平台建设，根据项目规模给予一定额度的启动扶持资金。团属天泽果蔬公司在淘宝网注册"兵域生态园"网店，销售团特色产品"2+8"品牌香梨，实行公司+产业基地+产业职工+网路营销平台+专卖店+冷链配送等市场化运作的模式。截至是年末，该团在淘宝、阿里巴巴等注册的成规模个人网店80余家，微商就业人员210人。

【文化能人才艺大赛】2017年5月15日，二十九团举办文化能人才艺大赛，来自全团基层单位的80多名文化能人竞相登台展示才艺，"草根"艺人通过朗诵、演唱、舞蹈、器乐演奏等形式表演节目15个，受到职工群众欢迎。

【第五届全国文明单位】2017年11月，二十九团孔雀社区被评为"第五届全国文明单位"称号。

【国家科技进步奖】2017年1月8日，在国家科学技术奖励大会上，由第二师二十九团天诚农机具制造有限公司、新疆农垦科学院、石河子贵航农机装备有限责任公司、新疆天鹅现代农业机械装备有限公司、新疆科神农业装备科技开发股份有限公司、石河子市华农种子机械制造有限公司共同申报的"棉花生产全程机械化关键技术及装备的研发应用"项目，获国家科学技术进步二等奖。

【连队】截至2017年末，二十九团共有28个连队。

一连 前身是位于博古其镇西3.5千米处睦邻村的原二十八团五连。1956年7月组建时，名为二十八团工程九中队。1969年4月，改编为二十八团五连。2006年2月，二十九团与二十八团正式合并。3月，命名为二十九团一连。以种植棉花、香梨、蔬菜为主。2017年，一连土地总面积932.3公顷，其中耕地679.69公顷，林地15.18公顷。年末总人口1072人，人口自然增长率为0。年末从业人员378人，其中在岗职工172人。有离退休人员183人。2017年，一连实现生产总值5132万元，其中，第一产业增加值3612万元，第二产业增加值1510万元，第三产业增加值10万元。人均生产总值4.79万元。社会消费品零售总额85万元。在岗职工平均工资3.88万元。

二连 二连位于吾瓦新镇南4千米处的镇北村。以种植棉花为主。2017年，二连土地总面积669.26公顷，其中耕地454.21公顷，林地26.02公顷。年末总人口718人，其中少数民族人口49人。人口自然增长率0.1‰。年末从业人员294人，其中在岗职工214人。有离退休人员182人。2017年，二连实现生产总值3950万元，其中，第一产业增加值2150万元，第三产业增加值1800万元。人均生产总值5.5万元。社会消费品零售总额25万元。在岗职工平均工资6.93万元。

三连 三连是1977年二十九团招收老职工亲属和子女组建而成的农业连队。1996年1月被并入五连，撤销建制。1997年，与五连分离，恢复三连建制。2017年，三连土地总面积1739.05公顷。其中耕地614.01公顷，林地448.44公顷。年末总人口372人，其中少数民族人口3人。人口自然增长率0.05‰。年末从业人员152人，其中在岗职工123人。有离退休人员75人。2017年，三连实现生产总值3500万元，其中，第一产业增加值2400万元，第三产业增加值1100万元。人均生产总值9.41万元。在岗职工平均工资8.8万元。

四连 前身是位于博古其镇六斗庄的原二十八团七连。1959年9月组建时，名为二十八团营建队。1969年4月改编为二十八团七连。2003年，二十八团七连兼并六连。2004年，七连将连部迁入原六连新建的办公楼。位于博古其镇豫丰村的二十八团六连，1961年11月组建，名为二十八团加工副业队。1970年12月，改编为二十八团六连。2003年，被并入七连。2006年2月，二十九团与二十八团正式合并。3月，二十八团七连被命名为二十九团四连。以种植棉花、香梨、瓜菜为主。2017年，四连土地总面积1991.09公顷，其中耕地1395.29公顷，林地36.13公顷。年末总人口1201人，其中少数民族人口5人。人口自然增长率5.5‰。年末从业人员680人，其中在岗职工345人。有离退休人员139人。2017年，四连实现生产总值6500万元，均为第一产业创造的生产总值。人均生产总值5.41万元。社会消费品零售总额50万元。在岗职工平均工资6.26万元。

五连 位于吾瓦新镇西南25千米处的西营村。其前身为20世纪50年代的十八团（二十九团前身）机耕队。1969年3月，改为现名。以种植棉花为主。2017年，五连土地总面积943.67公顷。其中耕地691.79公顷，林地65.88公顷。年末总人口508人，其中少数民族人口4人。人口自然增长率1.9‰。年末从业人员147人，其中在岗职工147人。有离退休人员90人。2017年，五连实现生产总值1625万元，均为第一产业创造的生产总值。人均生产总值3.2万元。社会消费品零售总额25万元。在岗职工平均工资7.6万元。

六连 地处吾瓦新镇西南约23千米处的裕民屯。前身为十八团三营八连。1969年3月，改为现名。以种植棉花为主。2017年，六连土地总面积941.05公顷，其中耕地670.34公顷，林地65.2公顷。年末总人口503人，其中少数民族人口11人。人口自然增长率0.2‰。年末从业人员163人，其中在岗职工163人。有离退休人员116人。2017年，六连实现生产总值1650万元，均为第一产业创造的生产总值。人均生产总值3.28万元。在岗职工平均工资5.6万元。

七连 位于吾瓦新镇西南15千米处的西村。以种植棉花为主。2017年，土地总面积700.78公顷，其中耕地510.13公顷，林地42.5公顷。年末总人口456人，其中少数民族人口16人。人口自然增长率0.11‰。年末从业人员168人，其中在岗职工157人。有离退休人员106人。2017年，七连实现生产总值1751万元，均为第一产业创造的生产总值。人均生产总值3.84万元。社会消费品零售总额11万元。在岗职工平均工资5.06万元。

八连 前身是位于博古其镇西北14千米处新沪村的原二十八团八连。1956年9月组建时，名为二十八团学生二队。1968年4月，改编为二十八团八连。2006年2月，二十九团与二十八团正式合并。3月，命名为二十九团八连。以种植棉花、香梨、瓜菜为主。2017年，八连土地总面积296.45公顷，其中耕地190.95公顷，林地7.74公顷。年末总人口399人，其中少数民族人口2人。人口自然增长率0.1‰。年末从业人员280人，其中在岗职工119人。有离退休人员65人。2017年，八连实现生产总值1145万元，均为第一产业创造的生产总值。人均生产总值2.87万元。在岗职工平均工资2.52万元。

九连 位于吾瓦新镇西南10千米处的营鹿村。其前身为十八团一营四连。1963年9月，组建成六团农场蚕桑连。1969年3月改为现名。以种植棉花为主。2017年，九连土地总面积1652.23公顷，其中耕地953.19公顷，林地332.23公顷。年末总人口657人，其中少数民族人口6人。人口自然增长率0.43‰。年末从业人员315人，其中在岗职工198人。有离退休人员152人。2017年，九连实现生产总值2481万元，均为第一产业创造的生产总值。人均生产总值3.78万元。社会消费品零售总额50万元。在岗职工平均工资6.81万元。

十连 前身是位于博古其镇西南16千米湖西村的原二十八团九连。1956年7月组建时，名为二十八团工程七队、工程三队。1969年，改编为二十八团九连。2006年2月，二十九团与二十八团正式合并。3月，命名为二十九团十连。以种植棉花为主，兼植果园，另种植少量水稻。2017年，十连土地总面积1488.44公顷，其中耕地1128.44公顷，林地25.98公顷。年末总人口580人，其中少数民族人口31人。人口自然增长率0.03‰。年末从业人员395人，其中在岗职工188人。有离退休人员95人。2017年，十连实现生产总值2500万元，均为第一产业创造的生产总值。人均生产总值4.31万元。在岗职工平均工资3.3万元。

十一连 位于吾瓦新镇西南9千米处的牧村。其前身为二十九团畜牧连。以种植棉花为主。2017年，十一连土地总面积680.75公顷，其中耕地466.95公顷，林地17.44公顷。年末总人口461人，其中少数民族人口4人。人口自然增长率5‰。年末从业人员142人，其中在岗职工130人。有离退休人员58人。2017年，十一连实现生产总值2172万元，均为第一产业创造的生产总值。人均生产总值4.71万元。在岗职工平均工资6.51万元。

十三连 位于吾瓦新镇东南15千米处的十里村。以种植棉花为主。2017年，十三连土地总面积2535.64公顷，其中耕地1028.2公顷，林地36.61公顷。年末总人口550人，其中少数民族人口17人。人口自然增长率为0。年末从业人员170人，其中在岗职工170人。有离退休人员116人。2017年，十三连实现生产总值3565万元，均为第一产业创造的生产总值。人均生产总值6.48万元。在岗职工平均工资7.1万元。

十四连 位于吾瓦新镇东南边缘22千米处的包头湖村。组建于1950年，后与十五连合并。以种植棉花、香梨为主。2017年，十四连土地总面积3442.07公顷，其中耕地769.63公顷，林地122.48公顷。年末总人口180人。人口自然增长率5.5‰。年末从业人员107人，其中在岗职工32人。有离退休人员25人。2017年，十四连实现生产总值1350万元，均为第一产业创造的生产总值。人均生产总值7.5万元。在岗职工平均工资6.5万元。

十六连 位于吾瓦新镇西南15千米处的山阳村。以种植棉花为主。2017年，十六连土地总面积2445.34公顷，其中耕地1047.1公顷，林地619.45公顷。年末总人口659人，其中少数民族人口12人。人口自然增长率0.02‰。年末从业人员363人，其中在岗职工198人。有离退休人员116人。2017年，十六连实现生产总值2650万元，均为第一产业创造的生产总值。人均生产总值4.02万元。在岗职工平均工资8.4万元。

十七连 位于吾瓦新镇西南11千米处的沪家庄。以种植棉花为主。2017年，十七连土地总面积1210.05公顷，其中耕地615.42公顷，林地262.07公顷。年末总人口349人，其中少数民族人口7人。人口自然增长率1.4‰。年末从业人员191人，其中在岗职工116人。有离退休人员62人。2017年，十七连实现生产总值2100万元，均为第一产业创造的生产总值。人均生产总值6.02万元。在岗职工平均工资3.5万元。

十九连 位于吾瓦新镇南11千米处的镇南村。2003年，十九连与十连合并，成为大型农业连队。以种植棉花为主。2017年，十九连土地总面积3464.51公顷，其中耕地1077.8公顷，林地125.56公顷。年末总人口686人，其中少数民族人口13人。人口自然增长率为0。年末从业人员328人，其中在岗职工307人。有离退休人员213人。2017年，十九连实现生产总值2895万元，均为第一产业创造的生产总值。人均生产总值4.22万元。在岗职工平均工资7.5

万元。

二十连 位于吾瓦新镇东南12千米处的东营村。以种植棉花为主。2017年，二十连土地总面积4890.14公顷，其中耕地800.26公顷，林地66.34公顷。年末总人口762人，其中少数民族人口26人。人口自然增长率0.039‰。年末从业人员204人，其中在岗职工204人。有离退休人员137人。2017年，二十连实现生产总值3828万元，均为第一产业创造的生产总值。人均生产值5.02万元。在岗职工平均工资6.35万元。

园艺一连 位于吾瓦新镇南4千米的梨园村。前身是二十九团副业连分流人员组建的连队，1973年组建。2005年1月，原园艺四连被并入园艺一连。以种植香梨为主。2017年，园艺一连土地总面积586.03公顷，其中耕地382.88公顷，林地36.33公顷。年末总人口557人，其中少数民族人口7人。人口自然增长率0.02‰。年末从业人员238人，其中在岗职工174人。有离退休人员66人。2017年，园艺一连实现生产总值950万元，均为第一产业创造的生产总值。人均生产总值1.71万元。在岗职工平均工资3.5万元。

园艺二连 位于吾瓦新镇东面3千米处的新园村。1991年，开荒建园。2007年4月，园艺八连并入园艺二连。以种植香梨为主。2017年，园艺二连土地总面积814.75公顷，其中耕地448.27公顷，林地17.2公顷。年末总人口305人，其中少数民族人口22人。人口自然增长率0.01‰。年末从业人员210人，其中在岗职工75人。有离退休人员21人。2017年，园艺二连实现生产总值1265万元，均为第一产业创造的生产总值。人均生产总值4.15万元。在岗职工平均工资4.57万元。

园艺三连 位于吾瓦新镇西11千米处的央塔克库都克村。20世纪70年代中期开始建园。地下水甘甜清澈，为二十九团生活用水水源。以种植香梨为主，主要依靠机井灌溉。2017年，园艺三连土地总面积1059.78公顷，其中耕地269.67公顷，林地263.68公顷。年末总人口257人，其中少数民族人口11人。人口自然增长率0.1‰。年末从业人员118人，其中在岗职工84人。有离退休人员49人。2017年，园艺三连实现生产总值1035万元，均为第一产业创造的生产总值。人均生产总值4.03万元。在岗职工平均工资5.5万元。

园艺四连 位于吾瓦新镇生态村。前身为生态林管理站，2003年组建。2005年1月改为园艺四连，管辖生态林区和退耕还林区。以种植香梨、葡萄、红枣为主。2017年，园艺四连土地总面积965.06公顷，其中耕地485.86公顷，林地285.86公顷。年末总人口263人，其中少数民族人口4人。人口自然增长率0.01‰。年末从业人员215人，其中在岗职工90人。有离退休人员11人。2017年，园艺四连实现生产总值1250万元，均为第一产业创造的生产总值。人均生产总值4.75万元。在岗职工平均工资2.37万元。

园艺五连 位于吾瓦新镇南2千米处的杨村。前身为二十九团基建队。1992年5月，撤销基建队，组建园艺五连。2006年，百果园划归园艺五连。2008年，园艺二连一区划归园艺五连。以种植香梨为主。2017年，园艺五连土地总面积431.07公顷，其中耕地244.96公顷，林地34.87公顷。年末总人口383人，其中少数民族人口15人。人口自然增长率为0。年末从业人员199人，其中在岗职工104人。有离退休人员87人。2017年，园艺五连实现生产总值796万元，均为第一产业创造的生产总值。人均生产总值2.08万元。在岗职工平均工资3.7万元。

园艺七连 位于吾瓦新镇西北30千米处的库尔楚园艺场。前身为砖厂，1977年组建。1987年，砖厂调整产业结构兼营果园生产。1988年开荒建园。2004年1月，改为现名。2017年，园艺七连土地总面积269.93公顷，其中耕地237.13公顷。年末总人口352人，其中少数民族人口2人。人口自然增长率0.028‰。年末从业人员235人，其中在岗职工109

人。有离退休人员 57 人。2017 年，园艺七连实现生产总值 950 万元，均为第一产业创造的生产总值。人均生产总值 2.69 万元。在岗职工平均工资 1 万元。

园艺九连　前身是位于博古其镇东南 3 千米处郊田村的原二十八团一连。1956 年 7 月组建时，名为二十八团工程一队。1969 年 4 月，改编为二十八团一连。2006 年 2 月，二十九团与二十八团正式合并。3 月，命名为二十九团园艺九连。以种植香梨、瓜菜为主。2017 年，园艺九连土地总面积 553.14 公顷，其中耕地 396.62 公顷，林地 39.23 公顷。年末总人口 1288 人，其中少数民族人口 27 人。人口自然增长率 -0.45‰。年末从业人员 468 人，其中在岗职工 232 人。有离退休人员 215 人。2017 年，园艺九连实现生产总值 5665 万元，其中，第一产业增加值 4865 万元，第三产业增加值 800 万元。人均生产总值 4.4 万元。在岗职工平均工资 6.2 万元。

园艺十一连　前身是位于博古其镇东 7 千米湖东村的原二十八团三连。最早为农二师综合农科所。1966 年 2 月，由北京军区转业军人组成二十八团值班三连。1969 年 4 月，改编为二十八团三连。2006 年 2 月，二十九团与二十八团正式合并。3 月，命名为二十九团园艺十一连。以种植香梨、瓜菜为主。2014 年，园艺十连被并入园艺十一连。

2017 年，园艺十一连土地总面积 712.78 公顷，其中耕地 404.06 公顷，林地 40.93 公顷。年末总人口 1664 人，其中少数民族人口 39 人。人口自然增长率 0.57‰。年末从业人员 550 人，其中在岗职工 416 人。有离退休人员 347 人。2017 年，园艺十一连实现生产总值 3400 万元，其中，第一产业增加值 1600 万元，第三产业增加值 1800 万元。人均生产总值 2.04 万元。在岗职工平均工资 3 万元。

园艺十二连　前身是位于博古其镇南 3.2 千米的结帕尔村的原二十八团四连。1963 年组建时，名为二十八团桑蚕站。1969 年 4 月，命名为二十八团四连。2006 年 2 月，二十九团与二十八团正式合并。3 月，命名为二十九团园艺十二连。以种植香梨为主。

2017 年，园艺十二连土地总面积 837.89 公顷，其中耕地 591.81 公顷，林地 40.12 公顷。年末总人口 849 人，其中少数民族人口 10 人。人口自然增长率为 0。年末从业人员 356 人，其中在岗职工 156 人。有离退休人员 132 人。2017 年，园艺十二连实现生产总值 1965 万元，其中，第一产业增加值 1365 万元，第三产业增加值 600 万元。人均生产总值 2.31 万元。社会消费品零售总额 960 万元。在岗职工平均工资 6.1 万元。

园艺十三连　前身是位于博古其镇西翼园艺连村的原二十八团园艺连。1966 年 9 月组建时，名为二十八团学生三队。1975 年 5 月，命名为二十八团园艺连。1986 年 1 月，改编为二十八团二连。1995 年 3 月，恢复园艺连称号。2006 年 2 月，二十九团与二十八团正式合并。3 月，命名为二十九团园艺十三连。以种植香梨为主。2017 年，园艺十三连土地总面积 207.05 公顷，其中耕地 137.57 公顷，林地 18.29 公顷。年末总人口 221 人，其中少数民族人口 4 人。人口自然增长率 12‰。年末从业人员 216 人，其中在岗职工 110 人。有离退休人员 121 人。2017 年，园艺十三连实现生产总值 1115 万元，其中，第一产业增加值 850 万元，第三产业增加值 265 万元。人均生产总值 5.05 万元。在岗职工平均工资 7.8 万元。

园艺十四连　前身是位于博古其镇生态林村的原二十八团生态林连，2004 年组建。2006 年 2 月，二十九团与二十八团正式合并。3 月，命名为二十九团园艺十四连。以种植香梨、葡萄为主。2017 年，园艺十四连土地总面积 394.5 公顷，其中耕地 356.86 公顷，林地 37.64 公顷。年末总人口 148 人，其中少数民族人口 11 人。人口自然增长率为 0。年末从业人员 58 人，其中在岗职工 25 人。有离退休人员 7 人。2017 年，园艺十四连实现生产总值1500万元,均为第一产业创造的生产总值。人均生产总值10.14万元。社会消费品零售总额25万元。在岗职工平均工资3.5万元。

（苏娟）

·三十团　双丰镇·

团党委书记、政委：
丰正林
党委副书记、团长：
朱福生
党委常委、人武部部长：
姜超
党委常委、副政委、工会主席：
曹峰
党委常委、副政委、纪委书记：
吴冬梅（女）
党委常委、副团长：
李富强　李新河（11月离任）
总工程师：
张德明

【概况】　三十团前身是1958年以山东子弟兵和河南支边青年以及从乌库公路筑路大队抽调1200名职工组建的国营孔雀四场。1969年,改番号为三十团。2016年,双丰镇挂牌成立,实施团镇合一管理体制,团部驻地双丰镇,距库尔勒市公路里程70千米。2017年,土地总面积27700公顷,其中耕地面积7680公顷、山区草场5600公顷。辖15个连队,1个社区,6个企事业单位。年末总人口10098人,其中少数民族505人。人口自然增长率-1.4‰。年末从业人员5605人,其中在岗职工3266人。有离退休人员2985人。

【经济建设】　2017年,三十团实现生产总值6亿元,增长10%。其中,第一产业3.12亿元,增长6.6%;第二产业1.86亿元,增长16.7%;第三产业1.02亿元,增长9.6%;三次产业之比为52∶31∶17。固定资产投资6.59亿元,增长60.5%;招商引资5.17亿元,完成计划的103%;完成全社会消费品零售总额2.19亿元,增长17.8%;团场综合财务利润1000万元,下降61%。城镇居民人均可支配收入39475元,增长9%;连队居民人均可支配收入20659元,增长10%;在岗职工平均工资45731元,增长12%。

【农业】　2017年,三十团农用地总面积91793公顷,其中耕地面积47053公顷,园地面积1984公顷,种植类设施面积113公顷,开发性土地24786公顷。

2017年,团种植棉花54000公顷,全部采用精量播种,测土配方播种面积100%,施肥籽棉总产量3700万千克,平均籽棉单产457千克,比上年增产10%。公检皮棉5934吨,白棉3级以上比例98.5%,平均长度30.1毫米（排名全师第一）,马克隆值A+B比例98.1%,平均断裂比强度28.06CN/tex（排名全师第一）。棉花品质较上年有大幅提高。农业综合机械化率95%,农业现代化水平84%。通过不断努力,获得瑞士良好棉花发展协会的考核认证,并取得五年的证书。

2017年11月2日,三十团中学与库尔楚园艺场小学开展足球友谊赛（尚新革　摄）

果园新增棉改园面积2167.26公顷，大苗建园25.428公顷，定植时采用生根粉、随水滴灌康地宝抑制盐碱，成活率95%以上。果品产量3.55万吨，创近年新高；畜牧通过精细化管理，实现畜牧存栏2.4万头（只），肉类总产量2400吨，牛奶9485吨，禽蛋总产量92吨。

2017年末，三十团实有水果种植面积1984.6公顷。水果产量3.55万吨，增长9.89%。全团共完成造林建园面积167.2公顷。

农作物精量播种面积1984.6公顷，农作物种子包衣播种面积1984.6公顷，农作物测土配方施肥面积1984.6公顷。

有效灌溉面积1984.6公顷，其中高新节水灌溉面积1984.6公顷。

年末农业机械总动力4.027万千瓦，比上年下降5.4%。其中大中型农用拖拉机619台，增长11.3%；小型拖拉机283台，下降1.8%；农用排灌动力机械0.8161万千瓦，增长0；农用运输机械0.2531万千瓦，增长5.14%。全年化肥施用量（折纯）0.6万吨，下降15%，农场用电量0.2618亿千瓦时，增长3.55%。

种植业耕、种、收综合机械化率98.3%，畜牧业机械化水平75%，园艺业机械化水平80%。畜禽良种推广覆盖率达到牛100%、猪90%、羊75%、禽95%，养殖粪污资源化利用率达到92%。

【工业】 2017年，三十团完成工业增加值1.86亿元，比上年增长16.7%。实现工业总产值5.15亿元，比上年增长16.5%。其中，规模以上工业总产值3.81亿元，增长13.7%，占全团工业总产值比重为25.2%；规模以下工业总产值3.81亿元，增长30%，占全团工业总产值比重为25.2%。个体工业总产值0.04亿元，下降84%，占全团工业总产值比重为0.8%。规模以上工业产销率95%，与上年度持平。

【建筑业】 2017年，三十团全年房屋建筑施工面积1.9373万平方米。其中新开工面积0.21万平方米，房屋建筑竣工面积0.23万平方米。

【民生工程】 2017年，三十团本着成本低廉、容易维护的原则，投资2800余万元进行城区道路、管网改造、楼房跑冒滴漏、生活污水及生活垃圾集中处理以及绿化、亮化、美化等建设，解决多年来屋顶漏雨、地下室渗水的问题，接通小区里的"断头路"，美化人工湖景观带，亮化城镇的大小街道。城区道路硬化率98%，污水处理率96%，垃圾处理率94.53%，绿化覆盖率35%，城镇化率85%。改善和保障职工群众的生活环境和居住条件。

投资2300万元新建1900立方米/天污水处理厂1座，投资82.8万元购买垃圾车、垃圾桶、修建垃圾房，投资75万元对燃煤锅炉进行提标改造，投资34.9万元对饮用水水源地进行隔离防护。

投入1306万元为新职工装修楼房500套，平房8套，投入104.5万元为新职工置办家居、生产生活用品，发放新职工生活费524万元。全年新增人口1410人，增长率15.3%，落户人口1143人，落户率81%，新增人口参保率100%。

【招商引资】 2017年，三十团借助师市库西经济技术开发区和双丰产业园区平台，团党政主要领导亲自挂帅带队赴内地开展招商引资5批次，考察企业39家，到团洽谈投资客商51家。2017年，已落地项目17个，计划总投资8.75亿元，实际到位资金5.17亿元，完成师市下达5亿元目标任务的103%，占全团固定资产投资总额比重的77.8%，并且完成招商项目储备30个，计划总投资18.95亿元。

【交通运输】 2017年末，三十团拥有民用汽车983辆，比上年增长15%。其中，载客汽车758辆，增长15%；载货汽车205辆，增长20%；其他汽车20辆，下降50%。

全年完成客运量96.3万

人，增长8%；旅客周转量5489.7万人千米，增长8%；完成货运量204.7万吨，增长33%；完成货物周转量10567.6万吨千米，增长32.4%。全年公路运输业营运业务收入3702万元，增长33%。个体客运周转量和货物周转量分别占全社会客运周转量和货物周转量的100%和100%。

【人口】 2017年末，三十团常住人口10098人，其中流动人口316人。2017年，师下达聚集人口任务1400人，实际落实新增安置人员1410人，落户人口1143人，落户率81%；新增人口参保率100%。招录新职工407人，其中，男性259人，女性148人。2017年，全团安置新职工总费用1265.55万元。2017年，全团新出生人口41人，出生率0.4‰，符合生育政策的育龄人口数1164人，死亡人口57人，死亡率为0.54‰；人口自然增长率为-1.4‰。

【保险】 2017年，三十团实现保险业务总收入0.13亿元，与上年基本持平。其中，农业险业务收入0.08亿元，与上年基本持平。财产险业务收入0.05亿元，与上年基本持平。全年累计各类保险赔（给）付金额0.005亿元，与上年基本持平。

【就业】 2017年末，三十团城镇累计新增就业人数1222人，完成师下达任务的105.34%，其中：失业人员实现再就业435人，新成长劳动力就业787人。团场劳动力转移就业129人，完成师下达任务的107.5%。吸纳喀什地区巴楚县城乡富余劳动力来团务工人员13人。

职工培训545人，完成师下达任务的187.93%，其中职工技能培训295人，专项能力培训140人，创业培训40人，素质培训70人，新职工岗前培训403人次。

2017年，招录新职工407人，其中内地262人（含大学生15人），新疆籍145人（职工子女78人，非职工承包土地33人，疆内其他34人），已建档及签订劳动合同。为新职工入住的新房配备家电、家具及生活用品280套。申报2017年上半年公益性岗位补贴16人，共计297181.2元，其中社会保险补贴72001.2元，岗位补贴225180元。

【社会保险】 截至2017年度12月底，三十团职工3146人（不含学校医院），预缴各项社会保险费5288万元；个体工商户参加基本养老保险511人（其中：参加基本养老和医疗保险366人）。参加居民养老保险508人，居民医疗保险3388人。全团企业退休工人2854人（含离休30人），个体退休176人，居民养老退休65人。2017年8月，完成退休2772人的调资工作，月增资51万元，人均月增资185元，补发金额359万元。调资后人均月工资2985元，全年发放退休工资10028万元。

2017年，全民参保应调查8624人，已调查7778人，人户分离无法联系846人，完成率90%。完成"4555、4858"人员享受失业保险待遇20人，发放待遇20万元。完成企业干部、职工或参保人员退休审批154人。审批职工、灵活就业人员补费94人。

【劳动保障维权执法方面】 2017年，三十团集体合同经师市劳动和社会保障局审批通过，办理解除终止劳动合同81人。因工、因病或非因工劳动能力鉴定申报30人（其中因工11人，因病19人）；审批职工、退休职工探亲125人。全年度门诊慢性病诊鉴定审核通过247人，其中：职工215人，居民32人；完成门诊大病审核4人。

【社会保障】 截至2017年12月底，三十团3139名职工缴纳五项社会保险费共计4416万元，其中单位缴纳3242万元，个人缴纳1174万元。其中基本养老保险3517万元；失业保险130万元；基本医疗保险1434万元；大额医疗保险108万元；工伤保险65万元；生育保险13万元。2017年全团缴纳居民养老716人，缴纳金额46万元，2017年，团4231人缴纳居民医疗保险81万元，截至 12 月底，全团个体参保养老 511 人，参加个体医疗 356 人。全团退休职工 2963 人（含离休 29 人），个体退休 182 人，居民养老退休 66 人，2017 年，新批退休 227 人。三十团共邮寄异地人员生存认证 641 人，已回信 539 人，地址修改或变更 85 人，本地人员认证 1231 人。

全民参保应调查 8624 人，已调查 7778 人，未调查 846 人，完成率 92%，这部分人户分离无法联系。2017 年，退休职工 2772 人，月增资 513824 元，人均月增资 185 元，补发金额 359 万元。调资后人均月工资 2985 元。截至 2017 年末，全团异地安置人员，已备案 641 人，其中上海人员 414 人，上海人员已导入系统照片 409 人，6 人联系方式变更无法联系。

自 2017 年 7 月 1 日起，最低生活保障标准由原标准 382 元/人·月提标为 396 元/人·月；重度残疾人 37 元/人·月，60 周岁以上老年人 87 元/人·月，18 周岁以下未成年人 22 元/人·月。截至是年末，全团低保人员 198 户 292 人，累计为 2810 人次发放低保金 84.9 万元。重点优抚对象 15 人。其中 60 周岁以上老年人 9 人。全团特困供养人员 6 人，其中全自理 1 人，半自理 3 人，全护理 2 人，累计发放补助资金 6.054 万元。临时救助累计 216 户次 466 人，合计发放 11.85 万元。是年，三十团租赁补贴发放 60 户。

【教育】 2017 年末，三十团拥有九年一贯制学校 1 所，幼儿园 1 所。在校小学生 362 人，初中生 269 人。教职工人 82 人。其中专职教师 78 人，幼儿园在园幼儿及儿童 170 人。小学、初中儿童少年入学率和升学率均达 100%。适龄儿童入园（学前班）率 96%。学前教育阶段，免除保育费 23.24 万元、读本费 0.67 万元，资助学前学生 150 人。义务教育阶段，春季免去学生学杂费、教科书费 6 万元，秋季免去 5.8 万元。家庭经济困难寄宿生生活补助 9.95 万元，资助小学学生 18 人，初中学生 89 人。

【科学技术】 2017 年末，三十团共有各类专业技术人员 0.0481 万人，各类科研及推广机构 3 个。2017 年末，团农业技术推广站、畜牧兽医站、园林工作站共有人员 35 人（其中干部 28 人），科技研发费用支出 181 万元（三站的兑现收入和试验费），从事科技活动人员和技术人员 81 人，其中获得师拨款 3 万元。全年安排 47 个科研项目计划，其中园林项目 14 个，农业项目 22 个，畜牧兽医项目 4 个，医疗、技改项目 3 个，兵团科普项目 1 个，专项活动 3 项。项目涵盖农业、园林、畜牧、医疗卫生、教育等行业。2017 年，在兵团第十五届"青少年科技创新大赛"上，三十团有 8 项作品获奖（一等奖 2 项、二等奖 3 项、三等奖 3 项），在师第十五届青少年科技创新大赛上，三十团有 11 个作品获奖，并荣获"2017 年度第二师青少年科技创新教育先进单位"和"优秀组织单位"等称号。

【文化】 2017 年，三十团在中央级、省级新闻媒体和师市刊用稿 791 篇（幅）。其中省报刊用稿件 333 篇（幅），电视稿件 40 条，网络稿件 202 篇，地师级稿件共 445 篇（幅），铁门关在线 150 篇（幅）。年末电视综合人口覆盖率 99.8%，广播综合人口覆盖率 99.8%。组织开展各类群众性文化活动 22 场次，团场各级与地方县市、乡镇开展兵地文化联谊活动 5 场次，双方参与活动达 8000 人次。

【体育】 2017 年，三十团中学成功申报"全国青少年校园足球特色学校"，并成为兵团开展国际足联 LiveYoursGoals 活动承办学校。

10 月 20—21 日，三十团中学举办第二十一届青少年田径运动会，比赛分田赛类项目和径赛类项目，分男子组和女子组。有 1626 人（次）参加此次体育比赛。运动会展现出全校教师良好的精神风貌，丰富了学生的校园生活。

【卫生】 2017 年末，三十团拥有各类卫生机构 13 个。其中，医院 1 所，卫生所

（室）10所，社区卫生服务站1个，疾病预防控制中心1个。床位总数36张，卫生工作人员63人。其中卫生技术人员58人，其中执业和执业助理医师19人，注册护士20人。全团平均每千人拥有病床3.92张，平均每千人拥有卫生技术人员6.31人。基层疾病预防控制、卫生监管和突发公共卫生事件应急处置能力不断提高，团连卫生机构规范化建设覆盖率38.46%。建成连队甲级卫生室10个，卫生户厕6座、建成中小学水冲式厕所1座。2017年，完成辖区内居民纸质健康档案9180人份，电子档案9180人份。2017年，共上报法定传染病共计17例；外地报至本地24例，共计41例。按照传染病管理要求开展传染病防治工作，传染病报告发病率（乙类、丙类传染病）共计41例，无死亡病例、无漏报、无瞒报、无迟报。传染病报告发病率（甲乙类传染病）为1，病死率为0。婴儿死亡率、孕产妇死亡率均为0。

【资源环境】 2017年末，三十团拥有水库1座，总库容104亿立方米，河道上建有泄洪闸1座。全年水利工程供水量0.88亿立方米。节水灌溉面积4933.3公顷。

全年规模以上工业企业综合能源消费量0.26万吨标准煤，比上年增长1.05%，柴油消费量5.22吨，增长1.15%；天然气消费量2265.75万立方米，下降31.43%；电力消费量0.08亿千瓦时，增长1.18%，全年工业废水排放总量1.5万吨。

2017年，三十团农业无自然灾害发生。

【安全生产】 2017年，三十团安委会协同团、部门、基层单位共制定安全生产红线224条，对违反红线、安全生产及消防安全工作不重视、安全隐患排查治理和整改落实不到位、行动迟缓的单位第一责任人实行诫勉谈话或经济处罚。全年参加国务院、自治区、兵团、师市安全生产视频会议、召开安委会、防火委成员联席会议和例会32次、下发安全生产及消防安全督查通报5期，综合督查通报31期，对工作开展不力的相关责任人117人经济处罚34400元，并全团通报。是年，增加灭火器新购及维修、消防车费用、棉花加工厂消防设施检测、监控设备新购及维修、防火篷布购置等费用117.3万元。2017年末，三十团未发生生产安全死亡事故，各类事故指标均在控制范围之内，安全生产形势总体稳定，持续向好。

【学习宣传贯彻党的十九大精神】 2017年，三十团党委坚持把学习贯彻习近平总书记系列重要讲话作为思想建党的首要任务，党委班子为基层宣讲十九大精神7场次，聆听宣讲干部职工1200人。开展"七个一"活动，即选派一批人员培训、建立一个学习栏目、组建一批宣讲小组、征订一套学习资料、撰写一本学习笔记、开展一次交流研讨、邀请一批专家学者，对十九大精神进行重点学习讲解。全团选派15名党员领导干部人员到兵团干部学院、师市党校学习培训，制作学习十九大展板68块，征订《党的十九大报告学习辅导百问》《十九大党章修正案学习辅导》200册，学习笔记490本。各级党组织召开专题学习70场次，确保学习贯彻党的十九大精神在"人员、内容、时间、效果"上的四落实，把思想和行动统一到十九大精神上来。

【"访惠聚"工作】 2017年2月1日，"访惠聚"工作队入驻三十团二连。工作队积极协助配合三十团二连党支部抓党建、抓基础、抓稳定、抓民生、抓发展，为连队12名应急民兵配备背包、作训服、大头棒等装备。7月，组织团机关、一连、二连、三连、园林六连、团中学、民兵及职工群众200余人，开展"落实总目标 发挥特殊使命"发声亮剑宣誓暨签名活动，少数民族群众代表、人大代表、政协委员代表、优秀共产党员及各行业模范先后发声亮剑。

工作队与二连联合党支部共建"互联网+党建"平

台，建立"二连在线"微信公众平台和"二连大家庭"职工微信群，通过文字、图片、视频、语音等方式实时传播党的声音，累计刊发信息428条，阅读点击量达到10000人、26325次；免费为职工发放学习包150套，更新农家书屋图书200册；入户走访退休老党员、老干部、一线党员50人次，开展访贫问苦活动5次；分别向团中学（幼儿园）捐赠价值1000元的学习用品；组织二连干部职工到二十九团参观学习1次；推荐连队3名有电商从业意向的职工参加师市组织的电商培训；积极协调申请上级部门各类帮扶资金发展"双创"，建成实体店铺9家，争取协调信贷资金50余万元；组织20名职工到托克逊县建筑工地打工，人均增收3000元以上；把10万元惠民资金用于连队农田排碱渠的维修清挖项目，共计清挖渠道10千米。

【"民族团结一家亲"活动】2017年，三十团机关及各单位共召开"民族团结一家亲"活动动员会31次，举行各种联谊、学习参观活动302次，参加人员6005人次；9名团领导和2名师驻三十团"访惠聚"工作组组长与库尔楚园艺场11户民族群众结对认亲。通过交换"连心卡"的形式，了解结对"亲戚"的基本情况。团机关、各单位党政领导积极结亲走访，共结亲421户，其中结亲少数民族户数128户，全部是困难家庭。是年，全团干部走访结亲户3687户次，送钱送物折合人民币40余万元，为结亲户解决生产和生活中困难1300余件。

2017年3月5日，三十团联合二师中级法院、检察分院和库尔勒市库尔楚园艺场组织开展庆三八联谊活动，三十团干部、二师法院党组成员、检察分院党组成员分别与自己的结亲户见面交流、互赠送节日礼物、同台表演节目。团活动领导小组给每名干部印发《维吾尔语日常用语》学习手册，并每天在机关电子显示屏上传两句维吾尔语让干部学习。三十团"民族团结一家亲"活动宣传稿件省级以上12篇，地市级及网络稿件61篇，各级电视台稿件22篇。

【"发挥兵团特殊作用大学习大讨论"活动】2017年7月12日，三十团召开"发挥兵团特殊作用大学习大讨论"活动动员会。团党委理论中心组学习做到"五个量化"，暨量化学习时间，在保证自学的基础上，确定"周三学习日"制度，每次集中学习不少于4个小时；量化学习篇目，制订集中学习计划，每次集中学习篇目不少于6篇，每篇安排1位中心组成员讲学，个人自学每周不少于5篇。量化讨论专题，每次集中学习后，对3—4个专题进行讨论，每个专题由1名党委班子成员和2名科室负责人发言。量化参学人员。党委中心组开展学习研讨11次，学习篇目69篇，针对34个议题进行研讨，团领导专题发言34次，组织考试11次。全团开展集中学习341次，干部交流发言2276人次，普通党员交流发言620人次，职工群众交流发言863人次，撰写学习心得3353人。并在团电视台开辟学习专栏，每天播放一篇学习内容。同时，各单位采取"每日一题，送学上门，田间地头讲学"等方式，各单位开展送学活动167次。

2017年8月，团举办2期"发挥兵团特殊作用大学习大讨论活动"培训班，培训党支部书记、政工员126人次，并进行知识测试。为干部职工群众发放学习读本1000本，发放《绿原报》学习专刊5435份。9月7日，组织159名科级以下副连级以上干部进行知识测试，平均成绩88.8分；9月14日，组织180名副连级以下干部进行知识测试，平均分83.9分。对不及格人员进行谈话、写出书面检查，并进行补考。督察组下单位抽考4次。

2017年，团党委班子成员查找问题71条，已整改63条；机关干部查找问题432条，已整改398条；基层党员干部查找问题1236条，已整改976条。对各单位开展的活动动态及时通过党建微信平台进行发布,每周出1—2期简报,共出简报14期;团电视台开辟活动专栏,播出新闻58条;向师市活动办公室上报活动信息29条,刊登信息8条,报纸、杂志刊登相关稿件8篇。7—8月,团开展的"百日广场文化"活动中,各单位围绕"发挥兵团特殊作用大学习大讨论活动"主题编排节目21个,通过音诗画、歌舞、小品、诗朗诵等形式宣传习总书记系列讲话精神和十八大以来发生的新变化、新举措。

【精准扶贫】 2017年,三十团为128户贫困人口建立信息台账,其中低保户92户、因疾病和家庭意外致贫27户、承包连续亏损致贫9户。团机关全体干部、基层单位副职以上领导128名干部与128户贫困户挂钩帮扶,实施发展产业扶持31户,成立合作社、农家乐等;组织贫困人员就业培训156人次;实施教育扶贫结对帮扶行动计划、医疗卫生救助34.12万元;贫困妇女权益保障活动资金、工会各类帮扶救助资金及住房保障补贴62.53万元;发放社会最低生活保障及临时救助123人次、30.46万元。

2017年,发展产业项目扶持8户、组织贫困人员就业培训89人次,为帮扶对象发放医疗卫生救助、贫困妇女权益保障活动资金、工会各类帮扶救助资金、社会最低生活保障及临时救助等共计67.94万元;帮扶干部全年走访慰问被帮扶困难户1656人次,帮助困难群众解决生产生活等问题283件,干部每月慰问走访形式投入帮扶物资5.2万元。2017年团128户已脱贫,人口家庭脱贫后无再返贫现象,无新增贫困户,脱贫巩固成效显著。

【"双创"活动】 2017年,三十团对110名创业职工情况进行摸底调查,为64名职工申请创业创新贴息贷款494万元、35户职工申请工会自营经济贴息贷款193万元。全团职工与银行发生贷款从事创业3994万元,为54户职工申请创业贴息资金23.925万元,创业职均贷款1.255万元。团出台《三十团商业门面房销售及租赁办法》,对购房一次性付款、分期付款、租赁付款的,分别制定具体、详细的优惠政策,调动职工从事二、三产业的积极性。2017年末,团28套门面房已售出15套,其中8套已正式运营,4套正在装修,全年新增12家商户并落户。团出台《三十团闲置厂房租赁政策》,把闲置厂房场地租赁给团场有创业意向的职工群众,有2户职工与团签订了闲置厂房租赁合同,分别是造纸厂1623平方米场地和九连樊军杰1200平方米场地。团积极扶持有困难的创业者进行创业,免费提供钢管、水泥板、沙石等基本设施建设材料,共计5万元。

三十团投资120万元,占地284平方米的创业孵化产业中心已正式投入运营。年末已经成功孵化创业项目4个,完成宣传册、网站、APP的制作,并与浙商银行达成合作意向。建成电子商务服务站点3个,实现"网订店取,网订店送",每月营业收入6000元以上,帮助职工群众代购火车票、飞机票200余张。投资1300万元占地面积7992平方米的世顺枣业有限公司也已开工建设。

积极推动"互联网+"和电子商务与团产业资源深度融合,全年发展电子商务经营主体13家;开展各类创业培训23场次,其中劳动技能培训9场次,创业培训9场次,养殖技术培训5场次,累计培训3856人次,发放培训资料1800份。一连、九连职工在新建梨园中套种西葫芦、打瓜100.66公顷,职均创收1.1万元,在天然梭梭林种植133.33公顷肉苁蓉,借助资源优势,改变经营方式新建农家乐4家,分别是园林一连江志勇、园林二连李彦清、园林三连陈龙、一连赵廷建;改造扩建合作社、农家乐2家,分别是九连"枣香甜合作社"、七连"庞三农家乐"。

2017年,三十团开展"双创"活动中,全年在《兵团日报》《绿原报》等平面媒体以及网络媒体上刊稿216篇,其中省级132篇,地区级84篇,团电视台对评选出的5户创业创新典型示范户先进事迹进行专题报道。全团累计制作宣传栏23块、黑板报11块,营造家喻户晓、众人皆知、人人参与"双创"的浓厚氛围。开展内容丰富的创业培训、创业宣传、创业宣讲、创业指导等活动5场次,参与人数达1200人,调动更多的人投入创业创新。

2017年,三十团各类市场经营主体新增67户,其中个体工商户新增63户,比上年增长26.3%。合作社新增4家,其中中小微企业新增3家,增长17.6%;合作社1家,增长9%。职工创业创新参与人数1860余人,职工参与率58%,参与创业创新人数386人,完成指标任务的108.5%,新增就业387人,完成指标任务的101.7%,培训人数3856人次,完成指标任务的106.2%。

【航空产业战略合作协议】2017年12月27日,三十团、铁门关经济开发区与中国航空工业集团公司签署共建航空产业战略合作协议。该项目一期计划引进无人机企业15家,总投资3亿元。初步形成集产、学、研、用、服于一体的产业链,该项目将实现年营业额5亿元,税收6000万元。该航空产业园将以铁门关市为基点,服务整个新疆。该项目将企业的无人机技术优势与团场通用机场项目相结合,主要从事工业、农业、林业、渔业和建筑业的作业飞行以及医疗卫生、抢险救灾、科学实验、教育训练、文化体育等方面的飞行活动,同时建设飞行训练备降机场、航空俱乐部及无人机生产、组装和运维基地,新疆无人机考试中心及航空旅游项目等。航空产业园项目建设将涉及冶金化工、先进材料、电子信息、新能源以及基础设施建设、人员培训、金融服务等各个领域,带动就业,促进人口聚集,打造特色航空小镇,构筑智慧城市。

【泄洪渠抗洪抢险】2017年7月18日晚21时30分,因天山玛扎山山区持续降雨,形成降雨洪水,致使三十团园林五连片区泄洪渠被撕开30余米的口子。团场迅速组织一支由机关党员干部、民兵应急分队及各基层连队党员干部职工组成的300余人的抗洪抢险队,装运沙袋、扛铁丝网、拦截堤坝。至7月19日凌晨6时,完成防洪堤坝体加固,水位保持平稳。

【爱心毛衣发放仪式】2017年11月24日,三十团妇联举行"恒爱行动"爱心毛衣发放仪式,共有18位"爱心妈妈"编织28件毛衣赠送给团场贫困儿童。

【"军事训练之冬"会操演练】2017年3月24日,三十团举行"军事训练之冬"会操演练暨维稳誓师大会。民兵列队挺立,增强团场兵团"兵"的意识,提高民兵维稳处突能力,促使兵团稳定器的作用发挥得更加明显。

【新建标准香梨园】2017年,三十团新建184公顷香梨园,共栽种杜梨苗、成品香梨苗及新梨7号香梨苗45.85万株。新建的香梨标准园,预计3年挂果见成效,第6年达产,亩产2000千克,使香梨特级果、一级果率达到90%以上,促进团场香梨种植技术、管理水平显著提高,并辐射带动全团和周边地区香梨的规范化种植和管理。

【连队】截至2017年末,三十团共有15个连队。

一连(三里庄) 一连因位于团部正北三华里,于1983年地名普查时而得名。1963年2月,成立为二一七连,同年4月改为一二一七连,1965年10月,更名为值班一连,1969年7月,改为一连至今。2017年,连队土地总面积819.006公顷。住宅占地12.47公顷,道路交通占地1.99公顷,其他用地63.006公顷。年末连队总人口329人,其中少数民族人口4人。年末从业人员195人,其中在岗职工186人,有离退休人员90人。

二连(团部) 1960年1月,成立为新七队。1965年10月,整编为值班二连。

1969年7月，更名为二连，1981年4月，又名农试站。2012年3月，农试站改制为农业技术推广站，从二连分离出去。2012年，成为二连至今。2017年，连队土地总面积673.13公顷。其中道路面积0.22公顷，特殊用地3.79公顷，其他1.78公顷。年末连队总人口463人，其中少数民族人口25人。年末从业人员208人，其中在岗职工131人。有离退休人员91人。

三连（同乐村） 三连因连队大俱乐部共同欢乐于1983年地名普查时而得名。1958年5月，成立为生产四队。1966年12月，改为值班四连。1969年7月，更名为三连至今。2017年，连队土地总面积440.44公顷。其中住宅占地7.71公顷，道路交通用地1.78公顷，其他用地2.59公顷。年末连队总人口199人，其中少数民族人口14人。年末从业人员97人，其中在岗职工90人。有离退休人员81人。

四连（东沟村） 四连因东临洪水沟，在1983年普查地名时而得名。1958年5月，成立为生产一队。1969年7月，更名为四连至今。2017年，连队土地总面积698.21公顷，住宅面积11.09公顷，其他用地9.58公顷。年末连队总人口451人，其中少数民族人口33人。年末从业人员142人，其中在岗职工121人。有离退休人员85人。

五连（双沟村） 五连因东临洪水沟、南邻干沟，于1983年地名普查时而得名。五连1958年5月，成立为生产二队。1960年1月，改为为五队。1969年7月，更名为五连至今。2017年，连队土地总面积676.22公顷，职工住宅15.02公顷，特殊用地0.71公顷，其他用地5.84公顷。年末连队总人口416人，其中少数民族人口33人。年末从业人员192人，其中在岗职工185人。有离退休人员102人。

六连（双桥村） 六连因临西四支和西五支两座小桥，于1983年地名普查时而得名。六连1958年5月，成立为生产三队。1960年1月，改为六队。1969年7月，更名为六连至今。2017年，连队土地总面积591.61公顷。职工住宅用地8.95公顷，其他用地14.03公顷。年末连队总人口265人，其中少数民族人口31人。年末从业人员133人，其中在岗职工121人。有离退休人员70人。

七连（西沟村） 七连因西邻二支干排水沟，于1983年地名普查时而得名。1958年5月，成立为生产六队。1960年1月，改为八队。1969年7月，更名为七连至今。2017年，连队土地总面积1084.60公顷，住宅用地0.98公顷，道路交通用地0.98公顷，特殊用地0.88公顷，其他用地13.7公顷。年末连队总人口206人，其中少数民族人口16人。年末从业人员162人，其中在岗职工142人。有离退休人员52人。

八连（南湖村） 八连因南临干沟洪水湖，于1983年地名普查时而得名。1961年7月，成立为生产九队。1969年7月，更名为八连至今。2017年，连队土地总面积910.19公顷，住宅用地12.66公顷，特殊用地3.94公顷，其他用地6.42公顷。2017年年末八连总人口431人，其中少数民族人口4人。年末连队从业人员168人，其中在岗职工127人。有离退休人员75人。

九连（洪闸村） 因东临洪水沟排洪闸，于1983年地名普查时而得名。1958年12月，成立为畜牧队。1962年9月，改为种畜队。1969年7月，更名为种畜连。1970年11月。更名为九连至今。2017年，连队土地总面积649.22公顷，住宅用地12.47公顷，特殊用地12.54公顷，其他用地32.25公顷。年末连队总人口334人，其中少数民族人口16人。年末从业人员213人，其中在岗职工151人。有离退休人员63人。

十连（南园村） 因位于团部西南，自然景色田园化，于1983年地名普查时而得名。1958年5月，成立为生产五队。1960年1月，改为为三队。1967年8月，改为军管二队。1970年3月，更名为十连至今。2017年，连队土地总面积842.3公顷，职工住宅用地15.30公顷，特殊用地1.8公顷，其他用地21.92公顷。年末十连总人口376人，其中少数民族人口22人。年末连队从业人员262人，其中在岗职工200人。有离退休人员108人。

园林一连（泉水坡）

1966年2月，成立为林路队。1969年7月，改为园林连。1984年11月，更名为园林一连。2007年，园林一连与园林四连合并为园林一连，连部设在园林一连。2017年，连队总面积471.92公顷（其中园林一连总面积178.04公顷，住宅面积9.60公顷，交通面积1.11公顷，特殊用地0.1公顷。园林四连土地总面积293.88公顷，住宅面积11.7公顷，特殊用地6.57公顷）。年末连队总人口611人，其中少数民族人口77人。年末从业人员441人，其中在岗职工161人。有离退休人员139人。

园林二连（梨香村）

1978年11月，成立为十一连。1984年11月，更名为园林二连至今。2017年，连队土地总面积379.98公顷，住宅面积7.65公顷，果园面积达219.01公顷。年末连队总人口367人，其中少数民族人口40人。年末从业人员192人，其中在岗职工168人。有离退休人员75人。

园林三连（新梨村）

1985年5月，成立至今。2017年，连队土地总面积278.39公顷，其中住宅面积7.25公顷，特殊用地6.38公顷，其他面积87.35公顷，果园面积达206.76公顷。年末园林三连总人口432人，其中少数民族人口27人。年末从业人员249人，其中在岗职工197人。有离退休人员64人。

园林五连（幸福村）

1990年4月18日成立至今。地理坐标北纬41°53′东经85°31′。2016年团场深化改革，将园林八连划归园林五连管理。园林八连（砖窑堡村）地理坐标41°46′东经85°27′。1975年1月28日成立为十四连，1979年3月16日改为砖厂，1998年1月1日，砖厂更名为三十团农业生产十二连，2004年3月撤销十二连组建园林八连。人随地走，十二连棉田归属于十连管理，新植幼林果园归属于园林七连。同时，在生产七连二斗一至十一农开垦、定植幼龄果树69.33公顷土地对外发包。2016年3月园林八连撤销，其所属承包土地及职工等归园林五连管理。2017年，园林五连土地总面积569.19公顷，公共建筑面积28.11公顷，特殊用地1.22公顷，其他用地27.09公顷。全连年末总人口309人，其中少数民族人口11人。年末从业人员187人，其中在岗职工165人。有离退休人员46人。

园林六连（绿洲村）

2002年7月，组建园林六连，连部设在原水泥厂办公室。2017年，连队果园面积311.97公顷。年末连队总人口268人，其中少数民族人口10人。年末从业人员167人，其中在岗职工127人。有离退休人员48人。

园林七连（新湖村）

1991年地名普查时而得名；1969年7月，成立为军管三队，同年11月改为生产二队。1974年，改为十三连。1981年12月，合并到五连。1983年地名普查时为五连；1987年1月，从五连分离并更名为十一连。2003年，更名为园林七连至今。2017年，连队土地总面积600.6公顷，其中住宅面积6.64公顷，特殊用地面积6.16公顷。年末连队总人口325人，其中少数民族人口12人。年末从业人员163人，其中在岗职工135人。有离退休人员28人。

（尚新革）

三十一团

团党委书记、政委：
王建军
团党委副书记、团长：
刘河新
团党委常委、人武部部长：
郝　伟
团党委常委、副团长：
李军萍（女）
团党委常委、副政委、纪委书记：
鲍安明
团党委常委、副政委、工会主席：
叶胜利

团党委常委、副团长：
王 维 吕廷波 王增占（援疆干部，1月离任）

【概况】 三十一团前身是1958年建立的共青团农场，由农二师16745名战士捐款组建而成，1969年，更名为三十一团。三十一团位于尉犁县境内，团部驻地英库勒镇，距库尔勒市公路里程128千米。2017年，土地总面积51770.88公顷，其中耕地7748.48公顷，林地14264.14公顷，草地1707.50公顷。团场辖11个连队，2个社区，6个企事业单位。

【经济建设】 2017年，三十一团实现生产总值6.99亿元，比上年增长8.8%。其中：第一产业增加值3.78亿元，增长7.1%；第二产业增加值1.62亿元，增长8.5%；第三产业增加值1.60亿元，增长13.1%。三次产业结构比为54.1∶23.1∶22.8。人均生产总值6.94万元，增长1.48%。团场实现综合利润1055.46万元，下降52.02%。

【农业】 2017年，三十一团实现农林牧渔业总产值8.08亿元，比上年增长7.0%，其中：农业总产值6.93亿元，增长5.8%；林业总产值0.02亿元，下降36.4%；畜牧业总产值0.65亿元，增长25%；农林牧渔服务业总产值0.48亿元，增长4.99%。农业增加值3.78亿元，增长7.1%。

是年，三十一团农作物播种面积（含复播）8591公顷，下降4.6%。其中，粮食种植面积533.33公顷，下降0.27%；棉花种植面积6874.67公顷，下降9.13%；甜菜播种面积66.67公顷，下降100%；蔬菜种植面积（含菜用瓜）111.2公顷，增长27.82%。全年粮食产量0.34万吨，下降0.26%；棉花产量1.80万吨，下降6.2%；甜菜产量0.58万吨，下降100%；粮食单产量为6465千克/公顷，棉花（皮棉）单产量为2625千克/公顷，甜菜单产量为87000千克/公顷。

年末牲畜存栏头数为4.03万头（只），增长63.8%；年内牲畜出栏2.67万头（只），下降1.48%；肉类总产量0.17万吨，增长30.8%；羊毛总产量47吨，增长46.9%；奶类产量35吨，增长16.7%；禽蛋产量510吨，增长5.8%。年末存栏鹿0.19万头，下降5.44%；鹿茸产量7.10吨，增长57.5%；牛0.16万头，增长23.1%；猪0.3万头，增长172.7%；羊1.26万只，增长55.6%；家禽11.46万只，增长78.8%；全年水产品产量30吨，下降30.2%。

年末实有水果种植面积2876.07公顷，增长3.6%。水果产量4.55万吨，增长9.2%。全团当年共完成造林面积91公顷，新植果园99.53公顷。

农作物精量半精量播种面积6874.67公顷，其中棉花精量播种面积6874.67公顷。农作物种子包衣播种面积6874.67公顷，农作物测土配方施肥面积6874.67公顷。

年末农业机械总动力2.7万千瓦，其中大中型农用拖拉机389台，小型拖拉机20台；农用排灌动力机械0.7万千瓦；农用运输机械4200千瓦。全年化肥施用量（折纯）0.66万吨，下降4.56%，农场用电量0.24亿千瓦时，下降4.54%。

种植业耕、种、收综合机械化率80%，畜牧业机械化水平60%，园艺业机械化水平60%。畜禽良种推广覆盖率达到80%，养殖粪污资源化利用率达到85%。

年末各级农业产业化龙头企业2家。"三品一标"（即有机农产品、无公害农产品、绿色食品和农产品地理标志）认证产品累计数量6个，其中无公害农产品认定6个。

设施农业72个，比上年下降28.7%。大棚面积15.9公顷，设施圈舍38.9公顷。

【工业】 2017年，三十一团完成工业增加值1.61亿元，比上年增长8.5%。实现工业总产值10.2亿元，增长0.4%。其中，规模以上工业总产值9.73亿元，下降0.31%，占全团工业总产值比重为95.4%；规模以下工业总产值 0.32 亿元，下降 77.78%，占全团工业总产值比重为 3.1%。个体工业总产值 0.15 亿元，下降 31.82%，占全团工业总产值比重为 1.5%。规模以上工业产销率 100%。

【建筑业】 2017 年，三十一团 3 家资质以上建筑企业签订合同金额 3150 万元。是年新开工面积 4882 平方米，新建 750 平方米的电视台，投资 167 万元；新建 2490 平方米的客运站，投资总额 1300 万元，其中土建投资 700 万元；新建 1642 平方米的锅炉房，投资总额 1683 万元，其中土建投资 388 万元。

【固定资产投资】 2017 年，三十一团全年计划总投资额 500 万元以上的项目完成固定资产投资总额 9.08 亿元，比上年增长 19.3%。按三次产业分，第一产业完成投资 1.30 亿元，增长 28.6%；第二产业完成投资 4.95 亿元，增长 29.4%，全部是工业投资；第三产业完成投资 2.83 亿元，下降 27.73%。

是年，团场商铺销售面积 2341.35 平方米，每平方米售价 2000 元。

全年完成工业投资 4.95 亿元，增长 29.4%。其中：制造业完成投资 4.40 亿元，增长 131.9%；电力、燃气及水的生产和供应业完成投资 5568 万元，下降 71.2%。

全年完成交通运输、仓储和邮政业投资 0.75 亿元，增长 100%。

全年完成农业灌溉服务工程投资 0.21 亿元，下降 40.57%。

全年 500 万元以上计划投资项目 11 个，完成固定资产投资 0.68 亿元，占全团投资比重的 7.49%；其中计划投资超过 1000 万元的项目 25 个，完成固定资产投资额 8.40 亿元，占全团投资比重的 92.51%。2017 年新开工 1000 万元以上项目 25 个，完成固定资产投资 8.40 亿元，占全团的 92.51%。

是年，固定资产投资建设资金来源总额 9.23 亿元，其中本年资金 9.23 亿元。本年资金来源中，国家预算资金 0.35 亿元，自筹资金 2.83 亿元，其他资金 6.05 亿元。

【贸易】 2017 年，三十一团实现社会消费品零售总额 1.09 亿元，比上年增长 24.2%。其中，批发零售贸易业零售额为 20.26 亿元，增加 4.99 亿元，增长 32.7%；住宿和餐饮业零售额 0.47 亿元，同比增长 28.4%。

全年批发零售贸易业商品购进总额 16.54 亿元，增长 11.37%，其中限额以上批发零售贸易业商品购进总额 15.52 亿元，增长 9.44%。批发零售贸易业商品销售总额 20.26 亿元，增长 32.7%，其中限额以上批发零售贸易业商品销售总额 19.17 亿元，增长 33.49%。

年末批发零售贸易业商品库存总额 1.42 亿元，下降 53.27%，其中限额以上批发零售贸易业商品库存总额 1.21 亿元，增长 58.97%。

【招商引资】 2017 年，三十一团落实招商引资项目 5 个，到位资金 4 亿元。

【交通运输】 2017 年末，三十一团拥有民用汽车 646 辆，比上年增长 3.7%。其中，载客汽车 472 辆，增长 6.07%；载货汽车 116 辆，增长 2.65%；其他汽车 58 辆，下降 10.77%。

全年完成客运量 46.2 万人，增长 9.25%；旅客周转量 2349 万人千米，增长 9.84%；完成货运量 68.7 万吨，增长 16.28%；完成货物周转量 6349 万吨千米，增长 17.6%。全年公路运输业营运业务收入 3361 万元，增长 14.67%。全年个体公路运输业完成客运量 46.2 万人，增长 9.25%；个体完成旅客周转量 2349 万人千米，增长 9.84%；个体完成货运量 68.7 万吨，增长 16.28%；个体完成货物周转量 6349 万吨千米，增长 17.6%。个体公路运输营运业务收入 3361 万元，增长 14.67%。个体客运周转量和货物周转量分别占全社会客运周转量和货物周转量的 100% 和 100%。

【旅游】 三十一团旅游资源丰富，有广袤的大漠绿洲、一连与六连生态林、独特的千年胡杨树王、原十一连（现五连）塔里木河河边维吾尔族居民街市历史遗迹、塔里木河四连风景区、文化景观休闲广场、生态科技农业旅游、罗布湖沙漠公园。2017年2月，三十一团和尉犁县政府联合邀请新疆全景旅游规划研究院对罗布湖旅游度假区项目进行考察和整体规划。该项目计划按照国家4A级景区标准设计建设，是兵地融合共建的综合配套旅游服务区。

2017年末，三十一团全年接待旅游者4万人次，比上年增长20%。

【金融】 2017年末，团场农业银行、农村信用社、邮政储蓄三家银行人民币各项存款总额5.15亿元，其中个人存款3.02亿元，对公存款2.13亿元。年末农村信用社本币各项贷款余额0.5亿元，中长期贷款100万元，增长100%，存贷差2.65亿元。

【保险】 2017年，三十一团实现保险业务总收入0.16亿元，比上年增长38.88%。其中，农业险业务收入0.11亿元，增长76%；财产险业务收入0.02亿元。全年累计各类保险赔（给）付金额0.08亿元，增长30%。

【人口】 2017年末，三十一团总人口为10082人，比上年末增长18.11%。其中少数民族人口132人。家庭总户数3735户，平均每户家庭人口为2.70人。全年出生人口49人，出生率5.26‰；死亡人口19人，死亡率2.04‰，净增人口1546人，人口自然增长率3.22‰。

【就业】 2017年末，三十一团在岗职工2258人，比上年末增长13.45%。有离退休人员总数2650人。年末从业人员6350人，城镇登记失业率为0，全年累计实现新增就业1092人。是年，招收新职工552人。

【人民生活】 2017年，三十一团在岗职工工资总额1.23亿元，比上年增长21.94%。在岗职工职均工资56968元，增长11.62%。是年，城镇常住居民人均可支配收入43028元，增加6264元，增长17.04%。团场降低社会保障缴费比例，转移性收入增长较快。连队常住居民人均可支配收入20480元，增加1491元，增长7.9%。

【社会保障】 2017年，三十一团社会保险基金征缴总收入为0.36亿元，比上年增长11%，征缴率达100%。其中，征缴企业养老保险基金0.24亿元，增长12.5%，征缴率100%；征缴医疗保险基金0.11亿元，增长18%，征缴率100%；征缴失业保险基金80万元，下降50%，征缴率100%；征缴工伤保险基金42万元，增长7.15%，征缴率100%；征缴生育保险基金8350元，下降23.95%，征缴率100%。全年支付离退休人员养老金0.86亿元，增长10.47%，离退休人员养老金社会化发放率和五项社会保险待遇拨付率均为100%。

自2017年7月1日起，最低生活保障标准由原标准382元/人·月提标为396元/人·月；重度残疾人37元/人·月，60周岁以上老年人87元/人·月，18周岁以下未成年人22元/人·月。截至是年末，全团低保人员223户347人，累计为4100人次发放低保金143.02万元。重点保障对象155人。其中，重度残疾人43人，60周岁以上老年人51人，未成年人61人。保障对象全部按标准发放低保资金，其他低保人员68人根据低保有关政策差额享受。全团特困供养人员9人，其中全自理2人，半自理7人，累计发放补助资金8.28万元。临时救助累计684户次1825人，合计发放40.2万元。

【教育】 2017年末，三十一团拥有九年一贯制学校1所，幼儿园1所。在校小学生570人，初中生292人。教职工人数98人。其中专职教师82人，幼儿园在园幼儿及儿童207人。小学、初中儿童少年入学率和升学率均达100%。适龄儿童入园（学前班）率100%。学前教育阶段，春季学前教育师市财政承担保育费、读本费、取暖费91935元，资助学前学生227人；秋季学前教育师市财政承担保育费、读本费、取暖费38304元，资助学前学生252人。义务教育阶段，免学杂费、免教科书费，家庭经济困难寄宿生生活补助26.9万元，资助小学学生86人，初中学生119人。

【科学技术】 2017年末，三十一团共有各类专业技术人员280人，各类科研及推广机构4个，从事科技活动人员和技术人员180人。科技研发投入比重继续提升，全团全年科技研究开发等经费获得兵团及师市拨款110万元。加快科技进步与创新，加快实用科技成果推广，全年组织实施各类科技研究、开发、推广项目10个，其中承担兵团科技项目2个，组织实施师级科研开发推广项目（课题）2个，全年有1项科技成果通过鉴定或验收。

【文化】 2017年，三十一团在中央级、省级新闻媒体和师市刊用稿659篇（幅）。其中报刊稿件268篇（幅），电视稿件161篇，网络稿件230篇。年末电视综合人口覆盖率97%，广播综合人口覆盖率97%。组织开展各类群众性文化活动17场次，团场各级与地方县市、乡镇开展兵地文化联谊活动2场次，参与活动的团场职工与地方群众0.62万人次。

【体育】 2017年，三十一团中学举办第二十三届中小学生田径运动会，参加680人次；团中学参加第二师第六届中小学生校园足球赛，参加人数40人；团中学参加第二师第十五届中小学生田径运动会，参加人数30人，其中赵森取得男子乙组5000米第一名。

【卫生】 2017年末，三十一团拥有各类卫生机构9个，其中医院1所，卫生所（室）8所，社区卫生服务站1个，疾病预防控制中心1个。床位总数40张，卫生工作人员38人。其中卫生技术人员38人，其中执业和执业助理医师15人，注册护士10人。全团平均每千人拥有病床4张，平均每千人拥有卫生技术人员3.8人。基层疾病预防控制、卫生监管和突发公共卫生事件应急处置能力不断提高，团连卫生机构规范化建设覆盖率70%。建成连队甲级卫生室9个，卫生户厕3179座，建成中小学水冲式厕所1座。建立居民健康档案8536份。2017年，传染病报告发病率（甲乙类传染病）为55.45/10万，病死率为0。婴儿死亡率、孕产妇死亡率均为0。

【资源环境】 全年规模以上工业企业综合能源消费量0.41万吨标准煤，比上年增长24.24%。其中，煤炭消费量2576.1吨，增长24.15%；汽油消费量2.6吨，下降39.53%；电力消费量1770.2亿千瓦时，增长22.84%。

有效灌溉面积8599.07公顷，其中高新节水灌溉面积8444.4公顷。

全年农作物受灾面积3668.4公顷。其中棉花成灾面积3466.67公顷，果园成灾面积201.73公顷。全年自然灾害造成直接经济损失2157万元，全部为农业直接经济损失。

【安全生产】 2017年，三十一团未发生生产安全死亡事故，各类事故指标均在控制范围之内，安全生产形势总体稳定，持续向好。是年，团场被师评为"安全生产先进单位"称号，被兵团评为"防火工作先进单位"称号。

（王新林）

【"访惠聚"工作】 2017年，三十一团及时与师市"访惠聚"领导小组对接，配套6000元为九连、十一连2个"访惠聚"工作队安装电视、宽带、电话等信息设备，落实驻连惠民专项资金20万元，为九连通往鱼池的机耕道铺戈壁，为十一连建造多功能职工书屋。落实驻村惠民专项资金50万元，为琼库勒村第一小组建设2千米三级道路。全团23个党支部297名党员干部，与尉犁县塔里木乡3个结对村的389户村民，进行结对认亲活动。团10名干部对结对村民提供技术服务，在琼库勒村创建6公顷高标准示范田，在博斯坦村创建1.2公顷高标准香梨示范园，在英努尔村创建以黑头羊养殖为主的高标准养殖示范点。

【"民族团结一家亲"活动】 2017年，三十一团党委成员、机关干部和6个基层单位干部共计47人与塔里木乡博斯坦村、英努尔村、琼库勒村47户农民结为"亲戚"。三十一团共结亲389户，与少数民族结对人数167人，与汉族结对人数669人，与地方群众结对人数143人。累计捐物1539件，就医485件，就业13人。每名结对认亲的干部都与结对户见面交流6次以上。团场用国家少数民族帮扶资金40万元以扶贫牛的方式直接帮扶到24户少数民族家庭中，以精准扶贫项目资金方式，投资近30万元让"爱德鸽业"分两批为尉犁县琼库勒村提供肉鸽养殖40多万羽，建起肉鸽养殖合作社，带动全村及周边农民养殖肉鸽致富。

【《三十一团志（1996—2010）》完成审校工作】 2017年12月，《三十一团志》（1996—2010）完成三审三校工作，获得新疆文化出版社印刷许可，进入出版印刷阶段。

【人口聚集】 三十一团本着"政策到位、岗位到位、住房到位、工资到位、培训到位"的工作原则，多措并举扎实推进人口聚集工作。2017年1月7日，团金杨水韵、梨园小区共计225户住宅动工装修，为招收新职工做准备。1月10日，团召开"人口聚集"动员大会。1月12日，"人口聚集"工作启动，团组织人员赴内地甘肃、河南等地招录新职工。1月23日，团举行新职工住房生活用品招标会。2月13日，团为新职工分配住房，第一批到团的新职工分配到金杨水韵小区。3月13—18日，团第一期新职工培训班开班及结业。3月23日，兵团调研组到三十一团对人口聚集落实情况进行考察。6月20日，团新招录的第二批258名内地新职工向师市劳动和社会保障局报批，全部通过。8月，甘肃省宕昌县移民局考察组、甘肃省宕昌县两河口镇考察组到团，双方就农村富余劳动力转移就业达成共识，签订劳动合作框架协议。至12月30日，全团招录职工完成552户、1450人，派出所落户541户，1424人，落户率98.2%。

【消防电器控制设备制造项目落地】 2017年4月20日，三十一团中一贝设备有限公司投资项目开工奠基仪式在团场举行。该项目一期投资6000万元，项目集消防产品研发设计、生产销售、安装调试为一体。

【鹿产品深加工项目】 2017年6月27日，三十一团与吉林大清鹿苑保健科技有限公司签订鹿产品深加工项目合作协议，就梅花鹿的养殖、鹿副产品的深加工、鹿系列保健品的生产等新疆塔河马鹿系列产品的研发、销售达成协议。

【"中国流动科技馆"全国巡展】 2017年7月4日，"中国流动科技馆"全国巡展第二师站启动仪式在三十一团举行。此次"中国科技流动馆"将在三十一团进行为期两个半月的巡展。

【连队】 截至2017年末，三十一团有农业连队11个，分别是：一连、二连、三连、四连、五连、六连、七连、八连、九连、十连、十一连。

一连 1958年建置，原名红专学校。1961年，改为种子队。1962年，组建为值班连。1969年更名为一连。2002年，林园一连合并到一连。2005年，农试站土地合并到一连。一连位于三十一团北部，距离其团部所在地——英库勒镇1.5千米，连队东西宽407米，南北长855米的范围，占地面积为21.99公顷，连队地理坐标为东经86°57′17″，北纬40°53′30″。一连是一个以棉花、香梨种植为主的农业连队。2017年末连队总人口为260户922人，承包总人数313人，其中在岗职工253人。2017年，一连种植面积985.9公顷，其中棉花种植面积708.2公顷，果园种植面积277.7公顷。

二连 1958年建置，原名是塔里木七场生产二队；1962年塔里木七场撤销后并入共青团农场，编为生产二队；1969年改编为二连。1995年，三十一团在卡拉成立林园三连，二连一部分果园划给林园三连。2002年，林园三连并入二连。二连位于三十一团的西北部，距离其团部所在地——英库勒镇16千米，连队东西长841.9米，南北宽801米的范围，占地面积为52.68公顷。连队地理坐标东经86°47′26″，北纬40°57′42″。二连是一个以棉花、香梨种植为主的大型农业连队。2017年末连队总人口为326户862人，承包总人数275人，其中在岗职工236人。2017年，二连种植面积898.3公顷，其中棉花种植面积674.3公顷，果园种植面积224公顷。

三连 1958年建置，原名生产三队。1969年改编为三连。三连位于三十一团的东部，距离其团部所在地——英库勒镇4千米，连队东西长836米，南北宽423米的范围，占地面积为26.53公顷。连队地理坐标东经86°59′15″，北纬40°51′41″。三连是一个以棉花、香梨、红枣种植为主的农业连队。2017年末连队总人口为163户385人，承包总人数163人，其中在岗职工136人。是年退休人员6人。2017年，三连种植面积556.5公顷，其中棉花种植面积426.3公顷，果园种植面积130.2公顷。

四连 1958年建置，原名生产二队。1962年，改编为生产四队。1969年，改编为四连。四连位于三十一团的南部，距离其团部所在地——英库勒镇3.8千米，连队东西长877米，南北宽1223米的范围，占地面积为47.74公顷。连队地理坐标东经86°56′58″，北纬40°53′03″。四连是一个以棉花、香梨、红枣种植为主的农业连队。2017年末连队总人口为168户599人，承包总人数248人，其中在岗职工194人。2017年，四连种植面积1119.1公顷，其中棉花种植面积826.1公顷，果园种植面积293公顷。

五连 1958年建置，原名生产七队。1969年，改编为五连。2004年，原十一连合并到五连。五连位于三十一团的西北部，距离其团部所在地——英库勒镇5千米，连队东西宽979米，南北长1262米的范围，占地面积为47.74公顷。连队地理坐标东经86°54′39″，北纬40°54′09″。五连是一个以棉花、香梨、红枣种植为主的农业连队。2017年末连队总人口为334户1143人，承包总人数237人，其中在岗职工187人。2017年，五连种植面积849.4公顷，其中棉花种植面积644.5公顷，果园种植面积204.9公顷。

六连 1958年建置，原名生产六队。1969年，改编为六连。2006年1月，成立六连以北开发区办公室建制，是年9月开发区建制撤销，成立十二连。2016年，十二连合并到六连。六连位于三十一团的西北部，距离其团部所在地——英库勒镇8千米，连队东西宽1014米，南北长1321米的范围，占地面积为64.82公顷。六连地理坐标为东经86°56′56″，北纬40°56′03″。六连是一个以棉花、香梨、红枣种植为主的农业连队。年末连队总人口为153户533人，承包总人数224人，其中在岗职工170人。2017年，六连种植面积942.3公顷，其中棉花种植面积575.3公顷，果园种植面积367公顷。

七连 1967年建置，原名生产一队。1969年，改编为十二连。2004年，更名为七连。七连位于三十一团的西部，距离其团部所在地——英库勒镇9千米，连队东西宽582米，南北长1158米的范围，占地面积为64.53公顷。连队地理坐标东经86°51′38″，北纬40°54′35″。七连是一个以棉花、香梨、红枣种植为主的大型农业连队。2017年末连队总人口为239户531人，承包总人数159人，其中在岗职工156人。2017年，七连种植面积713公顷，其中棉花种植面积563.3公顷，果园种植面积149.7公顷。

八连 于1970年7月成立，其主要成员为三十四团调来的一个队职工。2002年，林园二连合并到八连。

八连位于三十一团的西北部，距离其团部所在地——英库勒镇10.5千米，连队东西宽1021米，南北长1229米的范围，占地面积为64公顷。连队地理坐标东经86°51′56″，北纬40°58′20″。八连是一个以棉花、香梨、红枣种植为主的农业连队。2017年末连队总人口为140户644人，承包总人数190人，其中在岗职工163人。2017年，八连种植面积586.5公顷，其中棉花种植面积402.5公顷，果园种植面积184公顷。

九连 1958年，九连原属塔里木八场。1964年，塔里木八场撤销后划归三十一团，被编为生产畜牧二队。1969年2月，被农二师收回并成立独立营。1971年，独立营撤销后又划归三十一团，改编为九连。九连位于三十一团的北部，距离其团部所在地——英库勒镇55千米，连队东西长459米，南北宽362米的范围，占地面积为10.8公顷。连队地理坐标东经86°30′51″，北纬40°05′17″。九连原是一个以畜牧业为主的连队，1984年，三十一团把九连的鹿群迁移到畜牧连，九连变为以棉花种植为主的农业连队。2017年末连队总人口为152户366人，承包总人数87人。2017年，九连种植面积835公顷，全部种植棉花。

十连 2004年7月，塔里木水管处作业站、神宇公司工九连、十三连划归三十一团，成立三十一团十连。十连位于三十一团的西北部，距离其团部所在地——英库勒镇19千米，连队东西宽696米，南北长774米的范围，占地面积为10.83公顷。十连是三十一团耕地面积最多的农业单位，以棉花种植为主。2017年末连队总人口为111户451人，承包总人数319人，其中在岗职工85人。2017年，十连种植面积2015公顷，其中棉花种植面积2010.9公顷，果园种植面积4.1公顷。

十一连 前身是新疆生产建设兵团工一师尉犁农场，始建于1967年。2004年，根据兵团8号文件精神，农场整体移交三十一团管理，三十一团将其整编为十一连。十一连位于新疆巴音郭楞蒙古自治州尉犁县城北8000米处的恰拉洪地区，位于三十一团的西北部，距尉犁县县城8千米，距离其团部所在地——英库勒镇85千米，连队东西长320米，南北宽473.2米的范围，占地面积为15.52公顷。连队地理位置东经86°85′14″~86°85′26″，北纬42°24′44″~41°31′18″。十一连是一个以棉花、香梨种植为主的中型农业连队，是距团部最远的一个连队。2017年末连队总人口为196户436人，承包总人数116人，其中在岗职工101人。2017年，十一连种植面积581.2公顷，其中，棉花种植面积578公顷，果园种植面积3.2公顷。 （王新林）

· 三十三团 ·

党委书记、政委：
谢映周（12月离任）
党委副书记、团长：
夏元利
党委常委、副政委、纪委书记：
康学贵（11月离任）
党委常委、副团长、人武部部长：
张 波
党委常委、副团长：
栾雪辉（12月离任）
党委常委、副政委、工会主席：
苏明兰（女）
党委常委、副团长：
颜 哲 王伯琪 童永忠
党委委员、总农艺师：
冯利和

【概况】 三十三团前身是1958年成立的塔六场，1969年统编为现名。三十三团位于尉犁县境内，团部驻地库尔木依镇，距库尔勒市公路里程160千米。2017年，土地总面积543.35万公顷，其中耕地7959公顷。辖16个农林连队、1个畜牧单位、2个企事业单位。年末总人口14198人，其中少数民族950人。人口自然增长率4.79‰。年末从业人员5249人，其中在岗职工3116人。有离退休人员3778人。

【经济建设】 2017年，三十三团完成生产总值11.19

亿元，比上年增长7.3%。其中，第一产业增加值5.41亿元，增长8.5%；第二产业增加值3.86亿元，增长4.3%；第三产业增加值1.93亿元，增长10%。三次产业结构比为48∶35∶17。人均生产总值8.51万元，增长0.89%。全社会固定资产投资10.09亿元，增长138.77%。社会消费品零售总额18723万元，增长15.42%。团场综合利润1146万元。城镇居民人均可支配收入2.5万元，增长11.3%。在岗职工年平均工资5.74万元，增长1.25%。

【农业】 2017年，三十三团实现农林牧渔业总产值11.49亿元，比上年增长7.91%，其中，农业总产值10.43亿元，增长7.51%；林业总产值0.11亿元，增长54.64%；畜牧业总产值0.64亿元，增长7.72%；农林牧渔服务业总产值0.3亿元，增长4.81%。农业增加值5.47亿元，增长8.4%。是年，棉花产量2.3万吨，增长7%；年内牲畜出栏3.13万头（只），增长12.19%；肉类总产量1357万吨，增长6.85%；羊毛总产量200吨，增长11.11%；奶类产量280吨，增长0.12%；禽蛋产量150吨，增长11.11%。年末存栏鹿0.55万头，增长5.77%；鹿茸产量0.735吨，增长2.08%。

年末实有水果种植面积3880公顷。水果产量9.6万吨，增长1.22%。其中：香梨2.96万亩，总产量6.9万吨；红枣2.69万亩，总产量2.61万吨；其他果品0.17万亩，总产量0.09万吨。全团当年共完成造林建园面积923公顷。农作物精量半精量播种面积8743公顷，其中棉花精量播种面积7297公顷。农作物种子包衣播种面积7297公顷，农作物测土配方施肥面积8743公顷。有效灌溉面积8743公顷，其中高新节水灌溉面积7297公顷。

年末农业机械总动力3.62万千瓦，增长0.82%。其中大中型农用拖拉机337台，增长0.6%；小型拖拉机172台，下降1.71%；农用排灌动力机械0.79万千瓦，增长0.61%；农用运输机械0.11万千瓦，下降9.22%。全年化肥施用量（折纯）0.79万吨，增长10.61%，农场用电量0.41亿千瓦时，增长10.08%。

种植业耕、种、收综合机械化率96.3%，畜牧业机械化水平100%，园艺业机械化水平100%。畜禽良种推广覆盖率100%，养殖粪污资源化利用率78%。

【工业】 2017年，三十三团完成工业增加值0.387亿元，比上年增长4.3%。实现工业总产值10.59亿元，下降12.04%。其中，规模以上工业总产值9.65亿元，下降14.48%，占全团工业总产值比重为91.12%；规模以下工业总产值0.76亿元，增长4.87%，占全团工业总产值比重为7.18%。个体工业总产值0.18亿元，增长10.43%，占全团工业总产值比重为1.7%。规模以上工业产销率97.09%，增长1.71%。

【建筑业】 2017年，三十三团与5家资质以上建筑企业签订合同金额8364.5万元。招标建设项目17个，完成投资7221.4万元；零星工程106个，完成投资1143.1万元。新建连队职工住房建设88户，总建筑面积5460平方米。装修楼房740套，为300户困难职工群众发放燃气补助12万元。完成养老院修建，建筑面积5375.05平方米，项目投资1600万元。完成西社区老年人日间照料中心，建筑面积1052.73平方米，项目投资230万元。完成218国道至三连交通景观桥一座，项目投资200万元；计划完成农村公路4条，总长19.5千米，投资2500万元；完成公路养护129千米；完成房屋征收77户，拆除面积2264平方米，征收补偿34.2万元。完成西社区老年人日间照料中心，建筑面积1052.73平方米。

【固定资产投资】 2017年，三十三团全年计划总投资额500万元以上的项目完成固定资产投资总额10.09亿元，比上年增长155.2%。按三次产业分，第一产业完成投资0.64亿元，下降24.43%；第二产业完成投资5.85亿元，增长450.25%，全部是工业投资；第三产业完成投资3.6亿元，增长53.54%。

全年完成工业投资5.85亿元，增长450.25%，其中，制造业完成投资5.85亿元，增长631.2%。全年完成交通运输、仓储和邮政业投资0.056亿元，新建改扩建公路19.5千米。全年完成农业灌溉服务工程投资0.075亿元，增长2.3%。

是年，固定资产投资建设资金来源总额6.18亿元，增长289.62%，其中本年资金6.18亿元。本年资金来源中，国家预算资金1.9亿元，国内贷款4.12亿元，自筹资金0.15亿元。

【国内贸易】 2017年，三十三团实现社会消费品零售总额1.87亿元，比上年增长15.29%。其中批发零售贸易业零售额为0.68亿元，增加0.12亿元，增长22.2%；住宿和餐饮业零售额0.47亿元，增长11.9%。

【招商引资】 2017年，三十三团落实招商引资项目9个，到位资金6.27亿元，其中铁门关市招商引资项目3个，到位资金2.25亿元。

【交通运输】 2017年末，三十三团拥有民用汽车786辆，比上年增长23.58%。其中：载客汽车583辆，增长30.72%；载货汽车131辆，增长为0；其他汽车72辆，增长22.03%。全年完成客运量46万人，增长27.78%；旅客周转量5550万人千米，增长25.71%；完成货运量95万吨，增长35.71%；完成货物周转量9250万吨千米，增长36.83%。全年公路运输业营运业务收入4145万元，增长28.9%。

【金融】 2017年末，团场农行人民币各项存款余额2.8亿元，比上年末增长12%，其中个人存款2.1亿元；增长15%；对公存款0.7亿元，增长7.7%。年末本币各项贷款余额0.6亿元；中长期贷款0.3亿元。

【人口】 2017年末，三十三团总人口为14200人，比上年末增长9.6%。家庭总户数4534户，平均每户家庭人口为3人。全年出生人口91人，出生率为7.18‰；死亡人口51人，死亡率为4.17‰；净增人口37人，人口自然增长率为2.86‰。

【就业】 2017年末，三十三团在岗职工3810人，比上年末增长11%。城镇登记失业率0，全年累计实现新增就业954人。

【人民生活】 2017年，三十三团在岗职工工资总额1.68亿元，比上年增长21.72%。在岗职工职均工资57389元，增长1.25%。是年，城镇常住居民人均可支配收入2.82万元，增加0.46万元，增长11.3%。

【社会保障】 2017年，三十三团社会保险基金征缴总收入为5166万元，比上年增长615万元，征缴率达100%。其中，征缴企业养老保险基金元476618元，增长514万元，征缴率100%；征缴机关养老保险基金447万元，增长186万元，征缴率100%；征缴职业年金64万元，增长6万元，征缴率100%；征缴医疗保险基金1914万元，增长244万元，征缴率100%；征缴失业保险基金174万元，下降77万元，征缴率100%；征缴工伤保险基金87万元，增长11万元，征缴率100%；征缴生育保险基金16万元，下降33万无，征缴率100%。全年支付离退休人员养老金1.3亿元，增长0.2亿元，离退休人员养老金社会化发放率和五项社会保险待遇拨付率均为100%。

自2017年7月1日起，最低生活保障标准由原标准382元/人·月提标为396元/人·月；重度残疾人37元/人·月，60周岁以上老年人87元/人·月，18周岁以下未成年人22元/人·月。截至是年末，全团低保人员2910户4889人，累计为4889人次发放低保金160.76万元。其中，重度残疾人117人，60周岁以上老年人63

人，未成年人100人。保障对象全部按标准发放低保资金。全团累计发放补助资金9.21万元。临时救助累计754户次1499人，合计发放4255万元。为低保户和低收入居民计241人次，办理医疗救助，发放救助金42.19万元。棚户区改造85套。

【教育】 2017年末，三十三团（含三十二团）拥有九年一贯制学校2所，幼儿园2所。在校小学生731人，初中生407人。教职工人数175人。其中，专职教师129人，幼儿园在园幼儿及儿童388人。小学、初中儿童少年入学率100%，升学率达86.91%。适龄儿童入园（学前班）率100%。学前教育阶段，免除保育费、读本费、补助伙食费0.95万元，资助学前学生186人。义务教育阶段，免学杂费、免教科书费18.352万元，家庭经济困难寄宿生生活补助56.495万元，资助小学学生214人，初中学生191人。

【科学技术】 2017年末，三十三团共有各类专业技术人0.436万人，各类科研及推广机构1个，从事科技活动人员和技术人员164人。科技研发投入比重继续提升。全团全年科技研究开发等经费支出36万元，其中获得国家及兵团拨款12万元。加快科技进步与创新，加快实用科技成果推广。全年组织实施各类科技研究、开发、推广项目6个，其中承担国家和兵团科技项目3个。组织实施师级科研开发推广项目（课题）5个。全年有2项科技成果通过鉴定或验收，其中技术水平达到国内先进水平的2项；获师科技进步奖1项。

【文化】 2017年，三十三团在中央级、省级新闻媒体和师市刊用稿2574篇（幅）。地师级稿件共279篇（幅）。年末电视综合人口覆盖率100%，广播综合人口覆盖率100%。组织开展各类群众性文化活动2场次，团场各级与地方县市、乡镇开展兵地文化联谊活动1场次，参与活动的团场职工与地方群众0.32万人次。

【体育】 2017年，三十三团（三十二团）两所中学组织的体育赛事活动，三十二团中学参加二十九团中学举办第二师铁门关市十五届中小学生田径运动会32人，参加三十团中学举办第六届小学生校园足球赛36人，学校组织"校园阳光体育足球班级联赛"2届次。三十三团中学参加二十九团中学举办第二师铁门关市十五届中小学生田径运动会22人；参加三十团中学举办第六届小学生校园足球赛男子10人，女子10人；学校积极组织"校园阳光体育足球班级联赛"。

【卫生】 2017年末，三十三团拥有各类卫生机构22个。其中，医院2所，卫生所（室）18所，社区卫生服务站1个，疾病预防控制中心1个。床位总数50张，卫生工作人员95人。其中卫生技术人员86人，其中执业和执业助理医师37人，注册护士27人。全团平均每千人拥有病床3.5张，平均每千人拥有卫生技术人员6.1人。基层疾病预防控制、卫生监管和突发公共卫生事件应急处置能力不断提高，团连卫生机构规范化建设覆盖率100%。建成连队甲级卫生室16个，卫生户厕0.3243万座、建成中小学水冲式厕所2座。建立居民健康档案1.29万份。2017年，传染病报告发病率（甲乙类传染病）为422.96/10万，病死率为0。婴儿死亡率、孕产妇死亡率均为0。

【社会服务】 2017年末，三十三团包括老年公寓、综合福利院、养老院、精神福利院、日间照料中心等社会福利机构共计1家，其中新建1家。入住老人35人，养老床位数达34张/千人。

【资源环境】 2017年末，三十三团全年水利工程供水量1.1509亿立方米。按供水用途分，农业供水1.05亿立方米，工业供水0.03亿立方米，城镇生活供水1.4133亿立方米，生态环境供水0.16亿立方米。按供水方式分，地表水供水量1.21亿立方米。节水灌溉面积8160公顷。

全年工业废水排放总量0.33万吨，工业废水中COD排放总量0.26吨。工业废气中二氧化硫排放总量29.7吨，工业烟（粉）尘排放总量4.95吨，工业固体废物产生量0.15万吨，工业固体废物综合利用量0.13万吨；综合利用率88%，提高6%。

全年农作物受灾面积6266.67公顷，其中成灾面积6133公顷。全年自然灾害造成直接经济损失0.133亿元。其中农业直接经济损失0.098亿元，受灾人口0.48万人次。

【安全生产】 2017年，三十三团未发生生产安全死亡事故，各类事故指标均在控制范围之内，安全生产形势总体稳定，持续向好。

【纺织服装项目签约】 2017年7月16日，三十三团与青岛晨熙达工贸有限责任公司举行两个合作项目签约仪式。一是总投资5000万元，投入500台（套）国际先进的缝纫设备，年生产各种高端服装400万件，年印花和绣花各400万件的生产能力，年产服装600万件项目。二是投资7000万元，投入80—100台（套）国际先进的大圆针织机及配套设备，年产1.5万吨针织布及800万米梭织布生产项目。

【国家级出口食品农产品质量安全示范区】 2017年9月15日，国家质检总局公布2017年国家级出口食品农产品质量安全示范区名单，三十三团香梨国家级出口食品农产品质量安全示范区榜上有名。

【"民族团结一家亲"活动】 2017年，三十三团开展"民族团结一家亲结亲周"活动，全团500名干部结对认亲462户，做好人好事328件，为结对认亲户捐款200元，捐物32件，送医疗服务56次。分三批次到结对户家中同吃同住，为结对户宣传十九大精神，和结对户一起学习、交流领会十九大精神，并了解结对户思想动态、生活状况，帮助解决结对户生活、工作中的问题。

【"双创"活动】 2017年，三十三团打造形成"一园区四基地"（即职工创业园区、设施农业创业基地、养殖创业基地、电子商务孵化创业基地、三产服务创业基地）创业平台。2017年新增创新型企业4个，众创、众筹平台1个，农工合作社1个、个体工商户65个，小微企业经济增速25.4%，新增就业人数1685人，培训2825人次，职工参与率77.8%。

【连队】 截至2017年末，三十三团共有16个连队。

一连 前身是生产一队，1958年成立。2017年改为现名（含一连、砖厂、劳改队）。2017年，连队土地总面积674.57公顷，其中耕地244.79公顷，林地290.25公顷，山区草场8.40公顷。年末连队总人口434人，其中少数民族人口1人。人口自然增长率1.2‰。年末从业人员243人，其中在岗职工173人。有离退休人员122人。2017年，一连种植面积522公顷。其中：种植棉花430公顷，总产量2523.68吨，单产391.29千克/亩；香梨12.12公顷，总产量165吨；红枣0.66公顷，总产量4吨；实现生产总值0.09亿元，比上年增长1.5%。连队居民人均可支配收入1.97万元，增长1.2%。在岗职工平均工资4.3万元，增长1.4%。

二连 前身是林园二连，1985年成立。2017年改为现名（含二连、十二连）。2017年，连队土地总面积91067.3公顷，其中耕地207.71公顷，林地384.85公顷，山区草场36.44公顷。年末总人口762人，其中少数民族人口2人。人口自然增长率为0。年末从业人员362人，其中在岗职工272人。有离退休人员167人。2017年，二连种植面积589.46公顷。其中：种植棉花511.67公顷，总产量3557.68吨，单产418.65千克/亩；香梨220.6公顷，总产量3000吨；红枣6公顷，总产量35吨；实现生产总值0.12亿元，比上年增长7.2%。连队居民人均可支配收入26412万元，增长

6.8%。在岗职工平均工资5.8万元，增长6.5%。

三连 前身是生产二队，1958年成立。2017年改为现名。2017年，连队土地总面积1928.90公顷，其中耕地429.41公顷，林地187.55公顷，山区草场19.55公顷。年末总人口496人，其中少数民族人口1人。人口自然增长率为0。年末从业人员237人，其中在岗职工172人。有离退休人员73人。2017年，三连种植面积393.34公顷。其中：种植棉花67.20公顷，总产量435.12吨，单产431.66千克/亩；香梨280.16公顷，总产量420吨；红枣41.4公顷，总产量300吨；实现生产总值0.058亿元，比上年下降11.25%。连队居民人均可支配收入1.63万元，下降10.8%。在岗职工平均工资3.56万元，下降10.5%。

四连 前身是三十二团生产一队，1969年成立。1972年改名四连，2017年改为现名（含三连）。2017年，连队土地总面积1635.83公顷，其中耕地841.80公顷，林地315.61公顷，山区草场168.22公顷。年末总人口728人，其中少数民族人口9人。人口自然增长率-1.90‰。年末从业人员297人，其中在岗职工213人。有离退休人员171人。2017年，四连种植面积829.8公顷。其中：种植棉花663.86公顷，总产量4142.35吨，单产467.77千克/亩；香梨30公顷，总产量385吨；红枣62公顷，总产量186吨；实现生产总值0.17亿元，比上年增长5.2%。连队居民人均可支配收入2.25万元，增长5%。在岗职工平均工资5.46万元，增长5.1%。

五连 前身是生产六队，1958年成立。2017年改为现名。2017年，连队土地总面积1798.83公顷，其中耕地452.17公顷，林地970.07公顷，山区草场102.69公顷。年末总人口343人，其中少数民族人口1人。人口自然增长率为0。年末从业人员283人，其中在岗职工210人。有离退休人员122人。2017年，五连种植面积7693.5公顷。其中：种植棉花574.53公顷，总产量3800.97吨，单产456.96千克/亩；香梨78.2公顷，总产量254吨；红枣34.13公顷，总产量82吨；实现生产总值0.15亿元，比上年增长3.2%。连队居民人均可支配收入2.26万元，增长2.8%。在岗职工平均工资5.45万元，增长3%。

六连 前身是生产三队，1958年成立。2017年改为现名（含六连、营建连、农试站）。2017年，连队土地总面积1539.26公顷，其中耕地565.40公顷，林地253.90公顷，山区草场27.99公顷。年末总人口765人，其中少数民族人口1人。人口自然增长率11.28‰。年末从业人员182人，其中在岗职工155人。有离退休人员93人。2017年，六连种植面积554.6公顷。其中：种植棉花354.66公顷，总产量1914.38吨，单产416.51千克/亩；香梨172.29公顷，总产量1095吨；红枣24.33公顷，总产量109吨；实现生产总值0.086亿元，比上年下降1.5%。连队居民人均可支配收入1.76万元，下降1.68%。在岗职工平均工资3.56万元，下降1.42%。

七连 前身是三十二团生产十一队，1960年成立。1969年改为七连，2017年改为现名（含七连、老八队、十二连）。2017年，连队土地总面积1987.04公顷，其中耕地164.81公顷，林地944.01公顷，山区草场283.10公顷。年末总人口635人，其中少数民族人口1人。人口自然增长率为17.65‰。年末从业人员218人，其中在岗职工151人。有离退休人员207人。2017年，七连种植面积864.5公顷。其中：种植棉花719.2公顷，总产量5012.27吨，单产450.08千克/亩；香梨53.88公顷，总产量606吨；红枣65.36公顷，总产量1176吨；实现生产总值0.236亿元，比上年增长6.82%。连队居民人均可支配收入2.42万元，增长6.5%。在岗职工平均工资5.68万元，增长7%。

八连 前身是生产五连，1968年成立。2017年改为现名（含五连、五七干校、七连）。2017年，连队土地总面积1566.88公顷，其中耕地446.05公顷，林地630.48公顷，山区草场16.83公顷。年末总人口281人，其中少数民族人口1人。人口自然增长率-4.59‰。年末从业人员178人，其中在岗职工137人。有离退休人员114人。2017年，八连种植面积427.7公顷。其中：种植棉花302.52公顷，总产量1880.64吨，单产411.26千克/亩；香梨77.33公顷，总产量348吨；红枣43.75公顷，总产量98吨；实现生产总值0.079亿元，比上年增长2.1%。连队居民人均可支配收入2.27万元，增长2.2%。在岗职工平均工资4.87万元，增长1.9%。

九连 前身是生产五连，1958年成立。2017年改为现名（含十连）。2017年，连队土地总面积3870.75公顷，其中耕地734.68公顷，林地1542.80公顷，山区草场166.38公顷。年末总人口519人，其中少数民族人口3人。人口自然增长率3.86‰。年末从业人员289人，其中在岗职工249人。有离退休人员167人。2017年，九连种植面积1015.6公顷。其中：种植棉花734.2公顷，总产量5051.61吨，单产479.41千克/亩；香梨83.4公顷，总产量201吨；红枣64.52公顷，总产量195吨；实现生产总值0.2亿元，比上年增长4.58%。连队居民人均可支配收入2.34万元，增长3.7%。在岗职工平均工资4.98万元，增长4.1%。

十一连 前身是生产七队，1959年成立。2017年改为现名。2017年，连队土地总面积980.13公顷，其中耕地559.08公顷，林地96.54公顷，山区草场47.38公顷。年末总人口300人，其中少数民族人口1人。人口自然增长率3.56‰。年末从业人员147人，其中在岗职工126人。有离退休人员98人。2017年，十一连种植面积501.4公顷。其中：种植棉花437.73公顷，总产量2593.99吨，单产404.31千克/亩；香梨20.66公顷，总产量62吨；红枣42.94公顷，总产量258吨；实现生产总值0.11亿元，比上年增长1.67%。连队居民人均可支配收入2.21万元，增长1.5%。在岗职工平均工资5.12万元，增长1.55%。

十五连 前身是三十二团生产七队，1962年成立，1969年改为五连，2017年改为现名（含团部林园二连）。2017年，连队土地总面积1056.66公顷，其中耕地758.55公顷，林地81.06公顷，山区草场8.76公顷。年末总人口599人，其中少数民族人口24人。人口自然增长率2.80‰。年末从业人员215人，其中在岗职工192人。有离退休人员146人。2017年，十五连种植面积615.6公顷。其中：种植棉花266.66公顷，总产量2916.66吨，单产403.64千克/亩；香梨175.49公顷，总产量1553吨；红枣60.1公顷，总产量270吨；实现生产总值0.13亿元，比上年下降0.15%。连队居民人均可支配收入2.12万元，下降0.1%。在岗职工平均工资4.28万元，下降0.12%。

十六连 前身是三十二团生产三队，1969年成立改为一连，2017年改为现名（含一连、施工连）。2017年，土地总面积3377.79公顷，其中耕地975.53公顷，林地607.49公顷，山区草场145.46公顷。年末总人口646人，其中少数民族人口11人。人口自然增长率1.90‰。年末从业人员234人，其中在岗职工203人。有离退休人员136人。2017年，十六连种植面积765.6公顷。其中：种植棉花456.58公顷，总产量2967.17吨，单产458.82公斤（亩）；香梨96.68公顷，总产量580吨；红枣47.52公顷，总产量214吨；实现生产总值0.12亿元，比上年增长4.82%。连队居民人均可支配收入2.39万元，增长4.56%。在岗职工平均工资5.56万元，增长4.5%。

十七连 前身是十一连，1960年成立。2017年改为现名（含"五七"大学、八连、畜耕区）。2017年，连队土地总面积1279.29公顷，其中耕地593.92公顷，林地340.54公顷，山区草场

45.47公顷。年末总人口368人,其中少数民族人口2人。人口自然增长率3.25‰。年末从业人员135人,其中在岗职工127人。有离退休人员116人。2017年,十七连种植面积450.8公顷。其中:种植棉花361.65公顷,总产量2472.88吨,单产473.11千克/亩;香梨30.13公顷,总产量226吨;红枣18.1公顷,总产量68吨;实现生产总值0.098亿元,比上年增长1.8%。连队居民人均可支配收入2.16万元,增长1.5%。在岗职工平均工资5.15万元,增长1.55%。

十九连 前身是三十二团九连,1960年成立。2017年改为现名(含林园连)。2017年,连队土地总面积2302.82公顷,其中耕地929.42公顷,林地894.75公顷,山区草场102.43公顷。年末总人口462人,其中少数民族人口2人。人口自然增长率1.91‰。年末从业人员213人,其中在岗职工198人。有离退休人员162人。2017年,十九连种植面积635.3公顷。其中:种植棉花343.8公顷,总产量4241.11吨,单产436.41千克/亩;香梨32.64公顷,总产量245吨;红枣96.46公顷,总产量652吨;实现生产总值0.184亿元,比上年增长4.68%。连队居民人均可支配收入2.46万元,增长4.2%。在岗职工平均工资5.5万元,增长4.5%。

二十连 前身是三十二团十连,十连前身是生产十队,1962年成立。2017年改为现名(含林园连)。2017年,连队土地总面积5379.37公顷,其中耕地820.58公顷,林地1654.21公顷,山区草场102.18公顷。年末总人口558人,其中少数民族人口3人。人口自然增长率-2.28‰。年末从业人员142人,其中在岗职工114人。有离退休人员94人。2017年,二十连种植面积656.2公顷。其中:种植棉花249.18公顷,总产量1730.11吨,单产460.09千克/亩;香梨113.63公顷,总产量482吨;红枣62.33公顷,总产量187吨;实现生产总值0.076亿元,比上年增长1.8%。连队居民人均可支配收入2.21万元,增长1.5%。在岗职工平均工资4.85万元,增长1.565%。

林园连 前身是生产八队,1969年成立。2017年改为现名。2017年,土地总面积1014.15公顷,其中耕地10.13公顷,林地478.69公顷,山区草场8.63公顷。年末总人口643人,其中少数民族人口3人。人口自然增长率8.45‰。年末从业人员202人,其中在岗职工196人。有离退休人员149人。2017年,林园连种植面积337.6公顷。其中:种植棉花113.12公顷,总产量714.24吨,单产365.64千克/亩;香梨212.28公顷,总产量2556吨;红枣7.04公顷,总产量65吨;实现生产总值0.054亿元,比上年下降7.69%。连队居民人均可支配收入1.67万元,下降7.5%。在岗职工平均工资3.63万元,下降7.1%。

(王晓鹏)

·三十四团·

党委书记、政委:
陈恒山
党委副书记、团长:
陈建华
党委常委、副团长:
谢 辉 陆 明
党委常委、副政委、纪委书记:
孟建文
党委常委、副团长:
顾 义
党委常委、副团长、人武部部长:
苏国庆
党委常委、副政委、工会主席:
郝 花(女)
党委常委、副团长:
李少武(11月1日离任)
享受副处待遇领导:
刘 峰

【概况】 三十四团前身是1956年成立的尉犁县国营第一农场。1958年更名国营塔里木第一农场,1969年统编为三十四团。2004年,以三十四团为中心,三十五团为进入团场,成立中心团场三十四团。团场位于尉犁县境内,团部驻地铁干里克镇,距库尔勒市公路里程216千米。2017年，土地总面积122036.79公顷，其中耕地8360.65公顷，林地42842.55公顷，园地2052.60公顷，草场452.56公顷。团场辖12个连队，1个社区（2个居委会），12个企事业单位。年末总人口13059人，其中少数民族人口106人。人口自然增长率2.33‰。年末从业人员5543人，其中在岗职工4196人。有离退休人员4377人。

【经济建设】 2017年，三十四团实现生产总值82047万元，比上年增长13.96%。其中第一产业增加值56954万元，增长7.7%；第二产业增加值11246万元，增长36.89%；第三产业增加值13847万元，增长26.7%。三次产业结构比为69∶14∶17。人均生产总值6.84万元，与上年持平。全社会固定资产投资91280万元，增长11%；社会消费品零售总额16082万元，增长52.89%。团场综合利润1267.42万元，下降66.69%。连队居民人均可支配收入21795元，增长8%。在岗职工年平均工资4.8万元，增长6.67%。

【农业】 2017年，三十四团实现农林牧渔业总产值12.23亿元，比上年增长7.2%。其中：农业（种植业）总产值10.87亿元，增长7.23%；林业总产值0.07亿元，下降22%；畜牧业总产值0.92亿元，增长10.76%；服务业总产值0.37亿元，增长5%。农业增加值5.87亿元，增长7.74%。

是年，农作物播种面积（含复播）8219.6公顷，增长9.1%。其中棉花种植面积6686.6公顷，全年棉花（皮棉）产量1.76万吨，皮棉平均单产176千克/亩；中草药种植面积1012公顷。"三品一标"（即有机农产品、无公害农产品、绿色食品和农产品地理标志）认证产品累计数量1个。

年末牲畜存栏头数为3.47万头（只），增长6.9%；年内牲畜出栏3.63万头（只），增长6.8%；肉类总产量0.28万吨，增长17.46%；羊毛总产量24.58吨，增长4%。奶类产量0.07万吨，增长60%；禽蛋产量45吨，增长50%。年末存栏鹿5418头，增长6%；鹿茸产量23.06吨，增长1.2%。

2017年，三十四团种植红枣4343公顷，全年红枣产量5.38万吨；种植香梨536.3公顷，全年香梨产量0.84万吨。年末实有水果种植面积4889.7公顷。水果产量6.25万吨，增长11.25%。

农作物棉花精量播种面积6686.6公顷。农作物种子包衣播种面积6686.6公顷，农作物测土配方施肥面积6686.6公顷。

有效灌溉面积14133.33公顷，其中高新节水灌溉面积9866.67公顷。

2017年末，全团农业机械总动力3.5万千瓦，增长3.46%。其中大中型农用拖拉机429台，增长3.62%；小型拖拉机122台，下降7.57%；农用排灌动力机械0.85万千瓦，与上年持平；农用运输机械0.14万千瓦，增长30.4%。全年化肥施用量（折纯）0.99万吨，增长4.66%，农场用电量0.35亿千瓦时，增长17.62%。

种植业耕、种、收综合机械化率97.2%，畜牧业机械化水平39%，园艺业机械化水平42%。畜禽良种推广覆盖率85%，养殖粪污资源化利用率100%。

【工业】 2017年，三十四团完成工业增加值1.12亿元，比上年增长36.89%。实现工业总产值9.78亿元，增长87%。其中：规模以上工业总产值8.62亿元，增长98%，占全团工业总产值比重为88%；规模以下工业总产值0.2亿元，下降47.36%，占全团工业总产值比重为2%。个体工业总产值0.98亿元，增长6.6%，占全团工业总产值比重为10%。规模以上工业产销率95%，增长5%。

【固定资产投资】 2017年，三十四团完成固定资产投资总额9.13亿元，比上年增长26.7%。按三次产业分，第一产业完成投资1.62亿元，增长31.59%；第二产业完成投资5.96亿元，增长

25.67%，全部是工业投资；第三产业完成投资1.54亿元，增长31.65%。

全年完成工业投资5.96亿元，增长25.67%，其中制造业完成投资5.96亿元，增长25.67%。

全年完成农业灌溉服务工程投资1.16亿元，增长210.9%。

全年500万元以上计划投资项目37个，完成固定资产投资9.13亿元，占全团投资比重的100%；其中计划投资超过1000万元的项目29个，完成固定资产投资额8.6亿元，占全团投资比重的94.21%。

是年，固定资产投资建设资金来源总额9.13亿元，增长26.7%。

全年新增固定资产9.13亿元，增长26.7%。主要新增生产能力或效益，棉纺锭10万锭。

【国内贸易】 2017年，三十四团实现社会消费品零售总额6.31亿元，比上年增长32.56%。其中，批发零售贸易业零售额为5.77亿元，增加1.43亿元，增长32.95%；住宿和餐饮业零售额0.54亿元，增长28.57%。

【招商引资】 2017年，三十四团落实招商引资项目17个，到位资金6.18亿元。其中铁门关市招商引资项目4个，到位资金3.3亿元。

【交通运输业】 2017年末，三十四团拥有民用汽车500辆，比上年增长11.11%。其中，载客汽车369辆，增长9.82%；载货汽车94辆，增长10.58%；其他汽车37辆，增长27.58%。

全年完成客运量56.57万人，增长24.8%；旅客周转量3570.77万人千米，增长27.8%；完成货运量85.2吨，增长51.14%；完成货物周转量10348.42万吨/千米，增长52.6%。全年公路运输业营运业务收入5750.89万元，增长46.93%。

【金融】 2017年末，团场人民币各项存款余额5.11亿元，比上年末增长28.37%，其中：个人存款3.33亿元，增长10.81%；对公存款1.78亿元，增长60.67%。年末本币各项贷款余额1.15亿元，增长33.67%，其中短期贷款0.82亿元，增长47.2%；中长期贷款0.33亿元。存贷差1.86亿元。

【保险】 2017年，中华联合财产保险股份有限公司三十四团支公司实现保险业务收入0.235亿元，比上年增长0.11%，其中农业保险业务收入0.195亿元，增长0.56%；财产险业务收入0.04亿元，下降2.1%。全年累计各类保险赔（给）付金额0.163亿元，增长5.5%。

【人口】 2017年末，三十四团总人口为12619人，比上年末增长1109人。家庭总户数4432户，平均每户家庭人口为2.8人。全年出生人口为67人，出生率为5.54‰；死亡人口30人，死亡率为2.48‰；净增人口37人，人口自然增长率为3.06‰。

【就业】 2017年末，三十四团在岗职工0.44万人，比上年末增长0.31%。城镇登记失业率为0.03%，全年累计实现新增就业979人。

【人民生活】 2017年，三十四团在岗职工工资总额1.24亿元，比上年增长39.08%。在岗职工职均工资48250元，增长6%。是年，团场降低社会保障缴费比例，转移性收入增长较快。连队常住居民人均可支配收入21795元，增加1606元，增长6%。

【社会保障】 2017年，三十四团社会保险基金征缴总收入为6869万元，比上年增长884万元，征缴率100%。其中征缴企业养老保险基金4113万元，增长582万元，征缴率100%；征缴机关养老保险基金403万元，增长63万元，征缴率100%；征缴职业年金59万元，下降46万元，征缴率100%；征缴医疗保险基金1833万元，增长268万元，征缴率100%；征缴失业保险基金166万元，下降71万元，征缴率100%；征缴工伤保险基金83万元，下降12万元，征缴率100%；征缴生育保险基金17万元，下降35万元，征缴率100%。全年支付离退休人员养老金15796万元，增长1358万元，离退休人员养老金社会化发放率和五项社会保险待遇拨付率均为100%。

自2017年7月1日起，最低生活保障标准由原标准382元/人·月提标为396元/人·月；重度残疾人37元/人·月，60周岁以上老年人87元/人·月，18周岁以下未成年人22元/人·月。截至是年末，全团低保人员401户610人，累计为7017人次发放低保金263.89万元。重点保障对象275人。其中，重度残疾人61人，60周岁以上老年人163人，未成年人51人。保障对象全部按标准发放低保资金，其他低保人员335人根据低保有关政策差额享受。全团特困供养人员48人，其中半自理48人，累计发放补助资金11.52万元。临时救助累计880户次1383人，合计发放61.1万元。

是年，棚户区改造502套，租赁补贴发放220户，保障性安居工程累计完成投资0.47亿元。

【教育】 2017年末，三十四团拥有九年一贯制学校2所，幼儿园2所。在校小学生529人，初中生253人。教职工人数138人。其中，专职教师108人，幼儿园在园幼儿及儿童266人。小学、初中儿童少年入学率和升学率均达100%。适龄儿童入园（学前班）率100%。学前教育阶段，免除保育费、读本费、补助伙食费46.49万元，资助学前学生221人。义务教育阶段，免学杂费、免教科书费，家庭经济困难寄宿生生活补助17.6万元，资助小学学生529人，初中学生253人。

【科学技术】 2017年末，三十四团共有各类专业技术人员363人，各类科研及推广机构3个，从事科技活动人员和技术人员64人。科技研发投入比重继续提升。全团全年科技研究开发等经费支出455万元，其中获得国家及兵团拨款40万元。加快科技进步与创新，加快实用科技成果推广。全年组织实施各类科技研究、开发、推广项目43个，其中承担国家和兵团科技项目3个。组织实施师级科研开发推广项目（课题）40个。全年有2项科技成果通过鉴定或验收，其中技术水平达到自治区或兵团先进水平的1项。获兵团科技进步奖科技成果三等奖1项；获师科技进步奖1项，其中一等奖1项。团获得师级科技先进单位称号。

【文化】 2017年，三十四团在中央级、省级新闻媒体和师市刊用稿659篇（幅）。其中报刊稿件227篇（幅），电视稿件115篇，网络稿件317篇；地师级稿件共420篇（幅）。其中报纸刊物137篇（幅），电视70篇，网络213篇。是年末，三十四团电视综合人口覆盖率98.7%，广播综合人口覆盖率100%。组织开展各类群众性文化活动9场次，团场各级与地方县市、乡镇开展兵地文化联谊活动3场次，参与活动的团场职工、地方群众共172人次。

【体育】 2017年，三十四团中学组织学生参加第二师田径运动会。丙组获得团体第四名，乙组获得团体第八名，共有46人次获得师级奖项，其中12人次获得师级前三名。

【卫生】 2017年末，三十四团拥有各类卫生机构1个。其中医院1所，卫生所（室）1所，社区卫生服务中心1个，社区卫生服务站1个，疾病预防控制中心1个。床位总数165张，卫生工作人员97人。其中，卫生技术人员94人，其中执业和执业助理医师31人，注册护士39人。全团平均每千人拥有病床1.26张，平均每千人拥有卫生技术人员0.7人。基层疾病预防控制、卫生监管和突发公共卫生事件应急处置能力不断提高，团连卫生机构规范化建设覆盖率100%。建成连队甲级卫生室8个，卫生户厕990户，建成中小学水冲式厕所3座。建立居民健康档案10149份。2017年，传染病报告发病率

（甲乙类传染病）为16.67/10万，病死率为0。婴儿死亡率为0，孕产妇死亡率0。

【资源环境】 2017年，三十四团水利工程全年供水量1.58亿立方米。节水灌溉面积12400公顷。

全年规模以上工业企业综合能源消费量0.18万吨标准煤，比上年增长160%。电力消费量0.11亿千瓦时，增长175%。

全年农作物受灾面积4000公顷。全年自然灾害造成直接经济损失0.06亿元。其中，农业直接经济损失0.06亿元，受灾人口1.3万人次。

【安全生产】 2017年，三十四团未发生安全生产死亡事故，各类事故指标均控制在标准范围之内，安全生产形势总体稳定，持续向好。

【"访惠聚"工作】 2017年，三十四团"访惠聚"驻连（村）工作中，选派2名干部常驻畜牧总场，"访惠聚"工作队制定工作措施和方案，坚持长年开展"进连入户、结对认亲、扶贫帮困、听取民情、了解民意、解决困难、服务职工"等工作无缝隙、无盲点、无空白、全覆盖。累计走访慰问职工群众587户，走访职工群众1160人次，宣讲51次，为职工群众技术培训16场852人次，解决职工群众生产生活中的困难和问题26个。开展党员、干部"三让、三送"暖心活动，党员、干部带头给新职工让房、让草、让鹿，送技术、送家具、送饲养工具，使困难职工群众和新职工感受到师团党委的温暖和关怀，密切联系党群、干群关系。派5名干部到若羌县铁干里克镇亚喀吾斯塘村开展驻连（村）工作。

【"民族团结一家亲"活动】 2017年，三十四团523名干部和18名共青团干部完成结对认亲。其中：团级领导干部11人，结亲11户；科级领导干部68人，结亲68户；科级以下干部455人，结亲455户；共青团干部结亲18户。认亲结对达100%。截至2017年末，团外结亲干部走亲戚均在5次以上；团内结亲干部走亲戚均在7次以上。累计走访活动2898人次，走访贫困户516户。（其中：少数民族贫困户71户）累计捐款94906元（不含兵地共建帮扶捐赠资金），捐物件2926件；就医20次、175人次；技术帮扶21件、157人；召开不同形式座谈会38次，联谊会19次，文体活动25次，参观学习11次，党组织生活7次，主题班会27次。宣传工作信息、稿件156篇。地州级以上刊物刊登23篇，网络刊稿83篇。团广播110余小时，印发简报5期，做到家喻户晓、人人参与，实现活动全覆盖，形成活动制度化、常态化、长效机制。

【"发挥兵团特殊作用大学习大讨论"活动】 2017年，按照兵师党委关于开展"发挥兵团特殊作用大学习大讨论活动"安排部署，三十四团大学习大讨论活动自2017年7月开始，至9月底结束。全团共组织专题学习153次，领导干部交流发言584次，普通党员交流发言2355次，职工群众交流发言532次。通过广泛动员，扎实开展读原著、学原文、悟原理，集中组织开展调查研究和讨论交流，认真撰写学习讨论心得体会，着眼解决问题，把边学习、边讨论、边改进贯穿始终，把学规矩、定规矩、讲规矩贯穿始终，做到随时提高认识、随时改进工作、随时建章立制，确保活动取得扎扎实实的效果。

【精准扶贫】 2017年，三十四团以"六个精准"为抓手，强力推进"两个到位"、完善"三个机制"、巩固实施"七大工程"，坚持"一对一"巩固挂钩帮扶和"一户一档"精准帮扶，举全团之力，着力激发脱贫内生动力，进一步巩固脱贫成果，坚决打赢脱贫攻坚战。是年，全团巩固帮扶416户、752人（死亡减少10户12人）。其中：已脱贫家庭人均纯收入稳定超过现行扶贫标准350户630人；重点巩固帮扶已脱贫困难户67户，127人。贫困家庭人均纯收入由 2016 年 5481.4 元，增加到 6083.4 元，提高 10.9%，全团已脱贫人口无一人返贫。

【双创】 2017 年，三十四团大力培育双创主体，孵化创业项目 31 个。依托"双创服务之家"服务创客 309 人次。团安排 1000 万元双创专项扶持资金支持双创工作开展，配套出台《三十四团鼓励大学生创业暨青年干部人才培养基地实施办法》《三十四团招商引资优惠政策及奖励办法（暂行）》《三十四团 2017 年大众创业万众创新优惠政策》。2017 年，全团中小微企业及个人累计申请贴息贷款 1440 余万元，培育双创示范点 11 个，新增各类市场主体 133 家。其中个体工商户 89 家，合作社 3 家，中小微企业 41 家，带动就业 917 人，带动就业职工 3547 人，涌现双创典型人物 8 名。9 月 18 日，三十四团代表二师团场参加兵团举办的推进双创工作现场观摩会。

【十件实事】 2017 年，三十四团投入 5200 万元新建保障性住房 350 套；投入 28 万元更换迎宾一区燃气表 560 户；投入 14 万元，为三连、七连新职工厕所改建工程新建公厕 4 座；投入 387.61 万元，实施兴地山水源地保护工程项目；投入 1345.52 万元，新建农村公路 13.66 千米；投入 162.23 万元，为新职工住房门前路面进行硬化、房前菜地实施滴管项目；投入 10.35 万元改善枣香苑小区地源热泵，为枣香苑小区供暖提供保障。投入 500 万元建设农贸市场。

【人口集聚】 2017 年，三十四团出台新职工招录实施办法和奖惩办法，为招录新职工做好政策保障，做到新职工工作有岗位、住房有保障、收入有保证、思想能稳定。是年，团场落实集聚人口 773 户、1973 人，完成师计划任务的 119.23%、101.18%，落户 715 户、1813 人，完成师计划任务的 101.5%。新增人口中，已招录为新职工的 894 人，随迁家属 1079 人。人口集聚工作步入全师先进行列。

【团场综合配套改革】 2017 年，按照中共中央 3 号文件、自治区党委 12 号文件、兵团党委 36 号文件和 39 号文件安排部署，三十四团党委于是年 10 月 25 日下发团党发【2017】37 号文件，全面推开团场综合配套改革工作。

【"党员绿色银行"工程】 2017 年，三十四团实施"党员绿色银行"工程。该工程是促进党员发挥模范先锋作用的平台。该团为 654 名党员统一制作"党员绿色银行"登记表，采取"建立台账、积分管理、严格考核"的办法，将职工群众的期盼纳入"党员绿色银行"，鼓励为职工群众办好事、办实事。

【年产 3 万吨颗粒燃料项目】 2017 年 6 月 12 日，三十四团与巴音郭楞蒙古自治州新绿源新能源科技有限公司签订环保生物颗粒燃料项目合作协议。该项目总投资 1000 万元，建设生物颗粒燃料加工生产线 2 条，年产生物颗粒燃料 3 万吨。

【建党 96 周年暨"七一"表彰大会】 2017 年 7 月 1 日，三十四团召开庆祝建党 96 周年暨"七一"表彰大会。表彰 2016—2017 年度工作中涌现出来的先进基层党组织、优秀共产党员和优秀党务工作者。进一步增强党组织的凝聚力和战斗力，激励广大党员坚定理想信念，敢于担当，扎实工作，为实现新疆社会稳定和长治久安总目标而努力奋斗。

【连队】 截至 2017 年末，三十四团共有 12 个连队。

一连 前身是三十四团原一连、工程连、四连合并而成，于 2006 年成立。2018 年 1 月，改为现名。2017 年，连队土地总面积 1184.7 公顷，其中耕地 1047.38 公顷，林地 137.32 公顷。2017 年末，连队总人口 1166 人，其中少数民族人口 11 人。人口自然增长率 0.43‰。年末从业人员 414 人，其中在岗职工 249 人。有离退休人员

18人。2017年，一连种植面积1184.7公顷。其中：种植棉花1047.38公顷，总产量6830吨，单产6520.5千克/公顷；红枣135.32公顷，总产量341吨；香梨2公顷，总产量67吨；畜牧存栏353头（只）。实现生产总值0.51亿元，比上年增长13.8%，连队居民人均可支配收入2.09万元，增长9%。在岗职工平均工资4.78万元，增长7%。

二连 前身是三十四团原二连、七连、九连、一鹿场、一号桥等单位合并而成。2017年，连队土地总面积1333.4公顷。其中，耕地1130.3公顷，林地200公顷。连队总人口1190人，人口自然增长率为0。从业人员324人，其中在岗职工286人。有离退休人员48人。2017年末，二连种植面积1283.6公顷。其中：种植棉花1072.7公顷，红枣139.8公顷，香梨13.4公顷。

三连 前身是原三十四团二连、三连、五连、七连、林园连等单位合并而成，于2011年成立。2017年，连队土地面积1147.8公顷，其中耕地1079.6公顷，林地68.2公顷，山区草场0公顷。年末连队总人口1907人，其中少数民族人口1人。人口自然增长率1.2‰。年末从业人员432人，其中在岗职工432人。有离退休人员6人。2017年，三连种植面积1147.8公顷。其中种植棉花852.8公顷，总产量6742.42吨，单产7906.19千克/公顷；红枣295公顷，总产量840.23吨；香梨7.6公顷，总产量112.8吨；畜牧存栏0头（只）。实现生产总值0.27亿元，比上年度增长57.66%，连队居民人均可支配收入2.5万元，增长19.6%。在岗职工平均工资4.8万元，增长17.7%。

四连 前身是原三十四团农科所，于2007年成立。2017年，连队土地总面积895.52公顷，其中耕地603.78公顷，林地291.74公顷。年末连队总人口608人，其中少数民族人口13人。人口自然增长率为0。年末从业人员216人，其中在岗职工216人。有离退休人员12人。2017年，四连种植面积603.78公顷。其中：种植棉花425.04公顷，总产量2697.5吨，单产6346.5千克/公顷；红枣176.36公顷，总产量277.05吨；香梨2.38公顷，总产量12吨；畜牧存栏1306头（只）。实现生产总值0.21亿元，比上年增长23.5%。

五连 前身是原三十四团开发一区，于2006年成立。2018年1月改为现名。2017年，连队土地总面积1064.8公顷，其中耕地865.5公顷，林地199.32公顷。年末连队总人口487人，其中少数民族人口7人。人口自然增长率3.4‰。年末从业人员316人，其中在岗职工205人。有离退休人员8人。2017年，五连种植面积865.54公顷。其中：种植棉花420.04公顷，总产量2885.67吨，单产6870千克/公顷；红枣445.5公顷，总产量384.7吨；畜牧存栏2680头（只）。实现生产总值0.29亿元，比上年增长5%。

六连 前身是原三十四团六连、八连合并，于2006年成立。2017年，连队土地总面积733.88公顷，其中耕地588.2公顷，林地123.95公顷。年末连队总人口544人，其中少数民族人口2人。人口自然增长率1‰。年末从业人员193人，其中在岗职工244人。有离退休人员7人。2017年，六连种植面积733.88公顷。其中：种植棉花588.2公顷，总产量3877吨，单产6585千克/公顷；红枣123.95公顷，总产量240吨。实现生产总值0.29亿元，比上年增长11.54%

七连 前身是原三十五团一连、二连、工程连合并而成，于2006年成立。2017年，连队土地总面积1009.6公顷，其中耕地640.8公顷，林地368.82公顷。年末连队总人口数1218人，其中少数民族8人。人口自然增长率0.63‰，年末从业人员326人，其中在岗职工273人。有离退休人员76人。2017年，七连种植面积1009.6公顷。其中：种植棉花571.54公顷，总产量3659.3吨，单产6402.6千克/公顷；红枣368.8公顷，总产量1004.5

吨；香梨36公顷，总产量267.79吨；畜牧存栏136头（只）。实现生产总值0.31亿元，比上年增长6.64%，连队居民人均可支配收入2.55万元，增长6.04%。在岗职工平均工资7.96万元，增长30.25%。

八连 前身是三十四团九连，于2012年成立。2017年，八连土地总面积1710.9公顷，其中耕地面积1540.6公顷，林地面积170.3公顷。年末总人口1081人，人口自然增长率2‰。年末从业人员785人，其中在岗职工356人，有离退休人员68人。2017年，八连种植面积1540.6公顷。其中：种植棉花1063.49公顷，总产棉籽7004.4吨，单产6586.2千克/公顷；红枣245.03公顷，总产量339.1吨；香梨35.5公顷，总产量638.3吨；畜牧存栏836头（只）。实现生产总值5.19亿元，比上年增长9.7%。连队居民人均可支配收入6.9万元，增长16.95%。

九连 前身是原三十五团八连、九连合并而成。2017，连队土地总面积1078.01公顷。其中耕地863.52公顷，林地214.48公顷。年初连队总人口348人，人口自然增长率为0。年初从业人员189人，其中在岗职工189人。有离退休人员1人。2017年，九连种植面积1078.01公顷。其中：种植棉花726.83公顷，红枣214.48公顷，中草药及其他136.69公顷。

十连 前身是原三十五团六连、十连、林园连、值班连、农试站和加工连（农业部分）合并而成，于2006年成立。2017年，连队土地总面积811.35公顷，其中耕地面积510.95公顷，林地面积300.4公顷。年末总人口889人，人口自然增长率0.3‰。年末从业人员286人，其中在岗职工286人，有离退休人员177人。2017年，十连种植面积811.35公顷。其中：种植棉花510.95公顷，总产棉籽3310.99吨，单产6480千克/公顷；红枣241.79公顷，总产量713.05吨；香梨18.72公顷，总产量95吨。实现生产总值0.28亿元，比上年增长0.2%。连队居民人均可支配收入3.6万元，增长0.6%。在岗职工平均工资4.06万元，增长1%。

十一连 前身是原三十五团五连、十一连、十二连合并而成，于2008年成立。2017年，连队土地总面积1776公顷，其中耕地1003公顷，林地773公顷。年末连队总人口数1078人，其中少数民族7人。人口自然增长率为0。年末从业人员745人，其中在岗职工349人。有离退休人员147人。2017年，十一连种植面积1003公顷。其中：种植棉花686.07公顷，总产量4221.73吨，单产6495千克/公顷；红枣307.9公顷，总产量849.9吨；香梨9.3公顷，总产量111.6吨；畜牧存栏518头（只）。实现生产总值0.34亿元，比上年增长10%。

十二连 前身是原三十四团十六连，于2007年成立。2017年，连队土地总面积444.55公顷，其中耕地316.44公顷，林地128.13公顷。年末连队总人口数445人。人口自然增长率为2.6‰，年末从业人员319人，其中在岗职工126人。有离退休人员131人。2017年，十二连种植面积444.55公顷。其中：种植棉花316.44公顷，总产量2078.89吨，单产6525千克/公顷；红枣103.6公顷，总产量204.3吨；香梨24.4公顷，总产量2吨；畜牧存栏500头（只）。实现生产总值0.16亿元，比上年增长0.06%。

（袁国强）

三十六团

党委书记、政委：
李红英（女）
党委副书记、团长：
雷海军（9月任职）、郭涛（11月离任）
党委常委、副政委、纪委书记、人武部部长：
曲新泓
党委常委、副团长：
曲 波 黄志平 丁毓磊
党委常委、副政委、工会主席：
马文江（回）
副政委：
郁 强（12月任职、师

市挂职干部）

副团长：

王东山（12月任职、师市挂职干部）

【概况】 三十六团前身是新疆维吾尔自治区农垦厅地方国营米兰农场。1969年7月，兵团统编，将米兰农场改编为农二师三十六团。2017年10月，三十六团由四师可克达拉市代管。团域位于新疆若羌县境内，地处阿尔金山北麓、罗布泊南岸、塔克拉玛干沙漠边缘，距巴州首府库尔勒市420千米，离第四师可克达拉市1089千米。2017年末，土地总面积5.65万公顷，其中可耕地1.53万公顷，特色林果业红枣3811.97公顷，其他林果业650.4公顷。山区草场毛面积10.3万公顷，有效使用面积1.53万公顷。管辖6个连队，2个社区，7个企事业单位。年末，人口8136人，增长13.5%，其中，少数民族人口537人。人口自然增长率0.24‰。年末，从业人员4139人，其中在岗职工2214人。有离退休人2407人。在岗职工工资总额9011.8万元，下降1.7%。在岗职均工资4.21万元，增长1.47%。全团有党支部16个，党员474人，吸收新党员10人，党员干部联系户311人169家，表彰先进党支部2个，各类优秀党员87人，优秀党务工作者4个。有团支部20个，团员79人，表彰先进团支部2个，优秀共青团干部7人，优秀共青团团员10人。有基层工会11个，发展会员人数1925人。全团干部总人数320人，其中机关干部47人，女干部133人，少数民族干部18人。党风廉政建设，查办案件2个，处理党员干部3人。

【经济建设】 2017年，三十六团实现生产总值（现价）5.93亿元，比上年下降8.3%。其中，第一产业增加值2.99亿元，增长2.5%；第二产业增加值1.59亿元，下降26.9%；第三产业增加值1.35亿元，下降2%。三次产业结构比为50：27：23。人均生产总值7.75万元，下降14.7%。全社会固定资产投资5.7亿元，增长25.3%。社会消费品零售总额1.12亿元，增长10.7%。团场综合利润766.2万元，增长9%。

【非公经济】 截至2017年末，三十六团民营经济主体382户，较上年增加28户。其中私营企业9户，个体工商户15户。非公经济实现生产总值1.55亿元，约占全团生产总值的26.2%。为就业再就业提供岗位70个。

【招商引资】 2017年，三十六团招商引资项目31个，意向性投资218.43亿元，其中：框架协议9个，计划投资81亿元；意向性投资项目9个，计划投资36.78亿元；投资协议书13个，计划投资100.65亿元。2017年，招商项目到位资金3.69亿元。

【城镇建设】 1984年，三十六团定名为米兰镇。截至2017年，基础设施建设方面投入3.8亿元，其中投入4147万元，绿化面积16.46公顷、6.16平方千米。其中栽种景观树1.36万棵。给水管网25.71千米，排水管网20.87千米，供热管网21.22千米，垃圾埋场3.75万平方米、污水处理18.25万立方米，客运站建筑面积1200平方米。至年末自来水普及率100%，污水处理率100%，城镇楼房总建筑面积达到14.87万平方米（住宅），1780户（含租赁）搬进楼房。

【农工专业组织】 截至2017年末，三十六团在工商部门登记注册的农工专业合作社有20家。其中畜牧养殖业6家，占30%；种植业13家，占65%；果蔬业1家，占5%；已按《登记条例》登记的专业合作社成员数356人。合作社总出资额为4590万元。创示范社1家。

【农业】 2017年末，三十六团农作物总播面积903.4公顷，比上年下降12.7%。其中，蔬菜种植面积52.2公顷，下降52.2%。完成农业总产量5.13亿元，增长2.2%。其中：种植业产值4.46亿元，增长2%；牧业产值5139万元，增长10.21%；农、林、牧、渔、服务业产值1157万元，下降12.97%。农作物亩产值7138元，增长5.96%。

【农业机械】 2017年末，三十六团农业机械总动力1.13万千瓦，下降54.1%。拥有大中型拖拉机7台，小型拖拉机171台，联合收割机2台，农用运输车70辆；大中型拖拉机配套农机具24台（架），小型拖拉机配套农机具112台（架）；大中型拖拉机与配套农机具比为1∶4。年内农机补贴1.194万元，更新农机具1台（架）。是年，团实现棉花等农作物全程机械化。

【水利】 2017年末，三十六团主、干、支防渗渠道170.8千米。高新节水灌溉面积2640公顷。

【农业科技运用】 2017年末，三十六团实现节水滴灌、科学施肥面积1536公顷。

【林业】 截至2017年末，三十六团森林资源面积1.81万公顷，覆盖率32.98%。全年植树造林面积7公顷，其中，育苗3公顷，当年可产苗木24万株。完成"三北"防护林工程面积7公顷。是年，林业产业总产值4.56亿元，比上年增加1.37亿元，增长3%。其中经济林总产量3.16万吨，产值4.51亿元，分别较上年增加4600吨、5520万元，分别增长17.0%、13.9%。水果产量600吨，增加150吨；干果产量3.1万吨，增加4000吨。林业站编制总人数15人，在岗职工总数15人。

【牧业】 2017年末，三十六团牲畜存栏1.27万头（只），比上年下降63.7%。其中：牛100头，减少80%；羊1.17万只，减少65.37%；猪800头，增长33.3%。年牲畜出栏4.81万头（只），减少10.6%。其中牛700头，羊4.9万只，生猪4300头。完成肉类总产量1405万吨，增长3.1%。其中牛肉106万吨，羊肉796万吨，猪肉310万吨。禽蛋总产量52吨。羊毛总产量55吨，下降31.3%。存栏能繁母畜1.15头（只）。

【教育】 2017年末，三十六团有学校2所，教职工、专任教师83人。在校学生615人。其中初中在校学生217人，初中少数民族学生12人。学龄前儿童入园率100%，小学适龄儿童入学率100%，初中适龄人口入学率100%，高中阶段毛入学率95%。以教育信息化为基础，实现优质教育资源城乡共用共享，投资117万元购置教学设施设备，中小学实验室标准化配备达到100%，学校完成光纤网络宽带覆盖。

【卫生】 2017年末，三十六团有医疗卫生机构1个，卫生技术人员52人。医院有床位47张。开展布鲁氏杆菌病高危人群流行病学调查100人次，血清学检测52份，发放干预包35个。全年共安排65岁以上老年人免费健康体检550人，录入电子健康档案550人，任务完成率100%。全团已婚育龄妇女1546人，少数民族领证58人，领证率51.79%，晚婚率100%。

【文化】 2017年末，三十六团有综合文化活动中心1个、连队综合文化活动室11个，农家书屋13个，广播电视站2个。有线电视入户率99.8%。

【保险】 2017年末，三十六团参加基本养老保险人数5216人；参加基本医疗保险人数4433人；参加失业保险人数2070人；参加工伤保险人数2095人；参加生育保险人数2070人。享受居民最低生活保障有131户181人。

【人民生活】 2017年末，三十六团连队居民人均可支配收入2.53万元，增长9%；在岗职工平均工资4.21万元，增长1.4%。

【民族团结一家亲】 2017年，三十六团广泛开展民族团结一家亲活动，325名领导干部与少数民族结对认亲183户（次），少数民族干部与汉族结对认亲6户。塔里木水管处、第二师的师市水利局、土管局、司法所、法庭、派出所86名干部结对认亲86户（次），在"民族团结一家亲"活动中，团领导、机关干部及基层单位走访201户（次），并对生活困难的86户认亲对象帮扶资金26000元。清油、大米和面粉6.7吨，价值31800元。组织少数民族群众到其他单位务工120人次，增收入122000元。帮助看病就医13人次，医疗费2600元。联系就业6人，帮助、鼓励、引导、帮助13名无职工身份人员缴纳居民养老保医疗险金5600元，解决养老医疗问题。技术干部帮助认亲对象增收地田间管理技术难题12人次。形式多样的关爱帮扶活动，让他们切实感受到党的关怀与温暖。

生产一连、生产五连、林园连、阿不旦村与若羌县铁干里克镇格勒吾斯唐村、古力巴格社区、托格拉克勒克村、亚克吾斯塘村民族团结帮扶结对4对，团领导、访惠聚工作组、干部职工与地方群众结对认亲19家，兵地党共同举办文化活动4场次，开展技术指导7场次。

（王昌伯）

【连队】 截至2017年末，三十六团共有6个连队。

· 三十七团 ·

党委书记、政委：
　宁　丰
党委副书记、团长：
　陈志杰
党委常委、副政委：
　梁　洁
党委常委、副团长：
　梁茂泽
党委常委、副政委、人武部部长：
　詹其军（12月任职）
党委常委、副团长：
　赵明侠　张志勇
党委常委、副团长：
　张金波（援疆干部，1月离任）

【概况】 三十七团前身是1969年成立的工三师且末工程支队。1975年，改隶农二师。2012年9月，列编兵团农牧团场序列，为第二师三十七团。团场位于且末县境内，团部驻地小宛镇，距库尔勒市公路里程680千米。2017年，三十七团土地总面积11200公顷，其中耕地面积2198公顷、林地面积1138.6公顷。辖连队4个，林业单位1个，事业单位2个，服务单位2个，设施农业中心1个。年末总人口2954人，其中少数民族人口21人。年末从业人员1841人，其中在岗职工735人。有离退休人员246人。

【经济建设】 2017年，三十七团实现生产总值8854万元，完成师下达计划的135.76%，比上年增长26.4%。其中：第一产业增加值5256万元，增长41.1%；第二产业增加值1705万元，增长20.1%；第三次产业增加值1893万元，增长6.3%。三次产业比值为59∶20∶21。完成全社会固定资产投资6.17亿元，实现利润93万元。连队居民人均可支配收入13401元，增长8.77%；在岗职工总收入为26747元，职均收入36095.8元，增长8.7%。

【农业】 2017年，三十七团实现农林牧渔业总产值1.39亿元，比上年增长36.27%，其中农业总产值1.04亿元，增长26.83%；林业总产值0.03亿元，增长50%；畜牧业总产值0.22亿元，增长57.14%；农林牧渔服务业总产值0.04亿元，增长50%。农业增加值0.53亿元，增长41.1%。

是年，三十七团农作物播种面积（含复播）1300公顷。其中：粮食种植面积309公顷，下降32.83%；棉花种植面积127公顷，增长126.78%；蔬菜种植面积（含菜用瓜）23公顷。全年粮食产量0.12万吨，下降33.33%；棉花产量0.05万吨，增长400%。年末牲畜存栏头数为0.86万头（只），增长59.25%；年内牲畜出栏1.52万头（只），增长78.82%；肉类总产量0.12万吨，增长100%。全年水产品产量0.03万吨，增长200%。

年末，实有红枣种植面积1138.6公顷。水果产量1.6万吨，增长14.28%。全团当年共完成造林建园面积120.8公顷。

有效灌溉面积2198公顷，其中高新节水灌溉面积2132公顷。

年末，农业机械总动力0.77万千瓦，和上年持平。其中大中型农用拖拉机204台，与上年持平；小型拖拉机30台，与上年持平；农用排灌动力机械0.04万千瓦，与上年持平；农用运输机械0.03万千瓦，与上年持平。全年化肥施用量（折纯）0.16万吨，增长14.28%，农场用电量0.04亿千瓦时，增长31%。

2017年7月25日，三十七团与武汉博牧生物股份有限公司签订建设10万头生猪养殖场协议（杨铁军 摄）

【工业】 2017年，三十七团完成工业增加值0.17亿元，比上年增长21.43%。实现工业总产值0.93亿元，增长19.23%。其中规模以下工业总产值0.93亿元，增长19.23%，占全团工业总产值比重为100%。

【固定资产投资】 2017年，三十七团全年完成固定资产投资总额6.17亿元，比上年下降8.73%。按三次产业分，第一产业完成投资2.7亿元，增长321.88%；第二产业完成投资0.15亿元，增长46.43%，全部是工业投资；第三产业完成投资3.32亿元，下降43.15%。全年完成工业投资0.17亿元，增长21.43%。全年完成农业灌溉服务工程投资1.02亿元。全年500万元以上计划投资项目5个，完成固定资产投资3.11亿元，占全团投资比重的50.4%；其中计划投资超过1000万元的项目21个，完成固定资产投资额2.65亿元，占全团投资比重的42.93%。2017年，新开工1000万元以上项目12个，完成固定资产投资2.05亿元，占全团固定资产投资的33.22%。

【招商引资】 2017年，三十七团采取走出去、引进来的方式，全年招商引资项目6个，落地资金1.14亿元。

【交通运输】 2017年末，三十七团拥有民用汽车32辆，比上年增长12辆。其中：私家小汽车25辆，增长12辆；载货1吨汽车4辆，增长0；机关公用汽车4辆，卫生公用汽车3辆，公用车辆下降2辆。团场没有公共客运和个体运输业。

【保险】 2017年，三十七团实现保险业务总收入0.04亿元，比上年增长0.2%。其中，农业险业务收入0.04亿元，增长0.17%；财产险业务收入0.005亿元，增长0.03%。全年累计各类保险赔（给）付金额0.04亿元。

【人口】 2017年末，三十七团总人口为2900人，比上年末增长690人。家庭总户数1200户，平均每户家庭人口为2.1人。全年出生人口19人，出生率0.01‰；死亡人口1人，死亡率0.02‰；净增人口18人，人口自然增长率1‰。

【就业】 2017年末，三十七团在岗职工735人，城镇登记失业率为0，全年累计实现新增就业1841人。

【人民生活】 2017年，三十七团在岗职工工资总额1390万元，比上年增长0.90%。在岗职工职均工资36095.8元，增长8.7%。是年，城镇常住居民人均可支配收入13785元，增长28.7%，基本与兵团增速持平。团场降低社会保障缴费比例，转移性收入增长较快。连队常住居民人均可支配收入15147元，增长37.87%。

【社会保障】 2017年，三十七团社会保险基金征缴总收入为1200万元，与上年持平。其中：缴企业养老保险基金6900万元；征缴机关养老保险基金100万元；征缴职业年金10万元；征缴医疗保险基金300万元；征缴失业保险基金30万元，下降50%；征缴工伤保险基金10万元；征缴生育保险基金3万元，下降50%。全年支付离退休人员养老金1000万元，离退休人员养老金社会化发放率和五项社会保险待遇拨付率均为100%。

自2017年7月1日起，最低生活保障标准由原标准382元/人·月提标为396元/人·月；重度残疾人37元/人·月，60周岁以上老年人50元/人·月，18周岁以下未成年人22元/人·月。截至是年末，全团低保人员10户11人，累计为132人次发放低保金5.682万元。重点保障对象11人。其中，重度残疾人1人，60周岁以上老年人10人。保障对象全部按标准发放低保资金，其他低保人员7人根据低保有关政策差额享受。全团特困供养人员3人，其中半自理2人，全护理1人，累计发放补助资金3.147万元。临时救助累计145户407人次，合计发放7.7万元。

【教育】 2017年末，三十七团拥有九年一贯制学校1所，纯小学1所，幼儿园1所。在校小学生90人，初中生73人。教职工人数23人。其中专职教师16人，幼儿园在园幼儿及儿童34人。小学、初中儿童少年入学率和升学率均达100%。适龄儿童入园（学前班）率100%。资助学前学生34人。义务教育阶段，免学杂费、免教科书费，家庭经济困难寄宿生生活补助实际支付7.97万元，资助小学学生90人，初中学生73人。

【科学技术】 2017年末，三十七团共有各类专业技术人员38人，科研及推广机构1个，从事科技活动人员和技术人员38人。科技研发投入比重继续提升。全团全年科技研究开发等经费支出171万元。加快科技进步与创新，加快实用科技成果推广。全年组织实施各类科技研究、开发、推广项目1个，其中承担国家和兵团科技项目1个。全年有1项科技成果通过鉴定或验收。

【文化】 2017年，三十七团在中央级、省级新闻媒体和师市刊用稿293篇（幅）。其中报刊稿件98篇（幅），电视稿件16篇，网络稿件179篇。地师级稿件共170篇（幅）。其中报纸刊物98篇（幅），电视16篇，网络179篇。年末电视综合人口覆盖率为96%，广播综合人口覆盖率为55%。组织开展各类群众性文化活动8场次，团场各级与地方县市、乡镇开展兵地文化联谊活动6场次，参与活动的团场职工与地方群众0.3万人次。

【体育】 2017年，三十七团以学校为主，与且末县琼库勒中学联合开展校园体育运动会2场次，1150余名学生参加体育赛事。活动以田径、球类为主，地方乡村1200多名各族群众观看赛事，带动地方乡村文化繁荣和校园文化发展。春节期间，以连队为主开展文体活动，连队职工群众230人参加活动。

【卫生】 2017年末，三十七团拥有卫生机构1个。其中，医院1所，卫生所（室）2所，社区卫生服务中心1个，社区卫生服务站1个，疾病预防控制中心1个。床位总数30张，卫生工作人员15人。其中，卫生技术人员15人，其中执业和执业助理医师2人，注册护士2人。全团平均每千人拥有病床10张，平均每千人拥有卫生技术人员4人。基层疾病预防控制、卫生监管和突发公共卫生事件应急处置能力不断提高，团连卫生机构规范化建设覆盖率达到100%。建成连队甲级卫生室0个，建立居民健康档案0.0398万份。2017年，传染病报告发病率（甲乙类传染病）为0，病死率为1%。婴儿死亡率为0，孕产妇死亡率为0。

【资源环境】 2017年末，三十七团拥有水库1座，总库容0.0106亿立方米。河道上建有水闸1座。

全年水利工程供水量0.24亿立方米。按供水用途分，农业供水0.21亿立方米，城镇生活供水0.004亿立方米，团场居民生活供水由且末县水电局供应，生态环境供水0.02亿立方米。按供水方式分，地表水供水量0.03亿立方米，机电井提水量0.21亿立方米。节水灌溉面积2132公顷。2017年，全年农作物受灾面积773.33公顷。其中，成灾面积290公顷；绝收面积0公顷。全年自然灾害造成直接经济损失545.8万元。其中，农业直接经济损失112万元，受灾人口2762人次。

【安全生产】 2017年，三十七团与社区、驻团企事业单位、机关各部门、各连队、在团施工的企业签订消防、道路交通、食品卫生、危化品管理等6个安全目标责任书，共计62份。全年召开4次安全生产专题会议研究部署安全生产工作。组织开展6次安全生产大检查和"安全生产月"活动。全年安全生产死亡事故为零，各类事故指标均在控制范围之内，安全生产形势总体稳定，持续向好。

【大学习大讨论】 2017年7月，三十七团党委组织分两个阶段启动开展"发挥兵团特殊作用"大学习大讨论活动。7—9月为学习讨论、统一思想阶段，包括集中学习、座谈讨论、到基层调研等；10月为明确思路、制定措施阶段。为确保活动取得实效，团党委采取召开党委中心组学习形式，在每周五学习日期间，组织全体党员干部系统学习习近平总书记系列重要讲话精神和第二次中央新疆工作座谈会精神及党规党纪和规定学习篇目，制定《三十七团党委深入开展"发挥兵团特殊作用"大学习大讨论方案》，进一步深化对中央新疆工作座谈会精神的学习理解。党委中心组制订集中学习计划，每次集中学习篇目不少于8篇，组织专题讨论，每个专题由1名党委班子成员和2名科室负责人发言。全期党委中心组开展学习研讨6次，学习篇目48篇，团领导专题性发言24人次，组织学后测试4次。举办2期"发挥兵团特殊作用大学习大讨论活动"培训班1次，培训党支部书记、政工员64人次。结合开展"发挥兵团作用"大学习大讨论活动，团党委班子成员对照学习篇目和要求，深入剖析组织、个人在思想、工作、作风、纪律方面存在的问题，共查摆存在问题23条，整改23条；机关科室查找问题16条整改16条。基层党组织查找问题19条，整改17条。

【"访惠聚"工作】 2017年，三十七团成立第二师"访惠聚"工作队。2月，进驻且末县英吾斯塘乡吐排吾斯塘村，以"队员当代表，单位做后盾，主要领导负总责"形式，紧紧围绕社会稳定和长治久安总目标，落实"四包五定六到位"等一系列措施，全村23名网格长做到"人包户、户盯人"，随时掌握村情动态，及时向村党总支报告情况，形成"大事不出村、小事不出组、措施落到户"的维稳工作新格局。全年分流富余劳动力外出务工1450人次，人均增收3600余元。引导村民发展畜牧业和个体设施农业大棚，自主寻找多种经营之路。年内呈现致富带头人4户，就近就地就业人数30人，15户贫困家庭当年实现脱贫摘帽。规范成立吐排斯塘村党总支，下设驻村工作队临时党支部1个和5个基层小组党组织，成立5个村民小组团支部和5个妇女小组，形成村级事务共商、维稳工作共担、民生实事共办、群众困难共帮、民族团结共建、发展增收共促的整体合力。3月，被且末县树立为全县示范点，4—5月，全县36个工作队评比排前十名。

一连"访惠聚"工作队全年召开支委会23次，支部大会16次，上党课7次，写心得体会18篇。已投资45万元建设孵化场一座，入社职工37户，繁育雏鸡15万羽，投资500万元建种鸡场一座，入社职工17户，引进720只种鸽，利用惠民项目经费12.12万元架起25盏路灯，为吐排吾斯塘村村民芒孜热木·莫敏捐款1331.3元。

【精准扶贫】 2017年，三十七团经过认真仔细的精准识别后，贫困户为151户共计481人。2017年，计划脱贫35户130人，实际脱贫25户91人，剩余10户39人在2018年与团场脱贫摘帽同步完成。三十七团为全团贫困职工免费发放鸡苗7.2万只，补贴鸡苗资金39.37万元；为红枣产量低于150千克的贫困户，补贴有机肥283.3方，补贴资金2.27万元；为51户贫困户免费提供沼液1245.84方，累计补贴资金38.36万元；团场干部节假日走访慰问挂钩贫困职工慰问金（含物品价值）10.86万元；为种植红枣贫困职工60户减免上缴产量让利资金31.2万元；帮扶贫困家庭子女金秋助学金2.72万元；冬季给贫困户送取暖煤价值2.3万元。采取资产收益分红和社会保障兜底措施，71户贫困户入股恒盛畜牧养殖农民专业合作社，以打卡形式给贫困户每户分红1690.14元，总计分红12万元。将丧失劳动能力的1户1人纳入低保户，发放低保金0.91万元，临时发放救济款1.71万元。给予贫困户大病救助资金1.5万元。继续抓好惠民"十件实事"，累计建设项目13个，总投资4.91亿元，民生支出占95.79%。

【民族团结一家亲】 2017年，三十七团认真开展"民族团结一家亲"活动，团领导亲自带头与地方少数民族群众结亲，每位领导结亲一户地方少数民族群众，按照每季度到结亲户家中入住5天等规定，全团共有29名干部与地方和团内少数民族群众结亲。29名干部已到结亲户家中入住两轮，总入住天数为290天，为少数民族解决实际问题38件，遇有喜事难事帮扶资金和物质折合人民币5.6万元。团场第三轮入住活动开始启动。

【团场综合配套改革】 2017年，三十七团户籍总人口1159人，常住人口2480人，全团职工总人数702人（除学校医院外）。4个农业连队总人口1351人。摸清"人、地、资、债"家底，为"四分、三实名、一民主"工作打牢基础，确保改革不跑偏不走样。四个农业连队总人口1351人。精准核查土地面积11200公顷，其中农用地总面积2226公顷，其中耕地面积988.6公顷、园地面积1138.6公顷、设施用地面积70.6公顷、养殖类面积28公顷。顺利完成连队"两委"选举工作，原有连管人员4人，改革后为22人，连管人员下降45%，平均年龄36.04岁。其中党员18人，占委员数的81.8%，全日制本科大学生5人，占委员数的22.72%；女委员4人，占委员数的18.1%；大专以上文化程度19人，占委员数的86.3%，对分流人员21人进行安置。团党委对基层连队新当选党支部班子进行任前廉政谈话。开展团场资产清查工作，清查账面总资产为13.57亿元，总负债为6.75亿元。团场通过"四议两公开"程序与每位职工签订承诺书，在确权土地底图上确定身份地地块。全面取消"五统一"，职工自主购买农资，用谁的、不用谁的职工说了算。在春耕备播工作中，积极为职工协调小额担保贷款。通过邀请二师社保局到团举办社保缴费培训班，讲政策、算待遇，已完成签订2018年第一季度的连队职工社保缴费银行托收协议。按照机关和事业单位纳编工作要求，逐人核查档案，认真核对在编在岗工作人员"三龄两历"，确保身份清，为过渡纳编考试打好基础。团机关设置6个机构、事业机构5个，机关核定人员编制32人，其中团领导5人，事业单位核定人员编制38人。成立明珠社区1个，卖掉效益不佳、市场竞争力弱的微利企业2家，成立昆金玉国有资产管理公司，承接和管理政府性存量金融债务。团场学校、医院事业单位已完成人、财、物清查摸底工作。强化全民皆兵意识，推行基干民兵实名制管理。

【向南发展】 2017年，三十七团聚集人口193户455人，其中录用新职工214人，职工亲属241人；社会保险缴费率100%；落户83户145人；团场扩建工程有序推进，启动三期1000公顷水土开发工程，前期工程有序推进。投资3.17亿元的三十七团骨干水利工程，与且末县在项目区占地达成初步协议，项目区域涉及文物保护区占地由自治区文物局批复同意。完成全社会固定资产投资6.17亿元。其中：续建项目11项，完成投资2.32亿元；新建项目21个，完成投资3.85亿元。建成保障性住房1800套，中学、医院、幼儿园等一批社会事业项目已基本建成。城镇配套基础设施道路、给水、天然气、供热工程等已陆续完工。加大生态经济林建设，推进周边荒漠综合治理，完成666.67公顷生态经济林建设，接种大芸233.33公顷。

【多元增收】 2017年，三十七团连队常住居民可支配收入15147元，完成目标的104.1%，增长19%；种植红枣的职工在行距3—4米的枣园间种棉花、瓜果、蔬菜、紫薯等，面积共计93.33公顷，每公顷增加收入12000元以上。利用双创资金帮助特困、贫困职工入股投资玖缘枣园鸡养殖合作社，孵化尼亚黑鸡12.2万羽，鼓励职工发展林下养殖共计3.85万羽。有效整合现有资源，将自家农用机械进行租赁，支援团场及县城周边经济发展，为职工增加部分固定收益。部分职工将猪场、房屋、店面进行出租，有效增加职工财产性收入。依托团场小城镇化建设和县域经济发展，成立林业技术服务队、水电设施安装队、建筑施工队等，冬季职工打工人均增加收入3000元。为职工免费发放鸡苗三次，共计2.5万余羽，职工自发购买鸡、鸭、鹅等家禽幼苗0.6万余羽，年度实现职工多元增收达48万元以上。

【兵地共建】 2017年，三十七团党委与且末县共同开展"五共同一促进""民族团结一家亲"和民族团结"结亲周"活动，2017年在维稳、党建、文化、教育、生态建设方面深度融合，先后选派机关副科以上领导、单位两名正职干部22人次到师市"访惠聚"驻地方工作队，学习地方工作经验；出资3万元，对且末县英吾斯塘乡进行党建帮扶。利用师市帮扶地方贫困村扶贫资金14万元，帮扶团场周边3个贫困村实现劳务输出10833人次，撬动地方农牧民增收133万元。为且末县英吾斯塘乡吐排吾斯塘村因病休学的维吾尔族女大学生芒孜热木·莫敏就医募捐13125元，援助其返回校园读书。为且末县吐排吾斯塘村5户极度贫困村民提供1.5万元的生产资料。实施兵地生态共建88公顷。且末县各族村民帮助团场植树30万株。与且末英吾斯塘乡、琼库勒乡、阿羌乡开展农技培训560人次，指导帮助维吾尔族群众2000余人次。投资400万元为且末县萨尔瓦墩乡建现代化高标准水肥一体化温室大棚16座，引导农牧民多元增收。组织人力参与且末县河东防沙治沙站植树造林和制作芦苇沙障工程，补植梭梭、胡杨10万余棵。

【法治建设】 2017年，三十七团普法依法治理工作紧紧围绕新疆工作总目标，全年解答各类法律咨询200余人次，发放法治宣传资料1500余份，通过"三十七团新丝路"微信公众号推送法治信息200余条。团普法办共开展法治宣传16场次，受教育的人数达1800人次，通过法律援助途径帮助78名外来务工人员讨回劳务工资款118.2万元，开展矛盾纠纷排查49次，调处各类矛盾纠纷31起，调处成功率100%，追索劳动报酬24起，损害赔偿纠纷2起，基层管理1起。没有发生民转刑案件，没有出现越级访、群访事件，维护团场辖区社会大局稳定。

【连队】 截至2017年末，三十七团共有4个连队。

一连 前身是工三师八连（副业队）。1992年3月，改组为生产一连至今。2017年，一连土地总面积513.33公顷，其中耕地310.8公顷，林地28公顷，山区草场0公顷。年末总人口535人，其中少数民族人口20人。人口自然增长率2‰。年末从业人员205人，其中在岗职工112人。有离退休人员93人。

二连 始建于1992年4月，在跃进新建且末支队生产二连。1993年末撤销二连编制。2003年恢复二连编制。2006年4月将二连分解为三连、二连两个生产单位至今。2017年，二连土地总面积847.69公顷，其中耕地435公顷，林地412.66公顷。年末总人口364人，其中少数民族人口0人。人口自然增长率11‰。年末从业人员148人，其中在岗职工133人。有离退休人员0人。2017年二连实现生产总值0.075亿元，人均生产总值2.06万元，与上年持平。连队居民人均可支配收入1.083万元，与上年持平。在岗职工平均工资4.335万元，与上年持平。

三连 始建于2006年4月，从原且末工程支队二连分离，是年6月正式成立三连建制至今。2017年，三连土地总面积473.2公顷，其中耕地32.15公顷，园林地441.1公顷，大棚面积28.7公顷。年末总人口314人，其中少数民族人口1人。人口自然增长率10‰。年末从业人员107人，其中在岗职工107人。有离退休人员0人。实现生产总值0.063亿元，与上年持平，人均生产总值2.0万元。连队居民人均可支配收入1.0万元。在岗职工平均工资1.24万元。

四连 始建于2016年至今。2017年，四连土地总面积466.66公顷，其中耕地466.6公顷。年末总人口62人，其中少数民族人口3人。人口自然增长率为0。年末从业人员56人，其中在岗职工46人。离退休人员0人。2016年四连新成立之后，主要从事于团新开垦466.6公顷土地管理工作，2017年实现生产总值0.0352亿元，连队居民人均可支配收入1.16万元，团场核定在岗人员土地管理费每人每年3万元。

（杨波）

·三十八团·

团党委书记、政委：
郭 飞
党委副书记、团长：
王玉东
党委常委、副政委、纪委书记：
陈海红（女）
党委常委、副团长：
周小明
党委常委、工会主席：
何泳峰
党委常委、副团长、武装部部长：
李 华
党委常委、副团长：
钟德明
副团长：
程 龙

【概况】 三十八团于2006年经国家批准建立，2008年开发建设，2010年挂牌成立。团场位于且末县境内，团部驻地苏塘镇，距铁门关市公路里程830千米。2017年，土地总面积18687.47公顷，其中耕地5526.67公顷、林地2399.6公顷。辖9个连队、1个社区、6个事业单位。年末总人口7214人，其中少数民族34人。人口自然增长率6.63‰。年末从业人员3980人，其中在岗职工2276人。有离退休人员6人。

【经济建设】 2017年，三十八团完成生产总值7560万元，比上年增长22.6%。其中：第一产业完成5176万元，增长33.8%；第二产业完成168万元，增长50%；第三产业完成2216万元，增长1.3%。三次产业比重为68∶3∶29；全社会固定资产投资37006亿元，增长15.1%。全社会消费零售总额3490万元。连队常住居民人均可支配收入10361元，增长39.5%。人均生产总值11137元，下降15.3%。团场综合利润亏损300.3万元。

【农业】 2017年，三十八团实现农林牧渔业总产值1.49亿元，比上年增长

16.49%，其中：农业总产值1.38亿元，增长24.8%；林业总产值0.06亿元，下降57.96%；畜牧业总产值0.02亿元，增长143%；农林牧渔服务业总产值0.23亿元，增长70.3%。农业增加值0.52亿元，增长33.8%。

是年，三十八团农作物播种面积（含复播）3373.3公顷，增长27%。其中粮食种植面积781公顷，增长100%。全年粮食产量0.05万吨，增长100%。

年末牲畜存栏头数为0.15万头（只），增长50%；年内牲畜出栏0.2万头（只），下降50%；肉类总产量0.01万吨，下降45%。

年末实有水果种植面积3449公顷。水果产量1.56万吨，增长20%。

有效灌溉面积5076.4公顷，其中高新节水灌溉面积5076.4公顷。

年末，农业机械总动力0.91万千瓦，增长41.6%。其中大中型农用拖拉机312台，增长100%；全年化肥施用量（折纯）0.3148万吨，增长26.8%，农场用电量43亿千瓦时，增长65%。种植业耕、种、收综合机械化率80%。

【工业】 2017年，三十八团完成工业增加值0.02亿元，比上年增长50%。实现工业总产值0.45亿元，增长54%。其中规模以上工业总产值0.45亿元，增长100%，占全团工业总产值比重为100%。规模以上工业产销率100%，增长100%。

【固定资产投资】 2017年，三十八团全年计划完成固定资产投资总额3.7亿元，比上年下降0.75%。按三次产业分，第一产业完成投资1.89亿元，增长45%；第二产业完成投资0.92亿元，增长100%，全部是工业投资；第三产业完成投资0.9亿元，下降12%。

全年500万元以上计划投资项目25个，完成固定资产投资3.7亿元，占全团投资比重的100%；其中计划投资超过1000万元的项目16个，完成固定资产投资额3.23亿元，占全团投资比重的87.2%。2017年，新开工1000万元以上项目15个，完成固定资产投资3.12亿元，占全团的84.2%。

【国内贸易】 2017年，三十八团实现社会消费品零售总额0.34亿元，比上年增长5.7%。其中，批发零售贸易业零售额为0.2012亿元，增加0.2亿，增长100%；住宿和餐饮业零售额0.3亿元，增长45%。

全年批发零售贸易业商品购进总额0.47亿元，增长25%。其中限额以上批发零售贸易业商品购进总额0.31亿元，增长100%。批发零售贸易业商品销售总额0.35亿元，增长5.7%，其中限额以上批发零售贸易业商品销售总额0.2亿元，增长100%。年末批发零售贸易业商品库存总额0.06亿元，增长0%，其中限额以上批发零售贸易业商品库存总额0.06亿元，增长12%。

【招商引资】 2017年，三十八团落实招商引资项目9个，其中续建项目3个，新落地项目6个，到位资金1.55亿元。

【交通运输】 2017年末，三十八团拥有民用汽车2232辆，比上年增长42%。其中载货汽车106辆，增长82.7%。

全年完成货运量2.863万吨，增长10.1%；完成货物周转量128.8万吨千米，增长9.4%。全年公路运输业营运业务收入1321万元，增长9.4%。

【金融】 2017年末，三十八团信用社人民币各项存款余额14.1亿元，比上年末增长3.88%，其中个人存款5.88亿元，增长28.17%；对公存款8.27亿元，下降8.46%。

【保险】 中华联合财产保险股份有限公司三十八团支公司成立于2015年10月5日，公司经理陈志军、员工孟春云，公司编制2人，有办公场所100余平方米，办公设施齐全，配备查勘车1辆。经中国保险监督管理委员批准，经营财产损失保险、责任险、信用保险和保证保险、短期健康险和意外伤害保险、农业保险等，其总公司是1986年经财政部、农业部专项拨款2亿元设立的新疆生产建设兵团农牧业生产保险公司，隶属新疆生产建设兵团。2017年，三十八团支公司实现保险业务总收入700万元，比上年增长200万元。其中，农业险业务收入560万元，增长100万元；财产险业务50万元，增长10万元。全年累计各类保险赔（给）付金额710万元，增长150万元。

【人口】 2017年，三十八团总人口为0.68万人，比上年末增长44.6%。家庭总户数0.1801万户，平均每户家庭人口为3.76人。全年出生人口48人，出生率0.69‰；死亡人口10人，死亡率1.74‰；净增人口48人，人口自然增长率为6.63‰。

【就业】 2017年末，三十八团在岗职工0.2381万人，比上年末增长47.2%。城镇登记失业率为0，全年累计实现新增就业1111人。

【人民生活】 2017年，三十八团在岗职工工资总额0.8075亿元，比上年增长59.4%。在岗职工职均工资42257元，增长34.8%。

【社会保障】 2017年，三十八团社会保险基金征缴总收入为3300万元，比上年增加790万元，征缴率100%。其中：征缴企业养老保险基金1862万亿元，增长477万元，征缴率100%；征缴机关养老保险基金65万元，增加26万元，征缴率100%；征缴职业年金49万元，减少37万元，征缴率100%；征缴医疗保险基金953万元，增加238万元，征缴率100%；征缴失业保险基金78万元，减少21万元，征缴率100%；征缴工伤保险基金41万元，减少11万元，征缴率100%；征缴生育保险基金8万元，减少14万元，征缴率100%。全年支付离退休人员养老金48万元，增加3万元，离退休人员养老金社会化发放率和五项社会保险待遇拨付率均为100%。

自2017年7月1日起，最低生活保障标准由原标准382元/人·月提标为396元/人·月；重度残疾人37元/人·月，60周岁以上老年人87元/人·月，18周岁以下未成年人22元/人·月。截至是年末，全团低保人员355户1332人，累计为5411人次发放低保金563.76万元。重度残疾人1人，60周岁以上老年人134人，未成年人401人。保障对象全部按标准发放低保资金，其他低保人员797人根据低保有关政策差额享受。全团临时救助累计427户次1501人，合计发放21.35万元。

【教育】 2017年末，三十八团拥有九年一贯制学校1所，幼儿园1所。在校小学生652人，初中生377人。教职工人数87人。其中，专职教师85人，幼儿园在园幼儿及儿童290人。小学、初中儿童少年入学率和升学率均达97%。适龄儿童入园（学前班）率100%。学前教育阶段，免除保育费、读本费、补助伙食费75.5万元，资助学前学生287人。义务教育阶段，免学杂费、免教科书费，家庭经济困难寄宿生生活补助6.8万元，资助小学学生652人，初中学生377人。

【科学技术】 2017年末，三十八团共有各类技术人员88人，各类科研及推广机构1个，从事科技活动人员和技术人员88人。科技研发投入比重继续提升。全团全年科技研究开发等经费支出0.025亿元。全年组织实施各类科技研究、开发、推广项目3个，组织实施师级科研开发推广项目（课题）2个。

【文化】 2017年，三十八团在中央级、省级新闻媒体和师市刊用稿388篇（幅）。其中省级报刊稿件2篇（幅），电视稿件27篇，网络稿件24篇。地师级稿件共220篇（幅）。其中报纸刊物2篇（幅），电视69篇，网络151篇。年末电视综合人口覆盖率100%，广播综合人口覆盖率100%。

【体育】 三十八团学校结合学校实际，在2015年选拔学校有足球特长和爱好的学生初步组建学校足球队,并安排专业老师进行训练,通过2年的努力,学校足球队取得一定的成绩,2017年12月,三十八团学校经兵团推荐,被评为国家足球特色示范校。

【卫生】 2017年末,三十八团拥有各类卫生机构1个。其中,医院1所,卫生所(室)1所,社区卫生服务站1个,疾病预防控制中心1个。床位总数25张,卫生工作人员45人。其中卫生技术人员34人,其中执业和执业助理医师11人,注册护士11人。全团平均每千人拥有病床5张,平均每千人拥有卫生技术人员6.8人。基层疾病预防控制、卫生监管和突发公共卫生事件应急处置能力不断提高,团连卫生机构规范化建设覆盖率100%。建成连队卫生户厕0.22万座、建成中小学水冲式厕所7座。建立居民健康档案0.47万份。2017年,传染病报告发病率(甲乙类传染病)为10/10万,病死率为0。婴儿和孕产妇死亡率为0。

【资源环境】 2017年末,三十八团拥有水库1座,总库容0.0989亿立方米。河道上建有水闸2座。

全年水利工程供水量198.27亿立方米。按供水用途分,农业供水198.23亿立方米,城镇生活供水0.002亿立方米,生态环境供水0.04亿立方米。按供水方式分,地表水供水量198.27亿立方米,机电井提水量0.002亿立方米。节水灌溉面积5120公顷。

全年农作物受灾面积4000公顷,其中成灾面积808公顷。全年自然灾害造成直接经济损失0.03亿元。其中农业直接经济损失0.03亿元,受灾人口0.08万人次。

【安全生产】 2017年,三十八团发生一般生产安全死亡事故1起,死亡1人。安全生产形势总体稳定,持续向好。

是年,全团开展安全生产大检查30次,查出安全隐患192处,下发整改意见书45份,隐患整改率100%。安全生产处罚施工单位7个。统一更换干粉灭火器421具,新增干粉灭火器38具。组织全团开展安全月活动,举办"安全发展 忠诚卫士"演讲比赛,悬挂宣传横幅6条,发放宣传资料300余份,600余人参加安全生产知识考试。联合派出所组织学校师生开展应急演练和消防演练活动2次。

【三十八团党委一届二次全委(扩大)会议】 2017年2月22日,中共三十八团党委召开第一届二次全委(扩大)会,团党委书记、政委郭飞同志主持召开会议。团党委班子成员、党委委员、纪委委员、各参会代表共50人参加会议。

团党委书记、政委郭飞代表团党委作《紧抓深化改革向南发展的历史机遇 为团场的快速发展和使命承担而努力工作》的工作报告,报告高度概括团场2016年经济社会发展取得的成绩,分析团场当前面临的各种复杂形势和今后向南发展工作面临的机遇与挑战,明确提出2017年团场经济发展的总体要求、主要任务,为团场各项事业在新的发展起点上阔步前进、率先发展、谋求赶超提供行动指南、发展方向。

会议审议通过三十八团推荐出席兵团第七次党代表大会预备代表人员名单,参加兵团第七次党代表大会代表为有郭飞、王玉东、陈海红、何泳峰、潘爱琴、甘露、刘剑峰、田新利。

【学习宣传贯彻党的十九大精神】 2017年,三十八团党委深入基层,在党员干部及职工群众中收集党和国家过去五年成就以及十九大报告反响,共计16条,团党委领导班子成员主动带头撰写心得体会,组织党员干部50余人观看十九大开幕式,观看十九大代表吴彬作学习贯彻党的十九大精神报告,就党的十九大精神学习宣传贯彻组织召开党委理论学习中心组专题学习、全团党员干部专题学习、各党支部学习等各类学习宣传贯彻活动30次,全团党员干部参与各类学习 600 人次以上，掀起学习党的十九大报告的热潮。

【"访惠聚"工作】 2017年2月15日，驻三十八团四连"访惠聚"工作队成员全部进点到位。工作队协助四连党支部解决热点、难点问题 630 件次，配合团司法所解决职工群众 31 人讨还欠薪 51.5 万元，参与连队维稳值班 128 次；转化升级四连党支部，并在团政治文明和精神文明大检查中，取得基层连队排名第一的好成绩。以精准扶贫为重点，工作队对 14 户贫困家庭进行"点对点"结对帮扶，劳务输出增收 1970 元，年终职工脱贫 11 户 58 人，脱贫率 100%。运用师"访惠聚"专项资金及团配套资金共计 13.5 万元，完成 1.5 千米机耕道戈壁铺设；工作队联合连支部安置新招录职工 145 户，积极改善团生态环境，植树总计 8.97 万株，新植建园 49.33 公顷，拆除连队条田防风林内违章建设 93 座。

【"民族团结一家亲"活动】 2017年，三十八团"民族团结一家亲"活动主要以推进"六个共融"为切入点，与一路之隔的且末县奥依亚依拉克镇，共同创新的开展"一帮双扶共融合"（即全团所有副连级以上干部联合 1 名业务干部，分别与团属职工群众、且末县奥依亚依拉克镇的少数民族群众各"结对"一户，形成 2 名领导干部结对 1 户团场职工群众和 1 户少数民族群众的结对体系）。团场召开"民族团结一家亲"动员大会，成立领导小组。12 月底，全团 218 名干部共结对认亲 311 户，干部职工完成走访 3719 次，累计办好事、实事 959 件次。开展联欢会、座谈会、技能交流等活动 148 场次，参与职工群众达 10805 人次。

【"发挥兵团特殊作用大学习大讨论"活动】 2017年7月8日，三十八团召开"发挥兵团特殊作用大学习大讨论"活动动员大会，团场 155 名干部参加会议。团党委书记、政委郭飞传达学习《新疆生产建设兵团委员会〈关于开展"发挥兵团特殊作用大学习大讨论活动"实施方案的通知〉》精神。团场 16 个党支部根据支部实际情况制定《实施方案》，召开支部动员会 16 次。7 月至 8 月下旬，团场党委中心组学习 4 次，各党支部"三会一课"专题学习 74 次，参加人数 2191 人次，举办读书班次 16 次，参加人数 872 人次，举办培训班 19 次，参加人数 1056 人次。撰写读书笔记 404 篇，团处级领导干部专题研究 8 次，开展交流研讨 15 人次。其他领导干部专题调研 17 次，交流发言 106 人次，基层党员交流发言 175 人次，职工群众交流发言 47 人次。政工办牵头组织一次全团范围交流发言，活动期间各党支部共测试 67 次，参加 1422 人次。共查摆问题清单 4685 条，整改完成 3423 条。

【精准扶贫】 2017年度，三十八团按照兵团和师市扶贫工作领导小组办公室的工作要求，广泛宣传扶贫对象建档立卡政策，实现户籍人口宣传动员全覆盖。特别针对残疾人、低保户、少数民族家庭等特殊群体进行走访摸排。在本团户籍的职工群众提交贫困户申请时，对其收入状况进行详细摸排，甄别其是否符合条件，对不能直接确认的，通过民主评议进行表决。截至 12 月 31 日，团场没有符合建档立卡贫困户标准的扶贫对象。

【"双创"活动周】 2017年9月15日，三十八团组织开展"双创促升级，壮大新动能"为主题的双创活动周，活动周举办培训 2 次 155 人次参加；团文化综合服务中心根据各基层单位上报的双创新闻线索进行采访报道，共在师级媒体完成 4 条外发新闻；评比宣传典型示范合作社 1 个，典型示范企业 2 个，典型示范户 2 户。团场新增各类市场主体 22 个，新增就业人数 53 人，参与创业创新 29 人。

【团学校荣获 2017 年师市教育系统优质学校创建 A 等级】 2017 年 12 月，师市教育局到三十八团，对学校2017年教学工作展开年终教育检查。查看学校2017年重点工作完成情况、制度建设、文化建设、教学教研等材料，并实地检查学校功能室管理、校本课程和国家规定课程的开设情况。经过评比，团场学校在全师排名第八，被评为A等级。

【三十八团学校2017年中考再创佳绩】 2017年6月，三十八团学校九年级中考取得历史性突破，全校65名学生中考入华山中学11人，八一中学22人，重点高中上线率达到51%，相比2016年提升10%。

【连队】 截至2017年末，三十八团共有9个连队。

一连 前身是三十八团一连，2010年成立。2017年，连队土地总面积664.9公顷，其中耕地183.82公顷，林地481.08公顷。年末总人口554人，其中少数民族人口5人。人口自然增长率0.18‰。年末从业人员267人，其中在岗职工267人。2017年，一连实现生产总值803.89万元，比上年下降22.99%。

二连 2011年成立至今。2017年，连队土地总面积782.02公顷，其中耕地451.72公顷，林地333.3公顷。年末总人口298人，其中少数民族人口9人。人口自然增长率0.3‰。年末从业人员141人，其中在岗职工141人。有离退休人员1人。2017年，二连实现生产总值267.59万元，比上年增长7.75%。

三连 2011年成立。2017年，连队土地总面积886.005公顷，其中耕地764.24公顷，林地121.767公顷。年末总人口805人，其中少数民族人口16人。人口自然增长率0.5‰。年末从业人员361人，其中在岗职工361人。有离退休人员1人。2017年，三连实现生产总值756.27万元，比上年增长1.13%。

四连 前身是幸福新村，2011年成立，2015年改为现名。2017年，连队土地总面积720.77公顷，其中耕地561.76公顷，林地159.01公顷。年末总人口1856人，其中少数民族人口1人。在岗职工37人。2017年，四连实现生产总值528.54万元。比上年下降23.38%。

五连 2017年，连队土地总面积874.38公顷，其中耕地727.22公顷，林地147.16公顷。年末总人口523人，其中少数民族人口12人。人口自然增长率0.3‰。年末其中在岗职工234人。2017年，五连实现生产总值613.99万元，比上年下降32.66%。

六连 前身是第六作业区，2015年3月成立。2016年改为现名。2017年，连队土地总面积691.76公顷，其中耕地601.86公顷，林地89.87公顷。年末总人口635人，其中少数民族人口5人。人口自然增长率0.6‰。年末从业人员281人，其中在岗职工281人。2017年，六连实现生产总值954.33万元，比上年下降10.95%。连队居民人均可支配收入1.4万元，增长75%。

七连 前身是三十八团公司经营地，2012年成立。2016年改为现名。2017年，连队土地总面积689.26公顷，其中耕地603.18公顷，林地86.09公顷。年末总人口436人，其中少数民族人口1人。年末从业人员192人，其中在岗职工192人。2017年，七连实现生产总值263.99万元，比上年下降4.10%。

八连 2016年成立。2017年，八连土地总面积1324.45公顷，其中耕地904.35公顷，林地158.435公顷。年末总人口505人，其中少数民族人口7人。人口自然增长率0.3‰。年末从业人员182人，其中在岗职工182人。2017年，八连实现生产总值318.74万元，比上年下降85.3%。

九连 2017年成立。2017年，土地总面积351.68公顷，其中耕地301.89公顷，林地49.79公顷。年末总人口358人，其中少数民族人口1人。人口自然增长率0.7‰。年末从业人员128人，其中在岗职工86人。有离退休人员1人。2017年，九连实现生产总值162.87

万元。 （黄斌）

·明祥社区·

【概况】 2015年12月31日，原第二师三建公司与环宇公司合并改制完成后遗留下来三个单位，包括：明祥社区事务管理中心、三建社区卫生服务中心和乐祥物业服务公司。2016年5月1日，第二师明祥社区服务中心成立。截至2017年末，明祥社区服务中心在没有任何上级部门提供的经费保障、人员编制的情况下，圆满完成社区"稳定、服务、发展"的总目标。

【社区基础设施建设】 明祥社区辖区位于库尔勒市机场快速路库尉67号小区，东邻杜鹃河，西邻南市区，北靠沙漠运输公司，南与人工湖接壤，占地面积0.76平方千米。截至2017年末，有居民楼59栋，平房105栋，常住户3379户，近万人口。明祥社区还包括库尔勒市棉纺织厂（位于库尔勒市梨香街道新安社区管辖区域）片区248户，大部分住户已经接受拆迁安置，仍有部分住户居住在平房，社区服务中心安排专人进行管理。

【社区管理服务】 截至2017年末，明祥社区服务中心（服务站）、社区卫生服务中心、物业公司等机构完善，职责明晰，管理规范，有较为稳定的工作队伍，能很好地发挥各机构职责作用，基本满足居民群众的各项服务需要。

【社区党员管理】 2017年，社区党员服务站有党员325人，分成7个党支部21个党小组。社区党总支班子成员能积极带头，始终坚持"三会一课"制度，卓有成效地开展"两学一做"学习教育、"学转促"、"党员意识教育月"、"发挥兵团特殊作用大学习大讨论活动"等系列活动，在政治上、思想上、行动上和上级党委保持高度一致，充分发挥社区党总支的领导核心作用。

【业务培训】 2017年，明祥社区服务中心举办1期下岗职工创业培训班，共有25名下岗失业人员参加培训；组织举办2期消防安全知识培训讲座，切实提高青少年和居民群众的消防安全防范意识；举办2期普法宣传教育培训讲座，在"12.4"全国法制宣传日活动期间，积极开展法律法规和党的方针政策宣传教育活动，居民积极参与，普遍形成学法、守法、用法、护法的社会氛围。2017年，社区无"黄赌毒"现象，无邪教，无重大刑事案件。

【党建工作机制】 2017年，明祥社区党总支制定完善基层党支部工作制度，明确工作职责，选优配强党支部书记，同时将4名社区在职党员选配到退休党支部担任党支部书记，强化支部书记第一责任人职责，各支部支委健全，支部活动正常，切实加强对基层党支部工作的领导，为开展各项工作奠定坚实的组织基础。

【党风廉政建设责任制】 2017年，明祥社区党总支和师直党工委签订党风廉政建设责任书，强化"一岗双责"主体责任，坚持"三重一大"制度，严格执行社区党总支各项规定，重大资金使用经支部会议研究讨论，由两位主要领导"财务互签"，规避决策中的漏洞和弊端，保证社区廉政建设。

【党建】 2017年，明祥社区服务中心在社区党总支的领导下，社区关工委、居委会、妇联、工会、人口与计生协会、老年体协、老年书画协会、人民调解委员会、叶子儿童成长中心、青鸟园丁学习馆等社会组织协同配合健康发展，组织机构健全，工作制度完善，有专人负责，切实履行"自我教育、自我管理、自我服务、自我监督"的基层民主制度，推动社会组织发挥作用最大化。社区服务中心功能完善，围绕辖区近万名职工群众的生产、生活需要，开展物业管理、健康卫生、群众性文化体育教育、文体娱乐、法律维权、维护稳定、人民调解以及社会救助保障、扶贫帮困、人口计生、就业培训等"一站式"服务，物业管理和服务规范有序，满足职工群众日益增长的美好生活需要和不平衡不充分的发展之间的矛盾，职工群众安居乐业。

【宣传教育】 2017年，明祥社区党总支在社区建设宣传工作中发挥引领作用。社区领导班子将建设宣传工作纳入每月考核内容，以月促年推动建设宣传月工作。在显著位置有社会主义核心价值观标识，党员干部、职工群众对社会主义核心价值观知晓率在85%以上。深入开展思想道德建设和民族团结教育活动，从抓思想道德建设入手，以贯彻落实《公民道德建设实施纲要》为主线，加强对干部职工和居民群众进行20字公民基本道德规范和社会主义核心价值观体系为主要内容的思想道德教育，把兵团精神、老兵精神、三五九旅精神等内容作为思想宣传教育普及重点，不断引导居民群众提升文明素质。

【文明单位创建活动】 2017年，明祥社区服务中心以社会稳定和长治久安为着力点和着眼点，以"稳定、服务、发展"为工作总目标，以社会主义核心价值观体系为根本，以现代文化为引领，加强思想道德建设，积极开展政治和精神文明创建工作，获评2017年度师市文明单位。 （顾小凡）

·芦花社区·

【概况】 2015年12月31日，新疆神宇水利水电建筑安装工程有限责任公司改制后，原属公司统一管理的神宇社区服务中心与公司分离，每年神宇公司给予社区80余万元的各项经费也不再承担。2016年4月20日，根据师市党组发〔2016〕（54号）文件精神成立第二师神宇社区服务中心党总支，2016年5月1日，第二师神宇社区服务中心正式成立，社区服务中心下设4个社区，有综合物业管理站、社区卫生室（托老所）、库尔勒服务站，1个中心泵站。2017年8月31日，经第二师民政局批复原"第二师神宇社区服务中心"更名为"第二师芦花社区服务中心"。成立后的芦花社区服务中心，没有行政编制和单位编码，社区的行政管理、各项建设和经济运转、人员经费等费用都实行自筹。

【社区基础设施建设】 芦花社区服务中心位于库尔勒塔什店镇，东邻阿洪口景区，与博湖县地界接壤，南靠库鲁塔格山，北迎博斯腾湖，西邻莲花湖景区，与库尔勒市接壤，占地面积6.5平方千米。截至2017年末，种植土地面积325.67公顷，居民平房110栋，常住户700余户，人口2800余人。芦花社区90%的居民房屋，都是20世纪80年代和90年代建设修建的土木、砖木结构。库尔勒神宇梨城苑小区有2栋6层60户居民住宅楼。

【基本情况】 截至2017年末，芦花社区服务中心、库尔勒服务站、社区卫生室、综合物业管理站等机构完善，职责明晰，管理规范，有较为稳定的工作队伍，能很好地发挥各机构职责作用，基本满足居民群众的各项服务需要，职工群众各项社会服务到位、生活服务保障、社会居民管理正常，社会秩序良好，社区维稳人员落实，制度健全。

【社区党员管理】 截至2017年末，芦花社区有党员112人（9月发展1名预备党员），三个党支部，2个党小组。社区党总支班子团结，党内政治学习正常，坚持"三会一课"制度，坚持组织生活会制度，坚持民主评议党员制度，开展支部班子和书记年终专题党建工作述职，对党员个人信息收集录入整理工作，开展"两学一做"学习教育、"学转促"专项活动、"党员结对帮扶承诺""发挥兵团特殊作用大学习大讨论活动""党员意识教育"等系列活动，在政治上、思想上、行动上和上级党委保持高度一致，充分发挥社区党总支的领导核心作用。

【业务培训】 2017年4月，芦花社区服务中心举办1期社区下岗失业人员创业培训班，共有20名下岗失业人员参加培训；组织举办3期消防安全知识培训讲座，重点加强提高职工群众和居民老人家庭、个人的消防安全防范意识；举办1期普法宣传教育培训讲座，开展"12.4"法制宣传日活动法律法规和政策法规宣传教育，提高居民学法、守法、用法、护法的意识。2017年，社区无"黄赌毒"现象，无邪教，无重大刑事案件。

【落实党建工作机制】 2017年，芦花社区党总支制定完善基层党支部工作制度，支部明确工作职责，建立各党支部书记工作职责，强化支部书记第一责任人职责，各支部支委健全，支部活动正常，党总支切实加强对党支部工作的领导，为社区党建工作奠定坚实的组织基础。

【落实党风廉政建设责任制】 2017年，芦花社区党总支和师直党工委签订党风廉政建设责任书，强化"一岗双责"主体责任，坚持"三重一大"制度，严格执行社区党总支各项规定，重大资金使用经支部会议研究讨论，由社区中心主要领导"财务互签"，规避决策中的漏洞和弊端，保证社区廉政建设。

【党建】 2017年，芦花社区党组织以党的十九大精神为指导，在党总支的领导下，社区关工委、居委会、工青妇、人口与计生协会、夕阳红分会、老年书画协会、调委会、图书室等社会组织协同配合健康发展，组织机构健全，工作制度完善，有专人负责，切实履行"自我教育、自我管理、自我服务、自我监督"的基层民主制度，推动社会组织发挥作用最大化。社区服务中心功能基本完善，围绕退休职工、居民的生产、生活需要，开展物业管理、健康卫生、群众性文化体育教育、文体娱乐、法律维权、维护稳定、人民调解以及社会救助保障、扶贫帮困、人口计生、就业培训等"一站式"服务，物业管理和服务规范有序，满足职工群众日益增长的美好生活需要和不平衡不充分的发展之间的矛盾，职工群众安居乐业。

【宣传教育】 2017年，芦花社区党总支在社区建设宣传工作中以习近平总书记新时代中国特色社会主义思想为指导，发挥党组织的引领作用。把党的政治建设纳入宣传工作考核内容，以月促年推动建设宣传月工作。以新时代中国特色社会主义思想、社会主义核心价值观为标识，党员干部对新时代中国特色社会主义思想认知率95%、职工群众对社会主义核心价值观知晓率在85%以上。深入开展思想道德建设和"民族团结一家亲"教育活动，从党的思想建设、公民道德建设入手，以贯彻落实《公民道德建设实施纲要》为主线，加强对干部职工和居民群众进行20字公民基本道德规范和新时代中国特色社会主义思想、社会主义核心价值观体系为主要内容的思想道德教育，把弘扬传承兵团精神、老兵精神、三五九旅精神等内容，作为社区思想宣传教育普及重点，不断引导居民群众，提高思想觉悟，提升自身文明素质。

（蒋 华）

师直属重点企业

· 新疆冠农果茸集团股份有限公司 ·

【概况】 新疆冠农果茸集团股份有限公司于1999年12月30日由第二师五家国有企业共同发起设立,注册资本8000万元。2003年6月9日在上海证券交易所上市(股票简称"冠农股份",股票代码:600251),并通过募集资金及资产重组实现由农产品生产企业向农产品深加工企业的第一次战略转型。2008年,公司成功完成定向增发,并借助资本市场的资源配置功能实现由农产品深加工企业向资源类投资、房地产、矿产开发多元发展的第二次转型。2014年6月,公司再次完成定向增发,并成功并购天津三和果蔬有限公司51%的股权,实现冠农番茄终端产品走向国际市场的工商贸易一体化的历史性跨越和第三次转型。2015年,公司实施"主业+投资"双轮驱动的发展战略,稳妥布局有机农业、电子商务、并购基金、大数据、金融等新兴产业,公司创新转型迈出新步伐。公司目前拥有16家全资、控股子公司和6家参股公司。

公司先后荣获兵团"文明示范单位""第一批国家星火计划龙头企业技术创新中心"、自治区"企业技术中心""新疆品质十强企业"及"农业产业化国家重点龙头企业"、全国"'双百'市场工程流通企业""中国质量诚信企业""最受投资者尊重的上市公司""中国最具投资价值生态农业企业""中国最具发展潜力生态农业企业"、CCTV《影响力对话》栏目农业行业合作伙伴、中国品牌创新发展工程"荣膺农业行业推介行业""中国上市公司诚信企业百佳""上市公司监事会积极进取50强""中国调理食材产业领创品牌""全国企业文化建设先进单位""全国先进基层党委"等荣誉称号。

公司旗下的冠农绿原糖业公司、冠农番茄公司等食品企业均通过ISO9000、HACCP质量认证,冠农番茄制品还通过犹太认证、中国有机认证、美国FDA注册及日本JAS有机认证,冠农有机农业通过国内有机认证及日本JAS有机认证。"绿原"白砂糖,"冠农果蔬"番茄酱、果酱,"冠农"棉花,"斯兰扎克"干枣、坚果仁,"艾丽曼"鲜水果等商标分别被评为"新疆著名商标"。

【公司控股股东】 2017年,

新疆冠农果茸集团股份有限公司总股本为784842008股，其中冠源投资持有320932708股，占公司总股本的40.89%，第二师二十九团持有32516580股，占公司总股本的4.14%，第二师三十团持有25202160股，占公司总股本的3.21%，冠源投资为公司控股股东。12月22日，新疆生产建设兵团第二师国资委将其持有冠源投资100%国有股权无偿划转至绿原国资，绿原国资成为冠源投资的控股股东，间接持有公司40.89%的股份。公司控股股东和实际控制人均未发生变化。

【主营业务】 2017年，新疆冠农果茸集团股份有限公司主业主要包括番茄制品、甜菜制糖、棉花加工、有机农业、果品仓储等农产品深加工及销售，其中番茄制品加工能力为6万吨大桶番茄酱、20万吨小包装番茄制品，产品主要包括大桶番茄酱、小罐番茄酱、番茄丁、番茄汁等，公司目前是国内最大的小包装番茄制品出口厂家；甜菜糖加工能力为5万吨，产品主要包括白砂糖、绵白糖、精制幼砂糖（精制小粒砂糖）、冰糖等；棉花加工能力为12万吨，主要产品为皮棉；拥有66.67公顷有机农产品种植基地。

对外投资项目主要包括国投罗钾（持股20.3%）、国电开都河水电（持股25.28%）和库尔勒银行（持股5.5%）等。

【经济建设】 2017年，新疆冠农果茸集团股份有限公司实现营业收入16.02亿元，实现归属于上市公司股东的净利润0.85亿元。截至年末，公司总资产50.46亿元，归属于上市公司股东的净资产19.59亿元，比上年分别增长35.17%和3.67%。

【经营管理】 2017年，新疆冠农果茸集团股份有限公司稳增长、促规范、谋发展，完成番茄、棉花产业的混合所有制改革，增强产业的实力和活力；积极推行职业经理人制度并取得显著成效；关停注销长期停产亏损僵尸企业5家；通过与政府部门及铁路、银行、物流货运企业深入协商，开通库尔勒—天津的铁路货运专列及库尔勒经阿拉山口、格鲁吉亚直达意大利那不勒斯的中欧班列，完成发运番茄酱5000吨，开创中欧班列开通以来首次使用海铁联运方式的先河。新兴产业持续转型升级，大数据产业园已正式开盘销售；大渊博棉花交易平台已建立全国领先的棉花信息数据库，逐步完善并实现棉花线上线下交易，进一步拓宽销售渠道。

【项目建设】 2017年，新疆冠农果茸集团股份有限公司以持有的巴州冠农棉业有限责任公司85.44%的股权，向新疆银通棉业有限公司增资，增资完成后公司持有银通棉业51.26%的股权；认缴出资255万元，实缴出资51万元，成立新疆冠农绿原拍卖有限公司，持有该公司51.00%的股权；投资4736万元，在新疆冠农番茄制品有限公司新增两条日处理番茄1500吨番茄酱进口生产线，配套建设厂房、库房、前处

2017年10月10日，冠农绿原糖业公司的甜菜收获机在二十四团收获甜菜（陈金平 摄）

【科技创新】 2017年，新疆冠农果茸集团股份有限公司组织的番茄酵素饮料研究与开发项目、公司旗下新疆冠农番茄制品有限公司组织的机采番茄原料清洗系统末端水处理工艺的开发及应用项目通过第二师验收；公司旗下绿原糖业甜菜糖厂砂糖结晶自动控制系统的研发与应用项目通过兵团验收。

【番茄酱专列首发意大利】 2017年10月26日，新疆冠农果茸集团股份有限公司800吨番茄酱专列从新疆库尔勒货运中心驶出，途经新疆乌鲁木齐—哈萨克斯坦的阿克陶—阿塞拜疆的巴库—格鲁吉亚的波季，25天后抵达意大利那不勒斯港口，首次实现跨里海和黑海的铁、海联运方式。这是巴州开行的首趟中欧番茄酱专列，运输时间比从新疆运输到天津港再到欧洲的时间缩短一半，运输费用大幅缩减。

【混合所有制改革】 2017年，新疆冠农果茸集团股份有限公司引进新丝享丝绸公司拟以货币资金方式增资6000万元，持有冠农有机农业公司不低于85%的股份，在第二师铁门关市和硕垦区合作建设万亩蚕桑种植桑蚕养殖丝绸基地。该公司已投资1200万元在焉耆县霍拉山旅游道路两侧和霍拉山口处种植桑树233.33公顷，并与冠农有机农业公司合作繁育机器收割桑树种苗及桑蚕获得成功。公司先后引进天津三和及新疆银通棉业公司民营资本，完成对公司番茄产业和棉花产业的混合所有制改革，使番茄产业效益及小包装番茄酱出口连续四年全国排名第一；棉花产业由去年的6个厂、7条生产线、7万吨/年皮棉加工产能扩大为今年的10个厂、11条生产线、12万吨/年皮棉加工产能。

【品牌建设】 2017年6月23日至25日，历时3天的中国食品谷·2017亚洲调理食材大会暨创新产品展在山东潍坊举办。新疆冠农果茸集团股份有限公司参展团携番茄酱、番茄丁、番茄汁、番茄沙司、白砂糖、冰糖、黑小麦等系列产品参展，并举办"阳光产业，冠农领航——冠农股份明星产品发布会"，与河北华糖云商、郑州豫媒优品、青岛柏兰集团、河南三一大厨房等全国行业领军企业达成战略合作协议。来自全国各省、直辖市、自治区的100多家著名调理食材企业和3000多经销商及千余款调理食材产品参加会展。会展期间举行2017亚洲调理食材大会暨创新产品展颁奖典礼，冠农股份荣获"中国调理食材产业领创品牌"称号，是新疆维吾尔自治区及新疆生产建设兵团唯一获此殊荣的企业，也是此次展会上倍受经销商青睐的食品企业。

（王 辉）

·绿原国有资产经营集团有限公司·

【概述】 2017年，新疆绿原国有资产经营集团有限公司制定主体信用评级AA+产业化平台改革方案，师市党委将该方案作为师市国资

2017年6月1日，国资集团公司慰问特教儿童（李林超 摄）

国企改革的重点方向予以突破，通过剥离和划入股权等形式整合成立师市8大集团，涉及企业100多家。

截至2017年年底，国资集团公司本部资产总额达65.21亿元，同比下降6.72%；负债总额34.49亿元；所有者权益总额30.72亿元。营业收入26641万元，完成年初预算的691.42%，利润总额3906万元，完成年初预算的767.08%。

2017年，国资集团公司资产总额达190.78亿元，同比增长18.33%；净资产79.09亿元，比上年增长4.52%；营业收入58.22亿元，下降13.80%；净利润1.34亿元，下降13.19%。

【经济建设】 2017年，新疆绿原国有资产经营集团有限公司下属全资子公司4个，分别是铁门关市绿原同创小额贷款有限公司、新疆绿原鑫融贸易有限公司、新疆绿原铁信融资担保有限公司、铁门关市金溢投资有限责任公司。

铁门关市绿原同创小额贷款有限公司，2017年累计发放贷款总额8960万元，较上年同期增加4240万元，增长155.66%。其中：新增贷款总额6600万元，占累计贷款总额的73.66%；收回贷款总额5960万元，占累计贷款总额的66.55%；年末贷款余额3000万元，所有贷款种类均为短期借款，已到期贷款本息收回率为100%。在贷款总额中，按地域划分，全部投向师（市）企业；按行业划分，投向房地产开发企业的占50.00%，投向化肥生产企业的占16.67%，投向能源企业的占33.33%。

新疆绿原鑫融贸易有限公司，2017年全年实现销售收入2658.62万元，较上年增加2403.95万元，增长943.92%；实现利润总额71.5万元，较上年增加63.34万元，增长775.67%。实现收入2658.62万元。

新疆绿原铁信融资担保有限公司，截至2017年底办理融资性担保业务4笔，累计担保金额3500万元；非融资性担保业务1370笔，担保金额12892.8万元；发放委托贷款2150万元；业务发生量合计18542.8万元；跨年融资性担保业务责任已经全部解除，目前在保余额8199.5万元，未发生代偿。

【安全生产】 2017年，新疆绿原国有资产经营集团有限公司共组织安全消防检查4次，全年未发生安全生产和消防事故。

【党支部建设】 2017年，新疆绿原国有资产经营集团有限公司先后组织7个基层党组织开展"十九大精神"专场报告会、党建暨精神文明建设经验交流、"让新发展理念点燃企业家新追求"专题座谈、信息发布工作推进、表彰大会等具有集团公司党委特色工作，总结在党的建设、意识形态、精神文明等方面的新典型、新经验。

【精神文明创建活动】 2017年，新疆绿原国有资产经营集团有限公司共计完成各类报刊、网络、电视台刊用稿共74篇。职工积极参加"发挥兵团特殊作用大学习大讨论"网络答题、为"人民日报砥砺奋进的5年——给你的家乡投一票"每日投票以及兵团法律知识等网络答题、十九大理论知识等网络答题活动300人次；与所属党支部、子公司签订信息发布安全责任书10份。

【文体活动】 2017年，新疆绿原国有资产经营集团有限公司举办"五四""慢骑自行车"等多项文体活动，200人次参加；文艺演出2场次；"七一"前夕，公司开展"纪念建党96周年"文体活动，14家单位、420人参加升国旗仪式；150人参加"庆祝建党96周年"知识竞赛、20人参加"庆七一"企业组大合唱比赛以及举办"共圆中国梦 喜迎十九大"演讲比赛预赛，各党支部选送6名选手参加比赛活动，其中1名选手获师市决赛三等奖。组织职工唱红歌、观看十九大精神、警示教育等电教片；聘请专业教师讲礼仪；参观铁门关市容市貌、红色基地。

【慰问帮扶】 2017年，新疆绿原国有资产经营集团有限公司开展"春风行动"以及"机关干部下基层、为民服务在一线、合力攻坚促稳定"等活动。积极帮扶结亲对象，开展联谊、田间地头劳动等活动，春节、肉孜节、国庆、中秋的走访慰问，送去大米、面粉、清油、书包及文化用品等。

节日慰问贫困员工、生活困难党员、因病致贫群众15户，发放慰问金1.3万余元。组织开展"宫颈癌远离南疆妈妈"公益筹款，筹得捐款共计666元；在"六一"对特教儿童进行慰问，赠送价值1000元的文化体育用品。

（任 静）

· 新疆金川集团有限责任公司 ·

【概况】 新疆金川集团有限责任公司是新疆生产建设兵团第二师直属国有企业。前身是库尔勒金川矿业有限公司。2017年9月25日，在铁门关市工商行政管理局注册成立。其下属金川矿业有限公司、兵团塔什店联合矿业有限责任公司、铁门关市金川商贸有限责任公司、铁门关市金川物流有限责任公司、金川企业管理有限责任公司。2017年11月13日，中共新疆金川集团委员会成立。集团公司党委下设2个党总支，9个基层党支部，党员182人，其中在职党员126人，离退休党员56人。2017年，发展党员11人。集团公司下设职能部门：党委行政办公室（保卫科、消防委、综治办），党群部工作部（党建、宣传、老干、工会、计生、妇联），安全生产监察部、供应部、纪检监察科（民政、统战、残联），销售部、企划部、财务部、人力资源部、物业、救护中队。实行扁平化管理，金川集团的用人制度分为两级，一是师管干部，二是公司管理干部。

新疆金川集团有限责任公司现有职工530人，其中高级职称8人，中级职称28人，初级职称47人；管理人员和专业技术人员139人，其他职工391人。2017年度，金川矿业公司以全面提升干部综合素质为目标，深入开展安全教育培训、职工文化培训、职业健康教育；干部教育培训；坚持以理想信念、党性修养、政治理论、政策法规、道德品行教育培训为重点。2017年，培训职工5077人次，完成员工素质技能培训，特殊工种培训82人次，公司周四综合类培训课累计4896人次；2017年末，资产总额比上年增长15.43%；负债总额比上年增长107.31%；所有者权益比上年增长1.51%；资产负债率为23.63%，比上年13.16%增长10.47个百分点。2017年，新疆金川集团有限责任公司累计销售收入比上年增长23.69%。

（吴世新）

【安全管理思路】 2017年，新疆金川集团有限责任公司严格按照国家、兵团、二师安全生产文件及会议精神全面指导公司安全生产工作，牢固树立"安全红线"意识，紧扣"安全"中心，突出"三清、四抓、五到位"

2017年6月14日，金川矿业公司举办机电专业技能大比武
（金川矿业公司 供稿）

（三清：思路清、目标清、责任清；四抓：抓观念、抓素质、抓队伍、抓督查；五到位：上级指导到位、公司重视到位、全员培训到位、资金投入到位、狠抓落实到位）工作思路，理清"人、机、环、管"安全工作主线，明确"坚决杜绝重伤以上事故，两矿轻伤事故控制在10起以内；杜绝重大机电事故"的奋斗目标，压实主体责任，有效防范矿井重大安全事故的发生。（周亚菲）

【安全管理体系】 2017年，新疆金川集团有限责任公司严格按照"党政同责、一岗双责、齐抓共管、失职追责"的原则，明确党委班子成员责任分工，确立党委书记、董事长、总经理在公司安全生产工作中的主体责任，成立以主要领导担任安全生产委员会主任的安全生产管理机构；公司董事长、总经理与两矿矿长，两矿矿长与各生产职能科室、生产单位负责人，科（区）负责人与班组长，班组长与班员层层签订安全生产责任书，形成公司、矿、科区、班组、岗位五级安全生产责任体系，安全生产责任书全员签订。

（周亚菲）

【安全培训教育】 2017年，新疆金川集团有限责任公司高度重视加强人的不安全因素管控，在强化人员素质提升上狠下功夫，加强对煤矿主要负责人、安全生产管理人员和特种作业人员综合素质的培养。定期组织公司安全管理人员和特种作业人员参加安全资格证培训和特殊工种证培训，公司2017年安全资格证持证人员68人，特殊工种证持证人员263人，持证率100%。（周亚菲）

【干部履职尽责】 2017年，新疆金川集团有限责任公司为进一步加强公司安全管理队伍的履职尽责，要求公司、矿领导干部严格执行下井带班制度，基层领导干部执行走动式管理模式。2017年度，公司严抓干部履职尽责情况，发现未严格执行下井、带班管理制度领导干部14人次，追责2700元；发现未严格履行干部走动式管理职责人员22人次，追责1250元，公司以严抓来杜绝干部不作为行为，确保安全生产管理人员深入基层、深入现场，靠前指挥、靠前教育、靠前服务，及时消除安全隐患。（柳青）

【督查完成情况】 2017年，新疆金川集团有限责任公司接到兵团及二师各类安全生产文件共计126件，（其中兵团文件27件，二师文件99件），与去年相比增加35件，公司均已按照文件要求开展安全生产工作，并按照时间节点，完成上报；共迎接国家安全督查5次，兵团局安全督查9次，二师安监局安全检查29次，共计查出各类安全隐患208条，隐患整改率100%。（李文红）

【工会组织建设】 2017年，新疆金川集团有限责任公司工会新发展会员18人，为公司工会输送一批新鲜血液，让工会组织更加年轻化，工作更加合理化。截至12月底，共有工会会员530人，其中女性104人，入会率100%。同年，公司工会配备兼职工会干部2人，下设8个基层工会，组织建设覆盖面达100%。（李艳）

【二届四次职工（会员）代表大会暨双先表彰大会】 2017年1月25日，新疆金川集团有限责任公司工会二届四次职工代表大会暨双先表彰大会在公司四楼会议室召开。参会代表95人，会员85人，列席代表12人、特邀代表7人参加会议。公司党委书记、董事长朱徽作《创新安全理念夯实安全基础为企业转型升级持续发展谱写新篇章》的行政报告。党委副书记、纪委书记、工会主席张伟敏作《围绕目标抓建设夯实基础增效益为创建现代一流企业而努力奋斗》的工会工作报告，会上表彰各类先进集体和先进个人，签订各项责任书。（李艳）

【迎新年兵地共建文艺汇演】 2017年1月25日，新疆金川集团有限责任公司联合库尔勒市塔什店镇落霞湾社区、库尔勒医院开展兵地共建文艺汇演活动。

（李艳）

【签订集体合同及女职工权益保护专项集体合同】 2017年1月25日，新疆金川集团有限责任公司召开的职工代表大会上，党委书记、董事长朱徽代表公司行政方与公司党委副书记、纪委书记、工会主席张伟敏代表职工方签订集体合同及女职工权益保护专项集体合同。

（李 艳）

【开展文化生活系列活动】 2017年，新疆金川集团有限责任公司举办"学身边人讲身边事""安全生产是没有硝烟的战场"演讲比赛3场次；邀请师市工会宣讲团开展专场劳模事迹报告会2次；公司工会开展PPT技能比赛等活动。

（李 艳）

【职工技术创新】 2017年，新疆金川集团有限责任公司杜吉树工作室荣获"兵团劳模创新工作室"。公司表彰"工人先锋号"5个、"工人先锋岗"5个，金川煤矿机运区副井检修班荣获兵团"安康杯"优胜班组，塔什店煤矿机运区主运皮带选矸班荣获自治区工人先锋号等荣誉称号。

（李 艳）

【女职工关爱行动】 2017年，新疆金川集团有限责任公司工会走访慰问4名困难女职工，在塔什店联合矿业有限责任公司卫生所建立妇女谈心话室；在金川卫生所建立心理咨询室，对110名女职工和妇女进行健康知识普及和常见病普查。

（李 艳）

【杜吉树工作室】 2016年，新疆金川集团有限责任公司创建杜吉树劳模创新工作室，2017年，杜吉树工作室荣获"兵团劳模创新工作室"荣誉称号。

（李 艳）

【兵团文明单位】 2017年9月，金川矿业有限公司被兵团精神文明建设指导委员会评为"兵团文明单位"称号。

（李 艳）

【学习型组织建设】 2017年，新疆金川集团有限责任公司以建设学习型企业为基础，以全体党员干部为主体，坚持"日学一小时，周听一堂课，月看一本书，年写一篇文"的原则，采取"读书月"、知识讲座、专题辅导、网上学习等方式，采取"必学"和"选学"的形式，坚持学懂弄通做实。在全体干部中开展"书香金川——人人荐书"活动，撰写读书笔记。公司全年撰写各类理论论文15篇。

（吕星海）

【培训教育】 2017年，新疆金川集团有限责任公司建立健全长效学习机制。联合人力资源部建立健全"学习培训"制度，学习检查考评制度。2017年，每名中层领导干部深入基层调查研究，上一堂有质量的课，全年累计培训110余课时。

（吕星海）

【主题实践活动】 2017年，新疆金川集团有限责任公司开展"唱响兵团精神、牢记使命、实现跨越式发展、促进长治久安"主题教育活动，公司先后邀请师市关工委、离退休老干部开展"兵团精神、三五九旅精神"专题讲座两次。分别在"七一""十一"举行升国旗仪式。每天晨会、班前会、周四培训前组织干部职工唱响企业歌《金川人》和《安全歌》。在矿区开展军事训练活动，让干部职工牢固树立"兵"的意识，强化"兵"的本领。在公司两矿开展"文明礼仪专题讲座"和宣传教育活动，形成员工见面点头笑、行走有规范、交班来拥抱、握手问声好的良好氛围。

（吕星海）

【重大节庆活动】 2017年，新疆金川集团有限责任公司开展兵地共建迎新春文艺汇演、迎新春长跑、劳动节拔河比赛、"三八""五一"兵地共建趣味文体活动，中秋团拜会等活动。深入开展民族团结教育月活动。组织干部职工学习新疆发展史等民族宗教政策2次，受教育180人次，并发放民族团结知识等宣传单、宣传手册200份。"七一"表彰一批优秀党员、先进集体和劳动模范；集团公司及两矿子公司矿区的主要道路旁建立荣誉一条街，以身边的人感染身边的人、用身边的实际教育身边的人。

（吕星海）

【舆论外宣】 2017年，新疆金川集团有限责任公司建立公司新闻宣传通报和考核奖罚制度，把新闻宣传工作全面纳入精神文明考核之中，加大考核力度，全方位调动大家积极性，扩大金川对外宣传的覆盖面。是年，公司完成省部级宣传稿件16篇，省部级网络稿件22篇，地州级稿件32篇，地州级网络稿件53篇。

（吕星海）

【道德建设活动】 2017年，新疆金川集团有限责任公司深入开展以"学习雷锋精神"为主题的"公民道德建设月"活动，全年组织开展各类志愿服务活动12次。3月初，公司组织干部职工举行"学雷锋活动"启动仪式。5月11日，组织"巾帼志愿服务队"走进孔雀河畔社会福利院开展志愿服务活动。推进社会公德、职业道德、家庭美德、个人品德建设。开展一封家书、"我和爸妈同读一本书"活动。

（吕星海）

【文明单位创建】 2017年，新疆金川集团有限责任公司强化兵团级文明单位创建成果。继续深入开展各类精神文明建设活动，巩固提升过去一年的创建成果。在机关各部门中开展创建文明科室、在家庭中创建文明户、在员工中开展创建文明员工活动。

（吕星海）

【队伍建设】 2017年，新疆金川集团有限责任公司进一步规范集团公司党委理论学习中心组学习制度，认真学习中央、兵师宣传思想文化工作相关文件精神。同时加大对宣传思想文化队伍的培训力度，每个基层单位和部门选派业余通讯员，参加公司组织新闻宣传写作培训班，努力提高工作水平。

（吕星海）

【文化大发展大繁荣】 2017年，新疆金川集团有限责任公司加强文化阵地建设，充分利用公司篮球场、羽毛球场、3D影院等设施，每晚都有职工在文化中心锻炼娱乐。整合师市数字电影公益放映和公司3D影院，播放职工群众喜爱的电影。以重要节日为契机，通过各类文化艺术比赛活动、联欢会等形式，丰富群众的精神文化生活；以班组建设、准军事化、8S管理为主线，建立专项文化阵地，塑造专项文化品牌。公司本着文化管人管灵魂，制度管人管行为的文化理念，扎实做好公司的宣传思想工作。

（吕星海）

·泽源城市建设开发有限公司·

【概况】 新疆铁门关市泽源城市建设开发有限公司于2013年11月15日在铁门关工商行政管理局登记注册，公司住所在新疆铁门关市和谐路1号市政府四楼。2017年年末，注册资金80740万元。公司现股东由新疆绿原国有资产经营集团有限公司出资25000万元，中国农发重点建设基金有限公司出资35740万元，国开发展基金有限公司出资20000万元构成，三家股东股权比例分别为30.96%、44.27%、24.77%。公司主要职责是按照师市党委的总体工作部署和市政府委托，履行项目业主职责，承担铁门关市城市基础设施建设、市政项目和公建项目的建设任务，并于后期开展融资工作，同时着力于发展民生事业和公共服务。2017年末，公司领导班子成员4人，党委书记谢勤，党委副书记、董事长、总经理管建勇，党委委员、副总经理李波，党委委员、纪委书记杨新勇。公司2017年末有员工132人（其中公司机关36人，各子公司96人），员工中拥有高级职称人员2人，中级职称人员12人。公司有44名党员，下辖4个党支部，其中机关党支部党员18人，热力公司党支部党员8人，巴州恒基房产公司党员

8人，泽源水务公司党支部党员10人。公司设有八个部门：党办（党群工作部）、行办、投融资部、财务部、项目管理部、工程部（一部、二部）、技术安全管理部、综合服务部；下属三家独立法人资格的子公司：泽源热力公司（43人），泽源水务公司（39人），泽源房地产公司（14人）。

【主要经济指标】 截至2017年末，新疆铁门关市泽源城市建设开发有限公司资产总计29.57亿元，负债合计20.98亿元，所有者权益合计8.6亿元，资产负债率为70.95%。全年完成固定资产投资26亿元，比上年增长9.2%，完成师市下达投资任务的86.66%。全年实现利润总额60万元，超额完成师市下达目标任务。全年融资到位资金3.89亿元。公司签订招商引资项目框架协议3个（香梨小镇建设项目、时光汉韵唐风灯光艺术小镇等），预计投资39.8亿元。

【项目前期工作情况】 2017年，新疆铁门关市泽源城市建设开发有限公司完成勘察、设计、监理及施工招标项目共65个（包括续建及新建项目），招标总金额3.41亿元；续建项目招标34个，招标金额1.57亿元；新建项目招标共31个，招标金额1.84亿元，其中地勘3个、20万元，设计5个、247.69万元，施工19个、1.7963亿元，监理4个、159.19万元。2017年，共完成项目前期合同签订158份，合同金额864.33万元，包括：环评17份、31.7万元，勘界2份、22.7万元，勘察11份、57.2万元，设计15份、466.95万元，造价63份、157.6万元，征占林地咨询1份、3万元，审图49份、125.18万元。

【重点房屋建设及绿化项目情况】 2017年，新疆铁门关市泽源城市建设开发有限公司房屋建设和绿化建设项目合计完成合同造价4.29亿元。房屋建设完成建筑总面积26.934万平方米，主要包括保障性住房C区2号地块、人民医院河北门诊楼、妇幼保健中心、养老院、中学教学楼、内高内初班、群众文化活动中心、创业孵化园、气象站、农业大厦、"四馆合一"、传媒中心等18个项目。青少年活动中心、质量技术监督楼两个项目完成地上一层施工。绿化建设：2017年共实施各类绿化项目23个（其中竣工验收2个、竣工初验6个、主体完成验收15个），绿化面积61.6公顷。

【重点基础设施项目建设情况】 2017年，新疆铁门关市泽源城市建设开发有限公司市政管网工程全面开工，景观河以南排水管网完成排水管线施工4千米；政法系统排水管网完成5.5千米；老城区供、排水管网改造建设项目完成吾瓦大街西南侧500米的给水管线安装，文明小区排水管道的开挖与安装，迎宾小区排水开挖与部分排水管的安装，已完成工程量的20%；绿化管网完成绿化管线施工12千米；给水管网完成3.3千米给水管线施工，及时保证创业孵化园、四馆合一、工商局、景观河公共卫生间等用水单位的用水需求；2017年汛期来临前，完成防洪工程泄洪沟一至三标段施工，保证汛期泄洪通畅；铁门关市基础设施项目供水工程—场外部分自控项目和供水设备采购及安装工程已基本完成；府前路综合管廊完成土建2745米，电缆桥架2745米，府前路管廊补充标段已完成五个过路节点段土建；管廊防水工程全线8.9千米，可施工段为3550米，完成基层找平、防水层施工、钢龙骨、木龙骨安装及木塑板的铺装等主要工作。

【房产开发】 新疆铁门关市泽源城市建设开发有限公司房产板块由巴州恒基房地产开发有限责任公司和铁门关市泽源房地产开发有限公司组成。2017年末，有员工14人。其中巴州恒基房地产开发有限责任公司于2006年4月7日注册成立，注册资本为600万元。由新疆环宇建设工程（集团）有限责任公司、杨天平、郝新建、刘旭、张海明以货币形式共同出资设立的。新疆环宇建设工程（集团）有限责任公司出资320万元，占注册资本的53.33%；杨天平出资90万元，占注册资本的15%；郝新建出资70万元，占注册资本的11.67%；刘旭出资70万元，占注册资本的11.67%；张海明出资50万元，占注册资本的8.33%。公司主要经营范围为：房地产开发经营、房地产经纪、房屋租赁（依法须经批准的项目，经相关部门批准后方可开展经营活动）。截至2017年末，资产总计2.65亿元，负债合计2.74亿元，所有者权益合计-925.88万元，固定资产172.57万元；公司开发的明祥小区五栋高层底商住宅，于2012年12月开发建设，总建筑面积为121760.7平方米。铁门关市泽源房地产开发有限公司于2014年4月23日注册成立，注册资本为600万元。是由新疆铁门关市泽源城市建设开发有限公司以货币形式出资设立的子公司。公司主要经营范围为：房地产开发与经营、物业管理、对房地产业的投资。公司开发的铁门关市将军河休闲广场1#、2#楼工程项目，总建筑规模6866.59平方米，总承包单位为新疆环宇建设工程（集团）有限责任公司六分公司，于2016年10月30日开工，目前该工程在进行主体施工，未竣工验收、未售房，公司在博古其镇另有库存土地49.47公顷。

【泽源水务公司概况】 铁门关市泽源水务有限公司是经第二师国有资产监督管理委员会批准，由新疆铁门关市泽源城市建设开发有限公司以货币形式设立的子公司。公司于2015年6月23日正式成立，注册资金4600万元。公司现股东由新疆铁门关市泽源城市建设开发有限公司出资200万元，中国农发重点建设基金有限公司出资4400万元构成，两家股东股权比例分别为4.3%、95.7%。公司主要职能为：自来水生产和供应，供排水设施的建设、维护、运营；污水处理及其再利用，以及政府授权、物价部门核准的涉水项目费用收缴工作。截至2017年末，公司拥有员工39人。下辖地下水厂、地表水厂、污水处理厂各1座。地下水厂总占地面积2475平方米，采用常规加氯消毒净化工艺；供水能力1.6万立方米/天，项目概算投资8530万元（含管网）。目前供水区域覆盖面积约400平方千米，主要有东、西、北、中4条主管线，管线全长约160公里，2017年5月，正式运行。地表水厂，总占地面积31100平方米，其采用常规混凝→沉淀→过滤→消毒工艺；供水能力2.5万立方米/天，项目概算投资3300万元。地表水厂以生产工业用水为主。目前尚未验收投入使用。污水处理厂规划占地面积44307平方米，建筑面积8463.21平方米。项目首期建设规模为2万立方米，项目概算投资5284.37万元，2017年11月，投入正式运行。2017年，公司累计完成供水量158万立方米，处理排水量63万立方米，征收水费169万元，排污费9.66万元。

【泽源热力公司概况】 铁门关市泽源热力有限公司是经第二师国有资产监督管理委员会批准，由新疆铁门关市泽源城市建设开发有限公司以货币形式设立的子公司。公司于2014年4月24日正式成立，现注册资本金为3800万元。公司现股东由新疆铁门关市泽源城市建设开发有限公司出资1000万元，中国农发重点建设基金有限公司出资2800万元构成，两家股东股权比例分别为26.32%、73.68%。2017年末，公司有员工43人，现主要组成部门为办公室、财务室、生产技术办、安健环办、设备材料办。2016—2017年度供暖试运营的第一个采暖期，实收采暖费465.20万元，供暖面积55.3万平方米；2017—2018年采暖期，供暖面积达到63.1万平方米。

·新疆金川热电有限责任公司·

【概况】 新疆金川热电有限责任公司（以下简称金川热电）位于巴音郭楞蒙古自

治州二师绿原工业园，西临S206省道，公司成立于2012年4月，项目于2012年8月1日开工建设，2015年12月15日，1#机组投入运行，2016年2月2日，两台机组全部投运。机组采用抽凝式汽轮间接空冷发电机组，锅炉为超临界自然循环煤粉炉。公司以"金沙变"220千伏线路与国家电网连接，公司总资产为15.1亿元。

【经济建设】 2017年，金川热电已完成发电量5.7499亿千瓦时，比上年增加2.07亿千瓦时，比上年增长56.32%。2017年，完成供电量4.983亿千瓦时，比2016年增加1.8583亿千瓦时，同比增长59.47%。2017年，完成供汽118.6万吉焦，顺利完成园区工业供汽任务，2016年，供汽48.2万吉焦，同比增长135%。

【政治建设】 2017年，金川热电公司党委下设5个党支部，分别是机关党支部、运行分场党支部、燃运公司党支部、化学分场党支部、检修热控党支部，共有党员74人，其中女性党员19人，支部书记均为大专以上学历，干部人数49人，平均年龄32岁，中层及以上干部26人（其中35岁及以下16人）。2017年，金川热电公司党委全面落实从严管党、治党责任。签订党建责任书12份，党委会专题研究党建工作3次，召开党建工作专题会议5次，听取班子成员抓分管领域党建工作汇报2次，党支部书记抓党建工作述职评议2次；组织学习宣讲30场次；深入开展"发挥兵团特殊作用大学习大讨论"活动，进行专题研讨62次，交流发言292人次；结合"学转促"专项活动，深入推进"两学一做"学习教育常态化制度化，整改各类问题237条。发展新党员31人，新成立2个基层支部，调整提拔中层干部7人。

【文化建设】 2017年，金川热电公司党委围绕学习习近平总书记系列重要讲话精神和"学讲话、转作风、促落实"专项活动、"发挥兵团特殊作用大学习大讨论"活动，组织党委中心组学习24次。组织干部职工开展以"喜迎十九大，共筑中国梦"为主题的演讲活动。组织40名干部职工观摩师市举办的"中国梦、军垦情——20世纪50年代初参军进疆的女兵们"图片巡回展。围绕社会主义核心价值观建设、党风廉政建设、安全生产、环境保护以及平安建设等重大活动，组织开展各类知识宣讲6场次，专业技术培训8次，安全消防演练2次，制作宣传栏40块、宣传标语横幅70条。2017年，共有70篇对外宣传新闻稿件被地州级及以上网络、报刊采用（共产党员网1篇，兵团新闻网1篇，胡杨网3篇，绿原报7篇，铁门关在线58篇）。

【社会建设】 2017年，金川热电公司维稳督导组对公司维稳带班值班情况进行严格督导检查，并根据检查中发现的问题，制定公司维稳带班值班制度规范，至今每天坚持1名带班领导、2名值班人员24小时在岗在位；十九大期间和敏感日期，对应急分队拉动15次，发现问题12处，对调整应急预案4次，全部整改完毕；公司投资1.2万元安装身份证识别系统与公安联网；投资4万余元对视频监控系统进行高清改造；投资5万余元给民兵配备统一的服装，给应急分队配备新的警棍盾牌；投资1万余元对公司大门防撞设施进行完善，在敏感时期，每周开展1—2次的维稳处突演练，确保维稳应急力量随时保持战备状态。

·永瑞集团有限公司·

【公司简介】 新疆生产建设兵团第二师永兴供销有限责任公司（原农二师供销总公司），成立于1992年2月，现为兵团工交建商一类三级企业，国家供销总社农业产业化重点龙头企业，兵团农业产业化重点龙头企业。2003年，改制后为国有控股企业，注册资金1284.17万元，其中：国有股1053.77万元，占注册资金的82%；个人股230.4万元，占注册资金的18%。固定资产3686

万元。2017年，公司在深化改革中通过整合资源，组建成立永瑞集团有限公司。公司干部、员工共153人，其中在职81人，退休72人。永兴供销公司下设棉麻一分公司、棉麻二分公司、果蔬分公司、土产日杂分公司、永兴物流有限公司、永兴农场，主营业务为棉花收购、加工、销售，土产日杂、农副产品仓储物流及房屋、土地租赁。1999年，为二师集团皮棉注册"孔雀河"商标（目前为新疆著名商标）。公司于2011年荣获全国文明单位，2014年蝉联此项荣誉，并先后获得全国供销系统先进集体、全国供销系统"百强企业"、兵团国有企业"四好领导班子"先进集体、自治区级"重合同守信用企业"及"AAA级信用企业"、平安建设单位等称号；连续多年荣获师市经济建设创先争优、政治和精神文明、党风廉政建设等先进单位。并先后荣获"五五"普法中期全国普法先进单位、"六五"普法终期兵团普法先进单位。

【深化改革】 2017年，新疆生产建设兵团第二师永兴供销有限责任公司整合组建成立永瑞集团有限公司，下设三家子公司，整合接收团场棉花加工厂13个、16条生产线、700余名职工。2017年，永瑞集团有限公司实现营业收入13亿元，同比上年度12亿元增长1亿元，实现利润558万元，同比上年度381万元增长177万元，实现生产总值2804万元，同比上年度2286万元增长518万元。

是年，棉麻一分公司在2017—2018年度二师皮棉销售工作中取得骄人的成绩，销售皮棉2.3万吨；棉麻二分公司与二师区域外棉花加工企业合作收购籽棉36003吨，加工皮棉14850吨，其中永兴轧花厂收购籽棉6124吨，加工皮棉2532吨，轮台松滋银丰收购籽棉13703吨，加工皮棉5716吨，巴州千棉棉业有限公司收购籽棉13542吨，加工皮棉5491吨，浩鑫棉业公司收购籽棉2634吨，加工皮棉1111吨；棉麻三分公司积极拓展棉籽深加工业务，购销地方皮棉2.98万吨。收购棉籽89100吨，加工生产短绒5138吨、棉籽油4954吨、棉粕17926吨、棉壳11254吨，累计销售短绒2520吨、销售棉籽油557吨、棉粕20103吨、棉壳16994吨；果蔬分公司1.2万吨的保鲜库全部实现满库仓储，本仓储期内预计实现仓储收入550多万元；永兴物流有限公司皮棉入库11.5万吨，出库2.59万吨；土产日杂分公司利用天山西路1.26公顷土地，进行房产开发、房产租赁和销售工作。房产项目总规划面积126466.7平方米，开发面积近50000平方米，建筑总面积68328.01平方米。永兴大厦建设项目整体工程完工，已销售商品房180余套。

【荣誉】 2017年，永瑞集团有限公司党委副书记、总经理麦新卫获全国供销社系统"劳动模范"称号。

【党建工作】 2017年，永兴供销有限责任公司党组织有基层党委1个，基层党支部5个，现有党委委员3人，其中党委书记1人，副书记1人，支部书记5人，在职正式党员44人，退休党员22人，预备党员1人，发展对象1人，入党积极分子11人。公司严格落实党委管党建、书记抓党建履行"第一责任"和领导班子履行"一岗双责"责任，持续巩固和推进《党委班子成员联系服务基层"六联手"工作机制》，不断加强党风廉政建设，认真履行党风廉政建设主体责任和监督责任，按照"一岗双责"要求，层层签订党风廉政建设责任书，形成党风廉政建设齐抓共管、上下联动的工作格局。坚持不懈开展"四风""四气"学习教育，让"持续、高压"在反腐路上常态化。

【经济发展】 2017年，永兴供销有限责任公司实现营业收入13亿元，同比上年度12亿元增加1亿元，实现利润558万元，同比上年度381万元增加177万元，实现生产总值2804万元，比上年2286万元增加518万元。棉麻一分公司在2017—2018

年度二师皮棉销售工作中取得骄人成绩，已销售皮棉2.3万吨；棉麻二分公司与二师区域外棉花加工企业合作收购籽棉36003吨，加工皮棉14850吨。其中：永兴轧花厂收购籽棉6124吨，加工皮棉2532吨；轮台松滋银丰收购籽棉13703吨，加工皮棉5716吨；巴州千棉棉业有限公司收购籽棉13542吨，加工皮棉5491吨；浩鑫棉业公司收购籽棉2634吨，加工皮棉1111吨。棉麻三分公司积极拓展棉籽深加工业务，已购销地方上的皮棉2.98万吨，收购棉籽89100吨。加工生产短绒5138吨、棉籽油4954吨、棉粕17926吨、棉壳11254吨，累计销售短绒2520吨、棉籽油557吨、棉粕20103吨、棉壳16994吨。果蔬分公司1.2万吨保鲜库全部实现满库仓储，本仓储期内预计实现仓储收入550多万元；永兴物流有限公司目前皮棉共计入库11.5万吨，出库2.59万吨；土产日杂分公司利用天山西路1.26公顷土地，进行房产开发、房产租赁和销售工作。房产项目总规划面积12646.67平方米，开发面积近50000平方米，建筑总面积68328.01平方米。目前永兴大厦建设项目整体工程已近完工，销售商品房180余套。

【学习教育】 2017年，永兴供销有限责任公司党委深入学习贯彻党的十八届三中、四中、五中、六中全会、党的十九大和习近平总书记系列重要讲话精神，深入学习贯彻自治区第九次党代会精神、兵团第七次党代会精神以及师市第十五次党代会精神。组织党委理论中心组学习25次，坚持"三会一课"和领导班子上党课专题教育，坚持每周三集体学习并撰写心得体会12篇、撰写读书笔记2万字，编制永兴公司党员领导干部应知应会知识手册80册，组织观看相关会议直播视频和警示教育宣传片。

【国企改革】 2017年，永兴供销有限责任公司深入贯彻落实第二次中央新疆工作座谈会精神和师市党委决策部署，按照师市围绕中心服务大局的工作目标，切实做好"改革、聚人、招商、投资"等重点工作。一是全面深化企业改革，坚持工匠精神，"横向""纵向"共同发力，结合公司实际积极开展涉棉企业改革，以棉花主业大发展带动辅业同进步，不断壮大综合实力。组建永瑞集团公司，下设3个子公司，整合接收团场棉花加工厂13家、16条生产线、700名职工。二是积极主动开展集聚人口工作，配合师市人事局招收10名大学生到公司工作。三是招商引资成果显著，超额完成师市4亿元招商任务。四是固定资产投资力度增大，累计投资1600万元用于公司各项设施维护、技改、永兴大厦项目工程等。

【执行纪律】 2017年，永兴供销有限责任公司牢固树立"四个意识"，严守党的政治纪律和政治规矩、发挥领导核心作用，严格落实党委管党建，书记抓党建履行"第一责任"和领导班子履行"一岗双责"责任制，进一步完善联系服务基层"六联手"工作机制，以上率下、上下联动，共同推进基层党组织建设再上新水平。二是切实转变工作作风，坚持党的民主集中制原则，严格执行"三重一大"决策机制，规范民主议事程序，坚决落实中央八项规定和兵团党委26条规定，对各项工作发展情况严以透明，强化公众监督，杜绝奢靡之风。三是深入开展"两学一做"学习教育常态化制度化、"发挥兵团特殊作用大学习大讨论活动"和学习宣传贯彻党的十九大精神，切实开展"学转促"专项活动，积极主动发声亮剑，勇于向"两面人"作斗争。

【访惠聚】 2017年，永兴供销有限责任公司"访惠聚"工作开始后，公司派出6名党员干部分别到师市二十九团、三十团、尉犁县塔里木乡琼库勒村、且末县英吾斯塘乡吐排吾斯塘村开展工作。期间，慰问帮助二十九团困难家庭和困难学生，向困难学生捐款帮助他们继续读书；向三十团捐资12万元，向尉犁县塔里木乡琼库勒村捐资1万元，为他们解决暑期缺乏文化用品难题；看望慰问公司住且末"访惠聚"工作队成员2次，下沉且末"访惠聚"工作队3人。

【文化活动】 2017年，永兴供销有限责任公司在公民道德建设月期间开展"我是中国公民"宣誓活动。组织工作人员深入基层进行爱国爱家、法制法规、感恩奉献、民族团结等主题内容宣传教育活动。利用春节、"三八"妇女节、清明节、"七一"建党节、"十一"国庆节、中秋节等节日，组织公司职工干部开展各类主题活动；积极开展志愿者服务活动，积极参与绿化梨城、绿化新城铁门关植树造林活动，为梨城添绿，为铁门关市添绿。积极参与社会救助活动，在今年关爱患癌母亲行动和为贫困儿童织毛衣的"恒爱行动"中，志愿者纷纷伸出援手献出爱心，为弱势人群送去温暖。

大力营造社会主义核心价值观宣传氛围，在公司各基层醒目位置张贴社会主义、企业核心价值观展板和道德楷模挂图，形成人人学先进、人人争先进、人人做先进的良好氛围；积极开展促进兵地融合、民族团结一家亲活动，通过慰问驻库部队官兵，并签订兵地共建协议书，捐资万元帮助且末县英吾斯塘乡吐排吾斯塘村因病致贫大学生。公司13名中层以上领导干部分别与二二三团、托布里其乡、恰尔巴格乡、公司及巴音技术学院的蒙古族、维吾尔族职工及蒙古族孤儿结对认亲等活动，得到当地部队及结亲户的一致认可。

是年，公司组织干部职工集中学习20余次；主题授课30场次；观看各类电教片6部，制作各类宣传展板15块；宣传标语百余条。

（毛凤琴）

·第二师天泰电力有限责任公司·

【公司简介】 第二师天泰电力有限责任公司（原农二师天泰电力有限责任公司），成立于2005年12月13日，现为兵团工交建商二类一级企业，注册资金15418万元，其中：新疆绿原国有资产经营集团有限公司出资15240万元，出资比例99%；新疆生产建设兵团第二师三十五团出资178万元，占全部注册资本的1%。公司干部员工共计302人，其中在职266人，退休36人。公司下设五个非独立法人机构分公司，分别是：第二师天泰电力有限公司塔里木垦区分公司，第二师天泰电力有限责任公司焉耆二十七团供电站，第二师天泰电力有限责任公司焉耆垦区分公司二十四团供电站，第二师天泰电力有限公司和静县分公司，第二师天泰电力有限公司二十五团电管站。

2008年，公司根据业务的发展成立农二师天泰电力有限责任公司电力建设安装工程分公司；2006年5月，经自治区经贸委核准颁发农二师天泰电力公司《供电营业许可证》。2010年9月，经国家电监委审核通过颁发《电力业务许可证》（供电类）。2011年7月，经国家电监委审核通过颁发《承装（修试）电力设施许可证》（承装、承修、承试四级）。主营业务：为第二师17个农牧团场提供电力供应；承装四级、承修四级、承试四级，对二师电网内部使用的单、三项电能表实施检定。公司名称历史变更：2005年，注册成立时为农二师天泰电力有限责任公司。2014年2月，变更为第二师天泰电力有限责任公司。公司注册资本历史变更：2005年，公司注册成立时注册资本3918.39万元。2016年6月增加注册资本11499.19万元（绿原国资经营公司出资），变更为15417.58万元。供电营业区面积73.97万公顷，供电区域包括：焉耆垦区（二十一团、二十二团、二十三团、二十四团、二十五团、二十六团、二十七团、二二三团），库尔勒垦区（二十八团、二十九团、三十团），塔里木垦区（三十一团、三十二团、三十三团、三十四团、三十五团），现有供电营业客户8万余户，三十六团、三十七团、三十八团、且末监狱由本地自行

2017年6月15日，天泰电力公司幸福滩110千伏变电站成功完成负荷转移（李立疆 摄）

管理。公司目前最高运行电压等级为110千伏，拥有110千伏变电站3座，总变电容量29.75万千伏安；110千伏输电线路3条，线路总长91.42千米；35千伏变电站11座，总变电容量12.135万千伏安；35千伏输电线路11条，线路总长232.79千米；10千伏及以下配电网3090.29千米，配电变压器3981台，容量49万千伏安。公司2013年荣获全国全民健身先进单位，2013—2017年连续五年被兵团文明委授予"兵团文明单位"牌匾，2014年3月荣获国家能源局颁发"电力安全生产标准化三级企业"牌匾和证书，连续五年荣获二师铁门关市"双文明建设先进单位""党风廉政建设先进单位"称号。

【经济建设】 截至2017年末，第二师天泰电力有限责任公司共购进电量4.52亿千瓦/时，比上年增加8297万千瓦/时，同比增长22.47%，完成年初计划任务的113.06%；售电量4.21亿千瓦/时，比2016年增加7965万千瓦/时，同比增长23.33%，完成年初计划任务的113.35%。实现销售收入1.95亿元（总产值），完成工业增加值3300万元，完成固定资产投资8346万元，完成二师铁门关市75000户居民享受0.39元/千瓦/时居民照明用电价格的调整工作。

【党建工作】 2017年末，第二师天泰电力有限责任公司共有党组织5个，其中党委1个，党支部4个（机关党支部1个，垦区党支部3个），党小组15个，党员120人，其中在职党员110人，退休职工党员10人。2017年，发展党员4人，吸收预备党员4人。举办党的十九大精神专题讲座11期，培训人数152人，开展知识测试3次。是年7月7日，天泰电力公司党委慰问高温天气坚守一线的基层干部员工。7月14日，天泰电力公司党委看望慰问二十三团供电所患病职工张留华和二十五团供电所困难党员马春新，并为他们送去慰问品和慰问金。7月17日，天泰电力公司召开第十九个党风廉政教育月动员大会。

【民族团结一家亲】 2017年，第二师天泰电力有限责任公司16名结亲干部与二二三团维吾尔族同胞开展以"结一家亲送六颗心"（结对子连心、勤见面交心、相互学用心、多活动热心、真帮扶暖心、助脱贫开心）为主题，与亲戚同吃同住同劳动同学习，真正融入民族团结大家庭中，实现"一次结亲，终生结缘"。是年4月13日，天泰电力公司结亲干部赴二二三团开展春风行动；8月25日，天泰电力公司结亲干部与二二三团结对亲戚相聚库尔勒市科技馆，共同开展"民族团结之花常开常盛"联谊活动。12月15日，天泰电力公司第一批民族团结"结亲周"人员到二二三团住村开展"四同"（同吃、同住、同劳动、同学习）活动。

【访惠聚】 2017年，第二师天泰电力有限责任公司选派1名干部到和硕县新塔热乡布茨恩查干村开展为期一年的"访惠聚"工作，期间工作队队员采取多种方式，为当地农牧民脱贫致富创造条件。

【文化活动】 2017年，第二师天泰电力有限责任公司举办纪念"五四"运动98周年暨优秀青年表彰大会；庆"七一"升国旗仪式，隆重庆祝建党96周年等活动；9月6日，师市工业企业"金川热电杯"职工运动联赛开赛，天泰电力公司篮球队参加首日篮球小组赛。2017年末，天泰电力公司共在新闻媒体发表稿件375篇，其中省级和地师级报刊、网络刊稿219篇，"兵团零距离""铁门关在线"等融媒体及公司内宣刊稿156篇。8篇新闻通讯在《兵团日报》4版及《绿原报》3版头题刊发。"天泰文明窗"微信公众平台关注人数255人，群发正能量信息218条。

【社会建设】 2017年，第二师天泰电力有限责任公司按照上级维护社会稳定工作部署，投入27万元为包头湖农场35千伏变电站安装视频监控和电子围栏，加强变电站、供电所重点场所防控。落实24小时带班值班和常态化值班制度，35千伏及以上无人值守变电站安排双人双岗值班，元旦、春节、国庆、中秋、党的十九大会议期间加强安保维稳巡察，确保大事不出、中事不出、小事不出。

（李立疆）

·第二师中联客运有限公司·

【公司简介】 第二师中联客运有限公司（以下简称中联客运）位于铁门关市库西工业园二十九团公路口东11幢35号，成立于2002年12月，注册资金为287.32万元，中联客运公司管理的各类单位共11户（含母公司），其中全资子公司2户，控股子公司2户，非企业化管理单位2户，孙公司4户，参股孙公司1户。非中联客运公司管理但有股权关系的单位共4户，其中参股子公司3户，参股孙公司1户。

【经济建设】 2017年，第二师中联客运有限公司实现增加值1.2亿元，比上年增长16%；实现利润227万元，增加23万元；营业总收入4916万元，增加199万元；累计运输旅客人数168.84万人次，增长4.9%，客运售票额累计金额3200万元，增长0.15%；完成货运量946.52万吨，增长10.6%，货运产值完成3272.65万元。

【政治建设】 2017年，第二师中联客运有限公司党委下设9个党支部，分布于焉耆、塔什店、库尔勒三个片区，共有党员148人，其中在职党员40人、离退休党员108人；设立在职党支部4个（机关党支部、中心客运站党支部、联合党支部、市场经营党支部），社区党总支1个（下设4个离退休党支部，分别是退休一支部、退休二支部、老干部支部、焉耆党支部）。

2017年，中联客运公司党委与各党支部书记签订《党建工作目标责任书》，严格落实党委书记"第一责任人"、支部书记"直接责任人"的责任和党委领导班子成员抓党建"一岗双责"和领导干部工作联系点制度，领导班子成员联系指导8个基层党支部，帮助解决突出问题1260个；制定《党政主要负责人不直接分管"人财物"工作的实施办法（试行）》，修订完善党委贯彻落实"三重一大"决策制度的实施细则、公司党委会议事规则、后备干部推荐管理办法、新录用干部待遇的有关规定、基层单位经费管理暂行办法、招投标管理办法等多项经营管理制度；制定下发《中联客运有限公司关于落实党风廉政建设党委主体责任、纪委监督责任和责任分解的实施意见》《中联客运有限公司党风廉政建设责任追究办法》；重新修订完善《中联客运有限公司请销假制度》《中联客运有限公司公务用车管理制度》等7项工作制度。

【文化建设】 2017年，第

二师中联客运有限公司坚持把学习宣传贯彻党的十八届三中、四中、五中、六中全会精神、兵团第七次党代会精神和深化改革要求作为首要政治任务，共组织党委中心组学习15次；制定下发《中联客运有限公司2017年宣传工作要点》和《关于下发公司2017年度对外宣传任务的通知》，重新修订完善《中联客运有限公司对外新闻宣传奖惩办法》；进行宣传思想文化培训2次，对基层各通讯员进行业务指导学习。2017年，在省级报刊刊稿2篇，地师级报刊刊稿4篇、铁门关在线刊稿20余篇。

【社会建设】 2017年末，第二师中联客运有限公司维稳巡察小组下基层23次，通报15批问责23人；十九大期间，对各团场分站组织专项检查12次，隐患排查21次，下达隐患整改通知22份，整改率达到98%；公司全部客运车辆安装GPS，加大营运车辆GPS监控车辆的处罚力度，对超速、串线营运、凌晨2点至6点限行规定等违法行为依法处罚；在师市相关部门及公司的共同努力下，投资240多万元在各客运站点安装"人证合一"查验系统、安检门、安检仪及1080P高清探头，"人证合一"系统，日均查验千余人次。

利用"三八""五一""十一""元旦""春节"等节假日，慰问党员群众68户，其中慰问离退休干部职工27人，困难家庭21户，特困党员10户、军烈属3户、老党员7名。大年初一慰问在岗职工77人；四月发动"希望工程一元捐""奉献爱心——搀扶生命"微公益活动，共计捐款998元；"八一"前夕，慰问二师武装部官兵，送去慰问金4000元；9月，发动全体职工为患重病职工爱心捐款，共筹集9729元善款；10月，为4名考取大学的职工子女发放奖学金8000元。

·金三角商贸集团公司·

【基本情况】 金三角商贸集团公司成立于2003年，是一家国有控股、经营者和员工参股的混合所有制企业。地处库尔勒市人流密集、商业繁华、交通便利的黄金三角区域。公司员工630余人，在职员工196人，经营面积20万平方米，入驻商户1326户，创造就业岗位近万个。公司下属单位有金三角商贸城、德丰商场、孔雀市场、盛强物业公司、焉耆馨昕物业分公司。日均客流量近5万人次，高峰期达8万人次，年社会商品零售额20亿元，经营品牌1000余个。是一家集购物、餐饮、宾馆、娱乐、农副产品等为一体的综合性消费商圈。2014—2017年荣获"全国诚信市场"荣誉称号。2014年荣获兵团工会"屯垦戍边劳动奖状"，2015年荣获国家级"诚信市场示范单位"，2016年荣获全国"计划生育协会先进单位"，2016年荣获二师铁门关市"文明单位"称号。

【经济建设】 2017年，金三角商贸集团公司实现生产总值4.12亿元，固定资产投资1.274亿元，社会商品零售额52.54亿元，利润总额783.28万元，主营业务收入4261.31万元，其中停车场收入比上年增加128.36万元，维修费用比去年同期下降31.4万元。公司始终坚持以经济建设为中心，抓改革，促转型。面对日益激烈的市场竞争，持续低迷的大众消费，集团公司采取措施保障经济发展稳步增长。

【政治建设】 2017年，金三角商贸集团公司现有党组织9个，其中党委1个，党支部8个（机关党支部、商贸城党支部、德丰商厦党支部、孔雀市场党支部、盛强物业公司党支部、焉耆馨昕物业公司党支部、商户党支部、离退休党支部），党小组23个，党员207人。2017年，吸收预备党员8人，入党分子5人。

【文化建设】 2017年，金三角商贸集团公司党委高度重视对发生在身边的先进人物和英雄事迹的宣传力度，不断增强宣传工作的号召力、感染力，以此达到润物细无声，育人在点滴的工作效果。共评选表彰"诚信商户""文明商户"105人。商户共产党员先锋岗7人。集团公司商贸城党支部获第二师铁门关市党委授予的"先进基层党组织"称号。2017年，公司通讯员累计在各级报刊媒体上投稿100余篇。

【维稳安保】 2017年，金三角商贸集团公司党委讲政治顾大局，紧紧围绕总目标，精心部署，逐级分解责任，逐项落实到分管领导、分管部门、分管人员，重点围绕敏感节假日期间，按照"查重点、重点查"工作要求。在商圈地上地下安检点入口统一制作各类安检设备，安装单向旋转门，防冲撞闸。在外围统一制作手提式金属升降隔离桩60个，水泥隔离墩120个，与团结路派出所联合对进入车辆进行安全审查，为商户符合进入条件的车辆办理准入证500份，组织消防灭火、应急处突演练12次，举办《安全生产法》和《消防法》讲座6期，确保安保维稳责任落实到位，确保集团公司的安全稳定。

【民族团结一家亲】 2017年，金三角商贸集团公司着力推进"民族团结一家亲"活动。公司28名领导坚持与结对亲戚互访互帮，开展"四同"活动，真正结成"一家亲"；选派1名干部到三十一团九连 开展"访惠聚"工作，1名干部到南疆支教。一系列举措和活动助推兵地和谐共筑。

【社会建设】 2017年，金三角商贸集团公司在企业经济下行压力持续增大，经济效益下滑的情况下，集团公司筹集资金25万元为职工增加工资。金三角商贸公司慰问困难职工、劳动模范和先进人物19户，发放慰问金9000元；坚持职工生病住院看望慰问制度，开支2500元；开展为职工庆祝生日活动，开支20000元；为在岗和内退女职工进行妇检，开支14000元。组织184名65岁以上老人进行免费体检，289名在职、离退休职工进行全民健康体检。公司开支10万元改造孔雀市场下水管道。

【取得成绩】 2017年，金三角商贸集团公司秉承"顾客至尊，服务至上，诚信经营，争创一流"的经营理念，树立"诚信经营 服务社会 企商共进 引领市场"的企业精神，在积极引进有雄厚实力的大公司、大商户和国内外知名品牌的基础上，大胆引进连锁企业、专业市场等现代经营业态的项目，已经成为库尔勒市规模最大、商户最多、人气最旺的商贸物流中心。也是兵团现有经营面积规模较大的国有商业企业。2017年获商务部绿色环保节能示范商场，是南疆第一家获此称号的单位。

（熊丽萍）

·天润疆南集团有限公司·

【公司概况】 天润疆南集团有限公司是第二师商贸流通龙头企业，成立于1989年6月，2002年，改制为农二师天润农资有限责任公司，2017年，天润公司被确定为第二师国有企业改革试点单位，于2018年1月15日正式挂牌成立集团公司，注册资金1亿元。

公司现有在册人数231人，其中在职员工104人，离退休人员127人。集团公司下设4个科室（两办室、财务科、纪检审、管理部）和10个子、分公司（天润农资分公司、库尔勒分公司、焉耆分公司、天润物贸公司、天润金属公司、天润农贸公司、天润典当公司、进出口公司、沃丰工贸公司、顺达观致汽车有限公司），6大片区和14个团场供应中心。地方设有网点21个，其中直营10个。主要经营农业生产资料、观致汽车、钢材、典当业务等。

2017年，公司完成生产总值7500万元，实现销售收入11亿元，实现利润总额1200万元，2017年，公司获兵团"文明单位"称号。

【经济运营情况】 2017年，天润公司全年销售化肥12.3万吨。其中：对团场销售各类化肥4.77万吨，占总销售量的38.5%；对地方销售各类化肥7.61万吨，占到总量的61.5%。2017年，生产滴灌肥13260吨，销售各类钢材1.13万吨，销售滴灌带3.6万米，约4617吨，套包带、塑脂捆扎带15万套，销售观致汽车292辆。

【国企改革】 2017年，二师党委将天润公司作为企业改革的试点单位，公司经过20余次修改完善改革方案，师市党委最终确定天润公司改制原则、改制思路、改制目标。同时公司积极按照市师党委的要求多次在疆内外各知名企业和兄弟单位参观学习调研，主动与师市涉农企业进行对接洽谈，多次深入全师团场连队调研摸底，特别是对标学习浙江物产集团，专门配备2名年轻干部挂职学习交流浙江物产集团的先进管理和运作模式，形成"一套人马，几块牌子"的工作格局。

【党建工作】 2017年，天润公司党委结合十九大精神、"两学一做"制度化常态化学习教育、"学、转、促"学习教育和"发挥兵团特殊作用大学习大讨论"等一系列学习教育组织召开专题学习会20余次，特别是对十九大报告的学习进行深学、细学、按章节学、按进度学，营造党委中心组带头学、支部党员集中学、干部职工自主学、专题辅导深入学的良好氛围。同时，公司拿出近4000元为每位干部职工订购应知应会学习手册300份，充分发挥党员干部在干中学，学中干的浓厚氛围。

【精神文明】 2017年，天润公司在"公民道德建设月"活动中，开展"知荣辱、树新风、我行动"道德实践活动，以良好的职业道德、服务质量和经营能力为出发点，把职业道德、社会公德和专业知识融入公司整体的形象中，营造爱岗敬业，争先创优的工作氛围，增强做好工作的责任感和积极性。公司关工委抓好青少年思想和行为教育工作。结合"母亲节""六一"儿童节和暑假，对青少年开展革命传统、法制安全教育等一系列丰富多彩的主题活动，营造浓厚的氛围。

【民族团结一家亲】 2017年，天润公司严格把握时间节点，用好"结对子、勤走访、相互学、多活动、真帮扶、重激励"六大活动载体，以增强"五共同一促进"为抓手，与二二三团少数民族职工结对认亲，推动活动全面深入开展。全年公司班子成员每人走访慰问亲戚8次以上，开展形式多样的联谊活动6次，特别是深入开展"领导干部下基层、为民服务在一线、合力攻坚促稳定"和"结亲周"活动期间，领导班子及中层干部13人与结对认亲户同吃、同住、同劳动，了解亲戚的所期所盼，为亲戚帮扶解困，办实事办好事，解决亲戚的实际困难，为结亲户宣讲"十九大"精神20次，覆盖职工群众50人，走亲入户13户，帮扶解困10人，办实事办好事12件，得到社会各界的高度赞扬和"结亲户"的认可。

【维稳工作】 2017年，天润公司竭尽全力做好维护社会稳定工作，加强内部防范工作，建立健全门卫制度，形成主要领导亲自抓，分管领导具体抓，干部职工自觉抓，层层抓落实，各负其责，齐抓共管的良好局面，确保一方平安、和谐。2017年加大物防、技防等设备投入资金13.7万元，夯实安全维稳的基础设施。

【安全生产工作】 2017年，天润公司建立39人的志愿者消防队和18人组成的应急备勤分队；全年开展消防、应急演练6次；学习《中共中央 国务院关于推进安全生产领域改革发展的意见》及有关安全生产、防火安全知识和法律知识学习6次，培训4次，召开安全领导小组成员联席会议8次，警卫人员安全工作会议6次，安全监督员会议6次，开展安全检查20次，签订《天润公司家庭防火安全责任书》135份。同时结合实际开展"爱国卫生·安全健康行"健康知识讲座，普及职业病预防知识，切实提高干部职工的提升职业病防治的意识和能力。2017年，公司在安全保卫、安全设施、消防等投入资金67.258万元，确保安全生产有序进行。

【文化活动】 2017年，天润公司党委加强意识形态领域的组织领导，及时调整宣传报道组成员，完善外宣奖惩办法。2017年，在省级报刊用稿5篇、地区级用稿12篇；中国新闻网刊稿16篇；铁门关在线刊稿96篇；公司微信平台全年推出178篇。

【民生工作】 2017年，天润公司开展"三八"系列活动，为女职工发放慰问品7000余元。"八一"建军节，公司慰问师公安局、武装部、武警二支队，并送去慰问品；为且末县英吾斯塘乡吐排吾斯塘村维吾尔族女孩芒孜热木·莫敏献爱心捐款，共筹集善款5290元。

（崔 鹏）

·博斯腾集团有限公司·

【概况】 博斯腾集团有限公司（以下简称"博斯腾""集团""公司"）是在库尔勒博斯腾宾馆的基础上组建而成，于2017年在新疆铁门关市成立，注册资金1亿元人民币。是新疆生产建设兵团第二师首家国有独资酒店餐饮类企业。集团主要从事酒店服务、餐饮服务、会议服务、酒店管理培训、冷链物流等旅游服务相关业务，是一家以大型酒店为依托的酒店管理企业。博斯腾集团是在国资国企改革中，按照师市党委的领导，以"国有体制+市场机制"的运营模式，以市场经济为导向，优化资源配置，整合师市酒店优质资源，以"资产重组、业务整合、创新体制、转变机制"为四大重要任务的国有企业。总部位于新疆铁门关市，目前集团下辖5家子公司、1家分公司。分别是库尔勒博斯腾宾馆有限公司、新疆博斯腾大厦、乌鲁木齐孔雀大厦、新疆博斯腾绿原绿果冷链物流有限公司、铁门关市聚博源餐饮服务有限公司和铁门关中联大酒店。集团公司目前有专业的管理人员30余名，中层管理人员及员工有300余人。集团公司以完善的管理体制，人员配备，成为兵团乃至全疆旅游服务行业的代表。

【经济建设】 截至2017年末，博斯腾集团有限公司实现增加值78.93万元，比上年增加30.15万元，增长61.8%；实现利润125.83万元，比上年增加45.03万元，增长55.73%。营业收入3772.08万元。

【政治建设】 截至2017年末，博斯腾集团有限公司共有党组织6个，其中党委1个，党支部5个，党员47人，其中在职党员30人，退休职工党员17人。全年组织开展党建活动17次。

【文化建设】 2017年，博斯腾集团有限公司创办《博斯腾之家》双月刊，全面反映集团公司下属分公司、子公司工作动态、员工心声。

【社会建设】 2017年，博斯腾集团有限公司全面扎实维护好集团公司稳定与发展之间的关系，维护稳定事关社会发展大局。围绕社会稳定和长治久安要抓好维稳工作的具体落实，牢固树立"没有与稳定无关的人、事"的思想，紧跟师市党委在维护稳定方面的部署，全面落实好各项维稳工作，促进集团公司全面有序发展。

（钟 进）

·第二师设计院有限责任公司·

【概况】 第二师设计院有限责任公司始建于1956年2月，曾用名有巴州水电局农田水利勘测设计队、巴州农垦局勘测设计队、农二师勘测设计队、农二师勘测设计院等，2003年，农二师勘察设计院由事业单位改企建制，更名为农二师设计院有限责任公司。是一家集建筑工程、水利、农业、工程勘察、咨询、市政工程、城市规划、测绘、招投标代理、水资源论证、水土保持、项目总承包、水利工程监理、土工试验等多个资质等级于一体的综合性勘察设计甲级单位。截至2017年末，公司有职工168人，拥有各类专业技术人员144人，其中高级职称52人，中级职称64人，初级职称30人，拥有国家级各类注册工程师32人。是年，公司完成工业与民用建筑设计321项，水利工程项目55项，规划咨询项目30项，地勘、测绘项目361项。其中，完成重点勘察设计项目有：第二师铁门关市青少年活动中心、新疆天福恒业投资有限公司天福大酒店（焉耆县）、第二师三十六团屯兵中心综合楼、第二师华山职业技术学校综合技能训练中心、阿拉尔市富丽达纤维有限公司综合商业楼、库尔勒市便民警务站（200个）、库尔勒市幼儿园（35个）、库尔勒市人行天桥（5座）等；完成的重点水利项目有：莫勒切河第三期防洪治理工程、库尔勒市杜鹃河河道治理建设项目工程、兵团南疆大中型灌区骨干工程节水改造项目、博斯腾灌区二十二团渠道防渗改建工程、铁门关市防洪工程、第二师高效节水工程、三十七团和三十八团高标准农田工程。

【生产经营】 2017年，公司实现经营收入7054万元，同比增加1421万元，增长25.23%；实现利润2480万元，增长63%；成本费用4693万元，同比增加546万元，增长13%；上缴税金1035万元，增长25%。

【党的建设】 2017年，公司以开展"两学一做"学习教育常态化制度化、"发挥兵团特殊作用大学习大讨论活动""学转促"专项活动为契机，重点抓好基层党组织建设、干部作风建设、人才队伍建设。开展党委理论中心组学习、党校讲师讲授党课、党员领导干部带头宣讲、知识竞赛、知识测试、参观马兰爱国主义教育基地、观看红色电影、集体升国旗等学习教育活动，实施党建"六大工程"，推进全面从严治党。

【综治维稳】 2017年，公司成立社会管理综合治理领导小组，与分管领导、各分院签订综治暨平安建设责任书、信访目标管理责任书和拒绝邪教承诺书。组织消防安全培训讲座、火灾应急演练、安全隐患大排查等活动，购置维稳器具和防盗设施，严格落实干部、职工安全带班值班制度，做好春节、"两会"、"一带一路"国际合作高峰论坛、"迎接十九大"时期的综治维稳工作。

【安全生产】 2017年，与各分院签订《安全生产目标管理责任书》，组织开展安全生产学习培训、消防演练、维稳演练、防火检查、排查隐患等活动，发放《安全生产宣传手册》，制定《设计院安全管理手册》，保证公司全年安全生产无事故。

【民族团结】 2017年，深入开展"领导干部下基层、为民服务在一线、合力攻坚促稳定"和"结亲周"活动。领导班子及中层干部39人与结对认亲户同吃、同住、同学习、同劳动，给结亲户宣讲党的十九大精神、走亲入户、帮扶解困、办实事办好事。

【企业文化】 2017年，组织开展"三八"健康徒步走、"五四"青年节户外拓展训练、庆"七一"党员活动、"八一"双拥慰问、重阳节座谈会、文体之冬等活动，丰富职工文化生活。完善员工福利保障，分批次对全体员工进行全面体检，关心离退休老职工，开展送温暖慰问活动，组织老职工外出参观游览。 （李 云）

新疆蓝天工程监理咨询有限公司

【概况】 新疆蓝天工程监理咨询有限公司成立于1995年4月，原名农二师建设工程监理公司。2005年，公司改制并更名为新疆蓝天工程监理咨询有限公司。公司注册资金376.5万元，位于库尔勒市人民西路金三角金都广场十八楼，是一家集房屋建筑工程（甲级）、市政工程监理（甲级）、人防工程（丙级）、水利工程（丙级）、交通建设工程（丙级）监理、电力工程监理（乙级）、工程招标代理（甲级）、工程造价咨询（乙级）等于一体的工程监理咨询服务企业。

公司自成立后，建立以人为本、各项制度为核心的管理体系，坚持"以质量求生存、以信誉促发展"的宗旨。本着优质高效的服务理念、扎实科学的工作作风、吃苦耐劳的敬业精神，赢得用户的满意和社会的认可。

公司专业技术力量雄厚，人力资源丰富，具有多年实践经验的各类专家和工程技术咨询人员，为公司承担各类咨询业务打下坚实基础，经过多年的稳健发展，在各类咨询业务领域中得到不断扩展和深入，并已建立完整的公司内部质量控制和管理体系，执业范围也呈多元化态势发展。

【历史沿革】 20世纪80年代计划经济时代，建设工程管理有两种形式，一般工程采取自行管理，重大建设工程由指挥部管理。20世纪80年代，国家在基本建设和建筑业领域采取一些重大改革——投资有偿使用、投资包干责任制、投资主体多元化、工程招标投标制。建设单位的工程管理应走专业化、社会化的道路。1988年开始试点，五年后推开——《关于开展建设监理工作的通知》。1995年，成立新疆生产建设兵团农二师建安总公司和新疆生产建设兵团农二师建设工程监理公司，当时实行一套班子，两块牌子，国营企业，高建新任总经理。1997—1998年，蒋树林任总经理；1999年1月，原公司分离。新疆生产建设兵团农二师建设工程监理公司独立经营，国有企业，巩国林任经理。2005年9月，公司改制为有限责任公司，名为新疆蓝天工程监理咨询有限公司，巩国林任董事长兼总经理。

【经济建设】 2017年，新疆蓝天工程监理咨询有限公司以市场为导向，承担工程监理项目投资额30.43亿元。其中：承揽业务合同额总计3490万元，实现监理收入2140万元；工程招标完成项目450项，实现收入895万元；工程造价完成项目460个，实现主营业务收入为3626万元。2017年，实现利润783万元，净利润695万元，质量合格率100%。

【干部职工状况】 新疆蓝天工程监理咨询有限公司成立初，职工总数为16人，其中中级职称人员1人，党员4人。2017年末，公司有从事工程监理的各类专业技术人员160余人。其中具有国家注册监理工程师资格的人员25人，具有注册水利工程监理资格证书人员14人，具有公路专业监理资格证书人员18人，具有注册造价工程师资格证书人员6人、注册一级建造师7人。高级技术职称人员11人，中级技术职称人员55人，初级技术职称人员87人。

【党组织建设】 截至2017年底，新疆蓝天工程监理咨询有限公司有党支部1个，党小组3个，党员34人，其中退休党员2人，党员占职工总人数（174人）的19.54%。公司严格执行"准则"和"条例"，抓好党风廉政建设，贯彻民主集中制；落实中央八项规定精神，贯彻"三重一大"议事规则，召开"三重一大"专题会议6次；履行支部前置审议职责，在购置汽车、顶账回款、联营协作、大额开支等事项上，都进行党支部支委会预先讨论审议。2017年，公司召开党员大会和机关干部学习会20次，召开支委会各类会议13次，进行以"发挥兵团特殊作用大学习大讨论活动"和"党的十九大精神"为主题党课宣讲。工作期间，按"学、做、改"要求，班子成员还多次下到施工一线监理项目部检查质量安全环保的监理管理落实情况。

2017年，新疆蓝天监理公司在学习教育上，采取集中交流与个人自学相结合的学习方式。在党员微信群，随时转发各类会议文件学习资料，保持学习的时效性及普及性。3—9月，完成党代会代表选举、基层书记培训、"兵团第七次党代会"集中学习、党员意识形态教育月活动、"七一"升国旗等活动。8月，公司领导参加集团公司党委组织的"2017年上半年党建工作经验交流会"。7—9月，开展"发挥兵团特殊作用大学习大讨论"系列活动，增强员工维稳使命感。

【干部队伍建设】 2017年春节期间，新疆蓝天工程监理咨询有限公司以"唱响兵团精神展现蓝天监理风采"为主题，围绕青春、感恩、奉献、拼搏主题内容自编、自排、自演文艺节目，营造浓厚的节日氛围；"三八"国际劳动妇女节，组织全体女职工开展女职工权益保障法和法律知识答题活动；"五四"青年节期间，组织广大青年干部积极参与国资公司团委组织的青年文体活动，并取得两项团体第二名的优异成绩。7月1日，公司党员在博斯腾宾馆举行"庆祝建党96周年暨重温入党誓词"宣誓活动。公司党支部组织公司全体党员在兵团党员教育微信公众号平台纪念建党96周年专题学习与知识竞赛网上在线答题活动，公司广大党员干部积极踊跃参与并分享至朋友圈，在党员干部中营造争学、抢学、比学、好学的良好氛围。

【"两学一做"学习教育】 2017年4月14日，新疆蓝天工程监理咨询有限公司召开专题会议，制订《蓝天监理公司"学、转、促"学习计划》，每名领导干部带头上党课1次，撰写心得体会2篇，组织观看警示教育片2场次，知识答题活动2次。公司共制作十九大精神宣传展板2期，十九大精神宣传口号牌8条。公司为全体党员干部发放学习十九大报告学习辅导百问、十九大党章修正案学习问答书箱和十九大学习笔记本等，供公司党员干部学习。

【大学习大讨论】 2017年，新疆蓝天工程监理咨询有限公司开展"发挥兵团特殊作用大学习、大讨论"活动，以公司集体集中学习和项目部学习为主要形式，并充分利用QQ、微信等网络媒体传播途径，促进公司的各项业务工作开展。采取外宣与内宣相结合，确保做好"大学习大讨论"的宣传。2017年，公司组织召开支委会2次、职工大会3次，开展集中学习讨论活动。

【"民族团结一家亲"】 2017年，蓝天监理公司与少数民族结对认亲11人。其中县处级干部5人，企业中层干部6人，任务完成率100%。2017年，公司11名干部定期上亲戚家走访探望，了解少数民族亲戚家庭成员情况、收入情况、思想状况、现实困难，消除亲戚之间的陌生感，加深彼此间了解融合。4月，公司组织结亲干部集中开展"民族团结一家亲"活动"春风行动"。古尔邦节，结亲干部带着礼品到亲戚家过节祝贺。国庆节和十九大期间，公司20名干部分批到基层少数民族群众家庭进户走访慰问，为他们送去大米、面粉、清油、书箱、衣物等慰问品，向亲戚宣传党的政策法规、学习党的十九大会议精神。2017年，公司11名干部与亲戚走访见面68次，开展联谊活动2次。为亲戚办实事办好事，捐款1200元、捐物68件。

【企业荣誉】 2017年度，蓝天监理公司获监管工作先进单位鼓励奖、融资工作先进单位鼓励奖、资金管理先进单位二等奖、先进班组奖励。

（陈 艳）

新疆天宇建设工程有限责任公司

【概况】 2002年，由农二师下属的第一建筑安装工程公司（原工一团）、华州建筑安装工程公司（原工四团）、第三建筑安装工程公司（原且末工程支队）3家国有施工企业改制重组，成立新疆天宇建设工程有限责任公司（以下简称"天宇公司"），隶属农二师国有控股的建筑施工企业，公司机关驻地位于新疆库尔勒市天山西路34号。公司办公楼东临兵团加油站，西面与天山花园社区为邻，南面为天山西路。2013年，农二师更名为第二师，天宇公司隶属第二师。

2017年，新疆天宇建设工程有限责任公司机关职能部门设有：办公室、党群工作部、财务部、经营管理部、工程管理部、技术人才服务部、人力资源服务部、法务部。全公司在职职工595人、离退休人员5399名。在职职工中，高级职称人员17人，中级职称人员104人，初级职称人员139人。年末，总人口12497人，其中男性7395人，女性5102人。总户数4967户。

【资质证书】 截至2017年末，新疆天宇建设工程有限责任公司共有资质证书12个，分别为：建筑工程施工总承包壹级，市政公用工程施工总承包叁级、贰级，水利水电工程施工总承包叁级、贰级，公路工程施工总承包叁级、贰级，钢结构工程专业承包贰级，特种工程专业承包不分等级，建筑机电安装工程专业承包叁级，输变电工程专业承包叁级，环保工程专业承包叁级。

【下属单位】 2017年，新疆天宇建设工程有限责任公司下属单位37个。主业单位：鸿筑分公司、鸿达分公司、鸿鑫分公司、鸿瑞分公司、鸿通分公司、鸿腾分公司、鸿泰分公司、鸿盛分公司，分驻库尔勒市天山西路。这些分公司主要从事房屋、市政、道路、水利水电等建设工程施工。

工副业单位：宏宇机电公司、兴业热力公司、天筑建材公司、宏基租赁公司、物资处、劳务公司、阳光涂饰公司、物资处、煌都房产公司、益民房产公司、鸿运工商公司、巴州天一公司、华民福利厂、公司医院。工副业单位主要从事供排水、供暖等工程建设施工和建材生产，房产开发，物资供应，建筑设备租赁、旅馆经营与医疗服务。工副业单位分驻库尔勒市区及市区周边。

社区单位：社区服务中心、一社区、二社区、四社区、五社区、六社区、七社区、九社区、库一社区、库二社区、焉耆社区、利智达社区、留守处社区、塔什店社区、和静社区、马兰社区和大河沿社区。社区单位分驻库尔勒市及周边市郊、库尔勒市塔什店镇、焉耆县城、和静县城、和硕县马兰镇、尉犁县城郊和吐鲁番大河沿镇。

【经营成果】 2017年，新疆天宇建设工程有限责任公司房屋建筑施工面积899580平方米，新开工面积426370平方米，签约25.92亿元。完成企业总产值30.8亿元，同比增长8.71%，增加2.5亿元，完成企业增加值7.0375亿元。建筑业产值30.78亿元，增长9.03%，增加2.55亿元，利润总额999.7万元。

【安全生产】 2017年，新疆天宇建设工程有限责任公司总经理、党委书记、董事长与各分公司、各单位领导签订《天宇公司2017年安全目标管理责任书》《天宇公司2017年度消防安全责任书》34份。各分公司与各项目部，项目部与生产班组签订安全生产责任书。全年召开安全生产动员大会2次，专项安全生产会议3次，开展触电、高空坠落、防暴事故、火灾事故应急演练2次。施工现场悬挂安全生产宣传横幅60条，张贴宣传标语40条。每周一（或周六）召开的总经理办公会，重点强调落实安全生产责任，做好安全生产日常检查监管。全年排查安全生产隐患300个，下达整改通知书80份，处罚通知17份。10月5日，公司召开安全生产大检查"回头看"动员部署会，对安全生产大检查中查出的安全隐患进行整改督查，整改合格率98%。开展入场三级教育安全教育培训，受教育者达8000人次。

【文明工地创建】 2017年，新疆天宇建设工程有限责任公司在加强施工现场管理中，开展"文明工地"创建活动，以促进整体管理水平的提高。由天宇公司组织施工的铁门关市2号地块7#、11#、12#、15#、16#、17#、18#、19#获2017年度兵团建筑施工"文明工地"称号。

【四川成都丽都佳苑项目】 四川成都丽都佳苑项目是新疆天宇建设工程有限责任公司开拓市场，2015年在外省承建的一个群体工程项目，合同价18000万元，2017年完成产值1亿元。

【党组织建设】 2017年，新疆天宇建设工程有限责任公司全年党委中心组（扩大）会议学习共25次。入党积极分子成为预备党员7人，预备党员转为正式党员10人。

【党风廉政建设】 2017年，新疆天宇建设工程有限责任公司党委与公司机关部门、基层单位签订党风廉政建设责任书31份。专题组织党员学习《中国共产党纪律处分条例》《党员领导干部选拔任用条例》《中国共产党廉洁自律条例》、《中国共产党问责条例》等重要法规6次，研究部署党风廉政建设和反腐败工作2次，组织开展党章、党纪法规知识测试2次。党委书记上党课1次，支部书记互上以廉政建设内容的党课29次。公司开辟QQ平台宣传党风廉政知识。对在正风肃纪、效能督查、综合巡查等工作中，发现党风廉政建设方面问题及苗头的人员，由公司分管领导同公司纪委负责人进行约谈。是年6月、12月，公司组成6个小组，由公司领导带队，对公司各单位、机关各部门落实党风廉政建设责任进行检查考核。

【庆祝建党96周年活动】 2017年6月23日，新疆天宇建设工程有限责任公司社区中心党支部、焉耆社区党支部和兴业热力公司党支部联合组织50名党员和入党积极分子，前往自治区爱国主义教育基地、马兰部队参观学习主题党日活动。活动中，观看中国"两弹"圆满成功爆炸的影像、图片、文字和英模事迹。在马兰烈士陵园烈士碑前，50名党员和入党积极分子进行重温入党誓词宣誓。7月1日，天宇公司在机关办公楼前举行公司领导、公司机关人员、基层单位领导和离退休职工共360人参加的升国旗仪式，全体党员重温入党誓词宣誓。是年，公司召开表彰大会，8个基层党支部、42名党员、8名党务工作者受到表彰。

【大学习大讨论】 2017年7月13日，新疆天宇建设工程有限责任公司召开"发挥兵团特殊作用大学习大讨论"活动部署动员会。8月5日，天宇公司对开展大学习大讨论进行自查，并向师市党委写汇报材料。公司参加大学习大讨论的公司党员干部写出学习心得体会185篇。

【社区管理】 2017年，新疆天宇建设工程有限责任公司管辖分布在库尔勒市周边、塔什店镇、尉犁县城郊、焉耆县城郊、和静县城、和硕县马兰镇、吐鲁番大河沿镇17个社区，担任社区主任、党支部书记、物业管理的在职职工46人，从事社区门卫、保洁、绿化、物业设备修理等工作的外聘公益岗位人员130人。各社区管理人员认真做好物业管理，坚持24小时值班制度。各社区党政领导和工作人员在抓好社区党建、维稳、物业管理、社保医保、平安社区创建等方面认真履职，确保各社区的和谐平安。

【天宇公司医院工作】 2002年天宇公司成立时，原农二师第一建筑安装工程公司医院、华洲建筑安装工程公司医院成为天宇公司医院。天宇公司医院成立后，分驻两地，驻天宇公司焉耆社区的原一建医院名称为天宇公司医院焉耆分院，驻天宇公司留守处社区的原华建医院为天宇公司医院。2006年12月，坐落在新疆库尔勒市天山西路与建国北路交汇处的天宇公司惠民医院正式开业。2007年11月，农二师卫生局和编制委员会发文决定，以天宇公司所辖医院、卫生室为基础，在农二师农垦客运站大楼成立农二师天宇公司社区卫生服务中心。2017年，天宇公司卫生服务中心管辖驻留守处社区的天宇医院、焉耆社区的天宇医院焉耆分院、库尔勒市天山西路、建国北路交汇处的惠民医院和驻相关社区的10个卫生服务室，这些医疗机构和医卫人员为天宇公司职工及5000多名离退休人员和周边居民进行医疗卫生服务。是年，天宇公司医院、天宇公司社区卫生服务中心、惠民医院、焉耆分院共有医护人员、医疗管理人员73人，后勤人员14人，门诊人数55131人次，住院人数2310人次，完成产值1073.71万元。（黄坤伟）

·新疆万源农业机械有限责任公司·

【公司简介】 新疆万源农业机械有限责任公司（以下简称"万源公司"）成立于2012年6月，注册资本3600万元，由二师国有资产管理集团公司及二师各植棉团场共同出资，是一家以棉花、番茄、辣椒、甜菜采收全程为主的现代农业机械（农业技术）高科技服务国有企业。公司现有采棉机76台（约翰迪尔69台，凯斯7台）、甜菜收获机10组套。公司参控股公司有：新疆万源融资性担保有限公司、巴州鑫源保险代理有限公司。

【万源党支部建设】 新疆万源农业机械有限责任公司隶属于新疆绿原国有资产经营集团有限公司党委，下设一个党支部，党员33人，有三个党小组。公司党组织在企业经营管理中发挥把方向管大局保落实的作用，公司党组织事先研究讨论作为董事会、经营管理层重大决策事项的前置程序。确保董事会、经理层的高效运作和科学决策。基层党建工作配备专职党务工作人员，党建工作经费纳入企业预算管理。进一步加强完善"三会一课"、民主评议党员等制度，建立公司支委会定期向支部书记汇报工作制度，和部门、分公司定期向党支部汇报工作制度，分管领导定期汇报党风廉政建设，财务、政务、党务三公开制度。

【经济发展】 2017年，新疆万源农业机械有限责任公司在财务管理上，确定以"成本管控、效益优先、资金优化使用"的管理措施，强化资本约束，保证生产资金的有效运转；物资管理上，确定"订购材料科学计算、库存材料有效盘活、出库材料合理调配"的管控方案，确保生产过程中材料物资的后勤供应；技术服务上，采取"技术等级考核、分车包干服务、机车管控同责"的考核机制，为公司生产过程提供强有力的技术保障；采收质量上，树立"以优质服务创效益、以服务质量赢市场"的理念，赢得团场职工及地方农户对万源公司机采服务的一片赞誉和认可。2017年，新疆万源农业机械有限责任公司正采面积30960公顷，复采面积14200公顷，净利润达到6914万元，创历史新高。在采棉机部分配件国产化方面，最大程度地降低机车配件成本，目前使用国产配件20余种，公司利用自有的技术，对更换的废旧摘锭进行分选、重新组装，部分摘锭通过技术改进组装，达到新产品技术质量标准，循环再利用，最大程度地降低机车配件成本，为公司节约成本300万元左右。

【文化建设】 2017年，新疆万源农业机械有限责任公司制定学习制度，明确每周一晨会期间，集中学习兵师重要文件、法律、法规，干部职工将每次学习作为提升自身素质的难得机会，并按要求制作PPT，给大家讲解。为适应公司职责繁杂，涉及面宽，点多面广的新特点，全公司上下一切为农户服务、帮助解决实际问题出发，经常深入基层，努力为基层、群众服好务。同时公司严格按照师市精神文明办公的测评体系，开展好各项活动，做好台账记录。10月，师市文明办对公司精神文明创建工作验收，并在12月14—17日公示后，正式列为师市精神文明单位，促进公司形象的提升。新闻宣传工作：2017年，万源公司在《兵团日报》刊登稿件1篇、胡杨网1篇、《绿原报》6篇、漠杨天地3篇、铁门关在线70篇、师市重要信息1条。

【生态文明建设】 2017年，新疆万源农业机械有限责任公司运行期产生的生活垃圾收集后运往垃圾填埋场填埋处理；维修产生报废的机械零配件，交由厂家回收利用；维修废油及机油、隔油池废油及底泥、含油抹布及手套等为危险废物，收集后交由有危险废物处理资质的单位进行处理；营运期产生的生活污水经收集后进入化粪池处理，水质须满足《污水综合排放标准》(GB8978—1996)三级标准，然后直接用于防风林灌溉；农机修理车间冲洗产生的含油废水采用小型隔油沉淀池处理，处理后用于防风林灌溉。 （魏新青）

·新疆冠源投资有限责任公司·

【概况】 2012年10月，经新疆生产建设兵团第二师批准，成立新疆冠源投资有限责任公司（简称"公司或冠源投资"），是由第二师国资委出资设立的国有独资公司。2012年10月18日，公司注册登记，注册资本23000万元，实收资本23000万元。2017年末，公司资产总额58.92亿元，比上年增长28.53%，净利润6800万元，增长24.16%，其中归属于母公司净利润2106万元，增长88.37%。2017年，公司实现投资收益15428万元，增长26.71%。2017年，新疆冠源投资有限责任公司获师级"文明单位"称号。

【党组织建设】 2017年，新疆冠源投资有限责任公司通过"双向进入、交叉任职"的办法，完善公司领导体制。党支部书记通过法定程序进入董事会、支部委员也分别通过法定程序进入监事会和子公司的高级管理层。

【资本运作】 2013年，根据国务院国资委批复及相关规定，第二师国资委将1.6亿股国有股无偿划转给新疆冠源投资有限责任公司，作为第二师国资委对公司增加的国有投资，公司的实收资本由7000万元增加到2.3亿元，持有占冠农股份公司总股本44.32%的股份，成为冠农股份的控股股东。2014年6月25日，冠农股份定向增发3032.1万股，冠源投资公司持有冠农股份的比例由44.32%调整为40.89%，依然是冠农股份的控股股东。2015年5月13日，冠农股份转增股本，每股转增1股，公司持有冠农股份公司的股份由1.6亿股调增为3.2亿股，持股比例不变。2013年10月，公司投资7550万元受让冠农股份持有的新疆冠农天府房地产开发有限公司100%的股权，全资控股新疆冠农天府房地产开发有限公司。根据冠源投资公司发展需要，截至2017年末，已累计质押冠农股份股权5200万股，先后从巴州各家银行及二师绿原国资公司融资4.5亿元，投入公司房地产业。

（张 康）

【项目建设】 2017年，新疆冠源投资有限责任公司完成的项目建设有：

冠农地产 一是全年计划销售收入3200万元，截至2017年12月底已完成3340万元，完成年计划的104%，上年同期数4477万元，同比减少25%。合作开发项目截至12月底二期收房款2641万元、三期收房款4553万元。

二是自建的冠农花园城邦小区项目：投入20余万元建成库尔勒冠农花园城邦东侧330米围墙、电子围栏及主干道限高杆等亮化工程。完成冠农大厦11亩建设用地与冠农大厦495平方米门面房的置换。实现2#、3#楼交房130户。按综合验收工作要求投入2.5万元完成2—4#楼补植乔、灌木，51#、52#楼后消防通道绿化树木移栽工作。投入30万元完成四期机房四眼深井连接工程。年内还将投入43万元完成冠农花园城邦小区八栋高层夜景亮化工程及房地产公司办公室装修与搬迁。

三是合作开发的二期工

程项目：(53#—56#楼)建设项目主体全部验收合格，累计完成投资9000万元，主体施工面积5.6万平方米，内外装修工程已完成。

四是合作开发的三期汇景台项目：1#楼28层主体封顶，17层以下主体验收合格；2#楼2－1#6层封顶，2－2#28层、2－3#32层主体施工至9层，主体完成面积2.5万平方米；3－1#楼主体28层封顶验收完成，3－2#主体32层施工至封顶，主体验收工作尚未开展；4#楼主体32层封顶主体验收合格；9#、14#—19#楼等7栋小高层11+1层，主体竣工已达到验收条件；16#、17#楼于11月10日申请竣工验收；20#—22#楼主体完成待验收。三期项目地下室地面混凝土地坪、高低压配电室、给水泵房土建、外网排水、燃气等工程仍在施工中。该项目全年累计完成投资6500余万元。

五是绿原小区建设项目：投入10万元完成2#楼步梯钢管扶手安装工程。投入4.8万元安装道闸一处。投入8万余元安装路灯12盏、休闲长条凳8组。投入2.6万元完成种植树木、铺设绿化地面管及修复喷头等工程。

冠农物业 一是全年计划实现销售收入1900万元，截至12月底已完成1909万元，完成年计划的100.47%，比上年同期的1590万元增加319万元，本年主要增加电力局、气象局办公楼及家属楼的服务面积。

二是实现从冠农地产公司的剥离，实行单独核算独立经营，由冠源投资公司直接考核，同时根据发展规划，公司注册资本由50万元增加到200万元。

三是再次中标国网巴州供电公司后勤业务外委项目合同标的1039.67万元，并在品牌效应和精品项目的影响力下，新接管州、市气象局办公楼及家属区的物业管理项目，合同标的27.10万元。在服务管理中，严格按照电力公司及州、市气象局的考核机制，加强员工考核管理，服务满意度达到100%。电力局客服中心、气象局参加州"优秀小区（大厦）"的申报评比工作，获得一致好评。

四是2017年中标介入国网巴州分公司39#、59#小区物业服务项目和国网巴州供电公司35千伏及以上121座变电站保洁服务项目，中标标的额78.3万元。

【民族团结一家亲活动】2017年，冠农物业公司有维吾尔族员工13人，是冠农物业公司通过社会招聘，主要负责库尔勒市冠农花园城邦小区内环境保洁及垃圾清运工作的临时用工。在穆斯林群众传统节日"肉孜节"期间，公司组织对13名维吾尔族员工进行节前慰问。公司利用微信公众平台和QQ群等形式加大"民族一家亲""三个离不开"的思想，"五个认同"，新疆"三史"以及国家、自治区、兵师经济社会发展巨大成就的学习、宣传、教育力度。每月公司各干部与结对亲戚互相走访实现常态化，携带着米、面、油等节日礼品与结对亲戚走访，互学彼此的风俗，加深结对双方的了解和信任。2017年末，冠源投资公司认亲结对参与走访见面干部职工累计96人次，为结对"亲戚"办实事办好事累计百余次，截至目前，公司开展"民族团结一家亲"活动共计投入资金5万余元。 （张 康）

荣誉·人物

·师市领导简介·
（含副师级干部）

吴彬，女，汉族，1970年3月生，甘肃武威人，1989年9月参加工作，1997年2月加入中国共产党，博士研究生学历（2010年7月北京理工大学材料学专业毕业），工学博士，正高级工程师职称。2016年12月正师级。1985年9月，河北轻工业学校分析化学专业学习（全日制国民教育中专）；1989年7月，毕业待分配；1989年9月，石河子化工厂中心化验室化验员；1991年10月，石河子化工厂生产技术科技术员；1995年2月，石河子化工厂中心化验室主任（1995年6月，新疆财经学院自考大专工业经济管理专业毕业）；1997年2月，石河子化工厂质检科副科长、中心化验室主任；1999年12月，石河子化工厂生产技术科科长；2000年6月，天业化工厂厂长助理、生产技术科科长；2001月3月，天业化工厂副厂长（2000年8月—2002年12月，中央党校函授学院本科班经济管理专业学习）；2003年10月，天业化工城项目筹建处副主任；2005年10月天业化工有限责任公司总经理；2006年4月，天业化工有限责任公司总经理、40万吨聚氯乙烯项目筹建处副主任、现场总指挥（2004年9月—2006年7月，中国科学院新疆理化技术研究所有机化学专业硕士研究生学习，获硕士研究生毕业证书，授予理学硕士学位，全日制）；2007年5月，天业集团公司党委委员、董事、副总经理、天业化工有限责任公司总经理、40万吨聚氯乙烯项目筹建处副主任、现场总指挥；2007年6月，天业集团公司党委委员、董事、常务副总经理、天业化工有限责任公司总经理、40万吨聚氯乙烯项目筹建处副主任、现场总指挥；2007年12月，天业集团公司党委委员、董事、常务副总经理、天业化工有限责任公司总经理、天业化工产业党委书记；2008年8月，天业集团公司党委委员、董事、常务副总经理，天业化工有限责任公司总经理、天业化工产业党委书记（比照正处级待遇，2006年9月—2010年7月，北京理工大学材料学专业博士研究生学习，获博士研究生毕业证书，授予工学博士学位，全日制）；2012年2月，天业集团公司党委委员、董事、总经理，天业化工有限责任公司总经理、天业化工产业党委书记；2012年7月，天业集团公司党委副书记、董事长，天业化工产业党委书记，天业化工有限责任公司总经理；2012年9月，天业集团公司党委副书记、董事长，天业化工产业党委书记（2012年5月—2014年9月，在天业集团公司、浙江大学化学工程与技术学科从事博士后研究工作，获博士后证书）；2013年12月，天业集团公司党委副书记、董事长，天业股份公司党委书记、董事长，天业化工产业党委书记（其间：2014年9月—2015年1月，兵团党校中青班培训）；2015年4月，天业集团公司党委副书记、董事长，天业股份公司党委书记、董事长；2015年10月，天业集团公司党委书记、董事长，天业股份公司党委书记、董事长；2016年9月，第二师党委副书记、常务副师长；2016年10月，第二师铁门关市党委副书记、常务副师长；2016年11月，第二师铁门关市党委副书记、常务副师长，铁门关市人民政府副市长、代理市长；2016年12月，第二师铁门关党委副书记、师长，铁门关市人民政府党组书记、副市长、代理市长；2017年2月，第二师铁门关市党委副书记、师长，铁门关市人民政府党组书记、市长；2017年5月，第二师党委书记、政委、师长，铁门关市委副书记、政府党组书记、市长；2017年8月，第二师铁门关市党委书记、政委、师长，铁门关市人民政府党组书记、市长。

樊成华，男，汉族，1967年12月生，河北邢台人，1989年7月参加工作，1987年6月加入中国共产党，在职研究生学历（2003年5月美国伊利诺伊大学芝加哥分校工商管理专业毕业），工商管理硕士。2016年12月正师级。1985年9月，河北师范大学中文系汉语言文学专业学习（全日制国民教育本科）；1989年7月，河北医学院党委办公室干部；1992年7月，河北省计划委员会科教劳动处、社会处科员；1995年3月，河北省计划委员会社会处副主任科员；1997年4月，河北省计划委员会社会处主任科员；1998年6月，河北省计划委员会办公室主任科员（1997年9月—1999年7月，在中国人民大学工商管理学院商业经济管理专业研究生课程班学习）；1999年11月，河北省计划委员会办公室副主任；2000年5月，河北省计划委员会办公室副主任（其间：2002年5月—2003年5月，在美国伊利诺伊大学芝加哥分校工商管理专业学习）；2003年8月，因机构改革，原任职务自然免除；2003年11月，河北省发展和改革委员会办公室副主任；2004年7月，河北省发展和改革委员会办公室副主任、调研员；2007年2月，河北省发展和改革委员会人事处处长；2011年5月，河北省对口支援新疆工作领导小组办公室专职副主任；2015年1月，河北省发展和改革委员会党组成员；2015年3月，第二师铁门关市党委常委、副师长（援疆）；2015年5月，第二师党委常委、副师长，库西经济工业园区管委会党委书记、主任（援疆）；2016年4月，第二师铁门关市党委常委、副师长，铁门关经济工业园区管委会党委书记、主任（援疆）；2016年12月，第二师铁门关市党委常委、副师长，铁门关经济工业园区管委会党委书记、主任（援疆），河北省发改委党组成员、副主任（正师级）；2017年1月，第二师铁门关市党委常委、副师长（正师级），铁门关经济工园区管委会党委书记、主任；2017年2月，第二师铁门关市党委常委、副师长，铁门关经济技术开发区管委会党委书记、主任，河北省援疆工作前方指挥部党委常务副书记，河北省发改委党组成员、副主任（正师级）；2017年11月，第二师铁门关市党委常委、副师长（正师级），河北省援疆工作前方指挥部党委常务副书记，河北省发改委党组成员、副主任。

陆　林，男，汉族，1960年1月生，四川郫县人，1978年12月参加工作，1993年1月加入中国共产党，中央党校大学学历（2003年12月中央党校行政管理专业毕业），高级工程师职称。2009年2月副师级。1978年12月，农一师二团六连职工；1979年8月，阿克苏地区农机学校农业机械化专业学生；1981年11月，农一师二团工程连农机技术员；1983年4月，农一师二团修理连农机技术员；1984年5月，农一师二团工副业科科员；1984年10月，农一师建安公司生产科科员；1988年9月，农一师工程团工业科副科长；1993年5月，农一师工程团工业科科长；1995年4月，农一师工程团副团长〔其间：1995年10月—1995年12月，新疆农垦专业技术干部培训中心第五期厂长（经理）班学习〕；1996年5月，农一师工程团党委常委、副团长；1997年3月，农一师工程团党委副书记、副团长；1998年2月，农一师工程团党委副书记、团长；1998年8月，农一师工程团党委副书记、团长兼工程团人武部部长；1999年2月，农一师建安总公司党委副书记、总经理、董事长（2001年9月—2003年4月，塔里木农垦大学工民建专业学习）；2003年6月，农一师塔里木建筑安装工程总公司党委书记、董事长（2001年8月—2003年12月，中央党校函授学院行政管理专业学习）；2004年2月，农一师阿拉尔市发改委主任；2008年3月，农一师阿拉尔市副总经济师、发改委主任（其间：2008年9月—2009年1月，兵团党委党校第十六期培训一班学习）；2009年2月，农一师阿拉尔市党委常委、副师长，阿拉尔市委常委；2012年2月，农一师阿拉尔市党委常委、副师长，阿克苏地区人大工委副主任；2012年12月，第一师阿拉尔市党委常委、副师长，阿克苏地区人大工委副主任；2016年9月，第二师党委常委、副师长；2016年10月，任第二师铁门关市党委常委、副师长；2017年5月，离任。

吴　洮，男，汉族，1968年12月生，甘肃临洮人，1988年9月参加工作，1994年12月加入中国共产党，中央党校研究生学历（2003年7月中央党校在职研究生班经济管理专业毕业），高级政工师职称。2011年9月副师级。1986年11月，农二师师范学校政教班学生；1988年7月，待分配；1988年9月，农二师焉耆采供站政工办干事；1991年1月，农二师团委科员（1989年7月—1991年12月，新疆自学考试政治理论专业大专学习）；1996年5月，农二师团委副书记（1995年8月—1997年12月，中央党校政法专业学习）；2000年11月，农二师团委书记（其间：2001年5月—2001年11月，广东省顺德市挂职任市长助理）；2001年12月，农二师三十团党委书记、政委（2000年9月—2003年7月，中央党校函授学院在职研究生班经济管理专业学习）；2005年9月，农二师三十团党委书记、政委兼团长；2006年3月，农二师三十团党委书记、政委；2007年3月，农二师工会党组书记、主席（其间：2008年9月—2009年1月，兵团党委党校中青年干部培训班学习）；2011年9月，农二师党委常委、副师长、政法委书记；2012年12月，第二师铁门关市党委常委、副师长、政法委书记；2017年9月，离任第二师党委常委、副师长；2017年10月，离任铁门关市委常委；2017年11月，离任第二师铁门关市政法委书记。

李金平，男，汉族，1968年12月生，河南上蔡人，1991年8月参加工作，1997年6月加入中国共产党，大学学历（1991年8月石河子农学院农学系植保专业毕业）。2011年9月副师级。1987年9月，石河子农学院农学系植保专业学生（全日制国民教育本科）；1991年8月，农六师一〇六团生产科锻炼实习；1992年5月，农六师农业推广中心技术员；1993年3月，农六师农业推广中心植保站农艺师；1997年7月，农六师植保站副站长；2000年8月，农六师农业局副局长兼师农业技术推广中心主任；2001年8月，农六师农业局常务副局长（其间：2003年9月—2003年12月，兵团党委党校第7期处长培训班学习）；2004年6月，农六师农业局（畜牧局、林业局、农机局、乡企局）局长；2004年9月，农六师农业局（畜牧局、林业局、农机局、乡企局）局长、五家渠市农林牧局局长；2006年6月，农六师一〇一团党委副书记、团长；2009年3月，农六师芳草湖农场党委副书记、场长；2011年3月，农六师芳草湖农场党委书记、政委；2011年9月，农六师五家渠市党委常委；2012年2月，农六师五家渠市党委常委、副市长；2016年9月，第六师五家渠市党委常委、副师长、副市长；2016年10月，第六师五家渠市党委常委、副师长；2017年8月，第二师党委常委、五家渠市委常委；2017年10月，第二师铁门关市党委常委；2017年12月，第二师铁门关市党委常委，副市长。

王木森，男，汉族，1965年2月生，四川长宁人，1987年8月参加工作，1997年4月加入中国共产党，大学学历（1987年7月塔里木农垦大学园林系果树专业毕业），农学学士，高级农艺师职称。2010年2月副师级。1983年9月，塔里木农垦大学园林系果树专业学生（全日制国民教育本科）；1987年8月，农三师四十五团生产科参谋；1991年1月，农三师农业局科员；1992年5月，农三师农业局副主任科员；1995年11月，农三师农业局主任科员；1998年2月，农三师农业局副局长；2001年5月，农三师四十八团党委常委、副团长；2002年11月，农三师四十八团党委副书记、团长［其间：2005年9月—2005年12月，国家行政学院第一期县（市）级青年干部培训班学习；2005年9月—2008年7月，兵团党委党校在职研究生班经济管理专业学习］；2010年2月，农三师总农艺师；2012年12月，第三师总农艺师；2013年7月，第二师党委常委、副师长；2013年8月，第二师铁门关市党委常委、副师长。（2013年3月—2013年9月，中央党校地厅级新疆班第65期学员）。

孙志敏，男，汉族，1973年9月生，河南西平人，1996年2月参加工作，1999年9月加入中国共产党，中央党校大学学历（2000年12月中央党校函授学院经济管理专业毕业）。2006年11月副师级。1993年9月，西安公路交通大学计算机及应用专业学生（全日制国民教育大专）；1995年7月，喀什实习待分配；1996年2月，农三师团委干事；1997年9月，农三师团委科员、少工委办公室主任（其间：1998年8月—2000年12月，中央党校函授学院本科班经济管理专业学习）；2001年9月，农三师团委书记（副处级）；2004

年6月，农三师图木舒克市团委书记、少工委主任（副处级）；2006年4月，农三师图木舒克市团委书记（2006年3月—2006年7月，兵团党委党校中青二班学习）；2006年11月，兵团团委副书记；2012年12月，兵团团委党组成员、副书记；2014年9月，第二师三十一团党委书记、政委（副师级）；2016年9月，第二师党委常委、副政委，第二师三十一团党委书记、政委；2016年10月，第二师铁门关市党委常委、副政委、组织部部长，党校校长，第二师三十一团党委书记、政委；2016年12月，第二师铁门关市党委常委、副政委、组织部部长、党校校长。

黄少峰，男，汉族，1965年11月生，河南长葛人，1986年8月参加工作，1993年6月加入中国共产党，中央党校大学学历（1996年12月中央党校经济管理专业毕业），政工师职称。2016年9月副师级。1984年9月，江苏南通教育学院离职班汉语言文学专业学习（大专）；1986年8月，兵直二二二团中学教师；1988年8月，工一师一团（兵团七建）工会干事；1992年2月，工一师一团团委副书记（正连职）；1993年1月，工一师一团团委副书记兼新闻干事；1994年1月，工一师一团团委书记兼新闻干事；1995年1月，工一师一团四分公司党支部书记；1995年6月，工一师团委干事；1995年12月，工一师团委主任科员（1994年8月—1996年12月，中共中央党校函授学院本科班经济管理专业学习）；1997年1月，工一师团委副书记（其间：1999年10月—1999年12月，中央团校第十一期研究班学习）；2001年8月，建工师监察局副局长、案件检查室主任（副处级）；2004年10月，建工师纪委副书记、监察局局长；2012年2月，建工师党委办公室、建工师办公室主任（其间：2012年9月—2013年1月，兵团党委党校第19期中青一班学习）；2016年4月，十一师（建工师）党委办公室、十一师（建工师）办公室主任；2016年9月，第二师铁门关市党委常委、纪委书记。

王建军，男，汉族，1968年8月生，山东泰安人，1986年8月参加工作，1990年6月加入中国共产党，中央党校研究生学历（2012年7月中央党校在职研究生院经济管理专业毕业），高级政工师职称。2016年9月副师级。1986年8月，农十师一八八团四连子女校教师；1986年11月农十师一八八团中心校教师；1988年9月，农九师党校政工班学员；1990年8月，农十师一八八团九连文教；1991年3月，农十师一八八团九连文教兼出纳、保管；1992年2月，农十师纪委（监察局）干部（1989年9月—1992年7月，兵团党校函授学院政管专业专科学习）；1993年5月，农十师纪委（监察局）纪检员（科员）（其间：1994年3月—1994年5月，兵团党校纪检监察干部培训班学习）；1994年8月，农十师纪委（监察局）纪检员（副科级）（1993年8月—1995年12月，中央党校函授学院经济管理专业本科学习）；1995年12月，农十师纪委（监察局）主任科员；1997年12月，农十师纪委（监察局）委员、主任科员；1998年2月，农十师纪委（监察局）常委（副处级）（其间：1998年4月—1998年7月，兵团党校进修二班学习）；2001年9月，农十师党委政研室、体改委主任；2007年1月，农十师一八五团党委书记、政委（其间：2007年10月—2007年12月，兵团党校第32期进修二班学习）；2011年10月，农十师北屯市党委组织部常务副部长、人事局局长（其间：2014年9月—2015年1月，兵团党委党校第21期中青年干部培训班学习）（2009年9月—2012年7月，中央党校在职研究生院经济管理专业学习）；2016年7月，第十师北屯市党委组织部常务副部长；2016年9月，第二师铁门关市党委常委、副师长；2016年12月，第二师铁门关市党委常委、副师长，三十一团党委书记、政委。

阿迪力·卡德尔，男，维吾尔族，1973年8月生，新疆哈密人，1991年10月参加工作，1996年6月加入中国共产党，研究生学历（2013年12月新疆大学汉语言翻译专业毕业），会计员，农艺师职称。2016年9月副师级。1988年9月，新疆粮食学校粮食财会专业学生（全日制国民教育中专）；1991年10月，哈管局火箭农场农三连政工员；1992年2月，哈管局火箭农场园艺三队会计；1993年2月，哈管局火箭农场园艺二队会计；1994年12月，哈管局火箭农场园艺一场五队、四队副队长、队长（其间：1995年10月—1996年7月，中央农业管理干部学院新疆农业大学分院大专教育班学习）；1999年3月，哈管局火箭农场园艺一场三队、四队副队长、队长（正连级）；1999年3月，哈管局火箭农场园艺一场四队队长；2002年2月，农十三师火箭农场园艺一场党支部书记，四队、五队队长（其间：2002年7月—2003年6月，十三师党校第一期中青班学习）；2006年1月，农十三师火箭农场园艺场副场长兼园艺一队党支部书记；2006年7月，农十三师火箭农场党委常委、副场长（其间：2007年9月—2010年4月，新疆大学汉语翻译专业大专班学习；2008年3月—2008年9月，挂职任西安市新城区人民政府区长助理）；2011年5月，农十三师柳树泉农场党委书记、政委；2012年12月，第十三师柳树泉农场党委书记、政委（其间：2013年9月—2014年1月，中央党校第68期新疆县处级民族干部培训班学习；2014年3月—2016年1月，中央党校政治学理论专业研究生学习；2016年5月—2016年7月，中央党校第7期县委书记培训班学习）（2010年4月—2013年12月，新疆大学汉语翻译专业本科班学习）；2016年9月，第二师铁门关市党委常委、副政委。

周爱武，男，汉族，1970年10月出生，河北省阜城人，1991年8月参加工作，1993年3月加入中国共产党，河北省委党校研究生学历（2006年7月河北省委党校在职研究生经济管理专业毕业），河北省第七次党代表。2017年3月副师级。1987年7月，河北省商业学校商品储运专业学习（全日制国民教育中专）；1991年7月，阜城县霞口乡政府工作（1990年8月—1991年9月，苏州大学英语二级函授毕业）；1991年10月，阜城县林业局办公室主任；1994年8月，团县委副书记（公开竞选，其间：1995年10月—1996年10月，在团河北省委挂职；1992年9月—1995年7月，河北经贸大学商业企业管理专科学习）；1997年6月，团县委书记（其间：2000年8月—2000年12月，南开大学经济学院经济管理研修班学习）（1996年8月—1998年12月，中央党校函授学院本科党政管理专业学习）；2002年4月，阜城县阜城镇党委副书记、镇长；2004年11月，阜城县建桥乡党委书记（2003年9月—2006年7月，河北省委党校在职研究生经济管理专业学习）；2007年6月，阜城县政协副主席（其间：2007年9月—2008年10月，在阜城县政府负责招商引资项目建设对外开放工作。2008年6月—2008年8月，复旦大学中青干部社会管理高级研修班学习）；2008年10月，深州市政府副市长；2013年9月，衡水市委副秘书长（正处级援疆）、新疆尉犁县委常委、河北承德衡水第七批援疆指挥部指挥长；2014年5月，衡水市委副秘书长、新疆尉犁县委副书记、河北承德衡水第七批援疆指挥部指挥长（其间：2015年3月—2016年12月，兼任兴平乡统其克村党组织第一书记）；2017年1月，新疆生产建设兵团第二师党委常委、副师长人选、河北省第八批援疆工作前方指挥部党委副书记、衡水市委副秘书长；2017年3月，新疆生产建设兵团第二师党委常委、副师长人选、河北省第八批援疆工作前方指挥部党委副书记、衡水市委常委；2017年4月，第二师党委常委、副师长，河北省第八批援疆工作前方指挥部党委副书记，衡水市委常委；2017年5月，第二师铁门关市党委常委、副师长，河北省第八批援疆工作前方指挥部党委副书记，衡水市委常委。

张新宁，男，汉族，1967年10月生，江苏泗阳人，1989年9月参加工作，1996年12月加入中国共产党，大学学历（1989年6月南京气象学院大气物理学专业毕业）。工程师职称。2017年9月副师级。1985年9月，南京气象学院大气物理学专业学生（全日制国民教育本科）；1989年6月，毕业待分配；1989年9月，阿克苏地区拜城县气象站实习；1990年1月，阿克苏地区人影办科员；1994年5月，农一师人影天气办副主任（正科级）；1996年3月，农一师人影天气办主任（副处级）；1999年7月，农一师人影天气办主任（正处级）；1999年12月，农八师石河子市环保局副局长；2001年7月，农八师一三五团党委常委、副团长（正处级）；2003年12月，农八师一四四团党委书记、政委（其间：2004年5月—2004年7月，兵团党委党校第27期进修二甲班学习）；2006年5月，农八师文化体育局党委书记、副局长；2008年12月，农八师文化体育局党委副书记、局长（其间：2012年2月—2012年9月，挂职任天业集团公司党委副书记，2006年4月—2009年12月，新疆财经大学工商管理硕士学位学习）；2012年10月，农八师一四三团党委副书记、团长；2012年12月，第八师一四三团党委副书记、团长；2016年6月，第八师一四三团党委书记、政委（其间：2016年9月—2017年1月，兵团党委党校第23期中青年培训一班学习）；2017年9月，第二师党委常委、副师长；2017年10月，第二师铁门关市党委常委、副师长；2017年11月，第二师铁门关市党委常委、副师长、政法委书记。

段小强，男，汉族，1968年5月生，陕西宝鸡人，1985年9月参加工作，1987年12月加入中国共产党，在职研究生学历（2003年7月首都师范大学马克思主义哲学专业毕业）。2009年12月副师级。2009年12月，农二师人民武装部党委书记、政委；2011年1月，农二师党委常委、人武部党委书记、政委；2012年12月，第二师铁门关市党委常委、武装部党委书记、政委。

祁建荣，男，蒙古族，1961年10月生，青海乐都人，1983年8月参加工作，1992年1月加入中国共产党，大学学历（1983年7月塔里木农垦大学农学系农学专业毕业），农学学士，高级农艺师职称。2011年8月副师级。1979年10月，塔里木农垦大学农学专业学生（全日制国民教育本科）；1983年7月，待分配；1983年8月，农二师二十三团九连技术员；1984年2月，农二师二十三团生产科参谋；1994年12月，农二师二十三团生产科科长；1995年9月，农二师二十三团总农艺师；1996年1月，农二师二十三团总农艺师、党委委员；1996年12月，农二师二十三团副团长、党委委员；1997年4月，农二师二十三团党委常委、副团长；1999年2月，农二师农业局挂职副局长；2000年5月，农二师农业局副局长；2001年12月，农二师农业局（林业局、畜牧局、农机局、乡企局）局长（其间：2003年9月—2003年12月，兵团党委党校第七届处长班培训学习；2004年10月—2004年12月，在上海市委党校学习；2005年8月，兵团党委党校中青年干部培训一班学习）；2011年8月，农二师总农艺师；2012年12月，第二师总农艺师。(2017年4月—2017年5月，国家行政学院新疆领导干部培训班学习)。

莫合塔尔·则克利亚，男，维吾尔族，1957年5月生，新疆图木舒克人，1974年9月参加工作，1979年2月加入中国共产党，自治区党校大学学历（2000年8月新疆维吾尔自治区党校经济管理专业毕业）。2007年6月副师级。1974年9月，农三师四十九团通讯员；1975年9月，农三师四十九团八连小学教员（代课）；1976年2月，库尔勒县武装部中队战士；1978年5月，巴州武警大队直属中队副班长、班长；1980年4月，巴州武警支队司令部排级翻译兼文书；1983年6月，巴州武警支队司令部副连职翻译；1986年5月，巴州博湖县武警中队队长；1987年5月，博湖县政府翻译科干部；1987年10月，巴州博湖纪检委纪检员（其间：1988年9月—1990年7月，自治区党校科学社会主义专业学习；1990年9月—1991年7月，天津大学管理工程系经济管理专业学习）；1991年10月，山东沂南县挂职任县经贸委主任助理；1992年9月，巴州博湖县粮食局党委副书记；1993年8月，巴州博湖县粮食局党委书记、局长；1995年2月，巴州博湖县县长助理、县经贸委主任；1996年3月，巴州和硕县副县长；1996年10月，巴州和静县委副书记（其间：1997年9月—2000年8月，新疆维吾尔自治区党校经济管理专业函授本科班学习）；2001年1月，巴州且末县委副书记、县长（其间：2004年3月—2005年1月，中央党校一年制新疆班学习）；2007年6月，农二师党委常委、副政委；2012年12月，第二师铁门关市党委常委、副政委；2016年9月，铁门关市委常委；2016年10月，第二师副师级干部；2017年6月，退休。

张卫，男，汉族，1958年4月生，山西临猗人，1976年8月参加工作，1981年10月加入中国共产党，中央党校大学学历（1998年12月中央党校经济管理专业毕业），经济师、高级政工师职称。2009年2月副师级。1976年8月，农六师一○三团五连职工；1977年7月，农六师一○三团劳资科科员；1978年12月，铁道兵第五师服役战士；1984年4月，农六师纪委干事、科员；1987年7月，农六师党委办公室秘书（1985年9月—1988年7月，新疆电大汉语言文学大专学习）；1991年8月，农六师五家渠联营棉纺织厂党委副书记；1992年9月，农六师五家渠联营棉纺织厂党委书记（其间：1995年4月—1995年8月，广东商学院企业经济法规培训班学习；1996年9月—1996年11月，跨世纪现代企业经济管理人才培训班学习）；1997年8月，农六师五家渠联营棉纺织厂党委副书记、厂长（1996年8月—1998年12月，中央党校领导干部函授本科班经济管理专业学习）；2001年8月，农六师经委主任、交通局局长；2004年6月农六师五家渠市国资委主任；2005年10月，农六师五家渠市党委书记、主任；2009年2月，农二师总工程师（其间：2009年9月—2009年11

月，兵团党委党校进修班学习）；2011年9月，农二师党委常委、副师长；2012年12月，第二师铁门关市党委常委、副师长；2016年9月，铁门关市委常委；2016年10月，第二师副师级干部。

毛国强，男，汉族，1960年7月生，山东博兴人，1978年11月参加工作，1980年12月加入中国共产党，中专学历（1981年7月新疆政法干校检察班毕业），二级高级法官职称。2012年11月副师级。1978年11月，农八师一二二团工程队工人；1979年10月，新疆政法干校79级检察班学生（全日制中专）；1981年7月，农八师下野地垦区人民检察院干部；1985年4月，农八师下野地垦区人民检察院副检察长（其间：1993年10月—1994年12月，新疆公安司法管理干部学院检察专业大专学习；1995年3月—1995年6月，最高人民检察院第八期全国高级检察官培训）；1996年4月，农八师下野地垦区人民检察院检察长；1999年10月，农八师人民检察分院检察委员会委员、副检察长（1999年7月—2000年7月，石河子大学成教院法律专业大专学习）；2003年6月，农八师中级人民法院党组成员、纪检组组长；2003年11月，农八师中级人民法院党组成员、纪检组长、审判员、审判委员会委员、副院长（2003年3月—2004年7月，乌鲁木齐职业大学法学专业学习）；2008年3月，农八师石河子市党委政法委副书记；2010年5月，农八师石河子市党委政法委常务副书记；2012年11月，农二师中级人民法院党组书记、院长；2012年12月，第二师中级人民法院党组书记、院长。

汪新民，男，汉族，1962年1月生，甘肃临洮人，1979年10月参加工作，1986年12月加入中国共产党，中央党校大学学历（2005年12月中央党校函授学院法律专业毕业），二级高级检察官职称。2017年3月副师级。1979年10月，农三师五十二团良种连职工；1984年9月，农三师五十二团劳改支队一中队干警；1990年10月，农三师图木休克垦区人民检察院驻监助检员；1994年3月，农三师图木休克垦区人民检察院驻场副科级检察员；1996年6月，农三师图木休克垦区人民检察院经济检察科科长、检察员（副科级）；1997年10月，农三师图木休克垦区人民检察院反贪科科长、正科级检察员；2000年2月，农三师图木休克垦区人民检察院反贪局局长、检察委员会委员（正科级）；2005年1月，农三师人民检察分院反贪局正科级检察员（2003年8月—2005年12月，中央党校法律专业本科学习）；2007年3月，农三师喀什垦区人民检察院党组书记、检察长；2009年3月，农三师图木舒克垦区人民检察院党组书记、检察长，图木舒克市人民检察院代检察长（副处级）；2010年1月，图木舒克市（图木舒克垦区）人民检察院党组书记、检察长；2010年2月，图木舒克市（图木舒克垦区）人民检察院党组书记、检察长（正处级）；2013年6月，第三师检察分院党组成员；2013年9月，第三师检察分院党组成员、副检察长；2017年3月，第二师检察分院检察长；2017年9月，第二师检察分院党组书记、检察长。

范筱芹，女，汉族，1960年6月生，浙江龙游人，1977年9月参加工作，1990年12月加入中国共产党，兵团党校研究生学历（2009年7月兵团党校研究生院经济管理专业毕业），高级会计师职称。2013年9月副师级。1977年9月，农二师三十六团工程连工人；1979年3月，农二师三十六团水工连统计、会计（其间：1983年2月—1983年6月，在兵团财校农牧企业会计培训班学习）；1984年2月，农二师三十六团生产一连会计；1988年8月，农二师三十六团计财科会计（其间：1990年6月—1991年6月，农广校农业系财务会计专业中专培训班学习）（1988年3月—1992年3月，农广校乡镇企业经营管理专业中专学习）；1993年3月，农二师三十六团计财科副科长（其间：1993年5月，在北京农垦干部管理学院新会计制度培训班学习）；1994年2月，农二师三十六团计财科科长（其间：1994年5月—1994年10月，在国家国有资产局国有资产产权管理培训班学习）；1996年5月，农二师三十六团总会计师；1998年7月，农二师三十六团党委常委、总会计师（其间：1998年9月—2001年7月，兵团党校财务会计专业大专学习；2001年4月—2001年7月，在兵团经济技术管理学院工商管理培训班学习）；2002年1月，农二师三十四团党委委员、总会计师；2002年12月，农二师三十四团党委常委、副团长；2003年11月，农二师二十三团党委书记、政委（2003年8月—2003年12月，辽宁省沈阳市审计局挂职）；2004年5月，农二师二十四团党委书记、政委；2005年5月，兼二十六团党委书记、政委；2006年3月，农二师二十四团党委书记、政委（其间：2006年9月—2009年7月，兵团党校经济管理专业学习；2012年5月—2012年9月，挂任张家口市政府副秘书长）；2013年8月，提名为铁门关市人大常委会主任候选人；2013年9月，铁门关市人大常委会主任（副师级）；2013年12月，铁门关市人大常委会党组书记、主任。

杨志成，男，汉族，1957年6月生，河南平舆人，1975年9月参加工作，1986年3月加入中国共产党，兵团党委党校大专学历（2000年7月兵团党委党校经济管理专业毕业），高级工程师职称。2013年9月副师级。1975年9月，农二师三十五团值班连战士；1978年12月，农二师三十五团修理连工人；1986年11月，农二师三十五团修理连副连长；1988年2月，农二师三十五团修理连连长；1990年8月，农二师三十五团生产科代副科长；1991年1月，农二师三十五团机务科副科长（其间：1992年8月—1993年7月，石河子农学院农机专业证书班学习）；1995年12月，农二师三十五团副团长；1997年12月，农二师三十五团党委常委、副团长（其间：1998年9月—1998年12月，企业领导干部工商管理培训班学习）（1997年10月—2000年7月，兵团党委党校经济管理专业学习）；2002年1月，农二师三十一团党委常委、副团长（2001年7月—2002年7月，石河子大学成教院农机专业学习）；2002年12月，农二师三十五团党委副书记、团长；2004年5月，农二师三十六团党委副书记、团长；2011年9月，农二师三十六团党委书记、政委；2013年8月，铁门关市政协主席；2013年9月，铁门关市政协主席（副师级）；2013年12月，铁门关市政协党组书记、主席。

杨义晓，男，汉族，1965年7月生，河南内乡人，1982年10月参加工作，1985年5月加入中国共产党，中央党校大学学历（2005年12月中央党校函授学院党政管理专业毕业）。2017年9月副师级。1982年10月，新疆武警总队一支队服役；1986年1月，库尔勒市公安局萨依巴格派出所干警；1989年4月，库尔勒市公安局刑警大队干警；1992年6月，库尔勒市公安局刑警大队科员（1989年9月—1992年8月，自治区党校函授政治管理专业大专学习）；1994年8月，库尔勒市公安局巡警大队队长；1994年11月，库尔勒市公安局巡警大队大队长（提享副科待遇）；1995年9月，库尔勒市公安局巡警大队大队长（正科级）；1997年8月，库尔勒市公安局副局长（其间：1997年8月—1999年12月，中央党校函授学院党政管理专业学习）；2000年8月，库尔勒市公安局副局长（副县级）；2001年8月，和硕县公安局党委书记、局长（副县级）（其间：2002年6月—2002年8月，参加全国公安局长政委脱产培训班）；2003年4月，焉耆县公安局党委书记、局长；2004年2月，焉耆县委常委、公安局党委书记、局长；2008年10月，巴州公安局党委委员、副局长（正县级）。（其间：2014年3月—2015年3月，自治州"访惠聚"活动驻英下乡其郎巴格村工作组组长）；2016年6月，巴州塔里木公安局党委副书记、局长；2017年3月，巴州网络安全和信息化工作委员会办公室主任兼州公安局党委委员、副局长；2017年9月，兵团公安局副巡视员，第二师铁门关市党委政法委副书记，第二师铁门关市公安局党委书记、督察长，第二师公安局局长；2017年11月，兵团公安局副巡视员，第二师铁门关市党委政法委副书记，第二师铁门关市公安局党委书记、局长、督察长。

（党委组织部）

• 先进集体 •

【国家级】 2017年，第二师铁门关市荣获的国家级先进集体如下：

全国文明村镇：三十一团二连。

全国文明单位：乌鲁克垦区人民法院、二十九团孔雀社区。

全国青年安全生产示范岗：新疆冠农绿原糖业有限公司动力车间汽轮班。

全国巾帼文明岗：焉耆医院普外科泌尿外科护理组。

全国巾帼脱贫示范基地：二十四团维雅农民养殖专业合作社。

国家级维护妇女儿童权益先进集体：第二师法律援助中心。

全国青少年五好小公民主题教育读书活动先进集体：第二师铁门关市教育局。

全国"五好"县级工商联：第二师铁门关市工商联。

【（自治区）兵团级】 2017年，第二师铁门关市荣获的兵团级先进集体如下：

自治区纪检监察系统先进集体：三十四团纪委。

兵团示范文明单位：乌鲁克垦区人民法院、新疆冠农果茸集团股份有限公司机关。

兵团文明单位：焉耆医院、库尔勒金川矿业有限公司、乌鲁克垦区人民检察院、传媒中心、博斯腾宾馆、党委党校、天泰电力有限责任公司、天润农资有限责任公司、华山职业技术学校、社会保险事业管理局、焉耆垦区人民法院、公安局、中联客运有限公司、中级人民法院、检察院二师分院、塔里木水管处、库尔勒垦区人民检察院。

第一届兵团文明校园：八一中学、三十二团中学。

兵团劳模和工匠人才创新工作室：二十九团林管中心王秀琴创新工作室。

兵团"安康杯"竞赛优胜班组：三十三团加工总厂一分厂126车间王映军班组。

关爱职工好企业：天泰电力有限责任公司。

兵团五一巾帼标兵岗：华山职业技术学校培训中心。

兵团青年五四奖章集体：第二师焉耆垦区公安局哈木胡提派出所。

第四批兵团青少年维权岗：第二师乌鲁克垦区人民检察院、第二师华山中学、三十六团司法所。

兵团优秀少先队中队：

第二师华山中学七（7）中队、二十九团孔雀中学六（3）中队、三十团中学彩虹中队、三十四团中学二（2）中队。

兵团优秀少先队大队：第二师二二三团中学少先大队、三十一团中学少先大队、三十四团中学少先大队。

兵团级巾帼脱贫示范基地：二十四团维雅农民养殖专业合作社、二十四团德鑫商贸公司（北虫草种植）、二十五团巧美手工编织合作社、二十九团世景种禽养殖场、三十一团手工编织合作社。

兵团级"民族团结一家亲"家庭教育情景剧决赛单位：二十四团。

第十批"兵团和谐示范社区"：二十二团幸福社区、二十四团顺祥社区、二十九团河北花苑社区、三十三团拥军社区、三十四团金鹿社区、明祥社区。

兵团司法行政系统目标考核先进单位：第二师司法局。

· 先进个人 ·

【国家级】　2017年，第二师铁门关市荣获的国家级先进个人如下：

全国五一劳动奖章：华山中学刘小丽。

全国基层广播影视统计先进工作者：第二师铁门关市宣传部刘明星。

全国纪检监察系统嘉奖：第二师铁门关市纪委何小军。

全国人社系统先进工作者：第二师社会保险事业管理局胡晓燕。

国家级巾帼建功标兵：三十一团6连职工张英。

国家级最美家庭：第二师师直幼儿园赵俊家庭。

【（自治区）兵团级】　2017年，第二师铁门关市荣获的兵团级先进个人如下：

纪检监察嘉奖：第二师铁门关市纪委崔茹。

兵团"安康杯"竞赛先进个人：金川集体公司李艳。

兵团五一巾帼标兵：焉耆医院赵永红。

兵团优秀少先队员：第二师华山中学学生孙悦琦、刘潇蔓、二十一团中学学生夏薇、二十四团中学学生谢彭羽、二二三团中学学生尹珊珊、三十三团乌鲁克中学学生姚妤媗。

兵团优秀少先队辅导员：二十二团中学教师田振方、三十四团中学教师张玉萍。

兵团支持少先队工作好校长（书记）：二十二团二中党支部书记蔡伟、八一中学副校长陈江荣。

兵团级双合格好家长：二十九团梨华中学李媛、第二师公安局指挥中心陈剑、八一中学彭亮伟、二十七团中学唐歆杰、三十六团中学潘怡婷、华山中学刘潇蔓。

兵团级"女性网络服装设计大赛"银奖：八一中学褚文艳。

兵团级"女性网络服装设计大赛"铜奖：二十九团赵桂兰。

兵团司法局个人二等功表彰：第二师司法局张勇。

兵团访惠聚先进个人：二十九团司法所马季。

· 全国五一劳动奖章 ·

刘小丽，女，汉族，1970年1月出生，本科，中共党员，第二师华山中学小学语文教师。在28年的教师生涯中，她多次用自己的工资为学生购买书籍和学习用品，经常将贫困学生接到自己家里吃住，还将自己家的电脑送给学生。在班级管理中，勇于创新和实践，开展"读经典的书、做有根的人"等系列读书活动。多次举办家庭读

书会。开展"故事妈妈讲故事""亲子共读一本书""爸爸讲历史故事"等亲子读书活动。她所带的学生在学校组织的广播操、诗文诵读、艺术节、跳绳、拔河等各项比赛中总能取得良好的成绩;在纪律、学习、卫生等方面也成绩突出;所带班级连续5年被评为文明班级和特色班级。自2013年以来,3次赴第十四师皮山农场和皮山县开展援教。先后获得第二师优秀班主任、兵团优秀支教教师、第二师优秀教师、兵团五一巾帼标兵、巴音郭楞蒙古自治州民族团结先进个人、巴音郭楞蒙古自治区州先进工作者、第二师道德模范和兵团第五届道德模范等称号。2017年,被授予"全国五一劳动奖章"称号。

(夏 滢)

· 逝世人物 ·

王德昌,男,汉族,原农二师党委书记、师长,1932年12月出生,2017年6月6日逝世,甘肃临潭人。1949年8月参加工作,1958年12月加入中国共产党。1949年8月至1952年1月,历任一兵团军政干部学校二军教导团学员、十八团文教、参谋;1952年1月至1955年3月,历任农二师六团司令部办公室秘书、副主任;1955年3月至1958年1月,历任农二师六团会计室副主任、主任;1958年1月至1962年7月,任农二师一管处经管科科长;1962年7月至1977年5月,历任农二师六团计财股长、二十九团十三连连长、后勤处副处长;1977年5月至1988年1月,历任农二师二十九团副团长、团长、党委书记;1988年1月至1988年12月,任农二师党委副书记、师长;1988年12月至1993年9月,任农二师党委书记、师长、巴州党委常委;1993年9月至1998年2月,任兵团党委政策研究办公室、兵团体制改革委员会特约研究员;1998年2月离休。

王德昌任农二师二十九团党委书记、团长期间,从团场的长远发展着眼,率先解决职工饮水安全,推行经济体制改革,发挥大农场在规模、技术、劳动技能上的优势。任农二师党委书记、师长期间,深化经济体制改革,加强水利、能源、科教等基础建设,完成卡拉水库、大西海水库加固、库塔输变电等重大工程。王德昌是第三届兵团党委委员,第十届农二师党委委员。1953—1955年荣立二等功1次、三等功2次,1984—1987年获农二师劳动模范、优秀共产党员和全国优秀经营管理者称号,1986年获兵团劳动模范称号,并荣获全国"五一"劳动奖章,1991年获新疆军区、自治区党委关心国防建设领导荣誉称号,1992年当选党的十四大代表和自治区第八届人民代表大会代表。

(刘省委)

谷其祥,男,汉族,原农二师党委常委、纪委书记,1932年3月出生,2017年11月逝世,河北晋县人。1948年2月参加工作,1949年6月加入中国共产党。1948年2月至1949年10月,任华东军区文化干部学校三分队副区队长;1949年11月至1952年12月,任二军六师十七团政治处干事;1953年1月至1956年5月,历任农二师水工团四大队副政治指导员、指导员;1956年6月至1958年4月,历任农二师水工团

组织股股长、工会副主席；1958年4月至1960年4月，历任农二师塔四场政治处副主任、主任；1960年4月至1970年2月，任农二师塔二场副政委；1970年2月至1982年8月，历任农二师三十四团副政委、政委、党委书记；1982年8月至1985年4月，任农二师政治部副主任；1985年4月至1993年12月，任农二师党委常委、纪委书记；1993年12月离休。

谷其祥于1949年随部队进疆，中华人民共和国成立后，转业参加农场建设，任农二师三十四团党委书记、政委。其间，坚决执行党的十一届三中全会以来的路线、方针、政策，锐意改革，提出并实施了一系列重大决策，大力推行科学化、专业化生产经营方式，为提高国营农场经济效益做出了突出贡献。谷其祥是第十届农二师党委委员。1948—1955年获特等功1次、一等功1次、二等功1次、三等功3次。

（刘省委）

曹登珏，男，汉族，原农二师总工程师、副师级调研员，1941年9月出生，2017年11月逝世，山东青岛人。1963年8月参加工作，1973年9月加入中国共产党。1958年9月至1963年9月，在青岛纺织专科学校棉纺专业学习；1963年9月至1980年4月，任农二师纺织厂技术员、副科长；1980年4月至1984年3月，任农二师纺织厂副厂长；1984年3月至1988年1月，任农二师司令部副参谋长；1988年1月至2001年2月，任农二师总工程师；2001年2月至2001年10月，任农二师副师级调研员；2003年4月退休。

1968年，曹登珏响应祖国号召，参加边疆建设，到兵团二师纺织厂工作，在纺织厂工作期间加强技术创新和经营管理，从事三万锭棉纺织厂的设计建设工作，为企业的发展上规模和运转规范化做出了突出贡献；任农二师总工程师期间，对分管的工作尽职尽责，为师工业结构调整、农电网改造、科技人才选拔培养等作出了重要贡献。曹登珏政治立场坚定，党性原则强，工作经验丰富，服从组织决定，从来不讲条件，从来不计得失，对上级交办的各项工作任务不折不扣完成，为经济社会发展做出了贡献。曹登珏是第十届农二师党委委员。1966年获得农二师学习毛泽东思想积极分子称号。

（刘省委）

附 录

规范性文件

关于印发《第二师铁门关市安全生产"十三五"规划》的通知

师市办发〔2017〕40号

各团场（镇）、企事业单位，师市机关、政法机关各部门：

《第二师铁门关市安全生产"十三五"规划》已经师市同意，现印发给你们，请结合实际认真贯彻执行。

第二师铁门关市人民政府办公室（代章）

2017年5月27日

第二师铁门关市安全生产"十三五"规划

一、现状与形势

(一)"十二五"期间安全生产取得的成效

"十二五"期间,第二师铁门关市(以下简称"师市")认真贯彻落实党中央、国务院和兵团关于安全生产工作的一系列决策、部署,始终坚持以科学发展观统领全局,师市上下牢固树立"发展绝不能以牺牲人的生命为代价"的红线意识,坚持安全发展,坚持"安全第一、预防为主、综合治理"的方针,牢固树立安全发展理念,将安全生产作为转变经济发展方式、保障和改善民生的重要措施,深入开展安全生产"打非治违"、专项整治等一系列活动,落实安全生产责任,开展隐患排查治理,积极推进企业安全标准化工作,加快安全生产基础保障能力建设,推动了安全生产形势持续稳定好转,全面完成了安全生产"十二五"规划目标任务。"十二五"期间,师市共发生安全生产事故3起,死亡3人。师市"十二五"期间安全生产工作主要取得以下成效:

1. 在师市党委的正确领导下,安全生产死亡人数及事故起数均在兵团下达指标之内。师市荣获"兵团安全生产先进师"三次,师市安监局2012年荣获"安全生产监察系统全国先进集体"。

2. 建立安全长效机制,完善安全管理体系。师市先后印发了《新疆生产建设兵团第二师关于加快构建新形势下安全生产长效机制的实施意见》《第二师铁门关市"党政同责、一岗双责、齐抓共管"的暂行办法》,修订了《第二师铁门关市安全生产奖惩考核办法》,用制度规范行业的安全职责,形成安全监管的合力。

3. 提高安全生产基础建设。以安全生产标准化达标建设为抓手,通过达标促进企业的硬件基础的提高,规范企业的管理和员工基础培训,从而全面夯实安全生产的基础。

4. 安全生产应急、宣教、培训工作取得长足发展。协助兵团开展矿山应急救援大赛两届,参加国家危化品应急救援大赛学习两次。紧紧围绕新《安全生产法》多次开展宣传贯彻,举办专题培训班两次,每年按时开展矿山救护队培训、烟花爆竹培训、特种作业培训,提高广大职工群众安全生产意识。开展了"安全生产年""安全生产月""安全生产应急演练周""安康杯知识竞赛""安全培训下基层"等一系列安全生产宣传、教育培训活动,充分发挥安全生产文化引领作用,形成人人重视安全、关心安全的良好氛围。

(二)存在的主要问题

1. 安全生产治理能力有待提高。有的地方没有把安全生产作为公共安全的重要组成部分和提高社会治理能力的重要内容,并纳入国民经济和社会发展规划统筹协调推进。重发展、轻安全,在招商引资、项目建设上,安全生产规划、审批把关不严。安全生产预防控制体系不健全,事故管控能力不强。影响和制约安全生产的一些深层次问题尚未得到根本解决。

2. 企业安全生产主体责任落实不到位。有的企业法治观念淡薄,安全生产基础差,安全投入不足,设备陈旧老化,公共基础消防设施建设严重滞后,跟不上小城镇及工业化发展水平,社会福利机构的隐患整改资金无从落实。安全保障水平不高,安全教育培训不到位,安全隐患排查治理不彻底,非法违法生产经营建设行为时有发生。

3. 安全生产基础薄弱的局面尚未根本改变。部分高危行业企业和早期建设的中小企业潜在的安全隐患逐步显现，"先上车，后买票"的问题仍然存在，导致个别企业先天不足，治大隐患、防大事故的任务十分繁重。应急救援体系有待健全，应急救援装备不足，应急救援能力不能满足救援实际需要。

4. 安全监管和业务保障能力与繁重的工作任务不相适应。基层应急管理、职业健康等机构未全部组建到位，人员严重不足，专业人员匮乏，执法人员业务能力有待提高，监管执法装备使用率低，智能化、信息化水平较低。

5. 职业病危害防治工作有待加强。部分用人单位职业卫生基础工作薄弱，对职业病防治工作重视程度不够，未认真执行《职业病防治法》。部分企业未建立与监管任务相适应的监管机构，未申报职业病危害项目，职业病防治宣传工作针对性不强，劳动者对职业病危害与防护缺乏了解。

（三）"十三五"期间面临的机遇和挑战

十八大以来，党中央、国务院高度重视安全生产工作，要求加强党对安全生产工作的领导，坚持人民利益至上，提高风险防范能力，让人民更好地享有安全工作、健康生活的权益，这些新理念、新思想、新战略，为做好安全生产工作提供了理论指导和坚强保障。"四个全面"战略构想，"创新、协调、绿色、开放、共享"五大发展理念，经济产业结构调整升级、供给侧改革、工业化与信息化深度融合等重大决策，为推动安全生产治理能力现代化指明了努力方向和实现路径，安全生产跨进了与经济社会协调可持续发展的新征程，安全发展空间更加广阔。

"十三五"时期是全面建成小康社会的关键时期，是维护社会稳定和长治久安的重要时期。安全生产改革创新，体制机制不断完善，为安全生产提供了新动力和新机遇，同时也面临新挑战：

1. 经济下行压力较大，安全投入资金紧张。"十三五"时期，经济增长将继续减缓，随着经济由高速增长转为中高速增长，企业发展势头减缓，用于安全生产的投入会相对减少，给企业安全生产带来不利影响。

2. 从业人员对安全生产、职业健康维权意识不断增强，安全生产治理能力尚不能满足新形势的需要。安全生产与社会稳定相互交织、错综复杂，做好安全生产具有特殊的意义。

3. 煤矿、非煤矿山、化工、建筑施工、道路交通等高危行业领域项目不断上马，安全生产监管压力加大。随着师市的经济发展，化工、建筑、道路等建设工程的不断上马，给安全生产监管工作带来了巨大的压力。

4. 非传统高危行业安全风险凸显。随着城镇化较快发展，城市燃气、冷库仓储、纺织等劳动密集型生产加工企业、高层建筑、养老院、学校等方面的安全监管要求不断提高。

5. 应急救援体系相对薄弱。师市工业化、城镇化建设不断加快，化工企业在未来五年作为重点推进工作，相应的应急保障体系尚未建立，铁门关市及园区没有相应的应急救援队伍，应急救援主要依托地方应急救援体系，比较薄弱。

6. 专业人才相对不足。现有安全监管体系中，安全专业较少，获得相应职称的技术人员更少。师市新建化工、冶金等高危项目较多，注册安全工程师数量较少，不能满足国家在矿山、危化品生产、经营、储存、冶金行业必须配备注册安全工程师的要求。

二、指导思想、基本原则和规划目标

（一）指导思想

全面贯彻党的十八大和十八届三中、四中、五中、六中全会精神，以邓小平理论、"三个代表"重要思想、科学发展观为指导，深入贯彻习近平总书记系列重要讲话精神和治国理政新理念、新思想、新战略，进一步增强"四个意识"，紧紧围绕统筹推进"五位一体"总体布局和协调推进"四个全面"

战略布局，牢固树立新发展理念，坚持安全发展，坚守发展绝不能以牺牲安全为代价这条不可逾越的红线，以防范遏制重大生产安全事故为重点，认真落实"安全第一、预防为主、综合治理"的方针，实行"党政同责、一岗双责、齐抓共管、失职追责"。推进依法治安、安全生产管理体制机制改革创新，加大安全监管执法力度，强化预防治本，提高安全生产治理能力和安全生产保障水平。建立风险识别和预警机制，提高事故应急处置能力，有效防范和化解事故风险；强化安全科技支撑保障，夯实安全生产基层基础，推动实现安全生产形势的根本好转，为社会稳定和长治久安提供良好的安全生产环境。

（二）基本原则

1. 安全第一，预防为主，综合治理。坚持"安全第一，预防为主，综合治理"安全生产方针，把人身安全放在第一位，搞好科学预测与分析，加强安全科学管理。

2. 以人为本，安全发展。坚持发展不能以牺牲人的生命为代价，更加注重职业健康，改善作业环境。

3. 改革创新，依法治理。坚持目标和问题导向，注重依靠科技支撑、信息化和管理创新，发挥社会力量和市场作用，深化体制机制改革，推动安全生产治理现代化。提升能力，依法行政，运用法治思维和手段解决安全生产面临的矛盾与问题。

4. 源头管控，标本兼治。加强危险源监控和事故隐患排查治理，加强风险预控管理，将安全生产贯穿于规划、设计、建设和生产经营各环节，化解各类风险。提升生产经营单位本质安全水平，有效遏制重特大事故。

5. 系统治理，全面共治。严密层级治理和行业治理、行政治理、社会治理相结合的安全生产治理体系，组织动员各方面力量实施社会共治。综合运用法律、行政、经济、市场等手段，落实人防、技防、物防措施，提升全社会安全生产治理能力。

（三）规划目标

到 2020 年，事故风险预控水平进一步提高，从业人员安全技能和全社会安全意识不断提高，安全生产基层基础工作不断加强，职业健康危害治理工作有效推进，企业安全保障能力不断增强，行政安全监管能力明显提升，安全生产体制机制建设稳步推进，继续降低事故总量和伤亡人数，有效防范和遏制重大事故，促进安全生产状况持续稳定好转，为师市跨越式发展和长治久安创造良好的安全生产环境。

综合指标（相比 2015 年）：

1. 各类事故死亡人数控制在兵团下达指标以内。

2. "十三五"期间较大以上事故实行零控制。

3. 年均一般事故起数控制在 2 起以内。

4. 亿元生产总值生产安全事故死亡率控制在兵团下达指标以内。

5. 工矿商贸企业就业人员十万人生产安全事故死亡率控制在兵团水平以内。

6. 年均新发职业病病例控制在稳定水平。

专项指标（相比 2015 年）：

1. 煤矿百万吨死亡人数控制在 0.3 人以下。

2. 火灾（消防）十万人口死亡人数控制在 1 人以内。

3. 建筑施工事故死亡人数控制在 2015 年水平。

4. 农业机械万台死亡人数控制在 1 人以内。

5. 特种设备万台死亡人数控制在 0.3 人以下。

三、主要任务

（一）全面落实企业主体责任

1. 提高企业安全管理能力。按照国家及兵团要求，实行安全生产五落实，五到位；推进企业安全生产标准化达标建设；加强安全培训；完善应急救援，定期组织演练。落实"红线意识"，在矿山、危险化学品、金属冶炼、粉尘涉爆、建筑施工、农业机械等高危行业（领域）推行隐患排查治理、风险等级管控双重预防性工作机制。推行中小企业安全生产责任告知承诺制度。

2. 落实企业安全生产主体责任。推动企业安全责任到位，落实企业安全生产主体责任，落实安全生产"党政同责"，生产经营单位主要负责人对本单位安全生产全面负责，党委书记、董事长、总经理对本企业安全生产工作共同承担领导责任。所有领导班子成员对分管范围内安全生产工作承担相应职责。依法设置安全生产管理机构，配齐配强安全生产管理人员。按照规定足额提取和使用安全生产费用，专门用于改善安全生产条件。对从业人员进行安全生产教育培训，保证从业人员具备必要的安全生产知识。开展经常性安全生产隐患排查治理，开展安全生产标准化建设。制定针对性、可操作的生产安全事故应急救援预案，定期组织演练。落实安全生产报告制度，定期向董事会、业绩考核部门报告安全生产情况，并向社会公示。

（二）进一步完善安全生产监管和监督体系

1. 深化安全生产管理体制机制改革。一是完善安全监管部门综合监管职能，调整和规范有关部门安全监管职能，强化安全监管部门在安全生产中的综合协调作用。建立安全生产与职业卫生一体化综合监管执法。科学定位，厘清各级、各行业安全监管职责。二是加强企业安全生产诚信体系建设。建立安全生产承诺制度，推动企业向社会和全体员工公开安全承诺。对生产经营单位有违反承诺等情形的，列入安全生产不良信用记录。建立师市企业安全生产诚信建设体系及信息化平台，2018 年底前，各重点行业（领域）企业安全生产诚信体系全面建成；2020 年底前，所有行业（领域）建立、健全安全生产诚信体系。三是简化行政审批。根据国家简政放权有关要求，按照透明、高效、便民原则，进一步取消或下放一批安全生产行政审批事项。

2. 落实安全监管职责。按照"管业务必须管安全、管行业必须管安全、管生产经营必须管安全"的要求，落实行业领域安全生产监督管理责任。健全部门安全监管工作机构、明确工作职责、充实专业力量。落实日常监督检查和指导督促职责，加强本行业领域安全生产监管执法。负有行业领域管理职责的有关部门将安全生产工作作为行业领域管理工作的重要内容，切实承担行业安全生产管理责任。落实安全生产工作考核奖惩、"一票否决"等制度，按照"谁主管、谁负责，谁审批、谁负责"的原则，督促落实企业安全生产主体责任。落实有利于安全生产的政策措施，推进产业结构调整升级，在涉及项目规划、立项、设计、建设和验收，行政许可、资质认定等事项中，严格行业准入条件。

3. 利用市场机制推动安全生产。落实国家、兵团严重危及生产安全的工艺、设备淘汰目录。制定师市安全生产领域"政府购买服务"实施办法。在所有煤矿、非煤矿山、危险化学品等高危行业企业推行安全生产责任保险，根据企业上一年安全生产事故情况确定不同的缴费额度。建立完善安全生产诚信体系和"黑名单"制度，2018 年底前，建立企业安全生产违法信息库。建立完善师市安全生产专家队伍和服务机制。扶持科研院所、行业协会、专业服务组织和注册安全工程师事务所参与的安全生产工作。制定安全生产专业技术服务机构发展规划。加强安全生产专业服务的过程管理，采取多种措施，督促相关机构完善服务质量控制体系。

（三）强化重点行业（领域）监管和隐患治理

1. 煤矿。推进煤矿矿井安全生产设施建设和安全管理工作，实现"机械化换人、自动化减人"。推进现代化煤矿建设，通过关闭退出、兼并重组、改造升级等方式，淘汰落后和不安全产能。大力推进煤矿机械化改造，到 2020 年，煤矿机械化开采达到 90% 以上。金川煤矿保持安全质量标准化一级。推进煤矿信息化、自动化建设，到 2017 年，全部完成矿井六大系统建设，实现"兵—师—矿"三级安全监管、监控系统联网。继续开展瓦斯、水、火、顶板、粉尘、机电运输灾害严重矿井专项整治，推进矿井隐蔽致灾因素排查治理。鼓励企业与疆内外科研院校开展煤矿安全技术合作，提升企业灾害治理能力。推进煤与瓦斯突出矿井先抽后建，实现高瓦斯、煤与瓦斯突出矿井先抽后掘（采），抽采达标。

2. 非煤矿山。推进非煤矿山整顿关闭工作，关闭不具备安全生产条件的非煤矿山。建立健全非煤矿山安全风险分级监管体系，按照安全生产事故风险等级分级，实施差别化、动态化和网格化监管。加强矿山安全生产信息化建设，推进露天矿山边坡在线监控，到2020年，在线监控系统安装率均达100%。加大示范矿山建设力度，建设一批"机械化换人、自动化减人"示范矿山。落实采矿权人的主体责任和承包单位的安全管理责任，发包单位与承包单位100%签订安全生产协议。

3. 危险化学品。严格资质和标准管理，限制低水平、小规模、高风险、高污染的危险化学品生产、储存项目。推动危险化学品企业生产装置和储罐区安全技术改造，调整优化危化品产业功能分布。加强对化工园区总体规划、化工企业的安全评价与监管，建立安全检查、整治长效机制。开展危险化学品重大危险源专项治理，全面评估重大危险源风险，加强风险管控。进一步完善师市各部门应急联动协调机制，加强部门间应急能力和事故应急处置评估。规范企业应急管理工作，推动企业应急预案编制、评审、备案工作。建立健全应急培训、应急演练机制，提高企业先期应急处置能力。规范危险化学品应急救援队伍建设和训练。到2020年，新建企业入园率、立项审批率、油气管道隐患整改率、管道项目"三同时"备案审查率、"两重点一重大"装置自动化改造率均达到100%，隐患整改率均达98%以上。危化行业企业标准化达标率100%。

4. 烟花爆竹。严格烟花爆竹安全准入条件，建立烟花爆竹"打非"联动工作机制，严厉打击非法生产经营储存烟花爆竹行为。建立以烟花爆竹批发企业为龙头，以长期零售单位为骨干、临时零售单位为末端的烟花爆竹连锁经营模式，形成统一、规范的烟花爆竹连锁经营网络，落实烟花爆竹"八个统一"规定，提升烟花爆竹经营销售环节安全管理水平。

5. 建筑及市政工程。加强工程建设全过程的安全监管，依法严厉打击降低安全生产条件等违法违规行为，建立健全建筑行业的安全管理制度及施工企业安全生产诚信体系，完善失信惩戒制度。以保障性住房等各类民生工程为重点，开展工程建设过程中重点环节、重点部位的安全生产隐患专项治理活动，加强对机械伤害、坍塌、触电、高处坠落等多发性事故和危险性较大分部分项工程安全监管，危险性较大且超过一定规模的分部分项工程100%开展专家论证。2017年底前，完成建筑安全生产责任主体诚信体系建设。积极推动市政公用安全设施"三同时"建设。推进住房和城乡建设系统安全生产应急救援指挥中心建设。加强城市燃气、城市地下管廊等市政公用系统施工工程建设、运营安全管理，加快市（镇）公共基础建设、消防设施建设。持续开展"三项岗位人员"、施工人员等安全教育培训工作。推动施工现场安全标准化达标率的提示，到2020年，全市建筑施工现场安全质量标准化率达到95%以上。

积极推动城市供水、热力等市政公用行业安全设施"三同时"建设。深化市政公用设施、公共基础消防设施隐患排查治理，加强城镇燃气设施和地下市政管网设施维护和施工作业的安全管理。加强对抢修、疏通城市市政管道等特殊行业作业人员的安全培训，增强作业人员预防和处理中毒窒息等事故的专业技能。

6. 特种设备。建立以多元共治为特征、以风险管理为主线的特种设备安全治理体系。加强重点设备和薄弱环节的安全监察，创新企业主体责任落实机制，完善特种设备隐患排查治理和安全防控体系，遏制重特大特种设备事故。搭建特种设备公共服务平台，为特种设备生产、使用单位及公众提供特种设备安全状况和作业人员信息查询等公共信息服务。建立完善特种设备日常安全评估体系，以起重机械、高压容器、电梯等为重点，严格落实特种设备安全技术档案管理制度。建立重点设备动态监控机制。建立特种设备安全管理追溯体系。实施特种设备分类监管，对系统性、广泛性和重大的事故风险实施监测预警，对特种设备重大危险源实施治理监控，对特种设备事故及时做出应急反应和妥善处置，科学实施特种设备事故调查处理。到2020年，特种设备检验率达到90%以上，特种操作人员持证率达到98%以上。

7. 农业机械。完善农业机械安全监管体系，加强安全监理队伍建设和装备建设。加强危及人身财产安全的农业机械安全监管与检验，建立健全农机安全生产事故应急处理中心，深入开展"创平安农机，促进新型团场建设"活动，建立"平安农机"示范团场。加大农机安全监理基础设施及装备建设，到2020年，师市配备使用农机安全技术检测设备。每年反光膜粘贴率达到100%，到2020年，师市农业机械挂牌率达到95%以上，驾驶操作人员持证率达到90%以上。加强农机安全宣传教育，提高农机驾驶人员的安全意识和安全技能。

8. 道路交通。（1）在公路养护领域，重点围绕团场公路急弯陡坡、临水临崖等重点路段、危旧桥梁防护改造及标识标线标牌维护更新等，开展安全生产隐患排查治理，加强公路安全生命防护工程建设。开展公路防洪设施建设，不断提升公路防洪保通能力；（2）在道路运输监管领域，重点围绕营运班线车辆安全技术状况、营运班线车辆驾驶员资格和客运站"三不进站、六不出站"制度落实等，采取"四不两直"、暗查暗防、突击检查和"双随机"的方式方法，开展安全隐患排查治理。健全和完善危险货物运输安全管理体系和监督检查体系，加强危险货物运输安全监管。严厉打击旅游大巴、班线客车的非法改装、非法运营、严重超速超员行为。健全团场客运服务和安全管理体系，完善道路运输场站、客车监控系统及值班管理；（3）水上交通安全方面，加大水上船舶安全技术、船员资质及各项制度的落实，确保水上旅游等安全；（4）路政行政执法工作以公路交通超限运输专项治理为重点，开展安全隐患排查治理。强化日常路面巡查，完善道路交通设施及重点水域监控系统及值班管理；（5）在交通工程建设领域，不断推进新建、改建、扩建道路项目的安全设施同设计、同施工、同时投入使用"三同时"原则，重点围绕施工驻地、高边坡施工、桥梁围堰施工、墩柱施工、梁板施工、支架作业施工、施工机械作业、沥青拌合设备操作、便道养护管理等开展隐患排查治理。

规范安全经费的预算管理，保障安全生产工作经费足额及时到位，加强安全经费的使用监督。强化安全生产应急预案管理，完善应急预案体系，有针对性开展应急演练，提高应急救援和公路保通能力，强化应急物资、人员运输的科学性和实效性，提高行业各部门之间的协同联动水平。

9. 消防。推进师市消防工作社会化。加强铁门关市城市城镇和团场消防规划编制、修编和审批。加强城市和城镇消防站和专职消防队建设，明确消防队（站）用地布局、消防供水建设等要求。加强消防训练基地和战勤保障大队建设，到2018年底前，完成消防队（站）建设任务。按照兵团防火委要求，加速推进便民警务站、微型消防站及社区微型消防站建设，强力推进社会单位检查消除火灾隐患、组织扑救初起火灾、组织人员疏散逃生、消防宣传教育培训"四个能力"建设。到2018年底前，所有消防安全重点单位和人员密集场所一般单位"四个能力"建设100%达标。全面夯实师市火灾防控组织建设、设施建设、队伍建设和群防群治工作"四个基础"。2018年前，所有团场、社区（连队）要按照有关规定建成微型消防站。火灾防控"四个基础"（组织建设基础、设施建设基础、群防群治建设基础、队伍建设基础）100%达标。

健全完善装备保障体系，逐步实现装备发展从数量规模型向质量效能型转变，2020年底前，铁门关市公安特勤消防站的车辆、

· 467 ·

装备器材、个人防护装备达到部队新编制要求。中心团场、一般团场应配置2辆城市消防主战车，进入团场1辆城市消防主战车及相关配套的装备、器材、个人防护用品等。继续深入开展消防宣传"七进"活动，加强消防科普教育基地和"消防安全教育示范学校"创建工作。2017年底前，争取建成1所消防科普教育基地；2018年底前，至少创建1所"消防安全教育示范学校"；2020年底前，至少创建2所"消防安全教育示范学校"。依托公安消防队伍建立政府综合性应急救援队伍，加快综合性应急救援队伍建设和专业消防队伍建设，依托政府应急指挥中心、公安110指挥中心或消防指挥中心，完成师市重点单位消防物联网建设，实现远程、智能、全方位监控。建立师市、团场、社区（连队）三级响应和指挥体系。

10. 机械、轻工、建材、冶金。落实冶金有色金属行业建设项目安全评价、安全设施设计审查，提升监管能力和执法队伍装备，加强建设项目安全设施竣工验收监管。强化外委外包工程安全风险预警。健全劳动密集型加工企业安全防护设施，完善有限空间作业、交叉检修作业等高危作业的安全操作规范。落实"谁检查、谁签字、谁负责"的责任体系。加快淘汰落后设备和工艺，促进企业安全技术转型升级。强力推动企业安全生产标准化建设，到2020年，规模以上企业安全生产标准化力争100%达标。

11. 职业卫生。建立健全职业病防治责任制，存在职业病危害的用人单位按规定设置职业卫生管理机构，配备专职或兼职职业卫生管理人员。制定职业病防治规划和实施方案，落实各项预防、控制措施，加强职业健康监护管理，规范用人单位用工行为。加强职业卫生监管队伍建设，配足监管人员和配备必要的设备。加强培训，提升监管执法能力。充分利用现有资源，加强专业人才队伍建设，逐步完善覆盖城乡的职业病危害因素检测和评价、职业健康检查、职业病诊断治疗等职业病防治网络。到2020年，存在职业病危害的用人单位主要负责人和职业卫生管理人员的职业卫生培训率分别达95%以上，用人单位职业病危害项目申报率达85%以上，工作场所职业病危害因素定期检测率达80%以上，从事接触职业病危害作业劳动者的职业健康检查率达90%以上。

12. 事故预防。针对高危工艺、设备、物品、场所和岗位，建立分级管控制度，制定落实安全操作规程。建立和完善安全告知制度，在重点部位设置标示及应急设施，开展从业人员培训教育。

（四）推进依法治安

1. 宣传贯彻落实新《安全生产法》及其配套法规。将宣传贯彻落实新《安全生产法》及其配套法规作为依法治安、强化安全生产红线的战略举措，确保全面落实，着力形成全社会规范的安全生产法制秩序。围绕"五落实"的要求，加快完善师市安全生产配套性制度，形成适合师市的安全生产工作举措和办法，推动安全生产工作走上规范化、制度化和法制化轨道。鼓励大型企业根据科技进步和生产发展率先制定新产品、新材料、新工艺企业安全技术标准。

2. 严格安全生产准入。师市、团场、工业园区要把安全生产条件作为产业规划、城市建设规划和重大项目建设的重要内容，从源头把好安全生产关。在招商引资和建设产业园区以及新建、改扩建工程项目过程中，要严格执行安全生产标准，落实安全生产设施同时设计、同时施工、同时投产使用规定。各级负有安全监管职责的部门要严格执行高危行业安全生产准入制度，在核准审批建设工程项目时，要按照国家有关规定对安全生产条件进行审查。凡未进行安全生产条件和职业病危害防护设施审查或经审查不符合标准要求、违规建设的，要立即停止建设，情节严重的实施关闭取缔。对违规降低安全生产标准造成后果的，要追究负有责任的党政领导干部和相关人员的责任。

3. 规范企业安全生产经营行为。督促各类企业严格执行安全生产法律、法规和标准，杜绝违章指挥、违章作业和违反劳动纪律行为，确保安全生产。企业主要负责人、实际控制人要切实承担安全生产第一责任人的责任,健全安全生产责任制,完善安全生产规章制度、操作规程,建立健全安全管理机构,加大安全投入,开展安全生产教育培训,推行安全生产全员管理;确保企业达到规定的安全生产条件。强化职业卫生管理,改善劳动条件,有效预防、控制和消除职业病危害。生产经营单位主要负责人或实际控制人不依法履行安全生产管理职责,致使生产经营单位不具备安全生产条件的,责令限期改正;逾期未改正的,责令生产经营单位停产停业整顿;导致发生安全生产事故,构成犯罪的,依照刑法有关规定追究刑事责任。

4. 健全安全生产检查工作机制。安全生产检查工作要做到有计划、有方案、有标准,坚持企业自查为主、企业自查与部门督促检查相结合,采取日常检查、专项检查、重点检查、随机抽查、暗查暗访等形式,突出高危行业领域、重要时段和极端天气等重点,完善安全生产检查工作机制,提高安全生产检查效果。各级负有安全监管职责的部门要根据本地区、本行业领域各类生产经营单位的数量、规模、安全生产特点等,制订安全生产检查计划,明确检查的内容、频次、覆盖率和工作要求,按计划认真组织开展安全生产检查。安全生产检查要采取不发通知、不打招呼、不听汇报、不用陪同和接待的形式,直奔基层、直插现场。坚持"谁检查、谁负责",落实安全生产执法责任制。

5. 加强安全生产隐患排查治理。牢固树立隐患就是事故的理念,通过完善企业隐患自查自报自改自纠、有关部门追究问责、政府挂牌督办和效果评价、责任倒查等制度,加快建立安全生产隐患排查治理体系。制定完善区域性安全生产隐患整治工作规划和重大安全生产隐患排查治理工作机制,落实整改措施。建立覆盖各行业领域的安全生产隐患排查治理信息化系统,实现隐患上报、核查、整改、验收、销号闭环管理。各类隐患要按照措施、资金、人员、时间、预案"五落实"标准整改。对发现重大隐患未依法责令整改、接到重大隐患举报未及时进行查处、整改重大社会公共隐患不力等负有责任的国家工作人员、企业负责人及其他相关责任人,要依法依规追究责任。

6. 加大打击非法违法力度。各级行政要依法履行打非治违属地管理职责,建立负有安全监管职责部门与纪检监察、司法机关的联合执法机制,制定安全生产领域打非治违工作制度,严厉打击安全生产领域非法违法生产经营建设行为。始终保持安全生产高压态势,按照"四个一律"要求,对非法生产经营建设和经停产整顿仍未达到要求的一律关闭取缔,对非法违法生产经营建设的有关单位和责任人一律按规定上限予以处罚,对存在违法生产经营建设行为的单位一律责令停产整顿,并严格落实监管措施,对触犯法律的有关单位和人员一律依法严格追究法律责任。

7. 严格安全生产事故责任追究。建立完善安全生产事故查处挂牌督办、备案、约谈、警示制度。按照事故查处"四不放过"原则,严肃查处各类安全生产事故,及时向社会公布调查进展情况和处理结果。加大安全生产事故追责力度,对发生责任事故受刑事处罚或者撤职处分的生产经营单位主要负责人,5年内不得担任任何生产经营单位的主要负责人。国有和国有控股企业发生重大及以上安全生产责任事故的,对负有责任的法定代表人先免职后查处。发生影响恶劣的安全生产事故或因安全生产事故处理不当引发群体性事件的,对负有责任的党政主要负责人依法严肃追究责任。

(五)加强安全生产宣传教育培训和安全文化建设

1. 严格落实安全生产宣传教育培训。将安全生产纳入公益宣传范畴,设立专门的版面栏目,定期宣传国家、兵团安全生产方针政策、安全知识。充分利用微信、微博、手机短信等新型网络媒体手段,创新安全生产宣传方式。加快建立完善安全培训考教中心建设。加强企业安全生产教育培训和基层安全监管人员培训。持续开展党政领导干部安全生产专题培训。积极开展安全生产事故警

· 469 ·

示教育。

2. 加强安全文化建设。深入宣传习近平总书记关于安全生产的系列重要讲话精神。扎实开展"安全生产月""安全法规宣传日""青年安全示范岗""党（团）员安全示范岗""干部安全示范岗"等丰富多彩的安全文化活动。开展群众性安全文化活动，实施全民安全素质提升工程，开展安全文化进企业、进连队、进社区、进学校等活动。开展安全生产示范企业、安全文化主题街道和公园建设。建设安全文化载体，强化安全警示，建立健全重大事故事发地永久警示标志制度。

（六）进一步加强安全生产应急救援体系建设

1. 完善安全生产应急管理体制机制和法制。建立完善安全生产应急指挥机构，完善救援装备的配置和配备。建立师市安全生产应急救援指挥平台。加强工业园区和城市应急救援力量建设。形成以矿山、化工、冶金、建筑等行业应急救援队伍。其他企业与邻近专职救援队签订救援协议。加强矿山专职救护队质量标准化建设。推进师市应急装备物资储备中心建设。企业要针对本企业事故特点加大应急救援装备及物资储备力度，尤其是重点工艺流程中应急物料、应急器材、应急装备和物资的准备。

2. 加强安全生产事故应急救援管理。强化团场（企业）各级安全生产事故应急预案编制工作，制定修订综合应急预案、专项应急预案和现场处置方案，特别是涉及煤矿、非煤矿山、建筑施工、民用爆破、危化品及旅游场所等高风险业务的专项应急预案。强化各类应急预案的衔接。建立应急预案评审制度，组织有关专家对相应预案进行评审，重点对应急预案的实用性、预防措施的针对性和响应程序的操作性等内容进行评审论证，并及时报上级部门备案，备案率达到100%。定期开展有针对性的应急演练，各单位每年至少组织1次应急演练或专项应急演练，并对演练的全过程进行总结、评估，及时修订预案，完善相应措施。积极采用不通知演练时间和演练内容的"双盲"等演练方式，提高演练的实战性。积极发挥三维仿真等信息化技术优势，进行应急桌面推演。组织开展应急救援比武竞赛，提高应急救援队伍战术水平和应急处置能力。

（七）提升安全生产职业健康作业水平

1. 加强职业卫生监管。落实企业职业健康主体责任，推动企业建立职业卫生防护体系，配备标准的劳动防护用具用品，保障员工职业健康。生产建设项目必须履行职业卫生"三同时"程序。开展职业危害状况专项普查，加强职业健康信息管理。强化重点行业职业病危害（高危粉尘、高毒物品等）源头治理和前期预防，推进安全生产与职业健康一体化综合监管执法。推动职业病危害严重企业转型升级和淘汰退出。规范用人单位的用工行为。

2. 强化重点行业职业健康危害管理。落实重点行业用人单位职业病危害项目申报制度，申报率达到90%以上，定期检测率达到80%以上，监测合格率达到90%以上，告知率达到90%以上，警示标志设置率达到90%以上，职工健康检查率达到90%以上。在煤矿、非煤矿山、危险化学品、水泥厂、石灰场、面粉厂等重点行业建立职业健康危害防治示范企业。加快淘汰重点领域职业危害防治落后工艺、材料和设备。推动矿尘、粉尘抑、减、捕源头治理的物理化学技术创新、机械装备结构优化升级改造，强化对爆炸性粉尘的局部预防和监测监控。实施粉尘综合治理工程，降低员工尘肺、矽肺病发病率。大力推进清洁生产技术，降低工作环境粉尘浓度。推进噪声、高温、腐蚀、光污染等职业危害治理，不断改善作业环境。

3. 提高职业卫生水平。修订煤矿劳动防护用品配备标准。加强对劳保用品的监督检查。加强职业卫生法律法规，各项规章制度和知识的培训及宣传教育工作，切实提高员工劳动保护水平。

四、重点工程

（一）安全生产信息化建设工程

1. 师市信息化平台建设。利用"互联

网+"技术，建立完善师市安全生产信息数据中心和师市安全生产政务管理平台、安全生产监管综合信息平台、安全生产应急管理信息平台。建设师市安全生产统一数据库、数据中心、数据备份中心。建设兵团、师市、各重点团场、企业安全生产在线监测和高清视频系统。建设师市信息网络安全防护系统。

2. 重大危险源监控系统建设。建设兵团、师市、团场（企业）三级重大危险源监控中心，推广尾矿库、露天边坡、水库以及危险化学品等重点领域重大危险源动态监控等系统，实现重大危险源在线监测和预警防控。

3. 煤矿安全生产监管信息化平台建设。进行煤矿监控系统、调度系统升级改造，建设完善师市各处矿井监控调度系统，按照规定配备监控联网等设备设施。建设"兵—师—团"三级高清视频会议系统，建设"兵—师—重点企业"之间安全生产信息联网系统。

4. 进行安全生产自动化、智能化控制系统研发应用。推广煤矿综采工作面数字化、智能化无人操作技术，鼓励企业采用自动化工业机器人开展高风险环节作业。

（二）隐患排查治理工程

建设完善煤矿、危险化学品、非煤矿山、冶金等重点行业（领域）隐患自查自报和排查系统，推广开发医疗服务、学校等其他行业（领域）隐患排查系统。重点排查煤矿、油气管道、危险化学品存储等行业，开发隐患排查治理系统软件1套，配套硬件设备设施。

（三）安全生产监管监察能力建设工程

推进师市安全监管执法机制建设。完善师市、团场安全监督体制机制，按照国家相关规定配备专兼职人员，建立健全师市、团场及各类企业和园区的专兼职安全员队伍。明确师市、团场安全员队伍执法职责和程序，加强工业园区安全监管执法体制机制建设，充分发挥安全员队伍的一线作用。

根据《安全生产监管监察部门及支撑机构基础设施建设与装备配备相关标准》，开展安全监管能力标准化达标建设，提高安全监管智能化、信息化水平，安全监管部门安全监管执法及应急救援交通工具、安全监管执法装备全部达到国家标准要求，业务用房基本达到国家标准要求。

（四）安全生产宣传教育培训和安全文化建设工程

1. 安全生产宣传教育建设。在绿原报、师市政务网等媒体设立安全生产专栏，在汽车站、广场、商场、旅游景区等公共场所，设立安全宣传牌，宣传安全知识。建立安全生产微信、微博，常态化宣传安全生产知识。

2. 安全生产文化建设。创建师市安全文化示范企业和安全生产诚信企业。在师市或团场建立安全生产体验馆，在重点企业建设安全主题文化长廊。建立1个重大事故事发警示教育基地。

3. 安全生产教育培训中心建设。与科研院校合作，建立师市安全生产特种作业考试考核中心（场、点），配备特种作业实操设备设施、考试计算机、考试考核及监考视频系统。

（五）职业健康危害防治工程

1. 职业健康危害防治监督体系建设。建立师市职业健康危害信息管理系统，实现职业健康危害防治动态监管。职业健康危害项目申报率达到90%以上，定期检测率达到80%以上，监测合格率达到90%以上，告知率达到90%以上，警示标志设置率达到90%以上，职工职业健康检查率达到90%以上。

2. 高危粉尘、高毒物品职业健康危害防治示范工程建设。针对师市高危粉尘、有毒物品职业健康危害严重的现状，在煤矿、水泥和石材等行业（领域）确定相关企业，推广无动力抑尘、防尘浓度超限喷雾、手动喷漆防毒物危害控制等技术装备，开展防尘防毒技术示范工程建设。

（六）安全生产应急救援能力建设工程

1. 安全生产应急救援指挥平台（中心）建设。建设师市应急救援指挥平台，配套应急救援指挥系统和1套应急救援物资储备系统，完善应急救援体系。

2. 安全生产应急救援基地建设。师市建

立完善 1 支救援大队，各高危企业建立专兼职救援队。

（七）安全生产技术示范工程

1. "机械化换人、自动化减人"示范工程。在煤矿开展采矿机械化、自动化，掘进机械化、运输系统无人化技术示范工程。

2. 瓦斯治理示范工程。落实先抽后采（建）、抽采达标、区域防突措施，完善瓦斯抽采、通风、监测监控等系统，施工瓦斯抽采专用巷道、钻孔等工程，建成一批理念先进、技术领先、治理达标、利用有效、管理到位的煤矿瓦斯治理示范矿井。

3. 隐蔽灾害治理示范工程。重点为采空区灾害、水害、自燃发火严重以及地质构造复杂的煤矿，在已查明隐蔽灾害的基础上，开展采空区、含水体等隐蔽灾害治理示范工程建设。

4. 高危粉尘、高毒物品职业病危害防治示范工程。针对师市高危粉尘、高毒物品职业病危害严重的现状，在煤矿、非煤矿山、水泥、石材和木制家具等行业（领域）确定相关企业，推广无动力抑尘、防尘浓度超限喷雾、手动喷漆防毒物危害控制等技术装备，开展防尘防毒技术示范。

五、安全生产保障措施

（一）制定和落实安全生产措施

加强顶层设计，继续把安全生产纳入经济社会发展总体规划。建立健全师市安全生产规划体系，鼓励和引导企业着力推进安全管理方式手段创新，全面改善作业环境与条件。明确安全监管监察部门执法主体地位，完善执法工作经费和业务用车保障政策。落实安全生产专用设备企业所得税优惠、安全费用不列入工程造价竞标范围等政策规定。落实企业投保安全生产责任保险，并根据企业安全生产状况实行浮动保险费率。

（二）加大安全资金投入

建立企业、政府和社会共同参与的多元化安全生产投入机制。激励企业加大安全生产投入，用于保障公共安全基础设施建设、安全生产重点工程项目、安全生产保障体系建设、重大事故隐患治理、安全生产监管工作等公益性和公共安全服务体系投入。加大师市、团场财力统筹力度，制定规划投入保障方案，落实投入渠道和规模，明确师市、团场和企业安全生产投入分担比例，保证规划确定的各项目标任务及项目的投入分年、足额落实到位。设立安全生产专项资金，实现安全投入与财政支出同步增长。

（三）加强安全监管队伍建设

进一步健全工作机构，充实专业力量，提高行业安全监管水平。在园区、团场安全监管机构人员调配时，注重新进人员的工作经历和专业背景，实施凡进必培训，在岗在编人员实行三年一次轮训，以提高工作人员的综合能力。继续加强与河北援疆的合作，利用河北优势培训资源，对师市安监系统及重点企业的安全监管人员进行培训，聘请安全专家对师市、园区及重点企业进行安全评估，帮助师市的安全生产各项工作开展。实施安全教育的培训计划，加快培养高危行业专业人才和生产一线急需技能人才。积极发展安全生产职业技术教育，鼓励和支持企业办好技工学校，变招工为招生，为高危行业培养更多专业技术人才。

（四）推进协调机制和舆论监督

安全生产监督管理部门加强规划工作的统筹协调和指导，发改、财政、税务等综合部门制定和落实国家有关安全生产的产业、财税、价格和投资政策，科技部门加强对安全生产技术研究和应用，工业部门加大企业安全技术改造力度，道路交通等行业安全监管部门切实承担规划确定的重点任务。师市做好本地安全生产规划与兵团安全生产规划目标指标和重点工程的衔接，并针对自身安全生产实际，确定规划主要任务和保障措施。强化对规划执行情况监督检查，充分发挥工会、共青团、妇联组织的作用，依法维护和落实企业职工对安全生产的监督权。鼓励单位和个人监督举报各类安全隐患和各种安全生产非法违法行为，对有效举报予以奖励，保护举报人的合法权益。拓宽和畅通安全生产社会监督渠道，设立举报信箱，统一和规范举报电话，接受社会公众的公开监督。发挥新闻媒体的舆论监督，对舆论反映的热点问题进行跟踪调查，及时整改。

（五）健全安全生产责任体系

加强安全生产的组织领导，按照"党政同责、一岗双责、齐抓共管、失职追责"的要求，加强安全生产责任考核，各级安全生产监督管理部门要定期向组织部门报送安全生产情况，实行过程考核与结果考核相结合，将其纳入领导干部政绩业绩考核内容，严格实施安全生产"一票否决"制度，完善各级安全生产目标管理考核机制，纳入领导干部年度考核工作，综合设计目标管理考核指标和风险系数，加强安全生产目标过程管理和结果考核。完善安全生产职责的巡查制度，开展安全生产巡查工作。安全监管部门权力和责任"两张清单"，依法独立承担安全监管责任，日常照单监管，失职照单追责。将安全生产纳入社会管理和公共服务网格化建设，作为重要的民生工程，与城乡规划相衔接，做到与经济社会发展同步规划、同步部署、同步推进。把安全生产纳入公共安全教育、国民教育和精神文明建设体系，健全全社会干预体系，及时引导社会舆论和公众情绪。

（六）推动安全科技进步

以职业健康危害、危险化学品生产工艺和煤矿重大灾害治理等为重点，加强重大事故风险预控和应急处置共性、关键性技术推广。实施安全工程师教育的培训计划，加快引进培养高危行业专业人才和生产一线急需技能人才。推广应用煤矿、非煤矿山、危险化学品、建筑施工等领域安全生产适用技术及装备，提高企业安全生产机械化、自动化、信息化程度。

六、规划实施与考核

（一）明确规划实施责任

坚持党总揽全局、协调各方，发挥党委领导核心作用，完善安全发展战略、定期分析安全形势、制定安全生产政策的工作机制，健全安全生产决策咨询制度。把安全生产管理工作纳入日常重要议事日程，及时研究解决安全生产管理工作中存在的重大问题。按照"管行业必须管安全，管业务必须管安全，管生产经营必须管安全"的三个必须的要求，和"谁主管、谁负责，谁审批、谁负责，谁签字、谁负责"的原则，全面落实安全生产责任。完善安全生产行政、行业和社会监督机制，全面推进依法行政、科学监管，建立完善安全生产行政执法问责、联合执法、执法绩效评估与奖惩等制度，加强行政执法监督检查。

（二）评估考核机制

建立完善规划实施情况的监测评估制度，强化对规划实施情况的跟踪分析。各级安全监管监察机构要建立完善控制考核指标体系，加强对规划执行情况的监督检查，及时掌握重点工程项目的实施进展情况。由师市安全生产委员会办公室牵头，组织制定《第二师铁门关市安全生产"十三五"规划评估考核办法》，对有关单位的规划实施情况、主要任务和重点工程完成情况等内容进行评估，评估结果作为师市考核各部门绩效的重要依据之一。规划确定的目标和指标，要纳入各部门、各团场、各企业综合评价和绩效考核体系，层层分解，确保完成。在2018年底和2020年底分别对本规划执行情况进行中期评估和终期评估。

关于印发《第二师铁门关市鼓励按政策生育的暂行办法》的通知

师市办发〔2017〕81号

各团场（镇）、企事业单位，师市机关、政法机关各部门：

《第二师铁门关市鼓励按政策生育的暂行办法》已经师市同意，现印发给你们，请认真贯彻执行。

第二师铁门关市人民政府办公室（代章）
2017年8月8日

第二师铁门关市鼓励按政策生育的暂行办法

为认真贯彻落实兵团第七次党代会、第二师铁门关市第十五次党代会精神，发挥兵团特殊作用，履行兵团职责使命，促进师市人口发展，壮大人口规模，优化人口结构，减缓老龄化进程，提高师市综合发展能力，推进师市人口与经济、社会可持续健康发展，依据新修订的《新疆维吾尔自治区人口与计划生育条例》，结合师市实际，特制定本办法。

第一条　待孕、已孕家庭可按照相关规定到计划生育技术服务机构享受免费孕前优生健康检查、优生知识培训、优生咨询指导等为主要内容的优生优育服务。

第二条　孕期保健服务。孕产家庭在孕产期可按照基本公共卫生服务标准免费享受5次产前检查及随访、1次免费B超检查、2次产后访视、1次产后42天健康检查。

第三条　儿童健康保健。婴幼儿按照基本公共卫生服务标准30个月龄以内可在师市指定的医疗保健机构免费接受4次血常规检测。0—6岁的儿童每年在师市指定的医疗保健机构可免费享受一次健康检查。

第四条　师市符合政策生育的家庭子女可享受15年免费教育。

第五条　生育二孩住院分娩补助。生育二孩（不含领养子女）的家庭，可领取顺产500元/户、剖宫产1000元/户的住院分娩补助。

第六条　生育二孩补贴。生育二孩（不含领养子女）的家庭给予产前检查费1万元的补贴。

第七条　生育二孩产假奖励。生育二孩（不含领养子女）的家庭，女职工产假在新修订的《新疆维吾尔自治区人口与计划生育条例》（以下简称"条例"）规定的基础上延长15天，延长产假期间的工资由用工单位支付。

第八条 经省级卫生机构确诊为不孕不育、生育特殊困难的、高龄产妇（生育年龄大于49岁）、失独家庭等不违背伦理道德的，接受人类辅助生殖技术生育子女的家庭，成功生育者给予一次性补贴2万元，由师市财政承担。每对夫妇终身只能享受一次。

第九条 再生育服务保障。采取长效避孕措施的夫妻，在师市指定的计划生育技术服务机构、医疗保健机构施行取出宫内节育器、输精（卵）管复通等终止避孕措施手术并成功生育者，手术费用由生育保险基金支付。

第十条 权益保障。卫生部门严厉查处非医学需要的胎儿性别鉴定和选择性别的人工终止妊娠；人口计生部门要加强服务指导，落实各项奖励优惠政策；人社部门要切实保护女性就业权，监督生育假落实；司法部门加强妇女、儿童法律援助工作；公安部门积极做好出生人口的落户工作，严厉打击暴力侵害妇女、拐卖妇女儿童以及溺婴、残害女婴等违法犯罪行为。

第十一条 生育二孩家庭申请生育补贴时，需提供相关资料，经相关部门审核后方可领取生育补贴。

第十二条 本办法适用于师市辖区内符合政策生育的家庭，其中第六条、第七条、第八条、第九条所规定的补贴政策享受范围为，师市机关、师直单位：夫妇双方或一方为职工或长期从业人员，并依法缴纳生育保险的可以享受；团场：新生儿需在师市落户，同时夫妇双方或一方为师市户籍人口，在师市单位工作，并依法缴纳生育保险的可以享受。

第十三条 本办法在执行过程中如遇国家或地方法律法规调整，以调整后政策为准。

第十四条 本办法解释权由师市人力资源和社会保障局和师市人口计生委负责。

第十五条 本办法自2017年8月8日起执行。

关于印发《关于推进"两学一做"学习教育常态化制度化的实施方案》的通知

师市党办发〔2017〕28号

铁门关市人大、政府、政协党组，各团场（镇）、企事业单位党委（党组），师市机关各部门，政法机关党组（党委），师市非公企业党工委：

《关于推进"两学一做"学习教育常态化制度化的实施方案》（以下简称《方案》）已经师市党委同意，现印发给你们，请认真贯彻落实。

师市各级党组织和广大党员要从讲政治的高度，充分认识推进"两学一做"学习教育常态化制度化的重大意义，作为重大政治任务，切实抓紧、抓好、抓出成效。要始终把思想教育作为第一位的任务，坚持用党章党规规范党组织和党员行为，用习近平总书记系列重要讲话精神武装头脑、指导实践、推动工作，教育引导广大党员学思践悟，增强"四个意识"，做到"四个合格"，用好"学讲话、转作风、促落实"专项活动这个重要载体，确保党组织核心作用、党员领导干部表率作用、广大党员先锋模范作用充分发挥，为着力建设社会稳、发展快、职工富、文化兴、环境美、融合亲、人口增、党建强的美好师市，推动实现新疆工作总目标而不懈奋斗。

要坚持全覆盖、常态化、重创新、求实效，切实依托党委（党组）中心组学习、党支部"三会一课"等基本制度推动"两学一做"学习教育融入日常、抓在经常。要紧密联系党员思想工作实际和本单位特点，突出分类指导，经常查找和解决突出问题，领导机关要带头学、带头做，党员领导干部要把自己摆进去。要树立党的一切工作到支部的鲜明导向，切实把党支部建设作为最重要的基本建设抓好抓实，充分发挥支部在党员教育管理中的主体作用。各级党组织要认真履行主体责任，每年对开展"两学一做"学习教育情况进行评估总结，形成长效机制，一级抓一级，层层抓落实，推动基层党组织和广大党员在改革发展稳定各项事业中奋发有为、敢于担当、建功立业。

各单位各部门党委（党组）要根据本方案精神，结合实际制定具体实施方案，认真抓好落实，重要情况和意见建议及时报告师市党委。

中共第二师铁门关市委员会办公室
2017年6月15日

关于推进"两学一做"学习教育常态化制度化的实施方案

为贯彻落实党的十八届六中全会精神和自治区第九次党代会、兵团第七次党代会及第二师铁门关市（以下简称"师市"）第十五次党代会精神，持续推动全面从严治党突出"关键少数"并向基层延伸，根据兵团党委办公厅印发《关于推进"两学一做"学习教育常态化制度化的实施意见》（新兵党办发〔2017〕66号），结合师市实际，制定如下实施方案。

一、重大意义

推进"两学一做"学习教育常态化制度化，是强化党员队伍政治意识、大局意识、核心意识、看齐意识，严明政治纪律和政治规矩的重要保证，是坚持思想建党、组织建党、制度治党紧密结合的有力抓手，是不断加强党的思想政治建设的有效途径，是推动全面从严治党向纵深发展的重大部署，是推进新疆社会稳定和长治久安的强大动力，对于进一步用习近平总书记系列重要讲话特别是关于新疆和兵团工作的重要讲话指示精神武装全体党员头脑，加强和规范党内政治生活，保持党的先进性和纯洁性，增强党的生机活力，确保各级党组织和广大党员更加紧密地团结在以习近平同志为核心的党中央周围，履行好兵团"三大功能"，发挥好"四大作用"，在事关根本、基础、长远的问题上发力，推动维护新疆社会稳定和长治久安，意义更加重大深远。

二、目标要求

推进"两学一做"学习教育常态化制度化，要紧紧围绕以习近平同志为核心的党中央确定的新疆工作总目标，聚焦兵团职责使命，突出反恐怖反分裂反渗透，把思想教育作为首要任务，把转变作风作为关键内容，确保党的组织充分履行职能、发挥核心作用，确保党员领导干部忠诚、干净、担当、发挥表率作用，确保广大党员党性坚强、发挥先锋模范作用，为整体推进"五位一体"总体布局和协调推进"四个全面"战略布局，发挥兵团特殊作用，推动实现"五个更加"，维护新疆社会稳定和长治久安总目标提供坚强的组织保证。

（一）基本目标

一是政治上更加坚定。不断增强党组织和党员"四个意识"，坚决维护以习近平同志为核心的党中央权威。把维护稳定作为压倒一切的政治任务、重于泰山的政治责任，把发展作为增强综合实力、履行特殊使命的关键，把改革作为增强活力、增添动力的治本之策。深入开展反分裂斗争，贯彻落实新发展理念，推进深化改革，切实把特殊优势和发展活力充分释放出来，保持安定团结的政治局面、和谐稳定的社会局面。

二是学习上更加深入。坚持用党章党规规范党组织和党员行为，用习近平总书记系列重要讲话精神武装头脑、指导实践、推动工作，坚持学思践悟、知行合一，坚持全覆盖、常态化、重创新、求实效，不断增强党内政治生活的政治性、时代性、原则性、战斗性，不断增强党员自我净化、自我完善、自我革新、自我提高能力。

三是实践上更加扎实。做到理想信念特别坚定，对党特别忠诚，大是大非面前特别清醒，维护总目标和履行兵团职责使命特别自觉，维护民族团结特别坚决，热爱各族职工群众感情特别真挚。风清气正的政治生态焕然一新，党群干群关系融洽密切，基层基础全面加强，改革稳定发展各项工作开创新局面，干部作风根本转变，说实话、干实事、求实效，敢于担当，主动作为，凝聚起推动师市事业不断发展壮大的强大正能量。

四是示范上更加率先。各级特别是师市党委领导班子成员要带头，做政治上的明白人、信仰上的忠诚人、行为上的老实人、工作上的担当人、作风上的实干人、为民上的贴心人、团结上的促进人、纪律上的自律人、廉洁上的干净人，给全体党员做出表率。

五是制度上更加完善。健全完善以党支部为主体的经常性教育机制，以党委（党组）为主体的责任机制，以职能部门为主体的监督检查机制，不折不扣执行各项制度，以制度化保障常态化。

（二）基本要求

一是坚持融入日常、抓在经常。各级党委（党组）要以理论学习中心组学习、民主生活会等制度为主要抓手，组织党员领导干部定期开展集体学习；基层党组织要以党支部为基本单位，以"三会一课"为基本制度，把"两学一做"作为党员教育的基本内容，长期坚持、形成常态。坚决防止和克服紧一阵松一阵、表面化形式化、学习教育与思想工作实际"两张皮"等不良倾向。

二是突出问题导向、用好载体。把习近平总书记系列重要讲话精神作为解决问题的根本遵循，用好"学、转、促"专项活动这个重要载体，建立完善及时发现和解决问题的有效机制，推动各级党组织和党员依靠自身力量修正错误、改进提高。

三是注重从严规范、以上率下。全面落实《关于新形势下党内政治生活的若干准则》《中国共产党党内监督条例》等法规文件，严肃认真开展党内政治生活。严格和规范双重组织生活等基本制度，充分发挥领导机关、领导干部带头示范作用，防止"灯下黑"。

四是强化分类指导、激发活力。区分连队、社区、企业、学校、机关以及社会组织等不同领域和不同行业，有针对性地提出具体要求、给予工作指导，体现具体化、精准化、差异化。强化基层基础、建强基层堡垒，充分调动党支部的积极性、主动性和创造性，探索创新党内教育和组织生活的有效方法。

五是选树先进典型、弘扬正气。挖掘和宣传师市践行"两学一做"优秀党员先进事迹，树立时代楷模，引导党员、干部见贤思齐。

三、主要任务

（一）学党章党规

要深刻认识党章是管党治党的总章程，党规是党员思想和行为的具体遵循。要时常捧读、常学常思，要联系党的性质和历史使命，联系全面从严治党的实践，联系师市党的建设和自身思想及工作实际，继续深入学习党章党规党纪，深入学习党的十八届六中全会精神和全会通过的《准则》《条例》，牢记严格党内政治生活、加强党内监督和廉洁自律等各项规定要求，使之成为党员干部言行的硬约束。

（二）学系列讲话

要坚持读原著、学原文、悟原理，带着信念学、带着感情学、带着使命学、带着问题学、联系实际学、不断跟进学，领会掌握基本精神、基本内容、基本要求，做到学而信、学而思、学而行。学习习近平总书记系列重要讲话，要深刻认识讲话的重大理论意义和实践意义，深刻理解讲话的时代背景、鲜明主题、科学体系，准确把握蕴含其中的治国理政新理念新思想新战略，领会掌握贯穿其中的马克思主义立场观点方法。要把学习习近平总书记系列重要讲话同学习马克思列宁主义、毛泽东思想、邓小平理论、"三个代表"重要思想、科学发展观紧密结合起来，深刻认识党的科学理论既一脉相承又与时俱进的内在联系。特别要深入学习贯彻习近平总书记在第二次中央新疆工作座谈会上的重要讲话，视察新疆、兵团时的重要讲话，参加十二届全国人大五次会议新疆代表团审议时的重要讲话，关于兵团深化改革的重要讲话精神等，贯彻落实俞正声主席在新疆调研时的重要指示和在兵团深化改革动员大会上的重要讲话和中央关于兵团深化改革的部署要求，充分领会以习近平同志为核心的党中央对新疆、兵团工作的高度重视和殷切期望。党员领导干部在学习上要有更高标准、更高要求。

（三）做合格党员

各级党组织要教育引导广大党员按照"四讲四有"标准，做到政治合格、执行纪律合格、品德合格、发挥作用合格"四个合格"。

一是政治合格。重点是坚定理想信念，正确把握政治方向，坚定站稳政治立场，不断增强中国特色社会主义道路自信、理论自信、制度自信、文化自信，牢固树立"四个意识"，坚决维护以习近平同志为核心的党中央权威，始终如一地向党中央看齐，向习近平总书记看齐，向党的理论和路线方针政策看齐，深入贯彻落实以习近平同志为核心的党中央治疆方略和对兵团工作的定位要求，以高度的政治责任感和使命感落实《中共中央、国务院关于兵团深化改革的若干意见》（中发〔2017〕3号）精神，坚定深化兵团改革，坚决推进向南发展，更加扎实地把党中央各项决策部署落到实处。

二是执行纪律合格。重点是增强组织纪律性，执行党的决定，服从组织分配，严守党的纪律特别是政治纪律和政治规矩。坚持民主集中制，坚持重大事项报告制度，如实报告个人事项。特别要严肃反分裂斗争纪律，严格执行《关于新形势下党内政治生活的若干准则》规定的"四个不准"和自治区党委《关于严肃反分裂斗争纪律的规定》，认真贯彻落实兵团党委、师市党委有关要求，做到心存敬畏、言有所戒、行有所止。

三是品德合格。重点是继承发扬党的优良传统和作风，大力弘扬忠诚老实、光明坦荡、公道正派、实事求是、艰苦奋斗、清正廉洁等共产党人价值观，带头践行社会主义核心价值观和兵团精神、老兵精神，保持健康的生活情趣和高尚的道德情操，经得住诱惑、耐得住寂寞、守得住清贫，不越底线不碰红线，保持共产党人的本色。

四是发挥作用合格。重点是牢记党的根本宗旨，坚定人民立场，热爱新疆、热爱兵团，爱岗敬业、履职尽责，服务群众、奉献社会。联系群众办实事，敢担当、敢负责、敢作为；立足岗位当先锋，扑下身、沉下心、扎下根；勇担重任作表率，守土有责、守土负责、守土尽责，在推进兵团深化改革、向南发展，促进兵地融合发展、民族团结，更好履行维稳戍边职责使命中作示范、当标杆。

四、推进措施

（一）坚持问题导向，查找并着力解决突出问题

各级党组织和广大党员要坚持学做结合，突出针对性，敢于直面问题，勇于自我革命，把查找解决问题作为"两学一做"学习教育的规定要求。

一是党员要对照党章党规，对照系列讲话，对照先进典型，把自己摆进去，经常自省修身，打扫思想灰尘、进行"党性体检"，找准找实并逐一解决自身存在的突出问题。重点查找分析理想信念是否坚定、对党是否忠诚老实、在大是大非面前是否旗帜鲜明、是否做到在思想上政治上行动上同以习近平同志为核心的党中央保持高度一致，着力解决党的意识不强、组织观念不强、发挥作用不够、纪律松弛、精神懈怠、作风漂浮以及对兵团深化改革心存疑虑、信心不足，对反恐维稳形势认识不清、思想麻痹，兵的意识、兵的能力素质不足等问题。特别要聚焦履行职责使命、维护新疆工作总目标，查找分析总目标意识是否牢固树立、维稳职责是否履行到位、维稳措施是否落到实处、关键时刻是否能够站出来冲得上顶得住，是否带头参加"访惠聚"驻连（村）工作和"民族团结一家亲"活动等，严厉整治和破除"四风""四气"，坚决排查清除反分裂斗争中的"两

面派""两面人"。

二是党委（党组）要重点查找分析是否落实全面从严治党主体责任，是否坚决执行党的理论和路线方针政策，是否认真坚持民主集中制，是否把抓基层打基础作为长远之计和固本之举，着力解决党的领导弱化、党的建设缺失、管党治党宽松软、从严治党责任落实不到位、中央关于兵团深化改革部署落实不到位等问题。

三是党支部要重点查找分析组织生活是否经常、认真、严肃，党员教育管理监督是否严格、规范，团结教育服务群众是否有力、到位，着力解决政治功能不强、组织软弱涣散、从严治党缺位、机构不够健全、制度不够完备、活动不够经常、作用不够明显以及国有企业、学校、非公企业和社会组织、城镇基层党建工作滞后等问题。

要把党的组织生活作为查找和解决问题的重要途径，注意听取职工群众的意见和反映，抓早抓小、防微杜渐。民主生活会和组织生活会要严肃认真开展批评和自我批评，坚持"团结—批评—团结"，严于自我解剖，热忱帮助同志。谈心谈话要经常，坦诚相见、交流思想，发现问题及时提醒。各级党委（党组）要把本级本部门本单位严重违纪违法干部作为反面教材，认真开展警示教育。主要负责同志要在民主生活会上通报班子成员受到谈话函询情况；被谈话函询的党员领导干部，存在错误的应当做出深刻检查，受到提醒的应当做出整改表态，没有问题的说明谈话函询情况即可。民主评议党员要客观公正评价党员表现，帮助引导党员自觉认识问题、自我改进提高，严格稳慎处置不合格党员。要以正确积极、诚恳坦荡和严肃认真的态度，结合上年民主生活会和专题组织生活会、民主评议党员中发现的问题和问题清单，一条一条地列出整改措施、一项一项地抓好整改落实。

（二）加强理论学习

一是制订学习计划。按照中央《关于在全体党员中开展"学党章党规、学系列讲话，做合格党员"学习教育方案》《关于推进"两学一做"学习教育常态化制度化的意见》和兵团《关于推进"两学一做"学习教育常态化制度化的实施意见》，认真制定各级党委（党组）、基层党组织年度学习安排，确定学习内容、创新学习方式、明确学习时限、确保学习效果。党支部的"三会一课"年度计划要报上级党组织备案。党员领导干部在学习上要有更高标准、更高要求，根据自身实际制订个人自学计划，完成规定的年度学时任务。

二是用好学习载体。要开发设计具有单位、行业、部门特点的学习形式，充分利用报刊、电视、广播等现代媒体，增强学习效果。各级党委（党组）理论学习中心组要加强集中学习，列出专题，采取个人自学、分头领学、集中研讨等办法，结合工作实际学深学透，全年集体学习不少于12次。师市党委党校要加强专题培训，把"两学"内容纳入培训规划和主体班次，分级负责、系统轮训师市党员干部。基层党组织要加强日常学习，以"三会一课"等形式组织党员开展交流，明确学习目标、学习方式、学习要求，做到人员、时间、内容、效果"四落实"。党支部书记要认真负起责任，带动所有党员真正学起来。要重视抓好青年党员、少数民族党员、流动党员的学习教育，确保每一名党员都参与、受教育、有提高。广大党员干部要自觉学习，通过参加集体学习、自学、参与讨论、网上拓展等方式深化学习，自觉用习近平总书记系列重要讲话立根固本、凝魂聚魄。

（三）全面加强基层党支部建设

把党支部建设作为最重要的基本建设，牢固树立党的一切工作到支部的鲜明导向，探索推行以"支部建设标准化、组织设置网格化、制度建设规范化、组织生活正常化、经费保障常态化、服务群众长效化"为主要内容的基层党组织"六化"建设。要加强连队、社区、国有企业、机关、学校、非公经济组织和社会组织等不同类型党组织建设，结合行业特点分类明确"六化"建设重点内容和具体办法，科学合理设置基层党组织，确保基层党的组织和党的工作实现两个全覆盖。要大力推广"互联网＋党建""智慧党建"等做法，提高基层党建信息化水平，力争每个党支部都有一个"党员群众参与、充满正能量"的网络互动平台。要建立经常性督导机制，进一步规范党支部书记"双述双评"工作，全面实施党员积分管理，持续整顿软弱涣散基层党组织，切实加强党支部书记培训，不折不扣落实活动场所、党建经费等保障措施，为党支部开展工作和活动提供必要保证，力争经过2—3年时间，实现基层党组织"六化"建设全面达标。

（四）把学习教育纳入党支部"三会一课"等基本制度

党支部是党的最基本组织，是党全部工作和战斗力的基础，要牢固树立党的一切工作到支部的鲜明导向，注重把思想政治工作落到支部，把从严教育管理党员落到支部，把群众工作落到支部。

一是完善"三会一课"等基本制度。各级党委（党组）要对党支部"三会一课"的时间、方法进行规范；党支部要组织党员按期参加党员大会、党小组会和上党课、定期召开支部委员会会议。坚持党员领导干部讲党课制度，各级党委（党组）书记每年至少为基层党员讲一次党课，党支部书记要积极按时依规上好党课，上党课前要认真调研、精心备课，党课内容要贴近党员、贴近实际，不搞照本宣科，增强针对性、实效性。"三会一课"要突出政治学习和教育，突出党性锻炼，坚决防止表面化、形式化、娱乐化、庸俗化。

二是明确"三会一课"基本内容。"三会一课"要以学习党章党规、学习习近平总书记系列重要讲话为基本内容，针对党员思想工作实际确定"三会一课"的主题和具体方式，做到形式多样、氛围庄重。会前要扎实充分准备，会中要强化全程管理，会后要进行质量问效，确保"三会一课"学习教育不走过场。党支部要制订年度"三会一课"计划并报上级党组织备案，明确每月学习教育重点，在党务公开栏公示学习教育、组织生活和主题党日活动计划以及党员出勤情况，广泛接受党员群众监督。

三是丰富组织生活的内容和途径。推广党支部主题党日，组织党员在主题党日开展"三会一课"、交纳党费、参加服务职工群众等活动。开展开放式组织生活，充分利用师团红色教育基地和身边典型等党员学习教育资源，提高组织生活吸引力、感染力。实行党支部组织生活每月"五＋X"计划。"五"为必须完成的规定动作，即以党支部为单位，开展一次主题党日活动，党员交纳一次党费，党支部书记听取一次党员思想汇报，党员相互谈心谈话一次，召开一次党员建言献策会。"X"为自选动作，由各党支部立足实际，以党建"六大工程"为载体，开展主题鲜明、内容丰富、务实管用的活动。要严格有关纪律要求，严禁借组织生活之名搞公款吃喝、外出旅游，不发放任何形式的误工补贴和其他钱物。

（五）深度融合当前重点工作

把学习教育与保稳定、促改革、调结构、惠民生、防风险各项工作结合起来。坚持全面从严治党，进一步压实政治责任和主体责任；坚持打好"组合拳"，推进"六个抓好""五个管住""四个全覆盖"，保持"一个常态"，实现"三个坚决"；坚持全面深化改革，进一步加强基础设施建设，深化供给侧结构性改革，抓好改革、招商引资、固定资产投资、向南发展、集聚人口等重点工作。紧紧抓住"四风""四气"这个关键，找准找实这些问题在各级党组织和党员干部中的具体表现，有什么问题解决什么问题，什么问题突出重点解决什么问题。要把"学、转、促"活动和"访惠聚"工作作为推动"两学一做"学习教育常态化制度化的重要载体和有力抓手，扎实推进建强基层组织、做好群众工作、促进兵地融合"三项任务"落实，切实办好落实惠民政策、拓宽致富门路、推进脱贫攻坚、办好实事好事、壮大党员队伍"五件好事"，广泛开展"五共同一促进"创建活动，持续开展好"民族团结一家亲"和民族团结联谊活动，不断稳固新疆社会稳定

· 481 ·

和长治久安基层基础。

五、加强组织领导

（一）层层推动落实

各级党组织要把推进"两学一做"常态化制度化作为全面从严治党的战略性、基础性工程，高度重视，精心组织，抓常抓细抓长。要始终把思想建设作为第一位的任务，坚持用党章党规党纪规范党组织和党员行为，用习近平总书记系列重要讲话精神武装头脑、指导实践、推动工作，用好"学讲话、转作风、促落实"专项活动这个重要载体，推进党员干部作风大转变、维护稳定"组合拳"各项举措落地见效。

（二）履行主体责任

各单位各部门党委（党组）要把推进"两学一做"学习教育常态化制度化，作为深化全面从严治党重要任务、列入管党治党责任清单、纳入党建考核重要内容，每年专门研究部署、定期分析改进工作、每年进行评估总结，形成一级抓一级的责任链条，做到任务明确、措施具体、目标清晰、考核严格。各级党组织主要负责同志要亲自抓谋划、抓推动、抓落实，投入足够时间和精力加强组织指导。班子其他成员要落实"一岗双责"，主动加强对分管领域和部门单位党组织的指导，推动基层党组织落实各项要求。各级组织部门要统筹做好组织协调，师市纪委、党委办公室、宣传部、师直党工委、教育局、国资委等部门要充分发挥职能作用，推进各项部署落实。

（三）领导干部率先垂范

突出"关键少数"，各级党员领导干部特别是主要领导干部要带头做政治上的明白人、信仰上的忠诚人、行为上的老实人、工作上的担当人、作风上的实干人、为民上的贴心人、团结上的促进人、纪律上的自律人、廉洁上的干净人。要时刻牢记自己的第一身份是党员，无论职位高低，都要以普通党员身份参加党的组织生活。要把"两学一做"作为锤炼党性的基本功、必修课，带头学习、走在前面、深学一层，带头做合格党员、合格领导干部，时刻检视存在的差距和不足，带头查摆整改问题，以实际行动推进学习教育常态化制度化。树立标杆意识、表率意识，严格按党内政治生活准则办事，带动和推进本单位、本部门学习教育常态化制度化。自觉把讲政治贯穿于日常工作生活全过程、贯穿于党性锻炼全过程。

（四）强化督促指导

各级党委（党组）要成立督导检查组，对各单位、各部门"两学一做"学习教育常态化制度化开展情况进行督促检查，及时了解掌握情况，层层压紧压实责任，确保深入扎实推进。把组织开展"两学一做"学习教育情况纳入各级党组织党建工作考核的重要内容，每年结合总结、述职进行检查和评估，作为评判党组织和党组织书记履行管党治党责任情况的重要依据，注重从落实"三会一课"等党支部工作成效和党员作用发挥看效果、让党员群众作评价。对工作落实不力、搞形式走过场的，要严肃批评、追责问责。

（五）营造良好氛围

要把选树、宣传、学习"两学一做"学习教育中涌现出的优秀党员领导干部、基层党员和先进基层党组织，作为推进"两学一做"学习教育常态化制度化的重要抓手。各单位、各部门和各行各业都要推出学的榜样、做的标杆。师市报刊、广播、电视、铁门关在线等主流媒体要集中宣传一批"两学一做"榜样，引导广大党员见贤思齐、比学赶超，使学先进、赶先进、当先进成为时代风尚。

各单位各部门党委（党组）要根据本实施方案，结合实际制定贯彻措施，认真抓好落实，重要情况和意见建议及时报师市党委组织部。

印发《第二师铁门关市关于加强社会组织党的建设工作的实施方案（试行）》的通知

师市党办发〔2017〕77 号

铁门关市人大、政府、政协党组，各团场（镇）、企事业单位党委（党组），师市机关各部门，政法机关党组（党委）：

《第二师铁门关市关于加强社会组织党的建设工作的实施方案（试行）》已经师市党委同意，现印发给你们，请认真贯彻执行。

中共第二师铁门关市委员会办公室
2017 年 8 月 23 日

第二师铁门关市关于加强社会组织党的建设工作的实施方案（试行）

第一章 总则

第一条 第二师铁门关市社会组织是贯彻落实以习近平同志为核心的党中央治疆方略、履行维稳戍边职责使命、维护新疆社会稳定和长治久安的重要力量，是党的工作和群众工作的重要阵地，是党的基层组织建设的重要领域，在兵团履行"三大功能"、发挥"四大作用"中承担着重要任务。为切实加强师市社会组织党的建设工作，促进社会组织健康发展，根据中共中央办公厅《关于加强社会组织党的建设工作的意见（试行）》（中办发〔2015〕51 号）、自治区党委办公厅《关于加强社会组织党的建设工作的实施意见》（新党办发〔2017〕9 号）和兵团党委办公厅《关于加强兵团社会组织党的建设工作的实施办法（试行）》（新兵党办发〔2017〕93 号），结合师市实际，制定本方案。

第二条 社会组织主要包括社会团体、民办非企业单位、基金会、社会中介组织以及社区社会组织等。

（一）社会团体是指中国公民自愿组成，为实现会员共同意愿，按照其章程开展活动的非营利性社会组织。包括协会、商会、研究会、联合会等各类组织。

（二）民办非企业单位是指企事业单位、社会团体和其他社会力量以及公民个人利用非国有资产举办的，从事非营利性社会服务活动的社会组织。包括民办的学校、医院、敬老院、艺术团体等各类组织。

（三）基金会是指利用自然人、法人或者其他组织捐赠的财产，以从事公益事业为目的，按照《基金会管理条例》规定成立的非营利性法人。包括公募和非公募基金会。

（四）社会中介组织是指介于政府、企业、个人之间，提供咨询、公证、评估、仲裁、经纪、法律等各种服务的机构和组织。包括律师、会计师、税务师事务所、房屋交易公司、劳动职业介绍所等各类组织。

（五）社区社会组织是指以满足社区居民多样化需求为目的，由社区居民自愿组成且不具备法人登记条件的社会组织。包括志愿服务团队、文体活动团队、居民互助会等各类组织。

第三条 加强社会组织党建工作，对于引领社会组织正确发展方向，激发社会组织活力，促进社会组织在师市治理体系和治理能力现代化进程中更好发挥作用；对于把社会组织及其从业人员紧密团结在党的周围，不断扩大党在社会组织的影响力，增强党的阶级基础、扩大党的群众基础、夯实党的执政基础；对于促进兵团党的基层组织建设全面进步、全面过硬，筑牢维稳戍边根基具有重要意义。

第四条 加强社会组织党建工作，要坚持以马克思列宁主义、毛泽东思想、邓小平理论、"三个代表"重要思想、科学发展观为指导，深入贯彻落实党的十八大和十八届三中、四中、五中、六中全会精神，习近平总书记系列重要讲话精神和治国理政新理念新思想新战略，以及中央和自治区党委、兵团党委、师市党委部署要求，不断增强社会组织党组织的创造力、凝聚力、战斗力。

第五条 加强社会组织党建工作应遵循下列基本原则：

（一）坚持党的领导与社会组织依法自治相统一，把党的工作融入社会组织运行和发展过程，更好地组织、引导、团结社会组织及其从业人员。

（二）坚持从严从实，把握特点规律，严格落实党建工作制度，积极探索符合社会组织实际的方式方法，防止行政化和形式主义。

（三）坚持问题导向，着力破解组织体系不够健全、组织覆盖不够全面、作用发挥不够充分等难题，推动社会组织党建工作水平全面提升。

（四）坚持分类指导，根据不同类型不同规模社会组织情况开展工作，切实提高针对性和实效性，充分发挥社会组织党组织的战斗堡垒作用和党员的先锋模范作用。

第二章　社会组织党组织功能定位

第六条 社会组织党组织是党在社会组织中的战斗堡垒，发挥政治核心作用。要着眼履行党的政治责任，紧紧围绕党章赋予基层党组织的基本任务开展工作，严肃组织生活，严明政治纪律、政治规矩和组织纪律，充分发挥党组织的政治功能和政治作用；按照建设基层服务型党组织的要求，创新服务方式，提高服务能力，提升服务水平，通过服务贴近群众、团结群众、引导群众、赢得群众。

第七条 社会组织党组织应当认真履行下列基本职责：

（一）保证政治方向。宣传和执行党的路线方针政策，宣传和执行以习近平同志为核心的党中央、上级党组织和本组织的决议，组织党员群众认真学习中国特色社会主义理论体系，深入学习习近平总书记系列重要讲话精神和治国理政新理念新思想新战略，特别是在第二次中央新疆工作座谈会上、视察新疆和兵团工作时的重要讲话精神，以及自治区党委、兵团党委、师市党委决策部署，教育引导党员群众遵守国家法律法规，引导监督社会组织依法执业、诚信从业。

（二）维护团结稳定。围绕联系服务群众、促进民族团结、维护社会稳定做好思想政治工作，教育引导职工群众牢固树立"三个离不开"思想，增强"五个认同"，感党恩、听党话、跟党走，旗帜鲜明地反对民族分裂、维护祖国统一，坚决与"三股势力"作斗争。关心和维护职工群众的正当权利和利益，积极化解矛盾纠纷，汇聚推进改革发展、和谐稳定的正能量。

（三）推动事业发展。树立和落实创新、协调、绿色、开放、共享的发展理念，激发从业人员工作热情和主人翁意识，帮助社会组织健全章程和各项管理制度，参与重大问题决策，引导和支持社会组织有序参与社会治理、提供公共服务、承担社会责任。

（四）建设先进文化。坚持用社会主义核心价值观引领文化建设，开展社会主义精神文明、民族团结进步创建，组织丰富多彩的文化活动，营造积极向上的文化氛围。教育党员群众自觉抵制不良倾向，坚决同各种违法犯罪行为作斗争，坚决抵御民族分裂主义和宗教极端思想的渗透。

（五）服务人才成长。树立人才在社会组织创新发展中的关键地位，培养使用各民族人才，关心关爱人才成长，主动帮助引导、排忧解难。建立党组织负责人联系骨干人才制度，加强人才政治引导，向上级党组织推荐表彰优秀对象。加强人才教育培训，不断提高从业人员的思想和业务素质，支持和保障各类人才干事创业。

（六）加强自身建设。创新组织设置，健全工作机制，严格执行组织生活各项制度，做好发展党员和党员教育管理服务工作。维护和执行党的纪律，监督党员切实履行义务，做好党风廉政建设工作。领导本单位工会、共青团、妇联等群团基层组织工作。

第八条 社会组织党组织发挥政治核心作用、履行基本职责，应把握和处理好下列主要关系：

（一）党组织政治任务与社会组织发展任务的关系。党组织应强化政治引领，坚持同向用力，推动党的路线方针政策和上级党组织决议决定在社会组织中得到贯彻落实，引导支持社会组织遵纪守法、诚信经营、健康发展。防止党的领导和党的建设出现"盲区"，以及党建工作与社会组织发展"两层皮"等问题。

（二）党组织负责人与社会组织管理层的关系。实行"双向进入、交叉任职"，党组织负责人进入管理层，参与决策管理，确保党组织在社会组织法人治理结构中的法定地位；党组织也应吸收管理层中的党员担任党内职务，参加组织活动，发挥党员作用。切实解决党组织在社会组织中没有地位、功能缺失等问题。

（三）党组织生活与社会组织业务运行的关系。党组织应根据社会组织实际，以务实有效为目的，机动灵活地开展党的组织生活。同时，争取社会组织在时间、场所、经费等方面提供必要支持。防止出现党组织生活活动中党员群众参与率不足、缺乏基本保障等问题。

（四）社会组织活动的社会效益与社会组织自身利益的关系。党组织应积极引导社会组织投身社会公益事业，自觉承担社会责任，并保障从业人员合法权益。避免出现社会组织单纯追求自身利益而不履行社会义务，以及损害从业人员合法权益的问题。

（五）对从业人员开展帮扶与加强教育引导的关系。党组织应坚持政治功能与服务功能相统一，寓教育引导于服务之中，在服务中教育引导社会组织从业人员提高思想觉悟、增强政治认同。防止出现只搞服务，不敢批评、不抓教育、不会引导的问题。

（六）党组织与群团组织的关系。党组织应加强对工会、共青团、妇联等群团组织的领导，坚持以党建带群建、抓群建促党建，支持群团组织依照各自章程开展活动、充分发挥桥梁纽带作用，防止出现党群组织各自为战、党的工作力量涣散等问题。

第三章 社会组织党建工作管理体制和工作机制

第九条 社会组织党建工作在各级党委统一领导下，由各级党委社会组织党建工作机构实行分级领导和管理。

（一）师市党委依托组织部门建立社会组织党建工作机构，设立办事机构，配强专职力量，统筹领导和指导社会组织党建工作，形成上下贯通、协调有力的工作格局。同时，将非公有制企业党建工作机构与社会组织党建工作机构整合为一个机构。党委组织部门对同级社会组织党建工作机构进行指导，上级社会组织党建工作机构对下级社会组织党建工作机构进行指导。团场党委可结合实际，健全社会组织党建工作机构，确保社会组织党建工作有人抓、有人管。

（二）各级社会组织党建工作机构的主要职责是：指导社会组织党组织建设、党员队伍建设、思想政治工作、党的群众工作和党风廉政建设；督促指导所属社会组织党组织按期换届，审批选出的书记、副书记；审核社会组织负责人人选；指导做好社会组织党的建设其他工作。

（三）社区社会组织党建工作由街道社区和团场（乡镇）连队（村）党组织兜底管理，明确专人负责，及时了解掌握辖区内每个社会组织的动态情况，有针对性地抓好党建工作。

（四）有业务主管单位的社会组织党建工作，由业务主管单位党组织领导和管理，接受社会组织党建工作机构的工作指导。社会组织中设立的党组，对本单位和直属单位党组织的工作进行指导。按照有利于开展党的活动、加强党员教育管理的原则，理顺社会组织党组织隶属关系。

第十条　各单位党委组织部门和社会组织党建工作机构要完善工作机制，加强统筹协调，定期召开有关部门参加的社会组织党建工作会议，及时研究解决重要问题；注重上下联动，及时沟通社会组织党建工作动态信息，研究部署重点任务，运用基层经验推动面上工作。各级党委组织部门和社会组织党建工作机构应直接联系一批规模较大、人员较多、影响力强的社会组织党组织，及时了解情况、听取意见、加强指导。

第十一条　各级民政、工商等社会组织登记管理部门党组织，应当履行做好社会组织党建工作的政治责任。

（一）在社会组织登记中，同步督促指导社会组织加强党建工作。采集党员、党组织和党务工作者等党建工作基本信息，会同本级社会组织党建工作机构、行业监管部门，建立社会组织党建工作信息及时采集、数据共享机制；督促社会组织将党建工作内容写入组织章程，明确组建党组织和发挥党组织政治核心作用等要求；了解掌握已建立党组织的社会组织党建工作开展情况；指导尚未建立党组织的社会组织同步提交党组织组建等工作方案，明确党组织隶属关系、党建工作领导管理责任及选派党建工作指导员等事宜。

（二）在社会组织年检中，同步检查党建工作开展情况。年检前，各级登记管理部门应会同本级社会组织党建工作机构，根据社会组织党建工作阶段性重点任务，研究制定《社会组织党建工作年检清单》，在年检时组织社会组织党组织认真自查填报，对检查中发现的党建工作问题，应提出整改要求，指导及时整改纠正。

（三）在社会组织评估中，同步将社会组织党组织组建和发挥作用等情况纳入评估重要指标。社会组织评估委员会或相应机构应有同级社会组织党建工作机构负责同志参加。对具备条件而无故不组建党组织、党组织软弱涣散不能发挥作用的社会组织，当年不得评为3A以上等级。

第十二条　各级司法、财务（政）、教育、卫生、计生、人社、建设、税务等社会组织行业监管部门党组织应充分发挥职能优势，把本行业社会组织党建工作抓紧抓实。

（一）建立行业党委专抓党建工作。对同业社会组织党组织多、从业人员中党员多、社会影响大的行业，监管部门应积极推动建立行业党委（总支、支部），在社会组织党建工作机构的统一领导下，专司其职抓好本行业社会组织党建工作。对具备条件但尚未建立行业党委的，相关监管部门应积极做好组建工作，构建形成"监管部门＋行业党委＋社会组织"的领导管理体系。

（二）结合行业监管加强党建工作。各级行业监管部门应将社会组织党建工作融入行业监管工作中，坚持同步研究谋划、部署推动、检查指导和评议考核。对不重视党建工作、不组建党组织或党组织软弱涣散的社会组织，应视情况降低考评等次；对违纪违法、受到行政处罚或负责人受到刑事追究的社会组织，行业监管部门应及时将有关情况通报同级社会组织党建工作机构，严重违纪违法的，相关责任人不得作为各级"两代表一委员"和劳动模范等各类先进人物人选。

（三）强化激励引导推进党建工作。各级行业监管部门在组织开展社会组织培训时，应将党建工作作为重要内容；在评选表彰先进社会组织时，应征求同级社会组织党建工作机构意见，将党建工作开展情况作为重要条件；在研究落实社会组织帮扶措施时，应对党建工作成绩显著、社会形象好的社会组织，在政府购买服务等方面同等情况下予以优先安排。

第十三条 对与行政机关脱钩的师级行业协会商会党建工作，按照《关于兵团级行业协会商会与行政机关脱钩后党建工作管理体制调整的办法（试行）》（兵党组发〔2016〕34号）要求，由师市社会组织党建工作机构统一领导。其他行业协会商会党建工作，按照属地管理原则，由所在地社会组织党建工作机构分级领导和管理，确保行业协会商会党建工作脱钩不脱管。

第四章 推进社会组织党的组织和工作有效覆盖

第十四条 加大社会组织党组织组建力度，实现具备条件的社会组织党的组织应建尽建。暂不具备组建条件的社会组织，可通过选派党建工作指导员、联络员或建立工会、共青团组织等途径开展党的工作，条件成熟时及时建立党组织。新成立的社会组织，具备组建条件的，登记和审批机关应督促推动其同步建立党组织。街道社区和团场（乡镇）连队（村）党组织要加强对社区社会组织的领导和指导。通过各种方式，逐步实现党的组织和党的工作有效覆盖。

第十五条 按单位建立党组织。凡有3名以上正式党员的社会组织，都要按照党章规定，经上级党组织批准，分别设立党委、总支、支部，并按期进行换届。规模较大、会员单位较多而党员人数不足规定要求的，经团（处）级以上党委批准可以建立党委。社会组织变更、撤并或注销，党组织应及时向上级党组织报告，并做好党员组织关系转移等相关工作；上级党组织应及时对社会组织党组织变更或撤销做出决定。

第十六条 按行业建立党组织。行业特征明显、管理体系健全的行业，可依托行业协会商会建立行业党组织，对会员单位党建工作进行指导。与行业监管部门（单位）合署办公的社会组织，可挂靠建立联合党组织。

第十七条 按区域建立党组织。在社会组织相对集中的各类街区、园区、楼宇等区域，可以打破单位界限统一建立党组织。其他规模小、党员少的社会组织可本着就近就便原则，联合建立党组织。

第十八条 推行"派出组建法"。对规模较大、会员单位较多、没有党员或仅有个别党员的社会组织，可整合党建工作指导员力量，由3名指导员组成一个"派出党支部"，覆盖3至5个社会组织，负责开展党建工作，特别是做好培养积极分子、发展党员工作。在帮助所覆盖社会组织组建党组织后，"派出党支部"即可撤销。

第十九条 在发展党员计划中适当向社会组织倾斜，并注意从党政机关党员中，也可从老干部老党员老模范和社会工作者等志愿者群体中择优选派党建工作指导员和联络员，到社会组织中开展党的工作，重点做好培养发展党员、寻找"口袋党员"、推荐党员员工等工作，不断壮大党员队伍，为建立党组织创造条件。退休或不担任现职的党政领导干部被选派到社会组织从事党务工作，不列入兼职清理范围，但应从严规范管理。

第二十条 推动建立各类群团组织。督促社会组织及时建立工会、共青团、妇联等群团组织，注意发挥群团组织优势，整合资源、接长手臂、形成链条，做好联系服务职工群众、培养推荐入党对象等工作，增强社会组织党建工作合力。

第二十一条 强化区域党组织帮带作用。辖区内社会组织较多的街道社区和团场（乡镇）连队（村），可在街道、团场（乡镇）党委领导下成立综合党委，建立党群工作服

· 487 ·

务站，组织开展"开放式"党组织活动，吸纳社会组织负责人和从业人员参加活动，注意在未建立党组织的社会组织中做好发展党员、党员亮身份、推荐党员等工作，引导帮助社会组织及时建立党组织。

第五章 社会组织党组织和党员发挥作用的基本途径

第二十二条 围绕新疆工作总目标开展党组织活动。把履行兵团维稳戍边职责使命、维护新疆社会稳定和长治久安作为社会组织党组织开展活动的着眼点和着力点，组织引导党员增强政治意识、大局意识、核心意识、看齐意识，在思想上政治上行动上与以习近平同志为核心的党中央保持高度一致，坚决贯彻执行中央治疆方略和对兵团的定位要求，坚决贯彻执行自治区党委、兵团党委、师市党委决策部署，为师市履行好"三大功能"、发挥好"四大作用"、实现新疆工作总目标努力奋斗。

第二十三条 围绕社会组织健康发展开展党组织活动。党组织活动应与社会组织发展紧密结合，积极探索开展主题活动等有效载体，与社会组织执业活动、日常管理、文化建设等相互促进。积极组织实施上级党组织的决议决定，引导监督社会组织遵守国家法律法规，依法、诚信、规范经营；对危害党的领导的各种错误思想和行为，旗帜鲜明地进行抵制和纠正。在社会组织发展遇到困难时，党组织应组织动员党员勇于承担急难险重任务，帮助社会组织排忧解难、渡过难关，体现发展推动力。党组织书记应参加或列席管理层有关会议，党组织开展的有关活动可邀请非党员社会组织负责人参加。

第二十四条 贴近职工群众需求开展党组织活动。深入了解、密切关注职工群众思想状况和实际需求，畅通职工群众诉求反映渠道，引导建立困难职工帮扶援助制度，积极开展党员与群众结对帮扶活动，做好深入细致的思想政治工作，加强人文关怀和心理疏导，提供群众期盼的服务，积极为群众排忧解难，寓教育管理于服务之中，切实增强党组织的吸引力影响力。把民族团结作为最大的群众工作，推进各民族间的交往交流交融，促进各民族共学共居共乐。

第二十五条 突出社会组织特点开展党组织活动。发挥社会组织及其从业人员专业特长，积极开展专业化志愿服务。发挥社会组织人才、信息等资源丰富的优势，主动与社区和其他领域党组织结对共建，实现资源共享、优势互补。发挥社会组织联系广泛的优势，组织党员在从业活动中宣传党的路线方针政策，凝聚社会共识。针对从业人员流动性强的特点，充分利用现代信息技术手段开展活动，探索建立党建微信群、网上党建论坛等网络活动阵地，增强党组织活动的开放性、灵活性和有效性。

第二十六条 紧扣党员实际创新教育管理服务。着力保障和落实党员知情权、参与权、选举权、监督权，积极推进党务公开，提高党员对党内事务的参与度，发挥党员在党内政治生活中的主体作用。以党性教育为重点，加强党员教育培训，不断提高党员素质。通过设立党员先锋岗、党员责任区、党员服务窗口等形式，积极开展党员公开承诺践诺活动，充分发挥其示范带动作用。强化党员管理监督，严格组织关系管理，及时处置不合格党员，保持党员队伍的先进性和纯洁性。

第二十七条 贯彻从严要求提高组织生活质量。落实推进"两学一做"学习教育常态化制度化要求，严格落实"三会一课"、民主评议党员、党员党性定期分析、主题党日等制度，突出党内政治生活的政治性、时代性、原则性、战斗性，坚决防止组织生活随意化、平淡化、娱乐化、庸俗化。经常听取职工群众对党组织和党员的意见，及时整改存在的问题。按照规定召开党员领导干部民主生活会，定期召开党员组织生活会，积极开展批评和自我批评，真正使组织生活庄重起来、严肃起来、规范起来，教育引导党员不断增强"四个自信"、做到"四讲四有"和"四个合格"。

第六章 社会组织党务工作者队伍建设

第二十八条 选优配强党组织书记。按照守信念、讲奉献、有本领、重品行的要求，选优配强社会组织党组织书记。党组织书记一般从社会组织内部产生，提倡党员社会组织负责人担任党组织书记。社会组织负责人不是党员的，可从管理层中选拔党组织书记。社会组织中没有合适人选的，可提请上级党组织选派，再按党内有关规定任职。

第二十九条 充实壮大党务工作者队伍。适应加强社会组织党建工作需要，坚持专兼职结合，多渠多样化选用，建设一支素质优良、结构合理、数量充足的党务工作者队伍。社会组织负责人任党组织书记和规模大、党员数量多的社会组织党组织，应配备专职副书记。

第三十条 加强党务工作者教育培训。把社会组织党务工作者纳入基层党务干部培训范围。重点加强党的理论和路线方针政策、党内法规和国家法律法规、党务知识、社会组织管理等方面的教育培训，突出维护社会稳定、民族团结进步、"去极端化"理论和实践经验的教育培训，提高做好群众工作、服务社会组织发展的能力。

第三十一条 强化党务工作者管理和激励。坚持严格管理和关心激励相结合，建立健全符合社会组织特点的党务工作者管理考核和激励约束制度，使社会组织党务工作者政治有地位、干事有平台、待遇有保障、发展有空间。社会组织党组织书记每年应向上级党组织和本单位党员报告工作并接受评议。结合实际给予党组织书记和专职党务工作者适当工作津贴。注重推荐优秀党组织书记作为各级"两代表一委员"和劳动模范等各类先进人物人选。建立党务工作者职务变动报告制度，党组织书记因坚持原则遭受不公正待遇时，上级党组织应及时了解情况，给予帮助和支持。

第七章 社会组织党建工作的组织领导

第三十二条 强化领导责任。各单位党委要切实加强对社会组织党建工作的领导，把社会组织党建工作纳入党建工作总体布局，作为抓基层党建工作述职评议考核和相关部门领导班子、领导干部考核的重要内容。各单位党委组织部门要牵头抓总、统筹协调，社会组织党建工作机构要加强具体指导，民政、司法、财务（政）、税务、教育、卫生、计生、工商等部门要结合职能协同做好社会组织党建工作。对履行责任不到位的追究责任。

第三十三条 强化教育引导。构建各级党组织与社会组织的新型关系，积极做好社会组织负责人的团结、教育、服务工作，增进他们对党的感情和政治认同。在社会组织负责人中推荐各级"两代表一委员"人选时，应把是否拥护党的领导、是否支持党建工作作为重要考核标准，并征求本级社会组织党建工作机构意见。社会组织党组织开展的重要会议和重大活动应邀请社会组织负责人参加，努力赢得理解和支持。

第三十四条 强化基础保障。建立多渠道筹措、多元化投入的党建工作经费保障机制。社会组织党员上交的党费全额下拨，党委组织部门可用留存党费给予支持。从师市管理的党费中，每年为每个社会组织党组织拨付1000元党建工作经费。参照《兵团党委组织部、兵团财务局关于转发中共中央组织部、财政部、国家税务总局关于非公有制企业党组织工作经费问题的通知》（兵党组发〔2014〕64号）要求，将党组织工作经费纳入管理费中列支，不超过职工年工资薪金总额1%的部分，可据实在社会组织应缴纳的企业所得税前扣除。有条件的单位，可采取多种方式给予必要的经费支持。支持社会组织建设党组织活动场所，鼓励机关、企事业单位、街道社区、团场（乡镇）连队（村）党组织与社会组织党组织场所共用、资源共享，有条件的单位可在社会组织相对集中的区域统筹建设党群活动服务中心。引导社会组织负责人主动支持党建工作，为党组织开展活动、做好工作提供必要条件，并将有关内容写入社会组织章程。

第三十五条　强化督促落实。有关单位部门要认真研究制订社会组织党建工作规划和年度计划，实行目标管理，加强督促检查，推动工作落实。制定完善社会组织党建工作考核评价办法，明确奖惩措施，强化结果运用。充分利用各类媒体、采取多种方式，广泛宣传加强社会组织党建工作的重要意义、中央和自治区党委、兵团党委、师市党委部署要求。加强调查研究，准确把握动态，不断研究新情况、解决新问题。尊重基层首创精神，总结推广经验，培育宣传社会组织党组织、党员和社会组织负责人先进典型，营造社会组织党建工作良好氛围。

第八章　附　则

第三十六条　有关单位部门可结合实际，制定贯彻落实本方案的具体实施细则。

第三十七条　本方案由师市党委负责解释，具体解释工作由师市党委组织部承担。

第三十八条　本方案自发布之日起施行。

印发《第二师铁门关市关于加快构建现代公共文化服务体系的实施方案》的通知

师市党办发〔2017〕79号

铁门关市人大、政府、政协党组，各团场（镇）、企事业单位党委（党组），师市机关各部门，政法机关党组（党委）：

《第二师铁门关市关于加快构建现代公共文化服务体系的实施方案》已经师市党委同意，现印发给你们，请认真贯彻执行。

中共第二师铁门关市委员会办公室
2017年8月23日

第二师铁门关市关于加快构建现代公共文化服务体系的实施方案

为进一步深化文化体制改革，加快推进第二师铁门关市现代公共文化服务体系建设，努力提升公共文化发展水平和成效，根据中共中央办公厅、国务院办公厅印发《关于加快构建现代公共文化服务体系的意见》（中办发〔2015〕2号）和《兵团关于加快构建现代公共文化服务体系的实施意见》（新兵党办发〔2016〕3号）精神，结合师市实际，制定本实施方案。

一、总体要求

（一）**指导思想**。以邓小平理论、"三个代表"重要思想和科学发展观为指导，全面贯彻党的十八大、十八届三中、四中、五中、六中全会精神和习近平总书记系列重要讲话精神，认真落实中央"四个全面"战略布局，以改革创新为动力，以法治建设为保障，以基层为重点，以军垦历史文化传承创新为平台，以重点文化工作和重大文化项目为抓手，紧紧围绕社会稳定和长治久安总目标，围绕文化需求，构建体现时代发展趋势，适应市场经济要求，符合文化发展规律，凸显兵团文化特色的现代公共文化服务体系，促进师市基本公共文化服务标准化、均等化，不断提高职工群众文化素质，增强民族团结凝聚力，为建设富裕文明和谐幸福师市提供强大的精神动力和文化支撑。

（二）**基本原则**。一是坚持正确导向，大力培育社会主义核心价值观，发展先进文化，创新传统文化，扶持通俗文化，引导流行文化，改造落后文化，抵制有害文化；二是坚持政府主导，优化配置公共文化资源；三是坚持多元参与，激发社会各界参与公共文化服务的积极性和创造性;四是坚持共建共享,切实加强公共文化服务基础设施建设;五是坚持突出重点,保障基本、促进公平,加大对焉耆垦区和向南发展团场(镇)支持力度,推进公共文化服务体系建设重心下移,资源下移,服务下移;六是坚持改革创新,不断创新服务内容和形式,推动师市文化事业和文化产业协调发展。

(三)主要目标。到2020年,基本建成覆盖师市、辐射地方、标准健全、发展均衡、服务便捷、保障基本、统筹有力、充满活力的具有师市特色的现代公共文化服务体系。师市建有达标的公共图书馆、博物馆、展览馆、文化馆,各团场(镇)、连队(社区)建有达标的综合文化站(室),以及集宣传文化、党员教育、科技普及、普法教育、卫生保健、体育健身等功能于一体的公共文化服务中心。公共文化服务模式、服务效能显著提升,公共文化服务数字化水平明显提高。广大职工群众的基本文化权益得到更好保障,文化生活更加丰富多彩,精神风貌更加昂扬向上。

二、基本公共文化服务实施标准

(一)服务项目与内容

1. 基本服务项目

(1)读书看报。①师市公共图书馆、文化馆和团场(镇)、连队(社区)综合文化站(室)、农家书屋等免费提供图书、报刊借阅服务,开展全民阅读活动。师市公共图书馆人均藏书量不低于0.6册,人均年新增藏书量不少于0.06册;连队(社区)综合性文化服务中心(含农家书屋)提供借阅的图书不少于1200种、1500册,报刊不少于20种,年新增图书不少于60种。②在师市和团场(镇)主要街道、公共场所、居民小区等人流密集地点设置阅报栏或电子阅报屏,提供党报、"三农"、科普、文化生活、健康文摘等方面的信息服务。公共场所阅报栏免费为群众提供阅读服务,至少提供五类报纸(党报类、"三农"类、科普类、文化生活类、健康文摘类等)。

(2)收听广播。①为全民提供突发事件应急广播服务。建立师市、团场(镇)、连队(社区)三级应急广播平台,实现与国家、自治区、兵团应急广播平台衔接。②通过直播卫星提供不少于17套的广播节目,通过无线模拟提供不少于6套的广播节目,通过数字音频提供不少于15套的广播节目。

(3)观看电视。通过直播卫星提供不少于25套电视节目,通过地面数字电视提供不少于15套电视节目;未完成无线数字化转换的团场(镇),提供不少于5套电视节目。

(4)观赏电影。①为团场(镇)职工群众提供数字电影放映服务,实现一团一连一月看一场公益电影的放映目标,其中每年国产新片(院线上映不超过2年)比例不少于1/3,保障职工群众的基本文化权益。②为中小学生每学期提供2部爱国主义教育影片。

(5)送地方戏。根据职工群众实际需求,采取政府采购等方式,为团场(镇)、连队(社区)开展"送文化下基层"活动,每年不少于30场(次)。师市各团场(镇)主动与周边县、乡村共办文化体育活动,每年不少于2场(次)。

(6)设施开放。①公共图书馆、文化馆(站)、博物馆(展览馆)(非文物建筑及遗址类)等公共文化设施免费开放,基本服务项目健全,开放时间、开放项目、免费服务内容向公众公示。②师市、团场(镇)、连队(社区)公共体育场馆免费开放,免费提供公园、绿地、广场等公共场所全民健身器材。③有条件的文化中心、青少年宫、青少年科学工作室等免费提供基本公共文化服务项目。④未成年人、老年人、现役军人、残疾人和低收入人群参观文物建筑及遗址类博物馆实行门票减免,文化遗产日免费参观。师市、团场(镇)两级每年举办专题展览不少于2次。

(7)文体活动。①城镇居民依托师市、团场(镇)、连队(社区)公共服务中心、文体广场、公园、健身路径等公共设施就近方便参加各类文体活动。②师市和团场(镇)文化馆(站)等开展公共文化服务活动(包括公益培训、讲座、展览、辅导等),培养职工群众健康向上的文艺爱好。师市、团场

（镇）坚持每年组织一届文艺汇演。师市每两年举办一届文化能人大赛活动。师市、团场（镇）坚持每年开展广场文化活动，设立各种特色文化节，形成机制，常年开展活动。

2. 硬件建设

（1）文化设施。师市、团场（镇）在辖区内设立公共图书馆、文化馆（站）、团史馆，连队（社区）设置综合性文化服务中心，结合师市实际，按照国家颁布的建设标准进行规划建设。师市建有达标的博物馆，各团场（镇）结合实际建设团史馆，有条件的依据国家有关标准规划建设青少年宫、城市规划馆。结合基层公共服务综合设施建设，整合利用社区、学校、机关及企事业单位现有公共设施，因地制宜配置文体器材。

师级公共文化机构建有面向职工群众的网站，设施内免费提供无线网络服务。各级公共图书馆、文化馆（站）建有公共电子阅览室，并免费提供上网服务。

（2）体育设施。师市、团场（镇）设立公共体育场；连队（社区）配置群众体育活动器材设备，或纳入基层综合文化设施整合设置。

3. 人员配备

（1）人员编制。①师市各级要根据工作职能、辖区人口、馆舍面积、服务范围等科学合理配置公共文化机构编制。对现有机构编制难以满足工作需要的公益性文化事业单位，要结合实际和财力，合理配置、调整充实机构编制。②团场（镇）综合文化站的人员编制配备根据人力资源和社会保障局、编办等部门核准的编制数配齐工作人员，专用于文化工作的专业技术人员，规模较大的中心团场（镇）应适当增加；连队（社区）设有由政府购买的公益文化岗位。

（2）业务培训。师市、团场（镇）公共文化机构从业人员每年参加脱产培训时间不少于15天，连队（社区）文化专兼职人员每年参加集中培训时间不少于5天。

（二）标准实施

1. 师市基本公共文化服务实施标准从2017年起开始实施，各相关部门根据职能职责和任务分工，制定具体实施方案。团场（镇）、连队（社区）根据师市基本公共文化服务实施标准以及本地制定的实施标准，明确具体的落实措施、工作步骤和时间安排，确保标准实施工作科学、规范、有序开展。标准以师市、团场（镇）、连队（社区）为基本单位推进落实。

2. 师市要合理划分各级党委基本公共文化服务支出责任，建立健全公共文化服务财政保障机制，按照国家基本公共文化服务指导标准和兵团实施标准，结合师市本级财政能力，统筹落实基本公共文化服务项目必需的资金，保障公共文化服务体系建设和运行。

3. 师市文化广播电视局、新闻出版局会同有关部门建立对标准实施情况的动态监测机制和绩效评价机制，加强督促检查。积极引入第三方开展公众满意度测评，对公众满意度较差的要进行通报批评，对好的做法和经验及时总结、推广。

三、主要工作任务及分工

（一）围绕看电视、听广播、读书看报、参加公共文体活动等群众基本文化权益，建立师市基本公共文化服务标准体系，制定出台师市基本公共文化服务实施标准，明确政府保障底线。各单位根据师市实施标准，结合本单位实际制订具体实施计划，以团场（镇）为基本单位推进落实。

负责单位：师市党委宣传部（文化广播电视局）、发改委、财务（政）局、教育（体育）局等，各团场（镇）、企事业单位（列在首位的为牵头部门，其他部门按职责分工配合，下同）。

（二）依据公共文化设施布局、土地使用、建设规模、设计和施工规范以及技术要求等标准。按照师市、团场（镇）人口发展和分布，合理规划建设各类公共文化设施。

负责单位：师市建设（环保）局、国土资源局、党委宣传部（文化广播电视局）、发改委等，各团场（镇）、企事业单位。

（三）建设覆盖师市、团场（镇）的公共

· 493 ·

文化基层设施，构建师市、团场（镇）、连队（社区）三级标准化公共文化设施网络的目标。

负责单位：师市党委宣传部（文化广播电视局）、发改委、财务（政）局、建设（环保）局、国土资源局、教育（体育）局、民政局、科技局、科协、妇联等，各团场（镇）、企事业单位。

（四）城（镇）基本公共文化服务均等化纳入国民经济社会发展总体规划及城乡规划。贫困团场（镇）公共文化服务体系建设纳入师市扶贫开发年度工作计划。

负责单位：师市发改委、建设（环保）局、财务（政）局、党委宣传部（文化广播电视局）、教育（体育）局等，各团场（镇）、企事业单位。

（五）以老年人、未成年人、残疾人、农民工、留守妇女儿童、社会困难群众为重点对象，保障特殊群体基本文化权益。

负责单位：师市党委宣传部（文化广播电视局）、教育（体育）局、科技局、科协、人力资源和社会保障局、妇联、残联、团委等，各团场（镇）、企事业单位。

（六）整合闲置中小学校舍等资源，在团场（镇）、连队（社区）统筹建设宣传文化、党员教育、科技普及等功能的基层综合性文化服务中心，因地制宜配置文体器材，基本实现连级公共服务中心全覆盖。

负责单位：师市党委宣传部（文化广播电视局）、教育（体育）局、发改委、财务（政）局、民政局、科技局、科协、妇联等，各团场（镇）、企事业单位。

（七）培育和促进文化消费，完善公益性补贴制度。通过票价补贴、剧场运营补贴等方式支持艺术表演团体提供公益性演出。

负责单位：师市党委宣传部（文化广播电视局）、财务（政）局等，各团场（镇）、企事业单位。

（八）建立健全政府向社会力量购买公共文化服务机制，将政府购买公共文化服务资金纳入财政预算，鼓励和引导社会力量参与公共文化服务，切实推动《师市关于做好政府向社会力量购买公共文化服务工作的实施意见》的全面落实。

负责单位：师市党委宣传部（文化广播电视局）、财务（政）局、国税局、教育（体育）局等，各团场（镇）、企事业单位。

（九）大力推进文化志愿服务，壮大志愿者队伍，推动业余艺术团、体育运动队等下基层开展公共文化志愿服务。

负责单位：师市党委宣传部（文化广播电视局）、文明办、教育（体育）局、团委、文联等，各团场（镇）、企事业单位。

（十）完善投入机制，保障公共图书馆、博物馆、文化馆（站）、纪念馆、公共体育场（馆）等免费开放。推动青少年科学工作室、文化活动中心以及青少年校外活动场所免费提供基本公共文化服务项目。

负责单位：师市党委宣传部（文化广播电视局）、财务（政）局、教育（体育）局、科技局、科协、工会、团委、妇联等，各团场（镇）、企事业单位。

（十一）丰富优秀公共文化产品供给，做好优秀文化遗产、高雅艺术进团场（镇）、进社区、进连队、进校园、进企业，活跃职工群众文体生活，扩大文化交流。

负责单位：师市党委宣传部（文化广播电视局）、教育（体育）局等，各团场（镇）、企事业单位。

（十二）推进公共文化服务和科技融合发展，提升公共文化服务现代传播能力，加快公共文化服务数字化建设。

负责单位：师市科技局、党委宣传部（文化广播电视局）、教育（体育）局等，各团场（镇）、企事业单位。

（十三）建立健全公共文化服务体系建设协调机制，推动建立由本单位主要领导或分管领导牵头的公共文化服务体系协调组。

负责单位：师市党委宣传部（文化广播电视局）、其他协调组成员单位，各团场（镇）、企事业单位。

（十四）建立文化事业单位法人治理结构，推动公共图书馆、博物馆、文化馆等进行理事会制度改革。

负责单位：师市党委宣传部（文化广播电

视局)、编办、财务(政)局、人力资源和社会保障局等,各团场(镇)、企事业单位。

(十五)建立健全公共文化服务考评体系,纳入各级政府年度绩效综合考核指标体系。

负责单位:师市党委宣传部(文化广播电视局)、发改委、编办、教育(体育)局等,各团场(镇)、企事业单位。

(十六)参与研究建立基本公共文化服务体系建设和运行的保障机制,落实提供基本公共文化服务项目资金,保障公共文化服务体系建设和运行。

负责单位:师市财务(政)局、发改委、党委宣传部(文化广播电视局)、教育(体育)局等,各团场(镇)、企事业单位。

(十七)根据人力资源和社会保障局、编办等部门核准的编制数配齐配强团场(镇)综合文化站工作人员,设立由政府购买的连队(社区)公共文化服务岗位。

负责单位:师市编办、财务(政)局、人力资源和社会保障局、党委宣传部(文化广播电视局)、教育(体育)局等,各团场(镇)、企事业单位。

四、保障措施

(一)加强组织领导实施力度

师市各级党委要将构建现代公共文化服务体系纳入本单位国民经济和社会发展总体规划,纳入重要议事日程和年度绩效综合考核指标体系,切实加强组织领导,强化统筹协调。要结合"十三五"规划编制,加大改革发展规划,尽快制定完善相关配套政策,并结合实际制订实施方案或专项行动计划,明确责任和时间表、路线图,集中力量推进工作落实。启动重点工程项目,明确责任分工,细化实施路径,狠抓工作落实。要加强调研和监督指导,实行进度跟踪,及时总结推广典型经验和做法,改进工作不足,解决公共文化服务体系建设过程中存在的突出问题,确保各项工作任务顺利推进。要全面落实国家公共文化服务相关的法律法规,有效对接文化体制改革重大政策。加大政策宣传和舆论引导工作力度,形成全社会支持和参与师市公共文化服务体系建设的良好氛围,加大监督检查,及时通报情况,对推进公共文化服务体系建设成效显著、绩效评优良好的团场(镇)给予表彰奖励,对推进不力、公众满意度较差的给予通报批评,对推进严重滞后、公众满意度极差的进行问责。

(二)加强财政保障力度

合理划分师市各级党委基本公共文化服务支出责任,建立健全公共文化服务财政保障机制,按照国家基本公共文化服务指导标准和兵团实施标准,统筹落实基本公共文化服务项目所必需的资金并逐年有所增加,保障公共文化服务体系建设和运行。加大师市财政转移支付力度,重点向向南发展团场(镇)、少数民族聚居团场(镇)、贫困团场(镇)倾斜。创新公共文化服务投入方式,采取政府购买、项目补贴、定向资助、贷款贴息等多种政策措施,支持包括文化企业在内的社会各类文化机构参与提供公共文化服务。加强监督检查,落实现行捐赠公益性文化事业所得税税前扣除政策和从城市住房开发投资中提取1%用于社区公共文化设施建设等相关规定。落实相关文化经济政策,鼓励社会组织、机构和个人兴办公益性文化事业。加强对公共文化服务资金管理使用情况监督和审计,开展绩效评价,并建立奖惩机制。

(三)加强基层文化队伍建设

按照兵团公共文化服务机构编制标准,加强和规范师市公共文化服务机构编制管理和人员配备。对所需工作人员不足的,要结合实际和财力,可采取政府购买服务等方式解决。积极推进"师市基层文化人才队伍建设工程",加大基层公共文化管理服务队伍培训力度,业务骨干培养制度、从业人员上岗培训制度,提升公共文化管理服务水平。重点培养本土文化人才,建立文化人才库,提高师市、团场(镇)、连队(社区)文体爱好者的专业水平和文化素养,使之成为基层文化活动的组织者和引领者,力争打造一支素质优良、专业齐全、特色明显、梯度合理的文化人才队伍。

第二师铁门关市党委 第二师铁门关市关于加强生态文明建设工作的实施意见

师市党发〔2017〕31号

为加快推进第二师铁门关市生态文明建设，促进绿色发展、循环发展、低碳发展，建设美丽师市，根据《中共中央 国务院关于加快推进生态文明建设的意见》（中发〔2015〕12号）、《自治区党委 自治区人民政府关于加强全区生态文明建设的实施意见》（新党发〔2016〕8号）和《兵团党委 兵团关于加强生态文明建设工作的实施意见》（新兵党发〔2017〕1号）精神，结合师市实际，提出以下实施意见。

一、总体要求

（一）**指导思想**。以邓小平理论、"三个代表"重要思想、科学发展观为指导，全面贯彻党的十八大和十八届三中、四中、五中、六中全会精神，深入贯彻习近平总书记系列重要讲话精神，围绕社会稳定和长治久安的总目标，牢固树立绿水青山就是金山银山的强烈意识，坚持创新、协调、绿色、开放、共享发展理念，坚持以人为本、依法推进，坚持节约资源和保护环境的基本国策，以供给侧结构性改革为主线，把生态文明建设放在突出的战略位置，融入经济建设、政治建设、文化建设、社会建设各方面和全过程，推进新型工业化、信息化、城镇化、农业现代化和绿色化协同发展，忠实履行生态卫士职责，加快建设美丽师市、生态师市，基本形成人与自然和谐发展的现代化建设新格局。

（二）**基本原则**。坚持把节约优先、保护优先、自然恢复为主作为基本方针，把绿色发展、循环发展、低碳发展作为基本途径，把深化改革和创新驱动作为基本动力，把培育生态文化作为重要支撑，把重点突破和整体推进作为工作方式，形成节约资源和保护环境的空间格局、产业结构、生产方式、生活方式，努力实现经济社会发展和生态环境保护协同共进，为师市职工群众创造良好生产生活环境，全面推进师市生态文明建设。

（三）**主要目标**。到2020年，资源节约型和环境友好型社会建设取得重大进展，主体功能区布局基本形成，经济发展质量和效益显著提高，环境质量进一步改善，生态文明主流价值观在全师范围内得到推行，生态文明建设水平与全面建成小康社会目标相适应。

——国土空间开发格局基本形成。师市经济、人口布局向均衡方向发展，土地开发强度、城市空间规模趋向适宜，城镇空间格局、农业发展格局、生态安全格局趋向合理，基本形成人口、经济、资源、环境相协调、具有兵团特色的国土空间开发格局。[牵头单位：国土资源局、建设（环保）局、农业局]

——资源利用效率大幅提升。单位国内生产总值能源消耗强度和二氧化碳排放强度持续下降。能源消耗总量控制在一定范围，资源产出率大幅提高，用水总量控制在9.6602亿立方米以内，单位生产总值用水量比2015年下降25%，农田灌溉水有效利用系数提高到0.59以上。非化石能源占一次能源消费比重明显提高。（牵头单位：发改委、水

利局、工信委、统计局）

——生态环境质量总体改善。主要污染物排放总量控制在兵团下达的指标范围内，排放强度逐年下降。重点区域大气环境质量和水环境质量明显改善，城镇建成区绿化覆盖率达到40%，城镇污水处理率达到90%，城镇生活垃圾无害化处理率达到70%，城镇供水水源地水质全面达标，农村饮水安全得到全面巩固提升，土壤环境质量总体保持稳定，环境风险得到有效控制。森林覆盖率达到20%，森林蓄积达到280万立方米，重点治理区域水土流失和土地沙化得到有效防控，40%以上可治理沙化土地得到治理。[牵头单位：建设（环保）局、农业局；参加单位：国土资源局、水利局]

——生态文明制度体系基本建立。基本形成源头预防、过程控制、损害赔偿、责任追究的生态文明制度体系，自然资源资产产权和用途管制、生态保护红线、生态保护补偿、生态环境保护管理体制等制度建设取得重要成果。[牵头单位：发改委、建设（环保）局；参加单位：国土资源局、水利局、农业局]

——生态文明意识显著增强。节约意识、环保意识、生态意识显著提高，形成对勤俭节约、绿色低碳、文明健康的生活方式和发展模式的广泛共识。[牵头单位：党委宣传部、发改委、建设（环保）局]

二、强化主体功能定位，优化国土空间开发格局

（一）实施主体功能区战略。 落实主体功能区定位。全面落实《全国主体功能区规划》和《兵团主体功能区规划》的涉及师市生产、生活、生态空间开发界限，落实用途管制。严格按照主体功能区定位谋划区域发展，戈壁生态、沙漠绿洲得到有效保护，促进生产空间集约高效、生活空间宜居适度、生态空间山清水秀。推进各团场落实主体功能定位，落实配套的财政、投资、产业、土地、环境等政策，以主体功能区规划为基础统筹各类空间规划，积极稳妥地推进"多规合一"。[牵头单位：建设（环保）局、国土资源局、发改委；参加单位：财务（政）局、水利局、农业局]

实行差别化市场准入政策。重大项目布局必须符合主体功能区定位，对不同主体功能区的产业项目，明确禁止开发区域、限制开发区域准入事项，明确优化开发区域、重点开发区域禁止和限制发展的产业。[牵头单位：发改委、国土资源局、工信委；参加单位：财务（政）局、建设（环保）局、水利局、农业局、商务局]

构建平衡适宜的生态空间体系。严格实行土地用途管制，实施师市土地利用总体规划和城镇总体规划及各团场"十三五"土地利用总体规划，积极推进土地综合整治，优化城镇建设用地结构和布局需求，适当增加生活空间和生态用地，保护和扩大绿地、水域、湿地等生态空间。[牵头单位：国土资源局；参加单位：财务（政）局、建设（环保）局、水利局、农业局]

（二）加快绿色城镇化建设。 加快新型城镇化发展，加强城镇规划工作。构建以铁门关市为核心、垦区中心城镇为重点、垦区一般团场为支点的"一主两翼四重点"城镇格局。实施城镇带动战略，推动垦区内团场发展规划、基础设施建设一体化进程，促进区域内公共资源、生态要素均衡配置与合理流动。将铁门关市与轮台、若羌、和静一同构建区域副中心城市，将二十二团（拟设幸福滩镇）、三十三团（拟设乌鲁克镇）、三十六团（拟设米兰镇）和二二三团（拟设哈木呼提镇）与且末县、焉耆县、和硕县、博湖县一同建成巴州"八精品小城"，将垦区一般团场与巴州建制镇一道建成"宜居宜业小镇"。强化城镇规划管理，划定城镇禁建区、限建区，严格"绿线、蓝线、紫线和黄线"四线管理。推进"师市合一"管理模式，加快铁门关市区划调整，将师属团场全部纳入铁门关市辖区，拓展市域管辖范围，形成以城市为骨架、产业为支撑、团场城镇为节点、中心连队居住区为末梢，与地方城镇嵌入式发

展、具有兵团特色的城镇体系。[牵头单位：建设（环保）局；参加单位：发改委、民政局、财务（政）局、国土资源局、工信委、水利局、农业局、商务局]

提高城镇发展质量。科学确定城镇开发强度，提高城镇土地利用效率、建成区人口密度，从严供给城市建设用地，推动城镇化发展由外延扩张式向内涵提升式转变。合理确定新城、新区建设规模，强化新城、新区产业支撑，推动产业、就业、人居和消费同步聚集，拓展城镇发展空间。[牵头单位：建设（环保）局、国土资源局；参加单位：发改委、工信委、财务（政）局、水利局、农业局、商务局]

提升城镇管理水平。实施"推进兵团城镇现代化三年行动计划"，强化城镇化过程中的节能理念，大力发展绿色建筑和绿色能源，构建低碳、便捷的交通体系，推进绿色生态城区建设。统筹城市综合管廊建设，加强城镇污水处理及再生利用、生活垃圾无害化处理等设施建设，提高城镇供排水、供热、供气、环境等基础设施建设水平。[牵头单位：建设（环保）局、发改委；参加单位：财务（政）局、国土资源局、交通局、水利局、农业局]

（三）推动美丽连队建设。对连队进行整体规划和统筹布局，纳入团场城镇统一规划、统一资源配置。依托团场城镇社会管理和服务体系建设，推进基础设施和公共服务逐步向连队居住区覆盖。强化水土林路综合治理，推进中心连队饮水安全工程、连队通信网络工程、农村公路民生工程和危旧住房改造及配套基础设施建设。加强连队环境集中连片整治，开展垃圾专项治理，推广先进高效分散式污水处理技术，改善连队人居环境。深入实施"一控两减三基本"行动计划，推广高效缓释肥、有机肥、低毒低残高效农药，加强农作物秸秆、残膜等农业废弃物资源化利用，实施畜禽粪便资源综合利用工程，开展绿色防控，治理农业污染。加强连队精神文明建设，以环境整治和民风建设为重点，扎实推进文明团镇创建。[牵头单位：建设（环保）局、农业局；参加单位：发改委、财务（政）局、国土资源局、交通局、水利局]

三、推动技术创新和结构调整，提高发展质量和效益

（一）推动科技创新。提升科技创新能力。实施创新驱动发展战略，结合深化科技体制改革，建立农业科技技术创新体系，健全基层农业推广机构运行机制，建立符合师市生态文明建设领域科研活动特点的管理制度和运行机制。开展能源资源节约及循环利用、新能源开发、污染治理、防碱治沙、生态修复等领域新技术引进示范推广工作。强化企业技术创新主体地位，充分发挥市场对绿色产业发展方向和技术路线选择的决定性作用。[牵头单位：科技局；参加单位：发改委、工信委、国资委、财务（政）局、建设（环保）局、农业局]

加快"互联网+"发展。实施"互联网+"行动计划，加快推进移动互联网、云计算、大数据、物联网等信息技术与经济社会各领域的深度融合。大力推进信息技术在工业研发设计、采购销售、生产制造、物流运输等领域的应用，再造业务流程，实现设计数字化、装备智能化、生产自动化、管理网络化、商务电子化，推进智能制造、绿色制造，推动制造业和现代服务业的发展。[牵头单位：工信委、发改委；参加单位：国资委、科技局、财务（政）局、建设（环保）局、商务局]

实施科技创新工程。完善技术创新体系，提高综合集成创新能力，加强工艺创新与试验。支持生态文明领域工程技术类研究中心、实验室和实验基地建设，重点推动化工、有色金属冶炼、食品、纺织服装等行业创新能力达到全疆平均水平。完善科技创新成果转化机制，形成相应成果转化平台、中介服务机构，加快成熟适用技术的示范和推广，支持和引导企业与科研院所开展产学研合作。加强生态文明基础研究、试验研发、工程应

用和市场服务等科技人才队伍建设。[牵头单位：科技局、发改委；参加单位：党委组织部、国资委、工信委、教育局、财务（政）局、人力资源和社会保障局、建设（环保）局]

（二）**调整优化产业结构**。促进产业转型升级。落实《中国制造 2025 行动计划》，促进产业结构、产品结构优化升级，推动战略性新兴产业和先进制造业健康发展，采用先进适用节能低碳环保技术改造提升传统产业，全面推进化工、金属冶炼、建材、纺织服装等传统工业企业绿色改造，加快构建科技含量高、资源消耗低、环境污染少的产业结构。转变农业发展方式，大力发展农业循环经济，促进第一二三产业融合发展，延长农业产业链，推进农业结构优化升级。发展壮大服务业，不断提升服务业水平和比重。[牵头单位：工信委、发改委、农业局、建设（环保）局、商务局；参加单位：国资委、财务（政）局、科技局、国土资源局]

积极化解过剩产能。加强对产能过剩行业监测预警，防止产能过剩蔓延，严禁核准产能严重过剩行业新增产能项目。强化资源节约、环境保护、安全生产、产品质量等强制性标准约束，选择性承接东中部地区产业转移，加快淘汰落后产能。做好化解产能过剩和淘汰落后产能企业职工安置工作。[牵头单位：发改委、工信委；参加单位：国资委、财务（政）局、科技局、建设（环保）局、人力资源和社会保障局、安监局]

调整优化能源结构。推动金川矿业公司煤炭安全绿色开发和清洁低碳利用，大力推广应用绿色开采技术、保水采煤技术、矸石充填技术，以及煤炭洗选加工、煤炭转化等清洁生产技术，提高煤炭清洁利用水平和利用效率。积极发展清洁能源、可再生能源。积极开展 40 万吨/年乙二醇联产碳基新材料项目前期工作，争取"十三五"期间建成投产。[牵头单位：工信委；参加单位：发改委、国资委、财务（政）局、国土资源局、建设（环保）局、水利局、安监局]

（三）**加快发展绿色产业**。发展节能环保低碳产业。实施节能环保产业重大技术装备产业化工程，研发推广余热余压利用、水循环利用、重金属污染减量化、有毒有害原料替代、废渣资源化、脱硫脱硝除尘等绿色工艺技术装备，提高节能环保产品附加值和市场占有率。加强节能环保服务支撑体系建设，发展合同能源管理、合同节水管理、环境污染第三方治理等节能环保服务业，加快公共服务平台建设，促进节能环保制造业和服务业互动发展。[牵头单位：发改委、建设（环保）局、工信委；参加单位：财务（政）局、科技局、水利局、商务局]

推进农业绿色化发展。加快构建现代农业产业体系，依托自然环境、田园景观、军垦文化等资源，加快发展休闲农业和旅游产业，大力发展有机农业、生态农业，以及特色经济林、林下经济等林产业，培育农产品品牌，发展无公害农产品、绿色食用农产品、有机农产品和地理标志农产品。[牵头单位：农业局；参加单位：科技局、财务（政）局、建设（环保）局、质监局]

四、全面促进资源节约循环高效使用，推动利用方式根本转变

（一）**协同推进节能减排**。推进重点领域节能。开展重点用能单位节能低碳行动，实施重点产业能效提升计划，大力实施节能改造、节能技术产业化示范等重点工程。推动绿色建筑发展，严格执行建筑节能标准，加快推进既有建筑节能和供热计量改造，大力推广地源热、太阳能和空气源等可再生能源在建筑上的应用，鼓励建筑工业化等建设模式。优先发展公共交通，优化运输方式，推广节能与新能源交通运输装备，发展甩挂运输。鼓励使用高效节能农业生产设备。开展节约型公共机构示范创建活动。强化节能责任，完善落实各项节能政策，确保完成"双控"任务。[牵头单位：工信委、建设（环保）局、交通局、农业局、机关事务管理局；参加单位：国资委、发改委、科技局、教育局、商务局、卫生局]

有效控制主要污染物排放总量。坚持把主要污染物排放总量控制指标作为重特大建设项目环评审批的前置条件，加快削减排污存量，严格控制新增量。无总量削减和替代方案的项目不予环评审批，对重点团（镇）、重点行业及大气联防联控重点治理区域内的建设项目废气主要污染物排放量实施两倍削减和替代政策。加强现有污水处理厂运行维护和管理，提高污水收集率和处理率。推进规模化畜禽养殖污染治理，提高废弃物综合利用率，减少农业源污染物排放。[牵头单位：建设（环保）局、农业局；参加单位：发改委、工信委]

实施节能减排重点工程。大力实施锅炉窑炉改造、能量系统优化、余热余压利用等节能技术改造工程，大力推广高效节能电机、锅炉、汽车、照明等产品。组织实施燃煤锅炉节能环保综合提升工程，推进煤改气、煤改电等替代工程。加快钢铁、焦炭、分散燃烧锅炉等行业的脱硫脱硝除尘设施建设。实施纺织服装、化工、焦化、钢铁、建材等重点工业企业污染深度治理，开展清洁生产。[牵头单位：建设（环保）局、发改委；参加单位：工信委、财务（政）局]

（二）**大力发展循环经济**。构建循环型产业体系。落实国家循环发展引领计划和兵团及师市循环经济发展"十三五"规划，加快构建循环型工业、农业、服务业体系，提高全社会资源产出率。做大做强农业循环经济，发挥师市节水农业技术优势，打造师市"互联网+精准农业"新业态，推广"种—养—加—游"新模式，形成一、二、三产业融合新产业，提高农业生产生活水平和质量。完善再生资源回收体系，实行垃圾分类回收，推进粉煤灰、煤矸石、矿渣等固体废弃物综合利用，推进秸秆等农林废弃物以及建筑垃圾、餐厨废弃物资源化利用。推进产业循环式组合，促进生产和生活系统的循环链接，构建覆盖全社会的资源循环利用体系。[牵头单位：发改委、工信委；参加单位：财务（政）局、建设（环保）局、国土资源局、科技局、农业局]

组织开展循环经济示范行动。在三十四团、三十一团、二十一团循环经济示范城市（县）的基础上，积极推进铁门关市、铁门关经济工业园区、二十九团循环化改造示范试点工作，示范带动全师循环经济发展。支持工农复合型循环经济示范区和资源循环利用产业基地、工业废弃物综合利用产业基地建设。[牵头单位：发改委；参加单位：工信委、财务（政）局、建设（环保）局、国土资源局、科技局、农业局、商务局]

（三）**强化资源节约集约利用**。加强水资源节约与替代。强化用水需求管理，以水定需、量水而行，抑制不合理用水需求，促进人口、经济等与水资源相均衡，全面推进节水型社会建设。推广高效节水技术和产品，继续推进高效节水农业发展，加强城市节水，推进企业节水技术改造。鼓励开发利用再生水、微咸水、矿井水、空中云水及中水回用，严控无序调水和人造水景工程，提高水资源安全保障水平。[牵头单位：水利局；参加单位：发改委、建设（环保）局、农业局、工信委、国土资源局、科技局]

加强土地集约节约利用。强化土地利用的规划管控、市场调节、标准控制和考核监管，严格土地用途管制，推广应用节地技术和模式。全面落实耕地保护责任目标考核制度，落实耕地先补后占、占补平衡、等级折算等制度，切实保护耕地和基本农田。建立资源节约集约利用激励与约束机制，持续开展铁门关经济工业园区土地节约集约用地更新评价。加快推进铁门关市节约集约用地评价工作，促进铁门关市土地节约、高效利用。[牵头单位：国土资源局；参加单位：发改委、工信委、建设（环保）局、农业局、铁门关经济工业园区]

加快推进绿色矿山建设。引导、鼓励和支持煤炭、石棉矿、蛭石矿、钾盐矿企业推进矿产资源综合开发利用，激励企业采用先进技术、先进工艺，提高矿产资源开采回采率、选矿回收率和综合利用率，促进矿产资源高效利用。积极推进金川矿业、塔什店联合矿业煤矿绿色矿业发展示范区建设。[牵头

单位：国土资源局；参加单位：发改委、工信委、建设（环保）局]

五、加大自然生态系统和环境保护力度，切实改善生态环境质量

（一）保护和修复自然生态系统。建设生态安全屏障。划定生态红线，坚持保护优先和自然修复为主，发展绿洲人工生态，建设绿洲基干防护林、农田防护林体系、垦区绿色生态带体系，形成绿洲生态安全屏障。继续实施"三北"防护林、退牧还草等生态修复工程，巩固退耕还林成果，实施新一轮退耕还林还草工程，形成乔灌草立体生态系统。加大荒漠化治理和防沙治沙建设，继续实施塔里木垦区防风固沙与绿化工程，减缓土地沙化、盐碱化趋势。积极参与塔里木河流域水土保持和湿地保护与恢复。大力实施水土保持与生态修复工程。加强水文资源和水土保持监测设施建设，增强水土保持能力，逐步构建有效的水土流失综合防治体系。推进小流域综合治理、垦区河道综合整治。[牵头单位：农业局、水利局、发改委、建设（环保）局]

实施生态修复工程。加强森林保护，推进退化林资源保护和国家级公益林管护，强化森林经营，积极推进林下经济，建立林地质量评价定级制度，确保师市林地资源动态平衡、适度增长。推进草原禁牧休牧、划区轮牧和减牧增草，实施退牧还草、兴修牧区水利、兴建牧民居住点等生态建设工程，加强草原围栏、舍饲棚圈和标准化养殖场建设，推动传统游牧向现代畜牧业转变。加大荒漠化治理和修复力度，加快推进塔里木盆地周边沙化区防沙治沙，控制重点垦区和团场土地沙化趋势。积极参与塔里木河、莫勒切河、米兰河重点流域生态保护和重点垦区团场特别是塔里木垦区和且若垦区团场水土保持治理。[牵头单位：农业局、发改委、水利局；参加单位：建设（环保）局、国土资源局]

加强生态环境保护。严格水资源保护，加强以师市为主开发、利用和管理的中小河流山区控制性枢纽工程建设，积极参与大石门水库工程和山区控制性枢纽工程建设，提高供水保证率。加强地下水监测、监控，保障地下水饮用水水源环境安全。强化农田生态保护，实施保护性耕作，加强旱地农田改造，推广覆盖保墒、秸秆（过腹）还田、旱地引水、集雨补灌等现代农业技术，增强土壤保水保肥抗旱能力，提高耕地生产水平。加强自然保护区、风景名胜区等典型生态系统建设，重点加强草原生态保护区及各团场山区牧场等保护区群建设，加快灾害调查评价、监测预警、防治和应急等防灾减灾体系建设。[牵头单位：水利局、农业局、发改委、建设（环保）局；参加单位：科技局、国土资源局]

（二）全面推进污染防治。加强大气污染防治。推进以大气、水和土壤为重点的污染综合治理。加强铁门关市区域大气污染防治工作，建立区域空气环境质量评价体系，实施区域大气污染物特别排放限值管理。[牵头单位：建设（环保）局；参加单位：发改委、工信委、科技局、财务（政）局、国土资源局]

推进水污染治理。推进重点流域、绿洲、重点水库水污染防治，加大饮用水源地保护力度，依法取缔水源保护区内违法建设项目，积极防控地下水污染。严格治理纺织、化工等重点行业废水污染，积极推进达标生活、工业废水综合利用。[牵头单位：水利局、建设（环保）局；参加单位：工信委、国土资源局]

加大土壤污染防治力度。认真落实土壤污染防治行动计划，编制和实施师市土壤污染防治规划。优先保护耕地土壤环境，强化工业污染场地治理，开展土壤污染治理与修复试点，重点推进博斯腾湖流域团场土壤污染治理项目。加强农业面源污染防治，加大种养业特别是规模化畜禽养殖污染防治力度，科学施用化肥、农药。建立健全化学品、持久性有机污染物、危险废物等环境风险防范与应急管理工作机制。开展矿山地质环境恢复和综合治理，推进尾矿安全、环保存放，

妥善处理处置矿渣等大宗固体废物。[牵头单位：建设（环保）局、农业局；参加单位：国土资源局、发改委、工信委、科技局、财务（政）局]

（三）积极应对气候变化。 控制温室气体排放。坚持当前长远相互兼顾、减缓适应全面推进，通过调整优化产业和能源结构，加快发展战略性新兴产业和现代服务业，大力发展非化石能源，加强工业、交通、建筑等重点领域降碳，增加森林、草原、湿地碳汇等手段，有效减缓二氧化碳、甲烷、氢氟碳化物、全氟化碳、六氟化硫等温室气体排放对气候变化的影响，促进师市碳排放量尽早达到峰值。[牵头单位：发改委；参加单位：工信委、科技局、建设（环保）局、交通局、水利局、农业局、国土资源局、商务局、统计局]

加强应对气候变化研究与能力建设。提高应对和适应气候变化特别是应对极端天气和气候事件能力，加强应对气候变化培训，加强监测、预警和预防，提高农业、林业、水资源等重点领域和生态脆弱地区适应气候变化水平。积极推进低碳城市、城镇、产业园区、社区试点。积极推进碳排放权交易市场建设。深化应对气候变化和低碳发展领域的交流与合作。[牵头单位：发改委；参加单位：工信委、科技局、建设（环保）局、水利局、统计局]

六、建立健全生态文明制度体系

（一）完善规章制度和标准体系。 严格落实并执行国家相关法律法规、标准规范，全面清理现行规范性文件中与加快推进生态文明建设不相适应的规定，做好规范性文件与法律法规规章的衔接。结合师市实际，及时修订节能评估审查、节水、应对气候变化、生态补偿、湿地保护、生物多样性保护、土壤环境保护等相关规章制度。根据国家修订后的土地管理法、大气污染防治法、水污染防治法、节约能源法、循环经济促进法、矿产资源法、森林法、草原法、野生动物保护法等，细化落实国家关于能耗、水耗、地耗、污染物排放、环境质量等方面的标准，严格执行国家单位产品能耗限额标准、产品能效标准、重点污染物排放标准，实施能效和排污强度"领跑者"行动。探索在环境容量较小、生态环境脆弱、环境风险高的区域执行污染物特别排放限值。[牵头单位：发改委、建设（环保）局、国土资源局、水利局、农业局]

（二）健全自然资源资产产权制度和用途管制制度。 按照国家的统一部署，推进不动产统一登记。严格节能评估审查、水资源论证和取水许可制度。坚持并完善最严格的耕地保护和节约用地制度，强化土地利用总体规划和年度计划管控，加强土地用途转用许可管理。完善矿产资源规划，强化矿产开发准入管理。[牵头单位：国土资源局、发改委、水利局]

（三）完善生态环境监管制度。 建立严格监管所有污染物排放的环境保护管理制度。完善污染物排放许可证制度，禁止无证排污和超标准、超总量排污。违法排放污染物、造成或可能造成严重污染的，要依法查封扣押排放污染物的设施设备。对严重污染环境的工艺、设备和产品实行淘汰制度。实行企事业单位污染物排放总量控制制度。健全环境影响评价、清洁生产审核、环境信息公开等制度。[牵头单位：建设（环保）局；参加单位：工信委、国资委]

（四）严守资源环境生态红线。 严守资源消耗上限。合理设定资源消耗上限，加强能源、水、土地等战略性资源管控。强化能源消耗强度控制，做好能源消费总量管理。继续实施水资源开发利用控制、用水效率控制、水功能区限制纳污三条红线管理，控制用水总量。划定永久基本农田，严格实施永久保护，对新增建设用地占用耕地规模实行总量控制，落实耕地占补平衡，确保耕地数量不下降、质量不降低。（牵头单位：水利局、发改委、国土资源局）

严守环境质量底线。将大气、水、土壤等环境质量"只能更好、不能变坏"作为各级环保责任红线，强化行业污染物排放总量控制，确定污染物排放总量限值和环境风险防控措施，严防突发环境事件。〔牵头单位：建设（环保）局；参加单位：国土资源局、水利局、工信委〕

严守生态保护红线。在重点生态功能区、生态环境敏感区和脆弱区等区域划定生态红线，实行严格保护，确保生态功能不降低、面积不减少、性质不改变；科学划定森林、草原、湿地等领域生态红线，严格自然生态空间征（占）用管理，有效遏制生态系统退化的趋势。〔牵头单位：建设（环保）局、发改委、农业局、水利局、国土资源局〕

加强预警调控。探索建立资源环境承载能力监测预警机制，设定承载能力上限，在重点领域加强用能管理，对能源消费总量增长过快区域及时预警调控；建立环境污染公共监测预警机制，加强对大气、水、土壤等预警监测。对资源消耗和环境容量接近或超过承载能力的区域，及时采取区域限批等限制性措施。〔牵头单位：发改委、建设（环保）局、国土资源局、水利局〕

（五）**落实相关经济政策**。落实国家相关价格、财税、金融等政策，激励、引导各类主体积极投身生态文明建设。落实环保电价，推行阶梯水价、电价、气价，促进节能减排和低碳发展。积极落实将高耗能、高污染产品纳入消费税征收范围。依法执行节能环保、新能源、生态建设的税收优惠政策。鼓励师团各级、各部门加大对生态文明建设投入，统筹整合资金，研究探讨设立生态文明建设专项资金和基金，对资源节约和循环利用、新能源和可再生能源开发利用、环境基础设施建设、生态修复与建设、先进适用技术研发示范等给予支持。鼓励和引导社会资本和金融信贷参与生态文明建设，推广绿色信贷，积极支持符合条件的项目通过资本市场融资。探索排污权抵押等融资模式，推进环境污染责任保险工作。〔牵头单位：发改委、财务（政）局、建设（环保）局；参加单位：工信委、水利局、农业局、科技局、工商局、国税局、地税局〕

（六）**推行市场化机制**。推行合同能源管理、节能低碳产品和有机产品认证，落实能效标识管理制度。推进节能发电调度，优先调度风电、光电、水电等可再生能源发电资源，按机组能耗和污染物排放水平依次调用化石类能源发电资源。研究探索用能权有偿使用和交易制度。建立碳排放权交易制度，健全企业温室气体排放报告和第三方核查工作机制，积极参与全国碳排放权交易市场建设。推进水权交易试点，研究建立水资源有偿使用、转让制度。推动排污权有偿使用和交易试点，严格执行国家主要污染物排污权有偿取得和排污交易管理办法，完善主要污染物排放指标分配和管理体系，建立排污权交易市场。推进环境污染第三方治理，鼓励引导社会力量投入环境污染治理。〔牵头单位：发改委、建设（环保）局、工信委、水利局；参加单位：财务（政）局、农业局〕

（七）**健全生态保护补偿机制**。推动建立生态损害者赔偿、受益者付费、保护者得到合理补偿的运行机制。落实和完善转移支持力度，规范生态保护补偿渠道，逐步提高其基本公共服务水平。探索建立横向生态保护补偿机制，引导生态受益区与保护区之间、流域上游与下游之间，通过资金补助、产业转移、人才培训、共建园区等方式实施补偿。开展生态环境损害评估，逐步完善环境损害评估资金保障机制。〔牵头单位：财务（政）局、发改委、建设（环保）局；参加单位：水利局、农业局、国土资源局〕

（八）**健全政绩考核制度**。建立体现生态文明要求的目标体系、考核办法、奖惩机制。把资源消耗、环境损害、生态效益等指标纳入经济社会发展综合评价体系，大幅增加考核权重，强化指标约束。完善政绩考核办法，根据师市主体功能区定位，实行差别化的考核制度，对限制开发区域、禁止开发区域和生态脆弱的国家扶贫开发工作重点团场，取消生产总值考核；对农产品主产区和重点生态功能区，分别实行农业优先和生态保护优先的绩效评价；对禁止开发的重点生态功能区，重点评价其自然文化资源的原真性、完整性。根据考评结果，对生态文明建设成绩突出的单位和个人给予表彰奖励。探索编制自然资源资产负债表，对领导干部实行自然资源资产和环境责任离任审计。[牵头单位：党委组织部、审计局；参加单位：发改委、建设（环保）局、工信委、科技局、财务（政）局、人力资源和社会保障局、国土资源局、交通局、水利局、农业局、商务局、统计局]

（九）完善责任追究制度。建立领导干部任期生态文明建设责任制，完善节能减排目标责任考核及问责制度。按照《中国共产党纪律处分条例》《中国共产党问责条例》《关于实行党政领导干部问责的暂行规定》《党政领导干部生态环境损害责任追究办法（试行）》等规定，强化监督执纪问责。严格责任追究，对违背科学发展要求、造成资源环境生态严重破坏的要记录在案，实行终身追责，不得转任重要职务或提拔使用，已经调离的也要问责。对推动生态文明建设工作不力的，要及时诫勉谈话；对不顾资源和生态环境盲目决策、造成严重后果的，要严肃追究有关人员的领导责任；对履职不力、监管不严、失职渎职的，要依纪依法追究有关人员的监管责任。[牵头单位：党委组织部、纪委（监察局）；参加单位：发改委、建设（环保）局、财务（政）局、工信委、国土资源局、水利局、农业局]

七、加强生态文明建设统计监测和执法监督

（一）加强统计监测。建立健全生态文明综合评价指标体系。加快推进对能源、矿产资源、水、大气、森林、草原、湿地和水土流失、沙化土地、土壤环境、地质环境、温室气体等的统计监测核算能力建设，提升信息化水平，提高准确性、及时性，实现信息共享。探索建立循环经济统计指标体系。利用卫星遥感等技术手段，对自然资源和生态环境保护状况开展全天候监测，推动建立覆盖所有资源环境要素的监测网络体系。提高环境风险防控和突发环境事件应急能力，健全环境与健康调查、监测和风险评估制度。定期开展师市生态状况调查和评估。加强矿山地质环境监测。加大各级预算内投资等财政性资金对统计监测等基础能力建设的支持力度。[牵头单位：统计局、发改委、建设（环保）局、财务（政）局；参加单位：工信委、国土资源局、水利局、农业局、安监局]

（二）强化执法监督。加强师市节能监察机构能力建设，建成师市节能监察体系，推进重点用能单位节能目标责任评价考核、能源管理体系建设、能源利用状况报告及能源消耗在线监测体系等建设，开展能源审计。加强法律监督、行政监察，对各类环境违法违规行为实行"零容忍"，加大查处力度，严厉惩处违法违规行为。强化对违法排污、破坏生态环境等行为的执法监察和专项督察。资源环境监管机构独立开展行政执法，禁止领导干部违法违规干预执法活动。建立健全行政执法与刑事司法的衔接机制，加强基层执法队伍、环境应急处置救援队伍建设。强化对资源开发和交通建设、旅游开发等活动的生态环境监管。开展《公共机构节能条例》相关执法监督和培训，加强对师市各级公共机构节约能源资源工作的执法力度。[牵头单位：发改委、建设（环保）局；参加单位：工信委、国土资源局、交通局、水利局、农业局、商务局、统计局、机关事务管理局]

八、加快形成推进生态文明建设的良好社会风尚

（一）提高生态文明意识。将生态文明工作成效列入文明单位评定的考评体系，从文明单位评选的初选审定、复审、荐级各环节强化对各单位生态文明建设落实情况的督查。深入开展保护生态、爱护环境、节约资源、环保守法的宣传教育和知识普及，组织好世界地球日、世界环境日、世界森林日、世界湿地日、世界水日和全国节能宣传周、低碳日等主题宣传活动，通过典型示范、展览展

示、岗位创建等形式，广泛动员师市人参与生态文明建设，增强师市职工群众践行生态文明的凝聚力。充分发挥新闻媒体作用，树立理性、积极的舆论导向，加强资源环境国情宣传，普及生态文明法律法规、科学知识等，报道先进典型，曝光反面事例，提高公众节约意识、环保意识和生态意识。[牵头单位：党委宣传部、发改委、建设（环保）局、国土资源局、农业局、水利局]

（二）培育绿色生活方式。倡导勤俭节约的消费观，广泛开展绿色生活行动，推动全民在衣、食、住、行、游等方面加快向勤俭节约、绿色低碳、文明健康的方式转变，坚决抵制和反对各种形式的奢侈浪费、不合理消费。积极引导消费者购买节能与新能源汽车、高能效家电、节水型器具等节能环保低碳产品，减少一次性用品的使用，限制过度包装。推动绿色低碳出行，倡导绿色生活和休闲模式，严格限制发展高耗能、高耗水服务业。在餐饮企业、单位食堂、家庭全方位开展反食品浪费行动。师市各级机关、国有企业要带头厉行勤俭节约。[牵头单位：发改委、党委宣传部、商务局、交通局、机关事务管理局；参加单位：工信委、财务（政）局、教育局、建设（环保）局、水利局、农业局等有关单位]

（三）培育军垦生态文化。深入挖掘兵团军垦文化中的生态元素，将宣传生态卫士、生态文化作为现代公共文化服务体系建设的重要内容，创作一批文化作品，创建一批教育基地，满足广大人民群众对生态文化的需求。把现代绿色文化与传统红色文化结合起来，大力宣传及弘扬"国土卫士"和"生态卫士"精神，着力推进文化、生态融合发展，积极培育生态道德，构建生态文化体系，使生态文明成为社会主流价值观，成为社会主义核心价值观的重要内容，形成人人、事事、时时崇尚生态文明的良好社会氛围。[牵头单位：党委宣传部；参加单位：发改委、建设（环保）局等有关单位]

（四）鼓励公众积极参与。完善公众参与制度，及时、准确披露各类环境信息，扩大公开范围，保障公众知情权，维护公众环境权益。健全举报、听证、舆论和公众监督等制度，构建全民参与的社会行动体系。建立环境公益诉讼制度，对污染环境、破坏生态的行为，有关组织可提起公益诉讼。在建设项目立项、实施、后评价等环节，有序增强公众参与程度。引导生态文明建设领域各类社会组织健康有序发展，发挥社会组织和志愿者的积极作用。[牵头单位：建设（环保）局、民政局；参加单位：党委宣传部、发改委、水利局、农业局、国土资源局]

九、切实加强组织领导

（一）强化统筹协调。健全师市生态文明建设领导体制和工作机制，统筹推进师市生态文明建设，协调解决重大问题。各团场党委、单位对本地区生态文明建设负总责，要建立协调机制，形成有利于推进生态文明建设的工作格局。各有关部门要按照职责分工，密切协调配合，形成生态文明建设的强大合力。（牵头单位：师市有关部门，各团场、有关单位）

（二）探索有效模式。贯彻落实国家生态文明体制改革总体方案，各单位要抓住制约本地区生态文明建设的瓶颈，在生态文明制度创新方面积极实践，研究不同发展阶段、资源环境禀赋、主体功能定位地区生态文明建设的有效模式，及时总结有效做法和成功经验，完善政策措施，形成有效模式，加大推广力度。重点推进铁门关市生态文明先行示范区建设，勇于探索和创新，在生态文明制度创新上取得重大突破。[牵头单位：发改委、建设（环保）局；参加单位：师市有关团场、单位]

（三）推进兵地融合。生态文明建设要牢固树立"一盘棋"的思想，按照国家和兵团的总体要求，加强兵地协调合作，实行生态文明建设统一规划、统一政策、统一标准、统一推进，履行好各自责任，相互支持，形成合力，共同推进新疆生态文明建设。（牵头单位：师市有关部门，各团场、有关单位）

（四）广泛开展合作。 积极参与丝绸之路经济带核心区建设，按照师市参与建设丝绸之路经济带的实施方案，加强与沿线各县、市及地区科技创新、环境保护、资源循环利用、新能源开发等生态文明领域的技术交流与经贸合作，积极引进先进技术装备和管理经验，共同建设绿色丝绸之路。［牵头单位：发改委、工信委、国土资源局、建设（环保）局、商务局、科技局、农业局］

（五）抓好贯彻落实。 各团场党委、各单位及各有关部门要认真贯彻落实党中央、国务院、兵团关于生态文明建设的有关要求，按照本实施意见，结合工作实际，抓紧提出本单位、本部门加快推进生态文明建设的具体工作方案，研究制定与本实施意见相衔接的区域性、行业性和专题性规划，明确目标任务、责任分工和时间要求，确保生态文明建设各项政策措施落到实处。各单位、各部门要将贯彻落实情况及时向师市党委报告，同时抄送师市相关部门。师市党委办公室牵头就贯彻落实情况适时组织开展专项监督检查。（牵头单位：各团场党委，师市各有关部门、单位）

印发《第二师铁门关市关于大力推动非公有制经济加快发展的实施方案》的通知

师市党发〔2017〕38号

铁门关市人大、政府、政协党组，各团场（镇）、企事业单位党委（党组），师市机关各部门，政法机关党组（党委）：

《第二师铁门关市关于大力推动非公有制经济加快发展的实施方案》已经师市党委、师市同意，现印发给你们，请认真贯彻落实。

中共第二师铁门关市委员会
第二师铁门关市人民政府
2017年8月23日

第二师铁门关市关于大力推动非公有制经济加快发展的实施方案

为深入贯彻党的十八届三中、四中、五中、六中全会、第二次中央新疆工作座谈会、中央统战工作会议、兵团第七次党代会和师市第十五次党代会精神，全面落实《兵团党委、兵团关于大力推动非公有制经济加快发展的意见》（新兵党发〔2016〕19号），推动师市非公有制经济大发展，增强师市经济综合实力和发展后劲，制定如下实施方案。

一、指导思想和发展目标

（一）**指导思想**。以邓小平理论、"三个代表"重要思想和科学发展观为指导，深入贯彻习近平总书记系列重要讲话精神，特别是视察新疆和兵团时的重要讲话精神，主动适应和引领经济发展新常态，以增强师市维稳戍边综合实力为出发点，以消除制约非公有制经济发展的各种壁垒为突破口，创新体制机制，加强政策支持，优化发展环境，充分释放非公有制经济的活力和创造力，发挥非公有制经济在转方式、促增长、调结构、扩就业、惠民生、增税收等方面的重要作用，不断开创非公有制经济发展新局面。

（二）**发展目标**。到2020年，师市非公有制经济发展环境明显改善，市场主体实力日益增强，经济总量快速增长，质量效益显著提升，非公有制经济增加值的比重、投资的比重、吸纳就业的比重有较大幅度提高，确保非公有制经济总量占到师市经济总量的60%以上，力争占到师市经济总量的70%。

二、创新体制机制，拓展发展空间

（一）**放开市场准入**。落实《兵团关于鼓励和引导民间投资健康发展的实施意见》（新兵发〔2014〕26号）和《兵团创新重点领域投融资机制鼓励社会投资实施方案》（新兵发〔2015〕62号），在市场规则、准入标准及优惠政策等方面对民间投资主体同等对待，坚持民间投资"法无禁止即可为"，鼓励和引导民间资本进入师市能源、电力、市政公用事业及社会事业、金融服务等领域。大力推广应用政府和社会资本合作（PPP）模式，吸引社会资本参与师市建设。〔牵头部门：发改委、财务（政）局；配合部门：工信委、教育局、科技局、国土资源局、建设（环保）局、交通局、水利局、农业局、商务局、卫生局、工商局〕

（二）**进一步简政放权**。深化"放、管、服"改革，加快师市和团场行政服务中心建设，全面实行"一个窗口"受理、信息共享、并联审批、限时办结。健全行政权力网上公开透明运行机制，完善统一共享的基础数据平台，形成"一站式"网上办理。不断深化商事制度改革，全面推行"五证合一、一照一码"、个体工商户"两证整合"登记模式，最大限度地简化审批程序，激发市场主体活力。根据《兵团核准投资项目管理办法》（新兵发〔2015〕28号）和《兵团企业投资项目备案管理办法》（新兵发〔2015〕50号），推进依法依规管理，对于属于企业经营自主权的事项，一律不再作为企业投资项目核准前置条件。完善纵横协管的联动机制，精简审批事项，规范中介服务，实行企业投资项目网上并联审批制度。推动建立多元化可持续的城镇化投融资机制试点工作，逐步形成投资主体自主决策、银行独立审查、政府指导协调的新型投融资体制。（牵头部门：发改委；配合部门：民政局、人社局、统计局、国税局、地税局、工商局）

（三）**大力推动自主创业**。认真落实兵团党委、兵团和师市党委、师市关于大力推进大众创业万众创新的一系列政策措施。支持在师市内建设一批"双创"示范基地、中小微企业创业基地、大学生创新创业园、科技企业孵化器和众创空间等创业创新服务平台。利用在师市内已有的和新建的各类创业园，积极打造市场化、专业化、网络化创业平台，大力推进小微企业创业基地（孵化园）等建设，设立创业投资基金，指导开展创业孵化服务，推荐认定一批国家级和兵团级小微企业创业示范基地。统筹现有的产业发展资金，推动设立师市新兴产业创业投资引导基金，引导社会资金支持师市辖区内符合条件的优质企业创业发展。充分激发各类市场主体的创业创新活力，允许在职人员双向流动，鼓励科技人员兼职创业，吸引外来和本地大中专毕业生、退役军人、各方能工巧匠来师市创业就业，在住房、生活补贴、子女上学、社保等方面给予倾斜性支持。〔牵头部门：工信委、发改委；配合部门：教育局、科技局、财务（政）局、人社局、建设（环保）局、农业局、商务局、工会、团委、工业园区、各团场〕

（四）**推进混合所有制经济发展**。支持实力强、信誉好的社会资本通过出资入股、收购股权、认购可转债、股权置换等多种方式参与股份制改革。鼓励非公有制资本通过市场化方式，投资参股主业涉及师市履行特殊使命、战略性前瞻性产业、重点区域开发建设及承担重大专项任务的国有企业和师市城镇范围内水电气热、公共交通等从事公共服务类国有企业改制重组。支持非公有制资本与国有资本共同出资设立各类产（股）权投资基金，参与师市优势产业、重大项目的投资建设、重组整合、资产并购。鼓励国有企业与发展潜力大、成长性强的非公有制企业进行股权融合、战略合作、资源整合，实现优势互补、合作共赢。加快国有企业改制步伐，充分挖掘和筛选师市辖区内有优势、有产业带动作用的非公有制企业，将其纳入师市上市后备资源库进行重点培育。〔牵头部门：国资委、工商联；配合部门：发改委、工信委、财务（政）局、建设（环保）局、

交通局、水利局、农业局]

（五）实施"走出去"战略。充分运用疆内、国内、国外三种市场资源，组织综合实力强、有市场开拓能力的非公有制企业参与丝绸之路经济带核心区建设，支持非公有制企业参加国内外各种博览会、展销会等经贸交流活动，提高企业产品的知名度，扩大市场占有率。支持非公有制企业发展电子商务、网络营销和物流基地等建设。[牵头部门：商务局、工商联；配合部门：发改委、工信委、建设（环保）局、交通局、农业局]

三、加大政策支持，壮大市场主体

（一）加大财政资金支持力度。积极争取国家、自治区、兵团相关资金支持，努力拓宽非公有制企业发展的资金渠道。在国家投资项目、资金争取和政府性资金安排上，对符合政府投资支持方向的非公有资本项目，实行同等对待，为中小微企业提供项目策划、财税代理、商标专利、人才引进及法律咨询和管理咨询等方面服务。[牵头部门：发改委、财务（政）局、工商联；配合部门：工信委、科技局、建设（环保）局、交通局、农业局、商务局]

（二）加大产业政策扶持力度。鼓励引导非公有制企业依据《兵团工业领域优先发展产业指导目录》（兵发改产业发〔2013〕248号）、《新疆生产建设兵团重点产业布局调整和承接产业转移的意见》（兵发改产业发〔2015〕454号）、《新疆生产建设兵团石化产业规划布局指导意见》（兵发改产业发〔2015〕698号）、《兵团加快发展生产性服务业促进产业结构调整升级实施方案》（新兵发〔2015〕31号）等文件精神，加强技术创新，拓展产品结构，推动企业转型升级，提升师市整体产业发展水平。拓展提升非公有制经济产业发展层次，在师市"一集群三基地"产业布局中明确非公有制企业享受同等参与权利，鼓励非公有制企业积极承接中东部地区纺织服装、食品加工、农机装备、新兴产业等行业产业转移。[牵头部门：发改委、工信委、商务局、工商联；配合部门：科技局、财务（政）局、农业局、卫生局、国税局、地税局、工商局、工业园区、各团场]

（三）加大金融支持力度。积极支持银行业金融机构探索推出适合中小微企业需求特点的金融产品、信贷模式和服务流程，鼓励与师市科技部门、"新三板"及股权投资基金合作。鼓励师市出资的融资担保机构降低中小微企业担保费率。鼓励银行业金融机构在铁门关市和各团场等金融服务薄弱区域增设机构网点和延伸服务，积极承接兵团下放的对师市和团场信贷业务审批权，简化审批流程，增加信贷投放规模。加快推进师市中小微企业、团场及职工群众信用体系建设。支持师市辖区内符合条件的非公有制企业发起或参与设立民营银行、村镇银行、融资租赁公司，引导各类资本投向实体经济。支持符合条件的非公有制企业通过发行企业债、公司债、中期票据、私募债券、集合债券、集合信托和短期融资券实现融资。鼓励非公有制资本发起设立主要投资于公共服务、生态环保、基础设施、战略性新兴产业等领域的产业投资基金，可通过财政性资金认购基金份额等方式予以支持。同时，认购基金过程中应严格遵循"三重一大"制度，以最大限度降低可能存在的市场风险。[牵头部门：发改委、财务（政）局、工商联；配合部门：国资委、工信委、科技局、商务局、工业园区、各团场]

（四）加大建设用地支持力度。将非公有制企业用地纳入土地利用总体规划和年度国有建设用地供应计划，保障符合国家、兵团和师市产业政策的项目和创业基地用地。采取出让或租赁方式解决非公有制企业生产经营和建设用地需求。非公有制企业以出让方式取得的土地，可依法通过转让、租赁、作价出资（入股）等方式盘活利用。非公有制企业工业用地在符合规划、不改变原用途前提下，提高土地容积率的，不再增收土地出让价款。原有以划拨方式取得的土地，经师市依法批准，按法定程序办理相关手续、补交土地出让金后，可用于经营性开发建设或转让。盘活原国有存量土地用于工业生产的，可办理土地租赁手续。[牵头部门：国土资源局；配合部门：发改委、工信委、建设（环保）局、农业局、商务局、工商联]

（五）加大自主技术创新支持力度。 进一步落实非公有制企业技术创新优惠政策，促进技术、人才、资金等创新要素向非公有制企业集聚。支持非公有制企业引进先进技术，增强引进消化吸收和再创新能力。引导和支持非公有制企业加大技术创新投入，在技术创新决策、研发投入、科研组织和成果转化中发挥主导作用，符合师市政策支持条件的，积极争取师市、兵团、国家科技部门立项和专项资金支持。支持非公有制企业与科研院所和高等学校联合组建企业技术中心，合作开展关键技术研发，联合培养人才，共享科研成果。鼓励和支持科研院所与非公有制企业通过委托研发、技术转让、联合攻关等多种形式，开展产学研合作，建立技术（研发）中心、科研实训基地、产学研基地，培养一批为非公有制企业提供智力支持与服务的科研人才团队。综合运用政府采购、产业政策补助、融资担保补助、创业投资引导、风险补偿、贷款贴息以及补助等多种方式，引导社会资本参与非公有制企业技术创新。[牵头部门：科技局、工商联；配合部门：发改委、工信委、财务（政）局、人社局、工会、团委]

（六）加大落实税收优惠政策力度。 推动"个转企""小升规"。鼓励个体工商户转型为企业，小型微型企业升级为规模以上企业。允许转型后依法保留原字号或名称。在办理转型前后土地、房屋权属（固定资产）划转时，投资主体、经营场所和经营范围不变，并依照有关规定报请享受免征契税、免收交易手续费政策。"小升规"后，纳税确有困难的，对符合国家税务总局《关于下放城镇土地使用税困难减免税审批权限有关事项的公告》（2014年第1号）规定的，按权限报批后，可申请城镇土地使用税优惠扶持；免费享受兵团、师市提供的技能培训、市场开拓等服务。按照"应享尽享"原则，贯彻落实国家西部大开发、高新技术企业、小型微利企业等税收优惠政策，切实将国家和自治区制定的各项税收优惠政策执行到位、落实到户。支持企业自行申报享受税收优惠政策。（牵头部门：工商局、工商联、工业园区；配合部门：人社局、国土资源局、国税局、地税局、各团场）

（七）加大人才和用工支持力度。 实施非公有制企业人才培育工程，把出资人、管理人员和社会组织服务人员培训纳入各级人才发展规划。每年组织一批出资人到内地著名高校进行系统培训，分期分批对中小微企业管理人员进行短期培训。加大对民办职业培训机构的扶持力度。非公有制企业引进区外各类优秀人才可以与国有企业享受同等待遇。将非公有制企业各类人才纳入享受政府特殊津贴、兵团学术技术带头人及后备人选等优秀人才选拔培养范围。对吸纳本地劳动力、就业困难人员、高校毕业生就业，并开展岗前培训，符合条件的，给予社会保险补贴和职业培训补贴。充分发挥市场在人力资源配置中的决定性作用，协调加大非公有制企业招收农村劳动力、高校毕业生和退役士兵力度，符合条件的，纳入"双五千"计划，享受相关优惠政策。（牵头部门：人社局、工商联；配合部门：党委组织部、统战部、教育局、科技局、农业局、团委）

（八）加大政府采购支持力度。 在政府采购和"三化"建设中，鼓励各部门各单位在满足采购需求的前提下，按照公开、公平、公正的原则，在同质同价基础上，优先采购师市非公有制企业提供的相关产品和服务。[牵头部门：财务（政）局、工商联；配合部门：师市机关各部门、工业园区、各团场、各企事业单位]

四、优化发展环境，保护企业权益

（一）创新服务方式。 加快非公有制企业服务体系建设。设立师市和团场非公有制企业服务中心。积极支持企业、社会组织等多种主体参与建立社会化、专业化、市场化服务机构，引导各类服务机构开展形式多样的服务。推动重点产业集聚区建设一批示范性科技中介服务机构，为非公有制企业提供研发设计、检测检验、科技金融、大型公用软件、知识产权、标准、电子商务、质量品牌、人才培训、法律咨询等服务，提高专业化服务能力。逐步建立起以师市、团场企业服务机构为支撑，社会各类服务机构参与的企业服务体系。积极推进师市、团场企业骨干信息网络架构建设。采取企业投入为主、行政扶持为辅、社会资助为补充的方式，促进公共服务平台建设。围绕师市经济发展，建设博士后科研工作（流动）站、重点实验室、工程技术研究中心等技术服务平台。（牵头部门：工商联；配合部门：发改委、科技局、民政局、司法局、人社局、商务局、工商局、工业园区、各团场）

（二）**减轻企业负担**。全面清理和规范涉及非公有制经济市场主体的收费项目，建立和实施收费目录清单制度，目录清单之外的收费一律取消。严禁擅自提高收费标准、扩大征收范围。自治区出台的收费优惠政策，按自治区规定的标准执行。努力降低企业环评、安评、项目建设管理等收费标准及成本。全面清理行政审批前置服务项目及收费，对没有法律法规依据的行政审批前置服务项目一律取消。完善价格举报和市场监管机制，加大监督检查力度，建立健全综合监管、联合执法机制，解决对企业多头管理、重复检查的问题，切实减轻企业负担。公布师市和团场两级部门权力和责任清单，凡法定收费项目外的收费、摊派、捐赠等非公有制企业有权拒绝。各有关部门对违反有关规定，向非公有制企业"吃、拿、卡、要"的行为，要依法、依纪严肃查处。［牵头部门：发改委、纪委、工商联；配合部门：公安局、民政局、国土资源局、建设（环保）局、国税局、地税局、工商局、安监局、工业园区、各团场］

（三）**维护合法权益**。完善产权保护制度，尊重非公有制经济主体经营自主权。依法打击制售假冒伪劣商品，对违法侵权行为进行治理整顿，依法保障非公有制企业及其出资人的财产权、经营权、知识产权和人身权。加大对行政机关不作为、不依法履行法定职责的问责、追责力度，防范少数行政机关懒政、惰政。各级行政执法机关要依法行政，对违法查封、扣留、冻结、侵占非公有制企业的财产、资金的行为要严厉查处。师市和团场两级工商联要积极建设网络维权平台，形成一个上下纵横，左右贯通的维权网络组织。建立健全师市和团场两级维权工作委员会和非公有制企业维权投诉中心，由师市和团场工商联负责受理非公有制企业合法权益侵害事件投诉。（牵头部门：纪委、工商局、工商联；配合部门：发改委、科技局、公安局、卫生局、法院、检察分院、工业园区、各团场）

五、加强组织领导，营造良好氛围

（一）**明确责任分工**。各级党政要把发展非公有制经济工作摆上重要议事日程，纳入经济社会发展规划和目标绩效考核，研究解决非公有制经济发展中的重点难点问题。要建立健全科学完善的非公有制经济运行与发展的统计指标体系和考核评估体系，建立科学有效的考核激励机制，制定《师市非公有制经济和中小微企业发展考核奖励办法》。师市发展非公有制经济协调领导小组要切实履行职责，进一步明确和细化各职能部门的工作责任，加强调查研究，推动师市党委、师市发展非公有制经济的各项政策措施落实到位。各成员单位要建立非公有制经济发展目标管理责任制，形成上下联动、密切配合、齐抓共管的工作格局。各团也要成立非公有制经济发展协调领导小组，办公室设在工商联。（牵头部门：工商联；配合部门：师市发展非公有制经济协调领导小组成员部门、工业园区、各团场）

（二）**完善工作机制**。建立完善各级领导联系重点非公有制企业制度和部门帮扶非公有制企业制度，建立健全领导干部与非公有制经济代表人士交朋友制度和与企业家对话交流机制。各部门各单位在制定出台经济社会发展和民生领域重大政策时，要听取非公有制经济人士的意见和建议。建立惠企政策措施落实机制，及时组织开展专项督查。师市可适时委托工商联等组织对政策落实情况开展第三方评估。建立非公有制企业评议师市各职能部门及执法机关工作制度，评议结果作为对部门的绩效考核依据。建立健全师市非公有制经济监测体系和网络，建立和完善对非公有制经济和中小企业的统计报表制度，实施分类统计、监测、分析和发布制度，加强规模以下企业的统计分析。（牵头部门：工商联；配合部门：办公室、党委组织部、编办、统计局、工业园区、各团场）

（三）**强化政治引导**。要进一步加强和改进非公有制企业党建工作，坚持把非公有制企业党建作为书记抓基层党建工作述职评议考核的重要内容。非公有制经济党工委要强化主业意识，抓好具体指导，建立分工负责、定期沟通、联系服务、督促检查等工作机制。要按照《中共中央组织部 财政部 国家税务总局关于非公有制企业党组织工作经费问题的通知》（组通字〔2014〕42号）要求，把非公有制企业党建工作经费纳入企业管理费用。要引导非公有制企业建立健全工会、共青团、妇联等群团组织，发挥好创业引导和依法维权等作用。深入开展理想信念教育实践活动，践行社会主义核心价值观，传承兵团精神，引导非公有制经济人士特别是年轻一代致富思源、富而思进，做到爱国、敬业、创新、守法、诚信、贡献，发挥其在维护祖国统一、增进民族团结、实现社会稳定和长治久安中的作用。（牵头部门：党委组织部；配合部门：党委统战部、工会、妇联、团委、工商联）

（四）**发挥工商联和商会作用**。充分发挥工商联在统一战线工作和经济工作中的作用，把更多政治过硬、事业有成的民营企业家吸收到工商联队伍当中。根据师市产业结构调整、转型升级和工业园区、团场非公有制经济发展情况，适度增加中小微企业、战略性新兴产业和科技型企业在工商联组织中担任副主席、副会长、常委、执委职数。大力支持师市行业协会商会建设，充分发挥工商联在行业协会商会改革发展中的促进作用，行使好对商会组织的指导、协调和服务职能，实现统战工作向商会组织有效覆盖。推动行业协会商会承接政府职能转移工作，鼓励支持行业协会商会开展行业自律，建立行业标准，搭建服务平台。按照《关于加强和改进非公有制经济代表人士综合评价工作的意见》精神，对非公有制经济人士的政治安排（人大代表、政协委员、工商联常执委）要坚持标准，严格逐级组织推荐程序，认真考察，凡进必评，做好综合评价，集体研究决定。真正把那些思想政治强、行业代表性强、参政议政能力强、社会信誉好的非公有制经济代表人士推荐出来，建立政治安排人选推荐倒查机制。（牵头部门：工商联；配合部门：党委组织部、统战部、民政局）

（五）**营造良好发展氛围**。充分利用各种媒体，大力宣传发展非公有制经济的方针政策、成功经验、先进典型，在全社会营造重视、支持非公有制经济发展的良好氛围。充分利用刊物网站，采取举办各类培训班、走访座谈等多种形式，积极开展宣传活动。定期表彰"非公有制企业30强"，每年表彰一次优秀非公有制企业、优秀个体工商户，每两年表彰一次在履行社会责任方面表现突出的"光彩之星"，提升非公有制经济人士的荣誉感和归属感。（牵头部门：工商联；配合部门：党委宣传部、统战部、工信委、工业园区、各团场）

关于印发《第二师铁门关市土壤污染防治工作方案》的通知

师市发〔2017〕9号

各团场（镇）、企事业单位，师市机关、政法机关各部门：

《第二师铁门关市土壤污染防治工作方案》已经师市同意，现印发给你们，请结合实际认真贯彻落实。

第二师铁门关市人民政府（代章）
2017年5月4日

第二师铁门关市土壤污染防治工作方案

为贯彻落实《国务院关于印发土壤污染防治行动计划的通知》（国发〔2016〕31号）及《关于印发〈新疆生产建设兵团土壤污染防治工作方案〉的通知》（新兵发〔2017〕9号），打好第二师铁门关市（以下简称师市）土壤污染防治攻坚战，明确师市各相关部门的任务和职责，切实做好土壤环境保护工作，逐步改善土壤环境质量，保障土壤环境安全，结合师市土壤污染现状及区域经济社会发展特点，制定本方案。

一、总体要求

全面贯彻党的十八大和十八届三中、四中、五中、六中全会精神，按照"五位一体"总体布局和"四个全面"战略布局，牢固树立创新、协调、绿色、开放、共享的新发展理念，认真落实党中央、国务院及兵团决策部署，立足师市，着眼经济社会发展全局，以改善土壤环境质量为核心，以保障农产品质量和人居环境安全为出发点，坚持预防为主、保护优先、风险管控，突出重点区域、行业和污染物，实施分类别、分用途、分阶段治理，严控新增污染、逐步减少存量，形成党政主导、企业担责、公众参与、社会监督的土壤污染防治体系，促进土壤资源永续利用，为建设"绿水、青山、蓝天、沃土"的美丽师市而奋斗。

二、工作目标

（一）**总体目标**。到2020年，师市范围土壤环境质量总体保持稳定，农用地和建设用地土壤环境安全得到基本保障，土壤环境风险得到基本管控。到2030年，师市范围土壤环境质量稳中向好，农用地和建设用地土壤环境安全得到有效保障，土壤环境风险得到全面管控。到本世纪中叶，土壤环境质量全面改善，生态系统实现良性循环。

（二）主要指标。到2020年，受污染耕地安全利用率达到90%左右，污染地块安全利用率达到90%以上；到2030年，受污染耕地安全利用率达到95%以上，污染地块安全利用率达到95%以上。

三、重点任务

（一）开展土壤污染调查，掌握土壤环境质量状况。

1. 深入开展土壤环境质量调查。按照国家、兵团及师市统一部署，在现有相关调查基础上，以农用地和重点行业企业用地为重点，开展土壤污染状况详查，2017年，师市建设（环保）局负责组织各相关部门制定师市土壤环境详查总体方案。师市农业局（林业局）负责组织开展农用地污染调查，2017年，完成农田残膜量基数调查，2018年底前，查明农用地土壤污染的面积、分布及其对农产品质量的影响；师市国土资源局配合师市建设（环保）局开展重点行业企业用地污染调查，2020年底前，掌握污染地块分布及环境风险状况。建立土壤环境质量状况定期调查制度，每10年对土壤环境质量状况开展1次定期调查。[建设（环保）局牵头，财务（政）局、国土资源局、农业局（林业局）、卫生局等部门参与，各团场（镇）负责落实]

2. 建设土壤环境质量监测网络。按照国家环保部和兵团环保局统一安排，完成师市土壤环境质量国控监测点位设置和土壤环境质量监测网络建设。充分发挥行业监测网作用，基本形成土壤环境监测能力。每年至少参加1次兵团组织的土壤环境监测技术人员培训。师市根据工作需要，可补充设置监测点位，增加特征污染物监测项目，提高监测频次。2020年底前，实现师市土壤环境质量监测点位全覆盖。[建设（环保）局牵头，发改委（质监局）、工信委、国土资源局、农业局（林业局）等部门参与，各团场（镇）负责落实]

3. 实现土壤环境信息化管理。建立师市土壤环境基础数据库，统一汇总各相关部门的土壤污染调查成果，实现数据动态更新。各相关部门按照《国务院关于印发政务信息资源共享管理暂行办法的通知》（国发〔2016〕51号）的要求和相关法律法规，实行数据共享，编制资源共享目录，明确共享权限和方式，发挥土壤环境大数据在污染防治、城乡规划、土地利用、农业生产中的作用。[建设（环保）局牵头，发改委（质监局）、教育局、科技局、工信委、国土资源局、农业局（林业局）、卫生局等部门配合]

（二）落实污染防治标准体系，加大监管执法力度。

1. 落实土壤污染防治相关标准和技术规范要求。认真贯彻执行环保部发布的土壤污染防治相关污染物控制和排放标准。[建设（环保）局牵头，工信委、国土资源局、水利局、农业局（林业局）、发改委（质监局）等部门参与，各团场（镇）负责落实]

2. 全面强化监管执法，明确监管重点。重点监测土壤中镉、汞、砷、铅、铬等重金属和多环芳烃、石油烃等有机污染物，重点监管有色金属矿采选、有色金属冶炼、石油加工、化工、焦化、电镀、制革、铅酸蓄电池、危险废物处置、电子拆解、涉重金属等重点行业，以及粮油蔬菜主产区、铁门关市建成区等区域。[建设（环保）局牵头，工信委、国土资源局、农业局（林业局）等部门参与，各团场（镇）负责落实]

加大执法力度。将土壤污染防治作为环境执法的重要内容，充分利用环境监管网格，加强土壤环境日常监管执法。严厉打击非法排放有毒有害污染物、违法违规存放危险化学品、非法处置危险废物、不正常使用污染治理设施、监测数据弄虚作假等环境违法行为。开展重点行业企业专项环境执法，对严重污染土壤环境、群众反映强烈的企业进行挂牌督办，视情节轻重，依法采取罚款、限产、停产整治、停业关闭等措施，及时纠正企业违法行为,消除环境隐患。按照国家环境监察机构标准化建设要求,全面加强环境监管执法队伍建设,改善环境执法条件,实现对土壤环境的有效监管。结合土壤环境监管工作实际,对师市环境执法人员每3年开展1轮土壤污染防治专业技术培训。提高突发环境事件应急处置能力,完善各级环境污染事件应急预案,加强环境应急管理、技术支撑、处置救援能力建设。[建设(环保)局牵头,工信委、公安局、国土资源局、农业局(林业局)、安监局等部门参与,各团场(镇)负责落实]

加强市场监管。严格规范化肥、农药、农膜、兽药及饲料添加剂生产、销售,强化执法检查,严厉打击制售假冒伪劣产品的行为。[商务局、发改委(质监局)牵头,工信委、公安局、建设(环保)局、农业局(林业局)等部门参与,各团场(镇)负责落实]

(三)实施农用地分类管理,保障农业生产环境安全。

1. 划定农用地土壤环境质量类别。按污染程度将农用地划为三个类别:未污染和轻微污染的划为优先保护类,轻度和中度污染的划为安全利用类,重度污染的划为严格管控类,以耕地为重点,分别采取相应管理措施,保障农产品质量安全。以土壤污染状况详查结果为依据,在师市农产品主产区开展耕地土壤和农产品协同监测与评价,在试点基础上有序推进耕地土壤环境质量类别划定,逐步建立分类清单,2020年底前完成。师市将划定结果报兵团审定,数据上传至全国土壤环境信息化管理平台。根据土地利用变更和土壤环境质量变化情况,定期对各类别耕地面积、分布等信息进行更新。逐步开展林地、草地、园地等其他农用地土壤环境质量类别划定等工作。[建设(环保)局、农业局(林业局)牵头,国土资源局参与,各团场(镇)负责落实]

2. 切实加大保护力度。国土资源部门要加大耕地保护责任目标考核,将符合条件的优先保护类耕地划为永久基本农田,实行严格保护,确保面积不减少、土壤环境质量不下降,除法律规定的重点建设项目选址确实无法避让外,其他任何建设不得占用。2017年底前,制定出师市土壤环境保护方案。高标准农田建设项目要向优先保护类耕地集中的地区倾斜。推行秸秆还田、增施有机肥、少耕免耕、作物轮作、化肥农药减量、农膜减量与回收利用等措施,切实保护耕地土壤环境质量。团场(镇)土地流转的受让方要履行土壤保护的责任,避免因过度施肥、滥用农药等掠夺式农业生产方式造成土壤环境质量下降。对优先保护类耕地面积减少或土壤环境质量下降的团场(镇)要进行预警提醒。[国土资源局、农业局(林业局)牵头,发改委(质监局)、建设(环保)局、水利局等部门配合]

防控企业污染。严格控制在优先保护类耕地集中的地区新建有色金属冶炼、石油加工、化工、焦化、电镀、制革、铅酸蓄电池、危险废物处置、电子拆解、涉重金属等行业企业,现有相关行业企业要采用新技术、新工艺,加快提标升级改造步伐。[发改委(质监局)、建设(环保)局牵头,工信委、农业局(林业局)等部门配合]

3. 着力推进安全利用。根据土壤污染状况和农产品超标情况,安全利用类耕地集中的团场(镇)要结合当地主要作物品种和种植习惯,制定实施受污染耕地安全利用方案,采取农艺调控、替代种植等措施,降低农产品超标风险。强化农产品质量检测。加强对团场(镇)职工合作社的技术指导和培训。[农业局(林业局)牵头,国土资源局参与,各团场(镇)负责落实]

4. 全面落实严格管控。加强对严格管控类耕地的用途管理,依法完成特定农产品禁止生产区域划定,严禁种植食用农产品;对威害地下水、饮用水水源安全的耕地,要制定环境风险管控方案,并落实有关措施。将严格管控类耕地纳入国家新一轮退耕还林还草实施范围,制订实施重度污染耕地种植结构调整或退耕还林还草计划。[农业局(林业局)牵头,发改委(质监局)、财务(政)

局、国土资源局、建设（环保）局、水利局等部门参与，各团场（镇）负责落实］

5. 加强林地草地园地土壤环境管理。严格控制林地、草地、园地的农药使用量，禁止使用高毒、高残留农药。完善生物农药、引诱剂管理制度，加大使用推广力度。优先将重度污染的牧草地集中区域纳入禁牧休牧实施范围。加强对重度污染林地、园地产出食用农（林）产品质量检测，发现超标的，要采取种植结构调整等措施。［农业局（林业局）牵头，各团场（镇）负责落实］

（四）实施建设用地准入管理，防范人居环境风险。

1. 明确管理要求。自2017年起，对拟收回土地使用权的有色石油加工、化工、焦化、危险废物处置、涉重金属等行业企业用地，以及用途拟变更为居住和商业、学校、医疗、养老机构等公共设施的上述企业用地，由土地使用权人按照国家发布的建设用地土壤环境调查评估技术规定，开展土壤环境状况调查评估；已经收回的，由师市负责开展调查评估。自2018年起，重度污染农用地转为城镇建设用地的，由师市负责组织开展调查评估。调查评估结果向兵团建设局（环保局）和兵团国土资源局备案。［建设（环保）局、国土资源局牵头，各团场（镇）负责落实］

分用途明确管理措施。自2017年起，结合师市土壤污染状况详查情况，根据建设用地土壤环境调查评估结果，逐步建立污染地块名录及其开发利用的负面清单，合理确定土地用途。符合相应规划用地土壤环境质量要求的地块，可进入用地程序。暂不开发利用或现阶段不具备治理修复条件的污染地块，组织划定管控区域，设立标识，发布公告，开展土壤、地表水、地下水、空气环境监测；发现污染扩散的，有关责任主体要及时采取污染物隔离、阻断等环境风险管控措施。［国土资源局牵头，建设（环保）局、水利局等部门参与，各团场（镇）负责落实］

2. 落实监管责任。建设部门要结合土壤环境质量状况，加强城市城镇规划论证和审批管理。国土资源部门要依据土地利用总体规划、城市城镇规划和地块土壤环境质量状况，加强土地审批、供应等环节的监管。环境保护部门要加强对建设用地土壤环境状况调查、风险评估和污染地块治理与修复活动的监管。建立建设、国土资源、环保等部门间的信息沟通机制，实行联动监管。［建设（环保）局、国土资源局牵头，各团场（镇）负责落实］

3. 严格用地准入。将建设用地土壤环境管理要求纳入城市规划和供地管理，土地开发利用必须符合土壤环境质量要求。国土资源、建设等部门在编制土地利用总体规划、城市总体规划、控制性详细规划等相关规划时，应充分考虑污染地块的环境风险，合理确定土地用途。［国土资源局、建设（环保）局牵头，各团场（镇）负责落实］

（五）强化未污染土壤保护，严控新增土壤污染。

1. 加强未利用地环境管理。按照科学有序原则开发利用未利用地，防止造成土壤污染。拟开发为农用地的，要组织开展土壤环境质量状况评估，不符合相应标准的，不得种植食用农产品。加强纳入耕地后备资源的未利用地保护，定期开展巡查。依法严查向沙漠、滩涂、盐碱地、沼泽地等非法排污、倾倒有毒有害物质的环境违法行为。加强对矿产等资源开采活动影响区域内未利用地的环境监管，发现土壤污染问题的，要及时督促有关企业采取防治措施。［建设（环保）局、国土资源局牵头，发改委（质监局）、公安局、水利局、农业局（林业局）等部门参与，各团场（镇）负责落实］

2. 防范建设用地新增污染。排放重点污染物的建设项目，在开展环境影响评价时，要增加对土壤环境影响的评价内容，并提出防范土壤污染的具体措施；需要建设的土壤污染防治设施，要与主体工程同时设计、同时施工、同时投产使用；环境保护部门要做好风险管控、污染防治措施落实情况的监督管理工作。自2017年起，师市与辖区内重点行业企业签订土壤污染防治责任书，明确相关措施和责任，责任书向社会公开。［建设

（环保）局负责，各团场（镇）负责落实］

3. 强化空间布局管控。加强规划区划和建设项目布局论证，根据土壤等环境承载能力，合理确定区域功能定位、空间布局。鼓励工业企业集聚发展，提高土地节约集约利用水平，减少土壤污染。严格执行相关行业企业布局选址要求，禁止在居民区、学校、医疗和养老机构等周边新建有色金属冶炼、焦化等行业企业；结合推进新型城镇化、产业结构调整和化解过剩产能等，有序搬迁或依法关闭对土壤造成严重污染的现有企业。结合区域功能定位和土壤污染防治需要，科学布局生活垃圾处理、危险废物处置、废旧资源再生利用等设施和场所，合理确定畜禽养殖布局和规模。［发改委（质监局）牵头，工信委、国土资源局、建设（环保）局、水利局、农业局（林业局）等部门配合］

（六）加强污染源监管，做好土壤污染预防工作。

1. 严控工矿污染。加强日常环境监管。根据师市工矿企业分布和污染排放情况，确定师市土壤环境重点监管企业名单，实行动态更新，并向社会公布。列入名单的企业每年要自行对其用地土壤进行环境监测，结果向社会公开。师市环境保护部门定期对重点监管企业和工业园区周边土壤开展监督性监测，数据及时上报兵团建设局（环保局），结果作为环境执法和风险预警的重要依据。加强电器电子、汽车等工业产品中有害物质控制。有色金属冶炼、石油加工、化工、焦化、电镀、制革、铅酸蓄电池、危险废物处置、电子拆解、涉重金属等行业企业及其他可能危害土壤环境质量的生产设施设备、构筑物和污染治理设施的拆除，要事先制定残留污染物清理和安全处置方案，并报师市环保局、工信委备案，要严格按照有关规定实施安全处理处置，防范拆除活动污染土壤。［建设（环保）局、工信委牵头，发改委（质监局）、科技局、财务（政）局、国土资源局、商务局等部门参与，各团场（镇）负责落实］

严防矿产资源开发污染土壤。全面整治历史遗留尾矿库，完善覆膜、压土、排洪、堤坝加固等安全隐患治理和闭库措施。有重点监管尾矿库的企业要开展环境风险评估，完善污染治理设施，储备应急物资。［安监局、建设（环保）局牵头，工信委、国土资源局等部门参与，各团场（镇）负责落实］

加强涉重金属行业污染控制。严格执行重金属污染物排放标准并落实相关总量控制指标，加大环境监管监测，严格落实重金属企业监督性监测频次，加大对重金属企业违法行为查处力度，对整改后仍不达标的企业，依法责令其停业、关闭，并将企业名单向社会公开。淘汰涉重金属重点行业落后产能，完善重金属相关行业准入条件，禁止新建落后产能或产能严重过剩行业的建设项目。认真执行国家涉重金属重点行业清洁生产技术推行方案，鼓励企业采用先进的生产工艺和技术。［建设（环保）局、工信委牵头，发改委（质监局）、商务局等部门参与，各团场（镇）负责落实］

加强工业废物处理处置。全面整治尾矿、煤矸石、工业副产石膏、粉煤灰、赤泥、冶炼渣、电石渣、铬渣、砷渣以及脱硫、脱硝、除尘产生固体废物的堆存场所，完善防扬散、防流失、防渗漏等设施，及时制定师市综合整治方案并有序实施。加强工业固体废物综合利用。对师市电子废物、废轮胎、废塑料等再生利用活动进行清理整顿，引导企业采用先进适用加工工艺、集聚发展，集中建设和运营污染治理设施，防止污染土壤和地下水。［发改委（质监局）、建设（环保）局牵头，工信委、国土资源局等部门参与，各团场（镇）负责落实］

2. 控制农业污染。合理使用化肥农药。鼓励使用配方肥，增施有机肥，减少化肥使用量。科学施用农药，推行农作物病虫害专业化统防统治和绿色防控，推广高效低毒低残留农药和现代植保机械。加强农田残膜污染综合治理，2017年底前，完成农田残膜污染综合治理规划编制工作。加强农药包装废弃物回收处理，推行农业清洁生产，开展农业废弃物资源化利用试点，形成一批可复制、能推广的农业面源污染综合防控技术新模式。严禁将城镇生活垃圾、污泥、工业废物直接用作肥料。到2020年，粮油、蔬菜、水果主产区农药化肥使用量实现零增长，化肥利用率提高到40%以上，测土配方施肥技术推广覆盖率提高到90%以上。〔农业局（林业局）牵头，工信委、建设（环保）局、发改委（质监局）等部门参与，各团场（镇）负责落实〕

　　加强废弃农膜回收利用。提高农膜质量，严厉打击违法生产和销售不合格农膜的行为。建立健全废弃农膜回收储运和综合利用网络，开展废弃农膜回收利用试点。到2020年，力争实现废弃农膜全面回收利用。〔农业局（林业局）牵头，发改委（质监局）、工信委、公安局等部门参与，各团场（镇）负责落实〕

　　强化畜禽养殖污染防治。严格规范兽药、饲料添加剂的生产和使用，防止过量使用，促进源头减量。加强畜禽粪便综合利用，在部分生猪、养牛团场开展种养业有机结合、循环发展试点。鼓励支持畜禽粪便处理利用设施建设。到2020年，规模化养殖场、养殖小区配套建设废弃物处理设施比例达到75%以上。〔农业局（林业局）牵头，发改委（质监局）、建设（环保）局等部门参与，各团场（镇）负责落实〕

　　加强灌溉水水质管理。开展灌溉水水质监测。灌溉用水应符合农田灌溉水水质标准。对因长期使用污水灌溉导致土壤污染严重、威胁农产品质量安全的，要及时调整种植结构。〔水利局牵头，农业局（林业局）参与，各团场（镇）负责落实〕

　　3.减少生活污染。建立党政、社区、企业和居民协调机制，通过分类投放收集、综合循环利用，促进垃圾减量化、资源化、无害化。建立保洁制度，推进团场（镇）、连队生活垃圾治理，实施团场（镇）、连队生活污水治理工程。整治非正规垃圾填埋场。深入实施"以奖促治"政策，继续推进团场（镇）、连队环境连片整治。推进水泥窑协同处置生活垃圾试点，鼓励将处理达标后的污泥用于园林绿化。开展利用建筑垃圾生产建材产品等资源化利用示范。强化废氧化汞电池、镍镉电池、铅酸蓄电池和含汞荧光灯管、温度计等含重金属废物的安全处置。减少过度包装，鼓励使用环境标志产品。〔建设（环保）局牵头，发改委（质监局）、工信委、财务（政）局等部门配合〕

　　（七）开展污染治理与修复，改善区域土壤环境质量。

　　1.明确治理与修复主体。按照"谁污染谁治理，先修复后开发"原则，造成土壤污染的单位或个人要承担治理与修复的主体责任。责任主体发生变更的，由变更后继承其债权、债务的单位或个人承担相关责任；土地使用权依法转让的，由土地使用权受让人或双方约定的责任人承担相关责任。责任主体灭失或责任主体不明确的，由所在团场（镇）、园区依法承担相关责任。土地转让合同中未约定治理修复责任的，由企业所在团场、园区和企业主管部门共同召集企业与土地受让单位进行协商，落实治理修复责任。〔建设（环保）局牵头，国土资源局配合〕

　　2.制定治理与修复规划。2017年底前，师市以影响农产品质量和人居环境安全的突出土壤污染问题为重点，按照先规划后实施、边调查边治理的原则，制定土壤污染治理与修复规划，明确重点任务、责任单位和分年度实施计划，根据严格管控农用地清单和优先管理污染地块清单，完成项目库建立。规划报兵团建设局（环保局）备案。〔建设（环保）局牵头，国土资源局、农业局（林业局）等部门参与，各团场（镇）负责落实〕

　　3.有序开展治理与修复。确定治理与修复重点。结合城市城镇环境质量提升和发展布局调整，以拟开发建设居住、商业、学校、医疗和养老机构等项目的污染地块为重点，开展治理与修复。师市根据耕地土壤污染程度、环境风险及其影响范围，确定治理与修复重点区域。〔国土资源局、建设（环保）局、农业局（林业局）共同负责，各团场（镇）负责落实〕

　　强化治理与修复工程监管。治理与修复工程原则上在原址进行，并采取必要措施防止污染土壤挖掘、堆存等造成二次污染；需要转运污染土壤的，有关责任单位要将运输时间、方式、线路和污染土壤数量、去向、最终处置措施等，提前向所在地和接收地环境保护部门报告。工程施工期间，责任单位要设立公告牌，公开工程基本情况、环境影响及其防范措施；所在地环境保护部门要对各项环境保护措施落实情况进行检查。工程完工后，责任单位要委托第三方机构对治理与修复效果进行评估，结果向社会公开。实行土壤污染治理与修复终身责任制。［建设（环保）局牵头，国土资源局、农业局（林业局）等部门参与，各团场（镇）负责落实］

4. 监督目标任务落实。各有关单位要定期向师市环境保护部门报告土壤污染治理与修复工作进展，师市环境保护部门要会同有关部门进行督导检查，委托第三方机构对土壤污染治理与修复成效进行综合评估，结果向社会公开。师市环境保护部门定期向兵团建设局（环保局）报告土壤污染治理情况。［建设（环保）局牵头，国土资源局、农业局（林业局）等部门参与，各团场（镇）负责落实］

（八）加大科技研发力度，推动环境保护产业发展。

1. 加强土壤污染防治研究。整合优化科技计划（专项、基金等）项目，积极参与兵团土壤环境标准、土壤环境容量与承载能力、土壤污染监测预警、污染物迁移转化规律、污染生态效应、重金属低积累作物和修复植物筛选，以及土壤污染与农产品质量、人体健康关系、地方病等方面应用基础研究，推进土壤污染识别与诊断、风险管控与预警、治理与复合修复等共性关键技术研究。加大对土壤污染防治技术研发平台建设支持力度。［科技局牵头，发改委（质监局）、教育局、工信委、国土资源局、建设（环保）局、农业局（林业局）、卫生局等部门参与，各团场（镇）负责落实］

2. 加大适用技术推广力度。建立健全技术体系。综合师市土壤污染类型、程度和区域特征，针对典型受污染农用地、污染地块，参与实施土壤污染治理与修复技术应用试点示范项目，2020年底前完成。根据试点情况，比选出一批易推广、成本低、效果好的适用技术。［建设（环保）局、财务（政）局牵头，科技局、国土资源局、农业局（林业局）等部门参与，各团场（镇）负责落实］

加快成果转化应用。建立完善土壤污染防治科技成果转化机制，支持本地环保企业开展土壤污染防治技术装备研发，推动土壤污染防治科技成果的应用转化。积极参与国内外合作研究与技术交流，引进消化土壤污染风险识别、土壤污染物快速检测、土壤及地下水污染阻隔等风险管控先进技术和管理经验。［科技局牵头，发改委（质监局）、教育局、工信委、国土资源局、建设（环保）局、农业局（林业局）等部门参与，各团场（镇）负责落实］

3. 推动治理与修复产业发展。放开服务性监测市场，鼓励社会机构等部门配合土壤环境监测评估等活动；通过政策推动，加快完善覆盖土壤环境调查、分析测试、风险评估、治理与修复工程设计和施工等环节的成熟产业链，形成若干综合实力雄厚的龙头企业，培育一批充满活力的中小企业。推动有条件的地区建设产业化示范基地。规范土壤污染治理与修复从业单位和人员管理，建立健全监督机制，构建从业单位信用体系，建立负面清单制度，将技术服务能力弱、运营管理水平低、综合信用差的从业单位名单和相关人员名单通过企业信用评价信息系统向社会公开。实行土壤污染治理与修复终身责任制。发挥"互联网＋"在土壤污染治理与修复全产业链中的作用，推动大众创业、万众创新。［发改委（质监局）、建设（环保）局牵头，科技局、工信委、国土资源局、农业局（林业局）、商务局等部门参与，各团场（镇）负责落实］

（九）发挥行政主导作用，构建土壤环境治理体系。

1. 强化行政主导。完善管理体制。按照"国家统筹、兵团负责、师市指导实施、团场（镇）落实"的原则，完善土壤环境管理体制，全面落实土壤污染防治属地责任。探索建立跨行政区域土壤污染防治联动协作机制。［建设（环保）局牵头，发改委（质监局）、

科技局、工信委、财务（政）局、国土资源局、农业局（林业局）等部门参与，各团场（镇）负责落实〕

加大财政投入。加大对土壤污染防治工作的支持力度，积极争取国家土壤污染防治专项资金，支持土壤环境调查与质量类别划分、风险评估、监督管理、治理与修复等工作。通过现有政策和资金渠道，整合农业综合开发、高标准农田建设、农田水利建设、耕地保护与质量提升、测土配方施肥等涉农资金，加大支持优先保护类耕地集中的团场（镇）土壤污染防治。统筹安排专项建设基金，支持企业对涉重金属落后生产工艺和设备进行技术改造。〔财务（政）局牵头，发改委（质监局）、工信委、国土资源局、建设（环保）局、水利局、农业局（林业局）等部门参与，各团场（镇）负责落实〕

完善激励政策。依法落实国家环境保护、资源综合利用等方面的税收优惠政策，对在完成土壤污染防治工作中表现突出的单位或个人按照规定给予表彰和奖励，激励相关企业积极参与配合土壤污染治理与修复。争取对加厚农膜、可降解农膜等新型环保农膜的推广应用和废弃农膜综合利用，废弃农药包装废弃物回收处理等企业的激励政策；积极争取兵团在农药、化肥等行业，开展环保领跑者制度试点的政策支持。〔财务（政）局牵头，发改委（质监局）、工信委、国土资源局、建设（环保）局、农业局（林业局）等参与，各团场（镇）负责落实〕

建立综合防治先行区。启动土壤污染综合防治先行示范区建设，重点在土壤污染源头预防、风险管控、治理与修复、监管能力建设等方面进行探索，力争到2020年，示范区土壤环境质量得到明显改善。师市编制先行区建设方案，按程序报兵团建设局（环保局）、财务（政）局备案。〔建设（环保）局牵头，发改委（质监局）、财务（政）局、国土资源局、农业局（林业局）等部门参与，各团场（镇）负责落实〕

2. 发挥市场作用。通过师市和社会资本合作（PPP）模式，发挥财政资金撬动功能，带动更多社会资本等部门配合土壤污染防治。加大师市购买服务力度，推动受污染耕地和以污染单位为责任主体的污染地块治理与修复。积极发展绿色金融，发挥政策性和开发性金融机构引导作用，为重大土壤污染防治项目提供支持。探索通过发行债券推进土壤污染治理与修复，在土壤污染综合防治示范区开展试点。有序开展重点行业企业环境污染强制责任保险试点。〔发改委（质监局）牵头，财务（政）局、农业银行巴兵支行等参与，各团场（镇）负责落实〕

3. 加强社会监督。推进信息公开。根据土壤环境质量监测和调查结果，适时发布师市土壤环境状况。重点行业企业要依据有关规定，向社会公开其产生的污染物名称、污染物来源、排放方式、排放浓度、排放总量，以及污染防治设施建设和运行情况。〔建设（环保）局牵头，国土资源局、农业局（林业局）等部门参与，各团场（镇）负责落实〕

引导公众参与。实行有奖举报，鼓励公众通过"12369"环保举报热线、信函、电子邮件、政府网站、微信平台等途径，对乱排废水、废气，乱倒废渣、污泥等污染土壤的环境违法行为进行监督。鼓励种棉大户、家庭农场、职工合作社以及民间环境保护机构参与土壤污染防治工作。〔建设（环保）局牵头，国土资源局、农业局（林业局）等部门参与，各团场（镇）负责落实〕

推动公益诉讼。鼓励依法对污染土壤等环境违法行为提起公益诉讼。对污染土壤等损害社会公共利益的行为，法律规定的机关和有关组织可以向人民法院提起环境民事公益诉讼。检察机关、负有环境保护监督管理职责的部门及其他机关、社会组织、企业事业单位，依法可以通过提供法律咨询、提交书面意见、协助调查取证等方式支持社会组织依法提起环境民事公益诉讼。在全国检察机关提起公益诉讼改革试点工作完成后，按照兵团检察机关部署，依法在师市辖区开展环境公益诉讼。师市各级行政职能部门应当积极配合人民法院、人民检察院办理相关案件。〔检察分院、法院牵头，国土资源局、建

设（环保）局、水利局、农业局（林业局）等部门参与，各团场（镇）负责落实］

4. 开展宣传教育。制定土壤环境保护宣传教育工作方案。制作挂图、视频，出版科普读物，利用电视、广播、微博、微信公众号等互联网数字平台、报纸杂志等媒介，结合世界地球日、世界环境日、世界土壤日、世界粮食日、全国土地日等主题宣传活动，普及土壤污染防治相关知识，加强法律法规政策宣传解读，营造保护土壤环境的良好社会氛围，推动形成绿色发展方式和低碳生活方式。把土壤环境保护宣传教育融入党政机关、学校、工厂、团场（镇）、连队等环境宣传和培训工作。［建设（环保）局牵头，党委宣传部、教育局、国土资源局、农业局（林业局）等参与，各团场（镇）负责落实］

（十）加强目标考核，严格责任追究。

1. 落实各级党政主体责任。各级党政是实施本工作方案的责任主体。2017年6月前，制定并公布师市土壤污染防治工作方案，确定重点任务和工作目标，工作方案报兵团备案；逐年制订并实施土壤污染防治的年度计划，并向兵团报告土壤污染防治工作情况。师市各级要高度重视土壤污染防治工作，自觉担负起本辖区内土壤污染防治目标责任，党政主要领导抓重点，分管领导抓落实，统筹协调本级各部门的任务分工，明确各部门责任，确保土壤污染防治各项工作有序推进。要加强组织领导，不断完善政策措施，加大资金投入，创新投融资模式，强化监督管理，抓好工作落实。［建设（环保）局牵头，监察局参与，各团场（镇）负责落实］

2. 加强部门协调联动。建立工作统筹、联动机制。建立局际联席会议制度，统筹协调师市土壤污染防治工作，加强督促检查，推动落实土壤污染防治相关工作。各专项工作牵头部门每年1月底前将上年度进展情况报建设（环保）局汇总，建设（环保）局及时向师市报告工作进展。［建设（环保）局牵头，发改委（质监局）、科技局、工信委、财务（政）局、国土资源局、水利局、农业局（林业局）、安监局等部门参与，各团场（镇）负责落实］

3. 落实企业责任。有关企业要加强内部管理，将土壤污染防治纳入环境风险防控体系，严格依法依规建设和运营污染治理设施，确保重点污染物稳定达标排放，特别是在特别排放区域的企业要带头落实。对造成土壤污染的企业，应承担调查评估、治理与修复、损害赔偿等方面所需资金，污染企业负责人或相关责任人需承担相应的法律责任。［建设（环保）局牵头，国资委、工信委、公安局、法院等参与，各团场（镇）负责落实］

4. 严格评估考核。实行目标责任制。2017年底前，师市与各团场（镇）签订土壤污染防治目标责任书，将农田残膜削减等指标作为重点考核内容，分解落实目标任务。分年度对各团场及相关单位重点工作进展情况进行评估、考核。2020年，对本工作方案实施情况进行考核，评估和考核结果作为对领导班子和领导干部综合考核评价、自然资源资产离任审计的重要依据。［建设（环保）局牵头，监察局、党委组织部、审计局等参与，各团场（镇）负责落实］

评估和考核结果作为土壤污染防治专项资金分配的重要参考依据。［财务（政）局牵头，建设（环保）局参与，各团场（镇）负责落实］

对年度评估结果较差或未通过考核的团场（镇）或单位，要提出限期整改意见，整改完成前，对有关地区实施建设项目环评限批；整改不到位的，要约谈有关团场（镇）及其相关单位负责人。对土壤环境问题突出、区域土壤环境质量明显下降、防治工作不力、群众反映强烈的区域，要约谈有关团场（镇）及相关单位主要负责人。对失职渎职、弄虚作假的，按照情节轻重，予以诫勉、责令公开道歉、组织处理或党纪政纪处分；对构成犯罪的，要依法追究刑事责任，已经调离、提拔或者退休的，也要终身追究责任。［党委组织部、监察局、建设（环保）局牵头，审计局、法院、检察分院等参与，各团场（镇）负责落实］

社会统计资料

第二师铁门关市年末单位数
（2017 年）

指　标	计量单位	实有数
师	个	1
市	个	1
团　场	个	14
镇	个	2
工业单位	个	324
#法人企业	个	290
建筑业单位	个	29
#法人企业	个	28
公路运输业单位	个	29
#法人企业	个	29
批发和零售业、住宿和餐饮业单位	个	264
#法人企业	个	174
房地产开发经营业单位	个	36
#法人企业	个	36
学　校		
高等学校	所	0
中等专业学校	所	1
普通中学	所	23
普通小学	所	23
幼儿园	所	22
卫生机构（含营利性机构）	所	242
#医　院	所	23
科研机构	个	19
勘察设计机构	个	2
文化艺术单位	个	4
金融机构	个	7

各团农、工、建、交、商、房地产开发业单位数

单 位	企业合计	农牧企业	工业企业	建安企业	批发零售业	住宿餐饮业	房地产开发经营业	其他
总 计	532	49	267	15	114	4	20	63
二十一团	23	0	12	0	7	1	0	3
二十二团	48	5	30	1	12	0	0	0
二十四团	37	2	19	1	9	1	1	4
二十五团	18	1	10	2	3	0	0	2
二十七团	43	7	21	0	11	0	1	3
二十九团	114	7	48	8	19	1	12	19
三十团	43	3	19	1	10	0	2	8
三十一团	47	5	21	1	17	0	1	2
三十三团	38	1	14	0	11	0	0	12
三十四团	27	4	17	0	3	1	0	2
三十六团	45	4	29	1	5	0	1	5
三十七团	16	2	8	0	2	0	1	3
三十八团	15	5	8	0	1	0	1	0
二二三团	18	3	11	0	4	0	0	0

国民经济主要比例关系

单位：%

指标	2005年	2010年	2015年	2016年	2017年
就业人数					
第一产业	54.5	52.6	31.8	19.6	26.4
第二产业	15.9	13.1	22.7	24.6	21.3
第三产业	29.6	34.3	45.6	55.8	52.3
生产总值					
第一产业	49.8	43.2	30.7	30	29.6
第二产业	20.7	29.9	43.6	44.5	44.1
第三产业	29.5	26.9	25.7	25.5	26.3
固定资产投资					
第一产业	27.7	25.6	9.0	13.4	13.1
第二产业	31.9	22.1	44.5	26.3	35.1
第三产业	40.4	52.3	46.5	60.3	51.8
农业总产值					
农业	80.1	77.9	77.2	78.5	78.4
林业	1.4	0.8	0.7	1.0	0.9
牧业	12.2	15.2	16.1	14.8	14.8
渔业	0.7	0.7	1.0	1.0	1.1
农林牧渔服务业	5.6	5.4	5.0	4.8	4.8
工业总产值					
轻工业	73.1	67.9	59.7	62.1	66
重工业	26.9	32.1	40.3	37.9	34
社会消费品零售总额					
批发零售贸易业	81.5	84.2	88.7	88.4	88.4
住宿餐饮业	12.9	15.8	11.3	11.6	11.6
其他行业	5.6				

主要指标占兵团、巴州比重
（2017年）

指标	计量单位	兵团	巴州	二师	占兵团比重（%）	占巴州比重（%）
总人口	万人	300.53	127.93	21.48	7.15	16.79
生产总值	亿元	2339.07	951.51	138.17	5.91	14.52
第一产业	亿元	506.33	187.06	40.9	8.08	21.86
第二产业	亿元	1026.5	478.08	60.88	5.93	12.73
工业	亿元	725.98	382.6	42.52	5.86	11.11
建筑业	亿元	300.73	95.48	18.36	6.11	19.23
第三产业	亿元	806.24	286.3	36.39	4.51	12.71
固定资产投资	亿元	1966.15	893	152.29	7.75	17.05
总播种面积	千公顷	1362.77	505	88.53	6.50	17.53
粮食总产量	万吨	248.55	62	7	2.82	11.29
棉花总产量	万吨	167.88	61.75	10.14	6.04	16.42
油料总产量	万吨	20.92	1.11	0.18	0.86	16.22
甜菜总产量	万吨	198.46	73	14.4	7.26	19.73
水果总产量	万吨	392.16	115.07	40.56	10.34	35.25
牲畜年末存栏头数	万头	772.58		64.48	8.35	
肉类总产量	万吨	44.38		4.25	9.58	
原煤	万吨	900.69	321.1	211.21	23.45	65.78
发电量	亿千瓦时	798.1	103.74	8.19	1.03	7.89
成品糖	万吨	18.17	7.84	4.61	25.37	58.79
番茄酱罐头	万吨	60.81		21.05	34.62	
纱	万吨	48.88	51.31	6.77	13.85	13.19
机制纸及纸板	万吨	7.32	5.27	4.21	57.50	79.87
水泥	万吨	1269.99	247.76	39.5	3.11	15.94
社会消费品零售总额	亿元	708.37	183.63	69.24	9.77	37.71
进出口总额	亿美元	75.9	3.76	0.81	1.07	21.51
出口总额	亿美元	66.33	1.92	0.80	1.21	41.77
进口总额	亿美元	9.57	1.84	0.01	0.07	0.37
城镇常住居民人均可支配收入	元	36730	30853	36671	99.84	118.86
农村常住居民人均可支配收入	元	17786	16337	18105	101.79	110.82

注：两项收入巴州为城镇居民人均可支配收入和农村居民可支配收入。

兵团、巴州及二师平均每人占有量
（2017 年）

指标	计量单位	兵团	巴州	二师	占兵团比重（%）	占巴州比重（%）
生产总值	元	77831.5	74377.4	64325.0	82.65	86.48
第一产业	元	16847.9	14622.1	19041.0	113.02	130.22
第二产业	元	34156.3	37370.4	28342.6	82.98	75.84
工业	元	24156.7	29907.0	19795.2	81.94	66.19
建筑业	元	10006.7	7463.5	8547.5	85.42	114.52
第三产业	元	26827.3	22379.4	16941.3	63.15	75.70
固定资产投资	元	65422.8	69803.8	70898.5	108.37	101.57
粮食总产量	千克	827.0	484.6	325.9	39.40	67.24
棉花总产量	千克	558.6	482.7	472.1	84.51	97.80
油料总产量	千克	69.6	8.7	8.4	12.04	96.58
甜菜总产量	千克	660.4	570.6	670.4	101.52	117.48
水果总产量	千克	1304.9	899.5	1888.3	144.71	209.93
牲畜年末存栏头数	头	2.6		3.0	116.77	
肉类总产量	千克	147.7		197.9	133.98	
原煤	千克	3.0	2.5	9.8	328.09	391.75
发电量	万千瓦时	2.7	0.8	0.4	14.36	47.02
成品糖	千克	60.5	61.3	214.6	354.91	350.14
番茄酱罐头	千克	202.3		980.0	484.34	
纱	千克	162.6	401.1	315.2	193.78	78.58
机制纸及纸板	千克	24.4	41.2	196.0	804.53	475.69
水泥	千克	4225.8	1936.7	1838.9	43.52	94.95
社会消费品零售总额	元	23570.7	14353.9	32234.6	136.76	224.57
进出口总额	美元	2525.5	293.9	376.5	14.91	128.11
出口总额	美元	2207.1	150.1	373.4	16.92	248.78
进口总额	美元	318.4	143.8	3.2	0.99	2.20
城镇常住居民人均可支配收入	元	36730	30853	36671	99.84	118.86
农村常住居民人均可支配收入	元	17786	16337	18105	101.79	110.82

注：两项收入巴州为城镇居民人均可支配收入和农村居民可支配收入。

二师历年生产总值 单位：万元

年份	生产总值	第一产业	第二产业	#工业	第三产业
1953	143	25	71		47
1954	220	55	121		44
1957	1771	726	806		239
1962	3203	2052	844		307
1965	4885	3061	1086		738
1970	5844	3274	2075		495
1975	6266	3480	2236		550
1978	8234	3577	3623		1034
1980	12030	5243	4196		2591
1985	20314	9486	7645		3183
1990	46362	21687	16592		8083
1995	109475	49791	33349	24662	26335
2000	139931	54286	38552	26778	47093
2005	252898	126018	52436	33640	74444
2006	277907	135103	59148	32449	83656
2007	330194	157575	76676	50157	95943
2008	363354	158548	96785	66948	108021
2009	417699	175834	126605	91202	115260
2010	500142	216087	149568	107473	134487
2011	600665	244165	196748	136609	159752
2012	760385	312058	269861	185863	178466
2013	959418	357727	376661	250988	225030
2014	1067480	357751	440630	291320	269099
2015	1116933	342537	486870	320326	287525
2016	1252201	376245	556775	389822	319181
2017	1381750	409040	608776	425167	363934

注：本表数据按当年价计算。

分单位、分产业生产总值

（按当年价格计算） 单位：万元

单位	生产总值	一产	二产	工业	建筑业	三产	批发和零售业	交通运输、仓储和邮政业	其他服务业
二师	1381750	409040	608776	425167	183609	363934	108469	36858	218607
二十一团	53199	18358	27859	27859	0	6982	2164	343	4475
二十二团	113780	36081	63482	63482	0	14217	2515	2972	8730
二十四团	62250	30347	18214	18214	0	13689	7230	1893	4566
二十五团	16909	7883	2633	2633	0	6393	1725	318	4350
二十七团	50790	17506	23700	23700	0	9584	1214	4395	3975
二十九团	210959	66193	113528	113528	0	31238	6452	4718	20068
三十团	60001	31226	18562	18562	0	10213	2229	1621	6363
三十一团	69938	37810	16157	16157	0	15971	8240	1255	6476
三十三团	111948	54071	38627	38627	0	19250	9385	2219	7646
三十四团	82047	56954	11246	11246	0	13847	3302	2523	8022
三十六团	59320	29891	15902	15902	0	13527	6173	2151	5203
三十七团	8854	5256	1705	1705	0	1893	519	9	1365
三十八团	7560	5176	168	168	0	2216	173	327	1716
二二三团	25924	10665	7168	7168	0	8091	1329	2082	4680

人口增减变动情况

（2017年） 单位：人、‰

指标	总计	汉族	维吾尔族	哈萨克族	回族	蒙古族	其他民族	在总计中：居住在团场团部人口
一、年初人口数	197857	189049	4571	8	1431	847	1951	128963
二、年内增加数	24139	22691	489	15	131	65	748	
其中：迁入	22990	21625	439	15	118	59	734	
其中：省外迁入	14628	14079	1	0	32	15	501	
出生	1149	1066	50	0	13	6	14	
出生率（‰）	5.54							
三、年内减少数	7176	6799	157	3	107	28	82	
其中：迁出	5949	5612	129	3	102	24	79	
其中：迁往省外	1420	1330	50	0	30	3	7	
死亡	1227	1187	28	0	5	4	3	
死亡率（‰）	5.71							
四、年底人口数	214820	204941	4903	20	1455	884	2617	118453
其中：男	114873	109388	2840	10	741	451	1443	
女	99947	95553	2063	10	714	433	1174	
在年底人口中：农业人口	66450							

续表

指标	总计	汉族	维吾尔族	哈萨克族	回族	蒙古族	其他民族	在总计中：居住在团场团部人口
在年底人口中：一年内流动人口	13087							
五、人口自然增长率（‰）	-0.17							
六、年底总户数（户）	84071							

分类型固定资产投资完成　　　　　　　　　　　　单位：万元、平方米

指标名称	总计	国有经济	集体经济	私营个体	其他	#房地产开发
一、自年初累计完成投资	1522935	812981	500	526738	182716	27772
按建设性质分：						
新建	1366028	754751	500	484845	125932	
扩建	53766	14950		34080	4736	
改建和技术改造	102598	43280		7813	51505	
按构成分：						
建筑工程	1248678	748138	500	383576	116464	26752
安装工程	47066	26536		11876	8654	1020
设备工器具购置	216179	33057		130093	53029	
其他费用	11012	5250		1193	4569	
按产业分：						
第一产业	199918	119647		60831	19440	
第二产业	534567	98733		344597	91237	
第三产业	788450	594601	500	121310	72039	27772
二、本年资金来源合计	1011706	437364	198	442918	131226	24948
1.上年末结余资金	15344	1710		347	13287	12554
2.本年资金来源小计	996362	435654	198	442571	117939	12394
（1）国家预算资金	138428	130707		7721		
（2）国内贷款	89087	3000		50550	35537	
（3）债券						
（4）利用外资	8764				8764	
（5）自筹资金	689410	279457	198	355490	54265	7800
（6）其他资金来源	70673	22490		36531	11652	4594
三、本年施工房屋面积	1466749	668756		365326	432667	420266
#住宅	388257	131956		1990	254311	251191
四、本年竣工房屋面积	174308	77913		88395	8000	42787
#住宅	45520	45520				

教育事业基本情况　　　　　　　　　　　　　　　　单位：所、人

指标	2017年	2016年	2017年比2016年增减 绝对数	2017年比2016年增减 %
学校数（所）	47	48	-1	-2.1
普通中等职业学校	1	1	0	0.0
职业技术学校	1	1	0	0.0
普通中学	24	24	0	0.0
高　中（高级中学）	1	1	0	0.0
九年一贯制	22	22	0	0.0
十二年一贯制	1	1	0	0.0
小　学	0	1	-1	-100.0
幼儿园	22	22	0	0.0
教职工数（人）	3160	3202	-42	-1.3
普通中等职业学校	90	91	-1	-1.1
职业技术学校	90	91	-1	-1.1
普通中小学	2641	2753	-112	-4.1
幼儿园	429	358	71	19.8
招生数（人）	8064	6892	1172	17.0
普通中等学校	450	432	18	4.2
职业技术学校	450	432	18	4.2
普通中学	4101	4021	80	2.0
高　中	1723	1744	-21	-1.2
初　中	2378	2277	101	4.4
小　学	1675	1522	153	10.1
幼儿园	1838	917	921	100.4
在校学生（人）	28379	26324	2055	7.8
普通中等学校	1391	1457	-66	-4.5
职业技术学校	1391	1457	-66	-4.5
普通中学	12163	12035	128	1.1
高　中	5228	5388	-160	-3.0
初　中	6935	6647	288	4.3
小　学	10828	9789	1039	10.6
幼儿园	3997	3043	954	31.4
毕业生数（人）	7433	7923	-490	-6.2
普通中等学校	561	593	-32	-5.4
职业技术学校	561	593	-32	-5.4
普通中学	4035	4304	-269	-6.3
高　中	1903	1879	24	1.3
初　中	2132	2425	-293	-12.1
小　学	1716	1832	-116	-6.3
幼儿园	1121	1194	-73	-6.1

各级各类学校基本情况　　　　　计量单位：人

指标	校数	招生数	在校学生数	教职工数
职业技术学校	1	450	1391	90
普通中学	24	4101	12163	2641
高中（含十二年一贯制学校）	2	1723	5228	
初中（含九年一贯制学校）	22	2378	6935	
小学	0	1675	10828	
幼儿园	22	1838	3997	429

卫生机构、床位、人员情况

指标	机构（个）	床位（张）	卫生人员（人）	卫技人员（人）
总计	241	1442	2930	2618
师机构数	43	1442	2643	2331
医院	21	1442	2460	2177
师级直属医院	2	715	1529	1355
团场医院	17	677	884	784
民营医院	2	50	47	38
师卫生局卫生监督所	5	0	27	13
师卫生疾病控制中心	14	0	78	72
师焉耆中心血站	1	0	14	10
师直社区卫生服务中心	2	0	64	59
师直卫生室	20	0	55	55
连队卫生室*	131	0	131	131
个体医疗机构	47	0	101	101

备注：带有*号的人员均已包括在医院当中。

索 引

2017 年度武装工作会议　180
2017（中国）亚欧商品贸易博览会　244
25 万吨高钙建设项目签约　333
400 公顷高标准省力模式苹果园建设项目　333
5.19 全国旅游日　244
80 岁高龄津贴　318
GPS 卫星导航系统用于春耕生产　334

A

阿克墩烽火台遗址　287
"爱耳日"宣传活动　159
爱国卫生　291
爱国主义教育基地　153，267，439，443
"安康杯"竞赛活动　148
安全管理思路　423
安全管理体系　424
安全培训教育　424
安全生产标准化　260，433
安全生产工作　203，233，242，244，407，423，424，437
安全生产体系建设　203
安全生产调研　132
安全生产应急演练　204
安全维稳工作　217
安置帮教　170
案件审理　146，213

案件执行　168

B

八一中学　113，117，152，158，159，267，268，277，279-281，302，415，457，458
巴州反恐维稳誓师大会　180
"百企帮百连"精准扶贫行动　158
办公信息化　239
帮扶救助　135，155，377
包虫病防治　295
保定市产业招商　186
保定市对口支援二十九团　191
保密检查　123
保密宣传　123
保密自查自评　123
保障工作　139，140，178，206，211，319
保障性安居工程配套基础设施建设　262
保障性住房建设　192，262，349
报纸采编　285
编制"十三五"医改规划　293
表彰妇女先进　155
殡葬管理　318
兵地干部人才交流　107
兵地交融合作　250
兵地交往交流交融　268
兵地联动脱贫攻坚　208

"兵地融合"和推进"民族团结一家亲"活动专题调
　　研　143
兵团残联调研挂钩团场脱贫解困工作　160
兵团党员、干部、公务员数据统计及汇总　110
兵团房产信息平台管理　262
兵团国家地面天气站　276
兵团和谐示范社区　317，458
兵团军事部调研　180
兵团农机化标准团场创建验收　229
兵团少数民族发展资金项目　113
兵团文明单位　268，425，433，457
病害防治　223
病死畜禽无害化处理　227
博古其镇首届梨花节　244
不可移动文物遗址　287
布病防治　295

C

财政监督　212
财政审计　197
采访活动　285
采供血卫生监管　207
参加中国国际中小企业博览会　238
参政议政　142，157
残疾人"两项"补贴　319
残疾人帮困　320
残疾人保障　319，320
残疾人就业实名制系统培训班　160
残疾人康复中心建设项目　319
残疾人信访维权　320
残疾人专项调查及需求信息数据动态更新工作培训
　　班　160
残疾人专项调查数据动态更新　319
残膜回收机械演示现场会　229
残膜污染治理培训班　229
沧州市对口支援三十团　191
曹登珏　460
草原普法、防火宣传　273
草原生态环境保护　227
草原执法　273
查办职务犯罪　166
查处损害群众利益问题　146
常见病普查　297，425
常委会联系代表、代表联系选民"双联系"活
　　动　126
车辆运输车治理暨公路货车超限超载治理工作培训
　　班　249
成品油行业管理　243
承办兵团第十五届青少年科技创新大赛　159
承德市对口支援三十三团　191
城市城镇规划　257
城市管理行政执法　165，266
城市基础公共服务设施建设　258
城市建设与管理　101
城市绿化建设　258
城乡社区支出　211
城镇建设　225，402
城镇商业便民服务　243
城镇职工基本养老保险　310
虫害防治　228，274
初任人员岗位培训　249
畜产品质量安全　226－228，274
畜产品质量安全监管　227，274
畜牧兽医技术培训班　275
畜牧兽医研讨培训班　228
畜牧兽医站　228，273，331，374
畜禽标准化规模养殖　226
畜禽良种繁育体系　226
畜禽污染防治　226
创新兵地融合发展调研　132
"春风杯"书画摄影展　218
春节慰问志愿者　151
春运交通保障　249
从事生产经营活动事业单位改革　118
从严治党　106，117，121，145，146，173，198，
　　214，347，365，439

D

搭建农产品电商平台　366
打击非法行医　207
打击非法猎捕野生动植物　224
大培训　大练兵　大比武　174
大型灌区节水改造　211，232
大学生"连官"工作　105
大学生志愿服务团出征仪式　153
大学生志愿者年度考核会　153
大学生志愿者座谈会　153
大中专学生暑期"三下乡"社会实践活动　153

大众创新万众创业活动周　333
"大众创业　万众创新"专题调研　144
大众创业万众创新表彰　238
大众创业万众创新活动周　238，347
大众创业万众创新政策　238
代表走进人民法院、人民检察院　128
档案接收入馆　136
党代会会议　103
党的建设和组织工作"六大工程"　106
党的十九大精神教育培训　107
党的十九大精神宣讲　111
党的十九大实况宣传　111
党的十九大专题宣传　285
党风廉政　115，120，146，165，169，171，200，217，256，271，287，299，402，416，418，429，430，433，434，440，443，444
党风廉政建设责任制　171，416，418
党风廉政宣传教育　120
党管保密　123
党纪党规学习教育　120
党建工作机制　416，418
党建理论研究　106
党建述职评议　104
党内关怀帮扶　120
党史工作　138
党委理论学习中心组　111，178，340，347，365，426
党委十六届二次全委（扩大）会议　346
党员发展对象培训班　120
党员教育积分制管理　106
"党员绿色银行"工程　399
党员志愿服务活动　129，130
党员组织关系管理　106
党政领导干部生态环境损害责任追究工作　110
道德建设活动　426
道德讲堂活动　215
地籍管理及不动产登记　201
地形地貌　87
第二轮修志　137
第二师铁门关市2017年群团工作会议　152
第二师铁门关市党委政法工作会议　114
第二十七次全国助残日活动　160
第三批河北省援疆干部人才欢迎大会　186
第十五届哈萨克斯坦中国商品展览会　244
第五届全国文明单位　366
第五期劳动模范培训班　147

典当管理　243
碘缺乏病防治　295
电视台机房设备检修　287
电视网络建设　286
电子商务进农村　243
"调查工作质量提升年"专项活动　200
调查业务　199
调研指导　166
定期安全检查　249
定向医学生免费培养　297
定州市对口支援二二三团　190
定州市考察　187
动产抵押登记　102，202，203
动物疫病防控　226-228，274
动物疫病防控和草原生态保护工作责任书　228
动物疫病执法监督　274
督查督办　135
督查完成情况　424
督查重点工作　215
督查追责　146
杜吉树工作室　425
对口帮扶　187，208，289
对侨服务　134
对外宣传工作　208
多元增收　115，126，201，231，308，313，333，358，409

E

儿童保健　297
儿童口腔疾病综合干预　295
二二三团党委七届二次全委（扩大）会议　357
二二三团人武部　183
二二三团医院　291，304
二届四次职工（会员）代表大会暨双先表彰大会　424
二十二团党委第十七届二次全委（扩大）会议　332
二十二团二届八次职工（会员）代表大会　332
二十二团人武部　181
二十二团医院　293，302
二十九团人武部　183
二十九团医院　188，291，304
二十九团邮政支局　255
二十七团党委第十一届二次全委（扩大）会议　352
二十七团人武部　182

二十七团医院 190，291，303

二十四团党委十届二次全委（扩大）会议 340

二十四团人武部 181

二十五团人武部 182

二十五团医院 303

二十一团党委十八届第二次全委（扩大）会议 325

二十一团人武部 180

二十一团医院 302

F

发挥兵团特殊作用大学习大讨论活动 103，129，172，199，200，284，333，340，376，377，398，407，414，416，417，431，439，440

发声亮剑 112，115，127－129，142，146，150，152，166，326，334，375，431

法定传染病报告 294

法律法规征求意见 163

法律服务 171

法律监督 165，166

法律实施监督 126

法律宣传 126，149，173，247

法律援助 168，169，171，173，409，457

法制档案建设 136

法治建设 126，128，199，409

法治建设监督 126

"法治新疆·天山行——走进铁门关"大型现场直播活动 127

法治宣传 114，115，123，126，128，155，168，169，199，409

番茄酱专列首发意大利 421

反馈巡察结果 215

防洪工程建设 234，235

防灾减灾 258，275，276，318

防灾减灾日科普宣传活动 276

防灾减灾宣传教育 318

房产管理 261

房产开发 427，430，431，442

房地产市场监督管理 261

房屋交易与产权管理 261

房屋维修资金管理 261

"访惠聚"工作表彰 105

纺织服装项目签约 391

放射卫生监督 207

非法侵占林地清理整治 224

非公经济 156－158，402

非公企业和社会组织党建 105

分级诊疗制度 293

分类推进事业单位改革试点 118

分行业产值情况 237

服务国资国企改革 202

服务业 95，101，198，199，251，322，329，336，343，354，362，381，388，395，402，404，411

妇联组织换届工作培训班 155

妇女保健 296

妇女第三次代表大会 155，156

妇女儿童发展"两个规划"工作 156

妇女技能培训班 156

赴内地招商 217

G

改进医疗服务行动计划 296

干部挂职锻炼 109

干部考察 215

干部履职尽责 424

干部培训 107，108，121，122，218，315，449－452，454

干部职工状况 440

高标准农田建设 211

高层次人才选拔推荐 309

高层次人才专家管理服务工作 109

高技能人才培养 310

工程招投标监管 259

工程质量检测 118，261

工会组织建设 424

工交企业系列文体活动 239

工伤保险 98，211，311，324，330，338，345，350，356，364，373，383，389，396，403，406，412

工商行政管理 101，202，423，426

工商联换届考察 114

工业固定资产投资 237

工业节能监察培训 238

工业信息化 240

工资、人事精细管理 307

工作监督 125

工作轮训 136

公安信息化 240

公布权责清单 117

公共安全视频监控建设　161
公共就业服务体系　308
公立医院编制备案　292
公立医院体系建设　296
公立医院运行　296
公立医院综合改革　292
公路和桥梁巡查　248
公路建设项目施工安全规范培训班　249
公路养护　246，247，250，388
公路养护设备操作与维护培训　246，247
公司概况　428，436
公司控股股东　419，420
公务员管理　308
公务员职务职级并行　308
公证业务　171
巩固医改成果　293
购置环卫设备　264
孤残救助　318
谷其祥　459，460
挂钩扶贫　173
关爱职工好企业　149，457
广播电视安全播出　285
广播网络建设　286
规范公职人员从业行为　146
规范基层单位选人用人　109
规范流程　163，199
规范性文件备案　162，163
规范性文件清理　163，213
规范性文件审查　162
规划行政许可程序　257
"规划先行，政策配套，加快人口聚集"专题调研　144
国地税合作　213，218
国地税合作联席会议　218
国际军事比赛安保工作　179
国家出资企业产权登记　196
国家级出口食品农产品质量安全示范区　391
国家科技进步奖　366
国家食品安全监督抽检　205
国家重大政策措施贯彻落实跟踪审计　197
国民经济和社会发展计划　126，130，131，193，194
国土资源工作会议　200
国土资源系统　188，200，201
国有企业党建调研　106
国有企业公司制股份制改革　196
国有资本保值增值　196

国有资产监督管理工作会议　196
国有资产总量　195
国资国企改革　116，196，202，438
国资经营预算收支　210
果树修剪现场培训会　326

H

邯郸市对口支援二十二团　189
寒冷地域沥青路面建养技术交流会　247
航空产业战略合作协议　378
和谐宗教主题教育活动　315
河北衡水市党政代表团到第二师铁门关市考察　187
河北省党政代表团考察　185
河北省国资委代表团赴第二师铁门关市调研　187
河北援疆项目评审　222
核实、督促党政领导干部经商办企业整改情况　110
衡水市对口支援三十四团　191
红盾护农行动　202
"互联网+"党建服务云平台　106
华山职业技术学校　117，149，152，153，166，212，268，277，279，281，439，457
华山中学　111，113，117，118，137，147，148，150，152，153，155，158，159，204，206，267，277，279-282，309，415，457，458
欢庆六一儿童节系列活动　152
环保督查　135，266
环保税专题宣传培训会　218
环保投诉和举报案件处理　135
环保违法违规建设项目摸底排查和清理整顿　264
环境保护大检查　265
环境保护目标责任考核　265
环境整治　184，265，365
环卫安全工作　263
黄水沟排水箱涵改造工程　333
会议保障　139
混合所有制改革　196，420，421

J

机构编制　117，119，197，201，307
机构编制实名制管理　119
机构改革　117，448
机关、事业单位人员管理　308

机关搬迁网络保障 140
机关部门机构编制调整 117
机关党的思想建设 120
机关党组织及党员队伍 119
机关事业单位工资制度改革 308
机关职能绩效目标编制评审 120
机关作风建设和专项治理 120
基本医疗保险 210，211，293，310，311，373，403
基层党组织带头人队伍建设 104
基层服务与督查 137
基层通讯员骨干培训 285
基层团干部、少先大队辅导员"青春引擎"培训班 151，152
基层组织阵地建设 104
计划生育 93，210，289，293，297，298，302，304，435
计生药具管理 297
纪录片获奖 174
纪念"五四"运动98周年暨优秀青年表彰大会 152，434
纪念第54个雷锋日志愿服务活动 151
纪念馆、团史馆普查调研 138
纪念建党96周年主题党日活动 215
纪念中国共产党成立96周年活动 334
纪委书记座谈会 145
继续医学教育 297，300
绩效分析讲评会议 217
加强残膜污染治理 221
家庭教育情景剧展播活动 155
家庭医生签约服务 292，293
家政体系建设 243
价格监督 315
价格专项检查 315
监察体制改革试点工作 145
监管企业业绩考核 196
监狱搬迁 173
检察工作会议 165
"检察开放日"活动 128，129，166，268
检察开放日活动 166
减排项目 263
建党96周年 暨"七一"表彰大会 399
建设（环保）系统 188
建设项目档案跟踪服务 137
建设项目管理 260
建设项目环境管理 264
建设业和房地产业 259

建设用地 88，90，100，201，202，257，340，445
建筑工程质量安全监管 260
建筑业管理 259
健康促进活动 290
健康扶贫 289－291
健康家庭行动 297
健康知识讲座 174，217，291，438
健全扶贫工作制度 208
奖励优惠政策 298
交通法制建设及行政执法管理 247
交通基础设施建设 245
交通物资储备中心建设 249
交通信息化 239
交通运输体系规划 250
交通运输行政执法培训班 249
交通运输业 245，396
教师队伍建设 277
教学 105，107，121，122，188－192，216，278－281，297，300，302，403，415，427
教育财政支出 210
教育建设项目 212
教育系统 188，279，414
节本降耗 238
节能减排综合协调工作 195
节水灌溉建设 234
结对认亲 109，113，115，120，127，157，158，160，188，199，200，215，217，252，285，320，340，347，352，358，365，376，384，385，391，398，403，404，414，432，437，439，441
结核病防治 295
解放战争时期 89
"巾帼心向党 做维护稳定的排头兵"宣讲会 155
巾帼志愿帮扶救助行动 155
"金秋助学"活动 148
金融产品创新 251
金融工作领导小组 251
金融体系建设 251
进疆女兵图片展 153
进疆女兵照片巡展 284
进军新疆时期 89
禁养区划定 227
经济服务 157
经济联络 157
经济运行分析 193，198
经济运营情况 437
经济责任审计 197

经营成果 442
经营管理 254，311，420，434，442，444，456，459，460
精神文明 110，120，122，140，252，256，267，414，417，422，425，426，430，437，444
精神文明创建活动 110，422
精准脱贫 127，346，359
警队建设 174
警体技能大比武 174
警校生实习 173
敬老月活动 318
救灾物资储备库 318
就业扶贫 160，319，320
居民消费价格 313，314
捐赠活动 316
军人抚恤优待 312
军事工作 175
"军事训练之冬"会操演练 378

K

开都河水生态综合治理及旅游开发项目 325
开展视评报评工作 286
开展文化生活系列活动 425
看望、慰问结对认亲户 160
看望结对亲戚 215
康复工作 160，319
抗洪抢险 183，234，235，378
抗震设防工程 258
科技成果 98，189，269-271，324，331，339，345，351，356，364，384，390，397，406
科技创新 98，159，269，270，277，299，374，421
科技创新体系建设 269
科技系统 189，270
科技向南发展 270
科技项目管理 270
科普宣传活动 158，276，331
科普阵地建设 158
科研 98，121，189，215，269，271，278，279，300，324，331，339，345，351，356，364，374，384，390，397，406，412
科研工作 271
客运站建设 249
课题研究 119，121
库尔勒农商银行铁门关市支行 253

库尔勒医院 113，188，240，289，291-293，295-299，311，424
库房管理 136
矿产资源 89，333
困难残疾人送温暖活动 159
困难职工帮扶 148

L

廊坊市对口支援二十七团 190
廊坊市赴二师调研 187
劳动保障维权执法方面 373
劳动模范"三金"发放 147
劳模创新工作室 147，425
老干部参与社会活动 124
老干部党支部建设 124
老干部慰问帮扶 124
老干部文体活动 124
离（退）休干部 124
李震国到二师调研 186
历史沿革 89，440
立案信访 168，169
利用服务 137
廉政工作会议 145
两学一做 103，115，120-122，129，159，172，176，178，184，199，200，216，252，416，417，429，431，437，439，441
廖正良指导武装部党委民主生活会 180
林业 95，189，211，212，223-226，321，322，326，328，331，336，343，349，354，360，362，378，381，388，395，403，404，409，411，450，452，454
林业和水利支出 211
林业生产 224
林业有害生物防治 225
林业站建设 225
林业重点工程项目 225
临床路径管理 293，296，299
临时救助金 312，345
领导干部"带病提拔"倒查工作 110
领导干部个人事项报告抽查 109
领导干部接访下访 135
领导干部因私出国（境）证件管理 109
刘小丽 147，458
流动人口服务管理 162

流动人口计生服务 298
鹿产品深加工项目 385
路面执法 248
露营基地建设 246
落实党风廉政建设责任制 171,418
落实党建工作机制 418
落实总目标巡察 146
旅游安全工作 244
旅游规划编制 244
旅游项目建设 244
律师业务 171
绿色交通 250
《绿原报》 99,104,110-112,146,198,208,284,285,294,297,376,377,434,445

M

麻风病防治 295
慢性病管理 294
慢性病患者健康管理 295
慢性病综合防控示范区创建 295
矛盾纠纷排查 135,161,162,409
贸易 96,101,188,229,243,244,252,329,330,338,344,350,355,363,382,389,396,411,419,422
美丽二师电视片展播 286
美术创作 287
棉花加工 195,229,314,315,375,420,430,431
棉花价格补贴 211
棉花目标价格改革 195,314
免疫规划工作 294
民警招录 173
民商事审判 167
民生保障监督 126
民生工程 141,225,372
民生工作 299,438
民生审计 197
民生水利项目 212
民事行政检察 167
民俗民艺创作交流 288
民族团结工作 217
民族团结进步表彰 113
民族团结联谊 165,215
民族团结联谊会 165

"民族团结一家亲·青年在行动"主题教育实践活动 113,150,152
民族团结一家亲联谊活动 215
明厨亮灶工程 205
目标管理复审达标 137
牧业 95,100,219,226,228,230,273,321,322,329,336,337,343,349,352,354,361,362,372,381,387,388,395,402-404,407,411,412

N

南干渠道防渗改造工程 334
脑瘫儿童筛查活动 160
年产3万吨颗粒燃料项目 399
年鉴工作 137
农产品产量与品质 220
农产品冷链物流建设 243
农产品品牌创建 226
农产品品牌建设 230
农产品质量安全 230,391
农村安居工程 262
农村公路建设项目 245
农村饮水安全巩固提升 232
农工专业合作社 229-231,402
农工专业组织 402
农机安全监理 228
农机购置补贴 228,229
农机化工作研讨会 229
农机化人员培训 228
农机检验现场会暨"农机安全生产月和安全生产万里行"启动仪式 229
农机事故处置演练及安全分析评估和农机购置补贴培训班 229
农机维修 228
农机作业经营 228
农业灌溉 88,96,231,233,323,329,344,355,382,389,396,405
农业机械 95,228,322,329,337,343,349,354,363,366,372,381,388,395,403,405,411,444,445,449
农业机械化水平 228
农业科技研究所 271
农业科技运用 403
农业新科技应用 221

农业支出　211
女职工关爱行动　149，425
女职工竞赛活动　149
女职工权益保护专项集体合同　149，326，425
女职工组织建设　149

P

培训教育　347，424，425
配备人证合一身份查验系统　247
"贫困母亲两癌""春蕾计划"救助资金发放仪式　154
贫困助学　154
品牌建设　204，230，421
聘请法律顾问　218
平安和谐寺观教堂创建活动　315
平安交通建设　248
平安师市创建活动　114
平安医院创建　296
普法宣传　126，153，155，168，199，273，416，418
普法依法治理　126，169，409
普通高中教育　278

Q

"七冬"活动扎实开展　117
七一慰问　104
企业分类划级　157，196
企业荣誉　441
企业退休人员基本养老金调待　310
企业文化　158，419，439
气候　87，195，247，275
气象探测环境保护　275，276
气象卫星地面接收站　276
气象预测预报业务体系　275
气象站业务巡检　276
气象装备保障　275
签订集体合同及女职工权益保护专项集体合同　425
强化妇联组织建设　155
侨界联谊交流　134
侨界文化交流　134
侨务脱贫　134
秦皇岛市对口支援二十五团　190
青年创业增收引领计划　154

青年干部培训　107，108，121，449-451，454
青年义务植树活动　152
青少年发声亮剑座谈会　152
青少年科技教育　159
清理非行政许可事项　118
清理规范行政审批中介服务　118
清真寺管委会培训班　315
庆"三八"活动　155
庆祝"三八"国际妇女节系列活动　149
庆祝建党96周年活动　443
庆祝五一国际劳动节系列活动　147
取得成绩　436
"去极端化"教育　174
全国妇联赴二师调研　156
全国海事系统法制人员高级培训　249
全国机构编制先进工作者　119
"全国土地日"宣传活动　200，201
全国五一劳动奖章　147，458，459
全面从严治党　106，117，121，145，146，173，214，347，365，439
全面实施两孩生育政策　298
全面推行"河长制"工作　234
全民健康保障工程　290
全民健康体检工程　292
群众安全感调查　161
群众体育　281，282
群众文化活动　101，258，283，284，427

R

人才队伍建设　109，136，189，297，307，309，439
人才培养　163，297，309，310，318，399
人才引进　108，189，191，192，309
人大代表参加"检察开放日"活动　128
人工影响天气培训　276
人口集聚　211，399
人口计生改革　298
人口信息化建设　298
人口资源实力壮大　307
人民调解　162，170，171，416，418

S

"三北"工程　223
"三课"教育　174

三十八团党委一届二次全委（扩大）会议　413
三十八团人武部　184
三十八团学校2017年中考再创佳绩　415
三十八团医院　289-291，293，302，306
三十七团人武部　184
三十七团医院　306
三十三团人武部　183
三十三团医院　290，305
三十四团人武部　184
三十四团医院　293，300，305
三十团人武部　183
三十团医院　291，300，304
三十一团人武部　183
三十一团医院　305
三十一团志（1996—2010）》完成审校工作　385
森林采伐　223
森林防火　224
森林防火安全生产月　224
森林公安基础设施建设　224
山东渤海教导旅战史调研　132
商会建设　158
商贸领域安全生产　244
设施蔬菜种植任务　222
社会保险　93，98，102，126，210，211，310，323，324，330，338，345，350，356，364，365，373，383，389，396，397，406，409，412，457，458
社会保险待遇支出　211
社会保险基金预算收支　210
社会保险经办管理　310
社会保障和就业支出　210
社会福利　99，210，312，325，339，346，351，390，426
社会救助　210，311，417，418，432
社会面防控　163
社会信用体系建设　251
社会主义核心价值观宣传　267，432
社区服务站建设　318
社区干部人才培养　318
社区管理　130，134，211，316，416，443
社区管理服务　130，134，416
社区矫正　170
社区协商　317
社区治理专题培训　317
涉林案件查处　223
涉密人员管理　123
涉侨公益事业　134

摄影创作　288
申报建设国家级湿地公园　224
申报中央投资项目　194
深化改革　103，105，112，115-117，121，122，129，132，172，173，176，177，197，284，380，413，430，435
深化改革综合调研　115
深化基层基础工作年　161
深化棉花目标价格改革　195
审查逮捕　166
审查起诉　166
审计成果　196，197
审计成果运用　197
审判管理　168
生产安全事故　203
生产经营　118，206，265，439，460
生物资源　88
生育保险　98，310，311，324，330，338，345，350，356，364，373，383，389，397，403，406，412
失业保险　98，211，310，311，323，330，338，345，350，356，364，373，383，389，396，403，406，412
师机关部门领导班子建设　107
师市党委管理的领导班子及领导干部考核定等　107
师市党委网信办成立　112
师市第三次全国农业普查　199
师市第十五届青少年科技创新大赛　159
师市法学会工作　115
师市机关部门（单位）干部交流　107
师市纪委十五届二次全会　145
师市领导简介　447
师市事业单位年度报告真实性抽查　118
师市统战民宗工作会议　113
师市务工就业　308
师市优秀青年先进事迹报告会　152
师市质量奖　204
师直机关精神文明建设　120
湿地资源动植物情况　224
十八团渠管理处　235，236，240
十九大电视专题报道　286
十九大网络安全保障　140
石家庄市对口支援三十一团　191
实践"四种形态"　146
食品安全风险监测　205
食品安全现场检测　205
食品安全专项监督抽检　205

食品安全专项整治　205
食品卫生投诉举报　208
食品药品和卫生监督协管　290，291
食用农产品专项抽检　205
"世界地球日"宣传活动　200
市场价格改革　314
市场价格监管　195
市场主体注册登记　202
市容环卫项目支出　263
市政工程养护　259
市政设施建设　259
事业单位法人登记年审　119
事业单位法人公示制度改革　118
事业单位法人治理结构　118
事业单位改革　116，118
事业单位岗位管理　309
事业单位绩效工资总量核定　308
事业单位人事制度改革　309
收入增长率监测　313
首次实现手机现场直播　112
首次推广畜类腹腔镜输精技术　274
首季经济开好局工作　193
首届青年创业创意大赛　150，151，153
首届青少年国家通用语言大赛　154
首届文明校园创建评选　268
"书香三八"征文读书活动　149
蔬菜副食品便民直销店　243
数字电影播放　287
数字人事　214
"双联系"活动　126，132，
"双随机"抽查　102，202
双拥表彰　312
水、大气和土壤污染防治　264
水产渔业　234
水毁修复工程　235
水库安全　232
水库移民后期扶持　231
水利安全生产管理　233
水利工程验收　137，233
水利工程质量监督　233
水利管理指标　233
水利基本建设　231，236
水利建设质量考核　233
水利项目审查　233
水利信息化　235，236，240
水土保持预防监督管理　233
水资源管理　234，265

税收分析研讨会　218
税收工作座谈会　218
税收体例改革　116
税收宣传和咨询活动　218
税收宣传月"首宣日"系列活动　218
税收政策落实　213
税务稽查　216
司法服务工作室　162，170，171
司法行政　168，169，172，173，458
司法行政业务会　173
司法体制改革　114，126
司法为民　167，168
司法系统　189
丝绸之路经济带建设　193
思想政治建设　103，129，184
四川成都丽都佳苑项目　443
"四反"活动　173
饲草料　226
"送温暖"活动　148

T

塔里木垦区水管处　233，236，240
唐山市对口支援三十八团　192
唐山市路北区对口支援三十七团　192
特大防汛抗旱资金补助　235
特困供养　98，311，324，330，339，345，351，356，364，374，383，397，406
特殊人群管理　170
体育赛事　281，346，390，406
体制改革　114，116，126，132，145，168，171，173，196，212，253，278，292，293，300，459
天宇公司医院工作　443
调控产能过剩行业　193
铁阿高速公路PPP项目　245
铁路护路联防　162
铁门关津汇村镇银行　253，254
铁门关市基础建设项目　212
铁门关市人民代表大会　90，102，129，132
铁门关市人民代表大会常务委员会　90，129，132
铁门关市人民政府　91，117，130，132，154，448
"铁门关在线"微信公众号　112
统筹加快区域平衡协调发展　194
统计产品　198
统计法治建设　199
统计服务　198

统计改革 198
统计教育培训 199
统计培训 198
统计数据解读 198
统计信息化 200
统战干部调训 113
投诉处理 247,260
投资项目在线审批监管平台 194
突发公共卫生事件 99,289,294,324,331,339,346,351,357,365,375,384,390,397,406,413
突发事件应急演练 208
土地利用规划及耕地保护 201
土地资源 88,201
团场城镇规划 257
团场连队环境综合整治 265,266
团场领导班子建设 107
团场体制改革调研 132
团场卫生调研 132
团场医院改革 293
团场综合配套改革工作启动 332
团第三次妇女代表大会 332
团工商联（商会）第四届会员代表大会 332
团学校荣获2017年师市教育系统优质学校创建A等级 414
推动兵团深化改革 105
推动监管职能转变 196
推行绿色生产方式 221
推进全面深化改革 117
推进团场改革纳编分流 307
退耕还林工程 223,225
拓宽气象服务新领域 275

W

外贸 244
外事工作规范化建设 133
外事管理 133
外事调研 133
外事项目 133
外网远程安全接入工作 140
完善干部选任制度 108
完善国资监管服务能力 196
完善基层党组织书记考核机制 104
万源党支部建设 444
王德昌 459

网格化服务管理 162
网络保密管理 123
网络运维 139
违规查处 146
维护社会稳定 105,150,152,180,182,183,214,358,434,437
维稳安保会议 114
维稳工作 115,184,217,224,315,407,437－439
卫生安全防控 289
卫生法律法规落实 207
卫生系统 188,291－296,301
卫生宣传日活动 291
卫生应急演练 289,294
未成年人法制课 268
位置面积 87
慰问帮扶 124,423
慰问困难重度残疾人 159
文化产业发展 283
文化大发展大繁荣 426
文化广播电视培训 286
文化建设项目 212
文化经营单位法律法规及消防安全知识培训 284
文化能人才艺大赛 366
文化市场执法 284
文化体育与传媒支出 210
文明创建活动 110,268,422
文明工地创建 442
文体活动 122,124,149,239,356,398,406,422,425,441
文物工作实施意见 287
文学创作 287
文艺汇演活动 215,424
污染减排工作实施方案 263
吴彬率团赴保定市考察 186
吴彬率团赴河北省考察 186
"五好"工商联建设 157
五一巾帼奖状 149
物业服务企业监督管理 262

X

西部计划大学生志愿者中期培训班 154
喜迎十九大 111,150,152,153,169,173,175,198,284－286,288,326,333,358,422,429
"喜迎十九大·飞扬的红领巾——我向习爷爷说句心里话"主题演讲比赛 152

"喜迎十九大·手拉手欢乐一夏"夏令营　153
下放项目审批权限　194
下属单位　435，442
夏粮交售　195
先进表彰　142，145
先进典型评选　267
先进个人　105，115，119，147－149，152，155，
　　156，162，180，183，326，424，458，459
先进集体　105，115，119，135，145，147，149，
　　152，155，156，162，181，277，279，424，425，
　　430，457
先进评选　286
现代物流建设　250
现代医院管理制度　292
项目前期工作情况　427
消防安全　164，242，284，332，375，416，418，
　　439，442
消防电器控制设备制造项目落地　385
消费促进"6＋1"活动　244
消费维权　202
小型农田水利　231－233
校园文明创建　122
泄洪渠抗洪抢险　378
心理健康教育　174
辛集市对口支援二十一团　189
新技术应用　223
新建标准香梨园　378
新疆发展时期　89
新疆名牌产品目录申报　204
新闻外宣　112
新型经营主体　226
新一代天气雷达项目建设　275
新增市场主体　239
"新职工队伍招录与管理"专题调研　144
信访案件查核督办　109
信访联席会议制度　135
信访专项活动　135
信息和专业论文　137
信息化应用　163
刑事审判　167
刑事执行检察　166，167
邢台市对口支援三十六团　192
行政后勤　122
行政区划　88，100，101
行政审判　167，168
行政审批事项办理　118
行政事业单位资产管理　212

行政体制改革　116
行政执法人员统计　163
休闲农业　230
许可量化分级　205
学前教育　98，108，109，210，278，280，324，
　　331，339，345，356，364，374，383，384，390，
　　397，412
学习教育　103，115，120－122，129，165，169，
　　172，184，199，200，216，252，416，417，429－
　　431，437，439－441
学习培训　140，151，176，260，301，375，
　　425，439
学习先进典型　166
学习型组织建设　425
学校体育　281
学校卫生　206，207
学员管理　122
"学转促"专项活动　122，145，146，216，217，
　　252，333，417，429，431，439
汛期值班　235

Y

烟草控制　294
焉耆医院　149，188，207，289－293，295，296，
　　300，301，319，457，458
严厉打击环境违法行为　266
研讨交流会　129
养护工程项目　245，246
养护站点建设　246
养老服务　312，318
养老机构　312
药品安全抽检　205
药品采购"两票制"　292
野生动植物保护　224
业务检查指导　276
一般公共预算收支　209
一村（团）一品　230
一届二十次常委会议　143
一届二十二次常委会　143
一届二十三次常委会　143
一届二十一次常委会议　143
一届人大常委会第二十二次会议　130
一届人大常委会第二十三次会议　131
一届人大常委会第三十二次主任（扩大）会议　130
一届人大常委会第三十四次主任（扩大）会议　131

一届人大常委会召开第二十六次会议　131
一届人大常委会召开第二十四次会议　131
一届人大五次会议代表议案建议和政协一届五次会议委员提案交办会　130
一届人民代表大会第五次会议　130
一届十八次常委会议　142
一届十九次常委会议　142
医保支付方式改革　292
医疗保障制度改革　195
医疗废物处置　206，207
医疗服务共惠行动　291
医疗机构绩效考核　293
医疗救助金　312
医疗联合体　293
医疗卫生概况　289
医疗卫生监管　206
医疗卫生与计划生育支出　210
医疗信息化　239
医院感染管理　295
移交"基础测绘及地理信息管理平台"　187
以侨架"桥"　133
以药补医　293
义务教育　98，102，126，210，212，278，280，324，331，345，356，364，374，384，390，397，406，412
议案办理调研　132
议案建议办理　127，132
意识形态工作　110，112，174
音乐舞蹈创作　288
音乐舞蹈剧《开都河之歌》上演　325
饮用水卫生监管　206
迎接党的十九大宣传　110
迎新年兵地共建文艺汇演　424
应急度汛工程项目建设　235
应急救护　316
应用推广　139
优化品种布局　220
优秀干部人才到团场挂职锻炼　107
优质服务先进单位创建　297
有害生物监测信息系统　225
有线电视播出节目　286
有序推进PPP融资模式　194
舆论监督　146，204
舆论外宣　426
舆论宣传　129
狱园文化建设　174
援疆干部人才工作全体会议　187

援疆干部人才管理服务　108
援疆干部座谈会　166
援疆工作　118，151，163，186，187，222，449，453
《援疆纪录（第三辑）》　188
援疆人才引进　108
援疆省市培训师市干部　109
援疆项目审计　197
援助且末监狱　174
远程视频会见　173
院士二师行　271
孕前优生健康检查　297

Z

在线访谈活动　218
"增强全民健身意识，提升市民健康水平"专题调研　144
占用征收林地管理　225
占用征收林地审批　225
张家口市对口支援二十四团　190
征兵工作　177，180，181
政策制定　144，269
政法队伍建设　114，115
政府采购　138，212
政府购买服务　263，319
政府性基金收支　209
政务公开　139，202
政协铁门关市委员会　102，141，143
政协一届五次全委会议　141
政治工作　178
政治协商　91，141，285
政治引导　156
支持纺织企业发展　239
支援巴州维稳　115
知识产权管理　271
执法监察　201
执法监督　114，199，206，274
执法检查　118，126，129，132，203，206，265，284
执行纪律　108，431
职称评审　309
职代会　325
职工多元增收　115，231，313，409
职工广场舞比赛　326，331
职工技术创新　425
职工自主创业多元增收示范项目　333
职工自主创业示范项目　147，148

· 544 ·

职业技能培训　156，310，319
职业教育　210，279，281
职业能力建设　310
职业卫生监督　207
植树造林　183，211，225，403，409，432
志愿队伍建设　267
质量工作考核　204，233
质量技术监督　163，204，427
质量强师市　204
质量专项治理行动　260
治安管理　164
中共第二师委员会、第二师　90
中共铁门关市委员会　90
中国电信股份有限公司铁门关分公司　255
中国国际投资贸易洽谈会　244
中国建设银行铁门关市支行　252
中国联通兵团第二师分公司　256
"中国流动科技馆"全国巡展　385
中国农业银行巴音郭楞兵团支行　252
中国农业银行铁门关市兵团支行　252
中国人民财产保险股份有限公司铁门关支公司　254
中国人民政治协商会议铁门关市委员会　91
中国移动通信集团有限公司巴州铁门关分公司　256
中央民宗委督导调研　174
中医适宜技术　291
"忠诚教育"活动　115，172
种植效益　220
重大动物疫病防控　227，228
重大活动食品安全保障　206
重大节庆活动　425
重大事项决定　125
重大项目建设　131，194
重大主题和先进典型宣传　112
重点部位规范化建设　161
重点地区排查整治　161
重点房屋建设及绿化项目情况　427
重点公路工程建设项目　245
重点基础设施项目建设情况　427
重点水利工程建设　231
重点项目建设视察　132
重点要素管控　161，164
重要文件印发　219
主题活动宣传　316
主题宣讲　122，147

主要工业产品产量　237，349
主要经济指标　198，427
主营业务　250，255，256，420，430，432，435，440
住房保障支出　211
注册商标专用权保护　202
驻连管寺管委会主任培训班　114
抓党建促脱贫攻坚　105，208
专家服务　309
专利申请　271
专题会议　103，120，146，199，216，217，257，266，407，429，440，441
专网建设　139
专项斗争　165
专项监督检查　146，206
专项检查　102，104，123，137，146，195，203，204，206，217，224，260，265，315，435
专项资金审计　197
专业技术人员教育培训　309
专业技术人员资格考试　309
转播央视党的十九大专项报道　286
咨询服务　138，218，270，331，440
资本运作　445
资质证书　442
自产产品出口　244
自建项目　245，246
自身党建工作　121
宗教工作调研　315
宗教活动管理服务　316
宗教领域维稳　315
宗教人士赴内地参观　316
宗教政策法规学习月　315，316
综合交通服务　247
综治维稳　439
组织建设　103，149，155，157，181，184，424，425，431，439，440，443，445
组织系统　189
最低生活保障　98，210，311，319，324，330，339，346，356，364，374，377，383，389，397，403，406，412
"最美家庭"评选表彰　155
最美社区　316－318
最美社区表彰　316
作风建设　120，121，169，173，178，216，296，439

· 545 ·

谨献给渤海军区教导旅成立七十周年（1947-2017）